le Robert
& Collins

allemand

français-allemand
allemand-français

HarperCollins Publishers
Westerhill Road
Bishopbriggs
Glasgow
G64 2QT
Great Britain

Septième édition/Siebte Auflage 2018

© William Collins Sons & Co. Ltd 1984
© HarperCollins Publishers 1999,
2003, 2006, 2009, 2014, 2015, 2018

www.collins.co.uk
www.collinsdictionary.com

Dictionnaires Le Robert
25, avenue Pierre-de-Coubertin
75211 Paris cedex 13
France

www.lerobert.fr

ISBN Mini+ 978-2-32101-144-6
ISBN Mini 978-2-32101-140-8

Dépôt légal mai 2018
Achevé d'imprimer en février 2019
N éditeur 10251130

Photocomposition/Fotosatz
Davidson Publishing Solutions,
Glasgow

Imprimé en Italie par/
Gedruckt in Italien von
La Tipografica Varese

DIRECTION ÉDITORIALE/
REDAKTIONELLE LEITUNG
Helen Newstead

CHEF DE PROJET/PROJEKTLEITUNG
Teresa Álvarez
Janice McNeillie

COLLABORATEURS/MITARBEITER
Persephone Lock
Christian Salzédo
Silke Zimmermann

INFORMATIQUE ÉDITORIALE/
DATENVERARBEITUNG
Agnieszka Urbanowicz

POUR LA MAISON D'ÉDITION/
VERLAGSMITARBEITER
Gerry Breslin
Kerry Ferguson

Inhalt

Table des matières

Abkürzungen — Abréviations

Abkürzung	*abk, abr*	abréviation
Akkusativ	*acc*	accusatif
Adjektiv	*adj*	adjectif
Verwaltung	*Admin*	administration
Adverb	*adv*	adverbe
Landwirtschaft	*Agr*	agriculture
Akkusativ	*Akk*	accusatif
Anatomie	*Anat*	anatomie
Architektur	*Archit*	architecture
Artikel	*art*	article
Kunst	*Art*	beaux arts
Astrologie	*Astrol, Astr*	astrologie
Astronomie	*Astron*	astronomie
attributiv	*attrib*	qualificatif
Auto, Verkehr	*Aut*	automobile
Hilfsverb	*aux*	auxiliaire
Luftfahrt	*Aviat*	aviation
besonderes	*bes*	en particulier
Biologie	*Biol, Bio*	biologie
Botanik	*Bot*	botanique
Boxen	*Boxe*	boxe
Chemie	*Chem, Chim*	chimie
Film	*Ciné*	cinéma
Handel	*Comm*	commerce
Konjunktion	*conj*	conjonction
Bauwesen	*Constr*	construction
Kochen und Backen	*Culin*	cuisine
Dativ	*Dat, dat*	datif
bestimmt	*déf*	défini
demonstrativ	*dém*	démonstratif
Wirtschaft	*Écon*	économie
Elektrizität	*Élec*	électricité
und so weiter	*etc*	et cetera
etwas	*etw*	quelque chose
Interjektion	*excl*	exclamation
Femininum, weiblich	*f*	féminin
umgangssprachlich	*fam*	familier
derb	*fam !*	vulgaire

figurativ	*fig*	figuré
Finanzen	*Fin*	finance
Fußball	*Foot*	football
gehoben	*geh*	style soutenu
Genitiv	*Gen, gén*	génitif
Geografie, Geologie	*Géo*	géographie, géologie
Geometrie	*Géom*	géométrie
Geschichte	*Hist*	histoire
unpersönlich	*impers*	impersonnel
unbestimmt	*indéf, indéf*	indéfini
Computer	*Inform*	informatique
untrennbar	*insép*	non séparable
Interjektion	*interj*	exclamation
interrogativ	*interrog*	interrogatif
unveränderlich	*inv*	invariable
unregelmäßig	*irr*	irrégulier
jemand, jemanden, jemandem, jemandes	*jd, jdn, jdm, jds*	quelqu'un
Rechtswesen	*Jur*	juridique
Konjunktion	*konj*	conjonction
Sprachwissenschaft, Grammatik	*Ling*	linguistique et grammaire
Literatur	*Litt*	littérature
Maskulinum, männlich	*m*	masculin
Mathematik	*Math*	mathématiques
Medizin	*Méd*	médecine
Meteorologie	*Météo*	météorologie
Maskulinum und Femininum	*mf*	masculin et féminin
Militärwesen	*Mil*	domaine militaire
Musik	*Mus*	musique
Substantiv	*n*	nom
Seefahrt	*Naut*	nautisme
Neutrum, sächlich	*nt*	neutre
Zahlwort	*num*	numéral
oder	*od*	ou
Österreich	*Österr*	Autriche
pejorativ, abwertend	*péj*	péjoratif
persönlich	*pers*	personnel
Philosophie	*Philos*	philosophie
Fotografie	*Phot, Photo*	photographie

Physik	*Phys*	physique
Physiologie	*Physiol*	physiologie
Plural	*pl*	pluriel
Politik	*Pol*	politique
Possessivum	*poss*	possessif
Partizip Perfekt	*pp*	participe passé
Präposition	*präp, prép*	préposition
Präfix	*préf*	préfixe
Pronomen	*pron*	pronom
Psychologie	*Psych*	psychologie
etwas	*qch*	quelque chose
jemand	*qn*	quelqu'un
Warenzeichen	®	marque déposée
Eisenbahn	*Rail*	chemins de fer
Relativ-	*rel*	relatif
Religion	*Rel*	religion
Schulwesen	*Scol*	domaine scolaire
Singular	*sg*	singulier
Skifahren	*Ski*	ski
Konjunktiv	*sub*	subjonctif
Subjekt	*subj, suj*	sujet
Süddeutschland	*Südd*	Allemagne du Sud
Technik	*Tech*	technique
Nachrichtentechnik	*Tél*	télécommunications
Theater	*Theat, Théât*	théâtre
Fernsehen	*TV*	télévision
Typografie	*Typ, Typo*	typographie
Universität	*Univ*	université
unpersönlich	*unpers*	impersonnel
Verb	*vb*	verbe
intransitives Verb	*vi*	verbe intransitif
reflexives Verb	*vpr, vr*	verbe pronominal ou réfléchi
transitives Verb	*vt*	verbe transitif
Zoologie	*Zool*	zoologie
zusammengesetztes Wort	*zW*	mot composé
zwischen zwei Sprechern	—	changement d'interlocuteur
ungefähre Entsprechung	≈	indique une équivalence culturelle
abtrennbares Präfix	/	préfixe séparable

Lautschrift

Vokale		Voyelles
plat, amour	[a]	matt
bas, pâte	[ɑ]	
jouer, été	[e]	Etage
lait, merci	[ɛ]	Wäsche
le, premier	[ə]	mache
ici, vie, lyre	[i]	Vitamin
or, homme	[ɔ]	Most
mot, gauche	[o]	Oase
beurre, peur	[œ]	Götter
peu, deux	[ø]	Ökonomie
genou, roue	[u]	zuletzt
rue, urne	[y]	Typ

Nasale		Nasales
sang, dans	[ɑ̃]	Gourmand
matin, plein	[ɛ̃]	timbrieren
brun	[œ̃]	Parfum
non, pont	[ɔ̃]	Bonbon

Transcription phonétique

Konsonanten		Consonnes
bombe	[b]	Ball
dinde	[d]	denn
fer, phare	[f]	fern
gag, bague	[g]	gern
yeux, paille, pied	[j]	ja
coq, qui, képi	[k]	Kind
lent, salle	[l]	links
maman, femme	[m]	Mann
non, nonne	[n]	Nest
agneau, vigne	[ɲ]	
camping	[ŋ]	Gong
poupée	[p]	Paar
rare, rentrer	[ʀ]	
sale, ce, nation	[s]	Bus
tache, chat	[ʃ]	Stein, Schlag
gilet, juge	[ʒ]	Etage
tente, thermal	[t]	Tafel
vase	[v]	wer
fouetter, oui	[w]	
huile, lui	[ɥ]	
zéro, rose	[z]	singen

Bei Stichwörtern mit einem „h aspiré" steht in der Lautschrift [']. Diese Wörter werden nicht mit dem vorhergehenden Wort zusammengezogen.

a

à [a]

(à + le = **au**, à + les = **aux**)
► *prép* **1** (*situation*) in +*dat*; **être
à Paris/au Portugal** in Paris/
Portugal sein; **être à l'école/
au bureau** in der Schule/im
Büro sein; **être à la campagne/
maison** auf dem Land/zu
Hause sein; **c'est à 10 km
(d'ici)** das ist 10 km (von hier)
entfernt
2 (*direction*) in +*acc*; (*avec villes et
pays*) nach; **aller à l'école/au
bureau** in die Schule/ins Büro
gehen; **aller à Paris/au
Portugal** nach Paris/Portugal
fahren; **aller à la campagne**
aufs Land fahren; **rentrer à la
maison** nach Hause gehen
3 (*temps*) : **à 3 heures/minuit**
um 3 Uhr/Mitternacht; **à
demain/lundi/la semaine
prochaine !** bis morgen/
Montag/nächste Woche!
4 (*attribution, appartenance*) :
donner qch à qn jdm etw
geben; **ce livre est à Paul/
lui/moi** das Buch gehört Paul/

ihm/mir; **un ami à moi** ein
Freund von mir
5 (*moyen*) mit; **se chauffer au
gaz/à l'électricité** mit Gas/
Strom heizen
6 (*provenance*) aus; **prendre de
l'eau à la fontaine** Wasser aus
dem Brunnen holen; **boire à la
bouteille** aus der Flasche
trinken
7 (*caractérisation, manière*) :
**l'homme aux yeux bleus/à la
casquette rouge** der Mann mit
den blauen Augen/der roten
Mütze; **à l'européenne/la
russe** auf europäische/
russische Art
8 (*but, destination*) : **maison à
vendre** Haus zu verkaufen
9 (*rapport, distribution etc*) pro;
100 km/unités à l'heure
100 km/Einheiten in der *ou* pro
Stunde; **payé au mois/à
l'heure** monatlich/nach
Stunden bezahlt; **4 à 5 heures/
kilos** 4 bis 5 Stunden/Kilo

abaisser [abese] *vt* senken; (*vitre*)
herunterlassen; (*manette*) nach
unten drücken; (*prix, limite,
niveau*) senken
abandon [abãdɔ̃] *nm* Verlassen
nt, Aufgeben *nt*; **être à l'~**
verwahrlost sein • **abandonner**
vt verlassen; (*activité*) aufgeben
abasourdir [abazuʀdiʀ] *vt*
betäuben
abat-jour [abaʒuʀ] *nm inv*
Lampenschirm *m*
abats [aba] *nmpl* (*viande*)
Innereien *pl*
abattement [abatmã] *nm*
(*déduction*) Abzug *m*

abattoir [abatwaʀ] nm
Schlachthof m

abattre [abatʀ] vt (arbre) fällen; (mur, maison) einreißen, abreißen; (avion) abschießen; (animal) schlachten; (personne) niederschießen; **s'abattre** vpr (mât, malheur) niederstürzen; **s'~ sur** (suj : pluie) niederprasseln auf +acc • **abattu, e** adj (déprimé) entmutigt

abbaye [abei] nf Abtei f

abbé [abe] nm (d'une abbaye) Abt m; (de paroisse) Pfarrer m

abcès [apsɛ] nm Abszess m

abdomen [abdɔmɛn] nm
Bauch m

abeille [abɛj] nf Biene f

aberrant, e [abeʀɑ̃, ɑ̃t] adj
absurd

abîme [abim] nm Abgrund m

abîmer [abime] vt beschädigen; **s'abîmer** vpr kaputtgehen

abject, e [abʒɛkt] adj
verabscheuungswürdig

ablation [ablasjɔ̃] nf
Entfernen nt

aboiement [abwamɑ̃] nm
Bellen nt

abois [abwa] nmpl : **être aux ~** in die Enge getrieben sein

abolir [abɔliʀ] vt abschaffen • **abolition** nf Abschaffung f

abominable [abɔminabl] adj
abscheulich

abondance [abɔ̃dɑ̃s] nf (grande quantité) Fülle f; (richesse) Reichtum m; **en ~** in Hülle und Fülle • **abondant, e** adj reichlich • **abonder** vi im Überfluss vorhanden sein; **~ en** wimmeln von

abonné, e [abɔne] nm/f (du téléphone) Teilnehmer(in) m(f); TV, (à un journal) Abonnent(in) m(f)

abonnement [abɔnmɑ̃] nm
Abonnement nt; (de transports en commun) Zeitkarte f • **abonner** vpr : **s'~ à qch** etw abonnieren

abord [abɔʀ] nm : **d'~** zuerst

abordable [abɔʀdabl] adj
erschwinglich; (personne) umgänglich

aborder [abɔʀde] vt (personne) ansprechen

aboutir [abutiʀ] vi erfolgreich sein; **~ à/dans** enden in +dat

aboyer [abwaje] vi bellen

abrasif, -ive [abʀazif, iv] adj
Schleif- ▶ nm Schleifmittel nt

abrégé [abʀeʒe] nm Abriss m

abréger [abʀeʒe] vt (ver)kürzen

abreuver [abʀœve] : **s'abreuver** vpr saufen

abréviation [abʀevjasjɔ̃] nf
Abkürzung f

abri [abʀi] nm Schutz m; (lieu couvert) Unterstand m; (cabane) (Schutz)hütte f • **abribus** nm Wartehäuschen nt

abricot [abʀiko] nm Aprikose f • **abricotier** nm Aprikosenbaum m

abriter [abʀite] vt schützen; (recevoir, loger) unterbringen; **s'abriter** vpr Schutz suchen

abroger [abʀɔʒe] vt außer Kraft setzen

abrupt, e [abʀypt] adj steil; (personne, ton) schroff

abruti, e [abʀyti] nm/f Idiot(in) m(f)

absence [apsɑ̃s] nf Abwesenheit f • **absent, e** adj (personne)

abwesend; *(chose)* fehlend
• **absentéisme** *nm* häufiges Fehlen *nt (bei der Arbeit, in der Schule etc);* **taux d'~** Abwesenheitsquote *f*
• **absenter:** **s'~** *vpr* weggehen; *(pour maladie etc)* sich *dat* freinehmen

absolu, e [apsɔly] *adj* absolut
• **absolument** *adv* absolut; *(sans faute)* unbedingt

absolution [apsɔlysjɔ̃] *nf (Rel)* Absolution *f;* *(Jur)* Freispruch *m*

absorbant, e [apsɔrbã, ãt] *adj (matière)* saugfähig; *(tâche, travail)* fesselnd

absorber [apsɔrbe] *vt (manger, boire)* zu sich nehmen; *(liquide)* absorbieren

absoudre [apsudʀ] *vt* lossprechen

abstenir [apstəniʀ] : **s'~** *vpr (Pol)* sich der Stimme enthalten; **s'~ de qch** sich einer Sache *gén* enthalten
• **abstention** *nf* (Stimm)enthaltung *f*
• **abstentionniste** *nmf* Nichtwähler(in) *m(f)*

abstraction [apstʀaksjɔ̃] *nf* Abstraktion *f;* *(idée)* Abstraktum *nt;* **faire ~ de qch** etw beiseitelassen

abstrait, e [apstʀɛ, ɛt] *adj* abstrakt

absurde [apsyʀd] *adj* absurd

abus [aby] *nm (d'alcool, de médicaments etc)* Missbrauch *m;* **~ de médicaments** Arzneimittelmissbrauch *m;* **~ de pouvoir** Machtmissbrauch *m;* **~ sexuels** sexueller Missbrauch
• **abuser** *vi (dépasser la mesure)* zu weit gehen; **s'abuser** *vpr* sich

irren • **abusif, -ive** *adj (prix)* unverschämt, maßlos; **usage ~** Missbrauch *m*

acacia [akasja] *nm* Akazie *f*

académie [akademi] *nf* Akademie *f*

académique [akademik] *adj* akademisch

acajou [akaʒu] *nm* Mahagoni *nt*

accablant, e [akablã, ãt] *adj* unerträglich • **accabler** *vt* belasten

accalmie [akalmi] *nf* Flaute *f*

accaparer [akapaʀe] *vt* an sich *acc* reißen; *(occuper)* (völlig) in Anspruch nehmen

accéder [aksede] : **~ à** *vt* kommen zu, gelangen zu; *(requête)* nachkommen *+dat*

accélérateur [akseleʀatœʀ] *nm (Auto)* Gaspedal *nt*

accélération [akseleʀasjɔ̃] *nf* Beschleunigung *f*

accélérer [akseleʀe] *vt, vi* beschleunigen

accent [aksã] *nm* Akzent *m;* *(inflexions)* Tonfall *m* • **accentuer** *vt* betonen; *(augmenter)* steigern; **s'accentuer** *vpr* zunehmen

acceptable [aksɛptabl] *adj* annehmbar

accepter [aksɛpte] *vt* annehmen; *(risque, responsabilité)* auf sich *acc* nehmen; *(fait, hypothèse)* anerkennen; *(personne, échec, danger etc)* akzeptieren

acception [aksɛpsjɔ̃] *nf* Bedeutung *f*

accès [aksɛ] *nm* Zugang *m;* *(routes)* Zufahrt(sstraße) *f;* *(Inform)* Zugriff *m;* **~ codé** Passwortschutz *m* • **accessible**

accessoire

adj leicht zu erreichen; (*personne, sujet*) zugänglich

accessoire [akseswaʀ] *nm* (*pièce*) Zubehörteil nt

accident [aksidɑ̃] *nm* Unfall m

acclamer [aklame] *vt* zujubeln +*dat*

acclimater [aklimate] : **s'acclimater** *vpr* sich akklimatisieren

accolade [akɔlad] *nf* Umarmung f; (*Typo*) geschweifte Klammer f

accommodant, e [akɔmɔdɑ̃, ɑ̃t] *adj* zuvorkommend

accommoder [akɔmɔde] *vt* (*Culin*) zubereiten

accompagnateur, -trice [akɔ̃paɲatœʀ, tʀis] *nm/f* Begleiter(in) m(f); (*de voyage organisé*) Reisebegleiter(in) m(f) • **accompagnement** *nm* Begleitung f • **accompagner** *vt* begleiten

accompli, e [akɔ̃pli] *adj* : **musicien ~** vollendeter Musiker m

accomplir [akɔ̃pliʀ] *vt* ausführen

accord [akɔʀ] *nm* (*entente, Ling*) Übereinstimmung f; (*contrat, traité*) Abkommen nt; (*autorisation*) Zustimmung f; **être d'~ avec qn** mit jdm einer Meinung sein

accordéon [akɔʀdeɔ̃] *nm* (*Mus*) Akkordeon nt

accorder [akɔʀde] *vt* bewilligen

accoster [akɔste] *vt* (*personne*) ansprechen

accouchement [akuʃmɑ̃] *nm* Entbindung f • **accoucher** *vi* entbinden; **~ d'une fille** ein Mädchen gebären *ou* zur Welt bringen

accoudoir [akudwaʀ] *nm* Armlehne f

accoupler [akuple] *vt* (*moteurs, bœufs*) (zusammen)koppeln; **s'accoupler** *vpr* sich paaren

accourir [akuʀiʀ] *vi* herbeilaufen

accoutrement [akutʀəmɑ̃] (*péj*) *nm* Aufzug m

accoutumance [akutymɑ̃s] *nf* Sucht f

accoutumé, e [akutyme] *adj* gewohnt

accro [akʀo] (*fam*) *adj* : **être ~** ein Junkie sein

accroc [akʀo] *nm* (*déchirure*) Riss m; **sans ~** (*fig*) ohne Probleme

accrochage [akʀɔʃaʒ] *nm* Aufhängen nt; (*Auto*) Zusammenstoß m

accrocher [akʀɔʃe] *vt* (*suspendre*) aufhängen; (*attacher*) festmachen; (*heurter*) anstoßen an +*dat*; **s'accrocher** *vpr* : **s'~ à** hängen bleiben an +*dat*; (*fig*) sich klammern an +*acc*

accrocheur, -euse [akʀɔʃœʀ, øz] *adj* (*vendeur, concurrent*) beharrlich; (*publicité, titre*) zugkräftig

accroissement [akʀwasmɑ̃] *nm* Zunahme f

accroître [akʀwatʀ] *vt* vergrößern; **s'accroître** *vpr* anwachsen, stärker werden

accroupir [akʀupiʀ] *vpr* : **s'~** hocken, kauern

accru, e [akʀy] *pp de* **accroître** ▶ *adj* verstärkt

accueil [akœj] *nm* Empfang m • **accueillant, e** *adj* gastfreundlich • **accueillir** *vt* begrüßen; (*loger*) unterbringen

accumulation [akymylasjɔ̃] *nf* :
une ~ de eine Anhäufung von

accumuler [akymyle] *vt*
anhäufen

accusation [akyzasjɔ̃] *nf*
Beschuldigung *f*; (Jur) Anklage *f*
• **accusé, e** *nm/f* Angeklagte(r)
f(m) ▶ *nm* : **~ de réception**
Empfangsbestätigung *f*
• **accuser** *vt* beschuldigen; (Jur)
anklagen

acerbe [asɛʀb] *adj* bissig

acharnement [aʃaʀnəmɑ̃] *nm*
(dans une lutte) Unerbittlichkeit *f*;
(de travail) Unermüdlichkeit *f*

acharner [aʃaʀne] : **s'~** *vpr* : **s'~
contre** *ou* **sur qn** jdn unerbittlich
verfolgen; (suj : malchance) jdn
(ständig) verfolgen; **s'~ à faire
qch** etw unbedingt tun wollen

achat [aʃa] *nm* Kauf *m*

acheminer [aʃ(ə)mine] *vt*
befördern; **s'acheminer** *vpr* : **s'~
vers** zusteuern auf +*acc*

acheter [aʃ(ə)te] *vt* kaufen
• **acheteur, -euse** *nm/f*
Käufer(in) *m(f)*

achever [aʃ(ə)ve] *vt* beenden

acide [asid] *adj* sauer ▶ *nm* Säure *f*

acier [asje] *nm* Stahl *m*

acné [akne] *nf* Akne *f*

acolyte [akɔlit] (péj) *nm* Komplize
m, Komplizin *f*

acompte [akɔ̃t] *nm* Anzahlung *f*

acoustique [akustik] *adj*
akustisch

acquéreur [akeʀœʀ] *nm*
Käufer(in) *m*

acquérir [akeʀiʀ] *vt* erwerben

acquiescer [akjese] *vi*
zustimmen

acquis, e [aki, iz] *pp de* **acquérir**
▶ *adj* : **caractère ~** erworbene
Eigenschaft *f*; **vitesse ~e**
(Momentan)geschwindigkeit *f*

acquisition [akizisjɔ̃] *nf* Kauf *m*

acquit [aki] *vb voir* **acquérir** ▶ *nm*
Quittung *f*

acquittement [akitmɑ̃] *nm*
(d'un accusé) Freispruch *m*; (de
facture) Begleichen *nt*; (de
promesse) Einlösen *nt*; (de tâche)
Ausführung *f*

acquitter [akite] *vt* (accusé)
freisprechen; (payer) begleichen;
s'acquitter de *vpr* (promesse)
einlösen; (tâche) ausführen

âcre [akʀ] *adj* bitter

acrimonie [akʀimɔni] *nf*
Bitterkeit *f*

acrobate [akʀɔbat] *nmf*
Akrobat(in) *m(f)* • **acrobatie** *nf*
(exercice) akrobatisches
Kunststück *nt* • **acrobatique** *adj*
akrobatisch

acronyme [akʀɔnim] *nm*
Akronym *nt*

acte [akt] *nm* Tat *f*, Handlung *f*;
(document) Akte *f*; (Théât) Akt *m*

acteur, -trice [aktœʀ, tʀis] *nm/f*
Schauspieler(in) *m(f)*

actif, -ive [aktif, iv] *adj* aktiv
▶ *nm* (Comm) Aktiva *pl*

action [aksjɔ̃] *nf* (acte) Tat *f*; (effet
sur qch) Wirkung *f*; (de pièce,
roman) Handlung *f*; (Comm) Aktie *f*
• **actionnaire** *nmf* Aktionär(in)
m(f) • **actionner** *vt* betätigen

activer [aktive] *vt* (accélérer)
beschleunigen; (Chim) aktivieren;
s'activer *vpr* sich betätigen

activiste [aktivist] *nmf*
Aktivist(in) *m(f)*

activité [aktivite] *nf* Aktivität *f*;
(*occupation, loisir*) Betätigung *f*;
en ~ aktiv; (*volcan aussi*) tätig

actrice [aktris] *nf voir* **acteur**

actualiser [aktɥalize] *vt*
aktualisieren

actualité [aktɥalite] *nf*
Aktualität *f*; **les actualités** *nfpl*
die Nachrichten *pl*

actuel, le [aktɥɛl] *adj* (*présent*)
augenblicklich; (*d'actualité*)
aktuell • **actuellement** *adv*
derzeit

adage [adaʒ] *nm* Redensart *f*

adaptateur, -trice
[adaptatœr, tris] *nm* (*Élec*)
Adapter *m*

adaptation [adaptasjɔ̃] *nf*
Bearbeitung *f*

adapter [adapte] *vt* (*œuvre*)
bearbeiten; **~ qch à** etw
anpassen an +*acc*

additif [aditif] *nm* Zusatz *m*

addition [adisjɔ̃] *nf* Hinzufügen
nt; (*Math*) Addition *f*; (*au café etc*)
Rechnung *f* • **additionnel, le** *adj*
zusätzlich • **additionner** *vt*
addieren

adepte [adɛpt] *nmf* Anhänger(in)
m(f)

adéquat, e [adekwa(t), at] *adj*
angebracht

adhérent, e [aderɑ̃, ɑ̃t] *nm/f*
Mitglied *nt*

adhérer [adere] *vi* : **~ à** haften an
+*dat*; (*approuver*) unterstützen;
(*devenir membre de*) Mitglied
werden bei

adhésif, ive [adezif, iv] *adj*
haftend ▶ *nm* Klebstoff *m*

adhésion [adezjɔ̃] *nf* Beitritt *m*;
(*à une opinion*) Unterstützung *f*

adieu [adjø] *excl* tschüs(s) ▶ *nm*
Abschied *m*

adjectif, -ive [adʒɛktif, iv] *nm*
Adjektiv *nt*

adjoint, e [adʒwɛ̃, wɛ̃t] *nm/f* :
directeur ~ stellvertretender
Direktor *m*; **~ au maire** Zweiter
ou stellvertretender
Bürgermeister *m*

adjudication [adʒydikasjɔ̃] *nf*
(*vente aux enchères*) Versteigerung
f; (: *attribution*) Zuschlag *m*; (*de
travaux*) Ausschreibung *f*;
(: *attribution*) Vergabe *f*

adjuger [adʒyʒe] *vt* zusprechen;
adjugé ! verkauft!

admettre [admɛtr] *vt* (*laisser
entrer*) hereinlassen, zulassen;
(*reconnaître*) anerkennen; **~ que**
zugeben, dass

administrateur, -trice
[administratœr, tris] *nm/f*
Verwalter(in) *m(f)*; **~ judiciaire**
Konkursverwalter *m*
• **administratif, -ive** *adj*
administrativ, Verwaltungs-; (*péj*)
bürokratisch • **administration** *nf*
Verwaltung *f*; **l'A~** der
Staatsdienst • **administrer** *vt*
(*entreprise*) führen, leiten; (*remède,
correction*) verabreichen;
(*sacrement*) spenden

admirable [admirabl] *adj*
bewundernswert • **admirateur,
-trice** *nm/f* Bewunderer *m*,
Bewunderin *f* • **admiratif, -ive**
adj bewundernd • **admiration** *nf*
Bewunderung *f*; **être en ~
devant qch** etw voller
Bewunderung betrachten
• **admirer** *vt* bewundern

admissible [admisibl] *adj*
zulässig

admission [admisjɔ̃] *nf* Einlass
m; (*candidat reçu*) Zulassung *f*

ADN [adeεn] *sigle m* (= *acide
désoxyribonucléique*) DNS *f*

ado [ado] (*fam*) *nmf* = **adolescent**

adolescence [adɔlesɑ̃s] *nf*
Jugend *f* • **adolescent, e** *nm/f*
Jugendliche(r) *f(m)*

adopter [adɔpte] *vt* (*motion etc*)
verabschieden; (*politique, attitude*)
annehmen; (*enfant*) adoptieren

adoptif, -ive [adɔptif, iv] *adj*
Adoptiv-; **c'est sa patrie
adoptive** das Land ist seine
Wahlheimat

adoption [adɔpsjɔ̃] *nf* (*de motion
etc*) Verabschiedung *f*; (*de
politique, attitude*) Annahme *f*;
(*d'un enfant*) Adoption *f*; (*d'un
nouveau venu*) Aufnahme *f*; **c'est
sa patrie d'~** das Land ist seine
Wahlheimat

adorable [adɔrabl] *adj*
bezaubernd • **adorer** *vt* (*aimer
beaucoup*) furchtbar gernhaben

adosser [adose] *vt* : **~ qch à/
contre qch** eine Sache an etw
acc/gegen etw lehnen

adoucir [adusir] *vt* (*mœurs,
caractère*) verfeinern; (*peau*) zart
machen; (*peine, douleur*) versüßen,
erleichtern • **adoucissant** *nm*
Weichspüler *m*

adrénaline [adʀenalin] *nf*
Adrenalin *nt*

adresse [adʀɛs] *nf* (*habileté*)
Geschick *f*; (*domicile, Inform*)
Adresse *f* • **adresser** *vt* (*expédier*)
schicken; (*écrire l'adresse sur*)
adressieren

Adriatique [adʀijatik] *nf* : **l'~**
die Adria *f*

adroit, e [adʀwa, wat] *adj*
geschickt

ADSL [adeeεsεl] *sigle m*
(= *Assymetrical Digital Subscriber
Line*) ADSL *f*

adulte [adylt] *nmf* Erwachsene(r)
f(m)

adultère [adyltεr] *nm*
Ehebruch *m*

advenir [advənir] *vi* sich
ereignen

adverbe [advεrb] *nm* Adverb *nt*

adversaire [advεrsεr] *nmf*
Gegner(in) *m(f)*

adverse [advεrs] *adj* gegnerisch;
la partie ~ die Gegenpartei *f*

adversité [advεrsite] *nf* Not *f*

aération [aerasjɔ̃] *nf* Lüftung *f*
• **aérer** *vt* lüften

aérien, ne [aerjε̃, jεn] *adj* (*Aviat*)
Luft-; (*câble*) überirdisch

aérobic [aerɔbik] *nm ou nf*
Aerobic *m*

aérodrome [aerodrom] *nm*
Flugplatz *m*

aérogare [aerogar] *nf* Terminal
nt

aéroglisseur [aeroglisœr] *nm*
Luftkissenboot *nt*

aéronautique [aeronotik] *adj*
aeronautisch

aéroport [aeropɔr] *nm*
Flughafen *m*

aérosol [aerɔsɔl] *nm* (*bombe*)
Spraydose *f*

affable [afabl] *adj* umgänglich

affaiblir [afeblir] *vt* schwächen;
s'affaiblir *vpr* schwächer werden

affaire [afεr] *nf* (*question*)
Angelegenheit *f*; (*scandale*) Affäre *f*;
(*entreprise, transaction*) Geschäft *nt*;

(*occasion intéressante*) (*günstige*)
Gelegenheit f; **affaires** nfpl
(*activités commerciales*) Geschäfte
pl; (*effets*) Sachen pl
affairer [afeʀe] : **s'~** vpr
geschäftig hin und her eilen
affairisme [afeʀism] nm
Geschäftemacherei f
affaisser [afese] : **s'~** vpr (*terrain,
immeuble*) einstürzen; (*personne*)
zusammenbrechen
affaler [afale] : **s'~** vpr : **s'~ dans/
sur qch** sich erschöpft in/auf etw
acc fallen lassen
affamer [afame] vt aushungern
affectation [afɛktasjɔ̃] nf (*de
crédits*) (Zweck)bindung f; (*à un
poste*) Zuweisung f; (*manque de
naturel*) Geziertheit f; (*simulation*)
Heuchelei f
affecté, e [afɛkte] adj geziert;
(*feint*) geheuchelt
affecter [afɛkte] vt (*toucher*)
berühren, treffen; (*feindre*)
vortäuschen; **~ à** (*personne,
crédits*) zuteilen +dat
affectif, -ive [afɛktif, iv] adj
affektiv
affection [afɛksjɔ̃] nf
Zuneigung f
affectueux, -euse [afɛktɥø, øz]
adj liebevoll
affichage [afiʃaʒ] nm Anschlag f;
(*électronique*) Anzeige f
affiche [afiʃ] nf Plakat nt
• **afficher** vt anschlagen
• **afficheur** nm Plakatankleber m;
(*Inform*) Display nt; **~ à cristaux
liquides** Flüssigkristallanzeige f,
LCD-Anzeige
affilée [afile] : **d'~** adv an
einem Stück

affilier [afilje] : **s'~ à** vpr Mitglied
werden bei
affirmatif, -ive [afiʀmatif, iv]
adj positiv; (*réponse aussi*)
bejahend
affirmation [afiʀmasjɔ̃] nf
Behauptung f
affirmative [afiʀmativ] nf :
répondre par l'~ mit Ja
antworten • **affirmer** vt
behaupten
affligé, e [afliʒe] adj bedrückt
• **affliger** vt (*peiner*) zutiefst
bekümmern
affluence [aflyɑ̃s] nf : **heure d'~**
Stoßzeit f
affluent [aflyɑ̃] nm
Nebenfluss m
affluer [aflye] vi (*secours, biens*)
eintreffen; (*gens, sang*) strömen
afflux [afly] nm (*de gens, de
capitaux*) Zustrom m; **~ de sang**
Blutandrang m
affolant, e [afɔlɑ̃, ɑ̃t] adj
erschreckend • **affolement** nm
Panik f • **affoler** vt verrückt
machen; **s'affoler** vpr
durchdrehen
affranchir [afʀɑ̃ʃiʀ] vt (*lettre,
paquet*) frankieren; (*fig*) befreien
affreux, -euse [afʀø, øz] adj
schrecklich
affrontement [afʀɔ̃tmɑ̃] nm
Konfrontation f • **affronter** vt
(*adversaire*) entgegentreten +dat
affût [afy] nm : **être à l'~ de qn/
qch** auf jdn/etw lauern
affûter [afyte] vt schärfen
afghan, e [afgɑ̃, an] adj
afghanisch
Afghanistan [afganistɑ̃] nm : **l'~**
Afghanistan nt

afin [afɛ̃] : **~ que** conj sodass, damit ; **~ de** faire qch um etw zu tun

africain, e [afʀikɛ̃, ɛn] adj afrikanisch ▸ nm/f : **A~, e** Afrikaner(in) m(f) • **Afrique** nf : l' **~** Afrika nt

AG [aʒe] sigle f (= assemblée générale) Generalversammlung f

agacement [agasmɑ̃] nm Gereiztheit f

agacer [agase] vt aufregen

âge [ɑʒ] nm Alter nt ; (ère) Zeitalter nt ; **quel ~ as-tu ?** wie alt bist du ? • **âgé, e** adj alt ; **~ de 10 ans** 10 Jahre alt

agence [aʒɑ̃s] nf Agentur f ; (succursale) Filiale f ; **~ immobilière** Maklerbüro nt ; **~ matrimoniale** Heiratsvermittlung f, Ehe(anbahnungs)institut nt ; **~ de publicité** Werbeagentur f ; **~ de voyages** Reisebüro nt

agencer [aʒɑ̃se] vt (éléments, texte) zusammenfügen, arrangieren ; (appartement) einrichten

agenda [aʒɛ̃da] nm (calepin) Taschenkalender m

agenouiller [aʒ(ə)nuje] : **s'~** vpr niederknien

agent [aʒɑ̃] nm (élément, facteur) (wirkende) Kraft f ; **~ (de police)** Polizist(in) m(f)

agglomération [aglɔmeʀasjɔ̃] nf Ortschaft f

aggravation [agʀavasjɔ̃] nf Verschlimmerung f

aggraver [agʀave] vt verschlimmern

agile [aʒil] adj beweglich

agir [aʒiʀ] vi (se comporter) sich verhalten ; (entrer en action) handeln ; (avoir de l'effet) wirken

agitation [aʒitasjɔ̃] nf Bewegung f ; (excitation) Erregung f • **agité, e** adj unruhig ; (troublé, excité) aufgeregt, erregt ; (mer) aufgewühlt • **agiter** vt (bouteille) schütteln ; (préoccuper, exciter) beunruhigen

agneau [aɲo] nm Lamm nt

agonie [agɔni] nf Todeskampf m

agoniser [agɔnize] vi in den letzten Zügen liegen

agrafe [agʀaf] nf (de bureau) Heftklammer f ; (de vêtement) Haken m • **agrafer** vt (feuilles de papier) (zusammen)heften • **agrafeuse** nf Heftmaschine f

agraire [agʀɛʀ] adj Agrar-, landwirtschaftlich

agrandir [agʀɑ̃diʀ] vt vergrößern ; (domaine, entreprise aussi) erweitern ; **s'agrandir** vpr größer werden • **agrandissement** nm Vergrößerung f

agréable [agʀeabl] adj angenehm

agréé, e [agʀee] adj : **concessionnaire ~** Vertragshändler m

agrégation [agʀegasjɔ̃] nf höchste Lehramtsbefähigung

agrégé, e [agʀeʒe] nm/f Lehrer(in) mit der höchsten Lehramtsbefähigung, der agrégation

agrément [agʀemɑ̃] nm (accord) Zustimmung f ; (plaisir) Vergnügen nt

agresser [agʀese] vt angreifen • **agresseur** nm Angreifer(in) m(f)

• agressif, -ive adj aggressiv **• agression** nf Aggression f; (attaque) Angriff m **• agressivité** nf Aggressivität f

agricole [agʀikɔl] adj landwirtschaftlich

agriculteur, -trice [agʀikyltœʀ, tʀis] nm/f Landwirt(in) m(f)

agriculture [agʀikyltyʀ] nf Landwirtschaft f

agripper [agʀipe] vt, vr : ~ **qch, s'~ à qch** sich an etw acc klammern

agroalimentaire [agʀoalimɑ̃tɛʀ] (pl **agroalimentaires**) adj Lebensmittel-

agrumes [agʀym] nmpl Zitrusfrüchte pl

aguerrir [ageʀiʀ] vt abhärten, stählen

aguets [age] nmpl : **être aux ~** auf der Lauer liegen

ah ['α] excl oh

ahuri, e [ayʀi] adj verblüfft

ahurissant, e [ayʀisɑ̃, ɑ̃t] adj verblüffend

aide [ɛd] nf Hilfe f ▶ nmf Assistent(in) m(f) **• aide-mémoire** nm inv Gedächtnisstütze f **• aider** vt helfen +dat

aide-soignant, e [ɛdswaɲɑ̃, ɑ̃t] (pl **aides-soignants, es**) nm/f Krankenpfleger(in) m(f)

aigle [ɛgl] nm Adler m

aigre [ɛgʀ] adj sauer, säuerlich **• aigre-doux, -douce** (pl **aigres-doux, -douces**) adj süßsauer; (propos) säuerlich **• aigreur** nf säuerlicher Geschmack m; **~s d'estomac** Sodbrennen nt **• aigri, e** adj verbittert

aigu, -uë [egy] adj (objet, angle, arête) spitz; (son, voix) hoch

aiguillage [eguijaʒ] nm Weiche f

aiguille [eguij] nf Nadel f; (de montre, compteur) Zeiger m; **~ à tricoter** Stricknadel f

aiguilleur [eguijœʀ] nm : **~ du ciel** Fluglotse (Fluglotsin) m(f)

aiguillon [eguijɔ̃] nm Stachel m **• aiguillonner** vt anspornen

aiguiser [egize] vt schleifen, schärfen

ail [aj] nm Knoblauch m

aile [ɛl] nf Flügel m

aileron [ɛlʀɔ̃] nm (de requin) Flosse f; (d'avion) Querruder nt

ailier [elje] nm Flügelspieler(in) m(f)

ailleurs [ajœʀ] adv woanders; **nulle part ~** nirgendwo anders

aimable [ɛmabl] adj freundlich

aimant, e [ɛmɑ̃, ɑ̃t] nm Magnet m

aimer [eme] vt lieben; (d'amitié, affection) mögen; **j'aime mieux ou autant vous dire que** ich sage Ihnen lieber, dass; **j'aimais autant y aller maintenant** ich würde jetzt lieber gehen

aine [ɛn] nf Leiste f

aîné, e [ene] adj älter ▶ nm/f Älteste(r) f(m)

ainsi [ɛ̃si] adv so

air [ɛʀ] nm (atmosphérique, ciel) Luft f; (expression) (Gesichts)ausdruck m; (mélodie) Melodie f; **avoir l'~ triste** traurig aussehen

airbag [ɛʀbag] nm Airbag m; **~ conducteur/passager** Fahrer-/Beifahrerairbag m

aire [ɛʀ] *nf* Fläche *f*; *(domaine)* Gebiet *nt*; **~ de jeu** Spielplatz *m*; **~ de lancement** Abschussrampe *f*; **~ de repos** Raststätte *f*, Rastplatz *m*; **~ de stationnement** Parkplatz *m*

aisance [ɛzɑ̃s] *nf* Leichtigkeit *f*; *(adresse)* Geschicklichkeit *f*; *(richesse)* Wohlstand *m*

aise [ɛz] *nf*: **être à l'~** *ou* **à son ~** sich wohlfühlen

aisé, e [eze] *adj (facile)* leicht; *(assez riche)* gut situiert • **aisément** *adv* leicht

aisselle [ɛsɛl] *nf* Achselhöhle *f*

ajourner [aʒuʀne] *vt* vertagen

ajout [aʒu] *nm* Zusatz *m* • **ajouter** *vt* hinzufügen

ajustement [aʒystəmɑ̃] *nm (de statistique, prix)* Anpassung *f*

ajuster [aʒyste] *vt (régler)* einstellen; **~ qch à** *(adapter)* etw anpassen an +*acc*

alarmant, e [alaʀmɑ̃, ɑ̃t] *adj* beunruhigend

alarme [alaʀm] *nf (signal)* Alarm *m*; *(inquiétude)* Sorge *f* • **alarmer** *vt (inquiéter)* beunruhigen; **s'alarmer** *vpr* sich *dat* Sorgen machen

alarmiste [alaʀmist] *adj* Unheil prophezeiend

albanais, e [albanɛ, ɛz] *adj* albanisch ▶ *nm/f*: **A~, e** Albaner(in) *m(f)*

Albanie [albani] *nf*: **l'~** Albanien *nt*

albatros [albatʀos] *nm* Albatros *m*

albinos [albinos] *nmf* Albino *m*

album [albɔm] *nm* Album *nt*

albumine [albymin] *nf* Albumin *nt*; **avoir** *ou* **faire de l'~** Eiweiß im Urin haben

alcool [alkɔl] *nm* Alkohol *m*; **~ à brûler** Brennspiritus *m* • **alcoolique** *adj* alkoholisch ▶ *nmf* Alkoholiker(in) *m(f)* • **alcoolisé, e** *adj (boisson)* alkoholisch • **alcoolisme** *nm* Alkoholismus *m* • **alcootest®, alcotest®** *nm* Alkoholtest *m*

aléas [alea] *nmpl* Risiken *pl*

aléatoire [aleatwaʀ] *adj* zufällig; *(Inform, Stat)* Zufalls-

alentour [alɑ̃tuʀ] *adv* in der Umgebung; **alentours** *nmpl* Umgebung *f*

alerte [alɛʀt] *nf (signal)* Alarm *m* • **alerter** *vt (pompiers etc)* alarmieren; *(informer, prévenir)* (darauf) aufmerksam machen

Algérie [alʒeʀi] *nf*: **l'~** Algerien *nt* • **algérien, ne** *adj* algerisch ▶ *nm/f*: **A~, ne** Algerier(in) *m(f)*

algorithme [algɔʀitm] *nm* Algorithmus *m*

algue [alg] *nf* Alge *f*

alibi [alibi] *nm* Alibi *nt*

aliéné, e [aljene] *nm/f* Geistesgestörte(r) *f(m)*

aligner [aliɲe] *vt (mettre en ligne)* in einer Reihe ausrichten; **s'aligner** *vpr (concurrents)* sich aufstellen; **~ qch sur** etw angleichen an +*acc*

aliment [alimɑ̃] *nm* Nahrungsmittel *nt* • **alimentaire** *adj* Nahrungs-; *(péj)* lukrativ; **produits** *ou* **denrées ~s** Nahrungsmittel *pl*; **régime ~** Diät *f* • **alimentation** *nf* Ernährung *f*; *(en eau, en électricité)* Versorgung *f*; **« ~ générale »** "Lebensmittel"; **~ en papier** Papiereinzug *m* • **alimenter** *vt* ernähren

allaitement [alɛtmã] *nm* Stillen *nt* • **allaiter** *vt* stillen

allécher [aleʃe] *vt* anlocken

allée [ale] *nf* Allee *f*

allégé, e [aleʒe] *adj* leicht

alléger [aleʒe] *vt* leichter machen; *(dette, impôt)* senken; *(souffrance)* lindern

allégresse [a(l)legrɛs] *nf* Fröhlichkeit *f*

Allemagne [almaɲ] *nf*: **l'~** Deutschland *nt* • **allemand, e** *adj* deutsch ▶ *nm* (Ling) Deutsch *nt* ▶ *nm/f*: **A~, e** Deutsche(r) *f(m)*

---

aller [ale]

▶ *vi* **1** *(se rendre)* gehen; *(en voiture, train etc)* fahren; **~ à l'école** in die Schule gehen; **~ voir/chercher qn** jdn besuchen/abholen gehen

2 *(état)*: **il va bien/mal/mieux** es geht ihm gut/schlecht/besser; **comment allez-vous/vas-tu?** wie geht es (Ihnen/dir)?; **ça va? — oui, ça va** wie gehts? — gut; **ça va bien/mal** es geht mir gut/nicht gut; **tout va bien** alles läuft bestens

3 *(convenir)* passen *+dat*; *(suj: style, couleur etc)* stehen *+dat*; **cette robe vous va très bien** dieses Kleid steht Ihnen sehr gut; **cela me va** das passt mir; **~ avec** passen zu

4 *(futur proche)*: **je vais y ~/me fâcher/le faire** ich werde hingehen/mich ärgern/das machen

▶ *vpr*: **s'en ~** weggehen

▶ *nm* **1** *(trajet)* Hinweg *m*

---

2 *(billet)* einfache Fahrkarte *f*; **~ simple** einfache Fahrkarte; **~ (et) retour** Rückfahrkarte *f*

---

allergie [alɛrʒi] *nf* Allergie *f* • **allergique** *adj*: **~ à** allergisch auf *+acc*

alliance [aljãs] *nf* Allianz *f*; *(bague)* Ehering *m*

allier [alje] *vt* verbünden

allô [alo] *excl* hallo

allocataire [alɔkatɛr] *nmf* Empfänger(in) *m(f)* *(einer Beihilfe)*

allocation [alɔkasjõ] *nf* *(action)* Zuteilung *f*; **~ (de) chômage** Arbeitslosenunterstützung *f*; **~s familiales** Familienhilfe *f*

allocution [a(l)lɔkysjõ] *nf* kurze Ansprache *f*

allonger [alõʒe] *vt* verlängern; *(bras, jambe)* ausstrecken

allumage [alymaʒ] *nm* (Auto) Zündung *f* • **allume-cigare** *nm inv* Zigarrenanzünder *m* • **allumer** *vt* *(lampe, radio)* einschalten; **~ la lumière** *ou* **l'électricité** das Licht anmachen; **~ un feu** ein Feuer machen

allumette [alymɛt] *nf* Streichholz *nt*

allure [alyr] *nf* *(vitesse)* Geschwindigkeit *f*; *(démarche)* Gang *m*; *(aspect)* Aussehen *nt*

allusion [a(l)lyzjõ] *nf* Anspielung *f*

alors [alɔr] *adv* *(à ce moment-là)* damals ▶ *conj* *(par conséquent)* dann

alouette [alwɛt] *nf* Lerche *f*

alourdir [alurdir] *vt* beschweren

alpage [alpaʒ] *nm* Alm *f*

Alpes [alp] *nfpl* : **les ~** die Alpen *pl*

alpestre [alpɛstʀ] *adj* alpin, Alpen-

alphabet [alfabɛ] *nm* Alphabet *nt* • **alphabétique** *adj* alphabetisch; **par ordre ~** in alphabetischer Reihenfolge

alphanumérique [alfanymeʀik] *adj* alphanumerisch

alpin, e [alpɛ̃, in] *adj* Alpen-, alpin; **club ~** Alpenverein *m*

alpinisme [alpinism] *nm* Bergsteigen *nt* • **alpiniste** *nmf* Bergsteiger(in) *m(f)*

Alsace [alzas] *nf* : **l'~** das Elsass • **alsacien, ne** *adj* elsässisch ▶ *nm/f* : **A~, ne** Elsässer(in) *m(f)*

altercation [altɛʀkasjɔ̃] *nf* (heftige) Auseinandersetzung *f*

altérer [alteʀe] *vt* (*faits*) (ab)ändern; (*vérité*) verdrehen; (*qualité*) beeinträchtigen

altermondialisme [altɛʀmɔ̃djalism] *nm* alternative Globalisierung *f* • **altermondialiste** *nmf* Globalisierungskritiker(in) *m(f)* ▶ *adj* globalisierungskritisch

alternance [altɛʀnɑ̃s] *nf* Abwechseln *nt*; **en ~** abwechselnd

alternatif, -ive [altɛʀnatif, iv] *adj* wechselnd; **courant ~** Wechselstrom *m* • **alternative** *nf* Alternative *f* • **alternativement** *adv* abwechselnd

alterner [altɛʀne] *vi* sich abwechseln; **~ avec qch** sich mit etw abwechseln

altiste [altist] *nmf* Bratschist(in) *m(f)*

altitude [altityd] *nf* Höhe *f* (über dem Meeresspiegel)

alto [alto] *nm* (*instrument*) Bratsche *f* ▶ *nf* (*chanteuse*) Altistin *f*

aluminium [alyminjɔm] *nm* Aluminium *nt*

amabilité [amabilite] *nf* Liebenswürdigkeit *f*

amadouer [amadwe] *vt* beschwichtigen

amalgame [amalgam] *nm* Amalgam *nt*; (*de gens, d'idées*) Mischung *f*

amande [amɑ̃d] *nf* Mandel *f* • **amandier** *nm* Mandelbaum *m*

amant, e [amɑ̃, ɑ̃t] *nm/f* Geliebte(r) *f(m)*

amarrer [amaʀe] *vt* (*Naut*) festmachen

amas [ama] *nm* Haufen *m* • **amasser** *vt* anhäufen

amateur [amatœʀ] *nm* Amateur *m(f)*; **~ de musique/ de sport** Musik-/Sportfreund(in) *m(f)*

Amazone [amazon] *nf* Amazonas *m*

ambassade [ɑ̃basad] *nf* Botschaft *f* • **ambassadeur, -drice** *nm/f* Botschafter(in) *m(f)*

ambiance [ɑ̃bjɑ̃s] *nf* Atmosphäre *f*

ambiant, e [ɑ̃bjɑ̃, jɑ̃t] *adj* umgebend

ambigu, -uë [ɑ̃bigy] *adj* zweideutig • **ambiguïté** *nf* Doppeldeutigkeit *f*

ambitieux, -euse [ɑ̃bisjø, jøz] *adj* ehrgeizig

ambition [ɑ̃bisjɔ̃] *nf* Ehrgeiz *m* • **ambitionner** *vt* anstreben

ambivalent, e [ãbivalã, ãt] *adj* ambivalent

ambre [ãbʀ] *nm* : **~ jaune** Bernstein *m*; **~ gris** Amber *m*

ambulance [ãbylãs] *nf* Krankenwagen *m* • **ambulancier, -ière** *nm/f* Sanitäter(in) *m(f)*

ambulant, e [ãbylã, ãt] *adj* Wander-

ambulatoire [ãbylatwaʀ] *adj* (*Méd*) ambulant

âme [ɑm] *nf* Seele *f*

amélioration [ameljɔʀasjɔ̃] *nf* Verbesserung *f* • **améliorer** *vt* verbessern; **s'améliorer** *vpr* besser werden

aménagement [amenaʒmã] *nm* Einrichtung *f* • **aménager** *vt* einrichten; (*espace, terrain*) anlegen

amende [amãd] *nf* Geldstrafe *f*

amendement [amãdmã] *nm* Gesetzesänderung *f*

amender [amãde] *vt* (*loi*) ändern; **s'amender** *vpr* sich bessern

amener [am(ə)ne] *vt* mitbringen; (*occasionner*) mit sich führen

amer, amère [amɛʀ] *adj* bitter

américain, e [ameʀikɛ̃, ɛn] *adj* amerikanisch ▸ *nm/f*: **A~, e** Amerikaner(in) *m(f)* • **Amérique** *nf* Amerika *nt*; **l'~ centrale** Zentralamerika *nt*; **l'~ latine** Lateinamerika *nt*; **l'~ du Nord/du Sud** Nord-/Südamerika *nt*

amertume [amɛʀtym] *nf* Bitterkeit *f*

ameublement [amœbləmã] *nm* Einrichtung *f*

ameuter [amøte] *vt* (*attrouper*) zusammenlaufen lassen

ami, e [ami] *nm/f* Freund(in) *m(f)*; (*réseaux sociaux*): **ajouter qn à sa liste d'~s** jn zu seiner Freundesliste hinzufügen; **supprimer qn de sa liste d'~s** jn aus der Freundesliste löschen; **petit ~/petite ~e** Liebchen *nt*

amiable [amjabl] *adj* : **à l'~** gütlich

amiante [amjãt] *nm* Asbest *m*

amical, e, -aux [amikal, o] *adj* (*conseil, attitude*) freundschaftlich

amidon [amidɔ̃] *nm* Stärke *f* • **amidonner** *vt* stärken

amincir [amɛ̃siʀ] *vt* (*objet*) dünn machen; (*personne*) schlank machen; **s'amincir** *vpr* (*personne*) schlanker werden

amiral, -aux [amiʀal, o] *nm* Admiral *m*

amitié [amitje] *nf* Freundschaft *f*; **faire ses ~s à qn** jdm herzliche Grüße übermitteln *ou* ausrichten

ammoniac [amɔnjak] *nm* Ammoniak *m*

ammoniaque [amɔnjak] *nf* Salmiakgeist *m*

amnésie [amnezi] *nf* Gedächtnisverlust *m*

amnistie [amnisti] *nf* Amnestie *f* • **amnistier** *vt* amnestieren

amoindrir [amwɛ̃dʀiʀ] *vt* vermindern

amont [amɔ̃] *adv* : **en ~** stromaufwärts; (*sur une pente*) bergauf

amorce [amɔʀs] *nf* (*sur un hameçon*) Köder *m*; (*explosif*) Zünder *m* • **amorcer** *vt* (*négociations*) in die Wege leiten; (*virage*) anfahren; **~ un hameçon** einen Köder an den Angelhaken hängen

amortir [amɔʀtiʀ] vt (choc, bruit) dämpfen • **amortissement** nm (de choc) Dämpfen nt; (d'une dette) Abbezahlen nt • **amortisseur** nm (Auto) Stoßdämpfer m

amour [amuʀ] nm Liebe f; **faire l'~** sich lieben

amoureux, -euse [amuʀø, øz] adj verliebt; (vie) Liebes-

amour-propre [amuʀpʀɔpʀ] (pl **amours-propres**) nm Selbstachtung f

amovible [amɔvibl] adj abnehmbar

amphi [ɑ̃fi] nm Hörsaal m

amphithéâtre [ɑ̃fiteatʀ] nm Amphitheater nt; (Univ) Hörsaal m

ample [ɑ̃pl] adj (vêtement) weit • **ampleur** nf Weite f

amplificateur [ɑ̃plifikatœʀ] nm Verstärker m

amplifier [ɑ̃plifje] vt (son, oscillation) verstärken; (importance, quantité) vergrößern

amplitude [ɑ̃plityd] nf (Phys) Amplitude f; (des températures) Schwankung f

ampoule [ɑ̃pul] nf (Élec) (Glüh)birne f; (de médicament) Ampulle f; (aux mains, pieds) Blase f

amputer [ɑ̃pyte] vt (Méd) amputieren; (texte, budget) drastisch kürzen

amusant, e [amyzɑ̃, ɑ̃t] adj komisch; (jeu) unterhaltsam

amuse-gueule [amyzgœl] nm inv Appetithappen m

amusement [amyzmɑ̃] nm (hilarité) Belustigung f; (jeu, divertissement) Unterhaltung f

• **amuser** vt (divertir) unterhalten; (faire rire) belustigen; **s'amuser** vpr (jouer) spielen; (se divertir) sich amüsieren

amygdale [amidal] nf: **opérer qn des ~s** jdm die Mandeln herausnehmen • **amygdalite** nf Mandelentzündung f

an [ɑ̃] nm Jahr nt

anabolisants [anabɔlizɑ̃] nmpl Anabolika pl

anachronique [anakʀɔnik] acj nicht zeitgemäß, anachronistisch

analgésique [analʒezik] nm Schmerzmittel nt

anallergique [analɛʀʒik] adj antiallergisch

analogie [analɔʒi] nf Analogie f

analogique [analɔʒik] adj analog; **calculateur ~** Analogrechner m

analogue [analɔg] adj analog

analyse [analiz] nf Analyse f; **~ syntaxique** (Ling) Satzanalyse • **analyser** vt analysieren • **analyste** nmf (Psych) Analytiker(in) m(f) • **analytique** adj analytisch

ananas [anana(s)] nm Ananas f

anarchie [anaʀʃi] nf Anarchie f

anatomie [anatɔmi] nf Anatomie f

ancestral, e, -aux [ɑ̃sɛstʀal, o] adj Ahnen-

ancêtre [ɑ̃sɛtʀ] nmf Vorfahr m; **ancêtres** nmpl Vorfahren pl

anchois [ɑ̃ʃwa] nm Sardelle f

ancien, ne [ɑ̃sjɛ̃, jɛn] adj alt; (de l'antiquité) antik; (précédent) ehemalig • **ancienneté** nf A ter nt; (temps de service) Dienstalter nt

ancre [ãkʀ] nf Anker m • **ancrer** vt verankern; **s'ancrer** vpr Anker werfen

Andorre [ãdɔʀ] nf Andorra nt

andouille [ãduj] nf Art Wurst (mit Innereien); (fam) Trottel m

andouillette [ãdujɛt] nf Art Würstchen (mit Innereien)

âne [ɑn] nm Esel m

anéantir [aneãtiʀ] vt vernichten

anecdote [anɛkdɔt] nf Anekdote f

anémie [anemi] nf Anämie f
• **anémique** adj anämisch

anémone [anemɔn] nf Anemone f

anesthésie [anɛstezi] nf Betäubung f; **~ générale** Vollnarkose f; **~ locale** örtliche Betäubung

ange [ãʒ] nm Engel m

angine [ãʒin] nf Angina f; **~ de poitrine** Angina pectoris f

anglais, e [ãglɛ, ɛz] adj englisch ▶ nm/f: **A~, e** Engländer(in) m(f)

angle [ãgl] nm Winkel m; **~ aigu** spitzer Winkel; **~ droit** rechter Winkel; **~ obtus** stumpfer Winkel

Angleterre [ãglətɛʀ] nf: l'**~** England nt

anglophone [ãglɔfɔn] adj englischsprachig

angoisse [ãgwas] nf Angst f; **avoir des ~s** Ängste ausstehen
• **angoisser** vt beängstigen

Angola [ãgɔla] nm: l'**~** Angola nt

angora [ãgɔʀa] adj Angora- ▶ nm Angorawolle f

anguille [ãgij] nf Aal m

anguleux, -euse [ãgylø, øz] adj kantig

animal, e, -aux [animal, o] nm Tier nt

animateur, -trice [animatœʀ, tʀis] nm/f (TV, de music-hall) Conférencier m; (de groupe) Leiter(in) m(f), Animateur m

animation [animasjɔ̃] nf (de rue) Belebtheit f; (Ciné) Animation f

animer [anime] vt (donner de la vie à) beleben; (mener) leiten

animosité [animozite] nf Feindseligkeit f

anis [ani(s)] nm Anis m

ankyloser [ãkiloze] s'~ vpr steif werden

annales [anal] nfpl Annalen pl

anneau, x [ano] nm Ring m; (de chaîne) Glied nt

année [ane] nf Jahr nt; **~ scolaire/fiscale** Schuljahr/Finanzjahr nt

annexe [anɛks] nf (bâtiment) Anbau m; (de document, ouvrage) Anhang m • **annexer** vt (pays) annektieren; **~ qch à** (document) etw anhängen an +acc

annihiler [aniile] vt vernichten

anniversaire [anivɛʀsɛʀ] nm Geburtstag m; (d'un événement, bâtiment) Jahrestag m

annonce [anɔ̃s] nf (avis) Ankündigung f; (aussi: **annonce publicitaire**) Anzeige f
• **annoncer** vt ankündigen

annotation [anɔtasjɔ̃] nf Randbemerkung f

annuaire [anɥɛʀ] nm Jahrbuch nt; **~ téléphonique** Telefonbuch nt

annuel, le [anɥɛl] adj jährlich

annulaire [anɥlɛʀ] nm Ringfinger m

annulation [anylasjɔ̃] *nf (d'un rendez-vous)* Absagen *nt*; *(d'un voyage)* Stornieren *nt*; *(d'un contrat)* Annullieren *nt*

annuler [anyle] *vt (rendez-vous)* absagen; *(voyage)* stornieren

anodin, e [anɔdɛ̃, in] *adj* unbedeutend

anomalie [anɔmali] *nf* Anomalie *f*

anonymat [anɔnima] *nm* Anonymität *f*

anonyme [anɔnim] *adj* anonym; *(sans caractère)* unpersönlich

anorak [anɔʀak] *nm* Anorak *m*

anorexie [anɔʀɛksi] *nf* Magersucht *f* • **anorexique** *adj* magersüchtig

anse [ɑ̃s] *nf* Henkel *m*

antarctique [ɑ̃taʀktik] *adj* antarktisch ▸ *nm*: **l'A~** die Antarktis *f*

antécédent [ɑ̃tesedɑ̃] *nm (Ling)* Bezugswort *nt*; **antécédents** *nmpl (Méd)* Vorgeschichte *f*

antenne [ɑ̃tɛn] *nf* Antenne *f*

antérieur, e [ɑ̃teʀjœʀ] *adj (d'avant)* vorhergehend; *(de devant)* vordere(r, s); **~ à** vor +*dat*

anthologie [ɑ̃tɔlɔʒi] *nf* Anthologie *f*

anthracite [ɑ̃tʀasit] *nm* Anthrazit *m*

anti [ɑ̃ti] *préf* anti • **antiatomique** *adj*: **abri ~** Atomschutzbunker *m* • **antibiotique** *nm* Antibiotikum *nt* ▸ *adj* antibiotisch • **antibrouillard** *adj inv*: **phare ~** Nebelscheinwerfer *m* • **antibruit** *adj inv*: **mur ~** Lärmschutzmauer *f*

anticipation [ɑ̃tisipasjɔ̃] *nf* Vorwegnahme *f*; **par ~**

(rembourser etc) im Voraus; **livre d'~** Zukunftsroman *m*; **film d'~** Science-Fiction-Film *m* • **anticipé, e** *adj* Voraus- • **anticiper** *vt* vorausnehmen; *(en imaginant)* voraussahnen

anticoagulant, e [ɑ̃tikɔagylɑ̃, ɑ̃t] *adj* gerinnungshemmend • **anticorps** *nm* Antikörper *m*

anticyclone [ɑ̃tisiklɔn] *nm* Antizyklon *m*

antidémarrage [ɑ̃tidemaʀaʒ] *nm* Wegfahrsperre *f* • **antidopage** *adj*: **contrôle ~** Dopingkontrolle *f* • **antidote** *nm* Gegenmittel *nt* • **antigang** *adj inv*: **brigade ~** Truppe zur Bekämpfung des Bandenunwesens • **antigel** *nm* Frostschutzmittel *nt* • **antihistaminique** *nm* Antihistamin *nt* • **anti-inflammatoire** *nm* entzündungshemmendes Mittel *nt*

Antilles [ɑ̃tij] *nfpl* Antillen *pl*

antilope [ɑ̃tilɔp] *nf* Antilope *f*

antinucléaire [ɑ̃tinykleɛʀ] *adj* Antikernkraft-; **manifestation ~** Demonstration *f* von Kernkraftgegnern

antipathique [ɑ̃tipatik] *adj* unsympathisch

antipollution [ɑ̃tipɔlysjɔ̃] *adj* umweltfreundlich, Umweltschutz-

antiquaire [ɑ̃tikɛʀ] *nmf* Antiquar(in) *m(f)*

antique [ɑ̃tik] *adj* antik; *(très vieux)* uralt

antiquité [ɑ̃tikite] *nf* Antiquität *f*; **l'A~** die Antike; **magasin d'~s** Antiquitätengeschäft *nt*

antirides [ɑ̃tiʀid] *adj* gegen Falten, Falten-

antisémite [ɑ̃tisemit] *adj* antisemitisch • **antisémitisme** *nm* Antisemitismus *m*

antiseptique [ɑ̃tisɛptik] *adj* antiseptisch

antisocial, e, -aux [ɑ̃tisɔsjal, jo] *adj* unsozial

antitabac [ɑ̃titaba] *adj inv* gegen das Rauchen

antivirus [ɑ̃tiviʀys] *nm* (Inform) Antivirensoftware *f*

antivol [ɑ̃tivɔl] *nm, adj :* **(dispositif) ~** Diebstahlsicherung *f*

antre [ɑ̃tʀ] *nm* Höhle *f*

anus [anys] *nm* Anus *m*

anxiété [ɑ̃ksjete] *nf* Bangigkeit *f*

anxieux, -euse [ɑ̃ksjø, jøz] *adj* ängstlich

aorte [aɔʀt] *nf* Aorta *f*

août [u(t)] *nm* August *m* • **aoûtien, ne** *nm/f* Person, die im August in Urlaub geht

apaisement [apɛzmɑ̃] *nm* Beruhigung *f*

apaiser [apeze] *vt* beruhigen; (douleur) lindern

apathie [apati] *nf* Apathie *f* • **apathique** *adj* apathisch

apatride [apatʀid] *nmf* Staatenlose(r) *f(m)*

apercevoir [apɛʀsəvwaʀ] *vt* sehen, erblicken; (saisir) bemerken; **s'apercevoir** *vpr :* **s'~ de** bemerken

aperçu [apɛʀsy] *nm* (vue d'ensemble) Überblick *m*; (idée) Einsicht *f*

apéritif, -ive [apeʀitif, iv] *nm* (boisson) Aperitif *m* ▸ *adj* appetitanregend

aphone [afɔn] *adj* völlig heiser; (Ling) stimmlos

aphrodisiaque [afʀɔdizjak] *adj* aphrodisisch ▸ *nm* Aphrodisiakum *nt*

aphte [aft] *nm* Bläschen *nt* auf der Mundschleimhaut

aphteuse [aftøz] *adj :* **fièvre ~** Maul- und Klauenseuche *f*

apiculteur, -trice [apikyltœʀ, tʀis] *nm/f* Imker(in) *m(f)* • **apiculture** *nf* Imkerei *f*

apitoyer [apitwaje] *vt* (zu Mitleid) rühren

aplanir [aplaniʀ] *vt* (surface) einebnen

aplatir [aplatiʀ] *vt* flach machen

aplomb [aplɔ̃] *nm* (sang-froid) Sicherheit *f*; **d'~** (mur) senkrecht

apoplexie [apɔplɛksi] *nf* Schlaganfall *m*

apostrophe [apɔstʀɔf] *nf* (signe) Apostroph *m*; (interpellation) (rüde) Zwischenbemerkung *f*

apôtre [apotʀ] *nm* Apostel *m*

apparaître [apaʀɛtʀ] *vi* erscheinen

appareil [apaʀɛj] *nm* Apparat *m*; **~ photo(graphique)** Fotoapparat *m*

appareiller [apaʀeje] *vi* (Naut) ablegen

apparemment [apaʀamɑ̃] *adv* anscheinend • **apparence** *nf* Anschein *m* • **apparent, e** *adj* (visible) sichtbar; (évident) offensichtlich; (illusoire, superficiel) anscheinend; **coutures ~es** sichtbare (Zier)nähte *pl*;

poutres/pierres ~es nf ou offen liegende Balken/Mauersteine

apparenté, e [apaʀɑ̃te] adj verwandt mit

apparition [apaʀisjɔ̃] nf Erscheinen nt

appartement [apaʀtəmɑ̃] nm Wohnung f

appartenance [apaʀtənɑ̃s] nf : **~ à** Zugehörigkeit zu

appartenir [apaʀtəniʀ] : **~ à** vt gehören +dat

appât [apɑ] nm Köder m

appel [apɛl] nm (cri, interpellation) Ruf m; (incitation, Tél) Anruf m; (Inform) Aufruf m; (nominal) (namentlicher) Aufruf m
• **appeler** vt rufen; (Tél) anrufen; (qualifier) nennen; **s'appeler** vpr heißen; **comment ça s'appelle ?** wie heißt das? • **appellation** nf Bezeichnung f

appendice [apɛ̃dis] nm (Anat) Blinddarm m; (d'un livre) Anhang m

appendicite [apɛ̃disit] nf Blinddarmentzündung f

appétissant, e [apetisɑ̃, ɑ̃t] adj appetitlich, appetitanregend

appétit [apeti] nm Appetit m; **bon ~ !** guten Appetit!

applaudir [aplodiʀ] vi klatschen
• **applaudissements** nmpl Beifall m

appli [apli] nf App f

applicable [aplikabl] adj anwendbar

application [aplikasjɔ̃] nf (aussi Inform) Anwendung f; (de papier peint etc) Anbringen nt; (attention) Fleiß m; **mettre en ~** anwenden

applique [aplik] nf Wandlampe f

appliqué, e [aplike] adj (élève, ouvrier) fleißig

appliquer [aplike] vt anwenden; (poser) anbringen; **s'appliquer** vpr (élève, ouvrier) sich anstrengen

appoint [apwɛ̃] nm : **faire l'~** (en payant) mit abgezähltem Geld bezahlen

apport [apɔʀ] nm Beitrag m

apporter [apɔʀte] vt bringen

appréciation [apʀesjasjɔ̃] nf (d'immeuble, de distance etc) Schätzung f; (de situation, personne) Einschätzung f

apprécier [apʀesje] vt (personne) schätzen; (distance) abschätzen

appréhender [apʀeɑ̃de] vt (craindre) fürchten; (arrêter) festnehmen

appréhension [apʀeɑ̃sjɔ̃] nf (crainte) Angst f

apprendre [apʀɑ̃dʀ] vt lernen; (nouvelle) erfahren; **~ qch à qn** (informer) jdm etw mitteilen; (enseigner) jdm etw beibringen

apprenti, e [apʀɑ̃ti] nm/f Lehrling m, Auszubildende(r) f(m)
• **apprentissage** nm Lehre f

apprivoiser [apʀivwaze] vt zähmen

approbation [apʀɔbasjɔ̃] nf Zustimmung f

approche [apʀɔʃ] nf (d'un problème) Angehen nt
• **approcher** vi sich nähern; (vacances, date) nahen, näher rücken; **s'approcher de** vpr sich nähern +dat

approfondir [apʀɔfɔ̃diʀ] vt vertiefen

approprié, e [apʀɔpʀije] adj : **~ à** angemessen +dat

approprier [apʀɔpʀije] :
s'approprier vpr sich dat
aneignen

approuver [apʀuve] vt (loi)
annehmen; (projet) genehmigen;
(être d'accord avec) zustimmen +dat

approvisionnement
[apʀɔvizjɔnmɑ̃] nm Belieferung f;
(provisions) Vorräte pl

approvisionner [apʀɔvizjɔne]
vt beliefern, versorgen; (compte
bancaire) auffüllen

approximatif, -ive
[apʀɔksimatif, iv] adj ungefähr

appt abr = **appartement**

appui [apɥi] nm (fig)
Unterstützung f; **prendre ~
sur** sich stützen auf +acc
• **appuyer** vt (soutenir)
unterstützen; **s'appuyer** vpr:
s'~ sur sich stützen auf +acc;
~ sur drücken auf +acc; (frein)
betätigen

âpre [ɑpʀ] adj herb; (voix) rau;
(discussion, lutte) erbittert

après [apʀe] prép nach +dat ▸ adv
danach; **~ coup** hinterher
• **après-demain** adv übermorgen
• **après-guerre** (pl **après-
guerres**) nm Nachkriegszeit f; **d'~**
Nachkriegs- • **après-midi** nm inv
ou nf inv Nachmittag m
• **après-rasage** (pl **après-
rasages**) nm Aftershave nt
• **après-shampo(o)ing** nm
Haarspülung f • **après-ski** (pl
après-skis) nm (chaussure)
Après-Ski-Stiefel m • **après-soleil**
nm After-Sun-Lotion f
• **après-vente** adj inv : **service ~**
Kundendienst m

à-propos [apʀopo] nm inv (d'une
remarque) Schlagfertigkeit f;

faire preuve d'~ seine
Geistesgegenwart beweisen

apte [apt] adj : **~ à qch** zu etw
fähig; (Mil) tauglich • **aptitude** nf
Fähigkeit f; **avoir des ~s pour**
eine Begabung haben für

aquarelle [akwaʀɛl] nf
Aquarellmalerei f; (tableau)
Aquarell nt

aquarium [akwaʀjɔm] nm
Aquarium nt

aquatique [akwatik] adj
Wasser-

aqueduc [ak(ə)dyk] nm
Aquädukt nt

arabe [aʀab] adj arabisch ▸ nm
(Ling) Arabisch nt ▸ nmf : **A~**
Araber(in) m(f)

Arabie [aʀabi] nf : **l'~ Saoudite**
Saudi-Arabien nt

arachide [aʀaʃid] nf Erdnuss f

araignée [aʀeɲe] nf Spinne f

arbitrage [aʀbitʀaʒ] nm (de
match, de conflit) Schlichtung f;
(de débat) Gesprächsführung f;
erreur d'~ Schiedsrichterirrtum m

arbitraire [aʀbitʀɛʀ] adj
willkürlich

arbitre [aʀbitʀ] nm Schlichter m;
(Sport) Schiedsrichter(in) m(f)

arbitrer [aʀbitʀe] vt (conflit)
schlichten; (débat, confrontation)
die Gesprächsführung haben bei;
(Sport) als Schiedsrichter leiten

arborer [aʀbɔʀe] vt (drapeau,
enseigne) gehisst haben; (vêtement, chapeau, attitude) zur
Schau stellen

arbre [aʀbʀ] nm Baum m; **~ de
transmission** Kardanwelle f

arbuste [aʀbyst] nm Strauch m

arc [aʀk] nm Bogen m

arcade [aʀkad] *nf* Arkade *f*;
~ sourcilière
Augenbrauenbogen *m*

arc-en-ciel [aʀkɑ̃sjɛl] (*pl*
arcs-en-ciel) *nm* Regenbogen *m*

archaïque [aʀkaik] *adj*
archaisch, veraltet

archéologie [aʀkeɔlɔʒi] *nf*
Archäologie *f*

archer [aʀʃe] *nm* Bogenschütze *m*

archet [aʀʃɛ] *nm* (*Mus*) Bogen *m*

archevêque [aʀʃəvɛk] *nm*
Erzbischof *m*

archipel [aʀʃipɛl] *nm* Archipel *m*

architecte [aʀʃitɛkt] *nm*
Architekt(in) *m(f)* • **architecture**
nf Architektur *f*

archives [aʀʃiv] *nfpl* Archiv *nt*

arctique [aʀktik] *adj* arktisch
▶ *nm* : **l'A~** die Arktis *f*

ardent, e [aʀdɑ̃, ɑ̃t] *adj* glühend
• **ardeur** *nf* Glut *f*

ardoise [aʀdwaz] *nf* (*matière*)
Schiefer *m*

ardu, e [aʀdy] *adj* schwierig

arène [aʀɛn] *nf* Arena *f*;
arènes *nfpl* (*de corrida*)
Stierkampfarena *f*

arête [aʀɛt] *nf* (*de poisson*)
Gräte *f*

argent [aʀʒɑ̃] *nm* (*métal*) Silber *nt*;
(*monnaie*) Geld *nt*; **~ liquide**
Bargeld *nt* • **argenterie** *nf*
Silber *nt*

argentin, e [aʀʒɑ̃tɛ̃, in] *adj*
(*d'Argentine*) argentinisch
• **Argentine** *nf* : **l'A~** Argentinien *nt*

argentique [aʀʒɑ̃tik] *adj*
(*appareil-photo*) Analog-

argile [aʀʒil] *nf* Ton *m*

argot [aʀgo] *nm* ≈ Slang *m*

argument [aʀgymɑ̃] *nm*
Argument *nt* • **argumentaire** *nm*
(*brochure*) (Verkaufs)broschüre *f*

argus [aʀgys] *nm* Zeitschrift *mit*
Preisen für Gebrauchtwagen

aride [aʀid] *adj* trocken

aristocrate [aʀistɔkʀat] *nmf*
Aristokrat(in) *m(f)* • **aristocratie**
nf Aristokratie *f*

armateur [aʀmatœʀ] *nm*
Reeder *m*

armature [aʀmatyʀ] *nf* Gerüst *nt*

arme [aʀm] *nf* Waffe *f*

armé, e [aʀme] *adj* bewaffnet;
~ de (*garni, équipé*) versehen mit

armée [aʀme] *nf* Armee *f*

armement [aʀməmɑ̃] *nm*
Bewaffnung *f*, Waffen *pl*

armer [aʀme] *vt* bewaffnen

armistice [aʀmistis] *nm*
Waffenstillstand *m*

armoire [aʀmwaʀ] *nf* Schrank *m*

armoiries [aʀmwaʀi] *nfpl*
Wappen *nt*

armure [aʀmyʀ] *nf* Rüstung *f*

arnaque [aʀnak] (*fam*) *nf* : **c'est
de l'~** das ist (doch) Betrug

arobase [aʀɔbaz] *nf* At-Zeichen
nt, Klammeraffe *m*

aromatique [aʀɔmatik] *adj*
aromatisch

arôme [aʀom] *nm* Aroma *nt*

arpenteur [aʀpɑ̃tœʀ] *nm*
Landvermesser *m*

arracher [aʀaʃe] *vt* herausziehen;
(*dent*) ziehen; (*souche, page etc*)
herausreißen

arrangeant, e [aʀɑ̃ʒɑ̃, ɑ̃t] *adj*
verträglich

arranger [aʀɑ̃ʒe] *vt* (*appartement
etc*) einrichten; (*rendez-vous,*

rencontre) vereinbaren; (*voyage*) organisieren; **s'arranger** *vpr* (*se mettre d'accord*) sich einigen

arrestation [aʀɛstasjɔ̃] *nf* Festnahme *f*

arrêt [aʀɛ] *nm* (*de projet, construction*) Einstellung *f*; (*de croissance, hémorragie, trafic*) Stillstand *m*; (*de bus etc*) Haltestelle *f*; **sans ~** ununterbrochen

arrêter [aʀete] *vt* anhalten; (*projet, construction*) einstellen; (*suspect, criminel*) festnehmen; **s'arrêter** *vpr* stehen bleiben; (*pluie, bruit*) aufhören; **~ de faire qch** aufhören, etw zu tun

arrhes [aʀ] *nfpl* Anzahlung *f*

arrière [aʀjɛʀ] *adj inv* : **feu/siège ~** Rücklicht *nt* / Rücksitz *m* ▶ *nm* (*d'une voiture*) Heck *nt*; **roue ~** Hinterrad *nt*; **en ~** rückwärts

arrière- [aʀjɛʀ] *préf* Hinter-, Nach- • **arrière-goût** (*pl* **arrière-goûts**) *nm* Nachgeschmack *m* • **arrière-grand-mère** (*pl* **arrière-grands-mères**) *nf* Urgroßmutter *f* • **arrière-grand-père** (*pl* **arrière-grands-pères**) *nm* Urgroßvater *m* • **arrière-pays** *nm inv* Hinterland *nt* • **arrière-pensée** (*pl* **arrière-pensées**) *nf* Hintergedanke *m* • **arrière-plan** (*pl* **arrière-plans**) *nm* Hintergrund *m*

arrimer [aʀime] *vt* (*chargement*) festzurren

arrivage [aʀivaʒ] *nm* Eingang *m*

arrivée [aʀive] *nf* Ankunft *f*

arriver [aʀive] *vi* ankommen; (*survenir*) geschehen, sich

ereignen; **j'arrive à faire qch** es gelingt mir, etw zu tun

arriviste [aʀivist] *nmf* Streber *m*

arrobase *nf* ≈ **arobase**

arrogance [aʀɔgɑ̃s] *nf* Arroganz *f* • **arrogant, e** *adj* arrogant

arroger [aʀɔʒe] : **s'~** *vpr* sich *dat* anmaßen

arrondir [aʀɔ̃diʀ] *vt* (*forme, objet*) runden; (*somme* : *en augmentant*) aufrunden; (: *en diminuant*) abrunden

arrondissement [aʀɔ̃dismɑ̃] *nm* ≈ Verwaltungsbezirk *m*

arroser [aʀoze] *vt* gießen; (*Culin* : *fêter*) begießen • **arrosoir** *nm* Gießkanne *f*

arsenal, -aux [aʀsənal, o] *nm* (*dépôt d'armes*) Waffenlager *nt*, Arsenal *nt*; (*Naut*) Marinewerft *f*; (*matériel*) Ausrüstung *f*

art [aʀ] *nm* Kunst *f*

artère [aʀtɛʀ] *nf* Arterie *f*; (*rue*) Verkehrsader *f*

arthrite [aʀtʀit] *nf* Arthritis *f*

arthrose [aʀtʀoz] *nf* Arthrose *f*

artichaut [aʀtiʃo] *nm* Artischocke *f*

article [aʀtikl] *nm* Artikel *m*

articulation [aʀtikylasjɔ̃] *nf* (*Anat*) Gelenk *nt* • **articuler** *vt* (*mot, phrase*) aussprechen

artifice [aʀtifis] *nm* Trick *m*

artificiel, le [aʀtifisjɛl] *adj* künstlich

artisan [aʀtizɑ̃] *nm* Handwerker(in) *m(f)* • **artisanal, e, -aux** *adj* handwerklich • **artisanat** *nm* Handwerk *nt*

artiste [aʀtist] *nmf* Künstler(in) *m(f)* • **artistique** *adj* künstlerisch

as [ɑs] *nm* Ass *nt*

ascendant, e [asɑ̃dɑ̃, ɑ̃t] *adj*
aufsteigend ▶ *nm* (*Astrol*)
Aszendent *m*; (*influence*)
Einfluss *m*

ascenseur [asɑ̃sœʀ] *nm*
Aufzug *m*

ascension [asɑ̃sjɔ̃] *nf*
Besteigung *f*; (*d'un ballon etc*)
Aufstieg *m*; **l'A~** (*Christi*)
Himmelfahrt *f*

asiatique [azjatik] *adj* asiatisch
▶ *nmf*: **A~** Asiat *m*, Asiatin *f*

Asie [azi] *nf*: **l'~** Asien *nt*

asile [azil] *nm* Zuflucht *f*; (*Pol*)
Asyl *nt*; (*pour malades mentaux*)
Anstalt *f*, Heim *nt*; **droit d'~**
Asylrecht *nt*

aspect [aspɛ] *nm* (*apparence, air*)
Aussehen *nt*; (*point de vue*) Aspekt
m, Gesichtspunkt *m*

asperge [aspɛʀʒ] *nf* Spargel *m*

asperger [aspɛʀʒe] *vt* bespritzen

asphyxie [asfiksi] *nf* Ersticken *nt*
• **asphyxier** *vt* ersticken; (*fig*)
lähmen

aspic [aspik] *nm* (*Zool*) Natter *f*;
(*Culin*) Sülze *f*

aspirateur [aspiʀatœʀ] *nm*
Staubsauger *m*; **passer l'~**
staubsaugen

aspiration [aspiʀasjɔ̃] *nf* (*d'air*)
Einatmen *nt*; (*de liquide, poussière
etc*) Aufsaugen *nt*; **~s** (*ambitions*)
Ziele *pl* • **aspirer** *vt* (*respirer*)
einatmen; **~ à qch** nach etw
streben

aspirine [aspiʀin] *nf* Aspirin® *nt*

assagir [asaʒiʀ]: **s'assagir** *vpr*
ruhiger werden

assaillir [asajiʀ] *vt* angreifen;
~ qn de jdn überschütten mit

assaisonnement [asɛzɔnmɑ̃]
nm Gewürz *nt* • **assaisonner** *vt*
(*plat*) würzen; (*salade*)
anmachen

assassin [asasɛ̃] *nm* Mörder *m*
• **assassinat** *nm* Ermordung *f*
• **assassiner** *vt* ermorden

assaut [aso] *nm* (*Mil*)
Sturmangriff *m*; **prendre d'~**
stürmen

assécher [asefe] *vt* trockenlegen

assemblée [asɑ̃ble] *nf*
Versammlung *f* • **assembler** *vt*
zusammensetzen; (*mots, idées*)
verbinden; **s'assembler** *vpr*
(*personnes*) sich versammeln
• **assembleur** *nm* Assembler *m*

assentiment [asɑ̃timɑ̃] *nm*
Zustimmung *f*

asseoir [aswaʀ] *vt* hinsetzen;
(*autorité, réputation*) festigen;
s'asseoir *vpr* sich hinsetzen

assermenté, e [asɛʀmɑ̃te] *adj*
vereidigt

assertion [asɛʀsjɔ̃] *nf*
Behauptung *f*

assez [ase] *adv* genug; (*avec
adjectif, adverbe*) ziemlich

assidu, e [asidy] *adj* eifrig
• **assiduité** *nf* Eifer *m*,
Gewissenhaftigkeit *f*; **assiduités**
nfpl ständige Bemühungen *pl*

assiette [asjɛt] *nf* Teller *m*;
~ anglaise ≈ kalte Platte *f*

assimiler [asimile] *vt* (*aliments*)
verdauen; (*connaissances, idée*)
verarbeiten; (*immigrants, nouveaux
venus*) integrieren, aufnehmen;
~ qch/qn à (*comparer*) etw/jdn
gleichstellen mit

assis, e [asi, iz] *adj* sitzend;
être ~ sitzen

assise [asiz] *nf* (d'une maison) Unterbau *m*; (fig) Grundlage *f*; **assises** *nfpl* (Jur) ≈ Schwurgericht *nt*

assistance [asistɑ̃s] *nf* (public) Publikum *nt*; (aide) Hilfe *f* • **assistant, e** *nm/f* Assistent(in) *m(f)* • **assisté, e** *nm/f* ≈ Sozialhilfeempfänger(in) *m(f)* • **assister** *vt* (seconder) helfen +*dat*; • **à** dabei sein bei

association [asɔsjasjɔ̃] *nf* Vereinigung *f*; ~ **d'idées** Gedankenassoziation *f* • **associé, e** *nm/f* Partner(in) *m(f)* • **associer** *vt* vereinigen; (mots, idées) verbinden; ~ **qn à** (projets, profits) jdn beteiligen an +*dat*

assommer [asɔme] *vt* niederschlagen

Assomption [asɔ̃psjɔ̃] *nf*: **l'~** Mariä Himmelfahrt *f*

assorti, e [asɔrti] *adj* zusammenpassend; **fromages/ légumes ~s** Käse-/Gemüseplatte *f*; ~ **à** passend zu • **assortiment** *nm* Auswahl *f*

assoupir [asupir]: **s'~** *vpr* einschlummern

assouplir [asuplir] *vt* geschmeidig machen; (fig) lockern • **assouplissant** *nm* Weichspüler *m*

assourdir [asurdir] *vt* dämpfen, abschwächen; (rendre sourd) taub machen

assujettir [asyʒetir] *vt* unterwerfen; ~ **qn à qch** (impôt) jdm etw auferlegen

assumer [asyme] *vt* übernehmen

assurance [asyrɑ̃s] *nf* (confiance en soi) Selbstbewusstsein *nt*; (contrat, garantie) Versicherung *f*; ~ **annulation** Reiserücktrittsversicherung *f*; ~ **maladie** Krankenversicherung *f*; ~ **voyage** Reiseversicherung *f*; ~ **vol** Diebstahlversicherung *f* • **assuré, e** *nm/f* Versicherte(r) *f(m)* • **assurément** *adv* sicherlich, ganz gewiss • **assurer** *vt* (contre un risque) versichern; (succès, victoire) sichern

astérisque [asterisk] *nm* Sternchen *nt*

asthmatique [asmatik] *adj* asthmatisch

asthme [asm] *nm* Asthma *nt*

asticot [astiko] *nm* Made *f*

astiquer [astike] *vt* polieren

astre [astr] *nm* Gestirn *nt*

astreindre [astrɛ̃dr] *vt*: ~ **qn à qch** jdn zu etw zwingen; ~ **qn à faire qch** jdn dazu zwingen, etw zu tun

astrologie [astrɔlɔʒi] *nf* Astrologie *f* • **astrologique** *adj* astrologisch • **astrologue** *nmf* Astrologe (Astrologin) *m(f)*

astronaute [astronot] *nmf* Astronaut (Astronautin) *m(f)*

astronomie [astrɔnɔmi] *nf* Astronomie *f* • **astronomique** *adj* astronomisch

astuce [astys] *nf* (ingéniosité) Findigkeit *f*; (truc) Trick *m* • **astucieux, -euse** *adj* schlau, pfiffig

atelier [atəlje] *nm* Werkstatt *f*; (de peintre) Atelier *nt*

athée [ate] *adj* atheistisch

athlète [atlɛt] *nmf* Athlet(in) *m(f)* • **athlétisme** *nm* Leichtathletik *f*

atlantique [atlɑ̃tik] *nm*: **l'(océan) A~** der Atlantische Ozean

atlas [atlas] *nm* Atlas *m*

atmosphère [atmɔsfɛʀ] *nf* Atmosphäre *f*; (*air*) Luft *f*

atome [atom] *nm* Atom *nt* • **atomique** *adj* Atom-

atomiseur [atɔmizœʀ] *nm* Zerstäuber *m*

atout [atu] *nm* Trumpf *m*

atroce [atʀɔs] *adj* entsetzlich

attabler [atable]: **s'~** *vpr* sich an den Tisch setzen

attachant, e [ataʃɑ̃, ɑ̃t] *adj* liebenswert

attache [ataʃ] *nf* (*agrafe*) (Heft)klammer *f*; (*fig*) Bindung *f*, Band *nt*

attaché, e [ataʃe] *adj*: **être ~ à** (*aimer*) sehr hängen an +*dat* ▶ *nm* (*Admin*) Attaché *m*; **~ d'ambassade** Botschaftsattaché *m*; **~ commercial** Handelsattaché *m*; **~ de presse** Presseattaché *m*

attachement [ataʃmɑ̃] *nm* Zuneigung *f*

attacher [ataʃe] *vt* befestigen; (*ceinture, tablier*) umbinden; (*souliers*) binden, zuschnüren

attaque [atak] *nf* Angriff *m*; (*Méd: cardiaque*) Anfall *m*; (*: cérébrale*) Schlaganfall *m* • **attaquer** *vt* angreifen; (*travail*) in Angriff nehmen

attarder [ataʀde]: **s'~** *vpr* sich lange aufhalten

atteindre [atɛ̃dʀ] *vt* erreichen; (*blesser*) treffen • **atteint, e** *adj* (*Méd*): **être ~ de** leiden an +*dat*

atteinte [atɛ̃t] *nf* Angriff *m*; **hors d'~** außer Reichweite; **porter ~ à** angreifen

attelle [atɛl] *nf* Schiene *f*

attenant, e [at(ə)nɑ̃, ɑ̃t] *adj*: **~ à** angrenzend an +*acc*

attendre [atɑ̃dʀ] *vt* warten auf +*acc*; (*être destiné ou réservé à, espérer*) erwarten; **~ qch de qn/ qch** etw von jdm/einer Sache *dat* erwarten; **~ un enfant** ein Kind erwarten

attendrir [atɑ̃dʀiʀ] *vt* (*personne*) rühren

attendu, e [atɑ̃dy] *adj* erwartet

attentat [atɑ̃ta] *nm* Attentat *nt*, Anschlag *m*; **~ à la pudeur** Sittlichkeitsvergehen *nt*

attente [atɑ̃t] *nf* Warten *nt*; (*espérance*) Erwartung *f*; **contre toute ~** entgegen allen Erwartungen

attenter [atɑ̃te]: **~ à** *vt* (*liberté*) antasten; **~ à la vie de qn** einer Anschlag auf jds Leben *acc* machen

attentif, -ive [atɑ̃tif, iv] *adj* aufmerksam; (*soins, travail*) sorgfältig

attention [atɑ̃sjɔ̃] *nf* Aufmerksamkeit *f*; **faire ~ à** achtgeben auf +*acc*; **~ !** Vorsicht!, Achtung! • **attentionné, e** *adj* aufmerksam, zuvorkommend

attentisme [atɑ̃tism] *nm* Abwartepolitik *f*

attentivement [atɑ̃tivmɑ̃] *cdv* aufmerksam

atténuant, e [atenɥɑ̃, ɑ̃t] *ad*: **circonstances ~es** mildernde Umstände *pl* • **atténuer** *vt* abschwächen

atterrir [ateʀiʀ] *vi* landen • **atterrissage** *nm* Landung *f*

attestation [atɛstasjɔ̃] *nf*
Bescheinigung *f* • **attester** *vt*
bestätigen

attirail [atiʀaj] *nm* Ausrüstung *f*;
(*péj*) Zeug *nt*

attirer [atiʀe] *vt* anlocken;
(*chose, aimant etc*) anziehen

attitude [atityd] *nf*
(*comportement*) Verhalten *nt*;
(*position du corps, état d'esprit*)
Haltung *f*

attraction [atʀaksjɔ̃] *nf*
(*attirance*) Reiz *m*; (*Phys*)
Anziehungskraft *f*; (*de foire*)
Attraktion *f*

attrait [atʀɛ] *nm* Reiz *m*

attraper [atʀape] *vt* fangen;
(*train, maladie, amende*) bekommen

attrayant, e [atʀɛjɑ̃, ɑ̃t] *adj*
attraktiv

attribuer [atʀibɥe] *vt* (*prix*)
verleihen; (*rôle, tâche*) zuweisen

attribut [atʀiby] *nm* Merkmal *nt*,
Kennzeichen *nt*; (*Ling*) Attribut *nt*

au [o] *voir* **à**

aubaine [obɛn] *nf* unverhoffter
Glücksfall *m*

aube [ob] *nf* Morgengrauen *nt*;
à l'~ de bei Tagesanbruch; **à l'~ de**
bei Anbruch +*gén*

auberge [obɛʀʒ] *nf*; **~ de
jeunesse** Jugendherberge *f*

aubergine [obɛʀʒin] *nf*
Aubergine *f*

aubergiste [obɛʀʒist] *nmf*
Gastwirt(in) *m(f)*

aucun, e [okœ̃, yn] *adj* kein(e)
▶ *pron* keine(r, s); **sans ~ doute**
zweifellos

audace [odas] *nf* Kühnheit *f*; (*péj*:
culot) Frechheit *f* • **audacieux,
-euse** *adj* kühn

au-delà [od(ə)la] *adv* weiter ▶ *nm
inv*: **l'~** das Jenseits *nt*; **~ de**
jenseits von; (*de limite, somme etc*)
über +*dat*

au-dessous [odsu] *adv* darunter,
unten; **~ de** unter +*dat*; (*avec verbe
de mouvement*) unter +*acc*

au-dessus [odsy] *adv* darüber,
oben; **~ de** über +*dat*; (*avec verbe
de mouvement*) über +*acc*

au-devant [od(ə)vɑ̃] *prép*: **aller
~ de** entgegengehen +*dat*

audience [odjɑ̃s] *nf* (*entrevue*)
Audienz *f*; (*Jur*: *séance*) Sitzung *f*

audimat® [odimat] *nm inv* (*taux
d'écoute*) Einschaltquote *f*

audiovisuel, le [odjovizɥɛl] *adj*
audiovisuel ▶ *nm* Funk und
Fernsehen *pl*

auditeur, -trice [oditœʀ, tʀis]
nm/f (Zu)hörer(in) *m(f)*

audition [odisjɔ̃] *nf* (*ouïe*) Gehör
nt; (*de témoins*) Anhörung *f*;
(*Théât*) Vorsprechen *nt*
• **auditionner** *vt* (*Mus*) vorspielen
lassen; (: *chanteur*) vorsingen
lassen; (*Théât*) vorsprechen lassen

auditoire [oditwaʀ] *nm*
Publikum *nt*

augmentation [ɔgmɑ̃tasjɔ̃] *nf*
Erhöhung *f*; **~ (de salaire)**
Gehaltserhöhung *f* • **augmenter**
vt erhöhen; (*grandeur*) erweitern
▶ *vi* zunehmen, sich vergrößern;
(*vitesse, prix*) steigen; (*vie, produit*)
teurer werden

augure [ogyʀ] *nm* (*prophète*)
Wahrsager(in) *m(f)*; **être de bon/
mauvais ~** ein gutes/schlechtes
Zeichen sein

aujourd'hui [oʒuʀdɥi] *adv*
heute; (*de nos jours*) heutzutage

a

auparavant [opaʀavɑ̃] *adv*
vorher, zuvor

auprès [opʀɛ] : **~ de** *prép* bei

auquel [okɛl] *prép +pron voir*
lequel

auriculaire [oʀikylɛʀ] *nm* kleiner
Finger *m*

aurore [oʀoʀ] *nf*
Morgendämmerung *f*; **~ boréale**
Nordlicht *nt*

ausculter [oskylte] *vt* abhorchen

aussi [osi] *adv* auch, ebenfalls;
(*dans comparaison*) (genau)so; (*si,
tellement*) so; **lui ~** er auch
• **aussitôt** *adv* sofort, sogleich

austère [ostɛʀ] *adj* (*personne*)
streng; (*paysage*) karg • **austérité**
nf (*Écon*) Sparmaßnahmen *pl*

austral, e [ostʀal] *adj* südlich,
Süd-

Australie [ostʀali] *nf*: **l'~**
Australien *nt* • **australien, ne** *adj*
australisch ▸ *nm/f*: **A~, ne**
Australier(in) *m(f)*

autant [otɑ̃] *adv* so viel; **~ (que)**
genauso viel (wie); **~ (de)**
(*nombre*) so viele; (*quantité*) so viel

autel [otɛl] *nm* Altar *m*

auteur [otœʀ] *nm* (*écrivain*)
Autor(in) *m(f)*; (*d'un crime*)
Täter(in) *m(f)* • **auteur-
compositeur** (*pl* **auteurs-
compositeurs**) *nm*
≈ Liedermacher(in) *m(f)*

authentique [otɑ̃tik] *adj* echt;
(*véridique*) wahr

autisme [otism] *nm* Autismus *m*
• **autiste** *adj* autistisch

auto [oto] *préf* Auto-,
Selbst- • **autobiographie** *nf*
Autobiografie *f*

autobus [otobys] *nm* Bus *m*

autocar [otokaʀ] *nm*
Reisebus *m*

autocollant, e [otokɔlɑ̃, ɑ̃t] *adj*
selbstklebend ▸ *nm* Aufkleber *m*

auto-couchettes [otokuʃɛt] *adj*
inv: **train ~** Autoreisezug *m*

autocritique [otokʀitik]
Selbstkritik *f*

autocuiseur [otokɥizœʀ] *nm*
Schnellkochtopf *m*

autodéfense [otodefɑ̃s] *nf*
Selbstverteidigung *f*

autodidacte [otodidakt]
Autodidakt(in) *m(f)*

auto-école [otoekɔl] (*pl*
auto-écoles) *nf* Fahrschule *f*

autoentrepreneur [otoɑ̃tʀə-
pʀɑ̃nœʀ] *nmf* selbständiger
Einzelunternehmer *m*

autogestion [otoʒɛstjɔ̃] *nf*
Selbstverwaltung *f*

autographe [otogʀaf] *nm*
Autogramm *nt*

automate [otomat] *nm* Automat
m • **automatique** *adj*
automatisch
• **automatiquement** *adv*
automatisch • **automatiser** *vt*
automatisieren • **automatisme**
nm Automatismus *m*

automnal, e, -aux [otonal, o]
adj herbstlich

automne [otɔn] *nm* Herbst *m*

automobile [otomobil] *nf* Auto
nt • **automobiliste** *nmf*
Autofahrer(in) *m(f)*

autonome [otonɔm] *adj*
autonom; (*appareil, système*)
unabhängig • **autonomie** *nf*
Unabhängigkeit *f*; (*Pol*)
Autonomie *f*

autopsie [otopsi] *nf* Autopsie *f*

autoradio [otoʀadjo] *nm*
Autoradio *nt*

autorisation [ɔtɔʀizasjɔ̃] *nf*
Genehmigung *f*, Erlaubnis *f*
• **autorisé, e** *adj (source)* offiziell;
(opinion) maßgeblich • **autoriser**
vt genehmigen; *(chose)*
berechtigen zu

autoritaire [ɔtɔʀitɛʀ] *adj*
autoritär

autorité [ɔtɔʀite] *nf* Autorität *f*;
faire ~ maßgeblich sein

autoroute [otoʀut] *nf* Autobahn
f; **~ de l'information**
Datenautobahn *f*

auto-stop [otostɔp] *nm inv*
Trampen *nt*; **faire de l'~** per
Anhalter fahren, trampen
• **auto-stoppeur, -euse** *(pl*
auto-stoppeurs, -euses) *nm/f*
Anhalter(in) *m(f)*

autour [otuʀ] *adv* herum, umher;
~ de qch um etw *acc* herum;
(environ) etwa etw; **tout ~**
rundherum

autre [otʀ] *adj, pron* andere(r, s);
un(e) ~ ein anderer/eine andere/
ein anderes; **je préférerais un ~**
verre ich möchte lieber ein
anderes Glas; **je voudrais un ~**
verre d'eau *(supplémentaire)* ich
möchte noch ein Glas Wasser;
~ part anderswo; **d'~ part**
andererseits; **nous/vous ~s** wir/
ihr; **d'~s** andere; **l'~** der/die/das
andere; **les ~s** die anderen;
entre ~s unter anderem
• **autrefois** *adv* früher, einst
• **autrement** *adv (d'une manière*
différente) anders; *(sinon)* sonst;
je n'ai pas pu faire ~ ich konnte
nicht anders; **~ dit** anders
ausgedrückt

Autriche [otʀiʃ] *nf*: **l'~** Österreich
nt • **autrichien, ne** *adj*
österreichisch ▸ *nm/f*: **A~, ne**
Österreicher(in) *m(f)*

autruche [otʀyʃ] *nf* Strauß *m*

autrui [otʀɥi] *pron* die
anderen *pl*

auvent [ovɑ̃] *nm (de tente)*
Vorzelt *nt*

Auvergne [ovɛʀɲ] *nf*: **l'~** die
Auvergne *f*

aux [o] *voir* **à**

auxiliaire [ɔksiljɛʀ] *adj*
Hilfs- ▸ *nmf (Admin)* Hilfskraft *f*

auxquels [okɛl] *prép +pron voir*
lequel

av. *abr* = **avenue**

aval [aval] *nm (accord)*
Unterstützung *f*; **en ~ de**
flussabwärts von

avalanche [avalɑ̃ʃ] *nf* Lawine *f*

avaler [avale] *vt* verschlingen

avance [avɑ̃s] *nf (sur un*
concurrent) Vorsprung *m*; *(opposé à*
retard) Verfrühung *f*; **avances** *nfpl*
(ouvertures) Annäherungsversuche
pl; **être en ~** zu früh dran sein;
à l'~, d'~, par ~ im Voraus

avancement [avɑ̃smɑ̃] *nm*
(professionnel) Beförderung *f*

avancer [avɑ̃se] *vi* sich
vorwärtsbewegen; *(dans le temps)*
voranschreiten; *(montre, réveil)*
vorgehen ▸ *vt* vorschieben;
(montre) vorstellen; **s'avancer** *vpr*
(s'approcher) näher kommen

avant [avɑ̃] *prép* vor *+dat*; *(avec*
verbe de mouvement) vor *+acc* ▸ *adj*
inv: **siège/roue ~** Vordersitz *m*/
Vorderrad *nt* ▸ *nm (d'un véhicule)*
Vorderteil *nt*; **~ tout** vor allem;
en ~ nach vorne

avantage [avɑ̃taʒ] nm Vorteil m • **avantager** vt bevorzugen • **avantageux, -euse** adj vorteilhaft

avant-bras [avɑ̃bʀa] nm inv Unterarm m • **avant-centre** (pl **avant-centres**) nm Mittelstürmer m • **avant-dernier, -ière** adj vorletze(r, s) ▸ nm/f Vorletzte(r) f(m) • **avant-garde** (pl **avant-gardes**) nf (Mil) Vorhut f; (fig) Avantgarde f, Vorreiter m; d'**~** avantgardistisch • **avant-goût** (pl **avant-goûts**) nm Vorgeschmack m • **avant-hier** adv vorgestern • **avant-première** (pl **avant-premières**) nf (de film) Voraufführung f • **avant-projet** (pl **avant-projets**) nm Pilotprojekt nt • **avant-propos** nm inv Vorwort nt • **avant-veille** nf : l'**~** zwei Tage davor

avare [avaʀ] adj geizig • **avarice** nf Geiz m

avarié, e [avaʀje] adj verdorben

avec [avɛk] prép mit ; (en plus de, à l'égard de) zu

avenir [avniʀ] nm Zukunft f

Avent [avɑ̃] nm Advent m

aventure [avɑ̃tyʀ] nf Abenteuer nt • **aventurer** : s'**aventurer** vpr sich wagen • **aventurier, -ière** nm/f Abenteurer(in) m(f)

avenue [avny] nf Allee f

avérer [aveʀe] : s'**~** vpr : s'**~ faux/coûteux** sich als falsch/kostspielig erweisen

averse [avɛʀs] nf Regenschauer m

aversion [avɛʀsjɔ̃] nf Abneigung f

avertir [avɛʀtiʀ] vt benachrichtigen ; **~ qn de qch**

jdn vor etw dat warnen • **avertissement** nm Warnung f • **avertisseur** nm (Auto) Hupe f

aveu [avø] nm Geständnis nt

aveugle [avœgl] adj blind • **aveuglément** adv blindlings • **aveugler** vt blenden ; (fig : amour, colère) blind machen

aviateur, -trice [avjatœʀ, tʀis] nm/f Flieger(in) m(f) • **aviation** nf Luftfahrt f

aviculture [avikyltyʀ] nf Geflügelzucht f

avide [avid] adj begierig ; (péj) gierig

avion [avjɔ̃] nm Flugzeug nt ; **aller (à Pise) en ~** (nach Pisa) fliegen

aviron [aviʀɔ̃] nm Ruder nt ; (sport) Rudern nt

avis [avi] nm Meinung f ; **être d'~ que** der Meinung sein, dass; **changer d'~** seine Meinung ändern

avisé, e [avize] adj (sensé) vernünftig

aviser [avize] vt (voir) bemerken ; **~ qn de qch** jdn von etw in Kenntnis setzen

avocat, e [avɔka, at] nm/f (Jur) Rechtsanwalt m, Rechtsanwältin f ▸ nm (Culin) Avocado f ; **~ général** ≈ Staatsanwalt m

avoine [avwan] nf Hafer m

---

avoir [avwaʀ]

▸ vt **1** haben ; **il a les yeux gris** er hat graue Augen; **vous avez du sel ?** haben Sie Salz?; **~ faim/peur** Hunger/Angst haben; **~ qch à faire** etw zu tun haben **2** (âge, dimensions) : **il a 3 ans** er ist 3 Jahre alt

3 (*fam : duper*) hereinlegen
4 (*train, prix, renseignement*) bekommen
5 : en ~ assez genug haben
▶ *vb aux* **1** haben; **~ mangé/ dormi** gegessen/geschlafen haben
2 (*avoir à + infinitif*) : **~ à faire qch** etw tun müssen
▶ *vb impers* **1: il y a** es gibt; **il y a des hommes, qui …** es gibt Männer, die …; **il n'y a qu'à faire qch** man braucht nur etw zu tun
2 (*temporel*) : **il y a 10 ans** vor 10 Jahren
▶ *nm* Vermögen *nt*; (*Comm*) Guthaben *nt*

avoisiner [avwazine] *vt* angrenzen an +*acc*

avortement [avɔʀtəmɑ̃] *nm* Abtreibung *f* • **avorter** *vi* abtreiben, misslingen, scheitern

avoué [avwe] *nm* nicht plädierender Anwalt

avouer [avwe] *vt* gestehen

avril [avʀil] *nm* April *m*

axe [aks] *nm* Achse *f*

azalée [azale] *nf* Azalee *f*

Azerbaïdjan [azɛʀbaidʒɑ̃] *nm* : **l'~** Aserbaidschan *nt*

azote [azɔt] *nm* Stickstoff *m*

azur [azyʀ] *nm* (*couleur*) Azur(blau) *nt*, Himmelsblau *nt*

b

baba [baba] *nm* : **~ au rhum** rumgetränkter Kuchen

bâbord [babɔʀ] *nm* : **à** *ou* **par ~** backbord

babouin [babwɛ̃] *nm* Pavian *m*

baby-foot [babifut] *nm inv* Tischfußball *m*

baby-sitter [babisitœʀ] (*pl* **baby-sitters**) *nmf* Babysitter(in) *m(f)*

baby-sitting [babisitiŋ] *nm* Babysitten *nt*

bac[1] [bak] *nm* (*bateau*) Fähre *f*

bac[2] [bak] *abr m* (= *baccalauréat*) ≈ Abi *nt*

baccalauréat [bakalɔʀea] *nm* ≈ Abitur *nt*

bacille [basil] *nm* Bazillus *m*

bâcler [bakle] *vt* pfuschen

bactérie [bakteʀi] *nf* Bakterie *f*

badaud, e [bado, od] *nm/f* Schaulustige(r) *f(m)*

badge [badʒ] *nm* Button *m*

badigeonner [badiʒɔne] *vt* tünchen; (*Méd*) bepinseln

badminton [badminton] *nm* Badminton *nt*

baffe [baf] (*fam*) *nf* Ohrfeige *f*

baffle [bafl] *nm* Lautsprecherkette *f*

bafouiller [bafuje] *vi*, *vt* stammeln

bagage [bagaʒ] *nm* : **bagages** *nmpl* Gepäck *nt* ; **~s à main** Handgepäck *nt*

bagarre [bagaʀ] *nf* Rauferei *f*
• **bagarrer** : **se ~** *vpr* sich raufen
• **bagarreur, -euse** *adj* rauflustig ▶ *nm/f* Raufbold *m*

bagatelle [bagatɛl] *nf* Kleinigkeit *f*

bagne [baɲ] *nm* Strafkolonie *f*

bagnole [baɲɔl] (*fam*) *nf* Auto *nt*

bagout [bagu] *nm* : **avoir du ~** ein geschmiertes *ou* gutes Mundwerk haben

bague [bag] *nf* Ring *m*

baguette [bagɛt] *nf* Stab *m* ; (*pain*) Stangenweißbrot *nt*

Bahamas [baamas] *nm* : **les** (**îles**) **~** die Bahamas *pl*

Bahreïn [baʀɛn] *nm* Bahrein *nt*

baie [bɛ] *nf* (*Géo*) Bucht *f* ; (*fruit*) Beere *f*

baignade [bɛɲad] *nf* Baden *nt*
• **baigner** *vt* baden ; **se baigner** *vpr* schwimmen ; (*dans une baignoire*) baden • **baigneur, -euse** *nm/f* Badende(r) *f(m)*
• **baignoire** *nf* Badewanne *f*

bail, baux [baj, bo] *nm* Mietvertrag *m*

bâiller [baje] *vi* gähnen

bailleur [bajœʀ] *nm* : **~ de fonds** Geldgeber *m*

bain [bɛ̃] *nm* Bad *nt* ; **se mettre dans le ~** sich mit einer Sache vertraut machen ; **~ de pieds** Fußbad *nt* ; **~ de soleil** Sonnenbad *nt* ; **~s de mer** Baden im Meer
• **bain-marie** (*pl* **bains-marie**) *nm* Wasserbad *nt*

baiser [beze] *nm* Kuss *m* ▶ *vt* (*embrasser*) küssen ; (*fam !* : *coucher avec*) bumsen (*fam !*), ficken (*fam !*)

baisse [bɛs] *nf* Sinken *nt* • **baisser** *vt* (*store, vitre*) herunterlassen ; (*radio*) leiser stellen ; (*chauffage*) niedriger stellen ; (*prix*) herabsetzen ▶ *vi* fallen ; **se baisser** *vpr* sich bücken

bal [bal] *nm* Ball *m*

balade [balad] *nf* Spaziergang *m* ; (*en voiture*) Spazierfahrt *f*
• **balader** *vt* (*traîner*) mit sich herumschleppen ; (*promener*) spazieren führen ; **se balader** *vpr* spazieren gehen

baladeur [baladœʀ] *nm* Walkman® *m*

balai [balɛ] *nm* Besen *m*

balance [balɑ̃s] *nf* Waage *f* ; **la B~** (*Astrol*) die Waage • **balancer** *vt* schwenken ; **se balancer** *vpr* schaukeln • **balancier** *nm* (*de pendule*) Pendel *nt* ; (*perche*) Balancierstange *f* • **balançoire** *f* (*suspendue*) Schaukel *f* ; (*sur pivot*) Wippe *f*

balayer [baleje] *vt* (aus)fegen
• **balayeur, -euse** *nm/f* Straßenkehrer(in) *m(f)* ▶ *nf* (*engin*) Straßenkehrmaschine *f*

balbutier [balbysje] *vi*, *vt* stammeln

balcon [balkɔ̃] *nm* Balkon *m*

Bâle [bal] *nm* Basel *nt*

baleine [balɛn] *nf* Wal(fisch) *m*

balisage [balizaʒ] *nm* Befeuerung *f*, Markierung *f*

• balise nf (Naut) Bake f,
Seezeichen nt; (Aviat)
Befeuerungslicht nt; (Auto, Ski)
Markierung f **• baliser** vt
befeuern, markieren
balivernes [balivɛʀn] nfpl
Geschwätz nt
Balkans [balkã] nmpl : **les ~** die
Balkanländer pl
ballast [balast] nm Schotter m
balle [bal] nf Ball m; (d'arme à feu)
Kugel f; (du blé) Spreu f; (paquet)
Ballen m; **~ perdue** verirrte Kugel
ballerine [bal(ə)ʀin] nf Ballerina
f; (chaussure) leichter, flacher
Damenschuh
ballet [balɛ] nm Ballett nt
ballon [balɔ̃] nm Ball m
ballottage [balɔtaʒ] nm (Pol)
Stichwahl f
balnéaire [balneɛʀ] adj Bade-
balnéothérapie [balneoteʀapi]
nf Bäderkur f
balourd, e [baluʀ, uʀd] adj
linkisch
baltique [baltik] adj baltisch
▶ nf : **la (mer) B~** die Ostsee f
balustrade [balystʀad] nf
Geländer nt
bambin [bãbɛ̃] nm kleines Kind nt
bambou [bãbu] nm Bambus m
ban [bã] nm : **être au ~ de**
ausgestoßen sein aus; **bans** nmpl
(de mariage) Aufgebot nt; **mettre
au ~ de** ausstoßen aus
banal, e [banal] adj banal
• banaliser vt banal machen
• banalité f Banalität f
banane [banan] nf Banane f
banc [bã] nm (siège) Bank f
bancaire [bãkɛʀ] adj Bank-

bancal, e [bãkal] adj wackelig
bandage [bãdaʒ] nm Verband m
bande [bãd] nf (de tissu etc)
Streifen m, Band nt; (Méd) Binde f;
~ dessinée Comic m
• bande-annonce (pl
bandes-annonces) nf Vorschau f
bandeau [bãdo] nm Stirnband nt
bander [bãde] vt (blessure)
verbinden ▶ vi (fam !) einen stehen
haben (fam)
banderole [bãdʀɔl] nf
Spruchband nt
bande-son [bãdsɔ̃] (pl
bandes-son) nf Tonspur f
bandit [bãdi] nm Bandit m; (fig :
escroc) Gauner m
Bangladesh [bãɡladɛʃ] nm : **le ~**
Bangladesch nt
banlieue [bãljø] nf Vorort m;
quartier de ~ Vorstadtviertel nt
• banlieusard, e nm/f
Vorortbewohner(in) m(f);
(voyageur) Pendler(in) m(f)
bannière [banjɛʀ] nf Banner nt
bannir [baniʀ] vt verbannen
banque [bãk] nf Bank f;
~ d'affaires Handelsbank f; **~ à
domicile** Homebanking nt; **~ de
données** Datenbank f;
~ d'organes Organbank f
banqueroute [bãkʀut] nf
Bankrott m
banquet [bãke] nm Festmahl nt
banquette [bãkɛt] nf Sitzbank f
banquier [bãkje] nm Bankier m
baptême [batɛm] nm Taufe f
• baptiser vt taufen
baquet [bakɛ] nm Zuber m, Kübel m
bar [baʀ] nm Bar f; (comptoir)
Tresen m

baraque [baʀak] nf (cabane, hutte) Hütte f; **~ foraine** Jahrmarktsbude f

baraqué, e [baʀake] (fam) adj gut beieinander

baratin [baʀatɛ̃] (fam) nm : **faire du ~ à qn** jdn beschwatzen • **baratiner** (fam) vt einreden auf +acc

barbare [baʀbaʀ] adj barbarisch; (inculte) unzivilisiert ▶ nmf Barbar(in) m(f) • **barbarie** nf Barbarei f

barbe [baʀb] nf Bart m; **~ à papa** Zuckerwatte f

barbecue [baʀbəkju] nm Barbecue nt

barbelé [baʀbəle] nm Stacheldraht m

barber [baʀbe] (fam) vt tödlich langweilen

barbiturique [baʀbityʀik] nm Schlafmittel nt

barboter [baʀbɔte] vi waten ▶ vt (fam) klauen

barbouiller [baʀbuje] vt beschmieren

barbu, e [baʀby] adj bärtig

barbue [baʀby] nf (poisson) Glattbutt m

barde [baʀd] nf (Culin) Speckstreifen m ▶ nm (poète) Barde m

barème [baʀɛm] nm Skala f

baril [baʀi(l)] nm (de pétrole) Barrel nt

bariolé, e [baʀjɔle] adj bunt

barman [baʀman] nm Barkeeper m

baromètre [baʀɔmɛtʀ] nm Barometer nt

baroque [baʀɔk] adj barock; (fig) seltsam

barque [baʀk] nf Barke f

barrage [baʀaʒ] nm Damm m; (sur route) Straßensperre f; **~ de police** Polizeisperre f

barre [baʀ] nf Stange f; (Naut) Ruderpinne f; **~ chocolatée** Schokoriegel m; **~ d'espacement** Leertaste f; **~ d'icônes** Symbolleiste f

barreau, x [baʀo] nm Stab m

barrer [baʀe] vt (route etc) (ab)sperren; (mot) (durch)streichen; (chèque) zur Verrechnung ausstellen

barrette [baʀɛt] nf (pour les cheveux) Spange f

barreur [baʀœʀ] nm Steuermann m

barricade [baʀikad] nf Barrikade f • **barricader** vt verbarrikadieren; **se barricader** vpr : **se ~ chez soi** sich verbarrikadieren

barrière [baʀjɛʀ] nf Zaun m; (de passage à niveau) Schranke f; (obstacle) Hindernis nt; **~ acoustique** Lärmschutzwall m

barrique [baʀik] nf Fass nt

baryton [baʀitɔ̃] nm Bariton m

bas, basse [bɑ, bɑs] adj niedrig ▶ nm (chaussette) Strumpf m; (partie inférieure) : **le ~ de …** der untere Teil von … ▶ adv niedrig, tief; **en ~** unten; **de ~ en haut** von oben bis unten

basalte [bazalt] nm Basalt m

basané, e [bazane] adj braun gebrannt

basculer [baskyle] vi (um)fallen; (benne etc) (um)kippen ▶ vt (faire basculer) (um)kippen

base [bɑz] *nf* Basis *f*; **~ de données** Datenbank *f*

base-ball [bɛzbol] *nm* Baseball *m*

baser [bɑze] *vt* : **~ qch sur** etw basieren auf +*acc*; **se baser** *vpr* : **se ~ sur** sich stützen auf +*acc*

bas-fond [bafɔ̃] (*pl* **bas-fonds**) *nm* (Naut) Untiefe *f*; **bas-fonds** *nmpl* (fig) Abschaum *m*

basilic [bazilik] *nm* Basilikum *nt*

basilique [bazilik] *nf* Basilika *f*

basket [baskɛt] *nm* Basketball *m*

basket-ball [baskɛtbol] *nm* Basketball *m*

baskets [baskɛt] *nfpl* (chaussures) Turnschuhe *pl*

basque [bask] *adj* baskisch

basse [bɑs] *adj f voir* **bas** ▶ *nf* (Mus) Bass *m* • **basse-cour** (*pl* **basses-cours**) *nf* (Hühner)hof *m*

Basse-Saxe [bassaks] *nf* : **la ~** Niedersachsen *nt*

basset [basɛ] *nm* Basset *m*

bassin [basɛ̃] *nm* Becken *nt*; (pièce d'eau) Bassin *nt*

bassiste [basist] *nmf* Kontrabassspieler(in) *m(f)*

basson [basɔ̃] *nm* (instrument) Fagott *nt*

bastingage [bastɛ̃gaʒ] *nm* Reling *f*

bastion [bastjɔ̃] *nm* Bastion *f*; (fig) Bollwerk *nt*

bas-ventre [bavɑ̃tʀ] (*pl* **bas-ventres**) *nm* Unterleib *m*

bataille [bataj] *nf* Schlacht *f*, Kampf *m*

batavia [batavja] *nf* Bataviasalat *m*

bateau, x [bato] *nm* Schiff *nt* • **bateau-mouche** (*pl* **bateaux-mouches**) *nm* Ausflugsdampfer auf der Seine

bâti, e [bati] *adj* (terrain) bebaut; **bien ~** gut gebaut

batifoler [batifole] *vi* herumalbern

bâtiment [batimɑ̃] *nm* Gebäude *nt*; (Naut) Schiff *nt*; **le ~** (industrie) das Baugewerbe *nt*

bâtir [batiʀ] *vt* bauen

bâton [batɔ̃] *nm* Stock *m*; **~ de rouge (à lèvres)** Lippenstift *m*

batraciens [batʀasjɛ̃] *nmpl* Amphibien *pl*

battage [bataʒ] *nm* Werbung *f*

battant, e [batɑ̃, ɑ̃t] *nm* (de volet, de porte) Flügel *m*

batterie [batʀi] *nf* (Mil, Élec) Batterie *f*; (Mus) Schlagzeug *nt*

batteur [batœʀ] *nm* (Mus) Schlagzeuger(in) *m(f)*; (Culin) Rührgerät *nt*

battre [batʀ] *vt* schlagen; **se battre** *vpr* sich schlagen

battue [baty] *nf* Treibjagd *f*

baud [bo] *nm* Baud *nt*

baume [bom] *nm* Balsam *m*

bauxite [boksit] *nf* Bauxit *m*

bavard, e [bavaʀ, aʀd] *adj* schwatzhaft • **bavardage** *nm* Geschwätz *nt* • **bavarder** *vi* schwatzen

bavarois, e [bavaʀwa, waz] *adj* bay(e)risch

bave [bav] *nf* Speichel *m*; (de chien etc) Geifer *m*; (d'escargot etc) Schleim *m* • **baver** *vi* sabbern; **en ~** (fam) ganz schön ins Schwitzen kommen

bavette [bavɛt] *nf* Lätzchen *nt*

baveux, -euse [bavø, øz] *adj* sabbernd; (*omelette*) flüssig

Bavière [bavjɛʀ] *nf* : **la ~** Bayern *nt*

bavure [bavyʀ] *nf* (*fig*) Schnitzer *m*

bazar [bazaʀ] *nm* Basar *m* ; (*fam* : *désordre*) Durcheinander *nt*

BCBG [besebeʒe] *sigle* (= *bon chic bon genre*) chic

BD [bede] *sigle f* (= *bande dessinée*) Comic *m*

bd *abr* = **boulevard**

béant, e [beɑ̃, ɑ̃t] *adj* weit offen

béat, e [bea, at] *adj* (glück)selig

beau, belle [bo, bɛl] (*devant nom masculin commençant par une voyelle ou un h muet* **bel**, *mpl* **beaux**) *adj* schön; (*homme*) gut aussehend; **il fait ~** es ist schönes Wetter

beaucoup [buku] *adv* viel; **~ de** (*nombre*) viele; (*quantité*) viel; **~ plus de** viel mehr; **~ trop de** (*nombre*) viel zu viele; (*quantité*) viel zu viel

beau-fils [bofis] (*pl* **beaux-fils**) *nm* Schwiegersohn *m* ; (*d'un remariage*) Stiefsohn *m*
 • **beau-frère** (*pl* **beaux-frères**) *nm* Schwager *m* • **beau-père** (*pl* **beaux-pères**) *nm* Schwiegervater *m* ; (*d'un remariage*) Stiefvater *m*

beauté [bote] *nf* Schönheit *f*

beaux-arts [bozaʀ] *nmpl* schöne Künste *pl*

beaux-parents [boparɑ̃] *nmpl* Schwiegereltern *pl*

bébé [bebe] *nm* Baby *nt* • **bébé-éprouvette** (*pl* **bébés-éprouvette**) *nm* Retortenbaby *nt*

bec [bɛk] *nm* Schnabel *m*

bécane [bekan] *nf* (*fam*) Fahrrad *rt*

bécasse [bekas] *nf* Waldschnepfe *f*

bec-de-lièvre [bɛkdəljɛvʀ] (*pl* **becs-de-lièvre**) *nm* Hasenscharte *f*

bêche [bɛʃ] *nf* Spaten *m* • **bêcher** *vt* umgraben

bedaine [bədɛn] *nf* Wanst *m*

bédé [bede] (*fam*) *nf* Comic *m*

bedonnant, e [bədɔnɑ̃, ɑ̃t] *adj* dick(bäuchig)

bée [be] *adj* : **bouche ~** mit offenem Mund

beffroi [befʀwa] *nm* Glockenturm *m*

bégayer [begeje] *vi, vt* stottern, stammeln

beige [bɛʒ] *adj* beige

beignet [bɛɲɛ] *nm* Krapfen *m*

bel [bɛl] *adj m voir* **beau**

bêler [bele] *vi* blöken

belette [bəlɛt] *nf* Wiesel *nt*

belge [bɛlʒ] *adj* belgisch ▶ *nmf* : **B~** Belgier(in) *m(f)* • **Belgique** *nf* : **la ~** Belgien *nt*

bélier [belje] *nm* Widder *m* ; (*engin*) Rammbock *m* ; **être (du) B~** (*Astrol*) Widder sein

belle [bɛl] *adj f voir* **beau**
 • **belle-fille** (*pl* **belles-filles**) *nf* Schwiegertochter *f* ; (*d'un remariage*) Stieftochter *f*
 • **belle-mère** (*pl* **belles-mères**) *nf* Schwiegermutter *f* ; (*d'un remariage*) Stiefmutter *f*
 • **belle-sœur** (*pl* **belles-sœurs**) *nf* Schwägerin *f*

belliqueux, -euse [belikø, øz] *adj* kriegerisch

belote [bəlɔt] *nf Kartenspiel mit 32 Karten*

belvédère [bɛlvedɛʀ] *nm* Aussichtspunkt *m*

bémol [bemɔl] *nm* b *nt*, Erniedrigungszeichen *nt*

bénédiction [benediksjɔ̃] *nf* Segen *m*

bénéfice [benefis] *nm* Gewinn *m*; *(avantage)* Nutzen *m*
• **bénéficiaire** *nm* Nutznießer *m*
• **bénéficier** *vi* : **~ de** *(avoir)* genießen; *(tirer profit de)* Nutzen ziehen aus; *(obtenir)* erhalten

bénéfique [benefik] *adj* vorteilhaft

bénévole [benevɔl] *adj* freiwillig
• **bénévolement** *adv* freiwillig

Bénin [benɛ̃] *nm* : **le ~** Benin *nt*

bénin, -igne [benɛ̃, iɲ] *adj* gütig; *(Méd)* gutartig

bénir [beniʀ] *vt* segnen
• **bénit, e** *adj* : **eau ~e** Weihwasser *nt*

benjamin, e [bɛ̃ʒamɛ̃, in] *nm/f* Benjamin *m*

benne [bɛn] *nf (de camion)* Kipplader *m*; *(de téléphérique)* Gondel *f*

BEPC [beəpse] *sigle m* (= *brevet d'études du premier cycle)* ≈ *mittlere Reife f*

béquille [bekij] *nf* Krücke *f*; *(de bicyclette)* Ständer *m*

berceau, x [bɛʀso] *nm* Wiege *f*
• **bercer** *vt* wiegen

berceuse [bɛʀsøz] *nf* Wiegenlied *nt*

béret [beʀɛ] *nm* : **~ (basque)** Baskenmütze *f*

berge [bɛʀʒ] *nf* Ufer *nt*

berger, -ère [bɛʀʒe, ɛʀ] *nm/f* Schäfer(in) *m(f)* ▸ *nf (fauteuil)* ≈ Polstersessel *m*; **~ allemand** *(chien)* Schäferhund *m* • **bergerie** *nf* Schafstall *m*

Berlin [bɛʀlɛ̃] Berlin *nt*

berline [bɛʀlin] *nf (Auto)* Limousine *f*

berlingot [bɛʀlɛ̃go] *nm (emballage)* Tetrapack® *nt*

berlinois, e [bɛʀlinwa, waz] *adj* Berliner

bermuda [bɛʀmyda] *nm* Bermudas *pl*

Bermudes [bɛʀmyd] *nfpl* : **les (îles) ~** die Bermudas *pl*

Berne [bɛʀn] *n* Bern *nt*

berne [bɛʀn] *nf* : **en ~** auf halbmast

berner [bɛʀne] *vt* zum Narren halten

besogne [bəzɔɲ] *nf* Arbeit *f*

besoin [bəzwɛ̃] *nm* Bedürfnis *nt*, Bedarf *m*; **au ~** notfalls; **avoir ~ de qch** etw nötig haben; **avoir ~ de faire qch** etw tun müssen

bestiaux [bɛstjo] *nmpl* Vieh *nt*

bestiole [bɛstjɔl] *nf* Tierchen *nt*

bêtabloquant [betablɔkɑ̃] *nm* Betablocker *m*

bétail [betaj] *nm* Vieh *nt*

bête [bɛt] *nf* Tier *nt* ▸ *adj* dumm
• **bêtise** *nf* Dummheit *f*; **dire une ~** Unsinn reden

béton [betɔ̃] *nm* Beton *m*; **~ armé** Stahlbeton *m*

bette [bɛt] *nf* Mangold *m*

betterave [bɛtʀav] *nf*; **~ (rouge)** Rote Bete *f*

beur [bœʀ] *nmf* junger Franzose maghrebinischer Abstammung

beurre [bœr] *nm* Butter *f*
• **beurrer** *vt* buttern • **beurrier**
nm Butterdose *f*

bévue [bevy] *nf* Schnitzer *m*

Bhoutan [butã] *nm* : **le ~**
Bhutan *nt*

biais [bjɛ] *nm* Schrägstreifen *m*;
par le ~ de mittels +*gén*; **en ~,**
de ~ (*obliquement*) schräg

biaiser [bjeze] *vi* (*fig*) ausweichen

bibelot [biblo] *nm*
Ziergegenstand *m*

biberon [bibʀɔ̃] *nm*
(Saug)flasche *f*

bible [bibl] *nf* Bibel *f*

bibliobus [biblijobys] *nm*
Fahrbücherei *f*

bibliophile [biblijɔfil] *nmf*
Bücherfreund(in) *m(f)*

bibliothécaire [biblijɔtekɛʀ]
nmf Bibliothekar(in) *m(f)*
• **bibliothèque** *nf* (*meuble*)
Bücherschrank *m*; (*institution*)
Bibliothek *f*; **~ municipale**
Stadtbücherei *f*

biblique [biblik] *adj* biblisch

bicarbonate [bikaʀbɔnat] *nm* :
~ (de soude) Natron *nt*

biceps [bisɛps] *nm* Bizeps *m*

biche [biʃ] *nf* Hirschkuh *f*

bichonner [biʃɔne] *vt*
verhätscheln

bicolore [bikɔlɔʀ] *adj* zweifarbig

bicoque [bikɔk] (*péj*) *nf*
Bruchbude *f*

bicyclette [bisiklɛt] *nf*
Fahrrad *nt*

bide [bid] (*fam*) *nm* (*ventre*) Bauch
m; (*Théât*) Reinfall *m*

bidet [bidɛ] *nm* Bidet *nt*

bidon [bidɔ̃] *nm* Kanister *m*

bidonville [bidɔ̃vil] *nm*
Slumvorstadt *f*

bidule [bidyl] (*fam*) *nm* Dingsda *nt*

b

bien [bjɛ̃]

▶ *nm* **1** (*avantage, profit*) : **faire**
du ~ à qn jdm gut tun; **dire du**
~ de qn/qch gut von jdm/etw
sprechen; **c'est pour son ~**
que ... es ist zu seinem Guten,
dass ...; **changer en ~** sich zum
Guten wenden; **mener à ~** zum
guten Ende führen; **je te veux**
du ~ ich meine es gut mit dir
2 (*possession, patrimoine*) Besitz
m; **avoir du ~** Besitz haben; **~s**
de consommation
Verbrauchsgüter *pl*
3 (*moral*) : **le ~** das Gute; **faire**
le ~ Gutes tun; **le ~ public** das
Allgemeinwohl
▶ *adv* **1** (*de façon satisfaisante*) gut
2 (*valeur intensive*) sehr; **~ jeune**
ein bisschen (zu) jung;
~ souvent sehr oft; **j'en ai ~**
assez ich habe wirklich genug
davon; **~ mieux** sehr viel besser;
~ sûr ! sicher!; **c'est ~ fait !** er
etc verdient es!; **j'espère ~ y**
aller ich hoffe doch, dass ich
dort hingehe; **je veux ~ le faire**
(*concession*) ich will es ja gerne
machen; **j'ai ~ téléphoné** ich
habe wirklich telefoniert; **il faut**
~ l'admettre *ou* **le reconnaître**
das muss man einfach zugeben
3 (*beaucoup*) : **~ du temps/des**
gens viel Zeit/viele Leute
4 : **~ que** obwohl
▶ *adj inv* **1** (*en bonne forme, à**
l'aise) : **être/se sentir ~** sich
wohlfühlen; **je ne me sens**
pas ~ mir ist nicht gut

2 (*joli, beau*) schön; **elle est ~, cette femme** das ist eine hübsche Frau
3 (*satisfaisant, adéquat*) gut; **elle est ~, cette maison** dieses Haus ist genau richtig
4 (*juste, moral*) : **ce n'est pas ~ de faire ça** das macht man nicht
5 (*convenable*) : **des gens ~** feine Leute *pl*
6 (*en bons termes*) : **être ~ avec qn** auf freundschaftlichem Fuß mit jdm stehen
• **bien-être** *nm* Wohlbefinden *nt*
• **bienfaisance** *nf* Wohltätigkeit *f* • **bienfaisant, e** *adj* (*chose*) gut, zuträglich • **bienfait** *nm* (*acte*) gute Tat; (*avantage*) Vorteil *m*
• **bienfaiteur, -trice** *nm/f* Wohltäter(in) *m(f)* • **bien-fondé** *nm* Berechtigung *f*
• **bienheureux, -euse** *adj* glücklich

biennal, e, -aux [bjɛnal, o] *adj* (*plan*) Zweijahres-; (*exposition*) alle zwei Jahre stattfindend
bientôt [bjɛto] *adv* bald; **à ~** bis bald
bienveillance [bjɛ̃vɛjɑ̃s] *nf* Wohlwollen *nt* • **bienveillant, e** *adj* wohlwollend
bienvenu, e [bjɛ̃vəny] *adj* willkommen ▶ *nm/f* : **être le ~/ la ~e** willkommen sein ▶ *nf* : **souhaiter la ~e à qn** jdn willkommen heißen; **~e à Bienne** willkommen in Biel
bière [bjɛʀ] *nf* Bier *nt*
bifteck [biftɛk] *nm* Beefsteak *nt*
bifurcation [bifyʀkasjɔ̃] *nf* Gabelung *f* • **bifurquer** *vi* (*route*) sich gabeln; (*véhicule*) abbiegen

bigorneau, x [bigɔʀno] *nm* Strandschnecke *f*
bigot, e [bigo, ɔt] *adj* bigott ▶ *nm/f* Frömmler(in) *m(f)*
bigoudi [bigudi] *nm* Lockenwickler *m*
bijou, x [biʒu] *nm* Schmuckstück *nt*; **mes ~x** mein Schmuck *m* • **bijouterie** (*magasin*) Juwelierladen *m* • **bijoutier, -ière** *nm/f* Juwelier *m*
bikini [bikini] *nm* Bikini *m*
bilan [bilɑ̃] *nm* Bilanz *f*; **faire le ~ de** die Bilanz ziehen aus
bile [bil] *nf* Galle *f* • **biliaire** *adj* Gallen-
bilingue [bilɛ̃g] *adj* zweisprachig
billard [bijaʀ] *nm* Billard *nt*; (*table*) Billardtisch *m*; **~ électrique** Flipper *m*
bille [bij] *nf* Kugel *f*; (*de verre*) Murmel *f*
billet [bijɛ] *nm* (*argent*) Banknote *f*; (*de cinéma, musée etc*) Eintrittskarte *f*; (*de bus etc*) Fahrkarte *f*; **~ d'avion** Flugticket *nt*, Flugschein *m*; **~ de banque** Banknote *f*; **~ circulaire** Rundreiseticket *nt*; **~ électronique** E-Ticket *nt*; **~ de loterie** Lotterielos *nt*; **~ de train** Fahrkarte • **billetterie** *nf* (*pour spectacles*) Kasse *f*; (*pour transports*)
bimensuel, le [bimɑ̃sɥɛl] *adj* vierzehntägig
binaire [binɛʀ] *adj* binär
bio [bjo] *adj* Bio- • **biocarburant** [bjokaʀbyʀɑ̃] *nm* Biokraftstoff *m*
biochimie [bjoʃimi] *nf* Biochemie *f*

biochimique [bjoʃimik] *adj*
biochemisch

biodégradable [bjodegʀadabl]
adj biologisch abbaubar

biodiversité [bjodivɛʀsite] *nf*
Artenvielfalt *f*

bioéthique [bjoetik] *nf* Bioethik *f*

biographie [bjɔgʀafi] *nf*
Biografie *f*

biographique [bjɔgʀafik] *adj*
biografisch

biologie [bjɔlɔʒi] *nf* Biologie *f*
• **biologique** *adj* biologisch;
(*agriculture, alimentation*)
biodynamisch • **biologiste** *nmf*
Biologe *m*, Biologin *f*

biomasse [bjomas] *nf* Biomasse *f*

biopsie [bjɔpsi] *nf* Biopsie *f*

bioterrorisme [bjotɛʀɔʀism]
nm Bioterrorismus *m*

biotope [bjɔtɔp] *nm* Biotop *m*
ou *nt*

bip [bip] *nm* : ~ **sonore** Pfeifton *m*

biplan [biplɑ̃] *nm* Doppeldecker *m*

bipolaire [bipɔlɛʀ] *adj* bipolar

Birmanie [biʀmani] *nf* : **la ~**
Birma *nt*

bis, e [*adj* bi, biz *adv, excl, nm* bis]
adj (*couleur*) graubraun ▶ *adv*
(*après un chiffre*) : **12 ~** ≈ 12 a ▶ *nm*
Zugabe *f*

bisannuel, le [bizanɥɛl] *adj*
zweijährlich

biscornu, e [biskɔʀny] *adj*
unförmig, ungestalt; (*péj* : *idée,
esprit*) bizarr

biscotte [biskɔt] *nf* Zwieback *m*

biscuit [biskɥi] *nm* Keks *m* ou *nt*

bise [biz] *nf* (*baiser*) Kuss *m*

bisexuel, le [bisɛksɥɛl] *adj*
bisexuell

bisou [bizu] (*fam*) *nm* Küsschen *nt*

bisque [bisk] *nf* : ~ **d'écrevisses,/
de homard** Garnelen-/
Hummersuppe *f*

bissextile [bisɛkstil] *adj* :
année ~ Schaltjahr *nt*

bistro, bistrot [bistʀo] *nm*
Lokal *nt*

bit [bit] *nm* Bit *nt*

bitume [bitym] *nm* Asphalt *m*

bivouac [bivwak] *nm* Biwak *nt*

bizarre [bizaʀ] *adj* bizarr

blackbouler [blakbule] *vt*
stimmen gegen

blafard, e [blafaʀ, aʀd] *adj* bleich

blague [blag] *nf* Witz *m*; (*farce*)
Streich *m* • **blaguer** *vi* Witze
machen • **blagueur, -euse** (*fam*)
adj neckend

blaireau, x [blɛʀo] *nm* (*Zool*)
Dachs *m*; (*brosse*) Rasierpinsel *m*

blâme [blɑm] *nm* Tadel *m*
• **blâmer** *vt* tadeln

blanc, blanche [blɑ̃, blɑ̃ʃ] *adj* weiß
▶ *nm/f* Weiße(r) *f(m)* ▶ *nm* (*couleur*)
Weiß *nt*; (*linge*) Weißwäsche *f*;
(*aussi* : **blanc d'œuf**) Eiweiß *nt*;
(*aussi* : **blanc de poulet**)
Hühnerbrust *f*, **chèque en blanc**
Blankoscheck *m* • **blanc-bec** (*pl*
blancs-becs) *nm* Grünschnabel *m*
• **blancheur** *nf* Weiß *nt*
• **blanchiment** *nm* (*mur*) Weißen *nt*,
Tünchen *nt*; (*de tissu, etc*) Bleichen
nt; ~ **d'argent (sale)** (*fig*)
Geldwäsche *f* • **blanchir** *vt* weiß
machen; (*linge, argent*) waschen;
(*Culin*) blanchieren ▶ *vi* weiß
werden; (*cheveux*) grau werden
• **blanchisserie** *nf* Wäscherei *f*

blanquette [blɑ̃kɛt] *nf* : ~ **de
veau** Kalbsragout *nt*

blasé, e [blɑze] *adj* blasiert

blason [blazɔ̃] *nm* Wappen *nt*

blasphème [blasfɛm] *nm* Blasphemie *f*

blatte [blat] *nf* Schabe *f*

blazer [blazɛʀ] *nm* Blazer *m*

blé [ble] *nm* Weizen *m*

bled [blɛd] *nm* (*péj*) Kaff *nt*

blême [blɛm] *adj* blass

blessant, e [blesɑ̃, ɑ̃t] *adj* verletzend • **blessé, e** *adj* verletzt ▸ *nm/f* Verletzte(r) *f(m)*; **un ~ grave, un grand ~** ein Schwerverletzter *m* • **blesser** *vt* verletzen • **blessure** *nf* Wunde *f*, Verletzung *f*

blet, blette [blɛ, blɛt] *adj* überreif

blette [blɛt] *nf* (*Bot*) = **bette**

bleu, e [blø] *adj* blau; (*bifteck*) blutig ▸ *nm* (*couleur*) Blau *nt*; (*contusion*) blauer Fleck *m*; **au ~** (*Culin*) blau

bleuet [bløɛ] *nm* Kornblume *f*

blindé, e [blɛ̃de] *adj* gepanzert; (*fig*) abgehärtet ▸ *nm* Panzer *m*

blizzard [blizaʀ] *nm* Schneesturm *m*

bloc [blɔk] *nm* Block *m*

blocage [blɔkaʒ] *nm* Blockieren *nt*

bloc-notes [blɔknɔt] (*pl* **blocs-notes**) *nm* Notizblock *m*

blocus [blɔkys] *nm* Blockade *f*

blog [blɔg] *nm* Blog *m*, Weblog *m* • **bloguer** *vi* bloggen

blogueur, -euse [blɔg[œ]ʀ, øz] *nm/f* Blogger(in) *m(f)*

blond, e [blɔ̃, blɔ̃d] *adj* blond; (*sable, blés*) golden ▸ *nm/f* Blonde(r) *m*, Blondine *f*; **~ cendré** aschblond

bloquer [blɔke] *vt* blockieren; (*crédits, compte*) sperren

blottir [blɔtiʀ] *vpr:* **se ~** sich verkriechen

blouse [bluz] *nf* Kittel *m*

blouson [bluzɔ̃] *nm* Blouson *nt*

blue-jean [bludʒin], **blue-jeans** [bludʒins] *nm* (Blue)jeans *pl*

bluff [blœf] *nm* Bluff *m* • **bluffer** *vi, vt* bluffen

bobard [bɔbaʀ] (*fam*) *nm* Lügenmärchen *nt*

bobine [bɔbin] *nf* Spule *f*

bobo¹ [bobo] *nm* (*langage enfantin*) Wehweh *nt*

bobo² [bobo] *nmf* alternativ eingestellte Wohlstandsbürger(in) *m/f*

boboïser [bɔboize] : **se boboïser** *VPR* (*quartier, ville*) gentrifizieren

bobsleigh [bɔbslɛg] *nm* Bob *m*

bocage [bɔkaʒ] *nm* Heckenlandschaft *f*

bocal, -aux [bɔkal, o] *nm* Glasbehälter *m*

body [bɔdi] *nm* Body *m*

bœuf [bœf] *nm* (*animal*) Ochse *m*; (*Culin*) Rindfleisch *nt*

bof [bɔf] *excl* nicht besonders

bohémien, ne [bɔemjɛ̃, jɛn] *nm/f* Zigeuner(in) *m/f*

boire [bwaʀ] *vt* trinken ▸ *vi* trinken

bois [bwa] *nm* (*matière*) Holz *nt*; (*forêt*) Wald *m*; **de** *ou* **en ~** aus Holz

boiseries [bwazʀi] *nfpl* (Holz)vertäfelung *f*

boisson [bwasɔ̃] *nf* Getränk *nt*; **~s gazeuses** Sprudelgetränke *pl*

boîte [bwat] *nf* Schachtel *f*; **~ de conserve** Konservendose *f*; **~ aux lettres** Briefkasten *m*; *(électronique)* Mailbox *f*; **~ noire** Flugschreiber *m*; **~ de nuit** Nachtklub *m*; **~ postale** Postfach *nt*; **~ vocale** *(dispositif)* Voicemail *f*

boiter [bwate] *vi* hinken
• **boiteux, -euse** *adj* hinkend

boîtier [bwatje] *nm* Gehäuse *nt*

bol [bɔl] *nm* Schale *f*

bolet [bɔlɛ] *nm* Röhrling *m*

bolide [bɔlid] *nm* Rennwagen *m*

Bolivie [bɔlivi] *nf* : **la ~** Bolivien *nt*

boloss, bolosse, bolos [bɔlɔs] *(fam, péj) nmf* Loser(in) *m(f)*, Niete *f* ▶ *adj* dämlich

bombardement [bɔ̃baʀdəmɑ̃] *nm* Bombardierung *f*
• **bombarder** *vt* bombardieren; **~ qn de** *(cailloux etc)* jdn bewerfen mit; *(lettres etc)* jdn überhäufen mit

bombe [bɔ̃b] *nf* Bombe *f*; *(atomiseur)* Spraydose *f*; **~ atomique** Atombombe *f*

bomber [bɔ̃be] *vt (graffiti)* sprühen

---

bon, bonne [bɔ̃, bɔn]

▶ *adj* **1** gut; **être ~ en maths** gut in Mathematik sein; **être ~ (envers)** gut sein (zu); **avoir ~ goût** *(fruit etc)* gut schmecken; *(fig : personne)* einen guten Geschmack haben **2** *(approprié, apte)* : **~ à/pour** gut zu/für **3** *(correct)* richtig; **le ~ moment** der richtige Augenblick **4** *(souhaits)* : **~ anniversaire !** herzlichen Glückwunsch zum

---

Geburtstag!; **~ voyage !** gute Reise!; **~ne chance !** viel Glück!; **~ne année !** ein gutes Neues Jahr!; **~ne nuit !** gute Nacht! **5** *(composés)* : **~ marché** preiswert; **~ sens** gesunder Menschenverstand *m*; **~ vivant** Lebenskünstler *m*
▶ *adv* : **il fait ~** es ist schön warm; **sentir ~** gut riechen; **tenir ~** aushalten
▶ *excl* : **~ !** gut!; **ah ~ ?** ach ja?

▶ *nm* **1** *(billet)* Bon *m*; **~ cadeau** Geschenkgutschein *m*; **~ d'essence** Benzingutschein *m*; **~ de commande** Bestellschein *m* **2** : **il y a du ~ dans ce qu'il dit** an dem, was er sagt, ist etwas dran; **il y a du ~ dans tout cela** das hat etwas Gutes für sich; **pour de ~** für immer

bonbon [bɔ̃bɔ̃] *nm* Bonbon *m* ou *nt*

bonbonne [bɔ̃bɔn] *nf* Korbflasche *f*

bond [bɔ̃] *nm* Sprung *m*

bonde [bɔ̃d] *nf (d'évier etc)* Stöpsel *m*; *(de tonneau)* Spund *m*

bondé, e [bɔ̃de] *adj* überfüllt

bondir [bɔ̃diʀ] *vi* springen

bonheur [bɔnœʀ] *nm* Glück *nt*; **porter ~ (à qn)** (jdm) Glück bringen; **par ~** glücklicherweise

bonhomme [bɔnɔm] *(pl* **bonshommes** [bɔ̃zɔm]*) nm* Mensch *m*, Typ *m*; **~ de neige** Schneemann *m*

bonification [bɔnifikasjɔ̃] *nf (somme)* Bonus *m*

bonifier [bɔnifje] *vt* verbessern

bonjour [bɔ̃ʒuʀ] *excl, nm* guten Tag; **dire ~ à qn** jdn grüßen; **~, Monsieur** guten *ou* Guten Tag

bonne [bɔn] *adj f voir* **bon** ▸ *nf* (*domestique*) (Haus)mädchen *nt*

bonnement [bɔnmɑ̃] *adv* : **tout ~** ganz einfach

bonnet [bɔnɛ] *nm* Mütze *f*; **~ de bain** Badekappe *f*

bonsoir [bɔ̃swaʀ] *excl, nm* guten Abend

bonté [bɔ̃te] *nf* Güte *f*

bonus [bɔnys] *nm* Bonus *m*

boom [bum] *nm* Boom *m*; **~ démographique** Bevölkerungsexplosion *f*

boots [buts] *nmpl* Boots *pl*

bord [bɔʀ] *nm* Rand *m*; (*de rivière, lac*) Ufer *nt*; **au ~ de la mer** am Meer; **à ~** an Bord; **monter à ~** an Bord gehen

bordeaux [bɔʀdo] *nm* (*vin*) Bordeaux *m* ▸ *adj inv* (*couleur*) weinrot

bordel [bɔʀdɛl] *nm* (*fam*) Bordell *nt*; (*désordre*) heilloses Durcheinander *nt* • **bordélique** (*fam*) *adj* heillos unordentlich

border [bɔʀde] *vt* säumen

bordereau, x [bɔʀdəʀo] *nm* Aufstellung *f*; (*facture*) Rechnung *f*

bordure [bɔʀdyʀ] *nf* Umrandung *f*; (*sur un vêtement*) Bordüre *f*; **en ~ de** am Rand von

borgne [bɔʀɲ] *adj* einäugig; (*fenêtre*) blind; **hôtel ~** Absteige *f*

borne [bɔʀn] *nf* Grenzstein *m*; (*kilométrique*) Kilometerstein *m*; **~ wifi** Hotspot *m*

borné, e [bɔʀne] *adj* engstirnig

borner [bɔʀne] *vt* be- *ou* eingrenzen

bosniaque [bɔznjak] *adj* bosnisch • **Bosnie** *nf* Bosnien *nt* • **Bosnie-Herzégovine** *nf* Bosnien und Herzegowina *nt*

bosquet [bɔskɛ] *nm* Wäldchen *nt*

bosse [bos] *nf* (*de terrain, sur un objet etc*) Unebenheit *f*; (*enflure*) Beule *f*; (*du bossu*) Buckel *m*; (*du chameau*) Höcker *m*

bosser [bose] (*fam*) *vi* (*travailler*) schuften • **bosseur, -euse** *nm/f* Arbeitstier *nt*

bossu, e [bosy] *adj* buckelig

botanique [bɔtanik] *nf* Botanik *f* ▸ *adj* botanisch

Botswana [bɔtswana] *nm* : **le ~** Botswana *nt*

botte [bɔt] *nf* (*soulier*) Stiefel *m*; **~ d'asperges** Bündel *nt* Spargel • **botter** *vt* Stiefel anziehen +*dat*; (*donner un coup de pied à*) einen Tritt versetzen +*dat*; **ça me botte** (*fam*) das reizt mich

bottin [bɔtɛ̃] *nm* Telefonbuch *nt*

bottine [bɔtin] *nf* Stiefelette *f*

bouc [buk] *nm* Ziegenbock *m*

boucan [bukɑ̃] *nm* Lärm *m*, Radau *m*

bouche [buʃ] *nf* Mund *m*; **~ d'égout** Kanalschacht *m*; **~ d'incendie** Hydrant *m*; **~ de métro** Eingang *m* zur U-Bahn

bouché, e [buʃe] *adj* verstopft; (*vin, cidre*) verkorkt

bouche-à-bouche [buʃabuʃ] *nm inv* : **faire du ~ à qn** bei jdm Mund-zu-Mund-Beatmung machen

bouchée [buʃe] *nf* Bissen *m*; **~s à la reine** Königinpastetchen *pl*

boucher [buʃe] *nm* Metzger *m*
▶ *vt* (*passage*, *porte*) versperren;
(*tuyau*, *lavabo*) verstopfen; **se
boucher** *vpr* sich verstopfen
boucherie [buʃʀi] *nf* Metzgerei *f*
bouchon [buʃɔ̃] *nm* (*en liège*)
Korken *m*; (*autre matière*) Stöpsel
m; (*embouteillage*) Stau *m*
boucle [bukl] *nf* Schleife *f*; (*objet*)
Schnalle *f*, Spange *f*; **~ (de
cheveux)** Locke *f*; **~ s d'oreilles**
Ohrringe *pl*
bouclé, e [bukle] *adj* lockig
• **boucler** *vi* (*cheveux*) sich
kräuseln
bouclier [buklije] *nm* Schild *m*
bouddhisme [budism] *nm*
Buddhismus *m* • **bouddhiste** *nmf*
Buddhist(in) *m(f)*
bouder [bude] *vi* schmollen
• **boudeur, -euse** *adj*
schmollend
boudin [budɛ̃] *nm* (*Culin*)
≈ Blutwurst *f*
boue [bu] *nf* Schlamm *m*
bouée [bwe] *nf* Boje *f*; **~ (de
sauvetage)** Rettungsring *m*
boueux, -euse [bwø, øz] *adj*
schlammig ▶ *nm* Müllmann *m*
bouffant, e [bufɑ̃, ɑ̃t] *adj*
bauschig
bouffe [buf] (*fam*) *nf* Essen *nt*
bouffée [bufe] *nf* (*d'air*) Hauch *m*;
(*de pipe*) Schwade *f*; **~ de chaleur**
fliegende Hitze *f*; **~ de honte**
Anfall *m* von Scham; **~ d'orgueil**
Anfall *m* von Stolz
bouffer [bufe] *vt* (*fam*) futtern
bouffi, e [bufi] *adj* geschwollen
bougeoir [buʒwaʀ] *nm*
Kerzenhalter *m*

bougeotte [buʒɔt] *nf*: **avoir la ~**
kein Sitzfleisch haben
bouger [buʒe] *vi* sich bewegen;
(*voyager*) herumreisen ▶ *vt* bewegen
bougie [buʒi] *nf* Kerze *f*; (*Auto*)
Zündkerze *f*
bougon, ne [bugɔ̃, ɔn] *adj*
mürrisch, grantig
bouillabaisse [bujabɛs] *nf*
Bouillabaisse *f*
bouillant, e [bujɑ̃, ɑ̃t] *adj* (*qui
bout*) kochend; (*très chaud*)
siedend heiß
bouille [buj] (*fam*) *nf* Birne *f*,
Rübe *f*
bouilli, e [buji] *adj* gekocht
• **bouillie** *nf* Brei *m*; **en ~**
zermatscht
bouillir [bujiʀ] *vi* kochen ▶ *vt*
kochen
bouilloire [bujwaʀ] *nf* Kessel *m*
bouillon [bujɔ̃] *nm* (*Culin*)
Bouillon *f*
bouillonner [bujɔne] *vi*
schäumen
bouillotte [bujɔt] *nf*
Wärmflasche *f*
boulanger, -ère [bulɑʒe, ɛʀ]
nm/f Bäcker(in) *m(f)*
• **boulangerie** *nf* Bäckerei *f*
• **boulangerie-pâtisserie** (*pl
boulangeries-pâtisseries*) *nf*
Bäckerei und Konditorei *f*
boule [bul] *nf* (*pour jouer*) Kugel *f*
bouleau, x [bulo] *nm* Birke *f*
bouledogue [buldɔg] *nm*
Bulldogge *f*
boulet [bulɛ] *nm* (*de canon*)
Kanonenkugel *f*
boulette [bulɛt] *nf* Bällchen *nt*;
~ de viande Fleischklößchen *nt*

boulevard [bulvaʀ] nm
Boulevard m

bouleversement [bulvɛʀsəmã]
nm (politique, social) Aufruhr m
• **bouleverser** vt erschüttern;
(pays, vie, objets)
durcheinanderbringen

boulimie [bulimi] nf Bulimie f
• **boulimique** adj bulimiekrank

boulon [bulɔ̃] nm Bolzen m
• **boulonner** vt anschrauben

boulot¹ [bulo] (fam) nm Arbeit f;
petit ~ Gelegenheitsarbeit

boulot², te [bulo, ɔt] adj rundlich

boum [bum] nf Fete f

bouquet [bukɛ] nm (de fleurs)
(Blumen)strauß m; (de persil)
Bund nt

bouquetin [buk(ə)tɛ̃] nm
Steinbock m

bouquin [bukɛ̃] (fam) nm Buch nt
• **bouquiner** (fam) vi lesen

bourbier [buʀbje] nm Morast m

bourdon [buʀdɔ̃] nm Hummel f

bourdonnement [buʀdɔnmã]
nm Summen nt • **bourdonner** vi
(abeilles etc) summen; (oreilles)
dröhnen

bourg [buʀ] nm Stadt f

bourgade [buʀgad] nf kleiner
Marktflecken m

bourgeois, e [buʀʒwa, waz] adj
(souvent péj) bürgerlich, spießig
▶ nm/f Bürger(in) m(f); (péj)
Spießbürger(in) m(f)
• **bourgeoisie** nf Bürgertum nt;
petite ~ Kleinbürgertum nt

bourgeon [buʀʒɔ̃] nm Knospe f
• **bourgeonner** vi knospen

Bourgogne [buʀgɔɲ] nf : **la ~**
Burgund nt ▶ nm : **bourgogne**
(vin) Burgunder m

bourguignon, ne [buʀgiɲɔ̃, ɔn]
adj burgundisch; **(bœuf) ~**
Rindfleisch nt Burgunder Art (in
Rotwein)

bourlinguer [buʀlɛ̃ge] (fam) vi
herumziehen

bourrasque [buʀask] nf Bö(e) f

bourratif, -ive [buʀatif, iv] adj
stopfend

bourré, e [buʀe] adj : **~ de**
vollgestopft mit

bourreau [buʀo] nm (qui torture)
Folterknecht m; (qui tue) Henker
m; **~ de travail** Arbeitstier nt

bourrelet [buʀlɛ] nm (isolant)
Dichtungsband nt

bourrer [buʀe] vt vollstopfen;
(pipe) stopfen

bourrique [buʀik] nf (ânesse)
Eselin f

bourru, e [buʀy] adj mürrisch

bourse [buʀs] nf (subvention)
Stipendium nt; (porte-monnaie)
Geldbeutel m; **la B~** die Börse f
• **boursier, -ière** nm/f
Stipendiat(in) m(f)

boursouflé, e [buʀsufle] adj
geschwollen

bousculade [buskylad] nf
(mouvements de foule) Gedränge nt
• **bousculer** vt anrempeln; (fig :
presser) drängeln

bouse [buz] nf : **~ (de vache)**
Kuhmist m

boussole [busɔl] nf Kompass m

bout [bu] nm (extrémité) Ende nt;
(morceau) Stück nt; (de pied,
bâton) Spitze f; **au ~ de** (après)
nach; **être à ~** am Ende sein;
~ à ~ aneinander; **d'un ~ à**
l'autre, de ~ en ~ von Anfang
bis Ende

boutade [butad] *nf* witzige Bemerkung *f*

boute-en-train [butãtʀɛ̃] *nm inv* Betriebsnudel *f*

bouteille [butɛj] *nf* Flasche *f*

boutique [butik] *nf* Laden *m*

bouton [butɔ̃] *nm* Knopf *m*; (*Bot*) Knospe *f*; (*sur la peau*) Pickel *m*; **~ de commande** (*Inform*) Befehlsschaltfläche; **~ d'or** Butterblume *f* • **boutonner** *vt* zuknöpfen • **boutonnière** *nf* Knopfloch *nt* • **bouton-pression** (*pl* **boutons-pression**) *nm* Druckknopf *m*

bouvreuil [buvʀœj] *nm* Dompfaff *m*

bovin, e [bɔvɛ̃, in] *adj* Rinder-

box [bɔks] *nm* (*d'écurie*) Box *f*; **le ~ des accusés** die Anklagebank *f*

boxe [bɔks] *nf* Boxen *nt* • **boxer** *vi* boxen • **boxeur** *nm* Boxer *m*

boyau, x [bwajo] *nm* (*galerie*) Gang *m*; (*de bicyclette*) Schlauch *m*; **boyaux** *nmpl* (*viscères*) Eingeweide *pl*

boycotter [bɔjkɔte] *vt* boykottieren

BP [bepe] *sigle f* (= *boîte postale*) Postfach *nt*

bracelet [bʀaslɛ] *nm* Armband *nt* • **bracelet-montre** (*pl* **bracelets-montres**) *nm* Armbanduhr *f*

braconnier [bʀakɔnje] *nm* Wilderer *m*

brader [bʀade] *vt* verschleudern • **braderie** *nf* Trödelmarkt *m*

braguette [bʀagɛt] *nf* Hosenschlitz *m*

braillard, e [bʀajaʀ, aʀd] *adj* brüllend

braille [bʀaj] *nm* Blindenschrift *f*

braise [bʀɛz] *nf* Glut *f*

braiser [bʀeze] *vt* schmoren; **bœuf braisé** geschmortes Rindfleisch *nt*

brancard [bʀãkaʀ] *nm* Bahre *f*

branche [bʀãʃ] *nf* Ast *m*; (*de lunettes*) Bügel *m*

branché, e [bʀãʃe] (*fam*) *adj* voll im Trend

branchement [bʀãʃmã] *nm* Anschluss *m* • **brancher** *vt* anschließen

branchies [bʀãʃi] *nfpl* Kiemen *pl*

brandir [bʀãdiʀ] *vt* schwenken, fuchteln mit

branlant, e [bʀãlã, ãt] *adj* wackelig

branle-bas [bʀãlba] *nm inv* Aufregung *f*, Durcheinander *nt*

branler [bʀãle] *vi* wackeln ▸ *vt*: **~ la tête** mit dem Kopf wackeln

braquer [bʀake] *vi* (*Auto*) steuern ▸ *vt* (*fam*: *attaquer*) überfallen; **se braquer** *vpr*: **se ~ (contre)** sich widersetzen (*+dat*); **~ qn** (*mettre en colère*) jdn aufbringen

bras [bʀa] *nm* Arm *m*

brassard [bʀasaʀ] *nm* Armbinde *f*

brasse [bʀas] *nf* (*nage*) Brustschwimmen *nt*; **~ papillon** Schmetterlingsstil *m*

brasser [bʀase] *vt* (*remuer*) mischen; **~ de l'argent** viel Geld in Umlauf bringen; **~ des affaires** groß im Geschäft sein

brasserie [bʀasʀi] *nf* (*restaurant*) Gaststätte *f*; (*usine*) Brauerei *f* • **brasseur** *nm* Brauer *m*

bravade [bʀavad] *nf*: **par ~** aus Mutwillen

brave [bʀav] *adj (courageux)*
mutig; *(bon, gentil)* lieb

braver [bʀave] *vt* trotzen +*dat*

bravo [bʀavo] *excl* bravo ▸ *nm*
Bravoruf *m*

bravoure [bʀavuʀ] *nf* Mut *m*

break [bʀɛk] *nm (Auto)* Kombi *m*

brebis [bʀəbi] *nf (Mutter)schaf
nt; ~ galeuse* schwarzes Schaf *nt*

brèche [bʀɛʃ] *nf* Öffnung *f*; **être
sur la ~** *(fig)* auf Trab sein

bredouille [bʀəduj] *adj* mit
leeren Händen

bredouiller [bʀəduje] *vi, vt*
murmeln

bref, brève [bʀɛf, ɛv] *adj* kurz
▸ *adv* kurz und gut

breloque [bʀəlɔk] *nf* Anhänger *m*

Brésil [bʀezil] *nm* : **le ~** Brasilien *nt*
• **brésilien, ne** *adj* brasilianisch

Bretagne [bʀətaɲ] *nf* Bretagne *f*

bretelle [bʀətɛl] *nf (d'autoroute)*
Verbindung *f*; **bretelles** *nfpl (pour
pantalon)* Hosenträger *pl*

breton, ne [bʀətɔ̃, ɔn] *adj*
bretonisch ▸ *nm/f*: **B~, ne**
Bretone *m*, Bretonin *f*

brevet [bʀəvɛ] *nm* Diplom *nt*;
~ (d'invention) Patent *nt*
• **breveté, e** *adj (invention)*
patentiert; *(diplômé)* diplomiert

bribes [bʀib] *nfpl (de conversation)*
Bruchstücke *pl*; **par ~** stückweise

bric-à-brac [bʀikabʀak] *nm inv*
Trödel *m*

bricolage [bʀikɔlaʒ] *nm*
Basteln *nt*

bricole [bʀikɔl] *nf* Kleinigkeit *f*

bricoler [bʀikɔle] *vi*
herumwerkeln ▸ *vt (réparer)*
herumwerkeln an +*dat*

• **bricoleur, -euse** *nm/f*
Bastler(in) *m(f)*

bride [bʀid] *nf* Zaum *m*

bridé, e [bʀide] *adj* : **yeux ~s**
Schlitzaugen *pl*

brider [bʀide] *vt (réprimer)* zügeln;
(cheval) aufzäumen; *(volaille)*
dressieren

bridge [bʀidʒ] *nm (jeu)* Bridge *nt*;
(dentaire) Brücke *f*

brièvement [bʀijevmã] *adv* kurz
• **brièveté** *nf* Kürze *f*

brigade [bʀigad] *nf (Police)* Trupp
m; *(Mil)* Brigade *f*

brigadier [bʀigadje] *nm*
≈ Gefreite(r) *m*

brigand [bʀigã] *nm* Räuber *m*

brillamment [bʀijamã] *adv*
glänzend, großartig

brillant, e [bʀijã, ãt] *adj* strahlend;
(remarquable) erstklassig ▸ *nm
(diamant)* Brillant *m*

briller [bʀije] *vi* leuchten

brimade [bʀimad] *nf (vexation)*
Schikane *f*

brin [bʀɛ̃] *nm* : **un ~ de** *(un peu)* ein
bisschen; **~ d'herbe** Grashalm *m*;
~ de paille Strohhalm *m*

brindille [bʀɛ̃dij] *nf* Zweig *m*

brio [bʀijo] *nm* : **avec ~** großartig

brioche [bʀijɔʃ] *nf* Brioche *f*, Art
Brötchen; *(fam : ventre)* Bauch *m*

brique [bʀik] *nf* Ziegelstein *m*
▸ *adj inv (couleur)* ziegelrot

briquet [bʀikɛ] *nm* Feuerzeug *nt*

brise [bʀiz] *nf* Brise *f*

brisé, e [bʀize] *adj* gebrochen

brise-glace, brise-glaces
[bʀizglas] *nm inv* Eisbrecher *m*

briser [bʀize] *vt* zerbrechen;
(fig) zerstören

britannique [bʀitanik] *adj*
britisch ▸ *nmf:* **B~** Brite *m*, Britin *f*

brocante [bʀɔkɑ̃t] *nf (objets)*
Trödel *m*; *(commerce)* Handel *m*
mit Trödel • **brocanteur, -euse**
nm/f Trödler(in) *m(f)*

broche [bʀɔʃ] *nf* Brosche *f*; *(Culin)*
Bratspieß *m*; **à la ~** am Spieß

broché, e [bʀɔʃe] *adj (livre)*
broschiert

brochet [bʀɔʃɛ] *nm* Hecht *m*

brochette [bʀɔʃɛt] *nf (Culin)*
Schaschlik *m* ou *nt*

brochure [bʀɔʃyʀ] *nf* Broschüre *f*

brocoli [bʀɔkɔli] *nm* Brokkoli *m*

broder [bʀɔde] *vt* sticken ▸ *vi* :
~ (sur des faits/une histoire)
(die Tatsachen/eine Geschichte)
ausschmücken • **broderie** *nf*
Stickerei *f*

broncher [bʀɔ̃ʃe] *vi* : **sans ~** ohne
mit der Wimper zu zucken

bronches [bʀɔ̃ʃ] *nfpl* Bronchien *pl*

bronchite [bʀɔ̃ʃit] *nf* Bronchitis *f*

bronzage [bʀɔ̃zaʒ] *nm*
Sonnenbräune *f*

bronze [bʀɔ̃z] *nm* Bronze *f*

bronzé, e [bʀɔ̃ze] *adj*
sonnengebräunt, braun
• **bronzer** *vt* bräunen ▸ *vi (peau,
personne)* braun werden; **se
bronzer** *vpr* sonnenbaden

brosse [bʀɔs] *nf* Bürste *f*; **à
dents** Zahnbürste *f* • **brosser** *vt*
(ab)bürsten

brouette [bʀuɛt] *nf*
Schubkarren *m*

brouhaha [bʀuaa] *nm* Tumult *m*

brouillard [bʀujaʀ] *nm* Nebel *m*

brouille [bʀuj] *nf* Streit *m*
• **brouillé, e** *adj (teint)* unrein;

il est ~ avec ses parents er ist
mit seinen Eltern verkracht
• **brouiller** *vt*
durcheinanderbringen; *(rendre
confus)* trüben; *(désunir)*
entzweien; **se brouiller** *vpr (ciel,
temps)* sich zuziehen; **se ~ (avec)**
sich verkrachen (mit)

brouillon, ne [bʀujɔ̃, ɔn] *adj*
unordentlich ▸ *nm (écrit)* Konzept *nt*

broussailles [bʀusaj] *nfpl*
Gestrüpp *nt*, Gebüsch *nt*
• **broussailleux, -euse** *adj*
buschig

brousse [bʀus] *nf* Busch *m*

brouter [bʀute] *vt* fressen ▸ *vi*
(Auto, Tech) ruckeln

broutille [bʀutij] *nf* Lappalie *f*

broyer [bʀwaje] *vt* zerkleinern;
~ du noir grübeln

brugnon [bʀyɲɔ̃] *nm* Nektarine *f*

bruine [bʀɥin] *nf* Nieselregen *m*
• **bruiner** *vb* : **il bruine** es nieselt

bruissement [bʀɥismɑ̃] *nm*
Rascheln *nt*

bruit [bʀɥi] *nm* Geräusch *nt*;
(désagréable) Lärm *m*; *(fig : rumeur)*
Gerücht *nt* • **bruitage** *nm*
Toneffekte *pl*

brûlant, e [bʀylɑ̃, ɑ̃t] *adj* siedend
heiß • **brûlé, e** *adj (fig : démasqué)*
entlarvt ▸ *nm* : **odeur de ~**
Brandgeruch *m* • **brûler** *vt*
verbrennen; *(consommer)*
verbrauchen; *(feu rouge, signal)*
überfahren ▸ *vi* brennen; *(être
brûlant, ardent)* glühen; **se brûler**
vpr sich verbrennen • **brûleur** *nm*
Brenner *m* • **brûlure** *nf (lésion)*
Verbrennung *f*; *(sensation)*
Brennen *nt*; **~s d'estomac**
Sodbrennen *nt*

b

brume

brume [bʀym] nf Nebel m
• **brumisateur** nm Zerstäuber m

brun, e [bʀœ̃ bʀyn] adj braun

brunch [bʀœntʃ] nm Brunch m

Brunéi [bʀunei] nm : **le ~**
Brunei nt

brunir [bʀyniʀ] vi braun werden
▶vt bräunen

brushing [bʀœʃiŋ] nm
Föhnwelle f

brusque [bʀysk] adj (rude)
schroff, (soudain) plötzlich
• **brusquement** adv plötzlich

brusquer [bʀyske] vt drängen

brusquerie [bʀyskəʀi] nf
Barschheit f

brut, e [bʀyt] adj roh, (bénéfice,
salaire, poids) Brutto- ▶nm :
(champagne) ~ trockener
Champagner m

brutal, e, -aux [bʀytal, o] adj
brutal • **brutaliser** vt brutal ou
grob behandeln • **brutalité** nf
Brutalität f

brute [bʀyt] nf Bestie f

Bruxelles [bʀysɛl] Brüssel nt

bruyamment [bʀɥijamɑ̃] adv
laut • **bruyant, e** adj laut

bruyère [bʀyjɛʀ] nf
Heidekraut nt

BTP [betepe] sigle mpl (= bâtiments
et travaux publics) ≈ öffentliches
Bauwesen nt

BTS [beteɛs] sigle m (= brevet de
technicien supérieur)
Abschlusszeugnis einer technischen
Schule

bu, e [by] pp de **boire**

buanderie [bɥɑ̃dʀi] nf
Waschküche f

bûche [byʃ] nf Holzscheit nt

budget [bydʒɛ] nm Etat m,
Haushalt m • **budgétaire** adj
Haushalts-

buée [bɥe] nf (sur une vitre)
Kondensation f, (haleine) Dampf m

buffet [byfɛ] nm (meuble) Anrichte
f, (de réception) Büffet nt; **~ (de
gare)** Bahnhofsgaststätte f

buffle [byfl] nm Büffel m

buisson [bɥisɔ̃] nm Busch m

bulbe [bylb] nm (Bot) Zwiebel f

bulgare [bylgaʀ] adj bulgarisch
• **Bulgarie** nf : **la ~** Bulgarien nt

bulldozer [buldozɛʀ] nm
Bulldozer m

bulle [byl] nf Blase f

bulletin [byltɛ̃] nm (Radio, TV)
Sendung f; **~ de vote** Stimmzettel
m; **~ météorologique**
Wetterbericht m

buraliste [byʀalist] nmf
Tabakwarenhändler(in) m(f)

bureau, x [byʀo] nm (meuble)
Schreibtisch m; (pièce, d'une
entreprise) Büro nt; **~ de change**
Wechselstube f; **~ de poste**
Postamt nt; **~ de tabac**
Tabakwarenhandlung f
• **bureaucrate** nm Bürokrat m
• **bureaucratie** nf Bürokratie f
• **bureaucratique** adj
bürokratisch • **bureautique** nf
Büroautomation f

Burkina-Faso [byʀkinafaso]
nm : **le ~** Burkina Faso nt

Burundi [buʀundi] nm : **le ~**
Burundi nt

bus [bys] nm Bus m; (Inform)
(Daten)bus m

buse [byz] nf Bussard m

buste [byst] nm (Anat) Brustkorb
m; (sculpture) Büste f

bustier [bystje] *nm* Mieder *nt*;
(*soutien-gorge*) Bustier *m*

but [by(t)] *nm* (*cible*) Zielscheibe *f*;
(*fig*) Ziel *nt*; (*Football etc*) Tor *nt*

butane [bytan] *nm* Butan *nt*;
(*domestique*) Propangas *nt*

buté, e [byte] *adj* stur

buter [byte] *vi* : **~ contre/sur qch**
gegen/auf etw *acc* stoßen

buteur [bytœʀ] *nm* Torjäger *m*

butin [bytɛ̃] *nm* Beute *f*

butiner [bytine] *vi* Honig
sammeln

butte [byt] *nf* Hügel *m*

buvable [byvabl] *adj* trinkbar

buvard [byvaʀ] *nm* Löschpapier *nt*

buvette [byvɛt] *nf*
Erfrischungsraum *m*

buveur, -euse [byvœʀ, øz] *nm/f*
(*péj*) Säufer(in) *m(f)*; **~ de cidre/
de vin** Cidre-/Weintrinker(in) *m(f)*

C

ça [sa] *pron* das; **ça va ?** wie
gehts?; **ça alors !** na so was!;
c'est ça richtig

çà [sa] *adv* : **çà et là** hier und da

cabane [kaban] *nf* Hütte *f*

cabaret [kabaʀɛ] *nm*
Nachtklub *m*

cabillaud [kabijo] *nm*
Kabeljau *m*

cabine [kabin] *nf* Kabine *f*

cabinet [kabinɛ] *nm* (*de médecin*)
Praxis *f*; (*d'avocat, de notaire etc*)
Büro *nt*; **cabinets** *nmpl* (W.C.)
Toiletten *pl*

câble [kɑbl] *nm* Kabel *nt*; (TV)
Kabelfernsehen *nt*

cabrer [kabʀe] *vt* (*cheval*) steigen
lassen; (*avion*) hochziehen; **se
cabrer** *vpr* (*cheval*) sich
aufbäumen; (*fig*) sich auflehnen

cabriolet [kabʀijɔlɛ] *nm*
Kabriolett *nt*

caca [kaka] *nm* (*langage enfantin*)
Aa *nt*

cacahuète [kakaɥɛt] *nf*
Erdnuss *f*

cacao [kakao] *nm* Kakao *m*

cache [kaʃ] nm Maske f, Versteck nt • **cache-cache** nm inv : **jouer à** ~ Verstecken spielen • **cacher** vt verstecken; (vérité, nouvelle) verheimlichen • **cache-sexe** nm inv Minislip m

cachet [kaʃɛ] nm (comprimé) Tablette f; (sceau) Siegel nt

cachette [kaʃɛt] nf Versteck nt; **en** ~ heimlich

cachot [kaʃo] nm Verlies nt

cacophonie [kakɔfɔni] nf Kakofonie f

cactus [kaktys] nm inv Kaktus m

c.-à-d. abr (= c'est-à-dire) d. h.

cadavre [kadavʀ] nm Leiche f

caddie® [kadi] nm Einkaufswagen m (im Supermarkt)

cadeau, x [kado] nm Geschenk nt; **faire un** ~ **à qn** jdm etwas schenken; **faire** ~ **de qch à qn** jdm etw schenken

cadenas [kadnɑ] nm Vorhängeschloss nt

cadence [kadɑ̃s] nf Tempo nt

cadet, te [kadɛ, ɛt] adj jüngere(r, s) ▸ nm/f : **le** ~**/la** ~**te** der/die Jüngste

cadran [kadʀɑ̃] nm Zifferblatt nt; ~ **solaire** Sonnenuhr f

cadre [kadʀ] nm Rahmen m; (environnement) Umgebung f; (personne) Führungskraft f

cadrer [kadʀe] vi : ~ **avec qch** einer Sache dat entsprechen ▸ vt (Ciné) zentrieren

caduc, -uque [kadyk] adj veraltet; **arbre à feuilles caduques** Laubbaum m

cafard [kafaʀ] nm Schabe f; **avoir le** ~ deprimiert sein • **cafardeux, -euse** adj (personne) deprimiert; (ambiance) deprimierend

café [kafe] nm Kaffee m; (bistro) Kneipe f; ~ **au lait** Milchkaffee m • **café-théâtre** (pl **cafés-théâtres**) nm kleines Experimentiertheater • **cafetier, -ière** nm/f Besitzer(in) m(f) einer Gastwirtschaft • **cafetière** nf (pot) Kaffeekanne f

cage [kaʒ] nf Käfig m

cagibi [kaʒibi] (fam) nm Kämmerchen nt

cagnotte [kaɲɔt] nf gemeinsame Kasse f

cagoule [kagul] nf Kapuze f; (passe-montagne) Kapuzenmütze f

cahier [kaje] nm (Schul)heft nt

caille [kaj] nf Wachtel f

caillé, e [kaje] adj : **lait** ~ saure Milch f

caillou, x [kaju] nm Kieselstein m • **caillouteux, -euse** adj steinig

caisse [kɛs] nf Kasse f; (cageot, boîte) Kiste f; ~ **d'épargne/de retraite** Spar-/Pensionskasse f • **caissier, -ière** nm/f Kassierer(in) m(f)

cajoler [kaʒɔle] vt besonders lieb sein zu

cake [kɛk] nm englischer Kuchen m

calandre [kalɑ̃dʀ] nf (Auto) Kühlergrill m

calanque [kalɑ̃k] nf kleine Felsenbucht am Mittelmeer

calcaire [kalkɛʀ] nm Kalkstein m ▸ adj (eau) kalkhaltig; (terrain) kalkig

calcium [kalsjɔm] nm Kalzium nt

calcul [kalkyl] nm Rechnung f; ~ **biliaire** Gallenstein m; ~ **rénal** Nierenstein m • **calculateur** nm (machine) Rechner m

camisole

• **calculatrice** nf (de poche) Taschenrechner m • **calculer** vt berechnen; (combiner, arranger) kalkulieren ▶ vi rechnen

• **calculette** nf Taschenrechner m

cale [kal] nf (de bateau) Laderaum m; (en bois) Keil m; ~ **sèche** Trockendock nt

calembour [kalɑ̃buʀ] nm Wortspiel nt

calendrier [kalɑ̃dʀije] nm Kalender m; (programme) Zeitplan m

calepin [kalpɛ̃] nm Notizbuch nt

caler [kale] vt (fixer) festkeilen ▶ vi nicht mehr können

calibre [kalibʀ] nm Kaliber nt; (d'un fruit) Größe f

calice [kalis] nm Kelch m

califourchon [kalifuʀʃɔ̃] : **à ~** adv rittlings

câlin, e [kɑlɛ̃, in] adj anschmiegsam

câliner [kɑline] vt schmusen mit

calmant, e [kalmɑ̃, ɑ̃t] adj beruhigend ▶ nm Beruhigungsmittel nt

calmar [kalmaʀ] nm Tintenfisch m

calme [kalm] adj ruhig ▶ nm Ruhe f

calmer [kalme] vt lindern, mildern; (personne) beruhigen; **se calmer** vpr sich beruhigen; (vent, colère etc) sich legen

calomnie [kalɔmni] nf Verleumdung f • **calomnier** vt verleumden

calorie [kalɔʀi] nf Kalorie f

calque [kalk] nm (aussi : **papier calque**) Pauspapier nt; (dessin) Pause f; (fig) Nachahmung f • **calquer** vt durchpausen

calvados [kalvados] nm Calvados m

calvaire [kalvɛʀ] nm Martyrium nt

calvitie [kalvisi] nf Kahlköpfigkeit f

camarade [kamaʀad] nmf Kumpel m • **camaraderie** nf Freundschaft f

Camargue [kamaʀg] nf : **la ~** die Camargue f

cambiste [kɑ̃bist] nm Devisenhändler m

Cambodge [kɑ̃bɔdʒ] nm : **le ~** Kambodscha m

cambouis [kɑ̃bwi] nm Ölschmiere f

cambriolage [kɑ̃bʀijɔlaʒ] nm Einbruch m • **cambrioler** vt einbrechen in +dat; (personne) einbrechen bei • **cambrioleur, -euse** nm/f Einbrecher(in) m(f)

came [kam] nf (fam : drogue) Kcks m • **camé, e** nm/f Junkie mf

camelot [kamlo] nm Hausierer m

camelote [kamlot] nf Ramsch m

camembert [kamɑ̃bɛʀ] nm Camembert m

caméra [kameʀa] nf Kamera f

Cameroun [kamʀun] nm : **le ~** Kamerun m

caméscope [kameskɔp] nm Videokamera f, Camcorder m

camion [kamjɔ̃] nm Lastwagen m • **camion-citerne** (pl **camions-citernes**) nm Tankwagen m • **camionnette** nf Kleintransporter m • **camionneur** nm Lkw-Fahrer(in) m(f)

camisole [kamizɔl] nf : ~ **de force** Zwangsjacke f

c

camomille [kamɔmij] *nf*
Kamille *f*; (*boisson*) Kamillentee *m*

camouflage [kamuflaʒ] *nm*
Tarnung *f*

camoufler [kamufle] *vt* tarnen

camp [kɑ̃] *nm* Lager *nt*; ~ **de
vacances** Ferienlager *nt*

campagnard, e [kɑ̃paɲaʀ, aʀd]
adj Land-; (*mœurs*) ländlich

campagne [kɑ̃paɲ] *nf* Land *nt*;
à la ~ auf dem Land

campement [kɑ̃pmɑ̃] *nm*
Lager *nt*

camper [kɑ̃pe] *vi* zelten
• **campeur, -euse** *nm/f*
Camper(in) *m(f)*

camphre [kɑ̃fʀ] *nm* Kampfer *m*

camping [kɑ̃piŋ] *nm* (*activité*)
Camping *nt*; (**terrain de**) ~
Campingplatz *m*; **faire du** ~
zelten, campen • **camping-car**
(*pl* **camping-cars**) *nm* Wohnmobil
nt • **camping-gaz®** *nm*
Campingkocher *m*

campus [kɑ̃pys] *nm*
Universitätsgelände *nt*

Canada [kanada] *nm* : **le** ~
Kanada *nt* • **canadien, ne** *adj*
kanadisch ▶ *nm/f* : **C~, ne**
Kanadier(in) *m(f)*

canal, -aux [kanal, o] *nm* Kanal
m • **canalisation** *nf* (*tuyau*)
Leitung *f* • **canaliser** *vt*
kanalisieren

canapé [kanape] *nm* Sofa *nt*;
(*Culin*) belegtes Brot *nt*

canard [kanaʀ] *nm* Ente *f*

canari [kanaʀi] *nm*
Kanarienvogel *m*

Canaries [kanaʀi] *nfpl* :
les (îles) ~ die Kanarischen
Inseln *pl*

cancer [kɑ̃seʀ] *nm* Krebs *m*; **être
(du) C~** (*Astrol*) Krebs sein
• **cancéreux, -euse** *adj* Krebs-;
(*malade*) krebskrank

cancre [kɑ̃kʀ] *nm* Niete *f*

candidat, e [kɑ̃dida, at] *nm/f*
Kandidat(in) *m(f)*

candidature [kɑ̃didatyʀ] *nf* (*Pol*)
Kandidatur *f*; (*à un poste*)
Bewerbung *f*; **poser sa** ~ (*à un
poste*) sich bewerben

candide [kɑ̃did] *adj* naiv,
unbefangen

cane [kan] *nf* Ente *f*

canette [kanɛt] *nf* Flasche *f*

canevas [kanva] *nm* (*couture*)
Stickleinen *nt*; (*d'un texte, récit*)
Struktur *f*

caniche [kaniʃ] *nm* Pudel *m*

canicule [kanikyl] *nf* (*chaleur*)
brütende Hitze *f*

canif [kanif] *nm* Taschenmesser
nt

caniveau [kanivo] *nm*
Rinnstein *m*

cannabis [kanabis] *nm*
Cannabis *nt*

canne [kan] *nf* Stock *m*;
~ **à pêche** Angelrute *f*

cannelle [kanɛl] *nf* Zimt *m*

canoë [kanɔe] *nm* Kanu *nt*

canon [kanɔ̃] *nm* Kanone *f*;
~ **à neige** Schneekanon

canoniser [kanɔnize] *vt*
heiligsprechen

canot [kano] *nm* Boot *nt*; ~ **de
sauvetage** Rettungsboot *nt*;
~ **pneumatique** Schlauchboot *nt*

cantatrice [kɑ̃tatʀis] *nf*
Sängerin *f*

cantine [kɑ̃tin] *nf* Kantine *f*

cantique [kɑ̃tik] *nm*
Kirchenlied *nt*

canton [kɑ̃tɔ̃] *nm (en Suisse)*
Kanton *m*

cantonal, e, -aux [kɑ̃tɔnal, o]
adj (en France) Bezirks-; *(en Suisse)*
kantonal

cantonner [kɑ̃tɔne] : **se
cantonner dans** *vpr* sich
beschränken auf +*akk*; *(maison)*
sich zurückziehen in +*acc*

canyoning [kanjɔniŋ] *nm*
Canyoning *nt*

caoutchouc [kautʃu] *nm*
Kautschuk *m*; **en ~** aus Gummi;
~ mousse® Schaumgummi *m*

CAP [seape] *sigle m (= certificat
d'aptitude professionnelle)* Zeugnis
einer technischen Schule

cap [kap] *nm* Kap *nt*; **mettre le ~
sur** Kurs nehmen auf +*acc*

capable [kapabl] *adj* fähig

capacité [kapasite] *nf (aptitude)*
Fähigkeit *f*; *(d'un récipient)*
Fassungsvermögen *nt*

cape [kap] *nf* Cape *nt*; **rire sous ~**
sich *dat* ins Fäustchen lachen

capillaire [kapilɛʁ] *adj* Haar-;
(vaisseau etc) Kapillar-

capitaine [kapitɛn] *nm* Kapitän
m; *(Mil : de gendarmerie, pompiers)*
Hauptmann *m*

capital, e, -aux [kapital, o] *adj*
wesentlich ▶ *nm* Kapital *nt*
• **capitale** *nf (ville)* Hauptstadt *f*;
(lettre) Großbuchstabe *m*
• **capitalisme** *nm* Kapitalismus *m*
• **capitaliste** *adj* kapitalistisch

capiteux, -euse [kapitø, øz] *adj*
berauschend

capituler [kapityle] *vi*
kapitulieren

caporal, -aux [kapɔʁal, o] *nm*
Gefreite(r) *m*

capot [kapo] *nm (de voiture)*
Kühlerhaube *f*

capote [kapɔt] *nf (de voiture, de
landau)* Verdeck *nt*; *(fam)* Pariser *m*;
~ (anglaise)
(fam) Pariser *m*

capoter [kapɔte] *vi* sich
überschlagen

câpre [kɑpʁ] *nf* Kaper *f*

caprice [kapʁis] *nm* Laune *f*
• **capricieux, -euse** *adj* launisch

Capricorne [kapʁikɔʁn] *nm* :
le ~ *(Astrol)* Steinbock *m*

capsule [kapsyl] *nf (de bouteille)*
Verschluss *m*; *(spatiale)*
Raumkapsel *f*

capter [kapte] *vt (eau)* fassen;
(attention, intérêt) erregen
• **capteur** *nm* : **~ solaire**
Sonnenkollektor *m*

captif, -ive [kaptif, iv] *adj*
gefangen

captivant, e [kaptivɑ̃, ɑ̃t] *adj*
fesselnd, faszinierend

captiver [kaptive] *vt* fesseln,
faszinieren

captivité [kaptivite] *nf*
Gefangenschaft *f*

capturer [kaptyʁe] *vt*
einfangen

capuche [kapyʃ] *nf (de manteau)*
Kapuze *f*

capuchon [kapyʃɔ̃] *nm* Kapuze *f*;
(de stylo) Kappe *f*

capucine [kapysin] *nf*
Kapuzinerkresse *f*

caquelon [kaklɔ̃] *nm*
Fonduetopf *m*

car [kaʁ] *nm* Reisebus *m*
▶ *conj* weil, da

caractère [kaʀaktɛʀ] nm
Charakter m; (Typo) Schriftzeichen
nt; **en ~s d'imprimerie** in
Druckschrift

caractériser [kaʀakteʀize] vt
charakterisieren

caractéristique [kaʀakteʀistik]
adj charakteristisch ▶ nf typisches
Merkmal nt

carafe [kaʀaf] nf [kaʀafɔ̃] Karaffe f

caraïbe [kaʀaib] adj karibisch
▶ nf: **la mer des C~s** die Karibik f

carambolage [kaʀɑ̃bɔlaʒ] nm
Karambolage f

caramel [kaʀamɛl] nm (bonbon)
Karamellbonbon m ou nt;
(substance) Karamell m

carapace [kaʀapas] nf Panzer m

caravane [kaʀavan] nf (camping)
Wohnwagen m • **caravaning** nm
(camping) Urlaub m mit dem
Wohnwagen; (terrain)
Campingplatz m für Wohnwagen

carbonade [kaʀbɔnad] nf
geschmortes Rind mit Zwiebeln in
Biersoße

carbone [kaʀbɔn] nm
Kohlenstoff m; (aussi: **papier
carbone**) Kohlepapier nt; (double)
Durchschlag m; **empreinte ~**
CO²-Bilanz f • **carbonique** adj:
gaz ~ Kohlensäure f; **neige ~**
Trockeneis nt

carburant [kaʀbyʀɑ̃] nm
Treibstoff m

carburateur [kaʀbyʀatœʀ] nm
Vergaser m

carcasse [kaʀkas] nf (d'animal)
Kadaver m; (de voiture etc)
Karosserie f

carcinogène [kaʀsinɔʒɛn] adj
krebserregend

cardiaque [kaʀdjak] adj Herz-

cardigan [kaʀdigɑ̃] nm
Strickjacke f

cardinal, e, -aux [kaʀdinal, o]
adj (nombre) Kardinal- ▶ nm
Kardinal m

cardiologie [kaʀdjɔlɔʒi] nf
Kardiologie f • **cardiologue** nmf
Kardiologe m, Kardiologin f

carême [kaʀɛm] nm: **le ~** die
Fastenzeit f

carence [kaʀɑ̃s] nf Mangel m;
(inefficacité, incapacité)
Unfähigkeit f

caresse [kaʀɛs] nf Zärtlichkeit f
• **caresser** vt streicheln

cargaison [kaʀgɛzɔ̃] nf
(Schiffs)fracht f

cargo [kaʀgo] nm Frachter m

caricature [kaʀikatyʀ] nf
Karikatur f

carie [kaʀi] nf: **la ~ (dentaire)**
Karies f; **une ~** ein Loch nt im Zahn

carillon [kaʀijɔ̃] nm (d'église)
Glockenspiel nt; **~ (électrique)**
(de porte) Türglocke f

carlingue [kaʀlɛ̃g] nf (d'avion)
Cockpit nt

carnage [kaʀnaʒ] nm Blutbad nt

carnaval [kaʀnaval] nm
Karneval m

carnet [kaʀnɛ] nm Heft nt; **~ de
chèques** Scheckbuch nt

carnivore [kaʀnivɔʀ] adj
fleischfressend

carotide [kaʀɔtid] nf
Halsschlagader f

carotte [kaʀɔt] nf Möhre f

carpe [kaʀp] nf Karpfen m

carré, e [kaʀe] adj quadratisch;
(visages, épaules) eckig ▶ nm

Quadrat nt; (de terrain, jardin) Stück nt

carreau, x [kaʁo] nm (par terre) Fliese f; (au mur) Kachel f; (de fenêtre) Scheibe f; (Cartes) Karo nt

carrefour [kaʁfuʁ] nm Kreuzung f

carrelage [kaʁlaʒ] nm Fliesen pl

carrelet [kaʁlɛ] nm (poisson) Scholle f

carrément [kaʁemɑ̃] adv geradeheraus; (nettement) ganz einfach

carrière [kaʁjɛʁ] nf (de craie, sable) Steinbruch m; (métier) Karriere f

carrosse [kaʁɔs] nm Kutsche f

carrosserie [kaʁɔsʁi] nf Karosserie f • **carrossier** nm Karosseriebauer m; (dessinateur) Karosseriedesigner m

carrousel [kaʁuzɛl] nm Karussell nt

carrure [kaʁyʁ] nf Statur f

cartable [kaʁtabl] nm Schultasche f

carte [kaʁt] nf Karte f; (d'électeur, de parti) Ausweis m; (au restaurant) Speisekarte f; (aussi : **carte de visite**) (Visiten)karte f; **à la ~** (au restaurant) nach Maß, à la carte; (télévision) on-Demand; **~ à puce** Chipkarte f; **C~ Bleue®** Kundenkarte f; **~ d'identité** Personalausweis m; **~ de crédit** Kreditkarte f; **~ d'embarquement** Bordkarte f, Einsteigekarte f; **~ de séjour** Aufenthaltsgenehmigung f; **~ SIM** SIM-Karte f; **~ grise** ≈ Kraftfahrzeugschein m; **~ postale** Postkarte f; **~ routière** Straßenkarte f

cartel [kaʁtɛl] nm Kartell nt

carter [kaʁtɛʁ] nm (Auto) Ölwanne f

cartilage [kaʁtilaʒ] nm Knorpel m

carton [kaʁtɔ̃] nm (matériau) Pappe f; (boîte) Karton

cartouche [kaʁtuʃ] nf Patrone f. (de film, de toner etc) Kassette f

cas [kɑ] nm Fall m; **en aucun ~** keinesfalls; **au ~ où** falls; **en tout ~** auf jeden Fall

casanier, -ière [kazanje, jɛʁ] adj häuslich

cascade [kaskad] nf Wasserfall m

cascadeur, -euse [kaskadœʁ, øz] nm/f Stuntman m/-girl nt

case [kɑz] nf (compartiment) Fach nt; (sur un formulaire, de mots croisés, d'échiquier) Kästchen nt • **caser** vt (loger) unterbringen; **se caser** vpr (personne) sich niederlassen

caserne [kazɛʁn] nf Kaserne f

cash [kaʃ] adv : **payer ~** bar zahlen

casier [kazje] nm (à journaux) Ständer m; (case) Fach nt; **~ judiciaire** Vorstrafenregister nt

casino [kazino] nm Kasino nt

casque [kask] nm Helm m; (chez le coiffeur) Trockenhaube f; (pour audition) Kopfhörer m

casquette [kaskɛt] nf Kappe f

cassant, e [kasɑ̃, ɑ̃t] adj zerbrechlich; (fig) schroff

casse [kɑs] nf : **mettre à la ~** verschrotten; **il y a eu de la ~** es hat viel Bruch gegeben

casse-cou [kasku] adj inv waghalsig

casse-croûte [kɑskʀut] nm inv Imbiss m

casse-noisette, casse-noisettes [kɑsnwazɛt] nm Nussknacker m

casse-noix [kɑsnwa] nm inv Nussknacker m

casse-pieds [kɑspje] (fam) adj, nm inv/nf inv : **il est ~, c'est un ~** er ist ein Nervtöter

casser [kɑse] vt brechen ▶ vi (corde etc) reißen; **se casser** vpr brechen

casserole [kɑsʀɔl] nf Kochtopf m

casse-tête [kɑstɛt] nm inv (problème difficile) Nuss f

cassette [kɑsɛt] nf Kassette f; (coffret) Schatulle f

casseur [kɑsœʀ] nm (vandale) Hooligan m

cassis [kɑsis] nm (Bot) Schwarze Johannisbeere f; (de la route) Unebenheit f

cassoulet [kasulɛ] nm Ragout mit weißen Bohnen und Gänse-, Enten-, Hammel- oder Schweinefleisch

caste [kast] nf Kaste f

castor [kastɔʀ] nm Biber m

catalogue [katalɔg] nm Katalog m • **cataloguer** vt katalogisieren; **~ qn** (péj) jdn in eine Schublade einordnen

catalyseur [katalizœʀ] nm Katalysator m • **catalytique** adj : **pot ~** Auspuff m mit (eingebautem) Katalysator

catamaran [katamaʀɑ̃] nm Katamaran m

cataplasme [kataplasm] nm Umschlag m

cataracte [kataʀakt] nf grauer Star m

catastrophe [katastʀɔf] nf Katastrophe f • **catastrophique** adj katastrophal

catch [katʃ] nm Catchen nt

catégorie [kategɔʀi] nf Kategorie f; (Sport) Klasse f

catégorique [kategɔʀik] adj kategorisch

cathédrale [katedʀal] nf Kathedrale f

catholicisme [katɔlisism] nm Katholizismus m • **catholique** adj katholisch

catogan [katɔgɑ̃] nm Pferdeschwanz m

Caucase [kokaz] nm : **le ~** der Kaukasus m

cauchemar [koʃmaʀ] nm Albtraum m

cause [koz] nf Grund m; (d'un accident etc) Ursache f; **à ~ de** wegen +gén ou dat; **pour ~ de** wegen +gén ou dat • **causer** vt verursachen ▶ vi plaudern • **causerie** nf Plauderei f

caustique [kostik] adj (personne, remarque) bissig

caution [kosjɔ̃] nf Kaution f • **cautionner** vt unterstützen

cavale [kaval] (fam) nf : **en ~** auf der Flucht

cavalier, -ière [kavalje, jɛʀ] nm/f Reiter(in) m(f); (au bal) Partner(in) m(f) ▶ nm (Échecs) Springer m

cave [kav] nf Keller m

caveau, x [kavo] nm Gruft f

caverne [kavɛʀn] nf Höhle f

caviar [kavjaʀ] nm Kaviar m

caviste [kavist] nmf Wein- und Spirituosenhändler(in) m/f; (dans *un restaurant)* für den Weinkeller Verantwortliche(r) *f/m*

cavité [kavite] *nf* Hohlraum *m*

c.c. *abr (= compte courant)* Girokonto *nt*

CCP [sesepe] *sigle m (= compte chèque postal)* voir **compte**

CD [sede] *sigle m (= compact disc)* CD *f*; *(= corps diplomatique)* CD

CDD [sedede] *sigle m (= contrat à durée déterminée)* befristeter Arbeitsvertrag *m*

CDI [sedei] *sigle m (= centre de documentation et d'information)* Schulbücherei *f*; *(= contrat à durée indéterminée)* unbefristeter Arbeitsvertrag *m*

CD-ROM [sederɔm] *abr m (= Compact Disc Read Only Memory)* CD-ROM *f*

---

ce, c', cette [sə, s, sɛt]

(devant nom masculin commençant par une voyelle ou un h muet **cet**, *pl* **ces**)

▶ *adj* diese(r, s); *(pl)* diese; **cette maison(-ci/là)** dieses Haus da; **cet homme** dieser Mann; **cette nuit** *(qui vient)* heute Nacht

▶ *pron* **1**: **c'est** das ist, es ist; **c'est une voiture/girafe** das ist ein Auto/eine Giraffe; **c'est petit/grand** es ist klein/groß; **qui est-ce ?** wer ist da?; *(en désignant)* wer ist das?; **qu'est-ce ?** was ist das?; **c'est toi qui le dis** das sagst du **2**: **ce qui** was; **ce que** was; **ce dont j'ai parlé** (das) wovon ich gesprochen habe; **ce que c'est grand !** das ist aber groß!

---

ceci [səsi] *pron* dies, das

cécité [sesite] *nf* Blindheit *f*

céder [sede] *vt* aufgeben; **~ le passage** Vorfahrt achten

CEDEX [sedɛks] *sigle m (= courrier d'entreprise à distribution exceptionnelle)* Postzustellung für Großkunden

cèdre [sɛdʀ] *nm* Zeder *f*

ceinture [sɛ̃tyʀ] *nf* Gürtel *m*; **~ de sécurité** Sicherheitsgurt *m* • **ceinturon** *nm* Gürtel *m*

cela [s(ə)la] *pron* das

célèbre [selɛbʀ] *adj* berühmt

célébrer [selebʀe] *vt* feiern

célébrité [selebʀite] *nf* Berühmtheit *f*

céleri [sɛlʀi] *nm*: **~(-rave)** (Knollen)sellerie *f* ou *m*; **~ en branche** Staudensellerie *f* ou *m*

céleste [selɛst] *adj* himmlisch

célibataire [selibatɛʀ] *adj* ledig

celle, celles [sɛl] *pron voir* **celui**

cellophane® [selɔfan] *nf* Cellophan® *m*

cellulaire [selylɛʀ] *adj*: **voiture** ou **fourgon ~** grüne Minna *f*

cellule [selyl] *nf* Zelle *f*; **~ (photo-électrique)** Fotozelle *f*; **~ souche** Stammzelle *f*

cellulite [selylit] *nf* Cellulitis *f*

cellulose [selyloz] *nf* Zellulose *f*

celte [sɛlt], **celtique** [sɛltik] *adj* keltisch

---

celui, celle [səlɥi, sɛl]

(mpl **ceux**, *fpl* **celles**)

▶ *pron* **1**: **~-ci/là, celle-ci/là** der/die/das; **ceux-ci, celles-ci** die; **ceux-là, celles-là** die; **~ de mon frère** der/die/das von meinem Bruder; **ce n'est pas**

cendre

mon livre, c'est ~ de mon frère das ist nicht mein Buch, es ist das von meinem Bruder **2: quel oiseau ? — ~ qui chante** welcher Vogel? — der, der singt; **~/celle dont je parle** der/die, von dem/der ich spreche **3** (*valeur indéfinie*): **~ qui veut** will

cendre [sɑ̃dʀ] *nf* Asche *f* • **cendré, e** *adj* (*couleur*) aschgrau • **cendrier** *nm* Aschenbecher *m*

censé, e [sɑ̃se] *adj*: **être ~ faire qch** etw (eigentlich) tun sollen

censure [sɑ̃syʀ] *nf* Zensur *f* • **censurer** *vt* zensieren

cent [sɑ̃] *num* hundert; **pour ~** Prozent *nt* • **centaine** *nf*: **une ~ (de)** hundert; (*environ 100*) etwa hundert • **centenaire** *adj* hundertjährig ► *nmf* Hundertjährige(r) *f(m)* ► *nm* (*anniversaire*) hundertster Geburtstag *m* • **centième** *num* hundertste(r, s) • **centigrade** *nm* Grad *m* Celsius • **centime** *nm* Centime *m*; (*suisse*) Rappen *m*; **~ d'euro** (Euro)cent *m* • **centimètre** *nm* Zentimeter *m* ou *nt*; (*ruban*) Zentimetermaß *nt* • **central, e, -aux** *adj* zentral ► *nm*: **~ (téléphonique)** (Telefon)zentrale *f* • **centrale** *nf*: **~ électrique** Elektrizitätswerk *nt*; **~ nucléaire** Kernkraftwerk *nt*

centraliser [sɑ̃tʀalize] *vt* zentralisieren

centre [sɑ̃tʀ] *nm* Zentrum *nt*; (*milieu*) Mitte *f*; **~ commercial** Geschäftszentrum *nt*; **~ culturel** Kulturzentrum *nt*; **~ d'appels** Callcenter *m*; **~ sportif** Sportzentrum *nt* • **centrer** *vt* zentrieren • **centre-ville** *nm* Stadtzentrum *nt*

centuple [sɑ̃typl] *nm*: **le ~ de qch** das Hundertfache von etw

cep [sɛp] *nm* Rebstock *m*

cèpe [sɛp] *nm* Steinpilz *m*

cependant [s(ə)pɑ̃dɑ̃] *adv* jedoch

céramique [seʀamik] *nf* Keramik *f*

cercle [sɛʀkl] *nm* Kreis *m*

cercueil [sɛʀkœj] *nm* Sarg *m*

céréale [seʀeal] *nf* Getreide *nt*

cérémonie [seʀemɔni] *nf* Zeremonie *f*; **cérémonies** *nfpl* (*péj*) Theater *nt*, Umstände *pl*

cerf [sɛʀ] *nm* Hirsch *m*

cerfeuil [sɛʀfœj] *nm* Kerbel *m*

cerf-volant [sɛʀvɔlɑ̃] (*pl* **cerfs-volants**) *nm* Drachen *m*

cerise [s(ə)ʀiz] *nf* Kirsche *f* • **cerisier** *nm* Kirschbaum *m*

cerner [sɛʀne] *vt* umzingeln; (*problème, question*) einkreisen

certain, e [sɛʀtɛ̃, ɛn] *adj* (*sûr*) sicher; (*avec art indéf*): **un ~ Georges** ein gewisser Georges; **certains** *pron pl* manche • **certainement** *adv* sicher

certes [sɛʀt] *adv* sicherlich

certificat [sɛʀtifika] *nm* Zeugnis *nt*; **~ de fin d'études secondaires** ≈ Abiturzeugnis *nt*; **~ médical** ärztliche Bescheinigung *f* • **certifier** *vt* bestätigen

certitude [sɛʀtityd] *nf* Gewissheit *f*

cerveau, x [sɛʀvo] *nm* Gehirn *nt*

cervelle [sɛʀvɛl] nf Gehirn nt;
(Culin) Hirn nt; **se creuser la ~**
sich dat das Hirn zermartern

Cervin [sɛʀvɛ̃] nm : **le ~** das
Matterhorn

CES [seøɛs] sigle m (= collège
d'enseignement secondaire)
Sekundarstufe I f

ces [se] adj dém voir **ce**

césarienne [sezaʀjɛn] nf
Kaiserschnitt m

cesse [sɛs] : **sans ~** adv
unaufhörlich

cesser [sese] vt aufhören mit

cessez-le-feu [sesel(ə)fø] nm inv
Waffenruhe f

c'est-à-dire [sɛtadiʀ] adv das
heißt

cette [sɛt] adj dém voir **ce**

ceux [sø] pron voir **celui**

cf [seɛf] abr (= confer) s

CFC [seɛfse] nm abr
(= chlorofluorocarbone) FCKW m

chacun, e [ʃakœ̃, yn] pron
jede(r, s)

chagrin, e [ʃagʀɛ̃, in] adj
missmutig ▶ nm Kummer m

chahut [ʃay] nm (Scol) Krawall m
• **chahuter** vt (professeur) auf der
Nase herumtanzen +dat ▶ vi
Unfug treiben

chaîne [ʃɛn] nf Kette f; (Radio, TV)
Programm nt; **~ (de fabrication)**
Fließband nt; **~ (de montage)**
Montageband nt; **~ stéréo**
Stereoanlage f

chair [ʃɛʀ] nf Fleisch nt

chaire [ʃɛʀ] nf (d'église) Kanzel f

chaise [ʃɛz] nf Stuhl m; **~ longue**
Liegestuhl m

châle [ʃal] nm Schultertuch nt

chalet [ʃalɛ] nm Chalet nt

chaleur [ʃalœʀ] nf Wärme f;
(forte) Hitze f • **chaleureux,
-euse** adj herzlich

challenge [ʃalɑ̃ʒ] nm
Wettkampf m

challenger [ʃalɑ̃ʒœʀ] nm
Herausforderer m

chaloupe [ʃalup] nf (de sauvetage)
Rettungsboot nt

chalumeau, x [ʃalymo] nm
(outil) Lötlampe f

chalut [ʃaly] nm Schleppnetz nt

chalutier [ʃalytje] nm
Fischdampfer m

chamailler [ʃamaje] : **se ~** vpr
sich streiten

chambre [ʃɑ̃bʀ] nf Zimmer nt;
~ à air Schlauch m; **~ à coucher**
Schlafzimmer nt; **~ à un lit/deux
lits** (à l'hôtel) Einzelzimmer/
Zweibettzimmer nt

chambrer [ʃɑ̃bʀe] vt (vin) auf
Zimmertemperatur bringen

chameau, x [ʃamo] nm Kamel nt

chamois [ʃamwa] nm Gämse f

champ [ʃɑ̃] nm Feld nt

champagne [ʃɑ̃paɲ] nm (vin)
Champagner m

champignon [ʃɑ̃piɲɔ̃] nm Pilz m;
~ de couche ou **de Paris**
Champignon m

champion, ne [ʃɑ̃pjɔ̃, jɔn] nm/f
(Sport) Champion m, Meister(in)
m(f); (d'une cause) Verfechter(in)
m(f) • **championnat** nm
Meisterschaft f

chance [ʃɑ̃s] nf (bonne fortune)
Glück nt; (hasard) Zufall m;
chances nfpl Chancen pl; **bonne
~ !** viel Glück!

chanceler [ʃɑ̃s(ə)le] vi (personne) wackelig auf den Beinen sein; (meuble, mur) wackeln

chancelier [ʃɑ̃səlje] nm (allemand) (Bundes)kanzler m; (d'ambassade) Sekretär m

chanceux, -euse [ʃɑ̃sø, øz] adj glücklich; **être ~** Glück haben

chandail [ʃɑ̃daj] nm dicker Pullover m

chandelier [ʃɑ̃dəlje] nm (Kerzen)leuchter m

chandelle [ʃɑ̃dɛl] nf Kerze f

change [ʃɑ̃ʒ] nf (Comm) Wechseln nt; **le contrôle des ~s** die Devisenkontrolle f

changement [ʃɑ̃ʒmɑ̃] nm Änderung f; **~ climatique** Klimawandel m

changer [ʃɑ̃ʒe] vt wechseln ▶ vi sich ändern; **se changer** vpr sich umziehen; **~ de place avec qn** mit jdm den Platz tauschen; **~ de vitesse** (Auto) schalten; **~ (de train)** umsteigen

chanson [ʃɑ̃sɔ̃] nf Lied nt

chant [ʃɑ̃] nm (chanson) Lied nt

chantage [ʃɑ̃taʒ] nm Erpressung f

chanter [ʃɑ̃te] vt singen

chanterelle [ʃɑ̃tʁɛl] nf Pfifferling m

chanteur, -euse [ʃɑ̃tœʀ, øz] nm/f Sänger(in) m(f)

chantier [ʃɑ̃tje] nm Baustelle f; **~ naval** Werft f

chantilly [ʃɑ̃tiji] nf: **(crème) ~** Schlagsahne f

chanvre [ʃɑ̃vʀ] nm Hanf m

chaos [kao] nm Chaos nt

chaotique [kaɔtik] adj chaotisch

chapeau, x [ʃapo] nm Hut m

chapelet [ʃaplɛ] nm Rosenkranz m

chapelle [ʃapɛl] nf Kapelle f

chapelure [ʃaplyʀ] nf Paniermehl nt

chapiteau, x [ʃapito] nm (Archit) Kapitell nt; (de cirque) (Zirkus)zelt nt

chapitre [ʃapitʀ] nm Kapitel nt; (fig) Thema nt

chaque [ʃak] adj jede(r, s)

char [ʃaʀ] nm Wagen m; (aussi: **char d'assaut**) Panzer m

charabia [ʃaʀabja] nm Kauderwelsch nt

charbon [ʃaʀbɔ̃] nm Kohle f

charcuterie [ʃaʀkytʀi] nf (magasin) (Schweine)metzgerei f; (produits) Wurstwaren pl • **charcutier, -ière** nm/f Schweinemetzger(in) m(f); (traiteur) Delikatessenhändler(in) m(f)

chardon [ʃaʀdɔ̃] nm Distel f

charge [ʃaʀʒ] nf (fardeau) Last f; (Élec) Ladung f; (rôle, mission) Aufgabe f • **chargement** nm Ladung f • **charger** vt beladen; (fusil, batterie) laden; **se charger** vpr: **se ~** de sich kümmern um; **~ qn de qch/faire qch** jdn mit etw beauftragen/jdn beauftragt, etw zu tun • **chargeur** nm (d'arme à feu) Magazin nt; (Photo) Kassette f; **~ de batterie** Ladegerät nt

chariot [ʃaʀjo] nm Wagen m; (table roulante) Teewagen m; (à bagages) Kofferkuli m; (à provisions) Einkaufswagen m; (charrette) Karren m

charisme [karism] *nm*
Charisma *nt*

charitable [ʃaritabl] *adj*
karitativ, wohltätig

charité [ʃarite] *nf (vertu)*
Nächstenliebe *f*; **faire la ~ à qn**
jdm ein Almosen geben; **fête /
vente de ~** Wohltätigkeitsveran-
staltung *f*/-basar *m*

charlotte [ʃarlɔt] *nf* Charlotte *f*

charmant, e [ʃarmɑ̃, ɑ̃t] *adj*
charmant

charme [ʃarm] *nm (d'une
personne)* Charme *m*; *(d'un endroit,
d'une activité)* Reiz *m*;
(envoûtement) Anziehungskraft *f*;
faire du ~ à qn mit jdm flirten
• **charmer** *vt* bezaubern
• **charmeur, -euse** *adj (sourire,
manières)* verführerisch ▶ *nm/f*
Charmeur *m*

charnière [ʃarnjɛr] *nf (de porte)*
Türangel *f*

charnu, e [ʃarny] *adj* fleischig

charogne [ʃarɔɲ] *nf* Aas *nt*

charpente [ʃarpɑ̃t] *nf* Gerüst *nt*

charpentier [ʃarpɑ̃tje] *nm*
Zimmermann *m*

charrette [ʃaret] *nf* Karren *m*

charrier [ʃarje] *vt (suj : camion)*
transportieren; (: *fleuve etc*) mit
sich führen; *(fam)* verspotten ▶ *vi*
(fam) wild übertreiben

charrue [ʃary] *nf* Pflug *m*

charte [ʃart] *nf* Charta *f*; **C~
internationale des droits de
l'homme** Internationale Charta
der Menschenrechte

charter [ʃarter] *nm (vol)*
Charterflug *m*; *(avion)*
Charterflugzeug *nt*

chas [ʃɑ] *nm* Öhr *nt*

chasse [ʃas] *nf* Jagd *f*; *(aussi :
chasse d'eau)* (Wasser)spülung *f*
• **chasse-neige** *nm inv*
Schneepflug *m* • **chasser** *vt* jagen
• **chasseur, -euse** *nm/f* Jäger(in)
m(f)

châssis [ʃasi] *nm (de voiture)*
Chassis *nt*

chaste [ʃast] *adj* keusch

chasuble [ʃazybl] *nf (Rel)*
Messgewand *nt*

chat¹ [ʃa] *nm* Katze *f*

chat² [tʃat] *nm (Inform)* Chat *m*

châtaigne [ʃatɛɲ] *nf* Kastanie *f*

châtain [ʃatɛ̃] *adj inv*
kastanienbraun

château, x [ʃato] *nm* Schloss *nt*;
(forteresse) Burg *f*; **~ fort** Festung *f*

châtiment [ʃatimɑ̃] *nm*
Bestrafung *f*

chaton [ʃatɔ̃] *nm* Kätzchen *nt*; *(de
bague)* Fassung *f*

chatouiller [ʃatuje] *vt* kitzeln

chatouilleux, -euse [ʃatujø, øz]
adj kitzelig; *(susceptible)*
empfindlich

chatte [ʃat] *nf* Katze *f*

chatter [tʃate] *vi* chatten

chaud, e [ʃo, ʃod] *adj* warm; *(très
chaud)* heiß; **il fait ~** es ist warm/
heiß; **j'ai ~** mir ist warm

chaudron [ʃodrɔ̃] *nm* großer
Kessel *m*

chauffage [ʃofaʒ] *nm (appareils)*
Heizung *f*; **~ au gaz** Gasheizung *f*;
~ central Zentralheizung *f*;
~ électrique Elektroheizung *f*

chauffard [ʃofar] *(péj) nm*
Verkehrsrowdy *m*

chauffe-eau [ʃofo] *nm inv*
Heißwasserbereiter *m*

chauffer [ʃofe] vt (appartement) heizen; (eau) erhitzen ▶ vi sich erwärmen; (moteur) sich überhitzen, heiß laufen

chauffeur, -euse [ʃofœʀ, øz] nm/f Fahrer(in) m(f); **~ de taxi** Taxifahrer

chaume [ʃom] nm (du toit) Stroh nt; (tiges) Stoppeln pl

chaussée [ʃose] nf Fahrbahn f

chausser [ʃose] vt (bottes, skis) anziehen; (enfant) die Schuhe anziehen +dat; **~ du 38/42** Schuhgröße 38/42 haben

chaussette [ʃosɛt] nf Socke f

chausson [ʃosɔ̃] nm Hausschuh m; **~ (aux pommes)** Apfeltasche f

chaussure [ʃosyʀ] nf Schuh m

chauve [ʃov] adj kahl(köpfig)
• **chauve-souris** (pl **chauves-souris**) nf Fledermaus f

chauvin, e [ʃovɛ̃, in] adj chauvinistisch (nationalistisch)

chaux [ʃo] nf Kalk m

chef [ʃɛf] nm (patron) Chef(in) m(f); (d'armée, parti, groupe) Führer(in) m(f); (de cuisine) Koch m, Köchin f; **~ d'orchestre** Dirigent(in) m(f)

chef-d'œuvre [ʃɛdœvʀ] (pl **chefs-d'œuvre**) nm Meisterwerk nt

chef-lieu [ʃɛfljø] (pl **chefs-lieux**) nm (Admin) = Kreisstadt f, Hauptstadt eines französischen Departementes

chemin [ʃ(ə)mɛ̃] nm Weg m; **en ~** unterwegs; **~(s) de fer** Eisenbahn f

cheminée [ʃ(ə)mine] nf (sur le toit) Schornstein m; (à l'intérieur) Kamin m

cheminer [ʃ(ə)mine] vi (personne) gehen

cheminot [ʃ(ə)mino] nm Eisenbahner m

chemise [ʃ(ə)miz] nf Hemd nt
• **chemisier** nm Bluse f

chenal, -aux [ʃənal, o] nm Kanal m

chêne [ʃɛn] nm Eiche f

chenille [ʃ(ə)nij] nf Raupe f; (de char, chasse-neige) (Raupen)kette f

chèque [ʃɛk] nm Scheck m; **~ barré** Verrechnungsscheck; **~ de voyage** Reisescheck m; **~ sans provision** ungedeckter Scheck • **chèque-cadeau** (pl **chèques-cadeaux**) nm Geschenkgutschein m • **chèque-repas** (pl **chèques-repas**) nm, **chèque-restaurant** (pl **chèques-restaurant**) ▶ nm Essensbon m • **chéquier** nm Scheckbuch nt

cher, chère [ʃɛʀ] adj (aimé) lieb; (coûteux) teuer ▶ adv : **coûter/payer ~** teuer sein/bezahlen

chercher [ʃɛʀʃe] vt suchen; **aller ~** holen • **chercheur, -euse** nm/f (scientifique) Forscher(in) m(f)

chéri, e [ʃeʀi] adj geliebt; **(mon) ~** Liebling m

cheval [ʃ(ə)val] (pl **chevaux**) nm Pferd nt; **faire du ~** reiten

chevalet [ʃ(ə)valɛ] nm Staffelei f

chevalier [ʃ(ə)valje] nm Ritter m

chevalin, e [ʃ(ə)valɛ̃, in] adj : **boucherie ~e** Pferdemetzgerei f

chevaucher [ʃ(ə)voʃe] vi (aussi : **se chevaucher**) sich überlappen ▶ vt (rittlings) sitzen auf +dat

chevelu, e [ʃəv(ə)ly] adj haarig
• **chevelure** nf Haar nt

chevet [ʃ(ə)vɛ] nm : **au ~ de qn** an jds Bett dat; **table de ~** Nachttischchen nt

cheveu, x [ʃ(ə)vø] nm Haar nt

cheville [ʃ(ə)vij] nf (Anat) Knöchel m; (de bois) Stift m

chèvre [ʃɛvʀ] nf Ziege f ▸ nm (fromage) Ziegenkäse m

chevreuil [ʃəvʀœj] nm Reh nt

chewing-gum [ʃwiŋɡɔm] (pl **chewing-gums**) nm Kaugummi m ou nt

chez [ʃe] prép bei; **~ moi/toi** bei mir/dir (zu Hause); (direction) zu mir/dir (nach Hause) • **chez-soi** nm inv Zuhause nt

chiant, e [ʃjã, ʃjãt] (fam !) adj beschissen (fam !)

chic [ʃik] adj inv (élégant) chic; (généreux) anständig ▸ nm (élégance) Schick m; **avoir le ~ pour faire qch** (ein) Talent haben, etw zu tun; **~ ! toll!**

chiche [ʃiʃ] adj knauserig; **~ !** wetten, dass?

chichis [ʃiʃi] nmpl : **faire des ~** viel Theater machen

chicorée [ʃikɔʀe] nf (café) Zichorienkaffee m

chien [ʃjɛ̃] nm Hund m

chiffon [ʃifɔ̃] nm Lappen m

chiffonner [ʃifɔne] vt zerknittern

chiffre [ʃifʀ] nm (représentant un nombre, d'un code) Ziffer f; (montant, total) Summe f; **~ d'affaires** Umsatz m • **chiffrer** vt (dépense) beziffern; (message) verschlüsseln

chignon [ʃiɲɔ̃] nm Knoten m

---

choqu.

chiite [ʃiit] adj schiitisch

Chili [ʃili] nm : **le ~** Chile nt
• **chilien, ne** adj chilenisch

chimie [ʃimi] nf Chemie f

chimio [ʃimjo],
chimiothérapie [ʃimjoteʀapi] nf Chemotherapie f • **chimique** adj chemisch • **chimiste** nmf Chemiker(in) m(f)

chimpanzé [ʃɛ̃pɑ̃ze] nm Schimpanse m

Chine [ʃin] nf : **la ~** China nt
• **chinois, e** adj chinesisch ▸ nm/f : **C~, e** Chinese m, Chinesin f

chips [ʃips] nfpl (aussi : **pommes chips**) Chips pl

chirurgical, e, -aux [ʃiʀyʀʒikal, o] adj chirurgisch • **chirurgie** nf Chirurgie f • **chirurgien, ne** nm/f Chirurg(in) m(f)

chlore [klɔʀ] nm Chlor nt

choc [ʃɔk] nm Stoß m; (moral) Schock m; **troupe de ~** Kampftruppe f

chocolat [ʃɔkɔla] nm Schokolade f; **~ au lait** Milchschokolade f

chœur [kœʀ] nm Chor m

choisir [ʃwaziʀ] vt auswählen

choix [ʃwa] nm Wahl f; **avoir le ~** die Wahl haben

cholestérol [kɔlɛsteʀɔl] nm Cholesterin nt

chômage [ʃomaʒ] nm Arbeitslosigkeit f; **être au ~** arbeitslos sein • **chômeur, -euse** nm/f Arbeitslose(r) f(m)

chope [ʃɔp] nf (verre) Schoppenglas nt

choquant, e [ʃɔkã, ãt] adj schockierend • **choquer** vt schockieren; (commotionner) erschüttern

...**hie** [kɔʀegʀafi] nf
...**e** f
...[ʀist] nmf
Chorsänger(in) m(f)

chose [ʃoz] nf Ding nt; (sujet, matière) Sache f

chou, x [ʃu] nm Kohl m; **mon petit ~** mein Süßer m, meine Süße f; **~ (à la crème)** Windbeutel m; **~ de Bruxelles** Rosenkohl m

chouchou, te [ʃuʃu, ut] (fam) nm/f (Scol) Liebling m

choucroute [ʃukʀut] nf Sauerkraut nt

chouette [ʃwɛt] nf Eule f ▸ adj (fam): **~ !** toll!

chou-fleur [ʃuflœʀ] (pl **choux-fleurs**) nm Blumenkohl m

chou-rave [ʃuʀav] (pl **choux-raves**) nm Kohlrabi m

choyer [ʃwaje] vt verwöhnen

chrétien, ne [kʀetjɛ̃, jɛn] adj christlich ▸ nm/f Christ(in) m(f)

Christ [kʀist] nm : **le ~** Christus m • **christianisme** nm Christentum nt

chrome [kʀom] nm Chrom nt

chromosome [kʀomozom] nm Chromosom nt

chronique [kʀonik] adj chronisch

chrono [kʀono] nm = **chronomètre**

chronologie [kʀonolɔʒi] nf Chronologie f, zeitliche Reihenfolge • **chronologique** adj chronologisch

chronomètre nm Stoppuhr f

chrysalide [kʀizalid] nf Puppe f

CHU [seaʃy] sigle m (= centre hospitalo-universitaire) Universitätsklinik f

chuchoter [ʃyʃote] vt, vi flüstern

chut [ʃyt] excl pst

chute [ʃyt] nf Sturz m; **la ~ des cheveux** der Haarausfall; **~s de neige** Schneefall m; **~s de pluie** Regenfall m

Chypre [ʃipʀ] n Zypern nt

ci-après [siapʀe] adv im Folgenden

cibiste [sibist] nm CB-Funker(in) m(f)

cible [sibl] nf Zielscheibe f

ciboulette [sibulɛt] nf Schnittlauch m

cicatrice [sikatʀis] nf Narbe f • **cicatriser** : **se cicatriser** vpr (ver)heilen

ci-contre [sikɔ̃tʀ] adv gegenüber • **ci-dessous** adv unten • **ci-dessus** adv oben

cidre [sidʀ] nm Apfelwein m

Cie abr (= compagnie) Co

ciel [sjɛl] (pl **ciels** ou (litt) **cieux**) nm Himmel m

cierge [sjɛʀʒ] nm Kerze f

cigale [sigal] nf Zikade f

cigare [sigaʀ] nm Zigarre f

cigarette [sigaʀɛt] nf Zigarette f; **~ électronique** E-Zigarette f

cigogne [sigoɲ] nf Storch m

ci-joint, e [siʒwɛ̃, ɛ̃t] adj, adv beiliegend

cil [sil] nm (Augen)wimper f

cime [sim] nf (d'arbre) Wipfel m; (de montagne) Gipfel m

ciment [simɑ̃] nm Zement m; **~ armé** Stahlbeton m

cimetière [simtjɛʀ] nm Friedhof m

cinéaste [sineast] nmf Filmemacher(in) m(f)

cinéma [sinema] nm (salle) Kino nt; (Art) Film m

cinq [sɛ̃k] num fünf
• **cinquantaine** nf (d'auteur) etwa fünfzig • **cinquante** num fünfzig • **cinquième** num fünfte(r, s) ▶ nm Fünftel nt

cintre [sɛ̃tʀ] nm Kleiderbügel m

cirage [siʀaʒ] nm Schuhcreme f

circoncision [siʀkɔ̃sizjɔ̃] nf Beschneidung f

circonférence [siʀkɔ̃feʀɑ̃s] nf Umfang m

circonflexe [siʀkɔ̃flɛks] adj :
accent ~ Zirkumflex m

circonscription [siʀkɔ̃skʀipsjɔ̃] nf : ~ **électorale** Wahlkreis m
• **circonscrire** vt (incendie) eindämmen; (propriété) abstecken

circonstance [siʀkɔ̃stɑ̃s] nf Umstand m

circuit [siʀkɥi] nm (trajet) Rundgang m; (Élec) Stromkreis m

circulaire [siʀkylɛʀ] adj kreisförmig ▶ nf Rundschreiben nt

circulation [siʀkylasjɔ̃] nf (Auto) Verkehr m; (Méd) Kreislauf m

circuler [siʀkyle] vi (personne) (herum)gehen; (voiture) fahren; (devises, capitaux) im Umlauf sein

cire [siʀ] nf Wachs nt; • **ciré, e** adj (parquet) gewachst ▶ nm (vêtement) Ölzeug nt • **cirer** vt (parquet) wachsen; (chaussures) putzen

cirque [siʀk] nm Zirkus m

cirrhose [siʀoz] nf : ~ **du foie** Leberzirrhose f

ciseau, x [sizo] nm : ~ (**à bois**) Meißel m; **ciseaux** nmpl Schere f

citadelle [sitadɛl] nf Zitadelle f

citadin, e [sitadɛ̃, in] nm/f Städter(in) m(f)

citation [sitasjɔ̃] nf (d'auteur) Zitat nt; (Jur) Vorladung f

cité [site] nf (ville) Stadt f; ~ **universitaire** Studentenviertel nt • **cité-dortoir** (pl **cités-dortoirs**) nf Schlafstadt f

citer [site] vt (se référer à) zitieren; (Jur) vorladen

citerne [sitɛʀn] nf Zisterne f

citoyen, ne [sitwajɛ̃, jɛn] nm/f Bürger(in) m(f) ▶ adj (mouvement, projet) Bürger- • **citoyenneté** nf Staatsbürgerschaft f **éducation à la** ~ Erziehung f zu mündigen Bürgerinnen und Bürgern, bürgerschaftliche Erziehung

citron [sitʀɔ̃] nm Zitrone f

citronnelle [sitʀɔnɛl] nf Zitronenmelisse f

citronnier [sitʀɔnje] nm Zitronenbaum m

citrouille [sitʀuj] nf Kürbis m

civet [sivɛ] nm Wildragout mit Wein

civière [sivjɛʀ] nf Bahre f

civil, e [sivil] adj (staats)bürgerlich; (Jur) Zivil- ▶ nm (personne) Zivilist(in) m(f); **mariage** ~ standesamtliche Trauung f; **enterrement** ~ nicht kirchliche Bestattung f

civilisation [sivilizasjɔ̃] nf Zivilisation f

civilisé, e [sivilize] adj zivilisiert

civique [sivik] adj staatsbürgerlich; **instruction** ~ Staatsbürgerkunde f

civisme [sivism] nm vorbildliches staatsbürgerliches Verhalten nt

clair

clair, e [klɛʀ] *adj* hell; *(fig)* klar
▸ *nm* : **~ de lune** Mondschein *m*;
bleu ~ hellblau

clairière [klɛʀjɛʀ] *nf* Lichtung *f*

clandestin, e [klɑ̃dɛstɛ̃, in] *adj*
heimlich; *(commerce)* Schwarz-;
passager ~ blinder Passagier *m*

claque [klak] *nf (gifle)* Klaps *m*,
Schlag *m*

claquer [klake] *vi, vt (porte)*
zuschlagen

clarifier [klaʀifje] *vt (fig)* klären

clarinette [klaʀinɛt] *nf*
Klarinette *f*

clarté [klaʀte] *nf* Helligkeit *f*;
(netteté) Klarheit *f*

classe [klɑs] *nf* Klasse *f*;
~ affaires *(Aviat)* Businessclass *f*;
~ économique *(Aviat)*
Economyclass *f*

classement [klɑsmɑ̃] *nm*
(action) Einteilung *f*; *(rang)*
Einstufung *f* • **classer** *vt*
(ein)ordnen; *(candidat, concurrent)*
einstufen

classeur [klɑsœʀ] *nm (cahier)*
Aktenordner *m*; *(meuble)*
Aktenschrank *m*

classique [klasik] *adj* klassisch;
(habituel) üblich

clause [kloz] *nf* Klausel *f*

clavecin [klav(ə)sɛ̃] *nm*
Cembalo *nt*

clavicule [klavikyl] *nf*
Schlüsselbein *nt*

clavier [klavje] *nm (de piano)*
Klaviatur *f*; *(de machine)* Tastatur *f*

clé, clef [kle] *nf* Schlüssel *m*; *(de
boîte de conserves)* Öffner *m*; *(de
mécanicien)* Schraubenschlüssel;
~ d'accès *(Inform)* Passwort *nt*;
clef anglaise *ou* **à molette**

Engländer *m*; **clef de contact**
Zündschlüssel; **~ en croix**
Kreuzschlüssel *m*; **clef USB**
USB-Stick *m*

clerc [klɛʀ] *nm* : **~ de notaire**
Notariatsangestellte(r) *f(m)*

clergé [klɛʀʒe] *nm* Klerus *m*

clic [klik] *nm* Klick *m*

clic-clac® [klikklak] *nm inv*
Bettcouch *f*

cliché [kliʃe] *nm* Klischee *nt*;
(Photo) Negativ *nt*

client, e [klijɑ̃, klijɑ̃t] *nm/f (d'un
magasin, restaurant)* Kunde *m*,
Kundin *f*; *(de médecin)* Patient(in)
m(f) • **clientèle** *nf* Kundschaft *f*;
(de médecin, d'avocat) Klientel *f*

cligner [kliɲe] *vi* : **~ des yeux**
blinzeln

clignotant, e [kliɲɔtɑ̃, ɑ̃t] *adj*
Blink- ▸ *nm (Auto)* Blinker *m*

clignoter [kliɲɔte] *vi (lumière)*
blinken; *(yeux)* zwinkern

climat [klima] *nm* Klima *nt*
• **climatique** *adj* klimatisch,
Klima- • **climatisation** *nf*
Klimaanlage *f* • **climatisé, e** *adj*
mit Klimaanlage

clin d'œil [klɛ̃dœj] *nm*
(Augen)zwinkern *nt*; **en un ~** im
Nu

clinique [klinik] *nf* Klinik *f*

clip [klip] *nm* Videoclip *m*

cliquer [klike] *vi (Inform)* klicken;
~ deux fois doppelklicken

clitoris [klitɔʀis] *nm* Klitoris *f*

clivage [klivaʒ] *nm* Kluft *f*

clochard, e [klɔʃaʀ, aʀd] *nm/f*
Penner(in) *m(f)*

cloche [klɔʃ] *nf* Glocke *f*
• **cloche-pied**; **à ~** *adv* auf einem

Bein hüpfend • **clocher** nm
Kirchturm m

clochette [klɔʃɛt] nf Glöckchen nt

cloison [klwazɔ̃] nf Trennwand f

clonage [klonaʒ] nm Klonen nt
• **clone** nm Klon m

clope [klɔp] (fam) nf Fluppe f

cloque [klɔk] nf Blase f

clore [klɔʀ] vt abschließen

clos, e [klo, kloz] adj geschlossen;
(fini) beendet

clôture [klotyʀ] nf (barrière) Zaun
m; (d'un festival, d'une
manifestation) Abschluss m

clou [klu] nm Nagel m; **clous** nmpl
(passage clouté) Zebrastreifen m
• **clouer** vt nageln; (immobiliser)
festnageln

clown [klun] nm Clown m

club [klœb] nm Klub m

cm abr (= centimètre) cm

CMU [seemy] nf abr (= couverture
maladie universelle) kostenlose
medizinische Versorgung für sozial
Schwache

CNRS [seenɛʀɛs] sigle m (= Centre
national de la recherche scientifique)
≈ Wissenschaftsrat m

coaguler [koagyle] vi (aussi : **se
coaguler**) gerinnen

coalition [koalisjɔ̃] nf Koalition f

cobalt [kobalt] nm Kobalt nt

cobaye [kobaj] nm
Meerschweinchen nt; (fig)
Versuchskaninchen nt

coca® [koka] nf Cola f

cocaïne [kokain] nf Kokain nt

cocasse [kokas] adj komisch,
spaßig

coccinelle [koksinɛl] nf
Marienkäfer m

cocher [kɔʃe] nm Kutscher m ▸ vt
abhaken; (marquer d'une croix)
ankreuzen

cochon, ne [kɔʃɔ̃, ɔn] adj
schweinisch ▸ nm Schwein nt
• **cochonnerie** (fam) nf (saleté,
grivoiserie) Schweinerei f
• **cochonnet** nm Zielkugel f

cocktail [kɔktɛl] nm Cocktail m

coco [koko] nm voir **noix**; (fam)
Typ m

cocooning [kokuniŋ] nm
Cocooning nt (neue Häuslichkeit)

cocorico [kɔkɔʀiko] excl kikeriki

cocotier [kɔkɔtje] nm
Kokospalme f

cocotte [kɔkɔt] nf (en fonte)
Kasserolle f; **~ (minute)**®
Schnellkochtopf m

cocu, e [kɔky] adj gehörnt ▸ nm
betrogener Ehemann m

code [kɔd] nm (Jur) Gesetzbuch nt;
(conventions) Kodex m; (Auto) :
phares ~(s) Abblendlicht; **~ (à)
barres** Balkencode m; **~ civil**
bürgerliches Gesetzbuch nt;
~ pénal Strafgesetzbuch nt;
~ postal Postleitzahl f; **~ de la
route** Straßenverkehrsordnung f;
~ secret Geheimcode m

codéine [kodein] nf Codein nt

coder [kode] vt codieren

coefficient [koefisjã] nm
Koeffizient m

cœur [kœʀ] nm Herz nt; **j'ai mal
au ~** mir ist schlecht; **par ~**
auswendig

coffre [kɔfʀ] nm (meuble) Truhe f;
(d'auto) Kofferraum m; **avoir du ~**
(fam) gut bei Puste sein
• **coffre-fort** (pl **coffres-forts**) nm
Tresor m • **coffret** nm Schatulle f

C

cogner [kɔɲe] vi schlagen; **~ sur un clou** auf einen Nagel schlagen ou hämmern; **~ à la porte/ fenêtre** an die Tür/das Fenster klopfen

cohabitation [kɔabitasjɔ̃] nf Zusammenleben nt • **cohabiter** vi zusammenleben

cohérence [kɔerɑ̃s] nf Zusammenhang m • **cohérent, e** adj zusammenhängend

coiffe [kwaf] nf Haube f • **coiffé, e** adj : **bien ~** frisiert; **mal ~** unfrisiert • **coiffer** vt frisieren; **se coiffer** vpr (se peigner) sich frisieren • **coiffeur, -euse** nm/f Friseur m, Friseuse f ▶ nf (table) Frisiertisch m • **coiffure** nf Frisur f

coin [kwɛ̃] nm Ecke f; (pour caler, fendre le bois) Keil m

coincé, e [kwɛ̃se] adj verklemmt

coincer [kwɛ̃se] vt einklemmen

coïncidence [kɔɛ̃sidɑ̃s] nf Zufall m • **coïncider** vi übereinstimmen; **~ avec** zusammenfallen mit

coing [kwɛ̃] nm Quitte f

coke[1] [kɔk] nm Koks m

coke[2] [kɔk] (fam) nf (cocaïne) Koks m

col [kɔl] nm Kragen m; (encolure, de bouteille) Hals m; (de montagne) Pass m

colère [kɔlɛʁ] nf Wut f; **mettre qn en ~** jdn wütend machen; **se mettre en ~** wütend werden

colin [kɔlɛ̃] nm Seehecht m

colique [kɔlik] nf Kolik f

colis [kɔli] nm Paket nt

collaborateur, -trice [kɔ(l)laboʁatœʁ, tʁis] nm/f Mitarbeiter(in) m(f); (Pol : péj)

Kollaborateur(in) m(f) • **collaboration** nf Mitarbeit f; (Pol : péj) Kollaboration f; **en ~ avec** in Zusammenarbeit mit • **collaborer** vi zusammenarbeiten

collant, e [kɔlɑ̃, ɑ̃t] adj klebrig; (robe etc) hauteng ▶ nm (bas) Strumpfhose f; (de danseur) Trikot nt

collation [kɔlasjɔ̃] nf Imbiss m

colle [kɔl] nf Klebstoff m

collecte [kɔlɛkt] nf Sammlung f

collectif, -ive [kɔlɛktif, iv] adj Kollektiv-; (nom, terme) Sammel-

collection [kɔlɛksjɔ̃] nf Sammlung f; (de mode) Kollektion f • **collectionner** vt sammeln • **collectionneur, -euse** nm/f Sammler(in) m(f)

collectivité [kɔlɛktivite] nf Gemeinschaft f

collège [kɔlɛʒ] nm (école) höhere Schule f; (assemblée) Kollegium nt • **collègue** [kɔ(l)lɛg] nmf Kollege m, Kollegin f

coller [kɔle] vt kleben

collier [kɔlje] nm (bijou) (Hals)kette f

colline [kɔlin] nf Hügel m

collision [kɔlizjɔ̃] nf (de véhicules) Zusammenstoß m; **entrer en ~ (avec qch)** (mit etw) zusammenstoßen

colo [kɔlo] nf abr (= colonie de vacances) Ferienlager nt

colocataire [kɔlɔkatɛʁ] nmf Mitbewohner(in) m(f)

Cologne [kɔlɔɲ] Köln nt

colombage [kɔlɔ̃baʒ] nm Fachwerk nt

colombe [kɔlɔ̃b] nf Taube f

Colombie [kɔlɔ̃bi] *nf*: **la ~**
Kolumbien *nt*

colonel [kɔlɔnɛl] *nm* Oberst *m*

colonie [kɔlɔni] *nf* Kolonie *f*;
~ (de vacances) Ferienkolonie *f*

colonne [kɔlɔn] *nf* Säule *f*; (*sur
une page*) Spalte *f*; **~ (vertébrale)**
Wirbelsäule *f*

colorant, e [kɔlɔrɑ̃, ɑ̃t] *adj*
(*shampooing*) Färbe-, Tönungs- ▶ *nm*
(*alimentaire*) Farbstoff *m* • **colorer**
vt färben • **coloris** *nm* Farbe *f*

colporter [kɔlpɔʀte] *vt*
(*marchandises*) hausieren mit;
(*nouvelle*) verbreiten

colza [kɔlza] *nm* Raps *m*

coma [kɔma] *nm* Koma *nt*

combat [kɔ̃ba] *nm* Kampf *m*
• **combattant, e** *adj* kämpfend
▶ *nm* Kämpfer *m*; **ancien ~**
Kriegsveteran *m* • **combattre** *vt*
bekämpfen

combien [kɔ̃bjɛ̃] *adv* (*interrogatif:
quantité*) wie viel; (: *nombre*) wie
viele; (*exclamatif*) wie;
~ d'argent/de personnes wie
viel Geld/wie viele Personen;
~ coûte/pèse ceci ? wie viel
kostet/wiegt das?

combinaison [kɔ̃binɛzɔ̃] *nf*
Zusammenstellung *f*; (*de femme*)
Unterrock *m*; (*spatiale,
d'homme-grenouille*) Anzug *m*

combine [kɔ̃bin] *nf* Trick *m*

combiné [kɔ̃bine] *nm*
(*téléphonique*) Hörer *m*

combiner [kɔ̃bine] *vt*
kombinieren; zusammenstellen

comble [kɔ̃bl] *adj* brechend voll
▶ *nm* (*du bonheur, plaisir*)
Höhepunkt *m*; **combles** *nmpl*
Dachboden *m*; **c'est le ~ !** das ist

wirklich der Gipfel *ou* die Höhe!;
de fond en ~ von oben bis unten
• **combler** *vt* (*fig : lacune, déficit*)
ausgleichen; (*désirs, personne*)
zufriedenstellen

combustible [kɔ̃bystibl] *nm*
Brennstoff *m*

combustion [kɔ̃bystjɔ̃] *nf*
Verbrennung *f*

comédie [kɔmedi] *nf* Komödie *f*;
(*fig*) Theater *nt*

comédien, ne [kɔmedjɛ̃, jɛn]
nm/f Schauspieler(in) *m(f)*

comestible [kɔmestibl] *adj*
essbar, genießbar

comète [kɔmɛt] *nf* Komet *m*

comique [kɔmik] *adj* komisch
▶ *nm* (*artiste*) Komiker(in) *m(f)*

comité [kɔmite] *nm* Komitee *nt*;
~ d'entreprise Betriebsrat *m*;
~ d'experts
Sachverständigengremium *nt*;
~ des fêtes Festausschuss *m*;
~ directeur Leitungsteam *nt*

commandant [kɔmɑ̃dɑ̃] *nm*
(*Mil*) Kommandant *m*; **~ (de
bord)** (*Aviat*) Kapitän *m*

commande [kɔmɑ̃d] *nf* (*Comm*)
Bestellung *f*; (*Inform*) Befehl *m*;
commandes *nfpl* (*de voiture,
d'avion*) Steuerung *f*

commandement [kɔmɑ̃dmɑ̃]
nm (*ordre*) Befehl *m*; (*Rel*) Gebot *nt*

commander [kɔmɑ̃de] *vt*
(*Comm*) bestellen

commanditaire [kɔmɑ̃ditɛʀ]
nm stiller Teilhaber *m*

---

comme [kɔm]

▶ *prép* **1** wie; **~ mon père** wie
mein Vater; **joli/bête ~ tout**
unheimlich hübsch/dumm;

~ ça so; **faites(-le) ~ ça** machen Sie es so; **• ci, ~ ça** so, lala; **ce n'est pas ~ ça qu'on va réussir** so kommen wir nicht zum Ziel

2 (*en tant que*) als; **travailler ~ secrétaire** als Sekretärin arbeiten

▶ *conj* **1** (*ainsi que*) wie; **elle écrit ~ elle parle** sie schreibt, wie sie spricht; **~ on dit** wie man so sagt; **~ si** als ob; **~ quoi** (*disant que*) wonach; **~ il faut** wie es sich gehört

2 (*au moment où, alors que*) als; **il est parti ~ j'arrivais** er ging, als ich ankam

3 (*parce que, puisque*) da; **• il était en retard** da er zu spät kam

▶ *adv* (*exclamation*): **~ il est petit/fort!** wie klein/stark er ist!

commencement [kɔmɑ̃smɑ̃] *nm* Anfang *m* **• commencer** *vt* anfangen; (*être placé au début de*) beginnen ▶ *vi* anfangen, beginnen

comment [kɔmɑ̃] *adv* wie; **~?** (*que dites-vous?*) wie bitte?

commentaire [kɔmɑ̃tɛʀ] *nm* Kommentar *m* **• commenter** *vt* kommentieren

commerçant, e [kɔmɛʀsɑ̃, ɑ̃t] *adj* (*rue, personne*) Geschäfts–; (*ville*) Handels– ▶ *nm/f* (*marchand*) Geschäftsmann *m*, Geschäftsfrau *f* **• commerce** *nm* (*activité*) Handel *m*; (*boutique*) Geschäft *nt*; **~ équitable** Fairer Handel; **~s de proximité** lokale Einzelhandelsgeschäfte *pl* **• commercial, e, -aux** *adj*

Handels– **• commercialiser** *vt* auf den Markt bringen

commettre [kɔmɛtʀ] *vt* begehen

commis [kɔmi] *nm*: **~ voyageur** Handlungsreisende(r) *m*

commissaire [kɔmisɛʀ] *nm* (*de police*) ≈ Kommissar(in) *m(f)* **• commissaire-priseur** (*pl commissaires-priseurs*) *nm* Auktionator *m* **• commissariat** *nm* (*de police*) Polizeiwache *f*

commission [kɔmisjɔ̃] *nf* (*comité*) Kommission *f*; (*pourcentage*) Provision *f*; (*message*) Botschaft *f*; **commissions** *nfpl* (*achats*) Besorgungen *pl*

commode [kɔmɔd] *adj* praktisch ▶ *nf* Kommode *f*

commotion [kɔmosjɔ̃] *nf*: **~ (cérébrale)** Gehirnerschütterung *f*

commun, e [kɔmœ̃, yn] *adj* (*à plusieurs*) gemeinsam; (*ordinaire, vulgaire*) gewöhnlich **• communal, e, -aux** *adj* Gemeinde–, Kommunal–

communautaire [kɔmynotɛʀ] *adj* Gemeinschafts–

communauté [kɔmynote] *nf* Gemeinschaft *f*; **C~ des États indépendants** Gemeinschaft Unabhängiger Staaten

commune [kɔmyn] *nf* (*Admin*) Gemeinde *f*; (: *urbaine*) Stadtbezirk *m*

communication [kɔmynikasjɔ̃] *nf* Kommunikation *f*, Verständigung *f*; (*message*) Mitteilung *f*; (*téléphonique*) (Telefon)gespräch *nt*;

communications *nfpl*
Verbindungen *pl*, Verkehr *m*
communier [kɔmynje] *vi (Rel)*
zur Kommunion gehen
• **communion** *nf (catholique)*
Kommunion *f*; *(protestant)*
Abendmahl *nt*
communiqué [kɔmynike] *nm*
Kommuniqué *nt*; *(amtliche)* Presseverlautbarung *f*
communiquer [kɔmynike] *vt*
(annoncer) mitteilen; *(transmettre)* übermitteln; *(dossier)* übergeben; *(maladie, sentiment, mouvement)* übertragen ▶ *vi (salles)* miteinander verbunden sein
communisme [kɔmynism] *nm*
Kommunismus *m* • **communiste** *adj* kommunistisch ▶ *nmf*
Kommunist(in) *m(f)*
commutable [kɔmytabl] *adj*
umschaltbar
commutateur [kɔmytatœr] *nm* Schalter *m*
compact, e [kɔ̃pakt] *adj (matière)* dicht; *(véhicule, appareil)* kompakt
compagne [kɔ̃paɲ] *nf (camarade)* Kameradin *f*; *(concubine)* Partnerin *f*
compagnie [kɔ̃paɲi] *nf*
Gesellschaft *f*; **en ~ de** in Begleitung von
compagnon [kɔ̃paɲɔ̃] *nm (de voyage)* Begleiter *m*; *(de classe)* Klassenkamerad *m*; *(époux, partenaire)* Partner *m*
comparable [kɔ̃parabl] *adj* :
~ (à) vergleichbar (mit)
comparaison [kɔ̃parɛzɔ̃] *nf*
Vergleich *m*
comparatif, -ive [kɔ̃paratif, iv] *adj* vergleichend ▶ *nm*
Komparativ *m*

comparer [kɔ̃pare] *vt*
vergleichen; **~ qch/qn à** *ou* **et qch/qn** etw/jdn mit etw/jdn vergleichen
compartiment [kɔ̃partimɑ̃] *nm (de train)* Abteil *nt*; *(case)* Fach *nt*
comparution [kɔ̃parysjɔ̃] *nf*
Erscheinen *nt* vor Gericht
compas [kɔ̃pa] *nm (bousscle)* Kompass *m*
compassion [kɔ̃pasjɔ̃] *nf*
Mitgefühl *nt*
compatible [kɔ̃patibl] *adj*
(Inform) kompatibel; **~ (avec)** vereinbar (mit)
compatriote [kɔ̃patrijɔt] *nmf*
Landsmann *m*, Landsmännin *f*
compenser [kɔ̃pɑ̃se] *vt*
ausgleichen
compétence [kɔ̃petɑ̃s] *nf*
(aptitude) Fähigkeit *f*; *(Jur)* Kompetenz *f* • **compétent, e** *adj (apte)* fähig; *(Jur)* zuständig *g*
compétitif, -ive [kɔ̃petitif, iv] *adj (Comm)* wettbewerbsfähig
• **compétition** *nf* Wettbewerb *m*
compilateur [kɔ̃pilatœr] *nm*
(Inform) Compiler *m*
complaire [kɔ̃plɛr] : **se ~** *vpr* **se ~ dans** Gefallen finden an +*dat*; **se ~ parmi** sich wohlfühlen bei
complaisance [kɔ̃plɛzɑ̃s] *nf*
Gefälligkeit *f*; *(péj)* Nachsichtigkeit *f*; **attestation de ~** aus Gefälligkeit ausgestellte Bescheinigung • **complaisant, e** *adj* gefällig, zuvorkommend
complément [kɔ̃plemɑ̃] *nm*
Ergänzung *f*; **~ (d'objet) direct** Akkusativobjekt *nt*; **~ (d'objet) indirect** Dativobjekt *nt*

complet, -ète [kɔ̃plɛ, ɛt] *adj*
(*total*) völlig, total; (*hôtel, cinéma*)
voll ▸ *nm* (*costume*) Anzug *m*
• **complètement** *adv* völlig
• **compléter** *vt* ergänzen

complexe [kɔ̃plɛks] *adj*
kompliziert, komplex ▸ *nm*
Komplex *m*

complication [kɔ̃plikasjɔ̃] *nf*
(*d'une situation*) Kompliziertheit *f*;
(*difficulté, ennui*) Komplikation *f*;
complications *nfpl* (*Méd*)
Komplikationen *pl*

complice [kɔ̃plis] *nmf* Komplize
m, Komplizin *f* • **complicité** *nf*
Mittäterschaft *f*

compliment [kɔ̃plimɑ̃] *nm*
Kompliment *nt*; **mes ~s!**
herzlichen Glückwunsch!
• **complimenter** *vt* : **~ qn (sur** ou
de) jdm Komplimente machen
(über +*acc*)

compliqué, e [kɔ̃plike] *adj*
kompliziert

compliquer [kɔ̃plike] *vt*
komplizieren

complot [kɔ̃plo] *nm* Komplott *nt*,
Verschwörung *f*

comportement [kɔ̃pɔʀtəmɑ̃]
nm Verhalten *nt* • **comporter** *vt*
sich zusammensetzen aus; **se
comporter** *vpr* sich verhalten

composante [kɔ̃pozɑ̃t] *nf*
Komponente *f*

composé, e [kɔ̃poze] *adj*
zusammengesetzt; **~ de**
zusammengesetzt aus
• **composer** *vt* (*musique*)
komponieren; (*former, assembler*)
zusammenstellen; (*constituer*)
bilden; **se composer** *vpr* : **se ~ de**
sich zusammensetzen aus

composite [kɔ̃pozit] *adj*
verschiedenartig

compositeur, -trice
[kɔ̃pozitœʀ, tʀis] *nm/f* (*Mus*)
Komponist(in) *m(f)*

composition [kɔ̃pozisjɔ̃] *nf*
Zusammenstellung *f*; (*Mus*)
Komposition *f*

compost [kɔ̃pɔst] *nm* Kompost *m*

composter [kɔ̃pɔste] *vt*
entwerten • **composteur** *nm*
Entwerter *m*

compote [kɔ̃pɔt] *nf* Kompott *nt*;
~ de pommes Apfelkompott *nt*
• **compotier** *nm* Kompottschale *f*

compréhensible [kɔ̃pʀeɑ̃sibl]
adj verständlich
• **compréhension** *nf*
Verständnis *nt*

comprendre [kɔ̃pʀɑ̃dʀ] *vt*
verstehen; (*inclure*) umfassen

compresse [kɔ̃pʀɛs] *nf*
Umschlag *m*

comprimé, e [kɔ̃pʀime] *nm*
Tablette *f*

comprimer [kɔ̃pʀime] *vt*
(*presser*) zusammenpressen;
(*crédits*) einschränken; (*effectifs*)
verringern

compris, e [kɔ̃pʀi, iz] *adj* : **la
maison ~e, y ~ la maison**
einschließlich des Hauses,
mitsamt dem Haus

compromettre [kɔ̃pʀɔmɛtʀ] *vt*
(*personne*) kompromittieren;
(*plan, chances*) gefährden

compromis [kɔ̃pʀɔmi] *nm*
Kompromiss *m*

comptabiliser [kɔ̃tabilize] *vt*
verbuchen

comptabilité [kɔ̃tabilite] *nf*
Buchhaltung *f*

comptable [kɔ̃tabl] nmf
Buchhalter(in) m(f)

comptant [kɔ̃tɑ̃] adv : **payer ~**
bar bezahlen ; **acheter ~** gegen
bar kaufen

compte [kɔ̃t] nm Zählung f ; (total,
montant) Betrag m, Summe f ;
(bancaire) Konto nt ; **~ chèque
postal** Postscheckkonto nt ;
~ chèques ou **courant** Girokonto
nt ; **~ rendu** (de film, livre)
Besprechung f • **compter** vt
zählen ; (facturer) berechnen ▸ vi
(calculer) rechnen • **compte-
tours** nm inv Drehzahlmesser m
• **compteur** nm Zähler m

comptine [kɔ̃tin] nf
Abzählreim m

comptoir [kɔ̃twaʀ] nm (de
magasin) Ladentisch m ; (de café)
Theke f

compulser [kɔ̃pylse] vt
konsultieren

comte, comtesse [kɔ̃t, kɔ̃tɛs]
nm/f Graf m, Gräfin f

con, ne [kɔ̃, kɔn] (fam !) adj
bescheuert (fam) ▸ nm/f
Arschloch nt (fam !)

concéder [kɔ̃sede] vt
zugestehen ; **~ que** zugeben, dass

concentration [kɔ̃sɑ̃tʀasjɔ̃] nf
Konzentration f

concentrer [kɔ̃sɑ̃tʀe] vt
konzentrieren ; (pouvoirs)
vereinigen, vereinen ; **se
concentrer** vpr sich
konzentrieren

concept [kɔ̃sɛpt] nm Begriff m

conception [kɔ̃sɛpsjɔ̃] nf (d'un
projet) Konzeption f ; (d'un enfant)
Empfängnis f ; (d'une machine etc)
Design nt

concernant [kɔ̃sɛʀnɑ̃] prép
betreffend +acc

concerner [kɔ̃sɛʀne] vt
betreffen, angehen ; **en ce qui me
concerne** was mich betrifft ; **en
ce qui concerne qch** was etw
betrifft

concert [kɔ̃sɛʀ] nm Konzert nt ;
de ~ (ensemble) gemeinsam ; (d'un
commun accord) einstimmig

concertation [kɔ̃sɛʀtasjɔ̃] nf
Meinungsaustausch m ;
(rencontre) Treffen nt

concerter [kɔ̃sɛʀte] : **se
concerter** vpr sich absprechen

concerto [kɔ̃sɛʀto] nm
Konzert nt

concession [kɔ̃sesjɔ̃] nf
Zugeständnis nt ; (terrain,
exploitation) Konzession f
• **concessionnaire** nmf
Inhaber(in) m(f) einer Konzession

concevable [kɔ̃s(ə)vabl] adj
denkbar

concevoir [kɔ̃s(ə)vwaʀ] vt
(projet, idée) sich dat ausdenken ;
(enfant) empfangen

concierge [kɔ̃sjɛʀʒ] nmf
≈ Hausmeister(in) m(f)

concilier [kɔ̃silje] vt in Einklang
bringen, miteinander vereinbaren

concis, e [kɔ̃si, iz] adj kurz, knapp

concitoyen, ne [kɔ̃sitwajɛ̃, jɛn]
nm/f Mitbürger(in) m(f)

concluant, e [kɔ̃klyɑ̃, ɑ̃t] adj
schlüssig, überzeugend

conclure [kɔ̃klyʀ] vt schließen ;
~ qch de qch etw aus etw folgern
ou schließen ; **~ au suicide** auf
Selbstmord acc befinden

conclusion [kɔ̃klyzjɔ̃] nf
Schluss m

concocter [kɔ̃kɔkte] vt
zusammenbrauen

concombre [kɔ̃kɔ̃bʀ] nm
(Salat)gurke f

concordance [kɔ̃kɔʀdɑ̃s] nf
Übereinstimmung f • **concorder**
vi übereinstimmen

concourir [kɔ̃kuʀiʀ] vi : ~ à
beitragen zu

concours [kɔ̃kuʀ] nm
Wettbewerb m; (Sport)
Wettkampf m

concret, -ète [kɔ̃kʀɛ, ɛt] adj
konkret

concubinage [kɔ̃kybinaʒ] nm
eheähnliche Gemeinschaft f

concurrence [kɔ̃kyʀɑ̃s] nf
Konkurrenz f; **jusqu'à ~ de** bis zur
Höhe von; ~ **déloyale** unlauterer
Wettbewerb m • **concurrencer** vt
Konkurrenz machen +dat
• **concurrent, e** nm/f
Konkurrent(in) m(f); (Sport)
Teilnehmer(in) m(f)

condamnation [kɔ̃danasjɔ̃] nf
Verurteilung f • **condamner** vt
verurteilen

condensateur [kɔ̃dɑ̃satœʀ] nm
Kondensator m

condensation [kɔ̃dɑ̃sasjɔ̃] nf
Kondensation f

condenser [kɔ̃dɑ̃se] vt (discours,
texte) zusammenfassen; (gaz etc)
kondensieren; **se condenser** vpr
sich kondensieren

condiment [kɔ̃dimɑ̃] nm
Gewürz nt

condisciple [kɔ̃disipl] nmf (Scol)
Mitschüler(in) m(f); (Univ)
Kommilitone m, Kommilitonin f

condition [kɔ̃disjɔ̃] nf (clause)
Bedingung f; (état) Zustand m;

(rang social) Stand m, Rang m;
sans ~ bedingungslos; **à ~ de/
que** vorausgesetzt, dass
• **conditionné, e** adj : **air ~**
Klimaanlage f

conditionnel, le [kɔ̃disjɔnɛl]
adj bedingt ▶ nm (Ling)
Konditional nt

conditionnement
[kɔ̃disjɔnmɑ̃] nm (emballage)
Verpackung f

conditionner [kɔ̃disjɔne] vt
(déterminer) bestimmen; (Comm :
produit) verpacken

condoléances [kɔ̃dɔleɑ̃s] nfpl
Beileid nt

conducteur, -trice [kɔ̃dyktœʀ,
tʀis] adj (Élec) leitend ▶ nm/f
Fahrer(in) m(f)

conduire [kɔ̃dɥiʀ] vt (véhicule,
passager) fahren; **se conduire** vpr
sich benehmen; ~ **à** (suj : attitude,
erreur, études) führen zu

conduit [kɔ̃dɥi] nm (Tech)
Leitung f, Rohr nt

conduite [kɔ̃dɥit] nf
(comportement) Benehmen nt;
(d'eau, gaz) Leitung f, Rohr nt; ~ **à
gauche** Linkssteuerung f;
~ **intérieure** Limousine f

cône [kon] nm Kegel m

confection [kɔ̃fɛksjɔ̃] nf
(fabrication) Herstellung f
• **confectionner** vt herstellen

confédération [kɔ̃federasjɔ̃] nf
(Pol) Bündnis nt, Bund m

conférence [kɔ̃feʀɑ̃s] nf (exposé)
Vortrag m; (pourparlers)
Konferenz f

confesser [kɔ̃fese] vt gestehen,
zugeben; (Rel) beichten; **se
confesser** vpr (Rel) beichten

(gehen) • **confession** nf (Rel)
Beichte f; (croyance) Konfession f

confessionnal, -aux
[kɔ̃fesjɔnal, o] nm Beichtstuhl m

confessionnel, le [kɔ̃fesjɔnɛl]
adj kirchlich

confetti [kɔ̃feti] nm Konfetti nt

confiance [kɔ̃fjɑ̃s] nf Vertrauen
nt; **avoir ~ en** Vertrauen haben
zu, vertrauen +dat • **confiant, e**
adj vertrauensvoll

confidence [kɔ̃fidɑ̃s] nf
vertrauliche Mitteilung f
• **confident, e** nm/f Vertraute(r)
f(m) • **confidentiel, le** adj
vertraulich

confier [kɔ̃fje] vt anvertrauen;
(travail, responsabilité) betrauen
mit; **se ~ à qn** sich jdm anvertrauen

configuration [kɔ̃figyrasjɔ̃] nf
Beschaffenheit f; (Inform)
Konfiguration f

confiner [kɔ̃fine] vt : **~ à** grenzen
an +acc; **se confiner dans** ou **à** vpr
sich beschränken auf +acc

confirmation [kɔ̃firmasjɔ̃] nf
Bestätigung f; (Rel : catholique)
Firmung f; (: protestante)
Konfirmation f

confirmé, e [kɔ̃firme] adj
(expérimenté) erfahren

confirmer [kɔ̃firme] vt
bestätigen

confiserie [kɔ̃fizri] nf (magasin)
Süßwarenladen m; **confiseries**
nfpl Süßigkeiten pl • **confiseur,
-euse** nm/f ≈ Konditor(in) m(f)

confisquer [kɔ̃fiske] vt
beschlagnahmen

confit, e [kɔ̃fi, it] adj : **fruits ~s**
kandierte Früchte pl; **~ d'oie** nm
eingelegte Gans f

confiture [kɔ̃fityʀ] nf
Marmelade f

conflit [kɔ̃fli] nm Konflikt m;
~ d'intérêts Interessenkonflikt m

confluent [kɔ̃flyɑ̃] nm
Zusammenfluss m

confondre [kɔ̃fɔ̃dʀ] vt
verwechseln; (dates, faits aussi)
durcheinanderbringen

conforme [kɔ̃fɔʀm] adj : **~ à**
übereinstimmend mit; **copie
certifiée ~** beglaubigte Abschrift f
• **conformément** adv : **~ à**
entsprechend +dat • **conformer**
vt : **~ qch à** etw anpassen an +acc;
se conformer à vpr sich richten
nach • **conformisme** m
Konformismus m • **conformité** nf
Übereinstimmung f

confort [kɔ̃fɔʀ] nm Komfort m
• **confortable** adj bequem

conforter [kɔ̃fɔʀte] vt bestärken

confrère [kɔ̃fʀɛʀ] nm Kollege m

confrontation [kɔ̃frɔ̃tasjɔ̃] nf
Gegenüberstellung f

confronter [kɔ̃frɔ̃te] vt
gegenüberstellen

confus, e [kɔ̃fy, yz] adj (vague)
wirr, verworren; (embarrassé)
verlegen • **confusion** nf (caractère
confus) Verworrenheit f; (erreur)
Verwechslung f; (embarras)
Verlegenheit f

congé [kɔ̃ʒe] nm Urlaub m; (avis
de départ) Kündigung f; **en ~** auf
Urlaub; **prendre ~ de qn** sich von
jdm verabschieden; **donner son
~ à qn** jdm kündigen; **~s payés**
bezahlter Urlaub

congédier [kɔ̃ʒedje] vt entlassen

congélateur [kɔ̃ʒelatœʀ] nm
Gefriertruhe f; (compartiment)

Gefrierfach nt • **congeler** vt einfrieren

congestion [kɔ̃ʒɛstjɔ̃] nf:
~ **cérébrale** Schlaganfall m;
~ **pulmonaire** Lungenemphysem nt

Congo [kɔ̃go] nm : **le ~** der Kongo

congrès [kɔ̃gʀɛ] nm Kongress m

conifère [kɔnifɛʀ] nf Nadelbaum m

conjecture [kɔ̃ʒɛktyʀ] nf Vermutung f

conjoint, e [kɔ̃ʒwɛ̃, wɛt] adj (commun) gemeinsam ▸ nm/f (époux) Ehegatte m, Ehegattin f

conjonction [kɔ̃ʒɔ̃ksjɔ̃] nf (Ling) Konjunktion f, Bindewort nt

conjonctivite [kɔ̃ʒɔ̃ktivit] nf Bindehautentzündung f

conjoncture [kɔ̃ʒɔ̃ktyʀ] nf Umstände pl, Lage f; **la ~ économique** die Konjunktur f • **conjoncturel, le** adj Konjunktur-

conjugaison [kɔ̃ʒygɛzɔ̃] nf (Ling) Konjugation f

conjugal, e, -aux [kɔ̃ʒygal, o] adj ehelich

conjuguer [kɔ̃ʒyge] vt (Ling) konjugieren; (efforts) vereinen

conjurer [kɔ̃ʒyʀe] vt (sort, maladie) abwenden; ~ **qn de faire qch** jdn beschwören, etw zu tun

connaissance [kɔnɛsɑ̃s] nf (personne connue) Bekannte(r) f(m), Bekanntschaft f; **connaissances** nfpl (savoir) Wissen nt; **être sans ~** bewusstlos sein; **perdre/reprendre ~** das Bewusstsein verlieren/wieder zu Bewusstsein kommen; **à ma/sa ~** meines/seines Wissens; **avoir/prendre ~**

de qch von etw Kenntnis haben/etw zur Kenntnis nehmen

connaisseur, -euse [kɔnɛsœʀ, øz] nm/f Kenner(in) m(f)

connaître [kɔnɛtʀ] vt kennen; **se connaître** (se rencontrer) sich kennenlernen

connard, connasse [kɔnaʀ, -as] (fam !) nm/f blöde Sau f (fam !)

connecté, e [kɔnɛkte] adj (Inform) online • **connecter** vt anschließen ▸ vpr : **se ~ à Internet** sich ins Internet einloggen • **connecteur** nm (Inform) Steckplatz m

connerie [kɔnʀi] (fam !) nf totaler Quatsch m (fam)

connu, e [kɔny] adj bekannt

conquérir [kɔ̃keʀiʀ] vt erobern; (droit) erkämpfen

conquête [kɔ̃kɛt] nf Eroberung f

consacré, e [kɔ̃sakʀe] adj (béni) geweiht

consacrer [kɔ̃sakʀe] vt (sanctionner) sanktionieren; (dévouer) widmen; **se consacrer** vpr : **se ~ à qch** sich einer Sache dat widmen

conscience [kɔ̃sjɑ̃s] nf Bewusstsein nt; (morale) Gewissen nt; **perdre/reprendre ~** das Bewusstsein verlieren/wiedererlangen • **consciencieux, -euse** adj gewissenhaft • **conscient, e** adj (Méd) bei Bewusstsein; **être ~ de qch** sich dat einer Sache gén bewusst sein

consécutif, -ive [kɔ̃sekytif, iv] adj aufeinanderfolgend; ~ **à** folgend auf +acc

conseil [kɔ̃sɛj] *nm* (*avis*) Rat *m*, Ratschlag *m*; (*assemblée*) Rat, Versammlung *f*; **prendre ~ (auprès de qn)** sich *dat* (bei jdm) Rat holen; **~ municipal** ≈ Stadtrat *m*

conseiller¹ [kɔ̃seje] *vt* (*qn*) raten +*dat*; **~ qch à qn** jdm zu etw raten

conseiller², -ère [kɔ̃seje, ɛR] *nm/f* Berater(in) *m(f)*

consentement [kɔ̃sɑ̃tmɑ̃] *nm* Zustimmung *f*

consentir [kɔ̃sɑ̃tiR] *vt* : **~ à qch** einer Sache *dat* zustimmen

conséquence [kɔ̃sekɑ̃s] *nf* Konsequenz *f*, Folge *f*; **en ~** (*donc*) folglich; (*de façon appropriée*) entsprechend • **conséquent, e** *adj* konsequent; (*fam*)

conservateur, -trice [kɔ̃sɛRvatœR, tRis] *adj* (*traditionaliste*) konservativ ▶ *nm/f* (*de musée*) Kustos *m*

conservation [kɔ̃sɛRvasjɔ̃] *nf* (*action*) Erhaltung *f*; (*état*) Konservierung *f*

conservatoire [kɔ̃sɛRvatwaR] *nm* (*de musique*) Konservatorium *nt*

conserve [kɔ̃sɛRv] *nf* Konserve *f*; **en ~** Dosen-, Büchsen- • **conserver** *vt* behalten; (*habitude*) beibehalten; (*préserver*) konservieren, frisch halten; (*Culin*) einmachen

considérable [kɔ̃sideRabl] *adj* beträchtlich

considération [kɔ̃sideRasjɔ̃] *nf* Erwägung *f*; (*estime*) Achtung *f* • **considérer** *vt* (*étudier, regarder*) betrachten; (*tenir compte de*) berücksichtigen; **~ que** meinen,

dass; **~ qch comme terminé** etw für beendet halten

consigne [kɔ̃siɲ] *nf* Pfand *nt*; (*de gare*) Gepäckaufbewahrung *f*; (*ordre*) Anweisung *f*; **~ automatique** Schließfächer *pl* • **consigner** *vt* (*emballage*) Pfand verlangen für

consistance [kɔ̃sistɑ̃s] *nf* Konsistenz *f*

consistant, e [kɔ̃sistɑ̃, ɑ̃t] *adj* (*liquide*) dickflüssig; (*repas, nourriture*) solide; (*argument*) stichhaltig

consister [kɔ̃siste] *vi* : **~ à faire qch** daraus bestehen, etw zu tun

consœur [kɔ̃sœR] *nf* Kollegin *f*

consolation [kɔ̃solasjɔ̃] *nf* Trost *m*

console [kɔ̃sɔl] *nf* (*table*) Konsole *f*; (*d'ordinateur*) Kontrollpult *nt*; **~ de jeux** Spielekonsole *f*; **~ de mixage** Mischpult

consoler [kɔ̃sɔle] *vt* trösten

consolider [kɔ̃sɔlide] *vt* (*maison*) befestigen; (*meuble*) verstärken

consommateur, -trice [kɔ̃sɔmatœR, tRis] *nm/f* Verbraucher(in) *m(f)*; (*dans un café*) Gast *m*

consommation [kɔ̃sɔmasjɔ̃] *nf* Verbrauch *m*; **régler les ~s** (*dans un café*) (für die Getränke) zahlen; **~ aux 100 km** (Benzin)verbrauch *m* auf 100 km

consommé, e [kɔ̃sɔme] *adj* vollendet ▶ *nm* (*potage*) Kraftbrühe *f*

consommer [kɔ̃sɔme] *vt* verbrauchen ▶ *vi* (*dans un café*) etwas verzehren

consonne [kɔsɔn] nf Konsonant m

conspiration [kɔ̃spiʀasjɔ̃] nf Verschwörung f

constamment [kɔ̃stamã] adv andauernd

constant, e [kɔ̃stɑ̃, ɑ̃t] adj beständig

constat [kɔ̃sta] nm Bericht m; (procès-verbal) Protokoll nt

constatation [kɔ̃statasjɔ̃] nf Feststellung f

constater [kɔ̃state] vt feststellen

constellation [kɔ̃stelasjɔ̃] nf (Astron) Konstellation f

consternation [kɔ̃stɛʀnasjɔ̃] nf Bestürzung f

constipation [kɔ̃stipasjɔ̃] nf Verstopfung f • **constipé, e** adj verstopft

constitué, e [kɔ̃stitɥe] adj : **~ de** zusammengesetzt aus

constituer [kɔ̃stitɥe] vt (comité, équipe) bilden, aufstellen; (dossier, collection) zusammensetzen

constitution [kɔ̃stitysjɔ̃] nf (santé) Konstitution f, Gesundheit f; (composition) Zusammensetzung f; (Pol) Verfassung f

constructeur [kɔ̃stʀyktœʀ] nm Hersteller m

construction [kɔ̃stʀyksjɔ̃] nf Bau m

construire [kɔ̃stʀɥiʀ] vt bauen

consul [kɔ̃syl] nm Konsul m

consulat [kɔ̃syla] nm Konsulat nt

consultant, e [kɔ̃syltɑ̃, ɑ̃t] adj (expert) beratend ▶ nm/f Berater(in) m/f • **consultation** nf (d'un expert) Konsultation f; (séance : médicale) Untersuchung f;

(: juridique, astrologique) Beratung f; **heures de ~** (Méd) Sprechstunden pl

consulter [kɔ̃sylte] vt (médecin, avocat, conseiller) konsultieren, zurate ziehen; (dictionnaire, annuaire) nachschlagen in +dat; (plan) nachsehen auf +dat ▶ vi (médecin) Sprechstunden haben

consumer [kɔ̃syme] vt (brûler) verbrennen; **se consumer** vpr (feu) verbrennen

contact [kɔ̃takt] nm Kontakt m; **mettre/couper le ~** den Motor anlassen/ausschalten; **se mettre en ~ avec qn** mit jdm Verbindung aufnehmen; **prendre ~ avec** sich mit jdm in Verbindung setzen • **contacter** vt sich in Verbindung setzen mit

contagieux, -euse [kɔ̃taʒjø, jøz] adj ansteckend

container [kɔ̃tenɛʀ] nm Container m

contamination [kɔ̃taminasjɔ̃] nf Infektion f; (de l'eau etc) Verseuchung f

contaminer [kɔ̃tamine] vt anstecken

conte [kɔ̃t] nm Erzählung f; **~ de fées** Märchen nt

contempler [kɔ̃tɑ̃ple] vt betrachten

contemporain, e [kɔ̃tɑ̃pɔʀɛ̃, ɛn] adj zeitgenössisch

contenance [kɔ̃t(ə)nɑ̃s] nf (d'un récipient) Fassungsvermögen nt; (attitude) Haltung f

conteneur [kɔ̃t(ə)nœʀ] nm Container m; (pour plantes) Pflanztrog m; **~ à verre** (Alt)glascontainer

contenir [kɔ̃t(ə)niʀ] *vt* enthalten; (*capacité*) fassen; **se contenir** *vpr* sich beherrschen

content, e [kɔ̃tɑ̃, ɑ̃t] *adj* zufrieden; **~ de qn/qch** mit jdm/etw zufrieden • **contenter** *vt* (*personne*) zufriedenstellen; **se contenter de** *vpr* sich begnügen mit

contenu [kɔ̃t(ə)ny] *nm* Inhalt *m*

conter [kɔ̃te] *vt* : **en ~ de(s) belles à qn** jdm Märchen erzählen

contestation [kɔ̃tɛstasjɔ̃] *nf* : **la ~** (*Pol*) der Protest *m*

conteste [kɔ̃tɛst] : **sans ~** *adv* zweifellos • **contester** *vi* protestieren

contexte [kɔ̃tɛkst] *nm* Zusammenhang *m*

contigu, -uë [kɔ̃tigy] *adj* (*choses*) aneinandergrenzend, benachbart

continent [kɔ̃tinɑ̃] *nm* Kontinent *m*

contingences [kɔ̃tɛ̃ʒɑ̃s] *nfpl* Eventualitäten *pl*

continu, e [kɔ̃tiny] *adj* ständig, dauernd; **courant ~** Gleichstrom *m*

continuel, le [kɔ̃tinɥɛl] *adj* ständig, fortwährend

continuer [kɔ̃tinɥe] *vt* weitermachen mit; (*voyage, études etc*) fortsetzen; (*prolonger*) verlängern ▶ *vi* nicht aufhören; (*pluie*) andauern; **~ à** *ou* **de faire qch** etw weiter tun

contorsion [kɔ̃tɔʀsjɔ̃] *nf* Verrenkung *f*

contour [kɔ̃tuʀ] *nm* Umriss *m*, Kontur *f* • **contourner** *vt* umgehen

contraceptif, -ive [kɔ̃tʀasɛptif, iv] *adj* empfängnisverhütend

▶ *nm* Verhütungsmittel *nt* • **contraception** *nf* Empfängnisverhütung *f*

contracter [kɔ̃tʀakte] *vt* (*muscle*) zusammenziehen; (*visage*) verziehen; (*maladie, habitude*) sich *dat* zuziehen; (*assurance*) abschließen; **se contracter** *vpr* sich zusammenziehen • **contraction** *nf* Krampf *m*

contractuel, le [kɔ̃tʀaktɥɛl] *adj* vertraglich ▶ *nm/f* (*agent*) Verkehrspolizist(in) *m(f)*

contradiction [kɔ̃tʀadiksjɔ̃] *nf* Widerspruch *m* • **contradictoire** *adj* widersprüchlich

contraindre [kɔ̃tʀɛ̃dʀ] *vt* : **~ qn à qch/faire qch** jdn zu etw zwingen/jdn zwingen, etw zu tun • **contrainte** *nf* Zwang *m*

contraire [kɔ̃tʀɛʀ] *adj* entgegengesetzt ▶ *nm* Gegenteil *nt*; **au ~** im Gegenteil

contralto [kɔ̃tʀalto] *nm* (*voix*) Alt *m*; (*personne*) Altistin *f*

contrarier [kɔ̃tʀaʀje] *vt* ärgern

contraste [kɔ̃tʀast] *nm* Kontrast *m*, Gegensatz *m* • **contraster** *vi* : **~ (avec)** kontrastieren (mit)

contrat [kɔ̃tʀa] *nm* Vertrag *m*

contravention [kɔ̃tʀavɑ̃sjɔ̃] *nf* (*infraction*) Verstoß *m*; (*amende*) Geldstrafe *f*; (*pour stationnement interdit*) Strafzettel *m*

contre [kɔ̃tʀ] *prép* gegen; **par ~** hingegen • **contre-attaquer** *vi* zurückschlagen

contrebande [kɔ̃tʀəbɑ̃d] *nf* Schmuggel *m*; (*marchandise*) Schmuggelware *f*

contrebas [kɔ̃tʀəba] : **en ~** *adv* unten

contrebasse [kɔ̃trəbas] *nf*
Kontrabass *m*

contrecarrer [kɔ̃trəkare] *vt*
(*action*) vereiteln • **contrecœur** :
à ~ *adv* widerwillig • **contrecoup**
nm Nachwirkung *f*

contre-courant [kɔ̃trəkurā]
(*pl* **contre-courants**) *nm* : **à ~**
gegen den Strom

contredire [kɔ̃trədir] *vt*
widersprechen +*dat*; **se
contredire** *vpr* einander
widersprechen

contre-expertise
[kɔ̃trɛkspertiz] (*pl* **contre-
expertises**) *nf* Gegengutachten *nt*

contrefaçon [kɔ̃trəfasɔ̃] *nf*
Fälschung *f* • **contrefaire** *vt*
(*document, signature*) fälschen;
(*personne, démarche*) nachmachen

contreforts [kɔ̃trəfɔr] *nmpl*
(Gebirgs)ausläufer *pl*

contre-indication
[kɔ̃trɛ̃dikasjɔ̃] (*pl* **contre-
indications**) *nf* Kontraindikation
f, Gegenanzeige *f*

contre-jour [kɔ̃trəʒur] : **à ~** *adv*
im Gegenlicht

contre-offensive [kɔ̃trɔfɑ̃siv]
(*pl* **contre-offensives**) *nf*
Gegenoffensive *f*, Gegenangriff *m*

contrepartie [kɔ̃trəparti] *nf* :
en ~ zum Ausgleich

contre-pied [kɔ̃trəpje] *nm* :
prendre le ~ de das genaue
Gegenteil tun *ou* sagen von
• **contreplaqué** *nm* Sperrholz *nt*
• **contrepoids** *nm* Gegengewicht
nt; **faire ~** als Gegengewicht
dienen

contrer [kɔ̃tre] *vt* (*adversaire*)
(erfolgreich) kontern +*dat*

contresens [kɔ̃trəsɑ̃s] *nm*
(*d'interprétation*) Fehldeutung *f*;
(*de traduction*) Fehlübersetzung *f*;
(*absurdité*) Unsinn *m*; **à ~** verkehrt
• **contretemps** *nm* Zwischenfall
m; **à ~** (*fig*) zur Unzeit
• **contrevenir** : **~ à** *vt* verstoßen
gegen

contribuable [kɔ̃tribyabl] *nmf*
Steuerzahler(in) *f(m)*
• **contribuer** : **~ à** *vt* beitragen zu;
(*dépense, frais*) beisteuern zu
• **contribution** *nf* Beitrag *m*

contrôle [kɔ̃trol] *nm* Kontrolle *f*,
Überprüfung *f*; (*surveillance*)
Überwachung *f*; **perdre le ~ de
son véhicule** die Kontrolle *ou*
Gewalt über sein Fahrzeug
verlieren; **~ antipollution**
Abgassonderuntersuchung *f*;
~ d'identité Ausweiskontrolle *f*

contrôler [kɔ̃trole] *vt*
kontrollieren; **se contrôler** *vpr*
sich beherrschen • **contrôleur,
-euse** *nm/f* (*de train, bus*)
Schaffner(in) *m(f)*

controversé, e [kɔ̃troverse] *adj*
umstritten

contusion [kɔ̃tyzjɔ̃] *nf* Prellung *f*

convaincant, e [kɔ̃vɛ̃kɑ̃, ɑ̃t] *adj*
überzeugend

convaincre [kɔ̃vɛ̃kr] *vt* : **~ qn
(de qch)** jdn (von etw)
überzeugen

convaincu, e [kɔ̃vɛ̃ky] *pp de*
convaincre ▶ *adj* überzeugt

convalescence [kɔ̃valesɑ̃s] *nf*
Genesung *f*

convenable [kɔ̃vnabl] *adj*
anständig • **convenablement**
adv (*placé, choisi*) gut; (*s'habiller,
s'exprimer*) passend; (*payé, logé*)

anständig • **convenance** nf : **à ma/votre ~** nach (meinem/Ihrem) Belieben; **convenances** nfpl Anstand m • **convenir** vi passen; **~ à** passen +dat; **~ de faire qch** übereinkommen, etw zu tun; **il a été convenu que** es wurde vereinbart, dass; **comme convenu** wie vereinbart

convention nt [kɔ̃vɑ̃sjɔ̃] nf Abkommen nt

conventionné, e [kɔ̃vɑ̃sjɔne] adj (médecin) ≈ Kassen-

convenu, e [kɔ̃vny] adj vereinbart, festgesetzt

converger [kɔ̃vɛʀʒe] vi konvergieren; (efforts, idées) übereinstimmen; **~ vers** ou **sur** zustreben +dat

conversation [kɔ̃vɛʀsasjɔ̃] nf Gespräch nt

conversion [kɔ̃vɛʀsjɔ̃] nf Umwandlung f; (Pol) Umbildung f; (Rel) Bekehrung f; (Com, Inform) Konvertierung f • **convertir** vt : **~ qn (à)** jdn bekehren (zu)

conviction [kɔ̃viksjɔ̃] nf Überzeugung f

convier [kɔ̃vje] vt : **~ qn à** jdn einladen zu; **~ qn à faire qch** jdn dazu auffordern, etw zu tun

convive [kɔ̃viv] nmf Gast m bei Tisch

convivial, e, -aux [kɔ̃vivjal, jo] adj gesellig; (Inform) benutzerfreundlich

convocation [kɔ̃vɔkasjɔ̃] nf (papier, document) Vorladung f; (d'une assemblée) Einberufung f

convoi [kɔ̃vwa] nm Konvoi m, Kolonne f; (train) Zug m; **~ (funèbre)** Leichenzug m

convoquer [kɔ̃vɔke] vt (assemblée, comité) einberufen; (candidat à un examen) bestellen

convoyeur [kɔ̃vwajœʀ] nm (Naut) Begleitschiff nt; **~ de fonds** Sicherheitsbeamte(r) m

convulsions [kɔ̃vylsjɔ̃] nfpl (Méd) Zuckungen pl, Krämpfe p

cookie [kuki] nm (Inform) Cookie nt

coopérant, e [kɔɔpeʀɑ̃, ɑ̃t] nm/f ≈ Entwicklungshelfer(in) m(f)

coopération [kɔɔpeʀasjɔ̃] nf Kooperation f, Unterstützung f • **coopérer** vi zusammenarbeiten; **~ à** mitarbeiten an +dat

copain, copine [kɔpɛ̃, kɔpin] nm/f Freund(in) m(f) ▸ adj : **être ~ avec qn** mit jdm gut befreundet sein

copie [kɔpi] nf Kopie f • **copier** vt kopieren • **copieur** nm Kopiergerät nt, Kopierer m

copieux, -euse [kɔpjø, jøz] adj (repas, portion) reichlich

copilote [kɔpilɔt] nm Kopilot(in) m(f); (Auto) Beifahrer(in) m(f)

copine [kɔpin] nf voir **copain**

coproduction [kɔpʀɔdyksjɔ̃] nf Koproduktion f

copropriété [kɔpʀɔpʀijete] nf Miteigentum nt, Mitbesitz m; **acheter un appartement en ~** eine Eigentumswohnung erwerben

coq [kɔk] nm Hahn m

coque [kɔk] nf : **à la ~** (Culin) weich gekocht

coquelicot [kɔkliko] nm Mohn m

coqueluche [kɔklyʃ] nf Keuchhusten m

C

coquet, te [kɔkɛ, ɛt] *adj (qui veut plaire)* kokett; *(joli)* hübsch, nett

coquetier [kɔk(ə)tje] *nm* Eierbecher *m*

coquillage [kɔkijaʒ] *nm* Muschel *f*

coquille [kɔkij] *nf* Schale *f*; **~ Saint-Jacques** Jakobsmuschel *f*

coquin, e [kɔkɛ̃, in] *adj* schelmisch

cor [kɔr] *nm (Mus)* Horn *nt*; **~ (au pied)** Hühnerauge *nt*

corail, -aux [kɔraj, o] *nm* Koralle *f*

Coran [kɔrɑ̃] *nm* Koran *m*

corbeau, x [kɔrbo] *nm* Rabe *m*

corbeille [kɔrbɛj] *nf* Korb *m*; *(Inform)* Papierkorb *m*; **~ à pain** Brotkorb *m*

corbillard [kɔrbijar] *nm* Leichenwagen *m*

corde [kɔrd] *nf* Seil *nt*, Strick *m*; *(de violon, raquette)* Saite *f*; *(d'arc)* Sehne *f*

cordeau, x [kɔrdo] *nm* Richtschnur *f*

cordée [kɔrde] *nf* Seilschaft *f*

cordial, e, -aux [kɔrdjal, jo] *adj* herzlich • **cordialement** *adv* herzlich; *(formule épistolaire)* mit herzlichen Grüßen

cordon [kɔrdɔ̃] *nm* Schnur *f*

cordonnier [kɔrdɔnje] *nm* Schuster *m*, Schuhmacher *m*

Corée [kɔre] *n* : **la ~** Korea *nt* • **coréen, ne** *adj* koreanisch ▶ *nm/f*: **C~, ne** Koreaner(in) *m(f)*

coriace [kɔrjas] *adj* zäh; *(adversaire, problème aussi)* hartnäckig

coriandre [kɔrjɑ̃dr] *nf* Koriander *m*

cormoran [kɔrmɔrɑ̃] *nm* Kormoran *m*

corne [kɔrn] *nf* Horn *nt*

cornée [kɔrne] *nf* Hornhaut *f*

corneille [kɔrnɛj] *nf* Krähe *f*

cornemuse [kɔrnəmyz] *nf* Dudelsack *m*

corner¹ [kɔrnɛr] *nm* Ecke *f*

corner² [kɔrne] *vt (pages)* ein Eselsohr *nt* machen in +*acc*

cornet [kɔrnɛ] *nm* Tüte *f*

cornette [kɔrnɛt] *nf (coiffure)* Schwesternhaube *f*

corniche [kɔrniʃ] *nf (route)* Küstenstraße *f*

cornichon [kɔrniʃɔ̃] *nm* Gewürzgurke *f*

corporation [kɔrpɔrasjɔ̃] *nf* Innung *f*, Zunft *f*

corporel, le [kɔrpɔrɛl] *adj* Körper-; *(besoin, blessures)* körperlich

corps [kɔr] *nm* Körper *m*; *(cadavre)* Leiche *f*

corpulent, e [kɔrpylɑ̃, ɑ̃t] *adj* korpulent

correct, e [kɔrɛkt] *adj* richtig; *(bienséant, honnête)* korrekt • **correctement** *adv* richtig • **correcteur, -trice** *nm/f (Typo)* Korrektor(in) *m(f)* ▶ *nm* : **~ orthographique** Rechtschreibhilfe *f* • **correction** *nf* Korrektur *f*; *(de faute, erreur)* Verbesserung *f*

correctionnel, le [kɔrɛksjɔnɛl] *adj* : **tribunal ~** Strafgericht *nt* ▶ *nf*: **la ~le** das Strafgericht

correspondance [kɔrɛspɔ̃dɑ̃s] *nf (analogie, rapport)* Entsprechung *f*; *(échange de lettres)* Korrespondenz *f*; *(de train, d'avion)*

Anschluss m • **correspondant, e**
nm/f (épistolaire) Brieffreund(in)
m(f); (journaliste)
Korrespondent(in) m(f)
• **correspondre** vi (données,
témoignages) übereinstimmen;
(chambres) miteinander
verbunden sein; **~ à** entsprechen
+dat; **~ avec qn** mit jdm in
Briefwechsel stehen

corridor [kɔʀidɔʀ] nm Korridor
m, Gang m

corriger [kɔʀiʒe] vt korrigieren;
(erreur, défaut) verbessern; (punir)
züchtigen

corroborer [kɔʀɔbɔʀe] vt
bestätigen

corrompre [kɔʀɔ̃pʀ] vt (dépraver)
verderben, korrumpieren;
(soudoyer) bestechen

corruption [kɔʀypsjɔ̃] nf
Korruption f

corsage [kɔʀsaʒ] nm Bluse f

corse [kɔʀs] adj korsisch ▶ nmf:
C~ Korse m, Korsin f ▶ nf: **la C~**
Korsika nt

corset [kɔʀsɛ] nm Korsett nt

cortège [kɔʀtɛʒ] nm Zug m

cortisone [kɔʀtizon] nf
Kortison nt

cosmétique [kɔsmetik] nm
Kosmetikprodukt nt

cosmonaute [kɔsmɔnot] nmf
Kosmonaut(in) m(f)

cosmopolite [kɔsmɔpɔlit] adj
kosmopolitisch

cosse [kɔs] nf (Bot) Hülse f,
Schote f

cossu, e [kɔsy] adj (maison)
prunkvoll

Costa Rica [kɔstaʀika] nm : **le ~**
Costa Rica nt

costaud, e [kɔsto, od] adj
(personne) stämmig, kräftig;
(objet) stabil

costume [kɔstym] nm (d'homme)
Anzug m; (de théâtre) Kostüm nt

cotation [kɔtasjɔ̃] nf Notierung f

cote [kɔt] nf (d'une valeur boursière)
Börsennotierung f; (d'un cheval)
Gewinnquote f; (d'un candidat etc)
Chancen pl; (Géo)
Höhenmarkierung f; **~ d'alerte**
Hochwassermarke f

côte [kɔt] nf (rivage) Küste f;
(pente) Gefälle nt; (Anat, Tricot)
Rippe f; **à ~** Seite an Seite

côté [kote] nm Seite f; **de tous les
~s** von allen Seiten; **de quel ~
est-il parti ?** in welche Richtung
ist er gegangen?; **laisser de ~**
beiseitelassen; **mettre de ~** auf
die Seite legen; **à ~** nebenan; **à ~
de** neben +dat

coteau [koto] nm Hügel m

côtelette [kotlɛt] nf Kotelett rt

côtier, -ière [kotje, jɛʀ] adj
Küsten-

cotisant, e [kɔtizɑ̃, ɑ̃t] nm/f
Beitragszahler(in) m(f)

cotisation [kɔtizasjɔ̃] nf Beitrag
m • **cotiser** vi : **~ à** seinen Beitrag
bezahlen +dat

coton [kɔtɔ̃] nm Baumwolle f;
~ hydrophile Verbandwatte f

Coton-Tige® [kɔtɔ̃tiʒ] (pl
Cotons-Tiges) nm
Wattestäbchen nt

cou [ku] nm Hals m

couche [kuʃ] nf Schicht f; (de bébé)
Windel f; **~ jetable**
Wegwerfwindel f • **couche-
culotte** (pl **couches-culottes**) nf
Windel f

C

coucher [kuʃe] vt (*mettre au lit*) ins ou zu Bett bringen ▶ vi schlafen; **se coucher** vpr (*pour dormir*) schlafen gehen; (*s'étendre*) sich hinlegen ▶ nm : **~ de soleil** Sonnenuntergang m; **~ avec qn** mit jdm schlafen

couchette [kuʃɛt] nf (*de train*) Liegewagenplatz m

coucou [kuku] nm Kuckuck m

coude [kud] nm Ellbogen m; (*de route*) Kurve f

cou-de-pied [kudpje] (pl **cous-de-pied**) nm Spann m, Rist m

coudre [kudʀ] vt nähen; (*bouton*) annähen ▶ vi nähen

couenne [kwan] nf (*porc*) Schwarte f

couette [kwɛt] nf (*édredon*) Steppdecke f

couffin [kufɛ̃] nm Körbchen nt

couler [kule] vi fließen; (*fuir*) auslaufen, lecken; (*sombrer: bateau*) untergehen ▶ vt (*bateau*) versenken

couleur [kulœʀ] nf Farbe f; **couleurs** nfpl (*du teint*) Gesichtsfarbe f; **film/télévision en ~(s)** Farbfilm m/-fernsehen nt

couleuvre [kulœvʀ] nf Ringelnatter f

coulisse [kulis] nf (*Tech*) Führungsleiste f; **coulisses** nfpl (*Théât*) Kulisse f

couloir [kulwaʀ] nm Gang m

---

coup [ku]

nm **1** Schlag m; **~ de poing** Faustschlag m; **~ de pied** Fußtritt m; **~ de coude** Stoß m mit dem Ellbogen; **~ de**

---

couteau Messerstich m; **à ~s de hache/marteau** mit der Hacke/dem Hammer; **~ de vent** Windstoß m; **en ~ de vent** in Windeseile

2 : **~ franc** Freistoß m; **~ de feu** Schuss

3 (*bruit*) Schlag m; **~ de sonnette** Klingeln nt; **~ de tonnerre** Donner(schlag) m

4 (*fam : fois*) Mal nt; **d'un seul ~** auf einmal; **du premier ~** auf Anhieb; **du même ~** gleichzeitig; **après ~** hinterher; **à tous les ~s** jedes Mal

5 (*locutions*) : **donner un ~ de balai/chiffon** fegen/staubwischen; **~ dur** harter Schlag m; **avoir le ~** den Dreh heraushaben; **être dans le/hors du ~** auf dem/nicht auf dem Laufenden sein; **du ~** (*fam*) daraufhin; **boire un ~** einen Schluck trinken; **à ~ sûr** bestimmt, ganz sicher; **sur le ~** auf der Stelle; **sous le ~ de** (*surprise etc*) unter dem Eindruck +*gén*; **tomber sous le ~ de la loi** (*Jur*) eine Straftat sein; **faire un ~ fourré à qn** jdm in den Rücken fallen

6 (*composés*) : **~ de chance** Glücksfall m; **~ de crayon** Bleistiftstrich m; **~ d'essai** erster Versuch m; **~ d'État** Staatsstreich m; **~ de fil** Anruf m; **donner** ou **passer un ~ de fil (à qn)** (jdn) anrufen; **~ de filet** Fang m; **~ de foudre** Liebe f auf den ersten Blick; **~ de frein** : **donner un ~ de frein** (*Auto*) scharf bremsen; **~ de grâce** Gnadenstoß m; **~ de main** : **donner un ~ de main à qn** jdm helfen; **~ de maître** Meisterstück nt; **~ d'œil** Blick m; **~ de pied** Fußtritt m; **~ de pinceau** Pinselstrich m; **~ de poing** Faustschlag m; **~ de soleil** Sonnenbrand m; **~ de téléphone** Anruf m; **~ de tête** (fig) impulsive Entscheidung f; **~ de théâtre** Knalleffekt m

coupable [kupabl] adj schuldig ▶ nmf Schuldige(r) f(m); **~ de** schuldig +gén

coupe [kup] nf (à champagne, à fruits) Schale f; (Sport) Pokal m; (de cheveux, vêtement) Schnitt m

coupe-faim [kupfɛ̃] (pl **coupe-faim(s)**) nm Appetitzügler m

coupe-gorge [kupgɔʀʒ] nm inv gefährliche Gasse f

couper [kupe] vt schneiden; (tissu) zuschneiden; (tranche, morceau, route, retraite) abschneiden; (communication) unterbrechen; (eau, courant) sperren, abstellen ▶ vi schneiden; **se couper** vpr sich schneiden; **~ le contact** ou **l'allumage** die Zündung ausstellen

coupe-vent [kupvɑ̃] (pl **coupe-vent(s)**) nm Windjacke f

couple [kupl] nm Paar nt; (époux) Ehepaar nt

couplet [kuplɛ] nm (Mus) Strophe f

coupole [kupɔl] nf Kuppel f

coupon [kupɔ̃] nm (ticket) Abschnitt m

coupure [kupyʀ] nf (blessure) Schnitt m; **~ d'eau** Abstellen nt

des Wassers; **~ de courant** Stromsperre f

cour [kuʀ] nf Hof m; (Jur) Gericht nt

courage [kuʀaʒ] nm Mut m
• **courageux, -euse** adj mutig, tapfer

couramment [kuʀamɑ̃] adv (souvent) oft, häufig; (parler) fließend

courant, e [kuʀɑ̃, ɑ̃t] adj (fréquent) häufig; (normal) geläufig, gebräuchlich; (en cours) laufend ▶ nm (Élec) Strom m; (de rivière etc) Strömung f; **être au ~ (de)** auf dem Laufenden sein (über +acc); **~ d'air** Durchzug m; **~ électrique** (elektrischer) Strom m

courbatures [kuʀbatyʀ] nfpl Muskelkater m

courbe [kuʀb] nf Kurve f ▶ adj gebogen • **courber** vt biegen

coureur, -euse [kuʀœʀ, øz] nm/f (cycliste) Radrennfahrer(in) m(f); (automobile) Rennfahrer(in) m(f); (à pied) Läufer(in) m(f)

courge [kuʀʒ] nf Kürbis m

courgette [kuʀʒɛt] nf Zucchini f

courir [kuʀiʀ] vi laufen, rennen ▶ vt (danger) sich aussetzen +dat; (risque) eingehen

couronne [kuʀɔn] nf Krone f; (de fleurs) Kranz m • **couronner** vt (roi) krönen; (lauréat, ouvrage) auszeichnen; (carrière, efforts) der Höhepunkt ou die Krönung sein von

courriel [kuʀjɛl] nm E-Mail f; **envoyer qch par ~** etw per E-Mail schicken

courrier [kuʀje] nm Post f, Briefe pl; **~ électronique** E-Mail f

C

courroie [kuʀwa] *nf* Riemen *m*;
~ de transmission
Antriebsriemen *m*

cours [kuʀ] *nm* Kurs *m*; (*leçon*)
Unterrichtsstunde *f*; **en ~**
laufend; **en ~ de route**
unterwegs; **au ~ de** im Verlauf
+*gén*; **~ d'eau** Wasserweg *m*;
~ du soir Abendkurs *m*

course [kuʀs] *nf* (*action de courir*)
Wettlauf *m*; (*épreuve*) Rennen *nt*;
(*d'un taxi, autocar*) Fahrt *f*;
courses *nfpl* (*achats*) Einkäufe *pl*;
faire les *ou* **ses ~s** einkaufen
gehen

court, e [kuʀ, kuʀt] *adj* kurz
▶ *nm* (*de tennis*) (Tennis)platz *m*
• **court-bouillon** (*pl*
courts-bouillons) *nm*
Fischbouillon *f* • **court-circuit** (*pl*
courts-circuits) *nm* Kurzschluss
m • **court-circuiter** *vt* (*fig*)
umgehen

courtier, -ière [kuʀtje, jɛʀ] *nm/f*
Makler(in) *m(f)*

courtiser [kuʀtize] *vt* den Hof
machen +*dat*

courtois, e [kuʀtwa, waz] *adj*
höflich • **courtoisie** *nf*
Höflichkeit *f*

couscous [kuskus] *nm* Kuskus *m*
ou nt

cousin, e [kuzɛ̃, in] *nm/f* Vetter
m, Cousine *f*

coussin [kusɛ̃] *nm* Kissen *nt*

cousu, e [kuzy] *pp de* **coudre**

coût [ku] *nm* Kosten *pl*; **le ~ de la
vie** die Lebenshaltungskosten *pl*

coûtant [kutɑ̃] *adj m*: **au prix ~**
zum Selbstkostenpreis

couteau, x [kuto] *nm* Messer *nt*;
~ à cran d'arrêt Klappmesser *nt*

coûter [kute] *vt, vi* kosten; **~ cher**
teuer sein; **combien ça coûte ?**
wie viel kostet das? • **coûteux,
-euse** *adj* teuer

coutume [kutym] *nf* Sitte *f*,
Brauch *m*

couture [kutyʀ] *nf* (*activité*)
Nähen *nt*; (*points*) Naht *f*
• **couturier** *nm* Modeschöpfer *m*
• **couturière** *nf* Schneiderin *f*

couvent [kuvɑ̃] *nm* Kloster *nt*

couver [kuve] *vt* ausbrüten

couvercle [kuvɛʀkl] *nm*
Deckel *m*

couvert, e [kuvɛʀ, ɛʀt] *adj* (*ciel,
temps*) bedeckt, bewölkt ▶ *nm*
(*ustensile*) Besteck *nt*; (*place à
table*) Gedeck *nt*; **mettre le ~** den
Tisch decken

couverture [kuvɛʀtyʀ] *nf* (*de lit*)
Decke *f*; (*de livre*) Einband *m*

couveuse [kuvøz] *nf* (*pour bébé*)
Brutkasten *m*

couvre-feu [kuvʀəfø] (*pl*
couvre-feux) *nm*
Ausgangssperre *f*

couvre-lit [kuvʀəli] (*pl*
couvre-lits) *nm* Tagesdecke *f*

couvrir [kuvʀiʀ] *vt* bedecken;
se couvrir *vpr* (*s'habiller*) sich
anziehen

covoiturage [kovwatyʀaʒ] *nm*
(*déplacement en commun*)
Fahrgemeinschaft *f*; (*voiture en
commun*) Carsharing *m*

CQFD [sekyɛfde] *abr* (= *ce qu'il
fallait démontrer*) QED

crabe [kʀab] *nm* Krabbe *f*

cracher [kʀaʃe] *vi* spucken ▶ *vt*
ausspucken

crachin [kʀaʃɛ̃] *nm* Sprühregen *m*

crack [kʀak] *nm* (*drogue*) Crack *m*

cradingue [kʀadɛ̃g], **crade**
[kʀad] *adj* dreckig

craie [kʀɛ] *nf* Kreide *f*

craindre [kʀɛ̃dʀ] *vt* fürchten,
sich fürchten vor; (*chaleur, froid*)
nicht vertragen; **~ que**
befürchten, dass

crainte [kʀɛ̃t] *nf* Furcht *f*; **soyez
sans ~** nur keine Angst; **de ~ de/
que** aus Furcht vor/aus Furcht,
dass

craintif, -ive [kʀɛ̃tif, iv] *adj*
furchtsam, ängstlich

cramoisi, e [kʀamwazi] *adj*
puterrot

crampe [kʀɑ̃p] *nf* Krampf *m*

crampon [kʀɑ̃pɔ̃] *nm* Steigeisen *nt*

cramponner [kʀɑ̃pɔne]: **se ~
(à)** *vpr* sich klammern (an +*acc*)

cran [kʀɑ̃] *nm* (*entaille*) Kerbe *f*,
Einschnitt *m*; (*courage*) Schneid *m*,
Mumm *m*; **~ d'arrêt** *ou* **de sûreté**
Sicherung *f*

crâne [kʀɑn] *nm* Schädel *m*

crapaud [kʀapo] *nm* Kröte *f*

crapule [kʀapyl] *nf* Schuft *m*

crapuleux, -euse [kʀapylø, øz]
adj : **crime ~** scheußliches
Verbrechen *nt*

craquement [kʀakmɑ̃] *nm*
Krachen *nt* • **craquer** *vi* (*bruit*)
knacken, knarren; (*fil, couture*)
(zer)reißen; (*branche*) brechen

crasse [kʀas] *nf* Schmutz *m*,
Dreck *m*

crasseux, -euse [kʀasø, øz] *adj*
dreckig, schmutzig

cravate [kʀavat] *nf* Krawatte *f*

crawl [kʀol] *nm* Kraulen *nt*

crayon [kʀejɔ̃] *nm* Bleistift *m*; **~ à
bille** Kugelschreiber *m*; **~ de**

couleur Farbstift *m* • **crayon-
feutre** (*pl* **crayons-feutres**) *nm*
Filzstift *m*

créancier, -ière [kʀeɑ̃sje, jɛʀ]
nm/f Gläubiger(in) *m(f)*

créateur, -trice [kʀeatœʀ, tʀis]
nm/f Schöpfer(in) *m(f)*

créatif, -ive [kʀeatif, iv] *adj*
kreativ

création [kʀeasjɔ̃] *nf* Schöpfung
f; (*d'entreprise, emplois etc*)
Schaffung *f*; (*nouvelle robe, voiture
etc*) Kreation *f*

créativité [kʀeativite] *nf*
Kreativität *f*

créature [kʀeatyʀ] *nf*
Lebewesen *nt*

crèche [kʀɛʃ] *nf* Krippe *f*

crédibilité [kʀedibilite] *nf*
Glaubwürdigkeit *f* • **crédible** *adj*
glaubwürdig

crédit [kʀedi] *nm* (*prêt*) Kredit *m*;
(*d'un compte bancaire*) Guthaben
nt; (*confiance*) Glaube *m*; **payer
à ~** in Raten zahlen; **acheter à ~**
auf Kredit kaufen • **crédit-bail**
(*pl* **crédits-bails**) *nm* Leasing *nt*
• **créditer** *vt* : **~ un compte d'une
somme** einem Konto einen
Betrag gutschreiben

credo [kʀedo] *nm*
Glaubensbekenntnis *nt*

créer [kʀee] *vt* schaffen; (*problème,
besoins etc*) verursachen

crémaillère [kʀemajɛʀ] *nf* :
chemin de fer à ~ Zahnradbahn *f*

crème [kʀɛm] *nf* (*du lait*) Sahne *f*;
(*de beauté, entremets*) Creme *f* ► *adj
inv* cremefarben; **un (café) ~** ein
Kaffee *m* mit Milch; **~ Chantilly**
ou **fouettée** Schlagsahne *f*
• **crémerie** *nf* Milchhandlung *f*

créneau, x [kʀeno] nm (de fortification) Zinne f; (Comm) Marktlücke f; (TV) Sendeplatz m; **faire un ~** sein Auto rückwärts (in eine Lücke) einparken

crêpe [kʀɛp] nf (galette) (dünner) Pfannkuchen m, Crêpe f ▶ nm (tissu) Krepp m • **crêperie** nf Crêperie f

crépu, e [kʀepy] adj kraus, gekräuselt

crépuscule [kʀepyskyl] nm (Abend)dämmerung f

cresson [kʀesɔ̃] nm Brunnenkresse f

crête [kʀɛt] nf Kamm m

creuser [kʀøze] vt (trou, tunnel) graben; (sol) graben in +dat; (fig: approfondir) vertiefen; **se creuser** vpr : **se ~ la cervelle** ou **la tête** sich dat den Kopf zerbrechen

creux, creuse [kʀø, kʀøz] adj hohl; (assiette) tief ▶ nm Loch nt

crevaison [kʀəvɛzɔ̃] nf Reifenpanne f

crevant, e [kʀəvɑ̃, ɑ̃t] (fam) adj (fatigant) ermüdend; (amusant) umwerfend komisch

crevasse [kʀəvas] nf Spalte f; (de glacier) Gletscherspalte f; (sur la peau) Schrunde f, Riss m

crevé, e [kʀəve] adj (pneu) platt; **je suis ~** (fam) ich bin fix und fertig ou total kaputt

crever [kʀəve] vt (ballon, tambour) zerplatzen lassen ▶ vi (pneu) platzen; (automobiliste) einen Platten haben; (abcès, nuage) aufbrechen

crevette [kʀəvɛt] nf : **~ (rose)** Krabbe f; **~ grise** Garnele f, Krevette f

cri [kʀi] nm Schrei m; (appel) Ruf m

criard, e [kʀijaʀ, kʀijaʀd] adj (couleur) grell; (voix) kreischend

crible [kʀibl] nm Sieb nt; **passer qch au ~** etw durchsieben

cric [kʀik] nm Wagenheber m

crier [kʀije] vi schreien ▶ vt (ordre) brüllen

crime [kʀim] nm Verbrechen nt

criminalité [kʀiminalite] nf Kriminalität f

criminel, le [kʀiminɛl] nm/f Kriminelle(r) f(m), Verbrecher(in) m(f)

crinière [kʀinjɛʀ] nf Mähne f

crique [kʀik] nf kleine Bucht f

criquet [kʀikɛ] nm Grille f

crise [kʀiz] nf Krise f; **~ cardiaque** Herzanfall m; **~ de foie** Leberbeschwerden pl

crisper [kʀispe] vt (visage) verzerren; (muscle) anspannen; **se crisper** vpr sich verkrampfen

cristal, -aux [kʀistal, o] nm Kristall nt; **~ de roche** Bergkristall nt • **cristallin, e** adj kristallklar ▶ nm Augenlinse f • **cristalliser** vi (aussi : **se cristalliser**) sich kristallisieren

critère [kʀitɛʀ] nm Kriterium nt

critique [kʀitik] nf Kritik f ▶ nmf Kritiker(in) m(f) • **critiquer** vt kritisieren

croate [kʀɔat] adj kroatisch; **C~** nmf Kroate m, Kroatin f

Croatie [kʀɔasi] nf : **la ~** Kroatien nt

crochet [kʀɔʃɛ] nm Haken m; (tige, clef) Dietrich m; (détour) Abstecher m; (Tricot : aiguille) Häkelnadel f; (: technique) Häkeln nt

crocodile [kʀɔkɔdil] *nm* Krokodil *nt*; *(peau)* Krokodilleder *nt*

crocus [kʀɔkys] *nm* Krokus *m*

croire [kʀwaʀ] *vt* glauben; *(personne)* glauben +*dat*; **~ que** glauben, dass; **~ à** *ou* **en** glauben an +*acc*

croisade [kʀwazad] *nf* Kreuzzug *m*

croisement [kʀwazmã] *nm* Kreuzung *f*

croiser [kʀwaze] *vt (personne, voiture)* begegnen +*dat*; *(route, Biol)* kreuzen ▶ *vi (Naut)* kreuzen; **se croiser** *vpr (personnes, véhicules)* einander begegnen; *(routes, lettres)* sich kreuzen • **croisière** *nf* Kreuzfahrt *f*

croissance [kʀwasãs] *nf* Wachstum *nt*

croissant, e [kʀwasã, ãt] *adj* wachsend, zunehmend ▶ *nm (à manger)* Croissant *nt*, Hörnchen *nt*; **~ de lune** Mondsichel *f*

croître [kʀwatʀ] *vi* wachsen; *(fig)* zunehmen

croix [kʀwa] *nf* Kreuz *nt*; **la C~ Rouge** das Rote Kreuz

croquant, e [kʀɔkã, ãt] *adj* knackig

croque-madame [kʀɔkmadam] *nm inv* überbackener Käsetoast mit Schinken und Spiegelei • **croque-monsieur** *nm inv* überbackener Käsetoast mit Schinken • **croque-mort** *(pl* **croque-morts)** *(fam) nm* Sargträger *m* • **croquer** *vt (manger)* knabbern; *(dessiner)* skizzieren ▶ *vi* : **chocolat à ~** Bitterschokolade *f*

croquis [kʀɔki] *nm* Skizze *f*

cross [kʀɔs] [kʀɔskuntʀi] *nm* Querfeldeinrennen *nt*, Geländelauf *m*

crotte [kʀɔt] *nf* Kot *m*; **~ !** *(fam)* Mist! • **crotté, e** *adj* dreckig

crottin [kʀɔtɛ̃] *nm (de cheval)* Pferdeäpfel *pl*; *(fromage)* kleiner Ziegenkäse

crouler [kʀule] *vi (s'effondrer)* einstürzen; *(être délabré)* verfallen; **~ sous (le poids de) qch** unter dem Gewicht einer Sache *gén* zusammenbrechen

croupe [kʀup] *nf* Kruppe *f*; **monter en ~** hinten aufsitzen

croupier [kʀupje] *nm* Croupier *m*

croupir [kʀupiʀ] *vi (eau)* faulen; *(personne)* stagnieren

croustillant, e [kʀustijã, ãt] *adj* knusprig; *(histoire)* pikant

croûte [kʀut] *nf (du fromage)* Rinde *f*; *(du pain)* Kruste *f*; **en ~** *(Culin)* im Teigmantel; **~ au fromage** Käsetoast *m*; **~ aux champignons** Champignontoast *m* • **croûton** *nm (Culin)* Crouton *m*; *(bout du pain)* Brotkanten *m*

croyant, e [kʀwajã, ãt] *adj* : **être/ne pas être ~** gläubig/ungläubig sein ▶ *nm/f(Rel)* Gläubige(r) *f(m)*

CRS [seeʀes] *sigle m (= Compagnies républicaines de sécurité)* ≈ Bereitschaftspolizist *m*

cru, e [kʀy] *pp de* **croire** ▶ *adj (non cuit)* roh ▶ *nm (vignoble)* (Wein)lage *f*; *(vin)* Wein(sorte *f) m*

crû [kʀy] *pp de* **croître**

cruauté [kʀyote] *nf* Grausamkeit *f*

cruche [kʀyʃ] *nf* Krug *m*

crucial, e, -aux [kʀysjal, jo] *adj* entscheidend

crucifix [kʀysifi] *nm* Kruzifix *nt*

crudités [kʀydite] *nfpl* Rohkostplatte *f* (*als Vorspeise*)

cruel, le [kʀyɛl] *adj* grausam

crustacés [kʀystase] *nmpl* (*Culin*) Meeresfrüchte *pl*

crypte [kʀipt] *nf* Krypta *f*

CSA [seɛsa] *sigle f* (= *Conseil supérieur de l'audiovisuel*) Fernseh-Aufsichtsgremium

Cuba [kyba] *nf* ou *nm* Kuba *nt*

cube [kyb] *nm* Würfel *m*; **mètre ~** Kubikmeter *m*

cubique [kybik] *adj* würfelförmig

cueillette [kœjɛt] *nf* Ernte *f*
• **cueillir** *vt* pflücken

cuiller [kɥijɛʀ] *nf* Löffel *m*; **~ à café** Kaffeelöffel, Teelöffel; **~ à soupe** Esslöffel

cuir [kɥiʀ] *nm* Leder *nt*

cuire [kɥiʀ] *vt* (*aliments*) kochen; (*au four*) backen

cuisine [kɥizin] *nf* Küche *f*; **faire la ~** kochen • **cuisiner** *vt* zubereiten ▶ *vi* kochen
• **cuisinier, -ière** *nm/f* Koch *m*, Köchin *f*

cuissard [kɥisaʀ] *nm* Radlerhose *f*

cuisse [kɥis] *nf* Oberschenkel *m*; (*de mouton*) Keule *f*; (*de poulet*) Schlegel *m*

cuit, e [kɥi, kɥit] *adj* (*légumes*) gekocht; (*pain*) gebacken; **bien ~** gut durchgebraten

cuivre [kɥivʀ] *nm* Kupfer *nt*

cul [ky] (*fam !*) *nm* Arsch *m* (*fam !*)

culasse [kylas] *nf* (*Auto*) Zylinderkopf *m*

culbute [kylbyt] *nf* (*en jouant*) Purzelbaum *m*; (*accidentelle*)

Sturz *m* • **culbuteur** *nm* (*Auto*) Unterbrecherhebel *m*

cul-de-sac [kydsak] (*pl* **culs-de-sac**) *nm* Sackgasse *f*

culinaire [kylinɛʀ] *adj* kulinarisch

culminant, e [kylminɑ̃] *adj* : **point ~** höchster Punkt *m* • **culminer** *vi* den höchsten Punkt erreichen

culot [kylo] *nm* (*d'ampoule*) Sockel *m*; (*effronterie*) Frechheit *f*

culotte [kylɔt] *nf* (*pantalon*) Kniehose *f*; **petite ~** (*slip*) Schlüpfer *m*

culpabiliser [kylpabilize] *vt* : **~ qn** jdm Schuldgefühle geben
• **culpabilité** [kylpabilite] *nf* Schuld *f*

culte [kylt] *nm* Verehrung *f*, Kult *m*; (*service*) Gottesdienst *m*

cultivateur, -trice [kyltivatœʀ, tʀis] *nm/f* Landwirt(in) *m(f)*

cultivé, e [kyltive] *adj* (*terre*) bebaut; (*personne*) kultiviert, gebildet • **cultiver** *vt* (*terre*) bebauen, bestellen; (*légumes etc*) anbauen, anpflanzen; (*esprit, mémoire*) entwickeln

culture [kyltyʀ] *nf* Kultur *f*; (*du blé etc*) Anbau *m*

culturel, le [kyltyʀɛl] *adj* kulturell

culturisme [kyltyʀism] *nm* Bodybuilding *nt*

cumin [kymɛ̃] *nm* Kümmel *m*

cumuler [kymyle] *vt* (*emplois, honneurs*) gleichzeitig innehaben; (*salaires*) gleichzeitig beziehen

cupide [kypid] *adj* habgierig

cure [kyʀ] *nf* Kur *f*; **~ de désintoxication** Entziehungskur *f*; **~ thermale** Badekur *f*

curé [kyʀe] *nm* Pfarrer *m*

cure-dents [kyʀdɑ̃] *nm*
Zahnstocher *m*

curer [kyʀe] *vt* säubern

curieusement [kyʀjøzmɑ̃] *adv*
merkwürdigerweise

curieux, -euse [kyʀjø, jøz] *adj*
(*étrange*) eigenartig, seltsam;
(*indiscret, intéressé*) neugierig
▶ *nmpl* (*badauds*) Schaulustige *pl*

curiosité [kyʀjozite] *nf*
Neugier(de) *f*; (*site*)
Sehenswürdigkeit *f*

curriculum vitae
[kyʀikylɔmvite] *nm inv*
Lebenslauf *m*

curseur [kyʀsœʀ] *nm* (*Inform*)
Cursor *m*; **position du ~**
Schreibstelle *f*

cursus [kyʀsys] *nm*
Studiengang *m*

cuve [kyv] *nf* Bottich *m*

cuvée [kyve] *nf* Jahrgang *m*

cuvette [kyvɛt] *nf* Becken *nt*

CV [seve] *sigle m* = **curriculum
vitae**

cyberattaque [sibɛʀatak] *nf*
Cyberangriff *m*, Cyberattacke *f*
• **cybercafé** *nm* Internet-Café *nt*
• **cybercriminalité** *nf*
Internetkriminalität *f*
• **cyberespace** *nm*
Cyberspace *m* • **cyberfraude** *nf*
Computerbetrug *m*
• **cyberharcèlement** *nm*
Cybermobbing *nt* • **cybersécurité**
nf Cybersicherheit *nf*

cyclable [siklabl] *adj* : **piste ~**
Radweg *m*

cyclamen [siklamɛn] *nm*
Alpenveilchen *nt*

cycle [sikl] *nm* Kreislauf *m*

cyclisme [siklism] *nm* Radfahren
nt; (*Sport*) Radrennfahren *nt*
• **cycliste** *nmf* Radfahrer(in) *m(f)*

cyclomoteur [siklɔmɔtœʀ] *nm*
Mofa *nt* (*bis 50 Kubik*)
• **cyclomotoriste** *nmf*
Mofafahrer(in) *m(f)*

cyclone [siklon] *nm*
Wirbelsturm *m*

cyclotourisme [siklotuʀism(ə)]
nm Fahrradtourismus *m*

cygne [siɲ] *nm* Schwan *m*

cylindre [silɛ̃dʀ] *nm* Zylinder *m*
• **cylindrée** *nf* Hubraum *m*

cymbale [sɛ̃bal] *nf* Becken *nt*

cynique [sinik] *adj* zynisch

cynisme [sinism] *nm*
Zynismus *m*

cyprès [sipʀɛ] *nm* Zypresse *f*

cystite [sistit] *nf*
Blasenentzündung *f*

d

d' [d] *prép voir* **de**

dactylo [daktilo] *nf* Stenotypistin *f*

dada [dada] *nm* Steckenpferd *nt*

dahlia [dalja] *nm* Dahlie *f*

daigner [deɲe] *vt* : **~ faire qch** sich (dazu) herablassen, etw zu tun

daim [dɛ̃] *nm* Damhirsch *m*; (*peau*) Wildleder *nt*

dalle [dal] *nf* (Stein)platte *f*

dame [dam] *nf* Dame *f*; **dames** *nfpl* (*jeu*) Dame(spiel) *nt*
• **damier** *nm* (*dessin*) Schachbrettmuster *nt*

damner [dɑne] *vt* verdammen

dancing [dɑ̃siŋ] *nm* Tanzlokal *nt*

Danemark [danmark] *nm* : **le ~** Dänemark *nt*

danger [dɑ̃ʒe] *nm* Gefahr *f*
• **dangereux, -euse** *adj* gefährlich

danois, e [danwa, waz] *adj* dänisch ▶ *nm/f* : **D~, e** Däne *m*, Dänin *f*

---

dans [dɑ̃]

prép **1** (*lieu : sans mouvement*) in +*dat*; **~ le tiroir** in der Schublade; **~ la rue** auf der Straße
2 (*lieu : avec mouvement*) in +*acc*; **mettre une lettre ~ une enveloppe** einen Brief in einen Umschlag stecken; **~ la rue** auf die Straße
3 (*lieu : provenance*) aus; **je l'ai pris ~ le tiroir/salon** ich habe es aus der Schublade/dem Wohnzimmer geholt; **boire ~ un verre** aus einem Glas trinken
4 (*temps*) in +*dat*; **~ deux mois** in zwei Monaten; **~ quelques jours** in einigen Tagen

---

danse [dɑ̃s] *nf* Tanz *m*; (*activité*) Tanzen *nt* • **danser** *vt, vi* tanzen • **danseur, -euse** *nm/f* Tänzer(in) *m(f)*

Danube [danyb] *nm* Donau *f*

dard [dar] *nm* Stachel *m*

dare-dare [dardar] (*fam*) *adv* auf die Schnelle

darne [darn] *nf* (Fisch)steak *nt*

date [dat] *nf* Datum *nt*; **de longue ~** langjährig; **~ limite** (Schluss)termin *m*; **~ de naissance** Geburtsdatum *nt*
• **dater** *vt* datieren ▶ *vi* veraltet sein; **~ de** stammen aus; **à ~ de juin** von Juni an

datte [dat] *nf* Dattel *f*

dauphin [dofɛ̃] *nm* Delfin *m*; (*Hist*) Dauphin *m*

davantage [davɑ̃taʒ] *adv* mehr; **~ de** mehr

DDASS [das] *sigle f* (= *Direction départementale de l'action sanitaire et sociale*) ≈ Sozialamt *nt*

---

de [də]

(*de* + *le* = **du**, *de* + *les* = **des**)

▸ *prép* **1** (*appartenance*) +gén: **le toit de la maison** das Dach des Hauses; **la voiture d'Anna** Annas Auto

2 (*moyen*): **suivre des yeux** mit den Augen folgen

3 (*provenance, point de départ*) aus; **il vient de Londres/d'Angleterre** er kommt aus London/England

4 (*caractérisation, mesure*): **un mur de brique** eine Mauer aus Backsteinen; **un billet de 50 euros** eine 50-Euro-Note; **12 mois de crédit/travail** 12 Monate Kredit/Arbeit; **un bébé de 10 mois** ein 10 Monate altes Baby; **être payé 20 euros de l'heure** 20 Euro pro Stunde *ou* die Stunde bekommen; **de nos jours** heutzutage

5 (*cause*): **elle est morte d'une pneumonie** sie ist an einer Lungenentzündung gestorben

6 (*avec infinitif*): **il refuse de parler** er weigert sich zu reden

▸ *art* **1** (*phrases affirmatives et interrogatives*): **du vin/de l'eau/des pommes** Wein/Wasser/Äpfel; **pendant des mois** monatelang; **y a-t-il du vin ?** ist Wein da?

2 (*phrases négatives et interro-négatives*): **il ne veut pas d'enfants/de femme** er möchte keine Kinder/keine Frau; **il n'a pas de chance** er hat kein Glück

---

dé [de] *nm* Würfel *m*; (*à coudre*) Fingerhut *m*

dealer [dilœʀ] *nm* (*fam*) Dealer *m*

débâcle [debɑkl] *nf* (*dégel*) Eisschmelze *f*; (*Mil*) Debakel *nt*

déballer [debale] *vt* auspacken

débarbouiller [debaʀbuje]: **se débarbouiller** *vpr* sich waschen

débardeur [debaʀdœʀ] *nm* Docker *m*; (*maillot*) Pullunder *m*

débarquement [debaʀkəmɑ̃] *nm* (*de personnes*) Aussteigen *nt*; (*arrivée*) Ankunft *f*; (*de marchandises*) Entladen *nt*; (*Mil*) Landung *f*

débarquer [debaʀke] *vt* ausladen ▸ *vi* von Bord gehen

débarras [debaʀɑ] *nm* Rumpelkammer *f*; **bon ~ !** den/die/das sind wir glücklich los!
• **débarrasser** *vt* (*local*) räumen (*la table*) abräumen; **~ qn de qch** jdm etw abnehmen

débat [deba] *nm* Debatte *f*

débattre [debatʀ] *vt* diskutieren *ou* debattieren über +*acc*; **se débattre** *vpr* kämpfen

débit [debi] *nm* (*de rivière, barrage etc*) Flussvolumen *nt*; **~ de boissons** (*Getränke*) ausschank *m*; **~ de tabac** Tabakladen *m*
• **débiter** *vt* (*compte*) belasten
• **débiteur, -trice** *nm/f* Schuldner(in) *m(f)*

déblayer [debleje] *vt* räumen

débloquer [debloke] *vt* losmachen ▸ *vi* (*fam*) dummes Zeug daherreden

débogage [deboɡaʒ] *nm* (*Inform*) Fehlerbeseitigung *f* • **déboguer** *vt* (*Inform*) debuggen

déboires [debwaʀ] *nmpl*
Rückschläge *pl*

déboisement [debwazmã] *nm*
Abholzen *nt* • **déboiser** *vt*
abholzen

déboîter [debwate] *vi* (*Auto*)
ausscheren; **se déboîter** *vpr*
(*genou etc*) sich *dat* ausrenken *ou*
auskugeln

débordé, e [debɔʀde] *adj* : **être ~**
überlastet sein

déborder [debɔʀde] *vi* (*rivière*)
über die Ufer treten; (*eau, lait*)
überlaufen

débouché [debuʃe] *nm* (*marché*)
Absatzmarkt *m*; (*perspectives
d'emploi*) (Berufs)aussichten *pl*;
au ~ de la vallée am Ausgang
des Tales

déboucher [debuʃe] *vt* frei
machen; (*bouteille*) entkorken ▶ *vi*
(*aboutir*) herauskommen; **~ sur**
(*fig*) hinführen auf +*acc*

débourser [debuʀse] *vt*
ausgeben

debout [d(ə)bu] *adv* : **être ~**
stehen; (*levé, éveillé*) auf sein; **~ !**
aufstehen!

déboutonner [debutɔne] *vt*
aufknöpfen

débraillé, e [debʀaje] *adj*
schlampig

débrancher [debʀɑ̃ʃe] *vt*
abschalten

débrayage [debʀɛjaʒ] *nm* (*Auto*)
Kupplung *f* • **débrayer** *vi* (*Auto*)
kuppeln

débris [debʀi] *nm* Scherbe *f*

débrouillard, e [debʀujaʀ, aʀd]
adj einfallsreich, findig
• **débrouiller** *vt* klären; **se
débrouiller** *vpr* zurechtkommen

début [deby] *nm* Anfang *m*,
Beginn *m* • **débutant, e** *nm/f*
Anfänger(in) *m(f)* • **débuter** *vi*
anfangen

décaféiné, e [dekafeine] *adj*
koffeinfrei

décalage [dekalaʒ] *nm* (*écart*)
Unterschied *m*; **~ horaire**
Zeitverschiebung *f*

décaler [dekale] *vt* verschieben;
~ de 10 cm um 10 cm
verschieben

décapiter [dekapite] *vt* köpfen

décapotable [dekapɔtabl] *adj*,
nf : **(voiture) ~** Kabriolett *nt*

décapsuleur [dekapsylœʀ] *nm*
Flaschenöffner *m*

décédé, e [desede] *adj*
verstorben

déceler [des(ə)le] *vt* entdecken

décembre [desɑ̃bʀ] *nm*
Dezember *m*

décence [desɑ̃s] *nf* Anstand *m*
• **décent, e** *adj* anständig

décentralisation
[desɑ̃tʀalizasjɔ̃] *nf*
Dezentralisierung *f*
• **décentraliser** *vt*
dezentralisieren

déception [desɛpsjɔ̃] *nf*
Enttäuschung *f*

décès [desɛ] *nm* Ableben *nt*

décevoir [des(ə)vwaʀ] *vt*
enttäuschen

déchaîner [deʃene] *vt* auslösen;
se déchaîner *vpr* (*tempête*)
losbrechen; (*mer*) toben

décharge [deʃaʀʒ] *nf* (*dépôt
d'ordures*) Mülldeponie *f*; (*aussi*:
décharge électrique) Schock *m*;
à la ~ de zur Entlastung von
• **décharger** *vt* entladen

déchéance [deʃeɑ̃s] *nf* Verfall *m*

déchet [deʃɛ] *nm* Abfall *m*; **~s radioactifs** radioaktiver Müll

déchiffrer [deʃifʀe] *vt* entziffern

déchirer [deʃiʀe] *vt* zerreißen; **se déchirer** *vpr* reißen; **se ~ un muscle/tendon** *se dat* einen Muskel/eine Sehne zerren

décidé, e [deside] *adj* entschlossen; **c'est ~** es ist beschlossen • **décidément** *adv* wahrhaftig

décider [deside] *vt* beschließen; **se décider** *vpr* sich entschließen; **~ de qch** etw entscheiden

décilitre [desilitʀ] *nm* Deziliter *m* • **décimètre** *nm* Dezimeter *m*

décisif, -ive [desizif, iv] *adj* entscheidend • **décision** *nf* Entscheidung *f*; (*fermeté*) Entschiedenheit *f*

déclaration [deklaʀasjɔ̃] *nf* Erklärung *f*; **~ de décès/ naissance** Meldung *f* (eines Todesfalles/einer Geburt) • **déclarer** *vt* erklären; (*Admin* : *revenus, employés etc*) angeben; (: *décès, naissance*) melden; **se déclarer** *vpr* (*feu, maladie*) ausbrechen

déclencher [deklɑ̃ʃe] *vt* auslösen; **se déclencher** *vpr* losgehen

déclic [deklik] *nm* Auslöservorrichtung *f*; (*bruit*) Klicken *nt*

déclin [deklɛ̃] *nm* Niedergang *m*

déclinaison [deklinɛzɔ̃] *nf* Deklination *f*

décliner [dekline] *vi* (*santé*) sich verschlechtern; (*jour*) sich neigen; (*soleil*) sinken ▸ *vt* (*invitation,*

responsabilité) ablehnen; (*identité*) angeben; (*Ling*) deklinieren

décoder [dekɔde] *vt* decodieren • **décodeur** *nm* Decoder *m*

décoiffer [dekwafe] *vt* : **~ qn** *jdm* die Haare zerzausen

décoincer [dekwɛ̃se] *vt* (*fam*) entspannen

décollage [dekɔlaʒ] *nm* (*avion*) Abflug *m* • **décoller** *vt* lösen ▸ *vi* (*avion*) abheben; **se décoller** *vpr* sich lösen

décolleté, e [dekɔlte] *adj* ausgeschnitten ▸ *nm* Dekolleté *nt*

décolorer [dekɔlɔʀe] *vt* bleichen; **se décolorer** *vpr* verblassen

décombres [dekɔ̃bʀ] *nmpl* Ruinen *pl*, Trümmer *pl*

décommander [dekɔmɑ̃de] *vt* abbestellen; (*réception*) absagen; **se décommander** *vpr* absagen

décompacter [dekɔ̃pakte] *vt* (*Inform*) entpacken

décomplexé, e [dekɔ̃plɛkse] *adj* enthemmt; (*fig*) unbefangen, ohne Komplexe; **la droite ~e** die Rechte ohne Komplexe

décomposer [dekɔ̃poze] *vt* zerlegen; **se décomposer** *vpr* sich zersetzen, verwesen

décompresser [dekɔ̃pʀese] *vt* dekomprimieren

décompte [dekɔ̃t] *nm* (*déduction*) Abzug *m*; (*facture détaillée*) aufgeschlüsselte Rechnung *f*

décongeler [dekɔ̃ʒ(ə)le] *vt* auftauen

décongestionner [dekɔ̃ʒɛstjɔne] *vt* (*Méd*) abschwellen lassen

d

déconnecté, e [dekɔnɛkte] *adj*
(*Inform*) offline, Offline-
 • **déconnecter** *vpr* : **se
déconnecter** sich ausloggen
 • **déconnexion** *nf* Abmelden *nt*;
droit à la ~ Recht *m* auf
Feierabend

déconseiller [dekɔ̃seje] *vt* :
~ qch (à qn) (jdm) von etw
abraten

décontamination
[dekɔ̃taminasjɔ̃] *nf*
Entseuchung *f*

décontracté, e [dekɔ̃trakte] *adj*
entspannt • **décontracter** *vt*
entspannen; **se décontracter** *vpr*
sich entspannen

décor [dekɔr] *nm* Ausstattung *f*;
(*Ciné*) Szene *f*; (*Théât*) Bühnenbild
nt • **décorateur, -trice** *nm/f*
Dekorateur(in) *m(f)* • **décoratif,
-ive** *adj* dekorativ • **décoration** *nf*
(*ornement*) Schmuck *m* • **décorer**
vt schmücken

découdre [dekudr] *vt*
auftrennen; **se découdre** *vpr*
aufgehen

découper [dekupe] *vt* (*article*)
ausschneiden; (*volaille, viande*)
zerteilen

décourager [dekuraʒe] *vt*
entmutigen

découvert, e [dekuvɛr, ɛrt] *adj*
bloß; (*lieu*) kahl, nackt ▶ *nm*
(*bancaire*) Kontoüberziehung *f*

découvrir [dekuvrir] *vt*
entdecken; (*enlever ce qui couvre
ou protège*) aufdecken; **~ que**
entdecken ou herausfinden, dass

décret [dekrɛ] *nm* Verordnung *f*
 • **décréter** *vt* anordnen

décrire [dekrir] *vt* beschreiben

décrocher [dekrɔʃe] *vt*
herunternehmen ▶ *vi* (*téléphone*)
abnehmen

décroissance [dekrwasɑ̃s] *nf*
Postwachstum *nt*

déçu, e [desy] *pp de* **décevoir**

dédaigner [dedeɲe] *vt*
verachten; **~ de faire qch** sich
nicht herablassen, etw zu tun

dedans [dədɑ̃] *adv* innen ▶ *nm*
Innere(s) *nt*; **là-~** dort drinnen;
au ~ darin

dédicacer [dedikase] *vt* mit einer
Widmung versehen

dédier [dedje] *vt* : **~ qch à** etw
widmen +*dat*

dédommagement
[dedɔmaʒmɑ̃] *nm* Entschädigung
f • **dédommager** *vt* : **~ qn (de)**
jdn entschädigen (für)

dédouaner [dedwane] *vt*
zollamtlich abfertigen

déduction [dedyksjɔ̃] *nf*
(*d'argent*) Abzug *m*

déduire [deduir] *vt* : **~ qch (de)**
etw abziehen (von)

déesse [deɛs] *nf* Göttin *f*

défaillance [defajɑ̃s] *nf*
Schwächeanfall *m*; (*technique*)
Versagen *nt*

défaire [defɛr] *vt* (*paquet, bagages
etc*) auspacken; (*nœud, vêtement*)
aufmachen

défait, e [defɛ, ɛt] *adj* (*visage*)
verzerrt

défaut [defo] *nm* Fehler *m*; **à ~ de**
mangels +*gén*

défavorable [defavɔrabl] *adj*
ungünstig

défavoriser [defavɔrize] *vt*
benachteiligen

défection [defɛksjɔ̃] nf Abfall m, Abtrünnigwerden nt; (absence) Nichterscheinen nt; **faire ~** abtrünnig werden +dat

défectueux, -euse [defɛktɥø, øz] adj defekt, fehlerhaft

défendre [defɑ̃dʀ] vt (soutenir) verteidigen; (opinion, théorie) vertreten; (interdire) untersagen, verbieten; **se défendre** vpr sich verteidigen; **~ à qn de faire qch** jdm verbieten, etw zu tun
• **défense** nf Verteidigung f; (protection) Schutz m; (d'éléphant) Stoßzahn m; **« ~ de fumer/ cracher »** „Rauchen/Spucken verboten" • **défenseur** nm Verteidiger m • **défensif, -ive** adj (attitude) defensiv ▶ nf: **être sur la défensive** sein in der Defensive sein

défi [defi] nm Herausforderung f; (bravade) Trotz m

défiance [defjɑ̃s] nf Misstrauen nt

déficit [defisit] nm Defizit nt
• **déficitaire** adj Verlust-; (année, récolte) schlecht

défier [defje] vt herausfordern; (fig) trotzen +dat; **se défier de** vpr (se méfier) misstrauen +dat

défigurer [defiɡyʀe] vt entstellen

défilé [defile] nm (Géo) Enge f
• **défiler** vi vorbeiziehen, vorbeimarschieren; **se défiler** vpr (fam) sich verdrücken

définir [definiʀ] vt definieren
• **définitif, -ive** adj endgültig

définition [definisjɔ̃] nf Definition f; (de mots croisés) Frage f; (TV) Bildauflösung f

définitivement [definitivmɑ̃] adv endgültig

déforestation [defɔʀɛstasjɔ̃] nf Entwaldung f

déformer [defɔʀme] vt aus der Form bringen; (pensée, fait) verdrehen; **se déformer** vpr sich verformen

défouler [defule]: **se ~** vpr sich abreagieren

défragmenter [defʀaɡmɑ̃te] vt (Inform) defragmentieren

défunt, e [defœ̃, œ̃t] adj verstorben

dégagé, e [deɡaʒe] adj klar; (ton, air) lässig, ungezwungen

dégager [deɡaʒe] vt (délivrer) befreien; (désencombrer) räumen; (exhaler) aussenden, ausströmen; **se dégager** vpr (odeur) sich ausbreiten; (se libérer) sich befreien; (ciel) sich aufklären

dégâts [deɡɑ] nmpl Schaden m

dégel [deʒɛl] nm Tauwetter nt
• **dégeler** vi auftauen

dégénéré, e [deʒeneʀe] adj degeneriert

dégénérer [deʒeneʀe] vi degenerieren; (violence, situation) ausarten

dégivrer [deʒivʀe] vt abtauen, entfrosten • **dégivreur** nm Enteiser m

dégonflé, e [deɡɔ̃fle] adj (pneu) platt • **dégonfler** vt die Luft herauslassen aus

dégorger [deɡɔʀʒe] vi: **faire ~** (Culin) (ent)wässern

dégouliner [deɡuline] vi tropfen

dégourdi, e [deɡuʀdi] adj gewitzt, gerissen

dégourdir [deguʀdiʀ] : **se dégourdir** vpr : **se ~ les jambes** sich dat die Beine vertreten

dégoût [degu] nm Ekel m • **dégoûtant, e** adj widerlich; (injuste) gemein • **dégoûter** vt anwidern

dégradé [degʀade] nm Farbabstufung f; (de coiffure) Stufenschnitt m

dégrader [degʀade] vt (Mil) degradieren; (abîmer) verunstalten; (avilir) erniedrigen; **se dégrader** vpr (relations, situation) sich verschlechtern

degré [dəgʀe] nm Grad m; (escalier, échelon) Stufe f; **alcool à 90 ~s** 90-prozentiger Alkohol m

dégueulasse [degœlas] (fam!) adj widerlich

déguisement [degizmɑ̃] nm Verkleidung f • **déguiser** vt verkleiden; **se déguiser** vpr sich verkleiden

dégustation [degystasjɔ̃] nf : **~ de vin(s)** Weinprobe f

déguster [degyste] vt (vin, fromage etc) probieren; (savourer) genießen

dehors [dəɔʀ] adv draußen ▶ nmpl Äußerlichkeiten pl; **mettre ou jeter ~** hinauswerfen; **en ~** nach draußen

déjà [deʒa] adv schon, bereits

déjanté, e [deʒɑ̃te] adj (fam) ausgeflippt

déjeuner [deʒœne] vi zu Mittag essen ▶ nm Mittagessen nt; **petit ~** Frühstück nt

déjouer [deʒwe] vt (complot) vereiteln; (attention) sich entziehen +dat

delà [dəla] adv : **par-~, au-~ de, en ~ de** jenseits +gén

délabrer [delabʀe] : **se ~** vpr verfallen, herunterkommen

délai [dele] nm Frist f; **sans ~** unverzüglich; **à bref ~** kurzfristig; **dans les ~s** innerhalb der Frist

délasser [delase] vt entspannen

délavé, e [delave] adj verwaschen

delco® [dɛlko] nm (Auto) Verteiler m

délégation [delegasjɔ̃] nf (groupe) Delegation f, Abordnung f; (de pouvoirs, autorité) Übertragung f; **~ de pouvoir** (document) Vollmacht f

délégué, e [delege] nm/f Vertreter(in) m(f); **ministre ~ à la Culture** Minister m mit dem Kulturaufgabenbereich

déléguer [delege] vt delegieren

délibération [deliberasjɔ̃] nf (réflexions) Beratung f

délibéré, e [delibeʀe] adj (conscient) absichtlich • **délibérément** adv mit Absicht, bewusst

délibérer [delibeʀe] vi sich beraten

délicat, e [delika, at] adj (odeur, goût) fein; (peau, fleur, santé) zart; (manipulation, problème) delikat, heikel; (attentionné) feinfühlig • **délicatesse** nf Feinfühligkeit f

délicieux, -euse [delisjø, jøz] adj köstlich; (sensation, femme, robe) wunderbar

délimiter [delimite] vt abgrenzen

délinquance [delɛ̃kɑ̃s] nf Kriminalität f; **~ juvénile**

Jugendkriminalität f • **délinquant, e** nm/f Delinquent(in) m(f)

délire [delir] nm (fièvre) Delirium nt

délit [deli] nm Delikt nt, Straftat f

délivrer [delivre] vt entlassen; (passeport, certificat) ausstellen; **~ qn de** jdn befreien von

délocaliser [delɔkalize] vt ins Ausland verlagern ▶ vi auslagern

deltaplane® [dɛltaplan] nm Deltaflieger m

déluge [delyʒ] nm Sintflut f

demain [d(ə)mɛ̃] adv morgen; **~ matin/midi/soir** morgen früh/ Mittag/Abend; **à ~ !** bis morgen!

demande [d(ə)mɑ̃d] nf Forderung f; (Admin : formulaire) Antrag m; **~ d'emploi** (candidature) Bewerbung f; **« ~s d'emploi »** „Stellengesuche" • **demandé, e** adj : **très ~** sehr gefragt • **demander** vt bitten um; (renseignement) fragen nach; (salaire) verlangen; **~ qch à qn** jdn um etw bitten; **~ à qn de faire qch** jdn darum bitten, etw zu tun; **~ que** verlangen, dass; **~ la main de qn** um jds Hand anhalten; **on vous demande au téléphone** Sie werden am Telefon verlangt • **demandeur, -euse** nm/f : **~ d'emploi** Stellensuchende(r) f(m)

démangeaison [demɑ̃ʒɛzɔ̃] nf Jucken nt • **démanger** vi jucken

démanteler [demɑ̃t(ə)le] vt (bâtiment) demontieren; (organisation) auflösen

démaquillant, e [demakijɑ̃, ɑ̃t] adj Reinigungs- • **démaquiller** : **se démaquiller** vpr sich abschminken

---

demeure

démarche [demarʃ] nf (allure) Gang m; (intellectuelle etc) Denkweise f; **faire** ou **entreprendre des ~s auprès de qn** bei jdm vorstellig werden

démarquer [demarke] vt (prix) heruntersetzen; (joueur) freispielen

démarrage [demaraʒ] nm Anfahren nt • **démarrer** vi starten ▶ vt (voiture) anlassen; (Inform, Tech) hochfahren • **démarreur** nm Anlasser m

démêler [demele] vt entwirren

démêlés [demele] nmpl Auseinandersetzung f

déménagement [demenaʒmɑ̃] nm Umzug m; **camion de ~** Möbelwagen m • **déménager** vi umziehen

démener [dem(ə)ne] : **se ~** vpr (remuer) um sich schlagen

dément, e [demɑ̃, ɑ̃t] adj irre

démentir [demɑ̃tir] vt (nier) dementieren; (contredire) widerlegen

démerder [demɛrde] (fam !) vi : **se ~** sich durchschlagen

démesure [dem(ə)zyr] nf Maßlosigkeit f

démettre [demɛtr] : **se démettre** vpr (épaule etc) sich cat ausrenken

demeurant [d(ə)mœrɑ̃] : **au ~** adv im Übrigen

demeure [d(ə)mœr] nf Wohnung f, Wohnsitz m; **mettre qn en ~ de faire qch** jdn anweisen, etw zu tun • **demeurer** vi (habiter) wohnen; (rester) bleiben

demi

demi, e [d(ə)mi] *adj* : **trois jours/ bouteilles et ~(e)** dreieinhalb Tage/Flaschen ▸ *nm* (*bière*) kleines Bier *nt* ▸ *adv* halb; **il est 2 heures et ~e/midi et ~** es ist halb drei/ eins; **à ~** *adj* halb-; **à la ~e** (*heure*) um halb

demi- [d(ə)mi] *préf* Halb- • **demi-cercle** (*pl* **demi-cercles**) *nm* Halbkreis *m* • **demi-douzaine** (*pl* **demi-douzaines**) *nf* halbe(s) Dutzend *nt* • **demi-finale** (*pl* **demi-finales**) *nf* Halbfinale *nt* • **demi-frère** (*pl* **demi-frères**) *nm* Halbbruder *m* • **demi-heure** (*pl* **demi-heures**) *nf* halbe Stunde *f* • **demi-jour** (*pl* **demi-jour(s)**) *nm* Zwielicht *nt* • **demi-journée** (*pl* **demi-journées**) *nf* halbe(r) Tag *m* • **demi-litre** (*pl* **demi-litres**) *nm* halbe(r) Liter *m* • **demi-pension** (*pl* **demi-pensions**) *nf* Halbpension *f* • **demi-sel** *adj inv* (*beurre, fromage*) leicht gesalzen

démission [demisjɔ̃] *nf* Rücktritt *m*, Kündigung *f*; **donner sa ~** seinen Rücktritt erklären • **démissionner** *vi* zurücktreten

demi-tarif [d(ə)mitaʀif] (*pl* **demi-tarifs**) *nm* halber Preis *m*

demi-tour [d(ə)mituʀ] (*pl* **demi-tours**) *nm* Kehrtwendung *f*; **faire ~** umkehren

démocratie [demɔkʀasi] *nf* Demokratie *f*

démocratique [demɔkʀatik] *adj* demokratisch

démodé, e [demɔde] *adj* altmodisch

démographique [demɔgʀafik] *adj* demografisch; **poussée ~** Bevölkerungszuwachs *m*

demoiselle [d(ə)mwazɛl] *nf* Fräulein *nt*; **~ d'honneur** Ehrenjungfrau *f*

démolir [demɔliʀ] *vt* abreißen • **démolition** *nf* (*de bâtiment*) Abbruch *m*; **entreprise de ~** Abbruchunternehmen *nt*

démon [demɔ̃] *nm* Dämon *m*, (kleiner) Teufel *m*

démonstration [demɔ̃stʀasjɔ̃] *nf* Demonstration *f*, Vorführung *f*

démonter [demɔ̃te] *vt* auseinandernehmen

démontrer [demɔ̃tʀe] *vt* beweisen

démoraliser [demɔʀalize] *vt* entmutigen

dénicher [deniʃe] *vt* auftreiben

dénombrer [denɔ̃bʀe] *vt* zählen; (*énumérer*) aufzählen

dénomination [denɔminasjɔ̃] *nf* Bezeichnung *f*

dénommé, e [denɔme] *adj* : **le ~ Dupont** ein gewisser Dupont

dénoncer [denɔ̃se] *vt* (*personne*) anzeigen; **se dénoncer** *vpr* sich stellen • **dénonciation** *nf* Denunziation *f*

dénoter [denɔte] *vt* verraten

dénouement [denumɑ̃] *nm* Ausgang *m*

dénouer [denwe] *vt* aufknoten

dénoyauter [denwajote] *vt* entsteinen

denrée [dɑ̃ʀe] *nf* Lebensmittel *nt*; **~s alimentaires** Nahrungsmittel *pl*

dense [dɑ̃s] *adj* dicht • **densité** *nf* Dichte *f*

dent [dɑ̃] *nf* Zahn *m*; **~ de lait** Milchzahn *m*; **~ de sagesse**

Weisheitszahn m • **dentaire** adj
Zahn- • **denté, e** adj : **roue ~e**
Zahnrad nt

dentelé, e [dɑ̃t(ə)le] adj gezackt

dentelle [dɑ̃tɛl] nf Spitze f

dentier [dɑ̃tje] nm Gebiss nt

dentifrice [dɑ̃tifʀis] nm
Zahnpasta f

dentiste [dɑ̃tist] nmf Zahnarzt m,
Zahnärztin f

dentition [dɑ̃tisjɔ̃] nf (dents)
Zähne pl

dénucléariser [denykleaʀize]
vt atomwaffenfrei machen

dénudé, e [denyde] adj kahl
• **dénuder** vt entblößen

dénué, e [denye] adj : **~ de** ohne

déodorant [deɔdɔʀɑ̃] nm
Deodorant nt

déontologie [deɔ̃tɔlɔʒi] nf
Berufsethos nt

dépannage [depanaʒ] nm
Reparatur f; **service de ~** (Auto)
Pannendienst m • **dépanner** vt
(voiture, télévision) reparieren;
(automobiliste) (bei einer Panne)
helfen +dat; (fam) aus der Patsche
helfen +dat • **dépanneuse** nf
Abschleppwagen m

départ [depaʀ] nm Abreise f;
(Sport) Start m; (sur un horaire)
Abfahrt f; **au ~** zu Beginn

départager [depaʀtaʒe] vt
entscheiden zwischen +dat

département [depaʀtəmɑ̃] nm
(de ministère) Abteilung f; (en
France) Departement nt

dépassé, e [depase] adj veraltet,
überholt; (affolé) überfordert

dépassement [depasmɑ̃] nm
Überschreitung f

dépasser [depase] vt überho]en;
(endroit) vorübergehen an +dat;
(somme, limite fixée, prévisions)
überschreiten ▶ vi (ourlet, jupo]]
hervorschauen

dépaysé, e [depeize] adj verloren
• **dépayser** vt verwirren

dépêcher [depeʃe] vt senden,
schicken; **se dépêcher** vpr sich
beeilen

dépeindre [depɛ̃dʀ] vt schildern

dépénalisation [depenalizasjɔ̃]
nf Entkriminalisierung f

dépendre [depɑ̃dʀ] vi : **~ de**
abhängen von; (financièrement)
abhängig sein von; **ça dépend**
das kommt ganz drauf an

dépens [depɑ̃] nmpl : **aux ~ de qn**
auf jds Kosten acc

dépense [depɑ̃s] nf Ausgabe f
• **dépenser** vt ausgeben; **se**
dépenser vpr sich anstrengen
• **dépensier, -ière** adj
verschwenderisch

dépérir [depeʀiʀ] vi verkümmern

dépeupler [depœple] vt
entvölkern; **se dépeupler** vpr sich
entvölkern

dépilatoire [depilatwaʀ] adj :
crème/lait ~ Enthaarungscreme
f/-milch f

dépistage [depistaʒ] nm (Méd)
Früherkennung f • **dépister** vt
(Méd) erkennen; (voleur) finden

dépit [depi] nm : **par ~** aus Trotz;
en ~ de (malgré) trotz +gén
• **dépité, e** adj verärgert

déplacé, e [deplase] adj
(inopportun) unangebracht,
deplatziert

déplacement [deplasmɑ̃] nm
(voyage) Reise f • **déplacer** vt

d

umstellen; **se déplacer** vpr
(voyager) verreisen

déplaire [deplɛʀ] vi : **~ à qn** jdm
nicht gefallen

dépliant [deplijã] nm Faltblatt nt

déplier [deplije] vt
auseinanderfalten; **se déplier** vpr
(parachute) sich entfalten

déplorable [deplɔʀabl] adj
(triste) beklagenswert; (blâmable)
bedauerlich

déplorer [deplɔʀe] vt bedauern

déployer [deplwaje] vt (aile,
carte) ausbreiten; (troupes)
einsetzen

déposer [depoze] vt (mettre,
poser) legen, stellen; (à la banque)
einzahlen; (à la consigne)
aufgeben; (passager, roi) absetzen;
(faire enregistrer) einreichen; **se
déposer** vpr (calcaire, poussière)
sich ablagern • **déposition** nf
Aussage f

dépôt [depo] nm (de sable,
poussière) Ablagerung f; (entrepôt,
réserve) (Waren)lager nt
• **dépotoir** nm Müllabladeplatz m

dépouille [depuj] nf abgezogene
Haut f; **~ (mortelle)** sterbliche
Überreste pl • **dépouiller** vt
(animal) häuten; (personne)
berauben; (résultats, documents)
sorgfältig durchsehen

dépourvu, e [depuʀvy] adj : **~ de**
ohne ▶ nm : **prendre qn au ~** jdn
unvorbereitet finden

dépression [depʀesjõ] nf
(Psych) Depression f; (creux)
Vertiefung f; (Écon) Flaute f;
(Météo) Tief(druckgebiet) nt;
faire une ~ nerveuse einen
Nervenzusammenbruch haben

déprime [depʀim] (fam) nf : **faire
de la ~** ein Tief haben

déprimer [depʀime] vt
deprimieren

dépt abr = **département**

---

depuis [dəpɥi]

▶ prép **1** (temps) seit; **il habite
Paris ~ 1983** er wohnt seit 1983
in Paris; **~ quand le
connaissez-vous ?** seit wann
kennen Sie ihn?
2 (lieu) : **elle a téléphoné ~
Valence** sie hat aus Valence
angerufen
3 (quantité, rang) von; **~ les plus
petits jusqu'aux plus grands**
vom Kleinsten bis zum Größten
▶ adv seitdem; **je ne lui ai pas
parlé ~** ich habe seitdem ou
seither nicht mehr mit ihm
gesprochen; **~ que** seit; **~ qu'il
me l'a dit** seit er es mir gesagt
hat

---

député, e [depyte] nm
Abgeordnete(r) f(m)

dérailler [deʀaje] vi entgleisen

dérailleur [deʀajœʀ] nm
Kettenschaltung f

dérangement [deʀãʒmã] nm
Störung f; **en ~** gestört • **déranger**
vt (objets) durcheinanderbringen;
(personne) stören

déraper [deʀape] vi (voiture)
schleudern; (personne)
ausrutschen

déréglé, e [deʀegle] adj : **ma
montre est ~e** meine Uhr geht
falsch; **le mécanisme est ~** der
Mechanismus funktioniert nicht
richtig • **déréglementation** nf

Deregulierung f • **dérégler** vt
(mécanisme) außer Betrieb setzen

déréguler [deʀegyle] vt
deregulieren

dérision [deʀizjɔ̃] nf Spott m;
tourner en ~ verspotten
• **dérisoire** adj lächerlich

dérive [deʀiv] nf: **aller à la ~**
sich treiben lassen • **dériver** vi
(bateau, avion) abgetrieben
werden

dermatite [deʀmatit] nf
Hautentzündung f

dermatologue [deʀmatɔlɔg]
nmf Hautarzt m, Hautärztin f

dermatose [deʀmatoz] nf
Hautkrankheit f

dernier, -ière [deʀnje, jeʀ] adj
letzte(r, s); **lundi/le mois ~**
letzten ou vorigen Montag/
Monat; **en ~** zuletzt
• **dernièrement** adv kürzlich

dérober [deʀɔbe] vt stehlen;
se dérober vpr sich wegstehlen;
se ~ à sich entziehen +dat

dérouler [deʀule] vt aufrollen;
se dérouler vpr stattfinden

déroutant, e [deʀutɑ̃, ɑ̃t] adj
verwirrend

déroute [deʀut] nf Debakel nt

derrière [deʀjeʀ] prép hinter +
dat; (direction) hinter +acc ▶ adv
hinten ▶ nm Rückseite f;
(postérieur) Hinterteil nt; **les
pattes de ~** die Hinterbeine pl;
par ~ von hinten

des [de] voir **de**

dès [dɛ] prép ab; **~ que** sobald;
~ son retour gleich nach seiner
Rückkehr

désabusé, e [dezabyze] adj
desillusioniert

désaccord [dezakɔʀ] nm
Meinungsverschiedenheit f

désactiver [dezaktive] vt
(Inform) deaktivieren

désagréable [dezagʀeabl] adj
unangenehm; (personne aussi)
unfreundlich

désagrément [dezagʀemɑ̃] nm
Unannehmlichkeit f

désamorcer [dezamɔʀse] vt
entschärfen

désapprouver [dezapʀuve] vt
missbilligen

désarmement [dezaʀməmɑ̃]
nm (d'un pays) Abrüstung f

désarmer [dezaʀme] vt
(personne) entwaffnen; (pays)
abrüsten

désarroi [dezaʀwa] nm
Ratlosigkeit f

désastre [dezastʀ] nm
Katastrophe f

désastreux, -euse [dezastʀø,
øz] adj katastrophal

désavantage [dezavɑ̃taʒ] nm
Nachteil m

descendant, e [desɑ̃dɑ̃, ɑ̃t] r m/f
Nachkomme m

descendre [desɑ̃dʀ] vt (escalier,
rue) hinuntergehen; (objet)
hinuntertragen, hinunterbringen
▶ vi hinuntergehen; (passager)
aussteigen; (avion) absteigen;
(voiture) hinunterfahren; (niveau,
température, marée) sinken; **~ de**
(famille) abstammen von; **~ du
train/de cheval** aus dem Zug,/
vom Pferd steigen; **~ à l'hôtel** in
einem Hotel absteigen • **descente**
nf Abstieg m; (Ski) Abfahrt f

description [deskʀipsjɔ̃] nf
Beschreibung f

désemparé, e [dezãpaʀe] adj
ratlos

désemparer [dezãpaʀe] vi :
sans ~ ununterbrochen

déséquilibre [dezekilibʀ] nm
Unausgeglichenheit f; **en ~** aus
dem Gleichgewicht
• **déséquilibrer** vt aus dem
seelischen Gleichgewicht bringen

désert, e [dezɛʀ, ɛʀt] adj
verlassen ▸ nm Wüste f

déserter [dezɛʀte] vi (Mil)
desertieren ▸ vt verlassen

désespéré, e [dezɛspeʀe] adj
verzweifelt • **désespérément** adv
verzweifelt • **désespérer** vi
verzweifeln; **~ de qn/qch** an
jdm/etw verzweifeln • **désespoir**
nm Verzweiflung f

déshabillé, e [dezabije] adj
unbekleidet ▸ nm Negligé nt
• **déshabiller** vt ausziehen; **se
déshabiller** vpr sich ausziehen

désherbant [dezɛʀbã] nm
Unkrautvernichtungsmittel nt

déshonorer [dezɔnɔʀe] vt
Schande machen +dat

déshydraté, e [dezidʀate] adj
sehr durstig; (Méd) dehydriert;
(aliment) Trocken-

designer [dizajnœʀ] nm
Designer(in) m(f)

désigner [deziɲe] vt (montrer)
zeigen, deuten auf +acc
(dénommer) bezeichnen; (nommer)
ernennen

désinfecter [dezɛ̃fɛkte] vt
desinfizieren

désinscrire [dezɛ̃skʀiʀ] : **se
désinscrire** VPR sich abmelden

désinstaller [dezɛ̃stale] vt
(programme) deinstallieren

désintéressé, e [dezɛ̃teʀese]
adj uneigennützig, selbstlos

désintéresser [dezɛ̃teʀese] : **se
~** vpr : **se ~ (de qn/qch)** das
Interesse (an jdm/etw) verlieren

désintoxication
[dezɛ̃tɔksikasjɔ̃] nf Entgiftung f;
(de drogue) Entziehung f; **faire
une cure de ~** eine
Entziehungskur machen

désinvolte [dezɛ̃vɔlt] adj
(personne, attitude) lässig

désir [deziʀ] nm Verlangen nt;
(souhait) Wunsch m • **désirer** vt
wünschen; (sexuellement)
begehren; **je désire ...** ich
möchte gerne ...

désobéir [dezɔbeiʀ] vi nicht
gehorchen • **désobéissant, e** adj
ungehorsam

désodorisant, e [dezɔdɔʀizã,
ãt] adj deodorierend ▸ nm
Deodorant nt; (d'appartement)
Raumspray nt

désœuvré, e [dezœvʀe] adj
müßig

désolé, e [dezɔle] adj : **je suis ~** es
tut mir leid

désoler [dezɔle] vt Kummer
bereiten +dat

désordre [dezɔʀdʀ] nm
Unordnung f; **désordres** nmpl
(Pol) Unruhen pl; **en ~**
unordentlich

désorienter [dezɔʀjãte] vt
verwirren

désormais [dezɔʀmɛ] adv von
jetzt an, in Zukunft

désosser [dezɔse] vt entbeinen

dessaisir [deseziʀ] : **se dessaisir
de** vpr verzichten auf +acc

dessécher [desefe] vt austrocknen

dessein [desɛ̃] *nm* Absicht *f*; **dans le ~ de faire qch** mit der Absicht, etw zu tun; **à ~** absichtlich

desserrer [desere] *vt* lösen

dessert [desɛʀ] *nm* Nachtisch *m*

desservir [desɛʀviʀ] *vt (table)* abräumen, abdecken; *(moyen de transport)* versorgen; *(nuire à)* schaden +*dat*, einen schlechten Dienst erweisen +*dat*

dessin [desɛ̃] *nm* Zeichnung *f*; *(motif)* Muster *nt*; • **animé** Zeichentrick(film) *m*
• **dessinateur, -trice** *nm/f* Zeichner(in) *m/f* • **dessiner** *vt* zeichnen

dessous [d(ə)su] *adv* darunter
▶ *nm* Unterseite *f* ▶ *nmpl (sous-vêtements)* Unterwäsche *f*; **en ~** darunter • **dessous-de-plat** *nm inv* Untersetzer *m*

dessus [d(ə)sy] *adv* oben; *(collé, écrit)* darüber ▶ *nm* Oberteil *nt*; **en ~** obendrauf • **dessus-de-lit** *nm inv* Bettüberwurf *m*

destin [dɛstɛ̃] *nm* Schicksal *nt*

destinataire [dɛstinatɛʀ] *nmf* Empfänger(in) *m(f)* • **destination** *nf* Bestimmung *f*; *(usage)* Zweck *m*; **à ~ de** *(avion, train, bateau)* in Richtung • **destinée** *nf* Schicksal *nt* • **destiner** *vt* : **~ qn à** jdn bestimmen für

destituer [dɛstitɥe] *vt* absetzen

destructif, -ive [dɛstʀyktif, iv] *adj* zerstörerisch • **destruction** [dɛstʀyksjɔ̃] *nf* Zerstörung *f*

désunir [dezyniʀ] *vt* entzweien

détacher [detaʃe] *vt (enlever)* lösen; *(prisonnier)* befreien; **se détacher** *vpr (se défaire)* abgehen

détail [detaj] *nm* Einzelheit *f*; **en ~** im Einzelnen • **détaillant, e** *nm/f* Einzelhändler(in) *m(f)*

détartrer [detaʀtʀe] *vt* entkalken

détecter [detɛkte] *vt* wahrnehmen

détective [detɛktiv] *nm* : **~ (privé)** Detektiv *m*

déteindre [detɛ̃dʀ] *vi* verblassen; **~ sur** abfärben auf +*acc*

détendre [detɑ̃dʀ] : **se détendre** *vpr (ressort)* sich lockern; *(personne)* sich entspannen • **détendu, e** *adj* entspannt

détenir [detniʀ] *vt* besitzen; *(otage, prisonnier)* festhalten

détente [detɑ̃t] *nf* Entspannung *f*

détenteur, -trice [detɑ̃tœʀ, tʀis] *nm/f* Inhaber(in) *m(f)*

détention [detɑ̃sjɔ̃] *nf (possession)* Besitz *m*; **~ préventive** Untersuchungshaft *f*

détenu, e [det(ə)ny] *nm/f (prisonnier)* Häftling *m*

détergent [detɛʀʒɑ̃] *nm (lessive)* Reinigungsmittel *nt*

détériorer [deteʀjɔʀe] *vt* beschädigen

déterminant, e [detɛʀminɑ̃, ɑ̃t] *adj* ausschlaggebend • **détermination** *nf (résolution)* Entscheidung *f* • **déterminé, e** *adj* entschlossen; *(fixé)* festgelegt • **déterminer** *vt* bestimmen; **~ qn à faire qch** jdn veranlassen, etw zu tun

déterrer [detere] *vt* ausgraben

détester [detɛste] *vt* verabscheuen

détonateur [detɔnatœʀ] *nm* Sprengkapsel *f*

détonner

détonner [detɔne] vi (Mus) falsch singen; (fig) nicht harmonieren

détour [detuʀ] nm Umweg m; (courbe) Kurve f

détournement [detuʀnəmã] nm : ~ **d'avion** Flugzeugentführung f; ~ **de fonds** Unterschlagung f von Geldern; ~ **de mineur** Verführung f Minderjähriger • **détourner** vt (rivière, trafic) umleiten; (yeux, tête) abwenden; **se détourner** vpr sich abwenden

détraquer [detʀake] vt (appareil) kaputt machen; **se détraquer** vpr (appareil) kaputtgehen

détresse [detʀɛs] nf Verzweiflung f; **en ~** in Not; **feux de ~** Warnblinkanlage f

détriment [detʀimã] nm : **au ~ de** zum Schaden von

détroit [detʀwa] nm Meerenge f

détruire [detʀɥiʀ] vt zerstören

dette [dɛt] nf Schuld f

deuil [dœj] nm Trauerfall m

deux [dø] num zwei • **deuxième** adj zweite(r, s) • **deuxièmement** adv zweitens • **deux-pièces** nm inv (maillot de bain) Bikini m; (tailleur) Zweiteiler m; (appartement) Zweizimmerwohnung f
• **deux-temps** adj inv : **moteur ~** Zweitaktmotor m

dévaliser [devalize] vt berauben

dévaluation [devalɥasjɔ̃] nf Abwertung f • **dévaluer** vt abwerten

devancer [d(ə)vɑ̃se] vt (distancer) hinter sich dat lassen; (arriver avant) ankommen vor +dat; (prévenir, anticiper) zuvorkommen +dat

devant [d(ə)vɑ̃] adv (en tête) vorne ▶ prép vor +dat; (avec mouvement) vor +acc ▶ nm Vorderseite f; **de ~** Vorder-; **aller au-~** jdm entgegenkommen; **aller au-~ de qch** etw +dat zuvorkommen

devanture [d(ə)vɑ̃tyʀ] nf (étalage) Auslage f; (vitrine) Schaufenster nt

dévaster [devaste] vt verwüsten

développement [dev(ə)lɔpmã] nm Entwicklung f; ~ **durable** nachhaltige Entwicklung
• **développer** vt entwickeln; **se développer** vpr sich entwickeln

devenir [dəv(ə)niʀ] vt werden

déverser [devɛʀse] vt ausgießen

dévêtir [devetiʀ] vt ausziehen; **se dévêtir** vpr sich ausziehen

déviation [devjasjɔ̃] nf (Auto) Umleitung f

dévier [devje] vt umleiten ▶ vi (véhicule, balle) vom Kurs abkommen

deviner [d(ə)vine] vt raten • **devinette** nf Rätsel nt

devis [d(ə)vi] nm (Kosten)voranschlag m

dévisager [devizaʒe] vt mustern

devise [dəviz] nf (formule) Devise f, Motto nt; (monnaie) Währung f; **devises** nfpl Devisen pl

dévisser [devise] vt aufschrauben

dévoiler [devwale] vt enthüllen

devoir [d(ə)vwaʀ] nm Pflicht f; (Scol) Hausaufgabe f ▶ vb aux müssen vt (argent, respect) schulden; **il doit le faire** er muss es machen; **je devrais le faire** ich sollte es machen

dévorer [devɔʀe] vt verschlingen

dévot, e [devo, ɔt] adj fromm

dévoué, e [devwe] adj ergeben
• **dévouement** nm Hingabe f
• **dévouer: se ~ (pour)** vpr sich aufopfern (für)

DG [deʒe] sigle m (= directeur général) voir **directeur**

diabète [djabɛt] nm Diabetes m, Zuckerkrankheit f • **diabétique** nmf Diabetiker(in) m(f), Zuckerkranke(r) f(m)

diable [djabl] nm Teufel m
• **diabolique** adj teuflisch

diacre [djakʀ] nm Diakon m

diagnostic [djagnɔstik] nm Diagnose f • **diagnostiquer** vt diagnostizieren

diagonale [djagɔnal] nf Diagonale f; **en ~** diagonal; **lire en ~** überfliegen

diagramme [djagʀam] nm Diagramm nt

dialecte [djalɛkt] nm Dialekt m

dialogue [djalɔg] nm Dialog m
• **dialoguer** vi (Pol) im Dialog stehen

dialyse [djaliz] nf Dialyse f

diamant [djamɑ̃] nm Diamant m

diamètre [djamɛtʀ] nm Durchmesser m

diapason [djapazɔ̃] nm Stimmgabel f

diaphragme [djafʀagm] nm (Photo) Blende f; (contraceptif) Pessar nt

diapo [djapo] nf Dia nt
• **diapositive** nf Dia(positiv) nt

diarrhée [djaʀe] nf Durchfall m

dictateur [diktatœʀ] nm Diktator m • **dictature** nf Diktatur f

dictée [dikte] nf Diktat nt

dicter [dikte] vt diktieren

diction [diksjɔ̃] nf Diktion f; **cours de ~** Sprecherziehung f

dictionnaire [diksjɔnɛʀ] nm Wörterbuch nt

dicton [diktɔ̃] nm Redensart f

dièse [djɛz] nm Kreuz(chen) nt

diesel [djezɛl] nm Diesel(öl) nt; **un (véhicule/moteur) ~** ein Diesel m

diète [djɛt] nf Diät f • **diététique** adj diätetisch

dieu, x [djø] nm Gott m

diffamation [difamasjɔ̃] nf Verleumdung f

différé, e [difeʀe] adj: **traitement ~** (Inform) Stapelverarbeitung f ▸ nm: **en ~** (TV) als Aufzeichnung

différence [difeʀɑ̃s] nf Unterschied m

différencier [difeʀɑ̃sje] vt unterscheiden

différent, e [difeʀɑ̃, ɑ̃t] adj verschieden

différentiel, le [difeʀɑ̃sjɛl] adj (tarif, droit) unterschiedlich ▸ nm (Auto) Differenzial nt

différer [difeʀe] vt aufschieben, verschieben ▸ vi: **~ (de)** sich unterscheiden (von)

difficile [difisil] adj schwierig
• **difficilement** adv schwer

difficulté [difikylte] nf Schwierigkeit f; **en ~** in Schwierigkeiten; (bateau) in Seenot

d

difforme [difɔʀm] *adj* deformiert

diffus, e [dify, yz] *adj* diffus

diffuser [difyze] *vt* verbreiten; *(émission, musique)* ausstrahlen
• **diffusion** Verbreitung *f*, Ausstrahlung *f*

digérer [diʒeʀe] *vt* verdauen
• **digestif, -ive** *adj* Verdauungs-
▶ *nm* Verdauungsschnaps *m*
• **digestion** *nf* Verdauung *f*

digicode® [diʒikɔd] *nm* Türcode *m*

digital, e, -aux [diʒital, o] *adj* digital

digne [diɲ] *adj (respectable)* würdig; **~ d'intérêt** beachtenswert • **dignitaire** *nm* Würdenträger *m* • **dignité** *nf* Würde *f*

digue [dig] *nf* Damm *m*; *(pour protéger la côte)* Deich *m*

dilapider [dilapide] *vt (gaspiller)* verschwenden

dilater [dilate] : **se dilater** *vpr* sich (aus)dehnen

dilemme [dilɛm] *nm* Dilemma *nt*

diligence [diliʒɑ̃s] *nf (véhicule)* Postkutsche *f*; *(empressement)* Eifer *m*

diluer [dilɥe] *vt* verdünnen

dimanche [dimɑ̃ʃ] *nm* Sonntag *m*; *voir aussi* **lundi**

dimension [dimɑ̃sjɔ̃] *nf (grandeur)* Größe *f*; *(Math, fig)* Dimension *f*

diminuer [diminɥe] *vt* verringern ▶ *vi* abnehmen
• **diminutif** *nm (surnom)* Kosename *m* • **diminution** *nf* Abnahme *f*, Rückgang *m*

dinde [dɛ̃d] *nf* Truthenne *f*

dindon [dɛ̃dɔ̃] *nm* Puter *m*

dîner [dine] *nm* Abendessen *nt*
▶ *vi* zu Abend essen

dingue [dɛ̃g] *(fam) adj* verrückt

dinosaure [dinozɔʀ] *nm* Dinosaurier *m*

diode [djɔd] *nf* Diode *f*

dioxine [djɔksin] *nf* Dioxin *nt*

diplomate [diplɔmat] *adj* diplomatisch ▶ *nmf* Diplomat(in) *m(f)* • **diplomatie** *nf* Diplomatie *f* • **diplomatique** *adj* diplomatisch

diplôme [diplom] *nm* Diplom *nt*
• **diplômé, e** *adj* Diplom-

dircom [diʀkɔm] *nmf* PR-Manager(in) *m(f)*

dire [diʀ] *vt* sagen; *(secret, mensonge)* erzählen; **vouloir ~ que** bedeuten, dass

direct, e [diʀɛkt] *adj* direkt
• **directement** *adv* direkt

directeur, -trice [diʀɛktœʀ, tʀis] *adj* Haupt- ▶ *nm/f* Direktor(in) *m(f)*

direction [diʀɛksjɔ̃] *nf* Leitung *f*, Führung *f*; *(Auto)* Lenkung *f*; *(sens)* Richtung *f*

directive [diʀɛktiv] *nf* Direktive *f*, Anweisung *f*; *(de l'UE)* Richtlinie *f*

dirigeable [diʀiʒabl] *nm* Luftschiff *nt*, Zeppelin *m*

diriger [diʀiʒe] *vt* leiten; *(personnes, véhicule)* führen; **se diriger** *vpr (s'orienter)* sich orientieren; **se ~ vers** *ou* **sur** sich zubewegen auf +*acc*

discernement [disɛʀnəmɑ̃] *nm (bon sens)* Verstand *m*

discerner [disɛʀne] *vt* wahrnehmen

disciple [disipl] *nmf* Jünger *m*; **un ~ de** ein Schüler von

discipline [disiplin] nf Disziplin f

disc-jockey [diskʒɔke] (pl **disc-jockeys**) nm Discjockey m

discorde [diskɔʀd] nf Zwist m

discothèque [diskɔtɛk] nf (disques) Plattensammlung f

discours [diskuʀ] nm Rede f

discret, -ète [diskʀɛ, ɛt] adj (réservé, modéré) zurückhaltend; **un endroit ~** ein stilles ou verschwiegenes Plätzchen nt
• **discrètement** adv (sans attirer l'attention) diskret; (sobrement) dezent • **discrétion** nf Diskretion f, Zurückhaltung f

discrimination [diskʀiminasjɔ̃] nf Diskriminierung f; (discernement) Unterscheidung f

disculper [diskylpe] vt entlasten

discussion [diskysjɔ̃] nf Diskussion f • **discutable** adj (contestable) anfechtbar • **discuté, e** adj umstritten • **discuter** vt (contester) infrage stellen ▶ vi : **~ de** diskutieren über +acc

disette [dizɛt] nf Hungersnot f

disgrâce [disgʀɑs] nf Ungnade f; **être tombé en ~** in Ungnade gefallen sein

disjoindre [disʒwɛ̃dʀ] : **se disjoindre** vpr auseinandergehen

dislocation [dislɔkasjɔ̃] nf Auskugeln nt

disloquer [dislɔke] vt (membre) ausrenken; (chaise) auseinandernehmen; **se disloquer** vpr (parti, empire) auseinanderfallen; **se ~ l'épaule** sich dat die Schulter ausrenken

disparaître [dispaʀɛtʀ] vi verschwinden; (mourir) sterben

disparition [dispaʀisjɔ̃] nf Verschwinden nt; (mort) Sterben nt

disparu, e [dispaʀy] nm/f (défunt) Verstorbene(r) f(m)

dispatcher [dispatʃe] vt verteilen

dispensaire [dispãsɛʀ] nm ≈ Ambulanz f

dispenser [dispãse] vt (distribuer) gewähren; **~ qn de faire qch** jdm erlassen, etw zu tun; **se dispenser** vpr : **se ~ de qch** sich einer Sache dat entziehen

disperser [dispɛʀse] vt zerstreuen; **se disperser** vpr sich zerstreuen

disponibilité [dispɔnibilite] nf Verfügbarkeit f • **disponible** adj verfügbar

dispos [dispo] adj m : **frais et ~** frisch und munter

disposé, e [dispoze] adj : **~ à** bereit zu

disposer [dispoze] vt (arranger) anordnen ▶ vi : **vous pouvez ~** Sie können gehen; **se disposer** vpr : **se ~ à faire qch** sich darauf vorbereiten, etw zu tun; **~ de** (avoir) verfügen über +acc

dispositif [dispozitif] nm Vorrichtung f; (policier, de contrôle) Einsatzplan m

disposition [dispozisjɔ̃] nf (arrangement) Anordnung f; **dispositions** nfpl (mesures) Maßnahmen pl; **être à la ~ de qn** jdm zur Verfügung stehen

disproportion [dispʀɔpɔʀsjɔ̃] nf Missverhältnis m
• **disproportionné, e** adj unangepasst

d

dispute [dispyt] *nf* Streit *m*
• **disputer** : **se disputer** *vpr* sich streiten

disquaire [diskɛʀ] *nmf* Schallplattenhändler(in) *m(f)*

disqualifier [diskalifje] *vt* disqualifizieren

disque [disk] *nm* (*Mus*) Schallplatte *f*; (*Inform*) Platte *f*; (*forme, Tech*) Scheibe *f*; (*Sport*) Diskus *m*; **~ dur** Festplatte *f*

disquette [diskɛt] *nf* Diskette *f*

dissertation [disɛʀtasjɔ̃] *nf* (*Scol*) Aufsatz *m*

dissident, e [disidɑ̃, ɑ̃t] *nm/f* Dissident(in) *m(f)*

dissimuler [disimyle] *vt* (*taire, cacher*) verheimlichen

dissiper [disipe] *vt* (*doutes, brouillard*) zerstreuen; **se dissiper** *vpr* (*brouillard*) sich auflösen; (*doutes*) sich zerstreuen

dissolution [disɔlysjɔ̃] *nf* Auflösung *f*

dissolvant, e [disɔlvɑ̃, ɑ̃t] *vb voir* **dissoudre** ▸ *nm* (*Chim*) Lösungsmittel *nt*; (*pour ongles*) Nagellackentferner *m*

dissoudre [disudʀ] *vt* auflösen; **se dissoudre** *vpr* sich auflösen

dissuader [disɥade] *vt* : **~ qn de faire qch** jdn davon abbringen, etw zu tun; **~ qn de qch** jdn von etw abbringen • **dissuasion** *nf* Abschreckung *f*

distance [distɑ̃s] *nf* Entfernung *f*, Distanz *f*; (*fig*) Abstand *m*; **à ~** aus der Entfernung • **distancer** *vt* hinter sich *dat* lassen

distant, e [distɑ̃, ɑ̃t] *adj* (*éloigné*) entfernt; (*réservé*) distanziert; **~ de 5 km** 5 km entfernt

distillerie [distilʀi] *nf* Destillerie *f*

distinct, e [distɛ̃(kt), ɛ̃kt] *adj* (*clair, net*) deutlich, klar • **distinctement** *adv* deutlich • **distinction** *nf* (*différence*) Unterschied *m*; (*bonnes manières*) Vornehmheit *f*; (*médaille, honneur etc*) Auszeichnung *f*

distingué, e [distɛ̃ge] *adj* (*raffiné, élégant*) distinguiert, vornehm; (*éminent*) von hohem Rang

distinguer [distɛ̃ge] *vt* (*apercevoir*) erkennen; (*différencier*) unterscheiden; **se distinguer** *vpr* : **se ~ de** (*différer*) sich unterscheiden von

distraction [distʀaksjɔ̃] *nf* (*diversion*) Zerstreuung *f*; (*manque d'attention*) Zerstreutheit *f*

distraire [distʀɛʀ] *vt* (*déranger, dissiper*) ablenken; (*amuser, divertir*) unterhalten; **se distraire** *vpr* (*s'amuser*) sich unterhalten • **distrait, e** *adj* zerstreut

distribuer [distʀibɥe] *vt* verteilen • **distributeur, -trice** *nm/f* (*Comm*) Vertreiber *m* ▸ *nm* : **~ de billets** (*Rail*) Fahrkartenautomat *m*; (*Banque*) Geldautomat *m* • **distribution** *nf* Verteilung *f*; (*Comm*) Vertrieb *m*; (*choix d'acteurs*) Besetzung *f*

district [distʀikt] *nm* Bezirk *m*

dit [di] *pp de* **dire**

diurétique [djyʀetik] *adj* harntreibend

divaguer [divage] *vi* (*péj*) (unzusammenhängendes Zeug) faseln

divan [divã] nm Diwan m

divergence [divɛʀʒãs] nf
Meinungsverschiedenheit f
• **diverger** vi voneinander
abweichen

divers, e [divɛʀ, ɛʀs] adj
unterschiedlich • **diversifier** vt
abwechslungsreicher gestalten

diversion [divɛʀsjɔ̃] nf
Ablenkung f

diversité [divɛʀsite] nf
Vielfalt f

divertir [divɛʀtiʀ] vt
unterhalten; **se divertir** vpr sich
amüsieren • **divertissement** nm
Unterhaltung f; (passe-temps)
Zeitvertreib m

dividende [dividãd] nm (Math)
Zähler m; (Comm) Dividende f

divin, e [divɛ̃, in] adj göttlich
• **divinité** nf Gottheit f

diviser [divize] vt (Math) teilen,
dividieren; (morceler) aufteilen;
se diviser vpr: **se ~ en** sich
unterteilen in +acc • **division** nf
Division f; (de somme, terrain)
Aufteilung f; **1ère/2ème ~** (Sport)
≈ Erste/Zweite Liga f

divorce [divɔʀs] nm Scheidung f
• **divorcé, e** adj geschieden
▶ nm/f Geschiedene(r) f(m)
• **divorcer** vi sich scheiden
lassen

divulguer [divylge] vt
veröffentlichen

dix [dis] num zehn • **dix-huit**
num achtzehn • **dixième** adj
zehnte(r, s) ▶ nm (fraction)
Zehntel nt • **dix-neuf** num
neunzehn • **dix-sept** num
siebzehn • **dizaine** nf:
une ~ de etwa zehn

dl abr (= décilitre) dl

dm abr (= décimètre) dm

do [do] nm (Mus) C nt

docile [dɔsil] adj gefügig

docker [dɔkɛʀ] nm
Dockarbeiter m

docteur [dɔktœʀ] nm Arzt m,
Ärztin f; (titre) Doktor m
• **doctorat** nm Doktorwürde f

doctrine [dɔktʀin] nf Doktrin f

document [dɔkymã] nm
Dokument nt • **documentaire**
nm (film) Dokumentarfilm m
• **documentation** f (documents)
Dokumentation f • **documenter**
vt (Inform) dokumentieren; **se ~
(sur)** sich dat Unterlagen
verschaffen (zu)

dodo [dodo] (fam) nm : **faire ~**
schlafen

dodu, e [dody] adj gut gepolstert

dogmatique [dɔgmatik] adj
dogmatisch • **dogme** nm
Dogma m

doigt [dwa] nm Finger m; **~ de
pied** Zehe f

dollar [dɔlaʀ] nm Dollar m

DOM [dɔm] sigle m ou mpl
= **département(s) d'outre-mer**

domaine [dɔmɛn] nm (champ,
sphère) Gebiet nt; **tomber dans le
~ public** Gemeineigentum
werden

dôme [dom] nm Kuppel f

domestique [dɔmɛstik] adj
Haus- • **domestiquer** vt (animal)
domestizieren

domicile [dɔmisil] nm Wohnsitz
m; **à ~** zu Hause; (livrer) ins Haus;
sans ~ fixe ohne festen Wohnsitz
• **domicilié, e** adj : **être ~ à** seinen
Wohnsitz haben in +dat

dominant, e [dɔminɑ̃, ɑ̃t] *adj* dominierend; *(principal)* Haupt- • **dominateur, -trice** *adj* dominierend • **dominer** *vt (soumettre, maîtriser)* beherrschen; *(surpasser)* übertreffen ▸ *vi* dominieren; **se dominer** *vpr* sich beherrschen

dominical, e, -aux [dɔminikal, o] *adj* Sonntags-

domino [dɔmino] *nm (pièce)* Dominostein *m*; **dominos** *nmpl (jeu)* Domino *nt*

dommage [dɔmaʒ] *nm (préjudice)* Schaden *m*; **c'est ~ que** es ist schade, dass • **dommages-intérêts** *nmpl* Schaden(s)ersatz *m*

dompter [dɔ̃(p)te] *vt* bändigen

DOM-TOM [dɔmtɔm] *sigle m ou mpl (= département(s) et région(s)/ territoire(s) d'outre-mer)*

don [dɔ̃] *nm (aptitude)* Gabe *f*, Talent *nt*; *(charité)* Spende *f*; *(cadeau)* Geschenk *nt*

donation [dɔnasjɔ̃] *nf* Schenkung *f*

donc [dɔ̃k] *conj* daher, deshalb

dongle [dõgl] *nm* Dongle *m*

donjon [dɔ̃ʒɔ̃] *nm* Bergfried *m*

donné, e [dɔne] *adj* : **à un moment ~** zu einem bestimmten Zeitpunkt; **c'est ~** *(pas cher)* das ist geschenkt; **étant ~ que ...** angesichts der Tatsache, dass ...

donnée [dɔne] *nf (Math)* bekannte Größe *f*; **données** *nfpl (Inform)* Daten *pl*

donner [dɔne] *vt* geben; *(en cadeau)* schenken; *(nom, renseignements)* (an)geben; *(film, spectacle)* zeigen ▸ *vi (regarder)* :

la chambre donne sur la mer das Zimmer hat einen Blick aufs Meer

donneur, -euse [dɔnœr, øz] *nm/f (Méd)* Spender(in) *m(f)*; *(Cartes)* Geber(in) *m(f)*

---

dont [dɔ̃]

pron relatif **1** *(appartenance)* wovon; *(possesseur m ou nt sg)* dessen; *(possesseur pl ou f sg)* deren; **la maison ~ le toit est rouge** das Haus, dessen Dach rot ist; **l'homme ~ je connais la sœur** der Mann, dessen Schwester ich kenne; **le chat ~ le maître habite en face** die Katze, deren Herrchen gegenüber wohnt **2** *(parmi lesquels)* : **deux livres, ~ l'un est gros** zwei Bücher, von denen eines dick ist; **il y avait plusieurs personnes, ~ Gabrielle** es waren mehrere Leute da, (unter anderen) auch Gabrielle; **10 blessés, ~ 2 grièvement** 10 Verletzte, davon 2 schwer verletzt **3** *(provenance, origine)* : **le pays ~ il est originaire** das Land, aus dem er stammt **4** *(au sujet de qui ou quoi)* : **le voyage ~ je t'ai parlé** die Reise, von der ich dir erzählt habe; **le fils/livre ~ il est si fier** der Sohn/das Buch, auf den/das er so stolz ist

---

dopage [dɔpaʒ] *nm* Doping *nt* • **doper** *vt* dopen • **doping** *nm* Doping *nt*

doré, e [dɔʁe] *adj* golden; *(plaqué)* vergoldet

dorénavant [dɔʀenavɑ̃] *adv* von nun an

dorer [dɔʀe] *vt* vergolden ▸ *vi* : **faire ~** goldbraun backen

dorloter [dɔʀlɔte] *vt* verhätscheln

dormir [dɔʀmiʀ] *vi* schlafen

dortoir [dɔʀtwaʀ] *nm* Schlafsaal *m*

dorure [dɔʀyʀ] *nf* Vergoldung *f*

dos [do] *nm* Rücken *m* ; **voir au ~** siehe Rückseite ; **de ~** von hinten

dosage [dozaʒ] *nm* Dosierung *f*

dose [doz] *nf* Dosis *f*

doser [doze] *vt* dosieren

dossier [dosje] *nm* (*de chaise*) Rückenlehne *f* ; (*documents*) Akte *f* ; (*Inform*) Ordner *m*

dot [dɔt] *nf* Mitgift *f*

doter [dɔte] *vt* : **~ qn/qch de** jdn/ etw ausstatten mit

douane [dwan] *nf* Zoll *m*
• **douanier, -ière** *adj* Zoll- ▸ *nm* Zollbeamte(r) *m*, Zollbeamtin *f*

double [dubl] *adj* doppelt ▸ *adv* : **voir ~** doppelt sehen ▸ *nm* : **le ~ (de)** doppelt so viel (wie), das Doppelte (von) ; (*autre exemplaire*) Duplikat *nt* • **double-clic** *nm* Doppelklick *m* • **double-cliquer** *vt*, *vi* doppelklicken ; **~ sur un dossier** einen Ordner doppelklicken • **doubler** *vt* (*multiplier par deux*) verdoppeln ; (*vêtement, chaussures*) füttern ; (*voiture, concurrent*) überholen ; (*film*) synchronisieren ; (*acteur*) doubeln ▸ *vi* (*devenir double*) sich verdoppeln • **doublure** *nf* (*de vêtement*) Futter *nt* ; (*acteur*) Double *nt*

douce [dus] *adj voir* **doux**
• **doucement** *adv* behutsam ; (*lentement*) langsam
• **douceureux, -euse** *adj* süßlich
• **douceur** *nf* (*de peau, parfum, couleur*) Zartheit *f* ; (*de personne*) Sanftheit *f* ; (*de vent, temps, climat*) Milde *f*

douche [duʃ] *nf* Dusche *f*
• **doucher** : **se doucher** *vpr* duschen

doudou [dudu] (*fam*) *nm* (*étoffe*) Kuscheltuch *nt* ; (*peluche*) Kuscheltier *nt*

doudoune [dudun] *nf* Daunenjacke *f*

doué, e [dwe] *adj* begabt ; **être ~ de** besitzen

douillet, te [dujɛ, ɛt] *adj* (*péj* : *personne*) empfindlich ; (*lit, maison*) gemütlich, behaglich

douleur [dulœʀ] *nf* Schmerz *m*
• **douloureux, -euse** *adj* schmerzhaft ; (*membre*) schmerzend

doute [dut] *nm* : **un ~** ein Verdacht *m* ; **sans ~** zweifellos ; **sans nul** *ou* **aucun ~** ohne jeden Zweifel • **douter** *vt* : **~ de qch** an etw *dat* zweifeln ; **se douter** *vpr* : **se ~ de qch/que** etw ahnen/ahnen, dass • **douteux, -euse** *adj* zweifelhaft

doux, douce [du, dus] *adj* (*personne*) sanft ; (*vent, climat, région, moutarde etc*) mild ; (*voix, parfum, couleur*) zart ; (*sucré*) süß

douzaine [duzɛn] *nf* : **une ~ (de)** ein Dutzend *nt*

douze [duz] *num* zwölf

doyen, ne [dwajɛ̃, ɛn] *nm/f* (*en âge*) Älteste(r) *f(m)* ; (*de faculté*) Dekan *m*

Dr abr (= docteur) Dr.

dragée [dʀaʒe] nf Zuckermandel f; (Méd) Dragee nt

dragon [dʀagɔ̃] nm Drache m

draguer [dʀage] vt (fam) anmachen, aufreißen
• **dragueur, -euse** nm/f (fam : séducteur) Aufreißertyp m, Anmacherin f ▸ nm (de mines) Minensuchboot nt

drainage [dʀenaʒ] nm (du sol) Entwässerung f

drainer [dʀene] vt (sol) entwässern

dramatique [dʀamatik] adj dramatisch; (tragique) tragisch
• **dramaturge** nmf Dramaturg(in) m(f) • **drame** nm Drama nt

drap [dʀa] nm (de lit) (Bett)laken nt

drapeau, x [dʀapo] nm Fahne f; **sous les ~x** beim Militär

drap-housse [dʀaus] (pl **draps-housses**) nm Spannbetttuch nt

Dresde [dʀɛzd] Dresden nt

dresser [dʀese] vt (établir, ériger, lever) aufstellen; (animal) dressieren

drogue [dʀɔg] nf Droge f; **~ douce/dure** weiche/harte Droge • **drogué, e** nm/f Drogensüchtige(r) f(m), Drogenabhängige(r) f(m) • **droguer** vt betäuben; (malade) mit Medikamenten vollpumpen +dat; **se droguer** vpr Drogen nehmen • **droguerie** nf Drogerie f • **droguiste** nmf Drogist(in) m(f)

droit, e [dʀwa, dʀwat] adj (non courbe) gerade; (vertical) senkrecht; (opposé à gauche) rechte(r, s) ▸ adv (marcher) gerade ▸ nm : **un ~** ein Recht nt; **le ~** (matière d'étude) Jura nt, Jurisprudenz f • **droite** nf : **à ~** nach rechts; **à ~ de** rechts von; **la ~** (Pol) die Rechte f • **droitier, -ière** nm/f Rechtshänder(in) m(f)

drôle [dʀol] adj komisch
• **drôlement** adv komisch; **il fait ~ froid** (fam) es ist echt kalt

dromadaire [dʀɔmadɛʀ] nm Dromedar nt

druide [dʀɥid] nm Druide m

du [dy] voir **de**

dû, e [dy] pp de **devoir**

dubitatif, -ive [dybitatif, iv] adj zweifelnd

duc [dyk] nm Herzog m
• **duchesse** nf Herzogin f

dûment [dymã] adv ordnungsgemäß

dune [dyn] nf Düne f

dupe [dyp] adj : **(ne pas) être ~ de** (nicht) auf etw acc hereinfallen
• **duper** vt betrügen

duplex [dyplɛks] nm (appartement) Wohnung f auf zwei Etagen

duplicata [dyplikata] nm Duplikat nt

dur, e [dyʀ] adj hart; (difficile) schwierig ▸ adv hart; **~ d'oreille** schwerhörig

durable [dyʀabl] adj dauerhaft

durant [dyʀã] prép während +gén ou dat; **~ des mois, des mois ~** monatelang

durcir [dyʀsiʀ] vt härten; (politique etc) verhärten ▸ vi (colle) hart werden; **se durcir** vpr hart werden • **durcissement** nm Verhärtung f

durée [dyʀe] nf Dauer f

durement [dyʀmɑ̃] *adv* hart

durer [dyʀe] *vi* dauern

dureté [dyʀte] *nf* Härte *f*;
(*sévérité*) Strenge *f*

duvet [dyvɛ] *nm* Daunen *pl*

DVD [devede] *sigle m* (= *digital
versatile disc*) DVD *f*

dynamique [dinamik] *adj*
dynamisch

dynamisme [dinamism] *nm*
Dynamik *f*; (*d'une personne*)
Tatkraft *f*

dynamite [dinamit] *nf* Dynamit
nt • **dynamiter** *vt* mit Dynamit
sprengen

dynamo [dinamo] *nf* Dynamo *m*

dysenterie [disɑ̃tʀi] *nf* Ruhr *f*

dysfonctionnement
[disfɔ̃ksjɔnmɑ̃] *nm*
Funktionsstörung *f*

dyslexie [dislɛksi] *nf*
Legasthenie *f* • **dyslexique** *adj*
legasthenisch

dyspepsie [dispɛpsi] *nf*
Verdauungsstörung *f*

eau, x [o] *nf* Wasser *nt*;
~ courante fließendes Wasser;
~ de Cologne Kölnischwasser *nt*;
~ de javel Javel; **~ gazeuse**
Sprudelwasser *nt*; **~ minérale**
Mineralwasser *nt*; **~ plate** stil es
Wasser; **~x usées** Abwasser *nt*
• **eau-de-vie** (*pl* **eaux-de-vie**) *nf*
Schnaps *m*

ébauche [eboʃ] *nf* Entwurf *m*
• **ébaucher** *vt* entwerfen

ébène [ebɛn] *nf* Ebenholz *nt*
• **ébéniste** *nmf* Möbeltischler(in)
m(f)

éblouir [ebluiʀ] *vt* blenden

éboueur [ebwœʀ] *nm*
Müllmann *m*

éboulis [ebuli] *nm* Geröll *nt*

ébranler [ebʀɑ̃le] *vt* erschüttern

ébriété [ebʀijete] *nf*: **en état d'~**
in betrunkenem Zustand

ébullition [ebylisjɔ̃] *nf*: **être en ~**
sieden

écaille [ekaj] *nf* (*de poisson, reptile*)
Schuppe *f*; (*matière*) Schildpatt *nt*;
(*de peinture etc*) Splitter *m* • **écailler**
vt (*poisson*) schuppen; (*huître*)
öffnen; **s'écailler** *vpr* abblättern

écart [ekaʀ] *nm* Abstand *m*; *(de prix etc)* Differenz *f*; **à l'~ (de)** abseits (von)

écartement [ekaʀtəmɑ̃] *nm* Abstand *m* • **écarter** *vt (éloigner)* entfernen; *(jambes)* spreizen; *(candidat, possibilité)* ausschließen; **s'écarter** *vpr* sich öffnen; **s'~ de** sich entfernen von

échafaudage [eʃafodaʒ] *nm* Gerüst *nt*

échalote [eʃalɔt] *nf* Schalotte *f*

échange [eʃɑ̃ʒ] *nm* Austausch *m*; **en ~ dafür**; **en ~ de** für; **~s de lettres** Briefwechsel *m* • **échanger** *vt* austauschen; **~ qch (contre)** etw eintauschen (gegen); **~ qch avec qn** *(clin d'œil, lettres etc)* etw mit jdm wechseln • **échangeur** *nm (d'autoroute)* Autobahnkreuz *nt*

échantillon [eʃɑ̃tijɔ̃] *nm (Comm)* Muster *nt*; *(fig)* Probe *f*

échappement [eʃapmɑ̃] *nm (Auto)* Auspuff *m* • **échapper** : **~ à** vt entkommen +*dat*; *(punition, péril etc)* entgehen +*dat*; **s'échapper** *vpr* fliehen; *(gaz, eau)* entweichen; **~ à qn** *(suj: détail, sens)* jdm entgehen

écharpe [eʃaʀp] *nf* Schal *m*

échauffer [eʃofe] *vt (moteur)* überhitzen; **s'échauffer** *vpr (Sport)* sich aufwärmen

échéance [eʃeɑ̃s] *nf (d'un paiement)* Fälligkeit *f*

échec [eʃɛk] *nm* Misserfolg *m*; **échecs** *nmpl (jeu)* Schach(spiel) *nt*

échelle [eʃɛl] *nf* Leiter *f*; *(d'une carte)* Maßstab *m*

échelon [eʃ(ə)lɔ̃] *nm (d'échelle)* Sprosse *f*; *(grade)* Rang *m*

échiquier [eʃikje] *nm* Schachbrett *nt*

écho [eko] *nm* Echo *nt* • **échographie** *nf* Ultraschalluntersuchung *f*

échouer [eʃwe] *vi* scheitern

éclair [eklɛʀ] *nm* Blitz *m*; *(gâteau)* Eclair *nt*

éclairage [eklɛʀaʒ] *nm* Beleuchtung *f*

éclaircie [eklɛʀsi] *nf* Aufheiterung *f* • **éclaircir** *vt (fig)* aufklären; **s'éclaircir** *vpr* sich (auf)klären

éclairer [eklɛʀe] *vt* beleuchten; *(instruire)* aufklären

éclat [ekla] *nm (de bombe, verre)* Splitter *m*; *(du soleil, d'une couleur etc)* Leuchten *nt*; **~s de rire** schallendes Gelächter *nt* • **éclatant, e** *adj* hell; *(vérité)* offensichtlich • **éclater** *vi* platzen; **~ de rire** auflachen; **~ en sanglots** aufschluchzen

éclipse [eklips] *nf (Astron)* Finsternis *f*

écluse [eklyz] *nf* Schleuse *f*

écœurant, e [ekœʀɑ̃, ɑ̃t] *adj* ekelerregend • **écœurer** *vt* anwidern

école [ekɔl] *nf* Schule *f*; **aller à l'~** in die Schule gehen • **écolier, -ière** *nm/f* Schüler(in) *m(f)*

écolo [ekolo] *(fam)* *nmf* Öko *m(f)* • **écologie** *nf* Ökologie *f* • **écologique** *adj* ökologisch • **écologiste** *nmf* Umweltschützer(in) *m(f)*

économe [ekɔnɔm] *adj* sparsam ▸ *nmf (Finanz)* verwalter(in) *m(f)*

économie [ekɔnɔmi] *nf (vertu)* Sparsamkeit *f*; *(gain)* Ersparnis *f*;

(*science*) Wirtschaftswissenschaft f; (*situation économique*) Wirtschaft f; **~ collaborative** Sharing Economy f; **économies** nfpl (*pécule*) Ersparnisse pl
• **économique** adj wirtschaftlich

économiser [ekɔnɔmize] vt, vi sparen

économiseur [ekɔnɔmizœʀ] nm: **~ d'écran** Bildschirmschoner m

écorce [ekɔʀs] nf Rinde f; (*de fruit*) Schale f

écorecharge [ekɔʀəfaʀʒ] nf Nachfüllpackung f

écossais, e [ekɔse, ɛz] adj schottisch • **Écosse** nf: **l'~** Schottland nt

écosystème [ekosistɛm] nm Ökosystem nt

écouler [ekule] vt (*stock*) absetzen; **s'écouler** vpr (*eau*) (ab)fließen

écourter [ekuʀte] vt abkürzen

écouter [ekute] vt hören; (*personne, conversation etc*) zuhören dat; (*suivre les conseils de*) hören auf +acc • **écouteur** nm (*téléphone*) Hörer m

écran [ekʀɑ̃] nm Bildschirm m; (*de cinéma*) Leinwand f

écraser [ekʀɑze] vt zerquetschen, zerdrücken; (*piéton*) überfahren

écrémer [ekʀeme] vt entrahmen

écrevisse [ekʀəvis] nf Krebs m

écrire [ekʀiʀ] vt, vi schreiben; **s'écrire** vpr sich dat schreiben
• **écrit** nm Schriftstück nt; (*examen*) schriftliche Prüfung f

écriteau, x [ekʀito] nm Schild nt

écriture [ekʀityʀ] nf Schrift f

écrivain [ekʀivɛ̃] nm Schriftsteller(in) m(f)

écrou [ekʀu] nm (Schrauben)mutter f

écrouler [ekʀule]: **s'~** vpr (*mur*) einstürzen; (*personne, animal*) zusammenbrechen

ecstasy [ɛkstazi] nf Ecstasy nt

écueil [ekœj] nm Riff nt; (*fig*) Falle f

écume [ekym] nf Schaum m

écureuil [ekyʀœj] nm Eichhörnchen nt

écurie [ekyʀi] nf Pferdestall m

écusson [ekysɔ̃] nm Wappen nt

eczéma [ɛgzema] nm Ekzem nt

éd. abr (= *édition*) Aufl.; (= *éditeur*) Hrsg

EDF [ədeɛf] sigle f (= *Électricité de France*) französisches Elektrizitätswerk

édifice [edifis] nm Gebäude nt

éditer [edite] vt (*publier*) herausgeben; (*Inform*) editieren
• **éditeur, -trice** nm/f Herausgeber(in) m(f); (*Inform*) Editor m • **édition** nf (*série d'exemplaires*) Auflage f; (*version d'un texte*) Ausgabe f

éditorial, -aux [editɔʀjal, jo] nm Leitartikel m

édredon [edʀədɔ̃] nm Federbett nt

éducateur, -trice [edykatœʀ tʀis] nm/f Lehrer(in) m(f)

éducation [edykasjɔ̃] nf Erziehung f; (*formation*) Ausbildung f; **sans ~** (*mal élevé*) schlecht erzogen; **l'É~ (nationale)** (*Admin*) das Erziehungswesen; **~ physique** Sport m

éduquer [edyke] vt (personne) erziehen; (faculté, don) entwickeln

effacer [efase] vt (dessin) ausradieren; (Inform) löschen

effarer [efaʀe] vt beunruhigen

effaroucher [efaʀuʃe] vt aufschrecken

effectif, -ive [efɛktif, iv] adj effektiv ▶ nm Bestand m
• **effectivement** adv tatsächlich

effectuer [efɛktɥe] vt ausführen

efféminé, e [efemine] adj weiblich

effervescent, e [efɛʀvesɑ̃, ɑ̃t] adj (cachet, boisson) sprudelnd

effet [efɛ] nm Wirkung f; **sous l'~ de** unter dem Einfluss von; **en ~** (effectivement) tatsächlich; **~ de serre** Treibhauseffekt m

efficace [efikas] adj wirksam; (personne) kompetent • **efficacité** nf Wirksamkeit f

effigie [efiʒi] nf Bildnis nt

effleurer [eflœʀe] vt streifen

effluves [eflyv] nmpl Ausdünstungen pl

effondrement [efɔ̃dʀəmɑ̃] nm Einsturz m

effondrer [efɔ̃dʀe] : **s'~** vpr einstürzen; (personne) zusammenbrechen

efforcer [efɔʀse] : **s'~** vpr : **s'~ de faire qch** sich bemühen, etw zu tun

effort [efɔʀ] nm Anstrengung f; **faire un ~** sich anstrengen

effrayant, e [efʀejɑ̃, ɑ̃t] adj schrecklich • **effrayer** vt erschrecken

effréné, e [efʀene] adj wild, zügellos

effriter [efʀite] : **s'~** vpr bröckeln

effroi [efʀwa] nm panische Angst f

effronté, e [efʀɔ̃te] adj unverschämt

effroyable [efʀwajabl] adj grauenvoll

effusion [efyzjɔ̃] nf (überschwängliche) Gefühlsausbruch m; **sans ~ de sang** ohne Blutvergießen

égal, e, -aux [egal, o] adj gleich; (plan) eben; (constant) gleichmäßig ▶ nm/f Gleichgestellte(r) f(m); **être ~ à zéro** gleich null sein; **ça lui/nous est ~** das ist ihm/uns egal
• **également** adv genauso; (aussi) auch • **égaler** vt (personne) gleichkommen +dat; (record) einstellen • **égaliser** vt (sol) einebnen; (salaires, chances) ausgleichen • **égalité** nf Gleichheit f; **~ de droits** Gleichberechtigung f

égard [egaʀ] nm Rücksicht f; **égards** nmpl Rücksicht; **par ~ pour** aus Rücksicht für; **à l'~ de** gegenüber +dat

égarer [egaʀe] vt verlegen; **s'égarer** vpr sich verirren

églantine [eglɑ̃tin] nf Heckenrose f, Wildrose f

églefin [egləfɛ̃] nm Schellfisch m

église [egliz] nf Kirche f

égoïsme [egɔism] nm Egoismus m • **égoïste** adj egoistisch

égout [egu] nm Abwasserkanal m

égoutter [egute] vt (vaisselle, fromage) abtropfen lassen

égratignure [egʀatiɲyʀ] nf Kratzer m

Égypte [eʒipt] *nf* : **l'~** Ägypten *nt*
• **égyptien, ne** *adj* ägyptisch

eh [e] *excl* he; **eh bien !** na so was!;
eh bien ? also?

éjecter [eʒɛkte] *vt (Tech)* ausstoßen

élaborer [elabɔʀe] *vt* ausarbeiten

élan [elɑ̃] *nm (Zool)* Elch *m*; *(Sport)*
Anlauf *m*; *(d'objet en mouvement)*
Schwung *m*

élancé, e [elɑ̃se] *adj* schlank

élargir [elaʀʒiʀ] *vt* verbreitern;
(groupe) vergrößern; **s'élargir** *vpr*
breiter werden

élastique [elastik] *adj* elastisch
▶ *nm* Gummiband *nt*

électeur, -trice [elɛktœʀ, tʀis]
nm/f Wähler(in) *m(f)* • **élection** *nf*
Wahl *f*

électorat [elɛktɔʀa] *nm*
Wählerschaft *f*

électricien, ne [elɛktʀisjɛ̃, jen]
nm/f Elektriker(in) *m(f)*
• **électricité** *nf* Elektrizität *f*
• **électrifier** *vt* elektrifizieren
• **électrique** *adj* elektrisch

électro [elɛktʀo] *préf* Elektro
• **électrocardiogramme** *nm*
Elektrokardiogramm *nt*
• **électroménager** *adj* : **appareils
~s** elektrische Haushaltsgeräte *pl*,
Elektrogeräte *pl*

électronique [elɛktʀɔnik] *adj*
elektronisch

élégance [elegɑ̃s] *nf* Eleganz *f*
• **élégant, e** *adj* elegant

élément [elemɑ̃] *nm* Element *nt*;
(composante) Bestandteil *m*
• **élémentaire** *adj* einfach, simpel

éléphant [elefɑ̃] *nm* Elefant *m*

élevage [el(ə)vaʒ] *nm* Zucht *f*

élévation [elevasjɔ̃] *nf*
Erhöhung *f*

élevé, e [el(ə)ve] *adj* hoch; **bien/
mal ~** gut/schlecht erzogen

élève [elɛv] *nmf* Schüler(in) *m(f)*

élever [el(ə)ve] *vt (enfant)*
aufziehen; *(animaux)* züchten;
s'élever *vpr (avion, alpiniste)*
hochsteigen; *(niveau, température)*
steigen; **s'~ contre qch** sich gegen
etw erheben; **s'~ à** *(frais, dégâts)*
steigen auf +*acc* • **éleveur, -euse**
nm/f (de bétail) Viehzüchter(in) *m(f)*

élimination [eliminasjɔ̃] *nf*
Ausscheiden *nt*

éliminatoire [eliminatwaʀ]
nf (Sport)
Ausscheidungswettkampf *m*

éliminer [elimine] *vt*
ausscheiden lassen; *(déchets etc)*
ausscheiden

élire [eliʀ] *vt* wählen

élite [elit] *nf* Elite *f*; **tireur d'~**
Scharfschütze *m*

e

---

elle [ɛl]

pron **1** *(sujet : personne)* sie;
*(: chose : selon le genre du mot
allemand)* er/sie/es; **~ me l'a dit**
sie hat es mir gesagt; **c'est ~ qui
me l'a dit** sie hat es mir gesagt;
**je mange une pomme ; ~ est
aigre** ich esse einen Apfel; er ist
sauer
2 *(avec préposition : personne :
accusatif)* sie; *(: datif)* ihr;
(: chose : accusatif) ihn/sie/es;
(: datif) ihm/ihr/ihm; **pour ~** für
sie; **avec ~** mit ihr
3 : **~s** *(nominatif, accusatif)* sie;
(datif) ihnen; **pour ~s** für sie; **à
cause d'~s** wegen ihnen

éloge [elɔʒ] *nm* Lob *nt*

éloigné

éloigné, e [elwaɲe] *adj* weit
(entfernt) • **éloigner** *vt*
entfernen; (*fig : soupçons, danger*)
abwenden; **s'éloigner** *vpr* : **s'~ de**
sich entfernen von

éloquence [elɔkɑ̃s] *nf* Beredtheit
f • **éloquent, e** *adj* wortgewandt;
(*discours, mot, attitude*) vielsagend

élu, e [ely] *pp de* **élire** ▶ *nm/f* (Pol)
Abgeordnete(r) *f(m)*

élucider [elyside] *vt* aufklären

Élysée [elize] *nm* : **l'~, le palais
de l'~** der Élyséepalast

e-mail [imɛl] *nm* E-Mail *f*;
envoyer qch par ~ etw per
E-Mail schicken

émail, -aux [emaj, o] *nm* Email
nt • **émaillé, e** *adj* emailliert

émancipation [emɑ̃sipasjɔ̃] *nf*
(*de mineur*) Mündigsprechung *f*;
(*des femmes*) Emanzipation *f*

émanciper [emɑ̃sipe] *vt* (*libérer*)
befreien; **s'émanciper** *vpr*
(*femmes*) sich emanzipieren

emballage [ɑ̃balaʒ] *nm*
Verpackung *f* • **emballer** *vt*
einpacken, verpacken;
s'emballer *vpr* (*moteur, cheval*)
jagen

embarcadère [ɑ̃barkadɛr] *nm*
Anlegestelle *f*

embarcation [ɑ̃barkasjɔ̃] *nf*
kleines Boot *nt*

embargo [ɑ̃bargo] *nm* Embargo *nt*

embarquement [ɑ̃barkəmɑ̃]
nm Einsteigen *nt*; **« vol AF 321 : ~
immédiat, porte 30 »** „Aufruf für
Passagiere des Flugs AF 321, sich
zum Flugsteig 30 zu begeben"

embarquer [ɑ̃barke] *vt*
einschiffen ▶ *vi* an Bord gehen;
s'embarquer *vpr* an Bord gehen

embarras [ɑ̃bara] *nm* Hindernis
nt; (*gêne*) Verlegenheit *f*
• **embarrassant, e** *adj* peinlich
• **embarrasser** *vt* (*gêner*) in
Verlegenheit bringen

embaucher [ɑ̃boʃe] *vt*
einstellen

embaumer [ɑ̃bome] *vt* (*lieu*) mit
Duft erfüllen

embellie [ɑ̃beli] *nf* Aufheiterung *f*

embellir [ɑ̃belir] *vt* verschönern
▶ *vi* schöner werden

embêtement [ɑ̃bɛtmɑ̃] *nm*
Unannehmlichkeit *f*

embêter [ɑ̃bɛte] *vt* ärgern;
s'embêter *vpr* sich langweilen

embonpoint [ɑ̃bɔ̃pwɛ̃] *nm*
Korpulenz *f*, Fülligkeit *f*

embouchure [ɑ̃buʃyr] *nf* (*Géo*)
Mündung *f*

embouteillage [ɑ̃butejaʒ] *nm*
(Verkehrs)stau *m*

embranchement [ɑ̃brɑ̃ʃmɑ̃]
nm (*routier*) Abzweigung *f*

embrasser [ɑ̃brase] *vt* küssen;
s'embrasser *vpr* sich küssen

embrasure [ɑ̃brazyr] *nf*
Öffnung *f*

embrayage [ɑ̃brɛjaʒ] *nm*
Kupplung *f*

embrouiller [ɑ̃bruje] *vt*
(*personne aussi*) verwirren; (*objets,
idées*) durcheinanderbringen;
s'embrouiller *vpr* (*personne*)
konfus werden

embryon [ɑ̃brijɔ̃] *nm* Embryo *m*

embué, e [ɑ̃bɥe] *adj* beschlagen

embuscade [ɑ̃byskad] *nf*
Hinterhalt *m*

éméché, e [emeʃe] (*fam*) *adj*
beschwipst

émeraude [em(ə)ʁod] nf Smaragd m

émergence [emɛʁʒɑ̃s] nf (fig) Auftauchen nt • **émerger** vi auftauchen

émeri [em(ə)ʁi] nm : **papier ~** Schmirgelpapier nt

émerveiller [emɛʁveje] vt in Bewunderung versetzen; **s'émerveiller** vpr : **s'~ de qch** über etw acc staunen

émetteur, -trice [emetœʁ, tʁis] adj (poste, station) Sende- ▶ nm (poste) Sender m

émettre [emɛtʁ] vt (son, lumière) ausstrahlen; (Radio, TV) senden ▶ vi : **~ sur ondes courtes** auf Kurzwelle senden

émeute [emøt] nf Aufruhr m

émigration [emigʁasjɔ̃] nf Emigration f, Auswanderung f

émigré, e [emigʁe] nm/f Emigrant(in) m(f) • **émigrer** vi auswandern

éminent, e [eminɑ̃, ɑ̃t] adj (hoch) angesehen

émission [emisjɔ̃] nf (TV, Radio) Sendung f

emménager [ɑ̃menaʒe] vi : **~ dans** einziehen in +acc

emmener [ɑ̃m(ə)ne] vt mitnehmen

emmerder [ɑ̃mɛʁde] (fam !) vt ankotzen (fam !)

emmitoufler [ɑ̃mitufle] vt warm einpacken

émoi [emwa] nm Aufregung f

émotif, -ive [emɔtif, iv] adj emotional; (personne) gefühlsbetont • **émotion** nf (vif sentiment) Gefühl nt; (réaction affective) Bewegtheit f

émouvant, e [emuvɑ̃, ɑ̃t] adj rührend, bewegend

émouvoir [emuvwaʁ] vt bewegen; (attendrir aussi) rühren; **s'émouvoir** vpr gerührt sein

emparer [ɑ̃paʁe] : **s'~ de** vpr ergreifen

empattement [ɑ̃patmɑ̃] nm (Auto) Radabstand m

empêchement [ɑ̃pɛ∫mɑ̃] nm Hindernis nt, Schwierigkeit f • **empêcher** vt verhindern; **~ qn de faire qch** jdn daran hindern ou davon abhalten, etw zu tun

empereur [ɑ̃pʁœʁ] nm Kaiser m

emphase [ɑ̃faz] nf Pathos nt; **avec ~** mit Pathos

empiffrer [ɑ̃pifʁe] (fam) : **s'~** vpr sich vollstopfen

empiler [ɑ̃pile] vt aufstapeln, anhäufen

empire [ɑ̃piʁ] nm Reich nt

empirer [ɑ̃piʁe] vi sich verschlechtern

emplacement [ɑ̃plasmɑ̃] nm Platz m, Stelle f

emplette [ɑ̃plɛt] nf : **faire des ~s** einkaufen

emplir [ɑ̃pliʁ] vt füllen; **s'emplir (de)** vpr sich füllen (mit)

emploi [ɑ̃plwa] nm Gebrauch m; (poste) Stelle f; **d'~ facile/délicat** leicht/schwierig zu benutzer; **~ du temps** Zeitplan m • **employé, e** nm/f Angestellte(r) f(m) • **employer** vt verwenden, gebrauchen; (personne) beschäftigen • **employeur, -euse** nm/f Arbeitgeber(in) m(f)

empocher [ɑ̃pɔ∫e] vt einstecken

empoigner [ɑ̃pwaɲe] vt packen

empoisonner

empoisonner [ãpwazɔne] *vt*
vergiften; (*empester*) verpesten

emporter [ãpɔʁte] *vt*
mitnehmen; (*blessés, voyageurs*)
wegbringen; **s'emporter** *vpr*
aufbrausen

empreint, e [ãpʁɛ̃, ɛ̃t] *adj* : **~ de**
voller

empreinte, e [ãpʁɛ̃t] *nf* Abdruck *m*;
~ écologique ökologische
Fußabdruck *m*, CO₂-Bilanz *f*; **~s
digitales** Fingerabdrücke *pl*

empressé, e [ãpʁese] *adj*
beflissen • **empressement** *nm*
Eifer *m*; (*hâte*) Eile *f* • **empresser** :
s'~ *vpr* : **s'~ de faire qch** sich
beeilen, etw zu tun

emprise [ãpʁiz] *nf* Einfluss *m*

emprisonner [ãpʁizɔne] *vt*
einsperren

emprunt [ãpʁœ̃] *nm* Anleihe *f*;
(*Finance aussi*) Darlehen *nt*; (*Ling*)
Lehnwort *nt* • **emprunter** *vt* sich
dat leihen; (*route, itinéraire*)
einschlagen

ému, e [emy] *pp de* **émouvoir**

émulation [emylasjɔ̃] *nf*
Nacheifern *nt*

---

en [ã]

▶ *prép* **1** (*endroit, pays : situation*)
in +*dat*; (*direction*) in +*acc*;
(*: pays*) nach; **habiter en
France/ville** in Frankreich/in
der Stadt leben; **aller en ville/
France** in die Stadt/nach
Frankreich gehen
2 (*temps*) in +*dat*; **en 3 jours/
20 ans** in 3 Tagen/20 Jahren;
en été/juin im Sommer/Juni
3 (*moyen de transport*) en; **en
avion/taxi** im Flugzeug/Taxi

4 (*composition*) aus; **c'est en
verre/bois** das ist aus Glas/Holz
5 (*description, état*) : **une femme
(habillée) en rouge** eine Frau in
Rot; **peindre qch en rouge** etw
rot anstreichen; **partir en
vacances** in die Ferien fahren;
en deuil in Trauer; **en bonne
santé** bei guter Gesundheit; **en
deux volumes** in zwei Bänden; **en
une pièce** an einem Stück
6 (*avec gérondif*) : **en travaillant**
bei der Arbeit; **en dormant** im
Schlaf; **en apprenant la
nouvelle/sortant** als er/sie *etc*
die Nachricht hörte/wegging
▶ *pron* **1** (*indéfini*) : **j'en ai/veux**
ich habe/möchte davon; **j'en ai
deux** ich habe zwei; **j'en ai
assez** ich habe genug (davon);
(*j'en ai marre*) mir reichts
2 (*provenance*) : **j'en viens** ich
komme daher
3 (*cause*) : **il en est malade/
perd le sommeil** er ist
deswegen krank/kann
deswegen nicht schlafen
4 (*autre complément*) : **j'en suis
fier** ich bin stolz darauf; **j'en ai
besoin** ich brauche es

ENA [ena] *sigle f* (= *École nationale
d'administration*) Eliteschule für
Verwaltungskräfte • **énarque** *nmf*
Absolvent(in) *m(f)* der ENA

encadrement [ãkadʁəmã] *nm*
Rahmen *m*

encadrer [ãkadʁe] *vt* (*tableau,
image*) einrahmen; (*entourer*)
umgeben; (*former*) ausbilden

encaisser [ãkese] *vt* (*chèque*)
einlösen; (*argent*) einstreichen;
(*coup, défaite*) einstecken

encart [ɑ̃kaʀ] *nm* Einlage *f*; **~ publicitaire** Werbebeilage *f*

en-cas [ɑ̃ka] *nm inv* (*repas*) kleine Zwischenmahlzeit *f*

encastrer [ɑ̃kastʀe] *vt*: **~ qch dans** etw einbauen in +*acc*; (*mur*) etw einlassen in +*acc*; **s'encastrer** *vpr*: **s'~ dans** hineinpassen in +*acc*; (*heurter*) hineinprallen in +*acc*

encaustique [ɑ̃kostik] *nf* (Bohner)wachs *nt*

enceinte [ɑ̃sɛ̃t] *adj f* schwanger ► *nf* (*mur*) Mauer *f*; **~ de six mois** im 6. Monat schwanger; **~ (acoustique)** Lautsprecher *pl*

encens [ɑ̃sɑ̃] *nm* Weihrauch *m* • **encenser** *vt* beweihräuchern

enchaîner [ɑ̃ʃene] *vt* in Ketten legen; (*mouvements, séquence*) (miteinander) verknüpfen

enchanté, e [ɑ̃ʃɑ̃te] *adj* entzückt, hocherfreut • **enchantement** *nm* Zauber *m*; **comme par ~** wie durch Zauber • **enchanter** *vt* (hoch)erfreuen • **enchanteur, -eresse** *adj* zauberhaft

enchère [ɑ̃ʃɛʀ] *nf*: **mettre** *ou* **vendre aux ~s** versteigern

enclencher [ɑ̃klɑ̃ʃe] *vt* auslösen

enclin, e [ɑ̃klɛ̃, in] *adj*: **être ~ à qch** zu etw neigen; **être ~ à faire qch** dazu neigen, etw zu tun

enclos [ɑ̃klo] *nm* Einfriedung *f*

enclume [ɑ̃klym] *nf* Amboss *m*

encoder [ɑ̃kɔde] *vt* codieren, verschlüsseln

encolure [ɑ̃kɔlyʀ] *nf* (*mesure*) Kragenweite *f*; (*cou*) Hals *m*

encombrant, e [ɑ̃kɔ̃bʀɑ̃, ɑ̃t] *adj* sperrig

encombre [ɑ̃kɔ̃bʀ] : **sans ~** *acv* ohne Zwischenfälle • **encombrer** *vt* behindern

encorder [ɑ̃kɔʀde] : **s'~** *vpr* sich anseilen

---

encore [ɑ̃kɔʀ]

adv **1** (*continuation*) noch; **il travaille ~** er arbeitet noch; **pas ~** noch nicht; **~ deux jours** noch zwei Tage
2 (*pas plus tard que*) : **hier ~** erst gestern
3 (*de nouveau*) wieder; **~ une fois** noch einmal
4 (*intensif*) : **~ plus fort/mieux** noch lauter/besser
5 (*aussi*) : **non seulement ..., mais ~** nicht nur ..., sondern auch
6 (*restriction*) allerdings; **~ que** obwohl

---

encourageant, e [ɑ̃kuʀaʒɑ̃, ɑ̃t] *adj* ermutigend

encouragement [ɑ̃kuʀaʒmɑ̃] *nm* Ermutigung *f*

encourager [ɑ̃kuʀaʒe] *vt* ermutigen

encourir [ɑ̃kuʀiʀ] *vt* sich *dat* zuziehen, auf sich *acc* ziehen

encre [ɑ̃kʀ] *nf* Tinte *f*; **~ de Chine** Tusche *f*

encyclopédie [ɑ̃siklɔpedi] *nf* Enzyklopädie *f*

endetter [ɑ̃dete] *vt* in Schulden stürzen +*dat*; **s'endetter** *vpr* sich verschulden

endiablé, e [ɑ̃djable] *adj* leidenschaftlich

endive [ɑ̃div] *nf* Chicorée *m*

endommager [ɑ̃dɔmaʒe] *vt* beschädigen

e

endormir [ɑ̃dɔʀmiʀ] vt (enfant) zum Schlafen bringen; (Méd) betäuben; **s'endormir** vpr einschlafen

endoscope [ɑ̃dɔskɔp] nm Endoskop nt • **endoscopie** nf Endoskopie f

endosser [ɑ̃dose] vt (responsabilité) übernehmen; (chèque) gegenzeichnen; (uniforme, tenue) anlegen

endroit [ɑ̃dʀwa] nm Ort m; (emplacement) Stelle f; (opposé à l'envers) rechte Seite f; **à l'~** richtig herum

enduire [ɑ̃dɥiʀ] vt : **~ qch de** bestreichen mit; **s'enduire de** vpr sich einreiben mit; **enduit, e** pp de **enduire ▶** nm Überzug m

endurance [ɑ̃dyʀɑ̃s] nf Durchhaltevermögen nt

endurci, e [ɑ̃dyʀsi] adj: **buveur ~** abgehärteter Trinker m; **célibataire ~** eingefleischter Junggeselle m

endurcir [ɑ̃dyʀsiʀ] vt abhärten; **s'endurcir** vpr hart ou zäh werden

endurer [ɑ̃dyʀe] vt ertragen

énergétique [enɛʀʒetik] adj Energie-

énergie [enɛʀʒi] nf Energie f • **énergique** adj energisch

énervant, e [enɛʀvɑ̃, ɑ̃t] adj irritierend

énervé, e [enɛʀve] adj aufgeregt; (agacé) verärgert

énerver [enɛʀve] vt aufregen; **s'énerver** vpr sich aufregen

enfance [ɑ̃fɑ̃s] nf Kindheit f

enfant [ɑ̃fɑ̃] nmf Kind nt; **~ unique** Einzelkind • **enfanter** vi, vt gebären • **enfantillage** (péj)

nm Kinderei f • **enfantin, e** adj kindlich; (péj) kindisch; (simple) kinderleicht

enfer [ɑ̃fɛʀ] nm Hölle f

enfermer [ɑ̃fɛʀme] vt einschließen; (prisonnier) einsperren; **s'enfermer** vpr sich einschließen

enfiévré [ɑ̃fjevʀe] adj (fig) fiebrig

enfiler [ɑ̃file] vt (perles etc) auffädeln; (aiguille) einfädeln; (vêtement) schlüpfen in +acc; (rue, couloir) einbiegen in +acc

enfin [ɑ̃fɛ̃] adv endlich; (en dernier lieu) schließlich

enflammer [ɑ̃flame] vt in Brand setzen; (Méd) entzünden; **s'enflammer** vpr Feuer fangen; (Méd) sich entzünden

enflé, e [ɑ̃fle] adj geschwollen • **enfler** vi anschwellen

enfoncer [ɑ̃fɔ̃se] vt einschlagen **▶** vi versinken; **s'enfoncer** vpr: **s'~ dans** (neige, vase etc) versinken in +dat; (forêt, ville) verschwinden in +dat

enfouir [ɑ̃fwiʀ] vt (dans le sol) vergraben; (dans un tiroir, une poche etc) verstecken; **s'enfouir** vpr: **s'~ dans/sous** sich vergraben in +dat/unter +dat

enfourcher [ɑ̃fuʀʃe] vt besteigen

enfuir [ɑ̃fɥiʀ] : **s'~** vpr fliehen, weglaufen

engagé, e [ɑ̃ɡaʒe] adj engagiert

engagement [ɑ̃ɡaʒmɑ̃] nm (promesse) Versprechen nt • **engager** vt (embaucher) anstellen, einstellen; **s'engager** vpr (promettre) sich verpflichten; **s'~ à faire qch** sich verpflichten, etw zu tun; **s'~ dans** einbiegen in +acc

engelures [ɑ̃ʒlyʀ] *nfpl*
Frostbeulen *pl*

engendrer [ɑ̃ʒɑ̃dʀe] *vt* zeugen;
(*fig*) hervorbringen

engin [ɑ̃ʒɛ̃] *nm* Gerät *nt*

englober [ɑ̃ɡlɔbe] *vt* umfassen

engloutir [ɑ̃ɡlutiʀ] *vt* verschlingen

engouement [ɑ̃ɡumɑ̃] *nm*
Begeisterung *f*, Schwärmerei *f*

engouffrer [ɑ̃ɡufʀe] *vt*
verschlingen; **s'engouffrer dans**
vpr hineinströmen in +*acc*

engourdi, e [ɑ̃ɡuʀdi] *adj*
gefühllos, taub

engourdir [ɑ̃ɡuʀdiʀ] *vt* gefühllos
werden lassen; **s'engourdir** *vpr*
gefühllos werden

engrais [ɑ̃ɡʀɛ] *nm* Dünger *m*

engraisser [ɑ̃ɡʀese] *vt* (*animal*)
mästen

engrenage [ɑ̃ɡʀənaʒ] *nm*
Getriebe *nt*

engueuler [ɑ̃ɡœle] (*fam !*) *vt*
anschnauzen (*fam*)

énigme [enigm] *nf* Rätsel *nt*

enivrer [ɑ̃nivʀe] *vt* betrunken
machen; **s'enivrer** *vpr* sich
betrinken

enjambée [ɑ̃ʒɑ̃be] *nf* Schritt *m*

enjamber [ɑ̃ʒɑ̃be] *vt*
überschreiten; (*pont*)
überspannen

enjeu, x [ɑ̃ʒø] *nm* Einsatz *m*

enjoliver [ɑ̃ʒɔlive] *vt*
ausschmücken • **enjoliveur** *nm*
(*Auto*) Radkappe *f*

enjoué, e [ɑ̃ʒwe] *adj* fröhlich

enlacer [ɑ̃lase] *vt* (*personne*)
umarmen

enlèvement [ɑ̃lɛvmɑ̃] *nm* (*rapt*)
Entführung *f*

enlever [ɑ̃l(ə)ve] *vt* (*vêtement*)
ausziehen; (*lunettes*) absetzen;
~ qch à qn jdm etw nehmen

enneigé, e [ɑ̃neʒe] *adj* verschneit

ennemi, e [ɛnmi] *adj* feindlich
▶ *nm/f* Feind(in) *m(f)*

ennui [ɑ̃nɥi] *nm* (*lassitude*)
Langeweile *f*; (*difficulté*)
Schwierigkeit *f* • **ennuyer** *vt*
ärgern; (*lasser*) langweilen;
s'ennuyer *vpr* sich langweilen; **si
cela ne vous ennuie pas** wenn es
Ihnen keine Umstände macht
• **ennuyeux, -euse** *adj* (*lassant*)
langweilig; (*contrariant*) ärgerlich

énoncé [enɔ̃se] *nm* Wortlaut *m*;
(*Ling*) Aussage *f*

enorgueillir [ɑ̃nɔʀɡœjiʀ] **: s'~
de** *vpr* sich rühmen +*gén*

énorme [enɔʀm] *adj* enorm,
gewaltig • **énormément** *adv* :
~ de neige/gens ungeheuer viel
Schnee/viele Menschen

enquête [ɑ̃kɛt] *nf* (*judiciaire, de
police*) Untersuchung *f*, Ermittlung
f; (*sondage d'opinion*)
(Meinungs)umfrage *f* • **enquêter**
vi ermitteln • **enquêteur, -euse**
ou **trice** *nm/f* Ermittler(in) *m(f)*;
(*de sondage*) Meinungsforscher(in)
m(f)

enragé, e [ɑ̃ʀaʒe] *adj* (*Méd*)
tollwütig; (*passionné*) fanatisch

enrager [ɑ̃ʀaʒe] *vi* rasend *ou*
wütend sein

enrayer [ɑ̃ʀeje] *vt* aufhalten,
stoppen; **s'enrayer** *vpr* klemmen

enregistrement [ɑ̃ʀ(ə)ʒistʀə
mɑ̃] *nm* Aufnahme *f*; (*d'une
plainte*) Registrierung *f*
• **enregistrer** *vt* (*Mus*)
aufnehmen; (*Inform*) sichern;

(*Admin*) eintragen, registrieren; (*bagages*) aufgeben

enrhumer [ɑ̃ʀyme] : **s'~** *vpr* sich erkälten

enrichir [ɑ̃ʀiʃiʀ] *vt* reich machen; (*moralement*) bereichern; **s'enrichir** *vpr* reich werden

enrober [ɑ̃ʀɔbe] *vt* : **~ qch de** etw umhüllen mit

enrouer [ɑ̃ʀwe] : **s'~** *vpr* heiser werden

enrouler [ɑ̃ʀule] *vt* (*fil, corde*) aufwickeln; **~ qch autour de** etw herumwickeln um

enseignant, e [ɑ̃sɛɲɑ̃, ɑ̃t] *adj* (*personnel*) Lehr- ▸ *nm/f* Lehrer(in) *m(f)*

enseigne [ɑ̃sɛɲ] *nf* Geschäftsschild *nt*; **~ lumineuse** Leuchtreklame *f*

enseignement [ɑ̃sɛɲ(ə)mɑ̃] *nm* Unterricht *m*; (*profession*) Lehrerberuf *m* • **enseigner** *vt* unterrichten; **~ qch à qn** jdm etw beibringen

ensemble [ɑ̃sɑ̃bl] *adv* zusammen ▸ *nm* (*groupe, assemblage*) Komplex *m*; **l'~ du/de la ...** der/die/das ganze ...; **aller ~** zusammenpassen

ensoleillé, e [ɑ̃sɔleje] *adj* sonnig

ensommeillé, e [ɑ̃sɔmeje] *adj* schläfrig, verschlafen

ensuite [ɑ̃sɥit] *adv* dann

ensuivre [ɑ̃sɥivʀ] : **s'~** *vpr* folgen; **il s'ensuit que** daraus ergibt sich, dass

ENT [ɛɛnte] *sigle m* (= *espace numérique de travail*) Lernplattform *f*

entamer [ɑ̃tame] *vt* (*pain*) anschneiden; (*bouteille*)

anbrechen; (*hostilités, pourparlers*) eröffnen; (*altérer*) beeinträchtigen

entasser [ɑ̃tase] *vt* (*empiler*) anhäufen, aufhäufen; **s'entasser** *vpr* sich anhäufen

entendre [ɑ̃tɑ̃dʀ] *vt* hören; (*comprendre*) verstehen; **s'entendre** *vpr* (*sympathiser*) sich verstehen; (*se mettre d'accord*) übereinkommen • **entendu, e** *adj* (*réglé*) abgemacht; **bien ~ !** selbstverständlich! • **entente** *nf* Einvernehmen *nt*

entériner [ɑ̃teʀine] *vt* bestätigen

enterrement [ɑ̃tɛʀmɑ̃] *nm* Begräbnis *nt* • **enterrer** *vt* begraben; (*trésor etc*) vergraben

entêter [ɑ̃tete] : **s'~** *vpr* : **s'~ à faire qch** sich darauf versteifen, etw zu tun

enthousiasme [ɑ̃tuzjasm] *nm* Begeisterung *f* • **enthousiasmer** *vt* begeistern; **s'enthousiasmer** *vpr* : **s'~ (pour qch)** sich (für etw) begeistern

entier, ère [ɑ̃tje, jɛʀ] *adj* ganz; (*intact, complet*) vollständig; (*personne, caractère*) geradlinig; **en ~** vollständig • **entièrement** *adv* völlig

entité [ɑ̃tite] *nf* Wesen *nt*

entonner [ɑ̃tɔne] *vt* (*chanson*) anstimmen

entonnoir [ɑ̃tɔnwaʀ] *nm* Trichter *m*

entorse [ɑ̃tɔʀs] *nf* (*Méd*) Verstauchung *f*; **~ au règlement** Regelverstoß *m*

entourage [ɑ̃tuʀaʒ] *nm* Umgebung *f* • **entourer** *vt* umgeben

entracte [ɑ̃trakt] nm Pause f

entraide [ɑ̃trɛd] nf gegenseitige Hilfe f

entrailles [ɑ̃traj] nfpl (intestins) Eingeweide pl; (fig) Innere(s) nt

entrain [ɑ̃trɛ̃] nm Elan m

entraînement [ɑ̃trɛnmɑ̃] nm Training nt; (Tech) Antrieb m

entraîner [ɑ̃trene] vt (tirer) ziehen; (Tech) antreiben; (emmener) mitschleppen; (Sport) trainieren; **s'entraîner** vpr trainieren; **~ qn à faire qch** jdn dazu bringen, etw zu tun • **entraîneur, -euse** nm/f (Sport) Trainer(in) m(f)

entraver [ɑ̃trave] vt behindern

entre [ɑ̃tr] prép zwischen +dat; (avec mouvement) zwischen +acc; (parmi) unter +dat; **l'un d'~ eux** einer von ou unter ihnen; **~ autres (choses)** unter anderem • **entrebâillé, e** adj angelehnt • **entrecôte** nf Entrecôte nt

entrée [ɑ̃tre] nf (accès, porte) Eingang m; (d'une personne) Eintreten nt; (billet) Eintrittskarte f; (Culin) Vorspeise f; (Inform) Eingabe f

entrefilet [ɑ̃trəfilɛ] nm Notiz f

entrelarder [ɑ̃trəlarde] vt (viande) spicken; **entrelardé de** (fig) gespickt mit

entremets [ɑ̃trəmɛ] nm Nachspeise f

entremise [ɑ̃trəmiz] nf: **par l'~ de** durch Vermittlung +gén

entreposer [ɑ̃trəpoze] vt einlagern

entrepôt [ɑ̃trəpo] nm Lagerhaus nt

entreprenant, e [ɑ̃trəprənɑ̃, ɑ̃t] adj (actif) unternehmungslustig; (trop galant) dreist

entreprendre [ɑ̃trəprɑ̃dr] vt machen; (personne) angehen

entrepreneur [ɑ̃trəprənœr] nm Unternehmer(in) m(f); **~ (en bâtiment)** Bauunternehmer m

entreprise [ɑ̃trəpriz] nf Unternehmen nt

entrer [ɑ̃tre] vi hereinkommen; (véhicule) hereinfahren; (pénétrer, s'enfoncer) eindringen ▶ vt (Inform) eingeben; **~ qch dans** etw hineintun in +acc; **~ dans** kommen in +acc; (véhicule) fahren in +acc; **faire ~ qn** jdn hereinbringen

entre-temps [ɑ̃trətɑ̃] adv in der Zwischenzeit

entretenir [ɑ̃trət(ə)nir] vt unterhalten; (feu) am Leben halten; (amitié, relations) aufrechterhalten; **s'entretenir** vpr: **s'~ (de qch)** sich unterhalten (über etw acc) • **entretien** nm Unterhalt m; (discussion) Unterhaltung f

entrevoir [ɑ̃trəvwar] vt (à peine) (kaum) ausmachen; (brièvement) kurz sehen • **entrevue** nf Gespräch nt; (audience) Interview nt

entrouvert, e [ɑ̃truvɛr, ɛrt] adj halb offen ou halb geöffnet

énumérer [enymere] vt aufzählen

envahir [ɑ̃vair] vt überfallen; (suj: marchandises) überschwemmen; (: inquiétude, peur) überkommen • **envahissant, e** adj (péj) aufdringlich

enveloppe [ɑ̃v(ə)lɔp] nf (de lettre) (Brief)umschlag m; (revêtement, *gaine)* Hülle f • **envelopper** vt einpacken; *(entourer)* einhüllen

envergure [ɑ̃vɛʀgyʀ] nf *(d'un oiseau, avion)* Spannweite f; *(d'un projet, d'une action)* Ausmaß nt

envers [ɑ̃vɛʀ] prép gegenüber +dat ▸ nm *(d'une feuille)* Rückseite f; *(d'une étoffe, d'un vêtement)* linke Seite f; **à l'~** verkehrt herum

enviable [ɑ̃vjabl] adj beneidenswert

envie [ɑ̃vi] nf *(jalousie)* Neid m; *(souhait, désir)* Verlangen nt; **avoir ~ de** qch Lust auf etw acc haben; **avoir ~ de faire** qch Lust (darauf) haben, etw zu tun • **envier** vt beneiden • **envieux, -euse** adj neidisch

environ [ɑ̃viʀɔ̃] adv ungefähr; **environs** nmpl Umgebung f

environnement [ɑ̃viʀɔnmɑ̃] nm Umwelt f

envisageable [ɑ̃vizaʒabl] adj vorstellbar

envisager [ɑ̃vizaʒe] vt beabsichtigen

envoi [ɑ̃vwa] nm Sendung f

envoler [ɑ̃vɔle] **s'~** vpr wegfliegen; *(avion)* abfliegen

envoyé, e [ɑ̃vwaje] nm/f *(Pol)* Gesandte(r) f(m); **~ spécial** Sonderberichterstatter m

envoyer [ɑ̃vwaje] vt schicken; *(ballon)* werfen

éolien, ne [eɔljɛ̃, jɛn] adj Wind-; **énergie ~ne** Windkraft f ▸ nf Windrad nt

épagneul, e [epanœl] nm/f Spaniel m

épais, se [epɛ, ɛs] adj dick; *(sauce, liquide)* dickflüssig; *(fumée,* *brouillard, ténèbres, forêt)* dicht • **épaisseur** nf Dicke f

épanouir [epanwiʀ] : **s'~** vpr aufblühen

épargne [epaʀɲ] nf : **l'~** das Sparen nt, **l'~-logement** das Bausparen nt • **épargner** vt sparen ▸ vi sparen; **~ qch à** qn jdm etw ersparen

éparpiller [epaʀpije] vt verstreuen; *(pour répartir)* streuen; **s'éparpiller** vpr sich verzetteln

épars, e [epaʀ, aʀs] adj verstreut

épatant, e [epatɑ̃, ɑ̃t] *(fam)* adj super

épaté, e [epate] adj : **nez ~** platte (breite) Nase f

épater [epate] vt beeindrucken

épaule [epol] nf Schulter f • **épauler** vt *(aider)* unterstützen; *(arme)* anlegen ▸ vi anlegen

épave [epav] nf Wrack nt

épée [epe] nf Schwert nt

épeler [ep(ə)le] vt buchstabieren

éphémère [efemɛʀ] adj kurz, kurzlebig

épi [epi] nm Ähre f; **~ de cheveux** Haarbüschel nt

épice [epis] nf Gewürz nt

épicéa [episea] nm Fichte f

épicer [epise] vt würzen

épicerie [episʀi] nf *(magasin)* Lebensmittelgeschäft nt; **~ fine** Feinkostgeschäft nt • **épicier, -ière** nm/f Lebensmittelhändler(in) m(f)

épidémie [epidemi] nf Epidemie f

épiderme [epidɛʀm] nm Haut f

épier [epje] vt *(personne)* bespitzeln; *(occasion)* lauern auf +acc

épilepsie [epilɛpsi] nf Epilepsie f

épiler [epile] vt enthaaren;
s'épiler vpr : **s'~ les jambes** (sich
dat) die Beine enthaaren; **s'~ les
sourcils** (sich dat) die
Augenbrauen zupfen

épinards [epinaʀ] nmpl
Spinat m

épine [epin] nf (de rose) Dorne f;
(d'oursin) Stachel m; **~ dorsale**
Rückgrat nt

épingle [epɛ̃gl] nf Nadel f; **~ de
nourrice** ou **de sûreté** ou **double**
Sicherheitsnadel • **épingler** vt :
~ qch sur etw feststecken auf +dat

Épiphanie [epifani] nf
Dreikönigsfest nt

épique [epik] adj episch

épisode [epizɔd] nm (de récit, film)
Fortsetzung f; (dans la vie,
l'histoire) Episode f

épluche-légumes [eplyʃlegym]
nm inv Kartoffelschäler m
• **éplucher** vt schälen
• **épluchures** nfpl Schalen pl

éponge [epɔ̃ʒ] nf Schwamm m
• **éponger** vt (liquide) aufsaugen;
(surface) (mit dem Schwamm)
abwischen; **s'éponger** vpr : **s'~ le
front** sich dat die Stirn abwischen

épopée [epɔpe] nf Epos nt

époque [epɔk] nf (de l'histoire)
Epoche f, Ära f; (de l'année, la vie)
Zeit f; **d'~** (meuble etc) Stil-; **à l'~
où** zu der Zeit als; **à l'~ de** zur
Zeit +gén

épouse [epuz] nf Ehefrau f
• **épouser** vt heiraten

épousseter [epuste] vt
abstauben

époustouflant, e [epustuflɑ̃, ɑ̃t]
adj atemberaubend, umwerfend

épouvantable [epuvɑ̃tabl] adj
schrecklich, entsetzlich

épouvantail [epuvɑ̃taj] nm
Vogelscheuche f

épouvante [epuvɑ̃t] nf : **film/
livre d'~** Horrorfilm m/
Horrorroman m • **épouvanter** vt
erschrecken

époux, -ouse [epu, uz] nm/f
Ehemann m, Ehefrau f ▸ nmpl :
les ~ das Ehepaar

épreuve [epʀœv] nf Prüfung f;
(Sport) Wettkampf m; (Photo)
Abzug m

éprouver [epʀuve] vt (ressentir)
verspüren; (mettre à l'épreuve)
prüfen

éprouvette [epʀuvɛt] nf
Reagenzglas nt

épuisé, e [epɥize] adj erschöpft;
(livre) vergriffen • **épuisement**
nm Erschöpfung f; **jusqu'à ~ du
stock** ou **des stocks** solange der
Vorrat reicht • **épuiser** vt
erschöpfen; **s'épuiser** vpr müde
werden; (stock) ausgehen

Équateur [ekwatœʀ] nm (pays) :
l'~ Ecuador nt

équateur [ekwatœʀ] nm (ligne)
Äquator m

équation [ekwasjɔ̃] nf Gleichung f

équestre [ekɛstʀ] adj : **statue ~**
Reiterstandbild nt

équilibre [ekilibʀ] nm
Gleichgewicht nt • **équilibré, e**
adj ausgeglichen • **équilibrer** vt
ausgleichen; **s'équilibrer** vpr (fig)
sich ausgleichen

équinoxe [ekinɔks] nm
Tagundnachtgleiche f

équipage [ekipaʒ] nm
Mannschaft f

e

équipe [ekip] *nf (de joueurs)* Mannschaft *f*; *(au travail)* Team *nt*

équipement [ekipmɑ̃] *nm* Ausrüstung *f*, Ausstattung *f* • **équiper** *vt* ausrüsten; **~ qch de** etw ausstatten mit

équitable [ekitabl] *adj* gerecht

équitation [ekitasjɔ̃] *nf* Reiten *nt*

équité [ekite] *nf* Fairness *f*

équivalence [ekivalɑ̃s] *nf* Äquivalenz *f* • **équivalent, e** *adj* gleichwertig ▶ *nm*: **l'~ de qch** das Äquivalent einer Sache *gén*

équivoque [ekivɔk] *adj* doppeldeutig

érable [eʀabl] *nm* Ahorn(baum) *m*

érafler [eʀafle] *vt*: **s'~ la main/les jambes** sich *dat* die Hand/die Beine zerkratzen

ère [eʀ] *nf* Ära *f*, Zeitalter *nt*

érection [eʀɛksjɔ̃] *nf (Anat)* Erektion *f*

érémiste [eʀemist] *nmf* Sozialhilfeempfänger(in) *m(f)*

ergonomie [ɛʀgɔnɔmi] *nf* Ergonomie *f* • **ergonomique** *adj* ergonomisch

ergot [ɛʀgo] *nm (de coq)* Sporn *m*

ergothérapeute [ɛʀgoteʀapøt] *nmf* Ergotherapeut(in) *m(f)* • **ergothérapie** *nf* Ergotherapie *f*

ermite [ɛʀmit] *nm* Einsiedler *m*

éroder [eʀɔde] *vt* erodieren

érotique [eʀɔtik] *adj* erotisch • **érotisme** *nm* Erotik *f*

errer [eʀe] *vi* umherirren

erreur [eʀœʀ] *nf* Fehler *m*; *(de jugement)* Irrtum *m*; **induire qn en ~** jdn irreführen; **par ~** irrtümlicherweise

erroné, e [eʀɔne] *adj* falsch

érudit, e [eʀydi, it] *adj* gelehrt, gebildet ▶ *nm/f* Gelehrte(r) *f(m)* • **érudition** *nf* Gelehrsamkeit *f*

éruption [eʀypsjɔ̃] *nf* Ausbruch *m*

ès [ɛs] *prép*: **docteur ès lettres/ sciences** Dr. phil./Dr. rer. nat.

escabeau, x [ɛskabo] *nm* Hocker *m*

escadre [ɛskadʀ] *nf (Naut)* Geschwader *nt*; *(Aviat)* Staffel *f*

escadron [ɛskadʀɔ̃] *nm* Schwadron *f*

escalade [ɛskalad] *nf (en montagne)* Bergsteigen *nt*; **l'~ de la guerre/violence** die Eskalation *f* des Krieges/der Gewalt; **~ libre** freies Klettern • **escalader** *vt* klettern auf +*acc*

escalator [ɛskalatɔʀ] *nm* Rolltreppe *f*

escale [ɛskal] *nf* Anlaufstation *f*; **faire ~ (à)** *(Naut)* Zwischenhalt machen (in +*dat*); *(Aviat)* zwischenlanden (in +*dat*)

escalier [ɛskalje] *nm* Treppe *f*; **dans l'~** *ou* **les ~s** auf der Treppe; **~ mécanique** *ou* **roulant** Rolltreppe

escalope [ɛskalɔp] *nf* Schnitzel *nt*

escamoter [ɛskamɔte] *vt* umgehen, ausweichen +*dat*; *(illusionniste)* wegzaubern

escapade [ɛskapad] *nf*: **faire une ~** *(écolier etc)* ausreißen

escargot [ɛskaʀgo] *nm* Schnecke *f*

escarpé, e [ɛskaʀpe] *adj* steil

escarpin [ɛskaʀpɛ̃] *nm* Pumps *m*

esclaffer [ɛsklafe] *vt*: **s'~** *vpr* schallend loslachen

esclandre [ɛsklɑ̃dʀ] *nm* : **faire un ~** eine Szene machen

esclavage [ɛsklavaʒ] *nm* Sklaverei *f* • **esclave** *nmf* Sklave *m*, Sklavin *f*

escompte [ɛskɔ̃t] *nm (Fin)* Skonto *m ou nt*; *(Comm)* Rabatt *m* • **escompter** *vt (Comm)* nachlassen; *(espérer)* erwarten

escorte [ɛskɔʀt] *nf* Eskorte *f* • **escorter** *vt* eskortieren

escrime [ɛskʀim] *nf* Fechten *nt*

escroc [ɛskʀo] *nm* Schwindler(in) *m(f)* • **escroquer** *vt* : **~ qn (de qch)** jdn (um etw) beschwindeln • **escroquerie** *nf* Betrug *m*

ésotérisme [ezɔteʀism] *nm* Esoterik *f*

espace [ɛspas] *nm* Raum *m*; *(écartement)*

espadon [ɛspadɔ̃] *nm* Schwertfisch *m*

espadrille [ɛspadʀij] *nf* Espadrille *f*

Espagne [ɛspaɲ] *nf* : **l'~** Spanien *nt* • **espagnol, e** *adj* spanisch ▶ *nm (Ling)* Spanisch *nt* ▶ *nm/f* : **E~, e** Spanier(in) *m(f)*

espèce [ɛspɛs] *nf* Art *f*; **espèces** *nfpl (Comm)* Bargeld *nt*; **une ~ de ...** eine Art ...; **payer en ~s** bar zahlen

espérance [ɛspeʀɑ̃s] *nf* Hoffnung *f* • **espérer** *vt* hoffen auf *+acc* ▶ *vi* : **~ que** hoffen, dass

espiègle [ɛspjɛgl] *adj* schelmisch

espion, ne [ɛspjɔ̃, jɔn] *nm/f* Spion(in) *m(f)* • **espionnage** *nm* Spionage *f* • **espionner** *vt* ausspionieren

espoir [ɛspwaʀ] *nm* Hoffnung *f*; **l'~ de qch** die Hoffnung auf etw *+acc*

esprit [ɛspʀi] *nm* Geist *m*; **reprendre ses ~s** (wieder) zu sich kommen

esquimau, -aude, x [ɛskimo, od] *adj* Eskimo- ▶ *nm (glace)* Eislutscher *m* ▶ *nm/f* : **E~, -aude** Eskimo *m*, Eskimofrau *f*

esquisse [ɛskis] *nf* Skizze *f*; **l'~ d'un sourire/changement** die Andeutung *f* eines Lächelns/einer Veränderung • **esquisser** *vt* : **~ un geste/un sourire** eine Geste/ein Lächeln andeuten

esquiver [ɛskive] *vt* ausweichen *+dat*; **s'esquiver** *vpr* sich wegstehlen

essai [ɛse] *nm (tentative)* Versuch *m*; **à l'~** versuchsweise

essaim [ɛsɛ̃] *nm* Schwarm *m*

essayage [ɛsejaʒ] *nm* Anprobe *f*

essayer [ɛseje] *vt* (aus)probieren; *(vêtement, chaussures)* anprobieren ▶ *vi* : **~ de faire qch** probieren, etw zu tun

essence [ɛsɑ̃s] *nf* Benzin *nt*; *(d'une plante)* Essenz *f*; **~ sans plomb** bleifreies Benzin

essentiel, -le [ɛsɑ̃sjɛl] *adj (indispensable)* unbedingt notwendig; *(de base)* wesentlich ▶ *nm* : **l'~** das Wesentliche *+gen*; **l'~ d'un discours** der Hauptteil *m* eines Vortrags; **c'est l'~** das ist das Wesentliche • **essentiellement** *adv* im Wesentlichen

essieu, x [ɛsjø] *nm* Achse *f*

essor [ɛsɔʀ] *nm* Aufschwung *m*

essorer [ɛsɔʀe] *vt* auswringen; *(linge : dans une essoreuse)* schleudern • **essoreuse** *nf* Schleuder *f*

essouffler [esufle] *vt* außer Atem bringen; **s'essouffler** *vpr* außer Atem kommen

essuie-glace [esɥiglas] *nm inv* Scheibenwischer *m* • **essuie-mains** *nm inv* Handtuch *nt*

essuie-tout [esɥitu] *nm inv* Küchenrolle *f*

essuyer [esɥije] *vt* abtrocknen; **s'essuyer** *vpr* sich abtrocknen

est [ɛst] *nm* Osten *m* ▶ *adj inv* Ost-, östlich; **à l'~ de** östlich von

estafette [estafɛt] *nf* Kurier *m*

estampe [estɑ̃p] *nf* Stich *m*

est-ce que [ɛska] *adv voir* **être**

esthéticien, ne [estetisjɛ̃, jɛn] *nm/f* (*Art*) Ästhet(in) *m(f)* ▶ *nf* (*d'institut de beauté*) Kosmetikerin *f*

esthétique [estetik] *adj* ästhetisch

estimation [estimasjɔ̃] *nf* Schätzung *f*

estime [estim] *nf* Wertschätzung *f* • **estimer** *vt* schätzen; **~ que/être** meinen, dass/meinen, zu sein

estival, e, -aux [estival, o] *adj* sommerlich

estivant, e [estivɑ̃, ɑ̃t] *nm/f* Sommerfrischler(in) *m(f)*

estomac [estɔma] *nm* Magen *m*

estomper [estɔ̃pe] *vt* verwischen, trüben; **s'estomper** *vpr* undeutlich werden

Estonie [estɔni] *nf*: **l'~** Estland *nt*

estrade [estrad] *nf* Podium *nt*

estragon [estragɔ̃] *nm* Estragon *m*

estuaire [estɥɛr] *nm* Mündung *f*

esturgeon [estyrʒɔ̃] *nm* Stör *m*

et [e] *conj* und; **et puis** und dann; **et alors** *ou* (**puis**) **après ?** na und?

étable [etabl] *nf* Kuhstall *m*

établi [etabli] *nm* Werkbank *f*

établir [etablir] *vt* (*papiers d'identité, facture*) ausstellen; (*liste, programme, gouvernement, record*) aufstellen; (*entreprise*) gründen; **s'établir** *vpr*: **s'~ (à son compte)** sich selb(st)ständig machen; **s'~ à/près de** sich niederlassen in +*dat*/in der Nähe von • **établissement** *nm* (*entreprise*) Unternehmen *nt*; **~ de crédit** Kreditinstitut *nt*; **~ scolaire** schulische Einrichtung, Schule *f*

étage [etaʒ] *nm* Stockwerk *nt*; **habiter à l'~/au deuxième ~** oben/im zweiten Stock(werk) wohnen

étagère [etaʒɛr] *nf* (*rayon*) (Regal)brett *nt*; (*meuble*) Regal *nt*

étain [etɛ̃] *nm* Zinn *nt*

étalage [etalaʒ] *nm* Auslage *f*

étaler [etale] *vt* ausbreiten; (*paiements, dates, vacances*) verteilen; (*marchandises*) ausstellen; **s'étaler** *vpr* (*liquide*) sich ausbreiten; **s'~ sur** (*se répartir*) sich verteilen über +*acc*

étanche [etɑ̃ʃ] *adj* wasserdicht

étang [etɑ̃] *nm* Teich *m*

étant [etɑ̃] *vb voir* **être**

étape [etap] *nf* Etappe *f*; (*lieu d'arrivée*) Rastplatz *m*; **faire ~ à** Rast machen in +*dat*

état [eta] *nm* Zustand *m*; **É~** Staat *m*; **être hors d'~ de faire qch** außerstande sein, etw zu tun; **~ civil** Personenstand *m*; **~ d'urgence** Notstand *m* • **état-major** (*pl* **états-majors**) *nm*

(Mil) Stab m • **État-providence** nm Wohlfahrtsstaat m • **États-Unis** nmpl : **les ~ (d'Amérique)** die Vereinigten Staaten pl (von Amerika)

étayer [eteje] vt abstützen; (fig) unterstützen

etc. [ɛtsetera] abr usw

et caetera, et cetera [ɛtsetera] adv und so weiter

été [ete] pp de **être** ▶ nm Sommer m

éteindre [etɛ̃dʀ] vt ausmachen; (incendie, bougie, dette, aussi fig) löschen; **s'éteindre** vpr ausgehen • **éteint, e** adj (personne, regard, voix) matt, stumpf; (volcan) erloschen

étendre [etɑ̃dʀ] vt (carte, tapis) ausbreiten; (blessé, malade) hinlegen; **s'étendre** vpr (terrain, forêt etc) sich erstrecken; (s'allonger) sich hinlegen • **étendue** nf Ausmaß nt; (surface) Fläche f

éternel, le [etɛʀnɛl] adj ewig • **éterniser** : **s'~** vpr ewig andauern; (visiteur) ewig lang bleiben • **éternité** nf Ewigkeit f

éternuer [etɛʀnɥe] vi niesen

éther [etɛʀ] nm Äther m

Éthiopie [etjɔpi] nf : **l'~** Äthiopien nt

ethnie [ɛtni] nf ethnische Gruppe f

ethnique [ɛtnik] adj ethnisch

ethnologie [ɛtnɔlɔʒi] nf Völkerkunde f

éthologie [etɔlɔʒi] nf Verhaltensforschung f

étinceler [etɛ̃s(ə)le] vi funkeln • **étincelle** nf Funke m

étiqueter [etik(ə)te] vt (paquet, boîte) beschriften • **étiquette** nf (à coller) Aufkleber m; (fig) Etikett nt

étirer [etiʀe] vt dehnen; **s'étirer** vpr (personne) sich strecken

étoffe [etɔf] nf Stoff m

étoile [etwal] nf Stern m; (vedette) Star m ▶ adj : **danseur/danseuse ~** Startänzer m/-tänzerin f; **à la belle ~** unter freiem Himmel; **~ de mer** Seestern m; **~ filante** Sternschnuppe f

étonnant, e [etɔnɑ̃, ɑ̃t] adj erstaunlich

étonnement [etɔnmɑ̃] nm Erstaunen nt; **à mon grand ~** zu meinem großen Erstaunen

étonner [etɔne] vt erstaunen; **s'étonner** vpr : **s'~ que/de** erstaunt sein, dass/über +acc

étouffant, e [etufɑ̃, ɑ̃t] adj erstickend, bedrückend

étouffée [etufe] nf : **à l'~** adv gedünstet

étouffer [etufe] vt ersticken; (bruit) dämpfen ▶ vi ersticken; **s'étouffer** vpr sich verschlucken

étourderie [etuʀdəʀi] nf Schusseligkeit f • **étourdi, e** adj schusselig

étourdir [etuʀdiʀ] vt betäuben; (éloges, vitesse) schwindelig machen • **étourdissement** nm Schwindelgefühl nt

étrange [etʀɑ̃ʒ] adj sonderbar eigenartig

étranger, -ère [etʀɑ̃ʒe, ɛʀ] adj (d'un autre pays) ausländisch; (pas de la famille) fremd ▶ nm/f Ausländer(in) m(f), Fremde(r) f(m) ▶ nm : **à l'~** im Ausland

étrangler [etʀɑ̃gle] vt erwürgen; **s'étrangler** vpr sich verschlucken

---

être [etʀ]

▶ vi **1** sein; **il est fort** er ist stark; **il est instituteur** er ist Lehrer; **elle est à Paris/au salon** sie ist in Paris/im Wohnzimmer
2 : **~ à** (appartenir) gehören +dat; **ce livre est à Paul** das Buch gehört Paul; **c'est à moi/eux** das gehört mir/ihnen
3 (date) : **nous sommes le 5 juin** wir haben den 5. Juni
▶ vb aux **1** sein; **elle est partie** sie ist weggegangen
2 (obligation) : **c'est à faire** das muss gemacht werden
▶ vb impers **1** : **il est** (+adjectif) es ist; **il est impossible de le faire** es ist unmöglich, das zu tun; **il serait facile de le faire** es wäre einfach, das zu tun
2 (heure) : **il est 10 heures/1 heure/minuit** es ist 10 Uhr/1 Uhr/Mitternacht
3 (emphatique) : **c'est moi** ich bins; **c'est à lui de le faire/de décider** er muss es machen/entscheiden
4 (est-ce que) : **est-ce que c'est cher ?** ist es teuer?; **est-ce que c'était bon ?** war es gut?; **quand est-ce qu'il part ?** wann reist er ab?; **où est-ce qu'il va ?** wohin geht er?; **qui est-ce qui a fait ça ?** wer hat das gemacht?
▶ nm (individu) Wesen nt

étrennes [etʀɛn] nfpl Neujahrsgeschenke pl
étrier [etʀije] nm Steigbügel m
étroit, e [etʀwa, wat] adj eng

étude [etyd] nf (action) Studieren nt; (ouvrage) Studie f; **études** nfpl Studium nt; **faire des ~s de droit/médecine** Jura/Medizin studieren
• **étudiant, e** nm/f Student(in) m(f) ▶ adj Studenten- • **étudier** vt studieren; (élève) lernen ▶ vi studieren
étui [etɥi] nm Etui nt
eu, eue [y] pp de **avoir**
euphorie [øfɔʀi] nf Euphorie f
euro [øʀo] nm Euro m
eurodollar [øʀodɔlaʀ] nm Eurodollar m
Euroland [øʀolɑ̃d] nm Euroland nt, Eurozone f
Europe [øʀɔp] nf : **l'~** Europa nt • **européen, ne** adj europäisch ▶ nm/f : **E~, ne** Europäer(in) m(f) • **eurosceptique** nmf Euroskeptiker(in) m(f)
euthanasie [øtanazi] nf Euthanasie f
eux [ø] pron sie; (objet indirect, après prép +dat) ihnen
évacuation [evakɥasjɔ̃] nf Evakuierung f
évacuer [evakɥe] vt räumen; (population, occupants) evakuieren; (Méd) ausscheiden
évadé, e [evade] nm/f entwichener Häftling m
évader [evade] : **s'~** vpr flüchten
évaluation [evalɥasjɔ̃] nf Einschätzung f
évaluer [evalɥe] vt einschätzen
évangile [evɑ̃ʒil] nm Evangelium nt
évanouir [evanwiʀ] : **s'~** vpr ohnmächtig werden; (fig) schwinden • **évanouissement** nm Ohnmacht f

évaporer [evapɔʀe] : **s'~** vpr
verdunsten

évasif, -ive [evazif, iv] adj
ausweichend

évasion [evazjɔ̃] nf Flucht f

évêché [eveʃe] nm Bistum nt

éveil [evej] nm Erwachen nt; **être
en ~** wachsam sein • **éveillé, e**
adj wach • **éveiller** vt wecken;
s'éveiller vpr aufwachen

événement [evɛnmɑ̃] nm
Ereignis nt • **événementiel** nm
Eventmanagement nt

éventail [evɑ̃taj] nm Fächer m

éventualité [evɑ̃tɥalite] nf
Eventualität f; **dans l'~ de** im
Falle +gén

éventuel, le [evɑ̃tɥɛl] adj
möglich

évêque [evɛk] nm Bischof m

éviction [eviksjɔ̃] nf (de locataire)
Hinauswurf m; (de rival)
Ausschalten nt

évidemment [evidamɑ̃] adv (de
toute évidence) offensichtlich; (bien
sûr) natürlich

évidence [evidɑ̃s] nf
Offensichtlichkeit f; (fait)
Tatsache f; **mettre en ~**
aufzeigen • **évident, e** adj
offensichtlich

évier [evje] nm Spülbecken nt

éviter [evite] vt ausweichen +dat;
(obstacle, ville) meiden;
(catastrophe, malheur)
verhindern; **~ de faire qch**
vermeiden, etw zu tun; **~ que
qch ne se passe** verhindern,
dass etw geschieht; **~ qch à qn**
jdm etw ersparen

évocation [evɔkasjɔ̃] nf
Heraufbeschwören nt

évolué, e [evɔlɥe] adj hoch
entwickelt • **évoluer** vi sich
entwickeln • **évolution** nf
Entwicklung f

évoquer [evɔke] vt
heraufbeschwören

ex [ɛks] préf : **son ex-mari** ihr
Exmann m

ex. abr (= exemple) Beisp.

exacerber [ɛgzasɛʀbe] vt
verschlimmern

exact, e [ɛgza(kt), ɛgzakt] adj
(précis) genau; (correct) exakt;
l'heure ~e die genaue Uhrzeit f
• **exactement** adv genau
• **exactitude** nf Genauigkeit f

ex aequo [ɛgzeko] adj inv : **être
classé premier ~** sich den ersten
Platz mit jemandem teilen

exagérer [ɛgzaʒeʀe] vt
übertreiben ▶ vi übertreiben

examen [ɛgzamɛ̃] nm (d'un dossier,
d'un problème) Untersuchung f;
(Scol) Prüfung f; **mettre en ~** (jur)
das Verfahren einleiten gegen;
~ médical ärztliche
Untersuchung • **examinateur,
-trice** nm/f Prüfer(in) m(f)
• **examiner** vt prüfen; (malade,
problème, question) untersuchen

exaspérer [ɛgzaspeʀe] vt zur
Verzweiflung bringen

exaucer [ɛgzose] vt (vœu)
erfüllen; **~ qn** jdn erhören

excavation [ɛkskavasjɔ̃] nf
Ausgrabung f

excédent [ɛksedɑ̃] nm
Überschuss m; **~ de bagages**
Übergepäck nt

excéder [ɛksede] vt (dépasser)
überschreiten; (agacer) zur
Verzweiflung bringen

e

excellence [ɛkselɑ̃s] nf
hervorragende Qualität f; **son E~**
Exzellenz f • **excellent, e** adj
ausgezeichnet, hervorragend
• **exceller** vi : **~ (en** ou **dans)** sich
auszeichnen (in +dat)

excentrique [ɛksɑ̃tʀik] adj
exzentrisch

excepté, e [ɛksɛpte] adj : **les
élèves/dictionnaires ~s**
ausgenommen Schüler/
Wörterbücher ▶ prép außer +dat;
~ si es sei denn; **~ quand** außer
wenn

exception [ɛksɛpsjɔ̃] nf
Ausnahme f; **sans ~** ausnahmslos
• **exceptionnel, le** adj
außergewöhnlich
• **exceptionnellement** adv
außergewöhnlich; (par exception)
außerordentlich

excès [ɛksɛ] nm Überschuss m; **à
l'~** übertrieben; **~ de vitesse**
Geschwindigkeitsüberschreitung
f • **excessif, -ive** adj überhöht

excitant [ɛksitɑ̃] nm
Aufputschmittel nt

excitation [ɛksitasjɔ̃] nf
Aufregung f • **exciter** vt aufregen;
(sexuellement) erregen; (Physiol)
anregen

exclamation [ɛksklamasjɔ̃] nf
Ausruf m • **exclamer : s'~** vpr rufen

exclure [ɛksklyʀ] vt
ausschließen; (faire sortir)
hinauswesen • **exclusif, -ive** adj
exklusiv • **exclusion** nf : **à l'~ de**
mit Ausnahme von
• **exclusivement** adv
ausschließlich

excursion [ɛkskyʀsjɔ̃] nf
Ausflug m • **excursionniste** nm/f
Ausflügler(in) m(f)

excusable [ɛkskyzabl] adj
entschuldbar

excuse [ɛkskyz] nf
Entschuldigung f; (prétexte aussi)
Ausrede f • **excuser** vt
entschuldigen; **s'excuser** vpr sich
entschuldigen; **excusez-moi**
Entschuldigung

exécuter [ɛgzekyte] vt (ordre,
mission, travail, Inform) ausführen;
(opération) durchführen
• **exécutif, -ive** adj exekutiv ▶ nm :
l'~ die Exekutive f • **exécution** nf
Hinrichtung f, Ausführung f,
Durchführung f; **mettre à ~**
ausführen

exemplaire [ɛgzɑ̃plɛʀ] adj
beispielhaft, vorbildlich ▶ nm
Exemplar nt

exemple [ɛgzɑ̃pl] nm Beispiel nt;
par ~ zum Beispiel

exempt, e [ɛgzɑ̃, ɑ̃(p)t] adj : **~ de**
befreit von; (sans) frei von
• **exempter** vt : **~ qn de** jdn
befreien von

exercer [ɛgzɛʀse] vt ausüben;
(personne, faculté) trainieren;
s'exercer vpr üben

exercice [ɛgzɛʀsis] nm Übung f;
(physique) Bewegung f

exhaustif, -ive [ɛgzostif, iv] adj
erschöpfend

exhorter [ɛgzɔʀte] vt : **~ qn à
faire qch** jdn anflehen, etw zu tun

exigeant, e [ɛgziʒɑ̃, ɑ̃t] adj
anspruchsvoll • **exigence** nf
Forderung f • **exiger** vt fordern,
erfordern

exigu, ë [ɛgzigy] adj eng

exil [ɛgzil] nm Exil nt • **exiler** vt
verbannen; **s'exiler** vpr ins
Exil gehen

existence [ɛgzistɑ̃s] nf Existenz f; (vie) Leben nt, Dasein nt
• **exister** vi existieren; (vivre) leben; **il existe** es gibt

exode [ɛgzɔd] nm : **~ rural** Landflucht f

exonérer [ɛgzɔneʀe] vt : **~ de** befreien von

exorbitant, e [ɛgzɔʀbitɑ̃, ɑ̃t] adj astronomisch

exotique [ɛgzɔtik] adj exotisch

exp. abr (= expéditeur) Abs.

expansif, -ive [ɛkspɑ̃sif, iv] adj mitteilsam

expansion [ɛkspɑ̃sjɔ̃] nf Expansion f

expatrier [ɛkspatʀije] vt (argent) ins Ausland verschieben; **s'expatrier** vpr ins Ausland gehen

expectative [ɛkspɛktativ] nf : **être dans l'~** abwarten

expédier [ɛkspedje] vt abschicken • **expéditeur, -trice** nm/f Absender(in) m(f)

expédition [ɛkspedisjɔ̃] nf Expedition f; (d'une lettre) Absenden nt

expérience [ɛkspeʀjɑ̃s] nf Erfahrung f; (scientifique) Experiment nt

expérimenter [ɛkspeʀimɑ̃te] vt erproben

expert, e [ɛkspɛʀ, ɛʀt] adj : **être ~ en** gut Bescheid wissen über +acc ▶ nm Experte m, Expertin f
• **expert-comptable** (pl **experts-comptables**) nm Wirtschaftsprüfer(in) m(f)
• **expertise** nf Gutachten nt
• **expertiser** vt (dégâts) abschätzen

expirer [ɛkspiʀe] vi (passeport, bail) ablaufen

explication [ɛksplikasjɔ̃] nf Erklärung f; (discussion) Aussprache f

explicite [ɛksplisit] adj ausdrücklich • **expliquer** vt erklären; **s'expliquer** vpr (se comprendre) verständlich sein; (discuter, se disputer) sich aussprechen

exploit [ɛksplwa] nm Leistung f

exploitation [ɛksplwatasjɔ̃] nf Ausbeutung f; **~ agricole** landwirtschaftlicher Betrieb m
• **exploiter** vt ausbeuten

explorateur, -trice [ɛksplɔʀatœʀ, tʀis] nm/f Forscher(in) m(f)

exploration [ɛksplɔʀasjɔ̃] nf Erforschung f

explorer [ɛksplɔʀe] vt erforschen

exploser [ɛksploze] vi explodieren; (joie, colère) ausbrechen • **explosif, -ive** adj explosiv ▶ nm Sprengstoff m
• **explosion** nf Explosion f; **~ de colère** Wutausbruch m;
~ démographique Bevölkerungsexplosion f

exportateur, -trice [ɛkspɔʀtatœʀ, tʀis] adj Export- ▶ nm (personne) Exporteur m

exportation [ɛkspɔʀtasjɔ̃] nf Export m

exporter [ɛkspɔʀte] vt exportieren

exposant [ɛkspozɑ̃] nm (personne) Aussteller m; (Math) Exponent m

exposé, e [ɛkspoze] adj (orienté) ausgerichtet ▶ nm (conférence)

Referat nt; **être ~ à l'est/au sud**
nach Osten/Süden gehen ou
liegen

exposer [εkspoze] vt ausstellen
• **exposition** nf Ausstellung f;
(Photo) Belichtung f

exprès¹ [εkspRε] adv absichtlich

exprès², -esse [εkspRε] adj
(ordre, défense) ausdrücklich ▶ adj
inv : **lettre ~** Eilbrief m; **colis ~**
Schnellpaket nt

express [εkspRεs] adj, nm :
(café) ~ Espresso m

expressément [εkspResemɑ̃]
adv ausdrücklich

expressif, -ive [εkspResif, iv]
adj ausdrucksvoll

expression [εkspResjɔ̃] nf
Ausdruck m

exprimer [εkspRime] vt
ausdrücken; **s'exprimer** vpr sich
ausdrücken

exproprier [εkspRɔpRije] vt
enteignen

expulser [εkspylse] vt
verweisen; (locataire)
hinauswerfen • **expulsion** nf
Ausweisung f

exquis, e [εkski, iz] adj exquisit

exsangue [εksɑ̃g] adj blutleer

extasier [εkstazje] : **s'~** vpr : **s'~**
sur in Ekstase geraten über +acc

extensible [εkstɑ̃sibl] adj
dehnbar

extensif, -ive [εkstɑ̃sif, iv] adj
extensiv

extension [εkstɑ̃sjɔ̃] nf Strecken
nt; (fig) Expansion f; **~ de**
mémoire (Inform)
Speichererweiterung f

exténuer [εkstenɥe] vt
erschöpfen

extérieur, e [εksteRjœR] adj
Außen-; (influences, pressions)
äußere(r, s); (superficiel) äußerlich
▶ nm Außenseite f

exterminer [εkstεRmine] vt
ausrotten

externat [εkstεRna] nm
Tagesschule f

externe [εkstεRn] adj extern

extincteur [εkstε̃ktœR] nm
Feuerlöscher m

extinction [εkstε̃ksjɔ̃] nf (d'une
race) Aussterben nt; **~ des feux**
Lichtausmachen nt; **~ de voix**
Stimmverlust m

extirper [εkstiRpe] vt (plante)
ausreißen; (tumeur) entfernen

extorquer [εkstɔRke] vt : **~ qch**
à qn etw von jdm erpressen

extra [εkstRa] adj inv erstklassig

extraconjugal, e (pl **-aux**)
[εkstRakɔ̃ʒygal, o] adj
außerehelich

extraction [εkstRaksjɔ̃] nf
Gewinnung f; (de dent) Ziehen nt

extradition [εkstRadisjɔ̃] nf
Auslieferung f

extraire [εkstRεR] vt (minerai)
gewinnen; (dent, Math : racine)
ziehen; **~ qch de** etw
herausziehen aus

extrait, e [εkstRε, εt] pp de
extraire ▶ nm Extrakt m; (de film,
livre) Auszug m

extraordinaire
[εkstRaɔRdinεR] adj
außergewöhnlich; **mission ~**
Sondermission f; **assemblée ~**
Sondersitzung f

extraterrestre
[εkstRateRεstR(ə)] nmf
Außerirdische(r) f(m)

extravagant, e [ɛkstʁavagɑ̃, ɑ̃t] *adj* extravagant

extraverti, e [ɛkstʁavɛʁti] *adj* extrovertiert

extrême [ɛkstʁɛm] *adj* extrem; (*limite*) äußerste(r, s) ▶*nm* : **les ~s** die Extreme *pl* • **Extrême-Orient** *nm* : **l'~** der Ferne Osten *m* • **extrémiste** *nmf* Extremist(in) *m(f)*

extrémité [ɛkstʁemite] *nf* äußerstes Ende *nt*; (*situation*) äußerste Not *f*; **extrémités** *nfpl* (*pieds et mains*) Extremitäten *pl*

exubérant, e [ɛgzybeʁɑ̃, ɑ̃t] *adj* überschwänglich

exulter [ɛgzylte] *vi* frohlocken

eye-liner [ajlajnœʁ] (*pl* **eye-liners**) *nm* Lidstrich *m*

fa [fa] *nm inv* (*Mus*) F *nt*

fable [fabl] *nf* Fabel *f*

fabricant [fabʁikɑ̃] *nm* Hersteller *m* • **fabrication** *nf* Herstellung *f*

fabrique [fabʁik] *nf* Fabrik *f* • **fabriquer** *vt* herstellen

fabuleux, -euse [fabylø, øz] *adj* (*récit etc*) Fabel-; (*somme, quantité etc*) märchenhaft

fac [fak] (*fam*) *abr f* Uni *f*

façade [fasad] *nf* Fassade *f*

face [fas] *nf* (*côté*) Seite *f*; (*visage*) Gesicht *nt*; **en ~ de** gegenüber von; (*fig*) im Angesicht +*gén*; **de ~** von vorn; **~ à** gegenüber von (*fig*) angesichts +*gén*; **~ à ~** einander gegenüber

facette [fasɛt] *nf* Facette *f*; (*d'un problème*) Seite *f*

fâché, e [faʃe] *adj* wütend, böse • **fâcher** *vt* ärgern; **se fâcher** *vpr* wütend werden; **se ~ contre qn** sich über jdn ärgern; **se ~ avec qn** sich mit jdm zerstreiten

fâcheux, -euse [faʃø, øz] *adj* (*regrettable*) bedauerlich

facile [fasil] *adj* leicht, einfach;
~ à faire leicht (zu machen)
• **facilement** *adv* leicht • **facilité**
nf (aise) Leichtigkeit f • **faciliter** *vt*
erleichtern

façon [fasɔ̃] *nf (manière)* Art und
Weise f; **de toute ~** auf jeden Fall

facteur [faktœʀ] *nm (postier)*
Briefträger m; *(Math, fig)* Faktor m

factice [faktis] *adj* nachgemacht;
(situation, sourire) gekünstelt

faction [faksjɔ̃] *nf (groupe)*
(Splitter)gruppe f; *(garde)* Wache f

facture [faktyʀ] *nf* Rechnung f
• **facturer** *vt* berechnen

facultatif, -ive [fakyltatif, iv]
adj freiwillig

faculté [fakylte] *nf (possibilité,
pouvoir)* Fähigkeit f, Vermögen nt;
(Univ) Fakultät f

fade [fad] *adj* fad

fading [fadiŋ] *nm (Radio)*
Ausblenden nt

FAI [ɛfai] *sigle m* (= *fournisseur
d'accès à Internet*) Internetprovider
m

faible [fɛbl] *adj* schwach;
(moralement) (willens)schwach
▶ *nm* : **le ~ de qn/qch** die
schwache Stelle von jdm/etw;
avoir un ~ pour qn/qch eine
Schwäche für jdn/etw haben • **faiblesse** *nf*
Schwäche f • **faiblir** *vi* schwächer
werden

faïence [fajɑ̃s] *nf* Töpferware f,
Keramik f

faille [faj] *nf (dans un rocher)* Spalte
f; *(fig)* Schwachstelle f

faillible [fajibl] *adj* fehlbar

faillir [fajiʀ] *vi* : **j'ai failli tomber**
ich wäre beinahe hingefallen

faillite [fajit] *nf* Bankrott m

faim [fɛ̃] *nf* Hunger m; **avoir ~**
Hunger haben

fainéant, e [fɛneɑ̃, ɑ̃t] *adj* faul
▶ *nm/f* Faulenzer(in) m(f)

---

faire [fɛʀ]

▶ *vt* **1** machen; **que fait-il ?** was
macht er?; **qu'allons-nous ~ ?**
was sollen wir tun?; **que ~ ?** was
tun?; **que faites-vous ?** was
machen Sie (gerade)?; **~ des
dégâts** Schaden anrichten; **~ la
cuisine** kochen; **~ les courses**
einkaufen; **~ les magasins**
einen Einkaufsbummel machen;
n'avoir que ~ de qch etw nicht
nötig haben

2 *(produire)* erzeugen; **fait à la
main** Handarbeit; **fait à la
machine** mit der Maschine
gefertigt

3 *(études)* betreiben; *(sport)*
treiben; *(musique)* machen;
~ du rugby Rugby spielen;
~ du ski laufen; **~ du
violon/piano** Geige/Klavier
spielen

4 *(maladie)* haben; **~ du
diabète/de la tension/de la
fièvre** Diabetes/
Bluthochdruck/Fieber haben

5 *(simuler)* : **~ le
malade/l'ignorant** den
Kranken/Unwissenden spielen

6 *(transformer, avoir un effet sur)* :
ça ne me fait rien das ist mir
egal; **ça me fait rien** das macht
nichts

7 *(calculs, prix, mesures)* : **2 et 2
font** 2 und 2 macht *ou* ist 4;
9 divisé par 3 fait 3 9 geteilt
durch 3 macht *ou* ist 3; **ça fait**

15 euros das macht 15 Euro **8** (*dire*) sagen; **« vraiment ? »**
fit-il „wirklich?" sagte er
▸ **vi 1** (*agir, s'y prendre*) machen;
il faut ~ vite wir müssen uns
beeilen; **faites comme chez**
vous fühlen Sie sich wie zu
Hause
2 (*ses besoins*) machen
3 (*paraître*) aussehen; **~ vieux/**
démodé/petit alt/altmodisch/
klein aussehen
▸ **vb substitut** machen;
remets-le en place — je viens
de le ~ tu es zurück — ich habs
gerade *ou* soeben gemacht
▸ **vb impers 1: il fait beau** es ist
schönes Wetter; **il fait froid/**
chaud es ist kalt/warm
2 (*temps écoulé, durée*): **ça fait**
cinq heures qu'il est parti er
ist vor fünf Stunden
weggefahren; **ça fait deux**
ans/heures qu'il y est er ist
schon zwei Jahre/Stunden dort
▸ **vb semi-aux** (*avec infinitif*)
lassen; **~ tomber qch** etw fallen
lassen; **~ chauffer de l'eau**
Wasser aufsetzen; **~ réparer**
qch etw reparieren lassen; **il**
m'a fait ouvrir la porte er hat
mich gezwungen, die Tür zu
öffnen
se faire *vpr* **1** (*vin, fromage*)
reifen
2: cela se fait beaucoup das
sieht man oft; **cela ne se fait**
pas das macht man nicht
3 (*+nom ou pronom*): **se ~ une**
jupe sich *dat* einen Rock machen
ou nähen; **se ~ des amis**
Freunde gewinnen; **il ne s'en**
fait pas er macht sich keine
Sorgen

4 (*+adj*): **se ~ vieux** (langsam)
alt werden
5: se ~ à (*s'habituer*) sich
gewöhnen an +*acc*
6 (*+infinitif*): **se ~ opérer** sich
operieren lassen; **se ~ couper**
les cheveux sich *dat* die Haare
schneiden lassen; **se ~**
montrer/expliquer qch sich
dat etw zeigen/erklären lassen;
se ~ faire un vêtement sich *dat*
ein Kleidungsstück anfertigen
lassen
7 (*impersonnel*): **comment se**
fait-il/faisait-il que ... ? wie
kommt/kam es, dass ...?; **il**
peut se ~ que ... es kann sein,
dass ...

faire-part [fɛʀpaʀ] *nm inv*: **~ de**
mariage/décès Heiratsanzeige
f/Todesanzeige *f*
fair-play [fɛʀplɛ] *adj inv* fair
faisable [fəzabl] *adj* machbar
faisan, e [fəzã, an] *nm/f*
Fasan *m*
faisceau, x [fɛso] *nm* (*de lumière,*
électronique etc) Strahl *m*; (*de*
branches etc) Bündel *nt*
fait[1] [fɛ] *nm* Tatsache *f*; **au ~**
übrigens; **en ~** tatsächlich; **~**
accompli vollendete Tatsache;
« ~ divers » „Vermischtes"
fait[2]**, e** [fɛ, fɛt] *adj* (*fromage*) reif;
c'est bien ~ pour lui/eux das
geschieht ihm/ihnen ganz recht
faitout, fait-tout [fɛtu] *nm inv*
großer Kochtopf *m*
falaise [falɛz] *nf* Klippe *f*
falloir [falwaʀ] *vb impers*: **il va ~**
100 euros (*besoin*) es werden
100 Euro nötig sein; **il faut faire**

falsifier

les lits die Betten müssen gemacht werden; **il me faut/ faudrait 100 euros/de l'aide** ich brauche/bräuchte 100 Euro/ Hilfe; **il vous faut tourner à gauche après l'église** nach der Kirche müssen Sie links abbiegen; **il faut que je fasse les lits** ich muss die Betten machen; **il faudrait qu'elle rentre** sie sollte wirklich nach Hause gehen

falsifier [falsifje] vt fälschen

famé, e [fame] adj : **mal ~** zwielichtig

fameux, -euse [famø, øz] adj berühmt; (bon) ausgezeichnet

familial, e, -aux [familjal, jo] adj Familien- ▸ nf (Auto) Kombi m

familiariser [familjaʀize] vt : **~ qn avec qch** jdn mit etw vertraut machen; **se familiariser** vpr : **se ~ avec** vertraut werden mit • **familiarité** nf Vertraulichkeit f; (connaissance) Vertrautheit f • **familier, -ière** (connu) vertraut; (dénotant une certaine intimité) vertraulich

famille [famij] nf Familie f; **il a de la ~ à Paris** er hat Verwandte in Paris

famine [famin] nf Hungersnot f

fana [fana] (fam) abr = **fanatique**

fanatique [fanatik] adj fanatisch ▸ nmf Fanatiker(in) m(f) • **fanatisme** nmm Fanatismus m

faner [fane] vt : **se ~** vpr (fleur) verwelken, verblühen

fanfare [fɑ̃faʀ] nf (orchestre) Blaskapelle f; (musique) Fanfare f

fanfaron, ne [fɑ̃faʀɔ̃, ɔn] nm/f Angeber(in) m(f)

fanion [fanjɔ̃] nmm Wimpel m

fantaisie [fɑ̃tezi] nf Fantasie f ▸ adj : **bijou ~** Modeschmuck m; **agir selon sa ~** nach Lust und Laune handeln • **fantaisiste** adj (péj) unseriös ▸ nm (de music-hall) Varietékünstler(in) m(f)

fantasme [fɑ̃tasm] nmm Hirngespinst nt • **fantasque** adj launisch

fantastique [fɑ̃tastik] adj fantastisch

fantôme [fɑ̃tom] nmm Gespenst nt

faon [fɑ̃] nmm Hirschkalb nt, Rehkitz nt

FAQ [fak] sigle f (Inform : = foire aux questions) FAQ pl

farce [faʀs] nf (Culin) Füllung f; (blague) Streich m; (Théât) Possenspiel nt • **farceur, -euse** nm/f Spaßvogel m • **farcir** vt (Culin) füllen; **~ qch de** (fig) etw spicken mit

fard [faʀ] nmm Schminke f

fardeau, x [faʀdo] nmm Last f

farder [faʀde] vt schminken

farfelu, e [faʀfǝly] adj exzentrisch

farine [faʀin] nf Mehl nt • **farineux, -euse** adj mehlig

farouche [faʀuʃ] adj (sauvage) scheu; (brutal, indompté) wild; (déterminé) stark, heftig

fart [faʀt] nmm Skiwachs nt • **farter** vt wachsen

fascicule [fasikyl] nmm Heft nt

fascinant, e [fasinɑ̃, ɑ̃t] adj faszinierend

fasciner [fasine] vt faszinieren

fascisme [faʃism] nmm Faschismus m • **fasciste** adj faschistisch ▸ nmf Faschist(in) m(f)

fast-food [fastfud] (pl **fast-foods**) nm Fast Food nt; (restaurant) Schnellimbiss m

fastidieux, -euse [fastidjø, jøz] adj langweilig; (travail) mühsam

fastueux, -euse [fastɥø, øz] adj prunkvoll, prächtig

fatal, e [fatal] adj tödlich • **fatalité** nf (destin) Schicksal nt; (coïncidence fâcheuse) Verhängnis nt

fatigant, e [fatigɑ̃, ɑ̃t] adj ermüdend • **fatigue** nf Müdigkeit f • **fatigué, e** adj müde • **fatiguer** vt ermüden, müde machen; (importuner) belästigen ▸ vi (moteur) überlastet sein; **se fatiguer** vpr müde werden

fatras [fatʀɑ] nm Durcheinander nt

faubourg [fobuʀ] nm Vorstadt f

fauché, e [foʃe] (fam) adj blank

faucher [foʃe] vt (herbe, champs) mähen; (mort, véhicule) niedermähen; (fam) mopsen

faucille [fosij] nf Sichel f

faucon [fokɔ̃] nm Falke m

faufiler [fofile] vt heften; **se faufiler** vpr: **se ~ dans/parmi** sich einschleichen in +acc; **se ~ entre** hindurchschlüpfen durch +acc

faune [fon] nf Fauna f, Tierwelt f; (péj) Haufen m

faussaire [foseʀ] nmf Fälscher(in) m(f) • **faussement** adv fälschlich • **fausser** vt verfälschen

faut [fo] voir **falloir**

faute [fot] nf Fehler m; (mauvaise action) Verstoß m; **par la ~ de Pierre** durch Pierres Schuld; **c'est de sa/ma ~** das ist seine/meine Schuld; **~ de** aus Mangel an +dat, mangels +gén; **sans ~** ganz bestimmt; **~ d'orthographe** Schreibfehler m

fauteuil [fotœj] nm Sessel m; **~ d'orchestre** (Théât) Sperrsitz m; **~ roulant** Rollstuhl m

fautif, -ive [fotif, iv] adj (responsable) schuldig; (incorrect) falsch

fauve [fov] nm Raubkatze f

faux¹ [fo] nf (Agr) Sense f

faux², fausse [fo, fos] adj falsch; (falsifié) gefälscht ▸ adv (Mus): **jouer/chanter ~** falsch spielen/singen ▸ nm (copie) Fälschung f; **fausse clé** Dietrich m; **fausse couche** nf Fehlgeburt f; **~ frais** nmpl Nebenausgaben pl; **~ pas** Stolpern nt; (fig) Fauxpas m • **faux-filet** (pl **faux-filets**) nm (Culin) ≈ Lendenstück nt

faveur [favœʀ] nf Gunst f; (service) Gefallen m; **régime/traitement de ~** Bevorzugung f; **en ~ de qn/qch** zu js Gunsten/zugunsten einer Sache gén

favorable [favɔʀabl] adj (propice) günstig; (bien disposé) wohlwollend; **être ~ à qch** einer Sache dat positiv gegenüberstehen

favori, -ite [favɔʀi, it] adj Lieblings- ▸ nm Favorit(in) m(f) • **favoriser** vt (personne) bevorzugen; (activité) fördern • **favoritisme** nm Vetternwirtschaft f

fax [faks] nm Fax nt

fécond, e [fekɔ̃, ɔ̃d] adj fruchtbar • **féconder** vt befruchten • **fécondité** nf Fruchtbarkeit f

f

fécule [fekyl] *nf* Stärke *f*

fédéral, e, -aux [federal, o] *adj*
Bundes- • **fédération** *nf* Verband
m; (*Pol*) Staatenbund *m*,
Föderation *f*

fée [fe] *nf* Fee *f* • **féerique** *adj*
zauberhaft

feindre [fɛ̃dʀ] *vt* (*simuler*)
vortäuschen; ~ **de faire qch**
vorgeben, etw zu tun • **feint, e** *pp*
de **feindre** ▸ *adj* vorgetäuscht

feinte [fɛ̃t] *nf* Finte *f*

félicitations [felisitasjɔ̃] *nfpl*
Glückwünsche *pl* • **féliciter** *vt*
beglückwünschen, gratulieren
+*dat*

félin, e [felɛ̃, in] *adj* Katzen-,
katzenartig ▸ *nm* (*Zool*) Katze *f*

fêlure [felyʀ] *nf* Sprung *m*

femelle [fəmɛl] *nf* (*d'animal*)
Weibchen *nt* ▸ *adj* weiblich

féminin, e [feminɛ̃, in] *adj*
weiblich; (*équipe, vêtements etc*)
Frauen- ▸ *nm* Femininum *nt*
• **féminisme** *nm* Feminismus *m*
• **féministe** *adj* feministisch ▸ *nf*
Feministin *f*

féminité [feminite] *nf*
Weiblichkeit *f*

femme [fam] *nf* Frau *f*; ~ **de**
chambre Zimmermädchen *nt*;
~ **de ménage** Putzfrau *f*

fémur [femyʀ] *nm*
Oberschenkel *m*

fendre [fɑ̃dʀ] *vt* spalten; **se**
fendre *vpr* bersten, zerspringen
• **fendu, e** *adj* (*sol, mur*) rissig

fenêtre [f(ə)nɛtʀ] *nf* Fenster *nt*

fenouil [fənuj] *nm* Fenchel *m*

fente [fɑ̃t] *nf* (*fissure*) Riss *m*,
Sprung *m*; (*de boîte à lettres, dans
un vêtement etc*) Schlitz *m*

fer [fɛʀ] *nm* Eisen *nt*; **de ou en ~**
aus Eisen; ~ **à cheval** Hufeisen *nt*;
~ **(à repasser)** Bügeleisen *nt*;
~ **à vapeur** Dampfbügeleisen *nt*;
~ **forgé** Schmiedeeisen *nt*
• **fer-blanc** (*pl* **fers-blancs**) *nm*
Blech *nt*

férié, e [feʀje] *adj* : **jour ~**
Feiertag *m*

ferme [fɛʀm] *nf* Bauernhof *m*
▸ *adj* fest; (*personne*) entschieden

fermé, e [fɛʀme] *adj* geschlossen

fermement [fɛʀməmɑ̃] *adv* fest,
entschieden

fermentation [fɛʀmɑ̃tasjɔ̃] *nf*
Gärung *f*

fermenter [fɛʀmɑ̃te] *vi* gären

fermer [fɛʀme] *vt* schließen,
zumachen; (*eau, électricité,
robinet*) abstellen; (*aéroport, route*)
sperren ▸ *vi* (*porte, valise*)
zugehen; (*entreprise*) schließen;
se fermer *vpr* sich schließen

fermeté [fɛʀmte] *nf*
Festigkeit *f*; (*d'une personne*)
Entschiedenheit *f*

fermeture [fɛʀmatyʀ] *nf*
Schließen *nt*; (*dispositif*)
Verschluss *m*; **jour de ~**
Ruhetag *m*

fermier, -ière [fɛʀmje, jɛʀ] *nm/f*
Bauer *m*, Bäuerin *f*

fermoir [fɛʀmwaʀ] *nm*
Verschluss *m*, Schließe *f*

féroce [feʀɔs] *adj* wild

ferraille [feʀaj] *nf* Schrott *m*,
Alteisen *nt*; **mettre à la ~**
verschrotten

ferré, e [feʀe] *adj* (*canne*) mit
Eisen beschlagen

ferroviaire [feʀɔvjɛʀ] *adj*
Eisenbahn-

ferry [fɛʀi] (pl **ferries**),
ferry-boat [fɛʀibot] (pl
ferry-boats) nm Fähre f
fertile [fɛʀtil] adj fruchtbar
• **fertiliser** vt (terre) düngen
• **fertilité** nf Fruchtbarkeit f
fervent, e [fɛʀvã, ãt] adj (prière)
inbrünstig; (admirateur) glühend
• **ferveur** nf Inbrunst f, Eifer m
fesse [fɛs] nf Hinterbacke f;
les ~s das Hinterteil nt •
fessée nf Schläge pl (auf das
Hinterteil)
festin [fɛstɛ̃] nm Festmahl nt
festival [fɛstival] nm Festival nt,
Festspiele pl • **festivalier** nm
Festivalbesucher(in) m(f)
festivités [fɛstivite] nfpl
Festlichkeiten pl
festoyer [fɛstwaje] vi
schmausen
fête [fɛt] nf (publique) Feiertag m;
(en famille) Feier f, Fest nt; (d'une
personne) Namenstag m;
la ~ in Saus und Braus leben;
jour de ~ Festtag m, Feiertag m;
les ~s (de fin d'année) die
(Weihnachts)feiertage pl; **salle/
comité des ~s** Festsaal m/
Festausschuss m; **la ~ nationale**
der Nationalfeiertag m; **~ foraine**
Jahrmarkt m; **~ mobile**
beweglicher Feiertag m
• **Fête-Dieu** [fɛtdjø] nf:
la ~ Fronleichnam m • **fêter** vt
feiern
feu¹ [fø] adj inv: **~ son père** sein
verstorbener Vater
feu², x [fø] nm Feuer nt; (Naut)
(Leucht)feuer nt; (de voiture, avion)
Licht nt; (de circulation) Ampel f;
au ~! Feuer, Feuer!; **à ~ doux/vif**

auf kleiner/großer Flamme; **avez-
vous du ~?** (pour cigarette) haben
Sie Feuer?; **s'arrêter aux ~x** oⅬ
au ~ rouge an der roten Ampel
stehen bleiben; **~ arrière** (Autc)
Rücklicht nt; **~x d'artifice**
Feuerwerk nt; **~x de croisement**
Abblendlicht nt; **~x de position**
Parklicht nt
feuillage [fœjaʒ] nm Blätter pl
feuille [fœj] nf Blatt nt; **~ (de
papier)** Blatt Papier
feuilleté, e [fœjte] adj: **pâte ~e**
Blätterteig m
feuilleter [fœjte] vt
durchblättern
feuilleton [fœjtɔ̃] nm (roman)
Fortsetzungsroman m; (TV, Radio)
Serie f
feutre [føtʀ] nm (matière) Filz m;
(chapeau) Filzhut m; (stylo)
Filzstift m
fève [fɛv] nf dicke Bohne f
février [fevʀije] nm Februar m;
voir aussi **juillet**
fi [fi] excl: **faire fi de** nicht
befolgen
fiable [fjabl] adj zuverlässig
fiançailles [fjãsaj] nfpl
Verlobung f; (période)
Verlobungszeit f • **fiancé, e** nm/f
Verlobte(r) f(m) ▶ adj: **être ~ (à)**
verlobt sein (mit) • **fiancer**: **se ~**
vpr: **se ~ (à ou avec)** sich verloⅮen
(mit)
fibre [fibʀ] nf Faser f; **~ optique**
optische Faser, Glasfaser f
ficeler [fis(ə)le] vt (paquet)
verschnüren • **ficelle** nf Schnur f,
Bindfaden m
fichage [fiʃaʒ] nm Registierung f

fiche [fiʃ] *nf* (*carte*) Karteikarte *f*; (*Élec*) Stecker *m*; **~ de paye** Gehaltsabrechnung *f*

ficher [fiʃe] *vt* (*police*) in die Akten aufnehmen; (*fam*: *faire*) machen; **se ficher** *vpr*: **se ~ de** (*fam*: *se moquer*) sich lustig machen über *+acc*; (: *être indifférent*) sich nicht scheren um; **~ qn à la porte** (*fam*) jdn zur Tür rauswerfen; **fiche(-moi) le camp !** (*fam*) hau ab!; **fiche-moi la paix** (*fam*) lass mich in Ruhe *ou* Frieden

fichier [fiʃje] *nm* Kartei *f*; (*Inform*) Datei *f*; **~ joint** (*Inform*) Attachment *nt*, Anhang *m*

fichu, e [fiʃy] *pp de* **ficher** ▸ *adj* (*fam*: *inutilisable*) kaputt

fictif, -ive [fiktif, iv] *adj* fiktiv • **fiction** *nf* Fiktion *f*

fidèle [fidɛl] *adj* treu ▸ *nmf*: **les ~s** (*Rel*) die Gläubigen *pl*; **être ~ à** treu sein *+dat*; (*parole donnée*) halten • **fidéliser** *vt* (*Comm*) als Stammkunde gewinnen • **fidélité** *nf* Treue *f*, Zuverlässigkeit *f*

Fidji [fidʒi] *nfpl*: **les îles ~** die Fidschi-Inseln *pl*

fiduciaire [fidysjɛʀ] *adj* treuhänderisch

fief [fjɛf] *nm* (*Hist*) Lehen *nt*; (*fig*) Herrschaftsgebiet *nt*; (*Pol*) Hochburg *f*

fier¹ [fje]: **se ~ à** *vpr* sich verlassen auf *+acc*

fier², fière [fje, fjɛʀ] *adj* stolz; **~ de qch/qn** stolz auf etw/jdn • **fierté** *nf* Stolz *m*

fièvre [fjɛvʀ] *nf* Fieber *nt* • **fiévreux, -euse** *adj* fiebrig; (*fig*) fieberhaft

FIFA [fifa] *sigle f* (= *Fédération internationale de football association*) FIFA *f*

figer [fiʒe] *vt* (*sang*) gerinnen lassen; (*personne*) erstarren lassen, lähmen

figue [fig] *nf* Feige *f* • **figuier** *nm* Feigenbaum *m*

figurant, e [figyʀɑ̃, ɑ̃t] *nm/f* Statist(in) *m(f)*

figuratif, -ive [figyʀatif, iv] *adj* (*art*) gegenständlich

figure [figyʀ] *nf* (*visage*) Gesicht *nt*; (*aspect*) Aussehen *nt*; (*personnage*) Gestalt *f*

figuré, e [figyʀe] *adj* (*Ling*) übertragen

figurer [figyʀe] *vi* (*apparaître*) erscheinen ▸ *vt* (*représenter*) darstellen; **se figurer** *vpr*: **se ~ qch** sich etw vorstellen; **se ~ que** sich *dat* vorstellen, dass

fil [fil] *nm* Faden *m*; (*électrique*) Leitung *f*; **sans ~** (*Tél*) schnurlos; **~ à coudre** Nähgarn *nt*; **~ à pêche** Angelschnur *f*; **~ à plomb** Lot *nt*; **~ de fer** Draht *m*; **~ de fer barbelé** Stacheldraht *m*; **~ dentaire** Zahnseide *f*

filament [filamɑ̃] *nm* (*Élec*) Glühfaden *m*; (*de liquide etc*) Faden *m*

filandreux, -euse [filɑ̃dʀø, øz] *adj* (*viande*) faserig

filant, e [filɑ̃, ɑ̃t] *adj*: **étoile ~e** Sternschnuppe *f*

filature [filatyʀ] *nf* (*fabrique*) Spinnerei *f*; (*d'un suspect*) Beschattung *f*

file [fil] *nf* Reihe *f*; (*d'attente*) Schlange *f*

filer [file] vt spinnen ▶ vi (aller vite) flitzen; (fam : partir)

filet [filɛ] nm Netz nt; (Culin) Filet nt

filial, e, -aux [filjal, jo] adj Kindes- ▶ nf Filiale f • **filiation** nf Abstammung f; (fig) Abfolge f

filière [filjɛʀ] nf (hiérarchique, administrative) Wege pl; **suivre la ~** von der Pike auf dienen

filiforme [filifɔʀm] adj fadenförmig, fadendünn

fille [fij] nf (opposé à garçon) Mädchen nt; (opposé à fils) Tochter f; **vieille ~** (alte) Jungfer • **fillette** nf kleines Mädchen nt

filleul, e [fijœl] nm/f Patenkind nt

film [film] nm Film m; **~ d'horreur** Horrorfilm m; **~ muet/parlant** Stummfilm m/ Tonfilm m • **filmer** vt filmen

filou [filu] nm Gauner m

fils [fis] nm Sohn m; **~ à papa** verzogenes Kind nt reicher Eltern; **~ de famille** junger Mann m aus gutem Hause

filtrant, e [filtʀɑ̃, ɑ̃t] adj (huile solaire etc) mit Schutzfaktor

filtre [filtʀ] nm Filter m • **filtrer** vt filtern ▶ vi (lumière) durchscheinen; (bruit, liquide, nouvelle) durchsickern

fin¹ [fɛ̃] nf Ende nt; **(à la) ~ mai/ juin** Ende Mai/Juni; **en ~ de journée/semaine** am Ende des Tages/der Woche; **à la ~** schließlich

fin², e [fɛ̃, fin] adj fein; (papier, couche, cheveux) dünn; (visage) fein geschnitten; (taille) schmal, zierlich; (pointe, pinceau) fein,

spitz; (esprit, personne, remarque) feinsinnig ▶ adv völlig; **au ~ fond de** mitten in +dat; **vin/repas ~** erlesener Wein m/köstliches Essen nt; **~ gourmet** großer Feinschmecker m; **~es herbes** fein gehackte Kräuter pl

final, e [final] adj letzte(r, s); (Philos) final; **cause ~e** Urgrund m • **finale** (Sport) Finale nt; **quart/ huitièmes de ~** Viertel-/ Achtelfinale nt • **finalement** adv schließlich • **finaliste** nmf Endrundenteilnehmer(in) m(f)

finance [finɑ̃s] nf Finanz(welt) f; **finances** nfpl (situation) Finanzen pl • **financement** nm Finanzierung f; **~ participatif** Crowdfunding nt, Schwarmfinanzierung f • **financer** vt finanzieren • **financier, -ière** adj Finanz- ▶ nm Finanzier m

finement [finmɑ̃] adv fein

finesse [finɛs] nf Feinheit f

fini, e [fini] adj (terminé) fertig; (sans avenir) erledigt • **finir** vt (travail, opération) fertig machen, beenden; (vie, études) beenden; (repas, paquet de bonbons etc) aufessen ▶ vi (se terminer) zu Ende gehen, aufhören; **~ de faire qch** (terminer) etw beenden ou zu Ende machen; (cesser) aufhören, etw zu tun • **finissage** nm Fertigstellung f, letzter Schliff m • **finition** nf Fertigstellung f

finlandais, e [fɛ̃lɑ̃dɛ, ɛz] adj finnisch ▶ nm/f: **F~, e** Finne m, Finnin f • **Finlande** nf: **la ~** Finnland nt • **finnois, e** adj finnisch

firme [fiʀm] nf Firma f

fisc [fisk] *nm* : **le ~** der Fiskus *m*, die Steuerbehörde *f* • **fiscal, e, -aux** *adj* Steuer- • **fiscalité** *nf* (*système*) Steuerwesen *nt*; (*charges*) Steuerlast *f*

fissure [fisyʀ] *nf* (*lézarde, cassure*) Sprung *m*; (*crevasse*) Riss *m* • **fissurer** : **se ~** *vpr* rissig werden

fiston [fistɔ̃] (*fam*) *nm* Söhnchen *nt*

fixateur [fiksatœʀ] *nm* (*Photo*) Fixiermittel *nt*; (*pour cheveux*) Festiger *m* • **fixation** *nf* Befestigung *f*; (*de ski*) Bindung *f*

fixe [fiks] *adj* fest; (*regard*) starr ▶ *nm* (*salaire*) Festgehalt *nt*; **à date/heure ~** zu einem bestimmten Datum/zu einer bestimmten Uhrzeit; **menu à prix ~** Menü *nt* zu einem festen Preis

fixé, e [fikse] *adj* : **être ~ (sur)** (*savoir à quoi s'en tenir*) genau Bescheid wissen (über +*acc*)

fixer [fikse] *vt* (*attacher*) festmachen, befestigen; (*déterminer*) festlegen, festsetzen; (*Chim, Photo*) fixieren; (*poser son regard sur*) fixieren, anstarren

flacon [flakɔ̃] *nm* Fläschchen *nt*

flagada [flagada] *adj inv* (*fam*) schlapp

flageolet [flaʒɔlɛ] *nm* Zwergbohne *f*

flagrant, e [flagʀɑ̃, ɑ̃t] *adj* offenkundig; **prendre qn en ~ délit** jdn auf frischer Tat ertappen

flair [flɛʀ] *nm* (*du chien*) Geruchssinn *m*; (*fig*) Gespür *m* • **flairer** *vt* wittern

flamand, e [flamɑ̃, ɑ̃d] *adj* flämisch ▶ *nm/f*: **F~, e** Flame *m*, Flamin *f*

flamant [flamɑ̃] *nm* Flamingo *m*

flambant [flɑ̃bɑ̃] *adv* : **~ neuf** funkelnagelneu

flambé, e [flɑ̃be] *adj* flambiert

flambeau, x [flɑ̃bo] *nm* Fackel *f*

flambée [flɑ̃be] *nf* (*feu*) (hell aufloderndes) Feuer *nt*; **~ de violence** Aufflackern *nt* von Gewalt; **~ des prix** Emporschießen *nt* der Preise

flamber [flɑ̃be] *vi* (*feu*) auflodern; (*maison*) abbrennen ▶ *vt* (*poulet*) absengen; (*aiguille*) (in der Flamme) keimfrei machen

flamboyant, e [flɑ̃bwajɑ̃, ɑ̃t] *adj* : **gothique ~** Spätgotik *f*

flamingant, e [flamɛ̃gɑ̃, ɑ̃t] *adj* flämischsprachig

flamme [flɑm] *nf* Flamme *f*; (*fig*) Glut *f*, Leidenschaft *f*

flan [flɑ̃] *nm* Pudding *m*

flanc [flɑ̃] *nm* (*Anat*) Seite *f*; **à ~ de coteau** am Hang

Flandre [flɑ̃dʀ] *nf* : **la ~, les ~s** Flandern *nt*

flanelle [flanɛl] *nf* Flanell *m*

flâner [flɑne] *vi* bummeln

flanquer [flɑ̃ke] *vt* (*être accolé à*) flankieren; **~ qch sur/dans** (*fam*) etw schmeißen auf +*acc*/in +*acc*; **~ qn à la porte** (*fam*) jdn zur Tür hinauswerfen; **~ la frousse à qn** (*fam*) jdm eine Heidenangst einjagen

flaque [flak] *nf* Pfütze *f*

flash [flaʃ] (*pl* **flashes**) *nm* (*Photo*) Blitz(licht *nt*) *m*; **~ d'information** Kurznachrichten *pl* • **flash-back** *nm inv* Rückblende *f*

flasque [flask] *adj* schlaff

flatter [flate] vt (personne) schmeicheln +dat • **flatterie** nf Schmeichelei f • **flatteur, -euse** adj schmeichelhaft ▸ nm/f Schmeichler(in) m(f)

fléau, x [fleo] nm (calamité) Geißel f, Plage f; (pour le blé) Dreschflegel m

flèche [flɛʃ] nf Pfeil m • **fléchette** nf Wurfpfeil m

flegmatique [flɛgmatik] adj phlegmatisch

flemme [flɛm] nf : **j'ai la ~ de le faire** ich habe keinen Bock, es zu tun

flétan [fletã] nm Heilbutt m

flétrir [fletRiR] vt (fleur) verwelken lassen; **se flétrir** vpr verwelken

fleur [flœR] nf Blume f; (d'un arbre) Blüte f; **être en ~** blühen

fleuri, e [flœRi] adj (jardin) blühend, in voller Blüte; (maison, balcon) blumengeschmückt; (style, propos) blumig; (teint, nez) gerötet

fleurir [flœRiR] vi blühen; (fig) seine Blütezeit haben ▸ vt mit Blumen schmücken • **fleuriste** nmf Florist(in) m(f)

fleuve [flœv] nf Fluss m

flexibilité [flɛksibilite] nf Flexibilität f

flexible [flɛksibl] adj (objet) biegsam; (matériau) elastisch; (personne, caractère) flexibel

flexion [flɛksjɔ̃] nf Biegung f; (Ling) Flexion f, Beugung f

flic [flik] (fam) nm Bulle m

flingue [flɛ̃g] (fam) nm Knarre f

flinguer [flɛ̃ge] vt (fam) abknallen

flipper¹ [flipœR] nm Flipper m

flipper² [flipe] vi (fam) ausflippen

flirter [flœRte] vi flirten

flocon [flɔkɔ̃] nm Flocke f

floraison [flɔRɛzɔ̃] nf Blütezeit f

floral, e, -aux [flɔRal, o] adj Blumen-

flore [flɔR] nf Flora f

florissant, e [flɔRisã, ãt] adj (entreprise, commerce) blühend

flot [flo] nm Flut f; **flots** nmpl (de la mer) Wellen pl; **à ~s** in Strömen

flotte [flɔt] nf (Naut) Flotte f; (fam : eau) Wasser nt

flottement [flɔtmã] nm (hésitation) Schwanken nt, Zögern nt; (Écon) Floating nt

flotter [flɔte] vi (bateau, bois) schwimmen; (drapeau, cheveux) wehen, flattern ▸ vt flößen ▸ vb impers (fam) : **il flotte** es regnet • **flotteur** nm (d'hydravion etc) Schwimmkörper m; (de canne à pêche) Schwimmer m

flou, e [flu] adj verschwommen; (photo) unscharf

fluctuation [flyktɥasjɔ̃] nf Schwankung f

fluet, te [flyɛ, ɛt] adj zart, zerbrechlich

fluide [flɥid] adj flüssig

fluor [flyɔR] nm Fluor m

fluorescent, e [flyɔResã, ãt] cdj fluoreszierend, Leucht-

flûte [flyt] nf Flöte f; (pain) Stangenbrot nt; **~ à bec** Blockflöte f; **~ traversière** Querflöte f

fluvial, e, -aux [flyvjal, jo] adj Fluss-

flux

flux [fly] *nm* Flut *f*; **le ~ et le reflux** Ebbe *f* und Flut; *(fig)* das Auf und Ab

FM [ɛfɛm] *sigle f* (= *fréquence modulée*) FM

FMI [ɛfɛmi] *sigle m* (= *Fonds monétaire international*) IWF *m*

FN [ɛfɛn] *sigle m* (= *Front national*) rechtsextreme Partei

fœtus [fetys] *nm* Fötus *m*

foi [fwa] *nf* Glaube *m*; **digne de ~** glaubwürdig; **être de bonne/ mauvaise ~** guten Glaubens sein/nicht guten Glaubens sein

foie [fwa] *nm* Leber *f*

foin [fwɛ̃] *nm* Heu *nt*

foire [fwaʀ] *nf* Markt *m*; *(fête foraine)* Jahrmarkt *m*; *(exposition)* Messe *f*

fois [fwa] *nf* Mal *nt*; **une ~** einmal; **deux ~** zweimal; **vingt ~** zwanzigmal; **encore une ~** noch einmal; **cette ~** diesmal; **la ~ suivante** das nächste Mal, nächstes Mal; **à la ~** auf einmal

foison [fwazɔ̃] *nf*: **une ~ de** eine Fülle von; **à ~** in Hülle und Fülle
• **foisonner** *vi*: **~ en** *ou* **de** reich sein an +*dat*

folie [fɔli] *nf* Verrücktheit *f*; *(maladie)* Wahnsinn *m*

folklore [fɔlklɔʀ] *nm* Folklore *f*
• **folklorique** *adj* Volks-, volkstümlich; *(fam: péj)* seltsam

folle [fɔl] *adj f, nf* voir **fou**
• **follement** *adv* verrückt nach

foncé, e [fɔ̃se] *adj* dunkel; **bleu/ rouge ~** dunkelblau/dunkelrot

foncer [fɔ̃se] *vi* (*tissu, teinte*) dunkler werden; *(fam: aller vite)* rasen; **~ sur** *(fam)* sich stürzen auf +*acc*

fonceur, -euse [fɔ̃sœʀ, øz] *nm/f* *(fam)* Tatmensch *m*

foncier, -ière [fɔ̃sje, jɛʀ] *adj* *(honnêteté, malhonnêteté)* grundlegend, fundamental; *(propriétaire, impôt)* Grund-

fonction [fɔ̃ksjɔ̃] *nf* Funktion *f*; *(profession)* Amt *nt*
• **fonctionnaire** *nmf* = Beamte(r) *m*, Beamtin *f* • **fonctionnel, le** *adj* Funktions-; *(bien conçu)* funktionell • **fonctionner** *vi* funktionieren

fond [fɔ̃] *nm* (*d'un récipient, trou*) Boden *m*; *(d'une salle, d'un tableau, décor)* Hintergrund *m*; **au ~ de** *(salle)* im hinteren Teil +*gén*; **à ~** *(connaître, soutenir)* gründlich; *(appuyer, visser)* kräftig, fest; **~ de teint** Grundierung *f*

fondamental, e, -aux [fɔ̃damɑ̃tal, o] *adj* grundlegend, fundamental
• **fondamentalisme** *nm* Fundamentalismus *m*

fondant, e [fɔ̃dɑ̃, ɑ̃t] *adj* schmelzend; *(au goût)* auf der Zunge zergehend

fondateur, -trice [fɔ̃datœʀ, tʀis] *nm/f* Gründer(in) *m(f)*
• **fondation** *nf* Gründung *f*; *(établissement)* Stiftung *f*

fondé, e [fɔ̃de] *adj* begründet ▶ *nm*: **~ de pouvoir** Prokurist(in) *m(f)*; **bien ~** wohlbegründet; **être ~ à croire** Grund zu der Annahme haben, daß

fondement [fɔ̃dmɑ̃] *nm* *(postérieur)* Hinterteil *nt*; **fondements** *nmpl (fig)* Grundlage *f*; **sans ~** unbegründet, grundlos
• **fonder** *vt* gründen; **se fonder** *vpr*: **se ~ sur qch** sich stützen

auf +acc; **~ qch sur** etw stützen auf +acc

fonderie [fɔ̃dʀi] nf Gießerei f

fondre [fɔ̃dʀ] vt schmelzen ▶ vi schmelzen; (dans de l'eau) sich auflösen; **faire ~** schmelzen

fonds [fɔ̃] nm (de bibliothèque) Bestand m ▶ nmpl (argent) Kapital nt, Gelder pl; **le F~ monétaire international** der Internationale Währungsfonds

fondu, e [fɔ̃dy] adj geschmolzen

fondue [fɔ̃dy] nf : **~ (savoyarde)/ bourguignonne** Käse/ Fleischfondue nt

fongicide [fɔ̃ʒisid] nm Fungizid nt; (Méd) Hautpilzmittel nt

fontaine [fɔ̃tɛn] nf Quelle f; (construction) Brunnen m

fonte [fɔ̃t] nf Schmelze f, Schmelzen nt; (métal) Gusseisen nt; **en ~ émaillée** aus emailliertem Gusseisen

foot [fut], **football** [futbol] nm Fußball m; **footballeur, -euse** nm/f Fußballspieler(in) m(f)

footing [futiŋ] nm : **faire du ~** joggen

forain, e [fɔʀɛ̃, ɛn] adj Jahrmarkts- ▶ nm/f Schausteller(in) m(f)

force [fɔʀs] nf Kraft f; (degré de puissance) Stärke f; **forces** nfpl (Mil) Streitkräfte pl; **de ~** mit Gewalt; **~ de dissuasion** Abschreckungskraft f; **~ de frappe** Militärmacht f; **les ~s de l'ordre** die Polizei f; **~ forcé, e** adj (rire, attitude) gezwungen; (atterrissage) Not- ▶ **forcément** adv (bien sûr) ganz bestimmt; **pas ~** nicht unbedingt

forcené, e [fɔʀsəne] nm/f Wahnsinnige(r) f(m)

forceps [fɔʀsɛps] nm Geburtszange f

forcer [fɔʀse] vt (porte, serrure) aufbrechen; (moteur) überfordern; (contraindre) zwingen ▶ vi (Sport) sich verausgaben; **se forcer** vpr : **se ~ à qch/faire qch** sich zu etw zwingen/sich dazu zwingen, etw zu tun; **~ qn à faire qch** jdn dazu zwingen, etw zu tun

forcing [fɔʀsiŋ] nm : **faire du ~** Druck machen

forer [fɔʀe] vt (objet, rocher) durchbohren; (trou, puits) bohren

forestier, -ière [fɔʀɛstje, jɛʀ] adj Forst-, Wald-

foret [fɔʀɛ] nm Bohrer m

forêt [fɔʀɛ] nf Wald m; **~ vierge** Urwald m

Forêt-Noire [fɔʀɛnwaʀ] nf (Géo) Schwarzwald m

forêt-noire [fɔʀɛnwaʀ] nf (CuLin) Schwarzwälder Kirschtorte f

foreuse [fɔʀøz] nf Bohrmaschine f

forfait [fɔʀfɛ] nm (Comm) Pauschalpreis m; (de téléphone portable) Flatrate f ▶ **forfaitaire** adj Pauschal-

forge [fɔʀʒ] nf Schmiede f • **forgé, e** adj : **~ de toutes pièces** von A bis Z erfunden • **forger** vt schmieden • **forgeron** nm Schmied m

formaliser [fɔʀmalize] : **se ~** vpr gekränkt sein; **se ~ de qch** an etw Anstoß nehmen

formalité [fɔʀmalite] nf Formalität f

format [fɔʀma] nm Format nt
• **formater** vt formatieren

formation [fɔʀmasjɔ̃] nf Bildung f; (éducation, apprentissage) Ausbildung f; (Géo) Formation f

forme [fɔʀm] nf Form f; **prendre ~** Gestalt annehmen

formel, le [fɔʀmɛl] adj (preuve, décision) klar • **formellement** adv (interdit) ausdrücklich

former [fɔʀme] vt bilden; (personne) ausbilden; (caractère, intelligence, goût) ausbilden; (lettre etc) gestalten; **se former** vpr (apparaître) sich bilden, entstehen; (se développer) sich entwickeln

formidable [fɔʀmidabl] adj (important) gewaltig, ungeheuer; (excellent) wunderbar, toll

formulaire [fɔʀmylɛʀ] nm Formular nt

formule [fɔʀmyl] nf (Science) Formel f; (de crédit) System nt; **~ de politesse** Höflichkeitsfloskel f

formuler [fɔʀmyle] vt ausdrücken, formulieren

fort, e [fɔʀ, fɔʀt] adj stark; (doué) begabt; (sauce etc) scharf ▶ adv (frapper, serrer) kräftig; (sonner, parler) laut ▶ nm (édifice) Fort nt

forteresse [fɔʀtəʀɛs] nf Festung f

fortifiant, e [fɔʀtifjɑ̃, jɑ̃t] adj stärkend ▶ nm Stärkungsmittel nt

fortifications [fɔʀtifikasjɔ̃] nfpl Befestigungsanlagen pl

fortifier [fɔʀtifje] vt stärken; (Mil) befestigen

fortuit, e [fɔʀtɥi, it] adj zufällig

fortune [fɔʀtyn] nf Vermögen nt; (destin) Schicksal nt; **faire ~** reich werden • **fortuné, e** adj wohlhabend

forum [fɔʀɔm] nm Forum nt; (débat) Diskussionsforum nt

fosse [fos] nf (grand trou) Grube f; (Géo) Graben m

fossé [fose] nm Graben m, Kluft f

fossile [fosil] nm Fossil nt

fossoyeur [foswajœʀ] nm Totengräber m

fou, folle [fu, fɔl] adj verrückt; (extrême) wahnsinnig ▶ nm/f Verrückte(r) f(m) ▶ nm (Échecs) Läufer m; **être ~ de** (sport, art etc) verrückt sein auf +acc; (personne) verrückt sein nach

foudre [fudʀ] nf: **la ~** der Blitz

foudroyant, e [fudʀwajɑ̃, ɑ̃t] adj (rapidité, succès) überwältigend; (maladie, poison) sofort tödlich

foudroyer [fudʀwaje] vt erschlagen

fouet [fwɛ] nm Peitsche f; (Culin) Schneebesen m • **fouetter** vt peitschen; (Culin) schlagen

fougère [fuʒɛʀ] nf Farn m

fouille [fuj] nf Durchsuchung f; **fouilles** nfpl (archéologiques) Ausgrabungen pl • **fouiller** vt (personne, local) durchsuchen; (sol) durchwühlen

fouillis [fuji] nm Durcheinander nt

fouiner [fwine] vi: **~ dans** herumschnüffeln in +dat

foulard [fulaʀ] nm (Hals)tuch nt, (Kopf)tuch nt

foule [ful] nf Menschenmenge f; **une ~ de** (beaucoup) eine Menge (von); **les ~s** die Massen pl

fouler [fule] vt (raisin) keltern;
se fouler vpr : **se ~ la cheville/le
bras** sich dat den Knöchel/den
Arm verstauchen • **foulure** nf
Verstauchung f

four [fuʀ] nm (Back)ofen m

fourbe [fuʀb] adj (personne)
betrügerisch; (regard)
verschlagen

fourbi [fuʀbi] (fam) nm
Krempel m

fourbu, e [fuʀby] adj erschöpft

fourche [fuʀʃ] nf (à foin)
Heugabel f • **fourchette** nf
Gabel f; **~ à dessert**
Kuchengabel f

fourgon [fuʀgɔ̃] nm (Auto)
Lieferwagen m

fourgonnette [fuʀgɔnɛt] nf
Lieferwagen m

fourmi [fuʀmi] nf Ameise f; **j'ai
des ~s dans les jambes** mir sind
die Beine eingeschlafen
• **fourmilière** nf Ameisenhaufen
m • **fourmillement** nm
(démangeaison) Kribbeln nt

fournaise [fuʀnɛz] nf
Feuersbrunst f; (lieu très chaud)
Treibhaus nt

fourneau, x [fuʀno] nm (de
cuisine) Herd m

fourni, e [fuʀni] adj (barbe,
cheveux) dicht; **bien/mal ~ (en)**
gut/schlecht ausgestattet (mit)

fournir [fuʀniʀ] vt liefern; **~ un
effort** sich anstrengen
• **fournisseur, -euse** nm/f
Lieferant(in) m(f); **~ d'accès**
Provider m • **fourniture** nf
Lieferung f; **fournitures** nfpl
Ausstattung f

fourrage [fuʀaʒ] nm (Vieh)futter nt

fourré, e [fuʀe] adj (bonbon,
chocolat etc) gefüllt; (manteau,
botte etc) gefüttert ▶ nm
Dickicht nt

fourreau, x [fuʀo] nm (d'épée)
Scheide f

fourrer [fuʀe] (fam) vt : **~ qch
dans** etw stecken in +acc
• **fourre-tout** nm inv (sac)
Reisetasche f; (fig) Mischmasch m

fourreur [fuʀœʀ] nm
Kürschner(in) m(f)

fourrière [fuʀjɛʀ] nf (pour
voitures) Abstellplatz m für
abgeschleppte Fahrzeuge

fourrure [fuʀyʀ] nf (pelage) Fell
nt; (matériau, manteau) Pelz m

fourvoyer [fuʀvwaje] : **se ~** vpr
sich verirren

foutu, e [futy] (fam !) adj = **fichu**

foyer [fwaje] nm (d'incendie,
d'infection) Herd m; (famille,
domicile) Heim nt; (Théât) Foyer nt;
(résidence) Wohnheim nt; (Optique,
Photo) Brennpunkt m; **lunettes à
double ~** Bifokalbrille f

fracas [fʀaka] nm Krach m
• **fracasser** vt zertrümmern;
se fracasser vpr : **se ~ contre** ou
sur zerschellen an +dat

fraction [fʀaksjɔ̃] nf (Math)
Bruch m; (partie) Bruchteil m; **une
~ de seconde** der Bruchteil einer
Sekunde

fracturation [fʀaktyʀasjɔ̃] nf :
~ hydraulique Fracking nt

fracture [fʀaktyʀ] nf (Méd)
Bruch m; **~ du crâne**
Schädelbruch m; **~ numérique**
digitale Kluft f; **~ ouverte** offener
Bruch m; **~ sociale** soziale Kluft f
• **fracturer** vt (coffre, serrure)

fragile

aufbrechen; (os, membre) brechen; **se ~ la jambe** sich dat ein Bein brechen; **se ~ le crâne** einen Schädelbruch erleiden

fragile [fʀaʒil] *adj (objet)* zerbrechlich; *(estomac)* empfindlich; *(santé)* schwach, zart; *(personne)* zart, zerbrechlich • **fragilité** *nf* Zerbrechlichkeit *f*, Zartheit *f*

fragment [fʀagmã] *nm (morceau)* (Bruch)stück *nt*, Teil *m*; *(extrait)* Auszug *m*

fraîchement [fʀɛʃmã] *adv (sans enthousiasme)* kühl, zurückhaltend; *(récemment)* kürzlich, neulich

fraîcheur [fʀɛʃœʀ] *nf* Frische *f* • **fraîchir** *vi* abkühlen; *(vent)* auffrischen

frais¹, fraîche [fʀɛ, fʀɛʃ] *adj* frisch; *(froid)* kühl ▶ *nm* : **mettre au ~** *(au réfrigérateur)* kühl lagern; **il fait ~** es ist kühl; **à boire/servir ~** gut gekühlt trinken/servieren; **prendre le ~** frische Luft schöpfen *ou* schnappen

frais² [fʀɛ] *nmpl (dépenses)* Kosten *pl*, Ausgaben *pl*; **faire des ~** Geld ausgeben; **~ de déplacement** Fahrtkosten *pl*

fraise [fʀɛz] *nf* Erdbeere *f*; *(Tech)* Fräse *f*; **~ des bois** Walderdbeere *f*

fraiser [fʀeze] *vt* fräsen

fraisier [fʀezje] *nm* Erdbeerpflanze *f*

framboise [fʀãbwaz] *nf* Himbeere *f*

franc, franche [fʀã, fʀãʃ] *adj (personne)* offen, aufrichtig ▶ *adv* : **à parler ~** und ehrlich gesagt

▶ *nm (monnaie)* Franc *m*; **~ de port** portofrei, gebührenfrei; **~ suisse** Schweizer Franken *m*

français, e [fʀãsɛ, ɛz] *adj* französisch ▶ *nm (Ling)* Französisch *nt* ▶ *nm/f*: **F~, e** Franzose *m*, Französin *f* • **France** *nf*: **la ~** Frankreich *nt*

franchement [fʀãʃmã] *adv* ehrlich; *(tout à fait)* ausgesprochen

franchir [fʀãʃiʀ] *vt (obstacle, distance)* überwinden; *(seuil, ligne, rivière)* überschreiten

franchise [fʀãʃiz] *nf* Offenheit *f*, Aufrichtigkeit *f*; *(douanière, d'impôt)* (Gebühren)freiheit *f*; *(Assurances)* Selbstbeteiligung *f*

franc-maçon [fʀãmasɔ̃] *(pl* **franc-maçons)** *nm* Freimaurer *m*

franco¹ [fʀãko] *adv* : **~ (de port)** franko, gebührenfrei

franco² [fʀãko] *préf* französisch • **francophile** *adj* frankophil • **francophone** *adj* Französisch sprechend • **francophonie** *nf* Gesamtheit der Französisch sprechenden Bevölkerungsgruppen

franc-parler [fʀãpaʀle] *nm inv* Freimütigkeit *f*, Unverblümtheit *f*

frange [fʀãʒ] *nf (de vêtement, tissu etc)* Franse *f*; *(de cheveux)* Pony(franse *f*) *m*

franglais [fʀãglɛ] *nm* Französisch mit vielen Anglizismen

franquette [fʀãkɛt] : **à la bonne ~** *adv* ohne Umstände, ganz zwanglos

frappe [fʀap] *nf* Anschlag *m*; *(Boxe)* Schlag *m* • **frapper** *vt* schlagen; *(étonner)* beeindrucken, auffallen +*dat*; *(monnaie)* prägen

frimousse

frasques [fʀask] *nfpl* Eskapaden *pl*

fraternel, le [fʀatɛʀnɛl] *adj* brüderlich

fraterniser [fʀatɛʀnize] *vi* freundschaftlichen Umgang haben

fraternité [fʀatɛʀnite] *nf* Brüderlichkeit *f*

fraude [fʀod] *nf* Betrug *m*
• **frauder** *vt, vi* betrügen
• **frauduleux, -euse** *adj* betrügerisch

frayeur [fʀejœʀ] *nf* Schrecken *m*

fredonner [fʀədɔne] *vt* summen

free-lance [fʀilɑ̃s] *adj* freiberuflich (tätig); **journaliste ~** freier Journalist, freie Journalistin

freezer [fʀizœʀ] *nm* Gefrierfach *nt*

frein [fʀɛ̃] *nm* Bremse *f*; **~ à main** Handbremse *f*; **~ à disques** Scheibenbremse *f*; **~ à tambours** Trommelbremse *f*
• **freinage** *nm* Bremsen *nt*; **distance de ~** Bremsweg *m*
• **freiner** *vi, vt* bremsen

frêle [fʀɛl] *adj* zart, zerbrechlich

frelon [fʀəlɔ̃] *nm* Hornisse *f*

frémir [fʀemiʀ] *vi* (*de peur, de froid*) zittern; (*eau*) sieden

frêne [fʀɛn] *nm* Esche *f*

frénétique [fʀenetik] *adj* (*passion, sentiments*) rasend; (*musique, applaudissements*) frenetisch, rasend

fréquemment [fʀekamɑ̃] *adv* oft

fréquence [fʀekɑ̃s] *nf* Häufigkeit *f*; (*Phys*) Frequenz *f*; **haute/ basse ~** Hoch-/Niederfrequenz *f*
• **fréquent, e** *adj* häufig

• **fréquentation** *nf* (*d'un lieu*) häufiger Besuch *m*; **la ~ de ces gens** der Umgang mit diesen Leuten; **mauvaises ~s** schlechter Umgang • **fréquenté, e** *adj* (*rue, plage*) belebt; (*établissement*) gut besucht • **fréquenter** *vt* (*lieu*) häufig besuchen

frère [fʀɛʀ] *nm* Bruder *m*

fresque [fʀɛsk] *nf* Fresko *nt*

fret [fʀɛ] *nm* Fracht *f*

fréter [fʀete] *vt* chartern

fretin [fʀətɛ̃] *nm* : **le menu ~** kleine Fische *pl*

friable [fʀijabl] *adj* bröckelig

friand, e [fʀijɑ̃, fʀijɑ̃d] *adj* : **être ~ de qch** etw sehr gern mögen
▶ *nm* (*Culin*) Fleischpastetchen *nt*
• **friandise** *nf* Leckerei *f*

Fribourg [fʀibuʀ] Freiburg *nt*

fric [fʀik] (*fam*) *nm* Kohle *f*

friche [fʀiʃ] *nf* : **en ~** brachliegend

friction [fʀiksjɔ̃] *nf* Abreiben *rt*; (*chez le coiffeur*) Massage *f*
• **frictionner** *vt* abreiben

frigidaire® [fʀiʒidɛʀ] *nm* Kühlschrank *m*

frigide [fʀiʒid] *adj* frigide

frigo [fʀigo] *nm* Kühlschrank *m*
• **frigorifier** *vt* (*produit*) tiefkühlen; **être frigorifié** (*fam*) frieren wie ein Schneider
• **frigorifique** *adj* Kühl-

frileux, -euse [fʀilø, øz] *adj* verfroren

frimas [fʀima] *nmpl* Raureif *m*

frime [fʀim] (*fam*) *nf* : **c'est de la ~** das ist alles nur Schau • **frimer** (*fam*) *vi* eine Schau abziehen

frimousse [fʀimus] *nf* Gesichtchen *nt*

fringale [fʀɛgal] *nf (fam)* : **avoir la ~** Heißhunger haben

fringues [fʀɛ̃g] *(fam) nfpl* Klamotten *pl*

fripé, e [fʀipe] *adj* zerknittert

fripon, ne [fʀipɔ̃, ɔn] *adj* spitzbübisch, schelmisch ▶ *nm/f (enfant)* Schlingel *m*

frire [fʀiʀ] *vt, vi* braten

Frisbee® [fʀizbi] *nm* Frisbee® *nt*; *(disque)* Frisbeescheibe *f*

frise [fʀiz] *nf* Fries *m*

frisé, e [fʀize] *adj* lockig; **(chicorée) ~e** Friséesalat *m* • **friser** *vt (cheveux)* Locken machen in +akk ▶ *vi (cheveux)* lockig sein, sich locken; **~ la quarantaine** fast vierzig sein

frisson [fʀisɔ̃] *nm (de peur)* Schaudern *nt* • **frissonner** *vi (personne)* schaudern

frit, e [fʀi, fʀit] *pp de* **frire** ▶ *nf* Pomme frite *f*, Fritte *f* • **friture** *nf (huile)* Bratfett *nt*; **~ (de poissons)** gebratene Fische *pl*

frivole [fʀivɔl] *adj* oberflächlich

froid, e [fʀwa, fʀwad] *adj* kalt; *(personne, accueil)* kühl ▶ *nm* : **le ~** die Kälte *f*; **il fait ~** es ist kalt; **j'ai ~** mir ist kalt, ich friere; **à ~** *(démarrer)* kalt; **les grands ~s** die kalte Jahreszeit *f* • **froidement** *adv* kühl

froisser [fʀwase] *vt* zerknittern; *(vexer)* kränken; **se froisser** *vpr* knittern; *(se vexer)* gekränkt sein, beleidigt sein; **se ~ un muscle** sich *dat* einen Muskel zerren

frôler [fʀole] *vt* streifen

fromage [fʀɔmaʒ] *nm* Käse *m*; **~ blanc** ≈ Quark *m* • **fromager, -ère** *nm/f (marchand)*

Käsehändler(in) *m(f)* • **fromagerie** *nf* Käserei *f*; *(boutique)* Käseladen *m*

froment [fʀɔmɑ̃] *nm* Weizen *m*

frondeur, -euse [fʀɔ̃dœʀ, øz] *adj* aufrührerisch

front [fʀɔ̃] *nm (Anat)* Stirn *f*; **de ~** frontal; *(rouler)* Kopf an Kopf; *(simultanément)* gleichzeitig, zugleich

frontal, e, -aux [fʀɔ̃tal, o] *adj (Anat)* Stirn-; *(choc, attaque)* frontal

frontalier, -ière [fʀɔ̃talje, jɛʀ] *adj* Grenz- ▶ *nm/f* Grenzgänger(in) *m(f)*

frontière [fʀɔ̃tjɛʀ] *nf* Grenze *f*; **poste/ville ~** Grenzposten *m*/ Grenzstadt *f*; **à la ~** an der Grenze

fronton [fʀɔ̃tɔ̃] *nm* Giebel *m*

frotter [fʀote] *vi* reiben ▶ *vt* reiben

frottis [fʀoti] *nm (Méd)* Abstrich *m*

frousse [fʀus] *(fam) nf* Muffe *f*; **avoir la ~** Muffensausen haben

fructifier [fʀyktifje] *vi (argent)* Zinsen tragen; *(propriété)* an Wert zunehmen; *(arbre)* Früchte tragen; **faire ~** gewinnbringend anlegen

fructueux, -euse [fʀyktyø, øz] *adj* einträglich

frugal, e, -aux [fʀygal, o] *adj (repas)* frugal, einfach

fruit [fʀɥi] *nm* Frucht *f*; *(fig)* Früchte *pl*; **fruits** *nmpl* Obst *nt*; **~s de mer** Meeresfrüchte *pl*; **~s secs** Dörrobst *nt* • **fruité, e** *adj* fruchtig • **fruitier, -ière** *adj* : **arbre ~** Obstbaum *m* ▶ *nm/f (marchand)* Obsthändler(in) *m(f)*

fruste [fʀyst] *adj* ungehobelt, roh

fusil

frustrant, e [fʀystʀɑ̃, ɑ̃t] *adj* frustrierend

frustration [fʀystʀasjɔ̃] *nf* Frustration *f*

frustré, e [fʀystʀe] *adj* frustriert

frustrer [fʀystʀe] *vt* (Psych) frustrieren; (espoirs etc) zunichtemachen; **~ qn de qch** (priver) jdn um etw bringen

fuchsia [fyʃja] *nm* Fuchsie *f*

fuel [fjul] *nm* Heizöl *nt*

fugace [fygas] *adj* flüchtig

fugitif, -ive [fyʒitif, iv] *adj* flüchtig

fugue [fyg] *nf* (d'un enfant) Ausreißen *nt*; (Mus) Fuge *f*; **faire une ~** ausreißen

fuir [fɥiʀ] *vt* fliehen *ou* flüchten vor; (responsabilités) sich entziehen +*dat* ▶ *vi* (personne) fliehen; (gaz, eau) entweichen; (robinet) tropfen; (tuyau) lecken, undicht sein • **fuite** *nf* Flucht *f*; (écoulement) Entweichen *nt*

fulgurant, e [fylgyʀɑ̃, ɑ̃t] *adj* atemberaubend

fumé, e [fyme] *adj* (Culin) geräuchert; (verres) getönt

fume-cigarette [fymsigaʀet] *nm inv* Zigarettenspitze *f*

fumée [fyme] *nf* Rauch *m* • **fumer** *vi* rauchen; (liquide) dampfen ▶ *vt* (cigarette, pipe) rauchen; (jambon, poisson) räuchern; (terre, champ) düngen

fumet [fymɛ] *nm* Aroma *nt*

fumeur, -euse [fymœʀ, øz] *nm/f* Raucher(in) *m(f)*; **compartiment (pour) ~s** Raucherabteil *nt*

fumeux, -euse [fymø, øz] (*péj*) *adj* verschwommen

fumier [fymje] *nm* Dung *m*

fumiste [fymist] *nmf* Faulpelz *m*

funambule [fynabyl] *nm* Seiltänzer *m*

funèbre [fynɛbʀ] *adj* (service, marche etc) Trauer-; (lugubre) düster, finster

funérailles [fyneʀaj] *nfpl* Begräbnis *nt*, Beerdigung *f* • **funéraire** *adj* Bestattungs-

funeste [fynɛst] *adj* tödlich, fatal

funiculaire [fynikylɛʀ] *nm* Seilbahn *f*

fur [fyʀ] *nm* : **au ~ et à mesure** nach und nach; **au ~ et à mesure que** sobald

furax [fyʀaks] (*fam*) *adj inv* fuchsteufelswild

fureur [fyʀœʀ] *nf* (colère) Wut *f*; **faire ~** in Sein

furie [fyʀi] *nf* Wut *f*; (femme) Furie *f*; **en ~** tobend

furieux, -euse [fyʀjø, jøz] *adj* wütend

furtif, -ive [fyʀtif, iv] *adj* verstohlen

fusain [fyzɛ̃] *nm* Zeichenkohle *f*

fuseau, x [fyzo] *nm* (pour filer) Spindel *f*; (pantalon) Keilhose *f*; **~ horaire** Zeitzone *f*

fusée [fyze] *nf* Rakete *f*; **~ éclairante** Leuchtrakete *f*

fuselage [fyz(ə)laʒ] *nm* (Flugzeug) Rumpf *m*

fusible [fyzibl] *nm* (fil) Schmelzdraht *m*; (fiche) Sicherung *f*

fusil [fyzi] *nm* Gewehr *nt*; **~ de chasse** Jagdflinte *f* • **fusillade** *nf* Gewehrfeuer *nt* • **fusiller** *vt* (exécuter) erschießen

fusion [fyzjɔ̃] nf (d'un métal)
Schmelzen nt; (Comm, Science)
Fusion f • **fusionner** vi fusionieren

fustiger [fystiʒe] vt (critiquer)
tadeln

fût [fy] nm Fass nt

futaie [fytɛ] nf Hochwald m

futile [fytil] adj (prétexte, activité,
propos) nebensächlich

futur, e [fytyʀ] adj zukünftig
▶ nm Zukunft f • **futuriste** adj
futuristisch

fuyant, e [fɥijɑ̃, ɑ̃t] adj (regard)
ausweichend; (personne) schwer
fassbar; (lignes etc) fliehend;
perspective ~e (Art) Fluchtlinien pl

g

Gabon [gabɔ̃] nm : **le ~** Gabun nt

gâcher [gaʃe] vt (gâter) verderben;
(gaspiller) verschwenden

gâchis [gaʃi] nm Verschwendung f

gadget [gadʒɛt] nm (technische)
Spielerei f

gadoue [gadu] nf (boue)
Schlamm m

gaffe [gaf] nf (instrument)
Bootshaken m; (fam : erreur)
Schnitzer m; **faire ~** (fam)
aufpassen • **gaffer** vi einen
Schnitzer machen

gage [gaʒ] nm Pfand nt; (de fidélité
etc) Zeichen nt; **gages** nmpl
(salaire) Lohn m; **mettre en ~**
verpfänden • **gager** vt : **~ que**
wetten, dass

gagnant, e [gaɲɑ̃, ɑ̃t] nm/f
Gewinner(in) m(f) • **gagne-pain**
nm inv Broterwerb m • **gagner** vt
gewinnen; (somme d'argent,
revenu) verdienen; (aller vers)
erreichen ▶ vi gewinnen

gai, gaie [ge] adj fröhlich; (un peu
ivre) angeheitert • **gaieté** nf
Fröhlichkeit f

gaillard, e [gajaʀ, aʀd] *adj (robuste)* kräftig; *(grivois)* derb ▶ *nm* Kerl *m*

gain [gɛ̃] *nm* Gewinn *e* (pl) *m*

gaine [gɛn] *nf (corset)* Hüfthalter *m* • **gaine-culotte** (pl **gaines-culottes**) *nf* Miederhöschen *nt*

gala [gala] *nm* Gala *(veranstaltung) f*

galant, e [galɑ̃, ɑ̃t] *adj* galant; **en ~e compagnie** in Damenbegleitung • **galanterie** *nf* Galanterie *f*

galantine [galɑ̃tin] *nf* Fleisch in Aspik

galbe [galb] *nm* Rundung *f*

gale [gal] *nf* Krätze *f*; *(de chien)* Räude *f*

galère [galɛʀ] *nf* Galeere *f*; *(fam)* Schlamassel *m*

galérer [galeʀe] *(fam) vi* schuften

galerie [galʀi] *nf* Galerie *f*; *(Théât)* Rang *m*; *(de voiture)* (Dach)gepäckträger *m*

galet [galɛ] *nm* Kiesel(stein) *m*; *(Tech)* Rad *nt*

galette [galɛt] *nf (gâteau)* runder flacher Kuchen; • **des Rois** Kuchen zum Dreikönigstag

galipette [galipɛt] *nf* : **faire des ~s** Purzelbäume schlagen

Galles [gal] *nfpl* : **le pays de ~** Wales *nt* • **gallois, e** *adj* walisisch ▶ *nm/f* : **G~, e** Waliser(in) *m(f)*

galop [galo] *nm* Galopp *m*; **au ~** im Galopp • **galoper** *vi* galoppieren

galopin [galɔpɛ̃] *nm* Strolch *m*

gambader [gɑ̃bade] *vi* herumspringen

Gambie [gɑ̃bi] *nf* : **la ~** Gambia *nt*

gamelle [gamɛl] *nf* Kochgeschirr *nt*

gamin, e [gamɛ̃, in] *nm/f* Kind *nt* ▶ *adj (puéril)* kindisch

gamme [gam] *nf (Mus)* Tonleiter *f*; *(fig)* Skala *f*

gammé, e [game] *adj* : **croix ~e** Hakenkreuz *nt*

gant [gɑ̃] *nm* Handschuh *m*; **~ de toilette** Waschhandschuh *m*; **~s de caoutchouc** Gummihandschuhe *pl*

garage [gaʀaʒ] *nm (abri)* Garage *f*; *(entreprise)* Autowerkstatt *f*; **~ à vélos** Fahrradschuppen *m* • **garagiste** *nmf (propriétaire)* Werkstattbesitzer(in) *m(f)*; *(mécanicien)* Automechaniker(in) *m(f)*

garant, e [gaʀɑ̃, ɑ̃t] *nm/f* Bürge *m*, Bürgin *f*; **se porter ~ de qch** für etw bürgen • **garantie** *nf* Garantie *f* • **garantir** *vt* garantieren; *(Comm)* eine Garantie geben für; **~ de qch** vor etw *dat* schützen

garce [gaʀs] *(péj) nf* Schlampe *f*

garçon [gaʀsɔ̃] *nm* Junge *m*; **~ de café** Kellner *m*; **un ~ manqué** ein halber Junge *m* • **garçonnière** *nf* Junggesellenwohnung *f*

garde [gaʀd] *nm* Aufseher *m* ▶ *nf* Bewachung *f*; **de ~** im Dienst; **mettre en ~** warnen; **être sur ses ~s** auf der Hut sein; **avoir la ~ des enfants** das Sorgerecht für die Kinder haben • **garde-à-vous** *nm inv* : **~ !** stillgestanden! • **garde-barrière** (pl **gardes-barrière(s)**) *nmf* Bahnwärter(in) *m(f)*

• **garde-boue** nm inv Schutzblech nt • **garde-chasse** (pl **gardes-chasse(s)**) nm Jagdaufseher m • **garde-fou** (pl **garde-fous**) nm Geländer nt • **garde-malade** (pl **gardes-malade(s)**) nmf Krankenschwester f (im Hause), Krankenpfleger m • **garde-manger** nm inv Speisekammer f

garder [gaʀde] vt halten; (surveiller) bewachen; (: enfants) hüten; **se garder** vpr (se conserver) sich halten

garderie [gaʀdəʀi] nf Kinderkrippe f

gardien, ne [gaʀdjɛ̃, jɛn] nm/f (de prison) Aufseher(in) m(f), Wärter(in) m(f); (de musée) Wärter(in) m(f); (d'immeuble) Hausmeister(in) m(f); **~ de but** Torwart m; **~ de la paix** Polizist(in) m(f)

gare [gaʀ] nf Bahnhof m; **~ routière** Busbahnhof m

gare [gaʀ] excl : **~ à toi !** pass bloß auf!

garer [gaʀe] vt parken; **se garer** vpr parken

gargariser [gaʀgaʀize] : **se ~** vpr gurgeln

garnement [gaʀnəmɑ̃] nm Schlingel m

garni, e [gaʀni] adj (plat) mit Beilagen

garnir [gaʀniʀ] vt (décorer, orner) schmücken; **se garnir** vpr (pièce, salle) sich füllen

garniture [gaʀnityʀ] nf Verzierung f; (Culin) Beilagen pl; (Culin : farce) Füllung f; **~ de frein** Bremsbelag m

garrot [gaʀo] nm (Méd) Aderpresse f • **garrotter** vt fesseln

gars [gɑ] nm Bursche m

Gascogne [gaskɔɲ] nf : **la ~** die Gascogne

gas-oil nm Diesel(kraftstoff) m

gaspillage [gaspijaʒ] nm Verschwendung f

gaspiller [gaspije] vt verschwenden

gastrique [gastʀik] adj Magen-

gastronomie [gastʀɔnɔmi] nf Gastronomie f • **gastronomique** adj : **menu ~** Feinschmeckermenü nt

gâteau, x [gɑto] nm Kuchen m; **~ sec** Keks m ou nt

gâter [gɑte] vt (enfant etc) verwöhnen; (gâcher) verderben; **se gâter** vpr (dent, fruit) schlecht werden; (temps, situation) schlechter werden

gauche [goʃ] adj linke(r, s); (maladroit) linkisch ▸ nf (Pol) Linke f; **à ~** links; (direction) nach links • **~ gaucher, -ère** nm/f Linkshänder(in) m(f)

gauchir [goʃiʀ] vt verbiegen; (fait, idée) verdrehen

gauchiste [goʃist] nmf Linke(r) f(m)

gaufre [gofʀ] nf Waffel f

gaufrette [gofʀɛt] nf Waffel f

Gaule [gol] nf : **la ~** Gallien nt • **gaulois, e** adj gallisch; (grivois) derb ▸ nm/f: **G~, e** Gallier(in) m(f)

gaver [gave] vt mästen; **se gaver** vpr : **se ~ de** sich vollstopfen mit; **~ de** (fig) vollstopfen mit

gay [gɛ] adj schwul

gaz [gɑz] *nm inv* Gas *nt*;
~ **hilarant/lacrymogène** Lach-/
Tränengas *nt*; ~ **naturel/
propane** Erd-/Propangas *nt*; ~ **de
schiste** Schiefergas *nt*

gaze [gɑz] *nf* (*pansement*)
Verbandsmull *m*; (*étoffe*) Gaze *f*

gazéifié, e [gazeifje] *adj*
kohlensäurehaltig

gazelle [gazɛl] *nf* Gazelle *f*

gazeux, -euse [gazø, øz] *adj*
gasförmig; **eau/boisson
gazeuse** Mineralwasser *nt*/
Getränk *nt* mit Kohlensäure

gazoduc [gazodyk] *nm*
Gasleitung *f*

gazole [gazɔl] *nm* = **gas-oil**

gazon [gazõ] *nm* Rasen *m*

geai [ʒɛ] *nm* Eichelhäher *m*

géant, e [ʒeɑ̃, ɑ̃t] *adj* riesig ▸ *nm/f*
Riese *m*, Riesin *f*

geindre [ʒɛ̃dR] *vi* stöhnen

gel [ʒɛl] *nm* (*temps*) Frost *m*;
(*produit de beauté*) Gel *nt*;
~ **douche** Duschgel *nt*

gélatine [ʒelatin] *nf* Gelatine *f*

gelé, e [ʒ(ə)le] *adj* (*lac*)
zugefroren; **je suis ~** mir ist
eiskalt

gelée [ʒ(ə)le] *nf* (*Météo*) Frost *m*;
(*de viande, de fruits*) Gelee *nt*; **viande
en ~** Fleisch *nt* in Aspik;
~ **blanche** Raureif *m*

geler [ʒ(ə)le] *vt* gefrieren lassen;
(*prix, salaires, crédits, capitaux*)
einfrieren ▸ *vi* (*sol, eau*) gefrieren;
(*personne*) frieren ▸ *vb impers*: **il
gèle** es friert

gélule [ʒelyl] *nf* Kapsel *f*

Gémeaux [ʒemo] *nmpl*: **les ~**
die Zwillinge *pl*; **être (des) ~**
Zwilling sein

gémir [ʒemiR] *vi* stöhnen

gênant, e [ʒɛnɑ̃, ɑ̃t] *adj*
hinderlich; (*situation*) peinlich

gencive [ʒɑ̃siv] *nf* Zahnfleisch *nt*

gendarme [ʒɑ̃daRm] *nm* Polizist
m • **gendarmerie** *nf*
(Land)polizei *f*

gendre [ʒɑ̃dR] *nm*
Schwiegersohn *m*

gène [ʒɛn] *nm* Gen *nt*

gêne [ʒɛn] *nf* (*embarras, confusion*)
Verlegenheit *f* • **gêné, e** *adj*
verlegen • **gêner** *vt* stören;
(*encombrer*) behindern;
(*embarrasser*) in Verlegenheit
bringen

général, e, -aux [ʒeneRal, o] *adj*
allgemein; **en ~** im Allgemeinen;
culture/médecine ~e
Allgemeinbildung *f*/
Allgemeinmedizin *f*
• **généralement** *adv* allgemein

généralisation [ʒeneRalizasjõ]
nf Verallgemeinerung *f*

généraliser [ʒeneRalize] *vt, vi*
verallgemeinern; **se généraliser**
vpr sich verbreiten

généraliste [ʒeneRalist] *nm*
(*Méd*) praktischer Arzt *m*,
praktische Ärztin *f*

générateur, -trice [ʒeneRatœR,
tRis] *adj*: **être ~ de** die Ursache
sein von • *nf* Generator *m*

génération [ʒeneRasjõ] *nf*
Generation *f*

généreux, -euse [ʒeneRø, øz]
adj großzügig

générique [ʒeneRik] *adj*
artgemäß ▸ *nm* (*Ciné, TV*: *au début
du film*) Vorspann *m*

générosité [ʒeneRozite] *nf*
Großzügigkeit *f*

genèse [ʒənɛz] *nf* Entstehung *f*

genêt [ʒ(ə)nɛ] *nm* Ginster *m*

génétique [ʒenetik] *adj* genetisch

génétiquement [ʒenetikmɑ̃] *adv* genetisch

Genève [ʒ(ə)nɛv] *n* Genf *nt*

génie [ʒeni] *nm* Genie *nt*; (*don*) Begabung *f*; **le ~** (*Mil*) die Pioniere *pl*

genièvre [ʒənjɛvʀ] *nm* Wacholder *m*; (*boisson*) Wacholder(schnaps) *m*

génital, e, -aux [ʒenital, o] *adj* genital

génocide [ʒenɔsid] *nm* Völkermord *m*

génoise [ʒenwaz] *nf* (*gâteau*) Biskuitkuchen *m*

génome [ʒenom] *nm* Genom *nt*

genou, x [ʒ(ə)nu] *nm* Knie *nt*; **à ~x** auf (den) Knien; **se mettre à ~x** niederknien; **prendre qn sur ses ~x** jdn auf den Schoß nehmen • **genouillère** *f* Knieschützer *m*

genre [ʒɑ̃ʀ] *nm* Art *f*; (*Zool etc*) Gattung *f*

gens [ʒɑ̃] *nmpl* Leute *pl*, Menschen *pl*

gentiane [ʒɑ̃sjan] *nf* Enzian *m*

gentil, le [ʒɑ̃ti, ij] *adj* nett • **gentillesse** *nf* Nettigkeit *f* • **gentiment** *adv* nett

géographie [ʒeɔgʀafi] *nf* Erdkunde *f*

géolocalisation [ʒeolokalizasjɔ̃] *nf* Ortung *f* • **géolocaliser** *vt* orten

géologique [ʒeɔlɔʒik] *adj* geologisch

géomètre [ʒeomɛtʀ] *nmf*: **(arpenteur-)~** Landvermesser(in) *m(f)*

Géorgie [ʒeɔʀʒi] *nf*: **la ~** Georgien *nt*

géranium [ʒeʀanjɔm] *nm* Geranie *f*

gérant, e [ʒeʀɑ̃, ɑ̃t] *nm/f* Leiter(in) *m(f)*, Manager(in) *m(f)*; **~ d'immeuble** Hausverwalter(in) *m(f)*

gerbe [ʒɛʀb] *nf* (*de fleurs*) Strauß *m*; (*de blé*) Garbe *f*

gercé, e [ʒɛʀse] *adj* aufgesprungen • **gerçure** *nf* Riss *m*

gérer [ʒeʀe] *vt* verwalten; (*entreprise*) leiten

gériatrie [ʒeʀjatʀi] *nf* Geriatrie *f*, Altersheilkunde *f*

germanique [ʒɛʀmanik] *adj* germanisch

germaniste [ʒɛʀmanist] *nmf* Germanist(in) *m(f)*

germanophone [ʒɛʀmanɔfɔn] *adj* deutschsprachig

germe [ʒɛʀm] *nm* Keim *m* • **germer** *vi* keimen

GES [ʒeɛs] *sigle mpl* (= *gaz à effet de serre*) Treibhausgas *nt*

geste [ʒɛst] *nm* Geste *f*; **faire un ~ de refus** eine ablehnende Geste machen; **il fit un ~ de la main pour m'appeler** er rief mich mit einer Handbewegung zu sich

gesticuler [ʒɛstikyle] *vi* gestikulieren

gestion [ʒɛstjɔ̃] *nf* (*d'entreprise*) Leitung *f*; (*de budget etc*) Verwaltung *f* • **gestionnaire** *nmf* Geschäftsführer(in) *m(f)*

Ghana [gana] *nm*: **le ~** Ghana *nt*

ghetto [geto] *nm* G(h)etto *nt*

G8 (*Pol*) G-8 *f*

gibet [ʒibɛ] *nm* Galgen *m*

gibier [ʒibje] *nm* Wild *nt*

giboulée [ʒibule] *nf* Regenschauer *m*

Gibraltar [ʒibraltaʀ] *nm* Gibraltar *nt*

gicler [ʒikle] *vi* spritzen • **gicleur** *nm* Düse *f*

gifle [ʒifl] *nf* Ohrfeige *f* • **gifler** *vt* ohrfeigen

gigantesque [ʒigɑ̃tɛsk] *adj* riesig

gigot [ʒigo] *nm* Keule *f*

gigoter [ʒigɔte] *vi* zappeln

gilet [ʒile] *nm* (*de costume*) Weste *f*; (*pull*) Strickjacke *f*; (*sous-vêtement*) Unterhemd *nt*; **~ de sauvetage** Schwimmweste *f*

gingembre [ʒɛ̃ʒɑ̃bʀ] *nm* Ingwer *m*

girafe [ʒiʀaf] *nf* Giraffe *f*

giratoire [ʒiʀatwaʀ] *adj* : **sens ~** Kreisverkehr *m*

girofle [ʒiʀɔfl] *nf* : **clou de ~** (*Gewürz*)nelke *f*

girouette [ʒiʀwɛt] *nf* Wetterfahne *f*

gisement [ʒizmɑ̃] *nm* Ablagerung *f*

gitan, e [ʒitɑ̃, an] *nm/f* Zigeuner(in) *m(f)*

gîte [ʒit] *nm* : **~ rural** Ferienhaus *nt* auf dem Lande

givre [ʒivʀ] *nm* Raureif *m*

glabre [ɡlabʀ] *adj* glatt rasiert

glace [ɡlas] *nf* Eis *nt*; (*miroir*) Spiegel *m*; (*de voiture*) Fenster *nt* • **glacé, e** *adj* (*boisson*) eisgekühlt; (*main*) eiskalt • **glaciaire** *adj* Gletscher-; **ère ~** Eiszeit *f*

• **glacial, e, -aux** *adj* eiskalt

• **glacier** *nm* Gletscher *m*

• **glacière** *nf* Kühlbox *f* • **glaçon** *nm* Eiszapfen *m*; (*pour boisson*) Eiswürfel *m*

glaïeul [ɡlajœl] *nm* Gladiole *f*

glaise [ɡlɛz] *nf* Lehm *m*

gland [ɡlɑ̃] *nm* Eichel *f*; (*décoration*) Quaste *f*

glande [ɡlɑ̃d] *nf* Drüse *f*

glaner [ɡlane] *vi* nachlesen ▸ *vt* (*prix, récompenses*) einsammeln

glauque [ɡlok] *adj* meergrün; (*fig*) düster

glissant, e [ɡlisɑ̃, ɑ̃t] *adj* rutschig • **glisse** *nf* : **sports de ~** Gleitsportarten • **glissement** *nm* : **~ de terrain** Erdrutsch *m* • **glisser** *vi* (*avancer, coulisser*) gleiten; (*tomber*) rutschen; (*déraper*) ausrutschen; (*être glissant*) rutschig *ou* glatt sein ▸ *vt* (*mot, conseil*) zuflüstern; **~ qch sous/dans** etw schieben unter +*acc*/in +*acc*

global, e, -aux [ɡlɔbal, o] *adj* Gesamt- • **globalement** *adv* insgesamt

globe [ɡlɔb] *nm* Globus *m*

globule [ɡlɔbyl] *nm* : **~ blanc/ rouge** weißes/rotes Blutkörperchen *nt*

gloire [ɡlwaʀ] *nf* Ruhm *m*; (*mérite*) Verdienst *nt*; (*personne*) Berühmtheit *f*

glorieux, -euse [ɡlɔʀjø, jøz] *adj* glorreich

glorifier [ɡlɔʀifje] *vt* rühmen

glossaire [ɡlɔsɛʀ] *nm* Glossar *nt*

glotte [ɡlɔt] *nf* Stimmritze *f*

glouton, ne [ɡlutɔ̃, ɔn] *adj* gefräßig

g

glu [gly] *nf* Kleber *m*

gluant, e [glyɑ̃, ɑ̃t] *adj* klebrig

glucide [glysid] *nm* Kohle(n)hydrat *nt*

glucose [glykoz] *nm* Glukose *f*

glycine [glisin] *nf* Glyzinie *f*

gnangnan [ɲɑ̃ɲɑ̃] *(fam) adj inv* quengelig

go [go] : **tout de go** *adv* ohne Umschweife

goal [gol] *nm* Tor *nt*

gobelet [gɔblɛ] *nm* Becher *m*

gober [gɔbe] *vt* roh essen; *(croire facilement)* schlucken

godet [gɔdɛ] *nm (récipient)* Becher *m*

goéland [gɔelɑ̃] *nm* Seemöwe *f*

goémon [gɔemɔ̃] *nm* Tang *m*

gogo [gogo] : **à ~** *adv* in Hülle und Fülle

goguenard, e [gɔg(ə)naʀ, aʀd] *adj* spöttisch

goinfre [gwɛ̃fʀ] *nm* Vielfraß *m* • **goinfrer : se ~** *vpr* sich vollfressen; **se ~ de** sich vollstopfen mit

golf [gɔlf] *nm* Golf *nt*; *(terrain)* Golfplatz *m*

golfe [gɔlf] *nm* Golf *m*

gomme [gɔm] *nf (à effacer)* Radiergummi *m* ou *nt*; **boule** ou **pastille de ~** Halsbonbon *nt* • **gommer** *vt (effacer)* ausradieren

gond [gɔ̃] *nm (de porte, fenêtre)* Angel *f*; **sortir de ses ~s** *(fig)* an die Decke gehen

gondoler [gɔ̃dɔle] *vpr* sich wellen, sich verziehen; *(fam)* sich schieflachen

gonflable [gɔ̃flabl] *adj (bateau)* Gummi-; *(matelas)* Luft-

gonflé, e [gɔ̃fle] *adj (yeux, visage)* geschwollen • **gonfler** *vt (pneu, ballon)* aufpumpen ▶ *vi (partie du corps)* anschwellen

gonzesse [gɔ̃zɛs] *(fam) nf* Tussi *f*

googler [gugle] *vt* googeln

gorge [gɔʀʒ] *nf (Anat)* Kehle *f*; *(poitrine)* Brust *f*; *(Géo)* Schlucht *f* • **gorgé, e** *adj* : **~ de** gefüllt mit; *(d'eau)* durchtränkt mit

gorgée [gɔʀʒe] *nf* Schluck *m*

gorille [gɔʀij] *nm* Gorilla *m*

gosier [gozje] *nm* Kehle *f*

gosse [gɔs] *nmf* Kind *nt*

gothique [gɔtik] *adj* gotisch ▶ *nm (style)* Gotik *f*

goudron [gudʀɔ̃] *nm* Teer *m* • **goudronner** *vt* asphaltieren

gouffre [gufʀ] *nm* Abgrund *m*

goujat [guʒa] *nm* Rüpel *m*

goulot [gulo] *nm* Flaschenhals *m*; **boire au ~** aus der Flasche trinken

goulu, e [guly] *adj* gierig

gourde [guʀd] *nf* Feldflasche *f*

gourdin [guʀdɛ̃] *nm* Knüppel *m*

gourmand, e [guʀmɑ̃, ɑ̃d] *adj* naschhaft • **gourmandise** *nf* Gefräßigkeit *f*; *(bonbon)* Leckerei *f*

gourmet [guʀmɛ] *nm* Feinschmecker *m*

gourmette [guʀmɛt] *nf* Armband *nt*

gourou [guʀu] *nm* Guru *m*

gousse [gus] *nf* : **~ d'ail** Knoblauchzehe *f*

goût [gu] *nm* Geschmack *m*; **de bon ~** geschmackvoll; **de mauvais ~** geschmacklos; **avoir du ~** Geschmack haben; **manquer de ~** keinen Geschmack haben • **goûter** *vt (essayer)* versuchen; (*apprécier*) genießen ▶ *vi* (*à a heures*) eine Nachmittagsmahlzeit einnehmen, vespern ▶ *nm* Vesper *f ou nt*, Nachmittagsmahlzeit *f*

goutte [gut] *nf* Tropfen *m*; **~ à ~** tröpfchenweise • **goutte-à-goutte** *nm inv* Tropf *m* • **gouttière** *nf* Dachrinne *f*

gouvernail [guvɛrnaj] *nm* Ruder *nt*

gouvernement [guvɛrnəmã] *nm* Regierung *f* • **gouvernemental, e, -aux** *adj* Regierungs- • **gouverner** *vt* (*pays, peuple*) regieren; (*diriger*) lenken, steuern

GPA [ʒepea] *sigle f* (= *gestation pour autrui*) Leihmutterschaft *f*

GPL [ʒepeɛl] *sigle m* (= *gaz de pétrole liquéfié*) Flüssiggas *nt*, LPG *nt*

GPS [ʒepeɛs] *sigle m* (= *global positioning system*) GPS *nt*

GR [ʒeɛr] *nf abr* (= *Grande randonnée*) (Fern)wanderung *f*

grâce [gʀɑs] *nf* (*charme*) Anmut *f*; (*Rel*) Gnade *f*; (*bienfait*) Gefallen *m*; (*bienveillance*) Gunst *f*; **~ à** dank +*gén*

gracier [gʀasje] *vt* begnadigen

gracieux, -euse [gʀasjø, jøz] *adj* graziös, anmutig; **à titre ~** kostenlos

grade [gʀad] *nm* Rang *m*

gradin [gʀadɛ̃] *nm* Rang *m*; **en ~s** terrassenförmig

graduel, le [gʀadɥɛl] *adj* allmählich • **graduellement** *adv* allmählich

graduer [gʀadɥe] *vt* (*effort etc*) allmählich steigern

graffiti [gʀafiti] *nmpl* Graffiti *pl*

grain [gʀɛ̃] *nm* Korn *nt*; **~ de beauté** Schönheitsfleck *m*; **~ de café** Kaffeebohne *f*; **~ de raisin** Traube *f*

graine [gʀɛn] *nf* Samen *m*

graissage [gʀɛsaʒ] *nm* Ölen *nt*; (*Auto*) Abschmieren *nt*

graisse [gʀɛs] *nf* Fett *nt*; (*lubrifiant*) (Schmier)fett *nt* • **graisser** *vt* (*machine*) schmieren, ölen; (*Auto*) abschmieren; (*tacher*) fettig machen

grammaire [gʀamɛr] *nf* Grammatik *f* • **grammatical, e, -aux** *adj* grammatisch

gramme [gʀam] *nm* Gramm *nt*

grand, e [gʀɑ̃, gʀɑ̃d] *adj* groß; (*voyage*) lang ▶ *adv*: **~ ouvert** weit offen; **au ~ air** im Freien; **~ magasin** Kaufhaus *nt*; **~e personne** Erwachsene(r) *f(m)*; **~e randonnée**: **sentier de ~e randonnée** markierter französischer Wanderweg; **~e surface** Supermarkt *m*

grand-chose [gʀɑ̃ʃoz] *nm inv/nf inv*: **pas ~** nichts Besonderes

Grande-Bretagne [gʀɑ̃dbʀətaɲ] *nf*: **la ~** Großbritannien *nt*

grandement [gʀɑ̃dmɑ̃] *adv* (*tout à fait*) völlig; (*largement*) sehr; (*généreusement*) großzügig

grandeur [gʀɑ̃dœʀ] *nf* Größe *f*; **~ nature** *adj* lebensgroß

grandiloquent, e [gʀɑ̃dilɔkɑ̃, ɑ̃t] *adj* hochtrabend

grandiose [gʀɑ̃djoz] *adj* großartig, grandios

grandir [gʀɑ̃diʀ] *vi* wachsen; (*bruit, hostilité*) zunehmen

grand-mère [gʀɑ̃mɛʀ] (*pl* **grand(s)-mères**) *nf* Großmutter *f*

• **grand-messe** (pl **grand(s)- messes**) nf Hochamt nt
• **grand-peine**; **à ~** adv mühsam
• **grand-père** (pl **grands-pères**) nm Großvater m • **grand-route** nf Haupt(verkehrs)straße f
• **grand-rue** nf Hauptstraße f
• **grands-parents** nmpl Großeltern pl

grange [gʀɑ̃ʒ] nf Scheune f
granit [gʀanit] nm Granit m
graphique [gʀafik] adj grafisch
▶ nm Grafik f
graphiste [gʀafist] nmf Grafiker(in) m(f)
grappe [gʀap] nf Traube f; **~ de raisin** (Wein)traube f
gras, grasse [gʀɑ, gʀɑs] adj fett; (surface, main, cheveux) fettig ▶ nm (Culin) Fett nt; **faire la ~se matinée** lang ausschlafen • **grassement** adv: **~ payé** sehr gut bezahlt
gratifier [gʀatifje] vt: **~ qn de qch** jdm etw gewähren
gratin [gʀatɛ̃] nm (Culin) Gratin nt; **au ~** überbacken
gratis [gʀatis] adv, adj gratis
gratitude [gʀatityd] nf Dankbarkeit f
gratte-ciel [gʀatsjɛl] nm inv Wolkenkratzer m
gratter [gʀate] vt kratzen; (enlever) abkratzen; **se gratter** vpr sich kratzen
gratuit, e [gʀatɥi, ɥit] adj kostenlos; (entrée) frei
• **gratuitement** adv gratis, kostenlos; (sans preuve, motif) unbegründet
gravats [gʀava] nmpl Trümmer pl
grave [gʀav] adj (maladie, accident, faute) schwer; (sérieux) ernst;

(voix, son) tief • **gravement** adv schwer
graver [gʀave] vt (plaque) gravieren; (nom) eingravieren • **graveur** m: **~ de CD/DVD** CD/DVD-Brenner m
gravier [gʀavje] nm Kies m
gravillons [gʀavijɔ̃] nmpl Schotter m
gravir [gʀaviʀ] vt hinaufsteigen auf +acc
gravitation [gʀavitasjɔ̃] nf Schwerkraft f
gravité [gʀavite] nf Ernst m; (Phys) Gravitation f
graviter [gʀavite] vi: **~ autour de** sich drehen um
gravure [gʀavyʀ] nf (reproduction) Stich m
gré [gʀe] nm: **à mon ~** nach meinem Geschmack; **de son (plein) ~** aus freien Stücken; **de ~ ou de force** wohl oder übel; **bon ~ mal ~** wohl oder übel
grec, grecque [gʀɛk] adj griechisch ▶ nm/f: **G~, Grecque** Grieche m, Griechin f • **Grèce** nf: **la ~** Griechenland nt
greffe [gʀɛf] nf (Agr) Pfropfreis nt; (action) Pfropfen nt; (Méd : du cerveau, rein) Transplantation f; (: organe) Transplantat nt ▶ nm (Jur) Kanzlei f • **greffer** vt (Bot) pfropfen; (Méd) verpflanzen
greffier, -ière [gʀɛfje, jɛʀ] nm/f (Jur) Gerichtsschreiber(in) m(f)
grêle [gʀɛl] nf Hagel m • **grêler** vb impers: **il grêle** es hagelt • **grêlon** nm Hagelkorn nt
grelotter [gʀəlɔte] vi (vor Kälte) zittern
grenade [gʀənad] nf (explosive) Granate f; (Bot) Granatapfel m

grenat [gʀəna] *adj inv* granatrot

grenier [gʀənje] *nm* Speicher *m*

grenouille [gʀənuj] *nf* Frosch *m*

grès [gʀɛ] *nm* (*roche*) Sandstein *m*; (*poterie*) Steingut *nt*

grésiller [gʀezije] *vi* (*Culin*) brutzeln; (*Radio*) knacken, rauschen

grève [gʀɛv] *nf* (*arrêt du travail*) Streik *m*; **se mettre en** *ou* **faire ~** streiken; **~ sur le tas** Sitzstreik *m* • **gréviste** *nmf* Streikende(r) *f(m)*

gribouiller [gʀibuje] *vt, vi* kritzeln

grief [gʀijɛf] *nm* : **faire ~ à qn de qch** jdm etw vorwerfen

grièvement [gʀijɛvmɑ̃] *adv* : **~ blessé** schwer verletzt

griffe [gʀif] *nf* Kralle *f* • **griffer** *vt* kratzen

griffonner [gʀifɔne] *vt* hinkritzeln

grignoter [gʀiɲɔte] *vt* herumnagen an +*dat*

gril [gʀil] *nm* Grill *m* • **grillade** *nf* Gegrilltes *nt*

grillage [gʀijaʒ] *nm* Gitter *nt*

grille [gʀij] *nf* (*portail*) Tor *nt*; (*clôture*) Gitter(zaun *m m*) • **grille-pain** *nm inv* Toaster *m* • **griller** *vt* (*pain*) toasten; (*viande etc*) grillen; (*ampoule, résistance*) durchbrennen lassen; (*feu rouge*) überfahren

grillon [gʀijɔ̃] *nm* Grille *f*

grimace [gʀimas] *nf* Grimasse *f*

grimper [gʀɛ̃pe] *vt* hinaufsteigen ▶ *vi* : **~ à/sur** klettern auf +*acc*

grincement [gʀɛ̃smɑ̃] *nm* Quietschen *nt*; **~ de dents** Zähneknirschen *nt*

grincer [gʀɛ̃se] *vi* quietschen; (*plancher*) knarren; **~ des dents** mit den Zähnen knirschen

grincheux, -euse [gʀɛ̃ʃø, øz] *adj* mürrisch

gringalet [gʀɛ̃galɛ] *adj m* mickrig

griotte [gʀijɔt] *nf* Sauerkirsche *f*

grippe [gʀip] *nf* Grippe *f*; **~ A** Schweinegrippe *f*; **~ aviaire** Vogelgrippe *f* • **grippé, e** *adj* : **être ~** die *ou* eine Grippe haben

gris, e [gʀi, gʀiz] *adj* grau; (*ivre*) beschwipst

grisaille [gʀizaj] *nf* Trübheit *f*

grisant, e [gʀizɑ̃, ɑ̃t] *adj* berauschend

griser [gʀize] *vt* berauschen

Grisons [gʀizɔ̃] *nmpl* : **les ~** Graubünden *nt*

grisou [gʀizu] *nm* Grubengas *nt*

grive [gʀiv] *nf* Drossel *f*

grivois, e [gʀivwa, waz] *adj* derb

Groenland [gʀɔɛnlɑ̃d] *nm* : **le ~** Grönland *nt*

grogne [gʀɔɲ] *nf* Unruhe *f*

grogner [gʀɔɲe] *vi* (*animal*) knurren; (*personne*) murren

grognon, ne [gʀɔɲɔ̃, ɔn] *adj* mürrisch

grommeler [gʀɔm(ə)le] *vi* grummeln

grondement [gʀɔ̃dmɑ̃] *nm* (*de tonnerre*) Grollen *nt*

gronder [gʀɔ̃de] *vi* (*tonnerre*) grollen; (*animal*) knurren; (*révolte, mécontentement*) gären ▶ *vt* schimpfen mit

gros, grosse [gʀo, gʀos] *adj* dick; (*volumineux, grand*) groß; (*orage*) schwer; (*bruit*) gewaltig ▶ *nm* (*Comm*) Großhandel *m*; **prix de ~**

Großhandelspreis m; **~ mot** Schimpfwort nt

groseille [gʀozɛj] nf: **~ (rouge)** rote Johannisbeere f; **~ (blanche)** weiße Johannisbeere; **~ à maquereau** Stachelbeere f

grossesse [gʀosɛs] nf Schwangerschaft f

grosseur [gʀosœʀ] nf (corpulence) Dicke f; (volume) Größe f

grossier, -ière [gʀosje, jɛʀ] adj (vulgaire) derb; (laine) grob; (erreur, faute) krass • **grossièrement** adv derb, grob; (à peu près) grob

grossir [gʀosiʀ] vi zunehmen ▶ vt vergrößern

grossiste [gʀosist] nmf Großhändler(in) m(f)

grotesque [gʀotɛsk] adj grotesk

grotte [gʀot] nf Höhle f

groupe [gʀup] nm Gruppe f; **~ sanguin** Blutgruppe f • **groupement** nm Vereinigung f; **~ d'intérêt économique** wirtschaftliche Interessengemeinschaft f • **grouper** vt gruppieren; se **grouper** vpr sich versammeln

grue [gʀy] nf (de chantier) Kran m; (Zool) Kranich m

grumeaux [gʀymo] nmpl (Culin) Klumpen pl

gruyère [gʀyjɛʀ] nm Gruyère f, Greyerzer(käse) m

Guadeloupe [gwadlup] nf: **la ~** Guadeloupe nt

Guatemala [gwatemala] nm: **le ~** Guatemala nt

gué [ge] nm Furt f

guenilles [gənij] nfpl Lumpen pl

guenon [gənɔ̃] nf Äffin f

guêpe [gɛp] nf Wespe f • **guêpier** nm Wespennest nt

guère [gɛʀ] adv: **ne ... ~** kaum; **il n'y a ~ que lui qui soit resté** außer ihm ist kaum jemand dageblieben

guérilla [geʀija] nf Guerilla f

guérir [geʀiʀ] vt (Méd) heilen ▶ vi (personne) gesund werden; (plaie) heilen • **guérison** nf Genesung f

guerre [gɛʀ] nf Krieg m • **guerrier, -ière** adj kriegerisch ▶ nm/f Krieger(in) m(f)

guet [gɛ] nm: **faire le ~** auf der Lauer liegen • **guet-apens** nm inv Hinterhalt m • **guetter** vt lauern auf +acc

gueule [gœl] nf (d'animal) Maul nt; (du canon, tunnel) Öffnung f; (fam: visage) Visage f; (bouche) Klappe f • **gueuler** (fam) vi schreien, plärren

gui [gi] nm Mistel f

guichet [giʃɛ] nm Schalter m; (au théâtre) Kasse f; **~ automatique** Geldautomat m

guide [gid] nm Führer(in) m(f); (livre) Führer m • **guider** vt führen • **guidon** nm (de vélo) Lenkstange f

guignol [giɲɔl] nm Kasper m; (fig) Clown m

guillemets [gijmɛ] nmpl: **entre ~** in Anführungszeichen

guillotine [gijɔtin] nf Guillotine f

guindé, e [gɛ̃de] adj gekünstelt

Guinée [gine] nf: **la (République de) ~** Guinea nt; **la ~ équatoriale** Äquatorialguinea nt

guirlande [giʀlɑ̃d] nf Girlande f

guise [giz] nf: **à votre ~** wie Sie wollen ou wünschen; **en ~ de** (comme) als; (à la place de) anstelle von

guitare [gitaʀ] *nf* Gitarre *f*

Guyane [gɥijan] *nf*: **la ~** Guayana *nt*

gymnase [ʒimnɑz] *nm* Turnhalle *f*

gymnaste [ʒimnast] *nmf* Turner(in) *m(f)*

gymnastique [ʒimnastik] *nf* (Scol) Turnen *nt*; (au réveil etc) Gymnastik *f*

gynécologie [ʒinekɔlɔʒi] *nf* Gynäkologie *f* • **gynécologue** *nmf* Gynäkologe *m*, Gynäkologin *f*

gyrophare [ʒiʀofaʀ] *nm* (sur une voiture) ≈ Blaulicht *nt*

h *abr* = **heure**

habile [abil] *adj* geschickt; (malin) gerissen • **habileté** *nf* Geschick‹ *nt*, Gerissenheit *f*

habilité, e [abilite] *adj*: **~ à faire qch** ermächtigt, etw zu tun

habillé, e [abije] *adj* gekleidet; (robe, costume) elegant • **habillement** *nm* Kleidung *f* • **habiller** *vt* anziehen; **s'habiller** *vpr* sich anziehen; (mettre des vêtements chic) sich chic anziehen

habit [abi] *nm* (costume) Kostüm *nt*; **habits** *nmpl* (vêtements) Kle der *pl*; **~ (de soirée)** Abendanzug *m*

habitable [abitabl] *adj* bewohnbar

habitacle [abitakl] *nm* (de voiture) Führerhaus *nt*; (Aviat) Cockpit *nt*

habitant, e [abitɑ̃, ɑ̃t] *nm/f* Einwohner(in) *m(f)*; (d'une maison) Bewohner(in) *m(f)*

habitat [abita] *nm* Lebensraum *m*

habitation [abitasjɔ̃] *nf* (demeure) Wohnsitz *m*; (bâtiment) Wohngebäude *nt*

habiter [abite] vt bewohnen, wohnen in +dat; (sentiment, envie) innewohnen +dat ▶ vi : ~ **à/dans** wohnen in +dat; ~ **rue Montmartre** in der rue Montmartre wohnen

habitude [abityd] nf Gewohnheit f; **avoir l'~ de faire qch** etw gewöhnlich tun; (expérience) gewohnt sein, etw zu tun; **d'~** gewöhnlich; **comme d'~** wie gewöhnlich

habitué, e [abitye] adj : **être ~ à** gewöhnt sein an +acc ▶ nm/f (d'un café etc) Stammgast m
• **habituel, le** adj üblich
• **habituer** vt : ~ **qn à qch/faire qch** jdn an etw acc gewöhnen/jdn daran gewöhnen, etw zu tun; **s'habituer** vpr : **s'~ à qch** sich an etw acc gewöhnen

hache ['aʃ] nf Axt f, Beil nt

haché, e ['aʃe] adj (Culin) gehackt; **viande ~e** Hackfleisch nt
• **hacher** vt (zer)hacken • **hachis** nm (viande) Hackfleisch nt

hachisch ['aʃiʃ] nm = **haschisch**

hachoir ['aʃwar] nm (appareil) Fleischwolf m; (planche) Hackbrett nt

hagard, e ['agar, ard] adj verstört

haie ['ɛ] nf Hecke f; (Sport) Hürde f

haine ['ɛn] nf Hass m

haïr ['air] vt hassen

hâlé, e ['ale] adj (sonnen)gebräunt

haleine [alɛn] nf Atem m; **hors d'~** außer Atem

hall ['ol] nm Halle f

halle ['al] nf Markthalle f; **halles** nfpl städtische Markthallen pl

hallucination [alysinasjɔ̃] nf Halluzination f, Sinnestäuschung f; ~ **collective** Massenwahn m

halogène [alɔʒɛn] nm : **lampe (à) ~** Halogenlampe f

halte ['alt] nf Rast f; (escale) Zwischenstation f; (Rail) Haltestelle f ▶ excl halt; **faire ~** halten • **halte-garderie** (pl **haltes-garderies**) nf Kinderkrippe f

haltère [altɛr] nm Hantel f; **faire des ~s** Gewichte heben

hamac ['amak] nm Hängematte f

hamburger ['ãburgœr] nm Hamburger m

hameau, x ['amo] nm Weiler m

hameçon [amsɔ̃] nm Angelhaken m • **hameçonnage** nm Phishing nt

hamster ['amstɛr] nm Hamster m

hanche ['ãʃ] nf Hüfte f

handball ['ãdbal] nm Handball m

handicap ['ãdikap] nm Handicap nt • **handicapé, e** adj behindert ▶ nm/f Behinderte(r) f(m); ~ **mental** geistig Behinderter m; ~ **physique** Körperbehinderter m • **handicaper** vt behindern

handisport ['ãdispɔr] nm Behindertensport m

hangar ['ãgar] nm Schuppen m; (Aviat) Hangar m, Flugzeughalle f

hanneton ['antɔ̃] nm Maikäfer m

hanter ['ãte] vt (suj : fantôme) spuken in +dat, umgehen in +dat; (: idée, souvenir) verfolgen, keine Ruhe lassen +dat • **hantise** nf (übertriebene) Angst f

happer ['ape] vt schnappen; (train, voiture) erfassen

haranguer [aʀɑ̃ge] *vt* eine Rede halten +*dat*

haras [aʀɑ] *nm* Gestüt *nt*

harcèlement [aʀsɛlmɑ̃] *nm* Belästigung *f* • **harceler** *vt* (*importuner*) belästigen

hardi, e [aʀdi] *adj* tapfer

hareng [aʀɑ̃] *nm* Hering *m*

hargne [aʀɲ] *nf* Gehässigkeit *f*

haricot [aʀiko] *nm* Bohne *f*; ~ **blanc** weiße Bohne; ~ **vert** grüne Bohne

harmonie [aʀmɔni] *nf* Harmonie *f* • **harmonieux, -euse** *adj* harmonisch • **harmonisation** *nf* Angleichung *f*; ~ **juridique** Rechtsangleichung *f* • **harmoniser** *vt* aufeinander abstimmen

harmonium [aʀmɔnjɔm] *nm* Harmonium *nt*

harnais [aʀnɛ] *nm* Geschirr *nt*

harpe [aʀp] *nf* Harfe *f*

hasard [azaʀ] *nm* Zufall *m*; **au** ~ auf gut Glück; **par** ~ zufällig • **hasarder** *vt* riskieren; **se** ~ **à faire qch** es wagen, etw zu tun

haschisch [aʃiʃ] *nm* Haschisch *nt*

hâte [ɑt] *nf* Eile *f*; **à la** ~ hastig; **en** ~ in aller Eile • **hâter** *vt* beschleunigen; **se hâter** *vpr* sich beeilen • **hâtif, -ive** *adj* (*travail*) gepfuscht; (*décision*) übereilt; (*fruit, légume*) frühreif

hausse ['os] *nf* Anstieg *m*; **en** ~ steigend • **hausser** *vt* erhöhen; (*voix*) erheben; ~ **les épaules** mit den Schultern zucken

haut, e ['o, 'ot] *adj* hoch ▸ *adv* : **monter/lever** ~ hochsteigen/-heben ▸ *nm* (*d'un objet*) oberer Teil *m*; (*d'un arbre*) Wipfel *m*; ~ **de 2 m/5 étages** 2 m/5 Stockwerke hoch; **en** ~**e montagne** im Hochgebirge; **à** ~**e voix** mit lauter Stimme; **à** ~**e résolution** *ou* **définition** hoch auflösend; **un mur de 3 m de** ~ eine 3 m hohe Mauer; **de** ~ **en bas** (*regarder*) von oben bis unten; (*frapper*) von oben nach unten; **en** ~ oben; (*mouvement*) nach oben; **en** ~ **de** auf +*dat*; (*mouvement*) auf +*acc*

hautain, e ['otɛ̃, ɛn] *adj* hochmütig

hautbois ['obwa] *nm* Oboe *f*

haut-débit ['odebi] *nm* (*Inform*) Breitband *nt*

hauteur ['otœʀ] *nf* Höhe *f*

haut-fourneau ['ofuʀno] (*pl* **hauts-fourneaux**) *nm* Hochofen *m*

haut-parleur ['opaʀlœʀ] (*pl* **haut-parleurs**) *nm* Lautsprecher *m*

Haye ['ɛ] : **La** ~ Den Haag *nt*

hayon ['ɛjɔ̃] *nm* Hecktür *f*

hebdo [ɛbdo] (*fam*) *nm* Wochenzeitschrift *f*

hebdomadaire [ɛbdɔmadɛʀ] *adj* wöchentlich ▸ *nm* Wochenzeitschrift *f*

hébergement [ebɛʀʒemɑ̃] *nm* Beherbergen *nt*, Aufnahme *f*

héberger [ebɛʀʒe] *vt* (bei sich) aufnehmen • **hébergeur** *nm* (*Inform*) Host *m*

hébreu, x [ebʀø] *adj* hebräisch

HEC ['aʃøs] *sigle fpl* (= *École des hautes études commerciales*) Eliteschule für Betriebswirte

hectare [ɛktaʀ] *nm* Hektar *nt ou m*

hectolitre [εktolitʀ] *nm*
Hektoliter *m*

hein ['ɛ̃] *excl* was?; **tu
m'approuves, ~ ?** du bist doch
einverstanden, oder?

hélas ['elas] *excl* ach; **~ non/oui !**
leider nicht/leider!

héler ['ele] *vt* herbeirufen

hélice [elis] *nf* Schraube *f*; *(de
bateau : d'avion)* Propeller *m*

hélicoptère [elikɔptεʀ] *nm*
Hubschrauber *m*

helvétique [εlvetik] *adj*
schweizerisch

hématome [ematom] *nm*
Bluterguss *m*

hémicycle [emisikl] *nm*
Halbkreis *m*; **l'~** *(Pol)* das
französische Parlament

hémiplégie [emipleʒi] *nf*
halbseitige Lähmung *f*

hémisphère [emisfεʀ] *nm* :
~ nord/sud nördliche/südliche
Hemisphäre *f ou* Halbkugel *f*

hémophilie [emɔfili] *nf*
Bluterkrankheit *f*

hémorragie [emɔʀaʒi] *nf* starke
Blutung *f*

hémorroïdes [emɔʀɔid] *nfpl*
Hämorr(ho)iden *pl*

henné ['ene] *nm* Henna *f*

hennir ['eniʀ] *vi* wiehern

hépatique [epatik] *adj*
Leber- • **hépatite** *nf* Hepatitis *f*

herbe [εʀb] *nf* Gras *nt*; *(Culin, Méd)*
Kraut *nt* • **herbicide** *nm*
Unkrautvertilgungsmittel *nt*
• **herbier** *nm* Herbarium *nt*
• **herbivore** *nm* Pflanzenfresser *m*
• **herboriste** *nmf*
Naturheilkundige(r) *f(m)*

héréditaire [eʀeditεʀ] *adj*
erblich • **hérédité** *nf* Vererbung *f*

hérétique [eʀetik] *nmf* Ketzer(in)
m(f)

hérisson ['eʀisõ] *nm* Igel *m*

héritage [eʀitaʒ] *nm* Erbschaft *f*;
(fig) Erbe *nt* • **hériter** *vi, vt* erben;
~ de qch etw erben • **héritier,
-ière** *nm/f* Erbe *m*, Erbin *f*

hermétique [εʀmetik] *adj*
hermetisch

hermine [εʀmin] *nf* Hermelin *nt*

hernie ['εʀni] *nf* Bruch *m*

héroïne [eʀɔin] *nf* Heldin *f*;
(drogue) Heroin *nt*
• **héroïnomane** *nmf*
Heroinsüchtige(r) *f(m)*

héroïque [eʀɔik] *adj* heldenhaft

héron ['eʀõ] *nm* Reiher *m*

héros ['eʀo] *nm* Held *m*

herpès [εʀpεs] *nm* Herpes *m*

hésitation [ezitasjõ] *nf* Zögern
nt • **hésiter** *vi* zögern

hétéroclite [eteʀɔklit] *adj*
(ensemble) heterogen; *(objets)*
zusammengewürfelt

hétérosexuel, le [eteʀɔsεkɥɛl]
adj heterosexuell

hêtre ['εtʀ] *nm* Buche *f*

heure [œʀ] *nf* Stunde *f*; **quelle ~
est-il ?** wie viel Uhr ist es?;
**pourriez-vous me donner l'~,
s'il vous plaît ?** können Sie mir
bitte sagen, wie spät es ist?
2 ~s (du matin) 2 Uhr (morgens);
être à l'~ pünktlich sein; *(montre)*
richtig gehen; **mettre à l'~**
stellen; **24 ~s sur 24** rund um die
Uhr; **~ d'été** Sommerzeit *f*; **~ de
pointe** Hauptverkehrszeit *f*;
~s supplémentaires
Überstunden *pl*

heureusement [œRøzmɑ̃] adv glücklicherweise • **heureux, -euse** adj glücklich

heurté, e [ˈœRte] adj sprunghaft

heurter [ˈœRte] vt stoßen gegen; (fig) verletzen; **se heurter** vpr zusammenstoßen

hexagonal, e, -aux [ɛgzagɔnal, o] adj sechseckig; (français) französisch • **hexagone** nm Sechseck nt; **l'H~** Frankreich nt (wegen seiner annähernd sechseckigen Form)

hiberner [ibɛRne] vi Winterschlaf halten

hibiscus [ibiskys] nm Hibiskus m

hibou, x [ˈibu] nm Eule f

hideux, -euse [ˈidø, øz] adj abscheulich

hier [jɛR] adv gestern

hiérarchie [ˈjeRaRʃi] nf Hierarchie f

hindou, e [ɛ̃du] adj Hindu-; (indien) indisch ▸ nm/f: **H~, e** (Indien) Inder(in) m(f)

hindouisme [ɛ̃duism] nm Hinduismus m

hippique [ipik] adj Pferde- • **hippisme** nm Pferdesport m • **hippodrome** nm Hippodrom nt

hippopotame [ipɔpɔtam] nm Nilpferd nt

hirondelle [iRɔ̃dɛl] nf Schwalbe f

hirsute [iRsyt] adj strubbelig, struppig

hisser [ˈise] vt hissen; **se hisser** vpr: **se ~ sur** sich hochziehen auf +acc

histoire [istwaR] nf Geschichte f • **historien, ne** nm/f

Historiker(in) m(f) • **historique** adj historisch

HIV [ˈaʃive] abr m (= Human Immunodeficiency Virus) HIV m

hiver [ivɛR] nm Winter m; **en ~** im Winter • **hivernal, e, -aux** adj winterlich • **hiverner** vi überwintern

HLM [ˈaʃɛlɛm] sigle m ou sigle f (= habitation à loyer modéré) ≈ Sozialwohnung f

hobby [ˈɔbi] nm Hobby nt

hocher [ˈɔʃe] vt: **~ la tête** mit dem Kopf nicken; (signe négatif ou dubitatif) den Kopf schütteln

hochet [ˈɔʃɛ] nm Rassel f

hockey [ˈɔke] nm: **~ sur glace/ gazon** Eishockey nt/Feldhockey nt

hold-up [ˈɔldœp] nm inv Raubüberfall m

hollandais, e [ˈɔlɑ̃dɛ, ɛz] adj holländisch ▸ nm/f: **H~, e** Holländer(in) m(f) • **Hollande** nf: **la ~** Holland nt

holocauste [ɔlɔkost] nm Holocaust m

homard [ˈɔmaR] nm Hummer m

homéopathique [ɔmeɔpatik] adj homöopathisch

homicide [ɔmisid] nm Totschlag m; **~ involontaire** fahrlässige Tötung f

hommage [ɔmaʒ] nm Huldigung f

homme [ɔm] nm (individu) Mann m; (espèce) Mensch m; **l'~ de la rue** der Mann auf der Straße; **~ d'affaires** Geschäftsmann m; **~ d'État** Staatsmann m • **homme-sandwich** (pl **hommes-sandwichs**) nm Plakatträger m

homogène [ɔmɔʒɛn] *adj*
homogen

homologue [ɔmɔlɔg] *nmf*
Gegenstück *nt*

homonyme [ɔmɔnim] *nm* (*Ling*)
Homonym *nt*

homoparental, e, -aux
[ɔmɔparɑ̃tal, o] *adj*
gleichgeschlechtlich

homosexualité
[ɔmɔsɛksɥalite] *nf*
Homosexualität *f*

homosexuel, le [ɔmɔsɛksɥel]
adj homosexuell ▶ *nm/f*
Homosexuelle(r) *f(m)*

Honduras ['ɔ̃dyras] *nm* : **le ~**
Honduras *m*

Hongrie ['ɔ̃gri] *nf* : **la ~** Ungarn *nt*
• **hongrois, e** *adj* ungarisch
▶ *nm/f* : **H~, e** Ungar(in) *m(f)*

honnête [ɔnɛt] *adj* ehrlich; (*juste,*
satisfaisant) anständig
• **honnêtement** *adv* ehrlich
• **honnêteté** *nf* Ehrlichkeit *f*

honneur [ɔnœr] *nm* Ehre *f*; **en**
l'~ de zu Ehren von; **faire ~ à**
(*repas etc*) zu würdigen wissen

honorable [ɔnɔrabl] *adj*
ehrenhaft; (*suffisant*)
zufriedenstellend

honoraire [ɔnɔrɛr] *adj*
ehrenamtlich; **honoraires** *nmpl*
Honorar *nt*; **professeur ~**
emeritierter Professor *m*

honorer [ɔnɔre] *vt* ehren; **~ qn**
de jdn beehren mit

honorifique [ɔnɔrifik] *adj*
Ehren-

honte ['ɔ̃t] *nf* Schande *f*; **avoir ~**
de sich schämen +*gén* • **honteux,**
-euse *adj* (*personne*) beschämt;
(*conduite, acte*) schändlich

hôpital, -aux [ɔpital, o] *nm*
Krankenhaus *nt*

hoquet ['ɔkɛ] *nm* Schluckauf *m*

horaire [ɔrɛr] *adj* Stunden- ▶ *nm*
(*emploi du temps*) Zeitplan *m*; (*de*
transports) Fahrplan *m*; **~ à la**
carte *ou* **flexible** *ou* **mobile**
Gleitzeit *f*

horizon [ɔrizɔ̃] *nm* Horizont *m*

horizontal, e, -aux [ɔrizɔ̃tal, o]
adj horizontal

horloge [ɔrlɔʒ] *nf* Uhr *f*
• **horloger, -ère** *nm/f*
Uhrmacher(in) *m(f)* • **horlogerie**
nf Uhrenindustrie *f*; **pièces d'~**
Uhrteile *pl*

hormis ['ɔrmi] *prép* außer +*dat*

hormonal, e, -aux [ɔrmɔnal,
o] *adj* hormonell

hormone [ɔrmɔn] *nf* Hormon *nt*

horodatage [ɔrɔdataʒ] *nm*
Zeitangabe *f*

horodateur, -trice [ɔrɔdatœr,
tris] *adj* (*appareil*) mit Zeitstempel
▶ *nm* Automat *m* mit Zeitstempel

horoscope [ɔrɔskɔp] *nm*
Horoskop *nt*

horreur [ɔrœr] *nf* Entsetzen *nt*;
(*objet*) Abscheulichkeit *f*; **quelle**
~! wie entsetzlich!; **cela me fait**
~ das widert mich an

horrible [ɔribl] *adj* grauenhaft

horrifier [ɔrifje] *vt* entsetzen

horrifique [ɔrifik] *adj*
entsetzlich

hors ['ɔr] *prép* außer +*dat*; **~ de**
außerhalb von; **être ~ de soi**
außer sich *dat* sein; **~ d'usage**
defekt; **~ service** außer Betrieb
• **hors-bord** *nm inv* Außenborder
m • **hors-d'œuvre** *nm inv*
Vorspeise *f*, Hors d'œuvre *nt*

- **hors-jeu** nm inv Abseits nt
- **hors-piste, hors-pistes** nm inv Skilaufen nt abseits der Pisten
- **hors taxe** adj zollfrei
- **hors-texte** nm inv Tafel f

hortensia [ɔʀtɑ̃sja] nm Hortensie f

horticulteur, -trice [ɔʀtikyltœʀ, tʀis] nm/f Gärtner(in) m(f) • **horticulture** nf Gartenbau m

hospice [ɔspis] nm (de vieillards) Heim nt

hospitalier, -ière [ɔspitalje, jɛʀ] adj (accueillant) gastfreundlich; (Méd) Krankenhaus-

hospitalisation [ɔspitalizasjɔ̃] nf Einweisung f ins Krankenhaus

hospitaliser [ɔspitalize] vt ins Krankenhaus einweisen

hospitalité [ɔspitalite] nf Gastfreundschaft f

hostie [ɔsti] nf Hostie f

hostile [ɔstil] adj feindselig; ~ à gegen +acc • **hostilité** f Feindseligkeit f; **hostilités** nfpl Feindseligkeiten pl

hot-dog [ɔtdɔg] (pl **hot-dogs**) nm Hotdog m ou nt

hôte [ot] nm (maître de maison) Gastgeber m ▸ nmf (invité) Gast m

hôtel [otɛl] nm Hotel nt; ~ de ville Rathaus nt; ~ (particulier) Villa f • **hôtelier, -ière** adj Hotel- ▸ nm/f Hotelier m • **hôtellerie** f (profession) Hotelgewerbe nt; (auberge) Gasthaus nt

hôtesse [otɛs] nf (maîtresse de maison) Gastgeberin f; ~ d'accueil Hostess; ~ de l'air Stewardess f

hotspot [ɔtspɔt] nm (Inform) Hotspot m

hotte [ɔt] nf (de cheminée) Abzugshaube f

houblon [ublɔ̃] nm Hopfen m

houille [uj] nf Kohle f; ~ blanche Wasserkraft f

houlette [ulɛt] nf: sous la ~ de unter der Führung von

houleux, -euse [ulø, øz] adj (mer) wogend, unruhig; (fig) erregt

housse [us] nf Bezug m

houx [u] nm Stechpalme f

hublot [yblo] nm (Naut) Bullauge nt; (Aviat) Fenster nt

huer [ɥe] vt ausbuhen

huile [ɥil] nf Öl nt; ~ d'arachide Erdnussöl nt; ~ de foie de morue Lebertran m • **huiler** vt ölen

huis [ɥi] nm: à ~ clos unter Ausschluss der Öffentlichkeit

huissier [ɥisje] nm Amtsdiener m; (Jur) ≈ Gerichtsvollzieher m

huit [ɥi(t)] num acht; **samedi en ~** = Samstag in acht Tagen • **huitaine** nf: une ~ de jours etwa eine Woche ou acht Tage • **huitième** num achte(r, s) ▸ nm Achtel nt

huître [ɥitʀ] nf Auster f

humain, e [ymɛ̃, ɛn] adj menschlich

humaniser [ymanize] vt menschlicher machen

humanitaire [ymanitɛʀ] adj humanitär

humanité [ymanite] nf Menschheit f

humble [œ̃bl] adj bescheiden

humer [yme] vt einatmen

humeur [ymœʀ] nf (momentanée)
Laune f, Stimmung f; **être de
mauvaise/bonne ~** schlechte/
gute Laune haben

humide [ymid] adj feucht;
(terre, route) nass; (saison)
regnerisch • **humidité** nf
Feuchtigkeit f

humiliant, e [ymiljã, ãt] adj
demütigend

humiliation [ymiljasjɔ̃] nf
Demütigung f

humilier [ymilje] vt demütigen

humilité [ymilite] nf
Bescheidenheit f

humoriste [ymɔʀist] nmf
Humorist(in) m(f)

humoristique [ymɔʀistik] adj
humoristisch

humour [ymuʀ] nm Humor m

hurlement ['yʀləma] nm Heulen
nt • **hurler** vi heulen; (personne)
schreien

hurluberlu [yʀlybɛʀly] (péj) nm
Spinner m

hutte ['yt] nf Hütte f

hybride [ibʀid] adj : **une
(voiture) ~** ein Hybridauto nt;
un moteur ~ ein Hybridmotor m

hydratant, e [idʀatã, ãt] adj
Feuchtigkeits-

hydrate [idʀat] nm : **~s de
carbone** Kohle(n)hydrate pl

hydrater [idʀate] vt Feuchtigkeit
verleihen +dat

hydraulique [idʀolik] adj
hydraulisch

hydravion [idʀavjɔ̃] nm
Wasserflugzeug nt

hydrocarbure [idʀɔkaʀbyʀ] nm
Kohlenwasserstoff m

hydrogène [idʀɔʒɛn] nm
Wasserstoff m

hydroglisseur [idʀɔglisœʀ] nm
Gleitboot nt

hydropulseur [idʀɔpylsœʀ] nm
Mundduschef

hygiène [iʒjɛn] nf Hygiene f;
~ corporelle Körperpflege f;
~ intime Intimpflege f
• **hygiénique** adj hygienisch

hymne [imn] nm Hymne f;
~ national Nationalhymne f

hyperlien [ipɛʀljɛ̃] nm
Hyperlink m

hypermarché [ipɛʀmaʀʃe] nm
Supermarkt m

hypersensible [ipɛʀsãsibl] adj
hypersensibel

hypertendu, e [ipɛʀtãdy] adj
mit zu hohem Blutdruck

hypertension [ipɛʀtãsjɔ̃] nf
Bluthochdruck m

hypertexte [ipɛʀtɛkst] nm
Hypertext m

hypnose [ipnoz] nf Hypnose f

hypnotiser [ipnɔtize] vt
hypnotisieren

hypo-allergénique
[ipoalɛʀʒenik] adj frei von
Allergenen

hypocondriaque [ipokɔ̃dʀijak]
adj hypochondrisch ▶ nmf
Hypochonder m

hypocrisie [ipɔkʀizi] nf
Heuchelei f • **hypocrite** adj
heuchlerisch ▶ nmf Heuchler(in)
m(f)

hypotension [ipotãsjɔ̃] nf
niedriger Blutdruck m

hypothèque [ipotɛk] nf
Hypothek f

hypothermie [ipɔtɛʀmi] *nf*
Hypothermie *f*

hypothèse [ipɔtɛz] *nf*
Hypothese *f*; **dans l'~ où** gesetzt
den Fall, dass • **hypothétique** *adj*
hypothetisch

hystérie [isteʀi] *nf* Hysterie *f*
• **hystérique** *adj* hysterisch

iceberg [ajsbɛʀg] *nm* Eisberg *m*

ici [isi] *adv* hier

icône [ikon] *nf* Ikone *f*; (*Inform*)
Ikon *nt*

iconographie [ikɔnɔgʀafi] *nf*
(*illustrations*) Abbildungen *pl*

idéal, e, -aux [ideal, o] *adj* ideal
▶ *nm* Ideal *nt*

idée [ide] *nf* Idee *f*

identifiant [idɑ̃tifjɑ̃] *nm* (*Inform*)
Login *nt*

identifier [idɑ̃tifje] *vt*
(*reconnaître*) identifizieren;
s'identifier *vpr* : **s'~ avec** *ou* **à
qch/qn** sich mit etw/jdm
identifizieren

identique [idɑ̃tik] *adj* identisch;
~ à identisch mit

identité [idɑ̃tite] *nf* (*de vues,
goûts*) Übereinstimmung *f*; (*d'une
personne*) Identität *f*

idiot, e [idjo, idjɔt] *adj* idiotisch
▶ *nm/f* Idiot(in) *m(f)* • **idiotie** *nf*
Idiotie *f*

idole [idɔl] *nf* (*Rel*) Götzenbild *nt*;
(*vedette*) Idol *nt*

idylle [idil] *nf* (*amourette*) Romanze *f*

idyllique [idilik] *adj* idyllisch

igloo [iglu] *nm* Iglu *nt ou m*

ignare [iɲaʀ] *adj* ungebildet, unwissend

ignoble [iɲɔbl] *adj* niederträchtig

ignominie [iɲɔmini] *nf* Schmach *f*, Schande *f*; (action) Schandtat *f*

ignorance [iɲɔʀɑ̃s] *nf* Unkenntnis *f*, Unwissenheit *f* • **ignorant, e** *adj* unwissend ▶ *nm/f* Ignorant(in) *m(f)* • **ignorer** *vt* nie gehört haben von; (bouder) ignorieren; **j'ignore comment/ si** ich weiß nicht, wie/ob

il [il] *pron* er; (selon le genre du nom allemand) er/sie/es; (impersonnel) es; **ils** sie; **il neige** es schneit

île [il] *nf* Insel *f*; **l'~ de Beauté** Korsika *nt*; **l'~ Maurice** Mauritius *nt* • **Île-de-France** *nf* Île-de-France *f* (französische Region)

illégal, e, -aux [i(l)legal, o] *adj* illegal • **illégalité** *nf* Illegalität *f*

illégitime [i(l)leʒitim] *adj* (enfant) unehelich; (pouvoir, revendications) unrechtmäßig

illettrisme [i(l)letʀism] *nm* Analphabetismus *m*

illicite [i(l)lisit] *adj* verboten

illico [i(l)liko] (fam) *adv* auf der Stelle

illimité, e [i(l)limite] *adj* unbegrenzt

illisible [i(l)lizibl] *adj* unleserlich; (roman) unlesbar

illumination [i(l)lyminasjɔ̃] *nf* Beleuchtung *f* • **illuminer** *vt* beleuchten

illusion [i(l)lyzjɔ̃] *nf* Illusion *f*; **se faire des ~s** sich *dat* Illusionen

machen • **illusionniste** *nmf* Zauberkünstler(in) *m(f)*

illusoire [i(l)lyzwaʀ] *adj* illusorisch

illustration [i(l)lystʀasjɔ̃] *nf* Illustration *f*, Abbildung *f*

illustre [i(l)lystʀ] *adj* berühmt • **illustré, e** *adj* illustriert ▶ *nm* Illustrierte *f* • **illustrer** *vt* illustrieren

îlot [ilo] *nm* Inselchen *nt*; (bloc de maisons) (Häuser)block *m*

image [imaʒ] *nf* Bild *nt*; (reflet) (Spiegel)bild *nt*

imaginaire [imaʒinɛʀ] *adj* imaginär

imaginatif, -ive [imaʒinatif, iv] *adj* fantasievoll

imagination [imaʒinasjɔ̃] *nf* Fantasie *f*; (invention) Einbildung *f*

imaginer [imaʒine] *vt* sich *dat* vorstellen; (inventer) sich *dat* ausdenken; **s'imaginer** *vpr* sich *dat* vorstellen

imam [imam] *nm* Imam *m*

imbattable [ɛ̃batabl] *adj* unschlagbar

imbécile [ɛ̃besil] *adj* blödsinnig ▶ *nmf* Idiot(in) *m(f)*

imbiber [ɛ̃bibe] *vt* : **~ qch de** etw tränken mit

imitateur, -trice [imitatœʀ, tʀis] *nm/f* (professionnel) Imitator(in) *m(f)* • **imitation** *nf* Nachahmung *f*, Imitation *f*; **un sac ~ cuir** eine Tasche aus Kunstleder *ou* Lederimitat • **imiter** *vt* nachahmen, imitieren; (contrefaire) fälschen

immatriculation [imatʀikylasjɔ̃] *nf* Einschreibung *f* • **immatriculer** *vt* anmelden; (à l'université)

impénétrable

einschreiben; **se faire ~** sich einschreiben; **une voiture immatriculée dans l'Ain** ein Auto mit Kennzeichen des Bezirks Ain

immature [imatyʀ] *adj* unreif

immédiat, e [imedja, jat] *adj* unmittelbar ▶ *nm* : **dans l'~** augenblicklich
• **immédiatement** *adv* (aussitôt) sofort; (sans intermédiaire) direkt, unmittelbar

immense [i(m)mɑ̃s] *adj* riesig, (fig) ungeheuer

immerger [imɛʀʒe] *vt* eintauchen; **s'immerger** *vpr* (sous-marin) (ab)tauchen

immeuble [imœbl] *nm* Gebäude *nt*; **~ locatif** Wohnblock *m*

immigrant, e [imigʀɑ̃, ɑ̃t] *nm/f* Einwanderer *m*, Einwanderin *f*
• **immigration** *nf* Einwanderung *f*
• **immigré, e** *nm/f* Einwanderer *m*, Einwanderin *f* • **immigrer** *vi* einwandern

imminent, e [iminɑ̃, ɑ̃t] *adj* unmittelbar bevorstehend, bevorstehend

immiscer [imise] *vt* : **s'~ dans** *vpr* sich einmischen in +acc

immobile [i(m)mɔbil] *adj* bewegungslos; **rester** *ou* **se tenir ~** sich nicht bewegen

immobilier, -ière [imɔbilje, jɛʀ] *adj* Immobilien- ▶ *nm* (Comm) Immobilienhandel *m*

immobiliser [imɔbilize] *vt* lahmlegen; (stopper, empêcher de fonctionner) zum Stillstand bringen; **s'immobiliser** *vpr* stehen bleiben

immonde [i(m)mɔ̃d] *adj* ekelhaft; (trafic, propos) widerlich

immondices [imɔ̃dis] *nfpl* (ordures) Müll *m*, Abfall *m*

immoral, e, -aux [i(m)mɔʀal, o] *adj* unmoralisch

immoraliser [imɔʀtalize] *vt* verewigen

immortel, le [imɔʀtɛl] *adj* unsterblich

immuable [imɥabl] *adj* unveränderlich

immuniser [imynize] *vt* immunisieren

immunité [imynite] *nf* Immunität *f*

impact [ɛ̃pakt] *nm* (Aus)wirkung *f*; (Inform) Hit *m*; **point d'~** Aufprallstelle *f* • **impacter** *vt* sich auswirken auf

impair, e [ɛ̃pɛʀ] *adj* ungerade ▶ *nm* (gaffe) Fehler *m*

impardonnable [ɛ̃paʀdɔnabl] *adj* unverzeihlich

imparfait, e [ɛ̃paʀfɛ, ɛt] *adj* (inachevé, incomplet) unvollständig; (défectueux, grossier) mangelhaft ▶ *nm* (Ling) Imperfekt *nt*

impartial, e, -aux [ɛ̃paʀsjal, jo] *adj* unparteiisch, unvoreingenommen

impasse [ɛ̃pas] *nf* Sackgasse *f*

impassible [ɛ̃pasibl] *adj* gelassen

impatience [ɛ̃pasjɑ̃s] *nf* Ungeduld *f* • **impatient, e** *adj* ungeduldig • **impatienter** : **s'impatienter** *vpr* ungeduldig werden

impeccable [ɛ̃pekabl] *adj* tadellos

impénétrable [ɛ̃penetʀabl] *adj* (forêt) undurchdringlich;

(*impossible à comprendre*)
unergründlich
impensable [ɛ̃pɑ̃sabl] *adj*
(*inconcevable*) undenkbar;
(*incroyable*) unglaublich
imper [ɛ̃pɛʀ] *abr m*
= **imperméable**
impératif, -ive [ɛ̃peʀatif, iv] *adj*
dringend ▸ *nm* (*Ling*) Imperativ *m*
impératrice [ɛ̃peʀatʀis] *nf*
Kaiserin *f*
imperceptible [ɛ̃pɛʀsɛptibl] *adj*
kaum wahrnehmbar
imperfection [ɛ̃pɛʀfɛksjɔ̃] *nf*
Unvollkommenheit *f*
impérial, e, -aux [ɛ̃peʀjal, jo]
adj kaiserlich
impériale [ɛ̃peʀjal] *nf*: **autobus
à ~** Doppeldecker(bus) *m*
imperméable [ɛ̃pɛʀmeabl] *adj*
(*terrain, sol*) undurchlässig; (*toile,
tissu*) wasserdicht ▸ *nm*
Regenmantel *m*
impersonnel, le [ɛ̃pɛʀsɔnɛl] *adj*
unpersönlich
impertinence [ɛ̃pɛʀtinɑ̃s] *nf*
Unverschämtheit *f*
• **impertinent, e** *adj*
unverschämt
imperturbable [ɛ̃pɛʀtyʀbabl]
adj unerschütterlich
impie [ɛ̃pi] *adj* gottlos
impitoyable [ɛ̃pitwajabl] *adj*
erbarmungslos
implacable [ɛ̃plakabl] *adj*
unerbittlich; (*haine*)
unversöhnlich
implantation [ɛ̃plɑ̃tasjɔ̃] *nf*
(*d'usine, industrie*) Ansiedlung *f*
implanter [ɛ̃plɑ̃te] *vt* (*usage,
mode*) einführen; (*idée, préjugé*)
einpflanzen

implicite [ɛ̃plisit] *adj* implizit
impliquer [ɛ̃plike] *vt*
(*compromettre*) verwickeln
implorer [ɛ̃plɔʀe] *vt* (*personne,
dieu*) anflehen; (*aide, faveur, appui*)
flehen *ou* bitten um
impoli, e [ɛ̃pɔli] *adj* unhöflich
• **impolitesse** *nf* Unhöflichkeit *f*
impopulaire [ɛ̃pɔpylɛʀ] *adj*
unbeliebt; (*gouvernement, mesure*)
unpopulär
importance [ɛ̃pɔʀtɑ̃s] *nf*
Wichtigkeit *f*, Bedeutung *f*; (*de
somme, effectif*) Größe *f*; **sans ~**
unbedeutend, unwichtig
• **important, e** *adj* wichtig,
bedeutend; (*somme, effectif*)
bedeutend, beträchtlich; (*péj*)
wichtigtuerisch ▸ *nm* : **l'~ (est de/
que)** das Wichtigste (ist, zu/dass)
importateur, -trice
[ɛ̃pɔʀtatœʀ, tʀis] *adj*
Import- ▸ *nm/f* Importeur(in) *m(f)*
• **importation** *nf* Import *m*,
Einfuhr *f* • **importer** *vt*
importieren ▸ *vi* (*être important*)
von Bedeutung sein; **~ à qn** für
jdn wichtig sein; **il importe de/
que** es ist wichtig, zu/dass; *voir
aussi* **n'importe**
importun, e [ɛ̃pɔʀtœ̃, yn] *adj*
(*visite*) ungelegen; (*personne*)
lästig, aufdringlich ▸ *nm*
Eindringling *m* • **importuner** *vt*
belästigen
imposable [ɛ̃pozabl] *adj*
steuerpflichtig
imposant, e [ɛ̃pozɑ̃, ɑ̃t] *adj*
beeindruckend
imposer [ɛ̃poze] *vt* (*taxer*)
besteuern; **s'imposer** *vpr* (*être
importun*) sich aufdrängen; **~ qch**

à qn jdm etw auferlegen; **en ~ (à qn)** Eindruck machen (auf jdn)

imposition [ɛ̃pozisjɔ̃] *nf* (*taxation*) Besteuerung *f*

impossibilité [ɛ̃posibilite] *nf* Unmöglichkeit *f*; **être dans l'~ de faire qch** nicht in der Lage sein, etw zu tun • **impossible** *adj* unmöglich ▶ *nm* : **l'~** das Unmögliche *nt*; **faire l'~** sein Möglichstes tun

imposteur [ɛ̃pɔstœʀ] *nm* Betrüger(in) *m(f)*

impôt [ɛ̃po] *nm* Steuer *f*; **~ foncier** Grundsteuer *f*; **~ sur le revenu** Einkommensteuer *f*

impotent, e [ɛ̃pɔtɑ̃, ɑ̃t] *adj* behindert

impraticable [ɛ̃pʀatikabl] *adj* (*projet, idée*) nicht machbar; (*route*) nicht befahrbar

imprécis, e [ɛ̃pʀesi, iz] *adj* ungenau

imprégner [ɛ̃pʀeɲe] *vt* tränken; (*amertume, ironie etc*) durchziehen; **s'imprégner de** *vpr* (*d'eau*) sich vollsaugen mit

impression [ɛ̃pʀesjɔ̃] *nf* Eindruck *m*; (*d'un ouvrage, tissu*) Druck *m*; **faire bonne/ mauvaise ~** einen guten/ schlechten Eindruck machen; **avoir l'~ que** den Eindruck haben, dass • **impressionnant, e** *adj* eindrucksvoll • **impressionner** *vt* (*frapper*) beeindrucken; (*Photo*) belichten • **impressionniste** *nmf* Impressionist(in) *m(f)*

imprévisible [ɛ̃pʀevizibl] *adj* unvorhersehbar

imprévoyant, e [ɛ̃pʀevwajɑ̃, ɑ̃t] *adj* sorglos

imprévu, e [ɛ̃pʀevy] *adj* unvorhergesehen ▶ *nm* : **un ~** ein unerwartetes Ereignis *nt*; **en cas d'~** falls etwas dazwischenkommt

imprimante [ɛ̃pʀimɑ̃t] *nf* Drucker *m*; **~ couleur** Farbdrucker *m*; **~ à jet d'encre** Tintenstrahldrucker *m*; **~ (à) laser** Laserdrucker *m*

imprimé, e [ɛ̃pʀime] *adj* (*tissu*) bedruckt ▶ *nm* (*formulaire*) Formular *nt*; (*Poste*) Drucksache *f* • **imprimer** *vt* drucken; (*tissu*) bedrucken; (*Inform*) (aus)drucken; (*empreinte, marque*) hinterlassen • **imprimerie** *nf* (*établissement*) Druckerei *f* • **imprimeur** *nm* Drucker *m*

improbable [ɛ̃pʀɔbabl] *adj* unwahrscheinlich

impromptu, e [ɛ̃pʀɔ̃pty] *adj* improvisiert

impropre [ɛ̃pʀɔpʀ] *adj* (*incorrect*) falsch; **~ à** ungeeignet für

improvisation [ɛ̃pʀɔvizasjɔ̃] *nf* Improvisation *f*

improviser [ɛ̃pʀɔvize] *vt, vi* improvisieren; **~ qn cuisinier** jdn zum Koch ernennen

improviste [ɛ̃pʀɔvist] : **à l'~** *adv* unerwartet

imprudence [ɛ̃pʀydɑ̃s] *nf* Leichtsinn *m* • **imprudent, e** *adj* leichtsinnig

impudence [ɛ̃pydɑ̃s] *nf* Unverschämtheit *f* • **impudent, e** *adj* unverschämt

impudique [ɛ̃pydik] *adj* schamlos

impuissance [ɛ̃pɥisɑ̃s] *nf* Hilflosigkeit *f*; (*sexuelle*) Impotenz *f*

i

• impuissant, e adj (faible) hilflos, schwach; (sans effet) ineffektiv; (sexuellement) impotent

impulsif, -ive [ɛ̃pylsif, iv] adj impulsiv

impulsion [ɛ̃pylsjɔ̃] nf Impuls m; (Phys) Antrieb m; **• donnée aux affaires** wirtschaftlicher Aufschwung m

impunément [ɛ̃pynemã] adv ungestraft

impuni, e [ɛ̃pyni] adj unbestraft

impunité [ɛ̃pynite] nf Straffreiheit f

impur, e [ɛ̃pyʀ] adj unrein, verunreinigt **• impureté** nf Unreinheit f

inabordable [inabɔʀdabl] adj (lieu) unerreichbar; (cher) unerschwinglich

inacceptable [inaksɛptabl] adj unannehmbar

inaccessible [inaksesibl] adj (endroit) unerreichbar; **~ à** (insensible à) unberührt von

inaccoutumé, e [inakutyme] adj ungewohnt

inachevé, e [inaʃ(ə)ve] adj unvollendet

inadapté, e [inadapte] adj (Psych) verhaltensgestört; **~ à** nicht geeignet für

inadmissible [inadmisibl] adj unzulässig

inadvertance [inadvɛʀtãs] nf : **par ~** versehentlich

inanimé, e [inanime] adj leblos

inanition [inanisjɔ̃] nf Erschöpfungszustand m

inaperçu, e [inapɛʀsy] adj : **passer ~** unbemerkt bleiben

inapplicable [inaplikabl] adj nicht anwendbar

inapproprié, e [inapʀɔpʀije] adj ungeeignet

inapte [inapt] adj (Mil) untauglich; **~ à qch/faire qch** unfähig zu etw/, etw zu tun

inattaquable [inatakabl] adj unangreifbar; (argument) unschlagbar

inattendu, e [inatãdy] adj unerwartet

inattentif, -ive [inatãtif, iv] adj unaufmerksam **• inattention** nf : **une minute d'~** eine Minute der Unaufmerksamkeit; **faute** ou **erreur d'~** Flüchtigkeitsfehler m

inauguration [inogyʀasjɔ̃] nf Eröffnung f **• inaugurer** vt einweihen; (nouvelle politique) einführen

incalculable [ɛ̃kalkylabl] adj unberechenbar; (conséquences) unabsehbar

incapable [ɛ̃kapabl] adj unfähig

incapacité [ɛ̃kapasite] nf (incompétence) Unfähigkeit f; **être dans l'~ de faire qch** außerstande sein, etw zu tun; **~ de travail** Arbeitsunfähigkeit f

incarner [ɛ̃kaʀne] vt (représenter) verkörpern; **s'incarner** vpr : **s'~ dans** (Rel) erscheinen in +dat

incassable [ɛ̃kɑsabl] adj unzerbrechlich; (fil) reißfest

incendiaire [ɛ̃sãdjɛʀ] adj Brand-; (propos, déclarations) aufwiegelnd ▶ nmf Brandstifter(in) m/f **• incendie** nm Feuer nt, Brand m; **~ criminel** Brandstiftung f **• incendier** vt (mettre le feu à) in

Brand setzen; (*brûler complètement*)
niederbrennen

incertain, e [ɛ̃sɛʀtɛ̃, ɛn] *adj*
(*indéterminé*) unbestimmt;
(*douteux*) ungewiss; (*temps*)
unbeständig; (*personne, pas,
démarche*) unsicher • **incertitude**
nf Ungewissheit *f*

incessamment [ɛ̃sesamɑ̃] *adj*
unverzüglich • **incessant, e** *adj*
unaufhörlich

inceste [ɛ̃sɛst] *nm* Inzest *m*

inchangé, e [ɛ̃ʃɑ̃ʒe] *adj*
unverändert

incidence [ɛ̃sidɑ̃s] *nf* Effekt *m*,
Wirkung *f*; (*Phys*) Einfall *m*

incident, e [ɛ̃sidɑ̃, ɑ̃t] *adj*
Neben- ▶ *nm* Zwischenfall *m*

incision [ɛ̃sizjɔ̃] *nf* (*Bot*) Schnitt
m; (*Méd*) Einschnitt *m*

incisive [ɛ̃siziv] *nf*
Schneidezahn *m*

incitatif, -ive [ɛ̃sitatif, iv] *adj*
Förderungs-

incitation [ɛ̃sitasjɔ̃] *nf*
Anstiftung *f*

inciter [ɛ̃site] *vt*: ~ **qn à qch** jdn
zu etw veranlassen

inclinaison [ɛ̃klinezɔ̃] *nf*
Neigung *f*

incliner [ɛ̃kline] *vt* neigen ▶ *vi*:
~ **à qch** zu etw neigen; **s'incliner**
vpr (*personne*) sich beugen

inclure [ɛ̃klyʀ] *vt* einschließen;
(*joindre à un envoi*) beilegen
• **inclus, e** *adj* (*joint à un envoi*)
beiliegend; (*compris*) inklusive;
jusqu'au troisième chapitre ~
bis zum dritten Kapitel
einschließlich; **jusqu'au 10 mars ~**
bis einschließlich 10. März

incognito [ɛ̃kɔɲito] *adv* inkognito

incohérent, e [ɛ̃kɔeʀɑ̃, ɑ̃t] *adj*
(*discours, ouvrage*)
unzusammenhängend

incollable [ɛ̃kɔlabl] *adj* (*riz*) nicht
klebend; **il est ~** (*fam*) er ist
einfach unschlagbar

incolore [ɛ̃kɔlɔʀ] *adj* farblos

incomber [ɛ̃kɔ̃be] *vi*: ~ **à qn** jdm
obliegen

incommode [ɛ̃kɔmɔd] *adj*
unpraktisch; (*inconfortable*)
unbequem • **incommoder** *vt*
stören

incomparable [ɛ̃kɔ̃paʀabl] *adj*
(*inégalable*) unvergleichlich

incompatibilité [ɛ̃kɔ̃patibilite]
nf Unvereinbarkeit *f*; (*Inform*)
Inkompatibilität *f*
• **incompatible** *adj* unvereinbar;
(*Inform*) inkompatibel

incompétent, e [ɛ̃kɔ̃petɑ̃, ɑ̃t]
adj inkompetent

incomplet, -ète [ɛ̃kɔ̃plɛ, ɛt] *adj*
unvollständig

incompréhensible
[ɛ̃kɔ̃pʀeɑ̃sibl] *adj* unverständlich;
(*personne, accident*) unbegreiflich

incompréhension [ɛ̃kɔ̃pʀeɑ̃sjɔ̃]
nf Sturheit *f*

incompris, e [ɛ̃kɔ̃pʀi, iz] *adj*
unverstanden

inconcevable [ɛ̃kɔ̃s(ə)vabl] *adj*
unvorstellbar; (*conduite etc*)
unfassbar

inconditionnel, le
[ɛ̃kɔ̃disjɔnɛl] *adj* bedingungslos

inconfortable [ɛ̃kɔ̃fɔʀtabl] *adj*
unbequem

incongru, e [ɛ̃kɔ̃gʀy] *adj*
unschicklich

inconnu, e [ɛ̃kɔny] *adj*
unbekannt ▶ *nm/f* Fremde(r) *f(m)*

inconscience [ɛ̃kɔ̃sjɑ̃s] nf
(physique) Bewusstlosigkeit f;
(morale) Gedankenlosigkeit f
• **inconscient, e** adj (évanoui)
bewusstlos; (irréfléchi)
gedankenlos; (instinctif, spontané)
unbewusst ▶ nm : **l'~** das
Unbewusste nt

inconsidéré, e [ɛ̃kɔ̃sidere] adj
unüberlegt, unbedacht

inconsistant, e [ɛ̃kɔ̃sistɑ̃, ɑ̃t]
adj (raisonnement, accusation)
nicht stichhaltig; (crème, bouillie)
zu flüssig

inconsolable [ɛ̃kɔ̃sɔlabl] adj
untröstlich

inconstant, e [ɛ̃kɔ̃stɑ̃, ɑ̃t] adj
unbeständig

incontestable [ɛ̃kɔ̃tɛstabl] adj
unbestreitbar

incontesté, e [ɛ̃kɔ̃tɛste] adj
unbestritten, unangefochten

incontournable [ɛ̃kɔ̃turnabl]
adj unausweichlich

inconvenant, e [ɛ̃kɔ̃v(ə)nɑ̃, ɑ̃t]
adj unpassend, unschicklich

inconvénient [ɛ̃kɔ̃venjɑ̃] nm
Nachteil m

incorporer [ɛ̃kɔrpɔre] vt
(mélanger) einrühren; (insérer,
joindre) eingliedern

incorrect, e [ɛ̃kɔrɛkt] adj falsch;
(inconvenant) unpassend

incorrigible [ɛ̃kɔriʒibl] adj
unverbesserlich

incorruptible [ɛ̃kɔryptibl] adj
unbestechlich

incrédule [ɛ̃kredyl] adj (Rel)
skeptisch

incriminer [ɛ̃krimine] vt
(personne) belasten

incroyable [ɛ̃krwajabl] adj
unglaublich

incruster [ɛ̃kryste] vt (Art)
einlegen; **s'incruster** vpr (invité)
sich einnisten

inculpation [ɛ̃kylpasjɔ̃] nf
Anklage f, Anschuldigung f
• **inculpé, e** nm/f Angeklagte(r)
f(m), Beschuldigte(r) mf
• **inculper** vt : **~ qn (de)** Anklage
erheben gegen jdn (wegen +gén),
jdn beschuldigen +gén

inculquer [ɛ̃kylke] vt : **~ qch à**
qn jdm etw einprägen

incurable [ɛ̃kyrabl] adj
unheilbar

incursion [ɛ̃kyrsjɔ̃] nf Einfall m

Inde [ɛ̃d] nf : **l'~** Indien nt

indécent, e [ɛ̃desɑ̃, ɑ̃t] adj
unanständig

indécis, e [ɛ̃desi, iz] adj (personne)
unentschlossen; (paix, victoire)
zweifelhaft; (contours, formes)
undeutlich

indéfini, e [ɛ̃defini] adj
(imprécis, incertain) undefiniert
• **indéfiniment** adv unbegrenzt
lange

indemne [ɛ̃dɛmn] adj
unverletzt, unversehrt
• **indemnisation** nf
Entschädigung f • **indemniser**
vt : **~ qn de qch** jdn für etw
entschädigen • **indemnité** nf
Entschädigung f; (allocation)
Zuschuss m

indéniable [ɛ̃denjabl] adj
unbestreitbar

indépendamment
[ɛ̃depɑ̃damɑ̃] adv unabhängig;
~ de (en faisant abstraction de)
abgesehen von • **indépendance** nf

Unabhängigkeit f • **indépendant, e** adj unabhängig; (emploi) selb(st)ständig

indescriptible [ɛ̃dɛskʁiptibl] adj unbeschreiblich

indésirable [ɛ̃deziʁabl] adj unerwünscht

indéterminé, e [ɛ̃detɛʁmine] adj unbestimmt; (sens d'un mot, d'un passage) ungewiss

index [ɛ̃dɛks] nm (doigt) Zeigefinger m; (d'un livre etc) Index m

indicateur, -trice [ɛ̃dikatœʁ, tʁis] nm/f (de la police) Informant m ▶ nm : **~ de vitesse/de pression/ de niveau** Geschwindigkeits-/ Druck-/Höhenmesser m; **~ immobilier/des chemins de fer/ des rues** Immobilienverzeichnis nt/Kursbuch nt/ Straßenverzeichnis nt

indicatif, -ive [ɛ̃dikatif, iv] adj : **à titre ~** zur Information ▶ nm (Ling) Indikativ m; (Tél) Vorwahl f

indication [ɛ̃dikasjɔ̃] nf Angabe f; (mode d'emploi) Anweisung f; (marque, signe) Zeichen nt; (renseignement) Auskunft f

indice [ɛ̃dis] nm (marque, signe) Zeichen nt; **~ des prix** Preisindex m

indicible [ɛ̃disibl] adj unsagbar

indien, ne [ɛ̃djɛ̃, jɛn] adj (d'Inde) indisch; (d'Amérique) indianisch ▶ nm/f : **I~, ne** (d'Inde) Inder(in) m(f); (d'Amérique) Indianer(in) m(f)

indifféremment [ɛ̃difeʁamɑ̃] adv wahllos • **indifférence** nf Gleichgültigkeit f • **indifférent, e** adj gleichgültig

indigence [ɛ̃diʒɑ̃s] nf Armut f

indigène [ɛ̃diʒɛn] adj einheimisch ▶ nmf Einheimische(r) f(m)

indigeste [ɛ̃diʒɛst] adj unverdaulich • **indigestion** nf Magenverstimmung f

indignation [ɛ̃diɲasjɔ̃] nf Entrüstung f

indigne [ɛ̃diɲ] adj unwürdig

indigner [ɛ̃diɲe] vt aufbringen, entrüsten; **s'indigner** vpr : **s'~ (de qch/contre qn)** sich (über etw/ jdn) aufregen ou empören

indiqué, e [ɛ̃dike] adj (adéquat) angemessen; **ce n'est pas ~** das ist nicht ratsam

indiquer [ɛ̃dike] vt zeigen; (recommander) empfehlen; (signaler) mitteilen

indirect, e [ɛ̃diʁɛkt] adj indirekt

indiscret, -ète [ɛ̃diskʁɛ, ɛt] adj indiskret • **indiscrétion** nf Indiskretion f

indiscutable [ɛ̃diskytabl] adj unbestreitbar

indispensable [ɛ̃dispɑ̃sabl] adj (essentiel) unerlässlich; (connaissances, objet, vêtement) unbedingt erforderlich; (de première nécessité) unverzichtbar

indisponible [ɛ̃dispɔnibl] adj (local) nicht frei; (personne) unabkömmlich; (capitaux) gebunden

indisposé, e [ɛ̃dispoze] adj unpässlich

indisposer [ɛ̃dispoze] vt (incommoder) nicht bekommen +dat

indistinctement [ɛ̃distɛ̃ktəmɑ̃] adv undeutlich

individu [ɛ̃dividy] nm Individuum nt

individualiste [ɛ̃dividɥalist]
nmf Individualist(in) *m(f)*

individuel, le [ɛ̃dividɥɛl] *adj*
individuell; *(personnel)* persönlich;
(isolé) einzeln

Indochine [ɛ̃dɔʃin] *nf :* l'~
Indochina *nt*

indolent, e [ɛ̃dɔlɑ̃, ɑ̃t] *adj*
(personne, élève) träge; *(regard, air,
démarche)* lässig

indomptable [ɛ̃dɔ̃(p)tabl] *adj*
unzähmbar; *(caractère, orgueil)*
unbezähmbar

Indonésie [ɛ̃dɔnezi] *nf :* l'~
Indonesien *nt*

indu, e [ɛ̃dy] *adj :* à des heures
~es zu einer unchristlichen Zeit

indubitablement [ɛ̃dybitablə
mɑ̃] *adv* zweifellos

induire [ɛ̃dɥiʀ] *vt :* ~ qn en
erreur jdn irreführen

indulgent, e [ɛ̃dylʒɑ̃, ɑ̃t] *adj*
nachsichtig

indûment [ɛ̃dymɑ̃] *adv (à tort)*
ungebührlich

industrialisation
[ɛ̃dystʀijalizasjɔ̃] *nf*
Industrialisierung *f*

industrie [ɛ̃dystʀi] *nf (Écon)*
Industrie *f*; petite ~
Kleingewerbe *nt*; moyenne ~
mittlere Industrie *f*; ~ automobile
Automobilindustrie *f*; ~ textile
Textilindustrie *f* • **industriel, le**
adj Industrie-; *(activité)* industriell
▶ *nm* Industrielle(r) *f(m)*

inébranlable [inebʀɑ̃labl] *adj*
unerschütterlich; *(masse, colonne)*
solid, fest

inédit, e [inedi, it] *adj (non publié)*
unveröffentlicht; *(spectacle,
moyen)* neuartig

inefficace [inefikas] *adj*
wirkungslos; *(machine, employé)*
wenig leistungsfähig

inégal, e, -aux [inegal, o] *adj*
ungleich; *(rugueux)* uneben

inégalable [inegalabl] *adj*
einzigartig

inégalité [inegalite] *nf*
Ungleichheit *f*; *(de terrain)*
Unebenheit *f*

inéluctable [inelyktabl] *adj*
unausweichlich

inepte [inɛpt] *adj (histoire,
raisonnement)* unsinnig; *(personne)*
unfähig • **ineptie** *nf* Unsinn *m*

inépuisable [inepɥizabl] *adj*
unerschöpflich

inerte [inɛʀt] *adj* unbeweglich;
(fig) apathisch

inestimable [inɛstimabl] *adj*
unschätzbar

inévitable [inevitabl] *adj*
unvermeidlich

inexact, e [inɛgza(kt), akt] *adj*
ungenau; *(calcul)* falsch

inexcusable [inɛkskyzabl] *adj*
unverzeihlich

inexistant, e [inɛgzistɑ̃, ɑ̃t] *adj*
nicht vorhanden

inexorable [inɛgzɔrabl] *adj*
unerbittlich

inexpérimenté, e
[inɛkspeʀimɑ̃te] *adj* unerfahren,
ungeübt

inexplicable [inɛksplikabl] *adj*
unerklärlich

inexprimable [inɛkspʀimabl]
adj unbeschreiblich

in extremis [inɛkstʀemis] *adv* in
letzter Minute; *(testament)* auf
dem Sterbebett

inextricable [inɛkstʀikabl] *adj* unentwirrbar; *(fig)* verwickelt

infaillible [ɛ̃fajibl] *adj* unfehlbar

infalsifiable [ɛ̃falsifjabl] *adj* fälschungssicher

infâme [ɛ̃fɑm] *adj* gemein

infanterie [ɛ̃fɑ̃tʀi] *nf* Infanterie *f*

infantile [ɛ̃fɑ̃til] *adj* kindlich

infarctus [ɛ̃faʀktys] *nm*: **~ (du myocarde)** Herzinfarkt *m*

infatigable [ɛ̃fatigabl] *adj* unermüdlich

infect, e [ɛ̃fɛkt] *adj* übel, ekelhaft

infecter [ɛ̃fɛkte] *vt (atmosphère, eau)* verunreinigen; *(Méd)* infizieren; **s'infecter** *vpr (plaie)* sich infizieren • **infectieux, -euse** *adj* ansteckend

infection [ɛ̃fɛksjɔ̃] *nf* Infektion *f*, Entzündung *f*

inférieur, e [ɛ̃feʀjœʀ] *adj* untere(r, s); *(qualité)* minderwertig; **~ à** kleiner als; *(moins bon que)* schlechter als • **infériorité** *nf* Minderwertigkeit *f*

infernal, e, -aux [ɛ̃fɛʀnal, o] *adj* höllisch

infester [ɛ̃fɛste] *vt*: **infesté de moustiques/rats** von Mücken heimgesucht/mit Ratten verseucht

infidèle [ɛ̃fidɛl] *adj* untreu • **infidélité** *nf* Untreue *f*

infiltrer [ɛ̃filtʀe] **s'~** *vpr*: **s'~ dans** *(liquide)* einsickern in +*acc*

infime [ɛ̃fim] *adj (minuscule)* winzig; *(niveau)* niedrigste(r, s)

infini, e [ɛ̃fini] *adj* unendlich; *(conversation, prétentions etc)* endlos • **infiniment** *adv (sans borne)* grenzenlos; *(extrêmement)* ungeheuer

infinitif, -ive [ɛ̃finitif, iv] *adj* Infinitiv- ▸ *nm* Infinitiv *m*

infirme [ɛ̃fiʀm] *adj* behindert ▸ *nmf* Behinderte(r) *f(m)* • **infirmerie** *nf* Krankenrevier *nt* • **infirmier, -ière** *nm/f* Krankenpfleger *m*, Krankenschwester *f* • **infirmité** *nf* Behinderung *f*

inflammable [ɛ̃flamabl] *adj* leicht entzündlich • **inflammation** *nf* Entzündung *f*

inflation [ɛ̃flasjɔ̃] *nf* Inflation *f*

inflexible [ɛ̃flɛksibl] *adj* unbeugsam, unerbittlich

infliger [ɛ̃fliʒe] *vt*: **~ qch à qn** jdm etw auferlegen

influençable [ɛ̃flyɑ̃sabl] *adj* beeinflussbar • **influence** *nf* Einfluss *m* • **influencer** *vt* beeinflussen

info [ɛ̃fo] *nf (fam)* Nachricht *f*

infographie® [ɛ̃fɔgʀafi] *nf* Computergrafik *f*

informaticien, ne [ɛ̃fɔʀmatisjɛ̃, jɛn] *nm/f* Informatiker(in) *m(f)*

information [ɛ̃fɔʀmasjɔ̃] *nf (renseignement)* Auskunft *f*; **informations** *nfpl (Radio, TV)* Nachrichten *pl*; **~s politiques/ sportives** politische Nachrichten/ Sportnachrichten *pl*

informatique [ɛ̃fɔʀmatik] *nf* Informatik *f*

informatiser [ɛ̃fɔʀmatize] *vt* auf Computer umstellen

informe [ɛ̃fɔʀm] *adj* formlos; *(laid)* unförmig

informer [ɛ̃fɔʀme] *vt*: **~ qn (de)** jdn informieren (über +*acc*); **s'informer** *vpr*: **s'~ (de)** sich

i

erkundigen (über +acc); **s'~ sur** sich informieren über +acc

inforoute [ɛ̃fɔʀut] nf(fam) Verkehrsfunk m

infortune [ɛ̃fɔʀtyn] nf Missgeschick nt

infraction [ɛ̃fʀaksjɔ̃] nf: **~ à** (violation) Verstoß m gegen; **être en ~** (Auto) gegen die Straßenverkehrsordnung verstoßen

infranchissable [ɛ̃fʀɑ̃ʃisabl] adj unüberwindlich

infrastructure [ɛ̃fʀastʀyktyʀ] nf(Constr) Unterbau m; (Aviat) Bodenanlagen pl; (Mil, Écon) Infrastruktur f

infructueux, -euse [ɛ̃fʀyktɥø, øz] adj fruchtlos

infuser [ɛ̃fyze] vt ziehen lassen ▶ vi ziehen • **infusion** nf Kräutertee m

ingénierie [ɛ̃ʒeniʀi] nf Ingenieurwesen nt; **~ génétique** Gentechnologie f

ingénieur [ɛ̃ʒenjœʀ] nm Ingenieur(in) m(f)

ingénieux, -euse [ɛ̃ʒenjø, jøz] adj genial; (personne) erfinderisch

ingérence [ɛ̃ʒeʀɑ̃s] nf Einmischung f

ingrat, e [ɛ̃gʀa, at] adj undankbar • **ingratitude** nf Undankbarkeit f

ingrédient [ɛ̃gʀedjɑ̃] nm (Culin) Zutat f

inhabitable [inabitabl] adj unbewohnbar

inhalation [inalasjɔ̃] nf: **faire une ~** ou **des ~s** inhalieren

inhibition [inibisjɔ̃] nf Hemmung f

inhumain, e [inymɛ̃, ɛn] adj unmenschlich

inimaginable [inimaʒinabl] adj unvorstellbar

inimitable [inimitabl] adj unnachahmlich; (qualité) unnachahmbar

initial, e, -aux [inisjal, jo] adj anfänglich; (lettre) Anfangs-

initialiser [inisjalize] vt (Inform) initialisieren

initiative [inisjativ] nf Initiative f. **prendre l'~ de faire qch** die Initiative ergreifen, etw zu tun

initier [inisje] vt: **~ qn à** (religion) jdn feierlich aufnehmen in +acc; (secret, procédé, art, jeu) jdn einweihen in +acc; **s'initier à** vpr erlernen

injecter [ɛ̃ʒɛkte] vt einspritzen • **injection** nf; **~ intraveineuse/ sous-cutanée** intravenöse/ subkutane Injektion f ou Spritze f

injonction [ɛ̃ʒɔ̃ksjɔ̃] nf Anordnung f

injure [ɛ̃ʒyʀ] nf(insulte) Schimpfwort nt; (Jur) Beleidigung f • **injurier** vt beschimpfen • **injurieux, -euse** adj beleidigend

injuste [ɛ̃ʒyst] adj ungerecht • **injustice** nf Ungerechtigkeit f; (acte, jugement) Unrecht nt

inlassable [ɛ̃lɑsabl] adj unermüdlich

inné, e [i(n)ne] adj angeboren

innocence [inɔsɑ̃s] nf Unschuld f • **innocent, e** adj unschuldig • **innocenter** vt (juge etc) für unschuldig erklären; (déclaration etc) jds Unschuld beweisen

innovateur, -trice [inɔvatœʀ, tʀis] *adj* innovativ • **innovation** *nf* Neuerung *f* • **innover** *vi* Neuerungen einführen

inoccupé, e [inɔkype] *adj* (*logement*) unbewohnt, leer stehend; (*personne, vie*) untätig

inoculer [inɔkyle] *vt* : ~ **un virus à qn** (*volontairement*) jdm einen Virus einimpfen; ~ **une maladie à qn** (*volontairement*) jdn gegen eine Krankheit impfen; ~ **qn contre qch** jdn gegen etw impfen

inodore [inɔdɔʀ] *adj* geruchlos

inoffensif, -ive [inɔfɑ̃sif, iv] *adj* harmlos

inondation [inɔ̃dasjɔ̃] *nf* Überschwemmung *f*; (*afflux massif*) Flut *f* • **inonder** *vt* überschwemmen; (*fig*) strömen in +*acc*

inopiné, e [inɔpine] *adj* unerwartet

inopportun, e [inɔpɔʀtœ̃, yn] *adj* ungelegen

inoubliable [inublijabl] *adj* unvergesslich

inouï, e [inwi] *adj* einmalig; (*incroyable*) unglaublich

inox [inɔks] *nm* Nirosta® *nt*

inoxydable [inɔksidabl] *adj* rostfrei

inqualifiable [ɛ̃kalifjabl] *adj* unbeschreiblich, abscheulich

inquiet, -ète [ɛ̃kjɛ, ɛ̃kjɛt] *adj* besorgt; (*par nature*) unruhig • **inquiétant, e** *adj* beunruhigend; (*mine, visage, expression*) finster • **inquiéter** *vt* beunruhigen; (*harceler*) schikanieren; **s'inquiéter** *vpr* : **s'~ de** sich *dat*

Sorgen *ou* Gedanken machen über +*acc* • **inquiétude** *nf* Besorgnis *f*

insaisissable [ɛ̃sezisabl] *adj* (*fugitif, ennemi*) flüchtig; (*nuance, différence*) schwer fassbar

insalubre [ɛ̃salybʀ] *adj* ungesund

insatiable [ɛ̃sasjabl] *adj* unersättlich

insatisfait, e [ɛ̃satisfɛ, ɛt] *adj* unzufrieden; (*non comblé*) unbefriedigt

inscription [ɛ̃skʀipsjɔ̃] *nf* (*sur mur, écriteau*) Inschrift *f*; (*à une institution*) Anmeldung *f* • **inscrire** *vt* (*marquer*) aufschreiben; (*sur un mur, une affiche etc*) schreiben; (*sur une liste*) einschreiben; **s'inscrire** *vpr* sich anmelden; ~ **qn à** (*un club, la cantine, l'université*) jdn einschreiben in +*dat*; (*l'école*) jdn anmelden in +*dat*; (*un examen, concours*) jdn anmelden für; **s'~ (à)** (*un club, parti*) beitreten (+*dat*); (*à l'université*) sich immatrikulieren *ou* einschreiben (an +*dat*); (*à un examen, concours*) sich anmelden (zu)

insecte [ɛ̃sɛkt] *nm* Insekt *nt* • **insecticide** *nm* Insektenvernichtungsmittel *nt*

insécurité [ɛ̃sekyʀite] *nf* Unsicherheit *f*; **vivre dans l'~** in der Ungewissheit leben

insémination [ɛ̃seminasjɔ̃] *nf* : ~ **artificielle** künstliche Befruchtung *ou* Besamung *f*

insensé, e [ɛ̃sɑ̃se] *adj* wahnsinnig, unsinnig

insensibiliser [ɛ̃sɑ̃sibilize] *vt* betäuben

insensible [ɛ̃sɑ̃sibl] adj (nerf, membre) taub; (dur, sévère) gefühllos; **~ au froid/à la chaleur** gegen Kälte/Hitze unempfindlich

inséparable [ɛ̃sepaʀabl] adj (amis, couple) unzertrennlich

insérer [ɛ̃seʀe] vt (dans un livre etc) einlegen; (dans un journal) aufgeben

insidieux, -euse [ɛ̃sidjø, jøz] adj heimtückisch

insigne [ɛ̃siɲ] nm (d'un parti, club) Abzeichen nt ▸ adj hervorragend

insignifiant, e [ɛ̃siɲifjɑ̃, jɑ̃t] adj unbedeutend; (paroles, visage, roman etc) nichtssagend

insinuation [ɛ̃sinɥasjɔ̃] nf Anspielung f • **insinuer** vt : **que voulez-vous ~ ?** was wollen Sie damit andeuten?

insipide [ɛ̃sipid] adj fad(e); (personne) nichtssagend

insistance [ɛ̃sistɑ̃s] nf (d'une personne) Beharren nt

insister [ɛ̃siste] vi bestehen, beharren; **~ sur** (détail, note) betonen; **~ pour faire qch** darauf beharren, etw zu tun

insolation [ɛ̃sɔlasjɔ̃] nf Sonnenstich m

insolence [ɛ̃sɔlɑ̃s] nf Unverschämtheit f • **insolent, e** adj unverschämt, frech

insolite [ɛ̃sɔlit] adj ungewöhnlich; (étrange, anormal) ausgefallen

insoluble [ɛ̃sɔlybl] adj (problème) unlösbar; **~ dans** nicht löslich in +dat

insolvable [ɛ̃sɔlvabl] adj zahlungsunfähig

insomniaque [ɛ̃sɔmnjak] adj schlaflos; **être ~** an Schlaflosigkeit leiden

insomnie [ɛ̃sɔmni] nf Schlaflosigkeit f; **avoir des ~s** an Schlaflosigkeit leiden

insondable [ɛ̃sɔ̃dabl] adj (mystère, secret) unergründlich; (maladresse, bêtise) unermesslich

insonorisation [ɛ̃sɔnɔʀizasjɔ̃] nf Schalldämmung f

insonoriser [ɛ̃sɔnɔʀize] vt schalldicht machen

insouciance [ɛ̃susjɑ̃s] nf Sorglosigkeit f

insoumis, e [ɛ̃sumi, iz] adj (caractère, enfant) widerspenstig, rebellisch; (contrée, tribu) unbezwungen

insoupçonné, e [ɛ̃supsɔne] adj ungeahnt

insoutenable [ɛ̃sut(ə)nabl] adj (opinion, théorie) unhaltbar; (effort, chaleur, spectacle) unerträglich

inspecter [ɛ̃spɛkte] vt kontrollieren • **inspecteur, -trice** nm/f Inspektor(in) m(f) • **inspection** nf Prüfung f, Kontrolle f

inspiration [ɛ̃spiʀasjɔ̃] nf (divine) Erleuchtung f; (d'un écrivain, chercheur) Inspiration f; (idée) Eingebung f • **inspirer** vt (poète) inspirieren, anregen ▸ vi (aspirer) einatmen

instable [ɛ̃stabl] adj unbeständig; (meuble) wackelig

installateur [ɛ̃stalatœʀ] nm Installateur m

installation [ɛ̃stalasjɔ̃] nf (de l'électricité, du téléphone) Anschließen nt; (appareils)

Anlage f; (Inform : logiciel)
Installation f; **~s électriques/
sanitaires** elektrische/sanitäre
Anlagen pl

installer [ɛstale] vt (gaz,
électricité, téléphone) anschließen;
(Inform) installieren; (appartement)
einrichten; (meuble, tente)
(auf)stellen; (caser, loger)
unterbringen; (coucher) legen;
(asseoir) setzen; **s'installer** vpr
(s'établir) sich niederlassen; **s'~ à
l'hôtel/chez qn** sich im Hotel/bei
jdm einquartieren

instamment [ɛstamɑ̃] adv
eindringlich

instance [ɛstɑ̃s] nf (Jur) Verfahren
nt; **instances** nfpl (prières)
inständige Bitten pl; **être en ~ de
divorce** in Scheidung leben

instant, e [ɛstɑ̃, ɑ̃t] adj (prière etc)
eindringlich ▸ nm Augenblick m;
dans un ~ in einem Augenblick; **à
chaque ou tout ~** jederzeit; **pour
l'~** im Augenblick; **par ~s**
manchmal

instantané, e [ɛstɑ̃tane] adj
sofortig

instar [ɛstaʀ] nm : **à l'~ de ...** dem
Beispiel von ... folgend

instaurer [ɛstɔʀe] vt einführen

instigateur, -trice [ɛstigatœʀ,
tʀis] nm/f Initiator(in) m(f),
Anstifter(in) m(f) • **instigation**
nf : **à l'~ de qn** auf jds Betreiben acc

instinct [ɛstɛ̃] nm Instinkt m; **d'~**
instinktiv • **instinctif, -ive** adj
instinktiv

instituer [ɛstitɥe] vt einführen

institut [ɛstity] nm Institut nt;
~ de beauté Schönheitsinstitut nt;
l~ universitaire de technologie

≈ technische Hochschule f ou
Universität f

instituteur, -trice [ɛstitytœʀ,
tʀis] nm/f ≈ Grundschullehrer(in)
m(f)

institution [ɛstitysjɔ̃] nf
Institution f; (collège, école privée)
Privatschule f

instructeur [ɛstʀyktœʀ] nm
Lehrer m; **juge ~**
Untersuchungsrichter m

instructif, -ive [ɛstʀyktif, iv]
adj lehrreich, instruktiv

instruction [ɛstʀyksjɔ̃] nf
Ausbildung f; (enseignement)
Unterricht m; (savoir,
connaissances) Bildung f; (Inform)
Anweisung f, Befehl m;
instructions nfpl (directives)
Anweisungen pl; (mode d'emploi)
Gebrauchsanweisung f

instruire [ɛstʀɥiʀ] vt (élèves)
unterrichten; **s'instruire** vpr sich
bilden • **instruit, e** adj gebildet

instrument [ɛstʀymɑ̃] nm
Instrument nt; **~ à cordes**
Saiteninstrument nt; **~ à
percussion** Schlaginstrument nt;
~ à vent Blasinstrument nt; **~ de
musique** Musikinstrument nt;
~ de travail Werkzeug

insu [ɛsy] nm : **à l'~ de qn** ohne jds
Wissen

insubordination [ɛsybɔʀdinasjɔ̃]
nf (Mil) Gehorsamsverweigerung
f; (d'un élève) Aufsässigkeit f

insuffisamment [ɛsyfizamɑ̃]
adv unzureichend

insuffisance [ɛsyfizɑ̃s] nf
Unzulänglichkeit f • **insuffisant, e**
adj unzureichend; (en nombre)
ungenügend

insuffler [ɛ̃syfle] vt : **~ qch (dans)** etw einblasen (in +acc)

insulaire [ɛ̃sylɛʀ] adj Insel-

insuline [ɛ̃sylin] nf Insulin nt

insulte [ɛ̃sylt] nf Beleidigung f
• **insulter** vt beschimpfen, beleidigen

insupportable [ɛ̃sypɔʀtabl] adj unerträglich

insurmontable [ɛ̃syʀmɔ̃tabl] adj unüberwindlich

insurrection [ɛ̃syʀɛksjɔ̃] nf Aufstand m

intact, e [ɛ̃takt] adj unversehrt, intakt

intarissable [ɛ̃taʀisabl] adj unerschöpflich

intégral, e, -aux [ɛ̃tegʀal, o] adj vollständig

intégrant, e [ɛ̃tegʀɑ̃, ɑ̃t] adj : **faire partie ~ de qch** ein fester Bestandteil von etw sein

intégration [ɛ̃tegʀasjɔ̃] nf Integration f

intègre [ɛ̃tegʀ] adj rechtschaffen, integer

intégrer [ɛ̃tegʀe] vt integrieren; **s'intégrer** vpr : **s'~ à** ou **dans qch** sich in etw acc integrieren ou eingliedern

intégrisme [ɛ̃tegʀism] nm Fundamentalismus m
• **intégriste** adj fundamentalistisch ▶ nmf Fundamentalist(in) m(f)

intellectuel, le [ɛ̃telɛktɥɛl] adj intellektuell ▶ nm/f Intellektuelle(r) f(m)

intelligence [ɛ̃teliʒɑ̃s] nf Intelligenz f ; **~ artificielle** künstliche Intelligenz

• **intelligent, e** adj intelligent, gescheit

intelligible [ɛ̃teliʒibl] adj verständlich

intello [ɛ̃telo] (fam) adj (schrecklich) intellektuell ▶ nmf Intelligenzbestie f

intempéries [ɛ̃tɑ̃peʀi] nfpl schlechtes Wetter nt

intempestif, -ive [ɛ̃tɑ̃pestif, iv] adj unpassend

intenable [ɛ̃t(ə)nabl] adj (situation, chaleur, enfant) unerträglich

intendant, e [ɛ̃tɑ̃dɑ̃] nm/f Verwalter(in) m(f)

intense [ɛ̃tɑ̃s] adj stark, intensiv; (froid) groß; (lumière) hell
• **intensif, -ive** adj intensiv
• **intensité** nf Intensität f; (d'un courant électrique) Stromstärke f

intenter [ɛ̃tɑ̃te] vt : **~ un procès/ une action à qn** einen Prozess/ einen Vorgang gegen jdn anstrengen

intention [ɛ̃tɑ̃sjɔ̃] nf Absicht f; **avoir l'~ de faire qch** beabsichtigen ou die Absicht haben, etw zu tun • **intentionné, e** adj : **bien/mal ~** wohlgesinnt/ nicht wohlgesinnt
• **intentionnel, le** adj absichtlich

interactif, -ive [ɛ̃teʀaktif, iv] adj interaktiv

interaction [ɛ̃teʀaksjɔ̃] nf Wechselwirkung f

intercaler [ɛ̃teʀkale] vt : **~ (dans)** einfügen (in +acc)

intercepter [ɛ̃teʀsepte] vt abfangen

interchangeable [ɛ̃teʀʃɑ̃ʒabl] adj austauschbar

interconnecter [ɛ̃tɛʀkɔnɛkte]
vt miteinander verbinden
interdiction [ɛ̃tɛʀdiksjɔ̃] nf
Verbot nt; **~ de séjour**
Aufenthaltsverbot nt • **interdire**
vt verbieten; **~ à qn de faire qch**
jdm verbieten, etw zu tun
• **interdit, e** adj verboten; **sens/**
stationnement ~ Einbahnstraße
f/Parkverbot nt
intéressant, e [ɛ̃teʀesɑ̃, ɑ̃t] adj
interessant • **intéressé, e** adj
interessiert; (puissances, parties,
personnes) betroffen • **intéresser**
vt interessieren; (concerner)
betreffen; (aux bénéfices)
beteiligen; **s'intéresser** vpr : **s'~ à**
qn/qch sich für jdn/etw
interessieren
intérêt [ɛ̃teʀɛ] nm Interesse nt;
(dividende) Zins m
interface [ɛ̃tɛʀfas] nf (Inform)
Schnittstelle f, Interface nt
interférer [ɛ̃tɛʀfeʀe] vi
interferieren
intérieur, e [ɛ̃teʀjœʀ] adj
innere(r, s); (politique, cour)
Innen- ▶ nm : **l'~** das Innere nt;
un ~ bourgeois/confortable
bürgerliche/bequeme
(Innen)einrichtung f; **à l'~ (de)**
im Inneren (von ou +gén); (avec
mouvement) ins Innere (von ou
+gén)
intérim [ɛ̃teʀim] nm
Zwischenzeit f; (travail temporaire)
Zeitarbeit f; **assurer l'~ (de qn)**
die Vertretung (für jdn)
übernehmen; **par ~** vorläufig
• **intérimaire** nmf (personne)
Zeitarbeiter(in) m(f)
interjection [ɛ̃tɛʀʒɛksjɔ̃] nf
Ausruf m

interlocuteur, -trice
[ɛ̃tɛʀlɔkytœʀ, tʀis] nm/f
Gesprächspartner(in) m(f)
interlude [ɛ̃tɛʀlyd] nm
Zwischenspiel nt
intermédiaire [ɛ̃tɛʀmedjɛʀ] adj
Zwischen- ▶ nm : **sans ~** direkt;
par l'~ de durch
interminable [ɛ̃tɛʀminabl] adj
endlos
internat [ɛ̃tɛʀna] nm
(établissement) Internat nt
international, e, -aux
[ɛ̃tɛʀnasjɔnal, o] adj
international
internaute [ɛ̃tɛʀnot] nmf
Internetsurfer(in) m(f),
Websurfer(in) m(f)
interne [ɛ̃tɛʀn] adj innere(r, s)
interner [ɛ̃tɛʀne] vt (Pol)
internieren; (Méd) in eine Anstalt
einweisen
Internet [ɛ̃tɛʀnɛt] nm : **(l')~** das
Internet; **~ mobile** mobiles
Internet nt
interpeller [ɛ̃tɛʀpəle] vt (appeler)
zurufen +dat
interphone [ɛ̃tɛʀfɔn] nm
(Wechsel)sprechanlage f
interposer [ɛ̃tɛʀpoze] vt
dazwischentun
interprétation [ɛ̃tɛʀpʀetasjɔ̃]
nf Interpretation f • **interprète**
nmf (traducteur) Dolmetscher(in)
m(f) • **interpréter** vt
interpretieren; (songes, présages)
deuten
interrogateur, -trice
[ɛ̃teʀɔgatœʀ, tʀis] adj fragend
• **interrogatif, -ive** adj fragend;
(Ling) Frage- • **interrogation** nf
Befragung f; **~ écrite/orale** (Scol)

i

schriftliche/mündliche Prüfung;
~ directe/indirecte direkte/
indirekte Frage f • **interrogatoire**
nm Verhör nt; (au tribunal)
Vernehmung f • **interroger** vt
befragen; (inculpé) verhören,
vernehmen; (données, ordinateur)
abfragen

interrompre [ɛ̃teʀɔ̃pʀ] vt
unterbrechen; **s'interrompre** vpr
aufhören • **interrupteur** nm
Schalter m • **interruption** nf
Unterbrechung f; **~ volontaire
de grossesse** Schwangerschafts-
sabbruch

intersection [ɛ̃tɛʀsɛksjɔ̃] nf
(croisement) Kreuzung f

interstice [ɛ̃tɛʀstis] nm
Zwischenraum m, Spalt m

interurbain, e [ɛ̃teʀyʀbɛ̃, ɛn]
adj : **communication ~e**
Ferngespräch nt

intervalle [ɛ̃teʀval] nm
Zwischenraum m; **à deux mois
d'~** im Abstand von zwei
Monaten; **dans l'~** inzwischen

intervenir [ɛ̃teʀvəniʀ] vi
eingreifen • **intervention** nf
Eingreifen n

interview [ɛ̃teʀvju] nf
Interview nt • **interviewer** vt
interviewen

intestin, e [ɛ̃tɛstɛ̃, in] adj :
querelles/luttes ~es innere
Kämpfe pl ▶ nm Darm m
• **intestinal, e, -aux** adj Darm-

intime [ɛ̃tim] adj intim ▶ nmf
Vertraute(r) f(m)

intimer [ɛ̃time] vt (citer)
vorladen; **~ à qn l'ordre de faire
qch** jdm den Befehl zukommen
lassen, etw zu tun

intimidation [ɛ̃timidasjɔ̃] nf
Einschüchterung f

intimider [ɛ̃timide] vt
einschüchtern

intimité [ɛ̃timite] nf : **dans la
plus stricte ~** im engsten
Familienkreis

intituler [ɛ̃tityle] vt : **comment
a-t-il intitulé son livre ?** welchen
Titel hat er seinem Buch
gegeben?; **s'intituler** vpr
(ouvrage) den Titel tragen

intolérable [ɛ̃tɔleʀabl] adj
unerträglich

intolérance [ɛ̃tɔleʀɑ̃s] nf
Intoleranz f • **intolérant, e** adj
intolerant

intoxication [ɛ̃tɔksikasjɔ̃] nf
Vergiftung f • **intoxiquer** vt
vergiften; (fig) indoktrinieren

intraduisible [ɛ̃tʀadɥizibl] adj
unübersetzbar

intraitable [ɛ̃tʀɛtabl] adj
(intransigeant) unnachgiebig;
~ sur unnachgiebig in Bezug auf
+acc; **demeurer ~** nicht
nachgeben

intranet [ɛ̃tʀanɛt] nm Intranet nt

intransigeant, e [ɛ̃tʀɑ̃ziʒɑ̃, ɑ̃t]
adj unnachgiebig, stur

intraveineux, -euse
[ɛ̃tʀavɛnø, øz] adj intravenös

intrépide [ɛ̃tʀepid] adj mutig,
beherzt

intrigue [ɛ̃tʀig] nf (manœuvre)
Intrige f • **intriguer** vi intrigieren
▶ vt neugierig machen

introduction [ɛ̃tʀɔdyksjɔ̃] nf
Einführung f • **introduire** vt
einführen; (Inform) eingeben;
s'introduire vpr (usages, idées) in
Gebrauch kommen; **~ qch dans**

etw stecken in +*acc*; **s'~ dans** (*personne, eau, fumée*) eindringen in +*acc*

introuvable [ɛ̃truvabl] *adj* unauffindbar; (*édition*) schwer auffindbar

introverti, e [ɛ̃trɔvɛrti] *adj* introvertiert

intrus, e [ɛ̃try, yz] *nm/f* Eindringling *m*

intrusion [ɛ̃tryzjɔ̃] *nf* Eindringen *nt*; (*ingérence*) Einmischung *f*

intuitif, -ive [ɛ̃tyitif, iv] *adj* intuitiv • **intuition** *nf* Intuition *f*, Vorahnung *f*; (*pressentiment*) Vorgefühl *nt*

inusable [inyzabl] *adj* unverwüstlich

inutile [inytil] *adj* nutzlos; (*superflu*) unnötig

inutilisable [inytilizabl] *adj* unbrauchbar

invalide [ɛ̃valid] *adj* körperbehindert

invalider [ɛ̃valide] *vt* (*donation, contrat, élection*) ungültig machen

invariable [ɛ̃varjabl] *adj* unveränderlich

invasion [ɛ̃vazjɔ̃] *nf* Invasion *f*

invectiver [ɛ̃vɛktive] *vt* beschimpfen

inventaire [ɛ̃vɑ̃tɛr] *nm* Inventar *nt*; (*Comm : liste*) Warenliste *f*; (*: opération*) Inventur *f*; (*fig*) Bestandsaufnahme *f*

inventer [ɛ̃vɑ̃te] *vt* erfinden • **inventeur, -trice** *nm/f* Erfinder(in) *m(f)* • **inventif, -ive** *adj* schöpferisch; (*ingénieux*) einfallsreich • **invention** *nf* Erfindung *f*; (*découverte*) Entdeckung *f*

inventorier [ɛ̃vɑ̃tɔrje] *vt* eine Aufstellung machen von

inverse [ɛ̃vɛrs] *adj* umgekehrt; (*sens*) entgegengesetzt ▸ *nm* : **l'~** das Gegenteil *nt* • **inverser** *vt* umkehren

investigation [ɛ̃vɛstigasjɔ̃] *nf* Untersuchung *f*

investir [ɛ̃vɛstir] *vt* investieren • **investissement** *nm* Investition *f*, Anlage *f*

invincible [ɛ̃vɛ̃sibl] *adj* unbesiegbar; (*irrésistible*) unwiderstehlich

invisible [ɛ̃vizibl] *adj* unsichtbar

invitation [ɛ̃vitasjɔ̃] *nf* Einladung *f*; **à** *ou* **sur l'~ de qn** (*exhortation*) auf jds Aufforderung *acc* hin • **invité, e** *nm/f* Gast *m* • **inviter** *vt* einladen; **~ qn à faire qch** (*exhorter*) jdn auffordern, etw zu tun

involontaire [ɛ̃vɔlɔ̃tɛr] *adj* unabsichtlich, unwillkürlich

invoquer [ɛ̃vɔke] *vt* (*Dieu, muse*) anrufen; (*excuse, argument*) anbringen; (*loi, texte, ignorance*) sich berufen auf +*acc*

invraisemblable [ɛ̃vrɛsɑ̃blabl] *adj* unwahrscheinlich; (*fantastique, inimaginable*) unglaublich

iode [jɔd] *nm* Jod *nt*

iPod [aɪpɔd, ipɔd] *nm* iPod® *m*

Irak [irak] *nm* : **l'~** (der) Irak *m* • **irakien, ne** *adj* irakisch ▸ *nm/f* : **I~, ne** Iraker(in) *m(f)*

Iran [irɑ̃] *nm* : **l'~** (der) Iran *m* • **iranien, ne** *adj* iranisch ▸ *nm/f* : **I~, ne** Iraner(in) *m(f)*

Iraq [irak] *nm* = **Irak**

irascible [iʀasibl] *adj* jähzornig

iris [iʀis] *nm* Iris *f*, Iris

irlandais, e [iʀlɑ̃dɛ, ɛz] *adj* irisch
▶ *nm/f*: **l'~, e** Ire *m*, Irin *f* • **Irlande**
nf: **l'~** Irland *nt*; **l'~ du Nord**
Nordirland *nt*

IRM [iɛʀɛm] *sigle f* (= *imagerie*
par résonance magnétique)
(*technique*) MRT *f*
(= *Magnetresonanztomographie*);
(*examen*) MRT-Untersuchung *f*;
(*image*) MRT-Bild *nt*

ironie [iʀɔni] *nf* Ironie *f*
• **ironique** *adj* ironisch

irradiation [iʀadjasjɔ̃] *nf*
Bestrahlung *f*

irradier [iʀadje] *vt* bestrahlen;
(*contaminer*) verstrahlen

irraisonné, e [iʀɛzɔne] *adj*
(*geste, acte*) unüberlegt; (*crainte*)
unbegründet, unsinnig

irrecevable [iʀas(ə)vabl] *adj*
unannehmbar

irréel, le [iʀeel] *adj* unwirklich

irréfléchi, e [iʀefleʃi] *adj*
unüberlegt, gedankenlos

irrégulier, -ière [iʀegylje, jɛʀ]
adj unregelmäßig; (*surface, terrain*)
uneben

irrémédiable [iʀemedjabl] *adj*
nicht wiedergutzumachen

irremplaçable [iʀɑ̃plasabl] *adj*
unersetzlich

irréprochable [iʀepʀɔʃabl] *adj*
einwandfrei, tadellos

irrésistible [iʀezistibl] *adj*
unwiderstehlich

irrésolu, e [iʀezɔly] *adj*
unentschlossen

irrespectueux, -euse
[iʀɛspɛktɥø, øz] *adj* respektlos

irresponsable [iʀɛspɔ̃sabl] *adj*
unverantwortlich; (*irréfléchi*)
verantwortungslos

irréversible [iʀevɛʀsibl] *adj*
nicht rückgängig zu machen

irrigation [iʀigasjɔ̃] *nf*
Bewässerung *f*

irriguer [iʀige] *vt* bewässern

irritable [iʀitabl] *adj* reizbar

irritation [iʀitasjɔ̃] *nf*
(*exaspération*) Gereiztheit *f*;
(*inflammation*) Reizung *f*

irriter [iʀite] *vt* reizen

irruption [iʀypsjɔ̃] *nf*
Eindringen *nt*, Hereinstürzen *nt*;
faire ~ dans un endroit/chez qn
plötzlich an einem Ort/bei jdm
erscheinen

Islam [islam] *nm* Islam *m*
• **islamique** *adj* islamisch
• **islamiste** *nmf* Islamist(in) *m(f)*

islamophobie [islamɔfɔbi] *nf*
Islamophobie *f*

islandais, e [islɑ̃dɛ, ɛz] *adj*
isländisch ▶ *nm* (*Ling*) Isländisch *nt*
▶ *nm/f*: **l~, e** Isländer(in) *m(f)*
• **Islande** *nf*: **l'~** Island *nt*

isolant, e [izɔlɑ̃, ɑ̃t] *adj* isolierend
▶ *nm* Isoliermaterial *nt*

isolation [izɔlasjɔ̃] *nf*:
~ acoustique Schalldämmung *f*;
~ électrique Isolierung *f*;
~ thermique Wärmeisolierung *f*

isolé, e [izɔle] *adj* isoliert; (*séparé*)
einzeln

isoler [izɔle] *vt* isolieren

isoloir [izɔlwaʀ] *nm* Wahlkabine *f*

Israël [isʀaɛl] *nm* Israel *nt*
• **israélien, ne** *adj* israelisch
▶ *nm/f*: **l~, ne** Israeli *mf*
• **israélite** *adj* jüdisch ▶ *nmf*: **l'~**
Israelit(in) *m(f)*

issu, e [isy] *adj* : **être ~ de** abstammen von; (*résulter de*) herrühren von

issue [isy] *nf* Ausgang *m*; (*résultat*) Ergebnis *nt*; **à l'~ de** am Ende von; **chemin/rue sans ~** Sackgasse *f*; **~ de secours** Notausgang *m*

Italie [itali] *nf*: **l'~** Italien *nt*
• **italien, ne** *adj* italienisch
▶ *nm/f*: **I~, ne** Italiener(in) *m(f)*

italique [italik] *nm*: **en ~(s)** kursiv

itinéraire [itineʀɛʀ] *nm* Route *f*; **~ de délestage** Umleitung *f*

itinérance [itineʀɑ̃s] *nf* (*Tél*) Roaming *nt*

IUT [iyte] *sigle m* (= *Institut universitaire de technologie*) *voir* **institut**

IVG [iveʒe] *sigle f* (= *interruption volontaire de grossesse*) *voir* **interruption**

ivoire [ivwaʀ] *nm* Elfenbein *nt*

ivoirien, ne [ivwaʀjɛ̃, jɛn] *adj* von der Elfenbeinküste

ivre [ivʀ] *adj* betrunken • **ivresse** *nf* Trunkenheit *f* • **ivrogne** *nmf* Trinker(in) *m(f)*

---

j

jachère [ʒaʃɛʀ] *nf*: **(être) en ~** brach(liegen)

jacinthe [ʒasɛ̃t] *nf* Hyazinthe *f*

jacuzzi® [ʒakuzi] *nm* Whirlpool® *m*

jadis [ʒadis] *adv* einst(mals)

jaillir [ʒajiʀ] *vi* hervorsprudeln

jalon [ʒalɔ̃] *nm* Markierungspfosten *m*

jalousie [ʒaluzi] *nf* Eifersucht *f*; (*store*) Jalousie *f* • **jaloux, -se** *adj* eifersüchtig

jamais [ʒamɛ] *adv* nie, niemals; (*sans négation*) je(mals); **ne ... ~** niemals

jambe [ʒɑ̃b] *nf* Bein *nt*

jambon [ʒɑ̃bɔ̃] *nm* Schinken *m*

jambonneau, x [ʒɑ̃bɔno] *nm* (gekochtes) Eisbein *nt*

janvier [ʒɑ̃vje] *nm* Januar *m*; *voir aussi* **juillet**

Japon [ʒapɔ̃] *nm*: **le ~** Japan *nt*
• **japonais, e** *adj* japanisch
▶ *nm/f*: **J~, e** Japaner(in) *m(f)*

jaquette [ʒakɛt] *nf* (*de livre*) Schutzumschlag *m*

jardin [ʒaʀdɛ̃] *nm* Garten *m*; **~ d'enfants** Kindergarten *m*

• jardinage *nm* Gartenarbeit *f*
• jardiner *vi* im Garten arbeiten
• jardinier, -ière *nm/f* Gärtner(in) *m(f)* ▶ *nf (caisse)* Blumenkasten *m*; **jardinière d'enfants** Kindergärtnerin *f*; **jardinière (de légumes)** gemischtes Gemüse *nt*

jarret [ʒaʀɛ] *nm (Anat)* Kniekehle *f*; *(Culin)* Haxe *f*, Hachse *f*

jaser [ʒaze] *vi* schwatzen; *(indiscrètement)* klatschen

jasmin [ʒasmɛ̃] *nm* Jasmin *m*

jatte [ʒat] *nf* Napf *m*, Schale *f*

jauger [ʒoʒe] *vt (mesurer)* messen; *(juger)* beurteilen

jaune [ʒon] *adj* gelb ▶ *nm* Gelb *nt*; *(d'œuf)* Eigelb *nt*, Dotter *m ou nt*

Javel [ʒavɛl] *nf* : **eau** *f* **de ~** Chlorbleiche *f*

javelot [ʒavlo] *nm* Speer *m*

jazz [dʒaz] *nm* Jazz *m*

J.-C. *abr* = **Jésus-Christ**

je [ʒə], **j'** *(avant voyelle ou h muet)* *pron* ich

jean [dʒin] *nm* Jeans *f ou pl*

jeep® [(d)ʒip] *nf* Jeep® *m*

je-ne-sais-quoi [ʒən(ə)sɛkwa] *nm inv* : **un ~** ein gewisses Etwas

jersey [ʒɛʀze] *nm (tissu)* Jersey *m*

Jésus-Christ [ʒezykʀi(st)] *nm* Jesus Christus *m*; **600 avant/après ~** 600 vor/nach Christus *ou* Christi Geburt

jet¹ [dʒɛt] *nm (avion)* Jet *m*

jet² [ʒɛ] *nm (action)* Werfen *nt*; *(son résultat, distance)* Wurf *m*; *(jaillissement)* Strahl *m*; **premier ~** erster Entwurf *m*; **~ d'eau** Wasserstrahl *m*; *(fontaine)* Fontäne *f*

jetable [ʒ(ə)tabl] *adj* Wegwerf-

jetée [ʒəte] *nf* Mole *f*

jeter [ʒ(ə)te] *vt (lancer)* werfen; *(: violemment)* schleudern; *(se défaire de qch)* wegwerfen; *(cri, insultes)* ausstoßen

jeton [ʒ(ə)tɔ̃] *nm (au jeu)* Spielmarke *f*

jeu, x [ʒø] *nm* Spiel *nt*; **~ de société** Gesellschaftsspiel *nt*; **~ télévisé** Gameshow *f*; **~ vidéo** Videospiel *nt*; **j~x olympiques** Olympische Spiele *pl* ▶ **jeu-concours** *(pl* **jeux-concours)** *nm* Preisausschreiben *nt*

jeudi [ʒødi] *nm* Donnerstag *m*; **~ saint** Gründonnerstag *m*; *voir aussi* **lundi**

jeun [ʒœ̃] : **à ~** *adv* nüchtern

jeune [ʒœn] *adj* jung ▶ *adv* : **faire ~** jugendlich *ou* jung aussehen ▶ *nmpl* : **les ~s** die Jugend *f*, die Jugendlichen *pl*; **~ fille** *(junges)* Mädchen *nt*; **~ homme** junger Mann *m*

jeûne [ʒøn] *nm* Fasten *nt*

jeunesse [ʒœnɛs] *nf* Jugend *f*; *(apparence)* Jugendlichkeit *f*

JO [ʒio] *sigle mpl (= Jeux olympiques)* *voir* **jeu**

joaillerie [ʒoajʀi] *nf (magasin)* Juweliergeschäft *nt* ▶ **joaillier, -ière** *nm/f* Juwelier *m*

job [dʒɔb] *(fam)* *nm* Job *m*

jockey [ʒɔke] *nm* Jockey *m*

jogging [dʒɔgiŋ] *nm* Jogging *nt*; *(vêtement)* Jogginganzug *m*; **faire du ~** joggen

joie [ʒwa] *nf* Freude *f*

joindre [ʒwɛ̃dʀ] *vt* verbinden; *(ajouter)* beifügen; *(réussir à contacter)* erreichen; **se joindre** *vpr* : **se ~ à** sich anschließen +*dat*;

~ un fichier à un mail eine Datei an eine E-mail anhängen

joint, e [ʒwɛ̃, ɛ̃t] nm (de robinet) Dichtung f; **~ de culasse** Zylinderkopfdichtung f

joker [(d)ʒɔkɛʁ] nm Joker m; (Inform) Wildcard f, Jokerzeichen nt

joli, e [ʒɔli] adj hübsch

jonc [ʒɔ̃] nm (Schilf)rohr nt

jonction [ʒɔ̃ksjɔ̃] nf (de routes) Kreuzung f; (de fleuves) Zusammenfluss m; (action de joindre) Verbindung f

jongleur, -euse [ʒɔ̃glœʁ, øz] nm/f Jongleur(in) m(f)

jonquille [ʒɔ̃kij] nf Osterglocke f

Jordanie [ʒɔʁdani] nf: **la ~** Jordanien nt

joue [ʒu] nf Backe f, Wange f

jouer [ʒwe] vt spielen; (argent) setzen; (réputation etc) aufs Spiel setzen; (simuler) vortäuschen ▸ vi spielen; **se jouer** vpr: **se ~ de qn** jdn zum Narren halten; **~ à** spielen; **~ un tour à qn** jdm einen Streich spielen • **jouet** nm Spielzeug nt; **être la ~ de** das Opfer sein +gén • **joueur, -euse** nm/f Spieler(in) m(f)

joufflu, e [ʒufly] adj pausbäckig

jouir [ʒwiʁ] vi: **~ de** (avoir) haben; (savourer) genießen

jouissance [ʒwisɑ̃s] nf (plaisir) Freude f; (usage) Nutznießung f

jour [ʒuʁ] nm Tag m; (clarté) (Tages)licht nt; **il fait ~** es ist Tag; **mettre à ~** auf den neuesten Stand bringen; **~ férié** Feiertag m

journal, -aux [ʒuʁnal, o] nm Zeitung f; (personnel) Tagebuch nt; **~ télévisé** (Fernseh)nachrichten pl • **journalisme** nm Journalismus m

• **journaliste** nmf Journalist(in) m(f)

journée [ʒuʁne] nf Tag m; **la ~ continue** durchgehende Arbeitszeit (ohne Mittagspause)

jovial, e, -aux [ʒɔvjal, jo] adj jovial

joyau, x [ʒwajo] nm Juwel nt

joyeux, -euse [ʒwajø, øz] adj fröhlich; (nouvelle) freudig; **~ Noël!** frohe ou fröhliche Weihnachten!; **~ anniversaire!** alles Gute zum Geburtstag!

JT [ʒite] sigle m (= journal télévisé) voir **journal**

jubiler [ʒybile] vi jubeln

judaïsme [ʒydaism] nm Judentum nt

judas [ʒyda] nm (trou) Guckloch nt

judiciaire [ʒydisjɛʁ] adj gerichtlich, Justiz-

judicieux, -euse [ʒydisjø, jøz] adj klug, gescheit

judo [ʒydo] nm Judo nt

juge [ʒyʒ] nm Richter(in) m(f); **~ d'instruction** Untersuchungsrichter(in) m(f) • **jugement** nm Urteil nt • **juger** vt beurteilen; (affaire) entscheiden über +acc; **~ bon de faire qch** es für richtig halten, etw zu tun; **~ que** meinen, dass

jugeote (fam) nf Grips m

juguler [ʒygyle] vt in den Griff bekommen; (inflation) eindämmen

juif, -ive [ʒɥif, ʒɥiv] adj jüdisch ▸ nm/f Jude m, Jüdin f

juillet [ʒɥijɛ] nm Juli m; **en ~** im Juli; **au mois de ~** im Monat Juli; **arriver le 17 ~** am 17. Juli ankommen; **Genève, le 17 ~** (lettre) Genf, den 17. Juli; **début/fin ~** Anfang/Ende Juli

j

juin [ʒɥɛ̃] nm Juni m; voir aussi
juillet

juke-box [dʒukbɔks] nm inv
Musikbox f

jumeau, -elle, x [ʒymo, ɛl] nm/f
Zwilling m ▸ adj (frère, sœur)
Zwillings-; **maisons jumelles**
Doppelhaus nt

jumelage [ʒym(ə)laʒ] nm
(Städte)partnerschaft f • **jumeler**
vt (villes) zu Partnerstädten
machen

jumelle [ʒymɛl] adj, nf voir
jumeau

jumelles [ʒymɛl] nfpl Fernglas nt

jument [ʒymɑ̃] nf Stute f

jungle [ʒɑ̃gl] nf Dschungel m

jupe [ʒyp] nf Rock m

jupon [ʒypɔ̃] nm Unterrock m

Jura [ʒyʀa] nm : **le ~** der Jura

juré [ʒyʀe] nm Geschworene(r)
f(m)

jurer [ʒyʀe] vt schwören, geloben
▸ vi (dire des jurons) fluchen; **~ que**
schwören, dass

juridique [ʒyʀidik] adj juristisch

juron [ʒyʀɔ̃] nm Fluch m

jury [ʒyʀi] nm Geschworene pl;
(Scol) Prüfungsausschuss m

jus [ʒy] nm Saft m; **~ de pommes**
Apfelsaft m; **~ de viande**
Bratensaft m

jusqu'au-boutiste
[ʒyskobutist] adj extremistisch
▸ nmf Extremist(in) m(f)

jusque [ʒysk] prép : **jusqu'à**
(endroit) bis (an) +acc; (: ville, pays)
bis (nach); (moment) bis (zu);
(limite) bis zu; **jusqu'à présent** ou
maintenant bis jetzt; **~ vers**
(hin) zu; **~-là** (temps) bis jetzt

justaucorps [ʒystokɔʀ] nm
Trikot nt

juste [ʒyst] adj (équitable) gerecht;
(légitime) gerechtfertigt; (exact,
précis) genau; (vrai, correct) richtig;
(étroit, insuffisant) knapp ▸ adv
(avec exactitude) genau, richtig
• **justement** adv (avec raison) zu
Recht • **justesse** nf (exactitude)
Richtigkeit f; (précision)
Genauigkeit f; **de ~** mit knapper
Not, gerade noch

justice [ʒystis] nf (équité)
Gerechtigkeit f; (pouvoir judiciaire)
Justiz f

justificatif, -ive [ʒystifikatif,
iv] adj (document etc)
unterstützend ▸ nm Beleg m

justification [ʒystifikasjɔ̃] nf
Rechtfertigung f • **justifier** vt
rechtfertigen

jute [ʒyt] nm Jute f

juteux, -euse [ʒytø, øz] adj
saftig

juvénile [ʒyvenil] adj jugendlich

juxtaposer [ʒykstapoze] vt
nebeneinanderstellen

k

kaki [kaki] *adj inv* kaki

kangourou [kãguʀu] *nm*
Känguru *nt*

karaoké [kaʀaoke] *nm*
Karaoke *nt*

karaté [kaʀate] *nm* Karate *nt*

kart [kaʀt] *nm* Gokart *m*
• **karting** *nm* Gokartfahren *nt*

kascher [kaʃɛʀ] *adj inv* koscher

kayak [kajak] *nm* Kajak *m*

Kazakhstan [kazakstã] *nm* : **le ~**
Kasachstan *nt*

kebab [kebab] *nm* Kebab *m*

Kenya [kenja] *nm* : **le ~** Kenia *nt*

képi [kepi] *nm* Käppi *nt*

kermesse [kɛʀmɛs] *nf* (*villageoise*)
Kirmes *f* ; (*de bienfaisance*)
Wohltätigkeitsbasar *m*

kérosène [keʀozɛn] *nm*
Kerosin *nt*

kg *abr* (= *kilogramme*) kg

khôl [kol] *nm* Kajal *nt*

kidnapper [kidnape] *vt*
entführen, kidnappen

kiffer [kife] (*fam*) *vi* Spaß haben
▶ *vt* stehen auf ; **il la kiffe** er steht
auf sie

kilo [kilo] *nm* Kilo *nt* • **kilogramme**
nm Kilogramm *nt* • **kilométrage**
nm (*au compteur*) Kilometerstand
m • **kilomètre** *nm* Kilometer *m* ;
~ à l'heure Stundenkilometer
pl • **kilomètre-heure** (*pl*
kilomètres-heures) *nm*
Stundenkilometer *m*
• **kilométrique** *adj* (*borne,
compteur*) Kilometer- ; (*distance*) in
Kilometern • **kilowatt** *nm*
Kilowatt *nt*

kinésithérapeute
[kineziteʀapøt] *nmf*
Physiotherapeut(in) *m(f)*
• **kinésithérapie** *nf*
Physiotherapie *f*

kiosque [kjɔsk] *nm* (*à journaux,
fleurs*) Kiosk *m* ; (*de jardin*)
Pavillon *m*

Kirghizistan [kiʀgizistã] *nm* :
le ~ Kirgistan *nt*

kirsch [kiʀʃ] *nm* Kirschwasser *nt*

kit [kit] *nm* Bastelsatz *m* ; **~ mains
libres** Freisprechanlage *f*

kitsch [kitʃ] *nm inv* Kitsch *m*

kiwi [kiwi] *nm* (*Zool*) Kiwi *m* ; (*Bot*)
Kiwi *f*

klaxon [klaksɔn] *nm* Hupe *f*
• **klaxonner** *vi* hupen ▶ *vt*
anhupen

kleenex® [klinɛks] *nm*
Papiertaschentuch *nt*

kleptomane [kleptɔman] *nmf*
Kleptomane *m*, Kleptomanin *f*

km *abr* (= *kilomètre*) km

km/h *abr* (= *kilomètre-heure*) km/h

K.-O. [kao] *adj inv* k. o.

koala [kɔala] *nm* Koala(bär) *m*

kosovar [kɔsɔvaʀ] *adj* kosovarisch
• **Kosovo** *nm* : **le ~** der Kosovo *m*

Koweït [kɔwɛt] *nm* : **le ~** Kuwait *nt*

k

krach [kʀak] *nm* Börsenkrach *m*

kraft [kʀaft] *nm* : **papier ~** Packpapier *nt*

kurde [kyʀd] *adj* kurdisch ▶ *nmf* : **K~** Kurde *m*, Kurdin *f*

K-way® [kawe] *nm* Windhemd *nt*

kyste [kist] *nm* Zyste *f*

---

l [εl] *abr* (= *litre*) l

l' [l] *art, pron voir* **le**

la [la] *nm* (*Mus*) A *nt* ▶ *art, pron voir* **le**

là [la] *adv* dort ; (*ici*) da, hier ; **elle n'est pas là** sie ist nicht da ; **c'est là que** dort

label [labεl] *nm* (*marque*) Marke *f* ; **~ de qualité** Gütezeichen *nt ou* -siegel *nt*

labeur [labœʀ] *nm* Mühe *f*, Arbeit *f*

labo [labo] *nm* Labor *nt* ; **= laboratoire**

laborantin, e [labɔʀɑ̃tɛ̃, in] *nm/f* Laborant(in) *m(f)*

laboratoire [labɔʀatwaʀ] *nm* Labor *nt*

laborieux, -euse [labɔʀjø, jøz] *adj* (*tâche*) mühsam, mühselig ; (*personne*) fleißig

labourer [labuʀe] *vt* pflügen

labrador [labʀadɔʀ] *nm* (*chien*) Labrador *m*

labyrinthe [labiʀɛ̃t] *nm* Labyrinth *nt*

lac [lak] *nm* See *m* ; **~ Léman** Genfer See

lacer [lase] *vt* zuschnüren

lacet [lase] *nm* (*de chaussure*) Schnürsenkel *m*; (*de route*) scharfe Kurve *f*; (*piège*) Schlinge *f*

lâche [lɑʃ] *adj* locker; (*poltron*) feige ▶ *nmf* Feigling *m*

lâcher [lɑʃe] *vt* loslassen; (*ce qui tombe, remarque*) fallen lassen; (*abandonner*) fallen lassen ▶ *vi* (*fil, amarres*) reißen; (*freins*) versagen

lâcheté [lɑʃte] *nf* Feigheit *f*

lacrymogène [lakʀimɔʒɛn] *adj* (*bombe, grenade*) Tränengas-

lacune [lakyn] *nf* Lücke *f*

là-dedans [laddɑ̃] *adv* drinnen • **là-dessous** *adv* darunter; (*fig*) dahinter • **là-dessus** *adv* darüber, darauf

lagune [lagyn] *nf* Lagune *f*

là-haut [lao] *adv* da ou dort oben

laïcité [laisite] *nf* (*séparation*) Trennung *f* von Kirche und Staat; (*caractère laïque*) Weltlichkeit *f*

laid, e [lɛ, lɛd] *adj* hässlich • **laideur** *nf* Hässlichkeit *f*

lainage [lɛnaʒ] *nm* (*vêtement*) wollenes Kleidungsstück *nt*

laine [lɛn] *nf* Wolle *f*

laïque [laik] *adj* Laien-; (*école, enseignement*) staatlich ▶ *nmf* Laie *m*

laisse [lɛs] *nf* Leine *f*

laisser [lese] *vt, vb aux* lassen; **se laisser** *vpr*: **se ~ aller** sich gehen lassen • **laisser-aller** *nm inv* (*désinvolture*) Unbekümmertheit *f* • **laissez-passer** *nm inv* Passierschein *m*

lait [lɛ] *nm* Milch *f*; **~ concentré ou condensé** Kondensmilch *f*; **~ de beauté** Schönheitslotion *f*;

~ démaquillant Reinigungsmilch *f*; **~ écrémé** Magermilch *f*; **~ en poudre** Milchpulver *nt*; **~ entier** Vollmilch *f* • **laitage** *nm* Milchprodukt *nt* • **laiterie** *f* (*usine*) Molkerei *f* • **laitier, -ière** *adj* Milch- ▶ *nm/f* Milchmann *m*, Milchfrau *f*

laiton [lɛtɔ̃] *nm* Messing *nt*

laitue [lety] *nf* (*salade*) (Kopf)salat *m*

lambda [lɑ̃bda] *adj* : **le lecteur ~** (*fam*) der Durchschnittsleser

lambeau, x [lɑ̃bo] *nm* Fetzen *m*; **en ~x** in Fetzen

lame [lam] *nf* Klinge *f*; (*vague*) Welle *f*; **~ de rasoir** Rasierklinge *f*

lamelle [lamɛl] *nf* Lamelle *f*, Blättchen *nt*; (*petit morceau*) kleiner Streifen *m*

lamentable [lamɑ̃tabl] *adj* erbärmlich • **lamenter** *vpr*: **se ~ (sur)** klagen (*über +acc*)

laminoir [laminwaʀ] *nm* Walzwerk *nt*

lampadaire [lɑ̃padɛʀ] *nm* (*de salon*) Stehlampe *f*; (*dans la rue*) Straßenlaterne *f*

lampe [lɑ̃p] *nf* Lampe *f*; **~ de poche** Taschenlampe *f*; **~ halogène** Halogenleuchte *f*

lance [lɑ̃s] *nf* Speer *m*, Lanze *f*; **~ d'incendie** Feuerwehrschlauch *m*

lance-flammes [lɑ̃sflam] *nm inv* Flammenwerfer *m*

lancement [lɑ̃smɑ̃] *nm* (*d'un produit, d'une voiture*) Einführung *f*; (*d'un bateau*) Stapellauf *m*; (*d'une fusée*) Abschuss *m*

lance-missiles [lɑ̃smisil] *nm inv* Raketenwerfer *m*

lancer [lɑ̃se] *vt* werfen; (*Inform*) starten; (*produit, mode*) auf den Markt bringen ▸ *nm* (*Sport*) Wurf *m*; (*Pêche*) Angeln *nt*; **se lancer** *vpr*: **se ~ sur** *ou* **contre** losstürmen auf +*acc*; **~ qch à qn** jdm etw zuwerfen • **lanceur, -euse** *nm/f* (*Sport*) Werfer(in) *m(f)*; **~ d'alerte** Whistleblower(in) *m(f)* ▸ *nm* (*fusée*) Trägerrakete *f*

lancinant, e [lɑ̃sinɑ̃, ɑ̃t] *adj* (*douleur*) stechend; (*regrets etc*) quälend

landau [lɑ̃do] *nm* (*de bébé*) Kinderwagen *m*

lande [lɑ̃d] *nf* Heide *f*

langage [lɑ̃gaʒ] *nm* Sprache *f*; **~ de programmation** Programmiersprache *f*

lange [lɑ̃ʒ] *nm* Windel *f*

langoureux, -euse [lɑ̃guʀø, øz] *adj* schmachtend

langouste [lɑ̃gust] *nf* Languste *f*

langoustine [lɑ̃gustin] *nf* Garnele *f*

langue [lɑ̃g] *nf* (*Anat, Culin*) Zunge *f*; (*Ling*) Sprache *f*; **de ~ française** französischsprachig; **~ maternelle** Muttersprache *f*

Languedoc [lɑ̃gdɔk] *nm*: **le ~** Languedoc *nt*

languette [lɑ̃gɛt] *nf* (*de chaussure*) Zunge *f*

langueur [lɑ̃gœʀ] *nf* Wehmut *f*

languir [lɑ̃giʀ] *vi* verkümmern; (*conversation*) erlahmen; **faire ~ qn** jdn lange schmachten lassen

lanterne [lɑ̃tɛʀn] *nf* Laterne *f*

Laos [laɔs] *nm*: **le ~** Laos *nt*

lapin [lapɛ̃] *nm* Kaninchen *nt*

laps [laps] *nm*: **~ de temps** Zeitraum *m*

lapsus [lapsys] *nm* Versprecher *m*; (*écrit*) Lapsus *m*

laquais [lakɛ] *nm* Lakai *m*

laque [lak] *nf* Lack *m*; (*pour cheveux*) Haarspray *nt*

laquelle [lakɛl] *pron voir* **lequel**

larcin [laʀsɛ̃] *nm* kleiner Diebstahl *m*

lard [laʀ] *nm* Speck *m*

lardon [laʀdɔ̃] *nm* Speckstreifen *m*

large [laʀʒ] *adj* breit; (*généreux*) großzügig ▸ *nm*: **5 m de ~** 5 m breit; **le ~** (*mer*) das offene Meer • **largement** *adv* weit; (*au minimum, sans compter*) reichlich; **il a ~ le temps** er hat reichlich Zeit; **il a ~ de quoi vivre** er hat ein sehr gutes Auskommen • **largesse** *nf* Großzügigkeit *f* • **largeur** *nf* Breite *f*

larguer [laʀge] *vt* (*fam: se débarrasser de*) loswerden

larme [laʀm] *nf* Träne *f*; **une ~ de** ein Tröpfchen *m*

larmoyant, e [laʀmwajɑ̃, ɑ̃t] *adj* weinerlich

larmoyer [laʀmwaje] *vi* (*yeux*) tränen

larve [laʀv] *nf* Larve *f*

laryngite [laʀɛ̃ʒit] *nf* Kehlkopfentzündung *f*

larynx [laʀɛ̃ks] *nm* Kehlkopf *m*

las, lasse [lɑ, lɑs] *adj* müde, matt

laser [lazɛʀ] *nm* Laser *m*; **rayon ~** Laserstrahl *m*

lasser [lɑse] *vt* erschöpfen; **se lasser** *vpr*: **se ~ de qch** leid werden

lassitude [lɑsityd] *nf* Müdigkeit f; *(fig)* Überdruss m

latent, e [latɑ̃, ɑ̃t] *adj* latent

latin, e [latɛ̃, in] *adj* lateinisch ▶ *nm* Latein m

latitude [latityd] *nf* Breite f; **à 48 degrés de ~ nord** bei 48 Grad nördlicher Breite

latte [lat] *nf* Latte f; *(de plancher)* Brett nt

lauréat, e [lɔʀea, at] *nm/f* Gewinner(in) m(f)

laurier [lɔʀje] *nm (Bot)* Lorbeer(baum) m; *(Culin)* Lorbeerblatt nt

lavabo [lavabo] *nm* Waschbecken nt; **lavabos** *nmpl (toilettes)* Toilette f

lavage [lavaʒ] *nm* Waschen nt; **~ à la main** Handwäsche f

lavande [lavɑ̃d] *nf* Lavendel m

lave [lav] *nf* Lava f

lave-glace [lavglas] *(pl* **lave-glaces**) *nm* Scheibenwaschanlage f

• **lave-linge** *nm inv* Waschmaschine f

laver [lave] *vt* waschen; *(tache)* abwaschen; **se laver** *vpr* sich waschen; **se ~ les dents** sich *dat* die Zähne putzen; **se ~ les mains** sich *dat* die Hände waschen

• **laverie** *nf*: **~ (automatique)** Waschsalon m • **laveur, -euse** *nm/f*: **~ de carreaux** Fensterputzer m; **~ de vaisselle** *nm inv* Geschirrspülmaschine f

• **lavoir** *nm (bac)* Waschzuber m; *(édifice)* Waschhaus nt

laxatif, -ive [laksatif, iv] *adj* abführend ▶ *nm* Abführmittel nt

laxisme [laksism] *nm* Nachlässigkeit f • **laxiste** *adj* lax

layette [lɛjɛt] *nf* Babyausstattung f

---

le, la [lə, la], **l'** *(avant voyelle ou h muet)*

(pl **les)**

▶ *art déf* **1** der m, die f, das nt; **le livre** das Buch; **la pomme** der Apfel; **l'amitié** die Freundschaft; **les étudiants/ étudiantes** die Studenten/ Studentinnen

2 *(indiquant la possession)*: **se casser la jambe** sich *dat* das *ou* ein Bein brechen; **levez la main** heben Sie die Hand

3 *(temps)*: **le matin/soir** am Morgen/Abend; **le jeudi/ dimanche** *(d'habitude)* donnerstags/sonntags; *(ce jeudi-là/dimanche-là)* am Donnerstag/Sonntag

4 *(distribution, fraction)* pro; **10 euros le mètre/kilo** 10 Euro pro Meter/Kilo; **le tiers/quart de** ein Drittel/ Viertel von

▶ *pron* **1** *(personne: mâle)* ihn; *(: femelle)* sie; *(: pluriel)* sie; **je le/la/les vois** ich sehe ihn/ sie/sie; **je l'écoute/les écoute** ich höre ihm *ou* ihr/ ihnen zu

2 *(animal, chose: singulier: selon le genre du mot allemand)* ihn/ sie/es; *(: pluriel)* sie; **je le/la vois** ich sehe ihn/sie/es; **je les vois** ich sehe sie

3 *(remplaçant une phrase)*: **je ne le savais pas** ich wusste es *ou* das nicht

leasing [liziŋ] nm Leasing nt;
acheter en ~ im Mietkauf
erwerben

lécher [leʃe] vt (ab)lecken

leçon [l(ə)sɔ̃] nf (heure de classe)
Stunde f; (devoir) Lektion f;
(avertissement) Lehre f; **~s
particulières** Privatstunden pl,
Nachhilfestunden pl

lecteur, -trice [lɛktœʀ, tʀis] nm/f
Leser(in) m/f; (de manuscrits)
Lektor(in) m/f ▶ nm : **~ de CD/
DVD** CD/DVD-Spieler m; **~ de
CD-ROM** CD/DVD-Laufwerk nt;
~ MP3 MP3-Spieler m

lecture [lɛktyʀ] nf Lesen nt,
Lektüre f

légal, e, -aux [legal, o] adj
gesetzlich • **légaliser** vt
legalisieren • **légalité** nf
Legalität f

légendaire [leʒɑ̃dɛʀ] adj
legendär; (fig) berühmt

légende [leʒɑ̃d] nf Legende f;
(de dessin) Text m

léger, -ère [leʒe, ɛʀ] adj leicht;
(peu sérieux) oberflächlich
• **légèrement** adv leicht, locker;
(parler, agir) unbesonnen; **~ plus
grand** ein bisschen größer; **~ en
retard** leicht verspätet
• **légèreté** nf Leichtigkeit f;
(d'étoffe) Duftigkeit f; (péj)
Leichtfertigkeit f

légion [leʒjɔ̃] nf Legion f; **L~
d'honneur** Ehrenlegion f;
~ étrangère Fremdenlegion f

législateur [leʒislatœʀ] nm
Gesetzgeber m

législatif, -ive [leʒislatif, iv] adj
gesetzgebend • **législation** nf
Gesetzgebung f

législature [leʒislatyʀ] nf
Legislative f

légitime [leʒitim] adj legitim;
(enfant) ehelich; **~ défense**
Notwehr f

legs [lɛg] nm Erbe nt

léguer [lege] vt : **~ qch à qn** jdm
etw vermachen; (fig) etw an jdn
vererben

légume [legym] nm Gemüse nt

Léman [lemɑ̃] nm : **le lac ~** der
Genfer See

lendemain [lɑ̃dmɛ̃] nm : **le ~** der
nächste Tag; **le ~ matin/soir** am
nächsten Morgen/Abend; **le ~ de**
am Tag nach

lent, e [lɑ̃, lɑ̃t] adj langsam
• **lentement** adv langsam
• **lenteur** nf Langsamkeit f;
lenteurs nfpl Schwerfälligkeit f

lentille [lɑ̃tij] nf Linse f; **~s (de
contact)** Kontaktlinsen pl; **~s
jetables** Einmallinsen pl

---

lequel, laquelle
[ləkɛl, lakɛl]

(mpl **lesquels**, fpl **lesquelles**)
(à + lequel = **auquel**, de + lequel =
duquel)
▶ pron 1 (interrogatif : sujet)
welcher/welche/welches;
(: accusatif) welchen/welche/
welches; (: datif) welchem/
welcher/welchem; (: pl) welche;
**dans ~ de ces hôtels
avez-vous logé ?** in welchem
dieser Hotels haben Sie
gewohnt?
2 (relatif : sujet) der/die/das;
(: accusatif) den/die/das; (: datif)
dem/der/den; **la femme à
laquelle j'ai acheté mon chien**

die Frau, von der ich meinen Hund gekauft habe ▶ *adj* (*relatif*) : **auquel cas** in diesem Fall; **il prit un livre, ~ livre ...** er nahm ein Buch, und dieses Buch ...

les [le] *art, pron voir* **le**

lesbienne [lɛsbjɛn] *nf* Lesbierin *f*

lésion [lezjɔ̃] *nf* Verletzung *f*

Lesotho [lezoto] *nm* : **le ~** Lesotho *nt*

lesquels, lesquelles [lekɛl] *pron voir* **lequel**

lessive [lesiv] *nf* Waschpulver *nt*; (*linge*) Wäsche *f*; **faire la ~** (Wäsche) waschen • **lessiver** *vt* (*sol*) aufwischen; (*mur*) abwaschen

leste [lɛst] *adj* flink, behände

Lettonie [lɛtɔni] *nf* : **la ~** Lettland *nt*

lettre [lɛtʀ] *nf* Brief *m*; (*caractère*) Buchstabe *m*; **lettres** *nfpl* Literatur *f*; **en toutes ~s** ausgeschrieben

leur [lœʀ]

▶ *adj possessif* ihr/ihre/ihr; (*pluriel*) ihre; **~ maison** ihr Haus; **~s amis** ihre Freunde; **à ~s amis** ihren Freunden; **à ~ approche** als sie näher kamen ▶ *pron* **1** (*objet indirect*) ihnen; **je ~ ai dit la vérité** ich habe ihnen die Wahrheit gesagt **2** (*possessif*) : **le/la ~** ihrer/ihre/ ihres; **les ~s** ihre

levain [ləvɛ̃] *nm* Sauerteig *m*

levant [ləvɑ̃] *adj m* : **soleil ~** aufgehende Sonne *f*

levé, e [ləve] *adj* : **être ~** auf sein

levée [ləve] *nf* (*Postes*) Leerung *f*

lever [ləve] *vt* aufheben; (*bras*) hochheben ▶ *vi* aufgehen; **se lever** *vpr* aufstehen; (*soleil*) aufgehen; (*jour*) anbrechen ▶ *nm* : **au ~** beim Aufstehen; **~ de soleil** Sonnenaufgang *m*; **~ du jour** Tagesanbruch *m*

lève-tard [lɛvtaʀ] *nm inv/nf inv* Langschläfer(in) *m(f)* • **lève-tôt** *nm inv/nf inv* Frühaufsteher(in) *m(f)*

levier [ləvje] *nm* Hebel *m*; **~ de changement de vitesse** Schalthebel *m*

lèvre [lɛvʀ] *nf* Lippe *f*

levure [l(ə)vyʀ] *nf* Hefe *f*; **~ chimique** Backpulver *nt*

lexique [lɛksik] *nm* Glossar *nt*; (*Ling*) Wortschatz *m*

lézard [lezaʀ] *nm* Eidechse *f*

lézarder [lezaʀde] *vi* sich in der Sonne aalen

liaison [ljezɔ̃] *nf* Verbindung *f*; (*amoureuse*) Liaison *f*

liasse [ljas] *nf* Bündel *nt*

Liban [libã] *nm* : **le ~** der Libanon • **libanais, e** *adj* libanesisch ▶ *nm/f* : **L~, e** Libanese *m*, Libanesin *f*

libeller [libele] *vt* : **~ (au nom de)** (auf jdn) ausstellen

libellule [libelyl] *nf* Libelle *f*

libéral, e, -aux [libeʀal, o] *adj* (*personne, attitude*) großzügig; (*économie, politique*) liberal • **libéralité** *nf* Großzügigkeit *f*

libération [libeʀasjɔ̃] *nf* Befreiung *f* • **libéré, e** *adj* (*femme*) emanzipiert • **libérer** *vt* befreien; (*prisonnier*) freilassen; (*gaz*) freisetzen; **se libérer** *vpr* (*de rendez-vous*) sich freimachen

liberté [libɛʁte] *nf* Freiheit *f*; **libertés** *nfpl* (*privautés*) Freiheiten *pl*

libertin, e [libɛʁtɛ̃, in] *adj* zügellos

libido [libido] *nf* Libido *f*

libraire [libʁɛʁ] *nmf* Buchhändler(in) *m(f)* • **librairie** *nf* Buchhandlung *f*

libre [libʁ] *adj* frei; (*enseignement, école*) Privat-; **être ~ de faire qch** frei sein, etw zu tun
• **libre-échange** *nm* Freihandel *m*
• **libre-service** (*pl* **libres-services**) *nm* Selbstbedienung *f*; (*magasin*) Selbstbedienungsladen *m*

Libye [libi] *nf*: **la ~** Libyen *nt*

licence [lisɑ̃s] *nf* Lizenz *f*; **~ monoposte/multiutilisateurs** (*Inform*) Einzelplatz-/ Mehrplatzlizenz *f*

licencié, e [lisɑ̃sje] *nm/f* (*Sport*) Lizenzspieler(in) *m(f)*; **~ ès lettres/en droit** ≈ Absolvent(in) *m(f)* des philosophischen/ juristischen Staatsexamens

licenciement [lisɑ̃simɑ̃] *nm* Entlassung *f*

licencier [lisɑ̃sje] *vt* entlassen

lichen [likɛn] *nm* Flechte *f*

lie [li] *nf* Bodensatz *m*

lié, e [lje] *adj*: **être très ~ avec qn** mit jdm sehr eng verbunden sein

Liechtenstein [liʃtɛnʃtajn] *nm*: **le ~** Liechtenstein *nt*

liège [ljɛʒ] *nm* Kork *m*

lien [ljɛ̃] *nm* Band *nt*; (*fig*) Bande *pl*, Verbindung *f*; **~s de famille** *ou* **de parenté** Familienbande *pl*

lier [lje] *vt* (zusammen)binden; (*paquet*) zubinden; (*fig*) verbinden; **~ conversation (avec)** eine Unterhaltung anknüpfen (mit); **~ connaissance (avec)** eine Bekanntschaft anknüpfen (mit); **se lier** *vpr*: **se ~ (avec qn)** Freundschaft schließen (mit jdm)

lierre [ljɛʁ] *nm* Efeu *m*

lieu, x [ljø] *nm* Ort *m*; **lieux** *nmpl*: **vider** *ou* **quitter les ~x** die Räumlichkeiten verlassen; **en premier ~** erstens; **en dernier ~** schließlich; **avoir ~** stattfinden; **au ~ de** statt *+gén ou dat*
• **lieu-dit** (*pl* **lieux-dits**) *nm* Weiler *m*

lieutenant [ljøt(ə)nɑ̃] *nm* ≈ Oberleutnant *m*

lièvre [ljɛvʁ] *nm* (Feld)hase *m*

ligament [ligamɑ̃] *nm* Band *nt*

ligne [liɲ] *nf* Linie *f*; (*Transports: liaison*) Verbindung *f*; (: *trajet*) Strecke *f*, Linie *f*; (*de texte*) Zeile *f*; **garder la ~** seine Figur halten; **en ~** (*Inform*) online

lignée [liɲe] *nf* (*famille*) Linie *f*

ligoter [ligɔte] *vt* binden, fesseln

ligue [lig] *nf* Bund *m*, Liga *f*
• **liguer**: **se ~** *vpr*: **se ~ contre** sich verbünden gegen

lilas [lila] *nm* Flieder *m*

limace [limas] *nf* Nacktschnecke *f*

limande [limɑ̃d] *nf* (*poisson*) Scharbe *f*

lime [lim] *nf* (*Tech*) Feile *f*; **~ à ongles** Nagelfeile *f* • **limer** *vt* feilen

limitation [limitasjɔ̃] *nf*: **~ de vitesse** Geschwindigkeitsbegrenzung *f*

limite [limit] *nf* Grenze *f*; **sans ~s** grenzenlos; **vitesse ~** Höchstgeschwindigkeit *f*; **charge ~** Höchstlast *f*; **date ~ de vente** Verkaufsdatum *nt*; **date ~ de consommation** Haltbarkeitsdatum *nt* • **limiter** *vt* (délimiter) begrenzen; **~ qch (à)** (restreindre) etw beschränken (auf +acc)

limitrophe [limitʀɔf] *adj* angrenzend, Nachbar-

limoger [limɔʒe] *vt* entlassen

limon [limɔ̃] *nm* Schlick *m*

limonade [limɔnad] *nf* Limonade *f*

limpide [lɛ̃pid] *adj* klar

lin [lɛ̃] *nm* Flachs *m*, Lein *m*; (tissu) Leinen *nt*

linceul [lɛ̃sœl] *nm* Leichentuch *nt*

linge [lɛ̃ʒ] *nm* Wäsche *f*; (pièce de tissu) Tuch *nt*; (aussi : **linge de corps**) Unterwäsche *f*; (aussi : **linge de toilette**) Handtücher *pl*; **~ sale** schmutzige Wäsche *f* • **lingerie** *f* Damenwäsche *f*

lingot [lɛ̃go] *nm* Barren *m*

linguiste [lɛ̃gɥist] *nmf* Linguist(in) *m(f)* • **linguistique** *nf* Linguistik *f*

lino [lino], **linoléum** [linɔleɔm] *nm* Linoleum *nt*

lion, ne [ljɔ̃, ljɔn] *nm/f* Löwe *m*, Löwin *f*; **être du L~** (Astrol) Löwe sein

liqueur [likœʀ] *nf* Likör *m*

liquidation [likidasjɔ̃] *nf* (Comm) Ausverkauf *m*

liquide [likid] *adj* flüssig ▸ *nm* Flüssigkeit *f*; **en ~** in bar; **~ vaisselle** Geschirrspülmittel *nt*

liquider [likide] *vt* (société, biens) verkaufen; (Comm) ausverkaufen

lire [liʀ] *vt, vi* lesen

lis [lis] *nm* = **lys**

Lisbonne [lisbɔn] Lissabon *nt*

liseuse [lizøz] *nf* E-Book-Leser *m*

lisible [lizibl] *adj* lesbar

lisière [lizjɛʀ] *nf* (de forêt, bois) Rand *m*; (de tissu) Kante *f*, Saum *m*

lisse [lis] *adj* glatt • **lisser** *vt* glätten

lisseur [li:sœʀ] *nm* Haarglätter *m*, Glätteisen *nt*

listage [listaʒ] *nm* Ausdruck *m*

liste [list] *nf* Liste *f*

listing [listiŋ] *nm* Ausdruck *m*; **un ~ des abonnés** eine Abonnentenliste

lit [li] *nm* Bett *nt*; **faire son ~** sein Bett machen; **aller** *ou* **se mettre au ~** ins Bett gehen; **~ de camp** Feldbett *nt*; **~s superposés** Etagenbett *nt*

litanie [litani] *nf* Litanei *f*

litchi [litʃi] *nm* Litschi *f*

literie [litʀi] *nf* Bettzeug *nt*

litière [litjɛʀ] *nf* Streu *f*

litige [litiʒ] *nm* Rechtsstreit *m* • **litigieux, -euse** *adj* umstritten, strittig

litre [litʀ] *nm* Liter *m*; **un ~ de vin/bière** ein Liter Wein/Bier

littéraire [liteʀɛʀ] *adj* literarisch

littéralement [liteʀalmɑ̃] *adv* (textuellement) wörtlich; (au sens propre) buchstäblich

littérature [liteʀatyʀ] *nf* Literatur *f*

littoral, e, -aux [litɔʀal, o] *nm* Küste *f*

Lituanie [litɥani] nf : **la ~**
Litauen nt • **lituanien, ne** adj
litauisch ▶ nm/f : **L~, ne**
Litauer(in) m(f)

liturgie [lityrʒi] nf Liturgie f

livide [livid] adj blass, bleich

living [liviŋ] nm Wohnzimmer nt

livrable [livrabl] adj lieferbar

livraison [livrɛzɔ̃] nf Lieferung f

livre [livr] nm Buch nt ▶ nf
Pfund nt; **~ numérique** ou
électronique E-Book nt; **~ de
poche** Taschenbuch nt

livrée [livre] nf Livree f

livrer [livre] vt (marchandises)
liefern; **se livrer à** vpr (se confier à)
sich anvertrauen +dat; (se
consacrer à) sich widmen +dat

livret [livre] nm (petit livre)
Broschüre f; **~ de caisse
d'épargne** Sparbuch nt; **~ de
famille** Familienstammbuch nt

livreur, -euse [livrœr, øz] nm/f
Lieferant(in) m(f)

lobe [lɔb] nm : **~ de l'oreille**
Ohrläppchen nt

local, e, -aux [lɔkal, o] adj lokal
▶ nm (salle) Raum m; **locaux** nmpl
Räumlichkeiten pl

localiser [lɔkalize] vt
lokalisieren; (dans le temps)
datieren; (limiter) eindämmen

localité [lɔkalite] nf Örtlichkeit f,
Ortschaft f

locataire [lɔkatɛr] nmf
Mieter(in) m(f)

location [lɔkasjɔ̃] nf Mieten nt;
(par le propriétaire) Vermieten nt;
~ de voitures Autoverleih m
• **location-vente** (pl
locations-ventes) nf Leasing nt

lock-out [lɔkaut] nm inv
Aussperrung f • **lock-outer** vt
aussperren

locomotive [lɔkɔmɔtiv] nf
Lokomotive f; (fig)
Schrittmacher m

locuteur, -trice [lɔkytœr, tris]
nm/f Sprecher(in) m(f); **~ natif**
Muttersprachler(in) m(f)

locution [lɔkysjɔ̃] nf Ausdruck m

loge [lɔʒ] nf Loge f

logement [lɔʒmɑ̃] nm
Unterkunft f; (appartement)
Wohnung f • **loger** vt
unterbringen ▶ vi (habiter)
wohnen; **se loger** vpr : **trouver à
se ~** eine Unterkunft finden
• **logeur, -euse** nm/f
Vermieter(in) m(f)

logiciel [lɔʒisjɛl] nm Software f

logique [lɔʒik] adj logisch ▶ nf
Logik f • **logiquement** adv
logischerweise; (de façon
cohérente) logisch; (normalement)
eigentlich

logistique [lɔʒistik] nf Logistik f

logo [lɔgo] [lɔgotip] nm Logo nt

loi [lwa] nf Gesetz nt

loin [lwɛ̃] adv (dans l'espace) weit;
(dans le temps : passé) weit zurück;
plus ~ weiter; **~ de** weit von;
au ~ in der Ferne

lointain, e [lwɛ̃tɛ̃, ɛn] adj
entfernt; (dans le passé) weit
zurückliegend

loisir [lwazir] nm : **heures de ~**
Mußestunden pl; **loisirs** nmpl
(temps libre) Freizeit f; (activités)
Freizeitgestaltung f

lollo rosso [lɔlɔrɔso] nf Lollo
rosso m

Londres [lɔ̃dr] London nt

long, longue [lɔ̃, lɔ̃g] *adj* lang
▶ *nf*: **à la ~ue** auf die Dauer; **en ~**
längs; **(tout) le ~ de la rue** die
Straße entlang

longer [lɔ̃ʒe] *vt* (*en voiture*)
entlangfahren an +*dat*; (*à pied*)
entlanggehen; (*mur, route*)
entlangführen an +*dat*

longévité [lɔ̃ʒevite] *nf*
Langlebigkeit *f*

longitude [lɔ̃ʒityd] *nf* Länge *f*;
à 45 degrés de ~ nord bei 45 Grad
nördlicher Länge

longtemps [lɔ̃tɑ̃] *adv* lange;
avant ~ bald; **pendant ~** lange

longuement [lɔ̃gmɑ̃] *adv* lange

longueur [lɔ̃gœʀ] *nf* Länge *f*;
longueurs *nfpl* Längen *pl*; **tirer
en ~** sich in die Länge ziehen;
~ d'onde Wellenlänge *f*

longue-vue [lɔ̃gvy] (*pl*
longues-vues) *nf* Fernrohr *nt*

lopin [lɔpɛ̃] *nm*: **~ de terre** Stück
nt Land

loquace [lɔkas] *adj* redselig

lorgner [lɔʀɲe] *vt* (*regarder*)
schielen nach; (*convoiter*)
liebäugeln mit

lorrain, e [lɔʀɛ̃, ɛn] *adj*
lothringisch ▶ *nf*: **la Lorraine**
Lothringen *nt*

lors [lɔʀ] *adv*: **~ de** anlässlich
+*gén*, bei

lorsque [lɔʀsk] *conj* (*passé*) als;
(*présent et futur*) wenn

losange [lɔzɑ̃ʒ] *nm* Raute *f*

lot [lo] *nm* (*part, portion*) Anteil *m*;
(*de loterie*) Los *nt*; (*Comm*) Posten
m; (*Inform*) Batch *nt*

loterie [lɔtʀi] *nf* Lotterie *f*

loti, e [lɔti] *adj*: **être bien/mal ~**
es gut/schlecht getroffen haben

lotion [losjɔ̃] *nf* Lotion *f*

lotissement [lɔtismɑ̃] *nm*
Siedlung *f*; (*parcelle*) Parzelle *f*

loto [lɔto] *nm* Lotto *nt*

lotte [lɔt] *nf* (*de mer*) Seeteufel *m*

louage [lwaʒ] *nm*: **voiture de ~**
Mietwagen *m*

louanges [lwɑ̃ʒ] *nfpl* Lob *nt*

loubard [lubaʀ] *nm* (*fam*)
(junger) Rowdy *m*

louche [luʃ] *adj* zwielichtig,
dubios ▶ *nf* Schöpflöffel *m*

loucher [luʃe] *vi* schielen

louer [lwe] *vt* (*suj: propriétaire*)
vermieten; (*: locataire*) mieten;
(*réserver*) reservieren; (*faire l'éloge
de*) loben; **à ~** zu vermieten

loufoque [lufɔk] *adj* (*fam*)
verrückt

loup [lu] *nm* Wolf *m*

loupe [lup] *nf* Lupe *f*

louper [lupe] *vt* (*fam*) (*train etc*)
verpassen; (*examen etc*)
durchfallen durch

lourd, e [luʀ, luʀd] *adj* schwer;
(*démarche, gestes*) schwerfällig;
(*chaleur, temps*) drückend
• **lourdaud, e** *adj* (*péj*) (*au
physique*) schwerfällig; (*au moral*)
flegelhaft • **lourdeur** *nf* Schwere *f*;
(*de démarche, gestes, style*)
Schwerfälligkeit *f*; **~ d'estomac**
Magendrücken *nt*

loutre [lutʀ] *nf* (*Fisch*)otter *m*

louve [luv] *nf* Wölfin *f*

louvoyer [luvwaje] *vi* (*Naut*)
kreuzen; (*fig*) geschickt taktieren

loyal, e, -aux [lwajal, o] *adj*
(*fidèle*) loyal, treu; (*fair-play*) fair
• **loyauté** *nf* Loyalität *f*, Treue *f*,
Fairness *f*

l

loyer [lwaje] nm Miete f

lu [ly] pp de **lire**

lubie [lybi] nf Marotte f

lubrifiant [lybrifjã] nm
Schmiermittel nt • **lubrifier** vt
schmieren

lucarne [lykarn] nf kleines
Dachfenster nt

lucide [lysid] adj (esprit) klar;
(personne) bei klarem Verstand

lucratif, -ive [lykratif, iv] adj
lukrativ; **à but non ~**
≈ gemeinnützig

ludique [lydik] adj Spiel-

ludothèque [lydɔtɛk] nf
Spielothek f

lueur [lɥœr] nf Schimmer m

luge [lyʒ] nf Schlitten m; **faire de
la ~** Schlitten fahren

lugubre [lygybr] adj finster;
(voix, musique) düster

lui¹ [lɥi] pp de **luire**

---

lui² [lɥi]

▶ pron **1** (objet indirect : personne :
mâle) ihm; (: femelle) ihr; (: chose,
animal : selon le genre du mot
allemand) ihm/ihr/ihm; **il ~ a
offert un cadeau** er hat ihm/ihr
ein Geschenk gemacht
2 (après préposition : avec
accusatif) ihn; (: avec datif) ihm;
elle est contente de ~ sie ist
zufrieden mit ihm
3 (dans comparaison) : **je la
connais mieux que lui** (qu'il ne
la connaît) ich kenne sie besser
als er; **elle est comme ~** sie ist
wie er
4 (forme emphatique) er; **~, il est
à Paris** er, er ist in Paris; **c'est ~
qui l'a fait** er hat es gemacht

---

luire [lɥir] vi scheinen, leuchten

lumbago [lɔ̃bago] nm
Hexenschuss m

lumière [lymjɛr] nf Licht nt;
faire de la ~ Licht geben

luminaire [lyminɛr] nm
(appareil) Lampe f

lumineux, -euse [lyminø, øz]
adj leuchtend

lunatique [lynatik] adj launisch

lundi [lœ̃di] nm Montag m; **on
est ~** heute ist Montag; **il est
venu ~** er ist am Montag
gekommen; **le ~** (chaque lundi)
montags; **à ~ !** bis Montag!; **~ de
Pâques** Ostermontag m; **~ de
Pentecôte** Pfingstmontag m

lune [lyn] nf Mond m; **~ de miel**
Flitterwochen pl

lunette [lynɛt] nf: **~s** nfpl Brille f;
(protectrices) Schutzbrille f;
~ arrière (Auto) Heckscheibe f; **~s
de plongée** Taucherbrille f; **~s de
soleil** Sonnenbrille f

lupin [lypɛ̃] nm Lupine f

lustre [lystr] nm (de plafond)
Kronleuchter m; (fig : éclat)
Glanz m

lustrer [lystre] vt polieren; (poil
d'un animal) striegeln

luth [lyt] nm Laute f

luthier [lytje] nm Geigenbauer m

lutin [lytɛ̃] nm Kobold m

lutte [lyt] nf Kampf m • **lutter** vi
kämpfen; (Sport) ringen

luxe [lyks] nm Luxus m; **de ~**
Luxus-

Luxembourg [lyksɑ̃bur] nm :
le ~ Luxemburg nt
• **luxembourgeois, e** adj
luxemburgisch

luxer [lykse] *vpr*: **se ~ l'épaule/le genou** sich *dat* die Schulter/das Knie ausrenken

luxueux, -euse [lyksɥø, øz] *adj* luxuriös

luxuriant, e [lyksyrjã, jãt] *adj* üppig

luzerne [lyzɛrn] *nf* Luzerne *f*

lycée [lise] *nm* Gymnasium *nt*

lycéen, ne [liseɛ̃, ɛn] *nm/f* Gymnasiast(in) *m(f)*

lymphatique [lɛ̃fatik] *adj* apathisch

lyncher [lɛ̃ʃe] *vt* lynchen

lynx [lɛ̃ks] *nm* Luchs *m*

lyrique [lirik] *adj* lyrisch

lys [lis] *nm* Lilie *f*

m

M *abr* = **Monsieur**

m' [m] *pron voir* **me**

ma [ma] *adj possessif voir* **mon**

macaron [makarɔ̃] *nm* (*gâteau*) Makrone *f*

macaroni [makarɔni] *nm* Makkaroni *pl*; **~s au fromage** Käsemakkaroni *pl*; **~s au gratin** Makkaroniauflauf *m*

Macédoine [masedwan] *nf*: **la ~** Mazedonien *nt*

macédoine [masedwan] *nf*: **~ de fruits** Obstsalat *m*; **~ de légumes** gemischtes Gemüse *nt*

mâché, e [mɑʃe] *adj*: **papier ~** Pappmaschee *nt*

mâcher [mɑʃe] *vt* kauen

machin [maʃɛ̃] (*fam*) *nm* Ding(s) *nt*, Dingsda *nt*

machinal, e, aux [maʃinal, o] *adj* mechanisch

machinations [maʃinasjɔ̃] *nfpl* Machenschaften *pl*

machine [maʃin] *nf* Maschine *f*; **~ à coudre** Nähmaschine *f*; **~ à écrire** Schreibmaschine *f*; **~ à**

laver Waschmaschine f
• machine-outil (pl
machines-outils) nf
Werkzeugmaschine f
machinerie [maʃinʀi] nf
Maschinen pl; (d'un navire)
Maschinenraum m
machisme [maʃism] nm
männlicher Chauvinismus m
macho [matʃo] nm (fam) Macho m
mâchoire [mɑʃwaʀ] nf Kiefer m;
• de frein Bremsbacke f
maçon [masɔ̃] nm Maurer m
macrobiotique [makʀobjɔtik]
adj makrobiotisch
Madagascar [madagaskaʀ] nf
Madagaskar nt
Madame [madam] (pl
Mesdames) nf : **~ Dupont** Frau
Dupont; **bonjour, ~** guten Tag;
(si le nom est connu) guten Tag,
Frau X; **~ (Dupont)** (sur lettre)
sehr geehrte Frau Dupont; **~ la
directrice** Frau Direktorin;
Mesdames meine Damen
madeleine [madlɛn] nf
Madeleine nt (kleines rundes
Sandplätzchen)
Mademoiselle [madmwazɛl]
(pl **Mesdemoiselles**) nf Fräulein
nt (ne s'utilise pratiquement plus),
Frau f; **~ Dupont** Frau Dupont;
bonjour, ~ guten Tag; (si le nom
est connu) guten Tag, Frau X;
~ (Dupont) (sur lettre) sehr
geehrte Frau Dupont
madone [madɔn] nf Madonna f
maffia, mafia [mafja] nf
Maf(f)ia f
magasin [magazɛ̃] nm (boutique)
Geschäft nt, Laden m; (entrepôt)
Lager nt; **en ~** auf Lager

magazine [magazin] nm
Zeitschrift f
mage [maʒ] nm : **les Rois ~s** die
Heiligen Drei Könige pl
Maghreb [magʀɛb] nm : **le ~** der
Maghreb **• maghrébin, e** adj
maghrebinisch
magicien, ne [maʒisjɛ̃, jɛn]
nm/f Zauberer m, Zauberin f
magie [maʒi] nf (alchimie,
sorcellerie) Magie f; (charme,
séduction) Zauber m
magique [maʒik] adj (occulte)
magisch; (fig) wunderbar
magistral, e, aux [maʒistʀal, o]
adj (œuvre, adresse) meisterhaft;
(ton) meisterlich;
enseignement/cours ~
Vorlesung f/Kursus m
magistrat [maʒistʀa] nm (Jur)
≈ (Friedens)richter m
• magistrature nf (charge)
Richteramt nt; (corps)
Gerichtswesen nt
magnanime [maɲanim] adj
großmütig
magnat [magna] nm Magnat m;
~ de la presse Pressezar m
magnétique [maɲetik] adj
magnetisch; (champ) Magnet-
magnifier [maɲifje] vt
verherrlichen
magnifique [maɲifik] adj
großartig; (splendide) herrlich
magnolia [maɲɔlja] nm
Magnolie f
magnum [magnɔm] nm
Magnum(flasche) f
magot [mago] nm (fam : argent)
Knete f; (économies) Erspartes nt
magouille [maguj] nf (fam)
finstere Geschäfte pl

mai [mɛ] *nm* Mai *m; voir aussi* **juillet**

maigre [mɛgʀ] *adj* mager; (*repas, végétation, moisson etc*) dürftig, spärlich • **maigreur** *nf* (*de personne, viande*) Magerkeit *f*, Magerheit *f*; (*de repas, végétation*) Spärlichkeit *f*, Dürftigkeit *f* • **maigrir** *vi* abnehmen

mail [mɛl] *nm* E-mail *m*

maille [maj] *nf* Masche *f*

maillon [majɔ̃] *nm* (*d'une chaîne*) Glied *nt*

maillot [majo] *nm* Trikot *nt;* ~ **de bain** Badeanzug *m*

main [mɛ̃] *nf* Hand *f;* **la ~ dans la ~** Hand in Hand; **à deux ~s** mit beiden Händen; **à la ~** (*faire, tricoter etc*) von Hand; **un kit ~s libres** eine Freisprechanlage *f* • **main-d'œuvre** (*pl* **mains-d'œuvre**) *nf* (*façon*) Arbeit *f;* (*ouvriers*) Arbeitskräfte *pl*

maint, e [mɛ̃, mɛ̃t] *adj:* **à ~es reprises** immer wieder

maintenance [mɛ̃t(ə)nɑ̃s] *nf* Wartung *f*

maintenant [mɛ̃t(ə)nɑ̃] *adv* jetzt; ~ **que** jetzt, wo ou da

maintenir [mɛ̃t(ə)niʀ] *vt* halten; (*garder, affirmer, confirmer*) aufrechterhalten • **maintien** *nm* Haltung *f*, Aufrechterhaltung *f;* (*allure*) Haltung *f*

maire [mɛʀ] *nm* Bürgermeister(in) *m(f)* • **mairie** *nf* Rathaus *nt;* (*administration*) Stadtverwaltung *f*

mais [mɛ] *conj* aber

maïs [mais] *nm* Mais *m*

maison [mɛzɔ̃] *nf* Haus *nt;* (*chez-soi, demeure*) Zuhause *nt;* (*Comm*) Firma *f* ▶ *adj inv* (*fam*) **pâté/tarte ~** Pastete *f*/Torte *f* Hausmacherart; **à la ~** zu Hause; (*direction*) nach Hause; ~ **de repos** Erholungsheim *nt;* ~ **de retraite** Altersheim *nt;* ~ **de santé** Heilanstalt *f*

maître, -esse [mɛtʀ, mɛtʀɛs] *nm/f* (*dirigeant*) Herr(in) *m(f);* (*Scol*) Lehrer(in) *m(f)* ▶ *nm* (*artiste*) Meister *m* ▶ *nf* (*amante*) Geliebte *f;* **maison de ~** Herrenhaus *nt;* ~ **d'hôtel** Oberkellner *m;* ~**/~sse de maison** Hausherr(in) *m(f)*

maîtrise [mɛtʀiz] *nf* (*aussi :* **maîtrise de soi**) Selbstbeherrschung *f*

maîtriser [mɛtʀize] *vt* (*cheval forcené etc*) bändigen; (*incendie*) unter Kontrolle bringen; (*sujet*) meistern; (*émotion*) beherrschen; **se maîtriser** *vpr* sich beherrschen

majesté [maʒeste] *nf* Majestät *f*

majestueux, -euse [maʒɛstɥø, øz] *adj* majestätisch

majeur, e [maʒœʀ] *adj* (*important*) wichtig; (*Jur*) volljährig; **en ~e partie** größtenteils; **la ~e partie de** der größere Teil +*gén*

major [maʒɔʀ] *nm :* ~ **de promotion** Jahrgangsbester *m*

majoration [maʒɔʀasjɔ̃] *nf* Erhöhung *f*

majorer [maʒɔʀe] *vt* erhöhen

majoritaire [maʒɔʀitɛʀ] *adj* Mehrheits- • **majorité** *nf* Mehrheit *f;* (*Jur*) Volljährigkeit *f*

Majorque [maʒɔʀk] *nf* Mallorca *nt*

m

majuscule [maʒyskyl] *nf*
Großbuchstabe *m* ▶ *adj* : **un A ~**
ein großes A

mal, mauvais [mal, mo] *nm*
Böse *nt*; *(douleur physique)*
Schmerz *m*; *(maladie)* Krankheit *f*;
(souffrance morale) Leiden *nt* ▶ *adv*
schlecht ▶ *adj inv (opposé à bien)* :
c'est ~ (de faire qch) es ist
schlecht, (etw zu tun); **être ~**
sich nicht wohlfühlen; **~ en
point** nicht in Höchstform;
faire du ~ à qn *(nuire)* jdm
schaden; **ça fait ~** das tut weh;
j'ai ~ (ici) mir tut es (hier) weh;
**avoir ~ à la tête/à la gorge/
au dos** Kopf-/Hals-/
Rückenschmerzen haben; **j'ai ~
au cœur** mir ist schlecht; **~ de
mer** Seekrankheit *f*; **~ du pays** :
avoir le ~ du pays Heimweh
haben

malade [malad] *adj* krank ▶ *nmf*
Kranke(r) *f(m)*; **tomber ~** krank
werden; **être ~ du cœur**
herzleidend *ou* herzkrank sein
 • **maladie** *nf* Krankheit *f*;
~ d'Alzheimer
Alzheimerkrankheit *f*;
~ infantile Kinderkrankheit *f*;
~ de Parkinson parkinsonsche
Krankheit *f*; **~ sexuellement
transmissible**
Geschlechtskrankheit *f*
 • **maladif, -ive** *adj (personne)*
kränkelnd; *(pâleur)* kränklich;
(curiosité, besoin, peur) krankhaft

maladresse [maladʀɛs] *nf*
Ungeschicklichkeit *f* • **maladroit,
e** *adj* ungeschickt

malaise [malɛz] *nm (Méd)*
Unwohlsein *nt*; *(inquiétude)*
Unbehagen *nt*

Malaisie [malɛzi] *nf* : **la ~**
Malaysia *nt*

malaria [malaʀja] *nf* Malaria *f*

Malawi [malawi] *nm* : **le ~**
Malawi *nt*

malbouffe [malbuf] *nf (fam)* :
la ~ Junkfood *nt*

malchance [malʃɑ̃s] *nf* Pech *nt*;
par ~ unglücklicherweise

mâle [mɑl] *nm (animal)*
Männchen *nt* ▶ *adj* männlich;
prise ~ *(Élec)* Stecker *m*

malédiction [malediksjɔ̃] *nf*
Fluch *m*

malentendant, e [malɑ̃tɑ̃dɑ̃, ɑ̃t]
adj schwerhörig

malentendu [malɑ̃tɑ̃dy] *nm*
Missverständnis *nt*

malfaisant, e [malfəzɑ̃, ɑ̃t] *adj*
boshaft

malfaiteur [malfɛtœʀ] *nm*
Übeltäter *m*

malformation [malfɔʀmasjɔ̃]
nf Missbildung *f*

malfrat [malfʀa] *nm (fam)*
Gauner *m*

malgache [malgaʃ] *adj*
madegassisch

malgré [malgʀe] *prép* trotz +*gén*
ou dat; **~ soi/lui** gegen seinen
Willen; **~ tout** trotz allem

malheur [malœʀ] *nm* Unglück *nt*
 • **malheureusement** *adv* leider
 • **malheureux, -euse** *adj*
unglücklich ▶ *nm/f* Arme(r) *f(m)*

malhonnête [malɔnɛt] *adj*
unredlich • **malhonnêteté** *nf*
Unehrlichkeit *f*

Mali [mali] *nm* : **le ~** Mali *nt*

malice [malis] *nf*
Schalkhaftigkeit *f*; **sans ~** ohne

Arg • **malicieux, -euse** *adj* schelmisch

malien, ne [maljɛ̃, ɛn] *adj* aus Mali

malin, -igne [malɛ̃, maliɲ] *adj* clever, schlau; (*Méd*) bösartig

malle [mal] *nf* großer Reisekoffer *m*

mallette [malɛt] *nf* (*valise*) Köfferchen *nt*

malmener [malməne] *vt* (*maltraiter*) grob behandeln; (*fig*) hart angreifen

malnutrition [malnytʀisjɔ̃] *nf* Unterernährung *f*; (*mauvaise alimentation*) schlechte Ernährung *f*

malodorant, e [malɔdɔʀɑ̃, ɑ̃t] *adj* übelriechend

malpoli, e [malpɔli] *adj* unhöflich

malpropre [malpʀɔpʀ] *adj* schmutzig; (*travail*) gepfuscht; (*malhonnête*) unanständig

malsain, e [malsɛ̃, ɛn] *adj* ungesund

malt [malt] *nm* Malz *nt*

Malte [malt] *nf* Malta *nt*

maltraitance [maltʀɛtɑ̃s] *nf* Misshandlung *f*

maltraiter [maltʀete] *vt* misshandeln; (*fig*) hart angreifen

malus [malys] *nm* Erhöhung der Versicherungsprämie nach Autounfällen

malveillant, e [malvejɑ̃, ɑ̃t] *adj* feindselig

malvenu, e [malvəny] *adj* : **être ~ de** *ou* **à faire qch** nicht das Recht haben, etw zu tun

maman [mamɑ̃] *nf* Mama *f*

mamelle [mamɛl] *nf* Zitze *f*

mamelon [mam(ə)lɔ̃] *nm* (*Anat*) Brustwarze *f*; (*petite colline*) Hügel *m*

mamie [mami] *nf* (*fam*) Oma *f*

mammifère [mamifɛʀ] *nm* Säugetier *nt*

manche [mɑ̃ʃ] *nf* Ärmel *m*; (*d'un jeu, tournoi*) Runde *f* ▸ *nm* Griff *m*. **la M~** (*Géo*) der Ärmelkanal; **~ à balai** *nm* (*Aviat*) Steuerknüppel *m*; (*Inform*) Joystick *m*

manchette [mɑ̃ʃɛt] *nf* Manschette *f*; (*titre*) Schlagzeile *f*

manchon [mɑ̃ʃɔ̃] *nm* (*de fourrure*) Muff *m*; **~ (à incandescence)** Glühstrumpf *m*

manchot, e [mɑ̃ʃo, ɔt] *adj* einarmig ▸ *nm* (*Zool*) Pinguin *m*

mandarine [mɑ̃daʀin] *nf* Mandarine *f*

mandat [mɑ̃da] *nm* (*postal*) Postanweisung *f*; **toucher un ~** eine Postanweisung erhalten • **mandat-carte** (*pl* **mandats-cartes**) *nm* Anweisung *f* als Postkarte • **mandater** *vt* bevollmächtigen; (*député*) ein Mandat geben +*dat* • **mandat-lettre** (*pl* **mandats-lettres**) *nm* Postanweisung *f*

manège [manɛʒ] *nm* Manege *f*; (*d'un cirque*) Karussell *nt*; **faire un tour de ~** Karussell fahren

manette [manɛt] *nf* Hebel *m*; **~ de jeu** Joystick *m*

mangeable [mɑ̃ʒabl] *adj* essbar • **manger** *vt, vi* essen • **mange-tout** *nm inv* : **pois ~** Zuckererbse *f*; **haricot ~** Gartenbohne *f*

mangue [mɑ̃g] nf Mango f

maniable [manjabl] adj
handlich; (voiture, voilier) wendig

maniaque [manjak] adj pingelig
▶ nmf (obsédé, fou) Wahnsinnige(r)
f(m)

manie [mani] nf Manie f; (Méd)
Wahn m

maniement [manimɑ̃] nm
Umgang m • **manier** vt umgehen
mit

manière [manjɛʀ] nf Art f, Weise
f; **manières** nfpl (attitude)
Benehmen nt; **de cette ~** auf
diese Weise; **de toute ~** auf alle
Fälle; **manquer de ~s** kein
Benehmen ou keine Manieren
haben; **faire des ~s** Theater
machen; **sans ~s** zwanglos

manif [manif] nf (= manifestation)
Demo f

manifestant, e [manifɛstɑ̃, ɑ̃t]
nm/f Demonstrant(in) m(f)
• **manifestation** nf (de joie,
mécontentement) Ausdruck m;
(fête, réunion etc) Ereignis nt; (Pol)
Demonstration f

manifeste [manifɛst] adj
offenbar ▶ nm Manifest nt
• **manifester** vt (intentions etc)
kundtun; (révéler) zeigen ▶ vi
demonstrieren; **se manifester**
vpr sich melden

manipulation [manipylasjɔ̃]
nf (Tech) Handhabung f; (Phys,
Chim) Versuch m; (fig)
Manipulation f; **~ génétique**
Genmanipulierung f • **manipuler**
vt handhaben

manivelle [manivɛl] nf Kurbel f

mannequin [mankɛ̃] nm
(Couture) Schneiderpuppe f;
(d'un étalage) Schaufensterpuppe
f; (femme) Mannequin nt

manœuvre [manœvʀ] nf
(opération) Bedienung f; (Auto)
Steuern nt ▶ nm (ouvrier)
Hilfsarbeiter(in) m(f)
• **manœuvrer** vt (bateau, voiture)
steuern; (levier, machine)
bedienen; (personne)
manipulieren

manoir [manwaʀ] nm
Landsitz m

manque [mɑ̃k] nm Mangel m;
manques nmpl Mängel pl; **par ~
de** aus Mangel an

manqué, e [mɑ̃ke] adj verfehlt;
(essai) gescheitert; **garçon ~**
halber Junge m

manquement [mɑ̃kmɑ̃] nm:
~ à Verstoß m ou Verfehlung f
gegen

manquer [mɑ̃ke] vi fehlen ▶ vt
verpassen, verfehlen ▶ vb impers:
il manque des pages es fehlen
Seiten

mansarde [mɑ̃saʀd] nf
Mansarde f

manteau, x [mɑ̃to] nm
Mantel m

manucure [manykyʀ] nf
Maniküre f

manuel, le [manɥɛl] adj
manuell; (commande) Hand- ▶ nm
Handbuch nt • **manuellement**
adv von Hand

manufacture [manyfaktyʀ] nf
(établissement) Fabrik f

manuscrit, e [manyskʀi, it] adj
handschriftlich ▶ nm
Manuskript nt

manutention [manytɑ̃sjɔ̃] nf
(Comm) Verladen nt

mappemonde [mapmɔ̃d] *nf*
(*carte*) Weltkarte *f*; (*sphère*)
Globus *m*

maquereau, x [makʀo] *nm*
(*Zool*) Makrele *f*

maquette [maket] *nf* Modell *nt*;
(*Typo*) Layout *nt*

maquillage [makijaʒ] *nm*
(*produits*) Make-up *nt* ● **maquiller**
vt schminken; (*falsifier*) fälschen;
se maquiller *vpr* sich schminken

maquis [maki] *nm* Dickicht *nt*
Marabu *m*

marabout [maʀabu] *nm*
Marabu *m*

maraîcher, -ère [maʀeʃe, ɛʀ]
adj (*culture*) Gemüse- ▶ *nm/f*
Gemüsegärtner(in) *m(f)*

marais [maʀɛ] *nm* Sumpf *m*,
Moor *nt*; **~ salant** Salzsumpf *m*

marasme [maʀasm] *nm*
(*économique*) Stagnation *f*

marathon [maʀatɔ̃] *nm*
Marathon *m*

marbre [maʀbʀ] *nm* Marmor *m*

marc [maʀ] *nm* (*de raisin, pommes*)
Obstwasser *nt*; **~ de café**
Kaffeesatz *m*

marchand, e [maʀʃɑ̃, ɑ̃d] *nm/f*
Händler(in) *m(f)*; **~ au détail**
Einzelhändler *m*; **~ en gros**
Großhändler *m* ● **marchandage**
nm Handeln *nt*, Feilschen *nt*
● **marchander** *vt* handeln *ou*
feilschen um ▶ *vi* handeln,
feilschen ● **marchandise** *nf*
Ware *f*

marche [maʀʃ] *nf* (*d'escalier*) Stufe
f; (*activité*) Gehen *nt*; (*promenade*)
Spaziergang *m*; (*allure, démarche,
fonctionnement*) Gang *m*; (*du
temps, progrès*) Lauf *m*; (*d'un
service*) Verlauf *m*; (*Mil, Mus*)

Marsch *m*; **mettre en ~** in Gang
setzen; **~ arrière** Rückwärtsgang
m; **faire ~ arrière** (*Auto*)
rückwärtsfahren

marché [maʀʃe] *nm* Markt *m*;
(*accord, affaire*) Geschäft *nt*; **~ aux
puces** Flohmarkt *m*; **~ du travail**
Arbeitsmarkt *m*; **~ noir**
Schwarzmarkt *m*

marchepied [maʀʃəpje] *nm*
Trittbrett *nt*; **servir de ~ à qn** jdm
als Sprungbrett dienen

marcher [maʀʃe] *vi* gehen;
(*fonctionner*) laufen; **~ sur** gehen
auf +*dat*; (*mettre le pied sur*) treten
auf +*acc*; **~ dans** (*herbe etc*) gehen
in +*dat*; (*flaque*) treten in +*acc*
● **marcheur, -euse** *nm/f*
Wanderer *m*, Wanderin *f*

mardi [maʀdi] *nm* Dienstag *m*;
M~ gras Fastnachtsdienstag *m*;
voir aussi **lundi**

mare [maʀ] *nf* Tümpel *m*; **~ de
sang** Blutlache *f*

marécage [maʀekaʒ] *nm* Sumpf
m, Moor *nt*

maréchal, -aux [maʀeʃal, o] *nm*
Marschall *m*

marée [maʀe] *nf* Gezeiten *pl*;
(*poissons*) frische Seefische *pl*;
~ basse Niedrigwasser *nt*;
~ haute Hochflut *f*; **~ noire**
Ölteppich *m*

marémotrice [maʀemɔtʀis] *adj* : **usine/énergie ~**
Gezeitenkraftwerk *nt*/-energie *f*

margarine [maʀgaʀin] *nf*
Margarine *f*

marge [maʀʒ] *nf* Rand *m*; (*fig*)
Spielraum *m*; **en ~** am Rande; **en
~ de** am Rande +*gén* ● **marginal,
e, aux** *nm/f* Aussteiger *m*

m

marguerite [maʀɡəʀit] nf (Bot)
Margerite f

mari [maʀi] nm (Ehe)mann m

mariage [maʀjaʒ] nm (union,
état) Ehe f; (noce) Heirat f,
Hochzeit f; (fig) Verbindung f

marié, e [maʀje] adj verheiratet
▶ nm/f Bräutigam m, Braut f
• **marier** vt (prêtre etc) trauen;
(parents) verheiraten; **se marier**
vpr heiraten; **se ~ avec qn** jdn
heiraten

marijuana [maʀiʒɥana] nf
Marihuana f

marin, e [maʀɛ̃, in] adj (sel)
Meeres- ▶ nm (navigateur)
Seemann m ▶ nf Marine f; (bleu)
~e marineblau

marina [maʀina] nf Jachthafen m

marinade [maʀinad] nf
Marinade f

mariner [maʀine] vi : **faire ~**
marinieren

marionnette [maʀjɔnɛt] nf
Marionette f; **marionnettes** nfpl
(spectacle) Puppentheater nt

maritime [maʀitim] adj See-

marjolaine [maʀʒɔlɛn] nf
Majoran m

marketing [maʀketiŋ] nm
Marketing nt

marmelade [maʀməlad] nf
(compote) Kompott nt; (confiture)
Marmelade f

marmite [maʀmit] nf Topf m

marmonner [maʀmɔne] vt, vi
murmeln

marmot [maʀmo] nm (fam)
Kind nt

marmotte [maʀmɔt] nf
Murmeltier nt

Maroc [maʀɔk] nm : **le ~** Marokko
nt • **marocain, e** adj
marokkanisch ▶ nm/f : **M~, e**
Marokkaner(in) m(f)

maroquinerie [maʀɔkinʀi] nf
(boutique) Lederwarengeschäft nt;
(articles) Lederwaren pl

marotte [maʀɔt] nf Marotte f

marquant, e [maʀkɑ̃, ɑ̃t] adj
markant

marque [maʀk] nf Zeichen nt;
(de pas, doigts) Abdruck m;
(Comm) Marke f, **de ~** (Comm)
Marken-; (fig) bedeutend;
~ déposée eingetragenes
Warenzeichen nt

marqué, e [maʀke] adj (linge,
drap, visage) gezeichnet; (taille)
betont; (différence, préférence)
deutlich

marquer [maʀke] vt (noter)
aufschreiben; (: frontières)
einzeichnen; (endommager)
beschädigen; (impressionner)
beeindrucken; (indiquer) anzeigen
▶ vi von Bedeutung sein

marqueterie [maʀketʀi] nf
Intarsienarbeit f

marqueur, -euse [maʀkœʀ, øz]
nm/f (de but) Torschütze m ▶ nm
(feutre) Marker m

marquis, e [maʀki] nm/f
Marquis m, Marquise f ▶ nf
(auvent) Vordach nt

marraine [maʀɛn] nf
Patentante f

marrant, e [maʀɑ̃, ɑ̃t] adj (fam)
lustig

marre [maʀ] adv (fam) : **en avoir
~ de** die Nase vollhaben von

marrer [maʀe] : **se ~** vpr (fam) s
ich kugeln

matelas

marron [maʀɔ̃] *nm* Rosskastanie f ▸ *adj inv (couleur)* braun
• **marronnier** *nm* Rosskastanie(nbaum m) f

mars [maʀs] *nm* März m; *voir aussi* **juillet**

marseillais, e [maʀsɛjɛ, ɛz] *adj* aus Marseille ▸ *nf*: **la M~e** die Marseillaise f

marteau, x [maʀto] *nm* Hammer m • **marteau-piqueur** *(pl* **marteaux-piqueurs)** *nm* Presslufthammer m

martial, e, -aux [maʀsjal, jo] *adj* kriegerisch; **loi ~e** Kriegsgesetz nt; **cour ~e** Kriegsgericht nt

martien, ne [maʀsjɛ̃, jɛn] *nm/f* Marsmensch m

martinet [maʀtinɛ] *nm (fouet)* (mehrschwänzige) Peitsche f; *(Zool)* Mauersegler m

Martinique [maʀtinik] *nf*: **la ~** Martinique f

martyr, e [maʀtiʀ] *nm/f* Märtyrer(in) m(f)

martyre [maʀtiʀ] *nm* Martyrium nt; **souffrir le ~** Höllenqualen erleiden

martyriser [maʀtiʀize] *vt* martern; *(fig)* peinigen

mascara [maskaʀa] *nm* Wimperntusche f

mascotte [maskɔt] *nf* Maskottchen nt

masculin, e [maskylɛ̃, in] *adj* männlich; *(équipe, vêtements, métier)* Männer- ▸ *nm* Maskulinum nt

masochiste [mazɔʃist] *adj* masochistisch ▸ *nmf* Masochist(in) m(f)

masque [mask] *nm* Maske f; **~ de plongée** Tauchermaske f
• **masquer** *vt (cacher)* verbergen

massacre [masakʀ] *nm* Massaker nt; **jeu de ~** Ballwurfspiel nt • **massacrer** *vt* massakrieren; *(fig)* verschandeln

massage [masaʒ] *nm* Massage f

masse [mas] *nf* Masse f; *(quantité)* Menge f; **en ~** *adv* en masse, in Scharen

massepain [maspɛ̃] *nm* Marzipan nt

masser [mase] *vt* massieren; **se masser** *vpr* sich versammeln

masseur, -euse [masœʀ, øz] *nm/f* Masseur(in) m(f)

massif, -ive [masif, iv] *adj* massiv ▸ *nm (montagneux)* Massiv nt

mass média [masmedja] *nmpl* Massenmedien pl

massue [masy] *nf* Keule f; **argument ~** schlagendes Argument nt

master [mastɛʀ] *nm (Scol)* Master m

mastic [mastik] *nm (pour vitres)* Kitt m; *(pour fentes)* Spachtelmasse f

mastiquer [mastike] *vt (aliment)* kauen; *(vitre)* kitten

masturbation [mastyʀbasjɔ̃] *nf* Masturbation f

masturber [mastyʀbe]: **se ~** *vpr* masturbieren

masure [mazyʀ] *nf* Bruchbude f

mat, e [mat] *adj* matt ▸ *adj inv*: **être ~** *(Échecs)* schachmatt sein

mât [ma] *nm* Mast m

match [matʃ] *nm* Spiel nt

matelas [mat(ə)la] *nm* Matratze f; **~ pneumatique** Luftmatratze f

m

matelot

matelot [mat(ə)lo] *nm* Matrose *m*

mater [mate] *vt (personne, prisonniers)* bändigen; *(incendie, révolte, passions)* unter Kontrolle bringen

matérialiste [materjalist] *adj* materialistisch ▶ *nmf* Materialist(in) *m(f)*

matériau, x [materjo] *nm* Material *nt; (Constr)* Baumaterial *nt;* **~x de construction** Baumaterialien *pl*

matériel, le [materjɛl] *adj* materiell; *(impossibilité, organisation, aide)* praktisch ▶ *nm* Material *nt; (de camping, pêche)* Ausrüstung *f; (Inform)* Hardware *f*

maternel, le [matɛrnɛl] *adj* mütterlich ▶ *nf (aussi :* **école maternelle)** Kindergarten *m*

maternité [matɛrnite] *nf (état, qualité de mère)* Mutterschaft *f; (établissement)* Entbindungsheim *nt; (service)* Entbindungsstation *f*

mathématique [matematik] *adj* mathematisch ▶ *nf* Mathematik *f;* **mathématiques** *nfpl* Mathematik

matière [matjɛr] *nf* Materie *f,* Stoff *m;* **~s premières** Rohstoffe *pl*

Matignon [matiɲɔ̃] *nm* Amtssitz des französischen Premierministers

matin [matɛ̃] *nm* Morgen *m,* Vormittag *m;* **le ~** *(moment)* morgens; **le lendemain ~** am nächsten Morgen; **hier ~** gestern Morgen; **demain ~** morgen früh; **du ~ au soir** von morgens bis abends; **tous les ~** jeden Morgen; **une heure du ~** ein Uhr nachts • **matinal, e, aux** *adj*

morgendlich; **être ~** Frühaufsteher sein • **matinée** *nf* Morgen *m,* Vormittag *m; (spectacle)* Matinee *f,* Frühvorstellung *f*

matou [matu] *nm* Kater *m*

matraquage [matrakaʒ] *nm* Knüppeln *nt;* **~ publicitaire** massive Werbung *f* • **matraque** *nf* Knüppel *m* • **matraquer** *vt* (nieder)knüppeln; *(touristes etc)* ausnehmen; *(disque etc)* immer wieder spielen

matricule [matrikyl] *nf (aussi :* **registre matricule)** Aufnahmeregister *nt* ▶ *nm (aussi :* **numéro matricule)** Kennnummer *f*

matrimonial, e, aux [matrimɔnjal, jo] *adj :* **agence ~e** Heiratsvermittlung *f*

maturité [matyrite] *nf* Reife *f; (Suisse : baccalauréat)* ≈ Abitur *nt*

maudire [modir] *vt* verfluchen • **maudit, e** *adj* verflucht

Maurice [mɔris] *nf :* **l'île ~** Mauritius *f*

Mauritanie [mɔritani] *nf :* **la ~** Mauretanien *m*

maussade [mosad] *adj* mürrisch; *(ciel, temps)* unfreundlich

mauvais, e [mɔvɛ, ɛz] *adj* schlecht; *(faux)* falsch; *(méchant, malveillant)* böse; **la mer est ~e** das Meer ist stürmisch ▶ *adv :* **sentir ~** schlecht riechen; **il fait ~** es ist schlechtes Wetter

mauve [mov] *nf (Bot)* Malve *f* ▶ *adj (couleur)* malvenfarbig, mauve

maximal, e, aux [maksimal, o] *adj* maximal

maxime [maksim] *nf* Maxime *f*

maximiser [maksimize] *vt* maximieren

maximum [maksimɔm] *adj* maximal, Höchst- ▶ *nm* Maximum *nt*; **au ~** *(le plus possible)* bis zum Äußersten; *(tout au plus)* höchstens, maximal

Mayence [majɑ̃s] Mainz *nt*

mayonnaise [majɔnɛz] *nf* Mayonnaise *f*

mazout [mazut] *nm* Heizöl *nt*

Me *abr* = **maître**

me [mə], **m'** *(avant voyelle ou h muet)* *pron (acc)* mich; *(dat)* mir

mec [mɛk] *nm (fam)* Typ *m*

mécanicien, ne [mekanisjɛ̃, jɛn] *nm/f* Mechaniker(in) *m(f)* • **mécanique** *adj* mechanisch ▶ *nf* Mechanik *f*; **ennui ~** Motorschaden *m* • **mécanisme** *nm* Mechanismus *m*

méchanceté [meʃɑ̃ste] *nf* Gemeinheit *f* • **méchant, e** *adj* boshaft, gemein; *(enfant)* unartig, böse

mèche [mɛʃ] *nf (d'une lampe, bougie)* Docht *m*; *(de cheveux: coupés)* Locke *f*; *(d'une autre couleur)* Strähne *f*

méconnaissable [mekɔnɛsabl] *adj* unkenntlich

mécontent, e [mekɔ̃tɑ̃, ɑ̃t] *adj*: **~ (de)** unzufrieden (mit)

Mecque [mɛk] *nf*: **La ~** Mekka *nt*

médaille [medaj] *nf* Medaille *f*; **~ d'argent/de bronze/d'or** Silber-/Bronze-/Goldmedaille *f*

médaillon [medajɔ̃] *nm* Medaillon *nt*

médecin [med(ə)sɛ̃] *nm* Arzt *m*, Ärztin *f*; **~ généraliste**

praktischer Arzt *m*; **~ traitant** behandelnder Arzt *m*

médecine [med(ə)sin] *nf* Medizin *f*; *(profession)* Arztberuf *m*; **~ douce** Alternativmedizin *f*, Naturmedizin *f*

médias [medja] *nmpl* Medien *pl*

médiateur, -trice [medjatœʀ, tʀis] *nm/f* Vermittler(in) *m(f)*

médiation [medjasjɔ̃] *nf* Schlichtung *f*

médiatique [medjatik] *adj* Medien- • **médiatisation** *nf* Vermarktung *f* durch die Medien • **médiatisé, e** *adj* in den Medien verbreitet; **ce procès a été très ~** dieser Prozess wurde in den Medien hochgespielt

médical, e, -aux [medikal, o] *adj* ärztlich

médicament [medikamɑ̃] *nm* Medikament *nt*

médiéval, e, aux [medjeval, o] *adj* mittelalterlich

médiocre [medjɔkʀ] *adj* mittelmäßig

médire [mediʀ]: **~ de** *vt* herziehen über +*acc*

méditation [meditasjɔ̃] *nf* Meditation *f*; *(fig)* Nachdenken *nt*

méditer [medite] *vt* meditieren ou nachdenken über +*acc* ▶ *vi* nachdenken, meditieren

Méditerranée [mediteʀane] *nf*: **la (mer) ~** das Mittelmeer • **méditerranéen, ne** *adj* Mittelmeer-

méduse [medyz] *nf* Qualle *f*

meeting [mitiŋ] *nm* Treffen *nt*

méfiance [mefjɑ̃s] *nf* Misstrauen *nt* • **méfiant, e** *adj* misstrauisch

m

mégalomanie

• **méfier** : **se ~** *vpr* sich in Acht nehmen; **se ~ de** misstrauen +*dat*

mégalomanie [megalɔmani] *nf* Größenwahn *m*

méga-octet [megaɔktɛ] *nm* Megabyte *nt*

mégarde [megaʀd] *nf* : **par ~** aus Versehen

mégot [mego] *nm* Kippe *f*

meilleur, e [mɛjœʀ] *adj* (*comparatif*) bessere(r, s); (*superlatif*) beste(r, s) ▸ *nm/f* : **le ~, la ~** der/die/das Beste ▸ *adv* : **il fait ~ qu'hier** es ist schöner als gestern; **~ marché** billiger

mél [mɛl] *nm* E-Mail *f*

mélancolie [melɑ̃kɔli] *nf* Melancholie *f* • **mélancolique** *adj* melancholisch

mélange [melɑ̃ʒ] *nm* Mischung *f* • **mélanger** *vt* mischen; (*mettre en désordre, confondre*) durcheinanderbringen

mêlée [mele] *nf* (*bataille, cohue*) (Hand)gemenge *nt*; (*Rugby*) offenes Gedränge *nt*

mêler [mele] *vt* (ver)mischen; (*embrouiller*) verwirren; **se mêler** *vpr* sich vermischen; **~ à** (hinzu)mischen zu; **se ~ à** *ou* **avec** (*chose*) sich vermischen mit; **se ~ à** (*personne*) sich mischen unter +*acc*

mélo [melo] *adj* (*fam*) theatralisch

mélodie [melɔdi] *nf* Melodie *f* • **mélodieux, -euse** *adj* melodisch

melon [m(ə)lɔ̃] *nm* Melone *f*

membrane [mɑ̃bʀan] *nf* Membran *f*

membre [mɑ̃bʀ] *nm* (*Anat*) Glied *nt*; (*personne, pays, élément*) Mitglied *nt*

mémé [meme] *nf* (*fam*) Oma *f*

même [mɛm]

▸ *adj* **1** (*identique*) gleich; **le/la ~** ... der/die/das gleiche ...; **en ~ temps** gleichzeitig

2 (*semblable*) derselbe/dieselbe/dasselbe ...; **ils ont les ~s goûts** sie haben den gleichen Geschmack

3 (*après le nom : renforcement*) : **il est la loyauté ~** er ist die Treue selbst; **ce sont celles-là ~s** das sind dieselben

▸ *pron* : **le/la ~** (*semblable*) der/die/das Gleiche; (*identique*) derselbe/dieselbe/dasselbe; **les ~s** (*semblables*) die Gleichen; (*identiques*) dieselben; **cela revient au ~** das kommt aufs Gleiche heraus

▸ *adv* : **il n'a ~ pas pleuré** er hat nicht einmal geweint; **~ André l'a dit** sogar André hat es gesagt; **ici ~** genau hier; **~ si** auch wenn; **être à ~ de faire qch** in der Lage sein, etw zu tun; **faire de ~** das Gleiche tun; **de ~ que** wie auch

mémoire [memwaʀ] *nf* Gedächtnis *nt*; (*Inform*) Speicher *m*; (*souvenir*) Erinnerung *f* ▸ *nm* (*Admin, Jur*) Memorandum *nt*; (*Scol*) Memoiren *pl*; **à la ~ de** zur Erinnerung an +*acc*; **~ disponible** Speicherplatz *m*; **~ morte** ROM *nt*, Lesespeicher *m*; **~ principale** Hauptspeicher *m*; **~ tampon** (*Inform*) Zwischenspeicher *m*; **~ vive** RAM *nt*, Lese-Schreibspeicher *m*

mémorable [memɔʀabl] *adj* denkwürdig

mémorial, e, aux [memɔʀjal, jo] *nm* Denkmal *nt*

mémoriser [memɔʀize] *vt* sich *dat* einprägen; (*Inform*) (ab)speichern

menace [mənas] *nf* Drohung *f* • **menacer** *vt* drohen +*dat*

ménage [menaʒ] *nm* (*travail*) Haushalt *m*; (*couple*) (Ehe)paar *nt*; **faire le ~** den Haushalt machen

ménagement [menaʒmɑ̃] *nm* Rücksicht *f*, **ménagements** *nmpl* Umsicht *f*

ménager[1] [menaʒe] *vt* schonen

ménager[2]**, -ère** [menaʒe] *adj* Haushalts- ▶ *nf* (*femme*) Hausfrau *f*

mendiant, e [mɑ̃djɑ̃, jɑ̃t] *nm/f* Bettler(in) *m(f)* • **mendier** *vi* betteln

mener [m(ə)ne] *vt* führen; (*enquête*) durchführen ▶ *vi* (*Sport*) führen; **~ à/chez** (*personne*) mitnehmen nach/zu • **meneur, -euse** *nm/f* Anführer(in) *m(f)*; (*péj : agitateur*) Rädelsführer(in) *m(f)*; **~ de jeu** Quizmaster *m*

menhir [meniʀ] *nm* Menhir *m*

méningite [menɛ̃ʒit] *nf* Hirnhautentzündung *f*

ménopause [menopoz] *nf* Wechseljahre *pl*

menotte [mənɔt] *nf* (*main*) Händchen *nt*; **menottes** *nfpl* Handschellen *pl*

mensonge [mɑ̃sɔ̃ʒ] *nm* Lüge *f* • **mensonger, -ère** *adj* verlogen

mensuel, le [mɑ̃sɥɛl] *adj* monatlich

mental, e, aux [mɑ̃tal, o] *adj* (*calcul*) Kopf-; (*maladie*) Geistes-; (*âge*) geistig; (*restriction*) innerlich • **mentalement** *adv* (*réciter*) auswendig; (*compter*) im Kopf

mentalité [mɑ̃talite] *nf* Denkweise *f*, Mentalität *f*

menteur, -euse [mɑ̃tœʀ, øz] *nm/f* Lügner(in) *m(f)*

menthe [mɑ̃t] *nf* Minze *f*

mention [mɑ̃sjɔ̃] *nf* (*note*) Vermerk *m* • **mentionner** *vt* erwähnen

mentir [mɑ̃tiʀ] *vi* lügen; **~ à qn** jdn belügen *ou* anlügen

menton [mɑ̃tɔ̃] *nm* Kinn *nt*

menu, e [məny] *adj* (*mince*) dünn ▶ *adv* : **hacher ~** fein hacken ▶ *nm* (*liste de mets*) Speisekarte *f*; (*à prix fixe, Inform*) Menü *nt*; **~ déroulant** Pull-down-Menü *nt*; **~e monnaie** Kleingeld *nt*

menuiserie [mənɥizʀi] *nf* Schreinerei *f* • **menuisier** *nm* Schreiner *m*

méprendre [mepʀɑ̃dʀ] : **se ~** *vpr* sich irren; **se ~ sur** sich täuschen in +*dat*

mépris [mepʀi] *nm* Verachtung *f* • **méprisable** *adj* verachtenswert

méprise [mepʀiz] *nf* Irrtum *m*; (*malentendu*) Missverständnis *nt*

mépriser [mepʀize] *vt* verachten

mer [mɛʀ] *nf* Meer *nt*; **en haute** *ou* **pleine ~** auf hoher See; **la ~ du Nord** die Nordsee *f*

mercatique [mɛʀkatik] *nf* Marketing *nt*

mercenaire [mɛʀsənɛʀ] *nm* Söldner *m*

mercerie [mɛʀsəʀi] *nf* (*boutique*) Kurzwarengeschäft *nt*

m

merci [mɛʀsi] *excl* danke; **~ de** *ou*
pour vielen Dank für

mercredi [mɛʀkʀədi] *nm*
Mittwoch *m*; *voir aussi* **lundi**

mercure [mɛʀkyʀ] *nm*
Quecksilber *nt*

merde [mɛʀd] *nf, excl (fam !)*
Scheiße *f (fam !)*

mère [mɛʀ] *nf* Mutter *f*;
~ porteuse Leihmutter *f*

merguez [mɛʀgɛz] *nf* pikante
nordafrikanische Wurst

méridional, e, aux
[meʀidjɔnal, o] *adj* südlich;
(du Midi) südfranzösisch ▸ *nm/f*
(du Midi) Südfranzose *m*,
Südfranzösin *f*

meringue [məʀɛ̃g] *nf* Baiser *nt*

mérite [meʀit] *nm* Verdienst *nt*
• **mériter** *vt* verdienen

merlan [mɛʀlɑ̃] *nm* Weißling *m*

merle [mɛʀl] *nm* Amsel *f*

merveille [mɛʀvɛj] *nf* Wunder *nt*
• **merveilleux, -euse** *adj* herrlich,
wunderbar

mes [me] *adj possessif voir* **mon**

mésange [mezɑ̃ʒ] *nf* Meise *f*

mésaventure [mezavɑ̃tyʀ] *nf*
Missgeschick *nt*

Mesdames [medam] *nfpl voir*
Madame

Mesdemoiselles [medmwazɛl]
nfpl voir **Mademoiselle**

mesquin, e [mɛskɛ̃, in] *adj*
kleinlich • **mesquinerie** *nf*
Kleinlichkeit *f*

mess [mɛs] *nm* Kasino *nt*

message [mesaʒ] *nm* Nachricht *f*;
~ publicitaire Werbung *f*; **~ SMS**
SMS *f* • **messager, -ère** *nm/f*
Bote *m*, Botin *f*

messagerie [mesaʒʀi] *nf*
(Inform) Mailsystem *nt*; *(sur*
Internet) Bulletinboard *nt*;
~ vocale Voicemail *f*

messe [mɛs] *nf* Messe *f*

messie [mesi] *nm* : **le M~** der
Messias *m*

Messieurs [mesjø] *nmpl voir*
Monsieur

mesure [m(ə)zyʀ] *nf* Maß *nt*;
(Mus) Takt *m*; *(fait de mesurer)*
Messen *nt*; *(disposition, acte)*
Maßnahme *f*; **sur ~** nach Maß;
être en ~ de faire qch imstande
sein, etw zu tun; **~ de sécurité**
Sicherheitsmaßnahme *f*
• **mesuré, e** *adj* gemäßigt
• **mesurer** *vt* messen

métabolisme [metabɔlism] *nm*
Stoffwechsel *m*

métal, aux [metal, o] *nm* Metall
nt • **métallique** *adj* Metall-;
(éclat, reflet, son) metallisch

métamorphose [metamɔʀfoz]
nf Metamorphose *f*; *(fig)*
Verwandlung *f*

métaphore [metafɔʀ] *nf*
Metapher *f*

métaphysique [metafizik] *nf*
Metaphysik *f* ▸ *adj* metaphysisch

métastase [metastɑz] *nf*
Metastase *f*

météo [meteo] *nf*
Wetterbericht *m*

météorologie [meteɔʀɔlɔʒi] *nf*
(étude) Wetterkunde *f*,
Meteorologie *f*; *(service)*
Wetterdienst *m*
• **météorologique** *adj*
meteorologisch, Wetter-

méthadone [metadɔn] *nf*
Methadon *nt*

méthode [metɔd] *nf* Methode *f*; (*ouvrage*) Lehrbuch *nt*
• **méthodique** *adj* methodisch

méticuleux, -euse [metikylø, øz] *adj* gewissenhaft

métier [metje] *nm* Beruf *m*

métis, se [metis] *adj* Mischlings- ▶ *nm/f* Mischling *m*

métrage [metraʒ] *nm* (*mesure*) Vermessen *nt*; (*longueur de tissu*) Länge *f*; **long ~** (langer) Spielfilm *m*; **court ~** Kurzfilm *m*

mètre [metʀ] *nm* Meter *m* ou *nt*; (*règle, ruban*) Metermaß *nt*; **~ carré** Quadratmeter *m*; **~ cube** Kubikmeter *m* • **métrique** *adj* metrisch

métro [metʀo] *nm* U-Bahn *f*

métropole [metʀɔpɔl] *nf* (*capitale*) Hauptstadt *f*; (*France*) Frankreich *nt*

mets [mɛ] *nm* Gericht *nt*

metteur [metœʀ] *nm* : **~ en scène** Regisseur(in) *m(f)*

---

mettre [mɛtʀ]

vt **1** (*placer*) tun, setzen, stellen, legen; **~ ses gants dans un tiroir** die Handschuhe in eine Schublade legen; **~ le couvercle sur une casserole** den Deckel auf einen Topf tun; **~ une lettre dans une enveloppe** einen Brief in einen Umschlag stecken; **~ en bouteille** in Flaschen (ab)füllen; **~ à la poste** zur Post geben; **~ debout/assis** hinstellen/hinsetzen
2 (*vêtements*) anziehen; (: *porter*) tragen; **mets ton bonnet** zieh eine Mütze an

3 (*faire fonctionner : chauffage, électricité*) anmachen, anstellen; (: *réveil, minuteur*) stellen; **~ en marche** in Gang setzen
4 (*consacrer*) : **~ du temps/deux heures à faire qch** lang/zwei Stunden brauchen, um etw zu machen; **y ~ du sien** sich einsetzen
5 (*écrire*) schreiben
6 (*supposer*) : **mettons que ...** angenommen, ...

se mettre *vpr* **1** (*réfléchi : se placer*) sich setzen; (: *debout*) sich hinstellen; (: *dans une situation*) sich bringen; **vous pouvez vous ~ là** Sie können sich dort hinsetzen; **se ~ au lit** sich ins Bett legen; **se ~ bien avec qn** sich mit jdm gut stellen; **se ~ qn à dos** jdn gegen sich aufbringen
2 (*s'habiller*) : **se ~ en maillot de bain** sich *dat* einen Badeanzug anziehen
3: **se ~ à** sich machen an +*acc*; **se ~ au travail** sich an die Arbeit machen; **se ~ à faire qch** anfangen, etw zu tun; **se ~ au régime** eine Diät anfangen

---

meuble [mœbl] *nm* Möbelstück *nt* • **meublé, e** *adj* : **chambre ~e** möbliertes Zimmer *nt* • **meubler** *vt* möblieren

meuf [mœf] *nf (fam)* Tussi *f*

meunier, -ière [mønje, jɛʀ] *nm/f* Müller(in) *m(f)*; **truite meunière** Forelle Müllerin

meurtre [mœʀtʀ] *nm* Mord *m*
• **meurtrier, -ière** *nm/f* Mörder(in) *m(f)*

meurtrir [mœʀtʀiʀ] vt
quetschen; (fig) verletzen
• **meurtrissure** nf blauer Fleck m

meute [møt] nf Meute f

mexicain, e [mɛksikɛ̃, ɛn] adj
mexikanisch • **Mexique** nm : **le ~**
Mexiko nt

mi [mi] nm (Mus) E nt ▶ préf halb-;
à la mi-janvier Mitte Januar; **à
mi-hauteur** auf halber Höhe

miauler [mjole] vi miauen

miche [miʃ] nf Laib m (Brot)

mi-chemin [miʃmɛ̃] : **à ~** adv
auf halbem Wege • **mi-clos, e**
(pl **mi-clos, es**) adj halb
geschlossen

micro [mikʀo] nm Mikrofon nt

microbe [mikʀɔb] nm Mikrobe f

microbiologie [mikʀobjɔlɔʒi]
nf Mikrobiologie f • **microcosme**
nm Mikrokosmos m

microédition [mikʀoedisjɔ̃] nf
Desktop-Publishing nt
• **microfibre** nf Mikrofaser f
• **micro-onde** (pl **micro-ondes**)
nf Mikrowelle f; **(four à) ~s**
Mikrowellenherd m
• **micro-organisme** (pl
micro-organismes) nm
Mikroorganismus m
• **microphone** nm Mikrofon nt
• **microplaquette** nf Mikrochip m
• **microprocesseur** nm
Mikroprozessor m

microscope [mikʀɔskɔp] nm
Mikroskop nt; **~ électronique**
Elektronenmikroskop nt

midi [midi] nm (milieu du jour)
Mittag m; (sud) Süden m; **à ~** um
zwölf Uhr; **tous les ~s** jeden
Mittag; **le M~** (de la France)
Südfrankreich nt

mie [mi] nf weiches Inneres nt
(des Brotes)

miel [mjɛl] nm Honig m

mien, ne [mjɛ̃, mjɛn] ▶ pron :
le(la) ~(ne) meine(r, s); **les
miens** meine

miette [mjɛt] nf Krümel m

mieux [mjø]

▶ adv 1 (comparatif) : **~ (que)**
besser (als); **elle travaille/
mange ~** sie arbeitet/isst
besser; **elle va ~** es geht ihr
besser; **aimer ~** lieber mögen;
de ~ en ~ immer besser
2 (superlatif) am besten; **ce que
je sais le ~ faire** was ich am
besten kann; **au ~** bestenfalls
▶ adj 1 (comparatif) besser; **se
sentir ~** sich besser fühlen;
c'est ~ ainsi so ist es besser
2 (superlatif) : **le ~ des deux**
der/die/das Bessere von beiden; **le/
la ~** der/die/das Beste; **les ~**
die Besten
3 (plus beau) : **il est ~ sans
moustache/que son frère** er
sieht besser aus ohne
Schnurrbart/als sein Bruder
▶ nm (amélioration, progrès)
Verbesserung f; **faute de ~** in
Ermangelung einer besseren
Lösung; **pour le ~** zum Besten;
faire de son ~ sein Bestes tun

mignon, ne [miɲɔ̃, ɔn] adj
niedlich, süß; (aimable, gentil)
nett

migraine [migʀɛn] nf
Migräne f

migrant, e [migʀɑ̃, ɑ̃t] nm/f
Wanderarbeiter(in) m(f)

minibus

migration [migʀasjɔ̃] *nf (de populations)* Wanderung *f*; *(d'oiseaux, de poissons)* Zug *m*

mijoter [miʒɔte] *vt (plat)* schmoren; *(: préparer avec soin)* liebevoll zubereiten

milieu, x [miljø] *nm* Mitte *f*; *(Biol, Géo)* Lebensraum *m*; *(entourage)* Milieu *nt*; **au ~** mitten in +*dat*

militaire [militɛʀ] *adj* Militär- ▸ *nm* Soldat *m*

militant, e [militɑ̃, ɑ̃t] *nm/f* Militante(r) *f(m)*

militariste [militaʀist] *adj* militaristisch

militer [milite] *vi* : **~ pour/ contre** sich einsetzen für/gegen

mille [mil] *num* (ein)tausend ▸ *nm* : **mettre dans le ~** ins Schwarze treffen; **~ marin** Seemeile *f*

millefeuille [milfœj] *nm* Blätterteiggebäck *nt* mit Cremefüllung

millénaire [milenɛʀ] *nm* Jahrtausend *nt* ▸ *adj* tausendjährig

millésime [milezim] *nm (d'un vin)* Jahrgang *m*

millet [mijɛ] *nm* Hirse *f*

milliard [miljaʀ] *nm* Milliarde *f* • **milliardaire** *nmf* Milliardär(in) *m(f)*

millier [milje] *nm* Tausend *nt*; **un ~ (de)** etwa tausend; **par ~s** zu Tausenden

milligramme [miligʀam] *nm* Milligramm *nt* • **millilitre** *nm* Milliliter *m* • **millimètre** *nm* Millimeter *m*

million [miljɔ̃] *nm* Million *f* • **millionnaire** *nmf* Millionär(in) *m(f)*

mime [mim] *nmf (acteur)* Pantomime *m*, Pantomimin *f* ▸ *nm (art)* Pantomime *f* • **mimer** *vt* pantomimisch darstellen; *(imiter)* nachmachen

mimique [mimik] *nf* Mimik *f*

mimosa [mimoza] *nm* Mimose *f*

minable [minabl] *adj* erbärmlich

minaret [minaʀɛ] *nm* Minarett *nt*

mince [mɛ̃s] *adj* dünn; *(svelte)* schlank • **minceur** *nf* Dünne *f*, Schlankheit *f*

mincir [mɛ̃siʀ] *vi* abnehmen

mine [min] *nf (figure, physionomie)* Miene *f*; *(allure)* Aussehen *nt*; *(gisement)* Bergwerk *nt*; *(de crayon, explosif)* Mine *f*; **avoir bonne ~** gut aussehen; **avoir mauvaise ~** schlecht aussehen

miner [mine] *vt (saper)* aushöhlen; *(fig)* unterminieren; *(Mil)* verminen

minerai [minʀɛ] *nm* Erz *nt*

minéral, e, aux [mineʀal, o] *adj* Mineral- ▸ *nm* Mineral *nt*

minéralogique [mineʀalɔʒik] *adj* : **plaque ~** Nummernschild *nt*; **numéro ~** polizeiliches Kennzeichen *nt*

minet, te [minɛ, ɛt] *nm/f (chat)* Kätzchen *nt* ▸ *nf (péj)* Modepüppchen *nt*

mineur, e [minœʀ] *adj* zweitrangig; *(Jur)* minderjährig ▸ *nm/f (Jur)* Minderjährige(r) *f(m)* ▸ *nm (travailleur)* Bergmann *m*

miniature [minjatyʀ] *adj* Miniatur- ▸ *nf* Miniatur *f*; **en ~** im Kleinformat

minibus [minibys] *nm* Minibus *m* • **minichaîne** *nf* Kompaktanlage *f*

m

minier, -ière [minje, jɛʀ] *adj*
(*gisement, industrie*) Bergwerks-,
Bergbau-; (*pays, bassin*) Bergbau-

minijupe [miniʒyp] *nf*
Minirock *m*

minimal, e, aux [minimal, o]
adj (*dose*) Mindest-, minimal,
Tiefst-

minime [minim] *adj* sehr klein
▶ *nmf* (*Sport*) Junior(in) *m(f)*

minimiser [minimize] *vt*
bagatellisieren

minimum, -ma [minimɔm] *adj*
(*âge*) Mindest- ▶ *nm* Minimum *nt*;
un ~ de ein Minimum an +*dat*;
au ~ mindestens; **minima
sociaux** Mindestsozialleistungen
fpl, Existenzminimum *nt*

ministère [ministɛʀ] *nm*
Ministerium *nt*; (*gouvernement*)
Regierung *f*

ministre [ministʀ] *nm*
Minister(in) *m(f)*

minoritaire [minɔʀitɛʀ] *adj*
Minderheits-; (*en sociologie*)
Minderheiten-

minorité [minɔʀite] *nf*
Minderheit *f*; (*d'une personne*:
période) Minderjährigkeit *f*; **être
en ~** in der Minderheit sein

minuit [minɥi] *nm* Mitternacht *f*

minuscule [minyskyl] *adj*
winzig, sehr klein ▶ *nf*: (*lettre*) ~
kleiner Buchstabe *m*

minute [minyt] *nf* Minute *f*;
d'une ~ à l'autre jeden
Augenblick; **à la ~** auf der Stelle;
entrecôte *ou* **steak ~**
Minutensteak *nt* • **minuter** *vt*
zeitlich genau festlegen

minuterie [minytʀi] *nf*
Schaltuhr *f*

minutie [minysi] *nf*
Gewissenhaftigkeit *f*

minutieusement
[minysjøzmã] *adv* sehr genau

minutieux, -euse [minysjø, jøz]
adj gewissenhaft, äußerst genau

mirabelle [miʀabɛl] *nf* (*fruit*)
Mirabelle *f*

miracle [miʀakl] *nm* Wunder *nt*
• **miraculeux, -euse** *adj*
wunderbar

mirage [miʀaʒ] *nm* Fata
Morgana *f*

miroir [miʀwaʀ] *nm* Spiegel *m*
• **miroiter** *vi* spiegeln; **faire
~ qch à qn** jdm etw in den
leuchtendsten Farben ausmalen

mis, e [mi, miz] *adj* (*table*)
gedeckt

misanthrope [mizãtʀɔp] *nm*
Menschenfeind *m*

mise [miz] *nf* (*au jeu*) Einsatz *m*;
~ au point (*Photo*) Scharfstellen
nt; (*fig*) Richtigstellung *f*; **~ en
scène** Inszenierung *f*

miser [mize] *vt* (*enjeu*) setzen; **~ sur**
setzen auf +*acc*; (*fig*) rechnen mit

misérable [mizeʀabl] *adj* elend
▶ *nmf* Elende(r) *f(m)*

misère [mizɛʀ] *nf* Armut *f*;
misères *nfpl* (*malheurs*) Elend *nt*;
(*ennuis*) Sorgen *pl*; **salaire de ~**
Hungerlohn *m*

miséricorde [mizeʀikɔʀd] *nf*
Barmherzigkeit *f*

misogyne [mizɔʒin] *adj*
frauenfeindlich ▶ *nmf*
Frauenfeind(in) *m(f)*

missel [misɛl] *nm* Messbuch *nt*

missile [misil] *nm* Rakete *f*; **~ de
croisière** Marschflugkörper *m*,
Cruise-Missile *nt*

mission [misjɔ̃] nf (charge, tâche)
Auftrag m; (Rel) Mission f; **~ de
reconnaissance**
Aufklärungsmission f

missionnaire [misjɔnɛʀ] nmf
Missionar(in) m(f)

missive [misiv] nf Schreiben nt

mistral [mistʀal] nm Mistral m

mite [mit] nf Motte f

mi-temps [mitɑ̃] nf inv (Sport)
Halbzeit f ▸ nm inv Halbtagsarbeit
f; **travailler à ~** halbtags arbeiten

mitraillette [mitʀajɛt] nf
Maschinenpistole f

mi-voix [mivwa] : **à ~** adv
halblaut

mixage [miksaʒ] nm (Ciné)
Tonmischung f

mixer, mixeur [miksœʀ] nm
Mixer m

mixte [mikst] adj gemischt;
mariage ~ Mischehe f; **à usage ~**
Mehrzweck-; **double ~**
gemischtes Doppel nt

mixture [mikstyʀ] nf Mixtur f;
(péj : boisson) Gesöff nt

ml abr (= millilitre) ml

MLF [ɛmɛlɛf] sigle m (= Mouvement
de libération de la femme)
Frauenbewegung f

Mlle (pl **Mlles**) abr (= Mademoiselle)
Frl

MM abr = **Messieurs**

mm abr (= millimètre) mm

Mme (pl **Mmes**) abr (= Madame) Fr

mn abr (= minute) Min

Mo abr (Inform) (= méga-octet) MB,
Megabyte nt

mobile [mɔbil] adj beweglich

mobilier, -ière [mɔbilje, jɛʀ]
adj, nm (meubles) Mobiliar nt

mobilisation [mɔbilizasjɔ̃] nf
Mobilisieren nt; **~ générale**
allgemeine Mobilmachung f

mobiliser [mɔbilize] vt
mobilisieren; (fig : enthousiasme,
courage) wecken

mobilité [mɔbilite] nf
Mobilität f

mobylette® [mɔbilɛt] nf
Mofa nt

mocassin [mɔkasɛ̃] nm
Mokassin m

moche [mɔʃ] adj (fam) hässlich

modalité [mɔdalite] nf
Modalität f; **~s de paiement**
Zahlungsbedingungen pl

mode [mɔd] nf Mode f ▸ nm
Art f, Weise f; **à la ~** modisch;
~ autonome (Inform)
Offline-Betrieb m; **~ connecté**
(Inform) Online-Betrieb m;
~ d'emploi Gebrauchsanweisung
f; **~ de paiement** Zahlungsweise f

modèle [mɔdɛl] nm Modell nt
▸ adj mustergültig; (cuisine, ferme)
Muster-

modem [mɔdɛm] nm
Modem nt

modération [mɔdeʀasjɔ̃] nf
(qualité) Mäßigung f • **modéré, e**
adj gemäßigt; (prix, vent,
température) mäßig
• **modérément** adv in Maßen
• **modérer** vt mäßigen; (dépenses)
einschränken; (allure, vitesse)
drosseln; **se modérer** vpr sich
mäßigen

moderne [mɔdɛʀn] adj modern;
(langues, histoire) neuere(r, s)
• **modernisation** nf
Modernisierung f • **moderniser**
vt modernisieren

modeste

modeste [mɔdɛst] *adj*
bescheiden • **modestie** *nf*
Bescheidenheit *f*
modification [mɔdifikasjɔ̃] *nf*
(Ver)änderung *f* • **modifier** *vt*
(ver)ändern ; **se modifier** *vpr* sich
ändern, sich wandeln
modique [mɔdik] *adj* gering
modulation [mɔdylasjɔ̃] *nf*:
~ de fréquence
Frequenzmodulation *f*
module [mɔdyl] *nm* Modul *nt*;
(élément) (Bau)element *nt*; **~ de
commande** Kommandokapsel *f*;
~ lunaire Mondfähre *f*
moelle [mwal] *nf* Mark *nt*
moelleux, -euse [mwalø, øz]
adj weich; *(aliment)* cremig
mœurs [mœʁ(s)] *nfpl* Sitten *pl*;
(pratiques sociales, coutumes)
Bräuche *pl*

moi [mwa]

▶ *pron* 1 *(sujet)* ich; **c'est ~** ich
bins; **c'est ~ qui l'ai fait** das
habe ich gemacht
2 *(objet direct : après prép avec acc)*
mich; **c'est ~ que vous avez
appelé ?** haben Sie mich
gerufen?; **pour ~** für mich
3 *(objet indirect : après prép avec
dat)* mir; **apporte-le-~** bring es
mir; **avec ~** mit mir; **chez ~** bei
mir (zu Hause)
▶ *nm (Psych)* Ich *nt*

moindre [mwɛ̃dʁ] *adj* geringer;
le/la ~ der/die/das Geringste
moine [mwan] *nm* Mönch *m*
moineau, x [mwano] *nm*
Spatz *m*

moins [mwɛ̃]

▶ *adv* 1 *(comparatif)* : **~ (que)**
weniger (als); **~ elle travaille
que moi** sie arbeitet weniger als
ich; **il a 3 ans de ~ que moi** er
ist 3 Jahre jünger als ich;
~ grand que kleiner als; **~ je
travaille, mieux je me porte** je
weniger ich arbeite, desto
besser geht es mir
2 *(superlatif)* : **le ~** am
wenigsten; **c'est ce que j'aime
le ~** das mag ich am wenigsten;
le ~ doué der Unbegabteste; **au
~ weinigstens; du ~** wenigstens;
pour le ~ mindestens
3 : **~ de** weniger, **~ de sable/de
livres** weniger Sand/Bücher;
~ de 2 ans/100 euros weniger
als 2 Jahre/100 Euro
4 : **100 euros/3 jours de ~** 100
Euro/3 Tage weniger; **de ~ en
~** immer weniger; **à ~ que** es sei
denn, dass; **à ~ que tu ne te
maries** es sei denn, du heiratest;
à ~ d'un accident wenn kein
Unfall passiert
▶ *prép* weniger, minus; **4 ~ 2** 4
weniger ou minus 2; **il est (six
heures) ~ cinq** es ist fünf vor
(sechs); **il fait ~ 5** es ist minus 5
(Grad)

mois [mwa] *nm* Monat *m*; *(salaire)*
Monatsgehalt *nt*
moisi, e [mwazi] *adj* schimmelig
• *nm* Schimmel *m* • **moisir** *vi*
schimmeln; *(fig)* gammeln
• **moisissure** *nf* Schimmel *m*
moisson [mwasɔ̃] *nf* Ernte *f*
• **moissonner** *vt* ernten;
(champ) abernten

monoparental

moite [mwat] *adj* feucht

moitié [mwatje] *nf* Hälfte *f*

molaire [mɔlɛʀ] *nf* Backenzahn *m*

Moldavie [mɔldavi] *nf* : **la ~**
Moldawien *nt*

molécule [mɔlekyl] *nf* Molekül *nt*

molester [mɔlɛste] *vt*
misshandeln

molle [mɔl] *adj f voir* **mou**
• **mollement** *adv (faiblement)*
schwach; *(nonchalamment)* lässig

mollet [mɔlɛ] *nm* Wade *f* ▶ *adj m* :
œuf ~ weich gekochtes Ei *nt*

molletonné, e [mɔltɔne] *adj*
gefüttert

mollir [mɔliʀ] *vi* weich werden

mollusque [mɔlysk] *nm*
Weichtier *nt*

môme [mom] *nmf (fam : enfant)*
Knirps *m*

moment [mɔmɑ̃] *nm* Moment *m*,
Augenblick *m* ; **à un ~ donné** zu
einem bestimmten Zeitpunkt;
pour un bon ~ eine ganze Zeit
lang; **pour le ~** im Moment *ou*
Augenblick; **au ~ de ~** beim
Gehen; **au ~ où** in dem Moment,
als; **à tout ~** jederzeit; **en ce ~**
jetzt; **d'un ~ à l'autre** jeden
Augenblick • **momentané, e** *adj*
momentan, augenblicklich

mon, ma [mɔ̃, ma] *(pl* **mes***) adj*
possessif mein(e)

Monaco [mɔnako] *nm* : **(la**
principauté de) ~ (das
Fürstentum) Monaco *nt*

monarchie [mɔnaʀʃi] *nf*
Monarchie *f*

monarque [mɔnaʀk] *nm*
Monarch(in) *m(f)*

monastère [mɔnastɛʀ] *nm*
Kloster *nt*

monceau, x [mɔ̃so] *nm*
Haufen *m*

mondain, e [mɔ̃dɛ̃, ɛn] *adj*
gesellschaftlich; *(peintre, soirée)*
Gesellschafts-

monde [mɔ̃d] *nm* Welt *f*; *(gens)*
Leute *pl*; **il y a du ~** es sind viele
Leute da; **beaucoup/peu de ~**
viele/wenige Leute; **tout le ~**
alle, jedermann; **pas le moins**
du ~ nicht im Geringsten
• **mondial, e, aux** *adj* Welt-,
weltweit • **mondialement** *adv*
weltweit

mondialisation [mɔ̃djalizasjɔ̃]
nf Globalisierung *f*

monégasque [mɔnegask] *adj*
monegassisch

monétaire [mɔnetɛʀ] *adj*
(unité) Währungs-; *(circulation)*
Geld-

Mongolie [mɔ̃ɡɔli] *nf* : **la ~** die
Mongolei

moniteur, -trice [mɔnitœʀ,
tʀis] *nm/f (Sport)* Lehrer(in) *m(f)*;
(de colonie de vacances)
Animateur(in) *m(f)* ▶ *nm (Inform)*
Monitor *m*, Bildschirm *m*

monnaie [mɔnɛ] *nf (pièce)* Münze
f; *(Écon)* Währung *f*; *(petites pièces)*
Kleingeld *nt*; **faire de la ~** Geld
wechseln; **rendre à qn la ~ (sur**
20 euros) jdm (auf 20 Euro)
herausgeben

monolingue [mɔnɔlɛ̃ɡ] *adj*
einsprachig

monologue [mɔnɔlɔɡ] *nm*
Selbstgespräch *nt*; *(Théât)*
Monolog *m*

monoparental, e, aux
[mɔnɔpaʀɑ̃tal, o] *adj* mit nur
einem Elternteil

m

monopole [mɔnɔpɔl] *nm*
Monopol *nt* • **monopoliser** *vt*
monopolisieren; *(fig)* für sich
allein beanspruchen

monospace [mɔnɔspas] *nm*
Van *m*

monotone [mɔnɔtɔn] *adj*
monoton • **monotonie** *nf*
Monotonie *f*

Monsieur [məsjø] *(pl* **Messieurs**)
nm Herr *m*; **un ~** ein Herr;
~ Dupont Herr Dupont;
occupez-vous de ~ würden Sie
bitte den Herrn bedienen;
bonjour, ~ guten Tag; *(si le nom
est connu)* guten Tag, Herr X; **m~!**
(pour appeler) Entschuldigung!;
~ (Dupont) *(sur lettre)* sehr
geehrter Herr Dupont; **m~ le
directeur** Herr Direktor;
Messieurs meine Herren

monstre [mɔ̃stʀ] *nm (être
anormal)* Monstrum *nt*;
(Mythologie) Ungeheuer *nt*
• **monstrueux, -euse** *adj
(colossal)* Riesen-; *(abominable)*
ungeheuerlich, grauenhaft

mont [mɔ̃] *nm* Berg *m*

montage [mɔ̃taʒ] *nm* Aufbau *m*

montagnard, e [mɔ̃taɲaʀ, aʀd]
adj Berg-, Gebirgs- ▸ *nm/f*
Gebirgsbewohner(in) *m(f)*

montagne [mɔ̃taɲ] *nf* Berg *m*;
(région) Gebirge *nt*, Berge *pl*; **~s
russes** Achterbahn *f*
• **montagneux, -euse** *adj* bergig,
gebirgig

montant, e [mɔ̃tã, ãt] *adj
(mouvement)* aufwärts; *(marée)*
steigend ▸ *nm (somme)* Betrag *m*;
(d'une fenêtre, d'un lit) Pfosten *m*;
(d'une échelle) Sprosse *f*

monte-charge [mɔ̃tʃaʀʒ] *nm inv*
Lastenaufzug *m*

montée [mɔ̃te] *nf* Aufstieg *m*;
(côte) Steigung *f*, Anstieg *m*

monter [mɔ̃te] *vi* steigen;
(passager) einsteigen; *(avion)*
aufsteigen; *(voiture)* hochfahren;
(chemin, route) ansteigen;
(niveau, température, prix)
(an)steigen ▸ *vt (escalier, marches,
côte)* hinaufgehen; *(tente)*
aufschlagen

monteur, -euse [mɔ̃tœʀ, øz]
nm/f (Tech) Monteur(in) *m(f)*;
(Ciné) Cutter(in) *m(f)*

monticule [mɔ̃tikyl] *nm* Hügel
m; *(tas)* Haufen *m*

montre [mɔ̃tʀ] *nf* Uhr *f*
• **montre-bracelet** *(pl*
montres-bracelets) *nf*
Armbanduhr *f*

montrer [mɔ̃tʀe] *vt* zeigen;
se montrer *vpr (paraître)*
erscheinen

monture [mɔ̃tyʀ] *nf (de lunettes)*
Gestell *nt*

monument [mɔnymã] *nm*
Denkmal *nt*, Monument *nt*
• **monumental, e, aux**
[mɔnymãtal, o] *adj*
monumental; *(énorme)* gewaltig

moquer [mɔke] : **se ~** *vpr* : **se ~ de**
sich lustig machen über +*acc*

moquette [mɔkɛt] *nf*
Teppichboden *m*

moqueur, -euse [mɔkœʀ, øz]
adj spöttisch

moral, e, aux [mɔʀal, o] *adj*
moralisch; *(force, douleur)* seelisch
▸ *nm (état d'esprit)* Stimmung *f*;
avoir le ~ à zéro überhaupt nicht
in Stimmung sein

morale [mɔʀal] *nf* Moral *f*

moratoire [mɔʀatwaʀ] *adj* :
intérêts ~s Verzugszinsen *pl*

morceau, x [mɔʀso] *nm*
Stück *nt*

mordant, e [mɔʀdã, ãt] *adj*
bissig; (*froid*) beißend

mordicus [mɔʀdikys] *adv* (*fam*)
steif und fest

mordiller [mɔʀdije] *vt* knabbern
an *+dat*

mordre [mɔʀdʀ] *vt* beißen ▶ *vi*
(*poisson*) anbeißen

mordu, e [mɔʀdy] *nm/f* : **un ~ de**
(*fam*) ein Fan *m* von

morfondre [mɔʀfɔ̃dʀ] : **se ~** *vpr*
sich zu Tode langweilen; (*de
soucis*) bedrückt sein

morgue [mɔʀg] *nf* (*arrogance*)
Dünkel *m*; (*lieu*)
Leichenschauhaus *nt*

morille [mɔʀij] *nf* Morchel *f*

morne [mɔʀn] *adj* trübsinnig

morose [mɔʀoz] *adj* mürrisch

morphine [mɔʀfin] *nf*
Morphium *nt*

morse [mɔʀs] *nm* (*Zool*) Walross
nt; (*Tél*) Morsealphabet *nt*

morsure [mɔʀsyʀ] *nf* Biss *m*

mort, e [mɔʀ] *adj* tot; **~ de
fatigue** todmüde ▶ *nf* Tod *m*
▶ *nm/f* Tote(r) *f(m)*; **à la ~ de qn**
bei jds Tod

mortalité [mɔʀtalite] *nf*
Sterblichkeit *f*; (*chiffre*)
Sterblichkeitsziffer *f*

mortel, le [mɔʀtɛl] *adj*
(*entraînant la mort*) tödlich; (*Rel*)
sterblich • **mortellement** *adv*
(*blessé etc*) tödlich; (*pâle etc*)
toten-; (*ennuyeux etc*) sterbens-

morte-saison [mɔʀt(ə)sɛzɔ̃]
(*pl* **mortes-saisons**) *nf*
Saure-Gurken-Zeit *f*

mortier [mɔʀtje] *nm* (*mélange*)
Mörtel *m*; (*récipient, canon*)
Mörser *m*

morue [mɔʀy] *nf* Kabeljau *m*

mosaïque [mɔzaik] *nf* Mosaik *nt*

Moscou [mɔsku] Moskau *nt*

mosquée [mɔske] *nf* Moschee *f*

mot [mo] *nm* Wort *nt*; **mettre/
écrire/recevoir un ~** ein paar
Zeilen schreiben/erhalten; **~ à ~**
wortwörtlich; **en un ~** mit einem
Wort; **~ de passe** Kennwort *nt*,
Passwort *nt*; **~s croisés**
Kreuzworträtsel *nt*

motard [mɔtaʀ] *nm*
Motorradfahrer(in) *m(f)*; (*de la
police*) Motorradpolizist(in) *m(f)*

motel [mɔtɛl] *nm* Motel *nt*

moteur, -trice [mɔtœʀ, tʀis] *adj*
(*force, roue*) treibend; (*Méd*)
motorisch ▶ *nm* Motor *m*; **à ~**
Motor-; **~ à deux temps**
Zweitaktmotor *m*; **~ à explosion**
Verbrennungsmotor *m*,
Einspritzmotor *m*; **~ à quatre
temps** Viertaktmotor *m*; **~ de
recherche** (*Inform*) Suchmaschine
f; **~ thermique**
Verbrennungsmotor

motif [mɔtif] *nm* Motiv *nt*;
(*raison*) Grund *m*; **motifs** *nmpl* (*Jur*)
Begründung *f*; **sans ~** *adj*
grundlos

motion [mosjɔ̃] *nf* Antrag *m*;
~ de censure
Misstrauensantrag *m*

motivation [mɔtivasjɔ̃] *nf*
Begründung *f*; (*Psych*)
Motivation *f*

m

motivé, e [mɔtive] *adj* motiviert
motiver [mɔtive] *vt* motivieren
moto [mɔto] *nf* Motorrad *nt*
motocyclette [mɔtosiklɛt] *nf*
Motorrad *nt* • **motocyclisme** *nm*
Motorradsport *m* • **motocycliste**
nmf Motorradfahrer(in) *m(f)*
• **motoneige** *nf* Motorbob *m*
motorisé, e [mɔtɔrize] *adj*
motorisiert
mou, mol, molle [mu, mɔl] *adj*
weich; *(poignée de main)* schlaff;
(résistance, protestations) schwach
mouche [muʃ] *nf* Fliege *f*
moucher [muʃe] *vt (enfant)*
schnäuzen; **se moucher** *vpr* sich
dat die Nase putzen, sich
schnäuzen
moucheron [muʃrɔ̃] *nm*
Mücke *f*
mouchoir [muʃwar] *nm*
Taschentuch *nt*
moudre [mudr] *vt* mahlen
moue [mu] *nf*: **faire la ~** einen
Flunsch ziehen
mouette [mwɛt] *nf* Möwe *f*
moufle [mufl] *nf (gant)*
Fausthandschuh *m*
mouillage [muja3] *nm (lieu)*
Liegeplatz *m*
mouillé, e [muje] *adj* feucht
mouiller [muje] *vt* nass machen;
(humecter) anfeuchten; *(mine)*
legen ▸ *vi* ankern
moule [mul] *nf (mollusque)*
Miesmuschel *f* ▸ *nm* Form *f*; ~ **à**
gâteaux Kuchenform *f*
mouler [mule] *vt (reproduire)*
einen Abguss machen von
moulin [mulɛ̃] *nm* Mühle *f*; ~ **à**
café Kaffeemühle *f*; ~ **à poivre**

Pfeffermühle *f*; ~ **à vent**
Windmühle *f*
moulinette® [mulinɛt] *nf*
Küchenmaschine *f*
moulu, e [muly] *pp de* **moudre**
mourir [murir] *vi* sterben;
(civilisation, pays) untergehen;
~ **de faim** verhungern; *(fig)* vor
Hunger beinahe umkommen;
~ **de froid** erfrieren; ~ **d'ennui**
sich zu Tode langweilen
mousquetaire [muskətɛr] *nm*
Musketier *m*
mousse [mus] *nf* Schaum *m*;
(Bot) Moos *nt*; *(dessert)* Mousse *f*;
~ **carbonique**
Feuerlöschschaum *m* ▸ *nm (Naut)*
Schiffsjunge *m*
mousseline [muslin] *nf*
Musselin *m*; **pommes ~**
Kartoffelpüree *nt*
mousser [muse] *vi* schäumen
• **mousseux, -euse** *adj* schaumig
▸ *nm* Schaumwein *m*
mousson [musɔ̃] *nf* Monsun *m*
moustache [mustaʃ] *nf*
Schnurrbart *m*
moustiquaire [mustikɛr] *nf*
(rideau) Moskitonetz *nt*; *(fenêtre)*
Fliegenfenster *nt*
moustique [mustik] *nm*
Stechmücke *f*; ~ **tigre**
Tigermücke *f*
moutarde [mutard] *nf* Senf *m*
mouton [mutɔ̃] *nm* Schaf *nt*;
(Culin) Hammelfleisch *nt*
mouvement [muvmɑ̃] *nm*
Bewegung *f*; *(trafic)* Betrieb *m*;
en ~ in Bewegung
• **mouvementé, e** *adj* turbulent
mouvoir [muvwar] *vt* bewegen;
se mouvoir *vpr* sich bewegen

moyen, ne [mwajɛ̃, jɛn] *adj*
mittlere(r, s); (*de grandeur
moyenne, passable*)
durchschnittlich ▶ *nm* (*procédé*)
Mittel *nt*; **moyens** *nmpl*
(*ressources pécuniaires*) Mittel *pl*;
au ~ de mithilfe von; **~ de
transport** Transportmittel *nt*

Moyen Âge [mwajɛnɑʒ] *nm* :
le ~ das Mittelalter

moyennant [mwajenɑ̃] *prép*
(*prix*) für; (*travail, effort*) durch

Moyen-Orient [mwajɛnɔʀjɑ̃]
nm : **le ~** der Mittlere Osten

Mozambique [mɔzɑ̃bik] *nm* :
le ~ Mosambik *nt*

MP3 [ɛmpetʀwa] *nm* MP3 *nt*

MST [ɛmɛste] *sigle f* (= *maladie
sexuellement transmissible*) sexuell
übertragbare Krankheit *f*

mû, mue [my] *pp de* **mouvoir**

mucus [mykys] *nm* Schleim *m*

muer [mɥe] *vi* (*oiseau*) sich
mausern; (*serpent, mammifère*)
sich häuten; (*adolescent*) im
Stimmbruch sein; (*voix*) brechen;
se muer *vpr* : **se ~ en** sich
verwandeln in +*acc*

muet, te [mɥe, mɥɛt] *adj* stumm
▶ *nm/f* Stumme(r) *f(m)* ▶ *nm* : **le ~**
(*Ciné*) der Stummfilm *m*

mufle [myfl] *nm* (*d'animal*) Maul
nt; (*fam · péj*) Flegel *m*

mugir [myʒiʀ] *vi* brüllen; (*vent,
sirène*) heulen

muguet [mygɛ] *nm*
Maiglöckchen *nt*

mule [myl] *nf* (*Zool*) Maulesel *m*;
mules *nfpl* (*pantoufles*)
Pantoffeln *pl*

mulet [mylɛ] *nm* Maulesel *m*;
(*poisson*) Meerbarbe *f*

multicolore [myltikɔlɔʀ] *adj* bunt
• **multiculturel, le** *adj*
multikulturell • **multifenêtre** *adj*
mit mehreren Bildschirmfenstern
• **multifonctionnel, le** *adj*
multifunktional • **multimédia**
adj Multimedia- • **multinational,
e, aux** *adj* multinational

multiple [myltipl] *adj* vielfältig;
(*nombre*) vielfach, mehrfach ▶ *nm*
Vielfaches *nt*

multiplex [myltiplɛks] *nm*
Konferenzschaltung *f*

multiplexe [myltipleks] *nm*
(*cinéma*) Multiplexkino *nt*

multiplication [myltiplikasjɔ̃]
nf (*augmentation*) Zunahme *f*,
Vermehrung *f*; (*Math*)
Multiplikation *f*

multiplier [myltiplije] *vt*
vermehren; (*exemplaires*)
vervielfältigen; (*Math*)
multiplizieren; **se multiplier** *vpr*
(*ouvrages, partis, accidents*)
zunehmen; (*être vivant*) sich
vermehren

multiprogrammation
[myltipʀɔgʀamasjɔ̃] *nf*
Mehrprogrammbetrieb *m*,
Multitasking *nt* • **multipropriété**
nf Timesharing *nt* • **multitâche**
adj (*aussi Inform*) Multitasking-;
travail ~ Multitasking *nt*;
• **multitraitement** *nm* (*Inform*)
Mehrprozessorbetrieb *m*

multitude [myltityd] *nf* Menge *f*

Munich [mynik] München *nt*

municipal, e, aux [mynisipal, o]
adj Stadt-, Gemeinde-
• **municipalité** *nf* (*corps municipal*)
Stadtverwaltung *f*; (*commune*)
Gemeinde *f*

m

munir [myniʀ] vt : **~ de**
ausstatten ou versehen mit

munitions [mynisjɔ̃] nfpl
Munition f

muqueuse [mykøz] nf
Schleimhaut f

mur [myʀ] nm Mauer f; (à l'intérieur)
Wand f; **~ du son** Schallmauer f

mûr, e [myʀ] adj reif

muraille [myʀɑj] nf Mauer f;
(fortification) Festungsmauer f

mural, e, -aux [myʀal, o] adj
Wand-, Mauer-

murer [myʀe] vt (enclos)
ummauern; (porte, issue)
zumauern; (personne) einmauern

muret [myʀɛ] nm Mäuerchen nt

mûrir [myʀiʀ] vi reifen ▸ vt reifen
lassen

murmure [myʀmyʀ] nm (de
ruisseau, vagues) Plätschern nt
• **murmurer** vi (chuchoter)
murmeln; (protester, se plaindre)
murren; (ruisseau, vagues)
plätschern

musc [mysk] nm Moschus m

muscade [myskad] nf : **(noix
de) ~** Muskatnuss f

muscat [myska] nm (raisin)
Muskatellertraube f; (vin)
Muskateller m

muscle [myskl] nm Muskel m

musculaire [myskylɛʀ] adj
Muskel-

musculation [myskylasjɔ̃] nf :
(travail ou exercices de) ~
Muskeltraining nt

musculature [myskylatyʀ] nf
Muskulatur f

museau, x [myzo] nm Schnauze f

musée [myze] nm Museum nt

museler [myz(ə)le] vt einen
Maulkorb anlegen +dat

musette [myzɛt] nf, adj inv : **bal ~**
Tanzvergnügen nt mit
Akkordeonmusik

musical, e, aux [myzikal, o] adj
musikalisch, Musik-; (phrase, voix)
klangvoll

music-hall [myzikol] (pl
music-halls) nm Varieté nt

musicien, ne [myzisjɛ̃, jɛn] adj
musikalisch ▸ nm/f Musiker(in) m(f)

musique [myzik] nf Musik f;
(d'un vers, d'une phrase) Melodie f;
~ de chambre Kammermusik f

must [mœst] nm Muss nt

musulman, e [myzylmɑ̃, an] adj
moslemisch ▸ nm/f Moslem m

mutation [mytasjɔ̃] nf (Biol)
Mutation f; (d'un fonctionnaire)
Versetzung f; **~ génétique**
Genmutation f • **muter** vt (Admin)
versetzen

mutilé, e [mytile] nm/f
Krüppel m

mutiler [mytile] vt verstümmeln

mutiner [mytine] : **se ~** vpr
meutern

mutinerie [mytinʀi] nf
Meuterei f

mutisme [mytism] nm
Stummheit f

mutuel, le [mytɥɛl] adj
gegenseitig ▸ nf
Versicherungsverein m auf
Gegenseitigkeit

Myanmar [mianmaʀ] nm : **le ~**
Myanmar nt

myope [mjɔp] adj kurzsichtig
• **myopie** nf Kurzsichtigkeit f

myosotis [mjɔzɔtis] nm
Vergissmeinnicht nt

myrtille [miʀtij] *nf* Heidelbeere *f*

mystère [mistɛʀ] *nm* Geheimnis *nt*; *(énigme)* Rätsel *nt*
• **mystérieux, -euse** *adj* geheimnisvoll; *(inexplicable)* rätselhaft; *(secret)* geheim
• **mystifier** *vt* täuschen

mystique [mistik] *adj* mystisch ▶ *nmf* Mystiker(in) *m(f)*

mythe [mit] *nm* Mythos *m*, Sage *f*
• **mythique** *adj* mythisch

mythologie [mitɔlɔʒi] *nf* Mythologie *f* • **mythologique** *adj* mythologisch

mythomane [mitɔman] *adj* lügensüchtig ▶ *nmf* Fantast(in) *m(f)*

n' [n] *adv voir* **ne**

nacelle [nasɛl] *nf (de ballon)* Korb *m*

nacre [nakʀ] *nf* Perlmutt *nt*

nage [naʒ] *nf* Schwimmen *nt*; *(style)* (Schwimm)stil *m*; **traverser/s'éloigner à la ~** durchschwimmen/ wegschwimmen; **en ~** schweißgebadet; **~ libre** Freistil *m*; **~ papillon** Schmetterlingsstil *m* • **nageoire** *nf* Flosse *f* • **nager** *vi* schwimmen; *(fig)* in der Luft hängen, ins Schwimmen kommen; **il nage dans ses vêtements** die Kleider sind ihm viel zu groß; **~ dans le bonheur** im Glück schwimmen ▶ *vt* : **~ le crawl** (im) Kraulstil schwimmen • **nageur, -euse** *nm/f* Schwimmer(in) *m(f)*

naguère [nagɛʀ] *adv* unlängst

naïf, -ïve [naif, naiv] *adj* naiv

nain, e [nɛ̃, nɛn] *nm/f* Zwerg(in) *m(f)*

naissance [nɛsɑ̃s] *nf* Geburt *f*; *(fig)* Entstehung *f*; **donner ~ à** gebären; *(fig)* entstehen lassen

naître [nɛtʀ] *vi* geboren werden; **~ (de)** *(fig)* entstehen (aus); **il est né en 1960** er ist 1960 geboren; **faire ~** *(fig)* erwecken

naïveté [naivte] *nf* Naivität *f*

Namibie [namibi] *nf*: **la ~** Namibia *nt*

nana [nana] *nf (fam)* Biene *f*

nanotechnologie [nanoteknɔlɔʒi] *nf* Nanotechnologie *f*

nappe [nap] *nf* Tischdecke *f*; **~ d'eau** glatte Wasserfläche *f*

napperon [napʀɔ̃] *nm* Untersetzer *m*

narcodollars [naʀkodɔlaʀ] *nmpl* Drogendollars *pl* • **narcotique** *nm* Betäubungsmittel *nt* • **narcotrafic** *nm* Drogenhandel *m*

narguer [naʀge] *vt* spöttisch ansehen

narine [naʀin] *nf* Nasenloch *nt*

narquois, e [naʀkwa, waz] *adj* spöttisch

narrateur, -trice [naʀatœʀ, tʀis] *nm/f* Erzähler(in) *m(f)*

narration [naʀasjɔ̃] *nf* Erzählung *f*

nasal, e, -aux [nazal, o] *adj* *(Anat)* Nasen-; *(Ling)* nasal

natal, e [natal] *adj* Geburts-

natation [natasjɔ̃] *nf* Schwimmen *nt*; **faire de la ~** Schwimmsport betreiben

natif, -ive [natif, iv] *adj* : **~ (de)** gebürtig aus

nation [nasjɔ̃] *nf* Nation *f*; **les N~s unies** die Vereinten Nationen *pl* • **national, e, -aux** *adj* national • **nationalisation** *nf* Verstaatlichung *f* • **nationaliser** *vt* verstaatlichen • **nationalisme** *nm* Nationalismus *m* • **nationaliste** *nmf* Nationalist(in) *m(f)* • **nationalité** *nf* Staatsbürgerschaft *f*; **il est de ~ française** er ist französischer Staatsbürger

naturaliser [natyʀalize] *nf (de personne)* Einbürgerung *f*

naturaliser [natyʀalize] *vt* einbürgern, naturalisieren

naturaliste [natyʀalist] *nmf* Naturforscher(in) *m(f)*

nature [natyʀ] *nf* Natur *f* ▸ *adj inv (sans affectation)*: **omelette/ pommes ~** *(Culin)* Omelette *f*/ Kartoffeln *pl* Natur

naturel, le [natyʀɛl] *adj* natürlich ▸ *nm (caractère)* Wesen *nt*; *(spontanéité)* Natürlichkeit *f* • **naturellement** *adv* natürlich

naturiste [natyʀist] *nmf* FKK-Anhänger(in) *m(f)*

naufrage [nofʀaʒ] *nm* Schiffbruch *m* • **naufragé, e** *adj* schiffbrüchig

nauséabond, e [nozeabɔ̃, ɔ̃d] *adj* widerlich

nausée [noze] *nf*: **j'ai la ~** mir ist übel

nautique [notik] *adj* nautisch

nautisme [notism] *nm* Wassersport *m*

navet [navɛ] *nm* (Steck)rübe *f*

navette [navɛt] *nf (pour tisser)* (Weber)schiffchen *nt*; *(transport)* Pendelverkehr *m*; **faire la ~ (entre)** pendeln (zwischen); **~ aéroportuaire** Flughafenzubringerdienst *m*

navigable [navigabl] *adj* schiffbar • **navigateur** *nm* (*inform*) Browser *m* • **navigation** *nf* Schiffahrt *f* • **naviguer** *vi* fahren • **navire** *nm* Schiff *nt*

navrer [navʀe] *vt* betrüben; **je suis navré (que)** es tut mir leid(, dass)

NB [ɛnbe] *abr* (= *nota bene*) NB

ne [n(ə)] *adv* : **je ne dors pas/plus** ich schlafe nicht/nicht mehr

né, e [ne] *adj* geboren; **née Dupont** geborene Dupont

néanmoins [neãmwɛ̃] *adv* trotzdem

néant [neã] *nm* Nichts *nt*

nébuleux, -euse [nebylø, øz] *adj* (*fig*) nebulös

nécessaire [neseseʀ] *adj* notwendig, nötig ▶ *nm* : **faire le ~** alles Nötige tun; **~ de couture** Nähzeug *nt*; **~ de toilette** (*sac*) Kulturbeutel *m* • **nécessité** *nf* Notwendigkeit *f*; **par ~** notgedrungen • **nécessiter** *vt* erfordern

nectarine [nɛktaʀin] *nf* Nektarine *f*

néerlandais, e [neeʀlãde, ɛz] *adj* niederländisch ▶ *nm/f* : **N~, e** Niederländer(in) *m(f)*

nef [nɛf] *nf* Schiff *nt*

néfaste [nefast] *adj* (*influence*) schlecht; (*jour*) unglückselig

négatif, -ive [negatif, iv] *adj* negativ ▶ *nm* (*Photo*) Negativ *nt*

négation [negasjɔ̃] *nf* Negieren *nt*; (*Ling*) Verneinung *f*

négligé, e [neglíʒe] *adj* (*en désordre*) schlampig

négligeable [negliʒabl] *adj* minimal, bedeutungslos

négligence [negliʒãs] *nf* Nachlässigkeit *f*; (*faute, erreur*) Versehen *nt*

négligent, e [negliʒã, ãt] *adj* nachlässig • **négliger** *vt* vernachlässigen; (*avis, précautions*) nicht beachten

négociant, e [negɔsjã, jãt] *nm/f* Händler(in) *m(f)* • **négociation** *nf* Verhandlung *f* • **négocier** *vt* aushandeln ▶ *vi* (*Pol*) verhandeln

neige [nɛʒ] *nf* Schnee *m*; **~ carbonique** Trockenschnee *m* • **neiger** *vb impers* : **il neige** es schneit

nem [nɛm] *nm* kleine Frühlingsrolle *f*

nénuphar [nenyfaʀ] *nm* Seerose *f*

néon [neɔ̃] *nm* Neon *nt*

néonazi [neɔnazi] *adj* neonazistisch ▶ *nm/f* Neonazi *m*

néo-zélandais, e [neozelãde, ɛz] (*pl* **néo-zélandais, es**) *adj* neuseeländisch

Népal [nepal] *nm* : **le ~** Nepal *nt*

nerf [nɛʀ] *nm* Nerv *m*

nerveux, -euse [nɛʀvø, øz] *adj* nervös; (*Méd, Anat*) Nerven-

nervosité [nɛʀvozite] *nf* Nervosität *f*

n'est-ce pas [nɛspa] *adv* nicht wahr

Net [nɛt] *nm* (*Internet*) : **le ~** das (Inter)net *nt*

net, nette [nɛt] *adj* deutlich; (*propre*) sauber; (*Comm*) Netto- ▶ *adv* (*refuser*) glatt; **s'arrêter ~** plötzlich stehen bleiben

nettement [nɛtmã] *adv* klar; (*distinctement*) deutlich; **~ mieux/meilleur** deutlich besser

netteté [nɛtte] *nf* Klarheit *f*

nettoyage [netwajaʒ] nm
Reinigung f, Säuberung f; **~ à sec**
chemische Reinigung f
• **nettoyer** vt reinigen, säubern

neuf¹ [nœf] num neun

neuf², neuve [nœf, nœv] adj
neu; (pensée, idée) neu(artig)
▶ nm : **quoi de ~ ?** was gibts
Neues?

neurologue [nørɔlɔg] nmf
Neurologe m, Neurologin f

neutraliser [nøtralize] vt
(adversaire etc) lähmen; (Chim)
neutralisieren

neutralité [nøtralite] nf
Neutralität f

neutre [nøtʀ] adj neutral; (Ling)
sächlich ▶ nm Neutrum nt

neuvième [nœvjɛm] num
neunte(r, s)

neveu, x [n(ə)vø] nm Neffe m

névralgie [nevralʒi] nf
Neuralgie f

névrotique [nevrɔtik] adj
neurotisch

nez [ne] nm Nase f

NF sigle f (= norme française) ≈ DIN

ni [ni] conj : **ni ... ni ...** weder ...
noch ...; **ni l'un ni l'autre
ne sont ...** weder der eine noch
der andere sind ...

niais, e [njɛ, njɛz] adj dümmlich

Nicaragua [nikaragwa] nm :
le ~ Nicaragua nt

niche [niʃ] nf (de chien)
(Hunde)hütte f; (dans mur)
Nische f

nicher [niʃe] vi brüten; **se ~ dans**
(s)ein Nest bauen in +dat; (se
blottir) sich kuscheln in +acc; (se
cacher) sich verstecken in +dat

nickel [nikɛl] nm Nickel nt

niçois, e [niswa, waz] adj aus
Nizza

nicotine [nikɔtin] nf Nikotin nt

nid [ni] nm Nest nt • **nid-de-
poule** (pl **nids-de-poule**) nm
Schlagloch nt

nièce [njɛs] nf Nichte f

nier [nje] vt leugnen

Niger [niʒɛʀ] nm : **le ~** Niger nt;
(fleuve) der Niger

night-club [najtklœb] (pl
night-clubs) nm Nachtklub m

n'importe [nɛ̃pɔʀt] adv : **~ qui**
jeder; **il dit ~ quoi** er redet
irgendwelchen Unsinn; **à ~ quel
prix** zu jedem Preis; **~ comment**
schlampig

nippon, e [nipɔ̃, ɔn] adj japanisch

nitrate [nitʀat] nm Nitrat nt

niveau, x [nivo] nm Höhe f; (fig)
Niveau nt; **au ~ de** auf gleicher
Höhe mit; **le ~ de la mer** der
Meeresspiegel; **~ de vie**
Lebensstandard m

niveler [niv(ə)le] vt einebnen;
(fig) angleichen

n° abr (= numéro) Nr.

noble [nɔbl] adj edel; (généreux)
nobel ▶ nmf Adlige(r) f(m)
• **noblesse** nf Adel m; (d'une action
etc) Großmütigkeit f

noce [nɔs] nf Hochzeit f; **~s
d'argent** Silberhochzeit f; **~s
d'or** goldene Hochzeit f

nocif, -ive [nɔsif, iv] adj
schädlich

nocturne [nɔktyʀn] adj
nächtlich

Noël [nɔɛl] nm Weihnachten nt

nœud [nø] nm Knoten m

noir, e [nwaʀ] *adj* schwarz;
(*sombre*) dunkel; (*ivre*) besoffen
▸ *nm/f* (*personne*) Schwarze(r) *f(m)*
▸ *nm* (*couleur*) Schwarz *nt* • **noircir**
vt schwärzen

noisetier [nwaz(ə)tje] *nm*
Haselnussstrauch *m*

noisette [nwazɛt] *nf* Haselnuss *f*
▸ *adj inv* (*yeux*) nussbraun

noix [nwa] *nf* Walnuss *f*; **~ de
cajou** Cashewnuss *f*; **~ de coco**
Kokosnuss *f*; **~ de veau**
Kalbsnüsschen *nt*; **~ muscade**
Muskatnuss *f*

nom [nɔ̃] *nm* Name *m*; **au ~ de qn**
in jds Namen; **~ d'une pipe** *ou*
d'un chien ! (*fam*) verdammt
noch mal!; **~ de famille**
Familienname *m*; **~ de jeune fille**
Mädchenname *m*;
~ d'utilisateur Benutzername *m*

nomade [nɔmad] *adj* nomadisch
▸ *nmf* Nomade *m*, Nomadin *f*

nombre [nɔ̃bʀ] *nm* Zahl *f*; **au ~
de mes amis** unter meinen
Freunden • **nombreux, -euse** *adj*
(*avec pluriel*) viele; (*avec singulier*)
groß; **être ~** zahlreich sein

nombril [nɔ̃bʀi(l)] *nm* Nabel *m*

nominal, e, -aux [nɔminal, o]
adj (*autorité, valeur*) nominell;
(*appel, liste*) namentlich; (*Ling*)
Nominal-

nominatif [nɔminatif] *nm*
Nominativ *m*

nomination [nɔminasjɔ̃] *nf*
Ernennung *f*

nommer [nɔme] *vt* nennen

non [nɔ̃] *adv* nicht; (*réponse*) nein

non- [nɔ̃] *préf* nicht-

nonante [nɔnɑ̃t] *num* (*Belgique,
Suisse*) neunzig

non-assistance [nɔnasistɑ̃s]
nf: **~ à personne en danger**
unterlassene Hilfeleistung *f*

nonchalant, e [nɔ̃ʃalɑ̃, ɑ̃t] *adj*
lässig

non-fumeur, -euse [nɔ̃fymœʀ,
øz] (*pl* **non-fumeurs, -euses**)
nm/f Nichtraucher(in) *m(f)*
• **non-lieu** *nm*: **il y a eu ~** das
(Straf)verfahren wurde
eingestellt

nonne [nɔn] *nf* Nonne *f*

nonobstant [nɔnɔpstɑ̃] *prép*
trotz *+gén ou dat* ▸ *adv* trotzdem

non-sens [nɔ̃sɑ̃s] *nm* Unsinn *m*

non-stop [nɔnstɔp] *adj inv*
nonstop

non-violence [nɔ̃vjɔlɑ̃s] *nf*
Gewaltlosigkeit *f*

non-violent, e [nɔ̃vjɔlɑ̃, ɑ̃t] *adj*
gewaltfrei

nord [nɔʀ] *nm* Norden *m* ▸ *adj inv*
nördlich, Nord-; **au ~ de** nördlich
von • **nord-africain, e** (*pl*
nord-africains, es) *adj*
nordafrikanisch ▸ *nm/f*:
Nord-Africain, e
Nordafrikaner(in) *m(f)* • **nord-est**
nm inv Nordosten *m*

nordique [nɔʀdik] *adj* nordisch

nord-ouest [nɔʀwɛst] *nm inv*
Nordwesten *m*

normal, e, -aux [nɔʀmal, o] *adj*
normal • **normalement** *adv*
normalerweise

normand, e [nɔʀmɑ̃, ɑ̃d] *adj* aus
der Normandie ▸ *nm/f*: **N~, e**
Mann *m*/Frau *f* aus der Normandie;
une réponse de N~ eine unklare
Antwort • **Normandie** *nf*: **la ~**
die Normandie

norme [nɔʀm] *nf* Norm *f*

n

Norvège [nɔʀvɛʒ] nf : **la ~** Norwegen nt • **norvégien, ne** adj norwegisch

nos [no] adj possessif voir **notre**

nostalgie [nɔstalʒi] nf Nostalgie f • **nostalgique** adj nostalgisch

notable [nɔtabl] adj bedeutend ▸ nmf Prominente(r) f(m)

notaire [nɔtɛʀ] nm Notar(in) m(f)

notamment [nɔtamɑ̃] adv besonders

notation [nɔtasjɔ̃] nf (Scol) Zensierung f ; (note, trait) Note f

note [nɔt] nf Note f ; (facture) Rechnung f ; (billet) Zettel m ; (annotation) Anmerkung f ; **prendre ~ de qch** sich dat etw merken

noté, e [nɔte] adj : **être bien/mal ~** gut/schlecht bewertet werden

noter [nɔte] vt notieren ; (remarquer) bemerken

notice [nɔtis] nf Notiz f ; **~ explicative** Erläuterung f

notifier [nɔtifje] vt : **~ qch à qn** jdn von etw benachrichtigen

notion [nɔsjɔ̃] nf Vorstellung f ; **avoir des ~s de qch** Grundkenntnisse haben in

notoire [nɔtwaʀ] adj bekannt ; (en mal) notorisch • **notoriété** nf allgemeine Bekanntheit f ; **c'est de ~ publique** das ist ja allgemein bekannt

notre [nɔtʀ] (pl **nos**) adj possessif (selon le genre de l'objet en allemand) unser/unsere/unser ; (pl) unsere

nôtre [nɔtʀ] pron : **le/la ~** der/die/das Unsere ; **les ~s** unsere ; (famille, groupe) die Unsrigen pl ; **serez-vous des ~s ?** schließen Sie sich uns an?

nouba [nuba] nf : **faire la ~** einen draufmachen

nouer [nwe] vt binden

nougat [nuga] nm Süßigkeit aus Honig und Mandeln

nougatine [nugatin] nf ≈ Krokant m

nouille [nuj] nf Nudel f ; (fam) Blödmann m

nounours [nunuʀs] nm (fam) Teddybär m

nourrice [nuʀis] nf (sens moderne) Tagesmutter f

nourrir [nuʀiʀ] vt (alimenter) füttern ; (donner les moyens de subsister) ernähren ; **nourri logé** mit Übernachtung und Verpflegung • **nourrissant, e** adj nahrhaft • **nourrisson** nm Säugling m • **nourriture** nf Nahrung f

nous [nu] pron wir ; (objet, après préposition) uns

nouveau, nouvelle [nuvo, nuvɛl] (devant nom masculin commençant par une voyelle et un h muet **nouvel**, mpl **nouveaux**) adj neu ▸ nm/f Neue(r) f(m) ▸ nm : **il y a du ~** es gibt was Neues ; **de ~, à ~** nochmals • **nouveau-né, e** (pl **nouveau-nés, es**) adj neugeboren ▸ nm Neugeborene(s) nt • **nouveauté** nf Neuheit f

nouvelle [nuvɛl] adj f voir **nouveau** ▸ nf Nachricht f ; (Litt) Novelle f

Nouvelle-Calédonie [nuvɛlkaledɔni] nf : **la ~** Neukaledonien nt • **Nouvelle-Zélande** nf : **la ~** Neuseeland nt

novembre [nɔvɑ̃bʀ] nm November m ; voir aussi **juillet**

noyau, x [nwajo] *nm* Kern *m*
• **noyauter** *vt* (*Pol*) unterwandern

noyer [nwaje] *nm* (*Bot*)
Walnussbaum *m* ▶ *vt* ertränken;
se noyer *vpr* ertrinken; **~ son
moteur** den Motor absaufen
lassen

N/Réf. *abr* (= *notre référence*) unser
Zeichen

NTIC [enteise] *sigle fpl* (= *nouvelles
technologies de l'information et de la
communication*) neue
Informations- und
Kommunikationstechnologien *fpl*

nu, e [ny] *adj* nackt; (*chambre*) leer
▶ *nm* (*Art*) Akt *m*; **(les) pieds nus**
barfuß

nuage [nɥaʒ] *nm* Wolke *f*
• **nuageux, -euse** *adj* wolkig,
bewölkt

nuance [nɥɑ̃s] *nf* Nuance *f*
• **nuancer** *vt* nuancieren

nubuck [nybyk] *nm* Nubukleder *nt*

nucléaire [nykleɛʀ] *adj* Kern-

nudisme [nydism] *nm*
Freikörperkultur *f* • **nudiste** *nmf*
Nudist(in) *m(f)*

nudité [nydite] *nf* Nacktheit *f*

nuée [nɥe] *nf*: **une ~ de** eine
Wolke von, ein Schwarm von

nuire [nɥiʀ] *vi* schädlich sein;
~ à schaden +*dat* • **nuisible** *adj*
schädlich

nuit [nɥi] *nf* Nacht *f*; (*à l'hôtel*)
Übernachtung *f*; **il fait ~** es ist
Nacht; **cette ~** heute Nacht; **de ~**
(*vol, service*) Nacht-; **~ blanche**
schlaflose Nacht *f*

nul, nulle [nyl] *adj* (*aucun*) kein;
(*non valable*) ungültig; (*péj*) unnütz
▶ *pron* niemand • **nullement** *adv*
keineswegs

numérique [nymeʀik] *adj*
numerisch; (*technologie*) Digital-

numériser [nymeʀize] *vt*
digitalisieren

numéro [nymeʀo] *nm* Nummer *f*;
~ vert ≈ gebührenfreier Anruf *m*
• **numéroter** *vt* nummerieren

nuque [nyk] *nf* Nacken *m*

nutritif, -ive [nytʀitif, iv] *adj*
(*fonction, valeur*) Nähr-; (*élément,
aliment*) nahrhaft • **nutrition** *nf*
Ernährung *f* • **nutritionniste** *nmf*
Ernährungswissenschaftler(in)
m(f)

nylon [nilɔ̃] *nm* Nylon *nt*

nymphomane [nɛ̃fɔman] *nf*
Nymphomanin *f*

n

O

oasis [ɔazis] *nf ou nm* Oase *f*

obéir [ɔbeiʀ] *vi* gehorchen; **~ à** gehorchen +*dat*; (*ordre, loi, impulsion*) folgen +*dat*
• **obéissant, e** *adj* gehorsam

obèse [ɔbɛz] *adj* fettleibig

objecter [ɔbʒɛkte] *vt* : **~ qch à qch** etw gegen etw einwenden
• **objecteur** *nm* : **~ de conscience** Wehrdienstverweigerer *m*

objectif, -ive [ɔbʒɛktif, iv] *adj* objektiv ▸ *nm* (*Optique, Photo*) Objektiv *nt*; **~ grand angle** Weitwinkelobjektiv *nt*

objection [ɔbʒɛksjɔ̃] *nf* Einwand *m*

objectivement [ɔbʒɛktivmɑ̃] *adv* objektiv

objectivité [ɔbʒɛktivite] *nf* Objektivität *f*

objet [ɔbʒɛ] *nm* Gegenstand *m*; (*sujet, but*) Objekt *nt*; **(bureau des) ~s trouvés** Fundbüro *nt*; **~ de toilette** Toilettenartikel *m*

obligation [ɔbligasjɔ̃] *nf* Pflicht *f*
• **obligatoire** *adj* obligatorisch

obligé, e [ɔbliʒe] *adj* : **~ de faire qch** verpflichtet, etw zu tun; **être**
très **~ à qn** (*redevable*) jdm sehr verbunden *ou* verpflichtet sein

obliger [ɔbliʒe] *vt* : **~ qn à qch** (*contraindre*) jdn zu etw zwingen; **~ qn à faire qch** jdn zwingen, etw zu tun; (*Jur : engager*) jdn verpflichten, etw zu tun

oblique [ɔblik] *adj* schief, schräg; **en ~** diagonal

oblitération [ɔbliterasjɔ̃] *nf* (*de timbre*) Entwerten *nt*

obscène [ɔpsɛn] *adj* obszön

obscur, e [ɔpskyʀ] *adj* (*sombre*) finster, dunkel; (*inconnu*) obskur
• **obscurcir** *vt* (*assombrir*) verdunkeln; (*fig*) unklar machen; **s'obscurcir** *vpr* : **le ciel s'obscurcit** es wird dunkel
• **obscurité** *nf* Dunkelheit *f*; **dans l'~** im Dunkeln

obsédé, e [ɔpsede] *nm/f* ; **~ sexuel** Sexbesessener *m*

obséder [ɔpsede] *vt* verfolgen; **être obsédé par** besessen sein von

obsèques [ɔpsɛk] *nfpl* Begräbnis *nt*

observateur, -trice [ɔpsɛʀvatœʀ, tʀis] *adj* aufmerksam ▸ *nm/f* Beobachter(in) *m(f)*

observation [ɔpsɛʀvasjɔ̃] *nf* Beobachtung *f*; (*commentaire, critique*) Bemerkung *f*

observatoire [ɔpsɛʀvatwaʀ] *nm* Observatorium *nt*; (*lieu élevé*) Beobachtungsstand *m*
• **observer** *vt* beobachten; (*remarquer*) bemerken; (*respecter*) befolgen

obsession [ɔpsesjɔ̃] *nf* Besessenheit *f*

obstacle [ɔpstakl] *nm* Hindernis *nt*

obstétrique [ɔpstetʀik] *nf* Geburtshilfe *f*

obstination [ɔpstinasjɔ̃] *nf* Eigensinn *m* • **obstiné, e** *adj* eigensinnig • **obstiner : s'~** *vpr* nicht nachgeben, stur bleiben; **s'~ à faire qch** hartnäckig darauf bestehen, etw zu tun

obstruction [ɔpstʀyksjɔ̃] *nf* (*Sport*) Sperren *nt*; (*Méd*) Verschluss *m*; (*Pol*) Obstruktion *f*; **faire de l'~** (*fig*) sich querstellen

obstruer [ɔpstʀye] *vt* verstopfen

obtenir [ɔptəniʀ] *vt* bekommen, erhalten; (*total, résultat*) erreichen

obturateur [ɔptyʀatœʀ] *nm* (*Photo*) Verschluss *m*

obturation [ɔptyʀasjɔ̃] *nf* Verstopfen *nt*; **~ (dentaire)** Füllung *f*

obtus, e [ɔpty, yz] *adj* (*angle*) stumpf; (*fig*) abgestumpft

obus [ɔby] *nm* Granate *f*

occasion [ɔkazjɔ̃] *nf* Gelegenheit *f*; (*acquisition avantageuse*) Gelegenheitskauf *m*; **à plusieurs ~s** mehrfach; **à l'~** gelegentlich; **à l'~ de** anlässlich *+gén*; **être l'~ de qch** der Anlass für etw sein; **d'~** gebraucht • **occasionnel, le** *adj* (*fortuit*) zufällig; (*non régulier*) gelegentlich • **occasionner** *vt* verursachen

occident [ɔksidã] *nm* : **l'~** der Westen • **occidental, e, -aux** *adj* westlich

occulte [ɔkylt] *adj* okkult • **occulter** *vt* (*fig*) überschatten, verdunkeln

occupant, e [ɔkypã, ãt] *nm/f* (*d'un appartement*) Bewohner(in)

m(f) • **occupation** *nf* (*de pcys, usine*) Besetzung *f*; (*passe-temps, emploi*) Beschäftigung *f*

occupé, e [ɔkype] *adj* besetzt; (*personne*) beschäftigt • **occuper** *vt* (*pays, territoire, usine*) besetzen; (*place, endroit*) einnehmen; (*appartement, maison*) bewohnen; (*surface, période*) ausfüllen; (*neure, loisirs*) in Anspruch nehmen; (*poste, fonction*) innehaben; (*personne, main d'œuvre*) beschäftigen; **s'occuper** *vpr* : **s'~ de** sich kümmern um; (*s'intéresser à, pratiquer*) sich beschäftiger mit

océan [ɔseã] *nm* Ozean *m*

océanographe [ɔseanɔgʀaf] *nmf* Meeresforscher(in) *m(f)*

ocre [ɔkʀ] *adj inv* ocker(farben)

octante [ɔktãt] *num* (*Suisse*) achtzig

octet [ɔktɛ] *nm* Byte *nt*

octobre [ɔktɔbʀ] *nm* Oktober *m*; *voir aussi* **juillet**

oculaire [ɔkylɛʀ] *adj* Augen-

oculiste [ɔkylist] *nmf* Augenarzt *m*, Augenärztin *f*

odeur [ɔdœʀ] *nf* Geruch *m*; **mauvaise ~** Gestank *m*

odieux, -euse [ɔdjø, jøz] *adj* widerlich

odorant, e [ɔdɔʀã, ãt] *adj* duftend

odorat [ɔdɔʀa] *nm* Geruchssinn *m*; **avoir l'~ fin** eine feine Nase haben

œcuménique [ekymenik] *adj* ökumenisch

œil [œj] (*pl* **yeux**) *nm* Auge *nt*; **à l'~** (*fam : gratuitement*) umsonst • **œillères** *nfpl* Scheuklappen *pl*

œillet [œjɛ] *nm* Nelke *f*

œuf [œf, pl ø] nm Ei nt; **~ à la coque** weiches ou weich gekochtes Ei nt; **~ dur** hartes ou hart gekochtes Ei nt; **~ de Pâques** Osterei nt; **~ au plat** Spiegelei nt; **~ poché** pochiertes Ei nt; **~s brouillés** Rührei nt

œuvre [œvʀ] nf Werk nt; (organisation charitable) Stiftung f ▸ nm (d'un artiste) Werk nt; **~ d'art** Kunstwerk nt

offense [ɔfɑ̃s] nf (affront) Beleidigung f • **offenser** vt (personne) beleidigen; (bon sens, bon goût, principes) verletzen; **s'offenser** vpr: **s'~ de qch** an etw dat Anstoß nehmen

offensif, -ive [ɔfɑ̃sif, iv] adj Offensiv-

office [ɔfis] nm (charge) Amt nt; (bureau, agence) Büro nt; (messe) Gottesdienst m; **avocat désigné d'~** Pflichtverteidiger m; **~ du tourisme** Fremdenverkehrsamt nt

officiel, le [ɔfisjɛl] adj offiziell ▸ nm/f (Sport) Funktionär(in) m(f)

officier [ɔfisje] nm Offizier m

officieux, -euse [ɔfisjø, jøz] adj halbamtlich, halb amtlich

officinal, e, -aux [ɔfisinal, o] adj: **plantes ~es** Heilpflanzen pl

offre [ɔfʀ] nf Angebot nt; **~ d'emploi** Stellenangebot nt; **~ publique d'achat** Übernahmeangebot nt

offrir [ɔfʀiʀ] vt schenken; (choix, avantage, etc) bieten; (aspect, spectacle) darbieten; **s'offrir** vpr (se payer) sich dat leisten ou genehmigen; **~ (à qn) de faire qch** (jdm) anbieten, etw zu tun; **~ à boire à qn** jdm etwas zu trinken anbieten

ogive [ɔʒiv] nf (Archit) Spitzbogen m; (Mil) Sprengkopf m

OGM [oʒeɛm] sigle m (= organisme génétiquement modifié) genmanipulierter Organismus

ogre [ɔgʀ] nm Menschenfresser m

oie [wa] nf Gans f

oignon [ɔɲɔ̃] nm Zwiebel f

oiseau, x [wazo] nm Vogel m

oisif, -ive [wazif, iv] adj müßig

oléoduc [ɔleɔdyk] nm (Öl)pipeline f

olive [ɔliv] nf Olive f ▸ adj inv olivgrün • **olivier** nm Olivenbaum m; (bois) Olivenholz nt

olympique [ɔlɛ̃pik] adj olympisch

Oman [ɔman] nm: **le sultanat d'~** das Sultanat Oman

ombilical, e, -aux [ɔ̃bilikal, o] adj Nabel-

ombrage [ɔ̃bʀaʒ] nm (ombre) Schatten m; **ombrages** nmpl (feuillage) (schattiges) Blätterwerk nt • **ombragé, e** adj schattig • **ombrageux, -euse** adj (cheval, âne) unruhig; (personne) empfindlich

ombre [ɔ̃bʀ] nf Schatten m; **à l'~** im Schatten; **à paupières** Lidschatten m

ombrelle [ɔ̃bʀɛl] nf Sonnenschirmchen nt

omelette [ɔmlɛt] nf Omelett nt; **~ au fromage** Käseomelett nt; **~ aux herbes** Kräuteromelett nt; **~ au jambon** Omelett nt mit Schinken

omettre [ɔmɛtʀ] vt unterlassen; (oublier) vergessen; (de liste) auslassen • **omission** nf Unterlassung f, Vergessen nt, Auslassen nt

omnibus [ɔmnibys] *nm* : **(train) ~**
Personenzug *m*

omnipotent, e [ɔmnipɔtɑ̃, ɑ̃t]
adj allmächtig

omniscient, e [ɔmnisjɑ̃, jɑ̃t] *adj*
allwissend

omoplate [ɔmɔplat] *nf*
Schulterblatt *nt*

---

on [ɔ̃]

pron **1** (*indéterminé, les gens*)
man; **on peut le faire ainsi**
man kann es so machen;
autrefois, on croyait que
früher glaubte man, dass
2 (*quelqu'un*) : **on les a attaqués**
man hat sie angegriffen; **sie
wurden angegriffen; on vous
demande au téléphone** Sie
werden am Telefon verlangt
3 (*fam* : *nous*) wir; **on va y aller
demain** wir gehen morgen hin
4 : **on ne peut plus stupide/
ridicule** dümmer/lächerlicher
gehts nicht

---

oncle [ɔ̃kl] *nm* Onkel *m*

onctueux, -euse [ɔ̃ktɥø, øz] *adj*
cremig

onde [ɔ̃d] *nf* Welle *f*; **sur les ~s** (*la
radio*) im Radio; **grandes ~s**
Langwellen *pl*; **~s courtes**
Kurzwellen *pl*; **~s moyennes**
Mittelwellen *pl*

ondée [ɔ̃de] *nf* Regenguss *m*

on-dit [ɔ̃di] *nm inv* Gerücht *nt*

ondulation [ɔ̃dylasjɔ̃] *nf* Welle *f*
• **ondulé, e** *adj* wellig

onéreux, -euse [ɔneʁø, øz] *adj*
kostspielig; **à titre ~** gegen
Entgelt

ongle [ɔ̃gl] *nm* Nagel *m*

onguent [ɔ̃gɑ̃] *nm* Salbe *f*

ONU [ɔny] *sigle f* (= *Organisation
des Nations unies*) UNO *f*

onze [ɔ̃z] *num* elf • **onzième** *num*
elfte(r, s)

OPA [ɔpea] *sigle f* (= *offre publique
d'achat*) Übernahmeangebot *nt*

opale [ɔpal] *nf* Opal *m*

opaque [ɔpak] *adj*
undurchsichtig

OPEP [ɔpep] *sigle f* (= *Organisation
des pays exportateurs de pétrole*)
OPEC *f*

opéra [ɔpeʁa] *nm* Oper *f*

opérateur, -trice [ɔpeʁatœʁ,
tʁis] *nm/f* (*machiniste,
manipulateur*) Operator(in) *m(f)*,
Bediener(in) *m(f)*; **~ (de prise de
vues)** Kameramann *m*

opération [ɔpeʁasjɔ̃] *nf*
Operation *f*; (*processus*)
Vorgang *m*

opérationnel, le [ɔpeʁasjɔnɛl]
adj (*organisation, usine*)
funktionsfähig; (*Mil*) einsatzfähig

opératoire [ɔpeʁatwaʁ] *adj*
operativ; **bloc ~** OP-Bereich *m*

opérer [ɔpeʁe] *vt* (*Méd*) operieren;
(*faire, exécuter*) durchführen;
(*choix*) treffen ▶ *vi* (*faire effet*)
wirken; (*procéder, agir*) vorgehen

opérette [ɔpeʁɛt] *nf* Operette *f*

ophtalmologue [ɔftalmɔlɔg]
nmf Augenarzt *m*, Augenärztin *f*

opiner [ɔpine] *vi* : **~ de la tête**
zustimmend mit dem Kopf nicken

opiniâtre [ɔpinjɑtʁ] *adj*
hartnäckig

opinion [ɔpinjɔ̃] *nf* Meinung *f*;
l'~ (publique) die öffentliche
Meinung

o

opportun, e [ɔpɔrtœ̃, yn] *adj*
günstig

opportunisme [ɔpɔrtynism]
nm Opportunismus *m*
• **opportuniste** *nmf*
Opportunist(in) *m(f)* ▸ *adj*
opportunistisch

opposant, e [ɔpozɑ̃, ɑ̃t] *adj*
(parti) opponierend; *(minorité)*
opponierend ▸ *nm* Gegner *m*

opposé, e [ɔpoze] *adj (contraire)*
entgegengesetzt; *(rive)*
gegenüberliegend; *(faction)*
gegnerisch ▸ *nm* : **l'~** *(contraire)*
das Gegenteil; **à l'~ de** im
Gegensatz zu; **être ~ à qch** gegen
etw sein

opposer [ɔpoze] *vt* einander
gegenüberstellen; **s'opposer** *vpr*
(l'un à l'autre) entgegengesetzt
sein; **~ qch à** *(comme objection,
contraste)* etw entgegenhalten
+*dat*; **s'~ à** *(interdire, empêcher)*
Widerstand erheben gegen;
(tenir tête à) sich auflehnen gegen;
s'~ à ce que qn fasse qch
dagegen sein, dass jd etw tut

opposition [ɔpozisjɔ̃] *nf*
Opposition *f*; *(contraste)*
Gegensatz *m*; *(d'intérêts)* Konflikt
m; *(objection)* Widerspruch *m*; **par
~ à** im Gegensatz zu

oppresser [ɔprese] *vt (chaleur,
angoisse)* bedrücken • **oppression**
nf (gêne, malaise) Beklemmung *f*;
(asservissement) Unterdrückung *f*

opprimer [ɔprime] *vt*
unterdrücken

opprobre [ɔprɔbr] *nm* Schande *f*;
vivre dans l'~ in Schande leben

opter [ɔpte] *vi* : **~ pour** sich
entscheiden für

opticien, ne [ɔptisjɛ̃, jɛn] *nm/f*
Optiker(in) *m(f)*

optimal, e, -aux [ɔptimal, o]
adj optimal

optimiser [ɔptimize] *vt*
optimieren; *(ressources)* optimal
(aus)nutzen

optimisme [ɔptimism] *nm*
Optimismus *m* • **optimiste** *nmf*
Optimist(in) *m(f)*

optimum [ɔptimɔm] *nm*
Optimum *nt* ▸ *adj* optimal,
beste(r, s)

option [ɔpsjɔ̃] *nf* Wahl *f*; *(Scol)*
Wahlfach *nt*; *(supplément)*
(optionales) Extra *nt*; **matière à ~**
Wahlfach; **texte à ~** wahlweiser
Zusatztext *m*

optionnel, le [ɔpsjɔnɛl] *adj*
(matière) Wahl-; *(accessoire etc)*
zusätzlich

optique [ɔptik] *adj* optisch ▸ *nf*
Optik *f*; *(fig)* Sehweise *f*

opulence [ɔpylɑ̃s] *nf* Reichtum
m; **vivre dans l'~** im Überfluss
leben • **opulent, e** *adj* üppig;
(pays) reich

or [ɔr] *nm* Gold *nt* ▸ *conj* nun, aber;
en or golden; **plaqué or**
vergoldet; **or blanc** Weißgold *nt*;
or jaune Gelbgold *m*

orage [ɔraʒ] *nm* Gewitter *nt*; *(fig)*
Sturm *m* • **orageux, -euse** *adj*
Gewitter-; *(fig)* stürmisch

oraison [ɔrɛzɔ̃] *nf* Gebet *nt*;
~ funèbre Grabrede *f*

oral, e, -aux [ɔral, o] *adj*
mündlich; **par voie ~e** oral
• **oralement** *adv* mündlich

orange [ɔrɑ̃ʒ] *nf* Orange *f*,
Apfelsine *f* ▸ *adj inv* orange;
~ pressée frisch gepresster

Orangensaft m; **~ sanguine**
Blutorange f • **orangé, e** adj
orange(farben) • **orangeade** nf
Orangeade f • **oranger** nm
Orangenbaum m

orateur [ɔʀatœʀ] nm Redner m

orbital, e, -aux [ɔʀbital, o] adj :
station ~e Raumstation f

orbite [ɔʀbit] nf (Phys)
Umlaufbahn f; (Anat) Augenhöhle
f; **placer** ou **mettre un satellite
sur** ou **en ~** einen Satelliten in ou
auf die Umlaufbahn bringen

orchestre [ɔʀkɛstʀ] nm (Mus)
Orchester nt; (Théât, Ciné)
Parkett nt

orchidée [ɔʀkide] nf Orchidee f

ordi [ɔʀdi] nm (fam) Computer m,
Kiste f

ordinaire [ɔʀdinɛʀ] adj
gewöhnlich; (de tous les jours)
alltäglich ▶ nm : **d'~** gewöhnlich

ordinateur [ɔʀdinatœʀ] nm
Computer m

ordonnance [ɔʀdɔnɑ̃s] nf (Méd)
Rezept nt; (Mil) Ordonnanz f

ordonné, e [ɔʀdɔne] adj (en bon
ordre) (wohl)geordnet; (personne)
ordentlich • **ordonner** vt (donner
un ordre) : **~ à qn de faire qch** jdm
befehlen, etw zu tun; (Méd)
verordnen

ordre [ɔʀdʀ] nm Ordnung f;
(succession) Reihenfolge f;
(directive) Befehl m; **mettre en ~**
in Ordnung bringen; **libeller à l'~
de** ausstellen auf +acc

ordure [ɔʀdyʀ] nf Unrat m;
ordures nfpl (déchets) Abfall m; **~s
ménagères** Müll m

oreille [ɔʀɛj] nf Ohr nt

oreiller [ɔʀeje] nm Kopfkissen nt

oreillons [ɔʀejɔ̃] nmpl Mumps m
ou f

orfèvrerie [ɔʀfɛvʀəʀi] nf
Goldschmiedekunst f

organe [ɔʀgan] nm Organ nt;
~ génital Geschlechtsorgan nt

organigramme [ɔʀganigʀam]
nm Organisationsplan m

organique [ɔʀganik] adj
organisch

organisateur, -trice
[ɔʀganizatœʀ, tʀis] nm/f
Organisator(in) m(f)

organisation [ɔʀganizasjɔ̃] nf
Organisation f; **l'O~ mondiale
de la santé** die
Weltgesundheitsorganisation;
l'O~ des Nations unies die
Vereinten Nationen pl; **l'O~ du
traité de l'Atlantique Nord** der
Nordatlantikpakt

organiser [ɔʀganize] vt
organisieren; (mettre sur pied
aussi) veranstalten

organisme [ɔʀganism] nm
Organismus m; (Admin, Pol) Organ
nt; (association, organisation)
Organisation f;
~ génétiquement modifié
genmanipulierter Organismus m

organiste [ɔʀganist] nmf
Organist(in) m(f)

orgasme [ɔʀgasm] nm
Orgasmus m

orge [ɔʀʒ] nf Gerste f

orgeat [ɔʀʒa] nm : **sirop d'~**
Mandelmilch f

orgue [ɔʀg] nm Orgel f;
~ électrique ou **électronique**
elektronische Orgel f

orgueil [ɔʀgœj] nm (amour-propre)
Stolz m; (péj) Hochmut m

o

• orgueilleux, -euse adj
hochmütig, überheblich

Orient [ɔrjɑ̃] nm : l'~ der Orient;
**le Proche-/le
Moyen-/l'Extrême-~** der Nahe/
Mittlere/Ferne Osten • **oriental,
e, -aux** adj orientalisch ▶ nm/f :
O~, e Orientale m, Orientalin f

orientation [ɔrjɑ̃tasjɔ̃] nf
Orientierung f; (d'un journal etc)
Tendenz f; **avoir le sens de l'~**
einen guten Orientierungssinn
haben; **~ professionnelle**
Berufsberatung f

orienté, e [ɔrjɑ̃te] adj (Pol)
tendenziös; **~ au sud** nach Süden
gelegen

orienter [ɔrjɑ̃te] vt ausrichten;
(maison) legen; (voyageur, touriste)
die Richtung weisen +dat;
s'orienter vpr (se repérer) sich
zurechtfinden

orifice [ɔrifis] nm Öffnung f

origan [ɔrigɑ̃] nm Oregano m

originaire [ɔriʒinɛr] adj : **être ~
de** stammen aus

original, e, -aux [ɔriʒinal, o]
adj (pièce, document etc) original;
(bizarre) originell ▶ nm/f (fam :
excentrique) Original nt ▶ nm
(document, œuvre) Original nt
• **originalité** nf Originalität f; (d'un
nouveau modèle) Besonderheit f

origine [ɔriʒin] nf (de personne,
message, vin) Herkunft f; **à l'~** am
Anfang, anfänglich

originel, le [ɔriʒinɛl] adj
ursprünglich; **le péché ~** die
Erbsünde

ORL [ɔɛrɛl] sigle m/sigle f
(= oto-rhino-laryngologiste)
HNO-Arzt m, HNO-Ärztin f

orme [ɔrm] nm Ulme f

ornement [ɔrnəmɑ̃] nm
Verzierung f • **orner** vt
schmücken

ornithologie [ɔrnitɔlɔʒi] nf
Vogelkunde f

orphelin, e [ɔrfəlɛ̃, in] adj
verwaist ▶ nm/f Waisenkind nt,
Waise f • **orphelinat** nm
Waisenhaus nt

ORSEC [ɔrsɛk] sigle f
(= Organisation des secours): **le
plan ~** = der Plan für den
Katastrophenfall

orteil [ɔrtɛj] nm Zehe f; **gros ~**
große ou dicke Zehe f

orthodoxe [ɔrtɔdɔks] adj
orthodox

orthographe [ɔrtɔgraf] nf
Rechtschreibung f

orthopédique [ɔrtɔpedik] adj
orthopädisch

orthophoniste [ɔrtɔfɔnist] nmf
Logopäde m, Logopädin f

ortie [ɔrti] nf Brennnessel f

OS [ɔɛs] sigle m (= ouvrier spécialisé)
Hilfsarbeiter m

os [ɔs] nm Knochen m

osciller [ɔsile] vi schwingen;
~ entre (hésiter) schwanken
zwischen +dat

osé, e [oze] adj gewagt

oseille [ozɛj] nf Sauerampfer m

oser [oze] vi : **~ faire qch** es
wagen, etw zu tun; **je n'ose pas**
ich traue mich nicht

osier [ozje] nm (Korb)weide f; **d'~,
en ~** Korb-

ossature [ɔsatyr] nf Skelett nt;
(d'un bâtiment etc) Gerippe nt; (fig)
Struktur f

ostensible [ɔstɑ̃sibl] *adj*
ostentativ

ostentation [ɔstɑ̃tasjɔ̃] *nf*
Prahlerei *f*

ostréiculture [ɔstreikyltyr] *nf*
Austernzucht *f*

otage [ɔtaʒ] *nm* Geisel *f*

OTAN [ɔtɑ̃] *sigle f* (= *Organisation du traité de l'Atlantique Nord)* NATO *f*

otarie [ɔtari] *nf* Seelöwe *m*

ôter [ote] *vt* wegnehmen; (*vêtement*) ausziehen; (*tache, noyau*) herausmachen

otite [ɔtit] *nf*
Mittelohrentzündung *f*

oto-rhino [ɔtoʀino] *nmf*
Hals-Nasen-Ohrenarzt *m*,
Hals-Nasen-Ohrenärztin *f*

oto-rhino-laryngologiste
[ɔtoʀinolaʀɛ̃gɔlɔʒist(ə)] *nm/f*
Hals-Nasen- *m*, Hals-Nasen-
Ohrenärztin *f*

ou [u] *conj* oder; **ou … ou**
entweder … oder; **ou bien** oder
(auch)

▶ *pron relatif* **1** (*lieu*) wo;
(: *direction*) wohin; **la ville où je l'ai rencontré** die Stadt, in der ich ihn kennenlernte; **le pays où il est né** das Land, in dem er geboren ist; **la chambre où il était** das Zimmer, in dem er war; **la ville où je vais** die Stadt, in die ich *ou* wohin ich fahre; **la pièce d'où il est sorti** das Zimmer, aus dem er herausging; **le village d'où je viens** das Dorf, aus dem ich komme; **les villes par où il est passé** die Städte, durch die er gefahren ist

2 (*temps, état*) : **le jour où il est parti** der Tag, an dem er wegging; **au prix où sont les choses** bei den Preisen heutzutage
▶ *adv* (*interrogatif : situation*): wo; (: *direction*) wohin; **où est-elle ?** wo ist sie?; **où va-t-il ?** wohin geht er?; **d'où vient que … ?** wie kommt es, dass …?

ouate ['wat] *nf* Watte *f*; **tampon d'~** Wattebausch *m*

oubli [ubli] *nm* (*acte*) Vergessen *nt*; (*étourderie, négligence*)
Vergesslichkeit *f*; **le droit à l'~** (*Inform*) das Recht auf
Vergessenwerden • **oublier** *vt*
vergessen

oubliettes [ublijɛt] *nfpl* Verlies *nt*

ouest [wɛst] *nm* Westen *m* ▶ *adj inv* West-, westlich; **l'O~** (*région de France*) Westfrankreich *nt*; (*Pol : l'Occident*) der Westen; **à l'~ de** westlich von

Ouganda [ugɑ̃da] *nm* : **l'~**
Uganda *nt*

oui ['wi] *adv* ja; **répondre (par) ~**
mit Ja antworten

ouï-dire ['widir] *nm inv* : **par ~**
vom Hörensagen

ouïe [wi] *nf* Gehör *nt*; **ouïes** *nfpl*
(*de poisson*) Kiemen *pl*

ouragan [uʀagɑ̃] *nm* Orkan *m*

ourler [uʀle] *vt* säumen • **ourlet**
nm Saum *m*

ours [uʀs] *nm* Bär *m*; **~ blanc**
Eisbär *m*; **~ brun** Braunbär *m*;
~ en peluche Teddybär *m*

oursin [uʀsɛ̃] *nm* Seeigel *m*

ourson [uʀsɔ̃] *nm* Bärenjunge(s) *nt*

outil [uti] *nm* Werkzeug *nt*

o

outrage [utʀaʒ] nm Beleidigung f
outrance [utʀɑ̃s] nf : **à ~** bis zum Exzess
outre [utʀ] nf Schlauch m ▶ *prép* außer +dat ▶ *adv* : **en ~** außerdem
outremer [utʀəmɛʀ] adj ultramarin(blau) • **outre-mer** adv : **d'~** Übersee- • **outrepasser** vt überschreiten
outrer [utʀe] vt übertreiben; (*indigner*) aufbringen
outre-Rhin [utʀəʀɛ̃] adv auf der anderen Rheinseite
ouvert, e [uvɛʀ, ɛʀt] adj offen; (*robinet, gaz*) aufgedreht • **ouvertement** adv offen, freiheraus
ouverture [uvɛʀtyʀ] nf (*action*) Öffnen nt; (*orifice, Pol*) Öffnung f; **~ (du diaphragme)** (*Photo*) Blende f
ouvrable [uvʀabl] adj : **jour ~** Werktag m
ouvrage [uvʀaʒ] nm (*objet, œuvre*) Werk nt; (*Tricot etc*) Arbeit f
ouvrant, e [uvʀɑ̃, ɑ̃t] adj : **toit ~** (*Auto*) Schiebedach nt
ouvre-boîte, ouvre-boîtes [uvʀəbwat] nm inv Büchsenöffner m • **ouvre-bouteille, ouvre-bouteilles** nm inv Flaschenöffner m
ouvrier, -ière [uvʀije, ijɛʀ] nm/f Arbeiter(in) m(f) ▶ adj Arbeiter-
ouvrir [uvʀiʀ] vt öffnen; (*eau, électricité, chauffage*) anmachen; (*robinet*) aufdrehen ▶ vi (*magasin, théâtre*) aufmachen, öffnen; **s'ouvrir** vpr aufgehen, sich öffnen
Ouzbékistan [uzbekistɑ̃] nm : **l'~** Usbekistan nt
ovaire [ɔvɛʀ] nm Eierstock m

ovale [ɔval] adj oval
ovation [ɔvasjɔ̃] nf Ovation f
overdose [ɔvœʀdoz] nf Überdosis f
ovni [ɔvni] sigle m (= *objet volant non identifié*) UFO nt
ovulation [ɔvylasjɔ̃] nf Eisprung m
ovule [ɔvyl] nm Ei nt, Eizelle f; (*Méd*) Zäpfchen nt
oxyde [ɔksid] nm Oxid nt; **~ de carbone** Kohlenmonoxid nt
oxyder [ɔkside] : **s'~** vpr oxidieren
oxygène [ɔksiʒɛn] nm Sauerstoff m; **cure d'~** Frischluftkur f • **oxygéné, e** adj : **eau ~e** Wasserstoff(su)peroxid nt
ozone [ozon] nm Ozon m ou nt

P

pacemaker [pɛsmɛkœʀ] *nm* (Herz)schrittmacher *m*

pachyderme [paʃidɛʀm] *nm* Dickhäuter *m*

pacifier [pasifje] *vt* (*pays, peuple*) Ruhe und Frieden stiften in +*dat*; (*fig*) beruhigen

pacifique [pasifik] *adj* friedlich; (*personne*) friedfertig ▸ *nm* : **le P~** der Pazifische Ozean • **pacifiste** *nmf* Pazifist(in) *m(f)*

pacotille [pakɔtij] *nf* Billigware *f*

PACS [paks] *sigle m* (= *pacte civil de solidarité*) (standesamtlich) eingetragene Lebensgemeinschaft *f*

pacser [pakse] : **se ~** *vpr* eine eingetragene Lebensgemeinschaft eingehen

pacte [pakt] *nm* Pakt *m*; **~ d'alliance** Bündnis *nt*; **~ de non-agression** Nichtangriffspakt *m* • **pactiser** *vi* : **~ avec** sich einigen mit

pagaie [page] *nf* Paddel *nt*

pagaille [pagaj] *nf* Durcheinander *nt*

pagayer [pageje] *vi* paddeln

page [paʒ] *nf* Seite *f* ▸ *nm* Page *m*; **être à la ~** auf dem Laufenden sein; **~ d'accueil** (*Inform*) Homepage *f*; **~ de démarrage** (*Inform*) Startseite *f*; **~ Web** (*Inform*) Webseite *f*

pagination [paʒinasjõ] *rf* Paginierung *f*

pagode [pagɔd] *nf* Pagode *f*

paie [pɛ] *nf* = **paye**

paiement [pɛmã] *nm* = **payement**

païen, ne [pajɛ̃, pajɛn] *adj* heidnisch ▸ *nm/f* Heide *m*, Heidin *f*

paillasse [pajas] *nf* (*matelas*) Strohsack *m*

paillasson [pajasõ] *nm* (*de porte*) Fußmatte *f*

paille [paj] *nf* Stroh *nt*; (*pour boire*) Strohhalm *m*

pain [pɛ̃] *nm* Brot *nt*; **~ bis** Graubrot *nt*; **~ complet** Vollkornbrot *nt*; **~ d'épice(s)** Lebkuchen *m*; **~ de mie** Weißbrot *nt* (*ohne Kruste*); **~ grillé** Toast *m*

pair, e [pɛʀ] *adj* gerade ▸ *nf* Paar *nt*; **jeune fille au ~** Aupairmädchen *nt*; **une ~e de lunettes** eine Brille; **une ~e de tenailles** eine Beißzange

paisible [pezibl] *adj* friedlich; (*sommeil, lac*) ruhig • **paisiblement** *adv* friedlich

paix [pɛ] *nf* Frieden *m*

Pakistan [pakistã] *nm* : **le ~** Pakistan *nt*

palace [palas] *nm* Luxushotel *nt*

palais [palɛ] *nm* Palast *m*; (*Anat*) Gaumen *m*

Palatinat [palatina] *nm* : **le ~** die Pfalz *f*

pâle [pɑl] *adj* blass; **bleu/vert ~** blassblau/blassgrün

Palestine [palɛstin] *nf*: **la ~** Palästina *nt* • **palestinien, ne** *adj* palästinensisch ▶ *nm/f*: **P~, ne** Palästinenser(in) *m(f)*

palette [palɛt] *nf* Palette *f*

pâleur [pɑlœʀ] *nf* Blässe *f*

palier [palje] *nm* (*d'escalier*) Treppenabsatz *m*

pâlir [pɑliʀ] *vi* (*personne*) erbleichen; (*couleur*) verblassen; **faire ~ qn** jdn blass werden lassen

palissade [palisad] *nf* Zaun *m*

palliatif, -ive [paljatif, iv] *adj* lindernd ▶ *nm* Überbrückungsmaßnahme *f*

pallier [palje] *vt* ausgleichen; **~ à** ausgleichen

palmarès [palmaʀɛs] *nm* Preisträgerliste *f*

palme [palm] *nf* (*Bot*) Palmzweig *m*; (*de plongeur*) Schwimmflosse *f* • **palmeraie** *nf* Palmenhain *m*

palmier [palmje] *nm* Palme *f*

pâlot, te [palo, ɔt] *adj* blass, blässlich

palper [palpe] *vt* befühlen, (ab)tasten

palpitant, e [palpitɑ̃, ɑ̃t] *adj* spannend, aufregend

palpitation [palpitasjɔ̃] *nf*: **avoir des ~s** Herzklopfen haben

palpiter [palpite] *vi* (*cœur, pouls*) schlagen

paludisme [palydism] *nm* Malaria *f*

pamphlet [pɑ̃flɛ] *nm* Schmähschrift *f*

pamplemousse [pɑ̃pləmus] *nm* Grapefruit *f*

pan [pɑ̃] *excl* peng ▶ *nm*: **~ de chemise** Hemdschoß *m*

panacée [panase] *nf* Allheilmittel *nt*

panache [panaʃ] *nm* (*faisceau de plumes*) Federbusch *m*; **se battre avec ~** beherzt kämpfen; **~ de fumée** Rauchfahne *f*

panaché, e [panaʃe] *adj*: **glace ~e** gemischtes Eis *nt* ▶ *nm* (*bière*) Alsterwasser *nt*

Panama [panama] *nm*: **le ~** Panama *nt*

pancarte [pɑ̃kaʀt] *nf* Schild *nt*; (*dans un défilé*) Transparent *nt*

panda [pɑ̃da] *nm* Panda(bär) *m*

pané, e [pane] *adj* paniert

panier [panje] *nm* Korb *m*; **~ à provisions** Einkaufskorb *m*; **~ de crabes** (*fig*) Schlangengrube *f*

panique [panik] *nf* Panik *f* • **paniquer** *vi* in Panik geraten

panne [pan] *nf* Panne *f*; **être** ou **tomber en ~** eine Panne haben; **être en ~ d'essence** kein Benzin mehr haben; **~ d'électricité** Stromausfall *m*; **~ de courant** Stromausfall

panneau, x [pano] *nm* Tafel *f*; **~ de signalisation** Straßenschild *nt*

panonceau [panɔ̃so] *nm* Schild *nt*

panoplie [panɔpli] *nf* (*d'armes*) Waffensammlung *f*; (*d'arguments etc*) (ansehnliche) Reihe *f*; **~ de pompier/d'infirmière** (*jouet*) Feuerwehrmann-/Krankenschwesterausrüstung *f*

panorama [panɔʀama] *nm* (*vue*) Panorama *nt*; (*fig*) Übersicht *f* • **panoramique** *adj* Panorama-

pansement [pɑ̃smɑ̃] *nm* Verband *m*

panser [pɑ̃se] *vt* verbinden; (*cheval*) striegeln

pantalon [pɑ̃talɔ̃] *nm* Hose *f*; **~ de golf** Golfhose *f*; **~ de ski** Skihose *f*

panthère [pɑ̃tɛr] *nf* (*d'Afrique*) Leopard *m*

pantin [pɑ̃tɛ̃] *nm* Hampelmann *m*

pantois [pɑ̃twa] *adj m* : **rester ~** sprachlos sein

pantomime [pɑ̃tɔmim] *nf* Pantomime *f*

pantoufle [pɑ̃tufl] *nf* Pantoffel *m*

PAO [peao] *sigle f* (*= publication assistée par ordinateur*) DTP *nt*

paon [pɑ̃] *nm* Pfau *m*

papa [papa] *nm* Papa *m*

paparazzi [paparadzi] *nmpl* Paparazzi *pl*

papaye [papaj] *nf* Papaya(frucht) *f*

pape [pap] *nm* : **le ~** der Papst

paperasse [papʀas] *nf* Papierwust *m* • **paperasserie** *f* Papierwust *m*

papeterie [papetʀi] *nf* (*magasin*) Schreibwarenladen *m* • **papetier, -ière** *nm/f* (*commerçant*) Schreibwarenhändler(in) *m(f)*

papier [papje] *nm* Papier *nt*; (*feuille*) Blatt *nt* (Papier); **papiers** *nmpl* (*d'identité*) (Ausweis)papiere *pl*; **~ à lettres** Briefpapier *nt*; **~ d'emballage** Packpapier *nt*; **~ en continu** Endlospapier *nt*; **~ hygiénique** Toilettenpapier *nt*; **~ kraft** Packpapier *nt*; **~ peint** Tapete *f*

papillon [papijɔ̃] *nm* Schmetterling *m*; (*contravention*) Strafzettel *m*

papoter [papɔte] *vi* schwatzen

paprika [papʀika] *nm* Paprika *m*

pâque [pɑk] *nf* Passahfest *nt*; **Pâques** *nfpl* Ostern *nt*

paquebot [pak(ə)bo] *am* Passagierschiff *nt*

pâquerette [pakʀɛt] *nf* Gänseblümchen *nt*

Pâques [pɑk] *nfpl voir* **pâque**

paquet [pakɛ] *nm* Paket *nt*; (*de cigarettes*) Päckchen *nt*
• **paquet-cadeau** (*pl* **paquets-cadeaux**) *nm* : **pourriez-vous me faire un ~ ?** können Sie es bitte als Geschenk einpacken?

---

par [paʀ]

prép **1** (*agent*) von; **la souris a été mangée ~ le chat** die Maus ist von der Katze gefressen worden
2 (*lieu*) : **passer ~ Lyon** über Lyon fahren; **passer ~ la côte** an der Küste entlangfahren; **~ terre** auf dem Boden; **~ le haut/bas** von oben/unten; **~ ici** hier her; (*dans la région*) hier; **~-ci, ~-là** hier und da
3 (*fréquence, distribution*) pro; **trois fois ~ semaine** dreimal pro Woche *ou* in der Woche; **trois ~ jour/personne** drei am Tag/pro Person; **deux ~ deux** (*marcher, entrer*) zu zweit; (*prendre*) jeweils zwei
4 (*cause*) : **~ amour** aus Liebe
5 (*moyen*) *nt*; **~ la poste** *m* tt der Post; **finir/commencer ~ faire qch** schließlich/anfangs etw tun

parabole [paʀabɔl] nf (Rel)
Gleichnis nt; (Math) Parabel f
• **parabolique** adj Parabol-

parachever [paʀaʃ(ə)ve] vt
vollenden

parachute [paʀaʃyt] nm
Fallschirm m • **parachuter** vt mit
dem Fallschirm absetzen; (fam)
hineinkatapultieren
• **parachutisme** nm
Fallschirmspringen nt

parade [paʀad] nf Parade f; (Boxe)
Abwehr f; **de ~** Parade-;
(superficiel) Schau-; **trouver la ~ à
une attaque/mesure** einen
Angriff/eine Maßnahme parieren;
faire ~ de qch etw zur Schau
stellen

parader [paʀade] vi
herumstolzieren

paradis [paʀadi] nm Paradies nt
• **paradisiaque** adj paradiesisch,
himmlisch

paradoxal, e, -aux
[paʀadɔksal, o] adj paradox

paradoxe [paʀadɔks] nm
Paradox nt

paraffine [paʀafin] nf
Paraffin nt

parages [paʀaʒ] nmpl (Naut)
Gewässer pl; **dans les ~ (de)** in
der unmittelbaren Umgebung
(von)

paragraphe [paʀagʀaf] nm
Absatz m, Abschnitt m

Paraguay [paʀagwɛ] nm : **le ~**
Paraguay nt

paraître [paʀɛtʀ] vi (sembler)
scheinen; (apparaître) erscheinen;
(soleil) herauskommen; **il paraît
que** es scheint, dass; **il me paraît
que** mir scheint, dass; **laisser ~**

qch etw zeigen; **~ en justice** vor
Gericht erscheinen

parallèle [paʀalɛl] adj parallel;
(comparable) vergleichbar ▶ nf
Parallele f ▶ nm : **faire un ~ entre**
eine Parallele ziehen zwischen;
~ (de latitude) Breitengrad m

paralympique [paʀalɛ̃pik] adj
paralympisch

paralyser [paʀalize] vt lähmen;
(grève) lahmlegen • **paralysie** nf
Lähmung f

paramètre [paʀamɛtʀ] nm
Parameter m

paramilitaire [paʀamilitɛʀ] adj
paramilitärisch

paranoïa [paʀanɔja] nf
Verfolgungswahn m
• **paranoïaque** nmf
Paranoiker(in) m(f)

parapente [paʀapɑ̃t] nm (sport)
Gleitschirmfliegen nt

parapet [paʀapɛ] nm Brüstung f

parapluie [paʀaplɥi] nm
Regenschirm m

parasite [paʀazit] nm Parasit m,
Schmarotzer m; **parasites** nmpl
(Tél) Störung f

parasol [paʀasɔl] nm
Sonnenschirm m

paratonnerre [paʀatɔnɛʀ] nm
Blitzableiter m

paravent [paʀavɑ̃] nm spanische
Wand f

parc [paʀk] nm Park m; (pour le
bétail) Pferch m; **~ à huîtres**
Austernbank f; **~ automobile**
(d'un pays) Wagenbestand m;
~ d'attractions
Vergnügungspark m; **~ éolien**
Windfarm f; **~ national**
Nationalpark m

parcelle [parsɛl] nf (de terrain)
Parzelle f; (d'or, de vérité)
Stückchen nt

parce que [pars(ə)kə] conj weil

parchemin [parʃəmɛ̃] nm
Pergament nt

parcimonie [parsimɔni] nf
Sparsamkeit f • **parcimonieux,
-euse** adj äußerst sparsam

parcmètre [parkmɛtr] nm
Parkuhr f

parcourir [parkurir] vt gehen
durch; (trajet, distance)
zurücklegen; (en lisant)
überfliegen

parcours [parkur] nm Strecke f,
Route f; (Sport) Parcours m; (Golf)
Runde f

par-dessous [pardəsu] prép
unter +dat; (avec mouvement)
unter +acc ▸ adv darunter
• **pardessus** nm Mantel m
• **par-dessus** prép über +dat; (avec
mouvement) über +acc ▸ adv
darüber • **par-devant** adv vorne

pardon [pardɔ̃] nm Verzeihung f
▸ excl Verzeihung, Entschuldigung;
(contradiction, pour interpeller)
entschuldigen Sie; **je vous
demande ~** verzeihen ou
entschuldigen Sie bitte • **pardonner** vt
verzeihen, vergeben; **~ qch à qn**
jdm etw verzeihen

pare-balles [parbal] adj inv
kugelsicher

pare-brise [parbriz] nm inv
Windschutzscheibe f

pare-chocs [parʃɔk] nm inv
Stoßstange f

pare-feu [parfø] nm inv
Feuerschneise f; (Inform)
Firewall f

pareil, le [parɛj] adj (identique)
gleich ▸ adv: **habillés ~** gleich
angezogen; **~ à wie** ▸ n m/f: **ne
pas avoir son ~** nicht
seinesgleichen haben,
ohnegleichen sein; **rendre la ~le
à qn** jdm Gleiches mit Gleichem
vergelten • **pareillement** adv
ebenso

parent, e [parɑ̃, ɑ̃t] nm/f
Verwandte(r) f(m) ▸ adj: **être ~ de
qn** mit jdm verwandt sein;
parents nmpl Eltern pl
• **parental, e, -aux** adj elterlich
• **parenté** nf Verwandtschaft f

parenthèse [parɑ̃tɛz] nf
Klammer f; (digression) Einschub
m; **entre ~s** in Klammern

parer [pare] vt schmücken,
zieren; (Culin) vorbereiten; (éviter)
abwehren; **~ à** abwenden

pare-soleil [parsɔlɛj] n m inv
Sonnenblende f

paresse [parɛs] nf Faulheit f
• **paresseux, -euse** adj (personne,
esprit) faul; (démarche, attitude)
schwerfällig ▸ nm (Zool) Faultier nt

parfait, e [parfɛ, ɛt] adj perfekt,
vollkommen; (accompli) völlig,
total ▸ nm (Ling) Perfekt nt; (Culin)
Parfait nt • **parfaitement** adv
perfekt, ausgezeichnet; **cela lui
est ~ égal** das ist ihm völlig ou
vollkommen egal; **~! doch!**

parfois [parfwa] adv manchmal

parfum [parfœ̃] nm (produit)
Parfüm nt; (de fleur) Duft m; (de
tabac, vin) Aroma nt • **parfumé, e**
adj (papier à lettres etc, femme)
parfümiert; (fleur, fruit) duftend,
wohlriechend; **~ au café** mit
Kaffeegeschmack • **parfumer** vt
parfümieren; (crème, gâteau)

aromatisieren; **se parfumer** vpr sich parfümieren • **parfumerie** nf (boutique) Parfümerie f; **rayon ~** Toilettenartikel pl

pari [paʀi] nm Wette f; **~ mutuel urbain** Art von Pferdewette • **parier** vt wetten

Paris [paʀi] Paris nt • **parisien, ne** adj Pariser ▶ nm/f: **P~, ne** Pariser(in) m(f)

paritaire [paʀitɛʀ] adj: **commission ~** gemeinsamer Ausschuss m

parité [paʀite] nf Gleichheit f

parjure [paʀʒyʀ] nm Meineid m

parka [paʀka] nm Parka m

parking [paʀkiŋ] nm Parkplatz m; (souterrain) Tiefgarage f

parlé, e [paʀle] adj: **langue ~e** gesprochene Sprache f

parlement [paʀləmɑ̃] nm Parlament nt; **P~ européen** Europaparlament nt • **parlementaire** adj parlamentarisch

parlementer [paʀləmɑ̃te] vi verhandeln

parler [paʀle] vi, vt reden, sprechen; **~ de** sprechen ou reden von; **~ (à qn) de** (mit jdm) reden über +acc; **~ (le) français** Französisch sprechen; **~ en français** Französisch sprechen

parloir [paʀlwaʀ] nm (de prison) Besuchszimmer nt

parmesan [paʀməzɑ̃] nm Parmesan m

parmi [paʀmi] prép unter +dat

parodie [paʀɔdi] nf Parodie f

paroi [paʀwa] nf (cloison) Trennwand f; **~ rocheuse** Felswand f

paroisse [paʀwas] nf Pfarrei f

parole [paʀɔl] nf (faculté) Sprache f; (engagement) Wort nt; **paroles** nfpl (Mus) Text m; **prendre la ~** das Wort ergreifen

parquer [paʀke] vt (bestiaux) einsperren, einpferchen

parquet [paʀkɛ] nm (plancher) Parkett nt; **le ~** (Jur) die Staatsanwaltschaft f

parrain [paʀɛ̃] nm Pate m; (sponsor) Sponsor m • **parrainage** nm (d'un enfant) Patenschaft f; (patronage) Schirmherrschaft f; (financier) Sponsoring nt • **parrainer** vt sponsern

parsemer [paʀsəme] vt verstreut sein über +acc; **~ qch de** etw bestreuen mit

part [paʀ] nf (d'efforts, de peines) Anteil m; **faire ~ de qch à qn** jdm etw mitteilen; **de la ~ de qn** von jdm; **d'une ~ ... d'autre ~** einerseits ..., andererseits; **nulle ~** nirgendwo; **autre ~** anderswo; **quelque ~** irgendwo; **à ~** beiseite; **à ~ cela** abgesehen davon

partage [paʀtaʒ] nm Aufteilung f • **partager** vt teilen; **se partager** vpr sich dat (auf)teilen

partance [paʀtɑ̃s] nf: **le train en ~ pour Poitiers** der Zug nach Poitiers

partant, e [paʀtɑ̃, ɑ̃t] nm/f (Sport) Teilnehmer(in) m(f)

partenaire [paʀtənɛʀ] nmf Partner(in) m(f); **~s sociaux** Sozialpartner pl

parterre [paʀtɛʀ] nm (de fleurs) Blumenbeet nt; (Théât) Parkett nt

parti [paʀti] nm Partei f;
prendre ~ (pour/contre qn)
(für/gegen jdn) Partei ergreifen;
~ pris Voreingenommenheit f
participant, e [paʀtisipɑ̃, ɑ̃t]
nm/f Teilnehmer(in) m(f)
• **participation** nf Teilnahme f;
(Comm) Beteiligung f; (Pol)
Mitbestimmung f • **participe** nm
Partizip nt; • **passé** Partizip
Perfekt nt; • **présent** Partizip
Präsens nt • **participer** vi : **~ à**
teilnehmen an +dat; (frais,
entreprise etc) sich beteiligen an
+dat
particularité [paʀtikylaʀite] nf
Besonderheit f
particule [paʀtikyl] nf Teilchen
nt; **~s fines** Feinstaub m
particulier, -ière [paʀtikylje, jɛʀ]
adj besondere(r, s); (personnel, privé)
privat; (individuel) eigene(r, s);
(cas) Einzel- ♦ nm (individu)
Privatperson f; **en ~** (à part)
gesondert; (en privé) vertraulich;
(surtout) besonders
• **particulièrement** adv besonders
partie [paʀti] nf Teil m; (Jur :
adversaire) Partei f; (de cartes,
tennis etc) Spiel nt, Partie f; **en ~**
teilweise; **faire ~ de qch** zu etw
gehören; **~ grande** zu einem
großen Teil; **en majeure ~**
hauptsächlich
partiel, le [paʀsjɛl] adj Teil-,
teilweise
partir [paʀtiʀ] vi gehen,
weggehen; (en voiture etc)
wegfahren; (train, bus etc)
abfahren; (avion) abfliegen; **~ de**
(lieu) aufbrechen von
partisan, e [paʀtizɑ̃, an] nm/f
Anhänger(in) m(f)

partition [paʀtisjɔ̃] nf Partitur f
partout [paʀtu] adv überall
paru, e [paʀy] pp de **paraître**
parure [paʀyʀ] nf (vêtements,
ornements) Staat m, Aufmachung
f; (de table, sous-vêtements)
Garnitur f; **~ de diamants**
Diamantschmuck m
parution [paʀysjɔ̃] nf (d'un livre)
Veröffentlichung f
parvenir [paʀvəniʀ] : **~ à** vt
erreichen; **~ à faire qch** es
schaffen, etw zu tun
parvenu, e [paʀvəny] nm/f (péj)
Emporkömmling m
parvis [paʀvi] nm Vorplatz m

pas¹ [pa] nm Schritt m; **~ à ~**
Schritt für Schritt; **rouler au ~** im
Schritttempo fahren

pas² [pa]

adv **1** (avec ne, non etc) nicht;
~ de (avec nom) kein, keine, kein;
je ne vais ~ à l'école ich gehe
nicht in die Schule; **je ne mange
~ de pain** ich esse kein Brot; **ils
n'ont ~ d'enfants** sie haben
keine Kinder; **il m'a dit de ne ~
le faire** er hat mir gesagt, dass
ich es nicht tun soll; **non ~ que
... nicht dass ...; **je n'en sais ~
plus** mehr weiß ich nicht
darüber; **ce n'est ~ sans
peine/hésitation que ...** nicht
ohne Mühe/Zögern ...
2 (sans ne, non etc) : **~ moi** ich
nicht; **~ encore** noch nicht;
~ du tout überhaupt nicht;
tu viens ou ~ ? kommst du
oder nicht?; **elle travaille, lui ~
ou ~ lui** sie arbeitet, er nicht;
~ de sucre, merci ! danke,

keinen Zucker!; **une pomme ~ mûre** ein unreifer Apfel; **~ plus tard qu'hier** nicht später als gestern; **~ mal** nicht schlecht

passablement [pɑsabləmɑ̃] *adv* (*pas trop mal*) ganz passabel; **~ de** ziemlich viel(e)

passage [pɑsaʒ] *nm* (*traversée*) Überfahrt f; (*d'un état à l'autre, lieu*) Übergang m; **~ à niveau** Bahnübergang m; **« ~ interdit »** „Durchfahrt verboten"; **~ protégé** Vorfahrtsstraße f

passager, ère [pɑsaʒe, ɛʁ] *adj* vorübergehend ▶ *nm/f* Passagier(in) m(f); **~ clandestin** blinder Passagier m

passant, e [pɑsɑ̃, ɑ̃t] *nm/f* Passant(in) m(f)

passe [pɑs] *nf* (*Sport*) Pass m ▶ *nm* (*passe-partout*) Hauptschlüssel m

passé, e [pɑse] *adj* vergangen; (*couleur, tapisserie*) verblasst ▶ *prép* : **~ 10 heures** nach 10 Uhr ▶ *nm* Vergangenheit f; **~ composé** Passé composé nt; **~ simple** Passé simple nt

passe-montagne [pɑsmɔ̃taɲ] (*pl* **passe-montagnes**) *nm* Kapuzenmütze f

passe-partout [pɑspaʁtu] *nm inv* (*clé*) Hauptschlüssel m ▶ *adj inv* : **tenue/phrase ~** Allzweckkleidung f/ Allzweckwendung f

passeport [pɑspɔʁ] *nm* Pass m

passer [pɑse] *vi* (*voiture*) vorbeifahren; (*piétons, jours*) vorbeigehen; (*air, soleil, lumière*) durchkommen; (*temps, douleur*) vergehen; (*film, pièce*) laufen ▶ *vt* (*frontière, rivière etc*) überqueren; (*temps, journée*) verbringen; (*café*) filtern; (*thé, soupe*) durchseihen; (*film*) zeigen; (*pièce, disque*) spielen; **~ par** gehen durch; (*véhicule*) fahren durch; (*intermédiaire, organisme*) gehen über +*acc*; **~ sur** übergehen; **~ avant** kommen vor; **laisser ~** durchlassen; **~ en** *ou* **la seconde/troisième** (*Auto*) in den zweiten/ dritten Gang schalten; **~ à la radio/télévision** im Radio/ Fernsehen kommen; **~ à table** sich zu Tisch setzen; **~ au salon** ins Wohnzimmer gehen; **je vous passe M. Blanc** ich verbinde Sie mit Herrn Blanc; **se passer** *vpr* (*arriver*) passieren, geschehen **se ~ de qch** verzichten auf etw *acc* ; **que s'est-il passé ?** was ist passiert *ou* geschehen?

passerelle [pɑsʁɛl] *nf* (*pont étroit*) Fußgängerbrücke f; (*d'un navire, avion*) Gangway f

passe-temps [pɑstɑ̃] *nm inv* Zeitvertreib m

passeur, -euse [pɑsœʁ, øz] *nm/f* (*de personnes*) Menschenschmuggler(in) m(f)

passif, -ive [pasif, iv] *adj* passiv

passion [pɑsjɔ̃] *nf* Leidenschaft f • **passionnant, e** *adj* spannend • **passionné, e** *adj* leidenschaftlich • **passionner** *vt* faszinieren, fesseln; (*suj : débat, discussion*) begeistern; **se passionner** *vpr* : **se ~ pour qch** sich leidenschaftlich für etw interessieren

passoire [pɑswaʁ] *nf* Sieb nt

pastèque [pastɛk] *nf* Wassermelone f

pasteur [pastœʀ] *nm* Pfarrer(in)
m(f)

pasteuriser [pastœʀize] *vt*
pasteurisieren

pastiche [pastiʃ] *nm* Persiflage *f*

pastille [pastij] *nf* Pastille *f*

pastis [pastis] *nm* Pastis *m*

patate [patat] *nf (fam)* Kartoffel *f*

patauger [patoʒe] *vi*
plan(t)schen; *(fig)* ins
Schwimmen geraten in +*dat*;
~ dans *(en marchant)* waten durch

pâte [pɑt] *nf* Teig *m*; *(autre
substance molle)* Brei *m*, Paste *f*;
pâtes *nfpl (macaroni etc)*
Teigwaren *pl*; **~ brisée** Mürbeteig
m; **~ feuilletée** Blätterteig *m*

pâté [pɑte] *nm (charcuterie)*
Pastete *f*; **~ de foie** Leberpastete *f*;
~ de maisons Häuserblock *m*;
~ en croûte Fleischpastete *f*

pâtée [pɑte] *nf* Futterbrei *m*

paternel, le [patɛʀnɛl] *adj*
väterlich

paternité [patɛʀnite] *nf*
Vaterschaft *f*

pathétique [patetik] *adj*
ergreifend

pathologie [patɔlɔʒi] *nf*
Pathologie *f* • **pathologique** *adj*
pathologisch

patiemment [pasjamɑ̃] *adv*
geduldig

patience [pasjɑ̃s] *nf* Geduld *f*
• **patient, e** *adj* geduldig ▶ *nm/f*
Patient(in) *m(f)* • **patienter** *vi*
sich gedulden

patin [patɛ̃] *nm* : **~s (à glace)**
Schlittschuhe *pl*; **~s à roulettes**
Rollschuhe *pl* • **patinage** *nm*
Schlittschuhlaufen *nt* • **patine** *nf*
Patina *f* • **patiner** *vi (personne)*

Schlittschuh laufen; *(embrayage)*
schleifen; *(roue, voiture)* nicht
fassen • **patineur, -euse** *nm/f*
Schlittschuhläufer(in) *m(f)*
• **patinoire** *nf* Eisbahn *f*

pâtisserie [pɑtisʀi] *nf (boutique)*
Konditorei *f*; *(à la maison)* Backen
nt; **pâtisseries** *nfpl (gâteaux)* feine
Kuchen *pl*, Gebäck *nt* • **pâtissier,
-ière** *nm/f* Konditor(in) *m(f)*

patois [patwa] *nm* Mundart *f*

patriarche [patʀijaʀʃ] *nm*
Patriarch *m*

patrie [patʀi] *nf* Vaterland *nt*,
Heimat *f*

patrimoine [patʀimwan] *nm*
Erbe *nt*; **~ génétique** *ou*
héréditaire Erbgut *nt*

patriotique [patʀijɔtik] *adj*
patriotisch

patriotisme [patʀijɔtism] *nm*
Patriotismus *m*

patron, ne [patʀɔ̃, ɔn] *r m/f*
(chef) Chef(in) *m(f)*; *(propriétaire)*
Besitzer(in) *m(f)* • **patronal, e,
-aux** *adj* Arbeitgeber- • **patronat**
nm Arbeitgeber *pl* • **patronner** *vt*
(personne, entreprise) protegieren,
sponsern

patronyme [patʀɔnim] *nm*
Familienname *m*

patrouille [patʀuj] *nf (Mil)*
Patrouille *f*; *(de police)* Streife *f*
• **patrouiller** *vi* patrouillieren

patte [pat] *nf (jambe)* Bein *nt*;
(pied) Pfote *f*

pâturage [pɑtyʀaʒ] *nm* Weide *f*

paume [pom] *nf* Handfläche *f*,
Handteller *m* • **paumé, e** *(fam)* :
être ~(e) nicht durchblicken;
(désorienté) sich verirrt haben;
habiter dans un coin

p

(complètement) ~ am Ende der Welt wohnen • **paumer** vt (fam : perdre) verlieren
paupière [popjɛʀ] nf Lid nt
paupiette [popjɛt] nf: **~ de veau** Kalbsroulade f
pause [poz] nf Pause f
pauvre [povʀ] adj arm • **pauvreté** nf Armut f
pavé, e [pave] adj gepflastert ▶ nm Pflasterstein m • **paver** vt pflastern
pavillon [pavijɔ̃] nm Pavillon m; (maisonnette, villa) Häuschen nt; (drapeau) Flagge f
pavot [pavo] nm Mohn m
payant, e [pejɑ̃, ɑ̃t] adj (hôte, spectateur) zahlend; (parking) gebührenpflichtig
paye [pɛj] nf Lohn m
payement [pɛjmɑ̃] nm Zahlung f; (d'employé) Bezahlung f
payer [peje] vt bezahlen, zahlen; **~ qch à qn** jdm etw (be)zahlen; **~ comptant** ou **en espèces** bar zahlen
pays [pei] nm Land nt; **du ~** einheimisch; **~ en voie de développement** Entwicklungsland nt
paysage [peizaʒ] nm Landschaft f • **paysagiste** nmf (Art) Landschaftsmaler(in) m(f); (de jardin) Landschaftsarchitekt(in) m(f)
paysan, ne [peizɑ̃, an] nm/f Bauer m, Bäuerin f
Pays-Bas [peiba] nmpl: **les ~** die Niederlande pl
PC [pese] sigle m (= personal computer) PC m
PCV [peseve] abr (= percevoir) R-Gespräch nt

PDG [pedeʒe] sigle m (= président-directeur général) voir **président**
péage [peaʒ] nm (sur autoroute) Straßenzoll m, Maut f; (sur pont) Brückenzoll m; **autoroute à ~** Autobahn f mit Straßenzoll
peau, x [po] nf Haut f; **~ de banane** Bananenschale f
pêche [pɛʃ] nf (fruit) Pfirsich m; (au poisson) Fischen nt; (: à la ligne) Angeln nt; **aller à la ~** fischen/ angeln gehen
péché [peʃe] nm Sünde f • **pécher** vi sündigen
pêcher [peʃe] nm (Bot) Pfirsichbaum m ▶ vi (en mer) fischen; (en rivière) angeln • **pêcheur** nm Fischer(in) m(f), Angler(in) m(f)
pédagogie [pedagɔʒi] nf Pädagogik f • **pédagogique** adj pädagogisch
pédale [pedal] nf Pedal nt • **pédaler** vi in die Pedale treten
pédalo [pedalo] nm Tretboot nt
pédé [pede] nm (fam) Schwule(r) m
pédestre [pedɛstʀ] adj: **randonnée ~** (excursion) Wanderung f
pédiatre [pedjatʀ] nmf Kinderarzt m, Kinderärztin f • **pédiatrie** nf Pädiatrie f
pédicure [pedikyʀ] nmf Fußpfleger(in) m(f)
pédophile [pedɔfil] adj pädophil ▶ nmf Pädophile(r) f(m)
peeling [piliŋ] nm Peeling nt
peigne [pɛɲ] nm Kamm m • **peigner** vt kämmen; **se peigner** vpr sich kämmen • **peignoir**

Bademantel m; (déshabillé) Morgenmantel m

peindre [pɛ̃dʀ] vt malen; (mur) streichen

peine [pɛn] nf (effort) Mühe f; (chagrin) Kummer m; **faire de la ~ à qn** jds Mitleid erwecken; **se donner de la ~** sich der Mühe geben; **ce n'est pas la ~** es ist nicht nötig; **à ~** kaum; **défense d'afficher sous ~ d'amende** Plakatieren wird strafrechtlich verfolgt • **peiner** vt betrüben

peintre [pɛ̃tʀ] nm (ouvrier) Anstreicher(in) m(f); (Art) Maler(in) m(f); **~ en bâtiment** Anstreicher(in)

peinture [pɛ̃tyʀ] nf (Art) Malerei f; (tableau) Bild nt; (matière) Farbe f; (action : de mur) Anstreichen nt; (: de paysage, personne) Malen nt; **« ~ fraîche »** „frisch gestrichen"; **~ brillante** ou **laquée** Glanzlack m; **~ mate** Mattlack m

péjoratif, ive [peʒɔʀatif, iv] adj pejorativ, abwertend

Pékin [pekɛ̃] Peking nt

pelage [pəlaʒ] nm Fell nt

pêle-mêle [pɛlmɛl] adv durcheinander

peler [pəle] vt schälen ▶ vi sich schälen

pèlerin [pɛlʀɛ̃] nm Pilger(in) m(f) • **pèlerinage** nm Wallfahrt f

pelle [pɛl] nf Schaufel f

pellicule [pelikyl] nf (couche fine) Häutchen nt; (Photo, Ciné) Film m; **pellicules** nfpl Schuppen pl

pelote [p(ə)lɔt] nf (de fil, laine) Knäuel nt; **~ d'épingles** Nadelkissen nt; **~ basque** Pelota f

peloton [p(ə)lɔtõ] nm (Sport) (Haupt)feld nt

pelotonner [p(ə)lɔtɔne] : **se ~** vpr sich zusammenrollen

pelouse [p(ə)luz] nf Rasen m

peluche [p(ə)lyʃ] nf : **animal en ~** Stofftier nt

pelure [p(ə)lyʀ] nf Schale f

pénal, e, -aux [penal, o] adj Straf-

pénaliser [penalize] vt bestrafen

pénalité [penalite] nf Strafe f; (Rugby) Strafstoß m

penalty [penalti] (pl **penalties**) nm Elfmeter m

penchant [pɑ̃ʃɑ̃] nm : **avoir un ~ pour qch** eine Vorliebe für etw haben

pencher [pɑ̃ʃe] vi sich neigen ▶ vt neigen; **se pencher** vpr sich vorbeugen; **~ pour** neigen zu; **se ~ sur** sich vertiefen in +acc

pendant, e [pɑ̃dɑ̃, ɑ̃t] prép während; **~ que** während

pendentif [pɑ̃dɑ̃tif] nm (bijou) Anhänger m

penderie [pɑ̃dʀi] nf (meuble) Kleiderschrank m

pendre [pɑ̃dʀ] vt aufhängen ▶ vi hängen; **se pendre** vpr : **se ~ (à)** sich aufhängen (an +dat); **se ~ à** +acc • **pendu, e** pp de **pendre** ▶ nm/f Gehängte(r) f(m)

pendule [pɑ̃dyl] nf (Wand)uhr f ▶ nm Pendel nt

pénétrer [penetʀe] vi eindringen ▶ vt eindringen in +acc; **~ dans** ou **à l'intérieur de** eindringen in +acc

pénible [penibl] *adj* mühsam, schwierig; (*personne*) lästig • **péniblement** *adv* mühsam; (*avec douleur*) schmerzlich

péninsule [penɛ̃syl] *nf* Halbinsel *f*

pénis [penis] *nm* Penis *m*

pénombre [penɔ̃bʀ] *nf* Halbdunkel *nt*

pensée [pɑ̃se] *nf* Gedanke *m*; (*faculté*) Denken *nt*; (*Bot*) Stiefmütterchen *nt*; **en ~** im Geist

penser [pɑ̃se] *vi* denken; (*réfléchir aussi*) nachdenken ▶ *vt* denken; (*imaginer*) sich *dat* denken; **~ à** denken an +*acc*; (*problème, offre*) nachdenken über +*acc*; **~ que** denken, dass • **pensif, -ive** *adj* nachdenklich

pension [pɑ̃sjɔ̃] *nf* (*allocation*) Rente *f*; (*prix du logement*) Unterkunft *f*; (*petit hôtel*) Pension *f*; **~ alimentaire** Unterhalt *m* • **pensionnaire** *nmf* Pensionsgast *m* • **pensionnat** *nm* Internat *nt*

pensum [pɛ̃sɔm] *nm* (*Scol*) Strafarbeit *f*; (*fig*) lästige Arbeit *f*

pente [pɑ̃t] *nf* (*descente*) Abhang *m*; (*inclinaison*) Gefälle *nt*; **en ~** schräg, abfallend

Pentecôte [pɑ̃tkot] *nf*: **la ~** Pfingsten *nt*

pénurie [penyʀi] *nf* Mangel *m*

pépé [pepe] *nm* (*fam*) Opa *m*

pépin [pepɛ̃] *nm* (*Bot*) Kern *m*

pépinière [pepinjɛʀ] *nf* Baumschule *f*

perçant, e [pɛʀsɑ̃, ɑ̃t] *adj* (*vue*) scharf; (*cri, voix*) schrill

percée [pɛʀse] *nf* Durchbruch *m*; (*trouée*) Öffnung *f*

perce-neige [pɛʀsəneʒ] *nm inv ou nf inv* Schneeglöckchen *nt*

percepteur [pɛʀsɛptœʀ] *nm* Steuereinnehmer(in) *m(f)*

perceptible [pɛʀsɛptibl] *adj* wahrnehmbar

perception [pɛʀsɛpsjɔ̃] *nf* Wahrnehmung *f*; (*bureau*) Finanzamt *nt*

percer [pɛʀse] *vt* ein Loch machen in +*acc*; (*oreilles, narines*) durchstechen; (*abcès*) aufschneiden; (*trou, tunnel*) bohren • **perceuse** *nf* Bohrer *m*; **~ à percussion** Schlagbohrer *m*

percevoir [pɛʀsəvwaʀ] *vt* (*discerner*) wahrnehmen; (*taxe, impôt*) einnehmen

perche [pɛʀʃ] *nf* (*pièce de bois, métal*) Stange *f*; (*Zool*) Flussbarsch *m*; **~ à selfie** Selfiestick *m* • **perchoir** *nm* Stange *f*

percolateur [pɛʀkolatœʀ] *nm* Kaffeemaschine *f*

percussion [pɛʀkysjɔ̃] *nf*: **instrument à ~** Schlaginstrument *nt* • **percussionniste** *nmf* Schlagzeuger(in) *m(f)*

percuter [pɛʀkyte] *vt* stoßen auf +*acc*, schlagen auf +*acc* ▶ *vi*: **~ contre** knallen gegen

perdant, e [pɛʀdɑ̃, ɑ̃t] *nm/f* Verlierer(in) *m(f)*

perdre [pɛʀdʀ] *vt* verlieren; (*manquer*) verpassen; **~ son chemin** sich verirren; **~ connaissance/l'équilibre** das Bewusstsein/das Gleichgewicht verlieren; **se perdre** *vpr* (*s'égarer*) sich verirren

perdreau, x [pɛʀdʀo] *nm* Rebhuhnjunges *nt*

perdrix [pɛʀdʀi] *nf* Rebhuhn *nt*

perdu, e [pɛʀdy] *adj* verloren; (*isolé*) abgelegen, gottverlassen; (*emballage*) Einweg-

père [pɛʀ] *nm* Vater *m*; **pères** *nmpl* (*ancêtres*) Vorväter *pl*; **~ de ~ en fils** vom Vater auf den Sohn; **~ de famille** Familienvater *m*; **~ Noël** : **le ~ Noël** der Weihnachtsmann

péremption [peʀɑ̃psjɔ̃] *nf* : **date de ~** Verfallsdatum *nt*

pérenne [peʀɛn] *adj* (*emploi, agriculture, développement*) dauerhaft

perfection [pɛʀfɛksjɔ̃] *nf* Vollkommenheit *f*; **à la ~** tadellos • **perfectionner** *vt* vervollkommnen; **se perfectionner** *vpr* : **se ~ en anglais** sein Englisch verbessern • **perfectionniste** *nmf* Perfektionist(in) *m(f)*

perfide [pɛʀfid] *adj* heimtückisch

perforer [pɛʀfɔʀe] *vt* (*Tech, Méd*) perforieren; (*ticket, carte*) lochen • **perforeuse** *nf* Bohrer *m*

performance [pɛʀfɔʀmɑ̃s] *nf* Leistung *f* • **performant, e** *adj* leistungsfähig

perfusion [pɛʀfyzjɔ̃] *nf* Infusion *f*

péril [peʀil] *nm* Gefahr *f* • **périlleux, -euse** *adj* gefährlich

périmé, e [peʀime] *adj* überholt; (*passeport*) abgelaufen

périmètre [peʀimɛtʀ] *nm* (*Math*) Umfang *m*; (*ligne*) Grenze *f*; (*zone*) Umkreis *m*

période [peʀjɔd] *nf* Zeit *f*, Zeitraum *m* • **périodique** *adj* periodisch; (*journal, publication*) regelmäßig erscheinend ▶ *nm* (*revue*) Zeitschrift *f*

péripéties [peʀipesi] *nfpl* Ereignisse *pl*, Vorfälle *pl*

périphérie [peʀifeʀi] *nf* Peripherie *f*; (*d'une ville*) Stadtrand *m*

périphérique [peʀifeʀik] *adj* Außen- ▶ *nm* (*Inform*) Peripheriegerät *nt*; (**boulevard**) **~** Umgehungsstraße *f*

périple [peʀipl] *nm* Reise *f*

périr [peʀiʀ] *vi* (*personne*) umkommen, sterben; (*navire*) untergehen

périscolaire [peʀiskɔlɛʀ] *adj* außerschulisch

périssable [peʀisabl] *adj* (*denrée*) verderblich

perle [pɛʀl] *nf* Perle *f*

permanence [pɛʀmanɑ̃s] *nf* Beständigkeit *f*; **en ~** permanent, ständig • **permanent, e** *adj* ständig; (*constant, stable*) beständig, dauerhaft ▶ *nf* Dauerwelle *f*

perméable [pɛʀmeabl] *adj* durchlässig

permettre [pɛʀmɛtʀ] *vt* erlauben; **~ qch à qn** jdm etw erlauben; **se permettre** *vpr* : **se ~ qch** sich *dat* etw erlauben *ou* herausnehmen; **se ~ de faire qch** sich *dat* erlauben, etw zu tun

permis, e [pɛʀmi, iz] *nm* Genehmigung *f*; **~ d'inhumer** Totenschein *m*; **~ de chasse** Jagdschein *m*; **~ de conduire** Führerschein *m*; **~ de pêche** Angelschein *m*; **~ de séjour** Aufenthaltsgenehmigung *f*; **~ de travail** Arbeitsgenehmigung *f*

permissif, -ive [pɛʀmisif, iv] *adj* freizügig

P

permission [pɛʀmisjɔ̃] nf
Erlaubnis f

permuter [pɛʀmyte] vt
austauschen ▶ vi tauschen

pernicieux, -euse [pɛʀnisjø, jøz]
adj (Méd) bösartig; (fig) gefährlich

Pérou [peʀu] nm : **le ~** Peru nt

perpendiculaire
[pɛʀpɑ̃dikylɛʀ] adj senkrecht;
~ à senkrecht zu

perpétuel, le [pɛʀpetɥɛl] adj
ständig, fortwährend; (fonction
etc) lebenslang

perpétuité [pɛʀpetɥite] nf : **à ~**
lebenslänglich; **être condamné
à ~** zu lebenslänglich verurteilt
werden

perplexe [pɛʀplɛks] adj ratlos
• **perplexité** f Ratlosigkeit f

perquisition [pɛʀkizisjɔ̃] nf
Haussuchung f

perron [peʀɔ̃] nm Freitreppe f

perroquet [peʀɔke] nm
Papagei m

perruche [peʀyʃ] nf
Wellensittich m

perruque [peʀyk] nf Perücke f

persan, e [pɛʀsɑ̃, an] adj Perser-,
persisch • **Perse** nf : **la ~**
Persien nt

persécution [pɛʀsekysjɔ̃] nf
Verfolgung f

persévérant, e [pɛʀseveʀɑ̃, ɑ̃t]
adj ausdauernd, beharrlich
• **persévérer** vi nicht aufgeben

persiennes [pɛʀsjɛn] nfpl
Fensterläden pl (mit schrägen
Latten)

persil [pɛʀsi] nm Petersilie f

persistant, e [pɛʀsistɑ̃, ɑ̃t] adj
anhaltend • **persister** vi

fortdauern; (personne) nicht
aufhören

personnage [pɛʀsɔnaʒ] nm
Persönlichkeit f; (Litt) Person f
• **personnaliser** vt (voiture,
appartement) eine persönliche
Note geben +dat • **personnalité**
nf Persönlichkeit f

personne [pɛʀsɔn] nf Person f
▶ pron niemand; **personnes** nfpl
Menschen pl; **en ~** persönlich;
~ âgée älterer Mensch m
• **personnel, le** adj persönlich
▶ nm (employés) Personal nt
• **personnellement** adv
persönlich

perspective [pɛʀspɛktiv] nf
Perspektive f; (point de vue)
Blickwinkel m; **perspectives**
nfpl Aussichten pl; **en ~** in
Aussicht

perspicace [pɛʀspikas] adj
scharfsinnig

persuader [pɛʀsɥade] vt
überzeugen; **~ qn de qch** jdn von
etw überzeugen; **~ qn de faire
qch** jdn dazu überreden, etw zu
tun; **j'en suis persuadé** davon
bin ich überzeugt • **persuasif,
-ive** adj überzeugend
• **persuasion** nf
Überzeugung(skraft) f

perte [pɛʀt] nf Verlust m; **à ~** mit
Verlust

pertinemment [pɛʀtinamɑ̃]
adv treffend; (savoir) genau
• **pertinent, e** adj treffend

perturbation [pɛʀtyʀbasjɔ̃] nf
Störung f; (agitation) Unruhe f;
~ atmosphérique
atmosphärische Störungen pl

perturber [pɛʀtyʀbe] vt stören;
(personne) beunruhigen

peu

pervers, e [pɛʀvɛʀ, ɛʀs] *adj*
pervers ▶ *nm/f* perverser
Mensch *m*

pervertir [pɛʀvɛʀtiʀ] *vt*
verderben

pesamment [pəzamã] *adv*
schwerfällig

pesant, e [pəzã, ãt] *adj* schwer;
(présence) lästig; *(sommeil)* tief

pèse-bébé [pɛzbebe] *(pl*
pèse-bébé(s)) *nm*
Säuglingswaage *f* • **pèse-lettre**
(pl **pèse-lettre(s)**) *nm*
Briefwaage *f*

peser [pəze] *vt* wiegen ▶ *vi*
schwer wiegen

pessimisme [pesimism] *nm*
Pessimismus *m* • **pessimiste** *adj*
pessimistisch ▶ *nm/f* Pessimist(in)
m(f)

peste [pɛst] *nf* Pest *f*

pester [pɛste] *vi*: ~ **contre**
schimpfen auf +acc

pesticide [pɛstisid] *nm*
Schädlingsbekämpfungsmittel *nt*,
Pestizid *nt*

pet [pɛ] *nm (fam)* Furz *m*

pétale [petal] *nm* Blütenblatt *nt*

pétanque [petɑ̃k] *nf*
südfranzösisches Kugelspiel

pétard [petaʀ] *nm* Knallkörper *m*;
(de cotillon) Knallbonbon *m ou nt*

péter [pete] *vi (fam) (personne)*
furzen

pétiller [petije] *vi* knistern;
(mousse, écume, champagne)
perlen; *(joie, yeux)* funkeln

petit, e [p(ə)ti, -it] *adj* klein;
(court) kurz; *(bruit, cri)* schwach
▶ *nm/f (petit enfant)* Kleinkind *nt*;
~ **à ~** nach und nach; **~(e)**
ami(e) Freund(in) *m(f)*; **~s pois**

Erbsen *pl* • **petit-bourgeois,**
petite-bourgeoise *(pl* **petits-**
bourgeois, petites-
bourgeoises) *(péj) adj*
kleinbürgerlich ▶ *nm/f*
Kleinbürger(in) *m(f)*,
Spießbürger(in) *m(f)* • **petit-**
déjeuner *(pl* **petits-déjeuners**)
nm Frühstück *nt* • **petite-fille**
(pl **petites-filles**) *nf* Enkelin *f*
• **petit-fils** *(pl* **petits-fils**) *nm*
Enkel *m*

pétition [petisjɔ̃] *nf* Petition *f*

petit-nègre [p(ə)tinɛgʀ] *nm (péj)*
Kauderwelsch *nt*

petits-enfants [p(ə)tizɑ̃fɑ̃]
nmpl Enkelkinder *pl*, Enkel *pl*

petit-suisse [p(ə)tisɥis] *(pl*
petits-suisses) *nm* Frischkäse in
Portionstöpfchen

pétrir [petʀiʀ] *vt* kneten

pétrole [petʀɔl] *nm* Öl *nt*; **lampe**
à ~ Paraffinlampe *f* • **pétrolier,**
-ière *adj* Öl- ▶ *nm (navire)*
Öltanker *m*

---

peu [pø]

▶ *adv* **1** wenig; **il boit ~** er trinkt
wenig; **~ avant/après** kurz
davor/danach

2: **~ de** *(nombre)* wenige;
(quantité) wenig; **~ de femmes**
wenige Frauen; **il a ~ de**
pain/d'espoir er hat wenig
Brot/Hoffnung; **~ de gens le**
savent nur wenige wissen das;
à ~ de frais billig; **pour ~ de**
temps (für) kurze Zeit

3 *(locutions)*: **~ à ~** nach und
nach; **à ~ près** ungefähr; **à ~**
près 10 kg/10 euros ungefähr
10 kg/10 Euro; **avant** *ou* **sous ~**

bald; **de ~** knapp; **il s'en est fallu de ~** es wäre beinahe passiert; **depuis ~** seit Kurzem ▸ *nm* **1**: **le ~ de gens qui** die wenigen Leute, die; **le ~ de courage qui nous restait** das bisschen Mut, das uns noch blieb **2**: **un ~** ein bisschen, ein wenig; **un ~ d'espoir** ein bisschen Hoffnung; **un petit ~** ein kleines bisschen; **elle est un ~ grande** sie ist ein bisschen groß; **essayez un ~ !** versucht ihr es einmal!; **un ~ plus/moins de** etwas mehr/weniger

peuple [pœpl] *nm* Volk *nt*
• **peupler** *vt* bevölkern

peuplier [pøplije] *nm* Pappel *f*

peur [pœʀ] *nf* Angst *f*; **avoir ~ que** fürchten, dass • **peureux, -euse** *adj* ängstlich

peut-être [pøtɛtʀ] *adv* vielleicht; **~ bien** es kann gut sein; **~ que** es kann sein, daß

pH [peaʃ] *abr m* (= *potentiel d'hydrogène*) pH-Wert *m*

phallocrate [falɔkʀat] *nm* Macho *m*

phare [faʀ] *nm* (*en mer*) Leuchtturm *m*; (*d'un aéroport*) Leuchtfeuer *nt*; (*de véhicule*) Scheinwerfer *m*; **se mettre en** ou **mettre ses ~s** Fernlicht einschalten

pharmaceutique [faʀmasøtik] *adj* pharmazeutisch

pharmacie [faʀmasi] *nf* (*science*) Pharmazie *f*; (*magasin*) Apotheke *f*; (*produits*) Arzneimittel *pl* • **pharmacien, ne** *nm/f* Apotheker(in) *m(f)*

pharynx [faʀɛ̃ks] *nm* Rachen *m*

phase [faz] *nf* Phase *f*

phénomène [fenɔmɛn] *nm* Phänomen *nt*; (*excentrique*) (komischer) Kauz *m*

philharmonique [filaʀmɔnik] *adj* philharmonisch

philippin, e [filipɛ̃, in] *adj* philippinisch

Philippines [filipin] *nfpl*: **les ~** die Philippinen *pl*

philistin [filistɛ̃] *nm* Banause *m*

philosophe [filɔzɔf] *nmf* Philosoph(in) *m(f)* ▸ *adj* philosophisch • **philosophie** *nf* Philosophie *f*; (*calme, résignation*) Gelassenheit *f* • **philosophique** *adj* philosophisch

phobie [fɔbi] *nf* Phobie *f*; (*horreur*) Abscheu *m*

phonétique [fɔnetik] *adj* phonetisch ▸ *nf* Phonetik *f*

phoque [fɔk] *nm* Seehund *m*

phosphate [fɔsfat] *nm* Phosphat *nt*

phosphore [fɔsfɔʀ] *nm* Phosphor *m*

photo[1] [fɔto] *nf* Foto *nt*; **prendre qn en ~** ein Foto von jdm machen; **faire de la ~** fotografieren; **~ d'identité** Passbild *nt*

photo[2] [fɔto] *préfto-* Foto-

photocopie [fɔtɔkɔpi] *nf* Fotokopie *f* • **photocopier** *vt* fotokopieren • **photocopieur** *nm*, **photocopieuse** *nf* (*machine*) Fotokopierer *m*, Kopiergerät *nt*

photo-finish [fɔtofiniʃ] (*pl* **photos-finish**) *nf* (*appareil*) Zielkamera *f*; (*photo*) Zielfoto *nt*

photogénique [fɔtɔʒenik] *adj* fotogen

photographe [fɔtɔgʀaf] *nmf*
Fotograf(in) *m(f)* • **photographie**
nf Fotografie *f* • **photographier**
vt fotografieren
• **photographique** *adj*
fotografisch

photomontage [fɔtɔmɔ̃taʒ] *nm*
Fotomontage *f*

phrase [fʀaz] *nf* Satz *m*

physicien, ne [fizisjɛ̃, jɛn] *nm/f*
Physiker(in) *m(f)*

physiologique [fizjɔlɔʒik] *adj*
physiologisch

physionomie [fizjɔnɔmi] *nf*
Gesichtsausdruck *m*; (*fig*)
Gestalt *f*

physique [fizik] *adj* physisch;
(*Phys*) physikalisch; (*douleur, peur,
amour*) körperlich ▶ *nm* (*d'une
personne*) Statur *f* ▶ *nf*: **la ~** die
Physik; **au ~** körperlich
• **physiquement** *adv* (*au physique*)
körperlich

pianiste [pjanist] *nmf* Pianist(in)
m(f)

piano [pjano] *nm* Klavier *nt*

pianoter [pjanɔte] *vi* (*jouer du
piano*) (auf dem Klavier) klimpern;
~ sur mit den Fingern trommeln
auf +*acc*

PIB [peib] *sigle m* (= *produit
intérieur brut*)
Bruttoinlandsprodukt *nt*, BIP *nt*

pic [pik] *nm* (*instrument*)
Spitzhacke *f*; (*montagne, cime*)
Gipfel *m*; (*Zool*) Specht *m*; **à ~**
(*verticalement*) senkrecht

Picardie [pikaʀdi] *nf* Picardie *f*

pichet [piʃɛ] *nm* Krug *m*

pickpocket [pikpɔkɛt] *nm*
Taschendieb(in) *m(f)*

picorer [pikɔʀe] *vt* picken

picoter [pikɔte] *vt* picken ▶ *vi*
(*piquer, irriter*) stechen, prickeln

pictogramme [piktɔgʀam] *nm*
Piktogramm *nt*

pie [pi] *nf* Elster *f*

pièce [pjɛs] *nf* Stück *nt*; (*c'un
logement*) Zimmer *nt*; (*de monnaie*)
Münze *f*; **un deux-~s cuisine**
eine Zweizimmerwohnung mit
Küche; **~ d'identité** Ausweis *m*;
~ de rechange Ersatzteil *nt*;
~ jointe (*de lettre*) Anlage *f*;
(*Inform*) Attachment *nt*;
~ montée Baumkuchen *m*; **~s
détachées** Einzelteile *pl*

pied [pje] *nm* Fuß *m*; (*d'un verre*)
Stiel *m*; (*de meuble*) Bein *nt*; **à ~** zu
Fuß; **mettre sur ~** auf die Beine
stellen • **pied-à-terre** *nm inv*
Zweitwohnung *f* • **pied-noir** (*pl
pieds-noirs*) *nm* in Algerien
geborener Franzose

piège [pjɛʒ] *nm* Falle *f*

piéger [pjeʒe] *vt* in der Falle
fangen; (*avec une bombe, mine*)
verminen; **lettre piégée**
Briefbombe *f*; **voiture piégée**
Autobombe *f*

piercing [pjɛʀsiŋ] *nm* Piercing *nt*

pierrade [pjɛʀad] *nf* Tischgrill *m*

pierre [pjɛʀ] *nf* Stein *m*;
~ précieuse Edelstein *m*

piétiner [pjetine] *vi* auf² der Stelle
treten; (*fig*) stocken ▶ *vt*
herumtrampeln auf +*dct*

piéton, ne [pjetɔ̃, ɔn] *nm/f*
Fußgänger(in) *m(f)* • **piétonnier,
-ière** *adj* Fußgänger-

pieu, x [pjø] *nm* Pfahl *m*

pieuvre [pjœvʀ] *nf* Tintenfisch *m*

pieux, -euse [pjø, pjøz] *adj*
fromm

pif [pif] nm (fam) Riechkolben m; **au ~** nach dem Gefühl

piffer [pife] vt (fam) : **je ne peux pas le ~** ich kann ihn nicht riechen

pifomètre [pifɔmɛtʀ] nm (fam) Gefühl nt; **au ~** nach dem Gefühl

pigeon [piʒɔ̃] nm (Zool) Taube f • **pigeonnier** nm Taubenschlag m

piger [piʒe] vt, vi (fam) kapieren

pigiste [piʒist] nmf (journaliste) freiberufliche(r) Journalist(in) m(f) (der/die nach Zeilen bezahlt wird)

pigment [pigmɑ̃] nm Pigment nt

pignon [piɲɔ̃] nm (d'un mur) Giebel m; (d'un engrenage) Zahnrad nt; **avoir ~ sur rue** gut etabliert sein

pile [pil] nf (tas) Stapel m, Stoß m; (Élec) Batterie f

pilier [pilje] nm Pfeiler m; (personne) Stütze f

piller [pije] vt plündern

pilon [pilɔ̃] nm (instrument) Stößel m

pilotage [pilɔtaʒ] nm (d'avion) Fliegen nt; **~ automatique** Autopilot m

pilote [pilɔt] nm (Naut) Lotse m; (Aviat) Pilot m; **~ d'essai** Versuchspilot m; **~ de chasse** Jagdflieger m; **~ de course** Rennfahrer m; **~ de ligne** Linienpilot m • **piloter** vt (navire) lotsen; (automobile) fahren

pilule [pilyl] nf Pille f; **~ du lendemain** Pille f danach

piment [pimɑ̃] nm Peperoni f; (fig) Würze f

pin [pɛ̃] nm Kiefer f; (bois) Kiefernholz nt

pinard [pinaʀ] nm (fam) Wein m

pince [pɛ̃s] nf (outil) Zange f; (d'un homard, crabe) Schere f; **~ à épiler** Pinzette f; **~ à linge** Wäscheklammer f

pincé, e [pɛ̃se] adj (air) steif; (sourire, bouche) verkniffen ▶ nf : **une ~e de sel/poivre** eine Prise Salz/Pfeffer

pinceau, x [pɛ̃so] nm Pinsel m

pincer [pɛ̃se] vt kneifen; (cordes) zupfen

pince-sans-rire [pɛ̃ssɑ̃ʀiʀ] nm inv Mensch, der mit unerschütterlicher Miene Witze erzählt

pincettes [pɛ̃sɛt] nfpl Pinzette f; (pour le feu) Feuerzange f

pingouin [pɛ̃gwɛ̃] nm Pinguin m

ping-pong [piŋpɔ̃g] nm Pingpong nt, Tischtennis nt

pingre [pɛ̃gʀ] adj knauserig

pin's [pinz] nm Pin m, Anstecker m

pinson [pɛ̃sɔ̃] nm Buchfink m

pintade [pɛ̃tad] nf Perlhuhn nt

pioche [pjɔʃ] nf (outil) Spitzhacke f • **piocher** vt aufhacken

pion, ne [pjɔ̃, pjɔn] nm/f (Scol : surveillant) Aufsicht f ▶ nm (de jeu) Figur f; (Échecs) Bauer m

pionnier [pjɔnje] nm Pionier m

pipe [pip] nf Pfeife f

pipeau, x [pipo] nm (flûte) (Weiden)flöte f

pipeline [piplin] nm Pipeline f

pipérade [piperad] nf Omelett nt mit Tomaten und Paprika

pipi [pipi] nm (fam) : **faire ~** Pipi machen

piquant, e [pikɑ̃, ɑ̃t] adj (barbe) kratzig; (saveur, fig) scharf

pique [pik] *nf (arme)* Pike f, Spieß m ▶ *nm (Cartes)* Pik nt

pique-assiette [pikasjɛt] *nm inv (péj)* Schmarotzer(in) m(f)

pique-nique [piknik] *(pl* **pique-niques)** *nm* Picknick nt
• **pique-niquer** vi ein Picknick machen

piquer [pike] vt stechen; *(Méd)* eine Spritze geben +dat; *(serpent, fumée, froid)* beißen; *(barbe)* kratzen; **se piquer** vpr *(avec une aiguille)* sich stechen; *(avec une seringue)* sich spritzen

piquet [pikɛ] *nm* Pflock m; *(de tente)* Hering m

piquette [pikɛt] *nf (fam : vin)* Beerenwein m

piqûre [pikyʀ] *nf (d'épingle, d'insecte)* Stich m; *(d'ortie)* Brennen nt; *(Méd)* Spritze f; **faire une ~ à qn** jdm eine Spritze setzen ou geben

piratage [piʀataʒ] *nm (Inform)* Hacken nt

pirate [piʀat] *nm* Pirat m;
 ~ de l'air Luftpirat m;
 ~ informatique Hacker(in) m(f)
• **pirater** vt eine Raubkopie machen von

pire [piʀ] *adj (comparatif)* schlechter, schlimmer ▶ *nm* : **le ~ (de)** der/die/das Schlechteste unter +dat; **le/la ~ ...** *(adjectif)* der/die/das schlechteste ...

pirouette [piʀwɛt] *nf* Pirouette f; **répondre par une ~** geschickt ausweichen

pis [pi] *nm (de vache)* Euter nt ▶ *adj* schlimm ▶ *adv* schlimmer

pis-aller [pizale] *nm inv* Notlösung f, Notbehelf m

pisciculture [pisikyltyʀ] *nf* Fischzucht f

piscine [pisin] *nf* Schwimmbad nt; **~ couverte** Hallenbad nt; **~ en plein air** Freibad nt

pissenlit [pisɑ̃li] *nm* Löwenzahn m

pisser [pise] vi *(fam)* pinkeln

pistache [pistaʃ] *nf* Pistazie f

piste [pist] *nf* Spur f; *(d'un hippodrome, vélodrome)* Bahn f; *(de stade)* Rennbahn f; *(de cirque)* Ring m; *(de danse)* Tanzfläche f; *(de ski)* Piste f; *(sentier)* Weg m; *(Aviat)* Start- und Landebahn f; **~ cyclable** Radweg m

pistolet [pistɔlɛ] *nm* Pistole f; *(à peinture, vernis)* Pistole f; **~ à air comprimé** Luftgewehr nt
• **pistolet-mitrailleur** *(pl* **pistolets-mitrailleurs)** *nm* Maschinenpistole f

piston [pistɔ̃] *nm* Kolben m

pistonner [pistɔne] vt Beziehungen spielen lassen für

piteux, -euse [pitø, øz] *adj* jämmerlich

pitié [pitje] *nf* Mitleid nt; **avoir ~ de qn** Mitleid mit jdm haben; **faire ~** Mitleid erregen

piton [pitɔ̃] *nm* Haken m; **~ rocheux** Felsnase f

pitoyable [pitwajabl] *adj* erbärmlich

pitre [pitʀ] *nm* Clown m

pittoresque [pitɔʀɛsk] *adj (lieu)* malerisch; *(expression, détail)* anschaulich, bildhaft

pivert [pivɛʀ] *nm* Grünspecht m

pivoine [pivwan] *nf* Pfingstrose f

pivot [pivo] *nm (axe)* Lagerzapfen m, Drehzapfen m; *(fig)* Dreh- und

P

Angelpunkt *m* • **pivoter** *vi* sich drehen

pixel [piksɛl] *nm* Pixel *nt*

pizza [pidza] *nf* Pizza *f*

PJ [peʒi] *sigle f* (= *police judiciaire*) Kriminalpolizei *f*; (= *pièce jointe*) Anl

placard [plakaʀ] *nm* (*armoire*) Schrank *m*; (*affiche, écriteau*) Plakat *nt*; **~ publicitaire** Großanzeige *f*

place [plas] *nf* Platz *m*; (*endroit*) Ort *m*, Platz; (*situation*) Lage *f*; (*emploi*) Stelle *f*; **sur ~** an Ort und Stelle; **à votre ~** an Ihrer Stelle; **à la ~ de** anstelle von; **il y a 20 ~s assises/debout** es gibt 20 Sitzplätze/Stehplätze

placebo [plasebo] *nm* Placebo *nt*

placement [plasmã] *nm* (*investissement*) Anlage *f*

placenta [plasɛ̃ta] *nm* Plazenta *f*

placer [plase] *vt* setzen, stellen, legen

placide [plasid] *adj* ruhig, gelassen

plafond [plafõ] *nm* Decke *f* • **plafonner** *vi* (*Aviat*) die Gipfelhöhe erreichen; (*fig*) die Obergrenze erreichen

plage [plaʒ] *nf* Strand *m*; (*d'un lac, fleuve*) Ufer *nt*; **~ arrière** (*Auto*) Hutablage *f*

plagier [plaʒje] *vt* plagiieren

plaider [plede] *vt* (*cause*) verteidigen, vertreten; **~ pour** ou **en faveur de qn** für jdn sprechen

plaie [plɛ] *nf* Wunde *f*

plaignant, e [plɛɲɑ̃, ɑ̃t] *adj* klagend ▶ *nm/f* Kläger(in) *m(f)*

plaindre [plɛ̃dʀ] *vt* bedauern; **se plaindre** *vpr*: **se ~ à qn de**

qn/qch sich bei jdm über jdn/etw beklagen

plaine [plɛn] *nf* Ebene *f*

plain-pied [plɛ̃pje]: **de ~** *adv* auf gleicher Höhe

plainte [plɛ̃t] *nf* Klage *f*; **porter ~** klagen

plaire [plɛʀ] *vi* gefallen; **s'il vous plaît** bitte

plaisance [plɛzɑ̃s] *nf* (*aussi*: **navigation de plaisance**) Hobbysegeln *nt*

plaisant, e [plɛzɑ̃, ɑ̃t] *adj* (*maison, décor, site*) schön; (*personne*) angenehm; (*histoire, anecdote*) amüsant, unterhaltend • **plaisanter** *vi* Spaß machen, scherzen • **plaisanterie** *nf* Scherz *m*, Spaß *m*

plaisir [pleziʀ] *nm* Vergnügen *nt*; (*joie*) Freude *f*; **faire ~ à qn** jdm eine Freude machen; **prendre ~ à qch** Gefallen an etw *dat* finden; **pour le ~** zum reinen Vergnügen

plan, e [plɑ̃, an] *adj* eben ▶ *nm* Plan *m*; **au premier/second ~** im Vorder-/Hintergrund; **à l'arrière ~** im Hintergrund; **de premier/second ~** erst-/ zweitrangig; **sur le ~ sexuel** was das Sexuelle betrifft; **~ d'eau** Wasserfläche *f*

planche [plɑ̃ʃ] *nf* Brett *nt*; **~ à repasser** Bügelbrett *nt*; **~ à roulettes** Skateboard *nt*; **~ à voile** Surfbrett *nt*; (*sport*) Windsurfen *nt*

plancher [plɑ̃ʃe] *nm* Fußboden *m*

planchiste [plɑ̃ʃist] *nmf* Windsurfer(in) *m(f)*

plancton [plɑ̃ktõ] *nm* Plankton *nt*

planer [plane] *vi* glieten; *(fumée, odeur)* in der Luft hängen; *(être euphorique)* schweben; **~ sur** schweben über +*dat*

planétaire [planetɛʀ] *adj* Planeten-

planète [planɛt] *nf* Planet *m*

planeur [planœʀ] *nm* Segelflugzeug *nt*

planification [planifikasjɔ̃] *nf* Planung *f*

planifier [planifje] *vt* planen

planning [planiŋ] *nm* Planung *f*; **~ familial** Familienplanung *f*

planque [plãk] *nf (fam) (emploi)* ruhige Kugel *f*; *(cachette)* Versteck *nt*

plantation [plãtasjɔ̃] *nf* Pflanzung *f*, Plantage *f*

plante [plãt] *nf* Pflanze *f*; **~ du pied** Fußsohle *f* • **planter** *vt* pflanzen, einschlagen; *(tente)* aufschlagen; **se planter** *vpr (ordinateur)* abstürzen

plantureux, -euse [plãtyʀø, øz] *adj (repas)* reichlich; *(femme, poitrine)* üppig

plaque [plak] *nf* Platte *f*; *(avec inscription)* Schild *nt*; **~ d'immatriculation** *ou* **minéralogique** Nummernschild *nt*, Kraftfahrzeugkennzeichen *nt*; **~ d'identité** Erkennungsmarke *f*; **~ de chocolat** Tafel *f* Schokolade

plaquer [plake] *vt (fam : laisser tomber)* sitzen lassen; **se plaquer** *vpr* : **se ~ contre** sich pressen gegen

plasma [plasma] *nm* Plasma *nt*

plastic [plastik] *nm* Plastiksprengstoff *m*

plastifié, e [plastifje] *adj* plastiküberzogen

plastique [plastik] *adj* plastisch ▸ *nm* Plastik *nt*; **en ~** Plastik-

plat, e [pla, at] *adj* flach ▸ *nm (récipient)* Schale *f*; *(mets)* Gericht *nt*; **le premier/deuxième ~** *(d'un repas)* der erste/zweite Gang; **à ~ ventre** bäuchlings; **à ~** *(horizontalement)* horizontal; **pneu à ~** platter Reifen *m*; **batterie à ~** leere Batterie *f*; **~ cuisiné** Fertiggericht *nt*; **~ de résistance** Hauptgericht *nt*; **~ du jour** Tagesgericht *nt*

platane [platan] *nm* Platane *f*

plateau, x [plato] *nm* Platte *f*; *(Géo)* Plateau *nt*; *(Radio, TV)* Studiobühne *f*

plate-bande [platbãd] *(pl* **plates-bandes)** *nf* Rabatte *f*, Beet *nt* • **plate-forme** *(pl* **plates-formes)** *nf* : **~ de forage** Bohrinsel *f*; **~ pétrolière** Ölbohrinsel *f*

platine [platin] *nm (métal)* Platin *nt*; **~ laser** CD-Player *m*

platonique [platɔnik] *adj* platonisch

plâtre [plɑtʀ] *nm* Gips *m*

plausibilité [plozibilite] *nf* Plausibilität *f* • **plausible** *adj* plausibel

play-back [plɛbak] *nm inv* Play-back *nt*

plein, e [plɛ̃, plɛn] *adj* voll ▸ *nm* : **faire le ~** *(d'essence)* volltanken; **~ de** voller; **à ~ temps** *ou* **temps ~** ganztags; **en ~ air** im Freien; **en ~ e mer** auf hoher See; **en ~e rue** mitten auf der Straße; **en ~ milieu** genau in der Mitte; **en ~ jour** am hellichten Tag; **en ~e nuit** mitten in der Nacht

P

• **plein-emploi** nm
Vollbeschäftigung f
plénière [plenjɛʀ] adj f:
assemblée ou **réunion ~**
Plenarsitzung f
pleurer [plœʀe] vi weinen; (yeux)
tränen; **~ de rire** Tränen lachen
pleurésie [plœʀezi] nf
Brustfellentzündung f
pleurnicher [plœʀniʃe] vi
flennen
pleuvoir [pløvwaʀ] vb impers : **il
pleut** es regnet; **il pleut des
cordes** es regnet Bindfäden
pli [pli] nm Falte f; (Admin : lettre)
Brief m
pliable [plijabl] adj faltbar
pliant, e [plijɑ̃, ɑ̃t] adj
Klapp- ▶ nm Klappstuhl m
plier [plije] vt zusammenfalten;
(table pliante) zusammenklappen;
(genou, bras) beugen, biegen ▶ vi
(branche, arbre) sich biegen; **se
plier** vpr : **se ~ à** sich beugen +dat
plissé, e [plise] adj (Géo) mit
Bodenfalten ▶ nm (Couture)
Plissee nt
plisser [plise] vt (jupe) fälteln;
(front) runzeln; (bouche)
verziehen; **se plisser** vpr (se
froisser) Falten bekommen
plomb [plɔ̃] nm (métal) Blei nt;
(Pêche) Senker m; (Élec) Sicherung
f; **sans ~** (essence) bleifrei,
unverbleit
plomber [plɔ̃be] vt (dent)
plombieren; (fam: compromettre:
finances, comptes; ~ relations)
beeinträchtigen; **~ l'ambiance**
die Stimmung verderben
plomberie [plɔ̃bʀi] nf
(installation) Rohre und

Leitungen pl
plombier [plɔ̃bje] nm
Installateur m, Klempner m
plombifère [plɔ̃bifɛʀ] adj
bleihaltig
plonge [plɔ̃ʒ] nf: **faire la ~** (fam)
Geschirr spülen
plongeant, e [plɔ̃ʒɑ̃, ɑ̃t] adj (vue)
von oben; (décolleté) tief
(ausgeschnitten)
plongée [plɔ̃ʒe] nf:
~ sous-marine Tauchen nt
plongeoir [plɔ̃ʒwaʀ] nm
Sprungbrett nt
plongeon [plɔ̃ʒɔ̃] nm Sprung m
plonger [plɔ̃ʒe] vi (personne,
sous-marin) tauchen; (oiseau,
avion) einen Sturzflug machen
▶ vt (immerger) tauchen ▶ vpr :
se ~ dans un livre sich in ein Buch
vertiefen
plongeur, -euse [plɔ̃ʒœʀ, øz]
nm/f Taucher(in) m(f); (de
restaurant) Tellerwäscher(in) m(f)
plouc [pluk] nm (fam) Proll m
ployer [plwaje] vi nachgeben
plu [ply] pp de **plaire ; pleuvoir**
pluie [plɥi] nf Regen m; **~s acides**
saurer Regen m
plumage [plymaʒ] nm
Gefieder nt
plume [plym] nf Feder f
plumer [plyme] vt rupfen
plupart [plypaʀ] nf: **la ~** die
meisten; **la ~ des hommes/
d'entre nous** die meisten
Menschen/die meisten von uns;
la ~ du temps meistens; **dans la
~ des cas** in den meisten Fällen
pluriel [plyʀjɛl] nm Plural m

---

plus [ply]

▶ *adv* **1** (*forme négative*) : **ne ... ~** nicht mehr; **je n'ai ~ d'argent** ich habe kein Geld mehr; **il ne travaille ~** er arbeitet nicht mehr; **il ne reste ~ que deux tomates** es sind nur noch zwei Tomaten da
2 (*comparatif*) mehr; (*superlatif*) : **le ~** am meisten; (*avec adj*) : **plus grand/intelligent (que)** größer/intelligenter (als); **le ~ grand/intelligent** der Größte/Intelligenteste
3 : **~ de** (*d'avantage*) mehr; **~ de pain** mehr Brot; **~ de 3 heures/4 kilos** mehr als 3 Stunden/4 Kilo; **~ d'argent/de possibilités (que)** mehr Geld/Möglichkeiten (als); **~ de 10 personnes** mehr als 10 Personen
4 : **~ que** (*d'avantage*) mehr als; **il travaille ~ que moi** er arbeitet mehr als ich; **3 heures/kilos de ~ que** 3 Stunden/Kilo mehr als; **il a 3 ans de ~ que moi** er ist 3 Jahre älter als ich
5 (*locutions*) : **de ~** (*en supplément*) zusätzlich; (*en outre*) außerdem; **de ~ en ~** immer mehr; **3 kilos en ~** 3 Kilo mehr; **en ~ de** zusätzlich zu; **(tout) au ~** (aller)höchstens; **d'autant ~ que** umso mehr als; **~ ou moins** mehr oder weniger; **ni ~ ni moins** nicht mehr und nicht weniger
▶ *prép* : **4 ~ 2** 4 plus 2

plusieurs [plyzjœʀ] *pron, adj* mehrere, einige

plus-que-parfait [plyskəpaʀfɛ] *nm* Plusquamperfekt *nt*

plus-value [plyvaly] (*pl* **plus-values**) *nf* (*Écon*) Mehrwert *m*; (*bénéfice*) Gewinn *m*

plutonium [plytɔnjɔm] *nm* Plutonium *nt*

plutôt [plyto] *adv* eher, vielmehr; **je ferais ~ ceci** ich würde lieber das machen

pluvieux, -euse [plyvjø, jøz] *adj* regnerisch

PMA [peɛma] *sigle f* (= *procréation médicalement assistée*) künstliche Befruchtung *f*

PME [peɛmə] *sigle fpl* (= *petites et moyennes entreprises*) kleine und mittelständische Betriebe *pl*

PMI [peɛmi] *sigle f* (= *centre de protection maternelle et infantile*) *voir* **protection**

PMU [peɛmy] *sigle m* (= *pari mutuel urbain*) Wettannahmestelle *f*

PNB [peɛnbe] *sigle m* (= *produit national brut*) BSP *nt*, Bruttosozialprodukt *nt*

pneu, x [pnø] *nm* Reifen *m*

pneumonie [pnømɔni] *nf* Lungenentzündung *f*

poche [pɔʃ] *nf* Tasche *f* ▶ *nm* (*livre*) Taschenbuch *nt*; **carnet/couteau/lampe de ~** Taschenbuch/Taschenmesser *nt*/Taschenlampe *f*

pocher [pɔʃe] *vt* (*Culin*) pochieren

pochette [pɔʃɛt] *nf* (*mouchoir*) Ziertuch *nt*; **~ d'allumettes** Streichholzheftchen *nt*; **~ de disque** Plattenhülle *f*

podcast [pɔdkast] *nm* Podcast *m*

podcaster [pɔdkaste] *vi* podcasten

p

podcasting [pɔdkastiŋ] nm
Podcasting nt

podium [pɔdjɔm] nm Podest nt

poêle [pwal] nm (appareil de
chauffage) Ofen m ▸ nf : ~ (à frire)
Bratpfanne f

poêlon [pwalɔ̃] nm Schmortopf m

poème [pɔɛm] nm Gedicht nt

poésie [pɔezi] nf Gedicht nt

poète [pɔɛt] nm Dichter(in) m(f)

poétique [pɔetik] adj poetisch;
(œuvres, talent, licence) dichterisch

pognon [pɔɲɔ̃] nm (fam) Kohle f

poids [pwa] nm Gewicht nt;
vendre qch au ~ etw nach
Gewicht verkaufen; **prendre du** ~
zunehmen; **perdre du** ~
abnehmen; **~ lourd** (camion)
Lastkraftwagen m; **~ mort** (Tech)
Leergewicht nt

poignant, e [pwaɲɑ̃, ɑ̃t] adj
(émotion, souvenir) schmerzlich;
(lecture) ergreifend

poignard [pwaɲaʀ] nm Dolch m
• **poignarder** vt erdolchen

poignée [pwaɲe] nf (de couvercle,
porte, etc) Griff m; (quantité)
Handvoll f; **~ de main**
Händedruck m

poignet [pwaɲɛ] nm
Handgelenk nt

poil [pwal] nm Haar nt; (de tissu,
tapis) Flor m; (pelage) Fell m;
(ensemble des poils) Haare pl
• **poilu, e** adj haarig

poinçonner [pwɛ̃sɔne] vt
(marchandise, bijou etc) stempeln;
(billet, ticket) knipsen

poing [pwɛ̃] nm Faust f

point [pwɛ̃] nm Punkt m; (endroit)
Stelle f, Ort m; (moment)
Zeitpunkt m; **ne ... ~** nicht; **être**
sur le ~ de faire qch im Begriff
sein, etw zu tun; **mettre au ~**
(appareil-photo) scharf einstellen;
(affaire) klären; **~ d'eau**
Wasserstelle f; **~ d'exclamation**
Ausrufungszeichen nt;
~ d'interrogation Fragezeichen nt;
~ de côté Seitenstechen nt; **~ de**
vue (paysage) Aussichtspunkt m;
(fig) Meinung f; **~ faible** schwacher
Punkt; **~ noir** (sur le visage)
Mitesser m; (Auto) gefährliche
Stelle f; **~s cardinaux** (vier)
Himmelsrichtungen pl; **~s de**
suspension Auslassungspunkte pl

pointe [pwɛ̃t] nf Spitze f; **une ~**
d'ail ein Hauch m Knoblauch; **une**
~ d'accent/d'ironie ein Anflug m
von einem Akzent/von Ironie;
en ~ spitz; **de ~** (industries,
recherches) führend

pointer [pwɛ̃te] vt (cocher)
abhaken; (employés, ouvriers)
kontrollieren ▸ vi (ouvrier, employé)
stempeln; **~ qch vers qch** etw
auf etw acc richten

pointilleux, -euse [pwɛ̃tijø, øz]
adj pingelig

pointu, e [pwɛ̃ty] adj spitz

pointure [pwɛ̃tyʀ] nf Größe f

point-virgule [pwɛ̃viʀgyl] (pl
points-virgules) nm
Strichpunkt m

poire [pwaʀ] nf (fruit) Birne f

poireau, x [pwaʀo] nm Lauch m

poirier [pwaʀje] nm (Bot)
Birnbaum m

pois [pwa] nm (Bot) Erbse f; **à ~**
gepunktet; **~ chiche**
Kichererbse f

poison [pwazɔ̃] nm Gift nt

poisse [pwas] nf (fam) Pech nt

poisson [pwasɔ̃] nm Fisch m; **les P~s** (Astrol) die Fische pl; **être des P~s** Fisch sein; **~ d'avril** ≈ Aprilscherz m; **~ d'avril !** April, April!; **~ rouge** Goldfisch m
• **poissonnerie** nf Fischgeschäft nt

poitrine [pwatʀin] nf Brust f; (seins aussi) Busen m

poivre [pwavʀ] nm Pfeffer m; **~ de Cayenne** Cayennepfeffer m; **~ en grains** Pfefferkörner pl • **poivré, e** adj gepfeffert • **poivrier** nm (ustensile) Pfefferstreuer m

poivron [pwavʀɔ̃] nm Paprika m; **~ rouge/vert** roter/grüner Paprika

polaire [pɔlɛʀ] adj Polar- ▶ nf Fleecejacke f

polar [pɔlaʀ] nm (fam) Krimi m

pôle [pol] nm Pol m; **le ~ Nord/Sud** der Nord-/Südpol m

poli, e [pɔli] adj höflich; (lisse) poliert, glatt

police [pɔlis] nf Polizei f; **~ d'assurance** Versicherungspolice f; **~ judiciaire** Kriminalpolizei f; **~ secours** Notdienst m

polichinelle [pɔliʃinɛl] nm Kasper m

policier, -ière [pɔlisje, jɛʀ] adj Polizei-; (mesures) polizeilich ▶ nm Polizist(in) m(f); (aussi : **roman policier**) Krimi m

poliment [pɔlimɑ̃] adv höflich

polio [pɔljo], **poliomyélite** [pɔljɔmjelit] nf Kinderlähmung f, Polio f

polir [pɔliʀ] vt polieren

polisson, ne [pɔlisɔ̃, ɔn] adj frech

politesse [pɔlitɛs] nf Höflichkeit f

politicien, ne [pɔlitisjɛ̃, jɛn] nm/f Politiker(in) m(f)

politique [pɔlitik] adj politisch ▶ nf Politik f

politiser [pɔlitize] vt politisieren

pollen [pɔlɛn] nm Blütenstaub m

polluant, e [pɔlɥɑ̃, ɑ̃t] adj umweltbelastend ▶ nm Schadstoff m • **polluer** vt verschmutzen

pollution [pɔlysjɔ̃] nf Umweltverschmutzung f; **~ atmosphérique** Luftverschmutzung f; **~ sonore** Lärmbelastung f

polo [pɔlo] nm (sport) Polo nt; (tricot) Polohemd nt

Pologne [pɔlɔɲ] nf: **la ~** Polen nt • **polonais, e** adj polnisch ▶ nm/f: **P~, e** Pole m, Polin f

poltron, ne [pɔltʀɔ̃, ɔn] adj feige

polyamide [pɔljamid] r.m Polyamid nt

polycopié, e [pɔlikɔpje] adj vervielfältigt ▶ nm Vorlesungsskript nt

polyester [pɔliɛstɛʀ] nm Polyester m

polygamie [pɔligami] nf Polygamie f

polyglotte [pɔliglɔt] adj vielsprachig

Polynésie [pɔlinezi] nf: **la ~** Polynesien nt • **polynésien, ne** adj polynesisch

polype [pɔlip] nm (Zool) Polyp m; (Méd) Polype f

polystyrène [pɔlistiʀɛn] nm Styropor® nt

polyvalent, e [pɔlivalɑ̃, ɑ̃t] adj
(*personne*) vielseitig; (*Chim*)
mehrwertig

pommade [pɔmad] nf Salbe f

pomme [pɔm] nf Apfel m;
(*pomme de terre*) Kartoffel f; **~ de
terre** Kartoffel f; **~s frites**
Pommes frites pl • **pommier** nm
Apfelbaum m

pompe [pɔ̃p] nf (*appareil*) Pumpe
f; (*faste*) Pomp m; **~ à essence**
Zapfsäule f; **~ à incendie**
Feuerspritze f; **~ de bicyclette**
Fahrradpumpe f; **~s funèbres**
Beerdigungsinstitut nt • **pomper**
vt pumpen

pompeux, -euse [pɔ̃pø, øz] adj
(*péj*) bombastisch, schwülstig

pompier [pɔ̃pje] nm
Feuerwehrmann m

pompiste [pɔ̃pist] nmf
Tankwart(in) m(f)

ponctionner [pɔ̃ksjɔne] vt (*Méd*)
punktieren

ponctuation [pɔ̃ktɥasjɔ̃] nf
Interpunktion f

ponctuel, le [pɔ̃ktɥɛl] adj
pünktlich; (*opération,
intervention*) punktuell
• **ponctuellement** adv (*à l'heure*)
pünktlich

ponctuer [pɔ̃ktɥe] vt (*texte*) mit
Satzzeichen versehen

pondre [pɔ̃dʀ] vt (*œufs*) legen

poney [pɔnɛ] nm Pony nt

pont [pɔ̃] nm Brücke f; (*Naut*) Deck
nt; **~ arrière/avant** (*Auto*)
Hinter-/Vorderachse f; **faire le ~**
einen Fenstertag nehmen
• **pontage** nm Bypassoperation f
• **pont-levis** (*pl* ponts-levis) nm
Zugbrücke f

ponton [pɔ̃tɔ̃] nm Ponton m

populace [pɔpylas] nf (*péj*)
Pöbel m

populaire [pɔpylɛʀ] adj Volks-;
(*croyances, traditions, bon sens*)
volkstümlich; (*Ling*)
umgangssprachlich; (*mesure,
écrivain, roi, politique*) populär
• **populariser** vt populär machen
• **popularité** nf Beliebtheit f,
Popularität f

population [pɔpylasjɔ̃] nf
Bevölkerung f; (*d'une ville*)
Einwohner pl

porc [pɔʀ] nm (*Zool*) Schwein nt;
(*Culin*) Schweinefleisch m

porcelaine [pɔʀsəlɛn] nf
Porzellan nt

porcelet [pɔʀsəlɛ] nm Ferkel nt

porche [pɔʀʃ] nm Vorhalle f

porcherie [pɔʀʃəʀi] nf
Schweinestall m

pore [pɔʀ] nm Pore f

poreux, -euse [pɔʀø, øz] adj
porös

porno [pɔʀno] adj Porno-

pornographie [pɔʀnɔgʀafi] nf
Pornografie f

pornographique
[pɔʀnɔgʀafik] adj pornografisch

port [pɔʀ] nm Hafen m; (*ville*)
Hafenstadt f; (*Inform*) Port m,
Ausgang m; (*poste*) Porto nt; **~ de
pêche** Fischereihafen m; **~ dû**
unfrei; **~ franc** Freihafen m;
~ payé frei

portable [pɔʀtabl] adj tragbar
▶ nm (*Tél*) Handy nt

portail [pɔʀtaj] nm Portal nt

portant, e [pɔʀtɑ̃, ɑ̃t] adj
tragend; **bien ~** gesund;
mal ~ krank

portatif, -ive [pɔʀtatif, iv] *adj*
tragbar

porte [pɔʀt] *nf* Tür *f*; (*d'une ville,
forteresse, Ski*) Tor *nt*; **~ d'entrée**
Eingangstür *f*;
~ (d'embarquement) (*Aviat*)
Flugsteig *m*; **~ de secours**
Notausgang *m*

porte-avions [pɔʀtavjɔ̃] *nm inv*
Flugzeugträger *m* • **porte-
bagages** *nm inv* (*d'une bicyclette,
moto*) Gepäckträger *m*; (*Auto*)
Dachgepäckträger *m*
• **porte-bébé** (*pl* **porte-bébés**)
nm Babytrage *f* • **porte-bonheur**
nm inv Glücksbringer *m*
• **porte-cigarettes** *nm inv*
Zigarettenetui *nt* • **porte-clefs,
porte-clés** *nm inv*
Schlüsselring *m*

portée [pɔʀte] *nf* (*d'une arme*)
Reichweite *f*; (*fig : importance*)
Tragweite *f*; (*d'un animal etc*) Wurf
m; (*Mus*) Notenlinien *pl*; **hors de
~ (de)** außer Reichweite (von); **à
~ de la main** in Reichweite; **à la ~
de qn** in jds Reichweite; (*fig*) auf
jds Niveau

portefeuille [pɔʀtəfœj] *nm*
(*porte-monnaie*) Brieftasche *f*; (*d'un
ministre*) Ministerposten *m*;
(*Bourse*) Portfolio *nt*

portemanteau, x [pɔʀt(ə)
mɑ̃to] *nm* Garderobenständer *m*

porte-monnaie [pɔʀtmɔnɛ]
nm inv Geldbeutel *m*

porte-parole [pɔʀtpaʀɔl] *nm inv*
Wortführer(in) *m(f)*

porter [pɔʀte] *vt* tragen;
(*apporter*) bringen ▶ *vi* (*voix*)
tragen; (*regard, cri, arme*) reichen;
(*reproche, coup*) die gewünschte
Wirkung erzielen; **se porter** *vpr* :

se ~ bien/mal sich gut/schlecht
fühlen; **~ secours à qn** jdm Hilfe
leisten; **~ bonheur à qn** jdm
Glück bringen

porte-savon [pɔʀtsavɔ̃]
(*pl* **porte-savons**) *nm*
Seifenschale *f* • **porte-serviettes**
nm inv Handtuchhalter *m*
• **porte-skis** *nm inv* (*Auto*)
Skiträger *m*

porteur, -euse [pɔʀtœʀ, øz]
nm/f Überbringer(in) *m(f)*; (*Fin :
d'une action, obligation*) Inhaber(in)
m(f) ▶ *nm* (*dans une gare etc*)
Gepäckträger *m*

porte-vélos [pɔʀtvelo] *nm inv*
Fahrradträger *m* • **porte-voix** *nm
inv* Megafon *nt*

portier [pɔʀtje] *nm* Portier *m*

portière [pɔʀtjɛʀ] *nf* Tür *f*

portillon [pɔʀtijɔ̃] *nm* Sperre *f*

portion [pɔʀsjɔ̃] *nf* Teil *m*; (*de
nourriture*) Portion *f*

portique [pɔʀtik] *nm* Säulenhalle *f*;
~ de sécurité *ou* **électronique**
elektronische
Sicherheitskontrolle *f*

porto [pɔʀto] *nm* Portwein *m*

portrait [pɔʀtʀɛ] *nm* Porträt *nt*
• **portrait-robot** (*pl*
portraits-robots) *nm*
Phantombild *nt*

portuaire [pɔʀtɥɛʀ] *adj* Hafen-

portugais, e [pɔʀtyɡɛ ɛz] *adj*
portugiesisch ▶ *nm/f*: **P~, e**
Portugiese *m*, Portugiesin *f*
• **Portugal** *nm* : **le ~** Portugal *nt*

pose [poz] *nf* (*attitude*) Haltung *f*,
Pose *f*; (*de moquette*) Verlegen *nt*;
(*de rideau, papier peint*) Anbringen
nt; **(temps de) ~** (*Photo*)
Belichtungszeit *f*

p

poser

poser [poze] *vt* legen; *(debout)* stellen; *(déposer: personne)* absetzen; *(rideaux, papier peint)* anbringen; *(question, problème)* stellen ▶ *vi (modèle)* posieren, sitzen; **se poser** *vpr (oiseau, avion)* landen; *(question, problème)* sich stellen

poseur, -euse [pozœʀ, øz] *nm/f (péj)* Angeber(in) *m(f)*

positif, -ive [pozitif, iv] *adj* positiv; *(incontestable)* bestimmt, sicher; *(objectif)* nüchtern; **pôle ~** Pluspol *m*

position [pozisjɔ̃] *nf* Lage *f*; *(attitude, posture)* Stellung *f*; *(Mil)* Haltung *f*; **être dans une ~ difficile/délicate** in einer schwierigen/heiklen Lage sein • **positionnement** *nm (Inform)* Positionierung *f* • **positionner** *vt (navire, etc)* lokalisieren; *(Inform)* positionieren

posséder [posede] *vt* besitzen • **possessif, -ive** *adj (Ling)* Possessiv-; *(personne)* besitzergreifend ▶ *nm (Ling)* Possessiv(pronomen) *nt* • **possession** *nf* Besitz *m*, Eigentum *nt*; **être en ~ de qch** im Besitz einer Sache *gén* sein

possibilité [posibilite] *nf* Möglichkeit *f*

possible [posibl] *adj* möglich; *(réalisable)* durchführbar ▶ *nm*: **faire (tout) son ~** sein Möglichstes tun; **pas ~** unmöglich; **le plus/moins ~ de livres** so wenige/viele Bücher wie möglich

postal, e, -aux [postal, o] *adj* Post-

postdater [postdate] *vt* (zu)rückdatieren

poste [post] *nf* Post *f*; *(bureau)* Post *f*, Postamt *nt*; **~ restante** *nf* postlagernde Post ▶ *nm (Mil : charge, fonction)* Posten *m*; *(de radio, télévision)* Gerät *nt*; **~ à essence** Tankstelle *f*; **~ de secours** Erste-Hilfe-Station *f*; **~ de police** Polizeiwache *f*; **~ de télévision** Fernsehgerät *nt*; **~ de travail** Arbeitsstelle *f*

poster [poste] *vt (lettre, colis)* aufgeben; *(soldats, policiers etc)* postieren; *(sur internet)* posten

postérieur, e [posteʀjœʀ] *adj (date, document)* spätere(r, s); *(partie)* hintere(r, s) ▶ *nm (fam)* Hintern *m*

postérité [posterite] *nf* Nachwelt *f*

posthume [postym] *adj (œuvre, décoration, gloire)* posthum

postiche [postiʃ] *nm* Haarteil *nt*

postuler [postyle] *vt (emploi)* sich bewerben um

posture [postyʀ] *nf (attitude)* Haltung *f*; **être en bonne/ mauvaise ~** in einer guten/ schlechten Lage sein

pot [po] *nm* Topf *m*; **~ catalytique** Katalysator *m*; **~ d'échappement** Auspufftopf *m*; **~ de fleurs** Blumentopf *m*

potable [potabl] *adj* trinkbar; **eau (non) ~** (kein) Trinkwasser

potage [potaʒ] *nm* Suppe *f*

potager, -ère [potaʒe, ɛʀ] *adj (plante, cultures)* Gemüse- ▶ *nm (jardin)* Gemüsegarten *m*

potassium [potasjɔm] *nm* Kalium *nt*

pot-au-feu [potofø] *nm inv (mets)* Potaufeu *nt*

• **pot-de-vin** (*pl* **pots-de-vin**) *nm* Schmiergeld *nt*, Bestechungsgeld *nt*

pote [pɔt] *nm* (*fam*) Kumpel *m*

poteau, x [pɔto] *nm* Pfosten *m*, Pfahl *m*; **~ indicateur** Wegweiser *m*

potelé, e [pɔt(ə)le] *adj* rundlich, mollig

potentiel, le [pɔtɑ̃sjɛl] *adj* potenziell ▶ *nm* Potenzial *nt*

poterie [pɔtʀi] *nf* (*fabrication*) Töpferei *f*; (*objet*) Töpferware *f*

potiche [pɔtiʃ] *nf* große Porzellanvase *f*

potier, -ière [pɔtje, jɛʀ] *nm/f* Töpfer(in) *m(f)*

potion [posjɔ̃] *nf* Trank *m*

potiron [pɔtiʀɔ̃] *nm* Kürbis *m*

pot-pourri [popuʀi] *nm* (*pl* **pots-pourris**) *nm* Potpourri *nt*

pou, x [pu] *nm* Laus *f*

poubelle [pubɛl] *nf* Mülleimer *m*

pouce [pus] *nm* Daumen *m*

poudre [pudʀ] *nf* Pulver *nt*; (*fard*) Puder *m*; **café en ~** Pulverkaffee *m*; **lait en ~** Milchpulver *nt*; **savon en ~** Seifenpulver *nt*

• **poudreux, -euse** *adj* (*neige*) pulverig ▶ *nf* (*neige*) Pulverschnee *m* • **poudrier** *nm* Puderdose *f*

pouffer [pufe] *vi* : **~ (de rire)** kichern

poulailler [pulaje] *nm* Hühnerstall *m*; (*fam* : *Théât*) Galerie *f*

poulain [pulɛ̃] *nm* Fohlen *nt*

poularde [pulaʀd] *nf* Poularde *f*

poule [pul] *nf* (*Zool*) Henne *f*; (*Culin*) Huhn *nt*

poulet [pulɛ] *nm* (*Culin*) Hühnchen *nt*

poulie [puli] *nf* Flaschenzug *m*

poulpe [pulp] *nm* Tintenfisch *m*

pouls [pu] *nm* Puls *m*

poumon [pumɔ̃] *nm* Lunge *f*

poupe [pup] *nf* Heck *nt*

poupée [pupe] *nf* Puppe *f*

poupin, e [pupɛ̃, in] *adj* pummelig

---

pour [puʀ]

▶ *prép* **1** für; **~ Marie/moi** für Marie/mich; **~ trois jours** für drei Tage; **mauvais ~ la santé** schlecht für die Gesundheit; **payer ~ qn** für jdn zahlen

2 (*direction*) nach; **partir ~ Rouen** nach Rouen fahren; **le train ~ Rouen** der Zug nach Rouen

3 (*en vue de, intention*) zu ; **~ ton anniversaire** zu deinem Geburtstag; **~ quoi faire ?** wozu?; **~ que** damit

4 (*à cause de*) wegen; **fermé ~ (cause de) travaux** wegen Reparaturarbeiten/ Bauarbeiten geschlossen; **c'est ~ cela que j'ai démissionné** deswegen habe ich gekündigt

5 (*comme*) als; **la femme qu'il a eue ~ mère** die Frau, die er zur Mutter hatte

6 (*point de vue*) : **~ moi, il a tort** meiner Meinung nach hat er unrecht

7 (*avec infinitif*) : **~ faire qch** um etw zu tun

8 (*locutions*) : **10 ~ cent** 10 Prozent; **10 ~ cent des gens** 10 Prozent aller Menschen; **je n'y suis ~ rien** ich kann nichts dafür;

p

être ~ beaucoup dans qch
wesentlich zu etw beigetragen
haben; **ce n'est pas ~ dire,
mais …** (fam) ich will ja nichts
sagen, aber …
▶ nm : **le ~ et le contre** das Für
und Wider

pourboire [puʀbwaʀ] nm
Trinkgeld nt
pourcentage [puʀsɑ̃taʒ] nm
Prozentsatz m
pourparlers [puʀpaʀle] nmpl
Verhandlungen pl
pourpre [puʀpʀ] adj purpurrot
pourquoi [puʀkwa] adv, conj
warum; **~ c'est ~** darum
pourri, e [puʀi] adj faul; (arbre,
bois, câble) morsch; (temps, climat,
hiver) scheußlich
pourriel [puʀjel] nm (Inform)
Spam nt
pourrir [puʀiʀ] vi verfaulen;
(situation) immer schlimmer
werden
poursuite [puʀsɥit] nf
Verfolgung f
poursuivant, e [puʀsɥivɑ̃, ɑ̃t]
nm/f Verfolger(in) m(f)
poursuivre [puʀsɥivʀ] vt
verfolgen; (continuer) fortsetzen;
se poursuivre vpr fortgeführt
werden
pourtant [puʀtɑ̃] adv trotzdem
pourvoi [puʀvwa] nm : **~ en
cassation/en grâce/en
révision** Berufung f/
Gnadengesuch nt/
Wiederaufnahmeantrag m
pourvoir [puʀvwaʀ] vt (poste)
besetzen; **~ en** versehen mit
▶ vi : **~ à qch** für etw sorgen

pourvoyeur, -euse
[puʀvwajœʀ, øz] nm/f (de drogue)
Dealer(in) m(f)
pourvu, e [puʀvy] adj : **~ de**
versehen mit; **~ que**
vorausgesetzt dass; **~ qu'il
vienne !** hoffentlich kommt er!
pousse [pus] nf (croissance)
Wachsen nt; (bourgeon) Sproß m,
Trieb m
poussée [puse] nf Druck m
pousser [puse] vt (bousculer)
stoßen; (exhorter) drängen;
(émettre) ausstoßen ▶ vi (croître)
wachsen
poussette [puset] nf
Kinderwagen m
poussière [pusjɛʀ] nf Staub m
• **poussiéreux, -euse** adj staubig;
(teint) grau
poussin [pusɛ̃] nm Küken nt
poutre [putʀ] nf Balken m

---

pouvoir [puvwaʀ]

▶ nm Macht f; (propriété,
capacité) Fähigkeit f; (législatif,
exécutif) Gewalt f; (Jur : d'un
tuteur, mandataire) Befugnis f;
~ d'achat Kaufkraft f; **pouvoirs**
nmpl (surnaturels, extraordinaires)
Kräfte pl; (attributions : d'un préfet
etc) Befugnisse pl; **les ~s
publics** die öffentliche Hand f
▶ vb semi-aux **1** können; **je ne
peux pas le réparer** ich kann es
nicht reparieren; **tu ne peux
pas savoir !** du kannst es dir gar
nicht vorstellen!; **tu peux le
dire !** das kannst du wohl
sagen!; **il aurait pu le dire !** er
hätte es sagen können!
2 (avoir le droit, la permission)

dürfen, können; **vous pouvez aller au cinéma** ihr könnt ou dürft ins Kino gehen
▶ *vb impers* können; **il peut arriver que ...** es kann vorkommen, dass ...; **il pourrait pleuvoir** es könnte Regen geben
▶ *vt* können; **il a fait (tout) ce qu'il a pu** er hat (alles) getan, was er konnte
▶ *vpr* : **il se peut que ...** es könnte sein, dass ...; **cela se pourrait** das könnte sein

pragmatique [pʀagmatik] *adj* pragmatisch
Prague [pʀag] Prag *nt*
prairie [pʀeʀi] *nf* Wiese *f*
praline [pʀalin] *nf* Zuckermandel *f*
praliné, e [pʀaline] *adj* (*amande*) mit Zuckerguss
praticable [pʀatikabl] *adj* (*route*) befahrbar
praticien, ne [pʀatisjɛ̃, jɛn] *nm/f* (*médecin*) praktizierender Arzt *m*, praktizierende Ärztin *f*
pratiquant, e [pʀatikɑ̃, ɑ̃t] *adj* (*Rel*) praktizierend
pratique [pʀatik] *nf* (*opposé à théorie*) Praxis *f*; (*d'une religion, d'un métier*) Ausübung *f* ▶ *adj* praktisch; **mettre en ~** in die Praxis umsetzen • **pratiquement** *adv* (*dans la pratique*) in der Praxis; (*à peu près*) praktisch
pratiquer [pʀatike] *vt* ausüben; (*méthode, le chantage etc*) anwenden; (*sport*) betreiben; (*opération*) durchführen ▶ *vi* (*Rel*) praktizieren

pré [pʀe] *nm* Wiese *f*
préalable [pʀealabl] *adj* vorhergehend ▶ *nm* (*condition*) Voraussetzung *f*; **au ~** vorerst • **préalablement** *adv* vorerst
préambule [pʀeɑ̃byl] *nm* Einleitung *f*
préavis [pʀeavi] *nm* (*avertissement*) Vorankündigung *f*; **~ (de licenciement)** Kündigungsfrist *f*; **sans ~** fristlos
précaire [pʀekɛʀ] *adj* prekär; (*bonheur*) flüchtig ▶ *nm/f* befristet Angestellte(r) *f(m)* • **précarité** *nf* Unsicherheit *f*, Prekarität *f*
précaution [pʀekosjɔ̃] *nf* (*mesure*) Vorsichtsmaßnahme *f*; **le principe de ~** das Vorsorgeprinzip; **avec ~** vorsichtig; **prendre des** ou **ses ~s** Vorsichtsmaßnahmen ou Sicherheitsvorkehrungen treffen
précédemment [pʀesedamɑ̃] *adv* vorher
précédent, e [pʀesedɑ̃, ɑ̃t] *adj* vorhergehend ▶ *nm* Präzedenzfall *m*; **le jour ~** der Vortag *m* • **précéder** *vt* kommen vor +*dat*; (*dans le temps*) vorangehen +*dat*; (*rouler devant*) vorausfahren
prêcher [pʀeʃe] *vt, vi* predigen
précieux, -euse [pʀesjø, jøz] *adj* kostbar, wertvoll; (*littérature, style, écrivain*) preziös
précipice [pʀesipis] *nm* Abgrund *m*
précipitamment [pʀesipitamɑ̃] *adv* überstürzt • **précipitation** *nf* (*hâte*) Hast *f*; (*Chim*) Niederschlag *m*; **~s (atmosphériques)**

p

Niederschläge pl • **précipité, e**
adj (respiration) beschleunigt;
(pas) hastig; (démarche, départ,
entreprise) überstürzt
• **précipiter** vt (faire tomber)
hinabstürzen; (accélérer)
beschleunigen; (départ,
événements) überstürzen; **se
précipiter** vpr: **se ~ au-devant
de qn** jdm entgegenstürzen

précis, e [pʀesi, iz] adj genau;
(bruit, contours, point) deutlich
• **précisément** adv genau
• **préciser** vt präzisieren; **se
préciser** vpr konkreter werden
• **précision** nf Genauigkeit f;
(détail) Einzelheit f; **précisions**
nfpl weitere Einzelheiten pl

précoce [pʀekɔs] adj (plante,
animal) früh; (enfant, jeune fille)
frühreif

précurseur [pʀekyʀsœʀ] nm
Vorläufer(in) m(f)

prédateur [pʀedatœʀ] nm
Raubtier nt

prédécesseur [pʀedesesœʀ] nm
Vorgänger(in) m(f)

prédiction [pʀediksjõ] nf
Prophezeiung f

prédilection [pʀedilɛksjõ] nf:
avoir une ~ pour qn/qch eine
Vorliebe für etw/jdn haben; **de ~**
Lieblings-

prédire [pʀediʀ] vt prophezeien,
vorhersagen

prédominer [pʀedɔmine] vi
vorherrschen

préfabriqué, e [pʀefabʀike]
adj: **élément ~** Fertigteil nt;
maison ~e Fertighaus nt ▸ nm
Fertigbauteil nt

préface [pʀefas] nf Vorwort nt

préfecture [pʀefɛktyʀ] nf
Präfektur f; **~ de police**
Polizeihauptquartier nt

préférable [pʀefeʀabl] adj
vorzuziehen; **être ~ à**
vorzuziehen sein +dat • **préféré, e**
adj Lieblings- • **préférence** nf
Vorliebe f; **de ~** am liebsten;
donner la ~ à qn jdm den Vorzug
geben • **préférentiel, le** adj
Vorzugs- • **préférer** vt: **~ qn/qch
(à)** jdn/etw vorziehen (+dat), jdn/
etw lieber mögen (als); **~ faire
qch** etw lieber tun; **je préférerais
du thé** ich hätte lieber Tee

préfet [pʀefɛ] nm Präfekt m;
~ de police Polizeipräfekt m

préhistoire [pʀeistwaʀ] nf:
la ~ die Urgeschichte

préjudice [pʀeʒydis] nm
Schaden m

préjugé [pʀeʒyʒe] nm Vorurteil nt

prélèvement [pʀelɛvmã] nm
(Méd) Entnahme f;
~ automatique
Abbuchungserlaubnis f

prélever [pʀel(ə)ve] vt
(échantillon, organe, tissu etc)
entnehmen; **~ (sur)** (argent)
abheben (von)

préliminaire [pʀeliminɛʀ] adj
Vor-, vorbereitend;
préliminaires nmpl (négociations)
Vorgespräche pl; (prélude)
Vorspiel nt

prématuré, e [pʀematyʀe] adj
verfrüht, vorzeitig; (enfant) früh
geboren ▸ nm/f Frühgeburt f

préméditation [pʀemeditasjõ]
nf: **avec ~** vorsätzlich
• **préméditer** vt vorsätzlich
planen

premier, -ière [prəmje, jɛr] *adj*
erste(r, s); (*branche, marche,
barreau*) unterste(r, s) ▶ *nm/f*
Erste(r) *f(m)* ▶ *nm* (*premier étage*)
erster Stock *m* ▶ *nf* (*Auto*) erster
Gang *m*; (*première classe*) erste
Klasse *f*; (*Théât, Ciné*) Premiere *f*;
(*exploit*) Weltpremiere *f*; **au -
abord** auf den ersten Blick; **du -
coup** gleich, auf Anhieb; **de
première qualité** von bester
Qualität; **de - choix** *ou* **ordre**
erstklassig; **le - venu** der
Erstbeste; **en - lieu** in erster
Linie; **P- ministre**
Premierminister(in) *m(f)*
• **premièrement** *adv* erstens;
(*d'abord*) zuerst, zunächst

prendre [prãdr] *vt* nehmen;
(*enlever*) wegnehmen; (*aller
chercher*) holen; (*emporter,
emmener*) mitnehmen; (*malfaiteur,
poisson*) fangen; (*aliment, boisson*)
zu sich nehmen; (*médicament*)
einnehmen; (*engagement, risques*)
eingehen; (*temps*) kosten; **l'air**
(in der frischen Luft) spazieren
gehen; **- son temps** sich *dat* Zeit
lassen; **- feu** Feuer fangen; **- à
gauche** (nach) links abbiegen;
se prendre *vpr* : **se - pour** sich
halten für; **s'y -** (*procéder*)
vorgehen

preneur [prənœr] *nm* : **trouver -**
einen Käufer *ou* Abnehmer finden

prénom [prenɔ̃] *nm* Vorname *m*

préoccupation [preɔkypasjɔ̃]
nf Sorge *f* • **préoccuper** *vt*
(*personne*) Sorgen machen +*dat*;
(*esprit, attention*) stark
beschäftigen

préparatifs [preparatif] *nmpl*
Vorbereitungen *pl*

préparation [preparasjɔ̃] *nf*
Vorbereitung *f*; (*de repas, café,
viande*) Zubereitung *f*

préparatoire [preparatwar]
adj vorbereitend

préparer [prepare] *vt*
vorbereiten; (*repas, café, viande*)
zubereiten

préposition [prepozisjɔ̃] *nf*
Präposition *f*

préretraite [prer(ə)trɛt] *nf*
vorgezogener Ruhestand *m*

près [prɛ] *adv* nahe, in der Nähe;
- de bei; **de -** genau; **à 5 mm -**
auf 5 mm genau

presbyte [prɛsbit] *adj*
weitsichtig

presbytère [prɛsbiter] *nm*
Pfarrhaus *nt*

prescription [prɛskripsjɔ̃] *nf*
Vorschrift *f*; (*Jur*) Verjährung *f*;
(*Méd*) Anweisung *f*

prescrire [prɛskrir] *vt* (*repos,
remède, traitement*) verordnen

P

présence [prezãs] *nf* Gegenwart
f, Anwesenheit *f* • **présent, e** *adj*
anwesend; (*actuel*) gegenwärtig
▶ *nm* Gegenwart *f*; **à - jetzt**; **dès
à -** von nun an; **jusqu'à -** bis jetzt

présentateur, -trice
[prezãtatœr, tris] *nm/f*
(*animateur*) Moderator(in) *m(f)*

présentation [prezãtasjɔ̃] *nf*
(*de personne*) Vorstellung *f*; **faire
les -s** die Vorstellung
übernehmen • **présenter** *vt*
(*personne, collection*) vorstellen;
(*spectacle, vue*) (dar)bieten;
(*condoléances, félicitations, excuses*)
aussprechen; **se présenter** *vpr*
(*se faire connaître*) sich vorstellen;
(*occasion*) sich bieten

préservatif [pʀezɛʀvatif] nm
Präservativ nt

préservation [pʀezɛʀvasjɔ̃] nf
Erhaltung f

préserver [pʀezɛʀve] vt : ~ **de**
(protéger) schützen vor +dat

président, e [pʀezidɑ̃] nm/f
Vorsitzende(r) f(m); (Pol)
Präsident(in) m(f); ~ **de la
République** Staatspräsident m;
~**-directeur général**
Generaldirektor m • **présidentiel,
le** adj Präsidentschafts-;
présidentielles nfpl
Präsidentschaftswahlen pl

présider [pʀezide] vt leiten, den
Vorsitz führen bei; (dîner)
Ehrengast sein bei

présomption [pʀezɔ̃psjɔ̃] nf
(supposition) Vermutung f,
Annahme f

présomptueux, -euse
[pʀezɔ̃ptɥø, øz] adj anmaßend

presque [pʀɛsk] adv fast, beinahe

presqu'île [pʀɛskil] nf Halbinsel f

pressant, e [pʀesɑ̃, ɑ̃t] adj
dringend

presse [pʀɛs] nf Presse f

pressé, e [pʀese] adj eilig; **être ~**
es eilig haben; **orange ~e** frisch
gepresster Orangensaft m

presse-citron [pʀɛsitʀɔ̃] nm inv
Zitronenpresse f

pressentiment [pʀesɑ̃timɑ̃] nm
Vorgefühl nt, Vorahnung f
• **pressentir** vt ahnen; ~ **qn
comme ministre** bei jdm wegen
des Ministeramtes vorfühlen

presse-papiers [pʀɛspapje] nm
inv Briefbeschwerer m

presser [pʀese] vt (fruit)
auspressen; **se presser** vpr

(se hâter) sich beeilen; ~ **le pas** ou
l'allure seinen Schritt ou Gang
beschleunigen; **le temps presse**
es eilt

pressing [pʀesiŋ] nm (magasin)
chemische Reinigung f

pression [pʀesjɔ̃] nf Druck m;
(bouton) Druckknopf m; **faire ~
sur qn/qch** auf jdn/etw Druck
ausüben; ~ **artérielle** Blutdruck
m; ~ **atmosphérique** Luftdruck m

pressoir [pʀeswaʀ] nm Presse f

prestataire [pʀestatɛʀ] nmf
(bénéficiaire)
Leistungsempfänger(in) m(f);
~ **de services** Dienstleistende(r)
f(m)

prestation [pʀestasjɔ̃] nf
Leistung f; ~**s familiales**
Familienbeihilfe f

prestidigitateur, -trice
[pʀestidiʒitatœʀ, tʀis] nm/f
Zauberkünstler(in) m(f)

prestige [pʀestiʒ] nm Prestige nt

prestigieux, -euse [pʀestiʒjø,
jøz] adj angesehen

présumer [pʀezyme] vt : ~ **que**
annehmen, dass

prêt, e [pʀɛ, pʀɛt] adj fertig,
bereit ▶ nm (action) Verleihen nt;
(somme) Anleihe f • **prêt-à-porter**
(pl **prêts-à-porter**) nm
Konfektion f

prétendant [pʀetɑ̃dɑ̃] nm (à un
trône) Prätendent m; (d'une femme)
Freier m

prétendre [pʀetɑ̃dʀ] vt (affirmer)
behaupten; ~ **faire qch** (avoir
l'intention) beabsichtigen, etw zu
tun; ~ **à** Anspruch erheben auf +acc

prétendu, e [pʀetɑ̃dy] adj
(supposé) angeblich

prétentieux, -euse [pretɑ̃sjø, jøz] *adj* anmaßend; *(maison, villa)* protzig

prétention [pretɑ̃sjɔ̃] *nf (arrogance)* Überheblichkeit *f*; *(exigence)* Anspruch *m*, Forderung *f*; **sans ~** bescheiden

prêter [pʀete] *vt* leihen; **~ attention** aufpassen

prétexte [pʀetɛkst] *nm* Vorwand *m*

prêtre [pʀɛtʀ] *nm* Priester *m*

preuve [pʀœv] *nf* Beweis *m*

prévenir [pʀev(ə)niʀ] *vt* : **~ qn (de qch)** *(avertir)* jdn (vor etw) warnen; *(informer)* jdn (von etw) benachrichtigen

préventif, -ive [pʀevɑ̃tif, iv] *adj* vorbeugend • **prévention** *nf* Verhütung *f*

prévenu, e [pʀev(ə)ny] *nm/f* Angeklagte(r) *f(m)* *(in Untersuchungshaft)*

prévisible [pʀevizibl] *adj* vorhersehbar

prévision [pʀevizjɔ̃] *nf* : **en ~ de qch** in Erwartung einer Sache *gén*; **~s météorologiques** Wettervorhersage *f*

prévoir [pʀevwaʀ] *vt* vorhersehen

prévoyance [pʀevwajɑ̃s] *nf* Vorsorge *f*; **société/caisse de ~** Rentenversicherung *f/* Rentenfonds *m*

prévoyant, e [pʀevwajɑ̃, ɑ̃t] *adj* vorsorgend, vorausschauend

prier [pʀije] *vi* beten ▸ *vt (Dieu)* beten zu; *(personne)* inständig bitten; **~ qn de faire qch** jdn ersuchen *ou* bitten, etw zu tun; **je vous en prie** bitte

prière [pʀijeʀ] *nf (Rel)* Gebet *nt*; *(demande instante)* Bitte *f*; **dire une ~/ses ~s** beten; **« ~ de sonner avant d'entrer»** „bitte erst läuten und dann eintreten"

primaire [pʀimeʀ] *adj (Scol)* Grundschul-; *(péj)* simpel ▸ *nm (Scol)* Grundschulausbildung *f*; **secteur ~** *(Écon)* Primarsektor *m*

prime [pʀim] *nf* Prämie *f*; *(cadeau)* Werbegeschenk *nt*

primer [pʀime] *vt (récompenser)* prämieren ▸ *vi* überwiegen; **~ sur qch** *(l'emporter sur)* einer Sache *dat* überlegen sein

primeur [pʀimœʀ] *nf* : **avoir la ~ de qch** der/die Erste sein, der etw erfährt; **primeurs** *nfpl (fruits)* Frühobst *nt*; *(légumes)* Frühgemüse *nt*; **marchand de ~s** Obst- und Gemüsehändler *m*

primevère [pʀimveʀ] *nf* Schlüsselblume *f*

primitif, -ive [pʀimitif, iv] *adj* primitiv; *(forme, état, texte)* Ur-, ursprünglich

primo [pʀimo] *adv* erstens

primordial, e, -aux [pʀimɔʀdjal, jo] *adj* wesentlich, unerlässlich

prince [pʀɛ̃s] *nm* Prinz *m*; **~ charmant** Märchenprinz *m*

principal, e, -aux [pʀɛ̃sipal, o] *adj* Haupt-; *(essentiel)* das Wesentliche; *(d'un collège)* Rektor *m* • **principalement** *adv* hauptsächlich

principauté [pʀɛ̃sipote] *nf* : **la ~ de Monaco/du Liechtenstein** das Fürstentum Monaco/ Liechtenstein

P

principe

principe [pʀɛ̃sip] *nm* Prinzip *nt*; *(d'une discipline, d'une science)* Grundsatz *m*; **par ~** aus Prinzip; **pour le ~** aus Prinzip; **en ~** im Prinzip

printemps [pʀɛ̃tɑ̃] *nm* Frühling *m*, Frühjahr *nt*

prioritaire [pʀijɔʀitɛʀ] *adj* *(personne, industrie)* bevorrechtigt; *(véhicule)* mit Vorfahrt; *(Inform)* mit Vorrang

priorité [pʀijɔʀite] *nf*: **avoir la ~ (sur)** *(Auto)* Vorfahrt haben (vor +*dat*); **en ~** vorrangig, zuerst; **~ à droite** rechts vor links

pris, e [pʀi, pʀiz] *pp de* **prendre** ▸ *adj* *(place)* besetzt; *(journée, mains)* voll; *(personne)* beschäftigt

prise [pʀiz] *nf* *(Pêche)* Fang *m*; *(Élec)* Steckdose *f*; **lâcher ~** loslassen; **~ de sang** Blutabnahme *f*; **~ de son** Tonaufnahme *f*; **~ de vue** Aufnahme *f*; **~ multiple** Mehrfachsteckdose *f*

priser [pʀize] *vt* *(prendre)* schnupfen

prison [pʀizɔ̃] *nf* Gefängnis *nt* • **prisonnier, -ière** *nm/f* *(détenu)* Häftling *m*, Gefangene(r) *f(m)* ▸ *adj* gefangen

privatisation [pʀivatizasjɔ̃] *nf* Privatisierung *f*

privatiser [pʀivatize] *vt* privatisieren

privé, e [pʀive] *adj* privat, Privat-; *(correspondance, vie)* persönlich; **~ de** ohne ▸ *nm*: **en ~** privat; **dans le ~** *(Écon : secteur)* im Privatsektor

priver [pʀive] *vt* *(droits)* jdm etw entziehen

privilège [pʀivilɛʒ] *nm* Privileg *nt* • **privilégié, e** *adj* privilegiert; *(favorisé)* begünstigt • **privilégier** *vt* *(personne)* bevorzugen; *(méthode, chose)* den Vorzug geben +*dat*

prix [pʀi] *nm* Preis *m*; **au ~ fort** zum Höchstpreis; **hors de ~** sehr teuer; **à aucun ~** um keinen Preis; **à tout ~** um jeden Preis

pro [pʀo] *nmf* *(fam)* (= *professionnel*) Profi *mf*

probabilité [pʀɔbabilite] *nf* Wahrscheinlichkeit *f* • **probable** *adj* wahrscheinlich • **probablement** *adv* wahrscheinlich

probant, e [pʀɔbɑ̃, ɑ̃t] *adj* beweiskräftig, überzeugend

probité [pʀɔbite] *nf* Redlichkeit *f*

problématique [pʀɔblematik] *adj* problematisch ▸ *nf* Problematik *f*

problème [pʀɔblɛm] *nm* Problem *nt*

procédé [pʀɔsede] *nm* Verfahren *nt*, Prozess *m*

procéder [pʀɔsede] *vi* *(agir)* vorgehen

procédure [pʀɔsedyʀ] *nf* Verfahrensweise *f*; **~ civile/pénale** Zivil-/Strafprozessordnung *f*

procès [pʀɔsɛ] *nm* Prozess *m*; **être en ~ avec qn** mit jdm prozessieren

processeur [pʀɔsesœʀ] *nm* Prozessor *m*

processus [pʀɔsesys] *nm* Prozess *m*

procès-verbal [pʀɔsɛvɛʀbal] *(pl* **procès-verbaux***)* *nm* Protokoll *nt*; *(contravention)* Strafmandat *nt*

prochain, e [prɔʃɛ̃, ɛn] *adj*
nächste(r, s); **la ~e fois** das nächste
Mal; **la semaine ~e** nächste Woche
• **prochainement** *adv* demnächst

proche [prɔʃ] *adj* nah; **~ de** nah
bei • **Proche-Orient** *nm* : **le ~** der
Nahe Osten *m*

proclamation [prɔklamasjɔ̃] *nf*
Bekanntgabe *f*

proclamer [prɔklame] *vt*
(*annoncer*) erklären, verkündigen;
(*la république, un roi*) ausrufen,
proklamieren; (*résultats d'un
examen*) bekannt geben; (*son
innocence etc*) erklären, beteuern

procréation [prɔkreasjɔ̃] *nf*
Zeugung *f*; **~ médicalement
assistée** künstliche Befruchtung *f*

procuration [prɔkyrasjɔ̃] *nf*
Vollmacht *f*

procurer [prɔkyre] *vt* (*fournir*)
verschaffen; (*causer*) bereiten,
machen; **se procurer** *vpr* sich *dat*
verschaffen

procureur [prɔkyrœr] *nm* :
~ (de la République)
≈ Staatsanwalt *m*

prodige [prɔdiʒ] *nm* Wunder *nt*
• **prodigieux, -euse** *adj*
fantastisch, wunderbar

prodigue [prɔdig] *adj*
verschwenderisch; **le fils ~** der
verlorene Sohn • **prodiguer** *vt*
(*argent, biens etc*) vergeuden;
~ qch à qn jdn überhäufen *ou*
überschütten mit etw

producteur, -trice
[prɔdyktœr, tris] *adj* : **~ de blé/
pétrole** Weizen erzeugend/
Öl produzierend ▸ *nm/f* (*de biens,
denrées*) Hersteller(in) *m(f)*; (*Ciné,
Radio, TV*) Produzent(in) *m(f)*

productif, -ive [prɔdyktif, iv]
adj (*travail, sol*) fruchtbar,
ertragreich; (*investissement,
capital, personnel*) produktiv

production [prɔdyksjɔ̃] *nf*
Produktion *f*, Erzeugung *f*

productivité [prɔdyktivite] *nf*
Produktivität *f*

produire [prɔdɥir] *vt* erzeugen;
(*entreprise*) produzieren,
herstellen; (*vigne, terre*)
hervorbringen ▸ *vi* Gewinn
bringen, arbeiten; **se produire**
vpr sich ereignen

produit, e [prɔdɥi] *nm* Produkt
nt; **~ d'entretien** Putzmittel *nt*;
~ fini Fertigprodukt *nt*;
~ national brut
Bruttosozialprodukt *nt* **~ (pour
la) vaisselle** Geschirrspülmittel
nt; **~s de beauté** Kosmetika *pl*

prof [prɔf] *abr* (*fam*) = **professeur**

profane [prɔfan] *adj* (*Rel*)
weltlich; (*non initié*) laienhaft

professer [prɔfese] *vt* (*déclarer*)
bekunden; (*enseigner*)
unterrichten

professeur [prɔfesœr] *nm*
Lehrer(in) *m(f)*; (*à l'université*)
Professor(in) *m(f)*

profession [prɔfesjɔ̃] *nf* Beruf *m*;
de ~ von Beruf • **professionnel,
-le** *adj* Berufs-, beruflich ▸ *nm/f*
Profi *m*; (*ouvrier*) Facharbeiter(in)
m(f)

profil [prɔfil] *nm* Profil *nt*; **de ~** im
Profil • **profiler** *vt* (*Tech*)
stromlinienförmig machen; **se
profiler** *vpr* sich abzeichnen

profit [prɔfi] *nm* (*avantage*) Nutzen
m, Vorteil *m*; (*Comm*) Profit *m*,
Gewinn *m* • **profitable** *adj*

p

gewinnbringend, nützlich
• **profiter** vi : **~ de** ausnutzen;
~ à qn/qch jdm/einer Sache dat
nutzen ou nützlich sein
profond, e [pʀɔfɔ̃, ɔ̃d] adj tief;
(esprit, écrivain, signification)
tiefsinnig • **profondément** adv
(creuser, pénétrer etc) tief; (choqué,
convaincu etc) vollkommen;
~ endormi fest eingeschlafen
• **profondeur** nf Tiefe f
profusion [pʀɔfyzjɔ̃] nf Fülle f;
à ~ in Hülle und Fülle
progiciel [pʀɔʒisjɛl] nm
(Software)paket nt
programmation
[pʀɔgʀamasjɔ̃] nf (Ciné, Radio, TV)
Programm nt; (Inform)
Programmieren nt
programme [pʀɔgʀam] nm
Programm nt • **programmer** vt
(Inform) programmieren
• **programmeur, -euse** nm/f
Programmierer(in) m(f)
progrès [pʀɔgʀɛ] nm Fortschritt
m • **progresser** vi vorrücken,
vordringen; (élève, recherche)
Fortschritte machen
• **progressif, -ive** adj (impôt, taux)
progressiv; (développement)
fortschreitend; (difficulté)
zunehmend • **progression** nf
Entwicklung f; (d'une armée)
Vorrücken nt; (Math) Progression f
prohiber [pʀɔibe] vt verbieten
prohibitif, -ive [pʀɔibitif, iv] adj
(tarifs, prix) unerschwinglich
proie [pʀwa] nf Beute f; **être en ~
à** leiden unter +dat
projecteur [pʀɔʒɛktœʀ] nm
Projektor m; (de théâtre, cirque)
Scheinwerfer m

projectile [pʀɔʒɛktil] nm
Geschoss nt
projection [pʀɔʒɛksjɔ̃] nf (de film,
photos) Vorführen nt; **conférence
avec ~** Diavortrag m
projet [pʀɔʒɛ] nm Plan m;
(ébauche) Entwurf m • **projeter** vt
(envisager) planen; (film, photos)
projizieren, vorführen
prolifération [pʀɔlifeʀasjɔ̃] nf
Vermehrung f, Verbreitung f
prolifique [pʀɔlifik] adj
fruchtbar
prolo [pʀɔlo] nmf (fam) Prolo mf
prolongation [pʀɔlɔ̃gasjɔ̃] nf
Verlängerung f; **jouer les ~s**
(Sport) in die Verlängerung
gehen
prolongement [pʀɔlɔ̃ʒmɑ̃] nm
Verlängerung f; **prolongements**
nmpl Folgen pl, Auswirkungen pl;
dans le ~ de weiterführend von
• **prolonger** vt verlängern; (rue,
voie ferrée, piste) weiterführen;
(être dans le prolongement de) die
Verlängerung sein von; se
prolonger vpr (leçon, repas, effet)
andauern; (route, chemin)
weitergehen
promenade [pʀɔm(ə)nad] nf
Spaziergang m; (en voiture, à vélo)
Spazierfahrt f
promener [pʀɔm(ə)ne] vt
spazieren führen; se **promener**
vpr spazieren gehen; (en voiture)
spazieren fahren • **promeneur,
-euse** nm/f Spaziergänger(in) m(f)
promesse [pʀɔmɛs] nf
Versprechen nt
promettre [pʀɔmɛtʀ] vt
versprechen ▶ vi (enfant, musicien
etc) vielversprechend sein

promo [promo] nf (fam : Scol) Jahrgang m

promoteur, -trice [promotœr, tris] nm/f (instigateur) Initiator(in) m(f); **~ (immobilier)** (Immobilien)makler(in) m(f)

promotion [promosjɔ̃] nf (avancement) Beförderung f • **promotionnel, le** adj Werbe-

promouvoir [promuvwar] vt (personne) befördern; (politique, réforme, recherche) fördern, sich einsetzen für

prompt, e [prɔ̃(pt), prɔ̃(p)t] adj schnell

prompteur [prɔ̃ptœr] nm Teleprompter m

promulguer [promylge] vt erlassen

pronom [pronɔ̃] nm Pronomen nt

prononcé, e [pronɔ̃se] adj ausgeprägt

prononcer [pronɔ̃se] vt aussprechen; (discours) sprechen; **se prononcer** vpr (se décider) sich entscheiden; **ça se prononce comment ?** wie spricht man das aus? • **prononciation** nf Aussprache f

pronostic [pronostik] nm Prognose f

propagande [propagɑ̃d] nf Propaganda f

propager [propaʒe] vt verbreiten; **se propager** vpr sich ausbreiten

propane [propan] nm Propan nt

prophète, prophétesse [profɛt, profetɛs] nm/f Prophet(in) m(f)

propice [propis] adj günstig

proportion [proporsjɔ̃] nf (relation) Verhältnis nt; **proportions** nfpl Proportionen pl

proportionnel, le [proporsjonɛl] adj proportional, anteilmäßig; **~ à** proportional zu; **représentation ~le** Verhältniswahlrecht nt

propos [propo] nm (paroles) Worte pl; **à quel ~ ?** in welcher Angelegenheit?; **à ~ de** bezüglich +gén

proposer [propoze] vt (suggérer) vorschlagen; (offrir) anbieten • **proposition** nf (offre) Angebot nt; (suggestion) Vorschlag m

propre [propr] adj sauber; (intensif possessif) eigene(r, s); **~ à** (particulier) typisch für, eigen +dat • **proprement** adv (avec propreté) sauber, ordentlich; **à ~ parler** eigentlich, streng genommen • **propreté** nf Sauberkeit f

propriétaire [proprijetɛr] nmf Besitzer(in) m(f)

propriété [proprijete] nf (Jur) Besitz m; (immeuble, objet etc) Eigentum nt

propulser [propylse] vt (missile, engin) antreiben; (projeter) schleudern • **propulsion** nf Antrieb m

prorata [prorata] nm inv : **au ~ de** im Verhältnis zu

proscrire [proskrir] vt (bannir) verbannen; (interdire) verbieten

prose [proz] nf Prosa f

prospecter [prospɛkte] vt (terrain) nach Bodenschätzen suchen in dat; (Comm) erforschen

prospectus [prospɛktys] nm Prospekt m

P

prospère [prɔspɛr] *adj (année, période)* florierend; *(finances, entreprise)* florierend, gut gehend

prospérer [prɔspere] *vi* gut gedeihen; *(entreprise, ville, science)* blühen, florieren

prospérité [prɔsperite] *nf* Wohlstand *m*

prostate [prɔstat] *nf* Prostata *f*

prostitué, e [prɔstitɥe] *nm/f* Prostituierte(r) *f(m)*

prostitution [prɔstitysjɔ̃] *nf* Prostitution *f*

protagoniste [prɔtagɔnist] *nm* Protagonist *m*

protecteur, -trice [prɔtɛktœr, tris] *adj* beschützend; *(régime, système)* Schutz- ▶ *nm/f* Beschützer(in) *m(f)*

protection [prɔtɛksjɔ̃] *nf* Schutz *m*; ~ **de l'environnement** Umweltschutz *m*

protégé, e [prɔteʒe] *nm/f* Schützling *m*, Protegé *m*
• **protéger** *vt* schützen; *(physiquement)* beschützen; *(intérêt, liberté)* wahren; *(Inform)* sichern; **se protéger** *vpr:* **se ~ de qch/contre qch** sich vor etw *dat/* gegen etw schützen
• **protège-slip** *(pl* **protège-slips)** *nm* Slipeinlage *f*

protéine [prɔtein] *nf* Protein *nt*

protestant, e [prɔtɛstɑ̃, ɑ̃t] *adj* protestantisch ▶ *nm/f* Protestant(in) *m(f)*

protestation [prɔtɛstasjɔ̃] *nf (plainte)* Protest *m* • **protester** *vi* protestieren

prothèse [prɔtɛz] *nf (appareil)* Prothese *f*; ~ **dentaire** Gebiss *nt*

protocole [prɔtɔkɔl] *nm* Protokoll *nt*; ~ **d'accord** Vereinbarungsprotokoll *nt*; ~ **de transfert** *(Inform)* Übertragungsprotokoll *nt*

prototype [prɔtɔtip] *nm* Prototyp *m*

proue [pru] *nf* Bug *m*

prouesse [prues] *nf (acte de courage)* Heldentat *f*; *(exploit)* Kunststück *nt*, Meisterleistung *f*

prouver [pruve] *vt* beweisen

provenance [prɔv(ə)nɑ̃s] *nf* Herkunft *f*, Ursprung *m*; **avion/ train en ~ de** Flugzeug *nt*/Zug *m* aus

provençal, e, -aux [prɔvɑ̃sal, o] *adj* provenzalisch • **Provence** *nf:* **la ~** die Provence

provenir [prɔv(ə)nir] *vi:* ~ **de** *(venir de)* (her)kommen aus; *(tirer son origine de)* stammen von; *(résulter de)* kommen von

proverbe [prɔvɛrb] *nm* Sprichwort *nt*

providence [prɔvidɑ̃s] *nf* Vorsehung *f*

providentiel, le [prɔvidɑ̃sjɛl] *adj* glücklich, unerwartet

province [prɔvɛ̃s] *nf* Provinz *f*; **Paris et la ~** Paris und das übrige Frankreich • **provincial, e, -aux** *adj* Provinz-; *(péj)* provinzlerisch

proviseur [prɔvizœr] *nm (Scol)* Direktor *m*

provision [prɔvizjɔ̃] *nf* Vorrat *m*; *(acompte)* Anzahlung *f*, Vorschuss *m*; **provisions** *nfpl* Vorräte *pl*; **faire ~ de qch** einen Vorrat von etw anlegen

provisoire [pʀɔvizwaʀ] *adj*
vorläufig • **provisoirement** *adv*
vorläufig

provocant, e [pʀɔvɔkɑ̃, ɑ̃t] *adj*
provozierend • **provocation** *nf*
Provokation *f* • **provoquer** *vt*
(*inciter*) provozieren; (*défier*)
herausfordern; (*causer*)
hervorrufen; (*révolte, troubles*)
verursachen

proximité [pʀɔksimite] *nf* Nähe *f*;
à ~ (de) in der Nähe (von)

prude [pʀyd] *adj* prüde

prudence [pʀydɑ̃s] *nf* Vorsicht *f*,
Umsicht *f*; **par (mesure de) ~**
als Vorsichtsmaßnahme
• **prudent, e** *adj* vorsichtig; (*sage*)
umsichtig

prune [pʀyn] *nf* Pflaume *f*
• **pruneau, x** *nm* Backpflaume *f*

prunelle [pʀynɛl] *nf* (*de l'œil*)
Pupille *f*

prunier [pʀynje] *nm*
Pflaumenbaum *m*

Prusse [pʀys] *nf*: **la ~** Preußen *nt*

PS [peɛs] *sigle m* (= *parti socialiste*)
sozialistische Partei *f*;
(= *post-scriptum*) PS *nt*

psaume [psom] *nm* Psalm *m*

pseudonyme [psødɔnim] *nm*
Pseudonym *nt*

psychanalyse [psikanaliz] *nf*
Psychoanalyse *f*
• **psychanalyste** *nmf*
Psychoanalytiker(in) *m(f)*

psychiatre [psikjatʀ] *nmf*
Psychiater(in) *m(f)*

psychiatrie [psikjatʀi] *nf*
Psychiatrie *f*

psychiatrique [psikjatʀik] *adj*
psychiatrisch

psychique [psiʃik] *adj* psychisch

psychologie [psikɔlɔʒi] *nf*
Psychologie *f*; (*intuition*)
Menschenkenntnis *f*
• **psychologique** *adj*
psychologisch; (*psychique*)
psychisch • **psychologue** *nmf*
Psychologe *m*, Psychologin *f*

psychopathe [psikɔpat] *nmf*
Psychopath(in) *m(f)*

psychose [psikoz] *nf* Psychose *f*

psychosomatique
[psikosɔmatik] *adj*
psychosomatisch
• **psychothérapie** *nf*
Psychotherapie *f* • **psychotique**
adj psychotisch

puanteur [pɥɑ̃tœʀ] *nf*
Gestank *m*

pub [pyb] *nf* (*fam*) (*publicité*)
Werbung *f*

puberté [pybɛʀte] *nf* Pubertät *f*

pubis [pybis] *nm* Schambein *nt*

public, -ique [pyblik] *adj*
öffentlich ▶ *nm* (*population*)
Öffentlichkeit *f*; (*assistance*)
Publikum *nt*; **en ~** öffentlich;
interdit au ~ für die
Öffentlichkeit nicht zugänglich
• **publication** *nf*
Veröffentlichung *f*

publicitaire [pyblisitɛʀ] *adj*
Werbe-

publicité [pyblisite] *nf* Werbung
f; (*annonce*) Annonce *f*

publier [pyblije] *vt*
veröffentlichen; (*éditeur*)
herausgeben, herausbringen

publiphone® [pyblifɔn] *nm*
Kartentelefon *nt*

puce [pys] *nf* Floh *m*; (*Inform*)
Chip *m*; **les ~s, le marché aux ~s**
der Flohmarkt

P

pudeur

pudeur [pydœʀ] *nf*
Schamhaftigkeit *f* • **pudique** *adj*
(*chaste*) schamhaft; (*discret*)
dezent, diskret

puer [pɥe] *vi* stinken

puéril, e [pɥeʀil] *adj* kindisch

puis [pɥi] *adv* dann

puiser [pɥize] *vt* : **~ qch dans
qch** etw aus etw schöpfen;
(*exemple, renseignement*) etw einer
Sache *dat* entnehmen

puisque [pɥisk] *conj* da

puissance [pɥisɑ̃s] *nf* Macht *f*;
(*de personnalité*) Stärke *f*; **en ~**
potenziell • **puissant, e** *adj*
mächtig; (*musculature*) stark

puits [pɥi] *nm* (*d'eau*) Brunnen *m*;
(*de pétrole*) Bohrloch *nt*

pull [pyl], **pull-over** [pylɔvɛʀ]
(*pl* **pull-overs**) *nm* Pullover *m*

pulluler [pylyle] *vi* wimmeln

pulmonaire [pylmɔnɛʀ] *adj*
Lungen-

pulpe [pylp] *nf* Fleisch *nt*

punaise [pynɛz] *nf* (*Zool*) Wanze *f*;
(*clou*) Reißzwecke *f*

punir [pyniʀ] *vt* bestrafen
• **punition** *nf* Bestrafung *f*

pupille [pypij] *nf* (*Anat*) Pupille *f*;
(*enfant*) Mündel *nt*

pupitre [pypitʀ] *nm* Pult *nt*

pur, e [pyʀ] *adj* rein; (*vin*)
unverdünnt; (*whisky, gin*) pur;
(*air, ciel*) klar

purée [pyʀe] *nf* : **~ (de pommes
de terre)** Kartoffelbrei *m*,
Kartoffelpüree *nt*; **~ de
marrons** Kastanienpüree *nt*;
~ de pois (*brouillard*)
Waschküche *f*

pureté [pyʀte] *nf* Reinheit *f*

purgatif [pyʀgatif] *nm*
Abführmittel *nt*

purgatoire [pyʀgatwaʀ] *nm*
Fegefeuer *nt*

purger [pyʀʒe] *vt* (*conduite,
radiateur etc*) entlüften; (*Méd*)
entschlacken; (*peine*) verbüßen

purifier [pyʀifje] *vt* reinigen

puriste [pyʀist] *nmf* Purist(in) *m(f)*

pur-sang [pyʀsɑ̃] *nm inv*
Vollblut *nt*

pus [py] *nm* Eiter *m*

pusillanime [pyzi(l)lanim] *adj*
zaghaft, ängstlich

pustule [pystyl] *nf* Pustel *f*

putain [pytɛ̃] (*fam*) *nf* Hure *f*

putois [pytwa] *nm* Iltis *m*

putsch [putʃ] *nm* Putsch *m*

puzzle [pœzl] *nm* Puzzle *nt*

PV [peve] *sigle m* = **procès-verbal**

pyjama [piʒama] *nm*
Schlafanzug *m*

pylône [pilon] *nm* (*d'un pont*)
Pfeiler *m*; (*mât, poteau*) Mast *m*

pyramide [piʀamid] *nf*
Pyramide *f*

Pyrénées [piʀene] *nfpl* : **les ~** die
Pyrenäen *pl*

pyrex® [piʀɛks] *nm* Jenaer Glas® *nt*

pyromane [piʀɔman] *nmf*
Pyromane *m*, Pyromanin *f*

python [pitɔ̃] *nm*
Python(schlange *f*) *m*

q

Qatar [katar] *nm* : **le ~** Katar *nt*

QCM [kyseεm] *sigle m* (= *questions à choix multiples*) Multiple-Choice-Test *m*

QI [kyi] *sigle m* (= *quotient intellectuel*) IQ *m*

quadragénaire [k(w)adraʒenεr] *nmf* Person *f* in den Vierzigern

quadrangulaire [k(w)adrɑ̃gylεr] *adj* viereckig

quadrilatère [k(w)adrilatεr] *nm* Viereck *nt*

quadrupède [k(w)adryped] *nm* Vierfüßer *m* ▸ *adj* vierfüßig

quadruple [k(w)adrypl] *adj* vierfach ▸ *nm* : **le ~ de** das Vierfache von • **quadrupler** *vt* vervierfachen

quai [ke] *nm* (*d'un port*) Kai *m*; (*d'une gare*) Bahnsteig *m*; (*d'un cours d'eau*) Uferstraße *f*; **être à ~** im Hafen liegen

qualificatif, -ive [kalifikatif, iv] *adj* (*Ling*) erläuternd ▸ *nm* (*terme*) Bezeichnung *f*

qualification [kalifikasjɔ̃] *nf* nähere Bestimmung *f*; (*aptitude*)

Qualifikation *f*, Befähigung *f*; (*Sport*) Qualifikation *f*;
~ professionnelle berufliche Qualifikation

qualifier [kalifje] *vt* näher bestimmen; (*appeler*) bezeichnen; **se qualifier** *vpr* (*Sport*) sich qualifizieren

qualitatif, -ive [kalitatif, iv] *adj* qualitativ

qualité [kalite] *nf* Qualität *f*; (*d'une personne*) (gute) Eigenschaft *f*

quand [kɑ̃] *conj, adv* wenn; **~ je serai riche** wenn ich (einmal) reich bin; **~ même** trotzdem

quant [kɑ̃t] *adv* : **~ à moi/cette affaire** was mich/diese Angelegenheit betrifft

quantitatif, -ive [kɑ̃titatif, iv] *adj* quantitativ

quantité [kɑ̃tite] *nf* Menge *f*, Quantität *f*

quarantaine [karɑ̃tεn] *nf* (*isolement*) Quarantäne *f*; **une ~ (de)** ungefähr vierzig; **avoir la ~** um die vierzig sein; **mettre en ~** unter Quarantäne stellen; (*fig*) schneiden

quarante [karɑ̃t] *num* vierzig

quart [kar] *nm* Viertel *nt*; **un ~ de vin** ein Viertel Wein; **le ~ de** ein Viertel von; **deux heures et ~** *ou* **un ~** Viertel nach zwei; **une heure moins le ~** Viertel vor eins; **~ d'heure** Viertelstunde *f*; **~s de finale** Viertelfinale *nt*

quartier [kartje] *nm* Viertel *nt*

quartz [kwarts] *nm* Quarz *m*

quasi [kazi] *adv* quasi ▸ *préf* : **la ~-totalité de** fast die Gesamtheit +*gén* • **quasiment** *adv* fast

quatorze 298

quatorze [katɔʀz] *num* vierzehn
quatre [katʀ] *num* vier; **à ~
pattes** auf allen vieren
• **quatre-vingt-dix** *num* neunzig
• **quatre-vingts** *num* achtzig
• **quatrième** *num* vierte(r, s)
quatuor [kwatɥɔʀ] *nm* Quartett *nt*

que [kə]

▶ *conj* **1** *(après comparatif)* als;
plus grand ~ größer als
2 *(seulement)* : **ne ... ~** nur; **il ne
boit ~ de l'eau** er trinkt nur
Wasser
3 *(introduisant complétive)* dass;
il sait ~ tu es là er weiß, dass du
hier bist
4 *(temps)* : **il y a 4 ans qu'il est
parti** es ist 4 Jahre her, dass er
weggegangen ist, er ist nun
schon 4 Jahre weg
5 *(reprise d'autres conjonctions)* :
**quand il rentrera et qu'il aura
mangé** wenn er zurück ist und
gegessen hat; **si vous y allez
ou ~ vous téléphoniez** wenn
Sie dorthin gehen oder anrufen
6 *(en tête de phrase)* : **qu'il fasse
ce qu'il voudra !** er soll doch
machen, was er will!
▶ *adv* *(exclamation)* : **(qu'est-ce)
qu'il est bête !** ist der dumm!;
~ de livres ! sind das viele
Bücher!
▶ *pron* **1** *(relatif : personne)* den/
die; (: *chose*) den/die/das; **le
livre ~ tu lis** das Buch, das du
liest; **l'homme ~ je vois** der
Mann, den ich sehe; **la femme
~ je vois** die Frau, die ich sehe
2 *(interrogatif)* was; **~ fais-tu ?,
qu'est-ce ~ tu fais ?** was
machst du?; **je ne sais pas ~**

faire ich weiß nicht, was ich tun
soll; **qu'est-ce ~ c'est ?** was ist
das?

Québec [kebɛk] *nm* : **le ~** Quebec
nt • **québécois, e** *adj* aus Quebec
▶ *nm/f* : **Q~, e** Bewohner(in) *m(f)*
von Quebec

quel, quelle [kɛl]

(mpl **quels**, *fpl* **quelles**)
▶ *adj* **1** *(interrogatif)*
welche(r, s); (: *pluriel*) welche;
~ livre ? welches Buch?; **~s
acteurs préfères-tu ?** welche
Schauspieler magst du am
liebsten?; **~ est ce livre ?** was ist
das für ein Buch?
2 *(exclamatif)* : **~le surprise/
coïncidence !** so eine
Überraschung/ein Zufall!
3 : **~ que soit le coupable** wer
auch immer der Schuldige ist;
~ que soit votre avis was auch
immer Ihre Meinung ist, ganz
gleich, was Ihre Meinung ist
▶ *pron interrogatif* welche(r, s);
**de ces enfants, ~ est le plus
intelligent ?** welches dieser
Kindern ist das intelligenteste?

quelconque [kɛlkɔ̃k] *adj*
irgendein(e); *(sans attrait)*
gewöhnlich

quelque [kɛlk]

▶ *adj* **1** *(avec pl)* einige; **il a ~s
amis** er hat einige Freunde
2 *(avec sg)* einige(r, s); **cela fait
~ temps que je ne l'ai (pas) vu**
ich habe ihn schon einige Zeit
nicht mehr gesehen

3 *(pl avec article)* **: les ~s
enfants/livres qui …** die paar
ou wenigen Kinder/Bücher, die …
4 : ~ livre qu'il choisisse ganz
gleich, welches Buch er
auswählt; **~ temps qu'il fasse**
ganz gleich *ou* egal, wie das
Wetter ist
5 *(locutions)* **: ~ chose** etwas;
~ chose d'autre etwas anderes;
**puis-je faire ~ chose pour
vous ?** kann ich etwas für Sie
tun?; **~ part** irgendwo; **en ~
sorte** gewissermaßen,
sozusagen
▸ *adv (environ, à peu près)* etwa;
une rue de ~ 100 mètres eine
Straße von etwa 100 Metern
(Länge); **20 kg et ~(s)** etwas
über 20 Kilo • **quelquefois** *adv*
manchmal • **quelques-uns,
quelques-unes** *pron* einige,
manche

quelqu'un, quelqu'une
[kɛlkœ̃, yn] *pron* jemand;
~ d'autre jemand anders *ou*
anderer
quenelle [kənɛl] *nf* Klößchen *nt*
(aus Fleisch oder Fisch)
querelle [kərɛl] *nf* Streit *m*
• **quereller : se ~** *vpr* sich streiten
• **querelleur, -euse** *adj*
streitsüchtig, zankend
qu'est-ce que [kɛskə] *pron* was
question [kɛstjɔ̃] *nf* Frage *f*;
de quoi est-il ~ ? worum geht es?;
il n'en est pas ~ das steht außer
Frage • **questionnaire** *nm*
Fragebogen *m* • **questionner** *vt*
befragen, Fragen stellen *+dat*
quête [kɛt] *nf (collecte)* Sammlung
f; (recherche) Suche *f*; **faire la ~**

sammeln; **en ~ de** auf der Suche
nach • **quêter** *vi* sammeln ▸ bitten
um
queue [kø] *nf* Schwanz *m; (d'une
casserole, d'un fruit, d'une feuille)*
Stiel *m; (file de personnes)* Schlange
f; **faire la ~** Schlange stehen

▸ *pron* **1** *(interrogatif : sujet)* wer;
~ (est-ce ~) est venu ? wer ist
gekommen?
2 *(objet direct, après préposition
avec accusatif)* wen; **~ as-tu vu ?**
wen hast du gesehen?; **~ est-ce
que tu as vu ?** wen hast du
gesehen?; **pour ~ ?** für wen?
3 *(objet indirect, après préposition
avec datif)* wem; **à ~ est ce sac ?**
wem gehört diese Tasche?; **avec
~ parlais-tu ?** mit wem hast du
gesprochen?
▸ *pron relatif* **1** *(sujet)* der/die/
das; **la femme/fleur ~** die
Frau/Blume, die
2 *(après prép)* **: l'homme pour ~
je travaille** der Mann, für den
ich arbeite
3 *(sans antécédent)* **: amenez ~
vous voulez** bringen Sie mit,
wen Sie wollen

quiche [kiʃ] *nf* **: ~ lorraine** Quiche
f Lorraine
quiconque [kikɔ̃k] *pron (rel)* wer
auch immer; *(indéf)* **mieux que ~**
besser als irgendein(e) anderer
(andere)
quille [kij] *nf* Kegel *m*
quincaillerie [kɛ̃kajri] *nf*
Eisen- und Haushaltswaren *pl;
(magasin)* Eisen- und
Haushaltswarenhandlung *f*

q

quinine [kinin] *nf* Chinin *nt*

quinquagénaire [kɛ̃kaʒenɛʀ] *nmf* Person *f* in den Fünfzigern

quinquennat [kɛ̃kena] *nm* fünfjährige Amtszeit des „Président de la République"

quinzaine [kɛ̃zɛn] *nf* : **une ~ (de)** etwa fünfzehn; **une ~ (de jours)** vierzehn Tage *pl*

quinze [kɛ̃z] *num* fünfzehn; **dans ~ jours** in vierzehn Tagen

quiproquo [kipʀɔko] *nm* Missverständnis *nt*

quittance [kitɑ̃s] *nf* Quittung *f*

quitte [kit] *adj* : **être ~ envers qn** mit jdm quitt sein; **être ~ de qch** etw los sein; **~ à faire qch** selbst wenn das bedeutet, dass man etw tun muss

quitter [kite] *vt* verlassen; (*vêtement*) ausziehen; (*renoncer à*) aufgeben; **se quitter** *vpr* auseinandergehen; **ne quittez pas** (*Tél*) bleiben Sie am Apparat

qui-vive [kiviv] *nm inv* : **être sur le ~** auf der Hut sein

---

quoi [kwa]

▸ *pron interrog* **1** (*interrogation directe*) was; **~ de plus beau que …?** was ist schöner als …?; **~ ?** was?; **~ de neuf ?** gibt es etwas Neues?
2 (*avec prép*) **à ~ penses-tu ?** woran denkst du?; **en ~ puis-je vous aider ?** was kann ich für Sie tun?; **à ~ bon ?** wozu das Ganze?
3 (*interrogation indirecte*) : **dis-moi à ~ ça sert** sag mir, wozu das gut ist
▸ *pron rel* **1** was; **ce à ~ tu m'obliges** das, was du von mir

verlangst; **merci — il n'y a pas de ~** danke — gern geschehen
2 (*locutions*) : **après ~** wonach; **sur ~** woraufhin; **sans ~** ansonsten; **comme ~** wie man sieht
3 : **~ que** : **~ qu'il arrive** was auch passiert; **~ qu'il en soit** wie dem auch sein mag
▸ *excl* : **~ !** was?

---

quoique [kwak] *conj* obwohl

quolibet [kɔlibɛ] *nm* spöttische Bemerkung *f*

quorum [k(w)ɔʀɔm] *nm* beschlussfähige Anzahl *f*, Quorum *nt*

quota [kɔta] *nm* Quote *f*

quote-part [kɔtpaʀ] (*pl* **quotes-parts**) *nf* Anteil *m*

quotidien, ne [kɔtidjɛ̃, jɛn] *adj* täglich; (*banal*) alltäglich ▸ *nm* (*journal*) Tageszeitung *f*

quotient [kɔsjɑ̃] *nm* Quotient *m*; **~ intellectuel** Intelligenzquotient *m*

r

rab [Rab] nm (fam) Extraportion f

rabais [Rabɛ] nm Rabatt m; **au ~** mit Rabatt

rabaisser [Rabese] vt herabsetzen

rabat-joie [Rabaʒwa] nm inv/nf inv Spielverderber(in) m(f)

rabattre [Rabatʀ] vt (couvercle, siège) herunterklappen; **se rabattre** vpr (bords, couvercle) herunterfallen; **se ~ sur** vorliebnehmen mit

rabbin [Rabɛ̃] nm Rabbiner m

rabot [Rabo] nm Hobel m
• **raboter** vt (ab)hobeln

rabougri, e [Rabugʀi] adj (végétal) verkümmert; (personne) mickrig

racaille [Rakaj] nf Gesindel nt

raccommoder [Rakɔmɔde] vt flicken, stopfen; (fam : réconcilier) (miteinander) versöhnen

raccompagner [Rakɔ̃paɲe] vt zurückbringen

raccord [Rakɔʀ] nm (pièce) Verbindungsstück nt
• **raccordement** nm Verbindung f
• **raccorder** vt verbinden

raccourci [RakuRsi] nm Abkürzung f; (fig : tour elliptique etc) Verkürzung f; **en ~** kurz gesagt • **raccourcir** vt kürzen ▶ vi (au lavage) eingehen; (jours) kürzer werden

raccrocher [RakRɔʃe] vt wieder aufhängen; (récepteur) auflegen ▶ vi (Tél) auflegen; **se raccrocher** vpr : **se ~ à** sich klammern an +acc

race [Ras] nf Rasse f; (origine) Geschlecht nt; (espèce) Gattung f; **de ~** Rasse-

rachat [Raʃa] nm Rückkauf m; (fig) Sühne f

racheter [Raʃ(ə)te] vt (acheter de nouveau) wieder kaufen, noch einmal kaufen; (acheter davantage de) nachkaufen; (acheter après avoir vendu) zurückkaufen

racial, e, -aux [Rasjal, jo] adj Rassen-

racine [Rasin] nf Wurzel f

racisme [Rasism] nm Rassismus m • **raciste** adj rassistisch ▶ nmf Rassist(in) m(f)

racket [Raket] nm Erpressung f
• **racketteur** nm Erpresser m

racler [Rakle] vt (os, tache, boue) abkratzen; (casserole, plat) auskratzen

raconter [Rakɔ̃te] vt erzählen

radar [RadaR] nm Radar m ou nt

rade [Rad] nf (bassin) Reede f; **en ~ de Toulon** im Hafen von Toulon

radeau, x [Rado] nm Floß nt

radial, e, -aux [Radjal, jo] adj : **pneu à carcasse ~e** Gürtelreifen m

radiateur [RadjatœR] nm Heizkörper m; (Auto) Kühler m

radiation [ʀadjasjɔ̃] *nf* (Phys) Strahlung *f*

radical, e, -aux [ʀadikal, o] *adj* radikal ▸ *nm* (Ling) Stamm *m*; (Math) Wurzelzeichen *nt*; **le Parti ~** konservative politische Partei • **radicaliser** *vt* radikalisieren; **se radicaliser** *vpr* radikaler werden

radieux, -euse [ʀadjø, jøz] *adj* strahlend

radin, e [ʀadɛ̃, in] *adj* (*fam*) knauserig

radio [ʀadjo] *nf* (appareil) Radio(gerät) *nt*; (Méd) Röntgenaufnahme *f* ▸ *nm* (personne) Bordfunker *m*; **à la ~** im Radio; **passer une ~** geröntgt werden

radioactif, -ive [ʀadjoaktif, iv] *adj* radioaktiv • **radioactivité** *nf* Radioaktivität *f*

radioamateur [ʀadjoamatœʀ] *nm* Amateurfunker *m* • **radiocassette** *nf* Radiorekorder *m*

radiographie [ʀadjɔgʀafi] *nf* Röntgenaufnahme *f* • **radiographier** *vt* röntgen

radiologie [ʀadjɔlɔʒi] *nf* Radiologie *f* • **radiologue** *nmf* Radiologe *m*, Radiologin *f*

radiophonique [ʀadjɔfɔnik] *adj* (programme, émission) Radio-; **jeu ~** Spielprogramm *nt*

radio-réveil [ʀadjoʀevɛj] (*pl* **radios-réveils**) *nm* Radiowecker *m*

radio-taxi [ʀadjotaksi] (*pl* **radio-taxis**) *nm* Funktaxi *nt* • **radiotéléphone** *nm* Mobilfunk *m*

radis [ʀadi] *nm* Radieschen *nt*; **~ noir** Rettich *m*

radoter [ʀadɔte] *vi* faseln

rafale [ʀafal] *nf* (de vent) Bö(e) *f*, Windstoß *m*

raffermir [ʀafɛʀmiʀ] *vt* stärken

raffiné, e [ʀafine] *adj* (sucre, pétrole) raffiniert; (élégance, éducation) erlesen; (personne) kultiviert • **raffiner** *vt* (sucre, pétrole) raffinieren • **raffinerie** *nf* Raffinerie *f*

raffoler [ʀafɔle] : **~ de** *vt* ganz wild *ou* versessen sein auf +*acc*

rafle [ʀafl] *nf* Razzia *f*

rafler [ʀafle] *vt* (*fam*) an sich *acc* raffen

rafraîchir [ʀafʀeʃiʀ] *vt* (atmosphère, température) abkühlen; (boisson, dessert) kühlen; (personne) erfrischen; (rénover) auffrischen; **se rafraîchir** *vpr* sich abkühlen • **rafraîchissant, e** *adj* erfrischend • **rafraîchissement** *nm* (de la température) Abkühlung *f*; (boisson) Erfrischung *f*

rafting [ʀaftiŋ] *nm* Rafting *nt*

rage [ʀaʒ] *nf* (Méd) Tollwut *f*; (fureur) Wut *f*; **~ de dents** rasende Zahnschmerzen *pl* • **rageur, -euse** *adj* jähzornig

ragots [ʀago] *nmpl* (*fam*) Klatsch *m*

ragoût [ʀagu] *nm* Ragout *nt*

raid [ʀɛd] *nm* (Mil) Überfall *m*; (attaque aérienne) Luftangriff *m*

raide [ʀɛd] *adj* steif; (cheveux) glatt; (tendu) gespannt; (escarpé) steil ▸ *adv*: **tomber ~ mort** auf der Stelle tot umfallen

raidir [ʀɛdiʀ] *vt* (*muscles, membres*) anspannen; (*câble, fil de fer*) straff anziehen; **se raidir** *vpr* sich anspannen; (*se montrer plus intransigeant*) sich verhärten

raie [ʀɛ] *nf* (*Zool*) Rochen *m*; (*rayure*) Streifen *m*; (*des cheveux*) Scheitel *m*

raifort [ʀɛfɔʀ] *nm* Meerrettich *m*

rail [ʀaj] *nm* Schiene *f*; **par ~** per Bahn

railler [ʀaje] *vt* verspotten
• **raillerie** *nf* Spott *m*

rainure [ʀɛnyʀ] *nf* Rille *f*

raisin [ʀɛzɛ̃] *nm* Traube *f*; **~ blanc/noir** weiße/blaue Trauben *pl*; **~s secs** Rosinen *pl*

raison [ʀɛzɔ̃] *nf* (*faculté*) Vernunft *f*, Verstand *m*; (*motif*) Grund *m*; **avoir ~** recht haben; **perdre la ~** den Verstand verlieren; **en ~ de** wegen +*gén ou dat*; **sans ~** grundlos

raisonnable [ʀɛzɔnabl] *adj* vernünftig

raisonnement [ʀɛzɔnmã] *nm* Überlegung *f*; (*argumentation*) Argumentation *f* • **raisonner** *vi* (*penser*) denken; (*argumenter*) argumentieren; (*discuter*) Einwände machen ▸ *vt* (*personne*) gut zureden +*dat*

rajeunir [ʀaʒœniʀ] *vt* jünger machen, verjüngen ▸ *vi* jünger aussehen

rajouter [ʀaʒute] *vt* hinzufügen

ralenti [ʀalãti] *nm* : **au ~** (*Auto*) im Leerlauf • **ralentir** *vt* verlangsamen; **se ralentir** *vpr* langsamer werden
• **ralentissement** *nm* Verlangsamung *f*

rallier [ʀalje] *vt* (*rassembler*) versammeln; (*rejoindre*) sich wieder anschließen +*dat*; **se rallier** *vpr* : **se ~ à** sich anschließen +*dat*

rallonge [ʀalɔ̃ʒ] *nf* (*de table*) Ausziehplatte *f*; (*Élec*) Verlängerungsschnur *f*
• **rallonger** *vt* verlängern

rallye [ʀali] *nm* Rallye *f*

ramadan [ʀamadã] *nm* (*Rel*) Ramadan *m*

ramassage [ʀamɑsaʒ] *nm* : **~ scolaire** Schulbusdienst *m*
• **ramasser** *vt* aufheben; (*recueillir*) einsammeln; (*récolter*) sammeln; (: *pommes de terre*) ernten

rambarde [ʀɑ̃baʀd] *nf* Geländer *nt*

rame [ʀam] *nf* (*aviron*) Ruder *nt*; (*de métro*) Zug *m*

rameau, x [ʀamo] *nm* Zweig *m*; **les R~x** Palmsonntag *m*

ramener [ʀam(ə)ne] *vt* zurückbringen; (*en voiture*) nach Hause fahren; (*rétablir*) wiederherstellen; **se ramener** *vpr* : **se ~ à** hinauslaufen auf +*acc*

ramer [ʀame] *vi* rudern

ramollir [ʀamɔliʀ] *vt* weich machen; **se ramollir** *vpr* weich werden

rampe [ʀɑ̃p] *nf* (*d'escalier*) (Treppen)geländer *nt*; (*dans un garage, Théâtre*) Rampe *f*

ramper [ʀɑ̃pe] *vi* kriechen

rancard [ʀɑ̃kaʀ] *nm* (*fam*) : **avoir ~ avec qn** sich mit jdm treffen

rancart [ʀɑ̃kaʀ] *nm* (*fam*) : **mettre au ~** ausrangieren

rance [ʀɑ̃s] *adj* ranzig

r

rancœur [ʀɑ̃kœʀ] *nf* Groll *m*

rançon [ʀɑ̃sɔ̃] *nf* Lösegeld *nt*

rancune [ʀɑ̃kyn] *nf* Groll *m*

randonnée [ʀɑ̃dɔne] *nf* Ausflug *m*, Wanderung *f* • **randonneur, -euse** *nm/f* Wanderer *m*, Wanderin *f*

rang [ʀɑ̃] *nm* (rangée) Reihe *f*; (grade, position) Rang *m*; **au premier/dernier ~** (de sièges) in der ersten/letzten Reihe

rangé, e [ʀɑ̃ʒe] *adj* (personne) ordentlich

rangée [ʀɑ̃ʒe] *nf* Reihe *f*

rangement [ʀɑ̃ʒmɑ̃] *nm* Aufräumen *nt*; (classement) Ordnen *nt*; **faire du ~** aufräumen

ranger [ʀɑ̃ʒe] *vt* (classer) ordnen; (mettre à sa place) wegräumen; (: voiture) parken; (mettre de l'ordre dans) aufräumen; (disposer) anordnen; **se ranger** *vpr* (s'écarter) ausweichen; (se garer) parken

ranimer [ʀanime] *vt* wiederbeleben; (forces, courage, souvenirs) wiederaufleben lassen; (feu) schüren

rapace [ʀapas] *nm* Raubvogel *m*

râpe [ʀɑp] *nf* (Culin) Reibe *f*, Raspel *f* • **râpé, e** *adj* (Culin) gerieben; (vêtement, tissu) abgeschabt • **râper** *vt* reiben, raspeln

rapide [ʀapid] *adj* schnell ▸ *nm* (d'un cours d'eau) Stromschnelle *f*; (train) Schnellzug *m* • **rapidement** *adv* schnell • **rapidité** *nf* Schnelligkeit *f*

rapiécer [ʀapjese] *vt* flicken

rappel [ʀapɛl] *nm* (Théât etc) Vorhang *m*; (d'une aventure,

d'un nom, d'une date) Erinnerung *f*; (sur écriteau) Wiederholung *f* • **rappeler** *vt* zurückrufen; (évoquer) erinnern an +acc; **se rappeler** *vpr*: **se ~ que/de** sich erinnern, dass/an +acc

rapport [ʀapɔʀ] *nm* (compte rendu) Bericht *m*; (: de médecin légiste, d'expert) Gutachten *nt*; (profit) Ertrag *m*; (lien) Zusammenhang *m*; (proportion) Verhältnis *nt*; **rapports** *nmpl* Beziehungen *pl*; **être en ~ avec** im Zusammenhang stehen mit; **être en ~ avec qn** mit jdm in Verbindung stehen; **se mettre en ~ avec qn** sich mit jdm in Verbindung setzen; **par ~ à** im Vergleich zu; **~s (sexuels)** (Geschlechts)verkehr *m* • **rapporter** *vt* (remettre à sa place, rendre) zurückbringen; (apporter davantage) noch einmal bringen; (revenir avec, ramener) mitbringen; (relater) berichten ▸ *vi* (investissement, propriété) Gewinn abwerfen; **se ~ à** *vpr* sich beziehen auf +acc

rapprochement [ʀapʀɔʃmɑ̃] *nm* (réconciliation) Versöhnung *f*; (analogie) Parallele *f*

rapprocher [ʀapʀɔʃe] *vt* (approcher) heranrücken; (deux objets) zusammenrücken; (personnes) zusammenbringen; (associer, comparer) vergleichen, gegenüberstellen; **se rapprocher** *vpr* sich nähern; **se ~ de** sich nähern +dat; (présenter une analogie avec) vergleichbar sein mit

rapt [ʀapt] *nm* Entführung *f*

raquette [ʀakɛt] *nf* Schläger *m*

rare [ʀɑʀ] *adj* selten; (*cheveux, herbe*) dünn; **il est ~ que** es kommt selten vor, dass
• **rarement** *adv* selten

RAS [ɛʀɑɛs] *abr* (= *rien à signaler*) nichts zu berichten

ras, e [ʀɑ, ʀɑz] *adj* kurz geschoren; (*poil, herbe*) kurz ▸ *adv* (*couper*) kurz; **~ du cou** (*pull, robe*) mit rundem Halsausschnitt

raser [ʀɑze] *vt* (*barbe, cheveux*) abrasieren; (*menton, personne*) rasieren; (*fam : ennuyer*) langweilen; (*démolir*) dem Erdboden gleichmachen; **se raser** *vpr* sich rasieren; (*fam : s'ennuyer*) sich langweilen; sich mopsen

ras-le-bol [ʀɑlbɔl] *nm* : **en avoir ~ (de qch)** (*fam*) (von etw) die Nase vollhaben

rasoir [ʀɑzwaʀ] *nm* :
~ électrique Rasierapparat;
~ mécanique Nassrasierer

rassemblement [ʀɑsɑ̃bləmɑ̃] *nm* Versammlung *f*; (*Mil*) Sammeln *nt*

rassembler [ʀɑsɑ̃ble] *vt* versammeln; (*regrouper, accumuler*) (an)sammeln; **se rassembler** *vpr* sich versammeln

rassis, e [ʀɑsi, iz] *adj* (*pain, brioche*) altbacken

rassurant, e [ʀɑsyʀɑ̃, ɑ̃t] *adj* beruhigend

rassurer [ʀɑsyʀe] *vt* beruhigen

rat [ʀɑ] *nm* Ratte *f*

ratatiné, e [ʀatatine] *adj* runzelig

rate [ʀat] *nf* (*Anat*) Milz *f*

raté, e [ʀate] *adj* (*tentative, opération*) misslungen; (*spectacle*) missraten ▸ *nm/f* (*personne*) Versager(in) *m(f)* ▸ *nm* (*Auto*) Fehlzündung *f*

râteau, x [ʀɑto] *nm* Rechen *m*

rater [ʀate] *vi* (*affaire, projet etc*) fehlschlagen, schiefgehen ▸ *vt* (*cible, balle*) verfehlen; (*train, occasion*) verpassen

ratification [ʀatifikasjɔ̃] *nf* Ratifizierung *f*

ratifier [ʀatifje] *vt* ratifizieren

ration [ʀasjɔ̃] *nf* Ration *f*; (*fig*) Teil *m* • **rationaliser** *vt* rationalisieren

rationnel, le [ʀasjɔnɛl] *adj* rational; (*procédé, méthode*) rationell

rationnement [ʀasjɔnmɑ̃] *nm* Rationierung *f*

RATP [ɛʀatepe] *sigle f* (= *Régie autonome des transports parisiens*) Pariser Verkehrsverbund

rattacher [ʀataʃe] *vt* (*animal*) wieder anbinden; (*cheveux*) wieder festbinden; **se ~ à** *vpr* (*avoir un lien avec*) verbunden sein mit

rattraper [ʀatʀape] *v* : (*fugitif, animal*) wieder einfangen; (*empêcher de tomber*) auffangen; (*rejoindre*) einholen; **se rattraper** (*de temps perdu*) aufholen

rature [ʀatyʀ] *nf* Korrektur *f*

rauque [ʀok] *adj* heiser, rau

ravager [ʀavaʒe] *vt* verwüsten; (*maladie, chagrin etc*) verheeren
• **ravages** *nmpl* Verwüstung *f*

ravaler [ʀavale] *vt* (*mur, façade*) restaurieren; (*déprécier*) erniedrigen; (*avaler de nouveau*) (wieder) hinunterschlucken

rave [ʀav] *nf* (*légume*) Rübe *f*

ravi, e [Ravi] *adj* begeistert; **être ~ de/que** hocherfreut sein über +*acc*/darüber, dass

ravin [Ravɛ̃] *nm* Schlucht *f*

ravir [RaviR] *vt* (*enchanter*) hinreißen; (*enlever de force*) rauben

raviser [Ravize]: **se ~** *vpr* seine Meinung ändern

ravissant, e [Ravisɑ̃, ɑ̃t] *adj* hinreißend, entzückend

ravisseur, -euse [RavisœR, øz] *nm/f* Entführer(in) *m(f)*

ravitaillement [Ravitajmɑ̃] *nm* Versorgung *f*; (*provisions*) Vorräte *pl* • **ravitailler** *vt* versorgen; (*véhicule*) auftanken; **se ravitailler** *vpr* sich versorgen

raviver [Ravive] *vt* (*feu, flamme*) neu beleben; (*couleurs*) auffrischen

rayé, e [Reje] *adj* gestreift; (*éraflé*) zerkratzt • **rayer** *vt* (*érafler*) zerkratzen; (*barrer, radier*) streichen

rayon [Rɛjɔ̃] *nm* Strahl *m*; (*d'une roue*) Speiche *f*; (*étagère*) Regal *nt*; (*de grand magasin*) Abteilung *f*; **dans un ~ de** in einem Umkreis von; **~ de soleil** (*aussi fig*) Sonnenstrahl *m*; **~s X** Röntgenstrahlen *pl*

rayonnement [Rɛjɔnmɑ̃] *nm* Strahlung *f*; (*fig*) Einfluss *m* • **rayonner** *vi* (*chaleur, énergie*) ausgestrahlt werden; (*être radieux*) strahlen

rayure [RejyR] *nf* (*motif*) Streifen *m*; (*éraflure*) Schramme *f*, Kratzer *m*; **à ~s** gestreift

raz-de-marée [RɑdmaRe] *nm inv* Flutwelle *f*; (*fig*) Welle *f*

razzia [Ra(d)zja] *nf* Razzia *f*

ré [Re] *nm* (*Mus*) D *nt*

réacteur [ReaktœR] *nm* : **~ nucléaire** (Kern- *ou* Atom)reaktor *m*

réaction [Reaksjɔ̃] *nf* Reaktion *f*; **avion/moteur à ~** Düsenflugzeug *nt*/ Düsentriebwerk *nt*; **~ en chaîne** Kettenreaktion *f*

réactionnaire [ReaksjɔnɛR] *adj* reaktionär

réagir [ReaʒiR] *vi* reagieren; **~ à/ contre** reagieren auf +*acc*; **~ sur** sich auswirken auf +*acc*

réalisateur, -trice [RealizatœR, tRis] *nm/f* Regisseur(in) *m(f)*

réalisation [Realizasjɔ̃] *nf* Verwirklichung *f*, Erfüllung *f* • **réaliser** *vt* (*projet*) verwirklichen; (*rêve, souhait*) wahr machen, erfüllen; (*exploit*) vollbringen; (*comprendre*) begreifen; **se réaliser** *vpr* (*projet*) verwirklicht werden

réaliste [Realist] *adj* realistisch ▸ *nmf* Realist(in) *m(f)*

réalité [Realite] *nf* Realität *f*; **en ~** in Wirklichkeit; **dans la ~** in der Wirklichkeit; **~ augmentée** (*Inform*) erweiterte Realität *f*

réanimation [Reanimasjɔ̃] *nf* Wiederbelebung *f*; **service de ~** Intensivstation *f*

réarmement [ReaRmǝmɑ̃] *nm* Wiederbewaffnung *f*

rébarbatif, -ive [RebaRbatif, iv] *adj* abstoßend

rebattu, e [R(ǝ)baty] *adj* abgedroschen

rebelle [Rǝbɛl] *nmf* Rebell(in) *m(f)* ▸ *adj* (*troupes*) aufständisch; (*enfant, mèche etc*) widerspenstig

~ **à** (un art, un sujet) nicht zugänglich für

rebeller [ʀ(ə)bele]: **se ~** vpr rebellieren

rébellion [ʀebeljɔ̃] nf Rebellion f, Aufruhr m

reboisement [ʀ(ə)bwazmɑ̃] nm Aufforsten nt

rebord [ʀ(ə)bɔʀ] nm Rand m

rebours [ʀ(ə)buʀ]: **à ~** adv (brosser, caresser) gegen den Strich; (comprendre etc) verkehrt

rebrousser [ʀ(ə)bʀuse] vt : ~ **chemin** kehrtmachen, umkehren

rebuter [ʀ(ə)byte] vt (suj) abschrecken

récalcitrant, e [ʀekalsitʀɑ̃, ɑ̃t] adj störrisch

recaler [ʀ(ə)kale] vt (Scol) durchfallen lassen

récemment [ʀesamɑ̃] adv kürzlich

recensement [ʀ(ə)sɑ̃smɑ̃] nm Volkszählung f

recenser [ʀ(ə)sɑ̃se] vt (population) zählen; (inventorier) auflisten

récent, e [ʀesɑ̃, ɑ̃t] adj neu

récépissé [ʀesepise] nm Empfangsbescheinigung f

récepteur, -trice [ʀesɛptœʀ, tʀis] adj Empfangs- ▶ nm (Radio, TV) Apparat m, Empfänger m

réception [ʀesɛpsjɔ̃] nm Empfang m

récession [ʀesesjɔ̃] nf Rezession f

recette [ʀ(ə)sɛt] nf (Culin, fig) Rezept nt; **recettes** nfpl (Comm) Einnahmen pl

receveur, -euse [ʀ(ə)səvœʀ, øz] nm/f (des contributions)

Eintreiber(in) m(f); (des postes) Vorsteher(in) m(f); (d'autobus) Schaffner(in) m(f)

recevoir [ʀ(ə)səvwaʀ] vt erhalten, bekommen; (accueillir) empfangen ▶ vi Gäste empfangen

rechange [ʀ(ə)ʃɑ̃ʒ] nf: **de ~** Reserve-

recharge [ʀ(ə)ʃaʀʒ] nf (ce briquet) Nachfüllpatrone f, (de stylo) Tintenpatrone f • **recharger** vt (camion) wieder beladen (appareil de photo) laden; (briquet, stylo) nachfüllen; (batterie) wiederaufladen

réchaud [ʀeʃo] nm Rechaud m, Stövchen nt

réchauffement [ʀeʃofmɑ̃] nm : **le ~ climatique** die globale Erwärmung

réchauffer [ʀeʃofe] vt aufwärmen; **se réchauffer** vpr (personne) sich aufwärmen; (température) wieder wärmer werden

recherche [ʀ(ə)ʃɛʀʃ] nf Suche f; (scientifique) Forschung f; **recherches** nfpl (de la police) Nachforschungen pl • **recherché, e** adj begehrt, gesucht; (raffiné) erlesen • **rechercher** vt suchen

rechute [ʀ(ə)ʃyt] nf Rückfall m

récidiviste [ʀesidivis:] nmf Wiederholungstäter(in) m(f)

récif [ʀesif] nm Riff nt

récipient [ʀesipjɑ̃] nm Behälter m

réciproque [ʀesipʀɔk] adj gegenseitig; (Ling) reflexiv

récit [ʀesi] nm Erzählung f

récital [ʀesital] nm Konzert nt

réciter 308

réciter [ʀesite] *vt* vortragen; (*péj*) herunterleiern
réclamation [ʀeklamasjɔ̃] *nf* Reklamation f, Beschwerde f; **service des ~s** Beschwerdeabteilung f
réclame [ʀeklam] *nf*: **article en ~** Sonderangebot nt
réclamer [ʀeklame] *vt* verlangen; (*nécessiter*) erfordern ▸ *vi* (*protester*) sich beschweren
réclusion [ʀeklyzjɔ̃] *nf* (*Jur*) Freiheitsstrafe f
recoin [ʀəkwɛ̃] *nm* verborgener Winkel m; (*fig*) geheimer Winkel
récolte [ʀekɔlt] *nf* Ernte f • **récolter** *vt* ernten
recommandation [ʀ(ə)kɔmɑ̃dasjɔ̃] *nf* Empfehlung f • **recommandé, e** *adj* empfohlen; **en ~** eingeschrieben • **recommander** *vt* empfehlen; (*envoi*) als Einschreiben schicken
recommencer [ʀ(ə)kɔmɑ̃se] *vt* wieder anfangen; (*refaire*) noch einmal anfangen ▸ *vi* wieder anfangen
récompense [ʀekɔ̃pɑ̃s] *nf* Belohnung f • **récompenser** *vt* belohnen
recomposé, e [ʀəkɔ̃poze] *adj*: **famille ~e** neue Familienkonstellation f mit Scheidungskindern
réconciliation [ʀekɔ̃siljasjɔ̃] *nf* Versöhnung f • **réconcilier** *vt* versöhnen
reconduire [ʀ(ə)kɔ̃dɥiʀ] *vt* (*à la maison*) nach Hause bringen
réconforter [ʀekɔ̃fɔʀte] *vt* (*consoler*) trösten

reconnaissance [ʀ(ə)kɔnɛsɑ̃s] *nf* (*gratitude*) Dankbarkeit f; (*de gouvernement, pays*) Anerkennung f • **reconnaissant, e** *adj* dankbar; **je vous serais ~ de bien vouloir faire qch** ich wäre Ihnen sehr dankbar, wenn Sie etw tun könnten
reconnaître [ʀ(ə)kɔnɛtʀ] *vt* erkennen; (*pays, enfant, valeur etc*) anerkennen; (*Mil*) erkunden; **~ que** zugeben ou zugestehen, dass; **~ qn/qch à** jdn/etw erkennen an +dat
reconnu, e [ʀ(ə)kɔny] *adj* anerkannt
reconstituer [ʀ(ə)kɔ̃stitɥe] *vt* (*fortune, patrimoine*) wiederherstellen; (*tissus etc*) erneuern
record [ʀ(ə)kɔʀ] *nm* Rekord m ▸ *adj* Rekord-; **~ du monde** Weltrekord m
recourbé, e [ʀ(ə)kuʀbe] *adj* gebogen, krumm
recourir [ʀ(ə)kuʀiʀ] *vi*: **~ à** sich wenden an +acc; (*force, ruse, emprunt*) zurückgreifen auf +acc • **recours** *nm*: **le ~ à la violence** die Gewaltanwendung f; **le ~ à la ruse** die Verwendung einer List; **avoir ~ à** sich wenden an +acc; **en dernier ~** als letzter Ausweg
recouvrer [ʀ(ə)kuvʀe] *vt* (*retrouver*) wiedererlangen; (*impôts, créance*) eintreiben, einziehen
récréation [ʀekʀeasjɔ̃] *nf* (*détente*) Erholung f; (*Scol*) Pause f
recruter [ʀ(ə)kʀyte] *vt* (*personnel, collaborateurs*) einstellen; (*clients, partisans, adeptes*) anwerben

rectangle [ʀɛktɑ̃gl] *nm*
Rechteck *nt* • **rectangulaire** *adj*
rechteckig

rectifier [ʀɛktifje] *vt* (*calcul,
compte, adresse*) berichtigen;
(*erreur, faute*) richtigstellen

rectiligne [ʀɛktiliɲ] *adj* gerade
(verlaufend); (*Géom*) geradlinig

reçu, e [ʀ(ə)sy] *pp de* **recevoir**
▶ *nm* Quittung *f*

recueil [ʀəkœj] *nm* Sammlung *f*
• **recueillir** *vt* sammeln;
(*accueillir*) (bei sich) aufnehmen

recul [ʀ(ə)kyl] *nm* (*d'une armée,
épidémie etc*) Rückzug *m*; **avoir un
mouvement de ~**
zurückschrecken *ou* -fahren;
prendre du ~ Abstand nehmen
• **reculé, e** *adj* (*isolé*)
zurückgezogen; (*lointain*)
entfernt • **reculer** *vi* sich
rückwärtsbewegen; (*conducteur*)
rückwärtsfahren ▶ *vt* (*meuble*)
zurückschieben; (*véhicule*)
zurücksetzen; (*mur, frontières*)
verschieben • **reculons** : **à ~** *adv*
rückwärts

récupérer [ʀekypeʀe] *vt*
wiederbekommen; (*forces*)
wiedererlangen; (*déchets etc*)
wiederverwerten ▶ *vi* sich erholen

recyclable [ʀ(ə)siklabl] *adj*
recycelbar • **recyclage** *nm*
Umschulung *f*; (*de déchets*)
Wiederverwertung *f* • **recyclé, e**
adj Recycling- ; **papier ~**
Umwelt(schutz)papier *nt*,
Recyclingpapier *nt* • **recycler** *vt*
(*matériaux, eaux usées etc*)
wiederverwerten

rédacteur, -trice [ʀedaktœʀ,
tʀis] *nm/f* Redakteur(in) *m(f)*;
~ en chef Chefredakteur(in) *m(f)*

rédaction [ʀedaksjɔ̃] *nf*
Schreiben *nt*; (*Journalisme*)
Redaktion *f*

redémarrer [ʀ(ə)demaʀe] *vi*
(*véhicule*) wieder losfahren; (*fig*)
neuen Aufschwung nehmen

redevable [ʀ(ə)dəvabl] *adj* : **être
~ de qch à qn** (*somme*) jdm etw
schulden

redevance [ʀ(ə)dəvɑ̃s] *nf* (*Tél, TV*)
Gebühr *f*

rédiger [ʀediʒe] *vt* abfassen

redire [ʀ(ə)diʀ] *vt* wiederholen;
avoir *ou* **trouver à ~ à qch** an
einer Sache *dat* etwas
auszusetzen haben

redoubler [ʀ(ə)duble] *vt*
verdoppeln; (*Scol*) wiederholen
▶ *vi* (*tempête, vent, violence*)
zunehmen; (*Scol*) sitzen bleiben

redoutable [ʀ(ə)dutabl] *adj*
furchtbar • **redouter** *vt* fürchten

redressement [ʀ(ə)dʀɛsmɑ̃] *nm*
(*Écon*) (Wieder)aufschwung *m*
• **redresser** *vt* (*arbre, mât*) wieder
aufrichten; (*pièce tordue*) wieder
gerade richten; **se redresser** *vpr*
(*se remettre droit*) sich wieder
aufrichten; (*se tenir très droit*) sich
gerade aufrichten

réduction [ʀedyksjɔ̃] *nf*
Reduzierung *f*, Verkleinerung *f*;
(*rabais, remise*) Rabatt *m*

réduire [ʀedɥiʀ] *vt* reduzieren;
(*carte, photographie*) verkleinern;
se réduire *vpr* : **se ~ à** sich
reduzieren auf +*acc*; **se ~ en** sich
verwandeln in +*acc* • **réduit, e** *adj*
(*prix, tarif*) reduziert; (*vitesse*)
gedrosselt

réel, le [ʀeɛl] *adj* (*non fictif*) real,
tatsächlich; (*intensif*) wirklich

réélection [ʀeelɛksjɔ̃] *nf*
Wiederwahl *f*

réellement [ʀeelmɑ̃] *adv*
wirklich

réexpédier [ʀeɛkspedje] *vt (à l'envoyeur)* zurücksenden; *(au destinataire)* nachsenden

réf. *abr* (= **référence**) Bez.

refaire [ʀ(ə)fɛʀ] *vt (à)* noch einmal machen, wiederholen; *(recommencer, faire autrement)* neu machen; *(réparer)* reparieren; *(restaurer)* restaurieren

référence [ʀefeʀɑ̃s] *nf (renvoi)* Verweis *m*; *(Comm)* Bezug(nahme *f*) *m*; **références** *nfpl (recommandation)* Referenzen *pl*; **faire ~ à** Bezug nehmen auf +*acc*

référendum [ʀefeʀɛ̃dɔm] *nm* Referendum *nt*

référer [ʀefeʀe] : **se référer** *vpr* : **se ~ à** *(ami, avis)* sich beziehen auf +*acc*

réfléchi, e [ʀefleʃi] *adj (personne, caractère)* besonnen; *(action, décision)* überlegt • **réfléchir** *vt (lumière, image)* reflektieren ▸ *vi* nachdenken, überlegen

reflet [ʀ(ə)flɛ] *nm* Spiegelbild *nt*, Spiegelung *f*

refléter [ʀ(ə)flete] *vt* reflektieren; *(exprimer)* erkennen lassen; **se refléter** *vpr* sich spiegeln; *(fig)* sich widerspiegeln

reflex [ʀeflɛks] *adj inv (Photo)* Spiegelreflex-

réflexe [ʀeflɛks] *nm* Reflex *m* ▸ *adj* : **mouvement ~** Reflexbewegung *f*; **avoir de bons ~s** gute Reflexe haben

réflexion [ʀeflɛksjɔ̃] *nf (Phys)* Reflexion *f*; *(fait de penser)* (Nach)

denken *nt*; *(pensée)* Gedanke *m*; *(remarque)* Bemerkung *f*

reflux [ʀəfly] *nm* Ebbe *f*

réforme [ʀefɔʀm] *nf* Reform *f*; *(Rel)* Reformation *f* • **réformer** *vt* reformieren; *(Mil)* ausmustern

refouler [ʀ(ə)fule] *vt (liquide, Psych)* verdrängen; *(larmes, colère)* unterdrücken

refrain [ʀ(ə)fʀɛ̃] *nm* Refrain *m*; *(fig)* Lied *nt*

refréner [ʀefʀene] *vt* zügeln

réfrigérateur [ʀefʀiʒeʀatœʀ] *nm* Kühlschrank *m*

réfrigérer [ʀefʀiʒeʀe] *vt* kühlen; *(fam : glacer)* unterkühlen; *(fig)* abkühlen

refroidir [ʀ(ə)fʀwadiʀ] *vt* abkühlen lassen ▸ *vi* abkühlen; **se refroidir** *vpr* abkühlen; *(prendre froid)* sich erkälten

refroidissement *nm (grippe, rhume)* Erkältung *f*

refuge [ʀ(ə)fyʒ] *nm* Zuflucht *f*; *(de montagne)* (Schutz)hütte *f* • **refroidissement** *nm* Kühlschrank *m*

réfugié, e *adj* geflüchtet ▸ *nm/f* Flüchtling *m* • **~ économique** Wirtschaftsflüchtling *m* • **réfugier** : **se ~** *vpr (s'abriter)* sich flüchten; **se ~ en France** nach Frankreich flüchten *ou* fliehen

refus [ʀ(ə)fy] *nm* Ablehnung *f* • **refuser** *vt* ablehnen; *(ne pas accorder)* verweigern; **~ de faire qch** sich weigern, etw zu tun; **se refuser** *vpr* : **se ~ à faire qch** sich weigern, etw zu tun

réfuter [ʀefyte] *vt* widerlegen

regagner [ʀ(ə)gaɲe] *vt* zurückgewinnen; *(lieu, place)* zurückkommen nach

regain [ʀəgɛ̃] nm : **un ~ de** (fig) ein neuer Aufschwung in +dat

régal [ʀegal] nm : **c'est un (vrai) ~** das ist eine (wahre) Wonne; **un ~ pour les yeux** ein Augenschmaus m • **régaler** vt : **~ qn** jdn fürstlich bewirten; **se régaler** vpr schlemmen

regard [ʀ(ə)gaʀ] nm Blick m • **regardant, e** adj (péj) : **peu ~ (sur)** nicht pingelig (mit); (dépensier) nicht knauserig (mit) • **regarder** vt ansehen, betrachten; (livre, film, match) sich dat ansehen; **~ la télévision** fernsehen; **~ dans le dictionnaire/l'annuaire** im Wörterbuch/im Telefonbuch nachsehen; **~ par la fenêtre** aus dem Fenster sehen; **~ vers** (maison) gehen nach; **ça ne vous regarde pas** das geht Sie nichts an

régie [ʀeʒi] nf (Admin) Verwaltung f; (Ciné, Théât) Produktion f; (Radio, TV) Regie f; **~ d'État** staatlich geführtes Unternehmen

régime [ʀeʒim] nm Regime nt; (Admin) System nt; (Méd) Diät f; (d'un moteur) Drehzahl f; **suivre un/se mettre au ~** Diät leben/ auf Diät gehen; **à plein ~** auf vollen Touren; **~ matrimonial** Ehe(schließungs)abkommen nt

régiment [ʀeʒimɑ̃] nm (Mil) Regiment nt; **un ~ de** (fam) Heerscharen von; **un copain de ~** ein Freund aus der Militärzeit

région [ʀeʒjɔ̃] nf Gegend f • **régional, e, -aux** adj regional

registre [ʀəʒistʀ] nm Register nt, Verzeichnis nt

règle [ʀɛgl] nf Regel f; (instrument) Lineal nt; **règles** nfpl (Méd) Periode f; **en ~** (papiers) in Ordnung; **dans** ou **selon les ~s** den Regeln entsprechend; **en ~ générale** generell, im Allgemeinen

règlement [ʀɛgləmɑ̃] nm Regelung f; (paiement) Bezahlung f • **réglementaire** adj vorschriftsmäßig • **réglementation** nf Regulierung f

régler [ʀegle] vt regeln; (mécanisme, machine) regulieren, einstellen; (note, facture, dette) bezahlen

réglisse [ʀeglis] nf Lakritz m ou nt

règne [ʀɛɲ] nm Herrschaft f; **le ~ végétal/animal** das Pflanzen-/ Tierreich nt • **régner** vi herrschen

regret [ʀ(ə)gʀɛ] nm (nostalgie) Sehnsucht f; (repentir) Reue f; (d'un projet non réalisé) Bedauern nt; **à ~** ungern; **avec ~** mit Bedauern • **regrettable** adj bedauerlich • **regretter** vt bedauern; (action commise) bereuen; **je regrette** es tut mir leid

regrouper [ʀ(ə)gʀupe] vt (grouper) zusammenfassen; (contenir) umfassen

régularité [ʀegylaʀite] nf Regelmäßigkeit f; (de pression etc) Gleichmäßigkeit f; (constance) gleichbleibende Leistung f; (caractère légal) Legalität f

régulier, -ière [ʀegylje jɛʀ] adj regelmäßig; (uniforme) gleichmäßig; (constant) gleichbleibend; (légal) ordnungsgemäß

rehausser [ʀaose] vt erhöhen

rein [ʀɛ̃] nm Niere f; **reins** nmpl (dos) Kreuz nt; **avoir mal aux ~s** Kreuzschmerzen haben

reine [ʀɛn] nf Königin f

reine-claude [ʀɛnklod] (pl **reines-claudes**) nf Reneklode f

réinsertion [ʀeɛ̃sɛʀsjɔ̃] nf Rehabilitation f

réintégrer [ʀeɛ̃tegʀe] vt (lieu) zurückkehren nach +acc; (fonctionnaire) wieder einsetzen

réitérer [ʀeiteʀe] vt wiederholen

rejet [ʀəʒɛ] nm Ablehnung f
• **rejeter** vt (refuser) ablehnen; (renvoyer) zurückwerfen

rejeton [ʀəʒ(ə)tɔ̃] nm (fam) Sprössling m

rejoindre [ʀ(ə)ʒwɛ̃dʀ] vt zurückkehren zu; (rattraper) einholen; **se rejoindre** vpr (personnes) sich treffen; (routes) zusammenlaufen

réjouir [ʀeʒwiʀ] vt erfreuen; **se réjouir** vpr sich freuen; **se ~ de qch** sich über etw acc freuen
• **réjouissances** nfpl (fête) Freudenfest nt

relâche [ʀəlɑʃ] nf: **sans ~** ohne Unterbrechung, ohne Pause
• **relâcher** vt (ressort, cordes, discipline) lockern; (animal, prisonnier) freilassen; **se relâcher** vpr locker werden; (élève etc) nachlassen

relais [ʀ(ə)lɛ] nm (Sport : course) Staffel(lauf m) f; (Radio, TV) Übertragung f; **équipe de ~** (dans une usine) Schicht f; **prendre le ~ de qn** jdn ablösen; **~ routier** Raststätte f (für Lkw-Fahrer)

relance [ʀəlɑ̃s] nf Aufschwung m
• **relancer** vt (balle) zurückwerfen; (moteur) wieder anlassen; (Inform) neu starten; (économie, agriculture,

projet) ankurbeln; (débiteur) ermahnen

relater [ʀ(ə)late] vt erzählen

relatif, -ive [ʀ(ə)latif, iv] adj relativ; (positions, situations) gegenseitig; (Ling) Relativ-; **~ à qch** etw betreffend

relation [ʀ(ə)lasjɔ̃] nf (rapport) Beziehung f, Verhältnis nt; **être/ entrer en ~(s) avec** in Verbindung ou Kontakt stehen/ treten mit; **~s publiques** Public Relations pl

relationnel, le [ʀ(ə)lasjɔnɛl] adj (Psych) Beziehungs-

relativement [ʀ(ə)lativmɑ̃] adv relativ; **~ à** verglichen mit

relax [ʀəlaks] adj inv (personne) gelassen; **fauteuil ~** Ruhesessel m

relaxation [ʀ(ə)laksasjɔ̃] nf Entspannung f

relaxer [ʀəlakse]: **se relaxer** vpr sich entspannen

relayer [ʀ(ə)leje] vt ablösen; (Radio, TV) übertragen; **se relayer** vpr sich ou einander ablösen

reléguer [ʀ(ə)lege] vt (confiner) verbannen; **~ au second plan** an die zweite Stelle verweisen; **être relégué** (Sport) absteigen

relève [ʀəlɛv] nf Ablösung f

relevé, e [ʀəl(ə)ve] adj (manches) hochgekrempelt; (conversation, style) gehoben; (sauce, plat) scharf, stark gewürzt ▶ nm (d'un compteur) Stand m; **~ d'identité bancaire** Bankverbindung und Kontonummer f; **~ de compte** Kontoauszug m • **relever** vt (redresser) aufheben; (sentinelle, équipe) ablösen; (souligner) betonen, hervorheben; (*remarquer*) bemerken; (*défi*) annehmen; (*noter*) aufschreiben; (*compteur*) ablesen; (*cahiers, copies*) einsammeln; **se relever** *vpr* aufstehen

relief [Rəljɛf] *nm* Relief *nt*; (*de pneu*) Profil *nt*; **en ~** erhaben; (*photographie*) dreidimensional; **mettre en ~** hervorheben

relier [Rəlje] *vt* verbinden; (*livre*) binden; **livre relié cuir** in Leder gebundenes Buch

religieux, -euse [R(ə)liʒjø, jøz] *adj* religiös; (*respect, silence*) andächtig ▶ *nm* Mönch *m* ▶ *nf* Nonne *f*; (*gâteau*) doppelter Windbeutel

religion [R(ə)liʒjõ] *nf* Religion *f*

relire [R(ə)liR] *vt* noch einmal lesen; (*vérifier*) durchlesen

reliure [RəljyR] *nf* Einband *m*

remaniement [R(ə)manimã] *nm*: **~ ministériel** Kabinettsumbildung *f*

remanier [R(ə)manje] *vt* (*texte*) völlig umarbeiten; (*cabinet*) umbilden

remarier [R(ə)maRje] : **se ~** *vpr* wieder heiraten

remarquable [R(ə)maRkabl] *adj* bemerkenswert • **remarquablement** *adv* außerordentlich • **remarque** *nf* Bemerkung *f* • **remarquer** *vt* bemerken; **se remarquer** *vpr* auffallen; **se faire ~** auffallen; **faire ~ à qn que** jdn darauf

hinweisen, dass; **faire ~ qch à qn** jdn auf etw +*acc* hinweisen

remblai [Rãblɛ] *nm* Böschung *f*, Damm *m*

remboursable [RãbuRsabl] *adj* zurückzahlbar

remboursement [Rãb·iRsəmã] *nm* Rückerstattung *f*, Rückzahlung *f*; **envoi contre ~** Nachnahme *f* • **rembourser** *vt* zurückzahlen; (*personne*) bezahlen

remède [Rəmɛd] *nm* Arzneimittel *nt*; (*fig*) (Hei)mittel *nt*

remerciements [RəmɛRsimã] *nmpl* Dank *m* • **remercier** *vt* danken +*dat*; **~ qn de qch** jdm für etw danken

remettre [R(ə)mɛtR] *vt* (*replacer*) zurückstellen, zurücktun; (*vêtement*) wieder anziehen; (*ajouter*) hinzufügen, hinzugeben; (*rendre*) zurückgeben; (*confier*) übergeben; (*ajourner*) verschieben; **se remettre** *vpr* (*personne malade*) sich erholen; (*temps*) (wieder) besser werden

remise [R(ə)miz] *nf* (*d'un colis, d'une récompense etc*) Übergabe *f*; (*rabais*) Rabatt *m*; (*local*) Schuppen *m*, Remise *f*

remontant [R(ə)mõtã] *nm* Stärkung *f*

remonte-pente [R(ə)mõtpãt] (*pl* **remonte-pentes**) *nm* (*Ski*) Skilift *m*

remonter [R(ə)mõte] *vi* (*sur un cheval*) wieder aufsteigen; (*dans une voiture*) wieder einsteigen; (*au deuxième étage etc*) wieder hinaufgehen; (*baromètre, fièvre*) (wieder) steigen ▶ *vt* (*escalier*) wieder hinaufgehen; (*fleuve*) hinauffahren; (*pantalon, manches*)

r

hochkrempeln; (*garde-robe, collection*) erneuern; (*montre, mécanisme*) aufziehen; **~ à** zurückgeben auf +*acc*

remontrer [ʀ(ə)mɔ̃tʀe] *vt* (*montrer de nouveau*) wieder zeigen; **en ~ à qn** es jdm zeigen

remords [ʀ(ə)mɔʀ] *nm* schlechtes Gewissen *nt*; **avoir des ~** Gewissensbisse haben

remorque [ʀ(ə)mɔʀk] *nf* Anhänger *m*; **prendre en ~** abschleppen • **remorquer** *vt* (*véhicule*) abschleppen; (*bateau*) schleppen

rempart [ʀɑ̃paʀ] *nm* (Schutz)wall *m*; **remparts** *nmpl* Stadtmauer *f*

remplaçant, e [ʀɑ̃plasɑ̃, ɑ̃t] *nm/f* Ersatz *m*; (*temporaire*) Vertretung *f* • **remplacement** *nm* Vertretung *f* • **remplacer** *vt* ersetzen; (*temporairement*) vertreten; (*pneu*) wechseln; (*ampoule*) auswechseln

remplir [ʀɑ̃pliʀ] *vt* füllen; (*journée, vacances, vie, questionnaire*) ausfüllen; (*obligations, promesses, conditions*) erfüllen; (*fonction, rôle*) ausüben

remporter [ʀɑ̃pɔʀte] *vt* (*livre, marchandise*) (wieder) mitnehmen; (*victoire, succès*) davontragen

remuant, e [ʀəmɥɑ̃, ɑ̃t] *adj* (*enfant etc*) lebhaft

remue-ménage [ʀ(ə)mymenaʒ] *nm inv* Tohuwabohu *nt*

remuer [ʀəmɥe] *vt* (*partie du corps*) bewegen; (*objet*) verschieben; (*café*) umrühren; (*salade*) mischen; **se remuer** *vpr* sich bewegen

rémunération [ʀemyneʀasjɔ̃] *nf* Bezahlung *f*, Entlohnung *f* • **rémunérer** *vt* bezahlen

renaître [ʀ(ə)nɛtʀ] *vi* wiederaufleben

renard [ʀ(ə)naʀ] *nm* Fuchs *m*

renchérir [ʀɑ̃ʃeʀiʀ] *vi* teurer werden; **~ (sur)** übertreffen

rencontre [ʀɑ̃kɔ̃tʀ] *nf* Begegnung *f*; **faire la ~ de qn** jds Bekanntschaft machen • **rencontrer** *vt* treffen; (*mot, expression, difficultés, opposition*) stoßen auf +*acc*; **se rencontrer** *vpr* sich treffen

rendement [ʀɑ̃dmɑ̃] *nm* Leistung *f*; (*d'un investissement*) Ertrag *m*

rendez-vous [ʀɑ̃devu] *nm inv* Verabredung *f*; (*lieu*) Treffpunkt *m*; **prendre ~ (avec qn)** sich (mit jdm) verabreden; **donner ~ à qn** sich mit jdm verabreden; **avoir ~ (avec qn)** (mit jdm) verabredet sein

rendormir [ʀɑ̃dɔʀmiʀ] : **se ~** *vpr* wieder einschlafen

rendre [ʀɑ̃dʀ] *vt* zurückgeben; (*vomir*) erbrechen; **se rendre** *vpr* (*aller*) sich begeben, gehen; **~ la monnaie** (Wechsel)geld herausgeben; **~ insupportable/malade** unerträglich werden/sich krank machen

rênes [ʀɛn] *nfpl* Zügel *pl*

renfermé, e [ʀɑ̃fɛʀme] *adj* (*personne*) verschlossen ▶ *nm* : **sentir le ~** muffig riechen • **renfermer** *vt* (*contenir*) enthalten; **se renfermer** *vpr* : **se ~ (sur soi-même)** sich (in sich selbst) zurückziehen

renforcer [ʀɑ̃fɔʀse] *vt*
verstärken; (*expression, argument*)
bekräftigen

renfort [ʀɑ̃fɔʀ] *nm* : **à grand ~ de**
mit (einem) großen Aufwand an
+*dat*; **renforts** *nmpl* Verstärkung *f*

rengaine [ʀɑ̃gɛn] *nf* (*péj*) altes
Lied *nt*

renier [ʀənje] *vt* verleugnen

renifler [ʀ(ə)nifle] *vi* schnüffeln
▶ *vt* (*odeur*) riechen

renne [ʀɛn] *nm* Ren(tier) *nt*

renom [ʀənɔ̃] *nm* Ruf *m*
• **renommé, e** *adj* renommiert,
berühmt • *nf* Ruhm *m*

renoncer [ʀ(ə)nɔ̃se] *vi* : **~ à**
aufgeben; (*droit, succession*)
verzichten auf +*acc*; **~ à faire qch**
darauf verzichten, etw zu tun

renouer [ʀənwe] *vt* neu binden;
(*conversation, liaison*) wieder
anknüpfen; **~ avec** (*tradition,
habitude*) wiederaufnehmen;
~ avec qn sich mit jdm wieder
anfreunden

renouvelable [ʀ(ə)nuv(ə)labl]
adj verlängerbar; (*expérience*)
wiederholbar; (*énergie*)
erneuerbar

renouveler [ʀ(ə)nuv(ə)le] *vt*
erneuern; (*personnel, membres d'un
comité*) austauschen; (*passeport,
bail, contrat*) verlängern;
(*demande, remerciements, exploit,
méfait*) wiederholen; **se
renouveler** *vpr* (*incident*) sich
wiederholen • **renouvellement**
nm Erneuern *nt*, Austausch *m*,
Verlängerung *f*, Wiederbelebung *f*,
Wiederholung *f*

rénovation [ʀenɔvasjɔ̃] *nf*
Renovierung *f*

rénover [ʀenɔve] *vt* renovieren;
(*quartier*) sanieren

renseignement [ʀɑ̃sɛɲmɑ̃] *nm*
Auskunft *f*; **prendre des ~s sur**
sich erkundigen über +*acc*
• **renseigner** *vt* : **~ qn (sur)** jdn
informieren (über +*acc*); **se
renseigner** *vpr* sich erkundigen

rentabiliser [ʀɑ̃tabilize] *vt*
rentabel machen

rentabilité [ʀɑ̃tabilite] *nf*
Rentabilität *f* • **rentable** *adj*
rentabel

rente [ʀɑ̃t] *nf* (*revenu d'un bien,
capital*) Einkommen *nt*; (*retraite*)
Rente *f* • **rentier, -ière** *n m/f*
Rentner(in) *m(f)*

rentrée [ʀɑ̃tʀe] *nf* (*retour*)
Rückkehr *f*; **~ (d'argent)**
Einnahmen *pl*; **la ~ (des classes)**
der Schuljahresbeginn

rentrer [ʀɑ̃tʀe] *vi* (*entrer de
nouveau* : *venir*) wieder
hereinkommen; (: *aller*) wieder
hineingehen; (*entrer* : *venir*)
hereinkommen; (: *aller*)
hineingehen; (*chez soi* : *venir*) nach
Hause kommen; (: *aller*) nach
Hause gehen; (*revenu, argent*)
hereinkommen ▶ *vt*
hineinbringen, hereinbringen;
(*véhicule etc*) abstellen; **~ dans ses
frais** auf seine Kosten kommen

renversé, e [ʀɑ̃vɛʀse] *adj*
(*écriture*) nach links geneigt;
(*image*) umgekehrt

renversement [ʀɑ̃vɛʀsəmɑ̃] *nm*
(*d'un régime*) Umsturz *m*; **~ de la
situation** Umkehrung *f* der Lage

renverser [ʀɑ̃vɛʀse] *vt* (*faire
tomber*) umwerfen, umstoßen,
umkippen; (*piéton*) anfahren;
(*liquide, contenu d'un récipient*)

r

verschütten; **se renverser** vpr (véhicule) umkippen; (liquide) verschüttet werden

renvoi [Rɑ̃vwa] nm (référence) Verweis m

renvoyer [Rɑ̃vwaje] vt zurückschicken; (congédier) entlassen; (Tennis) zurückschlagen; (lumière, son) reflektieren; (ajourner) verschieben; **~ qch au lendemain** etw auf den nächsten Tag verschieben

réorganiser [ReɔRganize] vt umorganisieren

repaire [R(ə)pɛR] nm Höhle f

répandre [Repɑ̃dR] vt (renverser) verschütten; (gravillons, sable) streuen; (étaler) streichen; **se répandre** vpr sich verbreiten

réparation [Repaʀasjɔ̃] nf Reparatur f; (compensation) Wiedergutmachung f; **réparations** nfpl (travaux) Reparaturarbeiten pl
• **réparer** vt reparieren; (fig) wiedergutmachen

repartir [R(ə)paʀtiʀ] vi (wieder) gehen; (retourner) zurückgehen

répartir [RepaʀtiʀR] vt verteilen, aufteilen • **répartition** nf Aufteilung f, Verteilung f

repas [R(ə)pɑ] nm Mahlzeit f; **à l'heure des ~** zur Essenszeit

repassage [R(ə)pɑsaʒ] nm Bügeln nt

repasser [R(ə)pɑse] vi (passer de nouveau) wieder vorbeikommen ▶ vt (vêtement, tissu) bügeln; (examen) noch einmal machen

repentir [Rəpɑ̃tiʀ] nm Reue f; **se repentir** vpr Reue empfinden;

se ~ de qch etw bereuen; **se ~ d'avoir fait qch** bereuen, etw getan zu haben

répercussions [RepɛRkysjɔ̃] nfpl Auswirkungen pl, Folgen pl

répercuter [RepɛRkyte] vt (consignes, charges etc) weiterleiten; **se répercuter** vpr (bruit, écho) widerhallen; **se ~ sur** sich auswirken auf +acc

repère [R(ə)pɛR] nm Zeichen nt, Markierung f

repérer [R(ə)peʀe] vt entdecken; **se repérer** vpr (s'orienter) sich zurechtfinden

répertoire [RepɛRtwaR] nm Verzeichnis nt, Register nt; (Inform) Verzeichnis nt

répéter [Repete] vt wiederholen ▶ vi (Théât etc) proben; **se répéter** vpr sich wiederholen • **répétition** nf Wiederholung f; (Théât) Probe f

répit [Repi] nm : **sans ~** ununterbrochen, unablässig

repli [Rəpli] nm (d'une étoffe) Falte f; (retraite) Rückzug m

replier [R(ə)plije] vt (vêtement) zusammenfalten

réplique [Replik] nf (repartie) Antwort f, Erwiderung f
• **répliquer** vi erwidern

répondeur [RepɔdœR] nm automatischer Anrufbeantworter m

répondre [RepɔdR] vi antworten; **~ à** (question, remarque, invitation etc) antworten auf +acc
• **réponse** nf Antwort f; (solution) Lösung f

reportage [R(ə)pɔRtaʒ] nm Reportage f

reporter¹ [ʀəpɔʀtɛʀ] *nm*
Reporter(in) *m(f)*

reporter² [ʀəpɔʀte] *vt* (*ajourner*)
verschieben; (*transférer*)
übertragen

repos [ʀ(ə)po] *nm* Ruhe *f*
• **reposant, e** *adj* erholsam
• **reposé, e** *adj* ausgeruht,
frisch; **à tête ~e** in aller Ruhe
• **reposer** *vt* (*verre*) wieder
hinstellen *ou* absetzen; (*livre*)
wieder hinlegen; (*question*) erneut
stellen; (*délasser*) entspannen ▸ *vi*
(*liquide, pâte*) ruhen; **se reposer**
vpr (*se délasser*) sich ausruhen; **ici**
repose hier ruht; **~ sur** ruhen auf
+*dat*; **se ~ sur qn** sich auf jdn
verlassen

repousser [ʀ(ə)puse] *vi*
nachwachsen ▸ *vt* (*personne*)
abstoßen; (*ennemi, attaque*)
zurückschlagen; (*offre,*
proposition, tentation) ablehnen;
(*rendez-vous, entrevue*)
aufschieben; (*tiroir, table*)
zurückschieben

reprendre [ʀ(ə)pʀɑ̃dʀ] *vt*
(*prisonnier*) wieder festnehmen *ou*
ergreifen; (*aller chercher*) wieder
abholen; (*prendre à nouveau*)
wieder nehmen; (*se resservir de*)
noch einmal nehmen; (*travail,*
études) wiederaufnehmen;
(*corriger*) verbessern ▸ *vi* (*cours,*
classes) wieder anfangen, wieder
beginnen; (*froid, pluie etc*) wieder
einsetzen; **se reprendre** *vpr* (*se*
corriger) sich verbessern; (*se*
ressaisir) sich fangen; **~ la**
route/l'air sich wieder auf den
Weg machen/weiterfliegen;
~ connaissance wieder zu
Bewusstsein *ou* zu sich kommen

repreneur [ʀ(ə)pʀənœʀ] *nm*
Sanierer *m* (*der marode*
Unternehmen aufkauft)

représailles [ʀ(ə)pʀezaj] *nfpl*
Repressalien *pl*

représentant, e [ʀ(ə)pʀezɑ̃tɑ̃, ɑ̃t]
nm/f Vertreter(in) *m(f)*

représentatif, -ive
[ʀ(ə)pʀezɑ̃tatif, iv] *adj*
repräsentativ

représentation [ʀ(ə)pʀezɑ̃tasjɔ̃]
nf (*symbole, image*) Darstellung *f*;
(*de pièce, opéra*) Aufführur g *f*; (*de*
pays, syndicat, maison de commerce)
Vertretung *f* • **représenter** *vt*
darstellen; (*pièce, opéra*) aufführen;
(*pays, syndicat, maison de commerce*)
vertreten; **se représenter** *vpr*
(*occasion*) sich wieder bieten;
(*s'imaginer*) sich *dat* vorstellen

répression [ʀepʀesjɔ̃] *nf*
Unterdrückung *f*; (*d'une révolte*)
Niederschlagen *nt*; (*punition*)
Bestrafung *f*

réprimande [ʀepʀimɑ̃d] *nf*
Tadel *m*, Verweis *m*

réprimer [ʀepʀime] *vt* (*désirs,*
passions, envie) unterdrücken

reprise [ʀ(ə)pʀiz] *nf*
(*recommencement*) Wiederbeginn
m; (*économique*)
(Wieder)aufschwung *m*; (*Théât,*
TV, Ciné) Wiederholung *f*; (*Auto*)
Beschleunigung *f*; **à plusieurs ~s**
mehrmals

repriser [ʀ(ə)pʀize] *vt*
(*raccommoder*) stopfen

réprobation [ʀepʀɔbasjɔ̃] *nf*
Missbilligung *f*

reproche [ʀ(ə)pʀɔʃ] *nm* Vorwurf *m*;
sans ~(s) tadellos • **reprocher** *vt*
vorwerfen

r

reproduction [ʀ(ə)pʀɔdyksjɔ̃]
nf *(de nature, son)* Wiedergabe f;
(tableau, dessin) Reproduktion f;
(d'un texte) Nachdruck m, Kopie f;
(Biol) Fortpflanzung f; **droits de ~**
*(Vervielfältigungs)*rechte *pl*;
~ interdite alle Rechte vorbehalten

reproduire [ʀ(ə)pʀɔdɥiʀ] *vt*
(nature, réalité, son) wiedergeben;
(dessin etc) reproduzieren; **se
reproduire** *vpr (Biol)* sich
fortpflanzen; *(faits, erreurs)* sich
wiederholen

réprouver [ʀepʀuve] *vt*
missbilligen

reptile [ʀɛptil] *nm* Reptil *nt*

repu, e [ʀəpy] *adj* satt

république [ʀepyblik] *nf*
Republik f; **R~ fédérale
d'Allemagne** Bundesrepublik
Deutschland f

répugnance [ʀepynɑ̃s] *nf* Ekel
m, Abscheu m ou f • **répugner**:
~ à *vt* anwidern

répulsion [ʀepylsjɔ̃] *nf* Abscheu
m ou f

réputation [ʀepytasjɔ̃] *nf* Ruf m
• **réputé, e** *adj* berühmt

requête [ʀəkɛt] *nf* Bitte f,
Ersuchen *nt*

requin [ʀəkɛ̃] *nm* Hai m

requinquer [ʀ(ə)kɛ̃ke] *vt (fam)*
aufmöbeln

requis, e [ʀəki, iz] *adj* erforderlich

RER [ɛʀəɛʀ] *sigle m* (= *Réseau
express régional*) Schnellzugnetz
von Paris

rescapé, e [ʀɛskape] *nm/f*
Überlebende(r) *f(m)*

réseau, x [ʀezo] *nm* Netz *nt*;
(Inform) Netzwerk *nt*; **~ social**
soziales Netzwerk

réseautage [ʀezotaʒ] *nm*
Netzwerken *nt*

réseauter [ʀezote] *vi* netzwerken

réservation [ʀezɛʀvasjɔ̃] *nf*
Reservierung f

réserve [ʀezɛʀv] *nf* Reserve f;
(entrepôt) Lager *nt*; *(de pêche,
chasse)* Revier *nt*; **réserves** *nfpl (de
gaz, pétrole etc)* Reserven *pl*;
(nutritives) Vorräte *pl*, Reserven;
sous ~ de unter Vorbehalt +*gén*;
~ naturelle Naturschutzgebiet *nt*

réservé, e [ʀezɛʀve] *adj* reserviert;
(chasse, pêche) privat; **~ à** *ou* **pour**
reserviert für • **réserver** *vt*
reservieren, vorbestellen; **~ qch
pour/à** etw vorsehen *ou*
reservieren für; **~ qch à qn** etw
für jdn reservieren; *(surprise,
accueil etc)* jdm etw bereiten

réservoir [ʀezɛʀvwaʀ] *nm*
Reservoir *nt*; *(d'essence)* Tank m

résidence [ʀezidɑ̃s] *nf (Admin)*
Wohnsitz m; *(habitation luxueuse)*
Residenz f; **~ secondaire**
Nebenwohnsitz m • **résident, e**
nm/f (étranger) ausländische(r)
Bürger(in) *m(f)* • **résidentiel, le**
adj Wohn-; **quartier ~** gutes
Wohnviertel *nt* • **résider** *vi
(habiter)* wohnen; **~ en** *(problème
etc)* bestehen in +*dat*

résidu [ʀezidy] *nm (Chim, Phys)*
Rückstand m; *(fig)* Überbleibsel *nt*

résigner [ʀeziɲe]: **se résigner**
vpr: **se ~ à qch** sich mit etw
abfinden

résistance [ʀezistɑ̃s] *nf*
Widerstand m; *(endurance)*
Widerstandsfähigkeit f; *(fil)*
Heizelement *nt*; *(Pol)*: **la R~** *die
französische Widerstandsbewegung
im 2. Weltkrieg*

résister [ʀeziste] *vi* standhalten;
~ à (*personne*) sich widersetzen
+dat

résolu, e [ʀezɔly] *adj*
entschlossen • **résolution** *nf*
(*fermeté*) Entschlossenheit *f*

résonner [ʀezɔne] *vi* (*pas*) hallen;
(*voix*) erklingen, schallen; (*salle,
rue*) widerhallen

résorber [ʀezɔʀbe] : **se ~** *vpr*
(*tumeur, abcès*) sich zurückbilden;
(*déficit, chômage*) abgebaut
werden

résoudre [ʀezudʀ] *vt* lösen; **se
résoudre** *vpr* : **se ~ à faire qch**
sich dazu durchringen, etw zu tun

respect [ʀɛspɛ] *nm* Respekt *m*
• **respectable** *adj* (*personne*)
achtbar, anständig; (*scrupules etc*)
ehrenhaft; (*quantité*) ansehnlich,
beachtlich • **respecter** *vt* achten,
respektieren

respectif, -ive [ʀɛspɛktif, iv] *adj*
jeweilig • **respectivement** *adv*
beziehungsweise

respectueux, -euse
[ʀɛspɛktɥø, øz] *adj* respektvoll;
être ~ de achten

respiration [ʀɛspiʀasjɔ̃] *nf* Atem
m; (*fonction*) Atmung *f* • **respirer**
vi atmen; (*être soulagé*) aufatmen
▸ *vt* einatmen

responsabilité [ʀɛspɔ̃sabilite]
nf Verantwortung *f*; (*légale*)
Haftung *f* • **responsable** *adj*
verantwortlich; (*légalement*)
haftbar ▸ *nmf* Verantwortliche(r)
f(m); **~ de** verantwortlich für

resquilleur, -euse [ʀɛskijœʀ,
øz] *nm/f* Schwarzfahrer(in) *m(f)*

ressaisir [ʀ(ə)seziʀ] : **se ~** *vpr* sich
fassen, sich fangen

ressemblance [ʀ(ə)sɑ̃blɑ̃s] *nf*
Ähnlichkeit *f* • **ressemblant, e** *adj*
ähnlich • **ressembler** : **~ à** *vt*
ähnlich sein *+dat*

ressentiment [ʀ(ə)sɑ̃timɑ̃] *nm*
Groll *m*, Ressentiment *nt*

ressentir [ʀ(ə)sɑ̃tiʀ] *vt*
empfinden

resserrer [ʀ(ə)seʀe] *vt* (*nœud,
boulon*) anziehen; **se resserrer** *vpr*
(*route, vallée*) sich verengen

resservir [ʀ(ə)seʀviʀ] *vt* ‹*servir à
nouveau*› wieder auftischen; **~ qn
(d'un plat)** jdm (von einem
Gericht) nachgeben

ressort [ʀəsɔʀ] *nm* Feder *f*

ressortir [ʀəsɔʀtiʀ] *vi* (*venir*)
wieder herauskommen; (*partir*)
wieder hinausgehen

ressortissant, e [ʀ(ə)sɔʀtisɑ̃, ɑ̃t]
nm/f Staatsbürger(in) *m(f)*

ressource [ʀ(ə)suʀs] *nf* (*recours*)
Möglichkeit *f*; **ressources** *nfpl*
Mittel *pl*; **~s d'énergie**
Energiequellen *pl*

ressusciter [ʀesysite] *vt*
wiederbeleben ▸ *vi* (Chris:)
auferstehen

restant, e [ʀɛstɑ̃, ɑ̃t] *adj* restlich,
übrig ▸ *nm* : **le ~ (de)** der Rest
(von *ou* +*gén*)

restaurant [ʀɛstɔʀɑ̃] *nm*
Restaurant *nt*

restaurateur, -trice
[ʀɛstɔʀatœʀ, tʀis] *nm/f*
(*aubergiste*) Gastronom(in) *m(f)*;
(*de tableaux*) Restaurator(in) *m(f)*

restauration [ʀɛstɔʀasjɔ̃] *nf*
(*Art*) Restauration *f*; **la ~** (*hôtellerie*)
das Gastronomiegewerbe *nt*;
~ rapide Fast Food *nt*

r

restaurer [ʀɛstɔʀe] vt
wiederherstellen; (œuvre d'art)
restaurieren; **se restaurer** vpr
etwas essen

reste [ʀɛst] nm Rest m; **restes**
nmpl (Culin) Reste pl; (d'une cité,
fortune) Überreste pl; **le ~ du
temps** die restliche ou übrige Zeit;
du ~ außerdem • **rester** vi
bleiben; (subsister) übrig bleiben
▶ vb impers : **il reste du pain** es ist
noch Brot übrig; **il reste deux
œufs** es sind noch zwei Eier übrig;
il reste du temps es ist noch Zeit;
il me reste du pain/deux œufs
ich habe noch Brot/zwei Eier

restituer [ʀɛstitɥe] vt
zurückgeben

resto [ʀɛsto] nm (fam) Restaurant
nt; **~ U** (= restaurant universitaire)
Mensa f • **restoroute** nm
(Autobahn)raststätte f

restreindre [ʀɛstʀɛ̃dʀ] vt
einschränken

restriction [ʀɛstʀiksjɔ̃] nf
Einschränkung f, Beschränkung f

restructurer [ʀəstʀyktyʀe] vt
umstrukturieren

résultat [ʀezylta] nm Ergebnis nt

résulter [ʀezylte] : **~ de** vt
herrühren von; **il en résulte que**
daraus ergibt sich, dass

résumé [ʀezyme] nm
Zusammenfassung f; (ouvrage)
Übersicht f; **en ~**
zusammenfassend • **résumer** vt
zusammenfassen; (récapituler)
rekapitulieren; **se résumer** vpr
(personne) zusammenfassen

rétablir [ʀetabliʀ] vt
wiederherstellen; (guérir) gesund
werden lassen; **se rétablir** vpr

(personne) gesund werden
• **rétablissement** nm
Wiederherstellung f; (guérison)
Besserung f

retaper [ʀ(ə)tape] vt herrichten;
(redactylographier) noch einmal
tippen; (fam : revigorer) wieder auf
die Beine bringen

retard [ʀ(ə)taʀ] nm Verspätung f;
être en ~ (personne) zu spät
kommen; (train) Verspätung
haben; **avoir du ~** Verspätung
haben; **prendre du ~** sich
verspäten • **retardement** nm :
à ~ (mine, mécanisme) mit
Zeitauslöser; **bombe à ~**
Zeitbombe f • **retarder** vt (mettre
en retard) aufhalten, verspäten;
(: sur un programme) in Rückstand
bringen; (montre) zurückstellen;
(départ, date) verschieben ▶ vi
(horloge, montre) nachgehen

retenir [ʀət(ə)niʀ] vt
zurückhalten; (garder)
dabehalten; (retarder) aufhalten;
(saisir, maintenir) halten; (réserver)
reservieren; **~ un rire/sourire**
sich dat ein Lachen/Lächeln
verkneifen; **~ qn de faire qch** jdn
daran hindern, etw zu tun

rétention [ʀetɑ̃sjɔ̃] nf : **~ d'urine**
Harnverhaltung f

retentir [ʀ(ə)tɑ̃tiʀ] vi hallen;
~ de widerhallen von
• **retentissant, e** adj (voix)
schallend; (succès etc)
aufsehenerregend
• **retentissement** nm
(répercussion) Auswirkung f;
(d'une nouvelle, d'un discours)
durchschlagende Wirkung f

retenu, e [ʀət(ə)ny] adj (place)
reserviert; (personne) verhindert

▶ *nf* (*modération, réserve*)
Zurückhaltung *f*; (*somme*)
Abzug *m*

rétine [Retin] *nf* Netzhaut *f*

retiré, e [R(ə)tiRe] *adj* (*personne, vie*) zurückgezogen; (*quartier*)
abgelegen • **retirer** *vt*
(*candidature, plainte*)
zurückziehen; (*vêtement*)
ausziehen; (*lunettes*) abnehmen;
(*enlever*) wegnehmen; (*bagages, objet en gage, billet réservé*)
abholen; (*somme d'argent*)
abheben

retombées [Rətɔ̃be] *nfpl*
(*radioactives*) Niederschlag *m*;
(*d'un événement*) Auswirkungen *pl*

retomber [R(ə)tɔ̃be] *vi* noch
einmal fallen; (*atterrir*)
aufkommen; (*redescendre*)
herunterkommen; (*pendre*) fallen;
~ sur qn (*responsabilité, frais*) auf
jdn fallen

retoquer [R(ə)tɔke] *vt* kippen

rétorquer [RetɔRke] *vt* erwidern

rétorsion [RetɔRsjɔ̃] *nf*:
mesures de ~
Vergeltungsmaßnahmen *pl*

retouche [R(ə)tuʃ] *nf* (*à une
peinture, photographie*) Retusche *f*;
(*à un vêtement*) Änderung *f*

retour [R(ə)tuR] *nm* Rückkehr *f*;
(*voyage*) Rückreise *f*; **à mon/ton
~** bei meiner/deiner Rückkehr;
être de ~ (de) zurück sein (von/
aus +*dat*); **par ~ du courrier**
postwendend

retourner [R(ə)tuRne] *vt* (*dans
l'autre sens*) umdrehen; (*renvoyer :
lettre*) zurückschicken;
(*: marchandise*) zurückgeben,
umtauschen; (*restituer*)
zurückgeben ▶ *vi* (*aller de nouveau*)

wieder gehen; **se retourner** *vpr*
(*personne*) sich umdrehen;
(*voiture*) sich überschlagen;
~ quelque part wieder
irgendwohin gehen; **~ chez soi**
heimgehen

retrait [R(ə)tRɛ] *nm* (*de
candidature, plainte*) Zurückziehen
nt; (*de bagage, billet réservé*)
Abholung *f*; (*de somme d'argent*)
Abheben *nt*; (*Pol : d'une
compétition*) Rücktritt m; **en ~**
zurückgesetzt; **~ du permis (de
conduire)** Führerscheinentzug *m*

retraite [R(ə)tRɛt] *nf* (*d'un
employé, fonctionnaire*) Ruhestand
m; (*: pension*) Rente *f*; **être à la ~**
im Ruhestand sein; **mettre à la ~**
in den Ruhestand versetzen;
prendre sa ~ in den Ruhestand
gehen; **~ anticipée** vorgezogener
Ruhestand • **retraité, e** *adj*
pensioniert ▶ *nm/f* Rentner(in)
m(f)

retraitement [R(ə)tRɛtmã] *nm*
Wiederaufbereitung *f*

retrancher [R(ə)tRãʃe] *vt*
entfernen; (*nombre, somme*)
abziehen

retransmettre [R(ə)tRãsmɛtR]
vt übertragen

retransmission [R(ə)tRãsmisjɔ̃]
nf (*Radio, TV*) Übertragung *f*

rétrécir [RetResiR] *vt* enger
machen ▶ *vi* (*vêtement*) eingehen;
se rétrécir *vpr* sich verengen

rétro [RetRo] *adj inv* : **mode/
style ~** Nostalgiemode *f*/-stil *m*

rétroactif, -ive [RetRoaktif, iv]
adj rückwirkend

rétroéclairé, e [RetRoeklɛRe]
adj (*écran*) hintergrundbeleuchtet

rétrograde [ʀetʀɔgʀad] *adj*
rückschrittlich • **rétrograder** *vi*
(*élève, économie*) zurückfallen; (*Auto*) hinunterschalten

rétroprojecteur
[ʀetʀɔpʀɔʒɛktœʀ] *nm*
Overheadprojektor *m*

rétrospectif, -ive
[ʀetʀɔspektif, iv] *adj* (*étude*)
zurückblickend; (*jalousie, peur*) im
Nachhinein ▶ *nf* Retrospektive *f*,
Rückschau *f*

rétrospectivement
[ʀetʀɔspektivmɑ̃] *adv* im
Nachhinein

retrousser [ʀ(ə)tʀuse] *vt*
hochkrempeln

retrouver [ʀ(ə)tʀuve] *vt*
wiederfinden; (*occasion, travail*)
(wieder) finden; (*revoir*)
wiedersehen; (*rejoindre*)
wiedertreffen

rétrovirus [ʀetʀɔviʀys] *nm*
Retrovirus *nt*

rétroviseur [ʀetʀɔvizœʀ] *nm*
Rückspiegel *m*

retweeter [ʀ(ə)twite] *vt* (*Inform*)
retweeten

réunification [ʀeynifikasjɔ̃] *nf*
(*Pol*) Wiedervereinigung *f*

Réunion [ʀeynjɔ̃] *nf* : **la ~**
Réunion *nt*

réunion [ʀeynjɔ̃] *nf*
Versammlung *f*; (*de famille etc*)
Treffen *nt* • **réunir** *vt* (*convoquer*)
versammeln; (*rassembler*)
sammeln; (*États, tendances*)
vereinigen; (*raccorder, relier*)
verbinden; **se réunir** *vpr*
zusammenkommen

réussi, e [ʀeysi] *adj* gelungen
• **réussir** *vi* gelingen; (*personne*)

Erfolg haben; **elle a bien réussi
sa sauce** die Soße ist ihr gut
gelungen • **réussite** *nf* Erfolg *m*

revaloriser [ʀ(ə)valɔʀize] *vt*
(*monnaie*) aufwerten; (*salaires,
pensions*) erhöhen; (*doctrine,
institution, tradition*)
wiederaufwerten

revanche [ʀ(ə)vɑ̃ʃ] *nf* Rache *f*;
(*Sport*) Revanche *f*; **prendre sa ~
(sur)** sich rächen (an +*dat*); **en ~**
andererseits

rêve [ʀɛv] *nm* Traum *m*

réveil [ʀevɛj] *nm* Aufwachen *nt*;
(*pendule*) Wecker *m*; **au ~** beim
Aufwachen • **réveiller** *vt*
(*personne*) (auf)wecken; (*douleur*)
wecken; **se réveiller** *vpr*
aufwachen; (*douleur, animosité*)
wiederaufleben

réveillon [ʀevɛjɔ̃] *nm*
Heiligabend *m*; (*du Nouvel An*)
Silvester *nt*; (*dîner*) Abendessen *nt*
am Heiligabend/an Silvester
• **réveillonner** *vi* Heiligabend/
Silvester feiern

révélateur, -trice [ʀevelatœʀ,
tʀis] *adj* : **~ (de qch)** bezeichnend
(für etw) ▶ *nm* (*Photo*)
Entwickler *m*

révélation [ʀevelasjɔ̃] *nf*
(*information*) Enthüllung *f*; (*d'un
secret, projet*) Bekanntgabe *f*
• **révéler** *vt* (*divulguer*) enthüllen,
bekannt geben

revenant, e [ʀ(ə)vənɑ̃, ɑ̃t] *nm/f*
Gespenst *nt*

revendeur, -euse [ʀ(ə)vɑ̃dœʀ,
øz] *nm/f* (*détaillant*)
Einzelhändler(in) *m(f)*; (*d'occasion*)
Gebrauchtwarenhändler(in) *m(f)*

revendication [ʀ(ə)vɑ̃dikasjɔ̃]
nf Forderung *f*; **journée de ~**

≈ Aktionstag m • **revendiquer** vt fordern

revendre [ʀ(ə)vɑ̃dʀ] vt weiterverkaufen

revenir [ʀəv(ə)niʀ] vi (venir de nouveau, réapparaître) wiederkommen; (rentrer) zurückkommen; **faire ~** (Culin) anbräunen; **~ à soi** wieder zu sich kommen; **~ sur ses pas** umkehren

revente [ʀ(ə)vɑ̃t] nf Weiterverkauf m, Wiederverkauf m

revenu [ʀəv(ə)ny] nm (d'un individu) Einkommen nt; **~ minimum d'insertion** ≈ Sozialhilfe f

rêver [ʀeve] vi : **~ de** träumen von; **~ à** träumen von

réverbère [ʀeveʀbeʀ] nm Straßenlaterne f

révérence [ʀeveʀɑ̃s] nf (salut) Verbeugung f; (: de femme) Knicks m

rêverie [ʀevʀi] nf Träumerei f

revers [ʀ(ə)veʀ] nm Rückseite f; (d'une étoffe) linke Seite f; (de pantalon) Aufschlag m; (Tennis etc) Rückhand f

revêtement [ʀ(ə)vɛtmɑ̃] nm (d'une paroi) Verkleidung f; (des sols, d'une chaussée) Belag m; (enduit) Überzug m

revêtir [ʀ(ə)vetiʀ] vt (vêtement) anziehen; **~ qn de qch** (autorité) jdm etw verleihen; **~ qch de** (carreaux) etw auslegen mit; (boiserie) etw verkleiden mit

rêveur, -euse [ʀɛvœʀ, øz] adj verträumt ▸ nm/f Träumer(in) m(f)

revigorer [ʀ(ə)vigɔʀe] vt beleben

revirement [ʀ(ə)viʀmɑ̃] nm (changement d'avis) (Meinungs)umschwung m

réviser [ʀevize] vt (texte, ouvrage) überprüfen; (comptes) prüfen; (Scol) wiederholen; (machine, moteur etc) überholen; (procès) wiederaufnehmen • **révision** nf (de texte) Überprüfung f; (de comptes) Prüfung f; (de machine) Überholen nt

revivre [ʀ(ə)vivʀ] vi wiederaufleben ▸ vt noch einmal durchleben

revoir [ʀ(ə)vwaʀ] vt wiedersehen; (en imagination) vor sich dat sehen ▸ nm : **au ~** auf Wiedersehen; **dire au ~ à qn** sich von jdm verabschieden

révolte [ʀevɔlt] nf Aufstand m • **révolter** vt entrüsten, empören

révolution [ʀevɔlysjɔ̃] nf (rotation) Umdrehung f; (Pol) Revolution f; **la R~ française** die Französische Revolution • **révolutionnaire** adj Revolutions-; (opinions, méthodes) revolutionär

revolver [ʀevɔlveʀ] nm Revolver m

revue [ʀ(ə)vy] nf (de mus. c-hall) Revue f; (périodique) Zeitschrift f

rez-de-chaussée [ʀedʒɔse] nm inv Erdgeschoss nt

RF [ɛʀɛf] sigle f (= République française) Frankreich nt

Rhénanie [ʀenani] nf Rheinland nt

Rhin [ʀɛ̃] nm : **le ~** der Rhein

rhinite [ʀinit] nf Nasenkatarrh m

rhinocéros [ʀinɔseʀɔs] nm Nashorn nt

r

Rhône [ron] nm : **le ~** die Rhone f
rhubarbe [rybarb] nf
Rhabarber m
rhum [rɔm] nm Rum m
rhumatisme [rymatism] nm
Rheuma(tismus m) nt
rhume [rym] nm Schnupfen m;
le ~ des foins Heuschnupfen m;
~ de cerveau Kopfgrippe f
ri [ri] pp de **rire**
ricaner [rikane] vi boshaft
lachen; (bêtement) blöde kichern
riche [riʃ] adj reich; (somptueux)
prächtig; (aliment) nahrhaft
▶ nmf : **les ~s** die Reichen pl; **~ en**
reich an +dat • **richesse** f
Reichtum m • **ricochet** nm : **faire
des ~s** Steine auf dem Wasser
hüpfen lassen; (fig) indirekte
Auswirkungen haben; **par ~** (fig)
indirekt
ride [rid] nf Falte f, Runzel f
• **ridé, e** adj faltig, runzlig
rideau, x [rido] nm Vorhang m
rider [ride] vt (peau, front)
runzeln; (eau, sable etc) kräuseln;
se rider vpr (avec l'âge) Falten
bekommen
ridicule [ridikyl] adj lächerlich
• **ridiculiser** vt lächerlich machen;
se ridiculiser vpr sich lächerlich
machen

---

rien [rjɛ̃]

▶ pron **1** nichts; **il n'a ~ dit/fait**
er hat nichts gesagt/gemacht;
il n'a ~ er hat nichts; **de ~ !** keine
Ursache!
2 (quelque chose) : **a-t-il jamais ~
fait pour nous ?** hat er je etwas
für uns getan?
3 (rien de) : **~ d'intéressant**

---

nichts Interessantes; **~ d'autre**
nichts anderes; **~ du tout**
überhaupt nichts
4 : **~ que** nichts als; **~ que la
vérité** nichts als die Wahrheit;
~ que pour lui faire plaisir nur
um ihm eine Freude zu machen
▶ nm : **un petit ~** eine
Kleinigkeit; **des ~s**
Nichtigkeiten pl; **un ~ de** ein
Hauch (von)

rieur, -euse [R(i)jœr, -jøz] adj
fröhlich
rigide [riʒid] adj steif; (personne,
éducation) streng
rigolade [Rigolad] nf Spaß m;
c'est de la ~ das ist ein Witz
rigoler [Rigole] (fam) vi (rire)
lachen; (s'amuser) sich amüsieren;
(plaisanter) Spaß machen • **rigolo,
-ote** (fam) adj komisch ▶ nm/f
Scherzbold m
rigoureusement [RiguRøzmɑ̃]
adv ganz genau; **~ vrai/interdit**
genau der Wahrheit
entsprechend/strengstens
verboten
rigoureux, -euse [RiguRø, øz]
adj streng; (climat) rau, hart;
(démonstration, analyse, preuves)
genau
rigueur [RigœR] nf Strenge f; (du
climat) Härte f; (exactitude)
Genauigkeit f; **être de ~**
vorgeschrieben sein, Pflicht sein;
à la ~ zur Not
rillettes [Rijɛt] nfpl
≈ Schmalzfleisch nt
rime [Rim] nf Reim m • **rimer** vi
sich reimen; **ne ~ à rien** völlig
ungereimt sein

rimmel® [ʀimɛl] *nm* Wimperntusche *f*

rinçage [ʀɛ̃saʒ] *nm* Spülen *nt* • **rincer** *vt* (*récipient*) ausspülen; (*objet*) abspülen; (*linge*) spülen

ring [ʀiŋ] *nm* Boxring *m*; **monter sur le ~** in den Ring steigen *ou* gehen

ringard, e [ʀɛ̃gaʀ, aʀd] *adj* (*péj*) altmodisch

riposte [ʀipɔst] *nf* (*schlagfertige*) Antwort *f*; (*contre-attaque*) Gegenschlag *m* • **riposter** *vi* (*répondre*) antworten; (*contre-attaquer*) zurückschlagen; **~ que** erwidern, dass; **~ à** erwidern +*acc*

rire [ʀiʀ] *vi* lachen; (*se divertir*) Spaß haben; (*plaisanter*) Spaß machen ▶ *nm* Lachen *nt*; **~ de** lachen über +*acc*; **~ aux éclats/ aux larmes** schallend/Tränen lachen; **~ jaune** gezwungen lachen; **pour ~** zum Spaß

ris [ʀi] *nm* : **~ de veau** Kalbsbries *m*

risible [ʀizibl] *adj* lächerlich

risque [ʀisk] *nm* Risiko *nt*; **prendre un ~/des ~s** ein Risiko/ Risiken eingehen; **à ses ~s et périls** auf eigene Gefahr, auf eigenes Risiko • **risqué, e** *adj* riskant, gewagt • **risquer** *vt* riskieren, aufs Spiel setzen; **se risquer** *vpr* : **se ~ à faire qch** es wagen, etw zu tun

rissoler [ʀisɔle] *vi*, *vt* : (faire) **~ de la viande/des légumes** Fleisch/Gemüse anbräunen

ristourne [ʀistuʀn] *nf* Rabatt *m*

rite [ʀit] *nm* Ritus *m*; (*fig*) Ritual *nt*

ritournelle [ʀituʀnɛl] *nf* : **c'est toujours la même ~** (*fam*) immer das gleiche Lied

rituel, le [ʀituɛl] *adj* rituell; (*fig*) üblich ▶ *nm* Ritual *nt*

rivage [ʀivaʒ] *nm* Ufer *nt*

rival, e, -aux [ʀival, o] *adj* gegnerisch ▶ *nm/f* (*adversaire*) Gegner(in) *m(f)* • **rivaliser** *vi* : **~ avec** (*personne*) rivalisieren mit, sich messen mit • **rivalité** *nf* Rivalität *f*

rive [ʀiv] *nf* Ufer *nt*

riverain, e [ʀiv(ə)ʀɛ̃, ɛn] *nm/f* (*d'une route, rue*) Anlieger(in) *m(f)*

rivet [ʀivɛ] *nm* Niete *f* • **riveter** *vt* nieten

rivière [ʀivjɛʀ] *nf* Fluss *m*

rixe [ʀiks] *nf* Rauferei *f*

riz [ʀi] *nm* Reis *m*; **~ au lait** Milchreis *m*

RN [ɛʀɛn] *sigle f* (= *route nationale*) *voir* **route**

RNIS [ɛʀɛnies] *sigle m* (= *Réseau numérique à intégration de service*) ISDN *nt*

robe [ʀɔb] *nf* Kleid *nt*; **~ de chambre** Morgenrock *m*; **~ de mariée** Brautkleid *nt*; **~ de soirée** Abendkleid *nt*

robinet [ʀɔbinɛ] *nm* Hahn *m*; **~ du gaz** Gashahn *m*

robot [ʀɔbo] *nm* Roboter *m*; **~ de cuisine** Küchenmaschine *f*

robuste [ʀɔbyst] *adj* robust

roc [ʀɔk] *nm* Fels(en) *m*

rocade [ʀɔkad] *nf* Umgehungsstraße *f*

rocaille [ʀɔkaj] *nf* (*pierraille*) Geröll *nt*; (*terrain*) steiriges Gelände *nt*; (*jardin*) Steingarten *m*

▶ adj : **style ~** Rokokostil m
• **rocailleux, -euse** adj steinig;
(style, voix) hart

roche [ʀɔʃ] nf Fels(en) m • **rocher**
nm (bloc) Felsen m; (matière)
Fels(en) m • **rocheux, -euse** adj
felsig

rodage [ʀɔdaʒ] nm (Auto)
Einfahren nt; **« en ~ »** „wird
eingefahren" • **roder** vt
(moteur, voiture) einfahren;
(spectacle, service) aus den
Anfangsschwierigkeiten
herausbringen

rôder [ʀode] vi herumziehen;
(péj) sich herumtreiben

rogne [ʀɔɲ] nf: **être en ~** gereizt
ou wütend sein; **se mettre en ~**
wütend ou gereizt werden

rogner [ʀɔɲe] vt (cuir, plaque de
métal, pages) beschneiden ▶ vi :
~ sur kürzen

rognons [ʀɔɲɔ̃] nmpl Nieren pl

roi [ʀwa] nm König m; **les R~s**
mages die Heiligen Drei Könige pl

roitelet [ʀwat(ə)lɛ] nm
Zaunkönig m

rôle [ʀol] nm Rolle f

romain, e [ʀɔmɛ̃, ɛn] adj römisch
▶ nf (laitue) Romagnasalat m

roman, e [ʀɔmɑ̃, an] adj
romanisch ▶ nm Roman m;
~ d'espionnage Spionageroman
m; **~ policier** Kriminalroman m

romance [ʀɔmɑ̃s] nf
sentimentale Ballade f

romancier, -ière [ʀɔmɑ̃sje, jɛʀ]
nm/f Romanschriftsteller(in) m(f)

romand, e [ʀɔmɑ̃, ɑ̃d] adj
aus der französischen Schweiz,
französischschweizerisch ▶ nm/f:
R~, e Französischschweizer(in) m(f)

romanesque [ʀɔmanɛsk] adj
(fantastique) sagenhaft;
(sentimental) romantisch,
sentimental

roman-feuilleton [ʀɔmɑ̃fœjtɔ̃]
(pl **romans-feuilletons**) nm
Fortsetzungsroman m

romantique [ʀɔmɑ̃tik] adj
romantisch • **romantisme** nm
Romantik f

romarin [ʀɔmaʀɛ̃] nm
Rosmarin m

rompre [ʀɔ̃pʀ] vt brechen; (digue)
sprengen; (fiançailles) lösen ▶ vi
(couple) sich trennen; **se rompre**
vpr (corde) reißen; **~ avec**
(personne) brechen mit; (habitude,
tradition) aufgeben • **rompu, e** pp
de **rompre** adj (fourbu) erschöpft;
~ à beschlagen in +dat

ronce [ʀɔ̃s] nf (Bot)
Brombeerstrauch m; **ronces** nfpl
(branches) Dornen(zweige) pl

rond, e [ʀɔ̃, ʀɔ̃d] adj rund; (fam :
ivre) voll ▶ nm Kreis m; **en ~** im
Kreis

ronde [ʀɔ̃d] nf Runde f

rondelle [ʀɔ̃dɛl] nf (tranche)
Scheibe f; (Tech) Unterlegscheibe f

rondin [ʀɔ̃dɛ̃] nm Klotz m

rond-point [ʀɔ̃pwɛ̃] (pl
ronds-points) nm Kreisverkehr m

ronfler [ʀɔ̃fle] vi (personne)
schnarchen; (moteur) brummen

ronger [ʀɔ̃ʒe] vt nagen an +dat;
se ronger vpr: **se ~ les ongles** an
den Fingernägeln kauen; **se ~**
d'inquiétude/de souci von
Unruhe/Sorgen verzehrt werden
• **rongeur** nm Nagetier nt

ronronner [ʀɔ̃ʀɔne] vi
schnurren

roquette [ʀɔkɛt] *nf (Mil)* Rakete *f*; *(salade)* Rucola *f*

rosace [ʀozas] *nf* Rosette *f*

rosaire [ʀozɛʀ] *nm* Rosenkranz *m*

rosbif [ʀɔsbif] *nm* Roastbeef *nt*

rose [ʀoz] *nf* Rose *f* ▶ *adj* rosa, rosarot ▶ *nm (couleur)* Rosa (rot) *nt*

rosé, e [ʀoze] *adj* rosa(farben), zartrosa ▶ *nm* : **(vin) ~** Rosé(wein) *m*

roseau, x [ʀozo] *nm* Schilf *nt*

rosée [ʀoze] *nf* Tau *m*

roseraie [ʀozʀɛ] *nf* Rosengarten *m*

rosier [ʀozje] *nm* Rosenstrauch *m*

rossignol [ʀosiɲɔl] *nm* Nachtigall *f*

rôti [ʀoti] *nm* Braten *m*; **~ de bœuf/porc** Rinder-/ Schweinebraten *m*

rotin [ʀotɛ̃] *nm* Rattan *nt*

rôtir [ʀotiʀ] *vt, vi* braten; **faire ~** braten • **rôtisserie** *nf (restaurant)* Steakhaus *nt* • **rôtissoire** *nf* Grill *m*

rotonde [ʀotɔ̃d] *nf (Archit)* Rundbau *m*

rotule [ʀotyl] *nf* Kniescheibe *f*

rouage [ʀwaʒ] *nm (d'un mécanisme)* Zahnrad *nt*; *(fig)* Rädchen *nt* im Getriebe

roublard, e [ʀublaʀ, aʀd] *adj (péj)* durchtrieben

roue [ʀu] *nf* Rad *nt*; **~s avant/ arrière** Vorder-/Hinterräder *pl*; **~ de secours** Reserverad *nt*; **~ dentée** Zahnrad *nt*

rouet [ʀwɛ] *nm* Spinnrad *nt*

rouge [ʀuʒ] *adj* rot ▶ *nmf (Pol)* Rote(r) *f(m)* ▶ *nm (couleur)* Rot *nt*; **(vin) ~** Rotwein *m*; **passer au ~**

(signal) auf Rot schalten; **~ (à lèvres)** Lippenstift *m* • **rougeâtre** *adj* rötlich • **rouge-gorge** *(pl* **rouges-gorges)** *nm* Rotkehlchen *nt*

rougeole [ʀuʒɔl] *nf* Masern *pl*

rouget [ʀuʒɛ] *nm* Seebarbe *f*

rougeur [ʀuʒœʀ] *nf* Röte *f*

rougir [ʀuʒiʀ] *vi* rot werden

rouille [ʀuj] *nf* Rost *m*; *(Culin)* pikante provenzalische Knoblauchmayonnaise zu Fischsuppe ▶ *adj inv (couleur)* rostrot • **rouillé, e** *adj* verrostet, rostig • **rouiller** *vt* rosten lassen; *(corps, esprit)* einrosten lassen ▶ *vi* rosten; **se rouiller** *vpr* rosten; *(fig)* einrosten

roulant, e [ʀulɑ̃, ɑ̃t] *adj (surface, trottoir, chaise)* Roll-

rouleau, x [ʀulo] *nm* Rolle *f*; **~ à pâtisserie** Nudelrolle *f*

roulement [ʀulmɑ̃] *nm (d'ouvriers)* Schichtwechsel *m*; **par ~** im Turnus; **~ à billes** Kugellager *nt*

rouler [ʀule] *vt* rollen; *(tissu, papier, tapis)* aufrollen; *(cigarette)* drehen ▶ *vi* rollen; *(voiture, train, automobiliste, cycliste)* fahren; *(bateau)* rollen, schlingern; **se rouler** *vpr* : **se ~ dans** *(couverture)* sich einrollen in +*acc*

roulette [ʀulɛt] *nf (d'un meuble)* Rolle *f*; *(de dentiste)* Bohrer *m*; **la ~** *(jeu)* Roulette *nt*

roulotte [ʀulɔt] *nf* Planwagen *m*

roumain, e [ʀumɛ̃, ɛn] *adj* rumänisch ▶ *nm/f* : **R~, e** Rumäne *m*, Rumänin *f* • **Roumanie** *nf* : **la ~** Rumänien *nt*

rouquin, e [ʀukɛ̃, in] *nm/f (péj)* Rotschopf *m*

r

rousse [RUS] *adj voir* **roux**

roussi [RUSi] *nm:* **ça sent le ~** es riecht angebrannt

roussir [RUSiR] *vi (feuilles)* braun werden; **faire ~** *(Culin)* anbräunen

routard, e [RUtaR, aRd] *nm/f* Tramper(in) *m(f)*

route [RUt] *nf* Straße *f; (itinéraire, fig)* Weg *m;* **par (la) ~** auf dem Landweg; **il y a 3 heures de ~** es ist eine Strecke von 3 Stunden; **en ~** unterwegs; **en ~!** auf geht's!; **se mettre en ~** sich auf den Weg machen; **faire fausse ~** sich verirren; **~ nationale** ≈ Bundesstraße *f*

routier, -ière [RUtje, jɛR] *adj* Straßen- ▶ *nm (camionneur)* Lastwagenfahrer *m*

routine [RUtin] *nf* Routine *f* • **routinier, -ière** *adj (travail, procédé)* eingefahren; *(personne, esprit)* starr

rouvrir [RUvRiR] *vt* wieder öffnen; *(débat etc)* wiedereröffnen; **se rouvrir** *vpr (porte)* sich wieder öffnen; *(blessure)* wieder aufgehen

roux, rousse [Ru, RuS] *adj (barbe, cheveux)* rot; *(personne)* rothaarig ▶ *nm/f* Rothaarige(r) *f(m)* ▶ *nm (Culin)* Mehlschwitze *f*

royal, e, -aux [RWajal, o] *adj* königlich

royaume [RWajom] *nm* Königreich *nt; (fig)* Reich *nt*

Royaume-Uni [RWajomyni] *nm:* **le ~** das Vereinigte Königreich

RSA [ɛRɛsa] *sigle m (= revenu de solidarité active)* Sozialhilfeprogramm

RSVP [ɛRɛsvepe] *abr (= répondez s'il vous plaît)* u. A. w. g.

RTT [ɛRtete] *abr f (= réduction du temps de travail)* Arbeitszeitverkürzung *f*

ruban [Rybɑ̃] *nm* Band *nt;* **~ adhésif** Klebestreifen *m*

rubéole [Rybeɔl] *nf* Röteln *pl*

rubis [Rybi] *nm* Rubin *m*

rubrique [RybRik] *nf* Rubrik *f; (Presse)* Spalte *f*

ruche [Ryʃ] *nf* Bienenstock *m*

rude [Ryd] *adj* rau, hart; **un hiver très ~** ein strenger Winter; **une ~ journée** ein harter Tag

rudimentaire [Rydimɑ̃tɛR] *adj (ameublement, équipement)* elementar; *(insuffisant)* unzureichend; *(connaissances)* rudimentär, Grundlagen-

rudiments [Rydimɑ̃] *nmpl* Grundlagen *pl*

rue [Ry] *nf* Straße *f*

ruée [Rɥe] *nf* Gedränge *nt*

ruelle [Rɥɛl] *nf* Sträßchen *nt*

ruer [Rɥe] *vi (cheval, âne)* ausschlagen; **se ruer** *vpr:* **se ~ sur** sich stürzen auf +*acc;* **se ~ vers** sich stürzen auf +*acc*

rugby [Rygbi] *nm* Rugby *nt*

rugir [RyʒiR] *vi, vt* brüllen

rugueux, -euse [Rygø, øz] *adj* rau

ruine [Rɥin] *nf* Ruine *f; (fig)* Ruin *m* • **ruiner** *vt* ruinieren • **ruineux, -euse** *adj* ruinös, sehr kostspielig

ruisseau, x [Rɥiso] *nm* Bach *m; (caniveau)* Gosse *f*

ruisseler [Rɥis(ə)le] *vi (eau, larmes)* strömen; *(pluie)* in Strömen fließen; *(mur, arbre)* tropfen

rumeur [ʀymœʀ] *nf* (*nouvelle*)
Gerücht *nt*; (*bruit confus*) Lärm *m*,
Gemurmel *nt*

ruminer [ʀymine] *vt* (*herbe*)
wiederkäuen; (*chagrin, projet*) mit
sich herumtragen ► *vi*
wiederkäuen

rupture [ʀyptyʀ] *nf* (*d'un câble*)
Zerreißen *nt*; (*d'une digue, d'un
contrat*) Bruch *m*; (*d'un tendon*) Riss
m; (*séparation, désunion*)
Trennung *f*

rural, e, -aux [ʀyʀal, o] *adj*
ländlich

ruse [ʀyz] *nf* List *f*; **par ~** durch
eine List • **rusé, e** *adj* listig,
gewitzt

russe [ʀys] *adj* russisch ► *nm*
(*Ling*) Russisch *nt* ► *nmf*: **R~** Russe
m, Russin *f* • **Russie** *nf*: **la ~**
Russland *nt*

rustique [ʀystik] *adj* (*mobilier etc*)
rustikal; (*vie*) ländlich

rustre [ʀystʀ] *nm* Flegel *m*

rutabaga [ʀytabaga] *nm*
Kohlrübe *f*, Steckrübe *f*

RV *sigle m* = **rendez-vous**

Rwanda [ʀwɑ̃da] *nm*: **le ~**
Ruanda *nt*

rythme [ʀitm] *nm* Rhythmus *m*;
(*de la vie*) Tempo *nt*

S

s *abr* (= *siècle*) Jh

s' [s] *pron voir* **se**

SA [ɛsa] *sigle f* (= *société anonyme*)
AG *f*

sa [sa] *adj possessif voir* **son**

sable [sɑbl] *nm* Sand *m*

sablé [sɑble] *nm* ≈ Butterkeks *m*

sabler [sɑble] *vt* mit Sand
bestreuen; (*contre le verglas*)
streuen

sablier [sɑblije] *nm* Sanduhr *f*;
(*de cuisine*) Eieruhr *f*

sablonneux, -euse [sɑblɔnø, øz]
adj sandig

sabot [sabo] *nm* (*de cheval, bœuf*)
Huf *m*; (*chaussure*) Holzschuh *m*;
~ (de Denver) Hemmschuh *m*

sabotage [sabotaʒ] *nm*
Sabotage *f*

saboter [sabɔte] *vt* sabotieren

sabre [sɑbʀ] *nm* Säbel *m*

sac [sak] *nm* Tasche *f*; (*à charbon,
plâtre etc*) Sack *m*; (*en papier*) Tüte *f*;
~ à dos Rucksack *m*; **~ à main**
Handtasche *f*; **~ à provisions**
Einkaufstasche *f*; **~ de couchage**
Schlafsack *m*

saccade [sakad] nf Ruck m

saccager [sakaʒe] vt plündern; (dévaster) verwüsten

saccharine [sakaʀin] nf Sa(c)charin nt, Süßstoff m

sachet [saʃe] nm Tütchen nt; **~ de thé** Teebeutel m

sacoche [sakɔʃ] nf Tasche f; (de bicyclette, motocyclette) Satteltasche f

sacré, e [sakʀe] adj heilig; (fam) verdammt

sacrement [sakʀəmã] nm Sakrament nt

sacrifice [sakʀifis] nm Opfer nt

sacrifier [sakʀifje] vt opfern; **se sacrifier** vpr sich aufopfern

sacrilège [sakʀilɛʒ] nm Sakrileg nt; (fig) Frevel ▶ adj frevelhaft

sacristie [sakʀisti] nf Sakristei f

sacro-saint, e [sakʀosɛ̃, sɛ̃t] (pl **sacro-saints, es**) adj hochheilig

sadique [sadik] adj sadistisch ▶ nmf Sadist(in) m(f)

safran [safʀã] nm Safran m

sagace [sagas] adj scharfsinnig

sage [saʒ] adj klug, weise; (enfant) brav, artig ▶ nm Weiser m
• **sage-femme** (pl **sages-femmes**) nf Hebamme f
• **sagement** adv (raisonnablement) klug; (tranquillement) artig
• **sagesse** nf Weisheit f, Klugheit f

Sagittaire [saʒitɛʀ] nm (Astrol) Schütze m

Sahara [saaʀa] nm Sahara f

saignant, e [sɛɲã, ãt] adj blutend, blutig; (viande) blutig
• **saignement** nm Blutung f; **~ de nez** Nasenbluten nt • **saigner** vi bluten ▶ vt (Méd) Blut abnehmen

+dat; (animal) ausbluten lassen; (fig) ausnehmen

saillie [saji] nf (d'une construction) Vorsprung m • **saillir** vi (faire saillie) herausragen

sain, e [sɛ̃, sɛn] adj gesund; **~ et sauf** unversehrt

saindoux [sɛ̃du] nm Schweineschmalz nt

saint, e [sɛ̃, sɛ̃t] adj heilig ▶ nm/f Heilige(r) f(m) • **saint-bernard** nm inv (chien) Bernhardiner m
• **Saint-Esprit** nm : **le ~** der Heilige Geist m

Saint-Marin [sɛ̃maʀɛ̃] nm San Marino nt

Saint-Sylvestre [sɛ̃silvɛstʀ] nf : **la ~** Silvester nt

saisie [sezi] nf (Jur) Beschlagnahmung f; **~ de données** Dateneingabe f • **saisir** vt ergreifen; (comprendre, entendre) erfassen; (Inform) eingeben; (Jur) beschlagnahmen • **saisissant, e** adj ergreifend

saison [sezɔ̃] nf Jahreszeit f; (des moissons, semailles) Zeit f; (touristique) Saison f; **en/hors ~** in/außerhalb der Saison; **haute/basse/morte ~** Hoch-/Neben-/Nachsaison f
• **saisonnier, -ière** adj (produits) der Jahreszeit ▶ nm (travailleur) Saisonarbeiter m

salade [salad] nf Salat m; **~ de fruits** Obstsalat m • **saladier** nm Salatschüssel f

salaire [salɛʀ] nm Gehalt nt; (hebdomadaire, journalier) Lohn m; **~ minimum interprofessionnel de croissance** gesetzlicher Mindestlohn m

salaison [salɛzɔ̃] nf (opération) Einsalzen nt; **salaisons** nfpl (produits) Gepökeltes nt

salamandre [salamɑ̃dʀ] nf Salamander m

salami [salami] nm Salami f

salariat [salaʀja] nm Gehaltsempfänger pl, Lohnempfänger pl

salarié, e [salaʀje] nm/f Gehaltsempfänger(in) m(f), Lohnempfänger(in) m(f)

salaud [salo] nm (fam!) Scheißkerl m (fam!)

sale [sal] adj dreckig

salé, e [sale] adj salzig • **saler** vt (plat) salzen; (pour conserver) einpökeln

saleté [salte] nf Schmutz m; (action vile, obscénité) Schweinerei f; (chose sans valeur) Mist m

salière [saljɛʀ] nf Salzfässchen nt

salin, e [salɛ̃, in] adj Salz- ▶ nf Saline f

salir [saliʀ] vt beschmutzen, schmutzig machen

salissant, e [salisɑ̃, ɑ̃t] adj leicht schmutzend, empfindlich; (métier) schmutzig

salive [saliv] nf Speichel m • **saliver** vi sabbern

salle [sal] nf Zimmer nt; (de musée, d'un cinéma, du bus) Saal m; ~ **à manger** Esszimmer nt; ~ **d'attente** Wartesaal m; ~ **de bain(s)** Badezimmer nt; ~ **de séjour** Wohnzimmer nt

salon [salɔ̃] nm Wohnzimmer nt; (mobilier) Wohnzimmer(möbel pl) nt; ~ **de coiffure** Friseursalon m; ~ **de thé** Café nt

salopard [salɔpaʀ] nm (fam!) Scheißkerl m (fam!)

salope [salɔp] nf (fam!) Miststück nt (fam!)

salopette [salɔpet] nf (de travail) Overall m; (pantalon) Latzhose f

salsifis [salsifi] nm Schwarzwurzel f

saltimbanque [saltɛ̃bɑ̃k] nmf Schausteller(in) m(f)

salubre [salybʀ] adj gesund

saluer [salɥe] vt grüßen; (pour dire au revoir) sich verabschieden von

salut [saly] nm (sauvegarde) Wohl nt; (geste, parole d'accueil etc) Gruß m ▶ excl (fam!) hallo; (pour dire au revoir) tschüs(s) • **salutaire** adj heilsam, nützlich • **salutations** nfpl Grüße pl; **veuillez agréer, Monsieur, mes ~ distinguées** ou **respectueuses** ≈ mit freundlichen Grüßen

Salvador [salvadɔʀ] nm : **le ~** El Salvador m

samedi [samdi] nm Samstag m; voir aussi **lundi**

SAMU [samy] sigle m (= service d'assistance médicale d'urgence) ≈ medizinischer Notdienst m

sanction [sɑ̃ksjɔ̃] nf Sanktion f

sanctuaire [sɑ̃ktɥeʀ] nm (d'une église) Allerheiligstes nt; (édifice, lieu saint) heiliger Ort m

sandale [sɑ̃dal] nf Sandale f

sandwich [sɑ̃dwi(t)ʃ] nm Sandwich nt

sang [sɑ̃] nm Blut nt • **sang-froid** nm inv Kaltblütigkeit f

sanglant, e [sɑ̃glɑ̃, ɑ̃t] adj blutig; (reproche, affront) verletzend

sangle [sɑ̃gl] nf Gurt m

sanglier [sɑ̃glije] nm
Wildschwein nt

sangloter [sɑ̃glɔte] vi
schluchzen

sangsue [sɑ̃sy] nf Blutegel m

sanguin, e [sɑ̃gɛ̃, in] adj Blut-

sanguine [sɑ̃gin] nf (orange)
Blutorange f

sanisette® [sanizɛt] nf
(automatische) öffentliche Toilette

sanitaire [sanitɛʀ] adj (Méd)
Gesundheits-; **sanitaires** nmpl
Sanitäreinrichtungen pl

sans [sɑ̃] prép ohne • **sans-abri**
nm inv/nf inv Obdachlose(r) f(m)
• **sans-emploi** nm inv/nf inv
Arbeitslose(r) f(m) • **sans-faute**
nm inv (Sport) fehlerfreier Lauf m;
(fig) Glanzleistung f • **sans-gêne**
adj inv ungeniert ▸ nm inv
Ungeniertheit f • **sans-logis** nm
inv/nf inv Obdachlose(r) f(m)
• **sans-papiers** nm f statusloser
Einwanderer m, statuslose
Einwanderin f ▸ adj inv (travailleur,
mineur) ohne Papiere

santé [sɑ̃te] nf Gesundheit f;
être en bonne ~ gesund sein;
boire à la ~ de qn auf jds Wohl
trinken; **(à votre/ta) ~!** zum
Wohl!

saoudien, ne [saudjɛ̃, jɛn] adj
saudi-arabisch

saoul, e [su, sul] adj = **soûl**

saper [sape] vt untergraben; (fig)
unterminieren • **sapeur** nm (Mil)
Pionier m • **sapeur-pompier** (pl
sapeurs-pompiers)
Feuerwehrmann m

saphir [safiʀ] nm Saphir m

sapin [sapɛ̃] nm Tanne f; **~ de
Noël** Weihnachtsbaum m

sarcasme [saʀkasm] nm
Sarkasmus m • **sarcastique** adj
sarkastisch

sarcome [saʀkom] nm Sarkom
nt; **~ de Kaposi** Kaposisarkom nt

Sardaigne [saʀdɛɲ] nf: **la ~**
Sardinien nt • **sarde** adj sardisch

sardine [saʀdin] nf Sardine f

sari [saʀi] nm Sari m

SARL [ɛsaɛʀɛl] sigle f (= société à
responsabilité limitée) GmbH f

Sarre [saʀ] nf: **la ~** das Saarland f;
(rivière) die Saar f • **Sarrebruck**
Saarbrücken nt

sarriette [saʀjɛt] nf
Bohnenkraut nt

sas [sɑs] nm (d'un sous-marin, d'un
engin spatial) Luftschleuse f; (d'une
écluse) Schleusenkammer f

satellite [satelit] nm Satellit m

satin [satɛ̃] nm Satin m • **satiné,
e** adj satiniert; (peau) seidig

satirique [satiʀik] adj satirisch

satisfaction [satisfaksjɔ̃] nf
(d'un besoin, désir) Befriedigung f;
(état) Zufriedenheit f

satisfaire [satisfɛʀ] vt
befriedigen; **~ à** erfüllen
• **satisfaisant, e** adj befriedigend
• **satisfait, e** adj zufrieden; **~ de**
zufrieden mit

saturer [satyʀe] vt übersättigen

sauce [sos] nf Soße f; **en ~** mit
Soße; **~ tomate** Tomatensoße f
• **saucière** nf Soßenschüssel f,
Sauciere f

saucisse [sosis] nf Wurst f

saucisson [sosisɔ̃] nm Wurst f;
~ à l'ail Knoblauchwurst f; **~ sec**
Hartwurst f • **saucissonner** (fam)
vi einen Happen essen

sauf¹ [sof] *prép* außer +*dat*; **~ si** außer, wenn; **~ empêchement** wenn sich keine Probleme ergeben

sauf², sauve [sof, sov] *adj* unbeschadet • **sauf-conduit** (*pl* **sauf-conduits**) *nm* Geleitbrief *m*

sauge [soʒ] *nf* Salbei *m*

saugrenu, e [sogrəny] *adj* absurd

saule [sol] *nm* Weide *f*; **~ pleureur** Trauerweide *f*

saumon [somɔ̃] *nm* Lachs *m*; **~ fumé** Räucherlachs *m*

saumure [somyʀ] *nf* Salzlake *f*

sauna [sona] *nm* Sauna *f*

saupoudrer [sopudʀe] *vt* : **~ qch de** etw bestreuen mit

saut [so] *nm* Sprung *m*; (*Sport*) Springen *nt*; **~ à l'élastique** Bungeejumping *nt*

sauté, e [sote] *adj* (*Culin*) gebraten ▶ *nm* : **~ de veau** ≈ Kalbsbraten *m*

saute-mouton [sotmutɔ̃] *nm inv* : **jouer à ~** Bockspringen spielen

sauter [sote] *vi* springen; (*fusibles*) durchbrennen ▶ *vt* (*obstacle*) überspringen

sauterelle [sotʀɛl] *nf* Heuschrecke *f*

sautiller [sotije] *vi* hüpfen

sauvage [sovaʒ] *adj* wild; (*insociable*) ungesellig ▶ *nmf* (*primitif*) Wilde(r) *f(m)*

sauve [sov] *adj f voir* **sauf**

sauvegarde [sovgaʀd] *nf* Schutz *m*; (*Inform*) Speichern *nt*, Sichern *nt* • **sauvegarder** *vt* schützen; (*Inform*) sichern

sauve-qui-peut [sovkipø] *nm inv* Panik *f* ▶ *excl* rette sich, wer kann

sauver [sove] *vt* retten; **se sauver** *vpr* (*s'enfuir*) weglaufen; (*fam* : *partir*) abhauen; **~ qn de** jdn retten aus

sauvetage [sov(ə)taʒ] *r m* Rettung *f*

sauveteur [sov(ə)tœʀ] *ɪm* Retter *m*

sauvette [sovɛt] *nf* : **à la ~** (*se marier etc*) überstürzt; **vente à la ~** illegaler Verkauf *m*

sauveur [sovœʀ] *nm* Retter *m*; **le S~** der Erlöser *m*

SAV [ɛsave] *sigle m* (= *service après-vente*) Kundendienst *m*

savane [savan] *nf* Savanne *f*

savant, e [savã, ãt] *adj* (*érudit, instruit*) gelehrt; (*édition, revue, travaux*) wissenschaftlich ▶ *nm* Gelehrter *m*

saveur [savœʀ] *nf* Geschmack *m*; (*fig*) Reiz *m*

Savoie [savwa] *nf* : **la ~** Savoyen *nt*

savoir [savwaʀ] *vt* wissen; (*le grec, la grammaire, sa leçon, son rôle etc* : *être capable de*) können ▶ *nm* Wissen *nt*; **~ nager** schwimmen können • **savoir-faire** *nm inv* : **le ~** das Know-how • **savoir-vivre** *nm inv* gute Manieren *pl*

savon [savɔ̃] *nm* Seife *f* • **savonner** *vt* einseifen • **savonnette** *nf* Toilettenseife *f* • **savonneux, -euse** *adj* seifig

savourer [savuʀe] *vt* genießen • **savoureux, -euse** *adj* köstlich

Saxe [saks] *nf* : **la ~** Sachsen *nt*

s

saxo [saksɔ], **saxophone** [saksɔfɔn] nm Saxofon nt

scalpel [skalpɛl] nm Skalpell nt

scandale [skɑ̃dal] nm Skandal m • **scandaleux, -euse** adj skandalös • **scandaliser** vt entsetzen

scandinave [skɑ̃dinav] adj skandinavisch ▶ nmf: **S~** Skandinavier(in) m(f) • **Scandinavie** nf: **la ~** Skandinavien nt

scanner¹ [skanɛʀ] nm Scanner m; (Méd) Tomografie f

scanner² [skane] vt (ein)scannen

scaphandre [skafɑ̃dʀ] nm (de plongeur) Taucheranzug m

scarabée [skaʀabe] nm Mistkäfer m

scarlatine [skaʀlatin] nf: **la ~** Scharlach m

sceau, x [so] nm Siegel nt; (fig) Stempel m

sceller [sele] vt besiegeln; (fermer) versiegeln

scénario [senaʀjo] nm Skript nt, Drehbuch nt

scène [sɛn] nf Szene f; (lieu de l'action) Schauplatz m; (Théât) Bühne f

sceptique [sɛptik] adj skeptisch

schéma [ʃema] nm Schema nt

Schleswig-Holstein [ʃlɛsvikɔlʃtajn] nm: **le ~** Schleswig-Holstein nt

sciatique [sjatik] nf Ischias m

scie [si] nf Säge f; **~ circulaire** Kreissäge f

sciemment [sjamɑ̃] adv wissentlich

science [sjɑ̃s] nf Wissenschaft f; (savoir) Wissen nt • **science-fiction** (pl **sciences-fictions**) nf Science-Fiction f • **scientifique** adj wissenschaftlich ▶ nmf (savant) Wissenschaftler(in) m(f)

scier [sje] vt sägen • **scierie** nf Sägewerk nt

scinder [sɛ̃de] vt aufspalten; **se scinder** vpr (parti) sich spalten

scintiller [sɛ̃tije] vi funkeln

sciure [sjyʀ] nf: **~ (de bois)** Sägemehl nt

sclérose [skleʀoz] nf: **~ en plaques** multiple Sklerose f

scolaire [skɔlɛʀ] adj Schul-, schulisch; **l'année ~** das Schuljahr nt; **d'âge ~** im schulpflichtigen Alter

scolarisation [skɔlaʀizasjɔ̃] nf (d'un enfant) Einschulung f

scolariser [skɔlaʀize] vt mit Schulen versorgen; (enfant) einschulen

scolarité [skɔlaʀite] nf Schulbesuch m, Schulzeit f

scoop [skup] nm Knüller m

scooter [skutœʀ] nm Motorroller m; **~ des neiges** Schneebob m

score [skɔʀ] nm Punktestand m

scorpion [skɔʀpjɔ̃] nm Skorpion m; **être du S~** (Astrol) Skorpion sein

scotch [skɔtʃ] nm (whisky) Scotch m; **S~®** Tesafilm® m

scotché, e [skɔtʃe] adj (fig : fam : immobilisé) : **il reste des heures ~ devant la télévision** er sitzt Stunden wie angenagelt vor dem Fernseher (: stupéfait) : **je suis resté ~** ich war baff

scout [skut] *nm* Pfadfinder *m*
• **scoutisme** *nm*
Pfadfinderbewegung *f*

script [skʁipt] *nm (écriture)*
Druckschrift *f*; *(Ciné)* Drehbuch *nt*

scrupule [skʁypyl] *nm* Skrupel *m*
• **scrupuleusement** *adv*
gewissenhaft • **scrupuleux, -euse** *adj* gewissenhaft

scruter [skʁyte] *vt* erforschen

scrutin [skʁytɛ̃] *nm* Wahl *f*; **~ à deux tours** Wahl mit zwei
Wahlgängen; **~ majoritaire**
Mehrheitswahl *f*

sculpter [skylte] *vt* in Stein
hauen; *(matière)* behauen
• **sculpteur** *nm* Bildhauer(in) *m(f)*
• **sculpture** *nf* Skulptur *f*

SDF *sigle m/sigle f (= sans domicile fixe)* Obdachlose(r) *f(m)*

---

se, s' [sə]

pron **1** *(réfléchi)* sich; **se casser
la jambe/laver les mains** sich
dat das Bein brechen/die Hände
waschen
2 *(réciproque)* sich, einander; **ils
s'aiment** sie lieben sich *ou*
einander
3 *(passif)* : **cela se répare
facilement** das ist leicht zu
reparieren

---

séance [seɑ̃s] *nf* Sitzung *f*; *(Ciné, Théât)* Vorstellung *f*

seau, x [so] *nm* Eimer *m*

sec, sèche [sɛk, sɛʃ] *adj* trocken;
(fruits) getrocknet ▶ *nm* : **tenir
au ~** trocken aufbewahren ▶ *adv*
(démarrer) hart

sécateur [sekatœʁ] *nm*
Gartenschere *f*

sèche [sɛʃ] *adj, nf voir* **sec**
• **sèche-cheveux** *nm inv*
Haartrockner *m* • **sèche-linge** *nm
inv* Wäschetrockner *m* • **sécher** *vt*
trocknen; *(peau, blé, bois)*
austrocknen ▶ *vi* trocknen; *(fam :
candidat)* ins Rotieren kommen
• **sécheresse** *nf* Trockenheit *f*

séchoir [seʃwaʁ] *nm*
Wäschetrockner *m*; *(à cheveux)*
Haartrockner *m*

second, e [s(ə)gɔ̃, ɔ̃d] *adj*
zweite(r, s) ▶ *nm (adjoint)* zweiter
Mann *m*; *(étage)* zweiter Stock *m*
▶ *nf* Sekunde *f*; **voyager en ~e**
zweiter Klasse reisen
• **secondaire** *adj* zweitrangig,
sekundär

seconder [s(ə)gɔ̃de] *vt* helfen
+dat, unterstützen

secouer [s(ə)kwe] *vt* schütteln;
(tapis) ausschütteln

secourir [s(ə)kuʁiʁ] *vt* helfen
• **secourisme** *nm* Erste Hilfe *f*
• **secouriste** *nmf* Sanitäter(in)
m(f) • **secours** *nm* Hilfe *f*; **secours**
nmpl (soins à un malade, blessé)
Hilfe *f*

secousse [s(ə)kus] *nf*
Erschütterung *f*; *(électrique)*
Schock *m*

secret, -ète [səkʁɛ, ɛt] *adj*
geheim; *(renfermé)* reserviert ▶ *nm*
Geheimnis *nt*; **en ~** insgeheim

secrétaire [s(ə)kʁetɛʁ] *nmf*
Sekretär(in) *m(f)* ▶ *nm (meuble)*
Sekretär *m* • **secrétariat** *nm*
(bureau) Sekretariat *nt*

sécréter [sekʁete] *vt* absondern

sectaire [sɛktɛʁ] *adj*
sektiererisch

secte [sɛkt] *nf* Sekte *f*

secteur [sɛktœʀ] nm Sektor m;
branché sur le ~ (Élec) ans
Stromnetz angeschlossen; **le ~
privé/public** der private/
öffentliche Sektor

section [sɛksjɔ̃] nf Schnitt m;
(tronçon) Abschnitt m; (: de
parcours) Teilstrecke f
• **sectionner** vt durchschneiden;
(membre) abtrennen

sécu [seky] abr f (= sécurité sociale)
voir **sécurité**

séculaire [sekylɛʀ] adj (qui a lieu
tous les cent ans) Jahrhundert-;
(très vieux) uralt

secundo [s(ə)gɔ̃do] adv zweitens

sécuriser [sekyʀize] vt ein Gefühl
der Sicherheit geben +dat

sécurité [sekyʀite] nf Sicherheit
f; **la S~ sociale** die
Sozialversicherung f

sédatif, -ive [sedatif, iv] adj
beruhigend ▶ nm
Beruhigungsmittel nt

sédentaire [sedɑ̃tɛʀ] adj
sesshaft

sédiment [sedimɑ̃] nm
Bodensatz m; **sédiments** nmpl
(alluvions) Ablagerungen pl

séducteur, -trice [sedyktœʀ,
tʀis] nm/f Verführer(in) m(f)
• **séduction** nf Verführung f;
(charme, attrait) Reiz m

séduire [sedɥiʀ] vt (personne)
erobern; (péj) verführen
• **séduisant, e** adj verführerisch

segment [sɛgmɑ̃] nm (section,
morceau) Abschnitt m; **~ (de
piston)** Kolbenring m

ségrégation [segʀegasjɔ̃] nf:
~ raciale Rassentrennung f

seigle [sɛgl] nm Roggen m

seigneur [sɛɲœʀ] nm (féodal)
(Guts)herr m; **le S~** (Rel) der
Herr m

sein [sɛ̃] nm Brust f

Seine [sɛn] nf die Seine f

séisme [seism] nm Erdbeben nt

seize [sɛz] num sechzehn

séjour [seʒuʀ] nm Aufenthalt m;
(pièce) Wohnzimmer nt
• **séjourner** vi sich aufhalten

sel [sɛl] nm Salz nt

sélection [selɛksjɔ̃] nf Auswahl f
• **sélectionner** vt auswählen

self [sɛlf] (fam) nm SB-Restaurant
nt

selfie [sɛlfi] (fam) nm Selfie nt

self-service [sɛlfsɛʀvis] (pl
self-services) adj
Selbstbedienungs- ▶ nm (magasin)
Selbstbedienungsladen m;
(restaurant)
Selbstbedienungsrestaurant nt

selle [sɛl] nf Sattel m • **seller** vt
satteln

selon [s(ə)lɔ̃] prép gemäß +dat;
~ moi meiner Meinung nach

semailles [s(ə)maj] nfpl (Aus)
saat f

semaine [s(ə)mɛn] nf Woche f;
en ~ werktags

semblable [sɑ̃blabl] adj ähnlich
▶ nm (prochain) Mitmensch m;
être ~ à ähneln +dat

semblant [sɑ̃blɑ̃] nm
Anschein m; **faire ~** nur so tun;
faire ~ de faire qch so tun, als ob
man etw machte • **sembler** vi
scheinen ▶ vb impers: **il (me)
semble inutile/bon de**
es scheint (mir) unnötig/ratsam,
zu; **il semble (bien) que** es hat
den Anschein, dass

semelle [s(ə)mɛl] nf Sohle f

semence [s(ə)mãs] nf (graine) Samen(korn nt) m • **semer** vt (aus)säen

semestre [s(ə)mɛstʀ] nm Halbjahr nt; (Scol) Semester nt

semi- [səmi] préf halb- • **semiconducteur** (pl **semiconducteurs**) nm Halbleiter m

séminaire [seminɛʀ] nm Seminar nt

semi-remorque [səmirəmɔʀk] (pl **semi-remorques**) nm Sattelschlepper m

semonce [səmɔ̃s] nf (réprimande) Verweis m

semoule [s(ə)mul] nf Grieß m

sénat [sena] nm Senat m • **sénateur** nm Senator m

Sénégal [senegal] nm : **le ~** Senegal nt • **sénégalais, e** adj senegalesisch

senior [senjɔʀ] nmf (Sport) Senior(in) m(f)

sens [sɑ̃s] nm Sinn m; (signification aussi) Bedeutung f; (direction) Richtung f; **dans le mauvais ~** verkehrt herum; **bon ~** gesunder Menschenverstand m; **~ commun** gesunder Menschenverstand m; **~ figuré** übertragener (Wort)sinn m; **~ interdit** Einbahnstraße f; **~ propre** eigentlicher Wortsinn m; **~ unique** Einbahnstraße f

sensas [sɑ̃sas] adj (fam) irre

sensation [sɑ̃sasjɔ̃] nf Gefühl nt; (effet) Sensation f • **sensationnel, le** adj fantastisch

sensé, e [sɑ̃se] adj vernünftig

sensibiliser [sɑ̃sibilize] vt : **~ qn (à)** jdn sensibilisieren (für)

sensibilité [sɑ̃sibilite] nf Empfindlichkeit f; (affectivité, émotivité) Sensibilität f • **sensible** adj sensibel, empfindlich; (Photo) lichtempfindlich • **sensiblement** adv (notablement) merklich; (à peu près) so etwa

sensitif, -ive [sɑ̃sitif, iv] adj (nerf) sensorisch

sensualité [sɑ̃syalite] nf Sinnlichkeit f • **sensuel, le** adj sinnlich

sentence [sɑ̃tɑ̃s] nf (jugement) Urteil nt; (adage) Maxime f • **sentencieux, -euse** adj dozierend

sentier [sɑ̃tje] nm Pfad m, Weg m

sentiment [sɑ̃timɑ̃] nm Gefühl nt • **sentimental, e, -aux** adj sentimental; (vie, aventure) Liebes-

sentinelle [sɑ̃tinɛl] nf Wachposten m

sentir [sɑ̃tiʀ] vt fühlen, spüren; (par l'odorat) riechen; (avoir la même odeur que) riechen wie; (avoir le goût) schmecken nach +dat ▸ vi (exhaler une mauvaise odeur) stinken; **se sentir** vpr : **se bien** sich wohlfühlen; **~ bon/ mauvais** gut/schlecht riechen; **se ~ mal** sich krank ou unwohl fühlen

séparation [separasjɔ̃] nf Trennung f; (cloison) Trennwand f

séparé, e [separe] adj getrennt; (appartements, maisons) separat; **~ de** getrennt von • **séparément** adv getrennt • **séparer** vt trennen; **~ qch de** (détacher) etw (ab)trennen von; **se séparer** vpr sich trennen

sept [sɛt] num sieben

septante [sɛptɑ̃t] *num* (Belgique, Suisse) siebzig

septembre [sɛptɑ̃bʀ] *nm*
septembre *m* ; *voir aussi* **juillet**

septentrional, e, -aux
[sɛptɑ̃tʀijɔnal, o] *adj* nördlich

septième [sɛtjɛm] *adj* siebte(r, s)
▶ *nm (fraction)* Siebtel *nt*

septique [sɛptik] *adj* : **fosse ~**
Klärgrube *f*

séquelles [sekɛl] *nfpl* Folgen *pl*

séquençage [sekɑ̃saʒ] *nm*
Sequenzierung *f*

séquence [sekɑ̃s] *nf (Ciné)*
Sequenz *f* ; *(Inform)* Folge *f*
• **séquentiel, le** *adj* sequenziell

serbe [sɛʀb] *adj* serbisch ▶ *nmf* :
S~ Serbe *m*, Serbin *f* • **Serbie** *nf* : **la
~** Serbien *nt*

serein, e [səʀɛ̃, ɛn] *adj* ruhig,
gelassen ; *(ciel)* wolkenlos
• **sérénité** [seʀenite] *nf*
Gelassenheit *f*

sergent [sɛʀʒɑ̃] *nm* Unteroffizier
m, ≈ Feldwebel *m*

série [seʀi] *nf* Reihe *f*, Serie *f* ;
(Sport) Klasse *f* ; **en ~** serienweise

sériel, -le [seʀjɛl] *adj* seriell

sérieusement [seʀjøzmɑ̃] *adv*
ernst ; **~ ?** im Ernst? • **sérieux,
-euse** *adj* ernst ; *(élève, employé,
travail, études)* gewissenhaft ;
(client, renseignement) zuverlässig ;
(maison, proposition) seriös ▶ *nm*
Ernst *m* ; *(conscience)*
Gewissenhaftigkeit *f* ; *(sur qui on
peut compter)* Zuverlässigkeit *f* ;
prendre au ~ ernst nehmen

serin [s(ə)ʀɛ̃] *nm* Zeisig *m*

seringue [s(ə)ʀɛ̃g] *nf* Spritze *f*

serment [sɛʀmɑ̃] *nm* Schwur *m*,
Eid *m*

sermon [sɛʀmɔ̃] *nm* Predigt *f*

séronégatif, -ive [seʀonegatif,
iv] *adj* HIV-negativ • **séropositif,
-ive** *adj* HIV-positiv

sérotonine [seʀotonin] *nf*
Serotonin *nt*

serpe [sɛʀp] *nf* Sichel *f*

serpent [sɛʀpɑ̃] *nm* Schlange *f*
• **serpenter** *vi* sich schlängeln

serpentin [sɛʀpɑ̃tɛ̃] *nm (ruban)*
Papierschlange *f*

serpillière [sɛʀpijɛʀ] *nf* Putz- *ou*
Scheuerlappen *m*

serre [sɛʀ] *nf* Gewächshaus *nt* ;
l'effet de ~ der Treibhauseffekt

serré, e [seʀe] *adj* eng ; *(passagers
etc)* dicht gedrängt

serrer [seʀe] *vt (tenir)* festhalten ;
(comprimer, coincer) drücken,
pressen ; *(corde, ceinture, nœud)*
zuziehen ; *(frein, vis)* anziehen ;
(robinet) fest zudrehen ▶ *vi* : **~ à
droite/gauche** sich rechts/links
halten ; **se serrer** *vpr (personnes)*
zusammenrücken ; **~ la main à
qn** jdm die Hand schütteln

serrure [seʀyʀ] *nf* Schloss *nt*
• **serrurerie** *nf* Schlosserei *f* ;
~ d'art Kunstschmiedearbeit *f*
• **serrurier** *nm* Schlosser *m*

sérum [seʀɔm] *nm* Serum *nt* ;
~ antitétanique Tetanusserum *nt*

servante [sɛʀvɑ̃t] *nf*
Dienstmädchen *nt*

serveur, -euse [sɛʀvœʀ, øz]
nm/f (de restaurant) Kellner(in) *m(f)*
▶ *nm (Inform)* Server *m*

serviable [sɛʀvjabl] *adj* gefällig,
hilfsbereit

service [sɛʀvis] *nm* Bedienung *f* ;
(aide, faveur) Gefallen *m* ; *(fonction,
travail)* Dienst *m* ; *(Rel)*

Gottesdienst m; (de vaisselle)
Service nt; (Tennis, Volley-Ball)
Aufschlag m; **~ compris/non
compris** inklusive Bedienung/
Bedienung nicht enthalten;
rendre un ~ à qn jdm einen
Gefallen tun; **être/mettre en ~**
in Betrieb sein/nehmen; **hors ~**
außer Betrieb; **~ après-vente**
Kundendienst m; **~ militaire**
Militärdienst m

serviette [sɛRvjɛt] nf (de table)
Serviette f; (de toilette) Handtuch
nt; (porte-documents) Aktentasche
f; **~ hygiénique** Monatsbinde f

servile [sɛRvil] adj unterwürfig

servir [sɛRviR] vt dienen +dat;
(domestique) arbeiten für; (convive,
client) bedienen; (plat, boisson)
servieren ▶ vi (Tennis)
aufschlagen; (Cartes) geben; **se
servir** vpr (prendre d'un plat) sich
bedienen; **~ à qn** jdm nutzen;
à quoi cela sert-il ? wozu soll das
gut sein?; **se ~ de** (plat) sich dat
nehmen von; (voiture, outil,
relations, amis) benutzen

servocommande
[sɛRvɔkɔmɑ̃d] nf Servolenkung f

servofrein [sɛRvɔfRɛ̃] nm
Servobremse f

ses [se] adj possessif voir **son**

session [sesjɔ̃] nf Sitzung f

set [sɛt] nm (Sport) Satz m; **~ de
table** (napperons) Sets pl

seuil [sœj] nm Schwelle f

seul, e [sœl] adj allein; (isolé)
einsam; (unique) einzig ▶ adv
allein ▶ nm/f : **j'en veux un ~** ich
möchte nur einen/eine/eins;
parler tout ~ Selbstgespräche
führen; **il en reste un ~** es ist nur
noch einer/eine/eines da

• **seulement** adv nur; (pas avant)
erst

sève [sɛv] nf Saft m

sévère [sevɛR] adj streng;
(punition, mesures) hart • **sévérité**
nf Strenge f; (du climat) Härte f

sexagénaire [sɛksaʒenɛR] adj
sechzigjährig ▶ nmf
Sechzigjährige(r) f(m)

sexe [sɛks] nm Geschlecht nt;
(sexualité) Sex m

sexisme [sɛksism] nm Sexismus
m • **sexiste** adj sexistisch

sexto [sɛksto] nm Sex-SMS f

sexualité [sɛksɥalite] nf
Sexualität f

sexuel, le [sɛksɥɛl] adj sexuell

seyant, e [sɛjɑ̃, ɑ̃t] adj kleidsam

Seychelles [seʃɛl] nfpl : **les ~** die
Seychellen pl

shampooing, shampoing
[ʃɑ̃pwɛ̃] nm (lavage) Haarwäsche f;
(produit) Haarwaschmittel nt

shooter [ʃute] : **se shooter** vpr
(drogué) fixen, spritzen

shopping [ʃɔpiŋ] nm : **faire du ~**
einkaufen gehen

short [ʃɔRt] nm Shorts pl

---

si [si]

▶ adv **1** (oui) doch; **Paul n'est
pas venu ? — si !** Paul ist nicht
gekommen? — doch!; **mais si !**
doch, doch!; **je suis sûr que si**
ich bin ganz sicher
2 (tellement) so; **si gentil/vite**
so nett/schnell; **ce n'est pas si
facile** so einfach ist das nicht; **si
rapide qu'il soit** so schnell er
auch sein mag
▶ conj **1** (éventualité, hypothèse,

souhait) wenn; **si j'étais riche**
wenn ich reich wäre; **si tu veux**
wenn du willst; **si seulement**
wenn (doch) nur

2 *(interrogation indirecte)* ob; **je
me demande si** ich frage mich,
ob

3 *(locutions)* : **si ce n'est que**
außer daß; **si bien que** so (sehr),
dass; **(tant et) si bien que** so
sehr, dass
▶ *nm (Mus)* H *nt*

Sicile [sisil] *nf* : **la ~** Sizilien *nt*
sida [sida] *sigle m (= syndrome
immunodéficitaire acquis)* AIDS *nm*
• **sidéen, -ne** *nm/f* Aidskranke(r)
f(m)
sidéré, e [sidere] *adj* verblüfft
sidérurgie [sideryrʒi] *nf*
Eisenverhüttung *f*
siècle [sjɛkl] *nm* Jahrhundert *nt*
siège [sjɛʒ] *nm* Sitz *m*; **~ arrière**
(Auto) Rücksitz *m*; **~ avant** *(Auto)*
Vordersitz *m*
siéger [sjeʒe] *vi* tagen
sien, ne [sjɛ̃, sjɛn] *pron* : **le/la
~(ne)** seine(r, s); *(possesseur
féminin)* ihre(r, s); **les ~s/~nes**
seine; *(possesseur féminin)* ihre
sieste [sjɛst] *nf* Mittagsschlaf *m*
sifflement [sifləmɑ̃] *nm*
Pfeifen *nt*
siffler [sifle] *vi* pfeifen; *(merle,
serpent, projectile, vapeur)* zischen
▶ *vt* pfeifen
sifflet [siflɛ] *nm (instrument)*
Pfeife *f*; *(sifflement)* Pfiff *m*; **coup
de ~** Pfiff *m*
siffloter [siflɔte] *vi, vt* vor sich
hinpfeifen
sigle [sigl] *nm* Abkürzung *f*

signal, -aux [siɲal, o] *nm*
Zeichen *nt*; *(écriteau)* Schild *nt*;
(appareil) Signal *nt*; **donner le ~
de** das Signal *ou* Zeichen geben zu;
~ d'alarme Alarm(signal *nt*) *m*
signalement [siɲalmɑ̃] *nm*
Personenbeschreibung *f*
signaler [siɲale] *vt (être l'indice
de)* ankündigen
signalisation [siɲalizasjɔ̃] *nf*
Verkehrszeichen *pl*; **panneau
de ~** Verkehrsschild *nt*
• **signaliser** *vt* beschildern
signataire [siɲatɛʀ] *nmf*
Unterzeichnende(r) *f(m)*
• **signature** *nf* Unterschrift *f*;
(action) Unterzeichnung *f*
signe [siɲ] *nm* Zeichen *nt*; **faire
un ~ de la tête/main** ein Zeichen
mit dem Kopf/der Hand geben;
faire ~ à qn sich bei jdm melden;
~ du zodiaque Sternzeichen *nt*
signer [siɲe] *vt* unterschreiben;
se signer *vpr* sich bekreuzigen
significatif, -ive [siɲifikatif, iv]
adj bezeichnend, vielsagend
signification [siɲifikasjɔ̃] *nf*
Bedeutung *f* • **signifier** *vt*
bedeuten
silence [silɑ̃s] *nm* Schweigen *nt*;
~ ! Ruhe! • **silencieux, -euse** *adj*
still, leise; *(personne)* schweigsam
▶ *nm (d'arme)* Schalldämpfer *m*
silex [silɛks] *nm* Feuerstein *m*
silhouette [silwɛt] *nf* Silhouette
f; *(lignes, contour)* Umriss *m*
silicone [silikon] *nf* Silikon *nt*
sillage [sijaʒ] *nm* Kielwasser *nt*;
dans le ~ de *(fig)* im Kielwasser
von
sillon [sijɔ̃] *nm (d'un champ)*
Furche *f*; *(d'un disque)* Rille *f*

Skype

• **sillonner** vt (creuser) furchen; (parcourir) durchstreifen

similaire [similɛʀ] adj ähnlich
• **similarité** nf Ähnlichkeit f
• **similitude** nf Ähnlichkeit f

simple [sɛ̃pl] adj einfach ▶ nm : ~ **messieurs/dames** (Tennis) Herren-/Dameneinzel nt
• **simplement** adv einfach
• **simplicité** nf Einfachheit f; (candeur) Naivität f
• **simplification** nf Vereinfachung f • **simplifier** vt vereinfachen • **simpliste** adj allzu einfach, simpel

simulacre [simylakʀ] nm : **un ~ de procès** ein Scheinprozess m

simuler [simyle] vt vortäuschen; (maladie, fatigue, ivresse) simulieren

simultané, e [simyltane] adj gleichzeitig, simultan
• **simultanément** adv gleichzeitig

sincère [sɛ̃sɛʀ] adj aufrichtig, ehrlich • **sincèrement** adv aufrichtig, ehrlich • **sincérité** nf Aufrichtigkeit f; **en toute ~** ganz offen

sine qua non [sinekwanɔn] adj : **condition ~** unbedingt notwendige Voraussetzung f

Singapour [sɛ̃gapuʀ] Singapur nt

singe [sɛ̃ʒ] nm Affe m • **singer** vt nachäffen • **singeries** nfpl Faxen pl

singulariser [sɛ̃gylaʀize] vt auszeichnen; **se singulariser** vpr auffallen

singularité [sɛ̃gylaʀite] nf Einzigartigkeit f

singulier, -ière [sɛ̃gylje, jɛʀ] adj eigenartig ▶ nm Singular m

sinistre [sinistʀ] adj unheimlich

sinon [sinɔ̃] adv sonst, andernfalls; (sauf) außer; (si ce n'est) wenn nicht

sinueux, -euse [sinɥø, øz] adj gewunden

sinus [sinys] nm (Anat) Höhle f; (Math) Sinus m • **sinusite** nf Stirnhöhlenentzündung f

sirène [siʀɛn] nf Sirene f

sirop [siʀo] nm Sirup m; **~ contre la toux** Hustensirup m ou -saft m

siroter [siʀote] vt schlürfen

sismique [sismik] adj seismisch

site [sit] nm (environnement) Umgebung f; (emplacement) Lage f; **~s touristiques** (touristische) Sehenswürdigkeiten pl; **~ Web** Website f

sitôt [sito] adv sogleich; **~ après** kurz danach

situation [sitɥasjɔ̃] nf Lage f, Situation f; (emploi) Stellung f

situé, e [sitɥe] adj gelegen
• **situer** : **se situer** vpr (être, se trouver) liegen

six [sis] n.um sechs • **sixième** adj sechste(r, s) ▶ nm (fraction) Sechstel nt

skate [skɛt], **skateboard** [skɛtbɔʀd] nm (planche) Skateboard nt; (sport) Skateboardfahren nt

ski [ski] nm Ski m; **faire du ~** Ski laufen; **~ de fond** (Ski)langlauf m; **~ de piste** Abfahrtslauf m; **~ de randonnée** (Ski)langlauf; **~ nautique** Wasserski nt
• **ski-bob** (pl **ski-bobs**) nm Skibob m • **skier** vi Ski laufen • **skieur, -euse** nm/f Skifahrer(in) m (f)

Skype® [skajp] nm (Inform) Skype® nt

s

slalom [slalɔm] *nm* Slalom *m*;
faire du ~ entre (*fig*) sich
durchschlängeln durch; **~ géant**
Riesenslalom *m*

slave [slav] *adj* slawisch

slip [slip] *nm* Unterhose *f*; (*de bain*)
Badehose *f*; (*de bikini*) Unterteil *m*
ou *nt*

slogan [slɔgã] *nm* Slogan *m*

slovaque [slɔvak] *adj* slowakisch
▶ *nmf*: **S~** Slowake *m*, Slowakin *f*
• **Slovaquie** *nf*: **la ~** die Slowakei

slovène [slɔvɛn] *adj* slowenisch
▶ *nmf* Slowene *m*, Slowenin *f*
• **Slovénie** *nf*: **la ~** Slowenien *nt*

slow [slo] *nm* (*danse*) langsamer
Tanz *m*

smartphone [smartfon] *nm*
(*Inform*) Internethandy *nt*,
Smartphone *nt*

SMIC [smik] *sigle m* (= *salaire
minimum interprofessionnel de
croissance*) gesetzlicher
Mindestlohn *m*

smicard, e [smikar, ard] *nm/f*
Mindestlohnempfänger(in) *m(f)*

smoking [smɔkiŋ] *nm* Smoking *m*

SMS [ɛsɛmɛs] *sigle m* (= *short
message service*) SMS *f*; **envoyer
un ~** eine SMS schicken

snack [snak] *nm* (*endroit*)
Imbissstube *f*, Schnellgaststätte *f*

SNCF [ɛsɛnseɛf] *sigle f* (= *Société
nationale des chemins de fer français*)
französische Eisenbahn

snob [snɔb] *adj* versnobt ▶ *nmf*
Snob *m*

snowboard [snobɔrd] *nm*
(*planche*) Snowboard *nt*; (*sport*)
Snowboarden *nt*
• **snowboardeur, -euse** *nm/f*
Snowboardfahrer(in) *m(f)*

sobre [sɔbr] *adj* (*personne*) mäßig;
(*élégance, style*) schlicht • **sobriété**
nf Enthaltsamkeit *f*, Schlichtheit *f*

sobriquet [sɔbrikɛ] *nm*
Spitzname *m*

sociable [sɔsjabl] *adj* gesellig

social, e, -aux [sɔsjal, jo] *adj*
sozial; (*de la société*)
gesellschaftlich; **réseau ~**
soziales Netzwerk
• **socialisme** *nm* Sozialismus *m*
• **socialiste** *adj* sozialistisch ▶ *nmf*
Sozialist(in) *m(f)*

société [sɔsjete] *nf* Gesellschaft *f*;
**la ~ d'abondance/de
consommation** die
Wohlstands-/
Konsumgesellschaft *f*; **~ à
responsabilité limitée**
Gesellschaft mit beschränkter
Haftung; **~ anonyme**
Aktiengesellschaft *f*

socioculturel, le
[sɔsjokyltyrɛl] *adj* soziokulturell

sociologie [sɔsjɔlɔʒi] *nf*
Soziologie *f* • **sociologique** *adj*
soziologisch • **sociologue** *nmf*
Soziologe *m*, Soziologin *f*

socle [sɔkl] *nm* Sockel *m*

socquette [sɔkɛt] *nf* Söckchen *nt*

soda [sɔda] *nm* Limo *f*; (*eau
gazéifiée*) Mineralwasser *nt*

sodium [sɔdjɔm] *nm* Natrium *nt*

sœur [sœr] *nf* Schwester *f*;
(*religieuse*) Nonne *f*

sofa [sɔfa] *nm* Sofa *nt*

SOFRES [sɔfrɛs] *sigle f* (= *Société
française d'enquête par sondage*)
französisches
Meinungsforschungsinstitut

soi [swa] *pron* sich; **cela va de ~**
das versteht sich von selbst

- **soi-disant** *adj inv* sogenannt ▶ *adv* angeblich

soie [swa] *nf* Seide *f*; (*poil*) Borste *f*

soif [swaf] *nf* Durst *m*; **avoir ~** Durst haben; **~ de** (*fig*) Gier *f* auf +*acc* ou nach +*dat*

soigné, e [swaɲe] *adj* gepflegt; (*travail*) sorgfältig • **soigner** *vt* pflegen; (*docteur*) behandeln; (*travail*) sorgfältig machen

soigneusement [swaɲøzmɑ̃] *adv* sorgfältig • **soigneux, -euse** *adj* sorgfältig; **être ~ de** sorgfältig umgehen mit ou achten auf +*acc*

soi-même [swamɛm] *pron* (sich) selbst

soin [swɛ̃] *nm* Sorgfalt *f*; **avoir** ou **prendre ~ de qch/qn** sich um etw/jdn kümmern; **~s du cheveu/de beauté/du corps** Haar-/Schönheits-/Körperpflege *f*

soir [swar] *nm* Abend *m*; **il fait frais/il travaille le ~** abends ist es kühl/er arbeitet abends; **à ce ~!** bis heute Abend!; **demain ~** morgen Abend; **sept heures du ~** sieben Uhr abends • **soirée** *nf* Abend *m*; (*réception*) Abendgesellschaft *f*

soit [swa] *adv* in Ordnung, einverstanden ▶ *conj* (*à savoir*) das heißt; **~ ..., ~ ...** entweder ... oder ....

soixantaine [swasɑ̃tɛn] *nf*: **une ~ (de)** etwa sechzig; **avoir la ~** um die sechzig (Jahre alt) sein
- **soixante** *num* sechzig
- **soixante-dix** *num* siebzig
- **soixante-huitard, e** (*pl* **soixante-huitards, es**) *nm/f* Achtundsechziger(in) *m(f)*

soja [sɔʒa] *nm* Soja *nt*

sol [sɔl] *nm* Boden *m*; (*Mus*) G *nt*

solaire [sɔlɛʀ] *adj* Sonnen-; (*cadran, chauffage*) Solar-

soldat [sɔlda] *nm* Soldat *m*

solde [sɔld] *nf* (*Mil*) Sold *m* ▶ *nm* (*Comm*) Saldo *m*; **soldes** *rmpl* (*Comm*) Ausverkauf *m*; **en ~** zu reduzierten Preisen • **solder** *vt* (*marchandise*) ausverkaufen; (*compte*) saldieren

sole [sɔl] *nf* Seezunge *f*

soleil [sɔlɛj] *nm* Sonne *f*; **il y a** ou **il fait du ~** die Sonne scheint; **au ~** in der Sonne; **en plein ~** in der prallen Sonne; **le ~ levant/ couchant** die aufgehende/ untergehende Sonne

solennel, le [sɔlanɛl] *adj* feierlich

solidaire [sɔlidɛʀ] *adj* (*personnes*) solidarisch; (*choses, pièces mécaniques*) miteinander verbunden • **solidarité** *nf* Solidarität *f*

solide [sɔlid] *adj* (*mur, maison, meuble, outil*) stabil • **solidifier** *vt* fest werden lassen; **se solidifier** *vpr* sich verfestigen • **solidité** *nf* (*v adj*) Stabilität *f*, Dauerhaftigkeit *f*

soliste [sɔlist] *nmf* Solist(in) *m(f)*

solitaire [sɔlitɛʀ] *adj* einsam; (*isolé*) einzeln (stehend) ▶ *nmf* Einsiedler(in) *m(f)* ▶ *nm* (*diamant*) Solitär *m*

solitude [sɔlityd] *nf* Einsamkeit *f*

solliciter [sɔlisite] *vt* (*personne*) sich wenden an; (*emploi*) sich bewerben um; (*faveur, audience*) bitten um

sollicitude [sɔlisityd] *nf* Fürsorge *f*

solo [sɔlo] *nm* Solo *nt*

s

solstice [sɔlstis] *nm*
Sonnenwende *f*

soluble [sɔlybl] *adj* löslich

solution [sɔlysjɔ̃] *nf* Lösung *f*

solvable [sɔlvabl] *adj*
zahlungsfähig

solvant [sɔlvɑ̃] *nm*
Lösungsmittel *nt*

Somalie [sɔmali] *nf* : **la ~**
Somalia *nt*

sombre [sɔ̃bʀ] *adj* dunkel; (*péj*)
düster; (*personne*) finster

sombrer [sɔ̃bʀe] *vi* (*bateau*)
untergehen, sinken; **~ dans la
misère/le désespoir/la folie** im
Elend verkommen/in
Verzweiflung sinken/dem
Wahnsinn verfallen

sommaire [sɔmɛʀ] *adj* (*simple*)
einfach ▸ *nm* Zusammenfassung *f*

sommation [sɔmasjɔ̃] *nf* (*Jur*)
Aufforderung *f*; (*avant de faire feu*)
Vorwarnung *f*

somme [sɔm] *nf* Summe *f* ▸ *nm* :
faire un ~ ein Nickerchen
machen

sommeil [sɔmɛj] *nm* Schlaf *m*;
avoir ~ müde *ou* schläfrig sein
• **sommeiller** *vi* schlafen; (*fig*)
schlummern

sommelier, -ière [sɔmǝlje, jɛʀ]
nm/f Getränkekellner(in) *m(f)*

sommer [sɔme] *vt* : **~ qn de faire
qch** jdn auffordern, etw zu tun

sommet [sɔmɛ] *nm* Gipfel *m*;
(*d'un arbre*) Wipfel *m*; (*de la
hiérarchie*) Spitze *f*; **atteindre des
~s** (*prix, taux*) ins Unermessliche
steigen; (*bêtise, égoïsme*) keine
Grenzen kennen

sommier [sɔmje] *nm* Bettrost *m*;
~ à lattes Lattenrost *m*;

~ métallique Metallrost *m*; **~ à
ressorts** Sprungfederrost *m*

somnambule [sɔmnɑ̃byl] *nmf*
Schlafwandler(in) *m(f)*

somnifère [sɔmnifɛʀ] *nm*
Schlafmittel *nt*

somnoler [sɔmnɔle] *vi* dösen

somptueux, -euse [sɔ̃ptɥø, øz]
adj prunkvoll, prächtig

son¹, sa [sɔ̃, sa] (*pl* **ses**) *adj*
possessif (*possesseur masculin*)
sein(e); (*possesseur féminin*)
ihr(e)

son² [sɔ̃] *nm* Ton *m*; (*résidu de
mouture*) Kleie *f*

sonate [sɔnat] *nf* Sonate *f*

sondage [sɔ̃daʒ] *nm* :
~ (d'opinion) Meinungsumfrage *f*

sonde [sɔ̃d] *nf* Sonde *f*

sonder [sɔ̃de] *vt* untersuchen;
(*fig*) erforschen

songer [sɔ̃ʒe] : **~ à** *vt* denken an
+*acc* • **songeur, -euse** *adj*
nachdenklich

sonner [sɔne] *vi* (*cloche*) läuten;
(*réveil, téléphone, à la porte*) klingeln
▸ *vt* (*cloche, tocsin*) läuten +*dat*;
~ faux falsch klingen

sonnerie [sɔnʀi] *nf* (*son : de
téléphone*) Klingeln *nt*; (*de
portable*) Ringtone *m*; (*d'horloge*)
Schlagen *nt*; (*mécanisme*)
Schlagwerk *nt*, Läutwerk *nt*;
(*sonnette*) Klingel *f*

sonnette [sɔnɛt] *nf* Klingel *f*;
~ d'alarme Alarm *m*

sono [sɔno] *nf voir* **sonorisation**

sonore [sɔnɔʀ] *adj* (*métal*)
klingend; (*voix*) laut

sonorisation [sɔnɔʀizasjɔ̃] *nf*
(*matériel*) Lautsprecheranlage *f*

sonorité [sɔnɔʀite] *nf* Klang *m*;
(*d'un lieu*) Akustik *f*; **sonorités** *nfpl*
Klänge *pl*

sophistiqué, e [sɔfistike] *adj*
(*personne*) kultiviert; (*style,
élégance*) gesucht; (*complexe*) hoch
entwickelt

soporifique [sɔpɔʀifik] *adj*
einschläfernd; (*péj*) langweilig

soprano [sɔpʀano] *nm* Sopran *m*
▶ *nmf* (*personne*) Sopran *m*,
Sopranistin *f*

sorcellerie [sɔʀsɛlʀi] *nf* Hexerei *f*

sorcier, -ière [sɔʀsje, jɛʀ] *adj*: **ce
n'est pas ~** das ist keine Zauberei
▶ *nm* Zauberer *m* ▶ *nf* Hexe *f*

sordide [sɔʀdid] *adj* (*logement,
quartier*) verkommen; (*gains,
affaire*) schmutzig

sornettes [sɔʀnɛt] *nfpl* (*péj*)
Gefasel *nt*

sort [sɔʀ] *nm* Schicksal *nt*;
(*situation*) Los *nt*; **tirer au ~** losen;
tirer qch au ~ etw verlosen

sorte [sɔʀt] *nf* Sorte *f*, Art *f*; **une ~
de** eine Art (von); **de la ~** so; **en
quelque ~** gewissermaßen; **de
(telle) ~** ou **en ~ que** so, dass

sortie [sɔʀti] *nf* Ausgang *m*;
(*somme dépensée*) Ausgabe *f*;
~ papier Ausdruck *m*; **~ de
secours** Notausgang *m*

sortir [sɔʀtiʀ] *vi* hinausgehen;
(*partir, se retirer*) (weg)gehen; (*aller
au spectacle, dans le monde*)
ausgehen; (*apparaître*)
herauskommen ▶ *vt* ausführen

sosie [sɔzi] *nm* Doppelgänger(in)
m(f)

sot, sotte [so, sɔt] *adj* dumm
▶ *nm/f* Dummkopf *m* • **sottise** *nf*
Dummheit *f*

sou [su] *nm*: **être près de ses ~s**
sein Geld zusammenhalten

souche [suʃ] *nf* (*d'un arbre*)
Stumpf *m*

souci [susi] *nm* Sorge *f*; (*Bot*)
Ringelblume *f*; **se faire du ~** sich
dat Sorgen machen • **soucier**:
se ~ de *vpr* sich sorgen um
• **soucieux, -euse** *adj*
bekümmert

soucoupe [sukup] *nf* Untertasse
f; **~ volante** fliegende
Untertasse *f*

soudain, e [sudɛ̃, ɛn] *adj, adv*
plötzlich

Soudan [sudã] *nm*: **le ~** der
Sudan

soude [sud] *nf* Natron *nt*

souder [sude] *vt* (*avec fer à souder*)
löten; (*par soudure autogène*)
schweißen • **soudure** *nf* Löten *nt*,
Schweißen *nt*; (*joint*) Lötstelle *f*,
Schweißnaht *f*

souffle [sufl] *nm* Atemzug *m*;
(*respiration*) Atem *m*; (*d'une
explosion*) Druckwelle *f*; **retenir
son ~** die Luft ou den Atem
anhalten; **être à bout de ~** außer
Atem sein; **avoir le ~ court**
kurzatmig sein

soufflé, e [sufle] *adj* (*fam*: *surpris*)
baff ▶ *nm* (*Culin*) Soufflé *nt*

souffler [sufle] *vi* (*vent, personne*)
blasen; (*respirer avec peine*)
schnaufen ▶ *vt* (*feu, bougie*)
ausblasen; (*chasser*) wegblasen;
(*verre*) blasen; **~ sur** blasen auf
+*acc*

soufflet [sufle] *nm* Blasebalg *m*

souffrance [sufʀɑ̃s] *nf* Leiden *nt*
• **souffrant, e** *adj* (*personne*)
unwohl; (*air*) leidend • **souffrir** *vi*

leiden ▸ vt (*éprouver*) erleiden; (*supporter*) ertragen, aushalten; **~ de** leiden unter +*dat*

soufre [sufʀ] *nm* Schwefel *m*

souhait [swɛ] *nm* Wunsch *m*; **tous nos ~s de réussite** unsere besten Erfolgswünsche; **à vos ~s!** Gesundheit!; **onctueux à ~** weich, wie man es sich nur wünschen kann • **souhaitable** *adj* wünschenswert • **souhaiter** *vt* wünschen

souiller [suje] *vt* schmutzig machen; (*fig*) beschmutzen

soûl, e [su, sul] *adj* betrunken

soulagement [sulaʒmɑ̃] *nm* Erleichterung *f* • **soulager** *vt* (*personne*) erleichtern; (*douleur, peine*) lindern

soûler [sule] *vt* betrunken machen; **se soûler** *vpr* sich betrinken

soulèvement [sulɛvmɑ̃] *nm* (*insurrection*) Aufstand *m*

soulever [sul(ə)ve] *vt* hochheben; (*poussière*) aufwirbeln; **se soulever** *vpr* (*personne couchée*) sich aufrichten

soulier [sulje] *nm* Schuh *m*; **~s à talons** Schuhe *pl* mit Absatz; **~s plats** flache Schuhe *pl*

souligner [suliɲe] *vt* unterstreichen

soumettre [sumɛtʀ] *vt* (*subjuguer*) unterwerfen; (*à traitement, épreuve, analyse, examen*) unterziehen; **se soumettre**: **se ~ (à)** sich unterwerfen (+*dat*)

soumis, e [sumi, iz] *adj* (*personne, air*) unterwürfig • **soumission** *nf* (*de rebelles etc*)

Unterwerfung *f*; (*docilité*) Unterwürfigkeit *f*

soupape [supap] *nf* Ventil *nt*; **~ de sûreté** Sicherheitsventil *nt*

soupçon [supsɔ̃] *nm* Verdacht *m* • **soupçonner** *vt* (*personne*) verdächtigen; (*qch*) vermuten • **soupçonneux, -euse** *adj* misstrauisch

soupe [sup] *nf* Suppe *f*; **~ à l'oignon** Zwiebelsuppe *f*

souper [supe] *vi* (*régional* : *dîner*) zu Abend essen, Abendbrot essen

soupière [supjɛʀ] *nf* Suppenschüssel *f*

soupir [supiʀ] *nm* Seufzer *m*

soupirant [supiʀɑ̃] *nm* Verehrer *m*

soupirer [supiʀe] *vi* seufzen

souple [supl] *adj* weich; (*membres, corps, personne*) geschmeidig, gelenkig; (*branche*) biegsam; (*fig* : *règlement, esprit, caractère*) flexibel • **souplesse** *nf* Biegsamkeit *f*, Gelenkigkeit *f*, Flexibilität *f*

source [suʀs] *nf* Quelle *f*; **~ d'eau minérale** Mineralquelle *f*

sourcil [suʀsi] *nm* Augenbraue *f*

sourciller [suʀsije] *vi* : **sans ~** ohne mit der Wimper zu zucken

sourcilleux, -euse [suʀsijø, øz] *adj* (*pointilleux*) pingelig, kleinlich

sourd, e [suʀ, suʀd] *adj* taub; (*douleur*) dumpf ▸ *nm/f* Taube(r) *f(m)* • **sourd-muet, sourde-muette** (*pl* **sourds-muets, sourdes-muettes**) *adj* taubstumm ▸ *nm/f* Taubstumme(r) *f(m)*

souricière [suʀisjɛʀ] *nf* Mausefalle *f*; (*fig*) Falle *f*

sourire [suʀiʀ] *vi* lächeln ▶ *nm* Lächeln *nt*

souris [suʀi] *nf* Maus *f*

sournois, e [suʀnwa, waz] *adj* heimtückisch

sous¹ [su] *prép* unter +*dat*; (*avec mouvement*) unter +*acc*; **~ la pluie/le soleil** im Regen/in der Sonne; **~ mes yeux** vor meinen Augen; **~ terre** unterirdisch; **~ peu** in Kürze

sous² [su] *préf* unter-, Unter- • **sous-bois** *nm inv* Unterholz *nt* • **sous-chef** (*pl* **sous-chefs**) *nm* stellvertretender Leiter *m* • **sous-continent** (*pl* **sous-continents**) *nm* Subkontinent *m*

souscription [suskʀipsjɔ̃] *nf* Subskription *f*

souscrire [suskʀiʀ] : **~ à** *vt* (*emprunt*) zeichnen; (*publication*) subskribieren; (*approuver*) gutheißen

sous-développé, e [sudevlɔpe] (*pl* **sous-développés, es**) *adj* unterentwickelt • **sous-directeur, -trice** (*pl* **sous-directeurs, -trices**) *nm/f* stellvertretender Direktor *m*, stellvertretende Direktorin *f* • **sous-effectif** *nm* Unterbesetzung *f*; **être en ~** unterbesetzt sein • **sous-emploi** *nm* Unterbeschäftigung *f* • **sous-entendre** *vt* andeuten • **sous-entendu, e** (*pl* **sous-entendus, es**) *adj* unausgesprochen ▶ *nm* Andeutung *f* • **sous-estimer** *vt* unterschätzen • **sous-exposer** *vt* unterbelichten • **sous-jacent, e** (*pl* **sous-jacents, es**) *adj* (*fig*)

latent • **sous-location** (*pl* **sous-locations**) *nf* Untermiete *f*; **en ~** zur Untermiete • **sous-louer** *vt*: **~ à qn** (*locataire principal*) an jdn untervermieten; (*sous-**ocataire*) jds Untermieter sein • **sous-main** *nm inv* Schreibunterlage *f*; **racheter des actions en ~** Aktien unter der Hand weiterverkaufen • **sous-marin, e** (*pl* **sous-marins, es**) *adj* Unterwasser-; (*flore*) Meeres- ▶ *nm* U-Boot *nt* • **sous-produit** (*pl* **sous-produits**) *nm* Nebenprodukt *nt*; (*péj*) schwacher Abklatsch *m* • **soussigné, e** *adj* : **je ~ ...** ich, der/die Unterzeichnete, ... ▶ *nm/f*: **le ~** der Unterzeichnete *m*; **les ~s** die Unterzeichneten *pl* • **sous-sol** (*pl* **sous-sols**) *nm* Untergeschoss *nt*; (*Géo*) Untergrund *m*; **en ~** im Untergeschoss • **sous-titre** (*pl* **sous-titres**) *nm* Untertitel *m* • **sous-titré, e** (*pl* **sous-titrés, es**) *adj* mit Untertiteln

soustraction [sustʀaksjɔ̃] *nf* Subtraktion *f*

soustraire [sustʀeʀ] *vt* subtrahieren, abziehen; **se soustraire** *vpr*: **se ~ à** (*dérober*) sich entziehen +*dat*; **~ qch à qn** jdm etw wegnehmen; **~ qn à** jdn schützen vor +*dat*

sous-traitance [sutʀetɑ̃s] (*pl* **sous-traitances**) *nf* vertraglich geregelte Weitervergabe *f* von Arbeit • **sous-traitant** (*pl* **sous-traitants**) *nm* Zulieferer *m*

sous-vêtement [suvɛtmɑ̃] (*pl* **sous-vêtements**) *nm* Stück *nt* Unterwäsche; **sous-vêtements** *nmpl* Unterwäsche *f*

s

soutenable [sut(ə)nabl] *adj*
vertretbar

soutenance [sut(ə)nɑ̃s] *nf*: **~ de thèse** Rigorosum *nt*

souteneur [sut(ə)nœʀ] *nm*
Zuhälter *m*

soutenir [sut(ə)niʀ] *vt*
(*supporter*) tragen; (*consolider, empêcher de tomber*) stützen; (*réconforter, aider*) beistehen +*dat*;
~ que behaupten, dass

soutenu, e [sut(ə)ny] *adj*
(*attention, efforts*) anhaltend; (*style*) gehoben

souterrain, e [suteʀɛ̃, ɛn] *adj*
unterirdisch ▶ *nm* unterirdischer
Gang *m*

soutien [sutjɛ̃] *nm* Stütze *f*;
apporter son ~ à unterstützen
• **soutien-gorge** (*pl*
soutiens-gorge) *nm*
Büstenhalter *m*

soutirer [sutiʀe] *vt*: **~ qch à qn**
jdm etw entlocken

souvenir [suv(ə)niʀ] *vpr*:
(*réminiscence*) Erinnerung *f*; (*objet, marque*) Andenken *nt*; **se souvenir** *vpr*: **se ~ de** sich
erinnern an +*acc*; **en ~ de** zur
Erinnerung an +*acc*; **se ~ que** sich
erinnern, dass

souvent [suvɑ̃] *adv* oft; **peu ~**
selten

souverain, e [suv(ə)ʀɛ̃, ɛn] *adj*
(*Pol*) souverän, unabhängig;
(*suprême*) höchste(r, s) ▶ *nm/f*
Herrscher(in) *m(f)*; **le ~ pontife**
der Papst *m*

soviétique [sɔvjetik] *adj*
sowjetisch

soyeux, -euse [swajø, øz] *adj*
seidig

SPA [ɛspea] *sigle f* (= *Société protectrice des animaux*)
Tierschutzbund *m*

spacieux, -euse [spasjø, jøz] *adj*
geräumig

spaghettis [spageti] *nmpl*
Spag(h)etti *pl*

spam [spam] *nm* (*Inform*)
Spam *nt*

sparadrap [spaʀadʀa] *nm*
Heftpflaster *nt*

spasme [spasm] *nm* Krampf *m*

spatial, e, -aux [spasjal, jo] *adj*
(*Aviat*) (Welt)raum-; (*Psych*)
räumlich

spatule [spatyl] *nf* Spachtel *m*

spécial, e, -aux [spesjal, jo] *adj*
speziell, besondere(r, s); (*bizarre*)
eigenartig • **spécialement** *adv*
speziell, besonders; (*tout exprès*)
eigens, speziell; **pas ~** nicht
besonders

spécialiser [spesjalize]: **se ~** *vpr*
sich spezialisieren • **spécialiste**
nmf Spezialist(in) *m(f)*
• **spécialité** *nf* (*sujet*)
Spezialgebiet *nt*; (*d'un cuisinier etc*)
Spezialität *f*

spécifique [spesifik] *adj*
spezifisch • **spécifiquement** *adv*
spezifisch; (*tout exprès*) eigens

spécimen [spesimɛn] *nm*
Probeexemplar *nt*

spectacle [spɛktakl] *nm* Anblick
m; (*représentation*) Vorstellung *f*,
Aufführung *f*

spectaculaire [spɛktakylɛʀ] *adj*
spektakulär

spectateur, -trice [spɛktatœʀ, tʀis] *nm/f* Zuschauer(in) *m(f)*

spectre [spɛktʀ] *nm* Gespenst *nt*;
(*Phys*) Spektrum *nt*

spéculation [spekylasjõ] *nf*
Spekulation *f*

spéculer [spekyle] *vi* spekulieren;
~ sur (*tabler sur*) spekulieren auf
+*acc*

spéléologie [speleɔlɔʒi] *nf*
Höhlenforschung *f*

spermatozoïde
[spɛrmatozoid] *nm* Spermium *nt*

sperme [spɛrm] *nm* Sperma *nt*

spermicide [spɛrmisid] *nm*
Spermizid *nt*

sphère [sfɛr] *nf* Kugel *f*; (*domaine*)
Sphäre *f*, Bereich *m*

sphérique [sferik] *adj* rund

spirale [spiral] *nf* Spirale *f*

spirituel, le [spirityɛl] *adj*
geistlich; (*intellectuel*) geistig;
(*plein d'esprit*) geistreich

spiritueux [spirityø] *nmpl*
Spirituosen *pl*

splendeur [splãdœr] *nf*
Herrlichkeit *f*, Pracht *f*
• **splendide** *adj* herrlich

sponsor [spõsɔr] *nm* Sponsor *m*
• **sponsoriser** *vt* sponsern

spontané, e [spõtane] *adj* spontan
• **spontanément** *adv* spontan

sport [spɔr] *nm* Sport *m*; **faire
du ~** Sport treiben; **~ d'hiver**
Wintersport *m* • **sportif, -ive** *adj*
sportlich

spot [spɔt] *nm* (*lampe*)
Scheinwerfer *m*; **~ (publicitaire)**
Werbespot *m*

spray [sprɛ] *nm* Spray *m* ou *nt*

sprint [sprint] *nm* (*en fin de
course*) Endspurt *m*; (*épreuve*)
Sprint *m*; **piquer un ~** zum
Endspurt ansetzen

square [skwar] *nm* Grünanlage *f*

squash [skwaʃ] *nm* Squash *nt*

squatter[1] [skwate] *vt* besetzen

squatter[2]**, squatteur** [skwatɛr]
nm Hausbesetzer(in) *m(f)*

squelette [skəlɛt] *nm* Skelett *nt*

Sri Lanka [srilãka] *nm* **le ~** Sri
Lanka *nt*

St, Ste *abr* = **saint**

stabiliser [stabilize] *vt*
stabilisieren; (*terrain*) befestigen

stabilité [stabilite] *nf* Stabilität *f*

stable [stabl] *adj* stabil

stade [stad] *nm* (*Sport*) Stadion *nt*;
(*phase*) Stadium *nt*

stage [staʒ] *nm* Praktikum *nt*; (*de
perfectionnement*)
Fortbildungskurs *m* • **stagiaire**
nmf Praktikant(in) *m(f)*

stagnant, e [stagnã, ãt] *adj*
stehend; (*fig*) stagnierend

stand [stãd] *nm* (*d'exposition*)
Stand *m*; **~ de tir** Schießstand *m*

standard [stãdar] *adj inv*
Standard- ▸ *nm* Standard *m*;
(*téléphonique*) Telefonzentrale *f*
• **standardiser** *vt* standardisieren
• **standardiste** *nmf* Telefonist(in)
m(f)

standing [stãdiŋ] *nm* Status *m*;
immeuble de grand ~
Luxuswohnungen *pl*

star [star] *nf*: **~ (de cinéma)**
(Film)star *m*

starter [startɛr] *nm* (*Auto*)
Choke *m*

station [stasjõ] *nf* (*lieu d'arrêt*)
Haltestelle *f*; (*Radio, T/*) Sender *m*;
~ balnéaire Badeort *m*; **~ de
sports d'hiver** Wintersportort *m*;
~ de taxis Taxistand *m*;
~ thermale Thermalbad *nt*

s

stationnaire [stasjɔnɛʀ] *adj*
gleichbleibend

stationnement [stasjɔnmɑ̃]
nm Parken *nt*; **~ alterné** Parken
*abwechselnd auf der einen und der
anderen Straßenseite* • **stationner**
vi parken

station-service [stasjõsɛʀvis]
(*pl* **stations-service**) *nf*
Tankstelle *f*

statique [statik] *adj* (*Élec*)
statisch; (*fig*) unbewegt, starr

statistique [statistik] *nf*
Statistik *f*; **statistiques** *nfpl*
(*données*) statistische Angaben *pl*

statue [staty] *nf* Statue *f*

stature [statyʀ] *nf* (*taille*) Größe *f*;
(*fig*) Bedeutung *f*

statut [staty] *nm* Status *m*;
statuts *nmpl* (*règlement*) Satzung *f*

Ste *abr voir* **St**

Sté *abr* (= *société*) Ges

steak [stɛk] *nm* Steak *nt*

sténo [steno] *nf* (*aussi* :
sténographie) Stenografie *f*

stéréo [steʀeo] *adj, nf* Stereo *nt*,
Stereofonie *f*; **en ~** in Stereo

stéréotype [steʀeotip] *nm*
Klischee *nt*

stérile [steʀil] *adj* unfruchtbar

stérilet [steʀilɛ] *nm* Spirale *f*

stériliser [steʀilize] *vt*
sterilisieren

stérilité [steʀilite] *nf*
Unfruchtbarkeit *f*

sternum [stɛʀnɔm] *nm*
Brustbein *nt*

stick [stik] *nm* Stift *m*; (*déodorant*)
Deostift *m*

stigmatiser [stigmatize] *vt*
brandmarken

stimulant, e [stimylɑ̃, ɑ̃t] *adj*
(*réussite, succès*) aufmunternd;
(*potion*) anregend ▶ *nm* (*fig*)
Ansporn *m*

stimulateur [stimylatœʀ] *nm* :
~ cardiaque
Herzschrittmacher *m*

stimuler [stimyle] *vt* (*personne*)
stimulieren, anregen; (*estomac,
appétit*) anregen; (*exportations etc*)
beleben

stipuler [stipyle] *vt* (*condition*)
vorschreiben; (*détail*) genau
angeben

stock [stɔk] *nm* (*de marchandises*)
Lagerbestand *m*; (*réserve*) Reserve
f; (*fig*) Vorrat *m* • **stockage** *nm*
Lagerung *f* • **stocker** *vt*
(*marchandises*) auf Lager legen,
einlagern; (*déchets*) lagern

stop [stɔp] *nm* Stoppschild *nt*;
(*feux arrière*) Bremslicht *nt*;
(*auto-stop*) Anhalterfahren *nt*
▶ *excl* halt!, stop!; **faire du ~**
trampen

stopper [stɔpe] *vt* anhalten;
(*mouvement, attaque*) aufhalten;
(*machine*) abstellen ▶ *vi* anhalten

store [stɔʀ] *nm* Rollo *nt*,
Rollladen *m*

strabisme [stʀabism] *nm*
Schielen *nt*

strapontin [stʀapõtɛ̃] *nm*
Klappsitz *m*

stratégie [stʀateʒi] *nf* Strategie *f*
• **stratégique** *adj* strategisch

stress [stʀɛs] *nm* Stress *m*
• **stressant, e** *adj* stressig
• **stressé, e** *adj* gestresst
• **stresser** *vt* stressen

strict, e [stʀikt] *adj* streng;
(*obligation, interprétation*) strikt;

le ~ nécessaire *ou* **minimum** das Allernotwendigste • **strictement** *adv* streng; (*vêtu*) konservativ

strident, e [stʀidɑ̃, ɑ̃t] *adj* schrill

strip-tease [stʀiptiz] (*pl* **strip-teases**) *nm* Striptease *m*

strophe [stʀɔf] *nf* Strophe *f*

structuration [stʀyktyʀasjɔ̃] *nf* Strukturierung *f*

structure [stʀyktyʀ] *nf* Struktur *f*; **~s d'accueil** Empfangseinrichtungen *pl*

stuc [styk] *nm* Stuck *m*

studieux, -euse [stydjø, jøz] *adj* fleißig

studio [stydjo] *nm* (*logement*) Einzimmerwohnung *f*; (*d'artiste, de photographe*) Atelier *nt*

stupéfaction [stypefaksjɔ̃] *nf* Verblüffung *f* • **stupéfait, e** *adj* verblüfft • **stupéfiant, e** *adj* verblüffend ▶ *nm* Rauschgift *nt*

stupeur [stypœʀ] *nf* Verblüffung *f*; (*Méd*) Benommenheit *f*

stupide [stypid] *adj* dumm • **stupidité** *nf* Dummheit *f*

style [stil] *nm* Stil *m*; **meuble de ~** Stilmöbel *nt*; **~ de vie** Lebensstil *m*

stylo [stilo] *nm* Kugelschreiber *m*; **~ (à) bille** Kugelschreiber *m*; **~ à encre** Füller *m* • **stylo-feutre** (*pl* **stylos-feutres**) *nm* Filzstift *m*

su, e [sy] *pp de* **savoir**

suave [sɥav] *adj* (*odeur*) süß; (*voix, coloris*) süß, lieblich

subalterne [sybaltɛʀn] *adj* (*employé, officier*) untergeben; (*rôle*) untergeordnet ▶ *nmf* Untergebene(r) *f(m)*

subconscient, e [sypkɔ̃sjɑ̃, ɑ̃t] *adj* unterbewusst ▶ *nm* Unterbewusstsein *nt*

subir [sybiʀ] *vt* erleiden; (*influence, charme*) erliegen +*dat*; (*traitement, opération, exc men*) sich unterziehen +*dat*

subit, e [sybi, it] *adj* plötzlich • **subitement** *adv* plötzlich

subjectif, -ive [sybʒɛktif, iv] *adj* subjektiv

subjonctif [sybʒɔ̃ktif] *nm* Konjunktiv *m*

subjuguer [sybʒyge] *vt* erobern

sublime [syblim] *adj* wunderbar, wunderschön

submerger [sybmɛʀʒe] *vt* (*inonder*) überschwemmen

subordonné, e [sybɔʀdɔne] *nm/f* Untergebene(r) *f(m)*

subsidiaire [sybsidjɛʀ] *adj* : **question ~** entscheidende Frage *f*

subsistance [sybzistɑ̃s] *rf* Unterhalt *m*

subsister [sybziste] *vi* (*rester*) (weiter)bestehen

substance [sypstɑ̃s] *nf* Substanz *f*, Stoff *m*

substantiel, le [sypstɑ̃sjɛ] *adj* (*aliment, repas*) nahrhaft; (*avantage, bénéfice*) wesentlich, bedeutend

substantif [sypstɑ̃tif] *nm* Substantiv *nt*

substituer [sypstitɥe] *vt* : **~ qn/ qch à** jdn/etw ersetzen durch • **substitut** *nm* (*Jur* : *magistrat*) Vertreter *m*; (*succédané*) Ersatz *m* • **substitution** *nf* Ersetzen *nt*

subterfuge [syptɛʀfyʒ] *nm* List *f*; (*échappatoire*) Ausrede *f*

subtil, e [syptil] *adj* (*personne. esprit, réponse*) fein; (*raisonnement, manœuvre, nuance*) subtil

subtilité [syptilite] nf (de personne) Feinsinn m; (de raisonnement, manœuvre) Subtilität f

subvenir [sybvəniʀ] : **~ à** vt sorgen für

subvention [sybvãsjõ] nf Subvention f, Zuschuss m • **subventionner** vt subventionieren

suc [syk] nm Saft m

succédané [syksedane] nm Ersatz m

succéder [syksede] : **~ à** vt (qn) nachfolgen +dat; (dans une série, énumération etc) folgen auf +acc; **se succéder** vpr aufeinanderfolgen

succès [syksɛ] nm Erfolg m; **avec ~** erfolgreich

successeur [syksesœʀ] nm Nachfolger(in) m(f); (héritier) Erbe m, Erbin f • **successif, -ive** adj aufeinanderfolgend

succession [syksesjõ] nf (patrimoine) Erbe nt; (Pol) Nachfolge f

successivement [syksesivmã] adv nacheinander

succinct, e [syksɛ̃, ɛ̃t] adj knapp, kurz und bündig

succomber [sykõbe] vi (mourir) umkommen; **~ à** erliegen +dat

succulent, e [sykylã, ãt] adj köstlich

succursale [sykyʀsal] nf Filiale f

sucer [syse] vt lutschen

sucette [sysɛt] nf (bonbon) Lutscher m; (de bébé) Schnuller m

sucre [sykʀ] nm Zucker m; **~ en morceaux** Würfelzucker m; **~ en poudre, ~ glace** Puderzucker m

• **sucré, e** adj (au goût) süß; (tasse de thé etc) gezuckert; (produit alimentaire) gesüßt • **sucrer** vt süßen • **sucrerie** nf (usine) Zuckerraffinerie f; **sucreries** nfpl (bonbons) Süßigkeiten pl • **sucrier, -ière** adj Zucker- ▸ nm (récipient) Zuckerdose f

sud [syd] nm Süden m ▸ adj inv Süd-; **au ~ de** im Süden von • **sud-américain, e** (pl **sud-américain, es**) adj südamerikanisch • **sud-est** nm inv Südosten m • **sud-ouest** nm inv Südwesten m

Suède [sɥɛd] nf: **la ~** Schweden nt • **suédois, e** adj schwedisch

suer [sɥe] vi schwitzen • **sueur** nf Schweiß m

suffire [syfiʀ] vi (aus)reichen, genügen ▸ vb impers: **il suffit d'une négligence pour que** man braucht nur einmal unachtsam zu sein und; **ça suffit !** jetzt reichts aber!

suffisamment [syfizamã] adv ausreichend, genügend; **~ de** genug, genügend

suffisance [syfizãs] nf (vanité) Selbstgefälligkeit f

suffisant, e [syfizã, ãt] adj ausreichend; (vaniteux) selbstgefällig

suffocation [syfokasjõ] nf Ersticken nt • **suffoquer** vt (fumée) ersticken; (émotion, colère, nouvelles) überwältigen ▸ vi ersticken

suffrage [syfʀaʒ] nm (voix) Stimme f

suggérer [sygʒeʀe] vt (conseiller) vorschlagen

suggestif, -ive [sygʒɛstif, iv] *adj*
(*évocateur*) stimmungsvoll

suggestion [sygʒɛstjɔ̃] *nf*
Vorschlag *m*; (*Psych*) Suggestion *f*

suicidaire [sɥisidɛʀ] *adj*
selbstmörderisch • **suicide** *nm*
Selbstmord *m* • **suicider: se**
suicider *vpr* sich umbringen

suisse [sɥis] *adj* schweizerisch
▶ *nmf*: **S~** Schweizer(in) *m(f)* ▶ *nf*:
la S~ die Schweiz; **la S~**
allemande *ou* **alémanique** die
deutsch(sprachig)e Schweiz;
~ romand(e) *adj*
französischschweizerisch; **S~**
romand(e) *nm/f*
Französischschweizer(in) *m(f)*;
la S~ romande die
französisch(sprachig)e Schweiz

suite [sɥit] *nf* Folge *f*; (*série*) Reihe
f; (*cohérence*) Zusammenhang *m*;
suites *nfpl* (*d'une maladie, chute*)
Folgen *pl*; **prendre la ~ de**
(*directeur etc*) jds Nachfolge
antreten; **à la ~ de** (*en conséquence
de*) aufgrund von

suivant, e [sɥivɑ̃, ɑ̃t] *adj* folgend
▶ *prép* (*selon*) gemäß +*dat*;
l'exercice ~ (*ci-après*) die folgende
Übung

suivi, e [sɥivi] *adj* (*régulier*)
regelmäßig; (*cohérent*) logisch;
(*politique*) konsequent ▶ *nm* (*Méd*)
Nachuntersuchung *f*; **très/peu ~**
(*cours*) sehr/nicht sehr gut
besucht; (*mode*) die großen/kaum
Anklang findet

suivre [sɥivʀ] *vt* folgen +*dat*;
(*bagages*) (nach)folgen +*dat*;
(*consigne*) befolgen; (*cours*)
teilnehmen an +*dat* ▶ *vi* folgen;
(*écouter attentivement*) (gut)
aufpassen; **se suivre** *vpr*

aufeinanderfolgen; **~ son cours**
seinen/ihren Lauf nehmen

sujet, te [syʒɛ, ɛt] *adj* **être ~ à**
(*accidents*) neigen zu; (*vertige etc*)
leiden unter +*dat* ▶ *nm/f* (*d'un*
souverain) Untertan(in) *m(f)* ▶ *nm*
(*thème*) Thema *nt*; **au ~ de** über
+*acc*; **~ de conversation**
Gesprächsthema *nt*

sulfureux, -euse [sylfyʀø, øz]
adj schwefelig, Schwefel-
• **sulfurique** *adj*: **acide ~**
Schwefelsäure *f*

summum [sɔmɔm] *nm*: **le ~ de**
der Gipfel +*gén*

super [sypɛʀ] *adj inv* (*fam*) super

superbe [sypɛʀb] *adj* (*très beau*)
wundervoll, herrlich;
(*remarquable*) fantastisch

supercherie [sypɛʀʃəʀi] *nf*
Betrug *m*

superficie [sypɛʀfisi] *nf* (*mesure*)
(Grund)fläche *f* • **superficiel, le**
adj oberflächlich; (*plaie, brûlure*)
leicht

superflu, e [sypɛʀfly] *adj*
überflüssig

supérieur, e [sypeʀjœʀ] *adj*
obere(r, s); (*plus élevé*) höher;
(*meilleur*) besser; (*excellent,*
hautain) überlegen ▶ *nm/f*
Vorgesetzte(r) *f(m)*; **~ à** höher als;
(*meilleur*) besser als • **supériorité**
nf Überlegenheit *f*

superlatif [sypɛʀlatif] *nm*
Superlativ *m*

supermarché [sypɛʀmaʀʃe] *nm*
Supermarkt *m*

superposer [sypɛʀpoze] *vt*
aufeinanderlegen; (*meubles,*
caisses) stapeln; **se superposer**
vpr (*images, souvenirs*) sich

s

vermischen; **lits superposés** Etagenbett nt

supersonique [sypɛʀsɔnik] adj
Überschall-

superstitieux, -euse
[sypɛʀstisjø, jøz] adj
abergläubisch • **superstition** nf
Aberglaube m

superviser [sypɛʀvize] vt
beaufsichtigen

suppléance [sypleɑ̃s] nf
Vertretung f • **suppléant, e** adj
stellvertretend ▸ nm/f
(Stell)vertreter(in) m(f)
• **suppléer** vt (ce qui manque)
ergänzen; (remplacer) vertreten;
~ à (compenser) ausgleichen;
(chose manquante) ersetzen
• **supplément** nm (à payer)
Zuschlag m; **être en ~** (au menu
etc) extra kosten; **un ~ de frites**
eine Extraportion Pommes frites
• **supplémentaire** adj zusätzlich

supplice [syplis] nm Folter f;
(souffrance) Qual f

supplier [syplije] vt anflehen

support [sypɔʀ] nm Stütze f;
(pour outils) Ständer m;
~ audiovisuel audiovisuelles
Hilfsmittel nt; **~ de données**
Datenträger m; **~ publicitaire**
Werbemittel nt

supportable [sypɔʀtabl] adj
erträglich

supporter[1] [sypɔʀte] vt (porter)
tragen; (endurer) ertragen;
(résister à) vertragen

supporter[2] [sypɔʀtɛʀ] nm
Fan m

supposé, e [sypoze] adj
mutmaßlich • **supposer** vt
annehmen; (suj : chose)

voraussetzen; **en supposant** ou
à ~ que angenommen ou
vorausgesetzt, (dass)
• **supposition** nf Annahme f

suppositoire [sypozitwaʀ] nm
Zäpfchen nt

suppression [sypʀesjɔ̃] nf
Abschaffung f

supprimer [sypʀime] vt
abschaffen; (obstacle) beseitigen,
entfernen; (clause, mot)
weglassen

suprématie [sypʀemasi] nf (Pol)
Vormachtstellung f; (intellectuelle,
morale) Überlegenheit f

suprême [sypʀɛm] adj
oberste(r, s); (bonheur, habileté)
höchste(r, s)

---

sur[1] [syʀ]

prép **1** (position) auf +dat;
(au-dessus) über +dat; **tes
lunettes sont ~ la table** deine
Brille ist auf dem Tisch
2 (direction) auf +acc; (au-dessus)
über +acc; **pose-le ~ la table**
lege es auf den Tisch; **~ votre
droite** zu Ihrer Rechten, rechts;
avoir de l'influence/un effet ~
Einfluss/Wirkung haben auf
+acc
3 (après) : **avoir accident ~
accident** einen Unfall nach dem
anderen haben; **~ ce** daraufhin
4 (à propos de) über +acc; **un
livre/une conférence ~ Balzac**
ein Buch/Vortrag über Balzac
5 (proportion) : **un ~ 10** einer von
10; **avoir un ~ dix** (Scol) = eine
Sechs bekommen; **~ vingt,
deux sont venus** von 20 sind
2 gekommen;
4 m ~ 2 4 mal 2 m

sur², e [syʀ] *adj (aigre)* sauer

sûr, e [syʀ] *adj* sicher; *(digne de confiance)* zuverlässig; **être ~ de qn** sich *dat* jds sicher sein

surabondance [syʀabɔ̃dɑ̃s] *nf* Überfluss *m*; *(de couleurs, détails)* Überfülle *f*

surbooké, e [syʀbuke] *adj* überbucht

surcharge [syʀʃaʀʒ] *nf* Überlastung *f*; *(de marchandises)* Überbelastung *f* • **surchargé, e** *adj* überladen; **~ de travail** mit Arbeit überlastet • **surcharger** *vt* überladen

surcroît [syʀkʀwa] *nm* : **un ~ de travail/d'inquiétude** zusätzliche Arbeit/Unruhe; **par ou de ~** zu allem Überfluss, obendrein

surdité [syʀdite] *nf* Taubheit *f*

surdose [syʀdoz] *nf* Überdosis *f*

sureau, x [syʀo] *nm* Holunder *m*

sûrement [syʀmɑ̃] *adv* sicher

suremploi [syʀɑ̃plwa] *nm* Überbeschäftigung *f*

surenchère [syʀɑ̃ʃɛʀ] *nf* höheres Gebot *nt*; **~ électorale** gegenseitiges Übertrumpfen *nt* im Wahlkampf • **surenchérir** *vi* höher bieten

surestimer [syʀɛstime] *vt* überschätzen

sûreté [syʀte] *nf* Sicherheit *f*; **la S~ (nationale)** der staatliche Sicherheitsdienst *m*

surexciter [syʀɛksite] *vt* überreizen

surexposer [syʀɛkspoze] *vt* überbelichten

surf [sœʀf] *nm* Surfen *nt*; **faire du ~** surfen

surface [syʀfas] *nf* Oberfläche *f*; *(Math)* Fläche *f*; **faire ~** auftauchen; **grande ~** Einkaufszentrum *nt*; **~ de réparation** Strafraum *m*

surfer [sœʀfe] *vi (Inform)* (im Internet) surfen • **surfeur, -euse** *nm/f* Surfer(in) *m(f)*

surgelé, e [syʀʒəle] *adj* tiefgekühlt

surgir [syʀʒiʀ] *vi* plötzlich auftauchen; *(jaillir)* hervorschießen

surhumain, e [syʀymɛ̃, ɛn] *adj* übermenschlich

sur-le-champ [syʀləʃɑ̃] *adv* sofort

surlendemain [syʀlɑ̃d(ə)mɛ̃] *nm* : **le ~** der übernächste Tag; *(quand ?)* am übernächsten Tag; **le ~ de** der zweite Tag nach

surligneur [syʀliɲœʀ] *rum* Leuchtstift *m*

surmédiatisation [syʀmediatizasjɔ̃] *nf* Medienrummel *m*

surmenage [syʀmənaʒ] *nm* Überanstrengung *f* • **surmené, e** *adj* überanstrengt • **surmener** *vt* überanstrengen, überfordern; **se surmener** *vpr* sich überanstrengen

surmonter [syʀmɔ̃te] *vt (suj : coupole etc)* sich erheben über +*dat*; *(vaincre)* überwinden

surnaturel, le [syʀnatyʀɛl] *adj* übernatürlich

surnom [syʀnɔ̃] *nm* Spitzname *m* • **surnommer** *vt* taufen

surpasser [syʀpɑse] *vt* übertreffen; **se surpasser** *vpr* sich selbst übertreffen

s

surpeuplé, e [sүʀpœple] *adj*
(*région*) überbevölkert; (*maison*)
überfüllt

surplace [sүʀplas] *nm* : **faire du ~**
im Schneckentempo fahren

surplomber [sуʀplɔ̃be] *vi, vt*
überragen

surplus [sуʀply] *nm* (*Comm*)
Überschuss *m*

surprenant, e [sуʀpʀənã, ãt]
adj überraschend • **surprendre** *vt*
überraschen; **se surprendre** *vpr* :
se ~ à faire qch sich dabei
ertappen, wie man etw tut

surprime [sурpʀim] *nf*
Zuschlagsprämie *f*

surpris, e [sуʀpʀi, iz] *adj*
überrascht • **surprise** *nf*
Überraschung *f*; **faire une ~ à qn**
jdn überraschen; **voyage sans ~s**
ereignislose Reise *f*; **par ~**
unvorbereitet

surréaliste [sуʀʀealist] *adj*
surrealistisch

sursaut [sуʀso] *nm*
Zusammenzucken *nt*; **se
réveiller en ~** aus dem Schlaf
auffahren • **sursauter** *vi*
zusammenfahren

sursis [sуʀsi] *nm* (*Jur*) Bewährung
f; (: *de condamnation à mort*)
Aufschub *m*

surtaxe [sуʀtaks] *nf* Zuschlag *m*;
(*Poste*) Nachporto *nt*

surtout [sуʀtu] *adv* besonders;
~ ne dites rien ! sagen Sie bloß
nichts!; **~ pas !** bitte nicht!

surveillance [sуʀvejãs] *nf*
Überwachung *f*; (*d'un gardien*)
Aufsicht *f*; **être sous la ~ de qn**
unter jds Aufsicht stehen; **sous ~
médicale** unter ärztlicher

Aufsicht • **surveillant, e** *nm/f*
Aufseher(in) *m(f)* • **surveiller** *vt*
(*enfant*) aufpassen auf +*acc*;
(*malade, bagages, suspect*)
überwachen; (*élèves, prisonnier,
travaux, cuisson*) beaufsichtigen;
se surveiller *vpr* sich
zurückhalten

survenir [sуʀvəniʀ] *vi* eintreten,
vorkommen

survêtement [sуʀvɛtmã] *nm*
Trainingsanzug *m*

survie [sуʀvi] *nf* Überleben *nt*;
(*Rel*) Leben *nt* nach dem Tode
• **survivant, e** *nm/f*
Überlebende(r) *f(m)* • **survivre** *vi*
überleben

survoler [sуʀvɔle] *vt* überfliegen

susceptible [syseptibl] *adj* (*trop
sensible*) empfindlich

susciter [sysite] *vt* hervorrufen

suspect, e [syspɛ(kt), ɛkt] *adj*
(*personne, attitude etc*) verdächtig;
(*témoignage, opinions*) zweifelhaft
▶ *nm/f* (*Jur*) Verdächtige(r) *f(m)*
• **suspecter** *vt* (*personne*)
verdächtigen

suspendre [syspãdʀ] *vt*
(*accrocher*) aufhängen;
(*interrompre*) einstellen; **se
suspendre** *vpr* : **se ~ à** sich
hängen an +*acc* • **suspendu, e**
adj : **être ~ à** hängen an +*dat*;
être ~ au-dessus de schweben
über +*dat*; **voiture bien/mal ~e**
gut/schlecht gefedertes Auto *nt*

suspens [syspã] *nm* : **en ~** (*affaire,
question*) in der Schwebe

suspense [syspɛns] *nm*
Spannung *f*

suspension [syspãsjɔ̃] *nf* (*Auto*)
Federung *f*; (*lustre*) Hängelampe *f*

(de travaux, paiements) Einstellung
f; **en ~** schwebend

suspicion [syspisjɔ̃] nf
Verdacht m

suture [sytyʀ] nf: **point de ~**
Stich m • **suturer** vt nähen

svelte [svɛlt] nf schlank

SVP [ɛsvepe] sigle (= s'il vous plaît)
bitte

Swaziland [swazilɑ̃d] nm: **le ~**
Swasiland nt

sweat-shirt [switʃœʀt] (pl
sweat-shirts) nm Sweatshirt nt

syllabe [silab] nf Silbe f

sylviculture [silvikyltyʀ] nf
Forstwirtschaft f

symbole [sɛ̃bɔl] nm Symbol nt
• **symbolique** adj symbolisch
• **symboliser** vt symbolisieren

sympa [sɛ̃pa] adj inv (fam)
sympathisch; (déjeuner, endroit etc)
nett

sympathie [sɛ̃pati] nf Sympathie f;
(participation à douleur) Mitgefühl nt
• **sympathique** adj sympathisch;
(déjeuner, endroit etc) nett

sympathisant, e [sɛ̃patizɑ̃, ɑ̃t]
nm/f Sympathisant(in) m(f)
• **sympathiser** vi (s'entendre) sich
gut verstehen

symphonie [sɛ̃fɔni] nf Sinfonie f
• **symphonique** adj sinfonisch

symptôme [sɛ̃ptom] nm
Symptom nt

synagogue [sinagɔg] nf
Synagoge f

synchroniser [sɛ̃kʀɔnize] vt
synchronisieren

syncope [sɛ̃kɔp] nf Ohnmacht f

syndic [sɛ̃dik] nm (d'immeuble)
Verwalter m

syndical, e, -aux [sɛ̃dikal, o] adj
gewerkschaftlich; **centrale ~e**
Gewerkschaftshaus nt

syndicaliste [sɛ̃dikalist] nmf
Gewerkschaftler(in) m(f)
• **syndicat** nm Gewerkschaft f;
~ d'initiative
Fremdenverkehrsbüro nt

syndiqué, e [sɛ̃dike] adj
gewerkschaftlich organisiert;
(personne) einer Gewerkschaft
angeschlossen

syndrome [sɛ̃dʀom] nm
Syndrom nt

synergie [sinɛʀʒi] nf Synergie f

synonyme [sinɔnim] adj
synonym ▶ nm Synonym nt; **être
~ de** synonym sein mit

syntaxe [sɛ̃taks] nf Syntax f

synthèse [sɛ̃tɛz] nf Synthese f

synthétique [sɛ̃tetik] adj
synthetisch

synthétiseur [sɛ̃tetizœʀ] nm
Synthesizer m

Syrie [siʀi] nf: **la ~** Syrien nt
• **syrien, ne** adj syrisch ▶ nm/f:
S~, ne Syrier(in) m(f)

systématique [sistematik] adj
systematisch • **système** nm
System nt; **~ d'exploitation**
(Inform) Betriebssystem nt

t

t' [t] *pron voir* **te**

ta [ta] *adj possessif voir* **ton**

tabac [taba] *nm* Tabak *m*; *(magasin)* Tabakwaren- und Zeitungshandlung *f*; **~ à priser** Schnupftabak *m*; **~ blond** heller Tabak; **~ brun** dunkler Tabak

tabagisme [tabaʒism] *nm* Nikotinabhängigkeit *f*

table [tabl] *nf* Tisch *m*; *(liste)* Verzeichnis *nt*; **à ~ !** zu Tisch!, (das) Essen ist fertig!; **se mettre à ~** sich zu Tisch setzen; *(fam : parler)* auspacken; **~ de chevet** Nachttisch(chen *nt*) *m*; **~ des matières** Inhaltsverzeichnis *nt*

tableau, x [tablo] *nm (Art)* Bild *nt*, Gemälde *nt*; **~ blanc (interactif)** (interaktive) Weißwandtafel *f*; **~ d'affichage** Anschlagbrett *nt*; **~ de bord** Armaturenbrett *nt*

tablette [tablɛt] *nf (planche)* Regalbrett *nt*; **~ de chocolat** Tafel *f* Schokolade; **~ (tactile)** Tablet-Computer *m*

tableur [tablœʀ] *nm* Tabelle *f*

tablier [tablije] *nm* Schürze *f*

tabou, e [tabu] *adj* tabu

tabouret [tabuʀɛ] *nm* Schemel *m*, Hocker *m*

tac [tak] *nm* : **répondre du ~ au ~** mit gleicher Münze zurückzahlen

tache [taʃ] *nf* Fleck *m*; **~s de rousseur** *ou* **de son** Sommersprossen *pl*

tâche [taʃ] *nf* Aufgabe *f*

tacher [taʃe] *vt* schmutzig *ou* fleckig machen, beschmutzen; *(fig)* beflecken

tâcher [taʃe] *vi* : **~ de faire qch** versuchen, etw zu machen

tacite [tasit] *adj* stillschweigend

taciturne [tasityʀn] *adj* schweigsam

tact [takt] *nm* Takt *m*, Feingefühl *nt*

tactile [taktil] *adj* Tast-

tactique [taktik] *adj* taktisch
▶ *nf* Taktik *f*

tag [tag] *nm* Graffiti *m ou nt*
• **tagueur, -euse** *nm/f* Graffiti-Sprüher(in) *m(f)*

taï chi [tajtʃi] *nm* Tai-Chi *m*

taie [tɛ] *nf* : **~ (d'oreiller)** Kopfkissenbezug *m*

taille [taj] *nf (grandeur, grosseur)* Größe *f*; *(milieu du corps)* Taille *f*; *(de diamant)* Schleifen *nt*; *(de plante, arbre)* Beschneiden *nt*; **de ~** von Format; soignée • **faites-vous ?** welche Größe haben Sie?
• **taille-crayon, taille-crayons** *nm inv* Bleistiftspitzer *m* • **tailler** *vt (pierre)* behauen; *(diamant)* schleifen; *(arbre, plante)* beschneiden; *(vêtement)* zuschneiden; *(crayon)* anspitzen; **se tailler** *vpr (barbe)* sich *dat* stutzen; *(fam : s'enfuir)* abhauen
• **tailleur** *nm (couturier)* Schneider *m*; *(vêtement)* Kostüm *nt*

taillis [taji] *nm* Dickicht *nt*

taire [tɛʀ] *vt* für sich behalten ▶ *vi* : **faire ~ qn** jdn zum Schweigen bringen; **se taire** *vpr* schweigen; *(s'arrêter de parler ou de crier)* verstummen; **tais-toi !** sei ruhig!; **taisez-vous !** seid ruhig!

Taiwan [tajwan] *n* Taiwan *nt*

talc [talk] *nm* Talkum(puder *m*) *nt*

talent [talɑ̃] *nm* Talent *nt*

talkie-walkie [tokiwoki] *(pl* **talkies-walkies)** *nm* Walkie-Talkie *nt*

talon [talɔ̃] *nm* Ferse *f*; *(de chaussure, chaussette)* Absatz *m*; *(de chèque, billet)* Abschnitt *m*; **~s aiguilles** Pfennigabsätze *pl* • **talonner** *vt* dicht folgen +*dat*

talus [taly] *nm* Böschung *f*

tambour [tɑ̃buʀ] *nm* Trommel *f*; *(musicien)* Trommler *m*; *(porte)* Drehtür *f*

tamis [tami] *nm* Sieb *nt*

tamisé, e [tamize] *adj* gedämpft • **tamiser** *vt* sieben

tampon [tɑ̃pɔ̃] *nm (en coton)* Wattebausch *m*; *(hygiénique)* Tampon *m*; *(timbre)* Stempel *m*; *(amortisseur)* Puffer *m*; *(Inform)* Pufferspeicher *m* • **tamponner** *vt (avec un timbre)* stempeln; *(heurter)* zusammenstoßen mit; **se tamponner** *vpr (voitures)* aufeinanderfahren

tamponneuse [tɑ̃pɔnøz] *adj f* : **autos ~s** Autoskooter *pl*

tandem [tɑ̃dɛm] *nm* Tandem *nt*

tandis [tɑ̃di] *conj* : **~ que** während

tangible [tɑ̃ʒibl] *adj* greifbar

tank [tɑ̃k] *nm (char)* Panzer *m*; *(citerne)* Tank *m*

tanker [tɑ̃kœʀ] *nm* Tanker *m*

tanné, e [tane] *adj (cuir)* gegerbt • **tanner** *vt* gerben; *(fam : harceler)* auf die Nerven gehen

tant [tɑ̃] *adv* so viel, so sehr; **~ de** *(quantité)* so viel; *(nombre)* so viele; **~ que** *(tellement)* so, dass; *(aussi longtemps que)* so lange; **~ mieux** umso besser; **~ pis** macht nichts; **~ bien que mal** einigermaßen

tante [tɑ̃t] *nf* Tante *f*

tantôt [tɑ̃to] *adv (cet après-midi)* heute Nachmittag; **~ ... ~** bald ... bald

Tanzanie [tɑ̃zani] *nf* : **la ~** Tansania *nt*

taon [tɑ̃] *nm* Bremse *f*

tapage [tapaʒ] *nm (bruit)* Lärm *m*; **~ nocturne** nächtliche Ruhestörung *f* • **tapageur, -euse** *adj (bruyant)* lärmend, laut; *(voyant)* auffällig

tape-à-l'œil [tapalœj] *adj inv* protzig

tapenade [tapnad] *nf* Paste aus Kapern, schwarzen Oliven und Sardellen

taper [tape] *vt* schlagen; *(dactylographier)* tippen, schreiben; *(Inform)* eingeben ▶ *vi (soleil)* stechen; **se taper** *vpr (fam : travail)* am Hals haben; **~ sur qn** jdn verhauen; **~ à la porte** an die Tür klopfen

tapis [tapi] *nm* Teppich *m*; **mettre sur le ~** aufs Tapet bringen; **~ de prière** Gebetsteppich *m*; **~ de souris** Mauspad *nt*; **~ roulant** Fließband *nt* • **tapis-brosse** *(pl* **tapis-brosses)** *nm* Fußmatte *f*

tapisser [tapise] *vt* tapezieren; **~ (de)** beziehen (mit) • **tapisserie** *nf (tenture)* Wandteppich *m*

t

• **tapissier, -ière** nm/f (aussi : **tapissier-décorateur**) Tapezierer(in) m/f

tapoter [tapɔte] vt leicht klopfen auf +acc

taquiner [takine] vt necken

tarama [taʀama] nm Taramasalata f

tard [taʀ] adv spät; **au plus ~** spätestens; **plus ~** später

tarder [taʀde] vi lange auf sich acc warten lassen; **~ à faire qch** etw hinausschieben; **sans (plus) ~** ohne (weitere) Verzögerung

tardif, -ive [taʀdif, iv] adj spät • **tardivement** adv spät

tare [taʀ] nf (poids) Tara f; (défaut) Schaden m

targuer [taʀge] : **se targuer de** vpr sich rühmen +gén

tarif [taʀif] nm (liste) Preisliste f; (barème) Tarif m

tarir [taʀiʀ] vi versiegen ▶ vt erschöpfen

tartare [taʀtaʀ] adj : **sauce ~** ≈ Remouladensoße f; **steak ~** Steak Tartare nt

tarte [taʀt] nf Kuchen m; **~ aux pommes/abricots** Apfel-/Aprikosenkuchen m • **tartelette** nf Törtchen n

tartine [taʀtin] nf Schnitte f; **~ beurrée** Butterbrot nt • **tartiner** vt streichen; (pain) bestreichen; **fromage à ~** Streichkäse m

tartre [taʀtʀ] nm Zahnstein m

tas [ta] nm Haufen m; **un ~ de** (fam) eine Menge

tasse [tas] nf Tasse f

tasser [tase] vt (terre, neige) festtreten, feststampfen; (entasser) stopfen

tâter [tate] vt abtasten

tâtonner [tatɔne] vi herumtappen; (fig) im Dunkeln tappen • **tâtons** : **à ~** adv : **chercher à ~** tasten nach; **avancer à ~** sich vorantasten

tatouage [tatwaʒ] nm Tätowierung f; (action) Tätowieren nt

tatouer [tatwe] vt tätowieren

taudis [todi] nm Bruchbude f

taule [tol] nf (fam) Kittchen nt

taupe [top] nf Maulwurf m

taureau, x [tɔʀo] nm Stier m; **être du T~** (Astrol) Stier sein • **tauromachie** nf Stierkampf m

taux [to] nm Rate f; **~ d'alcool (dans le sang)** Alkoholspiegel m; **~ d'intérêt** Zinssatz m

taxe [taks] nf (impôt) Steuer f; (douanière) Zoll m; **toutes ~s comprises** alle Abgaben inklusive; **~ à ou sur la valeur ajoutée** Mehrwertsteuer f; **~ de séjour** Kurtaxe f • **taxer** vt besteuern; **~ qn de qch** (qualifier) jdn etw nennen

taxi [taksi] nm Taxi nt

taximètre [taksimɛtʀ] nm Taxameter nt

TB [tebe] abr (= très bien) ≈ sehr gut

Tchad [tʃad] nm : **le ~** (der) Tschad

tchao [tʃao] excl (fam) tschüss

tchèque [tʃɛk] adj tschechisch; **la République ~** die Tschechische Republik, Tschechen nt

Tchétchénie [tʃetʃeni] nf : **la ~** Tschetschenien nt

te [tə] pron (objet direct, accusatif) dich; (objet indirect, datif) dir

technicien, ne [tɛknisjɛ̃, jɛn]
nm/f Techniker(in) *m(f)*
• **technico-commercial, e, -aux**
adj : **employé** ~ technisch
ausgebildeter Verkäufer *m*
• **technique** *adj* technisch ▸ *nf*
Technik *f*
techniquement [tɛknikmɑ̃]
adv technisch
techno [tɛkno] *nf* Techno *nt* ou *m*
technocrate [tɛknɔkʀat] *nmf*
Technokrat(in) *m(f)*
technologie [tɛknɔlɔʒi] *nf*
Technologie *f* • **technologique**
adj technologisch
tee-shirt [tiʃœʀt] (*pl* **tee-shirts**)
nm T-Shirt *nt*
teindre [tɛ̃dʀ] *vt* färben ; **se**
teindre *vpr* : **se ~ (les cheveux)**
sich *dat* die Haare färben
teint, e [tɛ̃, tɛ̃t] *pp de* **teindre**
▸ *adj* gefärbt ▸ *nm (du visage)* Teint
m ▸ *nf (couleur)* Farbe *f*
teinté, e [tɛ̃te] *adj (verres)* getönt
• **teinter** *vt* färben • **teinture** *nf*
(substance) Farbe *f* ; *(action)* Färben
nt ; **~ d'iode** Jodtinktur *f* ;
~ d'arnica Arnikatinktur *f*
teinturerie [tɛ̃tyʀʀi] *nf*
Reinigung *f*
tel, telle [tɛl] *adj* : **un ~/une ~le**
(pareil) so ein/so eine ; *(indéfini)* ein
gewisser/eine gewisse ; *(intensif)*
ein solcher/eine solche ; **~ un**
miroir wie ein Spiegel ; **~ quel** so ;
~ que so wie
tél. *abr (= téléphone)* Tel
télé [tele] *nf (télévision)*
Fernsehen *nt* ; *(poste)* Fernseher *m*
télé² [tele] *préf* Tele-,
tele- • **téléachat** *nm*
Teleshopping *nt*

télécabine [telekabin] *nf*
Kabinenbahn *f* • **télécarte** *nf*
Telefonkarte *f* • **téléchargeable**
adj herunterladbar
téléchargement [teleʃaʀʒmɑ̃]
nm (Inform) Download *m*
télécharger [teleʃaʀʒe] *vt*
(Inform) herunterladen,
downloaden
télécommande [telekɔmɑ̃d] *nf*
Fernsteuerung *f*; *(TV)*
Fernbedienung *f*
télécommunications
[telekɔmynikasjɔ̃] *nfpl*
Fernmeldewesen *nt*
téléconférence [telekɔ̃feʀɑ̃s] *nf*
Telekonferenz *f*
télécopie [telekɔpi] *nf (Tele)* fax
nt • **télécopieur** *nm* Faxgerät *nt*
télédiffuser [teledifyze] *vt*
ausstrahlen, übertragen
télédistribution
[teledistribysjɔ̃] *nf*
Kabelfernsehen *nt*
téléférique [teleferik] *r.m*
= **téléphérique**
téléfilm [telefilm] *nm*
Fernsehfilm *m*
télégramme [telegram] *nm*
Telegramm *nt*
télégraphier [telegʀafje] *vt, vi*
telegrafieren • **télégraphique** *adj*
telegrafisch; *(style)* Telegramm-
téléguider [telegide] *vt*
fernsteuern
téléobjectif [teleɔbʒɛktif] *nm*
Teleobjektiv *nt*
téléphérique [teleferik] *am*
Seilbahn *f*
téléphone [telefɔn] *nm* Telefon
nt ; **avoir le ~** (ein) Telefon haben ;
au ~ am Telefon ; **~ avec appareil**

photo Kamaratelefon nt; **~ sans fil** schnurloses Telefon nt
• **téléphoner** vi telefonieren ▶ vt telefonieren; **~ à qn** jdn anrufen
• **téléphonie** nf Telefonie f; **~ mobile** Mobilfunk m
• **téléphonique** adj telefonisch; **cabine/appareil ~** Telefonzelle f/-apparat m • **téléphoniste** nmf Telefonist(in) m(f)

téléréalité [teleʀealite] nf Reality-TV nt

télescope [teleskɔp] nm Teleskop nt

télésiège [telesjɛʒ] nm Sessellift m • **téléski** nm Skilift m
• **téléspectateur, -trice** nm/f (Fernseh)zuschauer(in) m(f)
• **télétraitement** nm Datenfernverarbeitung f
• **télétransmission** nf Datenübertragung f • **télétravail** nm Telearbeit f • **télétravailleur, -euse** nm/f Telearbeiter(in) m(f)

téléverser [televeʀse] vt (fichier, photo) hochladen, uploaden

téléviser [televize] vt im Fernsehen senden ou übertragen
• **téléviseur** nm Fernseher m, Fernsehgerät nt • **télévision** nf (système) Fernsehen nt; (poste de) ~ Fernsehgerät nt, Fernseher m; **avoir la ~** Fernsehen haben; **~ numérique** Digitalfernsehen nt; **~ par câble** Kabelfernsehen nt

télex [teleks] nm Telex nt, Fernschreiben nt

tellement [tɛlmɑ̃] adv (tant) so sehr, so viel; (si) so; **~ plus grand/cher (que)** so viel größer/teurer (als); **~ de** (quantité) so viel; (nombre) so viele; **pas ~** nicht besonders

téméraire [temeʀɛʀ] adj tollkühn

témoignage [temwaɲaʒ] nm Zeugnis nt; (déclaration) Zeugenaussage f • **témoigner** vt (manifester) zeigen, beweisen ▶ vi (Jur) als Zeuge aussagen • **témoin** nm Zeuge m, Zeugin f; (Sport) Staffelholz nt ▶ adj Kontroll-, Test-; **être ~ de** Zeuge/Zeugin sein von

tempe [tɑ̃p] nf Schläfe f

tempérament [tɑ̃peʀamɑ̃] nm Temperament nt; (caractère) Wesen nt

température [tɑ̃peʀatyʀ] nf Temperatur f; (Méd) Fieber nt; **avoir ou faire de la ~** Fieber ou erhöhte Temperatur haben

tempérer [tɑ̃peʀe] vt mildern

tempête [tɑ̃pɛt] nf Unwetter nt

temple [tɑ̃pl] nm Tempel m; (protestant) Kirche f

temporaire [tɑ̃pɔʀɛʀ] adj vorübergehend

temporiser [tɑ̃pɔʀize] vi Zeit schinden

temps [tɑ̃] nm Zeit f; (atmosphériques, conditions) Wetter nt; **il fait beau/mauvais ~** es ist schönes/schlechtes Wetter; **avoir le ~/tout le ~/juste le ~** Zeit/viel Zeit/gerade genug Zeit haben; **de ~ en ~, de ~ à autre** von Zeit zu Zeit, dann und wann; **en même ~** zur gleichen Zeit; **à ~** rechtzeitig; **~ d'accès** (Inform) Zugriffszeit f; **~ réel** (Inform) Echtzeit f

tenace [tənas] adj hartnäckig

tenailles [tənaj] nfpl Kneifzange f

tendance [tɑ̃dɑ̃s] nf Tendenz f; (inclination aussi) Hang m ▶ adj inv

angesagt • **tendancieux, -euse**
adj tendenziös

tendinite [tɑ̃dinit] *nf*
Sehnenscheidenentzündung *f*

tendon [tɑ̃dɔ̃] *nm* Sehne *f*

tendre [tɑ̃dʀ] *adj* zart; (*bois,
roche*) weich; (*affectueux*) zärtlich
▶ *vt* (*raidir, allonger*) spannen;
~ qch à qn (*présenter*) jdm etw
geben, jdm etw reichen
  • **tendrement** *adv* zärtlich
  • **tendresse** *nf* Zärtlichkeit *f*

tendu, e [tɑ̃dy] *adj* angespannt

ténébreux, -euse [tenebʀø, øz]
adj finster

teneur [tənœʀ] *nf* (*contenu*)
Inhalt *m*

tenir [t(ə)niʀ] *vt* halten; (*magasin,
hôtel*) haben, führen ▶ *vi* halten;
(*neige, gel*) andauern; **~ à** (*aimer*)
hängen an +*dat*; (*avoir pour cause*)
herrühren *ou* kommen von; **tiens,
Pierre !** guck mal, Pierre!; **tiens ?**
ach, wirklich?

tennis [tenis] *nm* Tennis *nt*;
(*court*) Tennisplatz *m* ▶ *nmpl ou
nfpl* (*aussi :* **chaussures de
tennis**) Tennisschuhe *pl*; **~ de
table** Tischtennis *nt*

tennisman [tenisman] *nm*
Tennisspieler *m*

ténor [tenɔʀ] *nm* Tenor *m*

tension [tɑ̃sjɔ̃] *nf* Spannung *f*;
(*Méd*) Blutdruck *m*; **faire** *ou* **avoir
de la ~** (einen) hohen Blutdruck
haben

tentant, e [tɑ̃tɑ̃, ɑ̃t] *adj* verlockend
  • **tentation** *nf* Versuchung *f*
  • **tentative** *nf* Versuch *m*

tente [tɑ̃t] *nf* Zelt *nt*

tenter [tɑ̃te] *vt* in Versuchung
führen; (*essayer*) versuchen

tenture [tɑ̃tyʀ] *nf*
Wandbehang *m*

tenu, e [t(ə)ny] *adj* : **bien/mal ~**
gut/schlecht geführt ▶ *nf*
(*vêtements*) Kleidung *f*;
(*comportement*) Benehmen *nt*; **~e
de route** Straßenlage *f*; **~e de
soirée** Abendkleidung *f*

ter [tɛʀ] *adj* : **16 ~** 16b

térébenthine [teʀebɑ̃tin] *nf* :
(essence de) ~ Terpent *n nt*

tergiversations [tɛʀʒivɛʀsasjɔ̃]
nfpl Ausflüchte *pl*

terme [tɛʀm] *nm* (*Ling*)
Ausdruck *m*; (*élément*) Glied *nt*;
(*fin*) Ende *nt*; (*échéance*) Frist *f*,
Termin *m*; **au ~ de** am Ende
+*gén*; **à court/moyen/long ~**
kurz-/mittel-/langfristig;
mettre un ~ à ein Ende setzen
+*dat*

terminaison [tɛʀminɛzɔ̃] *nf*
Endung *f*

terminal, -aux [tɛʀminal, o]
nm Terminal *nt*

terminer [tɛʀmine] *vt* beenden;
se terminer *vpr* zu Ende sein;
se ~ par/en aufhören mit

terminus [tɛʀminys] *nm*
Endstation *f*

terne [tɛʀn] *adj* matt, trüb
  • **ternir** *vt* matt *ou* glanzlos
machen; **se ternir** *vpr* stumpf *ou*
glanzlos werden

terrain [teʀɛ̃] *nm* Boden *m*,
(*parcelle*) Grundstück *nt*; **~ de
camping** Zeltplatz *m*,
Campingplatz *m*

terrasse [teʀas] *nf* Terrasse *f*

terrassement [teʀasmɑ̃] *nm*
(*activité*) Erdarbeiten *pl*; (*terres
creusées*) Erdaufschüttung *f*

t

terrasser [teʀase] vt (suj : adversaire) niederschlagen; (: maladie, crise cardiaque etc) niederstrecken

terre [teʀ] nf Erde f; (opposé à mer) Land nt; **terres** nfpl (propriété) Landbesitz m; **la T~** die Erde; **pipe/vase en ~** Tonpfeife f/-vase f; **à** ou **par ~** auf dem Boden; (avec mouvement) auf den Boden; **~ cuite** Terrakotta f; **~ glaise** Ton m • **terre-à-terre** adj nüchtern, prosaisch

terreau, x [teʀo] nm Kompost(erde f) m

terre-plein [teʀplɛ̃] (pl **terre-pleins**) nm (sur route) Mittelstreifen m

terrer [teʀe] : **se terrer** vpr sich verkriechen

terrestre [teʀɛstʀ] adj (surface, croûte) Erd-; (Zool, Bot, Mil) Land-; (Rel) weltlich, irdisch

terreur [teʀœʀ] nf Schrecken m

terrible [teʀibl] adj furchtbar; (violent) fürchterlich; **pas ~** (fam) nicht so toll • **terriblement** adv (très) furchtbar

terrier [teʀje] nm (de lapin) Bau m; (chien) Terrier m

terrifier [teʀifje] vt in Schrecken versetzen

terrine [teʀin] nf Terrine f

territoire [teʀitwaʀ] nm Territorium nt; (de pays aussi) Hoheitsgebiet nt; **les ~s d'Outre-mer** die französischen Überseegebiete

terroir [teʀwaʀ] nm (Agr) Ackerboden m; **accent du ~** ländlicher Akzent m

terroriser [teʀɔʀize] vt terrorisieren • **terrorisme** nm

Terrorismus m • **terroriste** nmf Terrorist(in) m(f)

tertiaire [teʀsjɛʀ] adj (Écon) Dienstleistungs-; (Géo) tertiär ▸ nm Dienstleistungssektor m

tertio [teʀsjo] adv drittens

tes [te] adj possessif voir **ton**

Tessin [tesɛ̃] nm : **le ~** das Tessin

test [tɛst] nm Test m

testament [tɛstamɑ̃] nm Testament nt

testicule [tɛstikyl] nm Hoden m

tétanos [tetanos] nm Tetanus m

tête [tɛt] nf Kopf m; (d'un cortège, d'une armée) Spitze f; **de ~** (wagon, voiture) vorderste(r, s); (concurrent) führend; (calculer) im Kopf; **faire la ~** schmollen; **de la ~ aux pieds** von Kopf bis Fuß • **tête-à-tête** nm inv Gespräch nt unter vier Augen; **en ~** unter vier Augen

tétine [tetin] nf (de vache) Euter nt; (sucette) Schnuller m

têtu, e [tety] adj störrisch

texte [tɛkst] nm Text m; **apprendre son ~** seinen Text ou seine Rolle lernen • **texter** vt : **~ qn** jm eine SMS schicken ▸ vi simsen

textile [tɛkstil] adj Textil- ▸ nm Stoff m; (industrie) Textilindustrie f

textoter [tɛkstɔte] vt, vi = **texter**

textuel, le [tɛkstɥɛl] adj wörtlich

texture [tɛkstyʀ] nf (d'une matière) Textur f

Thaïlande [tailɑ̃d] nf : **la ~** Thailand nt

thalassothérapie [talasoteʀapi] nf Meerwassertherapie f

thé [te] *nm* Tee *m*; **prendre le ~** Tee trinken; **faire du ~** Tee kochen; **~ au citron** Tee mit Zitrone; **~ au lait** Tee mit Milch

théâtre [teɑtʀ] *nm* Theater *nt*; *(fig)* Schauplatz *m*; **faire du ~** Theater spielen

théière [tejɛʀ] *nf* Teekanne *f*

thème [tɛm] *nm* Thema *nt*; *(Scol : traduction)* Übersetzung *f* in die Fremdsprache

théologie [teɔlɔʒi] *nf* Theologie *f*

théorie [teɔʀi] *nf* Theorie *f*; **en ~** theoretisch • **théorique** *adj* theoretisch

thérapeutique [teʀapøtik] *adj* therapeutisch ▶ *nf* Therapie *f*

thérapie [teʀapi] *nf* Therapie *f*

thermal, e, -aux [tɛʀmal, o] *adj* Thermal-; **station ~e** Thermalbad *nt*

thermes [tɛʀm] *nmpl (établissement thermal)* Thermalbad *nt*; *(romains)* Thermen *pl*

thermique [tɛʀmik] *adj* thermisch

thermomètre [tɛʀmɔmɛtʀ] *nm* Thermometer *nt*

thermos® [tɛʀmos] *nm ou nf* Thermosflasche *f*

thermostat [tɛʀmɔsta] *nm* Thermostat *m*

thèse [tɛz] *nf* These *f*; *(de doctorat)* Dissertation *f*

thon [tɔ̃] *nm* T(h)unfisch *m*

thorax [tɔʀaks] *nm* Brustkorb *m*

thrombose [tʀɔ̃boz] *nf* Thrombose *f*

Thuringe [tyʀɛ̃ʒ] *nf* : **la ~** Thüringen *nt*

thym [tɛ̃] *nm* Thymian *m*

thyroïde [tiʀɔid] *nf* Schilddrüse *f*

Tibet [tibɛ] *nm* : **le ~** Tibet *nt*

tibia [tibja] *nm* Schienbein *nt*

TIC [teise] *sigle fpl* (= *technologies de l'informatique et de la communication*) ICT

tic [tik] *nm (mouvement nerveux)* Zucken *nt*; *(manie)* Eigenart *f*, Tick *m*

ticket [tikɛ] *nm* Fahrschein *m*

tiède [tjed] *adj* lauwarm; *(vent, air)* lau • **tiédir** *vi (refroidir)* abkühlen

tien [tjɛ̃] *pron* : **le/la ~(ne)** deine(r, s); **les ~s** deine

tiens [tjɛ̃] *vb voir* **tenir**

tierce [tjɛʀs] *adj voir* **tiers**

tiers, tierce [tjɛʀ, tjɛʀs] *adj* dritte(r, s) ▶ *nm (fraction)* Drittel *nt*; *(Jur)* Dritte(r) *m(f)*

tiers-monde [tjɛʀmɔ̃d] *nm* : **le ~** die Dritte Welt *f*

tige [tiʒ] *nf* Stiel *m*, Stängel *m*; *(baguette)* Stab *m*

tigre [tigʀ] *nm* Tiger *m*

tilleul [tijœl] *nm (arbre)* Linde *f*; *(boisson)* Lindenblütentee *m*

timbre [tɛ̃bʀ] *nm (timbre-poste)* Briefmarke *f*; *(tampon)* Stempel *m* • **timbre-poste** *nm* Briefmarke *f* • **timbrer** *vt* stempeln

timide [timid] *adj* schüchtern; *(fig)* zögernd • **timidement** *adv* schüchtern • **timidité** *nf* Schüchternheit *f*

tinter [tɛ̃te] *vi* klingeln

tique [tik] *nf* Zecke *f*

tir [tiʀ] *nm* Schießen *nt*; *(trajectoire)* Schuss *m*; *(stand)* Schießbude *f*; **~ au pigeon** Tontaubenschießen *nt*

tirade [tiʀad] *nf (péj)* Tirade *f*

tirage [tiʀaʒ] *nm (Photo)* Abzug *m*; *(de journal, livre)* Auflage *f*; *(de loterie)* Ziehung *f*; **~ au sort** Auslosung *f*

tirailler [tiʀaje] *vt (suj)* quälen

tire-au-flanc [tiʀoflɑ̃] *nm inv* Drückeberger *m* • **tire-bouchon** *(pl* **tire-bouchons)** *nm* Korkenzieher *m* • **tire-fesses** *nm inv* Schlepplift *m*

tirelire [tiʀliʀ] *nf* Sparbüchse *f*

tirer [tiʀe] *vt* ziehen; *(fermer)* zuziehen; *(balle, coup)* abschießen; *(animal, Football)* schießen; *(Photo)* abziehen ▶*vi* schießen; *(cheminée)* ziehen; **se tirer** *vpr (fam)* sich verziehen; **~ qch de** *(extraire)* etw herausziehen aus; **~ sur** *(tirer an +dat; (faire feu sur)* schießen auf +*acc*; **~ avantage/parti de** Nutzen ziehen aus/ausnutzen; **~ qn de** *(embarras)* jdm heraushelfen aus; **~ une substance d'une matière première** einem Rohstoff eine Substanz entziehen; **~ à l'arc** bogenschießen; **s'en ~** durchkommen

tiret [tiʀɛ] *nm* Gedankenstrich *m*

tireur, -euse [tiʀœʀ, øz] *nm/f (Mil)* Schütze *m*, Schützin *f*

tiroir [tiʀwaʀ] *nm* Schublade *f* • **tiroir-caisse** *(pl* **tiroirs-caisses)** *nm* Registrierkasse *f*

tisane [tizan] *nf* Kräutertee *m*

tisser [tise] *vt* weben; *(fig)* spinnen • **tisserand, e** *nm/f* Weber(in) *m(f)*

tissu [tisy] *nm* Stoff *m*; *(Anat, Biol)* Gewebe *nt*

titre [titʀ] *nm* Titel *m*; *(de journal)* Schlagzeile *f*; *(diplôme)* Diplom *nt*, Qualifikation *f*; **à juste ~** mit vollem Recht; **à ~ d'essai** versuchsweise; **à ~ exceptionnel** ausnahmsweise; **à ~ provisoire** provisorisch; **à ~ privé** privat; **~ de transport** Fahrausweis *m*

tituber [titybe] *vi* taumeln

titulaire [titylɛʀ] *adj*: **professeur ~** ordentlicher Professor ▶*nmf (Admin)* Amtsinhaber(in) *m(f)*; **être ~ de** *(poste)* innehaben; *(permis)* besitzen

TMS [teeemes] *sigle mpl (= troubles musculo-squelettiques)* RSI-Syndrom *nt*

TNT [teente] *sigle f (= Télévision numérique terrestre)* Digitalfernsehen *nt*

toast [tost] *nm* Toast *m*; **porter un ~ à qn** auf jds Wohl *acc* trinken

toboggan [tɔbɔgɑ̃] *nm (pour enfants)* Rutschbahn *f*

TOC [tɔk] *sigle mpl (= troubles obsessionnels compulsifs)* Zwangsstörung *f*, Zwangserkrankung *f*

tocsin [tɔksɛ̃] *nm* Alarmglocke *f*

tofu [tɔfu] *nm* Tofu *m*

Togo [tɔgo] *nm*: **le ~** Togo *nt*

toi [twa] *pron* du; *(objet direct, accusatif)* dich; *(objet indirect, datif)* dir

toile [twal] *nf* Stoff *m*, Tuch *nt*; *(grossière, de chanvre)* Leinwand *f*; *(Art)* Gemälde *nt*; **la T~** *(le Web)* das Netz; **~ cirée** Wachstuch *nt*; **~ d'araignée** Spinnennetz *nt*; **~ de tente** Zeltplane *f*

toilette [twalɛt] *nf (vêtements)*
Kleidung *f;* **toilettes** *nfpl* Toiletten
pl; **faire sa ~** sich waschen;
articles de ~ Toilettenartikel *pl*

toiser [twaze] *vt* von oben bis
unten mustern

toison [twazɔ̃] *nf (de mouton)* Vlies
nt

toit [twa] *nm* Dach *nt; (de véhicule)*
Verdeck *nt •* **toiture** *nf*
Bedachung *f,* Dach *nt*

tôle [tol] *nf* Blech *nt;* **~ d'acier**
Stahlblech *nt;* **~ ondulée**
Wellblech *nt*

tolérable [tɔleRabl] *adj*
erträglich

tolérance [tɔleRɑ̃s] *nf* Toleranz *f,*
Duldsamkeit *f*

tolérer [tɔleRe] *vt* ertragen,
tolerieren; *(Méd)* vertragen;
(erreur, marge) zulassen

TOM [tɔm] *sigle m ou mpl*
(= *territoire(s) d'outre-mer)*
französische Überseegebiete

tomate [tɔmat] *nf* Tomate *f*

tombant, e [tɔ̃bɑ̃, ɑ̃t] *adj (fig) :*
épaules ~es Hängeschultern *pl*

tombe [tɔ̃b] *nf* Grab *nt*

tombeau, x [tɔ̃bo] *nm*
Grabmal *nt*

tombée [tɔ̃be] *nf :* **à la ~ du jour**
ou **de la nuit** bei(m) Einbruch der
Nacht

tomber [tɔ̃be] *vi* fallen; *(fruit,
feuille)* herunterfallen,
herabfallen; **~ sur** zufällig treffen;
~ de fatigue/de sommeil vor
Erschöpfung/Müdigkeit fast
umfallen; **~ en panne** eine Panne
haben; **ça tombe bien/mal** das
trifft sich gut/schlecht; **laisser ~**
fallen lassen

tombeur [tɔ̃bœr] *nm* Frauenheld *m*

tombola [tɔ̃bɔla] *nf* Tombola *f*

tome [tɔm] *nm* Band *m*

tomographie [tɔmɔgrafi] *nf*
(Computer)tomografie *f*

ton¹, ta [tɔ̃, ta] *(pl* **tes)** *adj*
possessif dein(e)

ton² [tɔ̃] *nm* Ton *m; (d'un morceau)*
Tonart *f; (style)* Stil *m*

tonalité [tɔnalite] *nf (au
téléphone)* Freizeichen *nt; (Mus)*
Tonart *f; (de couleur)* (Farb)ton *m*

tondeuse [tɔ̃døz] *nf (à gazon)*
Rasenmäher *m; (de coiffeur)*
Haarschneidemaschine *f*

tondre [tɔ̃dr] *vt (pelouse, herbe)*
mähen; *(haie, cheveux)* schneiden;
(mouton, toison) scheren

toner [tɔnɛr] *nm* Toner *m*

tonifier [tɔnifje] *vt* stärken

tonique [tɔnik] *adj* stärkend
▶ *nm* Tonikum *nt*

tonne [tɔn] *nf* Tonne *f*

tonneau, x [tɔno] *nm* Fass *nt;*
faire un ~ sich überschlagen

tonnelle [tɔnɛl] *nf* Gartenlaube *f*

tonner [tɔne] *vi* donnern ▶ *vb
impers :* **il tonne** es donne*t*
• **tonnerre** *nm* Donner *m*

tonus [tɔnys] *nm (des muscles)*
Tonus *m; (d'une personne)* Energie *f*

top [tɔp] *nm :* **au 3ème ~** beim
dritten Ton

topinambour [tɔpinãbur] *nm*
Topinambur *m*

toque [tɔk] *nf :* **~ de cuisinier**
Kochmütze *f;* **~ de juge** Barett *nt*

torche [tɔrʃ] *nf* Fackel *f;*
~ électrique Taschenlampe *f*

torchon [tɔrʃɔ̃] *nm* Lappen *m;*
(à vaisselle) Geschirrtuch *nt*

t

tordre [tɔʀdʀ] vt (chiffon, vêtement) auswringen; **se tordre** vpr (barre) sich biegen; (roue) sich verbiegen; (ver, serpent) sich winden; **~ le bras à qn** jdm den Arm verdrehen; **se ~ le pied/bras** sich dat den Fuß/Arm verrenken; **se ~ de douleur/rire** sich vor Schmerzen krümmen/vor Lachen biegen **• tordu, e** adj (fig) verdreht

tornade [tɔʀnad] nf Tornado m

torpeur [tɔʀpœʀ] nf Betäubung f

torpiller [tɔʀpije] vt torpedieren

torréfier [tɔʀefje] vt rösten

torrent [tɔʀɑ̃] nm Sturzbach m **• torrentiel, le** adj strömend

torride [tɔʀid] adj glühend heiß

torse [tɔʀs] nm Oberkörper m

torsion [tɔʀsjɔ̃] nf (action de tordre) Verdrehen nt

tort [tɔʀ] nm (défaut) Fehler m; (préjudice) Unrecht nt; **avoir ~** unrecht haben; **à ~** zu Unrecht

torticolis [tɔʀtikɔli] nm steife(r) Hals m

tortiller [tɔʀtije] vt (corde, mouchoir) zwirbeln; (cheveux, cravate) zwirbeln an; (doigts) drehen; **se tortiller** vpr sich winden

tortue [tɔʀty] nf Schildkröte f

tortueux, -euse [tɔʀtyø, øz] adj gewunden, sich schlängelnd

torture [tɔʀtyʀ] nf Folter f **• torturer** vt foltern; (problème, question) quälen

tôt [to] adv früh; **~ ou tard** früher oder später; **si ~** so bald; **au plus ~** so bald wie möglich

total, e, -aux [tɔtal, o] adj völlig; (somme, hauteur) gesamt ▸ nm (somme) Summe f; **au ~** im Ganzen **• totalement** adv völlig, total

totaliser [tɔtalize] vt (avoir au total) insgesamt erreichen

totalitaire [tɔtalitɛʀ] adj totalitär **• totalité** nf: **la ~ des élèves** alle Schüler; **la ~ de mes biens** mein gesamtes Vermögen nt

toubib [tubib] nm (fam) Doktor m

touchant, e [tuʃɑ̃, ɑ̃t] adj rührend

touche [tuʃ] nf Taste f; **à effleurement** Folientaste f; **~ de commande** Steuertaste f; **~ Contrôle** Controltaste f; **~ dièse** Doppelkreuztaste f; **~ de retour** Return-Taste f

toucher [tuʃe] nm (sens) Tastsinn m ▸ vt berühren; (atteindre, affecter) betreffen; (émouvoir) ergreifen; (concerner) betreffen, angehen; **au ~** anzufühlen

touffe [tuf] nf Büschel nt **• touffu, e** adj (haie, forêt, cheveux) dicht; (cheveux) dick

toujours [tuʒuʀ] adv immer; (encore) immer noch; **pour ~** für immer

toupet [tupɛ] nm Toupet nt; (fam) Frechheit f

toupie [tupi] nf (jouet) Kreisel m

tour [tuʀ] nf Turm m; (immeuble) Hochhaus nt ▸ nm (excursion) Ausflug m; (Sport) Runde f; (ruse) Trick m; **faire le ~ de** (à pied) herumgehen um; (en voiture) herumfahren um; **c'est mon/ton ~** ich bin/du bist dran ou an der Reihe; **~ d'horizon** nm Überblick m; **~ de contrôle** nf Kontrollturm m; **~ de force** nm Gewaltaktion f; **~ de main** nm : **en un ~ de main** im Handumdrehen; **~ de poitrine**

nm Brustumfang *m ou* -weite *f*;
~ de reins *nm* verrenkte(s) Kreuz
nt; **~ de taille** *nm* Taillenweite *f*

tourbillon [turbijɔ̃] *nm (d'eau)*
Strudel *m*; *(de vent)* Wirbelwind *m*;
(de poussière) Gestöber *nt*
• **tourbillonner** *vi* herumwirbeln;
(eau, rivière) strudeln

tourelle [turɛl] *nf* Türmchen *nt*;
(de véhicule) Turm *m*

tourisme [turism] *nm* Tourismus
m; **office du ~** Verkehrsbüro *nt*
• **touriste** *nmf* Tourist(in) *m(f)*
• **touristique** *adj (région)*
touristisch; **menu ~**
Touristenmenü *nt*

tourment [turmã] *nm* Qual *f*
• **tourmenter** *vt* quälen; **se
tourmenter** *vpr* sich quälen

tournage [turnaʒ] *nm (d'un film)*
Dreharbeiten *pl*

tournant, e [turnã, ãt] *adj (feu,
scène, mouvement)* Dreh- ▶ *nm (de
route)* Kurve *f*

tourne-disque [turnədisk] *(pl
tourne-disques)* *nm*
Plattenspieler *m*

tournedos [turnədo] *nm*
Tournedo(s) *nt*

tournée [turne] *nf* Runde *f*;
(d'artiste) Tournee *f*; **payer une ~**
eine Runde zahlen *ou* ausgeben;
~ électorale Wahlkampfreise *f*

tourner [turne] *vt* drehen;
(sauce, mélange) umrühren ▶ *vi*
sich drehen; *(changer de direction)*
drehen; *(lait etc)* sauer werden;
(chance) sich wenden; **se tourner**
vpr sich umdrehen; **~ à/en** sich
verwandeln in +*acc*; **se ~ vers** sich
zuwenden +*dat*; *(pour demander
aide, conseil)* sich wenden an +*acc*

• **tournesol** [turnəsɔl] *nm*
Sonnenblume *f*

tournevis [turnəvis] *nm*
Schraubenzieher *m*

tourniquet [turnikɛ] *nm (pour
arroser)* Rasensprenger *m*;
(portillon) Drehkreuz *nt*;
(présentoir) Drehständer *m*

tournoi [turnwa] *nm* Turnier *nt*

tournoyer [turnwaje] *vi (oiseau)*
kreisen; *(fumée)* herumwirbeln

tournure [turnyr] *nf (Ling)*
Ausdruck *m*; **la ~ des
événements** der Gang der
Ereignisse

tour-opérateur [turɔperatœr]
(pl **tour-opérateurs**) *nm*
Reiseveranstalter *m*

tourte [turt] *nf* Pastete *f*

tourterelle [turtərɛl] *nf*
Turteltaube *f*

tous [tu] *adj, pron voir* **tout**

Toussaint [tusɛ̃] *nf*: **la ~**
Allerheiligen *nt*

tousser [tuse] *vi* husten

---

tout, e [tu, tut]

(mpl **tous**, *fpl* **toutes**)
▶ *adj* **1** *(avec article singulier)* :
~ le/~ e la … der/die/das
ganze …; **~ le lait** die ganze
Milch; **~ l'argent** das ganze
Geld; **~e la nuit/semaine** die
ganze Nacht/Woche lang *ou*
über; **~ un pain/un livre** ein
ganzes Brot/Buch; **~ le monde**
alle; **~ le temps** dauernd; **c'est
~ le contraire** ganz im
Gegenteil
2 *(avec article pluriel)* : **tous/~es
les …** alle …; **tous les livres/
enfants** alle Bücher/Kinder;

t

tous les deux alle beide; **~es les trois** alle drei; **~es les nuits** jede Nacht; **~es les fois que …** jedes Mal wenn …

3 (*sans article*): **à ~ âge** in jedem Alter; **à ~e heure** zu jeder Stunde; **à ~e vitesse** mit Höchstgeschwindigkeit; **à ~ hasard** auf gut Glück
▶ **pron** **1:** **~** alles; **il a ~ fait** er hat alles gemacht; **~ ou rien** alles oder nichts; **c'est ~** das ist alles; **en ~** insgesamt; **en ~ et pour ~** alles in allem

2: tous/~es alle; **nous y sommes tous allés** wir sind alle hingegangen
▶ **nm** Ganzes nt; **le ~** alles; **pas du ~** gar nicht; **du ~ au ~** ganz und gar, völlig
▶ **adv** **1** (*très, complètement*) ganz; **elle était ~ émue/~e petite** sie war ganz gerührt/klein; **le ~ premier** der Allererste; **~ seul** ganz allein; **le livre ~ entier** das ganze ou gesamte Buch; **~ ouvert/rouge** ganz offen/rot; **~ droit** geradeaus; **~ simplement** ganz einfach

2: ~ en mangeant, il écoutait la radio während er aß, ou beim Essen hörte er Radio

3 (*locutions*): **~ d'abord** zuallererst; **~ à coup** plötzlich; **~ à fait** völlig; (*exactement*) genau; **~ à l'heure** (*passé*) soeben, gerade; (*futur*) gleich; **à ~ à l'heure !** bis gleich!; **~ de même** trotzdem; **~ de suite** sofort

toutefois [tutfwa] *adv* jedoch, dennoch

tout-terrain [tuterɛ̃] *adj inv* : **voiture ~** Geländewagen *m*; **vélo ~** Mountainbike *nt*

toux [tu] *nf* Husten *m*

toxicologique [tɔksikɔlɔʒik] *adj* toxikologisch

toxicomane [tɔksikɔman] *nmf* Rauschgiftsüchtige(r) *f(m)*
• **toxicomanie** *nf* Drogensucht *f*

toxine [tɔksin] *nf* Gift(stoff *m*) *nt*

toxique [tɔksik] *adj* giftig

TP [tepe] *sigle mpl* (= *travaux pratiques*) Übungsseminar *nt*; (= *travaux publics*) öffentliche Bauvorhaben *pl*

trac [tʁak] *nm* (*aux examens etc*) Prüfungsangst *f*; (*Théât*) Lampenfieber *nt*

traçabilité [tʁasabilite] *nf* Rückverfolgbarkeit *f* der Herkunft

tracas [tʁaka] *nmpl* Scherereien *pl* • **tracasser** *vt* plagen, quälen; **se tracasser** *vpr* sich *dat* Sorgen machen

tracasseries [tʁakasʁi] *nfpl* Schikanen *pl*

trace [tʁas] *nf* Spur *f*

tracer [tʁase] *vt* zeichnen; (*piste*) markieren; (*fig* : *chemin, voie*) weisen

tract [tʁakt] *nm* Flugblatt *nt*

tractations [tʁaktasjɔ̃] *nfpl* Handeln *nt*, Feilschen *nt*

tracteur [tʁaktœʁ] *nm* Traktor *m*

traction [tʁaksjɔ̃] *nf* (*Tech*) Ziehen *nt*; (*Auto*) Antrieb *m*; **~ arrière** Hinterradantrieb *m*; **~ avant** Vorderradantrieb *m*

tradition [tʁadisjɔ̃] *nf* Tradition *f*
• **traditionnel, le** *adj* traditionell

traducteur, -trice [tʀadyktœʀ, tʀis] *nm/f* Übersetzer(in) *m(f)* • **traduction** *nf* Übersetzung *f*; **~ assistée par ordinateur** computergestützte Übersetzung *f* • **traduire** *vt* übersetzen; (*exprimer*) ausdrücken; **se ~ par** (*s'exprimer*) sich ausdrücken in *+dat*; **~ en/du français** ins Französische/aus dem Französischen übersetzen

trafic [tʀafik] *nm* (*commerce*) Handel *m*; **~ routier/aérien** Straßen-/Flugverkehr *m*; **~ de drogue** Drogenhandel *m*, Drogenschieberei *f*

trafiquant, e [tʀafikɑ̃, ɑ̃t] *nm/f* Schieber(in) *m(f)*

trafiquer [tʀafike] (*péj*) *vt* (*moteur*) frisieren ▶ *vi* ein Schieber sein

tragédie [tʀaʒedi] *nf* Tragödie *f* • **tragique** *adj* tragisch

trahir [tʀaiʀ] *vt* verraten • **trahison** *nf* Verrat *m*

train [tʀɛ̃] *nm* (*Rail*) Zug *m*; (*allure*) Tempo *nt*; **être en ~ de faire qch** gerade etw tun; **~ à grande vitesse** Hochgeschwindigkeitszug *m*; **~ arrière** Hinterachse *f*; **~ autos-couchettes** Autoreisezug *m*; **~ avant** Vorderachse *f*; **~ d'atterrissage** Fahrgestell *nt*; **~ de vie** Lebensstil *m*; **~ spécial** Sonderzug *m*

traîneau, x [tʀɛno] *nm* Schlitten *m*

traîner [tʀɛne] *vt* ziehen, schleppen; (*enfant, chien*) hinter sich *dat* herziehen ▶ *vi* (*aller ou agir lentement*) bummeln, trödeln; (*vagabonder*) sich herumtreiben; (*durer*) sich hinziehen; (*être en*

désordre) herumliegen; **se traîner** *vpr* (*ramper*) kriechen; (*durer*) sich hinziehen; **~ les pieds** schlurfen

train-train [tʀɛ̃tʀɛ̃] *nm inv* Trott *m*

traire [tʀɛʀ] *vt* melken

trait, e [tʀɛ] *nm* (*ligne*) Strich *m*; (*caractéristique*) Zug *m*; **traits** *nmpl* (*du visage*) Gesichtszüge *pl*; **d'un ~** in einem Zug; **~ d'union** Bindestrich *m*

traitant, e [tʀɛtɑ̃, ɑ̃t] *cdj* : **votre médecin ~** Ihr Hausarzt *m*

traite [tʀɛt] *nf* (*Comm*) Tratte *f*; (*Agr*) Melken *nt*; **d'une (seule) ~** ohne Unterbrechung; **la ~ des blanches** der Mädchenhandel; **la ~ des noirs** der Sklavenhandel

traité [tʀete] *nm* Vertrag *m*

traitement [tʀɛtmɑ̃] *m* Behandlung *f*; (*d'affaire, difficulté*) Handhabung *f*; (*Inform, Tech*) Verarbeitung *f*; (*salaire*) Gehalt *nt*; **~ de données** Datenverarbeitung *f*; **~ de texte** Textverarbeitung *f* • **traiter** *vt* behandeln ▶ *vi* verhandeln; **~ de qch** von etw handeln, etw behandeln

traiteur [tʀɛtœʀ] *nm* ≈ Partyservice *m*; (*charcutier*) Geschäft für Fleischspezialitäten und Fertiggerichte

traître, -esse [tʀɛtʀ, tʀɛtʀɛs] *adj* (*heim*)tückisch ▶ *nm/f* Verräter(in) *m(f)*

trajectoire [tʀaʒɛktwaʀ] *nf* Flugbahn *f*

trajet [tʀaʒɛ] *nm* Strecke *f*

tram [tʀam] *nm* = **tramway**

trame [tʀam] *nf* (*d'un tissu*) Schuss *m*; (*d'un roman*) Grundgerüst *nt*

t

tramway [tʀamwɛ] *nm*
Straßenbahn *f*

tranchant, e [tʀɑ̃ʃɑ̃, ɑ̃t] *adj*
scharf; *(personne, ton)* kategorisch
▶ *nm (d'un couteau)* Schneide *f*

tranche [tʀɑ̃ʃ] *nf (morceau)*
Scheibe *f*; *(de travaux, temps, vie)*
Abschnitt *m*; *(d'actions, de bons)*
Tranche *f*; **~ d'âge/de salaires**
Alters-/Gehaltsstufe *f*

tranché, e [tʀɑ̃ʃe] *adj* deutlich

tranchée [tʀɑ̃ʃe] *nf* Graben *m*

trancher [tʀɑ̃ʃe] *vt* (in Scheiben)
schneiden; *(corde)* durchschneiden
▶ *vi* : **~ avec qch** sur sich deutlich
unterscheiden von

tranquille [tʀɑ̃kil] *adj* ruhig
• **tranquillement** *adv* ruhig
• **tranquillisant, e** *adj*
beruhigend ▶ *nm*
Beruhigungsmittel *nt*
• **tranquillité** *nf* Ruhe *f*

transaction [tʀɑ̃zaksjɔ̃] *nf*
Transaktion *f*, Geschäft *nt*

transat [tʀɑ̃zat] *nm* Liegestuhl *m*

transatlantique [tʀɑ̃zatlɑ̃tik]
adj überseeisch ▶ *nm (bateau)*
Überseedampfer *m*

transcription [tʀɑ̃skʀipsjɔ̃] *nf*
(de texte) Abschrift *f*

transférer [tʀɑ̃sfeʀe] *vt (société,
bureau)* verlegen; *(argent)*
überweisen • **transfert** *nm* : **~ de
fonds** Überweisung *f*

transformateur [tʀɑ̃sfɔʀmatœʀ]
nm Transformator *m*

transformation
[tʀɑ̃sfɔʀmasjɔ̃] *nf (de personne)*
Veränderung *f* • **transformer** *vt*
verändern; *(matière première)*
verwandeln; **se transformer** *vpr*
sich verändern; **~ du plomb en or**

Blei in Gold verwandeln *ou* zu Gold
machen

transfrontalier, -ière
[tʀɑ̃sfʀɔ̃talje, ɛʀ] *adj*
grenzüberschreitend

transfusion [tʀɑ̃sfyzjɔ̃] *nf* :
~ sanguine Bluttransfusion *f*

transgénique [tʀɑ̃sʒenik] *adj*
transgen

transgresser [tʀɑ̃sɡʀese] *vt*
übertreten

transistor [tʀɑ̃zistɔʀ] *nm*
Transistor *m*

transit [tʀɑ̃zit] *nm* Transitverkehr *m*

transition [tʀɑ̃zisjɔ̃] *nf*
Übergang *m*; **de ~** Übergangs-
• **transitoire** *adj* vorläufig;
(fugitif) kurzlebig

translucide [tʀɑ̃slysid] *adj*
durchscheinend

transmetteur [tʀɑ̃smetœʀ] *nm*
Sender *m*

transmettre [tʀɑ̃smetʀ] *vt*
übertragen; *(secret, recette)*
mitteilen; *(vœux, amitiés, ordre,
message)* übermitteln
• **transmissible** *adj* übertragbar
• **transmission** *nf* Übertragung *f*,
Übermittlung *f*

transparence [tʀɑ̃spaʀɑ̃s] *nf*
Durchsichtigkeit *f*, Transparenz *f*;
regarder qch par ~ etw gegen
das Licht halten • **transparent, e**
adj durchsichtig

transpercer [tʀɑ̃spɛʀse] *vt*
durchbohren; *(froid, insulte)*
durchdringen

transpiration [tʀɑ̃spiʀasjɔ̃] *nf*
Schweiß *m* • **transpirer** *vi*
schwitzen

transplanter [tʀɑ̃splɑ̃te] *vt*
verpflanzen

transport [trãspɔr] nm
Beförderung f, Transport m;
~ aérien Lufttransport m; **~ de
marchandises** Warentransport
m; **~ de voyageurs** Beförderung
von Passagieren; **~s publics** ou
en commun öffentliche
Verkehrsmittel pl; **~s routiers**
Transport auf der Straße
• **transporter** vt befördern,
transportieren; (énergie)
übertragen; **être transporté de
bonheur/joie** vor Glück/Freude
hingerissen sein • **transporteur**
nm (entrepreneur) Spediteur m

transposer [trãspoze] vt
versetzen, umwandeln; (Mus)
transponieren

transsexuel, le [trã(s)sɛksɥɛl]
nm/f Transsexuelle(r) f(m)

transversal, e, -aux
[trãsvɛrsal, o] adj Quer-

trappe [trap] nf (porte) Falltür f;
(piège) Falle f

trapu, e [trapy] adj stämmig

traumatiser [tromatize] vt
einen Schock versetzen +dat
• **traumatisme** nm (Méd) Trauma
nt; (Psych) Schock m; **~ crânien**
Gehirntrauma nt

travail, -aux [travaj, o] nm
Arbeit f; **travaux** nmpl (sur route)
Straßenarbeiten pl; (de
construction) Bauarbeiten pl;
travaux dirigés (à l'université)
Seminar nt; **travaux ménagers**
Hausarbeit f; **travaux pratiques**
Übungsseminar nt; **travaux
publics** öffentliche Bauvorhaben
pl • **travailler** vi arbeiten; (bois)
sich verziehen ou werfen ▶ vt (bois,
métal) bearbeiten; (discipline)
arbeiten an +dat; **~ à** arbeiten an

+dat; (contribuer à) hinarbeiten auf
+acc • **travailleur, -euse** adj
fleißig ▶ nm/f Arbeiter(in) m(f)

travelling [travliŋ] nm :
~ optique Zoomaufnahmen pl

travelo [travlo] nm (fam)
Transvestit m

travers [travɛr] nm (défaut)
Schwäche f; **en ~ (de)** quer (zu);
à ~ quer durch; **au ~ (de)** quer
(durch); **de ~** schief

traverse [travɛrs] nf (P.ail)
Schwelle f; **chemin de ~**
Abkürzung f

traversée [travɛrse] nf (de salle,
forêt) Durchquerung f; (de ville,
tunnel) Durchfahrt f; (en mer)
Überfahrt f • **traverser** vt (rue,
mer, frontière) überqueren; (salle,
forêt) gehen durch; (ville, tunnel)
durchfahren; (percer, passer à
travers) durchgehen durch; (vivre)
durchmachen

traversin [travɛrsɛ̃] nm Kopf- ou
Nackenrolle f

travesti [travɛsti] nm
Transvestit m

travestir [travɛstir] vt
verzerren; **se travestir** vpr sich
verkleiden

trébucher [trebyʃe] vi : **~ (sur)**
stolpern (über +acc)

trèfle [trɛfl] nm Klee m

treille [trɛj] nf Weinlaube f

treillis [trɛji] nm (métallique, en
bois) Gitter nt

treize [trɛz] num dreizehn

trekking [trɛkiŋ] nm Trekking nt;
~ à poney Pony-Trekking nt

tremblant, e [trãblã, ãt] adj
zitternd • **tremblement** nm
Zittern nt; **~ de terre** Erdbeben nt

t

trempé

• **trembler** vi zittern; *(flamme)* flackern; *(terre)* beben; **~ de** *(froid, fièvre)* zittern vor +dat

trempé, e [tʀɑ̃pe] adj patschnass
• **tremper** vt durchnässen, nass machen; **se tremper** vpr *(dans la mer, piscine etc)* kurz hineingehen ou hineintauchen

tremplin [tʀɑ̃plɛ̃] nm Sprungbrett nt; *(Ski)* Sprungschanze f

trentaine [tʀɑ̃tɛn] nf: **une ~ (de)** etwa dreißig

trente [tʀɑ̃t] num dreißig; **être/ se mettre sur son ~ et un** seine besten Kleider tragen/anziehen
• **trentenaire** adj dreißigjährig; zwischen dreißig und vierzig

trépied [tʀepje] nm *(d'appareil)* Stativ nt; *(meuble)* Dreifuß m

trépigner [tʀepiɲe] vi: **~ (de colère/d'impatience)** *(vor Zorn/ Ungeduld)* stampfen ou trampeln

très [tʀɛ] adv sehr; **j'ai ~ envie de chocolat** ich habe große Lust auf Schokolade

trésor [tʀezɔʀ] nm Schatz m
• **trésorerie** nf *(gestion)* Kassenführung f; *(bureaux)* Kasse f
• **trésorier, -ière** nm/f *(d'une association, société)* Kassenführer(in) m(f)

tressaillir [tʀesajiʀ] vi beben

tresse [tʀɛs] nf *(de cheveux)* Zopf m
• **tresser** vt flechten; *(corde)* drehen

trêve [tʀɛv] nf Waffenstillstand m; *(fig)* Ruhe f; **~ de plaisanteries** Schluss m mit den Witzen; **sans ~** unaufhörlich

Trêves [tʀɛv] Trier nt

tri [tʀi] nm Sortieren nt; *(sélection)* Auswahl f

triage [tʀijaʒ] nm Sortieren nt; **gare de ~** Rangierbahnhof m

triangle [tʀijɑ̃gl] nm Dreieck nt

tribord [tʀibɔʀ] nm: **à ~** steuerbord(s)

tribu [tʀiby] nf Stamm m

tribunal, -aux [tʀibynal, o] nm Gericht nt

tribune [tʀibyn] nf Tribüne f; *(d'église)* Empore f; *(de tribunal)* Galerie f; *(débat)* Diskussion f

tribut [tʀiby] nm Abgabe f

tributaire [tʀibytɛʀ] adj: **être ~ de** abhängig sein von

tricher [tʀiʃe] vi schummeln
• **tricheur, -euse** nm/f Betrüger(in) m(f)

tricolore [tʀikɔlɔʀ] adj dreifarbig; *(français)* französisch; **le drapeau ~** die Trikolore f

tricot [tʀiko] nm *(technique)* Stricken nt; *(ouvrage)* Strickzeug nt; *(tissu)* Strickware f, Trikot nt; *(vêtement)* Pullover m • **tricoter** vt stricken

tricycle [tʀisikl] nm Dreirad nt

trier [tʀije] vt sortieren; *(choisir)* auswählen; *(fruits)* aussortieren; *(déchets)* trennen

trimaran [tʀimaʀɑ̃] nm Trimaran m

trimestre [tʀimɛstʀ] nm *(Comm)* Quartal nt, Vierteljahr nt
• **trimestriel, le** adj vierteljährlich

tringle [tʀɛ̃gl] nf Stange f

trinquer [tʀɛ̃ke] vi anstoßen; **~ à qch/la santé de qn** auf etw acc/ jds Gesundheit anstoßen

trio [tʀijo] nm Trio nt

triomphe [tʀijɔ̃f] nm Triumph m
• **triompher** vi triumphieren;

~ de qch/qn über etw/jdn triumphieren

tripes [tʀip] *nfpl* Kuttelln pl, Kaldaunen pl

triple [tʀipl] *adj* dreifach ▸ *nm*: **le ~ (de)** das Dreifache (von); **en ~ exemplaire** in dreifacher Ausfertigung • **triplé** *nm* (*Hippisme*) Wette auf drei Pferde in drei verschiedenen Rennen; (*Sport*) Hattrick *m*; **triplés, -es** *nmpl/nfpl* Drillinge *pl* • **tripler** *vi* sich verdreifachen ▸ *vt* verdreifachen

tripoter [tʀipɔte] *vt* herumfummeln mit; (*femme*) herumfummeln an

trisomie [tʀizɔmi] *nf* Downsyndrom *nt*

triste [tʀist] *adj* traurig • **tristesse** *nf* Traurigkeit *f*

trivial, e, -aux [tʀivjal, jo] *adj* (*commun*) trivial, alltäglich

troc [tʀɔk] *nm* Tauschhandel *m*

trognon [tʀɔɲɔ̃] *nm* (*de fruit*) Kerngehäuse *nt*; (*de légume*) Strunk *m*

trois [tʀwa] *num* drei *nm*; **les ~ quarts de** drei Viertel +*gén* • **troisième** *adj* dritte(r, s); **le ~ âge** das Seniorenalter • **troisièmement** *adv* drittens

trolleybus [tʀɔlebys] *nm* Obus *m*

trombe [tʀɔ̃b] *nf*: **en ~** wie ein Wirbelwind; **~s d'eau** Regenguss *m*

trombone [tʀɔ̃bɔn] *nm* (*instrument*) Posaune *f*; (*de bureau*) Büroklammer *f*

trompe [tʀɔ̃p] *nf* (*d'éléphant*) Rüssel *m*

tromper [tʀɔ̃pe] *vt* betrügen; **se tromper** *vpr* sich irren; **se ~ de**

voiture/jour sich im Auto/im Tag täuschen; **se ~ de 3 cm/20 euros** sich um 3 cm/20 Euro vertun • **tromperie** *nf* Betrug *m*

trompette [tʀɔ̃pɛt] *nf* Trompete *f* • **trompettiste** *nmf* Trompeter(in) *m(f)*

trompeur, -euse [tʀɔ̃pœʀ, øz] *adj* täuschend

tronc [tʀɔ̃] *nm* (*Bot*) Stamm *m*; (*Anat*) Rumpf *m*; (*d'église*) Opferstock *m*

tronçon [tʀɔ̃sɔ̃] *nm* Teilstrecke *f* • **tronçonneuse** *nf* Kettensäge *f*

trône [tʀon] *nm* Thron *m*

trop [tʀo] *adv* zu; (*avec verbe*) zu viel; (*aimer, chauffer, insister*) zu sehr; **~ (nombreux)** zu viele, zu zahlreich; **~ souvent** zu oft; **~ longtemps** zu lange; **~ de** (*nombre*) zu viele; (*quantité*) zu viel

trophée [tʀɔfe] *nm* Trophäe *f*

tropical, e, -aux [tʀɔpikal, o] *adj* tropisch

tropique [tʀɔpik] *nm* Wendekreis *m*; **tropiques** *nmpl* (*région*) die Tropen *pl*; **~ du Cancer/ Capricorne** Wendekreis *m* des Krebses/des Steinbocks

trop-plein [tʀɔplɛ̃] (*pl* **trop-pleins**) *nm* Überlauf *m*

troquer [tʀɔke] *vt* eintauschen

trot [tʀo] *nm* Trab *m*; **aller au ~** im Trab reiten • **trotter** *vi* traben; (*souris, enfants*) herumtrippeln • **trotteuse** *nf* (*de montre*) Sekundenzeiger *m*

trottiner [tʀɔtine] *vi* trippeln

trottinette [tʀɔtinɛt] *nf* Roller *m*

trottoir [tʀɔtwaʀ] *nm* Gehweg *m*; **~ roulant** Rollsteig *m*

t

trou 376

trou [tʀu] *nm* Loch *nt*; **~ de mémoire** Gedächtnislücke *f*
trouble [tʀubl] *adj* trüb; (*louche*) zwielichtig ▶ *adv* : **voir ~** undeutlich sehen ▶ *nm* (*désarroi, embarras*) Verwirrung *f*; (*émoi sensuel*) Erregung *f*; (*zizanie*) Unruhe *f* • **troubler** *vt* verwirren; (*inquiéter*) beunruhigen; (*émouvoir*) bewegen; (*liquide*) trüben; (*perturber*) stören; **se troubler** *vpr* (*personne*) verlegen werden
troué, e [tʀue] *adj* durchlöchert ▶ *nf* (*dans un mur, une haie*) Lücke *f*; (*Géo*) Spalte *f* • **trouer** *vt* ein Loch machen in +*acc*; (*mur*) durchbohren
trouille [tʀuj] *nf* (*fam*) : **avoir la ~** einen Mordsbammel haben
troupe [tʀup] *nf* (*Mil*) Truppe *f*; (*groupe*) Gruppe *f*, Schar *f*; **~ de théâtre**) Theatertruppe *f*
troupeau, x [tʀupo] *nm* Herde *f*
trousse [tʀus] *nf* (*étui*) Etui *nt*; (*de docteur*) Arzttasche *f*; **~ à outils** Werkzeugtasche *f*; **~ de toilette** *ou* **de voyage** Kulturbeutel *m*
trousseau, x [tʀuso] *nm* (*de mariée*) Aussteuer *f*; **~ de clefs** Schlüsselbund *m*
trouvaille [tʀuvaj] *nf* Entdeckung *f*
trouver [tʀuve] *vt* finden; **se trouver** *vpr* (*être*) sein; (*être soudain*) sich finden ▶ *vb impers* : **il se trouve que** zufälligerweise; **aller/venir ~ qn** jdn besuchen gehen/kommen; **je trouve que** ich finde, dass; **se ~ mal** in Ohnmacht fallen

truand [tʀyɑ̃] *nm* Gangster *m*
truc [tʀyk] *nm* Trick *m*; (*fam : chose*) Ding *nt*
truffe [tʀyf] *nf* Trüffel *f*
truffer [tʀyfe] *vt* : **truffé de** gespickt mit
truie [tʀɥi] *nf* Sau *f*
truite [tʀɥit] *nf* Forelle *f*
truquer [tʀyke] *vt* fälschen; (*Ciné*) Trickaufnahmen anwenden bei
t-shirt (*pl* **t-shirts**) [tiʃœʀt] *nm* T-Shirt *nt*
tsigane [tsigan] *adj, nmf* = **tzigane**
TSVP [teɛsvepe] *abr* (= *tournez s'il vous plaît*) b.w.
TTC [tetese] *abr* (= *toutes taxes comprises*) alles inbegriffen
tu¹ [ty] *pron* du
tu², e [ty] *pp de* **taire**
tuba [tyba] *nm* (*Mus*) Tuba *f*; (*Sport*) Schnorchel *m*
tube [tyb] *nm* Röhre *f*; (*de canalisation, métallique etc*) Rohr *nt*; (*de comprimés*) Röhrchen *nt*; (*de dentifrice etc*) Tube *f*; (*chanson*) Hit *m*
tuberculose [tybɛʀkyloz] *nf* Tuberkulose *f*
tuer [tɥe] *vt* töten; (*commerce*) ruinieren; **se tuer** *vpr* (*se suicider*) sich *dat* das Leben nehmen; (*dans un accident*) umkommen • **tuerie** *nf* Blutbad *nt*, Gemetzel *nt*; (*fam : délice*) Leckerbissen • **tue-tête** : **à ~** *adv* aus Leibeskräften • **tueur** *nm* (*assassin*) Mörder *m*
tuile [tɥil] *nf* Dachziegel *m*; (*fam : ennui*) Pech *nt*

tulipe [tylip] *nf* Tulpe *f*

tulle [tyl] *nm* Tüll *m*

tumeur [tymœʀ] *nf* Tumor *m*

tumultueux, -euse
[tymyltɥø, øz] *adj* lärmend

tuner [tynɛʀ] *nm* Tuner *m*

tunique [tynik] *nf* Tunika *f*

Tunisie [tynizi] *nf* : **la ~** Tunesien
nt • **tunisien, ne** *adj* tunesisch
▶ *nm/f* : **T~, ne** Tunesier(in) *m(f)*

tunnel [tynɛl] *nm* Tunnel *m*

turban [tyʀbɑ̃] *nm* Turban *m*

turbine [tyʀbin] *nf* Turbine *f*

turbo [tyʀbo] *nm* Turbolader *m*;
un moteur ~ ein Turbomotor *m*

turbot [tyʀbo] *nm* Steinbutt *m*

turbulent, e [tyʀbylɑ̃, ɑ̃t] *adj*
(*enfant*) wild, ausgelassen

turc, turque [tyʀk] *adj* türkisch
▶ *nm/f* : **T~, Turque** Türke *m*,
Türkin *f*

turf [tyʀf] *nm* Pferderennen *nt*

Turkménistan [tyʀkmenistɑ̃]
nm : **le ~** Turkmenistan *nt*

turque [tyʀk] *adj f voir* **turc**

Turquie [tyʀki] *nf* : **la ~** die
Türkei *f*

turquoise [tyʀkwaz] *adj inv*
türkis ▶ *nf* Türkis *m*

tutelle [tytɛl] *nf* (*Jur*)
Vormundschaft *f*; (*de l'État, d'une
société*) Treuhandschaft *f*; **être
sous la ~ de qn** unter jds Aufsicht
dat stehen

tuteur, -trice [tytœʀ, tʀis] *nm/f*
(*Jur*) Vormund *m* ▶ *nm* (*de plante*)
Stütze *f*

tutoyer [tytwaje] *vt* duzen

tutu [tyty] *nm* Ballettröckchen *nt*

tuyau, x [tɥijo] *nm* Rohr *nt*,
Röhre *f*; (*flexible*) Schlauch *m*;

(*fam : conseil*) Wink *m*, Tipp *m*;
~ d'arrosage Gartenschlauch *m*;
~ d'échappement Auspuffrohr *nt*
• **tuyauterie** *nf* Rohrsystem *nt*

TV [teve] *sigle f* (= *télévision*) TV *nt*

TVA [tevea] *sigle f* (= *taxe à ou sur la
valeur ajoutée*) MwSt. *f*

tweet [twit] *nm* Tweet *m*

tweeter [twite] *vt* twittern

tweetos [twitos] *nmf inv* =
twittos • **tweetosphère**
nf = **twittosphère**

Twitter® [twitɛʀ] *nm* Twitter® *nt*

twittos *nmf inv* Twitter-er(in) *m(f)*
• **twittosphère** *nf* Twitterer *mpl*

tympan [tɛ̃pɑ̃] *nm* (*Anat*)
Trommelfell *nt*

type [tip] *nm* Typ *m* ▶ *adj* typisch

typhoïde [tifoid] *nf* Typhus *m*

typhus [tifys] *nm* Flecktyphus *m*

typique [tipik] *adj* typisch

typographie [tipɔgʀafi] *nf*
Typografie *f*

tyran [tiʀɑ̃] *nm* Tyrann *m*
• **tyrannie** *nf* Tyrannei *f*
• **tyrannique** *adj* tyrannisch

Tyrol [tiʀɔl] *nm* : **le ~** Tirol *nt*

tzigane [dzigan] *adj*
Zigeuner- ▶ *nmf* Zigeune~(in) *m(f)*

t

u

ubériser [ybeʁize] *vt* uberisieren

UE [ye] *sigle f* (= *Union européenne*) EU *f*

UER [yeɛʁ] *sigle f* (= *unité d'enseignement et de recherche*) Fachbereich *m*

Ukraine [ykʁɛn] *nf* die Ukraine • **ukrainien, ne** *adj* ukrainisch

ulcère [ylsɛʁ] *nm* Geschwür *nt*

ultérieur, e [ylteʁjœʁ] *adj* später; **reporté à une date ~e** auf einen späteren Zeitpunkt verschoben • **ultérieurement** *adv* später

ultimatum [yltimatɔm] *nm* Ultimatum *nt*

ultime [yltim] *adj* letzte(r, s)

ultra [yltʁa] *préf* ultra-
• **ultrasensible** *adj* hoch empfindlich • **ultrasons** *nmpl* Ultraschall *m* • **ultraviolet, te** *adj* ultraviolett

un, une [œ̃, yn]

▶ *art indéf* eine(r, s); **un homme** ein Mann; **une femme** eine Frau
▶ *pron* eine(r, s); **l'un des** **meilleurs** einer der Besten; **l'un ..., l'autre ...** der eine ..., der andere ...; **l'un et l'autre** beide; **l'un ou l'autre** eine(r, s) von beiden; **un par un** einer nach dem anderen
▶ *num* eins

unanime [ynanim] *adj* einstimmig • **unanimité** *nf* Einstimmigkeit *f*; **à l'~** einstimmig

UNESCO [ynɛsko] *sigle f* (= *United Nations Educational, Scientific and Cultural Organization*) UNESCO *f*

uni, e [yni] *adj* (*tissu, couleur*) einfarbig, uni; (*surface, terrain*) eben; (*famille, groupe*) eng verbunden; (*pays*) vereinigt

UNICEF [ynisɛf] *sigle m* (= *United Nations International Children's Emergency Fund*) UNICEF *f*

unification [ynifikasjɔ̃] *nf* Vereinigung *f*

unifier [ynifje] *vt* vereinigen

uniforme [ynifɔʁm] *adj* gleichmäßig; (*surface*) eben; (*objets, maisons*) gleichartig ▶ *nm* Uniform *f* • **uniformiser** *vt* vereinheitlichen • **uniformité** *nf* Gleichmäßigkeit *f*; (*de surface*) Ebenheit *f*; (*d'objets*) Gleichartigkeit *f*

unilatéral, e, -aux [ynilateʁal, o] *adj* einseitig; **stationnement ~** Parken *nt* nur auf einer Straßenseite

union [ynjɔ̃] *nf* Vereinigung *f*; (*d'éléments, couleurs, mariage*) Verbindung *f*; **l'U~ soviétique** die Sowjetunion *f*; **l'U~ européenne** die Europäische Union; **~ libre** freie Liebe *f*

unique [ynik] *adj* (*seul*) einzig; (*exceptionnel*) einzigartig; **prix/ système ~** Einheitspreis *m*/-system *nt*; **route à sens ~** Einbahnstraße *f* • **uniquement** *adv* nur, bloß

unir [ynir] *vt* vereinen, vereinigen; (*éléments, couleurs, qualités*) verbinden; **s'unir** *vpr* sich vereinigen; **~ qch à** etw vereinigen/verbinden mit

unisson [ynisɔ̃] *nm*: **à l'~** einstimmig

unitaire [yniter] *adj* vereinigend; **prix ~** Einzelpreis *m*

unité [ynite] *nf* Einheit *f*; (*harmonie*) Einigkeit *f*; **~ centrale** (*Inform*) Zentraleinheit *f*; **~ de valeur** (*Scol*) Unterrichtseinheit *f*

univers [yniver] *nm* Universum *nt*; (*fig*) Welt *f*

universel, le [yniversel] *adj* allgemein; (*esprit, outil, système*) vielseitig; **remède ~** Allheilmittel *nt*

universitaire [yniversiter] *adj* Universitäts- ▸ *nmf* Lehrkraft *f* an der Universität, Akademiker(in) *m(f)* • **université** *nf* Universität *f*

uranium [yranjom] *nm* Uran *nt*

urbain, e [yrbɛ̃, ɛn] *adj* städtisch • **urbanisme** *nm* Städtebau *m* • **urbaniste** *nmf* Stadtplaner(in) *m(f)*

urgence [yrʒɑ̃s] *nf* Dringlichkeit *f*; (*Méd*) Notfall *m*; **d'~** dringend; **en cas d'~** im Notfall; **service des ~s** Unfallstation *f* • **urgent, e** *adj* dringend • **urgentiste** *nmf* Notarzt *m*, Notärztin *f*

urine [yrin] *nf* Urin *m* • **urinoir** *nm* Pissoir *nt*

urne [yrn] *nf* Urne *f*; **aller aux ~s** zur Wahl gehen; **~ funéraire** Urne

URSS [yrs] *sigle f* (*Hist*) (= *Union des Républiques Socialistes Soviétiques*) UdSSR *f*

urticaire [yrtiker] *nf* Nesselsucht *f*

Uruguay [yrygwe] *nm*: **l'~** Uruguay *nt*

us [ys] *nmpl*: **us et coutumes** Sitten und Gebräuche *pl*

USA [yesa] *sigle mpl* (= *United States of America*) USA *pl*

usage [yzaʒ] *nm* Benutzung *f*, Gebrauch *m*; (*coutume*) Sitte *f*; **c'est l'~** das ist (der) Brauch; **faire ~ de** Gebrauch machen von; **à l'~** im Gebrauch; **à l'~ de** zum Gebrauch von, für; **en ~** in Gebrauch; **hors d'~** nicht mehr zu gebrauchen • **usagé, e** *adj* (*usé*) abgenutzt; (*d'occasion*) gebraucht • **usager, -ère** *nm/f* Benutzer(in) *m(f)*

usé, e [yze] *adj* abgenutzt; (*santé, personne*) verbraucht; (*rebattu*) abgedroschen • **user** *vt* abnutzen; (*santé, personne*) mitnehmen; (*consommer*) verbrauchen; **s'user** *vpr* sich abnutzen; (*facultés, santé*) nachlassen

usine [yzin] *nf* Fabrik *f*, Werk *nt*

usité, e [yzite] *adj* gebräuchlich

ustensile [ystɑ̃sil] *nm* Gerät *nt*; **~ de cuisine** Küchengerät *nt*

usuel, le [yzɥɛl] *adj* üblich

usurier, -ière [yzyrje, jɛr] *nm/f* Wucherer *m*, Wucherin *f*

ut [yt] *nm* (*Mus*) C *nt*

utérus [yterys] *nm* Gebärmutter *f*

u

utile [ytil] *adj* nützlich

utilisateur, -trice [ytilizatœr, tris] *nm/f* Benutzer(in) *m(f)*
• **utilisation** *nf* Benutzung *f*
• **utiliser** *vt* benutzen; *(force, moyen)* anwenden; *(restes)* verwenden, verwerten

utilitaire [ytiliter] *adj* Gebrauchs-; *(but)* auf Nützlichkeit ausgerichtet

utilité [ytilite] *nf* Nützlichkeit *f*, Nutzen *m*; **reconnu d'~ publique** staatlich zugelassen

utopie [ytɔpi] *nf* Utopie *f*

V

va [va] *vb voir* **aller**

vacance [vakɑ̃s] *nf (poste)* freie Stelle *f*; **vacances** *nfpl* Ferien *pl*; **les grandes ~s** die großen Ferien; **prendre des/ses ~s (en juin)** (im Juni) Ferien machen; **aller en ~s** in die Ferien fahren; **~s de Noël** Weihnachtsferien *pl*; **~s de Pâques** Osterferien *pl*
• **vacancier, -ière** *nm/f* Urlauber(in) *m(f)*

vacant, e [vakɑ̃, ɑ̃t] *adj (poste, chaire)* frei; *(appartement)* leer stehend, frei

vacarme [vakarm] *nm* Lärm *m*

vaccin [vaksɛ̃] *nm* Impfstoff *m*
• **vaccination** *nf* Impfung *f*
• **vacciner** *vt* impfen

vache [vaʃ] *nf* Kuh *f* ▸ *adj (fam : méchant)* gemein • **vachement** *adv (fam)* unheimlich

vacherin [vaʃʀɛ̃] *nm (fromage)* Art Weichkäse aus dem Jura; **~ glacé** Eismeringue *f* mit Schlagsahne

vaciller [vasije] *vi* schwanken; *(bougie, flamme, lumière)* flackern

vadrouille [vadruj] *nf (fam)* : **être en ~** einen Bummel machen

VAE [veaə] *sigle m* (= *vélo à assistance électrique*) Elektrofahrrad *nt*; (*umg*) E-Bike *nt*

va-et-vient [vaevjɛ̃] *nm inv* Kommen und Gehen *nt*; (*Élec*) Zweiwegschalter *m*

vagabond, e [vagabɔ̃, ɔ̃d] *adj* (*chien*) streunend; (*vie*) unstet; (*peuple*) nomadenhaft; (*imagination, pensées*) umherschweifend ▶ *nm* Vagabund *m*, Landstreicher *m* • **vagabonder** *vi* (*errer*) umherziehen; (*pensées, imagination*) schweifen

vagin [vaʒɛ̃] *nm* Scheide *f*, Vagina *f* • **vaginal, e, -aux** *adj* Scheiden-, vaginal

vague [vag] *nf* Welle *f* ▶ *adj* (*imprécis*) unbestimmt, vage; (*flou*) verschwommen ▶ *nm*: **être/rester dans le ~** im Unklaren sein/bleiben • **vaguement** *adv* vage

vain, e [vɛ̃, vɛn] *adj* vergeblich; **en ~** vergeblich

vaincre [vɛ̃kʀ] *vt* besiegen; (*fig*) überwinden • **vaincu, e** *pp de* **vaincre** ▶ *nm/f* Besiegte(r) *f(m)*

vainement [vɛnmɑ̃] *adv* vergeblich

vainqueur [vɛ̃kœʀ] *nm* Sieger *m*

vaisseau, x [vɛso] *nm* (*Anat*) Gefäß *nt*; **~ sanguin** Blutgefäß *nt*; **~ spatial** Raumschiff *nt*

vaisselle [vɛsɛl] *nf* Geschirr *nt*; (*lavage*) Abwasch *m*; **faire la ~** (*das*) Geschirr spülen, abwaschen

val [val] (*pl* **vaux** *ou* **vals**) *nm* : **par monts et (par) vaux** über Berg und Tal

valable [valabl] *adj* gültig; (*motif, excuse, solution*) annehmbar

Valais [valɛ] *nm* : **le ~** das Wallis

valet [valɛ] *nm* Diener *m*

valeur [valœʀ] *nf* Wert *m*; (*titre*) Wertpapier *nt*; **valeurs** *nfpl* (*morales*) (sittliche) Werte *pl*; **mettre en ~** (*fig*) zur Geltung bringen; **sans ~** wertlos

valide [valid] *adj* gesund; (*passeport, billet*) gültig • **valider** *vt* für gültig erklären • **validité** *nf* Gültigkeit *f*

valise [valiz] *nf* Koffer *m*; **faire sa ~** (den Koffer) packen

vallée [vale] *nf* Tal *nt*

valoir [valwaʀ] *vi* (*un certain prix*) wert sein; (*être valable*) taugen ▶ *vt* (*équivaloir à*) so gut sein wie; (*causer, procurer*): **~ qch à qn** jdm etw einbringen; **se valcir** *vpr* gleichwertig sein; **~ la peine** sich lohnen; **ça ne vaut rien** das taugt nichts; **~ cher** teuer sein

valoriser [valɔʀize] *vt* aufwerten

valse [vals] *nf* Walzer *m*

valve [valv] *nf* Ventil *nt*

vampire [vɑ̃piʀ] *nm* Vampir *m*

vandale [vɑ̃dal] *nmf* Vandale *m*, Vandalin *f* • **vandalisme** *nm* Vandalismus *m*

vanille [vanij] *nf* Vanille *f*; **glace/crème à la ~** Vani leeis *nt/* Vanillecreme *f*

vanité [vanite] *nf* (*inutilité*) Vergeblichkeit *f*, Nutzlosigkeit *f*; (*orgueil*) Eitelkeit *f*, Einbildung *f* • **vaniteux, -euse** *adj* eitel, eingebildet

vanity-case [vanitikɛz] (*pl* **vanity-cases**) *nm* Kosmetikkoffer *m*

vannerie [vanʀi] nf (fabrication)
Korbmacherei f; (objets)
Korbwaren pl

vantard, e [vɑ̃taʀ, aʀd] adj
angeberisch

vanter [vɑ̃te] vt (an)preisen; **se
vanter** vpr (péj) angeben; **se ~ de
qch** sich einer Sache gén rühmen;
(péj) mit etw angeben

vapeur [vapœʀ] nf Dampf m;
machine/locomotive à ~
Dampfmaschine f/-lokomotive f

vaporeux, -euse [vapɔʀø, øz]
adj (lumière) dunstig; (tissu) duftig

vaporisateur [vapɔʀizatœʀ]
nm Zerstäuber m • **vaporiser** vt
(Chim) verdampfen; (parfum etc)
zerstäuben

varappe [vaʀap] nf Felsklettern
nt

vareuse [vaʀøz] nf (de marin)
Matrosenbluse f; (d'uniforme)
Uniformjacke f

variable [vaʀjabl] adj
veränderlich; (divers) verschieden

variante [vaʀjɑ̃t] nf Variante f

variateur [vaʀjatœʀ] nm : **~ de
lumière** Dimmer m

variation [vaʀjasjɔ̃] nf
Variation f; **variations** nfpl
Schwankungen pl

varice [vaʀis] nf Krampfader f

varicelle [vaʀisɛl] nf
Windpocken pl

varié, e [vaʀje] adj (divers)
abwechslungsreich; (non
monotone) unterschiedlich
• **varier** vi (temps, humeur) sich
ändern; (être divers)
unterschiedlich sein; (changer
d'avis) seine Meinung ändern;
(différer d'opinion) verschiedener

Meinung sein ▶ vt (diversifier)
variieren

variété [vaʀjete] nf
Abwechslungsreichtum m; (type)
Spielart f; **spectacle/émission
de ~** Varietéstück nt/
-programm nt

variole [vaʀjɔl] nf Pocken pl

vase [vaz] nm Vase f ▶ nf Schlamm
m, Morast m

vaseux, -euse [vazø, øz] adj
schlammig; (raisonnement)
schwammig; (fatigué) schlapp

vasistas [vazistas] nm kleines
Oberlicht nt

vaste [vast] adj weit;
(connaissances, expérience)
umfangreich, groß

Vatican [vatikɑ̃] nm : **le ~** der
Vatikan

Vaud [vo] Waadt f

vaudeville [vod(ə)vil] nm
Lustspiel nt

vaurien, ne [voʀjɛ̃, jɛn] nm/f
(fam) Satansbraten m

vaut [vo] vb voir **valoir**

vautour [votuʀ] nm Geier m

vautrer [votʀe] : **se vautrer** vpr
sich (herum)wälzen; (dans le vice)
sich suhlen

VDQS [vedekyɛs] abr m (= vin
délimité de qualité supérieure)
Qualitätswein

veau, x [vo] nm Kalb nt; (peau)
Kalbsleder m

vécu, e [veky] pp de **vivre**

vedette [vədɛt] nf Star m; (canot)
Motorboot nt

végétal, e, -aux [veʒetal, o] adj
Pflanzen-; (graisse, teinture)
pflanzlich ▶ nm Pflanze f

végétalien, ne [veʒetaljɛ̃, jɛn] nm/f Veganer(in) m(f)

végétalisé, e [veʒetalize] adj : **toit ~** begrüntes Dach nt, Gründach nt; **mur ~** begrünte Wand f, Grünwand f

végétalisme [veʒetalism] nm strenger Vegetarismus m

végétarien, ne [veʒetarjɛ̃, jɛn] adj vegetarisch ▶ nm/f Vegetarier(in) m(f)

végétarisme [veʒetarism] nm Vegetarismus m

végétation [veʒetasjɔ̃] nf Vegetation f; **végétations** nfpl Polypen pl

véhément, e [veemɑ̃, ɑ̃t] adj heftig

véhicule [veikyl] nm Fahrzeug nt; (fig) Mittel nt

veille [vɛj] nf (garde) Wache f; (Psych) Wachzustand m; **la ~** (jour) der Vortag, der Tag davor; (quand?) am Vortag; **la ~ de** der Tag vor; (quand?) am Tag vor; **à la ~ de ~** am Vorabend +gén; **l'état de ~** der Wachzustand

veillée [veje] nf : **~ funèbre** Totenwache f

veiller [veje] vi wachen; **~ à** (s'occuper de) sich kümmern um

veilleur [vejœr] nm : **~ de nuit** Nachtwächter m

veilleuse [vejøz] nf (lampe) Nachtlicht nt; **en ~** (fig) auf Sparflamme

veine [vɛn] nf (Anat) Vene f; (filon minéral) Ader f

Velcro® [vɛlkro] nm : **fermeture ~** Klettverschluss m

véliplanchiste [veliplɑ̃ʃist] nmf Windsurfer(in) m(f)

vélo [velo] nm Fahrrad nt; **faire du ~** Rad fahren; **~ de course** Rennrad nt; **~ tout terrain** Mountainbike nt

vélocité [velɔsite] nf Geschwindigkeit f

vélodrome [velodrom] nm Radrennbahn f

vélomoteur [velɔmɔtœr] nm Mofa nt

véloski [veloski] nm Skibob m

velours [v(ə)luʀ] nm Samt m; **~ côtelé** Cordsamt m

velouté, e [vəlute] adj samtig; (au goût) cremig ▶ nm : **~ d'asperges/de tomates** Spargel-/Tomatencremesuppe f

velu, e [vəly] adj haarig

vénal, e, -aux [venal, o] adj bestechlich, käuflich

vendange [vɑ̃dɑ̃ʒ] nf Weinlese f • **vendanger** vi Wein lesen ▶ vt lesen

vendeur, -euse [vɑ̃dœr, øz] nm/f Verkäufer(in) m(f) • **vendre** vt verkaufen

vendredi [vɑ̃dʀədi] nm Freitag m; **~ saint** Karfreitag m; voir aussi **lundi**

vendu, e [vɑ̃dy] adj gekauft

vénéneux, -euse [venenø, øz] adj giftig

vénérable [venerabl] adj ehrwürdig

vénérer [venere] vt (Rel) verehren; (maître, traditions) ehren

Venezuela [venezɥela] nm : **le ~** Venezuela nt

vengeance [vɑ̃ʒɑ̃s] nf Rache f • **venger** vt rächen; (affront) sich rächen für; **se venger** vpr sich rächen; **se ~ sur qch/qn** sich an etw/jdm rächen

v

venimeux, -euse [vənimø, øz] *adj* giftig

venin [vənɛ̃] *nm* Gift *nt*; (*fig*) Bosheit *f*

venir [v(ə)niʀ] *vi* kommen; **~ de** kommen von; **je viens d'y aller/de le voir** ich bin gerade dorthin gegangen/ich habe ihn gerade gesehen; **les années/générations à ~** die kommenden Jahre/Generationen; **faire ~ qn** jdn kommen lassen

Venise [vəniz] Venedig *nt*

vent [vã] *nm* Wind *m*; **avoir le ~ debout** *ou* **en face/arrière** *ou* **en poupe** Gegenwind *m*/Rückenwind *m* haben

vente [vãt] *nf* Verkauf *m*; **~ aux enchères** Versteigerung *f*; **~ par correspondance** Versandhandel *m*

venteux, -euse [vãtø, øz] *adj* windig

ventilateur [vãtilatœʀ] *nm* Ventilator *m*

ventilation [vãtilasjɔ̃] *nf* Belüftung *f*; (*installation*) Lüftung *f*; (*Comm*) Aufschlüsselung *f*
• **ventiler** *vt* belüften; (*répartir*) aufgliedern

ventouse [vãtuz] *nf* (*Méd*) Schröpfkopf *m*; (*de caoutchouc*) Saugnapf *m*; (*pour déboucher*) Saugglocke *f*; (*Zool*) Saugnapf *m*

ventre [vãtʀ] *nm* Bauch *m*

ventriloque [vãtʀilɔk] *nmf* Bauchredner(in) *m(f)*

venu, e [v(ə)ny] *pp de* **venir** ▶ *nf* (*arrivée*) Ankunft *f* ▶ *adj* : **être mal ~ de faire qch** keinen Grund *ou* keine Ursache haben, etw zu tun

ver [vɛʀ] *nm* Wurm *m*; **~ à soie** Seidenraupe *f*; **~ blanc** Made *f*; **~ de terre** Regenwurm *m*; **~ luisant** Glühwürmchen *nt*; **~ solitaire** Bandwurm *m*

véracité [veʀasite] *nf* Wahrhaftigkeit *f*

verbal, e, -aux [vɛʀbal, o] *adj* (*oral*) mündlich; (*Ling*) verbal

verbe [vɛʀb] *nm* Verb *nt*

verdâtre [vɛʀdɑtʀ] *adj* grünlich

verdeur [vɛʀdœʀ] *nf* (*vigueur*) Vitalität *f*; (*crudité*) Derbheit *f*; (*de fruit, vin*) Unreife *f*

verdict [vɛʀdik(t)] *nm* Urteil *nt*

verdure [vɛʀdyʀ] *nf* (*arbres, feuillages*) Laub *nt*

verge [vɛʀʒ] *nf* (*Anat*) Penis *m*, Glied *nt*

verger [vɛʀʒe] *nm* Obstgarten *m*

verglacé, e [vɛʀglase] *adj* vereist
• **verglas** *nm* Glatteis *nt*

vergogne [vɛʀgɔɲ] *nf* : **sans ~** schamlos

véridique [veʀidik] *adj* (*témoin*) ehrlich; (*récit*) wahrheitsgemäß

vérification [veʀifikasjɔ̃] *nf* Überprüfung *f* • **vérifier** *vt* überprüfen; (*hypothèse*) verifizieren; **se vérifier** *vpr* sich bewahrheiten

véritable [veʀitabl] *adj* echt; (*nom, identité, histoire*) wahr

vérité [veʀite] *nf* Wahrheit *f*; (*sincérité*) Aufrichtigkeit *f*; **en ~, à la ~** in Wirklichkeit

vermeil, le [vɛʀmɛj] *adj* karminrot

vermicelles [vɛʀmisɛl] *nmpl* Fadennudeln *pl*

vermine [vɛʀmin] *nf* Ungeziefer *nt*

vermoulu, e [vɛʀmuly] *adj*
wurmstichig

vermout, vermouth [vɛʀmut]
nm Wermut *m*

verni, e [vɛʀni] *adj* lackiert;
souliers ~s Lackschuhe *pl*
• **vernir** *vt* lackieren • **vernis** *nm*
Lack *m*; **~ à ongles** Nagellack *m*

vernissage [vɛʀnisaʒ] *nm (d'une
exposition)* Vernissage *f*; *(d'un
tableau etc)* Lackieren *nt*

vérole [veʀɔl] *nf (aussi :* **petite
vérole**) Pocken *pl*

verre [vɛʀ] *nm* Glas *nt*; **boire** *ou*
prendre un ~ etwas trinken
gehen • **verrière** *nf (grand vitrage)*
großes Fenster *nt*; *(toit vitré)*
Glasdach *nt*

verrou [veʀu] *nm* Riegel *m*
• **verrouillage** *nm* Verriegelung *f*;
(Inform) Sperren *nt*; **~ central**
Zentralverriegelung *f*
• **verrouiller** *vt (porte)* verriegeln

verrue [veʀy] *nf* Warze *f*

vers¹ [vɛʀ] *nm* Vers *m* ▶ *nmpl*
Gedichte *pl*

vers² [vɛʀ] *prép (en direction de)* in
Richtung auf +*acc*; *(près de, dans
les environs de)* in der Nähe von;
(temporel) gegen, etwa um

versant [vɛʀsɑ̃] *nm* Abhang *m*

versatile [vɛʀsatil] *adj*
unbeständig, wankelmütig

verse [vɛʀs] *nf* : **il pleut à ~** es
gießt in Strömen

Verseau [vɛʀso] *nm* : **le ~**
Wassermann *m*

versement [vɛʀsəmɑ̃] *nm
(paiement)* Zahlung *f*; *(sur un
compte)* Einzahlung *f*

verser [vɛʀse] *vt (liquide, grains)*
schütten; *(servir)* gießen; *(argent :*

à qqn) zahlen; *(: sur un compte)*
einzahlen

verset [vɛʀse] *nm (Rel)* Vers *m*

version [vɛʀsjɔ̃] *nf* Version *f*;
(traduction) Übersetzung *f (aus der
Fremdsprache)*; **film en ~
originale** Film *m* in
Originalfassung

verso [vɛʀso] *nm* Rückseite *f*;
voir au ~ siehe Rückseite

vert, e [vɛʀ, vɛʀt] *adj* grün;
(écologique : croissance, économie)
grün; *(personne)* rüstig; *(cru, âpre)*
derb

vert-de-gris [vɛʀdəgʀi] *nm inv*
Grünspan *m*

vertébral, e, -aux [vɛʀtebʀal, o]
adj : **colonne ~e** Wirbelsäule *f*
• **vertèbre** *nf (Rücken)* wirbel *m*

vertébré, e [vɛʀtebʀe] *adj*
Wirbel-; **vertébrés** *nmpl*
Wirbeltiere *pl*

vertement [vɛʀtəmɑ̃] *adv* scharf

vertical, e, -aux [vɛʀtikal, o]
adj vertikal, senkrecht

vertige [vɛʀtiʒ] *nm* : **j'ai le ~** ich
bin nicht schwindelfrei; **j'ai des
~s** mir ist schwindlig
• **vertigineux, -euse** *adj*
schwindelerregend

vertu [vɛʀty] *nf (propriété)*
Eigenschaft *f*; *(opposé à vice)*
Tugend *f*; **en ~ de** kraft +*gén*
• **vertueux, -euse** *adj*
tugendhaft

verveine [vɛʀvɛn] *nf* Eisenkraut
nt; *(infusion)* Eisenkrauttee *m*

vessie [vesi] *nf (Harn)* blase *f*

veste [vɛst] *nf* Jacke *f*

vestiaire [vɛstjɛʀ] *nm (au théâtre
etc)* Garderobe *f*; *(Sport etc)*
Umkleideraum *m*

v

vestibule [vɛstibyl] *nm* Diele *f*;
(*d'hôtel, temple etc*) Vorhalle *f*

vestige [vɛstiʒ] *nm* (*objet*)
Überrest *m*; (*fragment*) Spur *f*

veston [vɛstɔ̃] *nm* Jacke *f*

vêtement [vɛtmɑ̃] *nm*
Kleidungsstück *nt*; **vêtements**
nmpl (*habits*) Kleider *pl*

vétérinaire [veteʀinɛʀ] *nmf*
Tierarzt *m*, Tierärztin *f*

vêtir [vetiʀ] *vt* anziehen; **se vêtir**
vpr sich anziehen

veuf, veuve [vœf, vœv] *adj*
verwitwet ▶ *nm* Witwer *m* ◀ *nf*
Witwe *f*

vexations [vɛksasjɔ̃] *nfpl*
Demütigungen *pl*

vexer [vɛkse] *vt* beleidigen; **se
vexer** *vpr* beleidigt sein

VF [veɛf] *sigle f* (= *version française*)
in französischer Sprache

viable [vjabl] *adj* (*enfant*)
lebensfähig; (*entreprise*)
durchführbar

viaduc [vjadyk] *nm* Viadukt *m ou nt*

viagra® [vjagʀa] *nm* Viagra® *nt*

viande [vjɑ̃d] *nf* Fleisch *nt*

vibrant, e [vibʀɑ̃, ɑ̃t] *adj*
vibrierend; (*fig : de colère*) bebend

vibration [vibʀasjɔ̃] *nf*
Schwingung *f*, Vibration *f* • **vibrer**
vi schwingen, vibrieren ▶ *vt* (*Tech :
béton*) schütteln; **faire ~** zum
Schwingen bringen; (*personne,
auditoire*) mitreißen, fesseln

vice¹ [vis] *nm* Laster *nt*

vice² [vis] *préf* Vize- • **vice-
président, e** (*pl* **vice-présidents,
es**) *nm/f* Vizepräsident *m*

vice-versa [visevɛʀsa] *adv*
umgekehrt

vicieux, -euse [visjø, jøz] *adj*
pervers; (*fautif*) inkorrekt, falsch

vicinal, e, -aux [visinal, o] *adj* :
chemin ~ Gemeindeweg *m*,
Gemeindestraße *f*

victime [viktim] *nf* Opfer *nt*

victoire [viktwaʀ] *nf* Sieg *m*
• **victorieux, -euse** *adj* siegreich;
(*sourire, attitude*) triumphierend

vidange [vidɑ̃ʒ] *nf* (*Auto*)
Ölwechsel *m*; **vidanges** *nfpl*
(*matières*) Abwässer *pl*
• **vidanger** *vt* entleeren; **faire ~
la voiture** einen Ölwechsel
machen lassen

vide [vid] *adj* leer; **~ de** ohne;
emballé sous ~ vakuumverpackt;
à ~ (*Tech*) im Leerlauf
• **vide-ordures** *nm inv*
Müllschlucker *m*

vidéo [video] *nf* Video *nt* ▶ *adj inv*
Video- • **vidéocassette** *nf*
Videokassette *f* • **vidéoclip** *nm*
Videoclip *m* • **vidéoconférence**
nf Videokonferenz *f*

vidéosurveillance
[videosyʀvɛjɑ̃s] *nf*
Videoüberwachung *f*
• **vidéothèque** *nf* Videothek *f*

vider [vide] *vt* (*récipient*)
(aus)leeren; (*salle, lieu*) räumen;
se vider *vpr* sich leeren

videur [vidœʀ] *nm* (*de boîte de
nuit*) Rausschmeißer *m*

vie [vi] *nf* Leben *nt*; **sans ~** leblos

vieillard [vjejaʀ] *nm* alter Mann
m; **les vieillards** *nmpl* die alten
Leute *pl* • **vieilleries** *nfpl* alte
Sachen *pl*; (*fig*) alter Kram *m*
• **vieillesse** *nf* Alter *nt* • **vieillir** *vi*
alt werden; (*se flétrir*) altern;
(*institutions, doctrine*) veralten

(vin, alcool) reifen ▶ *vt* alt machen
• **vieillissement** *nm* Altern *nt*

Vienne [vjɛn] Wien *m*
• **viennois, e** *adj* wienerisch

vierge [vjɛʀʒ] *adj* jungfräulich;
(casier judiciaire) ohne Vorstrafen
▶ *nf* Jungfrau *f*; **être de la V~**
(Astrol) Jungfrau sein

Viêt-Nam, Vietnam [vjɛtnam]
nm : **le ~** Vietnam *nt*

vietnamien, ne [vjɛtnamjɛ̃,
jɛn] *adj* vietnamesisch

vieux, vieil, vieille [vjø, vjɛj]
adj alt ▶ *nm/f* Alte(r) *f(m)*; **vieille
fille** alte Jungfer *f*; **~ garçon**
Junggeselle *m*; **~ jeu** altmodisch;
~ rose altrosa

vif, vive [vif, viv] *adj (animé)*
lebhaft; *(alerte)* rege, wach;
(emporté) aufbrausend; *(lumière,
couleur)* grell; *(froid)* schneidend;
(sentiment) tief; **de vive voix**
mündlich ▶ *nm* : **toucher** *ou*
piquer qn au ~ jdn tief treffen

vigilant, e [viʒilɑ̃, ɑ̃t] *adj*
wachsam

vigne [viɲ] *nf (plante)* Weinstock
m; *(plantation)* Weinberg *m*;
~ vierge Wilder Wein *m*
• **vigneron** *nm* Winzer *m*

vignette [viɲɛt] *nf* Vignette *f*;
(Auto) ≈ Kfz-Steuerplakette *f*;
(sur médicament) Gebührenmarke *f*
*(auf Medikamenten, die bei Vorlage
von der Krankenkasse ersetzt
werden)*

vignoble [viɲɔbl] *nm (plantation)*
Weinberg *m*; *(vignes d'une région)*
Weinberge *pl*

vigoureux, -euse [viguʀø, øz]
adj kräftig; *(style, dessin)* kraftvoll
• **vigueur** *nf* Kraft *f*, Stärke *f*; *(fig)*

Ausdruckskraft *f*; **selon la loi en ~**
nach dem geltenden Gesetz

vil, e [vil] *adj* abscheulich,
gemein; **à ~ prix** spottbillig

vilain, e [vilɛ̃, ɛn] *adj (laid)*
hässlich; *(enfant)* ungezogen;
~ mot Grobheit *f*

villa [villa] *nf* Villa *f*

village [vilaʒ] *nm* Dorf *nt*; **~ de
vacances** Feriendorf *nt*
• **villageois, e** *adj* ländlich ▶ *nm/f*
Dorfbewohner(in) *m(f)*

ville [vil] *nf* Stadt *f*

vin [vɛ̃] *nm* Wein *m*; **~ blanc**
Weißwein *m*; **~ de pays** Landwein
m; **~ rosé** Rosé(wein) *m*; **~ rouge**
Rotwein *m*

vinaigre [vinɛgʀ] *nm* Essig *m*
• **vinaigrette** *nf* Vinaigrette *f*,
Salatsoße *f*

vindicatif, -ive [vɛ̃dikatif, iv]
adj rachsüchtig

vingt [vɛ̃] *nm* Wein *m*; **~ et un**
einundzwanzig • **vingtaine** *nf* :
une ~ (de) etwa zwanzig • **vingt-
deux** *num* zweiundzwanzig

vingt-quatre [vɛ̃tkatʀ] *num* :
~ heures sur ~ rund um die Uhr

vinicole [vinikɔl] *adj* Weinbau-

vinyle [vinil] *nm* Vinyl *nt*

viol [vjɔl] *nm (d'une femme)*
Vergewaltigung *f*

violation [vjɔlasjɔ̃] *nf* : **~ de
sépulture** Grabschändung *f*

violemment [vjɔlamɑ̃] *adv*
(brutalement) brutal

violence [vjɔlɑ̃s] *nf* Gewalt *f*;
(de personne) Gewalttätigkeit *f*,
Brutalität *f*; **~ conjugale**
häusliche Gewalt zwischen
Partnern • **violent, e** *adj*
(personne, instincts) gewalttätig;

v

(*langage*) brutal; (*choc, effort, bruit, vent*) gewaltig; (*colère, besoin, désir*) heftig ▸ **violer** vt (*femme*) vergewaltigen; (*lieu, sépulture*) schänden; (*loi, traité, secret, serment*) brechen

violet, te [vjɔlɛ, ɛt] adj violett ▸ nm Violett nt ▸ **violette** nf Veilchen nt

violon [vjɔlɔ̃] nm Geige f

violoncelle [vjɔlɔ̃sɛl] nm Cello nt • **violoncelliste** nmf Cellist(in) m(f)

violoniste [vjɔlɔnist] nmf Geiger(in) m(f)

vipère [vipɛʀ] nf Viper f

virage [viʀaʒ] nm Kurve f

viral, e, -aux [viʀal, o] adj Virus-; (*fig: Internet*) viral

virée [viʀe] nf Spritztour f; (*à pied*) Bummel m

virement [viʀmɑ̃] nm (*Fin*) Überweisung f; • **bancaire** Banküberweisung f; • **postal** Postüberweisung f • **virer** vt (*changer de direction*) überweisen ▸ vi (*changer de direction*) wenden, umdrehen

virgule [viʀgyl] nf Komma nt

viril, e [viʀil] adj männlich • **virilité** nf Männlichkeit f

virtuel, le [viʀtɥɛl] adj virtuell; (*potentiel*) potenziell

virtuose [viʀtɥoz] nmf Virtuose m, Virtuosin f

virtuosité [viʀtɥozite] nf Virtuosität f

virulent, e [viʀylɑ̃, ɑ̃t] adj (*microbe, poison*) bösartig; (*satire, critique*) geharnischt, scharf

virus [viʀys] nm Virus m ou nt; • **informatique** (Computer)virus m ou nt

vis [vis] vb voir **voir**; voir **vivre** ▸ nf Schraube f; • **à tête plate**

Flachkopfschraube f; • **à tête ronde** Rundkopfschraube f; • **platinées** (*Auto*) Kontakte pl; • **sans fin** Endlosschraube f

visa [viza] nm (*sceau*) Stempel m; (*dans passeport*) Visum nt

visage [vizaʒ] nm Gesicht nt

vis-à-vis [vizavi] adv gegenüber ▸ nm inv Gegenüber nt; • **de** gegenüber von; (*en comparaison de*) im Vergleich zu; **en** ~ gegenüberliegend

viscose [viskɔz] nf Viskose f

viser [vize] vi zielen ▸ vt (*objectif, cible*) anpeilen; (*carrière etc*) anstreben; (*apposer un visa sur*) mit einem Sichtvermerk versehen; • **à qch** auf etw acc hinzielen

viseur [vizœʀ] nm (*Photo*) Sucher m

visibilité [vizibilite] nf Sicht f • **visible** adj sichtbar; (*évident*) sichtlich • **visiblement** adv (*ostensiblement*) sichtlich, sichtbar; (*manifestement*) offensichtlich

visière [vizjɛʀ] nf (*Mützen*)schirm m

vision [vizjɔ̃] nf (*sens*) Sehvermögen nt; (*image mentale : conception*) Vorstellung f, Bild nt; (*apparition*) Halluzination f

visite [vizit] nf Besuch m; (*touristique, d'inspection*) Besichtigung f; (*Méd : à domicile*) Hausbesuch m; (*consultation*) Visite f; **faire une** ~ ou **rendre** ~ **à qn** jdn besuchen; **être en** ~ (**chez qn**) (bei jdm) zu Besuch sein • **visiter** vt (*prisonniers, malades*) besuchen; (*musée, ville*) besichtigen • **visiteur, -euse** nm/f Besucher(in) m(f)

visqueux, -euse [viskø, øz] *adj* zähflüssig; *(surface)* glitschig

visser [vise] *vt* festschrauben

visualisation [vizɥalizasjɔ̃] *nf* : **écran de ~** Bildschirm *m*

visuel, le [vizɥɛl] *adj* visuell; **champ ~** Gesichtsfeld *nt* ▶ *nm* (*Inform*) Display *nt*

vital, e, -aux [vital, o] *adj* Lebens-; *(indispensable)* lebensnotwendig • **vitalité** *nf* *(d'une personne)* Vitalität *f*; *(d'une entreprise, région)* Dynamik *f*

vitamine [vitamin] *nf* Vitamin *nt*

vite [vit] *adv* schnell • **vitesse** *nf* Geschwindigkeit *f*; *(Auto : dispositif)* Gang *m*; **à toute ~** mit Volldampf; **~ de croisière** Reisegeschwindigkeit *f*

viticole [vitikɔl] *adj* Weinbau- • **viticulteur** *nm* Weinbauer *m* • **viticulture** *nf* Weinbau *m*

vitrage [vitraʒ] *nm (cloison)* Glaswand *f*; *(toit)* Glasdach *nt*

vitrail, -aux [vitraj, o] *nm* buntes Kirchenfenster *nt*; *(technique)* Glasmalerei *f*

vitre [vitʀ] *nf* Fensterscheibe *f*; *(Auto)* Scheibe *f*

vitrier [vitʀije] *nm* Glaser *m*

vitrine [vitʀin] *nf* Schaufenster *nt*; *(petite armoire)* Vitrine *f*; **en ~** im Schaufenster

vivable [vivabl] *adj (personne)* verträglich; *(endroit)* bewohnbar

vivace [vivas] *adj* widerstandsfähig; *(haine)* tief verwurzelt; **plante ~** mehrjährige Pflanze

vivacité [vivasite] *nf* Lebhaftigkeit *f*

vivant, e [vivɑ̃, ɑ̃t] *adj* ebendig; *(langue)* lebend ▶ *nm* : **du ~ de qn** zu jds Lebzeiten

vivats [viva] *nmpl* Hochrufe *pl*

vive [viv] *excl* : **~ le roi/la république !** es lebe der König/die Republik!; **~ les vacances/la liberté !** ein Hoch auf die Ferien/ die Freiheit!

vivement [vivmɑ̃] *adv (brusquement)* brüsk; *(regretter, s'intéresser)* sehr ▶ *excl* : **~ qu'il s'en aille !** wenn er doch nur ginge!

vivier [vivje] *nm (réservoir)* Fischtank *m*; *(étang)* Fischteich *m*

vivifiant, e [vivifjɑ̃, jɑ̃t] *adj* erfrischend; *(fig)* anregend

vivisection [viviseksjɔ̃] *nf* Vivisektion *f*

vivre [vivʀ] *vi* leben ▶ *vt* erleben; *(une certaine vie)* führen; **vivres** *nmpl (nourriture)* Verpflegung *f*; **faire ~ qn** jdn ernähren

vlan [vlɑ̃] *excl* peng

VO [veo] *sigle f* (= *version originale*) OF *(Originalfassung f)*

vocabulaire [vɔkabylɛʀ] *nm* Wortschatz *m*; *(livre)* Wörterverzeichnis *nt*

vocation [vɔkasjɔ̃] *nf* Berufung *f*; **avoir la ~ de l'enseignement** sich zum Lehrer berufen fühlen

vodka [vɔdka] *nf* Wodka *m*

vœu, x [vø] *nm (souhait)* Wunsch *m*; *(à Dieu)* Gelübde *nt*; **faire ~ de faire qch** geloben, etw zu tun; **~x de bonheur** Glückwünsche *pl*; **~x de bonne année** Glückwünsche zum neuen Jahr

vogue [vɔg] *nf* : **en ~** in Mode, in

voici [vwasi] *prép* hier ist/sind; **~ mon bureau/des fleurs** hier ist

voie 390

mein Büro/sind Blumen; **il est parti ~ trois ans** nun sind es drei Jahre, seit er weggegangen ist; **me ~** da ou hier bin ich

voie [vwa] *nf* Weg *m*; (*Rail*) Gleis *nt*; **route à deux/trois ~s** zwei-/dreispurige Fahrbahn *f*; **~ ferrée** Schienenweg *m*; **la ~ lactée** die Milchstraße *f*

voilà [vwala] *prép* da ist/sind; **~ le livre/les livres que vous cherchiez** da ist das Buch/da sind die Bücher, die Sie gesucht haben; **les ~** da sind sie; **~ deux ans que** nun sind es zwei Jahre, dass; **~ tout** das ist alles, das wärs; **~ !** (*en apportant qch*) hier, bitte

voile [vwal] *nm* Schleier *m*; (*Photo : défaut*) dunkler Schleier ▶ *nf* (*de bateau*) Segel *nt*; (*sport*) Segeln *nt* • **voiler** *vt* verschleiern; **se voiler** *vpr* (*regard, ciel*) sich trüben; (*roue, disque*) sich verbiegen; **se ~ la face** sein Gesicht verhüllen

voilier [vwalje] *nm* Segelschiff *nt*; (*plus petit*) Segelboot *nt*

voir [vwaʁ] *vi* sehen; (*comprendre*) verstehen ▶ *vt* sehen; (*être témoin de*) erleben; (*fréquenter*) verkehren mit; **se voir** *vpr* : **~ que/comme** sehen, dass/wie; **faire ~ qch à qn** jdm etw zeigen; **voyons !** na, hör/hört mal!

voire [vwaʁ] *adv* ja sogar

voisin, e [vwazɛ̃, in] *adj* (*proche*) benachbart; (*ressemblant*) nah verwandt ▶ *nm/f* Nachbar(in) *m(f)* • **voisinage** *nm* (*proximité*) Nähe *f*; (*quartier, voisins*) Nachbarschaft *f*

voiture [vwatyʁ] *nf* Wagen *m*, Auto *nt*; (*wagon*) Wagen *m*; **en ~ !** alles einsteigen!; **~ d'enfant**

Kinderwagen *m*; **~ d'occasion** Gebrauchtwagen *m*; **~ de location** Mietwagen *m* • **voiture-lit** (*pl* **voitures-lits**) *nf* Schlafwagen *m* • **voiture-restaurant** (*pl* **voitures-restaurants**) *nf* Speisewagen *m*

voix [vwa] *nf* Stimme *f*; **à haute ~** laut, mit lauter Stimme; **à basse ~** leise, mit leiser Stimme

vol¹ [vɔl] *nm* Flug *m*; **à ~ d'oiseau** (in der) Luftlinie; **en ~** im Flug; **attraper qch au ~** etw im Flug erwischen; **~ à voile** Segelflug *m*; **~ libre** (*Sport*) Drachenfliegen *nt*; **~ plané** Gleitflug *m*

vol² [vɔl] *nm* (*délit*) Diebstahl *m*; **~ à l'étalage** Ladendiebstahl *m*; **~ de données** Datendiebstahl *m*

volaille [vɔlaj] *nf* Geflügel *nt*

volant, e [vɔlã, ãt] *adj* fliegend; (*feuille*) lose; (*personnel*) Flug- ▶ *nm* (*Auto*) Lenkrad *nt*; (*Tech : de commande*) Steuer(rad) *nt*; (*balle*) Federball *m*

volatil, e [vɔlatil] *adj* flüchtig

volatiliser [vɔlatilize] : **se ~** *vpr* (*Chim*) sich verflüchtigen; (*fig*) sich in Luft auflösen

vol-au-vent [vɔlovã] *nm inv* Königspastete *f*

volcan [vɔlkã] *nm* Vulkan *m* • **volcanique** *adj* vulkanisch

volée [vɔle] *nf* (*d'oiseaux*) Schwarm *m*; **rattraper qch à la ~** etw im Flug erwischen; **à toute ~** mit voller Kraft

voler [vɔle] *vi* fliegen; (*voleur*) stehlen; (*aller vite*) eilen ▶ *vt* (*dérober*) stehlen

volet [vɔle] *nm* (*de fenêtre*) Fensterladen *m*; (*Aviat : sur l'aile*)

Landeklappe f; (fig: d'un plan etc) Teil m

voleur, -euse [vɔlœʀ, øz] nm/f Dieb(in) m(f) ▸ adj diebisch

volley [vɔlɛ], **volley-ball** [vɔlɛbol] nm Volleyball m

volontaire [vɔlɔ̃tɛʀ] adj freiwillig; (décidé) entschlossen ▸ nm/f Freiwillige(r) f(m)

• **volontairement** adv freiwillig; (exprès) absichtlich

volonté [vɔlɔ̃te] nf Wille m; (fermeté) Willenskraft f; **à ~** nach Belieben; **les dernières ~s de qn** jds letzter Wille

volontiers [vɔlɔ̃tje] adv gern

volt [vɔlt] nm Volt nt

voltage [vɔltaʒ] nm Spannung f; (d'un appareil) Voltzahl f

volume [vɔlym] nm Volumen nt, Rauminhalt m; (quantité, importance) Umfang m; (intensité) Lautstärke f; (livre) Band m

• **volumineux, -euse** adj umfangreich; (courrier etc) reichlich

voluptueux, -euse [vɔlyptɥø, øz] adj wollüstig, sinnlich

vomir [vɔmiʀ] vi brechen, erbrechen ▸ vt spucken, speien

• **vomissement** nm Erbrechen nt

vorace [vɔʀas] adj gefräßig; (fig) unersättlich

vos [vo] adj possessif voir **votre**

Vosges [voʒ] nfpl: **les ~** die Vogesen pl

VOST [veɔɛste] sigle f (= version originale sous-titrée) OmU (= Original mit Untertiteln)

vote [vɔt] nm (consultation) Abstimmung f; (suffrage) Stimme f; (élection) Wahl f • **voter** vi

abstimmen; (élection) wählen ▸ vt (loi, décision) annehmen

votre [vɔtʀ] adj possessif euer/eu(e)re; (forme de politesse) Ihr(e); **vos** eure; (forme de politesse) Ihre

vôtre [votʀ] pron: **le/la ~** eure(r, s); (forme de politesse) Ihre(r, s); **les ~s** eure; (forme de politesse) Ihre; **à la ~!** (toast) auf euer/Ihr Wohl!

vouer [vwe] vt (Rel) weihen; (vie, temps) widmen; **se vouer** vpr: **se ~ à** sich widmen +dat; **~ une haine/amitié éternelle à qn** jdm ewigen Hass/ewige Freundschaft schwören

---

vouloir [vulwaʀ]

▸ vi, vt **1** (exiger) wollen; **~ faire qch** etw tun wollen; **~ que qn fasse qch** wollen, dass jd etw tut; **que me veut-il?** was will er von mir?; **sans le ~** unabsichtlich; **je voudrais ceci** ich möchte das; **je voudrais faire qch** ich möchte etw tun

2 (désirer) wollen, mögen; **voulez-vous du thé?** möchten Sie Tee?; **comme vous voudrez** wie Sie wünschen ou möchten

3 (consentir): **je veux bien** (bonne volonté) gern; (concession) von mir aus; **oui, si on veut** ja, wenn man so will; **veuillez attendre** bitte warten Sie

4: **en ~**: **en ~ à qn** es auf jdn abgesehen haben; **s'en ~ d'avoir fait qch** sich darüber ärgern, dass man etw getan hat

5: **~ de**: **l'entreprise ne veut plus de lui** die Firma will ihn nicht mehr; **elle ne veut pas de son aide** sie will seine Hilfe nicht

6: **~ dire (que)** bedeuten(, dass)
▶ *nm* : **le bon ~ de qn** jds guter
Wille

voulu, e [vuly] *adj* (*délibéré*)
absichtlich; (*requis*) erforderlich

---

vous [vu]

▶ *pron* (*sujet : pl*) ihr; (: *forme de politesse : sg et pl*) Sie; (*objet direct, après préposition gouvernant l'accusatif : pl*) euch; (: *forme de politesse : sg et pl*) Sie; (*objet indirect, après préposition gouvernant le datif : pl*) euch; (: *forme de politesse : pl*) Ihnen; **~ pouvez ~ asseoir** ihr könnt euch/Sie können sich setzen; **je ~ prie de ...** ich bitte euch/Sie, zu ...; **je ~ le jure** ich schwöre es euch/Ihnen
▶ *nm* : **employer le ~** die Sie-Form benutzen

---

voûte [vut] *nf* Gewölbe nt
• **voûté, e** *adj* gewölbt; (*dos*)
gekrümmt; (*personne*) gebeugt
• **voûter** *vt* (*Archit*) wölben;
se voûter *vpr* krumm werden
vouvoyer [vuvwaje] *vt* siezen
voyage [vwajaʒ] *nm* Reise f;
(*trajet*) Weg m; (*course*) Fahrt f;
(*fait de voyager*) Reisen nt; **être
en ~** auf Reisen sein; **partir en ~**
verreisen; **~ d'affaires**
Geschäftsreise f, Dienstreise f;
~ de noces Hochzeitsreise f;
~ organisé Gesellschaftsreise f
• **voyager** *vi* reisen;
(*marchandises*) transportiert
werden • **voyageur, -euse** *nm/f*
Reisende(r) f(m) • **voyagiste** *nm*
Reiseveranstalter m

voyant, e [vwajã, ãt] *adj* grell,
schreiend ▶ *nm/f* (*personne*)
Hellseher(in) m(f) ▶ *nm* (*signal*)
Warnlicht nt
voyelle [vwajɛl] *nf* Vokal m
voyou [vwaju] *nm* Rowdy m;
(*enfant*) Flegel m
VPC [vepese] *sigle f* (= *vente par
correspondance*) Versandhandel m
vrac [vʀak] : **en ~** *adv* (*pêle-mêle*)
durcheinander; (*Comm*) lose
vrai, e [vʀe] *adj* wahr; (*réel*) echt
▶ *nm* : **le ~** das Wahre; **son ~ nom**
sein wirklicher Name • **vraiment**
adv wirklich; **à dire ~, à ~ dire**
offen gestanden
vraisemblable [vʀesãblabl] *adj*
(*probable*) wahrscheinlich
• **vraisemblance** *nf*
Wahrscheinlichkeit f
V/Réf. *abr* (= *votre référence*) Ihr
Zeichen
VRP [veɛʀpe] *sigle m* (= *voyageur,
représentant, placier*) Vertreter m
VTT [vetete] *sigle m* (= *vélo tout
terrain*) Mountainbike nt
vu, e [vy] *pp de* **voir** ▶ *adj* : **bien/
mal vu** gut/schlecht angesehen
▶ *prép* wegen +*gén*, angesichts
+*gén*

vue [vy] *nf* (*fait de voir, spectacle*)
Anblick m; (*sens*) Sehvermögen nt;
(*panorama*) Aussicht f; (*image*)
Ansicht f; **vues** *nfpl* (*idées*)
Ansichten pl; (*desseins*) Absichten
pl; **perdre la ~** erblinden; **perdre
de ~** aus den Augen verlieren; **à
~ de tous** vor aller Augen; **hors
de ~** außer Sicht(weite); **à
première ~** auf den ersten Blick;
connaître qn de ~ jdn vom Sehen
kennen; **à ~** (*Comm*) bei Empfang;

à ~ d'œil merklich, sichtlich;
avoir ~ sur (einen) Ausblick
haben auf +*acc*; **avoir qch en ~**
etw anvisieren; **en ~ de faire qch**
mit der Absicht, etw zu tun

vulgaire [vylgɛʀ] *adj* ordinär,
vulgär; (*trivial*) banal; **de ~s
chaises de cuisine** ganz ordinäre
Küchenstühle

vulgariser [vylgaʀize] *vt*
allgemein zugänglich machen

vulgarité [vylgaʀite] *nf*
Vulgarität *f*

vulnérable [vylneʀabl] *adj*
(*physiquement*) verwundbar;
(*moralement*) verletzlich;
(*stratégiquement*) ungeschützt

vulve [vylv] *nf* Vulva *f*

wagon [vagɔ̃] *nm* Wagen *m*; **~ de
marchandises** Güterwagen *m*
• **wagon-citerne** (*pl*
wagons-citernes) *nm*
Tankwagen *m* • **wagon-lit** (*pl*
wagons-lits) *nm* Schlafwagen *m*
• **wagon-restaurant** (*pl*
wagons-restaurants) *nm*
Speisewagen *m*

wallon, ne [walɔ̃, ɔn] *adj*
wallonisch ▸ *nm/f*: **W~, ne**
Wallone *m*, Wallonin *f* • **Wallonie**
nf: **la ~** Wallonien *nt*

w.-c., WC [vese] *nmpl* WC *nt*,
Toilette *f*

Web [wɛb] *nm inv*: **le ~** das (World
Wide) Web

webcam [wɛbkam] *nf*
Webcam *f*

webmaster [wɛbmastœʀ],
webmestre [wɛbmɛstʀ] *nmf*
Webmaster(in) *m(f)*

week-end [wikɛnd] (*pl*
week-ends) *nm* Wochenende *nt*

western [wɛstɛʀn] *nm*
Western *m*

whisky [wiski] (*pl* **whiskies**) *nm*
Whisky *m*

white-spirit [wajtspiʀit] *nm*
   Terpentinersatz *m*
wifi, wi-fi [wifi] *nm inv* Wi-Fi *nt*
   ▶ *adj* kabellos

xénophobe [gzenɔfɔb] *adj*
   ausländerfeindlich,
   fremdenfeindlich ▪ **xénophobie**
   nf Ausländerfeindlichkeit *f*
xylophone [gzilɔfɔn] *nm*
   Xylofon *nt*

y [i]

▶ adv **1** (à cet endroit : situation)
da, dort; **nous y sommes
restés une semaine** wir blieben
eine Woche dort; **nous y
sommes** wir sind da
2 (à cet endroit : mouvement)
dahin, dorthin; **nous y allons
demain** wir fahren morgen
dorthin
▶ pron (vérifier la syntaxe du verbe
employé) : **j'y pense** ich denke
daran; **s'y connaître** sich (da)
auskennen; **il y a** voir **avoir**

yacht ['jɔt] nm Jacht f
yaourt ['jauʀt] nm Joghurt m ou nt
Yémen ['jemɛn] nm : **le ~** Yemen m
yeux [jø] nmpl de **œil**
yoga ['jɔga] nm Yoga m ou nt
yoghourt, yogourt [jɔguʀt]
nm = **yaourt**
yuppie [jupi] nm Yuppie m

Zaïre [zaiʀ] nm : **le ~** Zaire nt
Zambie [zɑ̃bi] nf : **la ~** Sambia nt
zapper [zape] vi zappen ▶ vt (fam :
oublier) vergessen • **zapping** nm
Zappen nt
zèbre [zɛbʀ] nm Zebra nt
zèle [zɛl] nm Eifer m; **faire du ~**
übereifrig sein • **zélé, e** adj eifrig
ZEP [zɛp] sigle f (= zone d'éducation
prioritaire) Gebiet für gezielte
Erziehungsförderung
zéro [zeʀo] num Null f
zeste [zɛst] nm (Culin) Schale f
zézayer [zezeje] vi lispeln
ZI [ʒedi] sigle f (= zone industrielle)
Industriegebiet nt
zigzag [zigzag] nm Zickzack m;
(point) Zickzackstich m
Zimbabwe [zimbabwe] nm : **le ~**
Zimbabwe nt
zinc [zɛ̃g] nm Zink nt; (comptoir)
Theke f, Tresen m
zizi [zizi] nm (fam) Pimmel m
zodiaque [zɔdjak] nm Tierkreis m
zona [zona] nm Gürtelrose f
zone [zon] nf Zone f, Gebiet nt;
~ à urbaniser en priorité Gebiet

z

für städtebauliche Sanierungs- und
Entwicklungsmaßnahmen;
~ blanche Mobilfunkloch *nt*;
~ bleue ≈ Kurzparkzone *f*;
~ franche Freizone *f*;
~ industrielle Industriegebiet *nt*
• **zoner** *vt* (*fam*) herumhängen
zoo [zo] *nm* Zoo *m*
zoologie [zɔɔlɔʒi] *nf* Zoologie *f*
• **zoologique** *adj* zoologisch
zoom [zum] *nm* Zoom *m*,
Zoomobjektiv *nt*
ZUP [zyp] *sigle f* (= *zone à urbaniser*
en priorité) *Gebiet für städtebauliche*
Sanierungs- und
Entwicklungsmaßnahmen
Zurich [zyʀik] *n* Zürich *nt*
zut [zyt] *excl* Mist

Grammaire allemande

1 Le groupe nominal

1.1 Le nom

L'orthographe des noms

Les noms communs s'écrivent tous avec une majuscule.

Le genre des noms

Il existe trois genres en allemand : le masculin, le féminin et le neutre.

Sont souvent masculins les noms terminés par -er ou -en :

der Bäcker	der Regen
le boulanger	*la pluie*

Sont souvent féminins les noms terminés par -age, -ei, -in, -keit, -schaft, -ung :

die Konditorei	die Lehrerin
la pâtisserie	*l'enseignante*
die Schönheit	die Freundlichkeit
la beauté	*l'amabilité*
die Mannschaft	die Wohnung
l'équipe	*l'appartement*

Sont neutres les diminutifs :

das Brötchen
le petit pain

Le pluriel des noms

Le pluriel se forme souvent par l'ajout de lettres en fin de mot et par des modifications de certaines voyelles (par exemple : der Hund – die Hunde ; das Wort – die Wörter). Il est conseillé d'apprendre les mots courants avec leurs pluriels.

L'infinitif substantivé

Tout infinitif peut être employé comme un nom. Il s'écrit alors avec une majuscule. Il est neutre et n'a pas de pluriel :

essen	das Essen
manger	*le repas*

Les mots composés

Pour former un nom composé, on place devant un nom servant de mot de base, appelé « déterminé », un autre terme qui est le « déterminant ».

C'est le déterminé, donc le dernier terme, qui impose le genre et le nombre au nom composé tout entier. Le déterminant porte l'accent principal.

das Haus	+	die Tür	=	die Haustür
la maison		*la porte*		*la porte de la maison*

1.2 Le déterminant

Le déterminant défini

Les déterminants correspondant aux articles *le*, *la*, *les* sont les suivants :

der (masculin sing.), die (féminin sing.),
das (neutre sing.), die (pluriel)

Le pluriel (*les*) est die pour les trois genres.

Le déterminant indéfini

Les déterminants correspondant aux articles *un* et *une* sont les suivants :

ein (masculin sing.), eine (féminin sing.), ein (neutre sing.)

Au pluriel, il n'y a pas d'article correspondant à *des* :

eine Uhr	Uhren
une montre	*des montres*

2 La déclinaison

En allemand, les différentes fonctions des groupes nominaux dans la phrase sont signalées par des **cas** qui font partie de la **déclinaison**. Il y a quatre cas :

le nominatif   l'accusatif

le datif   le génitif

2.1 Le nominatif

Le nominatif correspond au sujet et à l'attribut du sujet :

Eva ist in Paris.   **Sie ist eine gute Schülerin.**
Eva est à Paris.   *Elle est bonne élève.*

2.2 L'accusatif

L'accusatif correspond au complément d'objet direct et au complément d'objet indirect introduit par une préposition suivie de l'accusatif :

Ich habe eine Katze.   **ohne meinen Bruder**
J'ai un chat.   *sans mon frère*

2.3 Le datif

Le datif correspond au complément d'objet second et au complément d'objet indirect introduit par une préposition suivie du datif :

Ich habe meiner Mutter eine Kette geschenkt.
J'ai offert un collier à ma mère.

Ich bin mit meinem Bruder ins Kino gegangen.
Je suis allé au cinéma avec mon frère.

2.4 Le génitif

Le génitif correspond au complément de nom et au complément d'objet indirect introduit par une préposition suivie du génitif :

das Auto meines Vaters	**trotz des Regens**
la voiture de mon père	*malgré la pluie*

2.5 Déclinaison du nom et du déterminant

Déclinaison du nom

Les noms singuliers ne changent qu'au génitif, et les noms pluriels qu'au datif.

Au génitif singulier, on ajoute généralement un s (parfois es) aux noms masculins et neutres, tandis que les noms féminins restent inchangés :

der Apfel	*la pomme*	**des Apfels**	*de la pomme*
die Schule	*l'école*	**der Schule**	*de l'école*
das Kind	*l'enfant*	**des Kindes**	*de l'enfant*

Au datif pluriel, on ajoute n ou en à la forme du nominatif pluriel (sauf lorsqu'elle se termine déjà en -n) :

die Äpfel	*les pommes*	**den Äpfeln**	*aux pommes*
die Schulen	*les écoles*	**den Schulen**	*aux écoles*
die Kinder	*les enfants*	**den Kindern**	*aux enfants*

Déclinaison de l'article défini

	masculin	féminin	neutre	pluriel
nominatif	der	die	das	die
accusatif	den	die	das	die
datif	dem	der	dem	den
génitif	des	der	des	der

Déclinaison de l'article indéfini

	masculin	féminin	neutre	pluriel
nominatif	ein	eine	ein	
accusatif	einen	eine	ein	
datif	einem	einer	einem	
génitif	eines	einer	eines	

Déclinaison du déterminant possessif

Le déterminant ou l'adjectif possessif porte la marque du cas et celle du genre du nom.

mon	mein	
ton	dein	
son	sein	si le possesseur est masculin (comme *his* en anglais)
	ihr	si le possesseur est féminin (comme *her* en anglais)
notre	unser	
votre	euer	
leur	ihr	

Tableau récapitulatif des déterminants possessifs

Élément possédé masculin singulier

	mon	ton	son	notre	votre	leur
nominatif	mein	dein	sein ihr	unser	euer	ihr
accusatif	meinen	deinen	seinen ihren	unseren	euren	ihren
datif	meinem	deinem	seinem ihrem	unserem	eurem	ihrem
génitif	meines	deines	seines ihres	unseres	eures	ihres + -s ou -es

Élément possédé féminin singulier

	mon	ton	son	notre	votre	leur
nominatif	meine	deine	seine ihre	unsere	eure	ihre
accusatif	meine	deine	seine ihre	unsere	eure	ihre
datif	meiner	deiner	seiner ihrer	unserer	eurer	ihrer
génitif	meiner	deiner	seiner ihrer	unserer	eurer	ihrer

Élément possédé neutre singulier

	mon	ton	son	notre	votre	leur
nominatif	mein	dein	sein ihr	unser	euer	ihr
accusatif	mein	dein	sein ihr	unser	euer	ihr
datif	meinem	deinem	seinem ihrem	unserem	eurem	ihrem
génitif	meines	deines	seines ihres	unseres	eures	ihres+ -s ou -es

Élément possédé pluriel pour les trois genres

	mes	tes	ses	nos	vos	leurs
nominatif	meine	deine	seine ihre	unsere	eure	ihre
accusatif	meine	deine	seine ihre	unsere	eure	ihre
datif	meinen	deinen	seinen ihren	unseren	euren	ihren
génitif	meiner	deiner	seiner ihrer	unserer	eurer	ihrer

3 L'adjectif

L'adjectif qualificatif peut avoir deux fonctions.

3.1 L'adjectif attribut

Lorsque l'adjectif est séparé du nom qu'il qualifie par un verbe d'état (*être, sembler, paraître, devenir, rester, être considéré comme*), il est attribut. En allemand, l'adjectif attribut est invariable.

3.2 L'adjectif épithète

L'adjectif épithète est placé directement à côté du nom (*la robe rouge, le gros livre*). En allemand, l'adjectif épithète porte la marque du genre et du cas du nom qu'il qualifie et il varie selon le déterminant qui introduit le nom. Il est placé entre le déterminant et le nom. S'il n'y a pas de déterminant, il est placé avant le nom.

3.3 Les degrés de l'adjectif

Le comparatif

Pour former le comparatif de supériorité on ajoute le suffixe **-er** à l'adjectif :

schön	→	**schöner**
beau		*plus beau*

On introduit le 2ᵉ terme de la comparaison à l'aide de **als** :

Er ist schöner als sein Bruder.
Il est plus beau que son frère.

Le superlatif

Pour former le superlatif, on ajoute le suffixe **-st** à l'adjectif :

der schönste Tag   **Ich habe den schönsten Garten.**
la plus belle journée   *J'ai le plus beau jardin.*

Le superlatif d'adverbe est précédé par **am** et prend le suffixe **-sten** :

Er läuft am schnellsten.
Il court le plus vite.

4   Les pronoms

4.1   Les pronoms personnels

Notons que le génitif est peu usité et que la forme utilisée pour vouvoyer les gens s'écrit obligatoirement avec une majuscule.

Nominatif

singulier					pluriel			vouvoiement
1ère pers	2e pers	3e pers			1ère pers	2e pers	3e pers	
ich	**du**	**er**	**sie**	**es**	**wir**	**ihr**	**sie**	**Sie**
je	*tu*	*il*	*elle*		*nous*	*vous*	*ils/ elles*	*vous*

Accusatif

singulier					pluriel			vouvoiement
1ère pers	2e pers	3e pers			1ère pers	2e pers	3e pers	
mich	**dich**	**ihn**	**sie**	**es**	**uns**	**euch**	**sie**	**Sie**
me	*te*	*le*	*la*		*nous*	*vous*	*les*	*vous*

Datif

	singulier				pluriel			vouvoiement
1ère pers	2e pers	3e pers			1ère pers	2e pers	3e pers	
mir	dir	ihm	ihr	ihm	uns	euch	ihnen	Ihnen
me	*te*	*lui*	*lui*		*nous*	*vous*	*leur*	*vous*

4.2 Les pronoms réfléchis

À la 3e personne du singulier et du pluriel, le pronom réfléchi est **sich** au datif et à l'accusatif. Ailleurs, il a les mêmes formes que le pronom personnel :

Er freut sich.
Il se réjouit.

Er reibt sich die Augen.
Il se frotte les yeux.

5 Les prépositions

5.1 Les prépositions suivies de l'accusatif

durch	à travers par	**durch den Wald** *à travers/par la forêt*
für	pour	**für dich** *pour toi*
gegen	contre	**gegen den Rassismus kämpfen** *lutter contre le racisme*
ohne	sans	**ohne Hilfe** *sans aide*
um	*autour de*	**um das Haus** *autour de la maison*

5.2 Les prépositions suivies du datif

aus	*en provenance de*	**Er ist aus Hamburg.** *Il vient de Hambourg.*
bei	*chez*	**Sie wohnt bei meinem Onkel.** *Elle habite chez mon oncle.*
mit	*avec*	**Er arbeitet mit meinem Vater.** *Il travaille avec mon père.*
nach	*en*	**Ich fahre nach Deutschland.** *Je vais en Allemagne.*
seit	*depuis*	**Er arbeitet seit zwei Monaten.** *Il travaille depuis deux mois.*
von	*de*	**von Paris nach Berlin** *de Paris à Berlin*
zu	*chez* (direction)	**Er geht zum Arzt.** *Il va chez le médecin.*

5.3 Les prépositions spatiales, avec datif ou accusatif

Les prépositions spatiales (de lieu) sont suivies du datif quand elles introduisent le lieu où l'on est, et de l'accusatif quand elles introduisent le lieu où l'on va :

		datif	accusatif
an	*à*	**Nizza liegt am Meer.** *Nice se trouve au bord de la mer.*	**Wir fuhren ans Meer.** *Nous sommes allés au bord de la mer.*
auf	*sur*	**Die Vase ist auf dem Tisch.** *Le vase est sur la table.*	**Ich stelle die Vase auf den Tisch.** *Je pose le vase sur la table.*
hinter	*derrière*	**Er bleibt hinter dem Haus.** *Il reste derrière la maison.*	**Er geht hinter das Haus.** *Il va derrière la maison.*

		datif	**accusatif**
in	*dans*	**Er geht im Wald spazieren.** *Il se promène dans la forêt.*	**Er geht in den Wald.** *Il va dans la forêt.*
neben	*à côté de*	**Er sitzt neben dem Tisch.** *Il est assis à côté de la table.*	**Er setzt sich neben den Tisch.** *Il s'assied à côté de la table.*
über	*sur*	**Nebel liegt über der Stadt.** *Il y a du brouillard sur la ville.*	**Der Vogel fliegt über die Stadt.** *L'oiseau survole la ville.*
unter	*sous*	**Der Ball ist unter dem Tisch.** *Le ballon est sous la table.*	**Er wirft den Ball unter den Tisch.** *Il jette le ballon sous la table.*
vor	*devant*	**Er steht vor der Tür.** *Il est devant la porte.*	**Er setzt sich vor die Tür.** *Il s'assied devant la porte.*
zwischen	*entre*	**Die Zeitung ist zwischen den Büchern.** *Le journal est entre les livres.*	**Er legt die Zeitung zwischen die Bücher.** *Il pose le journal entre les livres.*

5.4 Les prépositions suivies du génitif

Les prépositions suivantes sont suivies du génitif :

außerhalb	*en dehors de, hors de*
innerhalb	*à l'intérieur de*
jenseits	*de l'autre côté de*
längs	*le long de*
trotz	*malgré*
während	*pendant*
wegen	*à cause de*
während des Sommers	*pendant l'été*

6 Les conjonctions

6.1 Les principales conjonctions de coordination

aber	*mais*
denn	*car*
nämlich	*en effet*
oder	*ou*
und	*et*
sondern	*mais*
entweder... oder	*ou... ou*
weder... noch	*ni... ni*

6.2 Les principales conjonctions de subordination

als	*lorsque, au moment où*
anstatt dass	*au lieu que*
bevor	*avant que*
bis	*jusqu'à ce que*
da	*comme, puisque, étant donné que*
damit	*afin que*
dass	*que*
indem	*tandis que, en*
nachdem	*après que*
ob	*si (interrogatif)*
obgleich	*quoique, bien que*
obwohl	*quoique, bien que*
ohne dass	*sans que*
seit	*depuis que*
seitdem	*depuis ce moment-là*
sobald	*aussitôt que*
sodass	*si bien que*
solange	*aussi longtemps que*
während	*pendant que*
weil	*parce que*
wenn	*si (conditionnel)*
wenn	*quand, lorsque*
wie	*comme*

7   Le verbe

7.1   Typologie des verbes

Les auxiliaires de temps

Les auxiliaires de temps sont les verbes suivants :

sein	werden	haben
être	*devenir*	*avoir*

Les verbes faibles, forts et mixtes

Les verbes faibles sont les verbes réguliers et les verbes forts sont les verbes irréguliers.

Les verbes mixtes subissent des transformations au prétérit et au participe passé :

	infinitif	présent	prétérit	participe passé
brûler	brennen	ich brenne	ich brannte	gebrannt
apporter	bringen	ich bringe	ich brachte	gebracht
penser	denken	ich denke	ich dachte	gedacht
connaître	kennen	ich kenne	ich kannte	gekannt
nommer	nennen	ich nenne	ich nannte	genannt
courir	rennen	ich renne	ich rannte	gerannt
envoyer	senden	ich sende	ich sandte	gesandt
tourner	wenden	ich wende	ich wandte	gewandt

7.2   L'infinitif

L'infinitif des verbes allemands se termine par -en ou -n :

bringen	dauern
apporter	*durer*

7.3 Les particules

Les verbes peuvent avoir une particule séparable ou inséparable qui modifie leur sens. Lorsque ces verbes sont conjugués dans une phrase ou dans une proposition, la particule séparable se retrouve en dernière place dans la proposition.

machen	aufmachen	Ich mache die Tür auf.
faire	*ouvrir*	*J'ouvre la porte.*

Les particules inséparables sont les suivantes :

be	er	ver
emp	ge	zer
ent	miss	

Les particules suivantes sont mixtes (tantôt séparables, tantôt inséparables, selon le sens du verbe) :

durch	um	wid er
hinter	unter	wieder
über	voll	

7.4 Le présent de l'indicatif

Notez que lorsque l'on s'adresse à une personne que l'on vouvoie, on utilise une forme identique à la 3e personne du pluriel, à la seule différence que le pronom personnel s'écrit avec une majuscule :

Sie sind	Sie haben
vous êtes	*vous avez*

Le présent des auxiliaires de temps

	sein *être*	haben *avoir*	werden *devenir*
ich	bin	habe	werde
du	bist	hast	wirst
er/sie/es	ist	hat	wird
wir	sind	haben	werden
ihr	seid	habt	werdet
sie/Sie	sind	haben	werden

Le présent des verbes faibles ou réguliers

Pour former le présent des verbes faibles, on ajoute les terminaisons suivantes au radical :

singulier	pluriel
-e	-en
-st	-t
-t	-en

	machen → radical mach	*faire*
ich	mache	*je fais*
du	machst	*tu fais*
er/sie/es	macht	*il/elle fait*
wir	machen	*nous faisons*
ihr	macht	*vous faites*
sie	machen	*ils/elles font*
Sie	machen	*vous faites (vouvoiement)*

Pour certains verbes terminés par **-ten**, **-den**, ou un groupe de consonnes difficiles à prononcer, on ajoute un e aux 2e et 3e personnes du singulier, et à la 2e personne du pluriel :

singulier	pluriel
-e	-en
-est	-et
-et	-en

	arbeiten → radical arbeit		*travailler*
ich	arbeite	wir	arbeiten
du	arbeitest	ihr	arbeitet
er/sie/es	arbeitet	sie/Sie	arbeiten

Le présent des verbes forts ou irréguliers

Le présent des verbes forts se forme de la même manière que celui des verbes faibles mais aux 2e et 3e personnes du singulier, les verbes forts en a ou en e subissent une petite transformation :

	singen → radical sing		*chanter*
ich	singe	wir	singen
du	singst	ihr	singt
er/sie/es	singt	sie/Sie	singen

Certains verbes forts terminés par **-ten**, **-den**, ou un groupe de consonnes difficiles à prononcer ont un e supplémentaire aux 2e et 3e personnes du singulier, et à la 2e personne du pluriel.

On ajoute les terminaisons suivantes :

singulier	pluriel
-e	-en
-est	-et
-et	-en

finden → radical find *trouver*			
ich	finde	wir	finden
du	findest	ihr	findet
er/sie/es	findet	sie/Sie	finden

Les verbes forts en a subissent une inflexion aux 2e et 3e personnes du singulier :

schlafen → radical schlaf *dormir*			
ich	schlafe	wir	schlafen
du	schläfst	ihr	schlaft
er/sie/es	schläft	sie/Sie	schlafen

Les verbes forts en e subissent un changement de voyelle aux 2e et 3e personnes du singulier :

geben → radical geb *donner*			
ich	gebe	wir	geben
du	gibst	ihr	gebt
er/sie/es	gibt	sie/Sie	geben

Le présent des verbes prétérito-présents

Les verbes dits prétérito-présents sont les auxiliaires de mode.

	können *pouvoir*	**dürfen** *avoir le droit de*	**müssen** *devoir*	**sollen** *devoir*
ich	**kann**	**darf**	**muss**	**soll**
du	**kannst**	**darfst**	**musst**	**sollst**
er/sie/es	**kann**	**darf**	**muss**	**soll**
wir	**können**	**dürfen**	**müssen**	**sollen**
ihr	**könnt**	**dürft**	**müsst**	**sollt**
sie/Sie	**können**	**dürfen**	**müssen**	**sollen**

	wollen *vouloir*	**mögen** *aimer bien*	**wissen** *savoir*
ich	**will**	**mag**	**weiß**
du	**willst**	**magst**	**weißt**
er/sie/es	**will**	**mag**	**weiß**
wir	**wollen**	**mögen**	**wissen**
ihr	**wollt**	**mögt**	**wisst**
sie/Sie	**wollen**	**mögen**	**wissen**

Le présent des verbes réfléchis

	sich setzen *s'asseoir*		
ich	**setze mich**	wir	**setzen uns**
du	**setzt dich**	ihr	**setzt euch**
er/sie/es	**setzt sich**	sie/Sie	**setzen sich**

7.5 Le futur

En allemand, le futur est composé : il est formé de l'auxiliaire **werden** (conjugué au présent) et de l'infinitif du verbe :

je travaille*rai* → **ich werde arbeiten**
tu travaille*ras* → **du wirst arbeiten**

Lorsque l'idée du futur est déjà exprimée par un adverbe de temps, on utilise le présent :

Ich komme morgen.
Je viendrai demain.

7.6 Le prétérit

Le prétérit remplace l'imparfait ou le passé simple français : selon le contexte.

Le prétérit des auxiliaires de temps

	sein	haben	werden
ich	war	hatte	wurde
du	warst	hattest	wurdest
er/sie/es	war	hatte	wurde
wir	waren	hatten	wurden
ihr	wart	hattet	wurdet
sie/Sie	waren	hatten	wurden

Le prétérit des auxiliaires de mode et de « wissen »

	können	dürfen	müssen	sollen
ich	konnte	durfte	musste	sollte
du	konntest	durftest	musstest	solltest
er/sie/es	konnte	durfte	musste	sollte
wir	konnten	durften	mussten	sollten
ihr	konntet	duftet	musstet	solltet
sie/Sie	konnten	durften	mussten	sollten

	wollen	mögen	wissen
ich	wollte	mochte	wusste
du	wolltest	mochtest	wusstest
er/sie/es	wollte	mochte	wusste
wir	wollten	mochten	wussten
ihr	wolltet	mochtet	wusstet
sie/Sie	wollten	mochten	wussten

Le prétérit des verbes faibles ou réguliers

On ajoute au radical les terminaisons suivantes :

singulier	pluriel
-te	-ten
-test	-tet
-te	-ten

	lernen → radical lern *apprendre*		
ich	lernte	wir	lernten
du	lerntest	ihr	lerntet
er/sie/es	lernte	sie/Sie	lernten

Si le verbe se termine par **-ten**, **-den**, ou un autre groupe de consonnes difficiles à prononcer, il faut ajouter un **e** à toutes les personnes :

singulier	pluriel
-ete	-eten
-etest	-etet
-ete	-eten

	arbeiten → radical arbeit *travailler*		
ich	arbeitete	wir	arbeiteten
du	arbeitetest	ihr	arbeitetet
er/sie/es	arbeitete	sie/Sie	arbeiteten

Le prétérit des verbes forts ou irréguliers

Le radical des verbes forts est modifié au prétérit et on utilise les terminaisons suivantes :

singulier		pluriel	
–		-en	
-(e)st		-(e)t	
–		-en	

singen → radical **sang**	*chanter*		
ich	sang	wir	sangen
du	sangst	ihr	sangt
er/sie/es	sang	sie/Sie	sangen

Si le verbe fort se termine par **-den** ou **-ten**, on ajoute un **e** :

finden → radical **fand**	*trouver*		
ich	fand	wir	fanden
du	fandest	ihr	fandet
er/sie/es	fand	sie/Sie	fanden

7.7 Le « perfekt » et le participe passé

Le « perfekt » est l'équivalent du passé composé français.

Choix de l'auxiliaire

On utilise **sein** avec les verbes **sein** (*être*), **werden** (*devenir*) et **bleiben** (*rester*) :

Er ist krank gewesen.   **Er ist berühmt geworden.**
Il a été malade.   *Il est devenu célèbre.*

On utilise aussi sein avec les verbes intransitifs (sans complément d'objet direct) qui expriment un changement de lieu ou d'état :

Er ist nach Spanien gefahren.
Il est parti en Espagne en voiture.

On emploie l'auxiliaire haben avec les autres verbes :

Er hat den Bus gefahren.
Il a conduit le bus.

Formation du participe passé

Voici quelques règles de base :

Le participe passé des verbes faibles se forme en ajoutant un t au radical. Si le radical se termine par d ou t ou par un groupe de consonnes difficiles à prononcer, on le fait précéder du préfixe ge :

verbe		radical	participe passé
sagen	*dire*	sag	gesagt
lernen	*apprendre*	lern	gelernt
antworten	*répondre*	antwort	geantwortet
rechnen	*calculer*	rechn	gerechnet

Le participe passé des verbes forts se termine en -en. Le radical de l'infinitif subit souvent des modifications au participe passé. On ajoute ge avant ce radical transformé :

verbe		radical : infinitif	radical : participe passé	participe passé
trinken	*boire*	trink	trunk	getrunken
schreiben	*écrire*	schreib	schrieb	geschrieben

Certains verbes forts ne subissent pas de modification du radical :

lesen	*lire*	**gelesen**	*lu*
geben	*donner*	**gegeben**	*donné*
kommen	*venir*	**gekommen**	*venu*

Lorsque le verbe (faible ou fort) commence par une particule séparable, on intercale le préfixe **ge** entre la particule séparable et le radical du participe passé :

aufmachen	*ouvrir*	**aufgemacht**	*ouvert*
ankommen	*arriver*	**angekommen**	*arrivé*

Lorsque le verbe (faible ou fort) commence par une particule inséparable (**zer**, **be**, **er**, **ge**, **miss**, **ent**, **emp**, **ver**), on n'ajoute pas le préfixe **ge** :

besuchen	*visiter*	**besucht**	*visité*
bekommen	*recevoir*	**bekommen**	*reçu*

Certains verbes d'origine étrangère terminés par **-ieren** à l'infinitif n'ont pas le préfixe **ge** au participe passé :

reparieren	*réparer*	**repariert**	*réparé*
studieren	*étudier*	**studiert**	*étudié*

7.8 Les questions

Les mots interrogatifs

Voici les principaux mots interrogatifs :

wie	*comment ?*	**Wie geht es dir?**
		Comment vas-tu ?
wann	*quand ?*	**Wann kommt ihr?**
		Quand venez-vous ?
was	*que ? quoi ?*	**Was hast du gesagt?**
		Qu'as-tu dit ?

wer	qui ? (sujet : nominatif)	**Wer kommt?** *Qui vient ?*
wen	qui ? (COD : accusatif)	**Wen siehst du?** *Qui vois-tu ?*
wem	à qui ? (COI : datif)	**Wem gibst du die Zeitung?** *À qui donnes-tu le journal ?*
wessen	de qui ? (complément du nom : génitif)	**Wessen Buch ist das?** *C'est le livre de qui ?* *À qui est ce livre ?*
welcher, welche, welches	quel/quelle ?	**Welches Haus?** *Quelle maison ?*
welche	quels/quelles ?	**Welche Bücher?** *Quels livres ?*
warum	pourquoi ?	**Warum ist er nicht gekommen?** *Pourquoi n'est-il pas venu ?*
wo	où ? (lieu où l'on se trouve)	**Wo bist du?** *Où es-tu ?*
wohin	où ? (lieu où l'on va)	**Wohin gehst du?** *Où vas-tu ?*
woher	d'où ? (provenance)	**Woher kommst du?** *D'où viens-tu ?*
wie	comment ?	**Wie macht er das?** *Comment (le) fait-il ?*
wie + adjectif qualificatif	comment ?	**Wie alt bist du?** *Quel âge as-tu ?*
wie viel	combien ?	**Wie viel kostet es?** *Combien ça coûte ?*
was für ein	quelle sorte de ?	**Was für eine Frau ist sie?** *Quelle sorte de femme est-elle ?*

Terminaisons régulières des noms allemands

nominatif		génitif	pluriel	nominatif		génitif	pluriel
-ade	f	-ade	-aden	-ist	m	-isten	-isten
-ant	m	-anten	-anten	-ium	nt	-iums	-ien
-anz	f	-anz	-anzen	-ius	m	-ius	-iusse
-ar	m	-ars	-are	-ive	f	-ive	-iven
-är	m	-ärs	-äre	-keit	f	-keit	-keiten
-at	nt	-at[els	-ate	-lein	nt	-leins	-lein
-atte	f	-atte	-atten	-ling	m	-lings	-linge
-chen	nt	-chens	-chen	-ment	nt	-ments	-mente
-ei	f	-ei	-eien	-mus	m	-mus	-men
-elle	f	-elle	-ellen	-nis	f	-nis	-nisse
-ent	m	-enten	-enten	-nis	f	-nisses	-nisse
-enz	f	-enz	-enzen	-nom	m	-nomen	-nomen
-ette	f	-ette	-etten	-rich	m	-richs	-riche
-eur	m	-eurs	-eure	-schaft	f	-schaft	-schaften
-euse	f	-euse	-eusen	-sel	nt	-sels	-sel
-heit	f	-heit	-heiten	-tät	»	-tät	-täten
-ie	f	-ie	-ien	-tiv	nt, m	-tivs	-tive
-ik	f	-ik	-iken	-tor	m	-tors	-toren
-in	f	-in	-innen	-tum	m, nt	-tums	-tümer
-ine	f	-ine	-inen	-ung	f	-ung	-ungen
-ion	f	-ion	-ionen	-ur	f	-ur	-uren

Substantive, die mit einem geklammerten „r" oder „s" enden
(z.B. **Angestellte(r)** mf, **Beamte(r)** m, **Gute(s)** nt) werden wie Adjektive
dekliniert:

Les noms suivis d'un « r » ou d'un « s » entre parenthèses (par exemple
Angestellte(r) mf, **Beamte(r)** m, **Gute(s)** nt) se déclinent comme des
adjectifs :

der Angestellte m	**die Angestellte** f	**die Angestellten** pl
ein Angestellter m	**eine Angestellte** f	**Angestellte** pl
der Beamte m		**die Beamten** pl
ein Beamter m		**Beamte** pl
das Gute nt		
ein Gutes nt		

Verbes allemands irréguliers

Infinitif	Präsens 2., 3. Singular	Imperfekt	Partizip Perfekt
abwägen	wägst ab, wägt ab	wog ab	abgewogen
ausbedingen	bedingst aus, bedingt aus	bedang aus	ausbedungen
backen	bäckst, bäckt	backte ou buk	gebacken
befehlen	befiehlst, befiehlt	befahl	befohlen
beginnen	beginnst, beginnt	begann	begonnen
beißen	beißt, beißt	biss	gebissen
bergen	birgst, birgt	barg	geborgen
bersten	birst, birst	barst	geborsten
betrügen	betrügst, betrügt	betrog	betrogen
biegen	biegst, biegt	bog	gebogen
bieten	bietest, bietet	bot	geboten
binden	bindest, bindet	band	gebunden
bitten	bittest, bittet	bat	gebeten
blasen	bläst, bläst	blies	geblasen
bleiben	bleibst, bleibt	blieb	geblieben
braten	brätst, brät	briet	gebraten
brechen	brichst, bricht	brach	gebrochen
brennen	brennst, brennt	brannte	gebrannt
bringen	bringst, bringt	brachte	gebracht
denken	denkst, denkt	dachte	gedacht
dreschen	drischst, drischt	drosch	gedroschen
dringen	dringst, dringt	drang	gedrungen
dürfen	darfst, darf	durfte	gedurft
empfangen	empfängst, empfängt	empfing	empfangen
empfehlen	empfiehlst, empfiehlt	empfahl	empfohlen
empfinden	empfindest, empfindet	empfand	empfunden
erschrecken	erschrickst, erschrickt	erschrak	erschrocken
erwägen	erwägst, erwägt	erwog	erwogen
essen	isst, isst	aß	gegessen
fahren	fährst, fährt	fuhr	gefahren
fallen	fällst, fällt	fiel	gefallen
fangen	fängst, fängt	fing	gefangen
fechten	fichst, ficht	focht	gefochten

Infinitiv	Präsens 2., 3. Singular	Imperfekt	Partizip Perfekt
finden	findest, findet	fand	gefunden
flechten	flichtst, flicht	flocht	geflochten
fliegen	fliegst, fliegt	flog	geflogen
fliehen	fliehst, flieht	floh	geflohen
fließen	fließt, fließt	floss	geflossen
fressen	frisst, frisst	fraß	gefressen
frieren	frierst, friert	fror	gefroren
gären	gärst, gärt	gor	gegoren
gebären	gebierst, gebiert	gebar	geboren
geben	gibst, gibt	gab	gegeben
gedeihen	gedeihst, gedeiht	gedieh	gediehen
gehen	gehst, geht	ging	gegangen
gelingen	– –, gelingt	gelang	gelungen
gelten	giltst, gilt	galt	gegolten
genesen	genest, genest	genas	genesen
genießen	genießt, genießt	genoss	genossen
geraten	gerätst, gerät	geriet	geraten
geschehen	– –, geschieht	geschah	geschehen
gewinnen	gewinnst, gewinnt	gewann	gewonnen
gießen	gießt, gießt	goss	gegossen
gleichen	gleichst, gleicht	glich	geglichen
gleiten	gleitest, gleitet	glitt	geglitten
glimmen	glimmst, glimmt	glomm	geglommen
graben	gräbst, gräbt	grub	gegraben
greifen	greifst, greift	griff	gegriffen
haben	hast, hat	hatte	gehabt
halten	hältst, hält	hielt	gehalten
hängen	hängst, hängt	hing	gehangen
hauen	haust, haut	haute	gehauen
heben	hebst, hebt	hob	gehoben
heißen	heißt, heißt	hieß	geheißen
helfen	hilfst, hilft	half	geholfen
kennen	kennst, kennt	kannte	gekannt
klingen	klingst, klingt	klang	geklungen
kneifen	kneifst, kneift	kniff	gekniffen
kommen	kommst, kommt	kam	gekommen

Infinitiv	Präsens 2., 3. Singular	Imperfekt	Partizip Perfekt
können	kannst, kann	konnte	gekonnt
kriechen	kriechst, kriecht	kroch	gekrochen
laden	lädst, lädt	lud	geladen
lassen	lässt, lässt	ließ	gelassen
laufen	läufst, läuft	lief	gelaufen
leiden	leidest, leidet	litt	gelitten
leihen	leihst, leiht	lieh	geliehen
lesen	liest, liest	las	gelesen
liegen	liegst, liegt	lag	gelegen
lügen	lügst, lügt	log	gelogen
mahlen	mahlst, mahlt	mahlte	gemahlen
meiden	meidest, meidet	mied	gemieden
melken	melkst, melkt	melkte ou molk	gemolken
messen	misst, misst	maß	gemessen
misslingen	– –, misslingt	misslang	misslungen
mögen	magst, mag	mochte	gemocht
müssen	musst, muss	musste	gemusst
nehmen	nimmst, nimmt	nahm	genommen
nennen	nennst, nennt	nannte	genannt
pfeifen	pfeifst, pfeift	pfiff	gepfiffen
preisen	preist, preist	pries	gepriesen
quellen	quillst, quillt	quoll	gequollen
raten	rätst, rät	riet	geraten
reiben	reibst, reibt	rieb	gerieben
reißen	reißt, reißt	riss	gerissen
reiten	reitest, reitet	ritt	geritten
rennen	rennst, rennt	rannte	gerannt
riechen	riechst, riecht	roch	gerochen
ringen	ringst, ringt	rang	gerungen
rinnen	rinnst, rinnt	rann	geronnen
rufen	rufst, ruft	rief	gerufen
salzen	salzt, salzt	salzte	gesalzen
saufen	säufst, säuft	soff	gesoffen
saugen	saugst, saugt	sog ou saugte	gesogen ou gesaugt
schaffen	schaffst, schafft	schuf	geschaffen

Infinitiv	Präsens 2., 3. Singular	Imperfekt	Partizip Perfekt
scheiden	scheidest, scheidet	schied	geschieden
scheinen	scheinst, scheint	schien	geschienen
scheißen	scheißt, scheißt	schiss	geschissen
schelten	schiltst, schilt	schalt	gescholten
scheren	scherst, schert	schor	geschoren
schieben	schiebst, schiebt	schob	geschoben
schießen	schießt, schießt	schoss	geschossen
schinden	schindest, schindet	schindete	geschunden
schlafen	schläfst, schläft	schlief	geschlafen
schlagen	schlägst, schlägt	schlug	geschlagen
schleichen	schleichst, schleicht	schlich	geschlichen
schleifen	schleifst, schleift	schliff	geschliffen
schließen	schließt, schließt	schloss	geschlossen
schlingen	schlingst, schlingt	schlang	geschlungen
schmeißen	schmeißt, schmeißt	schmiss	geschmissen
schmelzen	schmilzt, schmilzt	schmolz	geschmolzen
schneiden	schneidest, schneidet	schnitt	geschnitten
schreiben	schreibst, schreibt	schrieb	geschrieben
schreien	schreist, schreit	schrie	geschrien
schreiten	schreitest, schreitet	schritt	geschritten
schweigen	schweigst, schweigt	schwieg	geschwiegen
schwellen	schwillst, schwillt	schwoll	geschwollen
schwimmen	schwimmst, schwimmt	schwamm	geschwommen
schwinden	schwindest, schwindet	schwand	geschwunden
schwingen	schwingst, schwingt	schwang	geschwungen
schwören	schwörst, schwört	schwör	geschworen
sehen	siehst, sieht	sah	gesehen
sein	bist, ist	war	gewesen
senden	sendest, sendet	sandte	gesandt
singen	singst, singt	sang	gesungen
sinken	sinkst, sinkt	sank	gesunken
sinnen	sinnst, sinnt	sann	gesonnen
sitzen	sitzt, sitzt	saß	gesessen
sollen	sollst, soll	sollte	gesollt
speien	speist, speit	spie	gespien
spinnen	spinnst, spinnt	spann	gesponnen

Infinitiv	Präsens 2., 3. Singular	Imperfekt	Partizip Perfekt
sprechen	sprichst, spricht	sprach	gesprochen
springen	springst, springt	sprang	gesprungen
stechen	stichst, sticht	stach	gestochen
stehen	stehst, steht	stand	gestanden
stehlen	stiehlst, stiehlt	stahl	gestohlen
steigen	steigst, steigt	stieg	gestiegen
sterben	stirbst, stirbt	starb	gestorben
stinken	stinkst, stinkt	stank	gestunken
stoßen	stößt, stößt	stieß	gestoßen
streichen	streichst, streicht	strich	gestrichen
streiten	streitest, streitet	stritt	gestritten
tragen	trägst, trägt	trug	getragen
treffen	triffst, trifft	traf	getroffen
treiben	treibst, treibt	trieb	getrieben
treten	trittst, tritt	trat	getreten
trinken	trinkst, trinkt	trank	getrunken
trügen	trügst, trügt	trog	getrogen
tun	tust, tut	tat	getan
verderben	verdirbst, verdirbt	verdarb	verdorben
vergessen	vergisst, vergisst	vergaß	vergessen
verlieren	verlierst, verliert	verlor	verloren
verschleißen	verleißt, verschleißt	verschliss	verschlissen
verschwinden	verschwindest, verschwindet	verschwand	verschwunden
verzeihen	verzeihst, verzeiht	verzieh	verziehen
wachsen	wächst, wächst	wuchs	gewachsen
waschen	wäscht, wäscht	wusch	gewaschen
weben	webst, webt	webte ou wob	gewoben
weichen	weichst, weicht	wich	gewichen
weisen	weist, weist	wies	gewiesen
wenden	wendest, wendet	wandte	gewandt
werben	wirbst, wirbt	warb	geworben
werden	wirst, wird	wurde	geworden
werfen	wirfst, wirft	warf	geworfen
wiegen	wiegst, wiegt	wog	gewogen

Infinitiv	Präsens 2., 3. Singular	Imperfekt	Partizip Perfekt
winden	windest, windet	wand	gewunden
wissen	weißt, weiß	wusste	gewusst
wollen	willst, will	wollte	gewollt
wringen	wringst, wringt	wrang	gewrungen
ziehen	ziehst, zieht	zog	gezogen
zwingen	zwingst, zwingt	zwang	gezwungen

Quand les verbes dürfen, können, mögen, müssen, sollen et wollen sont employés comme verbes de modalité dans un *Partizip Perfekt*, c'est-à-dire après un verbe à l'infinitif, ils sont invariables. Ex. : Ich habe nicht kommen können. *Je n'ai pas pu venir.*

Verbes français irréguliers

infinitif	présent	futur	participe passé
accroître	j'accrois, il accroît, nous accroissons	j'accroîtrai	accru(e)
acquérir	j'acquiers, nous acquérons, ils acquièrent	j'acquerrai	acquis(e)
aller ▪	je vais, tu vas, il va, nous allons, ils vont	j'irai	allé(e)
asseoir	j'assieds od j'assois, nous asseyons od nous assoyons	j'assierai od j'assoirai	assis(e)
battre	je bats, nous battons	je battrai	battu(e)
boire	je bois, nous buvons, ils boivent	je boirai	bue(e)
bouillir	je bous, nous bouillons	je bouillirai	bouilli(e)
conclure	je conclus, nous concluons	je conclurai	conclu(e)
conduire	je conduis, nous conduisons	je conduirai	conduit(e)
connaître	je connais, nous connaissons	je connaîtrai	connu(e)
coudre	je couds, nous cousons	je coudrai	cousu(e)
courir	je cours, nous courons	je courrai	couru(e)
craindre	je crains, nous craignons	je craindrai	craint(e)
croire ▪	je crois, nous croyons	je croirai	cru(e)
cueillir	je cueille, nous cueillons	je cueillerai	cueilli(e)
devoir	je dois, nous devons, ils doivent	je devrai	dû, due
dire ▪	je dis, nous disons, vous dites, ils disent	je dirai	dit(e)
dissoudre	je dissous, nous dissolvons	je dissoudrai	dissous, dissoute
dormir	je dors, nous dormons	je dormirai	dormi
écrire	j'écris, nous écrivons	j'écrirai	écrit(e)
faillir	je faillis, nous faillissons	je faillirai	failli(e)
faire	je fais, nous faisons, vous faites, ils font	je ferai	fait(e)
falloir	nur: il faut	nur: il faudra	nur: il a fallu
frire	nur: je fris, tu fris, il frit	nur: je frirai, tu friras, il frira	frit(e)

infinitif	présent	futur	participe passé
fuir	je fuis, nous fuyons, ils fuient	je fuirai	fui(e)
haïr	je hais, nous haïssons, ils haïssent	je haïrai	haï(e)
joindre	je joins, nous joignons	je joindrai	joint(e)
lire	je lis, nous lisons	je lirai	lu(e)
luire	je luis, nous luisons	je luirai	lui
mettre	je mets, nous mettons	je mettrai	mis(e)
moudre	je mouds, nous moulons	je moudrai	moulu(e)
mourir	je meurs, nous mourons, ils meurent	je mourrai	mort(e)
mouvoir	je meus, nous mouvons, ils meuvent	je mouvrai	mû, mue
naître	je nais, nous naissons	je naîtrai	né(e)
peindre	je peins, nous peignons	je peindrai	peint(e)
plaire	je plais, il plaît	je plairai	plu(e)
pleuvoir	nur: il pleut	nur: il pleuvra	nur: il a plu
pourvoir	je pourvois, nous pourvoyons	je pourvoirai	pourvu(e)
pouvoir	je peux, nous pouvons, ils peuvent	je pourrai	pu(e)
rire	je ris, nous rions, ils rient	je rirai	ri
saillir	il saille	il saillira	sailli
savoir	je sais, nous savons	je saurai	su(e)
suffire	je suffis, nous suffisons	je suffirai	suffi(e)
suivre	je suis, nous suivons	je suivrai	suivi(e)
taire, se	je me tais, nous nous taisons	je me tairai	tu(e)
traire	je trais, nous trayons, ils traient	je trairai	trait(e)
vaincre	je vaincs, nous vainquons	je vaincrai	vaincu(e)
valoir	je vaux, nous valons	je vaudrai	valu(e)
vêtir	je vêts, nous vêtons	je vêtirai	vêtu(e)
vivre	je vis, nous vivons	je vivrai	vécu(e)
voir	je vois, nous voyons, ils voient	je verrai	vu(e)
vouloir	je veux, nous voulons, ils veulent	je voudrai	voulu(e)

Guide de conversation

Sprachführer

THÈMES | THEMEN

THÈMES | THEMEN

Bonjour !	Guten Tag!
Bonsoir !	Guten Abend!
Bonne nuit !	Gute Nacht!
Au revoir !	Auf Wiedersehen!
Comment vous appelez-vous ?	Wie heißen Sie?
Je m'appelle ...	Mein Name ist ...
Je vous présente ...	Das ist ...
ma femme.	*meine Frau.*
mon mari.	*mein Mann.*
mon compagnon/	*mein Partner/*
ma compagne.	*meine Partnerin.*
D'où venez-vous ?	Wo kommen Sie her?
Je suis de ...	Ich komme aus ...
Comment allez-vous ?	Wie geht es Ihnen?
Bien, merci.	Danke, gut.
Et vous ?	Und Ihnen?
Parlez-vous français ?	Sprechen Sie Französisch?
Je ne comprends pas l'allemand.	Ich verstehe kein Deutsch.
Merci beaucoup !	Vielen Dank!
Enchanté(e) !	Sehr erfreut!
Je suis français(e).	Ich bin Franzose/Französin.
Que faites-vous dans la vie ?	Was machen Sie beruflich?

Demander son chemin — Sich erkundigen

Où est le/la ... le/la plus proche ?	Wo ist der/die/das nächste ...?
Comment est-ce qu'on va à/au/à la ... ?	Wie komme ich zum/zur/ nach ... ?
Est-ce que c'est loin ?	Ist es weit (weg)?
C'est à combien d'ici ?	Wie weit ist es?
C'est la bonne direction pour aller à/au/à la ... ?	Bin ich hier richtig zum/zur/ nach ...?
Je suis perdu(e).	Ich habe mich verlaufen (*à pied*)/ verfahren (*en voiture*).
Pouvez-vous me le montrer sur la carte ?	Können Sie mir das auf der Karte zeigen?
Vous devez faire demi-tour.	Kehren Sie um.
Allez tout droit.	Fahren Sie geradeaus.
Tournez à gauche/à droite.	Biegen Sie nach links/rechts ab.
Prenez la deuxième rue à gauche/à droite.	Nehmen Sie die zweite Straße links/rechts.

Location de voitures — Autovermietung

Je voudrais louer ...	Ich möchte ... mieten.
une voiture.	*ein Auto*
une mobylette.	*ein Moped*
une moto.	*ein Motorrad*
un scooter.	*einen Roller*
C'est combien pour ... ?	Was kostet das für ...?
une journée	*einen Tag*
une semaine	*eine Woche*
Il y a une indemnité kilométrique ?	Verlangen Sie eine Kilometer- gebühr?
Qu'est-ce qui est inclus dans le prix ?	Was ist alles im Preis inbegriffen?
Je voudrais un siège-auto pour un enfant de ... ans.	Ich möchte einen Kindersitz für ein ... Jahre altes Kind.

| Que dois-je faire en cas d'accident/de panne ? | Was tue ich bei einem Unfall/ einer Panne? |

Pannes | Pannen

Je suis en panne.	Ich habe eine Panne.
Où est le garage le plus proche ?	Wo ist die nächste Werkstatt?
Le pot d'échappement	*Der Auspuff*
La boîte de vitesses	*Das Getriebe*
Le pare-brise	*Die Windschutzscheibe*
... est cassé(e).	... ist kaputt.
Les freins	*Die Bremsen*
Les phares	*Die Scheinwerfer*
Les essuie-glaces	*Die Scheibenwischer*
... ne fonctionnent pas.	... funktionieren nicht.
La batterie est à plat.	Die Batterie ist leer.
Le moteur ne démarre pas.	Der Motor springt nicht an.
Le moteur surchauffe.	Der Motor wird zu heiß.
J'ai un pneu à plat.	Ich habe einen Platten.
Pouvez-vous le réparer ?	Können Sie das reparieren?
Quand est-ce que la voiture sera prête ?	Wann ist das Auto fertig?

Stationnement | Parken

Je peux me garer ici ?	Kann ich hier parken?
Est-ce qu'il faut acheter un ticket de stationnement ?	Muss ich einen Parkschein lösen?
Où est l'horodateur ?	Wo ist der Parkscheinautomat?
L'horodateur ne fonctionne pas.	Der Parkscheinautomat funktioniert nicht.

Station-service | Tankstelle

| Où est la station-service la plus proche ? | Wo ist die nächste Tankstelle? |

Je dois faire le plein.	Ich muss volltanken.
40 euros de ...	Für 40 Euro ... bitte.
diesel.	*Diesel*
sans plomb.	*Normalbenzin*
super.	*Super*
Pompe numéro ..., s'il vous plaît.	Säule Nummer ... bitte.
Pouvez-vous vérifier ... ?	Können Sie bitte ... überprüfen?
la pression des pneus	*den Reifendruck*
le niveau d'huile	*das Öl*
le niveau d'eau	*das Wasser*

Accident | Unfall

Pouvez-vous s'il vous plaît appeler... ?	Bitte rufen Sie ...
la police	*die Polizei.*
le Samu	*den Notarzt.*
Voici les références de mon assurance.	Hier sind meine Versicherungsangaben.
Donnez-moi les références de votre assurance, s'il vous plaît.	Bitte geben Sie mir Ihre Versicherungsangaben.
Pouvez-vous me servir de témoin ?	Würden Sie das bezeugen?
Vous conduisiez trop vite.	Sie sind zu schnell gefahren.
Vous n'aviez pas la priorité.	Sie haben die Vorfahrt nicht beachtet.

Voyager ... en voiture | Unterwegs ... mit dem Auto

| Quel chemin prendre pour aller à ... ? | Wie kommt man am besten nach/zu ...? |
| Où est-ce qu'il faut payer le péage ? | Wo kann ich die Maut bezahlen? |

Je voudrais un badge de télépéage/une vignette ...	Ich möchte einen Aufkleber für die Autobahngebühr/ eine Vignette ...
pour une semaine.	*für eine Woche.*
pour un mois.	*für einen Monat.*
Avez-vous une carte de la région ?	Haben Sie eine Straßenkarte von dieser Gegend?

à vélo | mit dem Fahrrad

Où est la piste cyclable pour aller à ... ?	Wo ist der Radwanderweg nach ...?
Est-ce que je peux laisser mon vélo ici ?	Kann ich hier mein Fahrrad unterstellen?
On m'a volé mon vélo.	Mein Fahrrad ist gestohlen worden.
Où se trouve le réparateur de vélos le plus proche ?	Wo gibt es hier eine Fahrradwerkstatt?
Le frein ne marche pas.	Die Bremse funktioniert nicht.
Le dérailleur ne marche pas.	Die Gangschaltung funktioniert nicht.
La chaîne est cassée.	Die Kette ist gerissen.
J'ai une crevaison.	Ich habe einen Platten.
J'ai besoin d'un kit de réparation.	Ich brauche Reifenflickzeug.

en train | mit dem Zug

Un aller simple pour ..., s'il vous plaît.	Eine einfache Fahrt nach ... bitte.
Deux allers-retours pour ..., s'il vous plaît.	Zweimal hin und zurück nach ... bitte.
Pouvez-vous me donner la fiche des horaires ?	Können Sie mir einen Fahrplan geben?
première/seconde classe	erste/zweite Klasse

Y a-t-il un tarif réduit ... ?	Gibt es eine Ermäßigung ...?
pour les étudiants	*für Studenten*
pour les enfants	*für Kinder*
pour les seniors	*für Rentner*
avec cette carte	*mit diesem Pass*
Je voudrais faire une réservation pour le train qui va à ..., s'il vous plaît.	Eine Platzkarte für den Zug nach ... bitte.
Je voudrais réserver une couchette pour ...	Ich möchte einen Liege-wagenplatz/Schlafwagen-platz nach ... buchen.
À quelle heure part le prochain train pour ... ?	Wann fährt der nächste Zug nach ...?
Est-ce qu'il faut payer un supplément ?	Muss ich einen Zuschlag kaufen?
Est-ce qu'il y a un changement ?	Muss ich umsteigen?
Où est-ce qu'il faut changer ?	Wo muss ich umsteigen?
C'est bien le train pour ... ?	Ist das der Zug nach ...?
J'ai réservé.	Ich habe eine Platzkarte/Reservierung.
Est-ce que cette place est occupée/libre ?	Ist dieser Platz besetzt/noch frei?
Où est le wagon-restaurant ?	Wo ist der Speisewagen?
Où est la voiture numéro ... ?	Wo ist Wagen Nummer ...?

en ferry │ mit der Fähre

Est-ce qu'il y a un ferry pour ... ?	Gibt es eine Fähre nach ...?
Quand part le prochain ferry pour ... ?	Wann geht die nächste Fähre nach ...?
Quand part le premier/dernier ferry pour ... ?	Wann geht die erste/letzte Fähre nach ...?

Combien coûte … ?	Was kostet …?
l'aller simple	*die einfache Fahrt*
l'aller-retour	*die Hin- und Rückfahrt*
Combien cela coûte-t-il pour … personnes avec une voiture/un camping-car ?	Was kostet es für ein Auto/ Wohnmobil mit … Personen?
Combien de temps dure la traversée ?	Wie lange daüert die Überfahrt?
Où est … ?	Wo ist …?
le restaurant	*das Restaurant*
le magasin hors taxes	*der Duty-free-Shop*
Où est la cabine numéro … ?	Wo ist Kabine Nummer …?

en avion — mit dem Flugzeug

Où est l'enregistrement pour le vol à destination de … ?	Wo ist das Check-in für den Flug nach …?
Quelle est la porte d'embarquement pour le vol … ?	Von welchem Ausgang geht der Flug nach …?
À quelle heure commence l'embarquement ?	Wann beginnt das Einsteigen?
Hublot/couloir, s'il vous plaît.	Fenster/Gang bitte.
J'ai perdu ma carte d'embarquement/mon billet.	Ich habe meine Bordkarte/ meinen Flugschein verloren.
Mes bagages ne sont pas arrivés.	Mein Gepäck ist nicht angekommen.
Où est … ?	Wo ist …?
la station de taxis	*der Taxistand*
l'arrêt de bus	*die Bushaltestelle*
le bureau de renseignements	*die Information*
Où sont … ?	Wo sind …?
les bornes d'enregistrement	*die Abflugschalter*
les chariots à bagage	*die Gepäckwagen*

Transports en commun | Öffentlicher Nahverkehr

Comment est-ce qu'on va à ... ?	Wie komme ich zum/zur/nach ...?
Quelle ligne va à ... ?	Welche Linie geht nach ...?
Où est ... le/la plus proche ?	Wo ist die nächste ...?
l'arrêt de bus	*Bushaltestelle*
l'arrêt de tram	*Straßenbahnhaltestelle*
la station de métro	*U-Bahn-Station*
Où est la gare routière ?	Wo ist der Busbahnhof?
Y a-t-il un tarif réduit ... ?	Gibt es eine Ermäßigung ...?
pour les étudiants	*für Studenten*
pour les enfants	*für Kinder*
pour les seniors	*für Rentner*
Vous avez une carte du réseau ?	Haben Sie eine Karte mit dem Streckennetz?
Quel est le prochain arrêt	Was ist die nächste Haltestelle?

En taxi | Im Taxi

Où puis-je trouver un taxi ?	Wo bekomme ich hier ein Taxi?
Vous pouvez m'appeler un taxi, s'il vous plaît ?	Bitte rufen Sie mir ein Taxi.
Pourriez-vous m'appeler un taxi pour ... heures ?	Bitte bestellen Sie mir ein Taxi für ... Uhr.
À l'aéroport/À la gare, s'il vous plaît.	Zum Flughafen/Bahnhof, bitte.
Combien vous dois-je ?	Was kostet die Fahrt?
Il me faut un reçu.	Ich brauche eine Quittung.
Gardez la monnaie.	Stimmt so.
Vous pouvez vous arrêter ici.	Bitte halten Sie hier.
Pouvez-vous m'attendre ?	Können Sie auf mich warten?
Tout droit/à gauche/à droite.	Geradeaus/links/rechts.

Camping | Camping

Est-ce qu'il y a un camping ici ?	Gibt es hier einen Campingplatz?
Nous voudrions un emplacement pour ...	Wir möchten einen Platz für ...
une tente.	*ein Zelt.*
un camping-car.	*ein Wohnmobil.*
une caravane.	*einen Wohnwagen.*
Nous voudrions rester une nuit/... nuits.	Wir möchten eine Nacht/ ... Nächte bleiben.
Combien est-ce par nuit ?	Was kostet die Nacht?
Où sont ... ?	Wo sind ...?
les toilettes	*die Toiletten*
les douches	*die Duschen*
Où est ... ?	Wo ist ...?
le magasin	*der Laden*
le bureau	*die Verwaltung*
Est-ce qu'on peut camper ici pour la nuit ?	Können wir über Nacht hier zelten?

Location de vacances | Ferienwohnung/-haus

Où est-ce qu'il faut aller chercher la clé de l'appartement/la maison ?	Wo bekommen wir den Schlüssel für die Wohnung/ das Haus?
Est-ce que l'électricité/ le gaz est en supplément ?	Müssen wir Strom/Gas extra bezahlen?
Comment fonctionne ... ?	Wie funktioniert ...?
la machine à laver	*die Waschmaschine*
la cuisinière	*der Herd*
le chauffage	*die Heizung*
Qui dois-je contacter en cas de problème ?	An wen kann ich mich bei Problemen wenden?
Il nous faut ...	Wir brauchen ...
un double de la clé.	*einen zweiten Schlüssel.*
des draps supplémentaires.	*mehr Bettwäsche.*
Il n'y a plus de gaz.	Das Gas ist alle.

Il n'y a pas d'électricité.	Es gibt keinen Strom.
Où est-ce qu'il faut rendre les clés le jour du départ ?	Wo geben wir die Schüssel bei der Abreise ab?
Est-ce qu'on doit nettoyer l'appartement/la maison avant de partir ?	Müssen wir die Wohnung/ das Haus vor der Abreise sauber machen?

Hôtel | Hotel

Avez-vous une ... pour ce soir ?	Haben Sie ein ... für heute Nacht?
chambre simple	*Einzelzimmer*
chambre double	*Doppelzimmer*
avec baignoire/douche	mit Bad/Dusche
Je voudrais rester une nuit/ ... nuits.	Ich möchte eine Nacht/ ... Nächte bleiben.
Est-ce que le petit déjeuner est inclus dans le prix ?	Ist das Frühstück im Preis inbegriffen?
J'ai réservé une chambre au nom de ...	Ich habe ein Zimmer auf den Namen ... reserviert.
J'ai réservé cette chambre en ligne.	Ich habe das Zimmer online gebucht.
Je voudrais une autre chambre.	Ich möchte ein anderes Zimmer.
À quelle heure est servi le petit déjeuner ?	Wann gibt es Frühstück?
Pouvez-vous me servir le petit déjeuner dans ma chambre ?	Können Sie mir das Frühstück aufs Zimmer bringen?
Où est ... ?	Wo ist ...?
le restaurant	*das Restaurant*
le bar	*die Bar*
la salle de sport	*der Fitnessraum*
la piscine/le spa	*das Schwimmbad/das Spa*
Je voudrais être réveillé(e) demain matin à ...	Bitte wecken Sie mich morgen früh um ...
La clé, s'il vous plaît.	Den Schlüssel bitte.
Est-ce que j'ai reçu des messages ?	Sind Nachrichten für mich da?

Je cherche …	Ich suche …
Je voudrais …	Ich möchte …
Avez-vous … ?	Haben Sie …?
Avez-vous ceci … ?	Haben Sie das …?
dans une autre taille	*in einer anderen Größe*
dans une autre couleur	*in einer anderen Farbe*
avec un autre motif	*mit einem anderen Muster*
Je fais du …	Ich trage Größe …
Je le prends.	Ich nehme das.
Auriez-vous autre chose ?	Haben Sie noch etwas anderes?
C'est trop cher.	Das ist zu teuer.
Je regarde seulement.	Ich sehe mich nur um.
Acceptez-vous la carte de crédit ?	Nehmen Sie Kreditkarten?

Alimentation │ Lebensmittel

Où est … le/la plus proche ?	Wo ist hier …?
le supermarché	*ein Supermarkt*
la boulangerie	*eine Bäckerei*
la boucherie	*eine Metzgerei*
le magasin de fruits et légumes	*ein Obst- und Gemüseladen*
Où est le marché ?	Wo ist der Markt?
Quel jour a lieu le marché ?	Wann ist Markt?
un kilo de …	ein Kilo …
une livre de …	ein Pfund …
200 grammes de …	200 Gramm …
… tranches de …	… Scheiben …
un litre de …	ein Liter …
une bouteille de …	eine Flasche …
un paquet de …	ein Päckchen …

Photographie et vidéo — Fotografie und Video

J'ai besoin de photos d'identité.	Ich brauche Passbilder.
Je cherche un câble pour appareil photo numérique.	Ich suche ein Digital‹amera-Kabel.
Est-ce que vous vendez des chargeurs de marque ... ?	Verkaufen Sie Ladegeräte der Marke ...?
Je voudrais imprimer des photos.	Ich möchte Bilder drucken.
Je voudrais acheter une carte mémoire.	Ich möchte eine Speicherkarte kaufen.
Je voudrais les photos ...	Ich hätte die Bilder gern ...
en mat.	matt.
en brillant.	Hochglanz.
en format dix sur quinze.	im Format zehn mal fünfzehn.
Quand est-ce que les photos seront prêtes ?	Wann sind die Fotos fertig?
Combien coûtent les photos ?	Wie viel kosten die Bilder?
Je l'ai sur ma clé USB.	Ich habe es auf meinem USB-Stick.
Pourriez-vous nous prendre en photo, s'il vous plaît ?	Könnten Sie bitte ein Foto von uns machen?

Poste — Post

Où est le bureau de poste le plus proche ?	Wo ist die nächste Post?
À quelle heure ouvre la poste ?	Wann hat die Post geöffnet?
Je voudrais ... timbres pour l'Allemagne/l'Autriche/la France/la Suisse.	Ich möchte ... Briefmarken für Deutschland/Österreich/Frankreich/die Schweiz.
Où est la boîte aux lettres la plus proche ?	Wo ist hier ein Briefkasten?

Visites touristiques | Besichtigungen

Où se trouve l'office de tourisme ?	Wo ist die Touristeninformation?
Avez-vous des dépliants sur ... ?	Haben Sie Broschüren über ...?
Quels sont les sites touristiques à voir ici ?	Welche Sehenswürdigkeiten gibt es hier?
Est-ce qu'il y a une visite guidée en français ?	Gibt es eine Stadtrundfahrt *(en bus)*/einen Stadtrundgang *(à pied)* auf französisch?
À quelle heure ouvre ... ?	Wann ist ... geöffnet?
le musée	*das Museum*
l'église	*die Kirche*
le château	*das Schloss*
L'entrée coûte combien ?	Was kostet der Eintritt?
Il y a un tarif réduit ... ?	Gibt es eine Ermäßigung ...?
pour les étudiants	*für Studenten*
pour les enfants	*für Kinder*
pour les seniors	*für Rentner*
pour les chômeurs	*für Arbeitslose*
Je voudrais un catalogue.	Ich möchte einen Katalog.
Je peux prendre des photos (avec flash) ici ?	Kann ich hier (mit Blitz) fotografieren?
Je peux filmer ici ?	Kann ich hier filmen?

Sorties | Unterhaltung

Qu'est-ce qu'il y a à faire ici ?	Was kann man hier unternehmen?
Vous avez un calendrier des manifestations ?	Haben Sie einen Veranstaltungskalender?
Où est-ce qu'on peut ... ?	Wo kann man hier ...?
danser	*tanzen gehen*
écouter de la musique live	*Livemusik hören*

Où est-ce qu'il y a ... ?	Wo gibt es hier ...?
un bon bar	*eine nette Kneipe*
une bonne discothèque	*eine gute Disko*
Qu'est-ce qu'il y a ce soir ... ?	Was gibt es heute Abend ...?
au cinéma	*im Kino*
au théâtre	*im Theater*
à l'opéra	*in der Oper*
à la salle de concert	*in der Konzerthalle*
Nous voudrions aller au parc aquatique.	Wir würden gerne ins Erlebnisbad gehen.
Combien coûte l'entrée ?	Was kostet der Eintritt?
Je voudrais un billet/ ... billets pour ...	Ich möchte eine Karte/ ... Karten für ...
Il y a un tarif réduit ... ?	Gibt es eine Ermäßigung für ...?
pour les enfants	*Kinder*
pour les seniors	*Rentner*
pour les étudiants	*Studenten*
pour les chômeurs	*Arbeitslose*

À la plage | Am Strand

Est-ce qu'on peut se baigner ici/dans ce lac ?	Kann man hier/in diesem See baden?
Où est-ce qu'il y a une plage tranquille ?	Wo gibt es hier einen ruhigen Strand?
Est-ce qu'il y a une plage surveillée ?	Gibt es einen bewachten Strand?
L'eau est-elle profonde ?	Ist das Wasser tief?
Quelle est la température de l'eau ?	Wie viel Grad hat das Wasser?
Est-ce qu'il y a des courants ?	Gibt es hier Strömungen?
Est-ce qu'il y a un maître nageur ?	Gibt es hier einen Rettungsschwimmer?

Où peut-on ... ?	Wo kann man hier ...?
faire du surf	*surfen*
faire du ski nautique	*Wasserski fahren*
faire de la plongée	*tauchen*
faire du parapente	*Gleitschirm fliegen*
Je voudrais louer ...	Ich möchte ... mieten.
un abri de plage en osier.	*einen Strandkorb*
une chaise longue.	*einen Liegestuhl*
un parasol.	*einen Sonnenschirm*
Je voudrais louer ...	Ich möchte ... ausleihen.
une planche de surf.	*ein Surfbrett*
un scooter des mers.	*einen Jetski*
une barque.	*ein Ruderboot*
un pédalo.	*ein Tretboot*

Ski │ Ski

Où peut-on louer un équipement de ski ?	Wo kann ich eine Skiausrüstung ausleihen?
Je voudrais louer ...	Ich möchte ... ausleihen.
des skis de piste.	*Abfahrtski*
des skis de fond.	*Langlaufski*
des chaussures de ski.	*Skischuhe*
Où est-ce qu'on peut acheter un forfait ?	Wo kann ich einen Skipass kaufen?
Je voudrais un forfait ...	Ich möchte einen Skipass ...
pour une journée.	*für einen Tag.*
pour cinq jours.	*für fünf Tage.*
pour une semaine.	*für eine Woche.*
Combien coûte le forfait ?	Wie viel kostet der Skipass?
Avez-vous une carte des pistes ?	Haben Sie eine Pistenkarte?
Où sont les pistes pour débutants ?	Wo sind die Abfahrten für Anfänger?

Quelle est la difficulté de cette piste ?	Welchen Schwierigkeitsgrad hat diese Abfahrt?
Y a-t-il une école de ski ?	Gibt es eine Skischule?
Quel est le temps prévu pour aujourd'hui ?	Wie ist der Wetterbericht?
Comment est la neige ?	Wie ist der Schnee?
Est-ce qu'il y a un risque d'avalanche ?	Besteht Lawinengefahr?

Sport | Sport

Où peut-on … ?	Wo kann man hier …?
jouer au tennis/golf	*Tennis/Golf spieler*
aller nager	*schwimmen*
faire de l'équitation	*reiten*
Combien est-ce que ça coûte de l'heure ?	Wie viel kostet es pro Stunde?
Où peut-on réserver un court ?	Wo kann ich einen Platz buchen?
Où peut-on louer des raquettes de tennis ?	Wo kann ich Schläger ausleihen?
Où peut-on louer une barque/un pédalo ?	Wo kann ich ein Ruderboot/ ein Tretboot mieten?
Est-ce qu'il faut un permis de pêche ?	Braucht man einen Angelschein?
Je voudrais voir …	Ich möchte … ansehen.
un match de foot.	*ein Fußballspiel*
une course de chevaux.	*ein Pferderennen*

Une table pour ... personnes, s'il vous plaît.	Einen Tisch für ... Personen bitte.
La carte, s'il vous plaît.	Die Speisekarte bitte.
La carte des vins, s'il vous plaît.	Die Weinkarte bitte.
Qu'est-ce que vous me conseillez ?	Was würden Sie mir empfehlen?
Servez-vous ... ?	Haben Sie ...?
des plats végétariens	*vegetarische Gerichte*
des menus enfants	*Kinderportionen*
Est-ce que cela contient ... ?	Enthält das ...?
des cacahuètes	*Erdnüsse*
de l'alcool	*Alkohol*
Vous pourriez m'apporter (plus de) ..., s'il vous plaît ?	Bitte bringen Sie (noch) ...
Je vais prendre ...	Ich nehme ...
L'addition, s'il vous plaît.	Zahlen bitte.
Sur une seule addition, s'il vous plaît.	Bitte alles zusammen.
Sur des additions séparées, s'il vous plaît.	Getrennte Rechnungen bitte.
Gardez la monnaie.	Stimmt so.
Ce n'est pas ce que j'ai commandé.	Das habe ich nicht bestellt.
Il y a une erreur dans l'addition.	Die Rechnung stimmt nicht.
C'est froid/trop salé.	Das Essen ist kalt/versalzen.
saignant/à point/bien cuit	blutig/rosa/durch
Une bouteille d'eau gazeuse/ non gazeuse.	Eine Flasche Wasser mit/ohne Kohlensäure.

voir aussi AU MENU *siehe auch* SPEISEKARTE

Téléphone	Telefon
Où est-ce que je peux téléphoner ?	Wo kann ich hier telefonieren?
Allô.	Hallo.
Qui est à l'appareil ?	Wer ist am Telefon?
C'est ...	Hier ist ...
Puis-je parler à Monsieur/ Madame ... s'il vous plaît ?	Kann ich bitte mit Herrn/ Frau ... sprechen?
Je rappellerai plus tard.	Ich rufe später wieder an.
Où est-ce que je peux recharger mon portable ?	Wo kann ich mein Handy aufladen?
Il me faut une nouvelle batterie.	Ich brauche einen neuen Akku.
Est-ce que je peux vous emprunter votre chargeur ?	Könnte ich mir Ihr Ladegerät ausleihen?
Je voudrais acheter une carte SIM avec/sans abonnement.	Ich möchte eine SIM-Karte mit/ ohne Vertrag kaufen.

Internet	Internet
Est-ce que vous avez le wi-fi gratuit?	Haben Sie freies WLAN?
Je n'ai pas de réseau.	Hier ist kein Netz.
La liaison est mauvaise.	Die Verbindung ist sehr schlecht.
Je voudrais envoyer un email.	Ich möchte eine E-mail schicken.
Je voudrais imprimer un document.	Ich möchte ein Dokument drucken.
Comment changer la langue du clavier ?	Wie ändert man die Sprache auf der Tastatur?
Quel est le mot de passe pour le wi-fi ?	Was ist das WLAN-Kennwort?

Passeport/Douane — Pass/Zoll

Voici ...	Hier ist ...
mon passeport.	*mein Pass.*
ma carte d'identité.	*mein Personalausweis.*
mon permis de conduire.	*mein Führerschein.*
Voici les documents de mon véhicule.	Hier sind meine Fahrzeugpapiere.
Les enfants figurent sur ce passeport.	Die Kinder stehen in diesem Pass.
Est-ce que je dois le déclarer ?	Muss ich das verzollen?
C'est ...	Das ist ...
un cadeau.	*ein Geschenk.*
un échantillon.	*ein Warenmuster.*
C'est pour mon usage personnel.	Das ist für meinen persönlichen Gebrauch.
Je suis en transit pour ...	Ich bin auf der Durchreise nach ...

À la banque — In der Bank

Où puis-je changer de l'argent ?	Wo kann ich hier Geld wechseln?
Est-ce qu'il y a une banque/ un bureau de change par ici ?	Gibt es hier eine Bank/eine Wechselstube?
La banque ouvre à quelle heure ?	Wann ist die Bank/Wechselstube geöffnet?
Je voudrais encaisser ces chèques de voyage.	Ich möchte diese Reiseschecks einlösen.
Combien prenez-vous de commission ?	Wie hoch ist die Gebühr?
Est-ce que je peux retirer des espèces avec ma carte de crédit ?	Kann ich hier mit meiner Kreditkarte Bargeld bekommen?

Où est-ce qu'il y a un distributeur ?	Wo gibt es hier einen Geldautomaten?
Le distributeur m'a pris ma carte.	Der Geldautomat hat meine Karte geschluckt.
Pouvez-vous me faire de la monnaie, s'il vous plaît ?	Bitte geben Sie mir etwas Kleingeld.

Urgences — Notfalldienste

Au secours !	Hilfe!
Au feu !	Feuer!
Pouvez-vous appeler ...	Bitte rufen Sie ...
le médecin d'urgence.	*den Notarzt.*
les pompiers.	*die Feuerwehr.*
la police.	*die Polizei.*
Je dois téléphoner d'urgence.	Ich muss dringend telefonieren.
J'ai besoin d'un interprète.	Ich brauche einen Dolmetscher.
Où est le commissariat ?	Wo ist die Polizeiwache?
Où est l'hôpital le plus proche ?	Wo ist das nächste Krankenhaus?
Je voudrais signaler un vol.	Ich möchte einen Diebstahl melden.
On m'a volé ...	Mir ist ... gestohlen worden.
Il y a eu un accident.	Es ist ein Unfall passiert.
Il y a ... blessés.	Es gibt ... Verletzte.
Je suis ...	Mein Standort ist ...
On m'a ...	Ich bin ... worden.
volé(e).	*beraubt*
attaqué(e).	*überfallen*
violé(e).	*vergewaltigt*
Je voudrais appeler mon ambassade.	Ich möchte mit meiner Botschaft sprechen.

Pharmacie — Apotheke

Où est la pharmacie la plus proche ?	Wo gibt es hier eine Apotheke?
Quelle est la pharmacie de garde ?	Welche Apotheke hat Bereitschaft?
Je voudrais quelque chose contre ...	Ich möchte etwas gegen ...
la diarrhée.	*Durchfall.*
la fièvre.	*Fieber.*
le mal des transports.	*Reisekrankheit.*
le mal de tête.	*Kopfschmerzen.*
le rhume.	*Erkältung.*
Je voudrais ...	Ich möchte ...
des pansements.	*Pflaster.*
un bandage.	*einen Verband.*
Je suis allergique à ...	Ich vertrage kein ...
l'aspirine.	*Aspirin.*
la pénicilline.	*Penizillin.*
Je voudrais une lotion anti-moustiques.	Ich hätte gern eine Anti-Mücken-Lotion.

Chez le médecin — Beim Arzt

J'ai besoin de voir un médecin.	Ich brauche einen Arzt.
Où sont les urgences ?	Wo ist die Notaufnahme?
J'ai mal ici.	Ich habe hier Schmerzen.
J'ai ...	Mir ist ...
chaud.	*heiß.*
froid.	*kalt.*
J'ai mal au cœur.	Mir ist übel.
J'ai la tête qui tourne.	Mir ist schwindlig.

J'ai de la fièvre.	Ich habe Fieber.
Je suis ...	Ich bin ...
enceinte.	*schwanger.*
diabétique.	*Diabetiker.*
séropositif(-ive).	*HIV-positiv.*
Je prends ces médicaments.	Ich nehme diese Medikamente.
Mon groupe sanguin est ...	Meine Blutgruppe ist ...

À l'hôpital — Im Krankenhaus

Dans quel service se trouve ... ?	Auf welcher Station liegt ...?
Quelles sont les heures de visite ?	Wann ist die Besuchszeit?
Je voudrais parler à ...	Ich möchte mit ... sprechen.
un médecin.	*einem Arzt*
un infirmier/une infirmière.	*einem Krankenpfleger/ einer Krankenschwester*
Je voudrais louer un téléphone.	Ich möchte ein Telefon mieten.
Je voudrais un casque pour la télévision, s'il vous plaît.	Ich möchte Kopfhörer für das Fernsehen, bitte.
Quand vais-je pouvoir sortir ?	Wann werde ich entlassen?

Chez le dentiste — Beim Zahnarzt

J'ai besoin de voir un dentiste.	Ich brauche einen Zahnarzt.
J'ai mal à cette dent.	Dieser Zahn tut weh.
J'ai perdu un de mes plombages.	Mir ist eine Füllung herausgefallen.
J'ai un abcès.	Ich habe einen Abszess.
Je voudrais une piqûre/ je ne veux pas de piqûre contre les douleurs.	Ich möchte eine/keine Spritze gegen die Schmerzen.
Pouvez-vous réparer mon dentier ?	Können Sie mein Gebiss reparieren?
J'ai besoin d'un reçu pour mon assurance.	Ich brauche eine Quittung für die Versicherung.

Voyages d'affaires — Dienstreisen

Je voudrais organiser une réunion avec ...	Ich möchte eine Besprechung mit ... ausmachen.
J'ai rendez-vous avec Monsieur/Madame ...	Ich haben einen Termin mit Herrn/Frau ...
Voici ma carte de visite.	Hier ist meine Karte.
Je travaille pour ...	Ich arbeite für ...
Comment rejoindre ... ?	Wie komme ich ...?
votre bureau	*zu Ihrem Büro*
le bureau de Monsieur/Madame ...	*zum Büro von Herrn/Frau ...*
la cantine	*zur Kantine*
Pourriez-vous me photocopier ça, s'il vous plaît ?	Können Sie das bitte für mich kopieren?
Je peux me servir ... ?	Darf ich ... benutzen?
de votre téléphone	*Ihr Telefon*
de votre ordinateur	*Ihren Computer*
de votre bureau	*Ihren Schreibtisch*
Y a-t-il une connexion internet sans fil?	Haben Sie drahtlosen Internetzugang?

Voyageurs handicapés — Behinderte Reisende

Où est l'entrée pour les fauteuils roulants ?	Wo ist der Eingang für Rollstuhlfahrer?
Votre hôtel est-il accessible aux fauteuils roulants ?	Ist Ihr Hotel rollstuhlgerecht?
Je voudrais une chambre ...	Ich brauche ein Zimmer ...
au rez-de-chaussée.	*im Erdgeschoss.*
accessible aux fauteuils roulants.	*für Rollstuhlfahrer.*
Y a-t-il un ascenseur pour fauteuils roulants ?	Haben Sie einen Aufzug für Rollstühle?
Où sont les toilettes pour handicapés ?	Wo ist die Behindertentoilette?

Est-ce qu'il y a dans ce train un espace aménagé pour les fauteuils roulants ?	Kann ich als Rollstuhlfahrer in diesem Zug mitfahren?
Pouvez-vous m'aider à monter/ descendre, s'il vous plaît ?	Können Sie mir beim Einsteigen/ Aussteigen bitte helfen?

Voyager avec des enfants | Mit Kindern reisen

Est-ce que nous pouvons venir avec les enfants ?	Können wir die Kinder mitbringen?
Est-ce que les enfants ont le droit d'entrer ?	Ist der Eintritt auch Kindern gestattet?
Il y a un tarif réduit pour les enfants ?	Gibt es eine Ermäßigung für Kinder?
Vous servez des menus pour enfants ?	Haben Sie Kinderportionen?
Auriez-vous ... ?	Hätten Sie ...?
une chaise pour bébé	*einen Kinderstuhl*
un lit pour bébé	*ein Kinderbett*
une table à langer	*einen Wickeltisch*
Où est-ce que je peux changer mon bébé ?	Wo kann ich das Baby wickeln?
Où est-ce que je peux allaiter mon bébé ?	Wo kann ich das Baby stillen?
Vous pouvez réchauffer ceci, s'il vous plaît ?	Können Sie das bitte aufwärmen?
Qu'est-ce qu'il y a comme activités pour les enfants ?	Was können Kinder hier unternehmen?
Où est le parc de jeux le plus proche ?	Wo gibt es hier einen Spielplatz?
Est-ce qu'il y a un service de garderie ?	Gibt es hier eine Kinder- betreuung?
Mon fils/ma fille est malade.	Mein Sohn/meine Tochter ist krank.

Je voudrais faire une réclamation.	Ich möchte mich beschweren.
À qui dois-je m'adresser pour faire une réclamation ?	Bei wem kann ich mich beschweren?
Je voudrais parler au responsable, s'il vous plaît.	Ich möchte mit dem Geschäftsführer sprechen.
La lumière	*Das Licht*
Le chauffage	*Die Heizung*
La douche	*Die Dusche*
... ne marche pas.	... funktioniert nicht.
La chambre est ...	Das Zimmer ist ...
sale.	*schmutzig.*
trop petite.	*zu klein.*
Il fait trop froid dans la chambre.	Das Zimmer ist zu kalt.
Pourriez-vous nettoyer ma chambre, s'il vous plaît ?	Bitte machen Sie das Zimmer sauber.
Pourriez-vous baisser le son de votre télé/radio, s'il vous plaît ?	Bitte stellen Sie den Fernseher/ das Radio leiser.
Il y a une odeur de tabac.	Es riecht nach Rauch.
Il n'y a pas d'eau chaude.	Es gibt kein warmes Wasser.
Pouvons-nous changer de chambre ?	Können wir das Zimmer wechseln?
On m'a volé quelque chose.	Mir wurde etwas gestohlen.
Ma chambre n'a pas été faite.	Mein Zimmer wurde nicht aufgeräumt.
Nous attendons depuis très longtemps.	Wir warten schon sehr lange.
Il y a une erreur dans l'addition.	Die Rechnung stimmt nicht.
Je veux être remboursé(e).	Ich möchte mein Geld zurück.
Je voudrais échanger ceci.	Ich möchte das umtauschen.
Je ne suis pas satisfait(e).	Ich bin damit nicht zufrieden.

aïoli Knoblauchmayonnaise

anchoïade Sardellenpaste mit Knoblauch, Olivenöl und Essig

amuse-bouche Appetithappen

assiette du pêcheur Fischplatte

bar Seebarsch

bavarois Bayerische Creme

bisque Hummercremesuppe

blanquette Kalbsfrikassee mit cremiger Soße

bouillabaisse Bouillabaisse (provenzalische Fischsuppe)

brandade de morue Kabeljau mit Knoblauch, Olivenöl und Sahne

brochette, en am Spieß

bulot Wellhornschnecke

calamar/calmar Tintenfisch

cassoulet Eintopf aus weißen Bohnen mit eingemachtem Fleisch, Speck und Wurst

cervelle de Canut Quark mit Schafskäse, Kräutern und Weißwein

charlotte Biskuitkuchen mit Cremefüllung

clafoutis Kirschkuchen

coq au vin Coq au Vin (Hähnchen in Rotwein)

coques Herzmuscheln

crémant Schaumwein

crème pâtissière Vanillesoße für Torten und Desserts

cuisses de grenouilles Froschschenkel

daube Schmorbraten

daurade Goldbrasse

filet mignon Schweinefilet

fine de claire Auster

foie gras Gänseleber

fond d'artichaut Artischockenherz

fougasse Fladenbrot

gésier Geflügelmagen

gratin dauphinois Kartoffelgratin

homard thermidor gegrillter Hummer mit Cremesoße

île flottante Schaumgebäck in Vanillesoße

loup de mer Wolfsbarsch

noisettes d'agneau Lammfleischstückchen

onglet Steak

pan-bagnat Brötchen mit Ei, Oliven, Thunfisch und Anchovis

parfait Halbgefrorenes

parmentier mit Kartoffel(püree)

pignons Pinienkerne

pipérade Omelette mit Tomaten, Zwiebeln und Paprika

pissaladière Art kleine Pizza mit Zwiebeln, Anchovis und Oliven

pistou Pesto auf provenzalische Art

pommes mousseline Kartoffelpüree mit Sahne

pot-au-feu Eintopf

quenelles Fleisch- oder Fischklöße mit Soße

rascasse Drachenkopf (Fisch)

ratatouille Ratatouille (Gemüseeintopf)

ris de veau Kalbsbries

romaine Romagnasalat

rouille scharfe Soße, serviert zur Bouillabaisse

salade lyonnaise Gemüsesalat mit Eiern und Speck

salade niçoise Salat mit Bohnen, Anchovis, Oliven und Paprika

suprême de volaille Hähnchenbrust mit Cremesoße

tapenade Paste aus schwarzen Oliven, Anchovis und Kapern

tournedos Rossini Tournedos (Lendenschnitte) auf geröstetem Brot mit Gänseleber und Trüffeln

Alsterwasser panaché

Apfelkorn liqueur de pomme

Apfelstrudel gâteau aux pommes, aux raisins et à la cannelle, roulé en pâte feuilletée

Arme Ritter pain perdu

Backpflaumen pruneaux

Bauernfrühstück petit déjeuner chaud composé d'œufs brouillés, de bacon, de morceaux de pommes de terre, d'oignons et de tomates

Berliner beignet fourré à la confiture

Bierschinken saucisse de jambon

Bierwurst saucisse bouillie bavaroise

Bockwurst saucisse bouillie

Dunkles bière brune

Eierkuchen crêpes

Eisbein jarret de porc bouilli, souvent servi avec de la choucroute

Eiswein vin de glace

Fledermaus bœuf bouilli accompagné d'une crème au raifort

Fünfkornbrot pain complet aux cinq céréales

geschmort braisé

Gewürzgurken cornichons

Hackbraten pain de viande

Helles bière légère

Heuriger vin nouveau

Jägerschnitzel escalope servie avec des champignons et une sauce au vin

Kasseler viande de porc fumée

Knackwurst saucisse épicée

Kraftsuppe consommé

Kroketten croquettes

Leberkäse pain de viande fait à partir de foie de porc

Leinsamenbrot pain complet contenant des graines de lin

Linzer Torte tarte à la confiture surmontée de croisillons de pâte

Malzbier bière brune au malt

Maß un litre de bière

Mischbrot pain gris fait à partir de farines de blé et de seigle

Nockerln petites boulettes, quenelles

Pils, Pilsner bière forte, légèrement amère

Pumpernickel pain très foncé fait à partir de farine de seigle complète grossière

Radler panaché

Räucherkäse fromage fumé
Reibekuchen galettes de pommes de terre
Rösti morceaux de pommes de terre frits avec des oignons et des lardons
Roulade roulade de bœuf
Sachertorte gâteau au chocolat
Sauerbraten bœuf braisé mariné dans du vinaigre servi avec des boulettes et des légumes
Schwertfisch espadon
Spanferkel cochon de lait
Steinbutt turbot

Steinpilze cèpes (de Bordeaux)
Stollen pâtisserie en forme de pain contenant des écorces confites, habituellement dégustée à Noël
Vollkornbrot pain aux céréales
Wiener Schnitzel escalope panée
Wildbraten venaison rôtie
Zervelatwurst cervelas à base de bœuf et de porc
Zigeunerschnitzel escalope accompagnée d'une sauce au paprika

Aachen (-s) *nt* Aix-la-Chapelle
Aal (-(e)s, -e) *m* anguille *f*

---

ab

▶ *präp +Dat* dès ; **Kinder ab
12 Jahren** les enfants de plus de
12 ans ; **ab morgen/Montag/
Januar** dès demain/lundi/(le
mois de) janvier ; **ab sofort** dès
maintenant

▶ *adv* **1** (*weg, entfernt*) loin ;
(*herunter*): **der Knopf ist ab** le
bouton est parti ; **ab ins Bett!**
(ouste,) au lit ! ; **links ab** à
gauche ; **Hut ab!** (*alle Achtung!*)
chapeau !

2 (*zeitlich*): **von da ab** dès ce
moment, dès lors ; **von heute
ab** dès aujourd'hui, à partir
d'aujourd'hui

3 (*auf Fahrplänen*): **München ab
12.20** Munich (départ) 12h20

4 : **ab und zu** *od* **an** de temps en
temps, parfois

Abbau (-(e)s) *m* (*Zerlegung*)
démontage *m* ; (*von Personal,*
Preisen) réduction *f* ; (*von Kräften*)
déclin *m*

ab|bauen *vt* (*zerlegen*) démonter ;
(*verringern*) réduire

ab|bekommen (*irr*) *vt* recevoir ;
(*Regen*) prendre ; (*fam: Farbe,*
Aufkleber) arriver à enlever ;
etwas ~ (*beschädigt werden*) être
abîmé(e) ; (*verletzt werden*) être
blessé(e)

ab|bestellen *vt* (*Zeitung*) résilier
son abonnement à

ab|bezahlen *vt* payer

ab|biegen (*irr*) *vi* tourner

Abbild *nt* image *f* • **ab|bilden** *vt*
reproduire • **Abbildung** *f*
reproduction *f*

ab|blenden *vt* : **die Scheinwerfer ~**
se mettre en code

Abblendlicht *nt* feux *mpl* de
croisement

ab|brechen (*irr*) *vt* (*Ast, Henkel*)
casser ; (*Beziehungen,*
Verhandlungen) rompre ; (*Spiel*)
interrompre ; (*Gebäude, Brücke*)
démolir ; (*Lager*) lever ▶ *vi* se
casser ; (*aufhören*) arrêter

ab|bringen (*irr*) *vt* : **jdn davon ~,
etw zu tun** dissuader qn de faire
qch

Abbruch *m* rupture *f* ; (*von*
Gebäude) démolition *f*

ab|buchen *vt* prélever

ab|decken *vt* (*Haus*) arracher le
toit de ; (*Tisch*) débarrasser ;
(*Loch, Beet*) couvrir

Abdruck (-s, Abdrücke) *m*
moulage *m*

Abend (-s, -e) *m* soir *m* ; **zu ~
essen** dîner ; **heute/gestern/
morgen ~** ce/hier/demain soir
• **Abendessen** *nt* dîner *m*

- **Abendkleid** nt robe f du soir
- **Abendland** nt Occident m
- **abendlich** adj du soir

abends adv le soir

Abenteuer (-s, -) nt aventure f
  - **abenteuerlich** adj (gefährlich) risqué(e) ; (seltsam) excentrique

Abenteurer(in) (-s, -) m(f) aventurier(-ière)

aber konj mais

abermals adv une nouvelle fois

ab|fahren (irr) vi partir ▶ vt (Strecke) parcourir ; (Fahrkarte) utiliser

Abfahrt f départ m ; (Ski) descente f ; (von Autobahn) sortie f

Abfahrtslauf m descente f

Abfahrtszeit f heure f du départ

Abfall m (Rest) déchets mpl ; (Rückstand) résidus mpl
  - **Abfallbeseitigung** f traitement m des déchets • **Abfalleimer** m poubelle f

abfällig adj désobligeant(e)

ab|fangen (irr) vt intercepter

ab|fertigen vt (fertig machen) préparer ; (Flugzeug) préparer pour le décollage

ab|finden (irr) vt dédommager ▶ vr: **sich mit etw ~/nicht ~** (irr) être/ ne pas être satisfait(e) de qch

Abfindung f (von Gläubigern) remboursement m ; (Geld) indemnité f

ab|fliegen (irr) vi (Flugzeug) décoller ; (Passagier) partir

Abflug m décollage m
  - **Abflugzeit** f heure f du départ

Abfluss m (Öffnung) voie f d'écoulement

Abfolge f ordre m

ab|fragen vt interroger

Abfuhr (-, -en) f enlèvement m ; **sich** Dat **eine ~ holen** (fam) se faire remettre en place

ab|führen vi (Méd) avoir des propriétés laxatives

Abführmittel nt laxatif m

Abgabe f (von Waren) vente f ; (von Wärme) émission f ; (von Prüfungsarbeit, Stimmzettel) remise f ; (von Ball) passe f ; (gew pl: Steuer) impôt m

Abgang m départ m ; (Theat) sortie f ; (Méd: von Nierenstein etc) évacuation f ; (: Fehlgeburt) fausse couche f ; (kein pl: der Post, von Waren) expédition f ; **reißenden ~ finden** se vendre comme des petits pains

Abgas nt gaz m inv d'échappement

ab|geben (irr) vt remettre ; (an Garderobe: Erklärung) donner ; (Ball) passer ; (Wärme) émettre ▶ vr: **sich mit jdm/etw ~** s'occuper de qn/qch

ab|gehen (irr) vi partir ; (von der Schule) quitter l'école ▶ vt (Strecke, Weg) parcourir

abgelegen adj éloigné(e)

abgeneigt adj +Dat: **jdm/einer Sache nicht ~ sein** n'avoir rien contre qn/qch

Abgeordnete(r) f(m) député(e)

Abgesandte(r) f(m) envoyé(e)

abgesehen adv: **~ von ...** à part ...

abgestanden adj (Flüssigkeit) pas frais(fraîche)

abgetragen adj (Kleidung, Schuhe) usé(e)

ab|gewinnen (irr) vt: **jdm etw ~** (Geld) faire perdre qch à qn ; **einer Sache** Dat **etwas/nichts ~**

ab|liefern

können trouver qch intéressant/ sans intérêt

abgewogen adj (Urteil) équitable ; (Worte) bien pesé(e)

ab|gewöhnen vt : **jdm etw ~** faire perdre l'habitude de qch à qn ; **sich** Dat **etw ~** perdre l'habitude de qch

ab|grenzen vt (Versammlung) séparer ; (Pflichten) déterminer ; (Bereich) délimiter ; (Begriffe) définir ▸ vr prendre ses distances

Abgrund m abîme m

ab|halten (irr) vt (Versammlung) tenir ; (Besprechung) avoir ; (Gottesdienst) célébrer ; **jdn von etw ~** empêcher qn de faire qch

ab|handeln vt (Thema) traiter ; **jdm die Waren ~** conclure un marché avec qn

abhanden|kommen vi s'égarer ; **mir ist mein Schirm abhandengekommen** j'ai égaré mon parapluie

Abhandlung f traité m

Abhang m pente f

ab|hängen (irr) vt décrocher ; (Verfolger) se débarrasser de ▸ vi : **von jdm/etw ~** dépendre de qn/qch

abhängig adj dépendant(e)

ab|hauen (irr) vt (Kopf, Ast) couper ▸ vi (fam) filer ; **hau ab!** fiche le camp !

ab|heben (irr) vt (Dach, Deckel, Schicht) enlever ; (Telefonhörer) décrocher ; (Geld) prélever ▸ vi (Flugzeug, Rakete) décoller ; (Kartenspiel) couper ; **sich von etw ~** se distinguer ; **sich von etw ~** ressortir sur qch

Abhilfe f secours m

ab|holen vt aller chercher

Abitur (-s, -e) nt = baccalauréat m

Abiturient(in) m(f) bachelier(-ière)

ab|kaufen vt acheter ; **jdm alles ~** (fam : glauben) gober tout ce que qn raconte

Abkommen (-s, -) nt accord m

ab|kürzen vt abréger ; (Strecke) raccourcir

Abkürzung f (Wort) abréviation f ; (Weg) raccourci m

ab|laden (irr) vt décharger

ab|lassen (irr) vt (Wasser) vider ; (Luft) faire sortir ; (vom Preis) remettre

Ablauf m (Abfluss) écoulement m ; (von Ereignissen) déroulement m ; (einer Frist) expiration f

ab|laufen (irr) vi (abfließen) s'écouler ; (Ereignisse) se dérouler ; (Frist) arriver à échéance ; (Pass) expirer

ab|legen vt (Gegenstand) poser ; (Kleider) enlever ; (Gewohnheit) perdre ; (Prüfung) passer

Ableger (-s, -) m (Bot) bouture f

ab|lehnen vt (Angebot, Verantwortung, Einladung) décliner ; (Hilfe, Amt) refuser

Ablehnung f refus m

ab|leiten vt (Wasser, Rauch, Blitz) détourner ; (herleiten) tirer ; (Math, Ling) dériver

ab|lenken vt détourner ; (zerstreuen) distraire

Ablenkung f distraction f

ab|lesen (irr) vt (Text, Rede) lire ; (Messgeräte, Werte) relever

ab|liefern vt (Ware) livrer ; (Geld) remettre ; (abgeben) rendre

ab|lösen vt (Briefmarke) décoller ; (Pflaster, Fleisch) enlever ▶ vr (abgehen) se détacher ; (sich abwechseln) se relayer

ab|machen vt (entfernen) enlever ; (vereinbaren) convenir de ; (in Ordnung bringen) régler

Abmachung f (Vereinbarung) accord m

ab|melden vt annoncer le départ de ; (Auto) faire annuler l'immatriculation de ; (Telefon) faire couper ▶ vr annoncer son départ ; **sich bei der Polizei ~** annoncer son départ au commissariat

Abnahme f (Verringerung) baisse f ; (Entfernen) fait d'enlever ; (Econ) achat m

ab|nehmen (irr) vt enlever ; (Bild, Telefonhörer) décrocher ; (Führerschein) retirer ; (Geld) prendre ▶ vi (schlanker werden) maigrir

Abnehmer (-s, -) m (Econ) acheteur m

Abneigung f : **~ (gegen)** aversion f (pour)

ab|nutzen vt user

Abo (-s, -s) nt (fam) abk = **Abonnement**

Abonnement (-s, -s) nt abonnement m

abonnieren vt être abonné(e) à

ab|raten (irr) vi : **jdm von etw ~** déconseiller qch à qn

ab|reagieren vr se défouler

ab|rechnen vt (abziehen) déduire ; (Rechnung aufstellen) préparer l'addition od la facture

Abrechnung f (Bilanz) bilan m

Abreise f départ m

ab|reisen vi partir (en voyage) ; (Rückreise antreten) partir

ab|reißen (irr) vt (Haus, Brücke) démolir ; (Blatt, Faden, Blumen) arracher

Abriss m (Übersicht) aperçu m

Abruf m : **auf ~** à disposition

ab|rufen (irr) vt (Ware) faire livrer

ab|rüsten vi (Mil) désarmer

Abrüstung f désarmement m

Absage f réponse f négative

ab|sagen vt annuler ; (Einladung) décliner ▶ vi dire non

Absatz m (Schuhabsatz) talon m ; (neuer Abschnitt) alinéa m ; (von Ware) ventes fpl

ab|schaffen vt (Todesstrafe, Gesetz) abolir ; (Angestellte, Haustier, Auto) se défaire de

Abschaffung f abolition f

ab|schalten (fam) vt éteindre ▶ vi (nicht mehr konzentrieren) décrocher

abschätzig adj (Blick) méprisant(e) ; (Bemerkung) peu flatteur(-euse)

Abscheu (-(e)s) m od f dégoût m • **abscheulich** adj épouvantable

ab|schicken vt expédier

ab|schieben (irr) vt (Ausländer) expulser

Abschied (-(e)s, -e) m adieu m ; (von Armee) retour m à la vie civile ; **~ nehmen** prendre congé ; **zum ~** en guise d'adieu

Abschiedsbrief m lettre f d'adieu

abschlägig adj négatif(-ive)

Abschlagszahlung f acompte m

Abschleppdienst m service m de dépannage

ab|schleppen vt remorquer ▸ vr: **sich mit etw ~** traîner qch (à grand-peine)

Abschleppseil nt câble m de remorquage

ab|schließen (irr) vt fermer à clé ; (beenden, eingehen) conclure

Abschluss m (Beendigung) fin f ; (Geschäftsabschluss: von Vertrag) conclusion f

ab|schmieren vt (Aut) graisser, lubrifier

ab|schminken vt, vr se démaquiller ; **das kannst du dir gleich ~!** (fam) il n'en est pas question !

ab|schneiden (irr) vt couper ▸ vi: **bei etw gut/schlecht ~** (fam) bien/mal réussir qch

Abschnitt m (von Strecke) section f ; (von Buch) passage m ; (Kontrollabschnitt) talon m ; (Zeitabschnitt) époque f

ab|schrauben vt dévisser

ab|schrecken vt (Menschen) faire peur à • **abschreckend** adj (Anblick) effroyable ; **ein ~es Beispiel** un exemple à ne pas suivre ; **eine ~e Wirkung haben** avoir un effet de dissuasion

Abschreckung f (Mil) dissuasion f

ab|schreiben (irr) vt copier ; (Écon) déduire ; (fam: verloren geben) mettre une croix sur

Abschrift f copie f

abschüssig adj en pente

ab|schwächen vt (Wirkung) diminuer ; (Eindruck, Behauptung, Kritik) atténuer

ab|schwellen (irr) vi désenfler ; (Lärm) diminuer

absehbar adj (Folgen) prévisible ; **in ~er Zeit** dans un proche avenir

ab|sehen (irr) vt prévoir ▸ vi: **von etw ~** renoncer à qch ; (nicht berücksichtigen) ne pas tenir compte de qch ; **jdm etw ~** (erlernen) apprendre qch de qn

abseits adv à l'écart ▸ präp +Gen à l'écart de

Abseits nt (Sport) hors-jeu m

ab|senden (irr) vt envoyer

Absender(in) m(f) expéditeur(-trice)

ab|setzen vt poser ; (verkaufen) écouler ; (abziehen) déduire ; (entlassen) destituer de ses fonctions ; (hervorheben) mettre en valeur ▸ vr (fam: sich entfernen) se tirer ; (sich ablagern) se déposer

ab|sichern vt protéger ▸ vr se couvrir

Absicht f intention f ; **mit ~** délibérément • **absichtlich** adj voulu(e)

absolut adj absolu(e) ▸ adv absolument

absolvieren vt (Pensum) finir ; (Prüfung) réussir

ab|speichern vt (Inform) sauvegarder, mémoriser

ab|speisen vt (fig) consoler

ab|sperren vt (Gebiet) fermer ; (Tür) fermer à clé

Absperrung f (Vorgang) interdiction f d'accès ; (Sperre) barrière f

ab|spielen vt (Platte, Tonband) jouer ▸ vr se dérouler

Absprache f accord m

ab|sprechen (irr) vt (vereinbaren) convenir de ; **jdm etw ~**

(*aberkennen*) priver qn de qch ;
jdm die Begabung ~ contester
le talent de qn

ab|springen (*irr*) *vi* sauter ;
(*Farbe, Lack*) partir

Absprung *m* saut *m* ; **den ~
schaffen** (*fam*) arriver à rompre
avec le passé

ab|stammen *vi* descendre

Abstammung *f* origine *f*

Abstand *m* distance *f* ; (*zeitlich*)
intervalle *m*

Abstecher (*-s, -*) *m* détour *m*

ab|steigen (*irr*) *vi* descendre

ab|stellen *vt* poser ; (*ausschalten:
Maschine*) éteindre ; (*: Strom*)
couper ; (*: beenden*) mettre fin à ;
(*ausrichten*) adapter à

ab|stempeln *vt* (*Briefmarke*)
oblitérer ; (*Menschen*) étiqueter

Abstieg (*-(e)s, -e*) *m* descente *f* ;
(*Niedergang*) déclin *m*

ab|stimmen *vi* voter ▸ *vt* (*Farben*)
marier ; (*Interessen*) concilier ;
(*Termine, Ziele*) faire coïncider ▸ *vr*
se mettre d'accord

Abstimmung *f* (*Stimmenabgabe*)
vote *m*

abstrakt *adj* abstrait(e) ▸ *adv*
d'une manière abstraite

ab|streiten (*irr*) *vt* nier

Abstrich *m* (*Méd*) frottis *m*

ab|stumpfen *vi* s'émousser ; (*fig*)
devenir insensible

Absturz *m* chute *f*

ab|stürzen *vi* faire une chute ;
(*Aviat*) s'écraser

absurd *adj* absurde

Abszess (*-es, -e*) *m* abcès *m*

Abt (*-(e)s, ⁼e*) *m* abbé *m*

ab|tauen *vi* (*Schnee, Eis*) fondre ;
(*Straße*) dégeler ▸ *vt* dégivrer

Abtei *f* abbaye *f*

Abteil (*-(e)s, -e*) *nt*
compartiment *m*

ab|teilen *vt* diviser ; (*abtrennen*)
cloisonner

Abteilung *f* (*in Firma, in
Krankenhaus*) service *m* ; (*in
Kaufhaus*) rayon *m*

• Abteilungsleiter(in) *m(f)* chef
m de service ; (*in Kaufhaus*) chef de
rayon

ab|treiben (*irr*) *vi* (*Schiff*) dériver ;
(ein Kind) ~ avorter

Abtreibung *f* avortement *m*

Abtreibungsversuch *m*
tentative *f* d'avortement

ab|trennen *vt* (*lostrennen*)
découdre ; (*entfernen, abteilen*)
séparer

ab|treten (*irr*) *vt* (*überlassen*) céder

ab|trocknen *vt* essuyer ▸ *vi*
sécher

ab|tun (*irr*) *vt* (*fam: ablegen*)
enlever ; (*fig*) rejeter

ab|warten *vt, vi* attendre ; **~ und
Tee trinken** (*fam*) voir venir

abwärts *adv* vers le bas

ab|waschen (*irr*) *vt* (*Schmutz*)
enlever (en lavant) ; (*Geschirr*)
laver

Abwasser (*-s, Abwässer*) *nt* eaux
fpl usées

ab|wechseln *vi* alterner ;
(*Menschen*) se relayer

abwechselnd *adv* tour à tour

Abwechslung *f* changement *m* ;
(*Zerstreuung*) distraction *f*

abwechslungsreich *adj* varié(e)

abwegig *adj* étrange

Abwehr f (Ablehnung) défense f ;
(Schutz) protection f ;
(Geheimdienst) contre-espionnage
m • **ab|wehren** vt (Feind, Angriff)
repousser ; (Neugierige) renvoyer ;
(Gefahr) éviter ; (Ball) dégager ;
(Verdacht) écarter ; (Vorwurf)
répondre à ; **~de Geste** geste m
de refus

ab|weichen (irr) vi (Werte) être
différent(e) ; (von Kurs, Straße)
s'écarter ; (Meinung) différer

Abwehr f (Ablehnung) défense f ;

ab|wenden (irr) vt (Blick, Kopf)
détourner ; (verhindern) éviter
▶ vr se détourner

ab|werfen (irr) vt (Kleidungsstück)
se débarrasser de ; (Reiter)
désarçonner ; (Profit) rapporter ;
(Ballast, Bomben, Flugblätter)
lâcher

ab|werten vt (Fin) dévaluer
abwesend adj absent(e)
Abwesenheit f absence f
Abwurf m (von Bomben etc)
largage m

ab|zahlen vt payer, rembourser
Abzeichen nt insigne m ; (Orden)
ordre m

ab|zeichnen vt dessiner ;
(unterschreiben) signer ▶ vr se
dessiner ; (bevorstehen) se préciser

ab|ziehen (irr) vt (entfernen)
retirer ; (subtrahieren) déduire ▶ vi
(Rauch) s'échapper ; (fam:
weggehen) se tirer

Abzug m retrait m ; (von Waffen)
gâchette f ; (Phot) épreuve f
abzüglich präp +Gen moins, sans
ab|zweigen vi bifurquer ▶ vt
utiliser

Abzweigung f
embranchement m

ach interj oh
Achse f axe m ; (Aut) essieu m ;
auf ~ sein (fam) être en voyage
Achsel (-, -n) f épaule f
acht num huit
Acht f: **~ geben** siehe **achtgeben** ;
sich in ~ nehmen faire attention ;
etw völlig außer ~ lassen ne pas
tenir compte de qch
achte(r, s) adj huitième
Achtel nt huitième m
achten vt respecter ▶ vi **auf etw**
Akk ~ faire attention à qch
Achterbahn f montagnes fpl
russes
achtfach adj octuple
acht|geben vi: **~ (auf +Akk)** faire
attention (à)
achthundert num huit cent(s)
achtlos adv sans faire attention
Achtung f: **~ vor jdm/etw**
respect m pour qn/qch ▶ interj: **~!**
attention !
achtzehn num dix-huit
achtzig num quatre-vingts
ächzen vi (Mensch) gémir
Acker (-s, ⸚) m champ m
Action (-, -s) f (fam) action f
Actionfilm m film m d'action
Adapter m adaptateur m
addieren vt additionner
ade interj adieu
Adel (-s) m noblesse f
Ader (-, -n) f veine f
ADHS (-) nt abk
(= Aufmerksamkeitsdefizit/
Hyperaktivitätsstörung) TDA m
(= trouble du déficit de l'attention)
Adjektiv nt adjectif m
Adler (-s, -) m aigle m

adoptieren vt adopter

Adrenalin (-s) nt adrénaline f

Adresse f adresse f

adressieren vt adresser

ADSL f abk (= Asymmetric Digital Subscriber Line) ADSL m

Advent (-(e)s, -e) m Avent m

Adventskalender m calendrier m de l'Avent

Aerobic (-s) nt aérobic f

Affäre f affaire f ; (Verhältnis) aventure f

Affe (-n, -n) m singe m

affektiert adj affecté(e)

Afghanistan (-s) nt l'Afghanistan m

Afrika (-s) nt l'Afrique f

Afrikaner(in) (-s, -) m(f) Africain(e)

afrikanisch adj africain(e)

AG abk (= Aktiengesellschaft) SARL f

Agent(in) m(f) agent m secret ; (Vertreter) agent, représentant(e)

Agentur f agence f

Aggression f agression f ; **seine ~en abreagieren** se défouler

aggressiv adj agressif(-ive)

Ägypten (-s) nt l'Égypte f

ägyptisch adj égyptien(ne)

aha interj ah

ähneln vi +Dat ressembler à ▸ vr se ressembler

ahnen vt deviner

ähnlich adj semblable ; **das sieht ihm ~!** (fam) c'est bien de lui ! • **Ähnlichkeit** f ressemblance f

Ahnung f (Vorgefühl) pressentiment m ; (Vermutung) idée f ; **keine ~!** aucune idée !

ahnungslos adv : **er kam ~ herein/an** il est entré/arrivé sans se douter de rien

Ahorn (-s, -e) m érable m

Ähre f épi m

Aids nt sida m

Airbag (-s, -s) m airbag m

Akademie f établissement d'enseignement supérieur

Akademiker(in) (-s, -) m(f) universitaire mf

akademisch adj (Scol) universitaire

Akkord (-(e)s, -e) m (Mus) accord m ; **im ~ arbeiten** travailler à la pièce

Akkordeon (-s, -s) nt accordéon m

Akne f acné f

Akt (-(e)s, -e) m acte m ; (Art) nu m

Akte f dossier m

Aktentasche f serviette f

Aktie f action f

Aktiengesellschaft f société f à responsabilité limitée

Aktienkurs m cours m des actions

Aktion f action f ; (Polizeiaktion, Suchaktion) opération f ; **in ~** en action

Aktionär(in) (-s, -e) m(f) actionnaire mf

aktiv adj actif(-ive)

aktivieren vt activer

aktualisieren vt (Inform) mettre à jour

aktuell adj (Thema, Problem) actuel(le)

Akupunktur f acupuncture f

Akustik f acoustique f

akut adj (Frage) urgent(e) ; (Gefahr) imminent(e) ; (Méd) aigu (aiguë)

AKW (-s, -s) nt abk
= **Atomkraftwerk**

Akzent (-(e)s, -e) m accent m

akzeptabel adj (Preise)
acceptable

akzeptieren vt accepter

Alarm (-(e)s, -e) m alarme f
• **Alarmbereitschaft** f état m
d'alerte ; **in ~ sein** être prêt(e) à
intervenir

alarmieren vt alerter ;
(beunruhigen) alarmer

Alaska (-s) nt l'Alaska m

Albanien (-s) nt l'Albanie f

albern adj sot(te), idiot(e)

Albtraum m cauchemar m

Album (-s, Alben) nt album m

Alge f algue f

Algerien (-s) nt l'Algérie f

Algorithmus (-, -men) m
algorithme m

Alibi (-s, -s) nt alibi m

Alkohol (-s, -e) m alcool m
• **alkoholfrei** adj sans alcool

Alkoholiker(in) (-s, -) m(f)
alcoolique mf

Alkoholismus m alcoolisme m

Alkoholtest m éthylotest m

All (-s) nt univers m

---

alle(r, s)

▶ pron **1** (substantivisch: nt sg): **~s**
tout ; **das ~s** tout cela ; **~s Gute**
mes meilleurs vœux ; **~s in ~m**
l'un dans l'autre, à tout prendre ;
trotz ~m malgré tout ; **vor ~m**
avant tout, surtout ; **ist das ~s?**
(im Geschäft) ce sera tout ? ; **das
wäre ~s** ce sera tout ; **was hast
du ~s gesehen?** raconte-moi
tout ce que tu as vu ; **was es**

---

nicht ~s gibt! qu'est-ce qu'il ne
faut pas entendre ! ; **wer ~s
weiß davon?** qui d'autre est au
courant ? ; **~s aussteigen!** tout
le monde descend !
2 (substantivisch: pl: sämtliche)
tous (toutes) ; **~ sind
gekommen** tout le monde est
venu, ils (elles) sont tous
(toutes) venu(e)s ; **~ beide** (tous
(toutes)) les deux ; **wir ~** nous
tous (toutes) ; **wir ~ möchten**
nous aimerions tous (toutes) ;
~ die tous (toutes) ceux (celles)
qui
3 (adjektivisch: sg) tout(e) le (la) ;
(pl) tous (toutes) les ; **~s Geld**
tout l'argent ; **~s Bier** toute la
bière ; **~ Milch** tout le lait ;
~ Kinder tous les enfants ; **trotz
~r Bemühungen** malgré tous
nos/ses etc efforts ; **ohne ~n
Zweifel** sans aucun doute
4 (mit Zeit- oder Maßangaben):
~ 10 Minuten toutes les 10
minutes ; **~ fünf Meter** tous les
cinq mètres
▶ adj (fam: aufgebraucht) fini(e) ;
die Milch ist ~ il n'y a plus de
lait ; **etw ~ machen** finir qch

Allee f allée f

allein adj seul(e) ; **nicht ~** (nicht
nur) pas seulement
• **alleinerziehend** adj célibataire,
seul(e) • **Alleinerziehende(r)**
f(m) parent m seul • **Alleingang**
m: **im ~** tout(e) seul(e)

alleinig adj (Erbe) unique ;
(Vertreter, Hersteller) exclusif(-ive)

alleinstehend adj célibataire

Alleinstehende(r) f(m)
personne f (qui vit) seule

allenfalls adv (höchstens) au plus ;
(möglicherweise) le cas échéant
allerbeste(r, s) adj de loin le(la ~)
meilleur(e)
allerdings adv (einschränkend)
toutefois ; (bekräftigend) bien sûr
Allergie f allergie f
allergisch adj allergique ; **gegen
etw ~ sein** être allergique à qch
allerhand adj inv (fam) toutes
sortes de ; **das ist doch ~!**
(entrüstet) c'est un comble !
Allerheiligen nt Toussaint f
allerhöchste(r, s) adj (Berg)
le(la) plus haut(e) de
tous(toutes) ; **es wird od ist ~
Zeit** od **Eisenbahn, dass ...** il est
grand temps que ...
allerhöchstens adv au plus
allerlei adj inv toutes sortes de
allerletzte(r, s) adj tout(e)
dernier(-ière)
allerwenigste(r, s) adj : **von uns
allen hat er das ~ Geld** de nous
tous, c'est lui qui a le moins d'argent
allgemein adj général(e) ; ▶ adv
(beliebt, bekannt) de tous ; **das ~e
Wahlrecht** le suffrage universel ;
im A~en en général
• **Allgemeinbildung** f culture f
générale • **allgemeingültig** adj
universellement reconnu(e)
• **Allgemeinheit** f (Öffentlichkeit)
communauté f ; **Allgemeinheiten**
pl généralités fpl
alljährlich adj annuel(le)
allmählich adj progressif(-ive)
▶ adv petit à petit
Allradantrieb m : **mit ~** à quatre
roues motrices
allseits adv : **sie war ~ beliebt** elle
était aimée de tous

Alltag m quotidien m
allzu adv beaucoup trop
Alm (-, -en) f alpage m
Almosen (-s, -) nt aumône f
Alpen pl Alpes fpl
Alphabet (-(e)s, -e) nt alphabet m
alpin adj alpin(e)
Alptraum m siehe **Albtraum**

---

als

konj **1** (zeitlich) au moment où,
quand ; **~ er merkte, dass**
quand il a remarqué que ;
damals ~ ... à cette époque,
où ... ; **gerade ~ ...** juste au
moment où ...
2 (in der Eigenschaft) en tant que,
comme ; **~ Clown verkleidet**
déguisé(e) en clown ; **~ Kind
war ich immer sehr ängstlich**
quand j'étais petit(e), j'étais très
peureux(-euse) ; **~ Beweis** pour
od comme preuve
3 (bei Vergleichen) : schöner **~**
plus beau (belle) que ; **so viel ~
möglich** autant que possible ;
so weit ~ möglich dans la
mesure du possible ; **nichts ~
Ärger** rien que des ennuis ; **alles
andere ~** tout sauf
4 : **~ ob** od **wenn** comme si ;
~ wäre nichts geschehen
comme s'il ne s'était rien passé

---

also adv donc
alt adj vieux (vieille) ; (antik,
ehemalig) ancien(ne) ; **sie ist drei
Jahre ~** elle a trois ans
Alt (-s, -e) m (Mus) contralto m
Altar (-(e)s, -äre) m autel m
Altbau m vieil immeuble m

a

Altbier *nt* bière brune allemande

Alter *(-s, -)* *nt* âge *m* ; *(letzter Lebensabschnitt)* vieillesse *f* ; **im ~ von** à l'âge de

altern *vi* vieillir

alternativ *adj (Medizin)* parallèle, alternatif(-ive) ► *adv*: **~ leben** avoir un mode de vie alternatif

Alternative *f* solution *f* de rechange

Alternativmedizin *f* médecine *f* douce

Altersgrenze *f* limite *f* d'âge

Altersheim *nt* maison *f* de retraite

Altersversorgung *f* retraite *f*

Altertum *(-s)* *nt* antiquité *f* ; **Altertümer** *pl (Gegenstände)* antiquités *fpl*

Altglas *nt* verre *m* usagé

Altglascontainer *m* conteneur *m* de collecte du verre usagé

altklug *adj* précoce

Altlasten *pl* déchets *mpl* toxiques

Altmaterial *nt* déchets *mpl*

altmodisch *adj* démodé(e)

Altpapier *nt* vieux papiers *mpl*

Altstadt *f* vieille ville *f*

Alufolie *f* papier *m* aluminium

Aluminium *(-s)* *nt* aluminium *m*

Alzheimerkrankheit *f* maladie *f* d'Alzheimer

am = **an dem**

Amateur *m*, *in zW* amateur *m*

ambulant *adj (Méd)* ambulatoire

Ameise *f* fourmi *f*

Amerika *(-s)* *nt* l'Amérique *f*

Amerikaner(in) *(-s, -)* *m(f)* Américain(e)

amerikanisch *adj* américain(e)

Amnestie *f* amnistie *f*

Ampel *(-, -n)* *f (Verkehrsampel)* feu(x) *m(pl) (de signalisation)*

Amsel *(-, -n)* *f* merle *m*

Amt *(-(e)s, ⸚er)* *nt (Posten)* fonction *f*, poste *m* ; *(Aufgabe)* fonction ; *(Behörde)* office *m*

amtlich *adj* officiel(le)

Amtsrichter(in) *m(f)* juge *m* au tribunal civil

amüsieren *vt* amuser ► *vr* s'amuser ; **sich über etw** *Akk* **~** rire de qch

---

an

► *präp +Dat* **1** *(räumlich: wo?)*: **am Bahnhof** à la gare ; **an der Wand** au mur ; **am Fenster** à la fenêtre ; **am Tatort** sur les lieux du crime ; **an diesem Ort** à cet endroit ; **zu nahe an etw** trop près de qch ; **am Fluss** au bord de la rivière ; **Frankfurt am Main** Francfort sur le Main ; **an der Autobahn** près *od* au bord de l'autoroute

2 *(zeitlich: wann?)*: **am kommenden Sonntag** le dimanche suivant ; **am vergangenen** *od* **letzter Sonntag** dimanche dernier ; **an diesem Tag** ce jour-là ; **an Ostern** à Pâques ; **am 1. Mai** le 1er mai ; **am Morgen/Abend** le matin/soir

3: **an etw sterben** mourir de qch ; **arm an Fett** pauvre en matières grasses ; **an der ganzen Sache ist nichts** ce n'est pas si compliqué que ça ; **jdn an der Hand nehmen** prendre qn par la main ; **an**

(und für) sich à vrai dire
4 (als Superlativ): **sie singt am besten** c'est elle qui chante le mieux
▶ **präp +Akk 1** (räumlich: wohin?): **etw an die Wand hängen** accrocher qch au mur; **an die Wand schreiben** écrire sur le mur; **er ging an die Tür** il est allé ouvrir la porte; **sie ging ans Telefon** elle est allée répondre au téléphone; **sich an die Arbeit machen** se mettre au travail
2 (zeitlich): **bis an sein Lebensende/80. Lebensjahr** jusqu'à la fin de sa vie/à l'âge de 80 ans
3 (gerichtet an): **einen Brief an jdn schreiben** écrire une lettre à qn; **ein Päckchen an jdn schicken** envoyer un colis à qn; **ich habe eine Frage an dich** j'ai une question pour toi; **an etw denken** penser à qch
▶ **adv 1** (ungefähr) environ; **an die 10 Euro/3 Stunden** environ 10 euros/trois heures
2 (auf Fahrplänen): **Frankfurt an 18.17** arrivée à Francfort à 18h17
3 (ab): **von dort an** à partir de là; **von heute an** dorénavant, dès aujourd'hui
4 (angeschaltet, angezogen): **das Licht ist an** la lumière est allumée; **er hatte einen dunklen Anzug an** il portait un costume sombre

analog adj analogue
Analogrechner m calculateur m analogique
Analyse f analyse f

analysieren vt analyser
Ananas (-, - od -se) f ananas m
Anarchie f anarchie f
Anarchist(in) m(f) anarchiste mf
Anatomie f anatomie f
Anbau m (Agr) culture f; (Gebäude) annexe f
an|bauen vt planter; (Gebäudeteil) ajouter
an|behalten (irr) vt garder
anbei adv ci-joint
an|beißen (irr) vi (Fisch) mordre
an|belangen vt: **was mich anbelangt** en ce qui me concerne
an|beten vt être en adoration devant
Anbetracht m: **in ~ +Gen** en considération de
an|bieten (irr) vt proposer; (Speise, Getränk) offrir ▶ vr (Mensch) se proposer; (Gelegenheit) se présenter
an|binden (irr) vt attacher
Anblick m spectacle m
an|brechen (irr) vt (Vorräte) entamer ▶ vi (Zeitalter) commencer; (Tag) se lever; (Nacht) tomber
an|brennen (irr) vi prendre feu, se mettre à brûler; (Culin) attacher
an|bringen (irr) vt (herbeibringen) ramener; (Bitte) faire; (Wissen, Witz, Ware) placer; (festmachen) poser
Anbruch m: **bei ~ des Tages** au lever du jour
Andacht (-, -en) f recueillement m; (Gottesdienst) office m
an|dauern vi se poursuivre, durer
andauernd adj continuel(le)
▶ adv continuellement

Andenken (-s, -) *nt* souvenir *m*

andere(r, s) *pron* autre ; **von etwas ~m sprechen** parler d'autre chose ; **unter ~m** notamment

andererseits, andernteils *adv* d'autre part

ändern *vt* changer, modifier

andernfalls *adv* sinon, autrement

anders *adv* autrement ; **irgendwo ~** autre part ; **~ aussehen** avoir l'air *od* être différent(e) • **andersartig** *adj* différent(e)

andersherum *adv* dans l'autre sens

anderswo *adv* ailleurs

anderthalb *adj* un(e) et demi(e)

Änderung *f* changement *m*, modification *f*

anderweitig *adj* autre ▸ *adv* (*anders*) à quelqu'un d'autre

an|deuten *vt* indiquer

Andeutung *f* (*Hinweis*) allusion *f* ; (*Spur*) ombre *f*

Andorra (-s) *nt* Andorre *f*

Andrang *m* afflux *m*

an|drohen *vt* : **jdm etw ~** menacer qn de qch

an|eignen *vt* : **sich** *Dat* **etw ~** s'approprier qch ; (*lernen*) acquérir qch

aneinander *adv* (*vorbeifahren*) l'un(e) à côté de l'autre ; (*denken*) l'un(e) à l'autre • **aneinander|fügen** *vt* joindre

an|ekeln *vt* dégoûter

anerkannt *adj* reconnu(e) (de tous)

an|erkennen (*irr*) *vt* (*Regierung*) reconnaître ; (*Bemühungen*) apprécier

anerkennend *adj* élogieux(-euse)

anerkennenswert *adj* louable

Anerkennung *f* reconnaissance *f*

an|fahren (*irr*) *vt* (*herbeibringen*) amener ; (*umfahren und verletzen*) renverser ; (*Ort*) aller *od* se rendre à ; (*zurechtweisen*) remettre à sa place ▸ *vi* (*losfahren*) démarrer

Anfall *m* (*Méd*) crise *f* ; (*fig*) accès *m*

an|fallen (*irr*) *vt* (*angreifen*) attaquer ▸ *vi* (*Arbeit*) se présenter

anfällig *adj* : **~ für etw** sujet(te) à qch

Anfang (-(e)s, *Anfänge*) *m* début *m*, commencement *m* ; **von ~ an** dès le début *od* départ

an|fangen (*irr*) *vt* commencer ; (*machen*) faire ▸ *vi* commencer

Anfänger(in) (-s, -) *m(f)* débutant(e)

anfänglich *adj* initial(e)

anfangs *adv* au début

an|fassen *vt* (*ergreifen*) prendre ; (*berühren*) toucher ; (*Angelegenheit*) aborder ▸ *vi* (*helfen*) mettre la main à la pâte

an|fechten (*irr*) *vt* (*Urteil*) faire appel de ; (*Meinung*, *Vertrag*) contester ; (*beunruhigen*) troubler

an|fertigen *vt* (*Gutachten*, *Protokoll*) rédiger

an|flehen *vt* implorer

an|fliegen (*irr*) *vt* (*Land*) atterrir en ; (*Stadt*) atterrir à

Anflug *m* (*Aviat*) arrivée *f*

an|fordern *vt* demander

Anforderung *f* (*Beanspruchung*) demande *f*

Anfrage *f* demande *f* ; (*Pol*) question *f*

an|freunden vr (mit Menschen) se lier d'amitié ; **sich mit etw ~** (fig) se faire à qch

an|fühlen vr: **sich kalt/weich ~** être froid(e)/doux (douce) (au toucher)

Anführungsstriche, Anführungszeichen pl guillemets mpl

Angabe f (Auskunft) indication f ; (Tech) spécification f

an|geben (irr) vt donner ; (Zeuge) citer ▸ vi (fam) se vanter

Angeber(in) (-s, -) (fam) m(f) vantard(e)

angeblich adj soi-disant inv ▸ adv apparemment, paraît-il

Angebot nt offre f ; (Auswahl) choix m

angebracht adj (Bemerkung) judicieux(-euse)

angeheitert adj éméché(e)

an|gehen (irr) vt (betreffen) regarder ▸ vi (Radio, Licht) s'allumer ; (fam: beginnen) commencer

Angehörige(r) f(m) proche parent(e)

Angeklagte(r) f(m) accusé(e)

Angel (-, -n) f (zum Fischfang) canne f à pêche ; (Türangel, Fensterangel) gond m

Angelegenheit f affaire f

angeln vt, vi pêcher

angemessen adj approprié(e)

angenehm adj agréable ; **~!** (bei Vorstellung) enchanté(e) !

angenommen adj: **~, wir ...** supposons que nous ...

angepasst adj conformiste

angesagt (fam) adj tendance inv

angesehen adj respecté(e)

angesichts präp +Gen en raison de

angespannt adj tendu(e) ; (Aufmerksamkeit) soutenu(e)

Angestellte(r) f(m) employé(e)

angestrengt adv (nachdenken) très fort ; (arbeiten) dur

angetan adj: **von jdm/etw ~ sein** être séduit(e) par qn/qch

angewiesen adj: **auf jdn/etw ~ sein** dépendre de qn/qch

an|gewöhnen vt: **jdm/sich etw ~** habituer qn/s'habituer à qch

Angewohnheit f habitude f

Angler(in) (-s, -) m(f) pêcheur(-euse) (à la ligne)

an|greifen (irr) vt attaquer ; (Gesundheit) atteindre

Angreifer(in) (-s, -) m(f) agresseur m

Angriff m attaque f

angst adj: **ihm ist/wird (es) ~ (und bange)** il a de plus en plus peur • **Angst** (-, ⸚e) f (Furcht) peur f ; (Sorge) crainte f

ängstigen vt faire peur à ▸ vr se faire du souci

ängstlich adj (furchtsam) peureux(-euse) ; (besorgt) inquiet(-ète)

an|haben (irr) vt avoir mis(e)

an|halten (irr) vt (Fahrzeug) arrêter ; (Luft, Atem) retenir ▸ vi s'arrêter ; (andauern) continuer

anhaltend adj (Beifall) interminable ; (Regen) ininterrompu(e)

Anhalter(in) (-s, -) m(f) auto-stoppeur(-euse) ; **per ~ fahren** faire du stop

Anhaltspunkt m: **jdm einen ~ für etw geben** donner une idée à qn sur qch

anhand *präp +Gen* en se fondant sur

Anhang m (*Buch, Vertrag*) appendice m ; (*von E-Mail*) pièce f jointe, fichier m joint

an|hängen vt accrocher ; (*anfügen: Inform*) ajouter ▶ vr: **sich an jdn ~** suivre qn ; **jdm etw ~** (*fam*) mettre qch sur le dos de qn ; **eine Datei an eine E-Mail ~** (*Inform*) joindre un fichier à un mail

Anhänger (*-s, -*) m partisan m ; (*Aut*) caravane f ; (*am Koffer*) étiquette f ; (*Schmuck*) pendentif m

an|heben (*irr*) vt (*Gegenstand*) soulever ; (*Preise, Steuern*) augmenter

an|heuern vt engager

Anhieb m: **auf ~** tout de suite

an|hören vt écouter ▶ vr s'entendre

Animateur m animateur m

animieren vt: **(zu etw) ~** inciter (à qch)

Ankauf m achat m

Anker (*-s, -*) m ancre f

ankern vi mouiller

Ankerplatz m mouillage m

Anklage f accusation f
  • **Anklagebank** f banc m des accusés

an|klagen vt accuser

Anklang m: **(bei jdm) ~ finden** être bien reçu(e) (par qn)

Ankleidekabine f cabine f

an|klopfen vi frapper

an|kommen (*irr*) vi arriver ▶ vi unpers: **es kommt darauf an** ça

dépend ; (*wichtig sein*) c'est ce qui compte ; **bei jdm ~** (*Anklang finden*) avoir du succès chez qn

an|kreuzen vt cocher

an|kündigen vt annoncer

Ankunft f arrivée f

Ankunftszeit f heure f d'arrivée

an|kurbeln vt (*Wirtschaft, Produktion*) relancer

Anlage f (*Fabrik, Gebäudekomplex*) installations fpl ; (*Park*) parc m ; (*Tech, Mil, Sport etc*) équipement m ; (*Fin*) placement m ; (*Beilage*) annexe f ; (*Veranlagung*): **~ zu** tendance f à

Anlass (*-es, Anlässe*) m (*Ursache*) cause f ; (*Gelegenheit, Ereignis*) occasion f ; **aus Besorgnis/ Freude geben** être inquiétant(e)/ réjouissant(e)

an|lassen (*irr*) vt (*Motor*) mettre en marche, démarrer ; (*Mantel etc*) garder ; (*Licht, Radio etc*) laisser allumé(e)

Anlasser (*-s, -*) m (*Aut*) démarreur m

anlässlich *präp +Gen* à l'occasion de

Anlauf m (*Sport*) élan m ; (*Versuch*) tentative f

an|laufen (*irr*) vi (*beginnen*) commencer ; (*Metall*) se ternir ; (*Fenster*) se couvrir de buée ▶ vt (*Hafen*) faire escale à ; **angelaufen kommen** arriver

an|legen vt (*Lineal*) placer ; (*Leiter*) poser ; (*anziehen*) revêtir ; (*Park, Garten*) aménager ; (*Liste*) établir ; (*Kartei, Akte*) constituer ; (*Geld: investieren*) placer ; (: *ausgeben*) dépenser ▶ vi (*Schiff*) mouiller ; **es auf einen Streit ~** chercher la bagarre

Anlegestelle f mouillage m

an|lehnen vt (Leiter, Fahrrad) appuyer ; (Tür, Fenster) entrebâiller ▶ vr s'appuyer

Anleitung f instructions fpl

Anliegen (-s, -) nt problème m ; (Wunsch) demande f

Anlieger (-s, -) m riverain m

an|machen vt (anschalten, anzünden) allumer ; (befestigen) fixer ; (Salat) assaisonner ; **jdn ~** (fam) draguer qn

Anmeldeformular nt formulaire m d'inscription

an|melden vt (Besucher, Besuch) annoncer ; (Radio) payer la redevance pour ; (Auto) faire immatriculer ▶ vr s'annoncer ; (polizeilich) annoncer son arrivée

Anmeldung f (Büro) réception f

an|merken vt (hinzufügen) ajouter ; (anstreichen) noter ; **jdm seine Unsicherheit ~** remarquer le manque d'assurance de qn ; **sich** Dat **nichts ~ lassen** ne rien laisser paraître

Anmerkung f remarque f

Anmut f charme m

annähernd adj approximatif(-ive)

Annahme f (Vermutung) supposition f ; (von Gesetz, Kind, Namen) adoption f

an|nehmen (irr) vt accepter ; (vermuten) admettre ▶ vr: **sich einer Sache** Gen **~** (sich kümmern um) s'occuper de qch ; **angenommen, das ist so** admettons que ce soit vrai

Annehmlichkeit f commodité f

annoncieren vt annoncer ▶ vi mettre od insérer une annonce

anonym adj anonyme

an|ordnen vt ranger, classer ; (befehlen) ordonner

Anordnung f (Befehl) ordre m

an|packen vt (anfassen) saisir ; (in Angriff nehmen) s'attaquer à

an|passen vt (angleichen) adapter

Anpfiff m (Sport) coup m de sifflet (annonçant le début d'un match) ; (fam: Zurechtweisung) savon m

an|prangern vt dénoncer

an|preisen (irr) vt recommander (chaleureusement)

an|probieren vt essayer

an|rechnen vt compter ; (altes Gerät) accorder une remise pour ; **jdm etw hoch ~** avoir une haute opinion de qn à cause de qch

Anrecht nt droit m

Anrede f titre m

an|reden vt (ansprechen) s'adresser à ; (belästigen) aborder ; **jdn mit "Sie" ~** vouvoyer qn

an|regen vt (stimulieren) stimuler ; (vorschlagen) suggérer ; **angeregte Unterhaltung** conversation f animée

anregend adj (Mittel) excitant(e) ; (Luft) qui réveille ; (Gespräch) stimulant(e)

Anregung f suggestion f

Anreise f (voyage m d')aller m

an|reisen vi arriver

Anreiz m motivation f

an|richten vt (Essen) servir ; (Verwirrung) provoquer ; (Schaden) faire

Anruf m appel m
• **Anrufbeantworter** m répondeur m (automatique)

an|rufen (irr) vt (Tél) appeler

an|rühren vt (anfassen) toucher ; (mischen) préparer

Ansage f annonce f

an|sagen vt (Zeit) donner ; (Programm) annoncer

Ansager(in) (-s, -) m(f) (Radio, TV) speaker(ine)

an|sammeln vr s'accumuler

Ansatz m (Beginn) début m ; (Versuch) tentative f ; (Haaransatz) racine f ; (Rostansatz, Kalkansatz) dépôt m • **Ansatzpunkt** m point m de départ

an|schaffen vt acquérir, acheter

Anschaffung f acquisition f

an|schalten vt allumer

an|schauen vt regarder

anschaulich adj vivant(e)

Anschein m apparence f

anscheinend adv apparemment

Anschlag m (Bekanntmachung) affiche f ; (Attentat) attentat m ; (Écon) devis m ; (auf Schreibmaschine) frappe f

an|schlagen (irr) vt (Zettel) afficher ; (beschädigen: Tasse) ébrécher ; (Akkord) frapper

an|schließen (irr) vt (Gerät) brancher ; (Sender) relayer ; (Fahrrad etc) enchaîner ▸ vr: **sich jdm** ~ se joindre à qn ; (beipflichten) se ranger à l'avis de qn

anschließend adj (räumlich) contigu(ë) ; (zeitlich) qui suit ▸ adv ensuite

Anschluss m (Élec) branchement m ; (von Wasser etc) branchement ; (Rail, Aviat) correspondance f ; (Tél: Verbindung) communication f ; (: Apparat) ligne f ; **im ~ an** +Akk (immédiatement) après

Anschlussflug m correspondance f

an|schnallen vr attache sa ceinture

Anschnallpflicht f: **in Taxis ist jetzt** ~ le port de la ceinture (de sécurité) est devenu obligatoire dans les taxis

Anschrift f adresse f

an|sehen (irr) vt regarder ; **jdm etw** ~ lire qch sur le visage de qn ; **jdn/etw als etw** ~ considérer qn/qch comme qch

Ansehen (-s) nt (Ruf) réputation f

ansehnlich adj (Mensch) de belle apparence od stature ; (Betrag) considérable

an|setzen vt (anfügen) ajouter ; (Termin) fixer ▸ vi (beginnen) commencer ▸ vr (Rost) se former

Ansicht f (sichtbarer Teil) vue f ; (Meinung) avis m, opinion f ; **zur** ~ à l'examen ; **meiner** ~ **nach** à mon avis

Ansichtskarte f carte f postale

Anspannung f tension f

Anspiel nt (Spielbeginn) commencement m du match

Anspielung f: ~ **auf** +Akk allusion f à

Ansporn (-(e)s) m stimulation f

Ansprache f allocution f

an|sprechen (irr) vt (reden mit) adresser la parole à ; (gefallen) plaire à

ansprechend adj charmant(e)

Ansprechpartner m interlocuteur m

an|springen (irr) vi (Aut) démarrer

Anspruch m (Recht) droit m ; (Forderung) exigence f.

revendication f ; **~ auf etw** Akk
haben avoir droit à qch ; **etw in ~
nehmen** avoir recours à qch
anspruchsvoll adj exigeant(e)
Anstalt (-, -en) f (Schule, Heim,
Gefängnis) établissement m ;
(Heilanstalt) maison f de santé ;
~en machen, etw zu tun se
préparer od s'apprêter à faire qch
Anstand m décence f
anständig adj (Mensch, Benehmen)
honnête ; (Leistung, Arbeit)
satisfaisant(e)
an|starren vt regarder fixement,
fixer du regard
anstatt präp +Gen à la place de
▶ konj : **~ etw zu tun** au lieu de
faire qch
an|stecken vt (Abzeichen, Blume,
Ring) mettre ; (Méd) contaminer
▶ vr : **ich habe mich bei ihm
angesteckt** il m'a contaminé(e)
ansteckend adj contagieux(-euse)
Ansteckung f contagion f
an|stehen (irr) vi faire la queue ;
(Verhandlungspunkt) être à l'ordre
du jour
anstelle, an Stelle präp +Gen:
~ von à la place de
an|stellen vt (einschalten: Gerät)
allumer ; (Wasser) ouvrir ; (Arbeit
geben) engager ; (vornehmen)
faire ▶ vr (Schlange stehen) faire la
queue ; **sich dumm/geschickt ~**
mal/bien s'y prendre
Anstellung f emploi m
Anstieg (-(e)s, -e) m montée f
Anstoß m (Impuls) impulsion f ;
~ nehmen an +Dat être
choqué(e) par od de
an|stoßen (irr) vt pousser ▶ vi (mit
Gläsern) trinquer

anstößig adj choquant(e)
an|streben vt aspirer à
Anstreicher(in) (-s, -) m(f)
peintre m (en bâtiment)
an|strengen vt (Augen, Person)
fatiguer ▶ vr faire des efforts
anstrengend adj fatigant(e)
Anstrengung f effort m
Anstrich m couche f de peinture ;
(fig: Note) apparence f
Ansturm m assaut m
Antarktis (-) f Antarctique m
Anteil m (Teil) part f ; **~ an etw**
Dat **nehmen** s'intéresser à qch
Anteilnahme (-) f (Mitleid)
compassion f, sympathie f
Antenne f antenne f
Antibiotikum (-s, -biotika) nt
antibiotique m
Antihistaminikum nt
(-s, Antihistaminika) (Méd)
antihistaminique m
antik adj ancien(ne)
Antike f antiquité f
Antiquitäten pl antiquités fpl
Antiviren- adj (Inform) antivirus
Antivirenprogramm nt
(Inform) antivirus m
Antivirensoftware f
antivirus m
Antrag (-(e)s, Anträge) m (Formular)
formulaire m ; (Heiratsantrag)
demande f en mariage
an|treiben (irr) vt pousser ;
(Motor) entraîner, faire marcher ;
(fig) entraîner
an|treten (irr) vt (Amt, Regierung,
Stellung) prendre ; (Reise, Urlaub)
partir en ▶ vi s'aligner
Antrieb m impulsion f ; (Tech)
entraînement m

Antritt m (Beginn) début m ; (eines Amtes) entrée f en fonction

an|tun (irr) vt: **jdm etw ~** faire qch à qn ; **sich** Dat **Zwang ~** se faire violence

Antwort (-, -en) f réponse f ; **um ~ wird gebeten** répondez s'il vous plaît (R.S.V.P.)

antworten vi répondre ; **jdm ~** répondre à qn

an|vertrauen vt: **jdm etw ~** confier qch à qn ▸ vr: **sich jdm ~** se confier à qn

an|wachsen (irr) vi augmenter ; (Pflanze) prendre racine

Anwalt (-(e)s, Anwälte) m avocat m

Anwaltskosten pl frais mpl de justice

an|weisen (irr) vt (zuweisen) assigner, attribuer ; (befehlen) ordonner à ; (anleiten) diriger ; (Fin: überweisen) virer

Anweisung f (Befehl) ordre m ; (Anleitung) mode m d'emploi ; (Postanweisung) mandat m

an|wenden (irr) vt (Gerät) utiliser ; (Mittel, Therapie, Gewalt) recourir à ; (Gesetz, Regel): **etw auf etw ~** appliquer qch à qch

Anwender(in) (-s, -) m(f) utilisateur(-trice)

Anwendung f application f ; (Inform) application f, appli f (fam)

anwesend adj présent(e) ; **die A~en** les personnes présentes

Anwesenheit f présence f

an|widern vt dégoûter

Anwohner(in) (-s, -) m(f) riverain(e)

Anzahl f (Menge) quantité f ; (Gesamtzahl) nombre m

Anzahlung f acompte m

Anzeichen nt signe m

Anzeige f annonce f ; (Messgerät) affichage m ; (bei Polizei) dénonciation f

an|zeigen vt indiquer ; (bei Polizei) dénoncer

an|ziehen (irr) vt (Kleidung) mettre ; (anlocken) attirer ; (Schraube, Handbremse) serrer ▸ vr s'habiller

anziehend adj attirant(e), attrayant(e)

Anziehung f (Reiz) attra t m, charme m

Anziehungskraft f att rance f ; (Phys) force f d'attractio

Anzug m costume m

anzüglich adj (Bemerku g) désobligeant(e) ; (Witz) de mauvais goût

an|zünden vt allumer

apart adj chic inv

Apfel (-s, ≃) m pomme f
• **Apfelmus** nt purée f de pommes

Apfelsine f orange f

Apfelwein m cidre m

Apostel (-s, -) m apôtre m

Apotheke f pharmacie f

Apotheker(in) (-s, -) m(f) pharmacien(ne)

App f appli f

Apparat (-(e)s, -e) m appareil m ; **wer ist am ~?** (Tél) qui est à l'appareil ?

Appartement (-s, -s) nt appartement m

Appell (-s, -e) m (Mil) appel m ; (fig): **~ (an** +Akk) appe (à)

appellieren vi: **~ an** +Akk faire appel à

Appetit (-(e)s, -e) m appétit m ;
guten ~! bon appétit !
• **appetitlich** adj appétissant(e)
Appetitzügler (-s, -) m
coupe-faim m
Applaus (-es, -e) m
applaudissements mpl
Applikation f (Inform)
application f
Aprikose f abricot m
April (-(s), -e) m avril m
Aquarium nt aquarium m
Äquator m équateur m
Araber(in) (-s, -) m(f) Arabe mf
arabisch adj (Géo) arabe
Arbeit (-, -en) f travail m
arbeiten vi travailler
Arbeiter(in) (-s, -) m(f)
travailleur(-euse) ; (ungelernt)
ouvrier(-ière) • **Arbeiterschaft** f
ouvriers mpl
Arbeitgeber(in) (-s, -) m(f)
employeur(-euse)
Arbeitnehmer(in) (-s, -) m(f)
salarié(e)
Arbeitsamt nt ≈ Agence f
nationale pour l'emploi
Arbeitserlaubnis f permis m de
travail
Arbeitsgemeinschaft f groupe
m de travail, équipe f
Arbeitskraft f énergie f ;
Arbeitskräfte pl (Mitarbeiter)
main-d'œuvre f
arbeitslos adj au chômage
Arbeitslose(r) f(m)
chômeur(-euse) m/f
Arbeitslosengeld nt allocation f
(de) chômage
Arbeitslosenhilfe f ≈ allocation
f de fin de droits

Arbeitslosigkeit f chômage m
Arbeitsmarkt m marché m du
travail
Arbeitsplatz m lieu m de travail ;
(Stelle) emploi m
Arbeitstag m journée f de travail
Arbeitszeit f temps m od heures
fpl de travail
Architekt(in) (-en, -en) m(f)
architecte mf
Architektur f architecture f
Archiv (-s, -e) nt archives fpl
arg adj (heftig) terrible ▶ adv très
Argentinien (-s) nt l'Argentine f
Ärger (-s) m (Wut) colère f ;
(Unannehmlichkeit) ennuis mpl
• **ärgerlich** adj (zornig) en colère,
furieux(-euse) ; (lästig)
fâcheux(-euse), ennuyeux(-euse)
ärgern vt fâcher, contrarier ▶ vr se
fâcher, s'énerver
Argument nt argument m
argwöhnisch adj
soupçonneux(-euse)
Arie f aria f
Arktis (-) f (Géo) Arctique m
arktisch adj arctique
arm adj pauvre ; **~ dran sein** (fam)
être à plaindre
Arm (-(e)s, -e) m bras m ; (von
Leuchter) branche f ; (von Polyp)
tentacule m ; **~ in ~** bras dessus,
bras dessous
Armatur f (Élec) induit m
Armaturenbrett nt tableau m
de bord
Armband nt bracelet m
• **Armbanduhr** f
montre(-bracelet) f
Arme(r) f(m) pauvre mf
Armee f armée f

Ärmel (-s, -) m manche f

Ärmelkanal m Manche f

Armut (-) f pauvreté f

Armutszeugnis nt : **jdm ein ~ ausstellen** montrer l'incompétence de qn ; **sich ein ~ ausstellen** se révéler compétent

Aroma (-s, Aromen) nt arôme m

arrangieren vt organiser

Arrest (-(e)s, -e) m (Mil) arrêts mpl ; (Scol) retenue f, colle f

arrogant adj arrogant(e)

Arroganz f arrogance f

Arsch (-es, ⸚e) (fam !) m cul m (fam !)

Art (-, -en) f (Weise) manière f, façon f ; (Sorte) sorte f ; (Wesen) caractère m, nature f ; (Bio) espèce f

Artenschutz m protection f des espèces animales et végétales

Artenschwund m, **Artensterben** (-s) ▶ nt disparition f des espèces

Artenvielfalt f biodiversité f

artig adj sage

Artikel (-s, -) m article m

Artischocke f artichaut m

Arznei f médicament m

Arzt (-es, ⸚e) m médecin m ; **praktischer ~** généraliste m

Ärztin f (femme f) médecin m

ärztlich adj médical(e)

Asbest (-(e)s, -e) m amiante m

Asche f cendre f

Aschenbecher m cendrier m

Aschermittwoch m mercredi m des Cendres

asiatisch adj asiatique

Asien (-s) nt l'Asie f

Aspekt (-(e)s, -e) m aspect m

Asphalt (-s, -e) m asphalte m

aß etc vb siehe **essen**

Assistent(in) m(f) assistant(e)

Ast (-(e)s, ⸚e) m branche f

ästhetisch adj esthétique

Asthma (-s) nt asthme m

Astrologie f astrologie f

Astronaut(in) (-en, -en) m(f) astronaute m f

Astronomie f astronomie f

Asyl (-s, -e) nt asile m ; (Heim) hospice m ; (Obdachlosenasyl) refuge m pour les sans-abri

Asylant(in) (-en, -en) m(f) demandeur(-euse) m/f d'asile

Asylantrag m demande f d'asile

Asylbewerber(in) m(f) demandeur(-euse) d'asile

Asylrecht nt droit m d'asile

Atelier (-s, -s) nt atelier m

Atem (-s) m (Luft) haleine f, souffle m ; (Atmen) respiration f
 • **atemberaubend** adj (Spannung) à vous couper le souffle, incroyable ; (Tempo) vertigineux(-euse) ; (Schönheit) époustouflant(e) • **atemlos** adj (Mensch) hors d'haleine
 • **Atempause** f temps m d'arrêt
 • **Atemzug** m souffle m ; **in einem ~** (fig) en même temps

Atheist(in) m(f) athée mf

Äthiopien (-s) nt l'Éthiopie f

Athlet(in) (-en, -en) m(f) athlète mf

Atlantik (-s) m Atlantique m

atlantisch adj : **der A~e Ozean** l'océan m Atlantique

Atlas (-ses, Atlanten) m atlas m

atmen vi respirer

Atmosphäre f atmosphère f

Atmung f respiration f

Atom (-s, -e) nt atome m

Atombombe f bombe f atomique

Atomenergie f énergie f nucléaire

Atomkraft f énergie f nucléaire

Atomkraftwerk nt centrale f nucléaire

Atomkrieg m guerre f atomique

Atomwaffen pl armes f pl nucléaires

atomwaffenfrei adj dénucléarisé(e)

Attachment (-s, -s) nt (von E-Mail) pièce f jointe, fichier m joint

Attentat (-(e)s, -e) nt attentat m

Attest (-(e)s, -e) nt certificat m

attraktiv adj (Mensch) séduisant(e) ; (Angebot, Beruf) attrayant(e)

At-Zeichen nt ar(r)obase f

ätzen vi être caustique od corrosif

ätzend adj (fam) incroyable

---

auch

adv **1** (ebenfalls) aussi ; **das ist ~ schön** c'est joli aussi ; **er kommt — ich ~** il va venir — moi aussi ; **nicht nur ..., sondern ~ ...** non seulement ..., mais aussi ... ; **~ nicht** pas non plus ; **ich ~ nicht** moi non plus ; **oder ~** ou encore
2 (selbst, sogar) même ; **~ wenn das Wetter schlecht ist** même s'il fait mauvais temps ; **ohne ~ nur zu fragen** sans même demander
3 (wirklich): **du siehst müde**

aus — bin ich ~ tu as l'air fatigué — je le suis ; **so sieht es ~ aus** ça se voit
4 (auch immer): **was ~ geschehen mag** quoi qu'il arrive ; **wie dem ~ sei** quoi qu'il en soit

---

audiovisuell adj audiovisuel(le)

---

auf

▶ präp +Dat **1** (wo?) sur ; **~ dem Tisch** sur la table ; **~ der Post** à la poste ; **~ der Straße** dans la rue ; **~ dem Land** à la campagne ; **~ der ganzen Welt** dans le monde entier ; **was hat es damit ~ sich?** de quoi s'agit-il ?
2 (während): **~ der Reise/dem Heimweg** pendant le voyage/ voyage de retour
▶ präp +Akk **1** (wohin?) sur ; **~ den Tisch** sur la table ; **~ die Post gehen** aller à la poste ; **~ die Schule gehen** aller à l'école ; **~s Land ziehen** aller habiter à la campagne ; **etw ~ einen Zettel schreiben** écrire qch sur un billet ; **~ den Boden fallen** tomber par terre
2 (mit Zeit- und Maßangaben): **~ 2 Jahre** pour 2 ans ; **~ die Sekunde genau** à la seconde près ; **jdn ~ 10 Uhr zu sich bestellen** faire venir qn pour od à 10 heures
3 (als Reaktion): **~ seinen Vorschlag (hin)** suivant son conseil ; **~ meinen Brief/meine Bitte hin** en réponse à ma lettre/demande
4: **~ Deutsch** en allemand ;

bis ~ ihn sauf *od* à part lui ;
~ einmal (*plötzlich*) tout à coup ;
zwei ~ einmal deux à la fois ;
**~ unseren lieben Onkel
Albert!** buvons à la santé de
notre cher oncle Albert ! ; **die
Nacht (von Montag) ~
Dienstag** la nuit de lundi à
mardi ; **~ einen Polizisten
kommen 1. Bürger** il y a un
agent de police pour 1 habitants
▶ *adv* **1** (*offen*): **~ sein** (*Tür,
Geschäft etc*) être ouvert(e) ; **das
Fenster ist ~** la fenêtre est
ouverte ; **Augen ~!** ouvre(z)
l'œil !
2 (*aufgestanden*): **~ sein** (*Mensch*)
être debout ; **ist er schon ~?** il
est déjà levé ?
3: **~ und ab gehen** faire les cent
pas ; **~ und davon gehen**
partir ; **~!** (*los!*) allons !
▶ *konj*: **~ dass** (pour) que

auf|atmen *vi* pousser un soupir
de soulagement, respirer
Aufbau *m* (*Bauen*) construction *f* ;
(*kein pl: Gliederung, Struktur*)
structure *f* ; (: *Schaffung*) création
f ; (*Aut*) carrosserie *f*
auf|bauen *vt* (*Zelt, Maschine,
Gerüst*) monter ; (*Beziehungen*)
établir
auf|bereiten *vt* (*Text etc*) préparer
auf|bewahren *vt* garder,
conserver
Aufbewahrung *f*
(*Gepäckaufbewahrung*) consigne *f*
auf|bieten (*irr*) *vt* (*Kraft, Verstand*)
rassembler ; (*Armee, Polizei*)
mobiliser
auf|blasen (*irr*) *vt* gonfler ▶ *vr*
(*fam: péj*) faire l'important

auf|bleiben (*irr*) *vi* (*Laden, Fenster*)
rester ouvert(e) ; (*Mensch*) rester
debout, veiller
auf|blenden *vt*: **die
Scheinwerfer ~** se mettre pleins
phares *od* en phares ▶ *vi* (*Aut*) se
mettre pleins phares *od* en phares
auf|blühen *vi* (*Blume*) éclore ;
(*Mensch*) s'épanouir
auf|brechen (*irr*) *vt* (*Kiste, Auto*)
ouvrir (en forçant) ; (*Schloss*)
fracturer ▶ *vi* (*Wunde*) se rouvrir ;
(*gehen*) partir
auf|bringen (*irr*) *vt* (*öffnen*) réussir
à ouvrir ; (*in Umlauf setzen: Mode*)
lancer ; (*beschaffen*) trouver ;
(: *ärgern*) mettre en colère ;
(*aufwiegeln*): **~ gegen** monter
contre ; **Verständnis für jdn ~** se
montrer compréhensif(-ive)
envers qn
Aufbruch *m* départ *m*
auf|decken *vt* (*Bett*) ouvrir ;
(*enthüllen*) révéler
auf|drängen *vt*: **jdm etw ~**
imposer qch à qn ▶ *vr*: **sich jdm ~**
(*Mensch*) imposer sa présence à
qn ; (*Gedanke, Verdacht*) ne pas
sortir de la tête de qn
aufdringlich *adj* importun(e)
aufeinander *adv* (*fam*) l'un(e) sur
l'autre ; **sich ~ verlassen**
compter l'un sur l'autre
Aufenthalt (*-s, -e*) *m* séjour *m* ;
(*Verzögerung*) retard *m* ;
(*Unterbrechung von Fahrt od Flug*)
arrêt *m*
Aufenthaltserlaubnis *f*,
Aufenthaltsgenehmigung *f*
permis *m* de séjour
Auffahrt *f* (*Hausauffahrt*) allée *f* ;
(*Autobahnauffahrt*) bretelle *f* d'accès

Auffahrunfall m collision f en chaîne

auf|fallen (irr) vi se faire remarquer ; **jdm fällt etw** Akk **auf** qn remarque qch

auffallend adj remarquable, extraordinaire

auffällig adj voyant(e), frappant(e)

auf|fangen (irr) vt (Ball) attraper ; (Wasser) recueillir ; (Funkspruch) capter ; (Preise) arrêter la hausse de

auf|fassen vt (verstehen) comprendre ; (auslegen) interpréter

Auffassung f (Meinung) opinion f, avis m ; (Auslegung) conception f ; (auch: **Auffassungsgabe**) intelligence f

auf|fordern vt (befehlen) exhorter ; (bitten) inviter, prier

Aufforderung f (Befehl) exhortation f ; (Einladung) invitation f

auf|führen vt (Theat) jouer ; (in einem Verzeichnis) mentionner

Aufführung f (Theat) représentation f

Aufgabe f (Auftrag, Arbeit) tâche f ; (Pflicht, Schulaufgabe) devoir m ; (Verzicht) abandon m ; (von Gepäck) expédition f

Aufgang m (Sonnenaufgang) lever m ; (Treppe) escalier m

auf|geben (irr) vt (Paket, Telegramm) envoyer, expédier ; (Gepäck) expédier ; (Bestellung) passer ; (Inserat) mettre ; (verzichten) abandonner ; (Verlorenes) renoncer à ▶ vi abandonner

Aufgebot nt mobilisation f ; (Eheaufgebot) publication f des bans

auf|gehen (irr) vi (Sonne, Theat: Vorhang) se lever ; (Teig, Saat) lever ; (sich öffnen) s'ouvrir ; (Math) être divisible ; (klar werden): **jdm ~** devenir clair(e) pour qn

aufgeklärt adj éclairé(e) ; (sexuell) qui a reçu une éducation sexuelle

aufgelegt adj: **gut/schlecht ~ sein** être de bonne/mauvaise humeur ; **zu etw ~ sein** être d'humeur à qch (fam)

aufgeregt adj énervé(e), excité(e)

aufgeschlossen adj ouvert(e)

auf|greifen (irr) vt (Thema, Punkt) reprendre ; (Verdächtige) appréhender

aufgrund, auf Grund präp +Gen (wegen) en raison de

auf|haben (irr) vt (Hut, Brille) porter ; (Scol) avoir à faire ▶ vi être ouvert(e)

auf|halten (irr) vt arrêter ; (Entwicklung) freiner ; (Menschen) retenir ; (Betrieb) perturber ; (Tür, Hand, Sack, Augen) garder od tenir ouvert(e) ▶ vr (bleiben) s'attarder, rester ; (wohnen) séjourner

auf|hängen vt accrocher ; (Hörer) raccrocher

auf|heben (irr) vt (hochheben) soulever ; (aufbewahren) conserver ▶ vr se compenser ; **bei jdm gut aufgehoben sein** être en de bonnes mains avec qn ; **viel A~(s) machen** faire beaucoup de bruit

auf|heitern vr (Himmel) s'éclaircir ; (Miene) se dérider

(*Stimmung*) s'améliorer ▸ *vt* (*Menschen*) égayer

auf|holen *vi* rattraper son retard

auf|horchen *vi* dresser l'oreille

auf|hören *vi* (*enden*) s'arrêter

auf|klären *vt* (*Geheimnis, Fall*) élucider ; (*Irrtum*) expliquer ; (*sexuell*) donner une éducation sexuelle à ; **~ über** +*Akk* mettre au courant de

Aufkleber (*-s, -*) *m* autocollant *m*

auf|kommen (*irr*) *vi* (*Wind*) se lever ; (*Zweifel, Gefühl, Mode*) naître ; **für jdn/etw ~** prendre qn/qch à sa charge

Auflage *f* (*Buch*) édition *f* ; (*von Zeitung etc*) tirage *m* ; (*Bedingung*) condition *f* ; **jdm etw zur ~ machen** imposer qch à qn

Auflauf *m* (*Culin*) soufflé *m* ; (*Menschenauflauf*) attroupement *m*

auf|leben *vi* (*Mensch*) reprendre du poil de la bête ; (*Pflanze*) se remettre ; (*Gespräch*) reprendre ; (*Interesse*) renaître

auf|legen *vt* mettre ; (*Telefonhörer*) raccrocher

auf|lehnen *vr*: **sich gegen jdn/ etw ~** se révolter contre qn/qch

auf|lesen (*irr*) *vt* ramasser

auf|lösen *vt* (*in Wasser*) diluer, délayer ; (*Ehe, Versammlung, Partei, Parlament*) dissoudre ; (*Geschäft*) liquider ▸ *vr* se dissoudre

auf|machen *vt* (*öffnen*) ouvrir ; (*zurechtmachen*) arranger ▸ *vr* (*gehen*) se mettre en route

Aufmachung *f* (*Kleidung*) tenue *f* ; (*Gestaltung*) présentation *f*

aufmerksam *adj* attentif(-ive) ; (*höflich*) aimable ; **jdn auf jdn/etw ~ machen** attirer l'attention de qn

sur qn/qch • **Aufmerksamkeit** *f* attention *f* ; (*Höflichkeit*) égard *m*

auf|muntern *vt* (*ermutigen*) encourager ; (*erheitern*) égayer

Aufnahme *f* (*Empfang, Reaktion*) accueil *m* ; (*in Verein, Krankenhaus etc*) admission *f* ; (*in Liste, Programm etc*) insertion *f* ; (*von Beziehungen etc*) établissement *m* ; (*Phot*) photo *f* ; (*auf Tonband etc*) enregistrement *m*

auf|nehmen (*irr*) *vt* (*Kampf, Verhandlungen, Fährte*) ouvrir ; (*empfangen, reagieren auf*) accueillir ; (*in Verein, Krankenhaus etc*) admettre ; (*in Liste etc*) insérer ; (*erfassen: Eindrücke*) assimiler ; (*auf Tonband, Platte*) enregistrer ; (*fotografieren*) prendre en photo ; (*Maschen*) reprendre ; **es mit jdm ~ können** pouvoir se mesurer à qn

auf|passen *vi* (*aufmerksam sein*) faire attention

Aufprall (*-(e)s, -e*) *m* choc *m*, impact *m*

auf|prallen *vi*: **auf etw** *Akk* **~** heurter qch

Aufpreis *m* majoration *f*

auf|pumpen *vt* gonfler

auf|raffen (*fam*) *vr*: **sich zu einer Arbeit** *etc* **~** trouver l'énergie pour faire un travail *etc*

auf|räumen *vt*, *vi* ranger

aufrecht *adj* droit(e)

aufrecht|erhalten (*irr*) *vt* maintenir

auf|regen *vt* (*ärgerlich machen*) irriter ; (*in Erregung versetzen*) exciter ▸ *vr* s'énerver

aufregend *adj* excitant(e)

Aufregung f émotion f (forte) ; (Durcheinander) émoi m

auf|reizen vt exciter

aufreizend adj provocant(e)

aufrichtig adj sincère

Aufruf m (zur Hilfe, des Namens) appel m

auf|rufen (irr) vt appeler ; **einen Schüler ~** interroger un élève ; **jds Namen ~** appeler qn

Aufruhr (-(e)s, -e) m (Erregung) émoi m, trouble m ; (Pol) révolte f, insurrection f

auf|runden vt (Summe) arrondir

auf|rüsten vt armer

Aufrüstung f armement m

Aufsatz m (Schulaufsatz) rédaction f, dissertation f

Aufschlag m (an Kleidungsstück) revers m ; (Aufprall) choc m ; (Preisaufschlag) supplément m ; (Tennis) service m

auf|schlagen (irr) vt (Zelt) dresser, monter ▶ vi (teurer werden) augmenter ; (aufprallen) percuter

auf|schließen (irr) vt ouvrir ▶ vi (aufrücken) se serrer, se pousser

Aufschnitt m (Wurstaufschnitt) charcuterie f ; (Käseaufschnitt) fromage m en tranches

Aufschrei m cri m

auf|schreiben (irr) vt noter

Aufschrift f inscription f

Aufschub (-(e)s, Aufschübe) m délai m

Aufschwung m (Auftrieb, Elan) élan m, essor m ; (wirtschaftlich) relance f

auf|sehen (irr) vi lever les yeux • **Aufsehen** (-s) nt sensation f

• **aufsehenerregend** adj qui fait sensation

Aufseher(in) (-s, -) m(f) surveillant(e) ; (Museumsaufseher, Parkaufseher) gardien(ne)

auf|setzen vt (Hut, Brille) mettre ▶ vi (Flugzeug) atterrir

Aufsicht f (Kontrolle) surveillance f ; (Person) garde m, surveillant(e) m/f

Aufsichtsrat m conseil m d'administration

auf|spielen vr se donner de grands airs

Aufstand m soulèvement m

auf|stehen (irr) vi se lever ; (Tür) être ouvert(e)

auf|steigen (irr) vi monter ; (beruflich) monter en grade, être promu(e)

auf|stellen vt (hinstellen) mettre (en place), poser ; (Gerüst) monter ; (Programm etc) établir ; (Rekord) battre

Aufstellung f (Sport) composition f ; (Liste) liste f

Aufstieg (-(e)s, -e) m ascension f ; (Weg) montée f ; (beruflich) avancement m

auf|suchen vt (besuchen) rendre visite à ; (konsultieren) consulter

Auftakt m (fig) prélude m

auf|tanken vi, vt (Flugzeug) ravitailler ; (Auto) remplir le réservoir de

auf|tauchen vi émerger, faire surface, apparaître ; (Zweifel, Fragen, Problem) apparaître

auf|tauen vt (Gefrorenes) décongeler ▶ vi (Eis) fondre ; (fig: Mensch) se dégeler

auf|teilen vt répartir ; (Raum) diviser

Aufteilung f répartition f ; (*von Raum*) division f

Auftrag (-(e)s, *Aufträge*) m (*Bestellung*) commande f ; **im ~** +*Gen* par ordre de, de la part de

Auftraggeber(in) (-s, -) m(f) client(e)

auf|treiben (*irr, fam*) vt dénicher

auf|treten (*irr*) vi (*erscheinen*) se présenter ; (*Theat*) entrer en scène ; (*sich verhalten*) se conduire

Auftreten (-s) nt (*Vorkommen*) existence f ; (*Benehmen*) conduite f, attitude f

Auftritt m scène f ; (*von Schauspieler*) entrée f en scène

auf|wachen vi s'éveiller, se réveiller

auf|wachsen (*irr*) vi grandir

Aufwand (-(e)s) m (*an Kraft, Geld etc*) dépense f ; (*Kosten*) frais mpl

aufwändig *adj siehe* **aufwendig**

aufwärts *adv* (*in Rangordnung*) à partir de

auf|wecken vt réveiller

auf|weisen (*irr*) vt montrer

aufwendig *adj* coûteux(-euse)

auf|werfen (*irr*) vt (*Probleme*) soulever ; (*Fenster etc*) ouvrir (brusquement) ▶ vr: **sich zum Richter ~** s'ériger en juge

auf|werten vt (*Fin*) réévaluer ; (*fig*) rehausser

auf|zählen vt énumérer

Aufzeichnung f (*schriftlich*) note f ; (*Tonbandaufzeichnung, Filmaufzeichnung*) enregistrement m

auf|zeigen vt montrer

auf|ziehen (*irr*) vt (*öffnen*) ouvrir ; (*Uhr*) remonter ; (*Fest,*

Unternehmung) organiser ; (*Kinder, Tiere*) élever ; (*fam: necken*) taquiner

Aufzug m (*Fahrstuhl*) ascenseur m ; (*Aufmarsch*) défilé m ; (*Kleidung*) accoutrement m ; (*Theat*) acte m

Auge (-s, -n) nt œil m ; (*auf Würfel*) point m ; **ein ~/beide ~n zudrücken** (*fam*) fermer les yeux ; **das kann leicht ins ~ gehen** (*fam*) ça risque de mal finir

Augenarzt m ophtalmologue m, oculiste m

Augenblick m instant m
• **augenblicklich** *adj* (*sofort*) immédiat(e) ; (*gegenwärtig*) présent(e), actuel(le)

Augenbraue f sourcil m

Augenschein (*kein pl*) m (*geh*): **jdn/etw in ~ nehmen** examiner qn/qch de près

augenscheinlich *adj* (*geh*) évident(e), apparent(e)

Augenzeuge m, **Augenzeugin** f témoin m oculaire

August (-(e)s od -, -e) m août m

Auktion f vente f aux enchères

Aula (-, *Aulen* od -s) f salle f des fêtes

▶ *präp* +*Dat* **1** (*räumlich*) de ; **~ dem Zimmer kommen** sortir de la chambre ; **~ dem Garten/ der Stadt kommen** venir du jardin/de la ville ; **er ist ~ Berlin** il vient de Berlin ; **~ dem Fenster** par la fenêtre **2** (*Material*) de, en ; **eine Statue ~ Marmor** une statue de od en marbre

3 (*auf Ursache deutend*) par ;
~ Mitleid par pitié ; **~Versehen**
par mégarde ; **~Spaß** pour
plaisanter *od rire*
▶*adv* **1** (*zu Ende*) fini(e) ; **~ sein**
(*fam: zu Ende sein*) être fini(e) ;
(*: nicht brennen, abgeschaltet sein*)
être éteint(e) ; **es ist ~ mit ihm**
c'en est fait de lui, il est fichu ;
~ und vorbei fini(e) ;
2: weder ~ noch ein wissen ne
plus savoir que faire ; **auf etw**
Akk **~ sein** viser qch ; **sie ist**
doch nur auf dein Geld ~ c'est
ton argent qui l'intéresse
3 (*ausgeschaltet*): **ist der Herd ~?**
le four est-il éteint ? ; **ist das**
Licht ~? la lumière est-elle
éteinte ?
4 (*in Verbindung mit von*): **von**
Rom ~ depuis Rome ; **vom**
Fenster ~ de la fenêtre ; **von**
sich ~ (*selbstständig*) de
lui-même/d'elle-même ; **o. k.**,
von mir ~ d'accord(, si tu veux)

Aus *nt* (*Sport*) élimination *f* ; (*fig:*
Ende) fin *f*
aus|baden (*fam*) *vt*: **etw ~**
müssen devoir payer les pots
cassés pour qch
Ausbau *m* (*Erweitern*)
agrandissement *m*
aus|bauen *vt* (*vergrößern,*
erweitern) agrandir ; (*herausnehmen*) démonter
aus|beulen *vt* débosseler
Ausbeute *f* rendement *m*
aus|beuten *vt* exploiter
aus|bilden *vt* former
Ausbilder(in) (*-s, -*) *m(f)*
formateur(-trice)

Ausbildung *f* formation *f*
Ausbildungsplatz *m* stage *m*
aus|bleiben (*irr*) *vi* (*Personen*) ne
pas venir ; (*Ereignisse*) ne pas se
produire
Ausblick *m* vue *f* ; (*fig*)
perspective *f*
aus|brechen (*irr*) *vi* (*Gefangener*)
s'évader ; (*fig: Krieg, Feuer*) éclater ;
(*Krankheit*) se déclarer ; (*Vulkan*)
entrer en éruption ; **in Gelächter ~**
éclater de rire
aus|breiten *vr* (*Nebel, Wärme*) se
répandre ; (*Seuche, Feuer*) se
propager ; (*über Thema*) s'étendre
Ausbruch *m* évasion *f* ; (*eines*
Krieges, einer Epidemie) début *m* ;
(*von Vulkan*) éruption *f* ;
(*Gefühlsausbruch*) débordement
m ; **zum ~ kommen** se déclarer
Ausdauer *f* persévérance *f*
ausdauernd *adj* persévérant(e),
tenace
aus|dehnen *vt* étendre ; (*Gummi*)
étirer ; (*zeitlich*) prolonger ▶*vr*
s'étendre
aus|denken (*irr*) *vt*: **sich** *Dat*
etw ~ imaginer qch
Ausdruck *m* expression *f* ;
(*Inform*) sortie *f* (sur imprimante)
aus|drucken *vt* (*Inform*) imprimer
aus|drücken *vt* exprimer ;
(*Zigarette*) écraser ; (*Zitrone,*
Schwamm) presser ▶*vr* s'exprimer
ausdrücklich *adj* exprès(-esse)
auseinander *adv* (*räumlich,*
zeitlich): **~ sein** (*Paar, Ehe*) être
séparé(e)
auseinander|gehen (*irr*) *vi*
(*Menschen*) se séparer ;
(*Meinungen*) diverger ;
(*Gegenstand*) tomber en morceaux

auseinander|halten (*irr*) *vt* (*unterscheiden*) distinguer

Auseinandersetzung *f* (*Diskussion*) discussion *f*; (*Streit*) dispute *f*

aus|fahren (*irr*) *vt* (*spazieren fahren*) (aller) promener ; (*liefern*) (aller) livrer ▶ *vi* (*spazieren fahren*) (aller) faire un tour ; (*Naut*) prendre la mer

Ausfahrt *f* sortie *f*; (*des Zuges etc*) départ *m*

Ausfall *m* (*Wegfall, Verlust*) perte *f*; (*Nichtstattfinden*) annulation *f*; (*Tech*) panne *f*; (*Produktionsstörung*) arrêt de la production

aus|fallen (*irr*) *vi* (*Zähne, Haare*) tomber ; (*nicht stattfinden*) ne pas avoir lieu

ausfallend *adj* blessant(e)

aus|fertigen *vt* (*Pass*) délivrer ; (*: Urkunde, Rechnung*) établir

ausfindig *adv*: **jdn/etw ~ machen** (finir par) trouver qn/qch

aus|flippen (*fam*) *vi* flipper

Ausflug *m* excursion *f*

Ausfuhr (-, -*en*) *f* exportation *f*

aus|führen *vt* (*Écon*) exporter ; (*verwirklichen*) réaliser ; (*erklären*) expliquer

ausführlich *adj* détaillé(e) ▶ *adv* en détail

aus|füllen *vt* (*Loch*) combler ; (*Zeit*) occuper, employer ; (*Platz*) occuper ; (*Fragebogen etc, Beruf*) remplir ; **jdn (ganz) ~** (*in Anspruch nehmen*) absorber qn (complètement)

Ausgabe *f* (*Geld*) dépense *f*; (*Gepäckausgabe*) consigne *f* (*où on retire les bagages*) ; (*Buch*) édition *f*;

(*Nummer*) numéro *m* ; (*Ausführung*) modèle *m*, version *f*; (*Inform*) sortie *f*

Ausgang *m* sortie *f*; (*kein pl* : *Ende*) fin *f*; (: *Ergebnis*) issue *f*; (*Ausgehtag*) jour *m* de sortie ; **kein ~** sortie interdite

aus|geben (*irr*) *vt* (*Geld*) dépenser ; (*austeilen*) distribuer ▶ *vr*: **sich für etw/jdn ~** se faire passer pour qch/qn

ausgebucht *adj* complet(-ète)

ausgefallen *adj* inhabituel(le), insolite

ausgeglichen *adj* (*Mensch, Temperament*) équilibré(e)

aus|gehen (*irr*) *vi* (*weggehen, sich vergnügen*) sortir ; (*Haare, Zähne*) tomber ; (*Feuer, Ofen, Licht*) s'éteindre ; (*Resultat haben*) finir ; **von etw ~** se fonder sur qch ; (*herrühren*) venir de qch

ausgelassen *adj* débordant(e) de gaieté, enjoué(e)

ausgenommen *präp* + *Gen od Dat* sauf

ausgepowert (*fam*) *adj*: **~ sein** être vidé(e), être vanné(e)

ausgerechnet *adv*: **~ heute kommt er** il ne pouvait arriver à un pire moment !

ausgeschlossen *adj* (*unmöglich*) exclu(e)

ausgesprochen *adj* prononcé(e) ▶ *adv*: **~ schlecht/schön** vraiment très mauvais(e)/ beau(belle)

ausgezeichnet *adj* excellent(e)

ausgiebig *adj* (*Essen*) copieux(-euse)

Ausgleich (-(*e*)*s*, -*e*) *m* (*Gleichgewicht*) équilibre *m* ;

(Sport) égalisation f ; **zum ~** en compensation

aus|gleichen (irr) vt (Höhenunterschied) égaliser ; (Unterschied) aplanir, équilibrer ; (Mangel, Verlust) compenser ; (Konto) équilibrer

aus|grenzen vt exclure

Ausguss m (Spüle) évier m ; (Abfluss) bonde f ; (Tülle) bec m

aus|halten (irr) vt (Schmerzen, Hunger, Vergleich) supporter ; (Blick) soutenir

aus|handeln vt négocier

Aushang m avis m

aus|harren vi patienter

aus|hecken (fam) vt inventer, élaborer

aus|helfen (irr) vi +Dat : **jdm ~** donner un coup de main à qn

Aushilfe f aide f

aushilfsweise adv à titre provisoire, temporairement

aus|kennen (irr) vt **s'y connaître**

aus|kommen (irr) vi : **mit jdm (gut) ~** (bien) s'entendre avec qn ; **mit etw ~** se débrouiller avec qch ; **ohne jdn/etw ~** (pouvoir) se passer de qn/qch

• **Auskommen** (-s) nt : **sein ~ haben** avoir de quoi vivre

Auskunft (-, Auskünfte) f (Mitteilung) renseignement m ; (Stelle) bureau m de renseignements od d'information ; (Tél) renseignements

aus|lachen vt se moquer de

aus|laden (irr) vt décharger ; (Gäste) décommander

Auslage f (Waren) étalage m, éventaire m ; (Schaufenster) vitrine f ; **Auslagen** pl (Kosten) frais mpl

Ausland nt étranger m ; **im ~, ins ~** à l'étranger

Ausländer(in) (-s, -) m(f) étranger(-ère)

ausländerfeindlich adj hostile aux étrangers, xénophobe

ausländisch adj étranger(-ère)

Auslandsschutzbrief m contrat de garantie automobile pour voyages à l'étranger

aus|lassen (irr) vt omettre ▶ vr : **sich über etw** Akk **~** s'étendre sur qch

Auslauf m espace m ; (Ausflussstelle) voie f d'écoulement

aus|laufen (irr) vi (Flüssigkeit) s'écouler, couler ; (Behälter) fuir ; (Naut) appareiller ; (zu Ende sein) se terminer

aus|leeren vt vider

aus|legen vt étaler ; (Geld) avancer ; (Text etc) interpréter

Ausleihe f prêt m ; (Stelle) salle f de prêt

aus|leihen (irr) vt (verleihen) prêter ; **sich** Dat **etw ~** emprunter qch

Auslese f (Vorgang) choix m, sélection f ; (Elite) élite f ; (Wein) grand cru m

aus|liefern vt livrer ▶ vr : **sich jdm ~** se livrer à qn ; **jdm/etw ausgeliefert sein** être à la merci de qn/qch

Auslieferung f livraison f ; (von Gefangenen) extradition f

aus|loggen (Inform) vi se déconnecter

aus|lösen vt (Explosion, Schuss, Alarm) déclencher ; (Reaktion) provoquer ; (Panik) jeter, semer ; (Gefühle, Heiterkeit) susciter

Auslöser (-s, -) m (Phot) déclencheur m

aus|machen vt (Licht, Feuer) éteindre ; (entdecken) repérer ; (erkennen) distinguer ; (vereinbaren) convenir de, fixer ; (Anteil darstellen, bedeuten) constituer, représenter ; **das macht ihm nichts aus** ça ne lui fait rien ; **macht es Ihnen etwas aus, wenn …?** ça vous dérange si … ?

Ausmaß nt (von Katastrophe) ampleur f ; (von Liebe etc) grandeur f

aus|messen (irr) vt mesurer

Ausnahme f exception f
• **Ausnahmezustand** m état m d'exception

ausnahmslos adv sans exception

ausnahmsweise adv exceptionnellement

aus|nehmen (irr) vt (Tier, Fisch, Nest) vider ; (fam) plumer ▶ vr avoir l'air

aus|nutzen vt profiter de

aus|packen vt (Koffer) défaire ; (Kleider, Geschenk) déballer

aus|probieren vt essayer

Auspuff (-(e)s, -e) m (Aut) échappement m • **Auspuffrohr** nt, **Auspufftopf** m pot m d'échappement

aus|rauben vt dévaliser

aus|rechnen vt calculer

Ausrede f excuse f, prétexte m

aus|reden vi finir (de parler) ▶ vt: **jdm etw ~** dissuader qn de qch

aus|reichen vi suffire

ausreichend adj suffisant(e)

Ausreise f: **bei der ~** en quittant le pays

aus|reisen vi sortir du pays

aus|reißen (irr) vt arracher ▶ vi (fam: weglaufen) se tirer

aus|richten vt (Botschaft, Gruß) transmettre ; **jdm etw ~** faire savoir qch à qn

aus|rufen (irr) vt (schreien) crier ; (Stationen, Schlagzeile) annoncer ; (Streik, Revolution) proclamer

Ausrufezeichen nt point m d'exclamation

aus|ruhen vt reposer ▶ vi, vr se reposer

Ausrüstung f équipement m

aus|rutschen vi glisser, déraper

Aussage f déclaration f ; (Zeugenaussage) déposition f

aus|sagen vt: **viel ~ über** +Akk en dire long sur ▶ vi (Jur) déposer

aus|schalten vt (Maschine) arrêter ; (Licht) éteindre ; (Strom) couper

Ausschank (-(e)s, Ausschänke) m vente f ; (Theke) comptoir m

Ausschau f: **~ halten nach** guetter

aus|scheiden (irr) vt éliminer ; (Méd) excréter, éliminer ▶ vi (nicht in Betracht kommen) ne pas entrer en ligne de compte ; (Sport) être éliminé(e)

aus|schlafen (irr) vi, vr dormir tant qu'on veut

Ausschlag m (Méd) éruption f ; **den ~ geben** être déterminant(e)

ausschlaggebend adj déterminant(e)

aus|schließen (irr) vt exclure

ausschließlich adj exclusif(-ive) ▶ adv exclusivement

Ausschnitt m (Teil) fragment m, morceau m ; (von Kleid) décolleté m ; (aus Film etc) extrait m

Ausschuss m (Gremium) comité m, commission f ; (Écon: auch: **Ausschussware**) articles mpl de second choix

Ausschweifung f excès m

aus|sehen (irr) vi sembler ; **es sieht schlecht aus** ça se présente mal • **Aussehen** (-s) nt apparence f

außen adv à l'extérieur, dehors

Außenminister m ministre m des Affaires étrangères

Außenpolitik f politique f étrangère od extérieure

außer präp +Dat (abgesehen von) sauf ; (räumlich) en dehors de ▶ konj (ausgenommen) sauf ; **~ wenn** sauf quand ; **~ dass** sauf que

außerdem konj en outre, en plus

äußere(r, s) adj extérieur(e) ; **das Äußere** (äußere Erscheinung) les apparences fpl

außergewöhnlich adj inhabituel(le) ; (außerordentlich) extraordinaire, exceptionnel(le)

außerhalb präp +Gen en dehors de ▶ adv au dehors, à l'extérieur

äußerlich adj extérieur(e), externe ▶ adv en apparence • **Äußerlichkeit** f formalité f

äußern vt (aussprechen) exprimer ▶ vr (sich aussprechen) s'exprimer ; (sich zeigen) se manifester

außerordentlich adj extraordinaire

äußerst adv extrêmement

äußerste(r, s) adj extrême ; (Termin, Preis) dernier(-ière)

Äußerung f propos mpl

aus|setzen vt (Kind, Tier) abandonner ▶ vi (Herz) cesser de battre ; (Motor) avoir des ratés, caler ; (Mensch : bei Arbeit) s'interrompre ; (: Pause machen) prendre congé ; **jdn/sich etw** Dat **~** (preisgeben) exposer qn/s'exposer à qch ; **an jdm/ einer Sache etwas auszusetzen haben** avoir qch à reprocher à qn/qch

Aussicht f (Blick) vue f ; (in Zukunft) perspective f ; **etw in ~ haben** avoir qch en vue

aussichtslos adj sans espoir

Aussiedler(in) (-s, -) m(f) émigrant(e)

aus|spannen vi se détendre

Aussprache f prononciation f ; (Unterredung) discussion f

aus|sprechen (irr) vt (Wort, Urteil, Strafe) prononcer ; (zu Ende sprechen) finir ; (äußern) exprimer ; (Warnung) donner ▶ vr (sich äußern) s'exprimer ; (sich anvertrauen) se confier, s'épancher ; (diskutieren) s'expliquer

aus|statten vt : **jdn mit etw ~** doter qn de qch

Ausstattung f (Ausstatten) équipement m ; (Aufmachung) présentation f ; (von Zimmer) décor m ; (von Auto) équipement m

aus|stehen (irr) vt (ertragen) supporter ▶ vi (noch nicht da sein) ne pas (encore) être arrivé(e), manquer ; **jdn/etw nicht ~ können** ne pas supporter qn/qch

aus|steigen (irr) vi descendre

Aussteiger(in) (fam) m(f) marginal(e)

aus|stellen vt (Waren, Bilder) exposer ; (Pass, Zeugnis) délivrer ; (Scheck) émettre, établir ; (Rechnung etc) établir ; (fam: ausschalten) éteindre

Ausstellung f (Kunstausstellung etc) exposition f ; (eines Passes etc) délivrance f

aus|sterben (irr) vi disparaître

Ausstieg (-(e)s, -e) m descente f ; **~ aus der Gesellschaft** marginalisation f

aus|strahlen vt répandre ; (Radio, TV) émettre, diffuser

Ausstrahlung f rayonnement m

aus|suchen vt choisir

Austausch m échange m

• **austauschbar** adj échangeable ; (gleichwertig) interchangeable

aus|tauschen vt échanger

aus|teilen vt distribuer

Auster (-, -n) f huître f

aus|tragen (irr) vt (Poste) distribuer ; (Streit etc) régler ; (Wettkämpfe) disputer

Australien (-s) nt l'Australie f

australisch adj australien(ne)

aus|treten (irr) vi (aus Verein, Partei) quitter ; (herauskommen: Flüssigkeit) fuir, s'échapper ; (fam: zur Toilette) aller aux toilettes ▶ vt (Feuer) éteindre (avec les pieds) ; (Schuhe, Treppe) user

Austritt m (aus Verein, Partei etc) départ m

Ausverkauf m soldes mpl

ausverkauft adj épuisé(e) ; (Theat): **vor ~em Haus spielen** afficher « complet »

Auswahl f choix m, sélection f ; (Sport) sélection f ; (Écon: Angebot) choix

aus|wählen vt choisir

aus|wandern vi émigrer

Auswanderung f émigration f

auswärtig adj étranger(-ère)

auswärts adv à l'extérieur ; (nach außen) vers l'extérieur

aus|wechseln vt remplacer

Ausweg m issue f

aus|weichen (irr) vi : **jdm/etw** Dat **~** éviter qn/qch

Ausweis (-es, -e) m (Personalausweis) carte f d'identité ; (Mitgliedsausweis, Bibliotheksausweis etc) carte

aus|weisen (irr) vt (aus dem Land weisen) expulser ▶ vr montrer ses papiers

Ausweisung f expulsion f

auswendig adv par cœur

aus|werten vt (Berichte) analyser ; (Daten) exploiter

Auswertung f analyse f ; (von Daten) exploitation f

aus|wirken vr : **sich auf/in etw** Akk **~** se répercuter sur qch

Auswirkung f effet m

aus|wuchten vt (Aut) équilibrer

aus|zahlen vt payer ▶ vr être payant(e)

aus|zeichnen vt (mit Preisschild versehen) étiqueter ; (ehren) décorer ▶ vr se distinguer

Auszeichnung f (Ehrung) distinction f ; (Ehre) honneur m ; (Orden) décoration f ; (Écon) étiquetage m ; **mit ~** avec mention

aus|ziehen (irr) vt (Kleidung) enlever ; (Tisch) rallonger ;

(*Antenne*) sortir ▶ *vr* se déshabiller ▶ *vi* (*aus Wohnung*) déménager

Auszubildende(r) *f(m)* stagiaire *mf* ; (*als Handwerker auch*) apprenti(e) *m/f*

Auszug *m* (*aus Wohnung*) déménagement *m* ; (*Kontoauszug*) relevé *m*

autistisch *adj* autiste

Auto (-s, -s) *nt* voiture *f* ; **~ fahren** conduire

Autobahn *f* autoroute *f*

Autobahn désigne une autoroute en allemand. Le réseau autoroutier est très développé dans tout le pays. On peut noter deux grandes caractéristiques : En général, la vitesse n'est pas limitée sur les autoroutes allemandes. De plus, elles sont gratuites, sauf pour les camions qui doivent s'acquitter d'un droit de passage.

Autobahndreieck *nt* échangeur *m*

Autobahnkreuz *nt* échangeur *m*

Autofahrer(in) *m(f)* automobiliste *mf*

Autogas *nt* gaz *m inv* de pétrole liquéfié (GPL)

Autogramm *nt* autographe *m*

Automat (-en, -en) *m* distributeur *m* (automatique)

Automatikgurt *m* ceinture *f* à enrouleur

automatisch *adj* automatique

autonom *adj* autonome

Autor(in) *m(f)* auteur *m*

Autoreifen *m* pneu *m* (de voiture)

Autoreisezug *m* train *m* auto-couchettes

Autorennen *nt* course *f* d'automobiles

Autorität *f* autorité *f*

Autostopp *m* : **per ~ fahren** faire du stop

Autotelefon *nt* téléphone *m* de voiture

Autounfall *m* accident *m* de voiture

Autoverleih *m*, **Autovermietung** *f* location *f* de voitures

Axt (-, ⸚e) *f* hache *f*

b

Baby (-s, -s) nt bébé m • **Babynahrung** f aliments mpl pour bébé • **Babysitter(in)** (-s, -) m(f) baby-sitter mf

Bach (-(e)s, ⸚e) m ruisseau m

Backe f joue f

backen (irr) vt faire (cuire) ; (Fisch) faire frire ▸ vi (Person) faire de la pâtisserie

Bäcker(in) (-s, -) m(f) boulanger(-ère)

Bäckerei f boulangerie f

Backofen m four m

Backpulver nt levure f (chimique)

Bad (-(e)s, ⸚er) m bain m ; (Raum) salle f de bains ; (Schwimmbad) piscine f ; (Kurort) station f thermale

Badeanzug m maillot m de bain

Badehose f slip m od maillot m de bain

Badekappe f bonnet m de bain

Bademantel m peignoir m

Bademeister m maître nageur m

Bademütze f bonnet m de bain

baden vi se baigner ▸ vt baigner

Baden-Württemberg nt le Bade-Wurtemberg

Badetuch nt drap m de bain

Badewanne f baignoire f

Badezimmer nt salle f de bains

baff (fam) adj : **~ sein** être sidéré(e)

Bagger (-s, -) m excavateur m, pelle f mécanique

Bahamas pl : **die ~** les Bahamas fpl

Bahn (-, -en) f (Eisenbahn) train m ; (Straßenbahn) tram(way) m ; (Rennbahn) piste f ; (von Gestirn, Geschoss auch) trajectoire f • **BahnCard®** (-, -s) f carte f demi-tarif

Bahnfahrt f voyage m en train

Bahnhof m gare f

Bahnlinie f ligne f de chemin de fer

Bahnsteig m quai m

Bahnstrecke f voie f de chemin de fer

Bahnübergang m passage m à niveau

Balance f équilibre m

balancieren vt faire tenir en équilibre ▸ vi se tenir en équilibre

bald adv (zeitlich) bientôt ; (leicht) vite ; (fast, beinahe) presque

baldig adj prompt(e), rapide

Baldrian (-s, -e) m valériane f

Balkan m : **der ~** les Balkans mpl

Balken (-s, -) m poutre f

Balkon (-s, -s od -e) m balcon m

Ball (-(e)s, ⸚e) m ballon m, balle f ; (Tanz) bal m

Ballade f ballade f

Ballast (-(e)s, -e) m lest m ; (fig) charge f • **Ballaststoffe** pl (Méd) fibres fpl alimentaires

Ballett (-(e)s, -e) nt ballet m

Ballon (-s, -s od -e) m ballon m

Ballung f concentration f

Baltikum (-s) nt: **das ~** les pays mpl baltes

Bambus (-ses, -se) m bambou m

banal adj banal(e)

Banane f banane f

Bananenrepublik f république f bananière

Banause (-n, -n) m beauf m

band etc vb siehe **binden**

Band¹ (-(e)s, ¨e) m (Buchband) volume m

Band² (-(e)s, ¨er) nt (Stoffband, Ordensband) ruban m ; (Fließband) chaîne f ; (Tonband) bande f ; **etw auf ~ aufnehmen** enregistrer qch

Band³ (-(e)s, -e) nt (Freundschaftsband etc) lien m

Band⁴ (-, -s) f (Mus) orchestre m ; (Popband) groupe m

bandagieren vt bander

Bande f bande f

bändigen vt (Tier) apprivoiser ; (Trieb, Leidenschaft) maîtriser

Bandscheibe f (Anat) disque m intervertébral

Bandwurm m ténia m, ver m solitaire

bange adj angoissé(e) ; **mir wird es ~** je commence à m'inquiéter ; **jdm B~ machen** faire peur à qn

Bank¹ (-, ¨e) f (Sitzbank, Sandbank) banc m

Bank² (-, -en) f (Geldbank) banque f ; **die ~ sprengen** faire sauter la banque

Bankier (-s, -s) m banquier m

Bankleitzahl f code m de la banque

Banknote f billet m de banque

bankrott adj en faillite

Banküberfall m hold-up m inv (d'une banque)

Banner (-s, -) nt bannière f

bar adj (unbedeckt) découvert(e) ; (offenkundig): **~er Unsinn** folie pure ; **etw (in) ~ bezahlen** payer qch comptant od en espèces ; **gegen ~ kaufen** acheter (au) comptant

Bar (-, -s) f bar m

Bär (-en, -en) m (Zool) ours m

Baracke f baraque f

barfuß adj pieds nus

barg etc vb siehe **bergen**

Bargeld nt argent m liquide, espèces fpl

bargeldlos adj: **~er Zahlungsverkehr** transaction f par virement

Bariton m baryton m

Barkeeper (-s, -) m tenancier m de bar

Barometer (-s, -) nt baromètre m

Barren (-s, -) m (Sport) barres fpl parallèles ; (Goldbarren) lingot m

Barriere f barrière f

Barrikade f barricade f

barsch adj brusque

Barsch (-(e)s, -e) m (Zool) perche f

Bart (-(e)s, ¨e) m barbe f

bärtig adj barbu(e)

Barzahlung f paiement m comptant

Basar (-s, -e) m (Markt) bazar m ; (Wohltätigkeitsbasar) vente f de charité

basieren vi: **auf etw** Dat **~** se fonder sur qch

Basis (-, *Basen*) f base f

Baskenland nt pays m basque

Basketball m (*Ball*) ballon m de basket ; (*Spiel*) basket m, basket-ball m

Bass (-es, ⸚sse) m basse f

Bassist m bassiste m

Bast (-(e)s, -e) m raphia m

basteln vt, vi bricoler

Bastler (-s, -) m bricoleur m

bat etc vb siehe **bitten**

Batterie f (*in Gerät*) pile f

Bau (-(e)s) m construction f ; (*Baustelle*) chantier m ; (pl: *Baue: Tier*) terrier m, tanière f ; (pl: *Bauten: Gebäude*) bâtiment m, édifice m • **Bauarbeiter** m ouvrier m du bâtiment

Bauch (-(e)s, *Bäuche*) m ventre m

Bauchgefühl nt intuition f ; **ein ~ haben** sentir quelque chose au fond de soi

bauchig adj (*Gefäß*) ventru(e)

Bauchschmerzen pl mal m au od maux mpl de ventre

bauen vt construire ; (*Nest*) faire ; (*Mus: Instrumente*) fabriquer ▶ vi construire

Bauer¹ (-n od -s, -n) m paysan m ; (*Échecs*) pion m

Bauer² (-s, -) nt od m (*Vogelbauer*) cage f

Bäuerin f paysanne f, agricultrice f

bäuerlich adj paysan(ne) ; (*Art*) rustique

Bauernhaus nt, **Bauernhof** m ferme f

Baufirma f entreprise f de construction

Baugenehmigung f permis m de construire

Bauherr m maître m d'ouvrage

Baujahr nt année f de construction

Baukosten pl coût m sg de la construction

Bauland nt terrain m à bâtir

Baum (-(e)s, *Bäume*) m arbre m

Baumarkt m magasin m de bricolage

baumeln vi pendre

Baumwolle f coton m

Bauplatz m terrain m à bâtir

Bausparkasse f caisse ⸗ d'épargne-logement

Baustein m (*Spielzeug*) cube m ; (*fig*) composante f

Baustelle f chantier m

Bauteil nt élément m

Bauunternehmer m entrepreneur m

Bauweise f style m de construction

Bauwerk nt édifice m

Bayern nt la Bavière

beabsichtigen vt : **~, etw zu tun** avoir l'intention de faire qch

beachten vt (*befolgen*) respecter ; (: *Vorfahrt*) observer

beachtlich adj important(e) ; (*Leistung*) remarquable

Beachtung f (*von Regeln etc*) respect m

Beachvolleyball nt beach-volley m

Beamte(r) m fonctionnaire m

beanspruchen vt (*Recht, Erbe*) revendiquer ; (*Zeit, Platz*) prendre ; (*Benzin*) consommer

beanstanden vt critiquer ; (*Rechnung*) contester

beantragen vt demander

beantworten vt répondre à

bearbeiten vt s'occuper de ;
(*Thema, Chem*) traiter ; (*Material*)
travailler ; (*fam: beeinflussen
wollen*) travailler

Bearbeitung f (*von Thema*)
traitement m ; (*von Buch, Film*)
adaptation f

beaufsichtigen vt surveiller

beauftragen vt charger ; **jdn mit
etw ~** charger qn de faire qch

Beben (-s, -) nt tremblement m

Becher (-s, -) m gobelet m ; (*für
Joghurt*) pot m

Becken (-s, -) nt bassin m ;
(*Waschbecken*) lavabo m ; (*Mus*)
cymbale f

bedacht adj réfléchi(e) ; **auf etw
Akk ~ sein** faire attention à qch

bedächtig adj (*umsichtig*)
réfléchi(e) ; (*langsam*) lent(e),
posé(e)

bedanken vr: **sich bei jdm für
etw ~** remercier qn de od pour qch

Bedarf (-(e)s) m besoin m ; (*Écon*)
demande f ; **bei ~** en cas de besoin

Bedarfshaltestelle f arrêt m
facultatif

bedauerlich adj regrettable

bedauern vt regretter ;
(*bemitleiden*) plaindre • **Bedauern**
(-s) nt regret m

bedauernswert adj (*Zustände*)
regrettable ; (*Mensch*) à plaindre

bedecken vt couvrir

bedeckt adj couvert(e)

bedenken (*irr*) vt (*Folgen*) réfléchir
à • **Bedenken** (-s, -) nt (*Überlegen*)
réflexion f ; (*Zweifel*) doute m ;
(*Skrupel*) scrupule m

bedenklich adj (*besorgt*)
préoccupé(e) ; (*bedrohlich*)
inquiétant(e), menaçant(e) ;
(*zweifelhaft*) douteux(-euse)

Bedenkzeit f délai m de réflexion

bedeuten vt signifier

bedeutend adj important(e) ;
(*beträchtlich*) considérable

Bedeutung f signification f, sens
m ; (*Wichtigkeit*) importance f

bedeutungslos adj (*Wort,
Zeichen*) dépourvu(e) de sens ;
(*Mensch, Ereignis*) sans
importance

bedienen vt servir ▶ vr (*beim
Essen*): **bitte ~ Sie sich!**
servez-vous !

Bedienung f service m ; (*von
Maschinen*) maniement m ;
(*Kellnerin*) serveuse f

Bedienungsanleitung f mode
m d'emploi

Bedienungsfehler m erreur f de
manipulation

bedingen vt (*verursachen*) causer ;
(*voraussetzen*) exiger

bedingt adj (*Richtigkeit,
Tauglichkeit*) limité(e) ; (*Lob*)
réservé(e) ; (*Zusage, Annahme*)
conditionnel(le) ; (*Reflex*)
conditionné(e)

Bedingung f condition f

bedingungslos adj sans
condition

bedrängen vt harceler ; **jdn
mit Fragen ~** presser qn de
questions

bedrohen vt menacer

bedrohlich adj menaçant(e)

Bedrohung f menace f

bedrücken vt accabler

Bedürfnis nt besoin m

bedürftig adj (arm) dans le besoin

beeilen vr se dépêcher

beeindrucken vt impressionner

beeindruckend adj impressionnant(e)

beeinflussen vt influencer

beeinträchtigen vt (Freude, Genuss) gâcher ; (Sehvermögen, Wert, Qualität) porter préjudice à

beenden, beendigen vt terminer

beengen vt (Kleidung) serrer ; (fig: jdn) gêner

beerben vt hériter de

beerdigen vt enterrer

Beerdigung f enterrement m

Beere f baie f ; (Traubenbeere) grain m

Beet (-(e)s, -e) nt plate-bande f

befahl etc vb siehe **befehlen**

befahrbar adj (Straße) carrossable ; (Wasserweg) navigable

befahren (irr) vt (Straße, Route) emprunter ; (Naut) naviguer sur ▸ adj (Straße) fréquenté(e)

befallen (irr) vt (Krankheit) frapper ; (Übelkeit, Fieber, Ekel) prendre ; (Angst, Zweifel) saisir ; (Ungeziefer) envahir

befangen adj (schüchtern) intimidé(e) ; (voreingenommen) partial(e) • **Befangenheit** f (Schüchternheit) gêne f, timidité f ; (Voreingenommenheit) parti m pris

befassen vr: sich ~ mit s'occuper de

Befehl (-(e)s, -e) m (Anordnung) ordre m ; (Befehlsgewalt)

commandement m ; (Inform) commande f

befehlen (irr) vt ordonner

Befehlshaber (-s, -) m (Mil) commandant m

befestigen vt (anbringen, festmachen) fixer

befinden (irr) vr se trouver ▸ vt: jdn für schuldig ~ déclarer qn coupable

Befinden (-s) nt (Zustand) état m de santé ; (Meinung) opinion f

befohlen pp von **befehlen**

befolgen vt suivre

befördern vt (Güter, Gepäck) transporter ; (im Beruf) promouvoir

Beförderung f transport m ; (beruflich) promotion f

befragen vt interroger ; (um Stellungnahme bitten, Wörterbuch) consulter

Befragung f interrogation f ; (Umfrage) sondage m

befreien vt libérer ; (freistellen) exempter ▸ vr se libérer

Befreiung f libération f ; (Erlassen) exemption f

befreunden vr: sich ~ mit se lier d'amitié avec ; (mit Idee etc) se familiariser avec

befreundet adj ami(e)

befriedigen vt satisfaire

befriedigend adj satisfaisant(e)

Befriedigung f satisfaction f

befristet adj à durée limitée

befruchten vt féconder ; (Diskussion, Gedanken) stimuler

Befugnis f pouvoir m

befugt adj autorisé(e), habilité(e)

befühlen vt palper
Befund (-(e)s, -e) m (von Sachverständigen) conclusions fpl ; (Méd) diagnostic m
befürchten vt craindre
Befürchtung f crainte f
befürworten vt (Gesetz, Vorschlag) soutenir ; (Neuerung) être favorable à
Befürworter(in) (-s, -) m(f) défenseur m
begabt adj doué(e)
Begabung f don m
begann etc vb siehe **beginnen**
begeben (irr) vr (gehen) se rendre ; (geschehen) se passer
begegnen vi +Dat rencontrer ; (widerfahren) arriver ; (behandeln) traiter ; **ihre Blicke begegneten sich** leurs regards se sont rencontrés
Begegnung f rencontre f
begehen (irr) vt (Straftat, Fehler, Dummheit) commettre ; (Feier) célébrer
begehren vt désirer
begehrenswert adj désirable
begehrt adj (Posten) convoité(e) ; (Reiseziel) en vogue
begeistern vr : **sich an etw** Dat od **für etw ~** s'enthousiasmer pour qch ▸ vt remplir d'enthousiasme
begeistert adj enthousiaste
Begeisterung f enthousiasme m
Begierde f désir m
begierig adj avide
Beginn (-(e)s) m commencement m, début m ; **zu ~** au commencement od début
beginnen (irr) vt, vi commencer

Beglaubigung f authentification f
begleichen (irr) vt régler
begleiten vt accompagner
Begleiter(in) (-s, -) m(f) compagnon (compagne)
Begleitung f compagnie f ; (Mus) accompagnement m
beglückwünschen vt : **jdn zu etw ~** féliciter qn pour od de qch
begnügen vr : **sich mit etw ~** se contenter de qch
begonnen pp von **beginnen**
begraben (irr) vt (Toten) enterrer ; (Streit) oublier
Begräbnis nt enterrement m
begreifen (irr) vt comprendre
Begriff (-(e)s, -e) m notion f, concept m ; (Meinung, Vorstellung) idée f
begriffsstutzig adj bouché(e)
begründen vt (Tat, Abwesenheit) justifier ; (beginnen) fonder
Begründung f justification f
begrüßen vt accueillir
  • **begrüßenswert** adj bienvenu(e)
Begrüßung f accueil m
begutachten vt expertiser ; (fam : ansehen) examiner
behagen vi : **jd/etw behagt ihm nicht** qn/qch ne lui plaît pas
  • **Behagen** (-s) nt sensation f de bien-être
behaglich adj (Atmosphäre) douillet(te) ; (Wärme) agréable
behalten (irr) vt garder ; (Mehrheit, Recht) conserver ; (im Gedächtnis) retenir
Behälter (-s, -) m récipient m
behandeln vt traiter ; (Méd) soigner

Behandlung f traitement m ;
(von Maschine) maniement m

beharrlich adj (ausdauernd)
résolu(e), persévérant(e) ;
(hartnäckig) opiniâtre, tenace

behaupten vt affirmer ; (Recht,
Position) défendre ▶ vr s'affirmer

Behauptung f (Äußerung)
affirmation f

beheimatet adj domicilié(e) ;
**diese Pflanze/dieses Tier ist in
den Alpen ~** cette plante/cet
animal vient des Alpes

beheizen vt chauffer

behelligen vt importuner

beherbergen vt héberger

beherrschen vt (Volk, Land)
gouverner ; (Situation, Markt,
Szene, Landschaft) dominer ;
(Gefühle) refréner ; (Sprache,
Handwerk) posséder ▶ vr se
maîtriser

beherrscht adj (Mensch)
maître(sse) de soi

Beherrschung f
(Selbstbeherrschung) maîtrise f de
soi

behilflich adj: **jdm (bei etw) ~
sein** aider qn (à faire qch)

behindern vt (Bewegung, Verkehr)
entraver ; (Sicht, Arbeit) gêner

Behinderte(r) f(m) handicapé(e)
m/f

Behinderung f
(Körperbehinderung) handicap m

Behörde f autorité f

behüten vt garder, surveiller ; **jdm
vor etw** Dat **~** préserver qn de qch

behutsam adv (berühren)
doucement

bei präp +Dat **1** chez ; **~m Friseur**
chez le coiffeur ; **H. Schmitt, ~
Neumeier** (in Adresse) H.
Schmitt, chez Neumeier ;
~ Collins ar~ten travail er
chez Collins ; **etw ~ sich
haben** avoir qch sur soi ; **jdn ~
sich haben** avoir qn avec soi ;
~m Militär à l'armée ;
~ seinem Talent avec un
talent pareil

2 (Zustand, Tätigkeit
ausdrückend): **~ Nacht/Tag**
de nuit/jour ; **~ Nebel** par
temps de brouillard ; **~ Regen**
sous la pluie ; **~ meiner
Ankunft** quand je suis
arrivé(e) ; **~ der Arbeit** pendant
le travail ; **ich habe ihm ~ der
Arbeit geholfen** je l'ai aidé
dans son travail ; **~ offenem
Fenster schlafen** dormir avec
la fenêtre ouverte ; **er war
gerade ~m Essen/Lesen** il
était en train de manger/lire

bei|behalten (irr) vt conserver

bei|bringen (irr) vt (Beweis,
Gründe) fournir ; (Zeugen)
produire ; **jdm etw ~** (Ordnung,
Manieren) apprendre qch à qn ; (zu
verstehen geben) faire comprendre
qch à qn

Beichte f confession f

beichten vt (Sünden) confesser
▶ vi se confesser

beide pron les deux ; **meine
~n Brüder** mes deux frères ;
alle ~ tous(toutes) les deux ;
alles ~s les deux (choses) ; **wir ~**
nous deux

beiderlei

beiderlei adj: **Menschen ~ Geschlechts** des personnes des deux sexes

beiderseitig adj (Lungenentzündung) double ; **im ~en Einverständnis** d'un commun accord

beiderseits adv: **die Regierungen stimmten ~ zu** les gouvernements ont tous deux donné leur accord ▶ präp +Gen de part et d'autre de

beieinander adv ensemble

Beifahrer(in) m(f) passager(-ère)
• **Beifahrersitz** m place f à côté du conducteur

Beifall m applaudissements mpl ; (Zustimmung) approbation f

bei|fügen vt joindre

Beigeschmack m arrière-goût m

Beihilfe f (für Bedürftige) aide f ; (Studienbeihilfe) bourse f ; (Jur) complicité f

Beil (-(e)s, -e) nt hache f

Beilage f (Zeitungsbeilage etc) supplément m ; (Culin) garniture f

beiläufig adj (Bemerkung) fait(e) en passant ▶ adv en passant

bei|legen vt (hinzufügen) joindre ; (beimessen) accorder ; (enden) régler

Beileid nt condoléances fpl

beiliegend adj ci-joint(e)

beim = **bei dem**

Bein (-(e)s, -e) nt jambe f ; (von Tier) patte f ; (vom Möbelstück) pied m

beinah, beinahe adv presque

beinhalten vt contenir

bei|pflichten vi: **jdm/einer Sache ~** être d'accord avec qn/qch

beisammen adv ensemble
• **Beisammensein** (-s) nt réunion f

Beisein (-s) nt présence f

beiseite adv de côté ; (stehen, gehen) à l'écart

beiseite|legen vt: **etw ~** (sparen) mettre qch de côté

Beisetzung f enterrement m ; (von Urne) inhumation f

Beispiel (-s, -e) nt exemple m ; **zum ~** par exemple
• **beispielhaft** adj exemplaire

beispielsweise adv par exemple

beißen (irr) vt, vi mordre ; (Rauch, Säure) piquer ▶ vr (Farben) jurer

beißend adj piquant(e) ; (Hohn, Spott) mordant(e)

Beißzange f pince f coupante

Beistand (-(e)s, -e) m assistance f ; (Jur) avocat m

bei|steuern vt (Geld, Beitrag) donner

Beitrag (-(e)s, -e) m contribution f ; (Mitgliedsbeitrag) cotisation f

bei|tragen (irr) vt donner ▶ vi: **~ zu** contribuer à

bei|treten (irr) vi adhérer

Beitritt m adhésion f

bei|wohnen vi: **einer Sache** Dat **~** assister à qch

Beize f (Culin) marinade f ; (Holzbeize) teinture f

beizeiten adv à temps

bejahen vt (Frage, Vorschlag) répondre par l'affirmative à ; (gutheißen: Leben) approuver

bekämpfen vt combattre ; (Schädlinge, Unkraut, Seuche, Missstände) lutter contre

bekannt adj connu(e) ; (nicht fremd): **mit jdm ~ sein** connaître qn ; **~ geben** annoncer ; **jdn mit jdm ~ machen** présenter qn à qn

Bekannte(r) *f(m)* connaissance *f*

Bekanntenkreis *m* cercle *m* d'amis

bekannt|geben *vt siehe* **bekannt**

bekanntlich *adv* comme chacun sait

Bekanntschaft *f* connaissance *f*

bekehren *vt* convertir

bekennen *(irr) vt* reconnaître ; *(seinen Glauben)* affirmer ▶ *vr:* **sich zu einem Glauben ~** faire profession d'une *od* professer une croyance ; **sich schuldig ~** s'avouer coupable

Bekennerbrief *m* lettre *f* revendiquant un attentat

Bekenntnis *nt* aveu *m* ; *(Religion)* confession *f*

beklagen *vt* plaindre ; *(Verluste, Toten)* déplorer ▶ *vr* se plaindre

bekleiden *vt* habiller ; *(Amt)* occuper

Bekleidung *f(Kleidung)* habillement *m*

beklommen *adj* angoissé(e)

bekommen *(irr) vt* recevoir ; *(Angst, Hunger)* avoir (de plus en plus) ; *(: Krankheit, Zug)* attraper ; *(Kind, Fieber)* avoir ▶ *vi:* **jdm ~** convenir à qn ; **jdm gut/ schlecht ~** faire du bien/mal à qn ; **Hunger ~** commencer à avoir faim

bekräftigen *vt* confirmer

bekunden *vt (sagen)* exprimer ; *(zeigen)* manifester

belächeln *vt* sourire de

beladen *(irr) vt* charger

Belag *(-(e)s, ̈-e) m* revêtement *m* ; *(Zahnbelag)* tartre *m* ; *(Bremsbelag)* garniture *f*

Belagerung *f* siège *m*

belangen *vt (Jur):* **jdn gerichtlich ~** poursuivre qn en justice

belanglos *adj* insignifiant(e)

belassen *(irr) vt* laisser ; **es dabei ~** en rester là

Belastbarkeit *f (von Brücke, Aufzug)* charge *f* admissible ; *(von Menschen, Nerven)* résistance *f*

belasten *vt* charger ; *(Organ, Körper)* surmener ; *(Umwelt)* polluer ; *(fig: bedrücken)* accabler ; *(Konto)* débiter ▶ *vr (mit Arbeit, Sorgen)* s'accabler de

belastend *adj* pénible ; **~es Material** pièces *fpl* à conviction

belästigen *vt* harceler

Belästigung *f* désagrément *m* ; *(körperlich)* harcèlement *m*

Belastung *f* charge *f* ; *(Gewicht, Sorge)* poids *m* ; *(Écon)* débit *m* ; *(Fin)* charges *fpl*

belaufen *(irr) vr:* **sich auf etw** *Akk* **~** s'élever à qch

belebt *adj* animé(e)

Beleg *(-(e)s, -e) m (Écon)* reçu *m* ; *(Beweis)* attestation *f*

belegen *vt (Boden)* recouvrir ; *(Kuchen, Brot)* garnir ; *(Platz, Zimmer)* occuper ; *(Kurs, Vorlesung)* s'inscrire à ; *(Ausgaben)* justifier ; *(urkundlich beweisen)* prouver

Belegschaft *f* personnel *m*

belegt *adj (besetzt)* occupé(e) ; *(Zunge)* chargé(e) ; **~e Brote** canapés *mpl*

belehren *vt* instruire ; *(informieren)* informer

belehren ▶ b

beleidigen vt vexer, blesser ; (Jur) diffamer

Beleidigung f insulte f ; (Jur) diffamation f

beleuchten vt illuminer ; (mit Licht versehen) éclairer ; (Problem) éclaircir

Beleuchtung f éclairage m ; (von Gebäude) illumination f

Belgien (-s) nt la Belgique

Belgier(in) (-s, -) m(f) Belge mf

belgisch adj belge

belichten vt exposer

Belichtung f (Phot) exposition f

Belichtungsmesser (-s, -) m posemètre m

Belieben nt: **nach ~** (Antwort) comme vous voulez ; (Culin) à volonté

beliebig adj: **ein ~er/eine ~e/ein ~es …** n'importe quel(le) …, un(e) … quelconque

beliebt adj populaire ; **sich bei jdm ~ machen** se faire apprécier de qn • **Beliebtheit** f popularité f

beliefern vt fournir

bellen vi aboyer

belohnen vt récompenser

Belohnung f récompense f

belügen (irr) vt mentir à

belustigen vt amuser

bemängeln vt critiquer

bemerkbar adj sensible ; **sich ~ machen** (Person) se faire remarquer ; (Unruhe, Müdigkeit) se faire sentir

bemerken vt remarquer

bemerkenswert adj remarquable

Bemerkung f remarque f

bemitleiden vt plaindre

bemühen vr (sich Mühe geben) faire des efforts ; (beanspruchen) mettre à contribution ; **sich ~, etw zu tun** s'efforcer de faire qch ; **sich um jdn/etw ~** prendre soin de qn de qch

Bemühung f (Anstrengung) effort m ; (Dienstleistung) services mpl

benachbart adj voisin(e)

benachrichtigen vt informer

benachteiligen vt désavantager

benehmen (irr) vr se comporter
• **Benehmen** (-s) nt comportement m

beneiden vt envier

beneidenswert adj enviable

Beneluxländer pl Benelux m

benennen (irr) vt (Pflanze, Straße) donner un nom à ; (Täter) nommer ; **etw/jdn nach jdm ~** donner à qch/qn le nom de qn

benommen adj hébété(e)

benötigen vt avoir besoin de

benutzen, benützen vt utiliser ; (Bücherei) fréquenter ; (Zug, Taxi) prendre

Benutzer(in) (-s, -) m(f) (von Gegenstand) utilisateur(-trice) ; (von Bücherei etc) usager m

benutzerfreundlich adj (Inform) convivial(e)

Benutzerkonto nt (Inform) compte m utilisateur

Benutzerprofil nt profil m utilisateur

Benutzung f utilisation f

Benzin (-s, -e) nt (Aut) essence f ; (Reinigungsbenzin) benzine f
• **Benzinkanister** m bidon m d'essence • **Benzinuhr** f jauge f

beobachten vt observer ;
(bemerken) remarquer

Beobachter(in) (-s, -) m(f)
observateur(-trice) ; (Presse, TV)
correspondant(e)

Beobachtung f observation f ;
(polizeilich) surveillance f

bequem adj confortable ; (Lösung,
Ausrede, Schüler) facile ;
(Untergebene) docile ; (träge)
paresseux(-euse)

Bequemlichkeit f confort m ;
(Faulheit) paresse f

beraten (irr) vt conseiller ;
(besprechen) débattre

Berater(in) (-s, -) m(f)
conseiller(-ère)

Beratung f (Auskunft, Ratschlag)
conseils mpl ; (ärztlich)
consultation f ; (Besprechung)
délibération f

berauben vt voler

berechenbar adj calculable ;
(Verhalten) prévisible

berechnen vt calculer ;
(anrechnen) facturer
• **berechnend** adj
calculateur(-trice)

Berechnung f calcul m ; (Écon)
facturation f

berechtigen vt donner droit à

berechtigt adj justifié(e),
fondé(e)

Berechtigung f autorisation f ;
(fig) justification f

Bereich (-(e)s, -e) m (Bezirk) région
f ; (Sachgebiet) domaine m

bereichern vt enrichir ▶ vr
s'enrichir

bereinigen vt (Angelegenheit)
régler ; (Missverständnis) dissiper ;
(Verhältnis) normaliser

bereisen vt parcourir

bereit adj prêt(e) ; **zu etw ~ sein**
être prêt(e) à qch

bereiten vt préparer ; (Kummer,
Freude) causer

bereit|halten (irr) vt avoir sous la
main

bereit|machen vt préparer

bereits adv déjà

Bereitschaft f disponibilité f ; **in
~ sein** être prêt(e) ; (Polizei) être
prêt(e) à intervenir ; (Arzt) être de
garde

bereit|stehen (irr) vi être prêt(e)

bereit|stellen vt préparer ;
(Truppen, Maschinen) mettre à
disposition ; (Geld etc) : **etw für
etw ~** affecter qch à qch

bereitwillig adj obligeant(e)

bereuen vt regretter

Berg (-(e)s, -e) m montagne f
• **bergab** adv : **~ gehen/fahren**
descendre • **Bergarbeiter** m
mineur m • **bergauf** adv :
~ gehen/fahren monter
• **Bergbau** m exploitation f
minière

bergen (irr) vt sauver

bergig adj montagneux(-euse)

Bergmann (-(e)s, -leute) m
mineur m

Bergsteigen (-s) nt alpinisme m

Bergsteiger(in) (-s, -) m(f)
alpiniste mf

Bergung f sauvetage m

Bergwacht f secours m en
montagne

Bergwerk nt mine f

Bericht (-(e)s, -e) m rapport m
• **berichten** vt (schriftlich) faire un
rapport sur, rapporter ▶ vi faire un

rapport • **Berichterstatter(in)** m(f) reporter m ; (im Ausland) correspondant m • **Berichterstattung** f rapport m

berichtigen vt corriger

Berlin (-s) nt Berlin

Bernstein m ambre m (jaune)

berüchtigt adj (Gegend, Lokal) mal famé(e) ; (Verbrecher) notoire

berücksichtigen vt (jdn, Bedürfnisse) prendre en considération

Beruf (-(e)s, -e) m profession f, métier m ; **was sind Sie von ~?** que faites-vous dans la vie ?

berufen (irr) vt nommer ▸ vr: **sich auf jdn ~** se réclamer de qn ; **sich auf etw ~** se prévaloir de qch ▸ adj très compétent(e) ; **sich zu etw ~ fühlen** se sentir destiné(e) à qch

beruflich adj professionnel(le) ; **~ unterwegs sein** être en voyage d'affaires

Berufsausbildung f formation f professionnelle

Berufsberatung f orientation f professionnelle

Berufserfahrung f expérience f professionnelle

Berufsleben nt vie f professionnelle ; **im ~ stehen** travailler

Berufsschule f école f professionnelle

Berufssportler m sportif m professionnel

berufstätig adj: **~ sein** exercer une activité professionnelle, travailler

Berufsverkehr m heures fpl de pointe

Berufung f nomination f ; (Jur) appel m, recours m ; **~ einlegen** faire appel

beruhen vi: **auf etw** Dat **~** être fondé(e) sur qch ; **eine Sache auf sich ~ lassen** ne pas poursuivre qch

beruhigen vt calmer ; (Gewissen) soulager ▸ vr se calmer ; **beruhigt sein** être rassuré(e)

Beruhigung f (des Gewissens) soulagement m

Beruhigungsmittel nt calmant m

berühmt adj célèbre

berühren vt toucher

Berührung f contact m

Berührungsbildschirm m écran m tactile

besagen vt signifier

besänftigen vt apaiser

Besatzung f (Mil) armée f d'occupation ; (Naut, Aviat) équipage m

beschädigen vt endommager, abîmer

Beschädigung f endommagement m ; (Stelle) dégât m

beschaffen vt procurer, fournir ; **sich** Dat **etw ~** se procurer qch • **Beschaffenheit** f nature f

Beschaffung f acquisition f

beschäftigen vt occuper ; (beruflich) employer ; (innerlich) préoccuper ▸ vr s'occuper

Beschäftigung f (Beruf, Arbeitsstelle) emploi m ; (Tätigkeit) occupation f

Beschäftigungstherapie f ergothérapie f

Bescheid (-(e)s, -e) m:
 ~ bekommen être informé(e) ;
 (Jur) être notifié(e) ; **~ wissen** être
 au courant ; **jdm ~ geben** od
 sagen renseigner qn

bescheiden (irr) adj modeste
 • **Bescheidenheit** f modestie f

bescheinigen vt attester

Bescheinigung f attestation f ;
 (Quittung) reçu m

bescheißen (irr) (fam !) vt rouler
 (fam)

beschenken vt faire un cadeau à

Bescherung f distribution f des
 cadeaux de Noël ; (fam) tuile f ;
 da haben wir die ~ ! nous voilà
 dans de beaux draps !

beschimpfen vt insulter

beschissen (fam !) adj chiant(e)
 (fam !)

beschlagnahmen vt saisir,
 confisquer

beschleunigen vt accélérer ► vi
 (Aut) accélérer

Beschleunigung f
 accélération f

beschließen (irr) vt décider ;
 (beenden) terminer

Beschluss m décision f

beschneiden (irr) vt (Hecke)
 tailler ; (Flügel) couper ; (Rel)
 circoncire ; (jds Rechte, Freiheit)
 restreindre

beschränken vt limiter ► vr se
 limiter

beschränkt adj limité(e) ;
 (Mensch) borné(e)

beschreiben (irr) vt décrire ;
 (Papier) écrire sur

Beschreibung f description f

beschuldigen vt accuser

Beschuldigung f accusation f

beschützen vt: **~ (vor** +Dat**)**
 protéger (de)

Beschwerde f plainte f ; (pl:
 Leiden) souffrance f

beschweren vt rendre plus
 lourd(e), alourdir ; (fig) peiner ► vr
 se plaindre

beschwerlich adj pénible

beschwichtigen vt apaiser,
 calmer

beschwingt adj gai(e),
 enjoué(e) ; (Schritt) léger(-ère)

beschwipst adj éméché(e)

beschwören (irr) vt (Aussage)
 jurer, affirmer sous serment ;
 (anflehen) implorer, supplier ;
 (Geister) conjurer

beseitigen vt se débarrasser de ;
 (Fehler) supprimer ; (Zweifel) lever

Beseitigung f élimination f

Besen (-s, -) m balai m

besessen adj obsédé(e)

besetzen vt occuper

besetzt adj occupé(e)
 • **Besetztzeichen** nt tonalité f
 occupée

Besetzung f occupation f ;
 (Gesamtheit der Schauspieler)
 distribution f

besichtigen vt visiter

Besichtigung f visite f

besiegen vt vaincre

besinnen (irr) vr (nachdenken)
 réfléchir ; (erinnern): **sich auf etw**
 Akk **~** se rappeler de qch

besinnlich adj paisible

Besinnung f (Bewusstsein)
 connaissance f ; **zur ~ kommen**
 reprendre connaissance ; (fig)
 revenir à la raison

Besitz (-es) m (das Besitzen)
possession f; (Landgut)
propriété f
besitzen (irr) vt posséder
Besitzer(in) (-s, -) m(f)
propriétaire mf
besoffen (fam) adj bourré(e)
Besoldung f (von Beamten)
traitement m; (von Soldaten)
solde f
besondere(r, s) adj
exceptionnel(le); (ausgefallen,
speziell, separat) particulier(-ière);
(Auftrag) spécial(e); **nichts/
etwas B~s** rien/quelque chose de
spécial
Besonderheit f particularité f
besonders adv (hauptsächlich)
principalement, surtout;
(nachdrücklich) expressément;
(sehr) énormément; **nicht ~** pas
particulièrement
besonnen adj (Mensch)
réfléchi(e); (Verhalten, Vorgehen)
sage • **Besonnenheit** f sagesse f
besorgen vt (beschaffen) se
procurer; (erledigen, sich kümmern
um) s'occuper de
Besorgnis f inquiétude f
besorgniserregend adj
inquiétant(e)
besorgt adj inquiet(-ète)
besprechen (irr) vt discuter
Besprechung f (Unterredung)
entretien m, discussion f; (von
Buch) critique f
besser (Komp) adj meilleur(e)
▶ adv mieux; **du hättest ~ ...**
tu aurais mieux fait de ...; **er hält
sich für etwas B~es** il se croit
supérieur; **~ gesagt ...** ou
plutôt ...

bessern vt améliorer ▶ vr
s'améliorer
Besserung f amélioration f;
gute ~! prompt rétablissement!
Besserwisser(in) (-s, -) m(f)
bêcheur(-euse)
Bestand (-(e)s, ̈e) m (Fortbestehen)
persistance f, continuité f;
(Kassenbestand) encaisse f;
(Vorrat) stock m; **~ haben** od **von
~ sein** durer, persister
beständig adj constant(e);
(Wetter) stable; (Stoffe)
résistant(e)
Bestandsaufnahme f
inventaire m
Bestandteil m (Einzelteil) partie f,
élément m
bestärken vt: **jdn in etw** Dat **~**
confirmer qn dans qch
bestätigen vt confirmer;
(Empfang) accuser réception de;
(anerkennen) reconnaître ▶ vr se
confirmer
Bestätigung f confirmation f
Bestattung f inhumation f
bestaunen vt admirer
beste(r, s) (Superl) adj meilleur(e)
▶ adv: **am ~n** le mieux; **sie singt
am ~n** c'est elle qui chante le
mieux; **am ~n gehst du gleich** il
vaut mieux que tu partes tout de
suite
bestechen (irr) vt (Zeugen)
suborner; (Beamte) corrompre
bestechlich adj corruptible,
vénal(e) • **Bestechlichkeit** f
corruption f
Bestechung f corruption f,
subornation f
Besteck (-(e)s, -e) nt couverts mpl

bestehen (*irr*) *vi* (*existieren*) exister ; (*andauern*) durer ▸ *vt* (*Probe, Prüfung*) réussir ; (*Kampf*) soutenir ; **aus etw ~** se composer de qch ; **auf etw** *Dat* **~** insister sur qch

bestehlen (*irr*) *vt* voler

besteigen (*irr*) *vt* (*Berg*) escalader ; (*Fahrzeug*) monter dans ; (*Pferd*) monter ; (*Thron*) accéder à

bestellen *vt* (*Waren*) commander ; (*reservieren lassen*) réserver ; (*jdn*) faire venir ; (*ausrichten*) transmettre

Bestellung *f* commande *f*

bestenfalls *adv* dans le meilleur des cas

bestens *adv* parfaitement (bien)

besteuern *vt* imposer

Bestie *f* bête *f* féroce ; (*fig*) brute *f*

bestimmen *vt* (*entscheiden, anordnen*) décréter, ordonner ; (*festsetzen*) fixer, déterminer ; (*vorsehen*) destiner ; (*ernennen*) désigner ; (*definieren*) déterminer

bestimmt *adj* (*feststehend, gewiss*) certain(e) ; (*entschlossen*) décidé(e) ; (*Artikel*) défini(e) ▸ *adv* sûrement, certainement

Bestimmung *f* (*Verordnung*) décret *m*, ordonnance *f* ; (*Festsetzen*) fixation *f* ; (*Schicksal*) destin *m* ; (*Definition*) définition *f*

Bestleistung *f* record *m*

bestmöglich *adj* le (la) meilleur(e) possible

bestrafen *vt* punir

Bestrafung *f* punition *f*

bestrahlen *vt* (*subj*) éclairer ; (*Méd*) traiter par radiothérapie

Bestrahlung *f* (*Méd*) séance *f* de radiothérapie

Bestreben (*-s*) *nt* effort *m*

bestreiken *vt* faire grève dans ; **die Fabrik wird zur Zeit bestreikt** l'usine est en grève

bestreiten (*irr*) *vt* (*abstreiten*) nier, contester ; (*finanzieren*) financer

Bestseller (*-s, -*) *m* best-seller *m*

bestürzen *vt* bouleverser, consterner

Besuch (*-(e)s, -e*) *m* visite *f* ; **einen ~ bei jdm machen** rendre visite à qn ; **bei jdm auf** od **zu ~ sein** être en visite chez qn

besuchen *vt* (*jdn*) rendre visite à ; (*Ort, Museum, Patienten, Kunden*) visiter ; (*Vorstellung, Gottesdienst*) assister à ; (*Schule, Universität*) aller à ; (*Kurs*) suivre

Besucher(in) (*-s, -*) *m(f)* visiteur(-euse)

betätigen *vt* actionner ▸ *vr* exercer une activité ; **sich politisch/künstlerisch ~** exercer une activité politique/artistique

Betätigung *f* activité *f* ; (*Tech*) actionnement *m*

betäuben *vt* (*Nerv*) endormir ; (*durch Narkose*) anesthésier ; (*durch Schlag*) assommer ; (*durch Geruch*) griser, enivrer

Betäubungsmittel *nt* anesthésique *m*

Bete *f* : **Rote ~** betterave *f* rouge

beteiligen *vr* : **sich ~ an** +*Dat* participer à, prendre part à ▸ *vt* : **jdn ~ an** +*Dat* faire participer qn à

Beteiligung *f* participation *f*

beten *vt, vi* prier

beteuern *vt* déclarer ; (*Unschuld*) protester de

Beton (-s, -s) m béton m

betonen vt accentuer ; (bekräftigen) insister sur ; (farblich) faire ressortir

Betonung f accentuation f

Betracht m: **(nicht) in ~ kommen** (ne pas) entrer en ligne de compte

betrachten vt contempler ; **jdn als etw ~** considérer qn comme qch

Betrachter(in) (-s, -) m(f) observateur(-trice)

beträchtlich adj considérable

Betrag (-(e)s, ⸚e) m montant m
• **betragen** (irr) vi (ausmachen) s'élever à ▸ vr se comporter

Betragen (-s) nt conduite f

betreffen (irr) vt concerner

betreffend adj (erwähnt) mentionné(e) ; (zuständig) compétent(e)

betreffs präp +Gen concernant

betreiben (irr) vt (Gewerbe) exercer ; (Handel, Studien, Politik) faire

Betreiber(in) m(f) (Firma) société f d'exploitation ; (von Spielhalle, Hotel) tenancier(-ière)

betreten (irr) vt (Haus, Baustelle) entrer dans ; (Rasen, Gelände) marcher sur ▸ adj embarrassé(e), gêné(e)

betreuen vt s'occuper de ; (Reisegruppe) accompagner

Betrieb (-(e)s, -e) m (Unternehmen) entreprise f ; (von Maschine) fonctionnement m ; (Treiben, Trubel) animation f ; **außer ~ sein** être hors service ; **in ~ sein/ nehmen** être/mettre en service

Betriebskosten pl charges fpl (d'exploitation)

Betriebsrat m comité m d'entreprise

Betriebssystem nt (Inform) système m d'exploitation

Betriebswirtschaft f gestion f d'entreprise

betrinken (irr) vr s'enivrer

betroffen adj (bestürzt) bouleversé(e)

betrübt adj affligé(e)

Betrug (-(e)s) m tromperie f ; (Jur) fraude f

betrügen (irr) vt tromper ▸ vr se faire des illusions

Betrüger(in) (-s, -) m(f) escroc m

betrügerisch adj frauduleux(-euse)

betrunken adj ivre

Bett (-(e)s, -en) nt lit m ; **ins** od **zu ~ gehen** aller se coucher
• **Bettbezug** m housse f d'édredon
• **Bettdecke** f couverture f ; (Daunenbett) couette f ; (Überwurf) couvre-lit m

betteln vi mendier

Bettlaken nt drap m

Bettler(in) (-s, -) m(f) mendiant(e)

Bettnässer (-s, -) m enfant m incontinent od énurétique

Bettwäsche f draps mpl

Bettzeug nt literie f (sans matelas)

beugen vt (Körperteil) plier ▸ vr (sich lehnen) se pencher

Beule f bosse f

beunruhigen vt inquiéter ▸ vr s'inquiéter

Beunruhigung f inquiétude f

beurteilen vt juger

Beurteilung f jugement m

Beute (-) f butin m ; (fig: Opfer) victime f

Beutel (-s, -) m (Tasche) sac m ; (Waschbeutel, Kosmetikbeutel) trousse f ; (Geldbeutel) porte-monnaie m inv

Bevölkerung f population f

Bevollmächtigte(r) f(m) mandataire mf

bevor konj avant de +inf, avant que +sub • **bevormunden** vt maintenir en tutelle • **bevor|stehen** (irr) vi être imminent(e)

bevorzugen vt préférer

bewachen vt surveiller ; (Schatz) garder

Bewachung f (das Bewachen) surveillance f ; (Leute) garde f

bewaffnet adj armé(e) ; (Überfall) à main armée

Bewaffnung f armement m

bewahren vt garder ; **jdn vor etw ~** préserver qn de qch

bewähren vr (Mensch) faire ses preuves ; (Regelung) se révéler efficace

bewährt adj éprouvé(e)

Bewährung f (Jur) sursis m

bewältigen vt surmonter ; (Arbeit, Aufgabe) venir à bout de

bewässern vt irriguer

bewegen[1] vt bouger, remuer ; (jdn: rühren) émouvoir, toucher ; (: beschäftigen) préoccuper ► vr bouger

bewegen[2] (irr) vt: **jdn zu etw ~** décider qn à faire qch

beweglich adj mobile ; (flink) agile ; (geistig wendig) vif(vive)

bewegt adj (unruhig: Leben, Vergangenheit) agité(e), mouvementé(e) ; (ergriffen) ému(e)

Bewegung f mouvement m ; (körperliche Betätigung) exercice m

Bewegungsfreiheit f liberté f de mouvement

Beweis (-es, -e) m preuve f ; (Math) démonstration f

beweisen (irr) vt prouver ; (Mut, Geschmack, Charakter) faire preuve de

Beweismittel nt (Jur) preuve f

bewenden vi: **es bei etw ~ lassen** se contenter de qch

bewerben (irr) vr poser sa candidature

Bewerber(in) (-s, -) m(f) candidat(e)

Bewerbung f candidature f

Bewerbungsunterlagen pl dossier m de candidature

bewerten vt évaluer ; (Note geben) noter

bewilligen vt accorder

bewirken vt provoquer

bewirten vt régaler

bewirtschaften vt (Hotel) gérer ; (Landwirtschaft) exploiter

Bewirtung f accueil m

bewohnen vt habiter

Bewohner(in) m(f) habitant(e)

bewölkt adj nuageux(-euse)

Bewölkung f nuages mpl

Bewunderer(in) (-s, -) m(f) admirateur(-trice)

bewundern vt admirer

Bewunderung f admiration f

bewusst adj (absichtlich) intentionnel(le) ; (geistig wach) conscient(e) ; (bereits erwähnt) nommé(e) ; **sich** Dat **einer Sache** Gen • **sein/werden** être conscient(e)/prendre conscience de qch • **bewusstlos** adj sans connaissance ; **~ werden** perdre connaissance • **Bewusstlosigkeit** f perte f de connaissance • **Bewusstsein** (-s) nt conscience f ; (Méd) connaissance f

bezahlen vt payer ; **etw macht sich bezahlt** qch en vaut la peine ; **bitte ~!** l'addition, s'il vous plaît !

Bezahlfernsehen nt télévision f à péage

Bezahlung f paiement m

bezeichnen vt (kennzeichnen) marquer ; (beschreiben) décrire ; (nennen, bedeuten) désigner

bezeichnend adj caractéristique

Bezeichnung f (kein pl: Markierung, Kennzeichnung) marquage m ; (Benennung) désignation f

beziehen (irr) vt (Möbel) recouvrir ; (Zeitung) être abonné(e) à ; (Gehalt) percevoir ▶ vr (Himmel) se couvrir ; (betreffen) : **sich auf jdn/etw ~** concerner qn/qch

Beziehung f (Verbindung) relation f ; (Zusammenhang) rapport m ; (Verhältnis) lien m ; (Hinsicht) sens m ; **~en zu jdm haben** avoir de bonnes relations avec qn

beziehungsweise konj (genauer gesagt) ou plutôt ; (im anderen Fall) ou

Bezirk (-(e)s, -e) m (Stadtbezirk) quartier m ; (Polizeibezirk) district m

Bezug m (Überzug) garniture f ; (Beziehung) rapport m ; **Bezüge** pl (Gehalt) appointements mpl ; **in ~ auf** +Akk en ce qui concerne

bezüglich präp +Gen concernant ▶ adj concernant

bezwecken vt vouloir pour but ; **was bezweckst du damit?** à quoi veux-tu en venir ?

bezweifeln vt douter de

BH (-s, -(s)) m abk (= Büstenhalter) soutien-gorge m

Bhf. abk = **Bahnhof**

Bibel (-, -n) f Bible f

Biber (-s, -) m castor m

Bibliothek (-, -en) f bibliothèque f

bieder adj (rechtschaffen) honnête ; (péj) niais(e)

biegen (irr) vt plier ; (Ast) courber ▶ vr (Ast, Blech) plier ; (Mensch, Körper) ployer ▶ vi (Auto, Straße) tourner

biegsam adj flexible ; (Körper) souple

Biene f abeille f

Bier (-(e)s, -e) nt bière f • **Bierkrug** m chope f

Biest (-s, -er) (fam) nt (Tier) (sale) bête f ; (Mensch) brute f

bieten (irr) vt présenter ; (Hand) donner ; (Film, Schauspiel, Anblick) présenter ▶ vr se présenter ▶ vi (bei Versteigerung) faire une enchère ; **sich** Dat **etw ~ lassen** accepter qch

Bikini (-s, -s) m bikini m

Bilanz f bilan m

Bild (-(e)s, -er) nt (Gemälde) tableau m ; (Foto) photo f ; (Zeichnung) dessin m ; (Fernsehbild, Metapher) image f ; (Anblick) vue f

bilden *vt* former ; (*Regierung, Verein: sein, ausmachen*) constituer ▶ *vr* (*entstehen*) se former, se développer ; (*geistig*) s'instruire

Bilderbuch *nt* livre *m* d'images

Bildfläche *f* (*fig*): **auf der ~ erscheinen** apparaître ; **von der ~ verschwinden** disparaître

Bildhauer(in) (*-s, -*) *m(f)* sculpteur *m*

bildhübsch *adj* ravissant(e)

bildlich *adj* (*Ausdrucksweise*) figuré(e) ; (*Vorstellung*) concret(-ète) ; (*Schilderung*) vivant(e) ; **sich** *Dat* **etw ~ vorstellen** se représenter qch (concrètement)

Bildschirm *m* écran *m*

Bildschirmschoner *m* (*Inform*) économiseur *m* d'écran

Bildschirmtext *m* ≈ Minitel® *m*

bildschön *adj* très beau(belle)

Bildung *f* (*Wissen, Benehmen*) éducation *f* ; (*von Wörtern, Sätzen, Schaum, Wolken etc*) formation *f*

Bildungslücke *f* lacune *f* (*dans les connaissances*)

Bildungspolitik *f* politique *f* de l'éducation

Bildungsurlaub *m* congé-formation *m*

Bildungsweg *m*: **auf dem zweiten ~** en cours du soir

Bildungswesen *nt* enseignement *m*

Bildverarbeitung *f* (*Inform*) traitement *m* d'images

billig *adj* bon marché *inv* ; (*schlecht*) mauvais(e) ; (*fig*) piètre

billigen *vt* approuver

Billigung *f* approbation *f*

Billion *f* billion *m*

binär *adj* binaire

Binde *f* (*Méd*) bandage *m* ; (*Damenbinde*) serviette *f* (périodique) • **Bindegewebe** *nt* tissu *m* conjonctif • **Bindeglied** *nt* lien *m*

binden (*irr*) *vt* attacher ; (*Buch*) relier ▶ *vr* s'engager ; **sich an jdn ~** s'engager vis-à-vis de qn

Bindestrich *m* trait *m* d'union

Bindfaden *m* ficelle *f*

Bindung *f* (*menschliche Beziehung*) relation *f* ; (*Verbundenheit*) lien *m* ; (*Skibindung*) fixation *f*

Binnenmarkt *m*: **der Europäische ~** le marché unique européen

Binse *f* jonc *m* ; **in die ~n gehen** (*fam*) s'en aller à vau-l'eau

Binsenweisheit *f* vérité *f* de La Palice, lapalissade *f*

Biochemie *f* biochimie *f*

Biodiesel *m* diesel *m* bio ogique

biodynamisch *adj* biologique

Biogas *nt* biogaz *m*

Biografie *f* biographie *f*

Biokraftstoff *m* biocarburant *m*

Biologe *m* biologiste *m*

Biologie *f* biologie *f*

Biologin *f* biologiste *f*

biologisch *adj* biologique

biometrisch *adj* biométrique

Biotechnik *f* biotechnologie *f*

Biotechnologie *f* biotechnologie *f*

Biotonne *f* container *m* ad conteneur *m* à compost

Biotop *m* od *nt* biotope *m*

bipolar *adj* bipolaire

Birke f bouleau m

Birne f poire f ; (Élec) ampoule f (électrique)

bis präp +Akk jusqu'à ▶ konj: **von ... ~ ...** de ... à ; **~ bald/gleich** à bientôt/tout à l'heure ; **~ auf** +Akk (außer) sauf

Bischof (-s, ⸚e) m évêque m

bisexuell adj bisexuel(le)

bisher adv jusqu'à présent

Biskaya f: **der Golf von ~** le golfe de Gascogne

Biskuit (-(e)s, -s od -e) m od nt ≈ biscuit m de Savoie

bislang adv jusqu'à présent

biss etc vb siehe **beißen**

Biss (-es, -e) m morsure f

bisschen; **ein ~** adj un peu de adv un peu ; **kein ~** (fam) pas du tout ; **ein klein(es) ~** un petit peu

Bissen (-s, -) m bouchée f

bissig adj (Bemerkung) acerbe, caustique ; „**Vorsicht, ~er Hund**" « attention, chien méchant »

Bistum nt évêché m

Bit (-(s), -(s)) nt (Inform) bit m

bitte interj s'il vous/te plaît ; **vielen Dank! — ~ sehr!** merci beaucoup ! — je vous en/t'en prie ! ; **wie ~?** comment ? • **Bitte** f prière f, demande f

bitten (irr) vt demander

bitter adj amer(-ère) ; (Erfahrung, Wahrheit) cruel(le) ; (Not, Unrecht) extrême • **bitterböse** adj (Mensch) fâché(e) ; (Blick) mauvais(e) • **Bitterkeit** f amertume f

Bizeps (-(e)s, -e) m biceps m

Blähungen pl (Méd) flatulence f

Blamage f honte f

blamieren vr se ridiculiser ▶ vt couvrir de honte

blank adj (glänzend) brillant(e) ; (unbedeckt) nu(e) ; (abgewetzt) lustré(e) ; (sauber) propre ; (offensichtlich) pur(e) ; **~ sein** (fam: ohne Geld) être fauché(e)

Blankoscheck m chèque m en blanc

Bläschen nt (Méd) petite ampoule f, vésicule f

Blase f bulle f ; (Anat: Harnblase) vessie f ; (Méd) ampoule f

blasen (irr) vt souffler

blasiert (péj) adj hautain(e)

Blasinstrument nt instrument m à vent

Blaskapelle f orchestre m de cuivres

Blasphemie f blasphème m

blass adj pâle

Blatt (-(e)s, ⸚er) nt feuille f ; (Seite) page f ; (von Säge, Axt) lame f

blättern vi (Farbe, Verputz) s'écailler ; **in etw** Dat **~** feuilleter qch

Blätterteig m pâte f feuilletée

blau adj bleu(e) ; (Auge) au beurre noir ; (fam: betrunken) noir(e) ; (Culin) au bleu ; **~er Fleck** bleu m

Blaulicht nt gyrophare m

Blech (-(e)s, -e) nt tôle f ; (Backblech) plaque f

blechen (fam) vt cracher ▶ vi casquer

Blechschaden m (Aut) dégât m matériel mineur

Blei (-(e)s, -e) nt plomb m ▶ m (Bleistift) crayon m

Bleibe f gîte m, endroit où loger

bleiben (irr) vi rester ; **bei etw ~** persister dans qch ; (umkommen) mourir • **bleiben lassen** (irr) vt : **etw ~** ne pas faire qch

bleich adj très pâle, blême • **bleichen** vt (Wäsche) blanchir ; (Haare) décolorer

bleifrei adj (Benzin) sans plomb

bleihaltig adj plombifère

Bleistift m crayon m

Bleistiftspitzer m taille-crayon m

Blende f (Phot) diaphragme m

blenden vi éblouir ▶ vt aveugler, éblouir

blendend (fam) adj formidable ; **~ aussehen** avoir très bonne mine

Blick (-(e)s, -e) m regard m ; (Aussicht) vue f ; **einen ~ auf etw werfen** jeter un coup d'œil à qch

blicken vi regarder ; **sich ~ lassen** se montrer

Blickfeld nt champ m visuel

blieb etc vb siehe **bleiben**

blies etc vb siehe **blasen**

blind adj aveugle ; **~er Passagier** passager m clandestin

Blinddarm m appendice m • **Blinddarmentzündung** f appendicite f

Blindenschrift f braille m

Blindheit f cécité f

blindlings adv aveuglément

Blindschleiche f orvet m

blind|schreiben (irr) vi taper au toucher

blinken vi scintiller ; (Leuchtturm) clignoter ; (Aut) mettre son clignotant

Blinker (-s, -) m (Aut) clignotant m

blinzeln vi cligner des yeux

Blitz (-es, -e) m éclair m • **Blitzableiter** (-s, -) m paratonnerre m • **blitzen** vi (Metall) briller, étinceler ; (Augen) flamboyer ; **es blitzt** il y a des éclairs • **Blitzlicht** nt (Phot) flash m • **blitzschnell** adj rapide comme l'éclair

Block (-(e)s, -e) m bloc m ; (Häuser) pâté m

Blockade f blocus m

Blockflöte f flûte f à bec

blockieren vt bloquer ; (Verhandlungen) entraver ▶ vi (Räder) se bloquer

Blockschrift f majuscules fpl d'imprimerie

blöd, blöde adj idiot(e)

Blödsinn m idiotie f

Blog (-s, -s) m blog m

bloggen vi bloguer

Blogging nt blogging m

blond adj blond(e)

bloß adj nu(e) ; (alleinig, nur) simple ▶ adv uniquement

bloß|stellen vt couvrir de honte

blühen vi fleurir ; (fig) prospérer ; (fam : bevorstehen) attendre

blühend adj (Pflanze) en fleurs ; (Aussehen) radieux(-euse) ; (Handel) florissant(e)

Blume f fleur f ; (von Wein) bouquet m

Blumenkohl m chou-fleur m

Blumentopf m pot m de fleurs

Bluse f chemisier m

Blut (-(e)s) nt sang m • **Blutdruck** m tension f (artérielle)

Blüte f fleur f ; (fig : Blütezeit) apogée m

Blutegel m sangsue f

bluten vi saigner

Bluter (-s, -) m (Méd) hémophile mf

Bluterguss m hématome m

Blutgruppe f groupe m sanguin

blutig adj sanglant(e)

blutjung adj tout jeune

Blutkonserve f sang provenant des donneurs, conservé en sachet ou flacon

Blutprobe f prise f de sang

Blutung f saignement m

Blutwurst f boudin m

BLZ abk = **Bankleitzahl**

Bö (-, -en) f rafale f

Bob (-s, -s) m bob(sleigh) m

Bock (-(e)s, ᵉe) m (Rehbock) cerf m ; (Ziegenbock) bouc m ; (Gestell) tréteau m ; **total/keinen ~ auf Arbeit haben** (fam) avoir très envie/ne pas avoir envie de bosser

Boden (-s, ᵉ) m terrain m ; (Fußboden) sol m, plancher m ; (unterste Fläche) fond m ; (Dachboden, Speicher) grenier m
• **Bodenschätze** pl ressources fpl naturelles

Bodensee m: **der ~** le lac de Constance

Bodybuilding nt body-building m

bog etc vb siehe **biegen**

Bogen (-s, -) m (Biegung) courbe f ; (Archit, Math, Mil) arc m ; (Papier) feuille f

Bohne f haricot m ; (Kaffeebohne) grain m (de café)

bohren vt (Loch) percer ; (mit Bohrer, Maschine) forer ;

(hineinbohren): **~ in** +Akk enfoncer dans ▸ vi forer ; (Zahnarzt) passer la roulette

Bohrer (-s, -) m perceuse f ; (von Zahnarzt) fraise f

Bohrinsel f plate-forme f de forage

Bohrmaschine f perceuse f

Bohrturm m derrick m

Boiler (-s, -) m chauffe-eau m inv

Boje f balise f

Bolivien nt la Bolivie

Bolzen (-s, -) m boulon m

bombardieren vt bombarder

Bombe f bombe f

Bombenanschlag m attentat m à la bombe

Bombenerfolg (fam) m succès m fou

Bonbon (-s, -s) m od nt bonbon m

Bonus (-, -se) m (Écon) bonification f ; (von Versicherung) bonus m

Boot (-(e)s, -e) m bateau m ; **in einem** od **im gleichen ~ sitzen** être logé(e) à la même enseigne

booten vt, vi (Inform) booter

Bord (-(e)s, -e) m (Naut): **an ~** à bord ▸ nt (Brett) étagère f

Bordell (-s, -e) nt bordel m

Bordfunk m, **Bordfunkanlage** f radio f de bord

Bordkarte f carte f d'embarquement

borgen vt: **jdm etw ~** prêter qch à qn ; **sich** Dat **etw ~** emprunter qch

Börse f (Fin) Bourse f ; (Geldbörse) porte-monnaie m inv

Börsengang m (Fin) introduction f en Bourse

Börsenkurs *m* cours *m* de la Bourse

Borste *f* soie *f* (*de porc ou de sanglier*)

Borte *f* bordure *f*

bösartig *adj* méchant(e) ; (*Geschwulst*) malin(-igne)

Böschung *f* (*Straßenböschung, Bahndamm*) talus *m* ; (*Uferböschung*) berge *f*

Bosheit *f* méchanceté *f*

Bosnien *nt* la Bosnie

bosnisch *adj* bosnien(ne)

böswillig *adj* malveillant(e)

bot *etc vb siehe* **bieten**

botanisch *adj* botanique

Bote (*-n, -n*) *m* messager *m* ; (*Laufbursche*) garçon *m* de courses

Botschaft *f* message *m* ; (*Pol*) ambassade *f* • **Botschafter(in)** (*-s, -*) *m(f)* ambassadeur(-drice)

Bottich (*-(e)s, -e*) *m* cuve *f*, baquet *m*

boxen *vi* boxer

Boxer (*-s, -*) *m* boxeur *m*

Boxkampf *m* match *m* de boxe

Boykott (*-(e)s, -s*) *m* boycott(age) *m*

boykottieren *vt* boycotter

brach *etc vb siehe* **brechen**

brachte *etc vb siehe* **bringen**

Branche *f* (*Geschäftszweig*) succursale *f*

Branchenverzeichnis *nt* ≈ pages *fpl* jaunes

Brand (*-(e)s, ⸚e*) *m* incendie *m*

Brandenburg *nt* le Brandebourg

Brandstifter *m* incendiaire *mf*, pyromane *mf*

Brandstiftung *f* incendie *m* criminel

Brandung *f* ressac *m*

Brandwunde *f* brûlure *f*

brannte *etc vb siehe* **brennen**

Branntwein *m* eau-de-vie *f*, spiritueux *m*

Brasilien *nt* le Brésil

braten (*irr*) *vt* rôtir ; (*in Pfanne*) (faire) frire

Braten (*-s, -*) *m* rôti *m*

Bratkartoffeln *pl* pommes *fpl* de terre sautées

Bratpfanne *f* poêle *f* (à ⸚frire)

Bratrost *m* gril *m*

Bratwurst *f* (*zum Braten*) saucisse *f* (à griller) ; (*gebraten*) saucisse grillée

Brauch (*-(e)s, Bräuche*) *m* coutume *f*

brauchbar *adj* utilisable ; (*Vorschlag*) utile ; (*Mensch*) capable

brauchen *vt* avoir besoin de ; (*benutzen*) utiliser ; (*verbrauchen*) consommer

Braue *f* sourcil *m*

Brauerei *f* brasserie *f*

braun *adj* brun(e), marron *inv* ; (*von Sonne*) bronzé(e)

bräunen *vt* (*Culin*) faire revenir, faire rissoler ; (*Sonne*) hâler, bronzer

Brause *f* (*Dusche*) douche *f* ; (*Getränk*) limonade *f*

brausen *vi* (*Wind, Wellen*) rugir ; (*schnell fahren*) foncer

Braut (*-, Bräute*) *f* mariée *f* ; (*Verlobte*) fiancée *f*

Bräutigam (*-s, -e*) *m* marié *m*

brav *adj* (*artig*) sage

bravo *interj* bravo

BRD f abk (= Bundesrepublik Deutschland) RFA f

Bundesrepublik Deutschland est le nom officiel de la République fédérale d'Allemagne. La fédération comprend 16 Länder (voir Land). Jusqu'à la réunification, il y avait 11 Länder dans la fédération (10 en Allemagne de l'Ouest plus Berlin-Ouest), auxquels sont venus s'ajouter le 3 octobre 1990 les 5 nouveaux Länder de l'ex-RDA.

Brecheisen nt levier m

brechen (irr) vt (zerbrechen) casser ; (Widerstand, Trotz) vaincre ; (Schweigen, Vertrag, Versprechen) rompre ; (Rekord) battre ▶ vi (zerbrechen: Rohr etc) crever ; (speien) vomir ▶ vr (Brandung) se briser ; **sich den Arm/das Bein ~** se casser le bras/ la jambe

Brecher (-s, -) m brisant m

Brechreiz m nausée f

Brei (-(e)s, -e) m pâte f ; (für Kinder, Kranke) bouillie f

breit adj large • **Breitband** nt (Inform) haut-débit m

Breite f largeur f ; (Géo) latitude f

Breitengrad m latitude f

Bremen nt Brême

Bremsbelag m garniture f de frein

Bremse f frein m ; (Zool) taon m

bremsen vi freiner ▶ vt freiner ; (jdn) arrêter

Bremslicht nt feu m (de) stop

Bremspedal nt pédale f de frein

Bremsspur f trace f de dérapage

Bremsweg m distance f de freinage

brennen (irr) vi brûler ▶ vt brûler ; (Branntwein) distiller ; (Kaffee) torréfier ; **es brennt!** au feu !

Brennnessel f ortie f

Brennpunkt m foyer m ; (Mittelpunkt) centre m

Brennspiritus m alcool m à brûler

Brennstab m (barre f de) combustible m nucléaire

Brennstoff m combustible m

brenzlig adj (Geruch) de brûlé ; (Situation) qui sent le roussi

Brett (-(e)s, -er) nt planche f ; (Bücherbrett) étagère f ; (Spielbrett) plateau m ; **Schwarze(s) ~** tableau m d'affichage

Brief (-(e)s, -e) m lettre f
• **Briefkasten** m boîte f aux lettres
• **brieflich** adv par écrit
• **Briefmarke** f timbre m
• **Brieftasche** f portefeuille m
• **Briefträger(in)** m(f) facteur m
• **Briefumschlag** m enveloppe f
• **Briefwechsel** m correspondance f

briet etc vb siehe **braten**

brillant adj (ausgezeichnet) excellent(e)

Brille f lunettes fpl

bringen (irr) vt apporter ; (mitnehmen) emporter ; (begleiten) emmener ; (veröffentlichen) sortir ; (Theat, Ciné) donner ; (Radio, TV) passer ; (fam: tun können, schaffen) arriver à (faire) ; **jdn dazu ~, etw zu tun** convaincre qn de faire qch ; **jdn um etw ~** faire perdre qch à qn ; **es zu etwas ~** réussir

Brise f brise f

Brite m, **Britin** f Britannique mf

britisch adj britannique ; **die B~en Inseln** les îles fpl Britanniques

Brocken (-s, -) m (Stückchen) morceau m ; (Bissen) bouchée f ; (Felsbrocken) fragment m

Brokkoli pl brocoli m

Brombeere f mûre f

Bronchien pl bronches fpl

Bronchitis f bronchite f

Bronze f bronze m
• **Bronzemedaille** f médaille f de bronze

Brosche f broche f

Broschüre f brochure f

Brot (-(e)s, -e) nt pain m ; (belegtes Brot) tartine f

Brötchen nt petit pain m

browsen vi (Inform) surfer od naviguer sur le Net

Browser m (Inform) navigateur m

Bruch (-(e)s, ⸚e) m cassure f ; (Vertragsbruch: zwischen Menschen, Ländern) rupture f ; (Méd: Eingeweidebruch) hernie f ; (: Beinbruch etc) fracture f ; (Math) fraction f

brüchig adj (Material) cassant(e), fragile ; (Stein) friable

Bruchteil m fraction f

Brücke f pont m ; (Zahnbrücke) bridge m

Bruder (-s, ⸚) m frère m

brüderlich adj fraternel(le)

Brüderschaft f fraternité f

Brühe f bouillon m ; (péj: Getränk) lavasse f ; (: Wasser) eau f sale

brüllen vi (Mensch) hurler ; (Ochse) mugir ; (Löwe) rugir

brummen vi grogner ; (Insekt) bourdonner ; (Motor) vrombir, ronfler

brünett adj brun(e)

Brunnen (-s, -) m fontaine f ; (tief) puits m ; (natürlich) source f

Brust (-, ⸚e) f poitrine f ; (weibliche Brust) sein m

brüsten vr se vanter

Brustschwimmen nt brasse f

Brüstung f balustrade f

brutal adj brutal(e)

brüten vi (Vogel) couver ; **über etw Dat ~** (fig) ruminer qch ; **~de Hitze** chaleur f accablante

Brüter (-s, -) m: **Schneller ~** surgénérateur m

brutto adv brut
• **Bruttosozialprodukt** nt produit m national brut, P.N.B. m

Btx abk = **Bildschirmtext**

Buch (-(e)s, ⸚er) nt livre m

Buche f hêtre m

buchen vt réserver, retenir ; (Betrag) inscrire

Bücherbrett nt étagère f (de bibliothèque)

Bücherei f bibliothèque f

Buchfink m pinson m

Buchführung f comptabilité f

Buchhalter(in) (-s, -) m(f) comptable mf

Buchhandel m marché m du livre ; **im ~ erhältlich** (disponible) en librairie

Buchhändler(in) m(f) libraire mf

Buchhandlung f librairie f

Büchse f boîte f (de conserve) ; (Gewehr) fusil m

Büchsenfleisch nt viande f en conserve

Büchsenöffner m ouvre-boîtes m

Buchstabe (-ns, -n) m lettre f (de l'alphabet)

buchstabieren vt épeler

buchstäblich adv (geradezu, regelrecht) littéralement

Bucht (-, -en) f baie f ; (Parkbucht) place f de stationnement

Buchung f (Reservierung) réservation f ; (Écon) écriture f

Buckel (-s, -) m (fam: Rücken) dos m

bücken vr se baisser

Bückling m (Culin) hareng m saur ; (Verbeugung) courbette f

Buddhismus m bouddhisme m

Bude f baraque f

Budget (-s, -s) nt budget m

Büfett (-s, -s) nt (Anrichte) buffet m

Büffel (-s, -) m buffle m

Bug (-(e)s, -e) m (Naut) proue f

Bügel (-s, -) m (Kleiderbügel) cintre m ; (Steigbügel) étrier m ; (Brillenbügel) branche f ; (Griff) poignée f • **Bügelbrett** nt planche f à repasser • **Bügeleisen** nt fer m à repasser • **Bügelfalte** f pli m (de pantalon)

bügeln vt, vi repasser

Bühne f (Podium) estrade f ; (Theat) scène f

Bühnenbild nt décor m

Bulgarien nt la Bulgarie

bulgarisch adj bulgare

Bulldogge f bouledogue m

Bulldozer (-s, -) m bulldozer m

Bulle (-n, -n) m taureau m

Bummel (-s, -) m balade f ; (Schaufensterbummel) lèche-vitrines m inv

bummeln vi (gehen) se balader, flâner ; (trödeln) lambiner ; (faulenzen) se la couler douce

Bummelstreik m grève f du zèle

Bummelzug m tortillard m

bumsen vi (schlagen, stoßen) cogner ; (fam ! : koitieren) baiser (fam !)

Bund[1] (-(e)s, ⸚e) nt (Vereinigung) alliance f ; (Pol) fédération f ; (Hosenbund, Rockbund) ceinture f

Bund[2] (-(e)s, -e) nt (Strohbund, Spargelbund etc) botte f

Bündchen nt (Kragenbündchen) col m ; (Ärmelbündchen) poignet m

Bündel (-s, -) nt paquet m ; (von Papieren) liasse f ; (Strahlenbündel) faisceau m

Bundesbank f banque f nationale (allemande)

Bundeskanzler(in) m(f) chancelier(-ière) allemand(e), ≈ premier ministre m

Bundesland nt land m, État m

Bundesliga f (Sport) ligue f nationale

Bundesnachrichtendienst m services mpl secrets allemands

Bundespräsident m président m

Bundesrat m conseil m fédéral

Bundesregierung f gouvernement m fédéral (d'un État)

Bundesrepublik f République f fédérale d'Allemagne

Bundesstaat m État m fédéral

Bundesstraße f route f nationale

Bundestag m Parlement m allemand, Bundestag m

Bundestagswahl f élections fpl
parlementaires
Bundeswehr f armée f
allemande

La **Bundeswehr** désigne les
forces armées allemandes.
En temps de paix, le ministre de
la Défense dirige la *Bundeswehr*
mais en temps de guerre, le
Bundeskanzler la prend en
charge. La *Bundeswehr* est
placée sous la juridiction de
l'OTAN.

bündig adj (kurz) concis(e),
succint(e)
Bündnis (-ses, -se) nt alliance f
Bunker (-s, -) m bunker m
bunt adj aux couleurs variées
• **Buntstift** m crayon m de couleur
• **Buntwäsche** f linge m de
couleur
Burg (-, -en) f château m fort
Bürge (-n, -n) m, **Bürgin** f
garant(e)
bürgen vi: **für jdn/etw ~** se
porter garant pour qn/de qch
Bürger(in) (-s, -) m(f) (von Ort,
Stadt) citoyen(ne) ; (Sociologie)
bourgeois(e) • **Bürgerinitiative** f
initiative f populaire
• **Bürgerkrieg** m guerre f civile
• **bürgerlich** adj (Rechte) civique ;
(Klasse: péj) bourgeois(e)
• **Bürgermeister(in)** m(f) maire
m • **Bürgersteig** m trottoir m
Bürgin f siehe **Bürge**
Bürgschaft f caution f
Burgund (-(s)) nt la Bourgogne
Büro (-s, -s) nt bureau m
• **Büroklammer** f trombone m
Bursche (-n, -n) m garçon m

burschikos adj (Mädchen) garçon
manqué inv ; (unbekümmert)
désinvolte
Bürste f brosse f
bürsten vt brosser
Bus (-ses, -se) m (auto)bus m
Busbahnhof m gare f routière
Busch (-(e)s, ¨e) m buisson m ; (in
Tropen) brousse f
Büschel (-s, -) nt (Gras, Haar)
touffe f
Busen (-s, -) m poitrine f
Buslinie f ligne f de bus
Bussard (-s, -e) m buse f
Buße f pénitence f ; (Geldbuße)
amende f
büßen vi: **für etw ~** expier qch
▸ vt payer
Bußgeld nt amende f
Büste f buste m
Büstenhalter (-s, -) m
soutien-gorge m
Butter f beurre m • **Butterblume**
f bouton m d'or • **Butterbrot** nt
tartine f (beurrée) • **Butterdose** f
beurrier m • **Buttermilch** f
babeurre m
b. w. abk (= bitte wenden) TSVP
Byte (-s, -s) nt octet m

C

Café (-s, -s) nt salon m de thé
Cafeteria (-, -s) f cafétéria f
Callcenter nt centre m d'appels
campen vi faire du camping
Camper(in) (-s, -) m(f) campeur(-euse)
Camping (-s) nt camping m
• **Campingbus** m camping-car m
• **Campingkocher** m réchaud m de camping, camping-gaz® m
• **Campingplatz** m (terrain m de) camping m
Cape (-s, -) nt cape f
Cäsium nt césium m
CD f abk (= Compact Disc) CD m
• **CD-Brenner** m graveur m de CD
• **CD-Player** (-s, -) m platine f laser
• **CD-ROM** (-, -s) f CD-ROM m
Cello (-s, -s od Celli) nt violoncelle m
Celsius adj Celsius
Cent (-s, -s) m (Untereinheit des Euro) cent m, centime m ; (Untereinheit des Dollar) cent m
Chamäleon (-s, -s) nt caméléon m
Champagner (-s, -) m champagne m

Champignon (-s, -s) m champignon m de Paris
Chance f chance f
Chancengleichheit f égalité f des chances
Chaos (-) nt chaos m
Chaot(in) (-en, -en) (péj) m(f) écervelé(e)
chaotisch adj chaotique
Charakter (-s, -e) m caractère m
• **charakterfest** adj qui a du caractère
charakterisieren vt caractériser
charakteristisch adj caractéristique
charakterlich adj de caractère
charmant adj charmant(e)
Charme (-s) m charme m
Charterflug m vol m charter
Chat (-s, -s) m (Inform) chat m
Chatroom (-s, -s) m salon m de conversation
chatten vi chatter
Chauffeur m chauffeur m
Chauvi (-s, -s) (fam) m macho m
Chauvinismus m (Pol) chauvinisme m ; **männlicher ~** machisme m
checken vt (überprüfen) vérifier ; (fam: verstehen) piger
Chef(in) (-s, -s) m(f) patron(ne)
• **Chefarzt** m chef m de clinique
Chemie (-) f chimie f
• **Chemiefaser** f fibre f synthétique
Chemikalie f produit m chimique
Chemiker(in) (-s-) m(f) chimiste mf
chemisch adj chimique ; **~e Reinigung** nettoyage m à sec

Chemotherapie f
chimiothérapie f
Chicorée (-s) m od f chicorée f
Chiffre f chiffre m
Chile (-s) nt le Chili
China (-s) nt la Chine
Chinese (-n, -n) m, **Chinesin** f
Chinois(e)
chinesisch adj chinois(e)
Chinin (-s) nt quinine f
Chip (-s, -s) m (Inform) puce f; **~s**
(Kartoffelchips) (pommes fpl)
chips fpl
Chipkarte f carte f à puce
Chirurg(in) (-en, -en) m(f)
chirurgien(ne)
Chirurgie f chirurgie f
chirurgisch adj chirurgical(e)
Chlor (-s) nt chlore m
Cholera (-) f choléra m
cholerisch adj colérique
Cholesterin (-s) nt cholestérol m
Chor (-(e)s, ⁼e) m chœur m
Choreografie f chorégraphie f
Chorgestühl nt stalles fpl du
chœur
Christ (-en, -en) m chrétien m
Christentum nt christianisme m
Christkind nt ≈ père m Noël ;
(Jesus) enfant m Jésus
christlich adj chrétien(ne)
Christrose f rose f de Noël
Christus (Christi) m le Christ
Chrom (-s) nt chrome m
Chromosom (-s, -en) nt
chromosome m
Chronik f chronique f
chronisch adj chronique
chronologisch adj
chronologique

Chrysantheme (-, -n) f
chrysanthème m
circa adv environ
clever adj malin(-igne), ⁓usé(e)
Clique f bande f
Clou (-s, -s) m clou m
Clown (-s, -s) m clown m
Cocktail (-s, -s) m cocktail m
Code (-s, -s) m code m
Cola (-, -s) (fam) f od nt coca® m
Compact Disc, Compact Disk
(-, -s) f disque m compact
Computer (-s, -) m ordinateur m
  • **Computerspiel** nt jeu m
  informatique
  • **Computerspieler(in)** m(f)
  joueur(-euse) (de jeux vidéo)
  • **Computervirus** m virus m
  informatique
Conférencier (-s, -s) m
animateur m
Container (-s, -s) m container m
Cookie (-s, -s) nt (Inform) cookie m,
témoin m de connexion
cool (fam) adj cool inv
Cordsamt m velours m côtelé
Couch (-, -es od -en) f canapé m
Countdown, Count-down
(-s, -s) m compte m à rebours
Coupon (-s, -s) m coupon m
Cousin(e) (-s, -s) m(f) cousin(e)
Creme (-, -s) f crème f;
(Schuhcreme) cirage m
Cup (-s, -s) m (Sport) coupe f
Currywurst f saucisse f au curry
Cursor (-s) m (Inform) curseur m
Cyberangriff m cyberattaque f
Cybermobbing (-s) nt
cyberintimidation f,
cyberharcèlement m

d

lachen? qu'est-ce qui vous fait rire ?
▶ *konj* (*weil*) comme ; **da er keine Zeit hatte, fuhren wir gleich nach Hause** comme il était pressé, nous sommes rentrés tout de suite

dabei *adv* (*räumlich*) à côté ; (*zeitlich*) en même temps ; (*obwohl, obgleich*) pourtant ; **~ sein** (*anwesend*) assister ; (*beteiligt*) participer ; **~ sein, etw zu tun** être en train de faire qch ; **was ist schon ~?** et alors ? ; **es ist doch nichts ~, wenn ...** qu'est-ce que cela peut faire que ... ? ; **ich finde gar nichts ~** moi, ça ne me dérange pas

Dach (-(*e*)*s*, ⁺*er*) *nt* toit *m*
• **Dachboden** *m* grenier *m*
• **Dachrinne** *f* gouttière *f*

Dachs (-*es*, -*e*) *m* (*Zool*) blaireau *m*

dachte *etc vb siehe* **denken**

Dackel (-*s*, -) *m* basset *m*

dadurch *adv* (*durch diesen Umstand*) de ce fait ; (*aus diesem Grund*) ainsi ; (*räumlich*) à travers ▶ *konj*: **~, dass** du fait que

dafür *adv* pour (cela) ; (*als Ersatz*) en échange ; **~, dass er ...** quand on pense qu'il ... ; **er kann nichts ~, dass ...** ce n'est pas de sa faute si ... ; **~ sein** (*zustimmen*) être d'accord ; (*gerne haben*) être pour of favorable ; **~ sein, dass ...** (*der Meinung sein*) être d'avis que ...

dagegen *adv* contre (cela) ; (*im Vergleich*) par contre ▶ *konj* par contre

daheim *adv* à la maison

---

da

▶ *adv* **1** (*örtlich*) là ; (*hier*) ici ; **das Stück Kuchen da!** ce morceau de gâteau-là ! ; **da sein** (*anwesend*) être là, être présent(e) ; **wieder da sein** être de retour ; **noch da sein** être encore là ; **ist Post/sind Briefe für mich da?** y a-t-il du courrier/ des lettres pour moi ? ; **es ist noch Suppe da** il reste de la soupe ; **so etwas ist noch nie da gewesen** ça ne s'est jamais vu ; **ist er schon da?** est-il arrivé ? ; **da draußen** là dehors ; **da bin ich** me voici ; **ich bin schon 2 Stunden da** ça fait deux heures que je suis ici ; **da, wo** (là) où ; **da hast du dein Geld!** voilà ton argent !

2 (*dann*) alors, là ; **da sagte sie ...** alors elle a dit ...

3: **da haben wir aber Glück gehabt** là, nous avons vraiment eu de la chance ; **da kann man nichts machen** il n'y a rien à faire ; **was gibts denn da zu**

daher *adv* de là ▶ *konj (deshalb)*
c'est pourquoi ; **~ kommt es,
dass …** c'est pour cela que … ;
~ rühren unsere Probleme voilà
l'origine de nos problèmes

dahin *adv (räumlich)* vers cet
endroit ; **ich fahre heute ~** j'y
vais aujourd'hui ; **~ gehend** en ce
sens ; **~ sein** être perdu(e)

dahinten *adv (weit entfernt)*
là-bas

dahinter *adv* derrière ; *(langsam
verstehen)* finir par comprendre

damalig *adj* d'alors

damals *adv* à cette époque ;
~ und heute autrefois et
aujourd'hui

Dame *f* dame *f* ; *(Échecs)* reine *f* ;
meine ~n und Herren!
mesdames et messieurs !

Damenbinde *f* serviette *f*
hygiénique

damenhaft *adj* distingué(e)

Damespiel *nt* jeu *m* de dames

damit *adv* avec cela ; *(begründend)*
de ce fait ▶ *konj* pour que *+sub* ;
was ist ~? qu'en est-il ?

dämlich *(fam) adj* idiot(e)

Damm *(-(e)s, ⸚e) m (Staudamm)*
barrage *m* ; *(Hafendamm)* quai *m*

Dämmerung *f*
(Morgendämmerung) aube *f* ;
(Abenddämmerung) crépuscule *m*

Dämon *(-s, -en) m* démon *m*

Dampf *(-(e)s, ⸚e) m* vapeur *f*
• **dampfen** *vi* fumer

dämpfen *vt (Culin)* cuire à la
vapeur ; *(bügeln)* repasser (à la
vapeur)

Dampfer *(-s, -) m* bateau *m*
à vapeur

Dampfkochtopf *m*
cocotte-minute *f*

Dampfwalze *f* rouleau *m*
compresseur

danach *adv (räumlich)* derrière ;
(in Richtung) vers cela ; **er griff ~** il
tendit la main pour s'en emparer

daneben *adv* à côté ; *(im Vergleich
damit)* en comparaison ;
(außerdem) en outre

Dänemark *(-s) nt* le Danemark

dänisch *adj* danois(e)

dank *präp +Dat od Gen* grâce à
• **Dank** *(-(e)s) m* remerciement *m* ;
**vielen od schönen od besten od
herzlichen ~** merci beaucoup
• **dankbar** *adj* reconnaissant(e) ;
(lohnend) qui en vaut la peine
• **Dankbarkeit** *f* gratitude *f*

danke *interj* merci ; **~ schön od
sehr!** merci beaucoup !

danken *vi* dire merci ▶ *vt (geh)*
savoir gré à ; **jdm für etw ~**
remercier qn de qch ; **ich danke**
merci

dann *adv* alors ; *(außerdem)* en
outre

daran *adv* à cela, y ; **~ zweifeln** en
douter ; **das liegt ~, dass …** c'est
parce que … ; **das Dümmste ~
ist, dass …** le pire od ce qu i est
bête, c'est que …

darauf *adv (räumlich)* dessus ;
(danach) ensuite ; **es kommt
ganz ~ an, ob sie mitmacht** cela
dépend si elle participe ; **ich
komme nicht ~** cela m'échappe ;
die Tage ~ les jours suivants ;
~ folgend suivant(e) ; **am Tag ~**
le lendemain • **daraufhin** *adv (aus
diesem Grund)* en conséquence ;
wir müssen es ~ prüfen, ob …

d

nous devons l'examiner pour savoir si …

daraus *adv* en ; **was ist ~ geworden?** qu'en est-il advenu ?

Darbietung *f* spectacle *m*

darin *adv* là-dedans, y ; (*in dieser Beziehung*) en cela

dar|legen *vt* présenter

Darlehen (-s, -) *nt* prêt *m*

Darm (-(e)s, -e) *m* intestin *m* ; (*für Saiten, Schläger, Wurstdarm*) boyau *m* • **Darmsaite** *f* corde *f* (en boyau)

dar|stellen *vt* représenter

Darsteller(in) (-s, -) *m(f)* interprète *mf*

Darstellung *f* représentation *f* ; (*Beschreibung, Geschichte*) description *f*

darüber *adv* au-dessus ; (*direkt auf etw*) par-dessus ; (*in Bezug auf Thema*) à ce sujet ; **~ sprechen** en parler

darum *adv* autour ; (*hinsichtlich einer Sache*) pour cela ▸ *konj* c'est pourquoi ; **es geht ~, dass …** voici ce dont il s'agit : …

darunter *adv* dessous ; (*dazwischen, dabei*) parmi eux(elles) ; (*weniger, niedriger*) au-dessous ; **was verstehen Sie ~?** qu'entendez-vous par là ?

das *art, pron siehe* **der**

Dasein (-s) *nt* existence *f* ; (*Anwesenheit*) présence *f*

dass *konj* que ; (*damit*) pour que ; **ausgenommen** *od* **außer ~ …** sauf que …

dasselbe *pron siehe* **derselbe**

da|stehen (*irr*) *vi* (*Mensch*) rester ; (*in Situation, Lage befinden*) se

trouver ; (*fig*) : **gut/schlecht ~** être en bonne/mauvaise posture

Datei *f* fichier *m* • **Dateimanager** *m* gestionnaire *m* de fichiers

Daten *pl* (*Inform*) données *fpl* • **Datenautobahn** *f* autoroute *f* de l'information • **Datenbank** *f* banque *f* de données • **Datenbestand** *m* ensemble *m* des données • **Datendiebstahl** *m* vol *m* de données • **Datenschutz** *m* protection *f* des données • **Datenschutzbeauftragte(r)** *f(m)* personne *f* chargée de la protection des données • **Datenträger** *m* support *m* de données • **Datenübertragung** *f* transfert *m* de données • **Datenverarbeitung** *f* traitement *m* de données

datieren *vt* dater

Dattel (-, -n) *f* datte *f*

Datum (-s, *Daten*) *nt* date *f*

Dauer (-, -n) *f* durée *f* ; **auf die ~** à la longue • **dauerhaft** *adj* durable • **Dauerkarte** *f* abonnement *m*

dauern *vi* durer

dauernd *adj* constant(e) ; (*andauernd*) permanent(e) ▸ *adv* constamment

Dauerregen *m* pluie *f* incessante

Dauerwelle *f* permanente *f*

Daumen (-s, -) *m* pouce *m*

Daunendecke *f* édredon *m*

davon *adv* (*von dieser Stelle entfernt, weg von*) de là, en ; (*dadurch*) à cause de cela, en ; (*Trennung, Teil, Material, Thema*) de cela ; **die Hälfte/das Doppelte ~** la moitié/le double (de cela) ; **~ wissen** être au courant

- **davon|kommen** (irr) vi s'en tirer
- **davon|laufen** (irr) vi se sauver

davor adv devant ; (zeitlich) auparavant, avant ; **das Jahr ~** l'année précédente

dazu adv (dabei, damit) avec cela ; (zu diesem Zweck, dafür) pour cela ; (zum Thema, darüber) sur cela ; **sich ~ äußern** donner son opinion (sur cela) ; **~ fähig sein** en être capable • **dazu|kommen** (irr) vi (eintreffen, erscheinen) survenir

dazwischen adv (räumlich) au milieu ; (zeitlich) entre-temps ; (dabei) dans le tas, parmi eux (elles) ; (bei Maß-, Mengenangaben) entre les deux
- **dazwischen|kommen** (irr) vi: **es ist etwas dazwischengekommen** il y a eu un contretemps
- **dazwischen|reden** vi interrompre

DDR (-) f abk (= Deutsche Demokratische Republik) RDA f

Dealer(in) (-s, -) (fam) m(f) dealer m

Debatte f débat m

Deck (-(e)s, -s od -e) nt pont m

Decke f couverture f ; (Tischdecke) nappe f ; (Zimmerdecke) plafond m

Deckel (-s, -) m couvercle m

decken vt couvrir ; (Sport) marquer ▶ vr (Meinung, Interesse) être semblable(s) ; **den Tisch ~** mettre le couvert

Deckmantel m: **unter dem ~ von** sous le couvert de

Deckung f (Schutz) abri m ; (von Meinung) accord m ; (Math) coïncidence f ; (Fin) couverture f ; **in ~ gehen** se mettre à l'abri

defekt adj (Maschine etc) défectueux(-euse) • **Defekt** (-(e)s, -e) m défaut m

defensiv adj défensif(-ive)

definieren vt définir

Definition f définition f

definitiv adj définitif(-ive)

Defizit (-s, -e) nt déficit m

deftig adj (Essen) consistant(e) ; (Witz) grossier(-ère)

Degen (-s, -) m épée f

degenerieren vi dégénérer ; (Sitten) se corrompre

dehnen vt (Stoff, Glieder) étirer ; (Vokal) allonger ▶ vr (Stoff) s'étirer, prêter ; (Mensch) s'étirer

Deich (-(e)s, -e) m digue f

dein(e) pron (possessiv) ton(ta)

deine(r, s) pron le(la) tien(ne) ; **der/die/das D~** le(la) tien(ne)

deiner pron (Gen von du) de toi

deinerseits adv de ton côté

deinetwegen adv pour toi ; (wegen dir) à cause de toi

deinstallieren vt (Programm) désinstaller

Dekadenz f décadence f

Dekan (-s, -e) m doyen m

deklinieren vt décliner

Dekoration f décoration f

dekorativ adj décoratif(-ive)

dekorieren vt décorer

Delegation f délégation f

delegieren vt: **~ an** +Akk (Aufgaben) déléguer à

Delfin (-s, -e) m dauphin m

Delikatesse f (Feinkost) mets m exquis ; (geh: Zartgefühl) délicatesse f

Delikt (-(e)s, -e) nt délit m

Delle (fam) f bosse f

Delphin (-s, -e) m siehe **Delfin**

Delta (-s, -s) nt delta m

dem art, pron siehe **der**

dementieren vt démentir

demnach adv donc

demnächst adv (bald) sous peu

Demo (-s, -s) (fam) f manif f

Demokrat(in) m(f) démocrate mf

Demokratie f démocratie f

demokratisch adj démocratique

Demonstrant(in) m(f) manifestant(e)

Demonstration f (Protestkundgebung) manifestation f ; (Zurschaustellung) démonstration f

demonstrativ adj démonstratif(-ive)

demonstrieren vi manifester ▶ vt (vorführen) faire une démonstration de ; (guten Willen) manifester

Demut f humilité f

demütigen vt humilier ▶ vr: **sich ~ vor** +Dat s'humilier devant

demzufolge adv par conséquent

den art, pron siehe **der**

Denglisch (-) nt allemand anglicisé à l'extrême

denkbar adj concevable ▶ adv (äußerst) extrêmement

denken (irr) vi penser ▶ vt penser ; (glauben, vermuten) croire ; **denke daran!** penses-y !

Denken (-s) nt (Überlegen) réflexion f ; (Denkfähigkeit) pensée f

Denker(in) (-s, -) m(f) penseur(-euse)

Denkfehler m faute f de raisonnement

Denkmal (-s, ⸚er) nt monument m • **Denkmalschutz** m: **etw unter ~ stellen** classer qch monument historique

denkwürdig adj mémorable

Denkzettel m: **jdm einen ~ verpassen** donner une leçon à qn

denn konj car ▶ adv: **mehr/besser ~ je** plus/mieux que jamais

dennoch konj pourtant, cependant ▶ adv: **und ~, …** et pourtant …

Deo (-s, -s) nt, **Deodorant** (-s, -e od -s) ▶ nt déodorant m

Deospray nt od m spray m déodorant

Deponie f décharge f

deponieren vt déposer

Depot (-s, -s) nt dépôt m

Depression f dépression f

depressiv adj dépressif(-ive)

deprimieren vt déprimer

---

der

(f **die**, nt **das**, Gen **des**, **der**, **des**, Dat **dem**, **der**, **dem**, Akk **den**, **die**, **das**, pl **die**, **der**, **den**, **die**) ▶ art le (la) ; **~ Tisch** la table ; **das Haus** la maison ; **die Blume** la fleur ; **die Melone** le melon ; **das Kind** l'enfant m ; **die Fenster/Kinder** les fenêtres fpl/ enfants mpl ; **~ Rhein** le Rhin ; **~ Klaus** (fam) Klaus ▶ pron (relativ: Subjekt) qui ; (: Akk) que ; (: Dat) à qui ; **die Frau, die hier wohnt** la femme qui habite ici ; **~ Mann, den ich gesehen habe** l'homme que j'ai vu | ; **das Kind, dem ich das Buch gegeben hatte** l'enfant à qui j'avais donné le livre ▶ *pron (demonstrativ)* celui-ci (celle-ci) ; (: *jener, dieser*) celui-là (celle-là) ; (: *pl*) ceux-ci (celles-ci) ; (: *jene*) ceux-là (celles-là) ; **~/die war es** c'est celui-ci (celle-ci) ; *(Mensch)* c'est lui (elle) ; **~ mit der Brille** celui avec les lunettes ; **ich will den (da)** j'aimerais celui-ci (celle-ci)

derart *adv* tellement ; **er hat sich ~ geärgert** il s'est tellement fâché • **derartig** *adj* tel(le), pareil(le)

derb *adj* grossier(-ière)

deren *(Gen von die) pron (relativ: sg)* dont, duquel(de laquelle) ; (: *pl*) dont, desquels(desquelles)

dergleichen *pron inv (adjektivisch)* tel(le)

derjenige (*f* **diejenige**, *nt* **dasjenige**) *pron* celui(celle) ; **diejenigen, die** ceux qui

dermaßen *adv* tellement

derselbe (*f* **dieselbe**, *nt* **dasselbe**) *pron* le(la) même

des *art, pron siehe* **der**

desgleichen *adv (ebenso)* de même

deshalb *adv* pour cette raison

Design *(-s, -s) nt* style *m* ; *(als Fach)* design *m*, stylisme *m*

Designer(in) *m(f)* styliste *mf*

Desinfektion *f* désinfection *f*

Desinfektionsmittel *nt* désinfectant *m*

desinfizieren *vt* désinfecter

Desinteresse *(-s) nt:* **~ an** +*Dat* manque *m* d'intérêt pour

dessen *(Gen von der, das) pron (relativ)* dont, duquel(de la quelle) ; **~ ungeachtet** néanmoins

Dessert *(-s, -s) nt* dessert *m*

destillieren *vt* distiller

desto *konj* d'autant

deswegen *adv* pour cette raison

Detail *(-s, -s) nt* détail *m*

Detektiv(in) *m(f)* détective *m*f

deuten *vt* interpréter ▶ *vi* **~ auf** +*Akk* indiquer

deutlich *adj* clair(e) ; *(Unterschied)* net(te) ▶ *adv:* **jdm etw ~ machen** faire comprendre qch à qn

deutsch *adj* allemand(e) • **Deutsch** *(-(s)) nt (Ling)* (l')allemand *m* ; **ins ~ übersetzen** traduire en allemand • **Deutsche(r)** *f(m) (Géo)* Allemand(e) *m/f* • **Deutschland** *nt* l'Allemagne *f*

Devise *f* devise *f* ; **Devisen** *pl (Fin)* devises *fpl*

Dezember *(-(s), -) m* décembre *m*

dezent *adj* discret(-ète)

d. h. *abk* (= *das heißt*) c.-à-d.

Dia *(-s, -s) nt* diapo(sitive) *f*

Diabetes *m* diabète *m*

Diabetiker(in) *m(f)* diabétique *mf*

Diagnose *f* diagnostic *m*

Dialekt *(-(e)s, -e) m* dialecte *m*

Dialog *(-(e)s, -e) m* dialogue *m*

Diamant *m* diamant *m*

Diät *(-, -en) f* régime *m* ; **~ halten** suivre un régime ; **Diäten** *pl* indemnité *f* parlementaire ; **~ leben** suivre un régime

dich *(Akk von du) pron* te ; *(vor Vokal, stummem h)* t' ; *(nach präp)* toi

dicht adj (Nebel, Haar, Wald) épais(se) ; (Gewebe) serré(e) ; (Dach) étanche ▶ adv: ~ an/bei tout près de

dichten vt (Leitung, Dach, Leck) rendre étanche

Dichter(in) (-s, -) m(f) poète m
• **dichterisch** adj poétique

dicht|machen (fam) vt (schließen) boucler

Dichtung f (Tech, Aut) joint m ; (Gedichte) poésie f ; (Prosa) œuvre f littéraire

dick adj épais(se) ; (Mensch) gros(se)

Dicke f épaisseur f

dickflüssig adj visqueux(-euse)

Dickicht (-s, -e) nt fourré m

Dickkopf m tête f de mule

Dickmilch f lait m caillé

die art, pron siehe **der**

Dieb(in) (-(e)s, -e) m(f) voleur(-euse) • **Diebstahl** (-(e)s, ~'e) m vol m

Diele f (Brett) planche f (de plancher) ; (Flur) entrée f

dienen vi servir

Diener (-s, -) m domestique m

Dienst (-(e)s, -e) m service m ; **außer ~** à la retraite ; **im ~** en service ; **~ haben** être de service ; **~ habend** od **tuend** de service

Dienstag m mardi m

dienstags adv le mardi

Dienstleistung f (prestation f de) service m

dienstlich adj officiel(le)

Dienstreise f voyage m d'affaires

Dienststelle f service m

Dienstzeit f heures fpl de travail

dies pron ceci ; **~ sind meine Eltern** voici od voilà mes parents

diesbezüglich adj à ce sujet

diese(r, s) pron (adjektivisch) ce(cette) ; (substantivisch) celui-là/celle-là)

Diesel m (Kraftstoff) gazole m, gas-oil m ; (Fahrzeug) diesel m

diesig adj brumeux(-euse)

diesjährig adj de cette année

diesmal adv cette fois-ci

diesseits präp +Gen de ce côté de

Dietrich (-s, -e) m crochet m

Differenz (-, -en) f différence f ; **Differenzen** pl (Meinungsverschiedenheit) différend m

Differenzialgetriebe nt engrenage m différentiel

differenzieren vt différencier ▶ vi faire la différence

digital adj numérique
• **Digitalfernsehen** nt télévision f numérique • **Digitalkamera** f appareil m (photo) numérique
• **Digitaluhr** f montre f à affichage numérique

Diktat nt dictée f

Diktator m dictateur m

Diktatur f dictature f

diktieren vt dicter

Dilemma (-s, -s od -ta) nt dilemme m

dilettantisch adj de dilettante

Dimension f dimension f

Ding (-(e)s, -e) nt chose f

Dings (fam) nt machin m, truc m

Dingsbums (fam) nt siehe **Dings**

Dinosaurier m dinosaure m

Diplom (-(e)s, -e) nt diplôme m

Diplomat (-en, -en) m diplomate m

Diplomatie f diplomatie f

diplomatisch adj diplomatique

Diplom-Ingenieur m ingénieur m diplômé

dir (Dat von du) pron te ; (vor Vokal, stummem h) t' ; (nach präp) toi ; **mit ~** avec toi

direkt adj direct(e) • **Direktflug** m vol m direct

Direktor(in) m(f) directeur(-trice)

Direktübertragung f émission f en direct

Dirigent(in) m(f) chef m d'orchestre

dirigieren vt diriger

Disco (-s, -s) f discothèque f, boîte f

Diskette f disquette f

Diskettenlaufwerk nt lecteur m de disquettes

Diskothek (-, -en) f discothèque f

diskret adj discret(-ète)

Diskretion f discrétion f

diskriminieren vt faire de la discrimination contre

Diskriminierung f discrimination f

Diskussion f discussion f ; **(nicht) zur ~ stehen** (ne pas) être à l'ordre du jour

diskutieren vt discuter ▶ vi : **~ über** +Akk discuter de

Display (-s, -s) nt afficheur m

Distanz f distance f

distanzieren vr : **sich von jdm/ etw ~** prendre ses distances par rapport à od avec qn/qch

Distel (-, -n) f chardon m

Disziplin f discipline f

Dividende f dividende m

dividieren vt : **etw ~ (durch)** diviser qch (par)

DM f abk (Hist : = Deutsche Mark) DM m

d

---

doch

▶ adv **1** (dennoch, trotzdem) malgré tout, quand même ; (sowieso) de toute façon ; **er kam ~ noch** finalement, il est quand même venu ; **und ~** et pourtant ; **also ~!** (tatsächlich) c'était donc vrai !

2 (als bejahende Antwort) si ; **das ist nicht wahr — ~!** ce n'est pas vrai — si !

3 (auffordernd): **komm ~** ! viens donc ! ; **lass ihn ~** mais laisse-le donc tranquille ! ; **nicht ~!** mais non !

4 (zur Betonung): **sie ist/war ~ noch so jung** (mais) elle est/ était si jeune ; **Sie wissen ~, wie das ist** vous savez ce que c'est ; **wenn ~** si seulement

▶ konj (aber) pourtant ; **und ~ hat er es getan** il l'a fait malgré tout

---

Docht (-(e)s, -e) m mèche f

Dock (-s, -s od -e) nt dock m, bassin m ; (zum Ausbessern) cale f sèche ; (Inform) dock m

Dogge f dogue m

Dogma (-s, Dogmen) nt dogme m

Doktor (-s, -en) m (akademischer Grad) docteur m

Doktorarbeit f thèse f de doctorat

Doktortitel m titre m de docteur

Dokument nt document m

Dokumentarfilm m (film m)
documentaire m

dokumentieren vt
documenter

Dolch (-(e)s, -e) m poignard m

Dollar (-s, -) m dollar m

dolmetschen vt interpréter,
traduire ▶ vi servir d'interprète

Dolmetscher(in) (-s, -) m(f)
interprète mf

Dom (-(e)s, -e) m cathédrale f

Domäne f domaine m

dominieren vt, vi dominer

Donau f: **die ~** le Danube

Dongle m dongle m

Donner (-s, -) m tonnerre m

donnern vi unpers tonner

Donnerstag m jeudi m
• **donnerstags** adv le jeudi

doof (fam) adj idiot(e)

dopen vt doper

Doping (-s) nt doping m,
dopage m

Dopingkontrolle f contrôle m
antidopage

Doppel (-s, -) nt double m
• **Doppelbett** nt grand lit m
• **Doppelgänger(in)** (-s, -) m(f)
sosie m • **Doppelklick** (-s, -s) m
double-clic m • **doppelklicken** vi
(Inform): **~ (auf** Akk**)** double-cliquer
(sur) • **Doppelpunkt** m deux points
mpl • **Doppelstecker** m prise f
double

doppelt adj double; (Buchführung)
en partie double ▶ adv: **die Karte
habe ich ~** cette carte, je l'ai en
double; **sich ~ freuen** se réjouir
doublement

Doppelzimmer nt chambre f
pour deux personnes

Dorf (-(e)s, ˝er) nt village m
• **Dorfbewohner(in)** m(f)
villageois(e)

Dorn¹ (-(e)s, -en) m (Bot) épine f

Dorn² (-(e)s, -e) m (an Schnalle)
ardillon m

dörren vt (faire) sécher

Dörrobst nt fruits mpl secs

Dorsch (-(e)s, -e) m jeune morue f

dort adv (da) là • **dorther** adv de là
• **dorthin** adv là-bas

Dose f boîte f

dösen (fam) vi somnoler

Dosenbier nt bière f en boîte

Dosenöffner m ouvre-boîte m

Dosis (-, Dosen) f dose f

Dotter (-s, -) m od nt jaune m d'œuf

Download (-s, -s) m (Inform)
téléchargement m

Dozent(in) m(f): **~ für** ≈ maître m
de conférences en

Drache (-n, -n) m dragon m

Drachen (-s, -) m (Spielzeug)
cerf-volant m; (Sport) deltaplane
m; (péj: fam: Frau) dragon m
• **Drachenfliegen** nt (Sport)
deltaplane m, vol m libre

Draht (-(e)s, ˝e) m fil m de fer

Drahtseilbahn f funiculaire m

Drama (-s, Dramen) nt drame m

Dramatiker(in) (-s, -) m(f)
dramaturge m

dramatisch adj dramatique

drang etc vb siehe **dringen**

Drang (-(e)s, ˝e) m (Antrieb)
impulsion f; (Druck) pression f

drängeln (péj) vt presser ▶ vi
pousser

drängen vt presser ▶ vi presser;
auf etw Akk **~** insister sur qch

drastisch adj (Maßnahme) draconien(ne) ; (Schilderung) cru(e)

draußen adv dehors

Dreck (-(e)s) m saleté f

dreckig adj sale ; (Bemerkung) grossier(-ère) ; (Witz) cochon(ne)

Dreharbeiten pl tournage m

Drehbuch nt (Ciné) scénario m

drehen vt tourner ; (Zigaretten) rouler ▶ vi tourner ▶ vr tourner ; (Mensch) se tourner ; **es dreht sich darum, dass …** voici ce dont il s'agit : …

Drehorgel f orgue m de Barbarie

Drehung f (Rotation) rotation f ; (Umdrehung, Wendung) tour m

drei num trois • **Dreieck** nt triangle m • **dreieckig** adj triangulaire

dreierlei adj inv trois sortes de

dreifach adj triple

dreihundert num trois cents

Dreikönigsfest nt Épiphanie f, fête f des Rois

dreimal adv trois fois

drein|reden vi : **jdm ~** (dazwischenreden) interrompre qn ; (sich einmischen) se mêler des affaires de qn

dreißig num trente

dreist adj impudent(e)

Dreistigkeit f impudence f

Dreiviertelstunde f trois quarts mpl d'heure

dreizehn num treize

dreschen (irr) vt (Getreide) battre ; **Phrasen ~** (fam) débiter de belles phrases

Dresden nt Dresde

dressieren vt dresser

dribbeln vi dribbler

Drillbohrer m perceuse f

drin (fam) adv siehe **darin**

dringen (irr) vi pénétrer ; **auf etw Akk ~** insister sur qch

dringend adj urgent(e), pressant(e)

Dringlichkeit f urgence f

Drink (-s, -s) m drink m

drinnen adv à l'intérieur, dedans

dritt adv : **zu ~** à trois ; **wir kommen zu ~** nous serons trois

dritte(r, s) adj troisième ; **die D~-Welt** le tiers monde • **Dritte(r)** f(m) troisième mf

Drittel (-s, -) nt tiers m

drittens adv troisièmement

droben adv là-haut

Droge f drogue f

drogenabhängig adj toxicomane

Drogenabhängige(r) f(m) toxicomane mf

Drogenhandel m narcotrafic m

Drogenszene f milieu m de la drogue

Drogerie f droguerie f

Une droguerie, ou **Drogerie**, est un supermarché où l'on trouve des produits d'entretien, des cosmétiques, de la parfumerie et des articles de toilette, ainsi que des médicaments en vente libre. Il existe plusieurs chaînes de drogueries en Allemagne et en Autriche.

drohen vi menacer ; **jdm (mit etw) ~** menacer qn (de qch)

dröhnen vi (Motor) vrombir ; (Stimme, Musik) retentir

Drohung f menace f

drollig adj drôle

drosch etc vb siehe **dreschen**

Drossel (-, -n) f grive f

drüben adv de l'autre côté

Druck¹ (-(e)s, ⁼e) m pression f

Druck² (-(e)s, -e od -s) m (Typ) impression f ; **im ~ sein** être sous presse • **Druckbuchstabe** m caractère m d'imprimerie

drucken vt, vi imprimer

drücken vt (herabsetzen) baisser ; (wehtun: Schuhe, Rucksack) faire mal à ; (Hand) serrer ; (Klinke) tourner ▶ vi (Schuhe etc) faire mal ▶ vr: **sich vor etw** Dat **~** s'esquiver devant qch

drückend adj (Hitze, Armut) accablant(e) ; (Last, Steuern) écrasant(e)

Drucker (-s, -) m (Inform) imprimante f

Drücker (-s, -) m (Türdrücker) poignée f

Druckerei f imprimerie f

Druckfehler m faute f d'impression

Druckknopf m bouton-pression m

Drucksache f imprimé m

Druckschrift f caractères mpl d'imprimerie

drunten adv (im Tal) en bas ; (auf der Erde) sur terre

Drüse f glande f

Dschungel (-s, -) m jungle f

du pron tu ; **du hast es mir gesagt** c'est toi qui me l'as dit

ducken vr se baisser

Dudelsack m cornemuse f

Duell (-s, -e) nt duel m

Duett (-(e)s, -e) nt duo m

Duft (-(e)s, ⁼e) m parfum m

duften vi sentir bon

dulden vt (zulassen) tolérer ; (leiden) endurer ▶ vi souffrir

duldsam adj patient(e)

dumm adj bête, stupide • **dummdreist** adj insolent(e)

dummerweise adv bêtement

Dummheit f bêtise f, stupidité f

Dummkopf m imbécile m

dumpf adj (Ton) sourd(e) ; (Erinnerung, Schmerz) vague

Düne f dune f

düngen vt fertiliser, amender

Dünger (-s, -) m engrais m

dunkel adj sombre ; (Farbe) foncé(e) ; (Stimme) grave ; (Ahnung) vague ; (verdächtig) louche ; **im D~n tappen** (fig) tâtonner

Dunkelheit f obscurité f

Dunkelziffer f cas mpl non enregistrés

dünn adj mince ; (Haar, Bevölkerung) clairsemé(e) ; (Suppe, Kaffee) clair(e) ; **~ gesät** clairsemé(e)

Dunst (-es, ⁼e) m brume f ; (durch Abgase, Zigaretten, Essen) (nuage m de) fumée f

dünsten vt cuire à l'étuvée

Dur (-, -) nt (Mus) majeur m

---

durch

▶ präp +Akk 1 (hindurch) par, à travers ; **~ die ganze Welt reisen** faire le tour du monde 2 (mittels) par ; **Tod ~ Herzschlag/den Strang** mort par crise cardiaque/pendaison

~ **seine Bemühungen** grâce à son intervention, par son entremise
3 (*Math*): **8 ~ 4 = 2** 8 (divisé) par 4 = 2
▸ *adv* **1** (*hindurch*): **die ganze Nacht ~** toute la nuit ; **den Sommer ~** tout l'été ; **~ und ~ verfault** complètement pourri(e)
2 (*durchgebraten*): **(gut) ~** bien cuit(e)

durchaus *adv* (*unbedingt*: als Antwort*) absolument ; **das lässt sich ~ machen** c'est tout à fait possible

durch|blättern *vt* feuilleter

Durchblick *m* vue *f* ; **den (vollen) ~ haben** être au clair ; **keinen ~ haben** (*fam*) rien (y) piger
• **durch|blicken** *vi* regarder ; (*fam*: *verstehen*): **bei etw ~** piger qch ; **etw ~ lassen** laisser entendre qch

durch|brechen (*irr*) *vt* (*in zwei Teile brechen*) casser en deux

durch|brennen (*irr*) *vi* (*Draht*) fondre ; (*Sicherung*) sauter ; (*fam*: *weglaufen*): **~ mit** filer avec

durchdacht *adj* réfléchi(e)

durch|drehen *vt*, *vi* (*fam*) craquer

durcheinander *adv* pêle-mêle ; **~ sein** ne pas s'y retrouver ; (*Zimmer*) être en désordre
• **Durcheinander** (*-s*) *nt* (*Verwirrung*) confusion *f* ; (*Unordnung*) désordre *m*
• **durcheinanderbringen** *vt* déranger, mettre en désordre ; (*verwechseln*) confondre
• **durcheinanderreden** *vi* parler (tous(toutes)) en même temps

Durchfahrt *f* passage *m* ; (*Durchreise*) traversée *f* ; **auf der ~ sein** être de passage

Durchfall *m* (*Méd*) diarrhée *f*

durch|fallen (*irr*) *vi* tomber (à travers) ; (*in Prüfung*) échouer

durch|führen *vt* (*ausführen*) réaliser ; (*hindurchleiten*) guider

Durchgang *m* passage *m* ; (*Phase*) phase *f* ; (*Sport*) partie *f* ; (*bei Wahl*) tour *m* (de scrutin)

Durchgangsverkehr *m* circulation *f* (de passage)

durchgefroren *adj* transi(e) (de froid)

durch|gehen (*irr*) *vt* (*gründlich besprechen*) examiner point par point ▸ *vi* passer ; (*Zug*) être direct(e) ; (*Mensch*) filer ; **~ durch** (*durch Haus, Stadt etc*: *Flüssigkeit, Lärm etc*) traverser ; (*durch Kontrolle*) passer ; **jdm etw ~ lassen** laisser passer qch à qn

durchgehend *adj* (*Zug*) direct(e) ▸ *adv* (*geöffnet*) sans interruption

durch|halten (*irr*) *vi* tenir bon

durch|kommen (*irr*) *vi* passer ; (*Nachricht*) parvenir ; (*auskommen*) y arriver ; (*überleben*) s'en tirer

durch|lassen (*irr*) *vt* laisser passer

Durchlauferhitzer (*-s*,*-*) *m* chauffe-eau *m inv*

durch|lesen (*irr*) *vt* lire d'un bout à l'autre

durchleuchten *vt insép* radiographier

durch|machen *vt* (*Leiden*) endurer ; **wir machen die Nacht durch** nous allons passer une nuit blanche, nous allons faire la fête toute la nuit

Durchmesser (-s, -) m diamètre m
durch|nehmen (irr) vt traiter
durch|nummerieren vt numéroter (en continu)
durchqueren vt insép traverser
Durchreise f passage m
durch|rosten vi rouiller complètement
durchs = **durch das**
Durchsage f communiqué m
durch|schauen vt insép (jdn) ne pas se laisser tromper par
Durchschlag m copie f
durch|schlagen (irr) vt (entzweischlagen) casser en deux ▶ vr se débrouiller
durchschlagend adj (Erfolg) retentissant(e)
Durchschnitt m moyenne f
• **durchschnittlich** adj moyen(ne) ▶ adv en moyenne
Durchschnittswert m valeur f moyenne
Durchschrift f copie f
durch|sehen (irr) vt (flüchtig ansehen) parcourir ; (prüfen) examiner ▶ vi: **durch etw ~** voir à travers qch
durch|setzen vt imposer
Durchsicht f examen m
durchsichtig adj (Stoff) transparent(e) ; (Lügen) évident(e)
durch|sickern vi suinter ; (fig) s'ébruiter
durch|sprechen (irr) vt discuter (à fond)
durch|stehen (irr) vt endurer
durch|streichen (irr) vt barrer, rayer
durchsuchen vt insép fouiller ; (Jur) perquisitionner

Durchsuchung f perquisition f
durchtrieben adj rusé(e)
Durchwahl f (Tél) automatique m ; (Anschluss) appel m direct
durchweg adv complètement
Durchzug m (Luft) courant m d'air ; (von Truppen, Vögeln) passage m

---

dürfen

(pt **dürfte**, pp **gedurft** od (als Hilfsverb) **dürfen**)
▶ vi 1 (Erlaubnis haben): **ich darf das** j'ai le droit ; **darf ich?** je peux? ; **darf ich ins Kino (gehen)?** je peux aller au cinéma? ; **es darf geraucht werden** on peut fumer ; **das darf nicht geschehen** il faut l'éviter à tout prix
2 (in Höflichkeitsformeln): **darf ich Sie bitten, das zu tun?** auriez-vous l'amabilité de faire cela? ; **was darf es sein?** et pour Monsieur/Madame?
3 (können): **das ~ Sie mir glauben** vous pouvez me croire
4 (Möglichkeit): **das dürfte genug sein** ça devrait suffire ; **das darf doch nicht wahr sein!** ce n'est pas possible! ; **da darf sie sich nicht wundern** c'est bien fait pour elle

---

dürftig adj (ärmlich) misérable ; (unzulänglich) insuffisant(e)
dürr adj (Ast) mort(e) ; (mager) décharné(e)
Dürre f sécheresse f
Durst (-(e)s) m soif f
durstig adj assoiffé(e)
Dusche f douche f

duschen *vi, vr* se doucher, prendre une douche

Duschgel *nt* gel *m* pour la douche

Düse *f* (*Flugzeugdüse*) réacteur *m*

Düsenantrieb *m* propulsion *f* par réacteur

Düsenflugzeug *nt* avion *m* à réaction

düster *adj* sombre

Dutzend (*-s, -e*) *nt* douzaine *f* ; **~(e) Mal** des dizaines de fois

duzen *vt* tutoyer

DVD *f abk* (= *Digital Versatile Disc*) DVD *m*

DVD-Spieler *m* lecteur *m* de DVD

Dynamik *f* dynamique *f* ; (*von Mensch*) dynamisme *m*

dynamisch *adj* dynamique

Dynamit (*-s*) *nt* dynamite *f*

Dynamo (*-s, -s*) *m* dynamo *f*

e

Ebbe *f* marée *f* basse

eben *adj* plat(e) ▶ *adv* (*gerade*) juste ; (*bestätigend*) justement ; **sie ist ~ erst angekommen** elle vient d'arriver

ebenbürtig *adj*: **jdm** (*an od in Dat*) **~ sein** égaler qn (en)

Ebene *f* plaine *f* ; (*fig*) niveau *m*

ebenfalls *adv* également

ebenso *adv* de la même manière ; **~ gut/schön wie** aussi bien/ beau que

Eber (*-s, -*) *m* verrat *m*

E-Bike (*fam*) *nt* VAE *f* (= *vélo à assistance électrique*)

ebnen *vt* aplanir, niveler ; **jdm/ etw den Weg ~** (*fig*) aplanir le terrain pour qn/qch

E-Book (*-s, -s*) *nt* e-book *m*, livre *m* électronique, livre *m* numérique

E-Card (*-, -s*) *f* carte *f* électronique

Echo (*-s, -s*) *nt* écho *m*

echt *adj* vrai(e) ; (*fam*) typique
• **Echtheit** *f* authenticité *f*

Echtzeit *f* (*Inform*) temps *m* réel

Eckball *m* corner *m*

Ecke f coin m ; (Sport) corner m

eckig adj anguleux(-euse)

edel adj (Holz) précieux(-euse) ; (Wein) fin(e) • **Edelmetall** nt métal m précieux • **Edelstein** m pierre f précieuse

editieren vt (Inform) éditer

Editor (-s, -en) m (Inform) éditeur m (de texte)

EDV f abk (= elektronische Datenverarbeitung) traitement m électronique des données

EEG (-) nt abk (= Elektroenzephalogramm) électroencéphalogramme m

Efeu (-s) m lierre m

Effekt (-s, -e) m effet m

effektiv adj effectif(-ive)

effizient adj efficace

egal adj égal(e)

Egoismus m égoïsme m

egoistisch adj égoïste

ehe konj avant que +sub

Ehe f mariage m • **Ehebruch** m adultère m • **Ehefrau** f épouse f, femme f • **Eheleute** pl époux mpl

ehemalig adj ancien(ne)

ehemals adv autrefois

Ehemann m époux m, mari m

Ehepaar nt couple m (marié)

eher adv (früher) plus tôt ; (lieber, mehr) plutôt

Ehering m alliance f

eheste(r, s) adj: **am ~n Termin** le plus tôt possible ▶ adv: **am ~n** (am liebsten) de préférence

Ehre f honneur m ; **zu ~n von** en l'honneur de

ehren vt (Sieger) récompenser

Ehrengast m invité m d'honneur

Ehrenwort nt parole f d'honneur

Ehrfurcht f (profond) respect m

Ehrgeiz m ambition f

ehrgeizig adj ambitieux(-euse)

ehrlich adj honnête ; **~ gesagt** à vrai dire

Ehrlichkeit f honnêteté f

Ehrung f hommage m

Ei (-(e)s, -er) nt œuf m

Eibe f if m

Eiche f chêne m

Eichel (-, -n) f (Bot, Anat) gland m

eichen vt étalonner ; **auf etw geeicht sein** (fam: fig) s'y connaître en qch

Eichhörnchen nt écureuil m

Eid (-(e)s, -e) m serment m

Eidechse f lézard m

Eidgenosse m confédéré m ; (Schweizer) Suisse m

Eierbecher m coquetier m

Eierstock m ovaire m

Eieruhr f sablier m

Eifer (-s) m zèle m • **Eifersucht** f jalousie f • **eifersüchtig** adj: **(auf jdn/etw) ~** jaloux(-ouse) (de qn/qch)

eifrig adj zélé(e)

Eigelb nt jaune m d'œuf

eigen adj propre (vorgestellt) ; (Meinung) personnel(le) ; (typisch) particulier(-ière) ; (eigenartig) étrange • **Eigenart** f particularité f • **eigenartig** adj étrange, bizarre • **Eigenbedarf** m besoins mpl personnels • **eigenhändig** adj autographe • **Eigenheim** nt maison f dont on est propriétaire • **Eigenheit** f particularité f • **Eigenlob** nt éloge m de soi-même • **eigenmächtig** adj

eingehend *adj* détaillé(e)

Eingemachte(s) *nt* conserves *fpl*

eingenommen *adj*: **von jdm/ etw ~ sein** être séduit(e) par qn/ qch ; **gegen jdn/etw ~ sein** être prévenu(e) contre qn/qch

eingeschrieben *adj* (*Brief*) recommandé(e)

ein|gestehen (*irr*) *vt* avouer

eingetragen *adj* (*Verein*) reconnu(e) (par les autorités) ; **~es Warenzeichen** marque *f* déposée

Eingeweide (*-s*, *-*) *nt* (*gew pl*) viscères *mpl*

ein|gewöhnen *vr*: **sich ~ in** +*Akk* s'habituer à

eingleisig *adj* à voie unique ; **er denkt sehr ~** il est très étroit d'esprit

ein|greifen (*irr*) *vi* intervenir

Eingreiftruppe *f*: **schnelle ~** force *f* d'intervention rapide

Eingriff *m* intervention *f* ; (*Operation*) intervention (chirurgicale)

Einhalt *m*: **jdm ~ gebieten** (*geh*) arrêter qn ; **etw** *Dat* **~ gebieten** mettre un terme à qch

ein|halten (*irr*) *vt* suivre ; (*Frist*) respecter

einhändig *adv* d'une (seule) main

ein|hängen *vt* (*Tür*) monter ; (*Telefon*) raccrocher

einheimisch *adj* (*Ware*) du pays ; (*Bevölkerung*) indigène, autochtone ; **Einheimische(r)** *f(m)* autochtone *mf*

Einheit *f* unité *f* • **einheitlich** *adj* (*Kleidung, Gestaltung*) uniformisé(e) ; (*Preis*) unique ; (*genormt*) standard *inv*

Einheitspreis *m* prix *m* unique

ein|holen *vt* (*aufholen*) rattraper ; (*Rat, Erlaubnis*) demander

einhundert *num* cent

einig *adj* (*vereint*) uni(e) ; **(sich** *Dat*) **~ sein** être d'accord ; **~ werden** tomber d'accord

einige(r, s) *pron* (*etwas: adjektivisch*) un peu de ; (*: substantivisch*) un peu ; **~ Mal(e)/Tage** plusieurs fois/ jours ; **es gibt noch ~s zu regeln** il reste encore plusieurs questions à régler

einigen *vt* unir ▶ *vr*: **sich ~ auf** +*Akk* se mettre d'accord sur

einigermaßen *adv* assez, plutôt

Einigkeit *f* unité *f* ; (*Übereinstimmung*) accord *m*

Einigung *f* accord *m*

einjährig *adj* d'un an

Einkauf *m* achat *m*

ein|kaufen *vt* acheter ▶ *vi* faire les courses ou des achats

Einkaufswagen *m* caddie *m*

Einkaufszentrum *nt* centre *m* commercial

Einklang *m* harmonie *f* ; **in ~ bringen** harmoniser

ein|klemmen *vt* coincer

Einkommen (*-s*, *-*) *nt* revenu *m*

einkommensschwach *adj* à faible revenu

einkommensstark *adj* à revenu élevé

Einkommensteuer *f* impôt *m* sur le revenu

Einkünfte *pl* revenus *m pl*

ein|laden (*irr*) *vt* (*Person*) inviter ; (*Gepäck*) charger

Einladung *f* invitation *f*

Einlage f (Programmeinlage)
intermède m ; (Spareinlage) dépôt
m ; (in Schuh) support m

Einlass (-es, ⸗e) m admission f ;
jdm ~ gewähren laisser entrer qn

ein|lassen (irr) vt (Mensch) laisser
entrer ; (Wasser) faire couler ;
(einsetzen: Platte) encastrer ▶ vr:
sich auf etw Akk ~ s'aventurer
dans qch ; **sich mit jdm ~** se
commettre avec qn

ein|laufen (irr) vi arriver ; (in
Hafen) entrer dans le port ;
(Wasser) couler ; (Stoff) rétrécir

ein|leben vr s'acclimater

ein|legen vt (Blatt) insérer ; (in
Holz etc) incruster, appliquer ;
(Pause) faire ; (Veto) opposer

ein|leiten vt (Feier, Rede)
commencer

Einleitung f introduction f

ein|leuchten vi: **(jdm) ~** paraître
évident(e) (à qn)

einleuchtend adj
convaincant(e)

ein|loggen vi ouvrir une session

ein|lösen vt (Scheck) encaisser ;
(Schuldschein, Pfand) retirer ;
(Versprechen) tenir

einmal adv (ein einziges Mal) une
(seule) fois ; (später, irgendwann)
un jour ; (früher, vorher) jadis, une
fois ; **noch ~** encore une fois ;
nicht ~ même pas ; **auf ~** tout à
coup

einmalig adj unique

Einmarsch m (Mil) invasion f ;
(von Sportlern) entrée f

ein|mischen vr: **sich ~ in** +Akk se
mêler de

Einnahme f (Geld) recette f,
revenu m ; (von Medizin)

absorption f • **Einnahmequelle** f
source f de revenu

ein|nehmen (irr) vt (Geld) gagner ;
(Medizin, Mahlzeit, Mil: Stadt)
prendre ; (Raum, Platz) occuper ;
jdn für/gegen jdn/etw ~ prévenir
qn en faveur de/contre qn/qch

ein|ordnen vt (Karteikarten etc)
classer ▶ vr (sich anpassen)
s'intégrer ; (Aut) prendre la bonne
file

ein|packen vt (Geschenke)
emballer ; (in Koffer, Paket) mettre

ein|parken vt garer ▶ vi se garer

ein|pferchen vt parquer

ein|planen vt prévoir

ein|prägen vr (Erlebnisse) rester
gravé(e) dans la mémoire ; **sich**
Dat ~ mémoriser qch

ein|räumen vt (ordnen) ranger ;
(überlassen) laisser, céder ;
(zugestehen) concéder

ein|reden vt: **jdm/sich etw ~**
persuader qn/se persuader de qch

ein|reichen vt présenter

Einreise f entrée f
• **Einreiseerlaubnis** f,
Einreisegenehmigung f visa m
d'entrée

ein|reisen vi (in ein Land) entrer

ein|reißen (irr) vt (Papier)
déchirer ; (Gebäude) raser ▶ vi se
déchirer ; (Gewohnheit werden)
s'enraciner

ein|richten vt (Wohnung)
aménager ; (eröffnen) ouvrir ;
(arrangieren) arranger ▶ vr (in
Haus) s'installer ; (sich anpassen)
se débrouiller

Einrichtung f
(Wohnungseinrichtung)
équipement m ; (öffentliche

Anstalt) institution f; (*Dienste*) service m

eins *num* un(e) • **Eins** (-, *-en*) f un m

einsam *adj* seul(e), solitaire • **Einsamkeit** f solitude f

ein|sammeln *vt* (*Geld*) recueillir ; (*Hefte*) ramasser

Einsatz m (*Koffereinsatz*) compartiment m amovible ; (*Stoffeinsatz*) empiècement m ; (*Spieleinsatz*) mise f, enjeu m ; (*Bemühung*) effort m ; (*Risiko*) risque m ; (*Mus*) entrée f • **einsatzbereit** *adj* (*Maschine*) opérationnel(le) ; (*Helfer*) disponible

ein|schalten *vt* (*Radio, Licht etc*) allumer ; (*Pause*) faire ; (*Anwalt*) faire appel à

ein|schärfen *vt*: **jdm etw ~** inculquer qch à qn

ein|schätzen *vt* juger ; (*Situation, Arbeit*) évaluer

ein|schenken *vt* verser

ein|schlafen (*irr*) *vi* s'endormir ; (*Glieder*) s'engourdir

ein|schlagen (*irr*) *vt* (*Nagel*) enfoncer ; (*Fenster, Zähne*) casser ; (*Aut: Räder*) braquer ; (*Weg, Richtung*) prendre ▶ *vi* (*sich einigen*) toper ; (*Anklang finden*) avoir du succès ; (*Blitz, Bombe*): **~ (in** +*Akk*) tomber (sur)

ein|schließen (*irr*) *vt* (*Kind, Häftling*) enfermer ; (*Gegenstand*) mettre sous clef ; (*Mil*) encercler ; (*einbegreifen*) inclure, comprendre

einschließlich *adv, präp* +*Gen* y compris

ein|schmeicheln *vr*: **sich ~ bei** s'insinuer dans les bonnes grâces de

Einschnitt m découpure f; (*Méd*) incision f

ein|schränken *vt* réduire ; (*Freiheit, Rechte, Begriff*) limiter, restreindre ; (*Behauptung*) nuancer ▶ *vr* (*sich bescheiden*) réduire ses dépenses

Einschränkung f limitation f, restriction f; (*von Kosten*) réduction f; **nur mit/ohne ~** sous/sans réserve

ein|schreiben (*irr*) *vt* inscrire ; (*Poste*) recommander ▶ *vr* s'inscrire

Einschreiben *nt* envoi m recommandé

ein|schreiten *vi* intervenir

ein|schüchtern *vt* intimider

ein|sehen (*irr*) *vt* (*hineinsehen in, verstehen*) voir ; (*prüfen*) examiner • **Einsehen** (-*s*) *nt*: **ein/kein ~ haben** se montrer compréhensif(-ive)/ intransigeant(e)

einseitig *adj* (*Lähmung*) partiel(le) ; (*Erklärung, Pol*) unilatéral(e) ; (*Ausbildung*) trop spécialisé(e)

ein|senden (*irr*) *vt* envoyer

ein|setzen *vt* (*einfügen*) mettre, poser ; (*in Amt*) nommer ; (*verwenden*) avoir recours à ▶ *vi* (*Kälte*) arriver ▶ *vr* (*bemühen*) payer de sa personne ; **sich für jdn/etw ~** se battre pour qn/qch

Einsicht f (*Einblick*) aperçu m ; (*Verständnis*) compréhension f ; **zu der ~ kommen, dass ...** en arriver à la conclusion que ...

einsichtig *adj* (*vernünftig*) compréhensif(-ive)

Einsiedler (-*s*, -) m ermite m

einsilbig adj (fig) laconique

ein|sperren vt enfermer

ein|springen (irr) vi (aushelfen):
für jdn ~ remplacer qn au pied levé

Einspritzmotor m moteur m à injection

Einspruch m objection f

einspurig adj à une (seule) voie

einst adv autrefois, jadis ; (zukünftig) un jour

Einstand m (Tennis) égalité f

ein|stecken vt (Gerät) brancher ; (mitnehmen in Tasche etc) prendre ; (Prügel, Niederlage) encaisser

ein|stehen (irr) vi: **~ (für +Akk)** se porter garant(e) (de) ; **für einen Schaden ~** réparer un dommage

ein|steigen (irr) vi: **~ in +Akk** (in Fahrzeug) monter dans ; (in Schiff) s'embarquer sur

Einsteiger(in) (-s, -) m(f) (fam) débutant(e), novice mf

ein|stellen vt (Arbeit) arrêter ; (Zahlungen) cesser, suspendre ; (Geräte, Kamera) régler, mettre au point ; (Radio) allumer ; (unterstellen) entreposer ▶ vr (erscheinen) se manifester ; **sich auf jdn/etw ~** s'adapter à qn/qch

Einstellung f (von Arbeitskräften) embauche f ; (das Regulieren) réglage m, mise f au point ; (das Aufhören) arrêt m, cessation f ; (Haltung, Ansicht) attitude f

Einstieg (-(e)s, -e) m (das Einsteigen) montée f ; (fig) entrée f

einstig adj ancien(ne)

einstimmig adj unanime

einstmals adv autrefois

einstöckig adj (Haus) à un (seul) étage

einstündig adj d'une heure

Einsturz m (von Gebäude) effondrement m

ein|stürzen vi s'écrouler

einstweilen adv en attendant

einstweilig adj provisoire

eintägig adj d'un jour

ein|tauschen vt échanger

eintausend num mille

ein|teilen vt diviser ; (sinnvoll aufteilen) répartir

einteilig adj une pièce inv

eintönig adj monotone

Eintopf m plat m unique

Eintracht f concorde f, harmonie f

Eintrag (-(e)s, -e) m inscription f ; **amtlicher ~** enregistrement m

ein|tragen (irr) vt (einschreiben, einzeichnen) inscrire ; (einbringen) rapporter ▶ vr (in Liste): **sich ~ (in +Akk)** s'inscrire (sur) ; **jdm etw ~** valoir qch à qn

einträglich adj lucratif(-ive)

ein|treffen (irr) vi (ankommen) arriver ; (wahr werden) se réaliser

ein|treten (irr) vi entrer ; (sich ereignen) se produire ; **für jdn/ etw ~** intervenir en faveur de qn/ qch

Eintritt m entrée f ; **bei ~ der Dunkelheit** à la tombée de la nuit

Eintrittsgeld nt prix m du billet

Eintrittskarte f billet m

Eintrittspreis m prix m du billet

Einvernehmen (-s, -) nt accord m

einverstanden interj d'accord ▶ adj: **~ sein (mit)** être d'accord (avec)

Einverständnis (-ses) nt accord m

Einwand (-(e)s, ⸚) m objection f
Einwanderer m immigrant m,
immigré m
ein|wandern vi: ~ **(in** +Akk od
nach) immigrer (en)
Einwanderung f immigration f
Einwanderungsland nt pays m
d'immigration
einwandfrei adj (Ware)
impeccable, sans défaut ;
(Benehmen) irréprochable ;
(Beweis) irréfutable
Einwegflasche f bouteille f non
consignée
ein|weichen vt faire tremper
ein|weihen vt (Brücke, Gebäude)
inaugurer ; (fam: zum ersten Mal
benutzen) étrenner ; **jdn in etw**
Akk ~ initier qn à qch
Einweihung f inauguration f
Einweisung f (in Amt) installation
f ; (in Arbeit) initiation f ; (in
Krankenhaus) hospitalisation f
ein|wenden (irr) vt objecter
ein|werfen (irr) vt (Brief) mettre à
la boîte, poster ; (Münze)
introduire ; (Fenster) casser ;
(äußern) objecter
ein|wickeln vt (Ware) emballer
ein|willigen vi: ~ **(in** +Akk)
consentir (à)
Einwilligung f consentement m
ein|wirken vi: **auf jdn/etw** ~
influer sur qn/qch ; **etw ~ lassen**
(Méd) attendre l'effet de qch
Einwirkung f influence f ; (Méd)
effet m
Einwohner(in) (-s, -) m(f)
habitant(e)
• **Einwohnermeldeamt** nt en
Allemagne, administration chargée

d'enregistrer les changements de
domicile
Einwurf m (Einwand) objection f ;
(Sport) remise f en jeu ; (Öffnung)
ouverture f
ein|zahlen vt (Geld) verser
Einzel (-s, -) nt (Tennis) simple m
• **Einzelfahrschein** m billet m
simple • **Einzelfall** m cas m isolé
• **Einzelgänger(in)** m(f) solitaire
mf • **Einzelhaft** f régime m
cellulaire
Einzelhandel m commerce m de
détail, petit commerce
Einzelheit f détail m
Einzelkind nt enfant mf unique
einzeln adj seul(e), unique ;
(vereinzelt) isolé(e) ▶ adv:
~ **angeben** spécifier ; **der/die**
E~e l'individu m
Einzelteil nt pièce f détachée
Einzelzimmer nt (in Hotel)
chambre f à un lit
ein|ziehen (irr) vt (Kopf) baisser ;
(Steuern) percevoir ;
(Erkundigungen) prendre ▶ vi (in
Wohnung) emménager
einzig adj unique, seul(e) ;
(ohnegleichen) unique ▶ adv (nur)
seulement • **einzigartig** adj
unique, extraordinaire
Einzug m (in Haus)
emménagement m
Eis (-es, -) nt glace f • **Eisbahn** f
patinoire f • **Eisbecher** m coupe f
glacée • **Eisbein** nt jarret m de
porc
Eisdiele f glacier m
Eisen (-s, -) nt fer m
Eisenbahn f chemin m de fer
Eisenerz nt minerai m de fer

eisern adj de fer ▸ adv
tenacement, avec ténacité

Eishockey nt hockey m sur glace

eisig adj glacial(e)

eiskalt adj (Wasser) glacé(e) ;
(Miene, Typ) glacial(e)

Eiskunstlauf m patinage m
artistique

Eispickel m piolet m

Eiszapfen m glaçon m

Eiszeit f période f glaciaire

eitel adj (Mensch) vaniteux(-euse) ;
(Freude) pur(e) • **Eitelkeit** f
vanité f

Eiter (-s) m pus m

eitern vi suppurer

Eiweiß (-es, -e) nt blanc m d'œuf ;
(Chem) albumine f

Eizelle f ovule m

Ekel[1] (-s) m dégoût m

Ekel[2] (-s, -) (fam) nt (Mensch)
individu m répugnant

ekelerregend adj dégoûtant(e)

ekelhaft adj, **ek(e)lig** adj
dégoûtant(e)

ekeln vt dégoûter ▸ vr: **sich vor
etw** Dat **~** trouver qch dégoûtant
od répugnant

EKG (-) nt abk
(= Elektrokardiogramm)
électrocardiogramme m

Ekstase f extase f

Ekzem (-s, -e) nt eczéma m

Elan (-s) m enthousiasme m

Elbe f Elbe f

Elch (-(e)s, -e) m élan m

Elefant m éléphant m

elegant adj élégant(e)

Eleganz f élégance f

Elektriker (-s, -) m électricien m

elektrisch adj électrique

Elektrizität f électricité f

Elektrizitätswerk nt centrale f
électrique

Elektrofahrrad nt VAE f (= vélo à
assistance électrique)

Elektroherd m cuisinière f
électrique

Elektrokardiogramm nt
électrocardiogramme m

Elektronik f électronique f

elektronisch adj électronique

Elektrorasierer m rasoir m
électrique

Elektrosmog m émissions fpl
électromagnétiques

Elektrotechnik f
électrotechnique f

Element (-s, -e) nt élément m ;
in seinem ~ sein être dans son
élément

elementar adj élémentaire

elend adj misérable ; (krank)
malade ; (fam: Hunger) terrible
▸ adv: **~ aussehen** avoir très
mauvaise mine ; **es war ~ kalt** il
faisait un froid de loup ; **mir ist
ganz ~** je ne me sens vraiment pas
bien • **Elend** (-(e)s) nt misère f

Elendsviertel nt bidonville m

elf num onze • **Elf** (-, -en) f (Sport)
onze m

Elfenbein nt ivoire m

Elfmeter m (Sport) penalty m

eliminieren vt éliminer

Elite f élite f

Ellbogen m siehe **Ellenbogen**

Ellenbogen m coude m

Elsass nt (-): **das ~** l'Alsace f

Elsässer(in) m(f) Alsacien(ne)

Elster (-, -n) f pie f

elterlich adj des parents, parental(e)

Eltern pl parents mpl • **Elterngeld** nt ≈ allocation f de congé parental
• **Elternhaus** nt maison f familiale
• **Elternschaft** f parentalité f

Email (-s, -s) nt émail m

E-Mail (-) f courrier m électronique, e-mail m

E-Mail-Adresse f adresse f e-mail, adresse f électronique

Emanze f féministe f

Emanzipation f émancipation f

emanzipieren vt émanciper ▶ vr s'émanciper

Embargo (-s, -s) nt embargo m

Embryo (-s, -s od -nen) m embryon m

Emigration f émigration f

emotional adj émotif(-ive)

empfahl etc vb siehe **empfehlen**

empfand etc vb siehe **empfinden**

Empfang (-(e)s, -e) m (Radio, TV) réception f; (Begrüßung) accueil m; **ein Päckchen in ~ nehmen** prendre livraison d'un colis; **nach od bei ~ zahlbar** payable à la livraison

empfangen (irr) vt recevoir

Empfänger(in) (-s, -) m(f) (von Brief, Paket etc) destinataire mf

empfänglich adj: ~ **(für)** sensible (à)

Empfängnis (-, -se) f conception f
• **Empfängnisverhütung** f contraception f

empfehlen (irr) vt recommander; **es empfiehlt sich ...** il est recommandé de ...

empfehlenswert adj à recommander

Empfehlung f recommandation f

Empfehlungsschreiben nt lettre f de recommandation

empfinden (irr) vt ressentir, éprouver

empfindlich adj (Stelle, Gerät) sensible; (Stoff) fragile; (leicht beleidigt) susceptible; (Art, schmerzlich) sensible

Empfindung f sensation f; (Seelenempfindung) sentiment m

empfing vb siehe **empfangen**

empfohlen pp von **empfehlen**

empor adv vers le haut

empören vt indigner

emsig adj (Mensch) affairé(e)

Endbahnhof m (gare f) terminus m

Ende (-s, -n) nt fin f; (Stelle, wo etw aufhört) bout m, extrémité f; **am ~** à la fin; **am ~ sein** être au bout du rouleau

enden vi finir, se terminer

endgültig adj définitif(-ive)

Endivie f chicorée f

Endlager nt centre m de stockage définitif

Endlagerung f stockage m des déchets radioactifs

endlich adv enfin, finalement

endlos adj sans fin; (langwierig) interminable

Endlospapier nt papier m en continu

Endspiel nt finale f

Endspurt m sprint m final

Endstation f terminus m

Endung f terminaison f

Energie f énergie f
• **Energiebedarf** m besoins mpl énergétiques

e

• **Energiewirtschaft** f secteur m de la production d'énergie

energisch adj énergique

eng adj étroit(e) ; (fig: Horizont) limité(e)

Engagement (-s, -s) nt (von Künstler) engagement m ; (Einsatz) engagement (personnel)

engagieren vt (Künstler) engager ▶ vr s'engager

Enge f étroitesse f ; **jdn in die ~ treiben** acculer qn

Engel (-s, -) m ange m

England nt l'Angleterre f

Engländer(in) (-s, -) m(f) Anglais(e)

englisch adj anglais(e) • **Englisch** nt (Ling) l'anglais m

Engpass m (Versorgungsschwierigkeiten) difficultés fpl d'approvisionnement ; (Verkehr) bouchon m

engstirnig adj (Mensch) borné(e) ; (Entscheidung) d'un esprit borné

Enkel (-s, -) m petit-fils m

• **Enkelin** f petite-fille f

• **Enkelkind** nt: **meine ~er** mes petits-enfants

enorm adj énorme

entbehren vt se passer de

entbehrlich adj superflu(e)

Entbehrung f privation f

entbinden (irr) vt, vi (Méd) accoucher ; **~ (von)** dispenser (de)

Entbindung f (Méd) accouchement m

entdecken vt découvrir

Entdecker(in) (-s, -) m(f) découvreur(-euse)

Entdeckung f découverte f

Ente f canard m

enteignen vt exproprier

enteisen vt (auftauen) dégivrer

entfallen (irr) vi (wegfallen, ausfallen) être supprimé(e) ; jdm ~ (vergessen) échapper à qn ; **auf jdn ~** revenir à qn

entfalten vt déployer ; (Karte auch) déplier ▶ vr s'épanouir ; (Talente) se développer

entfernen vt: **~ (aus** od **von)** enlever (de) ▶ vr s'éloigner

entfernt adj éloigné(e) ; **weit (davon) ~ sein, etw zu tun** être loin de faire qch

Entfernung f (Abstand) distance f ; (Wegschaffen) enlèvement m

Entfernungsmesser m (Phot) télémètre m

Entfremdung f aliénation f

Entfroster (-s, -) m (Aut) dégivreur m

entführen vt enlever ; (Flugzeug) détourner

Entführer(in) m(f) ravisseur(-euse) ; (von Flugzeug) pirate m de l'air

Entführung f enlèvement m, rapt m ; (von Flugzeug) détournement m

entgegen präp +Dat contre

• **entgegen|bringen** (irr) vt: **jdm etw ~** faire preuve de od témoigner de qch envers qn

• **entgegen|gehen** (irr) vi +Dat aller à la rencontre de

• **entgegengesetzt** adj opposé(e), contraire ; (widersprechend) contradictoire

• **entgegen|kommen** (irr) vi +Dat venir à la rencontre de ; (Zugeständnisse machen) accéder à

• **entgegen|nehmen** (irr) vt recevoir, accepter

• **entgegen|sehen** (irr) vi: **einer Sache** Dat ~ attendre qch
• **entgegen|treten** (irr) vi +Dat (sich in den Weg stellen) s'opposer à ; (einem Vorurteil) combattre

entgegnen vt, vi (antworten) répliquer

entgehen (irr) vi +Dat échapper à ; **sich** Dat **etw ~ lassen** manquer qch

entgeistert adj hébété(e)

Entgelt (-(e)s, -e) nt rémunération f

entgiften vt désintoxiquer ; (entseuchen) décontaminer ; (Abgase) filtrer

entgleisen vi dérailler

Entgleisung f déraillement m

Enthaarungsmittel nt dépilatoire m

enthalten (irr) vt contenir ▶ vr s'abstenir ; **sich der Stimme ~** s'abstenir

enthaltsam adj sobre ; (sexuell) chaste • **Enthaltsamkeit** f sobriété f ; (sexuell) chasteté f

Enthusiasmus m enthousiasme m

enthusiastisch adj enthousiaste

entkommen (irr) vi réussir à s'échapper

entladen (irr) vt décharger ▶ vr (Élec) se décharger ; (Gewitter, Ärger etc) éclater

entlang präp (+Akk od Dat) le long de • **entlang|gehen** (irr) vt marcher le long de ▶ vi: **an etw** Dat ~ longer qch

entlarven vt (Betrüger) démasquer ; (Absicht) dévoiler

entlassen (irr) vt (Arbeiter) licencier

Entlassung f (von Arbeiter) licenciement m

entlasten vt décharger ; (Verkehr) délester ; (Angeklagten) d[i]sculper

Entlastung f (von Arbeit) décharge f ; (des Verkehrs) délestage m ; (des Angeklagten) disculpation f ; (des Vorstandes) approbation f

entmutigen vt décourager

Entnahme f prélèvement m

entnehmen (irr) vt: **~ (aus)** (Waren) prendre (dans) ; (folgern) conclure ; **wie ich Ihren Worten entnehme, ...** d'après ce que vous venez de dire, ...

entpacken vt (Inform) décompacter

entradikalisieren vt déradicaliser

entrosten vt débarrasser de sa rouille

entrüsten vt indigner ▶ vr: **sich ~ (über** +Akk**)** s'indigner (de)

Entrüstung f indignation f

entschädigen vt: **~ (für)** dédommager (de)

Entschädigung f dédommagement m, indemnité f

Entscheid (-(e)s, -e) m décision f

entscheiden (irr) vt décider ▶ vr se décider

entscheidend adj décisif(-ive) ; (Unterschied) capital(e)

Entscheidung f décision f

entschieden adj (Gegner) résolu(e) ; (Meinung) catégorique ; (klar, entschlossen) net(te) ; **das geht ~ zu weit** cela dépasse vraiment les bornes
• **Entschiedenheit** f détermination f

entschließen (irr) vr se décider
entschlossen adj décidé(e)
- **Entschlossenheit** f résolution f

Entschluss m décision f
entschuldigen vt excuser ▸ vr:
sich ~ für s'excuser de
Entschuldigung f excuse f; **jdn um ~ bitten** demander pardon à qn
entsetzen vt horrifier
- **Entsetzen** (-s) nt (von Mensch) horreur f

entsetzlich adj effroyable
entsetzt adj horrifié(e)
entsorgen vt éliminer les déchets produits par
Entsorgung f élimination f des déchets
entspannen vt détendre
Entspannung f détente f
entsprechen (irr) vi +Dat correspondre à
entsprechend adj (angemessen) correspondant(e) ▸ adv en conséquence
entspringen (irr) vi (Fluss) prendre sa source; (sich aus etw erklären lassen) être dû (due) à
entstehen (irr) vi naître; (Unruhe) se produire; (Kosten) être occasionné(e)
Entstehung f origine f
entstellen vt (Mensch) défigurer; (Bericht, Wahrheit) déformer
enttäuschen vt décevoir
Enttäuschung f déception f
entwaffnen vt désarmer
Entwarnung f fin f d'alerte
entwässern vt drainer, assainir
entweder konj: **~ ... oder ...** soit ... soit ..., ou (bien) ... ou (bien) ...
entweichen (irr) vi fuir

entwerfen (irr) vt (Zeichnung) esquisser; (Modell) concevoir; (Plan) dresser
entwerten vt dévaluer; (Fahrschein) composter
Entwerter (-s, -) m composteur m
entwickeln vt développer ▸ vr se développer
Entwicklung f développement m
Entwicklungshelfer(in) m(f) coopérant(e)
Entwicklungshilfe f aide f au développement
Entwicklungsland nt pays m en voie de développement
entwöhnen vt sevrer; (Süchtige) désintoxiquer
entwürdigend adj dégradant(e)
Entwurf m (Zeichnung) croquis m; (Konzept, Vertragsentwurf) projet m
entziehen (irr) vt +Dat (Führerschein, Erlaubnis, Unterstützung) retirer (à) ▸ vr: **sich jdm/einer Sache ~** échapper à qn/à qch; **sich der Pflicht/ Verantwortung ~** se dérober à ses obligations/son devoir
Entziehungskur f cure f de désintoxication
entziffern vt déchiffrer
entzücken vt ravir
entzückend adj ravissant(e); (Kind) adorable
Entzug (-(e)s) m (einer Lizenz etc) retrait m; (Méd) désintoxication f
Entzugserscheinung f symptôme m de manque
entzünden vt (Fackel, Feuer) allumer ▸ vr s'enflammer
Entzündung f (Méd) inflammation f

entzwei *adv* cassé(e)

Enzian (-s, -e) *m* gentiane *f*

Enzym (-s, -e) *nt* enzyme *m*

Epidemie *f* épidémie *f*

Epilepsie *f* épilepsie *f*

Epileptiker(in) (-s, -) *m(f)* épileptique *mf*

Episode *f* épisode *m*

Epoche *f* époque *f*

er *pron* il

erbarmen *vr* +Gen avoir pitié de
  • **Erbarmen** (-s) *nt* pitié *f*

erbärmlich *adj* (*Zustände*) lamentable, déplorable ; (*gemein*) misérable

erbarmungslos *adj* sans pitié

Erbe¹ (-n, -n) *m* héritier *m*

Erbe² (-s) *nt* héritage *m*

erben *vt, vi* hériter (de)

Erbin *f* héritière *f*

erbittert *adj* acharné(e)

erblich *adj* héréditaire

erbrechen (irr) *vt, vr* vomir

Erbschaft *f* héritage *m*

Erbse *f* petit pois *m*

Erdbeben *nt* tremblement *m* de terre

Erdbeere *f* fraise *f*

Erdboden *m* sol *m*

Erde *f* terre *f* ; (*Boden*) sol *m*
  • **erden** *vt* (*Élec*) relier à la terre

erdenkbar *adj* imaginable ; **sich** *Dat* **alle ~e Mühe geben** se donner toutes les peines du monde

erdenklich *adj* = **erdenkbar**

Erdgas *nt* gaz *m* inv naturel

Erdgeschoss *nt* rez-de-chaussée *m* inv

Erdkunde *f* géographie *f*

Erdnuss *f* cacahuète *f*

Erdöl *nt* pétrole *m*

Erdrutsch *m* glissement *n* de terrain

Erdteil *m* continent *m*

erdulden *vt* endurer

ereifern *vr*: **sich über etw** *Akk* **od wegen einer Sache** *Gen* **~** s'exciter à cause de qch

ereignen *vr* se produire, survenir

Ereignis *nt* événement *m*
  • **ereignisreich** *adj* mouvementé(e)

erfahren (irr) *vt* apprendre ; (*erleben*) éprouver ▶ *adj* expérimenté(e)

Erfahrung *f* expérience *f*

erfassen *vt* saisir

erfinden (irr) *vt* inventer

Erfinder(in) *m(f)* inventeur(-trice)

Erfindung *f* invention *f*

Erfolg (-(e)s, -e) *m* succès *m* ; **~ versprechend** (*Versuch, Unternehmen*) prometteur(-euse)

erfolglos *adj* (*Mensch*) qui n'a pas de succès ; (*Versuch, Unternehmen*) infructueux(-euse)

erfolgreich *adj* (*Mensch*) qui a du succès ; (*Versuch, Unternehmen*) couronné(e) de succès

Erfolgserlebnis *nt* succès *m*

erfolgversprechend *adj siehe* **Erfolg**

erforderlich *adj* nécessaire ; (*Kenntnisse*) requis(e)

erfordern *vt* demander, requérir

erforschen *vt* (*Land*) explorer ; (*Problem*) étudier

Erforschung *f* exploration *f*

erfragen *vt* demander

e

erfreuen vr: **sich an etw ~** se réjouir de qch ▶ vt faire plaisir à ; **sich bester Gesundheit** Gen etc **~** (geh) être en parfaite santé etc

erfreulich adj (Ergebnis) qui fait plaisir

erfreulicherweise adv heureusement

erfrieren (irr) vi (Mensch) mourir de froid ; (Pflanzen) geler

erfrischen vt rafraîchir

Erfrischung f rafraîchissement m

Erfrischungsraum m buvette f

erfüllen vt remplir ; (Bitte) satisfaire ; (Erwartung) répondre à ▶ vr se réaliser

ergänzen vt compléter

Ergänzung f complément m ; (Zusatz) supplément m

ergeben (irr) vt (Betrag, Summe) rapporter ; (Bild) donner ▶ vr (kapitulieren) se rendre ; (folgen) s'ensuivre, en résulter ▶ adj dévoué(e)

Ergebnis nt résultat m
• **ergebnislos** adj sans résultat

ergehen (irr) vi (Befehl) être donné(e) ; (Gesetz) paraître ▶ vi unpers: **es erging ihm gut/ schlecht** cela s'est bien/mal passé pour lui ; **etw über sich ~ lassen** supporter od subir qch patiemment

ergiebig adj (Quelle) abondant(e) ; (Untersuchung) fructueux(-euse) ; (Boden) fertile

Ergonomie f ergonomie f

Ergotherapie f ergothérapie f

ergreifen (irr) vt saisir ; (Täter) arrêter ; (Beruf) embrasser ; (Maßnahmen) prendre ; (innerlich rühren) toucher

ergreifend adj émouvant(e)

ergriffen adj: **~ sein** être ému(e) ▶ pp von **ergreifen**

erhaben adj en relief ; (Anblick) sublime ; **über etw ~ sein** être au-dessus de qch

erhalten (irr) vt recevoir ; (bewahren) conserver ▶ adj: **gut ~** bien conservé(e)

erhältlich adj en vente

Erhaltung f (Bewahrung) maintien m ; (: von Gebäude, Energie) conservation f

erhängen vt pendre

erheben (irr) vt lever ; (rangmäßig: Protest) élever ; (Klage) porter ▶ vr (aufstehen, ausbrechen) se lever ; (Frage) se poser ; (sich auflehnen) se soulever ; **Anspruch auf etw** Akk **~** revendiquer qch

erheblich adj considérable

erheitern vt égayer

Erheiterung f amusement m

erhitzen vt chauffer

erhoffen vt espérer ; **was erhoffst du dir davon?** qu'est-ce que tu espères y gagner ?

erhöhen vt (Steuern, Geschwindigkeit, Risiko) augmenter

erholen vr (von Krankheit) se remettre ; (entspannen) se reposer

erholsam adj reposant(e)

Erholung f (Gesundung) rétablissement m ; (Entspannung) repos m

Erika (-, Eriken) f bruyère f

erinnern vt: **~ (an** +Akk) rappeler ▶ vr: **sich ~ (an** +Akk) se souvenir (de)

Erinnerung f souvenir m ; **Erinnerungen** (Litt) mémoires mpl ; **zur ~ an** +Akk en souvenir de

ermuntern

erkälten *vr* prendre froid

Erkältung *f* rhume *m*

erkennbar *adj* reconnaissable

erkennen (*irr*) *vt* reconnaître

erkenntlich *adj*: **sich für etw** *Akk*
~ zeigen exprimer sa
reconnaissance pour qch

Erkenntnis *f* connaissance *f*; **zu**
der ~ kommen *od* **gelangen,**
dass … en arriver à la conclusion
que …

Erker (*-s, -*) *m* encorbellement *m*

erklären *vt* expliquer

Erklärung *f* explication *f*;
(*Mitteilung*) déclaration *f*

erklingen (*irr*) *vi* retentir

erkranken *vi* tomber malade

Erkrankung *f* maladie *f*

erkunden *vt* (*bes Mil: Gelände*)
reconnaître; (*herausfinden*)
apprendre

erkundigen *vr*: **sich nach etw ~**
se renseigner sur *od* s'informer de
qch

Erkundigung *f* demande *f* de
renseignements

Erkundung *f* reconnaissance *f*

erlangen *vt* (*Vorteil, Mehrheit*)
obtenir; (*Bedeutung*) prendre;
(*Gewissheit*) acquérir

Erlass (*-es, -̈e*) *m* décret *m*; (*von*
Strafe) remise *f*

erlassen (*irr*) *vt* (*verkünden*)
publier; (*aufheben: Strafe*)
remettre; **jdm etw ~** faire grâce
de qch à qn

erlauben *vt* permettre; **jdm**
etw ~ permettre qch à qn

Erlaubnis (*-, -se*) *f* permission *f*

erläutern *vt* expliquer

Erle *f* aune *m*, aulne *m*

erleben *vt* (*erfahren*) avoir;
(*durchleben*) vivre; (*miterleben*) voir

Erlebnis *nt* expérience *f*

erledigen *vt* (*Arbeit*) faire,
exécuter; (*fam: erschöpfen*)
épuiser; (*: ruinieren*) ruiner

erleichtern *vt* (*Arbeit, Leben*)
faciliter; (*Last*) alléger; (*Mensch*)
soulager

erleichtert *adj* soulagé(e);
(*Seufzer*) de soulagement

Erleichterung *f* soulagement *m*

erleiden (*irr*) *vt* subir; (*Schmerzen*)
endurer

erlernen *vt* apprendre

Erlös (*-es, -e*) *m* produit *m*

erlösen *vt* (*Mensch*) délivrer; (*Rel*)
sauver

Ermächtigung *f* autorisation *f*

ermäßigen *vt* (*Gebühr*) accorder
une réduction sur

Ermäßigung *f* réduction *f*

Ermessen (*-s*) *nt* jugement *m*;
in jds ~ liegen être à la discrétion
de qn

ermitteln *vt* (*Wert*) calculer;
(*Täter*) retrouver ► *vi*: **gegen jdn ~**
faire une enquête sur qn

Ermittlung *f* (*Polizeiermittlung*)
enquête *f*

ermöglichen *vt* rendre possible,
permettre

ermorden *vt* assassiner

Ermordung *f* assassinat *m*

ermüden *vt* fatiguer ► *vi* se fatiguer

Ermüdung *f* fatigue *f*

Ermüdungserscheinung *f*
effet *m* de la fatigue

ermuntern *vt* (*ermutigen*)
encourager; (*beleben*) vivifier;
(*aufmuntern*) remonter le moral à

ermutigen

ermutigen vt encourager

ernähren vt nourrir ▸ vr: **sich ~ von** se nourrir de

Ernährung f (das Ernähren) alimentation f; (Nahrung) nourriture f

ernennen (irr) vt nommer

Ernennung f nomination f

erneuern vt (Reifen, Verband) changer; (Vertrag, Pass) renouveler; (Gebäude) rénover

Erneuerung f (von Gebäude) rénovation f; (von Teil) remplacement m

erneut adj nouveau (nouvelle) ▸ adv à od de nouveau

ernst adj sérieux(-euse); (bedrohlich) grave • **Ernst** (-es) m sérieux m; **das ist mein ~** je parle sérieusement; **im ~** sérieusement • **Ernstfall** m: **im ~** en cas d'urgence • **ernsthaft** adj sérieux(-euse) • **ernstlich** adj sérieux(-euse)

Ernte f récolte f

ernten vt récolter

Eroberer (-s, -) m conquérant m

erobern vt conquérir

Eroberung f conquête f

eröffnen vt ouvrir ▸ vr (Möglichkeiten) se présenter

Eröffnung f ouverture f; (Mitteilung) déclaration f

erogen adj (Zone) érogène

Erotik f érotisme m

erotisch adj érotique

erpicht adj: **~ (auf** +Akk) avide (de)

erpressen vt (Geld etc) extorquer; (Mensch) faire chanter

Erpresser(in) (-s, -) m(f) maître m chanteur

Erpressung f chantage m

erproben vt mettre à l'essai

erraten (irr) vt deviner

erregen vt (hervorrufen) susciter; (aufregen, sinnlich erregen) exciter ▸ vr: **sich ~ (über** +Akk) s'énerver (à cause de)

Erreger (-s, -) m (von Krankheit) agent m

Erregung f excitation f

erreichbar adj (Ziel) que l'on peut atteindre; **in ~er Nähe bleiben** rester à proximité; **er ist jederzeit telefonisch ~** on peut le joindre au téléphone à n'importe quel moment

erreichen vt atteindre; (Zug) attraper; (sich in Verbindung setzen mit) joindre

errichten vt (Gebäude) ériger, construire; (gründen) fonder

erringen (irr) vt remporter

erröten vi rougir

Errungenschaft f conquête f; (fam: Anschaffung) acquisition f

Ersatz (-es) m remplacement m; (Schadensersatz) dédommagement m • **Ersatzreifen** m roue f de secours • **Ersatzteil** nt pièce f de rechange

erschaffen (irr) vt créer

erscheinen (irr) vi (sich zeigen) apparaître; (auftreten) se présenter; (veröffentlicht werden) paraître; **das erscheint mir vernünftig** cela me paraît raisonnable

Erscheinung f (das Erscheinen, Geist) apparition f; (Gestalt) personnage m

erschießen (irr) vt tuer (d'un coup de revolver od de fusil)

erschlagen (irr) vt assommer

erschöpfen vt épuiser

Erschöpfung f épuisement m

erschrak etc vb siehe **erschrecken**

erschrecken vt effrayer, faire peur à ▶ vi s'effrayer

erschreckend adj effrayant(e)

erschrocken adj effrayé(e)

erschüttern vt ébranler ; (ergreifen) bouleverser

Erschütterung f (von Gebäude) ébranlement m ; (von Mensch) bouleversement m

erschweren vt rendre (plus) difficile

erschwinglich adj abordable

ersetzen vt remplacer ; (erstatten) rembourser

ersichtlich adj (Grund) apparent(e)

ersparen vt : **jdm etw ~** épargner qch à qn

Ersparnis f économie f ; **~ an** +Dat économie de

---

erst

adv 1 d'abord ; (anfänglich) au début ; **mach ~ einmal deine Hausaufgaben, ehe du spielen gehst** fais tes devoirs avant d'aller jouer ; **da gings ~ richtig los** ça ne faisait que commencer

2 (nicht früher als) pas avant ; **~ gestern** pas plus tard qu'hier ; **~ morgen** pas avant demain ; **~ als** seulement quand, ce n'est que quand ; **wir fahren ~ später** nous partons plus tard (que prévu) ; **gerade ~** tout juste

3 : **jetzt ~ recht!** à plus forte raison !

---

erstatten vt (Unkosten) rembourser ; **Anzeige (gegen jdn) ~** porter plainte (contre qn) ; **Bericht ~** faire un rapport

erstaunen vt étonner
• **Erstaunen** (-s) nt étonnement m

erstaunlich adj étonnant(e)

erstbeste(r, s) adj premier(-ière) venu(e)

erste(r, s) adj premier(-ière)

erstellen vt (Gebäude) construire ; (Gutachten) établir

erstens adv premièrement, primo

ersticken vt étouffer ▶ vi : **an etw** Dat ~ s'étouffer avec qch

Erstickung f étouffement m

erstklassig adj (Ware) de premier choix ; (Hotel) de première classe ; (Essen) de première qualité

erstmalig adj premier(-ière)

erstmals adv pour la première fois

erstrebenswert adj enviable

erstrecken vr s'étendre

ertappen vt surprendre

erteilen vt donner

Ertrag (-(e)s, ⸚e) m (Ergebnis von Arbeit) rendement m ; (Gewinn) bénéfice m, revenu m

ertragen (irr) vt supporter

erträglich adj supportable

ertränken vt noyer

ertrinken (irr) vi se noyer
• **Ertrinken** (-s) nt noyade f

erübrigen vt (Geld) économiser, épargner ; (Zeit) trouver ▶ vr être inutile

erwachsen adj adulte

Erwachsene(r) f(m) adulte mf

Erwachsenenbildung f formation f continue

erwähnen vt mentionner

Erwähnung f mention f

erwarten vt (warten auf) attendre ; **etw kaum ~ können** attendre qch avec impatience

Erwartung f attente f

erweisen (irr) vt (Ehre, Dienst) rendre ▶ vr: **sich als etw ~** s'avérer être qch ; **es hat sich erwiesen, dass …** il s'est avéré que …

Erwerb (-(e)s, -e) m acquisition f ; (Beruf) travail m

erwerben (irr) vt acquérir

erwerbslos adj sans emploi

Erwerbsquelle f source f de revenus, ressource f

erwerbstätig adj actif(-ive)

erwerbsunfähig adj invalide

erwidern vt répondre ; (Besuch) rendre

erwischen (fam) vt attraper, choper

erwünscht adj (Gelegenheit) rêvé(e)

erwürgen vt étrangler

Erz (-es, -e) nt minerai m

erzählen vt raconter

Erzählung f récit m

Erzengel m archange m

erzeugen vt produire ; (Angst) provoquer

Erzeugnis nt produit m

erziehen (irr) vt (Kind) élever ; (bilden) éduquer

Erzieher(in) (-s, -) m(f) éducateur(-trice)

Erziehung f éducation f

Erziehungsberechtigte(r) f(m) personne qui a l'autorité parentale

erzielen vt (Ergebnis) obtenir

erzwingen (irr) vt forcer, obtenir de force

es pron (Subjekt) il(elle) , (Objekt) le (la) ; (unpersönlich) il ; **es regnet/ schneit** il pleut/neige

Esel (-s, -) m âne m

Eselsbrücke f (Gedächtnishilfe) moyen m mnémotechnique

Eselsohr (fam) nt (in Buch) corne f

Eskalation f escalade f

Espresso (-(s), -s od Espressi) m express m

essbar adj mangeable ; (Pilz) comestible

essen (irr) vt, vi manger • **Essen** (-s, -) nt repas m

Essenszeit f heure f du repas

Essig (-s, -e) m vinaigre m • **Essiggurke** f cornichon m (au vinaigre)

Esslöffel m cuiller f od cuillère f à soupe

Esszimmer nt salle f à manger

Estland nt l'Estonie f

etablieren vr s'établir

Etage f étage m

Etagenbett nt lits mpl superposés

Etappe f étape f

Etat (-s, -s) m budget m

Ethik f éthique f

ethisch adj éthique

ethnisch adj ethnique ; **~e Säuberung/saktionen** pl) f purification f ethnique

Etikett (-(e)s, -e) nt étiquette f

Etikette f étiquette f

etliche pron (sg) considérable ; **~s** pas mal de choses

etwa *adv* (*ungefähr*) environ ; (*zum Beispiel*) par exemple ; (*möglicherweise, vielleicht*) par hasard ; **nicht ~** non pas

etwaig *adj* éventuel(le)

etwas *pron* quelque chose ▶ *adv* un peu ; **noch ~ Kaffee/Wein?** encore un peu de café/vin ?

EU (-) *f abk* (= *Europäische Union*) UE *f*

EU-Befürworter(in) *m(f)* europhile *mf*

euch (*Akk, Dat von ihr*) *pron* vous

euer *pron* (*possessiv*) votre ; **eure Bücher** vos livres

euere(r, s) *pron siehe* **eure(r, s)**

EU-Erweiterung *f* élargissement *m* de l'UE

EU-Gegner(in) *m(f)* europhobe *mf*

EU-kritisch *adj* europhobe

Eule *f* chouette *f*, hibou *m*

eure(r, s) *pron* le(la) vôtre ▶ *pron* (*possessiv*)

eurerseits *adv* de votre côté

euretwegen *adv* (*für euch*) pour vous ; (*wegen euch*) à cause de vous

Euro *m* euro *m*

Eurocent *m* euro-cent *m*, euro centime *m*

Europa *nt* l'Europe *f*

Europäer(in) (-*s*, -) *m(f)* Européen(ne)

europäisch *adj* européen(ne) ; **E~e Union** Union européenne ; **das E~e Parlament** le Parlement européen

Europameister *m* champion *m* d'Europe

Europaparlament *nt* Parlement *m* européen

Europarat *m* Conseil *m* de l'Europe

Europawahl *f* élections *fpl* européennes

Eurozone *f* Euroland *m*

Euter (-*s*, -) *nt* pis *m*

evakuieren *vt* évacuer

evangelisch *adj* protestant(e)

Evangelium *nt* évangile *m*

eventuell *adj* éventuel(le) ▶ *adv* éventuellement

ewig *adj* éternel(le) • **Ewigkeit** *f* éternité *f*

EWS *nt abk* (= *Europäisches Währungssystem*) SME *m*

EWU (-) *f abk* (= *Europäische Währungsunion*) UME *f*

exakt *adj* (*Zahl*) exact(e) ; (*Arbeit*) précis(e)

Examen (-*s*, - *od* Examina) *nt* examen *m*

Exemplar (-*s*, -*e*) *nt* exemplaire *m* • **exemplarisch** *adj* exemplaire

Exil (-*s*, -*e*) *nt* exil *m*

Existenz *f* existence *f*

Existenzminimum *nt* minimum *m* vital

existieren *vi* exister

exklusiv *adj* (*Bericht*) exclusif(-ive) ; (*Gesellschaft*) chic *inv*

exklusive *präp* +*Gen* non compris(e), sans

exotisch *adj* exotique

Expansion *f* expansion *f*

Expedition *f* expédition *f* ; (*Écon*) service *m* des expéditions

Experiment *nt* expérience *f*

experimentell *adj* expérimental(e)

experimentieren *vi* faire une expérience *od* des expériences

e

Experte (-n, -n) m, **Expertin** f
expert m

explodieren vi exploser

Explosion f explosion f

explosiv adj explosif(-ive) ;
(Mensch) d'un tempérament
explosif

Export (-(e)s, -e) m exportation f

exportieren vt exporter

extra adj inv (fam: gesondert) à
part ; (besondere) spécial(e) ▶ adv
(gesondert) à part ; (speziell)
spécialement ; (absichtlich) exprès
• **Extra** (-s, -s) nt option f

Extrakt (-(e)s, -e) m extrait m

extrem adj extrême

extremistisch adj extrémiste

E-Zigarette f cigarette f
électronique ; **eine ~ rauchen** od
(fam) **dampfen** vapoter

Fabel (-, -n) f fable f • **fabelhaft** adj
extraordinaire

Fabrik f usine f

Fabrikat nt produit m

Fach (-(e)s, ̈er) nt rayon m ;
(Schulfach) matière f, discipline f
• **Facharbeiter(in)** m(f)
ouvrier(-ière) spécialisé(e)
• **Facharzt** m, **Fachärztin** f
spécialiste mf (médecin)

Fächer (-s, -) m éventail m

Fachfrau f spécialiste f

Fachhochschule f ≈ institut m
universitaire de technologie (I.U.T.)

fachlich adj professionnel(le)

Fachmann (-(e)s, -leute) m
spécialiste m

Fachwerk nt colombage m

Fachwerkhaus nt maison f à
colombage

Fackel (-, -n) f flambeau m

fad, fade adj fade

Faden (-s, ̈) m fil m

fähig adj capable ; **zu allem ~
sein** être capable de tout
• **Fähigkeit** f capacité f

fahnden *vi*: ~ **nach** rechercher

Fahndung *f* recherches *fpl*

Fahne *f* (*Flagge*) drapeau *m* ; **eine ~ haben** (*fam*) empester l'alcool

Fahrausweis *m* titre *m* de transport

Fahrbahn *f* chaussée *f*

Fähre *f* bac *m* ; (*Autofähre*) ferry(-boat) *m*

fahren (*irr*) *vt* (*lenken*) conduire ; (*: Rad, Motorrad*) faire de ; (*befördern*) transporter ▶ *vi* aller ; (*fahren können*) conduire ; (*abfahren*) partir ; **mit dem Zug/Auto ~** aller en train/en voiture ; **ein Gedanke fuhr ihm durch den Kopf** une idée lui passa par la tête

Fahrer(in) (*-s, -*) *m(f)* conducteur(-trice)

• **Fahrerflucht** *f* délit *m* de fuite

Fahrgast *m* passager(-ère) *m/f*

Fahrgestell *nt* châssis *m* ; (*Aviat*) train *m* d'atterrissage

Fahrkarte *f* billet *m*

Fahrlässigkeit *f* négligence *f*

Fahrplan *m* horaire *m*

fahrplanmäßig *adj, adv* à l'heure prévue

Fahrpreis *m* prix *m* du billet

Fahrrad *nt* bicyclette *f*, vélo *m*

Fahrradweg *m* piste *f* cyclable

Fahrschein *m* ticket *m*

Fahrscheinentwerter *m* composteur *m*

Fahrschule *f* auto-école *f*

Fahrstuhl *m* ascenseur *m*

Fahrt (*-, -en*) *f* voyage *m*

Fahrtkosten *pl* frais *mpl* de déplacement

Fahrzeug *nt* véhicule *m*

Fahrzeughalter (*-s, -*) *m* propriétaire *m* d'un véhicule

fair *adj* équitable

Faktor *m* facteur *m*

Fakultät *f* faculté *f*

Falke (*-n, -n*) *m* faucon *m*

Fall (*-(e)s, ⸚e*) *m* (*Sturz, Untergang*) chute *f* ; (*Sachverhalt, Ling, Méd*) cas *m* ; (*Jur*) affaire *f* ; **auf jeden ~, auf alle Fälle** en tout cas ; **auf keinen ~!** il n'en est pas question !

Falle *f* piège *m*

fallen (*irr*) *vi* tomber ; (*Bemerkung*) être fait(e) ; (*Tor*) être marqué(e) ; **~ lassen** (*Bemerkung*) laisser échapper ; (*Plan*) renoncer à

fällen *vt* (*Baum*) abattre ; (*Urteil*) rendre

fällig *adj* (*Wechsel, Zinsen*) dû(due), arrivé(e) à échéance ; (*Bus, Zug*) attendu(e)

falls *konj* au cas où

Fallschirm *m* parachute *m*

Fallschirmspringer(in) *m(f)* parachutiste *mf*

falsch *adj* faux(fausse)

fälschen *vt* contrefaire

Falschfahrer(in) *m(f)* automobiliste *mf* circulant à contresens

fälschlich *adj* faux(fausse), erroné(e)

Fälschung *f* contrefaçon *f*

fälschungssicher *adj* infalsifiable

Faltblatt *nt* dépliant *m*

Falte *f* pli *m* ; (*in Haut*) ride *f*

falten *vt* plier ; (*Hände*) joindre

Familie *f* famille *f*

Familienmitglied *nt* membre *m* de la famille

Familienname m nom m de
famille
Familienplanung f planning m
familial
Familienstand m état m civil
Familienvater m père m de
famille
Fan (-s, -s) m fan m
Fanatiker(in) (-s, -) m(f)
fanatique mf
Fanatismus m fanatisme m
fand etc vb siehe **finden**
Fang (-(e)s, ⸚e) m capture f ; (Beute)
prise f ; **Fänge** pl (Zähne) crocs
mpl ; (Krallen) serres fpl
fangen (irr) vt attraper ▶ vr (nicht
fallen) retrouver son équilibre ;
(seelisch) se reprendre
Fanmeile f fan zone f
Fantasie f imagination f
fantasieren vi fantasmer ; (Méd)
délirer
fantastisch adj fantastique
Farbaufnahme f photo f en
couleurs
Farbe f couleur f ; (Malerfarbe)
peinture f
farbecht adj grand teint inv
färben vi déteindre ▶ vt teindre
▶ vr (Blätter) jaunir
Farbfernsehen nt télévision f
(en) couleur
Farbfilm m film m en couleur
farbig adj (bunt) coloré(e) ;
(Mensch) de couleur
farblos adj incolore ; (fig) terne
Farn (-(e)s, -e) m fougère f
Fasan (-(e)s, -e(n)) m faisan m
Fasching (-s, -e od -s) m
carnaval m

Faschismus m fascisme m
Faschist(in) m(f) fasciste mf
faseln vi (Unsinn reden) radoter
Faser (-, -n) f fibre f
fasern vi s'effilocher
Fass (-es, ⸚er) nt tonneau m
Fassade f façade f
fassen vt saisir ; (Verbrecher)
arrêter ; (enthalten) contenir ;
(Beschluss, Vertrauen) prendre ▶ vr
se ressaisir
Fassung f (Umrahmung,
Einfassung) monture f ; (bei Lampe)
douille f ; (Textversion) version f ;
(Beherrschung) contenance f ; **jdn
aus der ~ bringen** faire perdre
contenance à qn
fassungslos adj consterné(e)
fast adv presque
fasten vi jeûner • **Fastenzeit** f
carême m
Fastnacht f carnaval m
faszinieren vt fasciner
fatal adj fatal(e)
faul adj (Person) paresseux(-euse) ;
(Essen, Obst etc) pourri(e) ; (péj :
Witz, Ausrede) mauvais(e)
faulen vi pourrir
faulenzen vi paresser
Faulheit f paresse f
faulig adj putride
Faust (-, Fäuste) f poing m ; **auf
eigene ~** de sa propre initiative
Favorit(in) (-en, -en) m(f)
favori(-ite)
Fax (-es, -e) nt fax m
faxen vt, vi faxer
Fazit (-s, -s) nt bilan m
FCKW (-s, -s) m abk
(= Fluorchlorkohlenwasserstoff) CFC m

Februar (-(s), -e) m février m

fechten (irr) vi (kämpfen) se
battre ; (Sport) faire de l'escrime

Feder (-, -n) f plume f ; (Tech)
ressort m • **Federball** m volant m ;
(Spiel) badminton m

Federung f (bei Auto)
suspension f ; (bei Bett, Polster)
ressorts mpl

Fee f fée f

fegen vt balayer

fehl adj : **~ am Platz** od **Ort sein**
être déplacé(e)

fehlen vi manquer ; (Mensch) être
absent(e) ; **was fehlt Ihnen?**
qu'est-ce qui ne va pas ?

Fehler (-s, -) m faute f, erreur f ;
(Mangel, Schwäche) défaut m
• **Fehlerbeseitigung** f (Inform)
débogage m • **fehlerfrei** adj
irréprochable, impeccable
• **fehlerhaft** adj
défectueux(-euse)
• **Fehlermeldung** f (Inform)
message m d'erreur

Fehlgeburt f fausse couche f

Fehlschlag m échec m

Fehlstart m (Sport) faux
départ m

Fehlzündung f (Aut) raté m

Feier (-, -n) f fête f • **Feierabend** m
fin f du travail ; **~ machen** avoir
fini sa journée de travail

feierlich adj solennel(le)
• **Feierlichkeit** f solennité f

feiern vt, vi fêter

Feiertag m jour m férié

feig, feige adj lâche

Feige f figue f

Feigheit f lâcheté f

Feigling m lâche m

Feile f lime f

feilen vt, vi limer

feilschen vi marchander

fein adj fin(e) ; (vornehm)
distingué(e) ; **~!** très bien !

Feind(in) (-(e)s, -e) m(f) ennemi(e)
• **Feindbild** nt idée f préconçue de
l'ennemi • **feindlich** adj hostile
• **Feindschaft** f inimitié f
• **Feindseligkeit** f hostilité f

Feinheit f finesse f

Feinkostgeschäft nt épicerie f
fine

Feinschmecker (-s, -) m
gourmet m

Feinstaub m particules fpl fines

Feld (-(e)s, -er) nt (Acker) champ m ;
(Gebiet) domaine m ; (Sport)
peloton m

Feldzug m campagne f

Felge f jante f

Fell (-(e)s, -e) nt poil m, pelage m ;
(von Schaf) toison f ; (verarbeitetes
Fell) fourrure f

Fels (-en, -en) m = **Felsen**

Felsen (-s, -) m rocher m

felsig adj rocheux(-euse)

Feminismus m féminisme m

Feministin f féministe f

feministisch adj féministe

Fenchel (-s) m fenouil m

Fenster (-s, -) nt fenêtre f
• **Fensterladen** m volet m
• **Fensterscheibe** f vitre f

Ferien pl vacances fpl
• **Ferienkurs** m cours m d'été od de
vacances • **Ferienlager** nt
colonie f de vacances
• **Ferienwohnung** f appartement
m (pour les vacances)

Ferkel (-s, -) nt porcelet m

fern

fern adj lointain(e) ▶ präp +Gen loin de • **Fernbedienung** f télécommande f

Ferne f lointain m

ferner konj (außerdem) en outre

Ferngespräch nt communication f interurbaine

ferngesteuert adj téléguidé(e)

Fernglas nt jumelles fpl

fern|halten (irr) vt: **(sich) ~** (se) tenir à l'écart

Fernheizung f chauffage m urbain

Fernrohr nt longue-vue f

Fernsehapparat m poste m de télévision

fern|sehen (irr) vi regarder la télévision • **Fernsehen** (-s) nt télévision f; **im ~** à la télévision

Fernseher m télé f

Fernsprecher m téléphone m

Fernsprechzelle f cabine f téléphonique

Fernverkehr m trafic m longue distance

Ferse f talon m

fertig adj prêt(e); (beendet, vollendet) fini(e); (fam: ausgebildet) qui a fini sa formation; **~ machen** (beenden) terminer; **mit jdm/etw ~ werden** venir à bout de qn/qch • **fertig|bringen** (irr) vt: **es ~, etw zu tun** arriver à faire qch

fertig|machen (fam) vt (ermüden) épuiser; (abkanzeln) démolir

Fessel (-, -n) f lien m

fesseln vt (Gefangenen) ligoter; (fig) captiver

fesselnd adj captivant(e)

fest adj ferme; (Nahrung, Stoff) solide; (Preis, Wohnsitz, Anstellung) fixe; (Bindung) sérieux(-euse); (Schlaf) profond(e)

Fest (-(e)s, -e) nt fête f

Festessen nt banquet m

fest|halten (irr) vt (Gegenstand) tenir; (Ereignis) immortaliser ▶ vi: **an etw** Dat **~** (Meinung, Glauben) ne pas démordre de qch ▶ vr: **sich an etw** Dat **~** s'accrocher à qch

festigen vt consolider, renforcer

Festival (-s, -s) nt festival m

Festland nt continent m

fest|legen vt fixer ▶ vr (sich entscheiden) se décider

festlich adj de fête

fest|machen vt fixer

Festnahme f arrestation f

fest|nehmen (irr) vt arrêter

Festnetz nt téléphonie f fixe

Festplatte f (Inform) disque m dur

fest|setzen vt fixer

Festspiele pl festival msg

fest|stehen (irr) vi être fixé(e)

fest|stellen vt constater

Festung f forteresse f

fett adj gras(se)

Fett (-(e)s, -e) nt graisse f

fetten vt graisser

Fettfleck m tache f de gras

Fettgehalt m teneur f en graisse

fettig adj gras(se)

Fetzen (-s, -) m lambeau m

feucht adj humide • **Feuchtigkeit** f humidité f • **Feuchtigkeitscreme** f crème f hydratante • **Feuchttuch** nt lingette f

Feuer (-s, -) nt feu m; **~ fangen** prendre feu; (fig) s'enflammer • **feuerfest** adj (Geschirr) allant au

fix

four • **feuergefährlich** *adj* inflammable • **Feuerlöscher** (-s, -) *m* extincteur *m* • **Feuermelder** (-s, -) *m* avertisseur *m* d'incendie

feuern *vi* (*schießen*) tirer ; (*heizen*): **mit Öl/Holz ~** se chauffer au fioul/au bois ▶ *vt* (*schleudern*) balancer ; (*entlassen*) virer ; **jdm eine ~** (*fam*) donner une baffe à qn

Feuerwehr (-, -en) *f* sapeurs-pompiers *mpl*

Feuerwehrmann *m* pompier *m*

Feuerwerk *nt* feu *m* d'artifice

Feuerzeug *nt* briquet *m*

feurig *adj* (*Liebhaber*) passionné(e)

Fichte *f* épicéa *m*

Fieber (-s, -) *nt* fièvre *f* • **fieberhaft** *adj* fiévreux(-euse)

Fieberthermometer *nt* thermomètre *m* (médical)

fiel *etc vb siehe* **fallen**

fies (*fam*) *adj* dégoûtant(e)

Figur (-, -en) *f* (*Körperform*) silhouette *f*, stature *f* ; (*Mensch*) personnage *m* ; (*Spielfigur*) pion *m* ; (: *Schachfigur*) pièce *f*

Filiale *f* succursale *f*

Film (-(e)s, -e) *m* (*Spielfilm*) film *m* ; (*Phot*) pellicule *f*

filmen *vt* filmer

Filmkamera *f* caméra *f*

Filter (-s, -) *m* filtre *m*

filtern *vt* filtrer

Filterpapier *nt* papier-filtre *m*

Filterzigarette *f* cigarette *f* à bout filtre

Filz (-es, -e) *m* feutre *m*

Filzschreiber *m*, **Filzstift** *m* feutre *m*, stylo-feutre *m*

Finale (-s, -(s)) *nt* finale *f*

Finanzamt *nt* perception *f*

Finanzen *pl* finances *fpl*

finanziell *adj* financier(-ière)

finanzieren *vt* financer

Finanzminister *m* ministre *m* des Finances

finden (*irr*) *vt* trouver ; **ich finde nichts dabei, wenn …** je ne trouve rien de mal à ce que …

Finder(in) (-s, -) *m(f)* celui(celle) qui trouve • **Finderlohn** *m* récompense *f*

fing *etc vb siehe* **fangen**

Finger (-s, -) *m* doigt *m* • **Fingerabdruck** *m* empreinte *f* digitale • **Fingernagel** *m* ongle *m* • **Fingerspitzengefühl** *nt* doigté *m*

Fink (-en, -en) *m* pinson *m*

finnisch *adj* finnois(e), finlandais(e)

Finnland *nt* la Finlande

finster *adj* sombre ; (*unheimlich*) sinistre • **Finsternis** *f* obscurité *f*

Firewall (-, -s) *f* (*Inform*) pare-feu *m*

Firma (-, *Firmen*) *f* entreprise *f*

Fisch (-(e)s, -e) *m* poisson *m* ; **Fische** *mpl* (*Astr*) Poissons *mpl*

fischen *vt*, *vi* pêcher

Fischer (-s, -) *m* pêcheur *m*

Fischerei *f* pêche *f*

Fischfang *m* pêche *f*

Fischstäbchen *nt* bâtonnet *m* de poisson

fit *adj* en forme • **Fitness** (-) *f* forme *f* physique • **Fitnesscenter** *nt* centre *m* de remise en forme

Fitnesstrainer(in) *m(f)* professeur *mf* de fitness

fix *adj* (*flink*) rapide ; (*gleichbleibend*) fixe ; **~ und fertig** (*völlig fertig*) tout(e) prêt(e) ; *(fam: erschöpft)* complètement crevé(e)

fixen *(fam) vi (Drogen spritzen)* se shooter

Fixer(in) *(-s, -) m(f)* drogué(e) *(qui se shoote)*

fixieren *vt* fixer

flach *adj* plat(e)

Fläche *f* surface *f*, superficie *f*

flächendeckend *adj (Telefonnetz, Verkehrsnetz)* qui couvre l'ensemble du territoire

Flachland *nt* plaine *f*

Fladenbrot *nt* pain *m* plat

Flagge *f* pavillon *m*

flämisch *adj* flamand(e)

Flamme *f* flamme *f*

Flandern *nt* la Flandre, les Flandres *fpl*

Flanke *f* flanc *m* ; *(Sport)* aile *f*

Flasche *f* bouteille *f* ; *(fam: Versager)* cloche *f*

Flaschenbier *nt* bière *f* en bouteille *od* canette

Flaschenöffner *m* ouvre-bouteilles *m*, décapsuleur *m*

Flaschenpfand *nt* consigne *f*

flatterhaft *adj* volage

flattern *vi* voleter ; *(Wäsche)* flotter au vent

flau *adj (schwach: Brise)* faible ; *(Écon, Fin)* stagnant(e) ; **jdm ist ~** qn se sent mal

flauschig *adj* duveteux(-euse)

Flausen *pl (Unsinn)* bêtises *fpl*

Flaute *f* calme *m* (plat) ; *(Écon)* stagnation *f*

Flechte *f* tresse *f*, natte *f* ; *(Méd)* lichen *m (dermatose à pellicules ou à croûtes)*

flechten *(irr) vt* tresser

Fleck *(-(e)s, -e) m* tache *f* ; *(fam: Ort, Stelle)* endroit *m*

Fleckenmittel *nt* détachant *m*

fleckig *adj* taché(e)

Fledermaus *f* chauve-souris *f*

Fleisch *(-(e)s) nt (Culin)* viande *f* ; *(Anat)* chair *f* ▸ **Fleischbrühe** *f* bouillon *m* (gras)

Fleischer *(-s, -) m* boucher *m*

Fleischerei *f* boucherie *f*

fleischig *adj* charnu(e)

Fleischwolf *m* hachoir *m* (à viande) *(appareil)*

Fleiß *(-es) m* application *f*

fleißig *adj* assidu(e)

flexibel *adj* flexible, souple

flexibilisieren *vt* flexibiliser

flicken *vt* raccommoder, rapiécer

Flieder *(-s, -) m* lilas *m*

Fliege *f* mouche *f* ; *(Querbinder)* nœud *m* papillon

fliegen *(irr) vi* voler ; *(: hinfallen)* s'étaler ▸ *vt (Flugzeug)* piloter ; *(Menschen)* transporter (par avion)

Fliegenpilz *m* tue-mouches *m*

Flieger *(-s, -) m (Pilot)* aviateur *m*

fliehen *(irr) vi* fuir ; **vor etw** *Dat* **~** fuir (devant) qch

Fliese *f* carreau *m*

Fließband *nt* chaîne *f* (de montage)

fließen *(irr) vi* couler

fließend *adj (Wasser, Rede, Deutsch)* courant(e) ▸ *adv:* **sie spricht ~ Deutsch** elle parle couramment l'allemand

flimmern *vi* scintiller ; **das Bild flimmert** *(TV, Ciné)* l'image est mal réglée

flink *adj* agile, vif(vive)

Flirt (-s, -s) m flirt m

flirten vi flirter

Flitterwochen pl lune f sg de miel

flitzen vi (fam) filer (comme une flèche)

flocht etc vb siehe **flechten**

flog etc vb siehe **fliegen**

floh etc vb siehe **fliehen**

Floh (-(e)s, ≈e) m puce f

Flohmarkt m marché m aux puces

Flop (-s, -s) m (Misserfolg) flop m

Floskel (-, -n) f formule f (toute faite)

Floß (-es, ≈e) nt radeau m

floss etc vb siehe **fließen**

Flosse f (Fischflosse, Robbenflosse) nageoire f ; (Taucherflosse) palme f

Flöte f flûte f

flott adj (schnell) rapide ; (Musik) entraînant(e) ; (chic) chic inv ; (Naut) à flot

Flotte f flotte f, marine f

Fluch (-(e)s, ≈e) m juron m

fluchen vi jurer ; **auf jdn/über etw ~** pester contre qn/qch

Flucht (-, -en) f fuite f

fluchtartig adj précipité(e)

flüchten vi fuir ▶ vr (Schutz suchen) se réfugier

flüchtig adj (oberflächlich) superficiel(le) ; (kurz: Blick, Besuch) rapide • **Flüchtigkeitsfehler** m faute f d'inattention

Flüchtling m réfugié(e) m/f

Flug (-(e)s, ≈e) m vol m • **Flugbegleiter(in)** m(f) steward m, hôtesse f de l'air • **Flugblatt** nt tract m

Flügel (-s, -) m aile f ; (Fensterflügel, Türflügel) battant m ; (Konzertflügel) piano m à queue

Fluggast m passager(-ère) m/f

flügge adj (Vogel) prêt(e) à quitter le nid ; (Mensch) capable de voler de ses propres ailes

Fluggesellschaft f compagnie f aérienne

Flughafen m aéroport m

Flugkarte f billet m d'avion

Fluglotse m aiguilleur m du ciel

Flugmodus m mode m avion

Flugplan m horaire m des vols

Flugplatz m aérodrome m

Flugschein m billet m d'avion ; (des Piloten) brevet m de pilote

Flugschreiber m boîte f noire

Flugsteig m salle f d'embarquement

Flugticket nt billet m d'avion

Flugverkehr m trafic m aérien

Flugzeug nt avion m • **Flugzeugentführung** f détournement m d'avion

Flunder (-, -n) f flet m

Flur (-(e)s, -e) m (Wohnungsflur) corridor m

Fluss (-es, ≈e) m rivière f ; (ins Meer fließend) fleuve m ; (Fließen) flot m

flüssig adj liquide ; (Verkehr) fluide ; (Stil) coulant(e) • **Flüssigkeit** f liquide m ; (von Metall, Stil) fluidité f

flüstern vi, vt chuchoter

Flut (-, -en) f (Gezeiten) marée f haute ; (Wassermassen, fig) flot m

Flutlicht nt projecteurs mpl

focht etc vb siehe **fechten**

Fohlen (-s, -) nt poulain m

Föhn (-(e)s, -e) m (Wind) foehn m ;
(Haartrockner) sèche-cheveux m inv

föhnen vt sécher (au
sèche-cheveux)

Föhre f pin m (sylvestre)

Folge f (Reihenfolge) série f ;
(Auswirkung, Ergebnis) suite f ;
etw zur ~ haben entraîner qch ;
~n haben avoir des
conséquences

folgen vi +Dat suivre ; (gehorchen)
obéir

folgend adj suivant(e)

folgendermaßen adv de la
manière suivante

folgern vt conclure à

Folgerung f conclusion f

folglich adv en conséquence, par
conséquent

folgsam adj obéissant(e)

Folie f film m, pellicule f

Folter (-, -n) f torture f

foltern vt torturer

Fonds (-, -) m fonds m

fordern vt exiger

fördern vt (Mensch, Talent,
Neigung) encourager ; (Plan)
favoriser ; (Kohle) extraire

Forderung f exigence f

Forelle f truite f

Form (-, -en) f forme f ; (Gussform,
Backform) moule m ; **in ~ sein**
être en forme ; **in ~ von** sous
forme de

Format nt format m ; (fig: Niveau)
niveau m

formatieren vt formater

Formation f formation f

Formel f formule f

formell adj formel(le)

formen vt former

förmlich adj (offiziell) officiel(le)
▶ adv (fam: geradezu)
pratiquement • **Förmlichkeit** f
formalité f ; (Benehmen)
cérémonie f

formlos adj informe ; (Antrag,
Brief) tout(e) simple, sans
(aucune) formalité

Formular (-s, -e) nt formulaire m

formulieren vt formuler

Formulierung f formulation f

forsch adj résolu(e), énergique

forschen vi (wissenschaftlich) faire
de la recherche

Forscher(in) (-s, -) m(f)
chercheur(-euse)

Forschung f recherche f

Förster(in) (-s, -) m(f) garde m
forestier

Forstwirtschaft f sylviculture f

fort adv (weg) loin • **fort|bestehen**
(irr) vi persister, survivre
• **fort|bewegen** vt déplacer ▶ vr
se déplacer • **fort|bilden** vr
poursuivre sa formation
• **Fortbildung** f: **berufliche ~**
formation f professionnelle
• **Fortdauer** f prolongation f
• **fort|fahren** (irr) vi (wegfahren)
partir ; (weitermachen, fortsetzen)
continuer • **fort|gehen** (irr) vi s'en
aller, partir • **fortgeschritten** adj
avancé(e) • **Fortpflanzung** f
reproduction f

Fortschritt m progrès m
• **fortschrittlich** adj progressiste

fort|setzen vt continuer

Fortsetzung f continuation f,
suite f ; **~ folgt** à suivre

fortwährend adj constant(e),
continuel(le)

Foto (-s, -s) nt photo f
• **Fotoapparat** (-s, -s) m
appareil-photo m • **Fotobuch** nt
livre m photo • **Fotograf(in)**
(-en, -en) m(f) photographe mf
• **Fotografie** f photographie f
• **fotografieren** vt
photographier ▸ vi faire de la
photo • **Fotokopie** f photocopie f
• **fotokopieren** vt photocopier
• **Fotokopierer** m
photocopieuse f
Foul (-s, -s) nt faute f
Fracht (-, -en) f chargement m ;
(Naut) cargaison f
Frachter (-s, -) m cargo m
Frack (-(e)s, =e) m frac m, habit m
Fracking nt fracturation f
hydraulique, fracking m
Frage f question f • **Fragebogen**
m questionnaire m
fragen vt interroger ▸ vi
demander
Fragezeichen nt point m
d'interrogation
fraglich adj (zweifelhaft)
incertain(e) ; (betreffend) en
question
fraglos adv incontestablement
Fragment nt fragment m
fragwürdig adj douteux(-euse)
Fraktion f (Pol) groupe m
parlementaire
Franken (-, -) m (Schweizer Franken)
franc m (suisse)
frankieren vt affranchir
franko adv (Poste) franco
Frankreich nt la France
Franse f frange f
Franzose (-n, -n) m, **Französin** f
Français(e)

französisch adj français(e)
• **Französisch** nt (Ling) français m
fraß etc vb siehe **fressen**
Fratze f (Grimasse) grimace f
Frau (-, -en) f femme f ; (Anrede)
Madame f ; **~ Doktor** Docteur m
Frauenarzt m gynécologue m
Frauenbewegung f
mouvement m de libération de la
femme
frauenfeindlich adj misogyne
Frauenhaus nt centre m
d'hébergement pour femmes
battues
Fräulein nt demoiselle f „**~**"
« Mademoiselle »
fraulich adj féminin(e)
Freak (-s, -s) (fam) m enragé(e)
m/f, mordu(e) m/f
frech adj insolent(e) ; (keck)
coquin(e) • **Frechheit** f
insolence f
Fregatte f frégate f
frei adj libre ; (Arbeitsstelle)
vacant(e), à pourvoir ;
(Mitarbeiter) indépendant(e),
free-lance inv ; (Aussicht)
dégagé(e) ; **im F~en** en plein air
• **Freibad** nt piscine f en plein air
• **freiberuflich** adj indépendant(e)
freigebig adj généreux(-euse)
Freiheit f liberté f
Freiheitsstrafe f peine f de
prison
Freikarte f billet m gratuit
frei|kommen (irr) vi être
libéré(e)
frei|lassen (irr) vt (Gefangenen)
libérer ; (Tier) remettre en liberté
freilich adv cependant ; **ja ~!** mais
certainement !

Freilichtbühne f théâtre m en plein air

frei|machen vt (Poste) affranchir ▶ vr (entkleiden, beim Arzt) se déshabiller ; (freie Zeit erübrigen) se libérer

frei|nehmen (irr) vt: **sich** Dat **einen Tag ~** prendre un jour de congé

Freisprechanlage f (Tél) pack m od kit m mains libres

frei|sprechen (irr) vt: **jdn (von etw) ~** acquitter od décharger qn (de qch)

Freispruch m acquittement m

frei|stellen vt: **jdm etw ~** laisser qn décider qch

Freistoß m coup m franc

Freitag m vendredi m

freitags adv le vendredi

freiwillig adj volontaire

Freiwillige(r) f(m) volontaire mf

Freizeit f temps m libre

Freizeitgestaltung f organisation f des loisirs

Freizeitpark m parc m de loisirs, parc m d'attractions

freizügig adj (unbürgerlich) libre ; (mit Geld) généreux(-euse)

fremd adj étranger(-ère)

Fremde(r) f(m) étranger(-ère) m/f

fremdenfeindlich adj hostile aux étrangers

Fremdenführer(in) m(f) guide m

Fremdenverkehr m tourisme m

Fremdenverkehrsamt nt office m du tourisme

Fremdenzimmer nt: „~" « chambres à louer »

fremd|gehen (irr ; fam) vi être infidèle

Fremdkörper m corps m étranger

Fremdsprache f langue f étrangère

Fremdwort nt mot m étranger

Frequenz f fréquence f

fressen (irr) vt (suj : Tier) manger ; (: Mensch) bouffer

Freude f joie f

freudig adj joyeux(-euse)

freuen vt unpers faire plaisir à ▶ vr être content(e) od enchanté(e), se réjouir ; **es freut mich, dass …** je suis heureux(-euse) que … ; **sich auf etw** Akk **~** attendre qch avec impatience

Freund (-(e)s, -e) m ami m
  ▪ **Freundin** f amie f ▪ **freundlich** adj (Mensch, Miene) aimable ; (Wohnung, Gegend) accueillant ; **würden Sie bitte so ~ sein und das tun?** auriez-vous l'amabilité de faire cela ? ▪ **freundlicherweise** adv aimablement
  ▪ **Freundlichkeit** f amabilité f
  ▪ **Freundschaft** f amitié f
  ▪ **freundschaftlich** adj amical(e)

Frieden (-s, -) m paix f

Friedensbewegung f mouvement m pour la paix

Friedenstruppe f force f d'interposition

Friedensvertrag m traité m de paix

Friedhof m cimetière m

friedlich adj paisible

frieren (irr) vi avoir froid ▶ vi unpers geler

Frikadelle f boulette f de viande hachée

Frisbee (-, -s) nt frisbee m

frisch adj frais(fraîche) ; **~ gestrichen!** peinture fraîche ! ; **sich ~ machen** faire un brin de toilette

Frische f fraîcheur f

Frischhaltefolie f film m alimentaire

Friseur (-s, -e) m, **Friseuse** f coiffeur(-euse)

frisieren vt coiffer ; (Abrechnung) truquer ; (Motor) trafiquer

Frisör m = **Friseur**

Frist (-, -en) f délai m ; (Termin) date f limite

fristen vt : **ein kümmerliches Dasein ~** mener une existence misérable

fristlos adj sans préavis

Frisur f coiffure f

Frl. abk (= Fräulein) Mlle

froh adj joyeux(-euse) ; **ich bin ~, dass ...** je suis content(e) que ...

fröhlich adj joyeux(-euse), gai(e) • **Fröhlichkeit** f gaieté f

fromm adj pieux(-euse) ; **ein ~er Wunsch** un vain espoir

Frömmigkeit f piété f

Fronleichnam (-(e)s) m Fête-Dieu f

Front (-, -en) f (von Gebäude) façade f ; (Mil) front m

frontal adj, adv de plein fouet, de front

fror etc vb siehe **frieren**

Frosch (-(e)s, =e) m grenouille f • **Froschschenkel** m cuisse f de grenouille

Frost (-(e)s, =e) m gel m

frösteln vi frissonner

Frostschutzmittel nt antigel m

Frottee (-(s), -s) nt od m tissu m éponge

Frottierhandtuch, Frottiertuch nt serviette f éponge

Frucht (-, =e) f fruit m • **fruchtbar** adj fertile ; (Frau, Tier) fécond(e) ; (fig) fructueux(-euse) • **Fruchtbarkeit** f fertilité f ; (von Frau, Tier) fécondité f

früh adj (Winter, Tod, Obst) précoce ▶ adv tôt, de bonne heure ; **heute ~** ce matin

früher adj ancien(ne) ▶ adv autrefois

frühestens adv au plus tôt

Frühgeburt f (Kind) prématuré(e) m/f

Frühjahr nt printemps m

Frühjahrsmüdigkeit f fatigue f de printemps

Frühling m printemps m

frühreif adj précoce

Frühstück nt petit déjeuner m

frühstücken vi prendre le petit déjeuner

Frühstücksbüfett nt buffet m pour le petit déjeuner

Frust (-(e)s) (fam) m frustration f

frustrieren vt frustrer

Fuchs (-es, =e) m renard m

fühlen vt sentir ; (abtasten) tâter ▶ vi sentir ▶ vr se sentir ; **mit jdm ~** comprendre les sentiments de qn

fuhr etc vb siehe **fahren**

führen vt (leiten) être à la tête de ; (begleiten, beeinflussen) conduire ; (als Fremdenführer) guider ; (Geschäft, Haushalt, Liste) tenir ; (Waren) avoir, vendre ▶ vi mener

Führer(in) m(f) (von Land, Gruppe) leader m; (Fremdenführer) guide m
• **Führerschein** m permis m de conduire

Führung f conduite f; (eines Unternehmens) direction f; (Besichtigung mit Führer) visite f guidée

füllen vt remplir; (Zahn) plomber; (Culin) farcir ▶ vr: **sich mit etw ~** se remplir de qch

Füller (-s, -) m stylo m plume od à encre

Füllung f remplissage m; (Culin) farce f

fummeln (fam) vi: **an etw** Dat **~** tripoter qch

Fund (-(e)s, -e) m trouvaille f, découverte f

Fundament nt (von Gebäude) fondations fpl; (Grundlage, Basis) fondement m • **fundamental** adj fondamental(e)

Fundamentalismus m fondamentalisme m

Fundbüro nt bureau m des objets trouvés

Fundgrube f (fig) mine f

fundiert adj (Wissen) approfondi(e), solide

fünf num cinq • **fünfhundert** num cinq cent(s) • **fünfjährig** adj de cinq ans • **Fünfprozentklausel** f clause f des cinq pour cent

fünfte(r, s) adj cinquième

Fünftel (-s, -) nt cinquième m

fünfzehn num quinze

fünfzig num cinquante

fungieren vi: **als etw ~** faire fonction de qch

Funk (-s) m radio f

Funke (-ns, -n) m étincelle f

funkeln vi étinceler

funken vi (durch Funk) transmettre par radio ▶ vt envoyer (par radio)

Funken (-s, -) m = **Funke**

Funker (-s, -) m opérateur m radio

Funkgerät nt poste m de radio

Funkhaus nt maison f de la radio

Funkstreife f voiture f de police (munie d'une radio)

Funktaxi nt radio-taxi m

Funktion f fonction f

funktionieren vi fonctionner

funktionsfähig adj capable de fonctionner

Funktionskleidung f vêtements mpl techniques

Funktionstaste f touche f de fonction

für präp +Akk pour; **was ~ ein/ eine ...?** quelle sorte de ... ?

Furcht f crainte f • **furchtbar** adj terrible, effroyable; (fam: schrecklich) affreux(-euse)

fürchten vt craindre ▶ vr: **sich (vor jdm/etw) ~** avoir peur de qn/qch

fürchterlich adj terrible

füreinander adv l'un(e) pour l'autre

Fürst (-en, -en) m prince m

Fürstentum nt principauté f

fürstlich adj princier(-ière)

Fürwort nt pronom m

Fusion f fusion f

Fuß (-es, -̈e) m pied m; (von Tier) patte f; **zu ~** à pied • **Fußball** m football m; (Ball) ballon m de football • **Fußballspiel** nt match m de football • **Fußballspieler** m footballeur m • **Fußboden** m plancher m

Fußgänger(in) *(-s, -)* *m(f)*
piéton(ne)

Fußgängerzone *f* zone *f*
piétonnière *od* piétonne

Fußpfleger(in) *m(f)* pédicure *mf*

Fußtritt *m* coup *m* de pied

Fußweg *m* (*Pfad*) sentier *m*

Futter *(-s, -)* *nt* nourriture *f* (*pour animaux*), fourrage *m* ; (*Stoff*)
doublure *f*

futtern (*fam*) *vt, vi* bouffer

füttern *vt* donner à manger à ;
(*Kleidung*) doubler

Futur *(-s, -e)* *nt* futur *m*

gab *etc* *vb* *siehe* **geben**

Gabe *f* don *m*

Gabel *(-, -n)* *f* (*Essgabel*) fourchette
f ; (*Mistgabel, Heugabel, Astgabel*)
fourche *f*

gabeln *vr* bifurquer

G-8 *f* *abk* (*Pol*) G8 *m*

G8 *(-)* *nt* cursus scolaire d'une durée de
12 ans jusqu'au Abitur

gackern *vi* caqueter

gaffen *vi* regarder bouche bée

Gage *f* cachet *m*

gähnen *vi* bâiller

Galerie *f* galerie *f*

Galgen *(-s, -)* *m* (*zur Todesstrafe*)
potence *f*

Galle *f* (*Organ*) vésicule *f* biliaire

galt *etc* *vb* *siehe* **gelten**

Gamer(in) *(-s, -)* *m(f)* (*Inform*)
joueur(-euse) (de jeux vidéo)

Gameshow *(-, -s)* *f* eu *m* télévisé

gammeln (*fam*) *vi* (*Mensch*) glander

gang *adj*: **~ und gäbe sein** être
courant

Gang *(-(e)s, ᵉe)* *m* (*Gangart*)
démarche *f* ; (*Ablauf, Verlauf*)

cours m ; (in Haus, Zug) couloir m ; (Aut) vitesse f ; **in ~ bringen** (Motor, Maschine) mettre en marche ; (Sache, Vorgang) lancer ; **in ~ sein** (Sache) être en cours

Gangschaltung f (an Fahrrad) dérailleur m

Gangway (-, -s) f passerelle f

Gans (-s, ̈e) f oie f ; **dumme ~** (fam) sotte f

Gänseblümchen nt pâquerette f

Gänsehaut f : **eine ~ haben** od **bekommen** avoir la chair de poule

ganz adj : **der/die ~e ...** tout(e) le(la) ... ; (vollständig, auch Zahl) entier(-ière) ; (nicht kaputt) intact(e) ▶ adv (ziemlich) assez ; (völlig) complètement ; **eine ~e Menge** beaucoup (de) ; **~ und gar** complètement ; **~ und gar nicht** absolument pas

gänzlich adv complètement

ganztags adv (arbeiten) à plein temps

Ganztagsschule f école f toute la journée

gar adj (durchgekocht) cuit(e) ▶ adv : **~ nicht/nichts** pas/rien du tout ; **~ keiner** personne ; **~ nicht schlecht** pas mal du tout

Garage f garage m

Garantie f garantie f

garantieren vt garantir

Garde f garde f ; **die alte ~** la vieille garde

Garderobe f (Kleidung) garde-robe f ; (Ablage) vestiaire m

Gardine f rideau m

gären (irr) vi (Wein) fermenter

Garn (-(e)s, -e) nt fil m

Garnele f crevette f

garnieren vt garnir

Garnitur f (Satz) ensemble m

Garten (-s, ̈) m jardin m

Gärtner(in) (-s, -) m(f) jardinier(-ière)

Gärtnerei f établissement m horticole

Gas (-es, -e) nt gaz m inv ; **~ geben** (Aut) accélérer

Gasherd m cuisinière f à gaz

Gaspedal nt accélérateur m

Gasse f ruelle f

Gast (-es, ̈e) m (in Familie) invité(e) m/f, hôte mf ; (in Lokal) client(e) m/f ; (in Land) visiteur(-euse) m/f
• **Gastarbeiter(in)** m(f) travailleur(-euse) immigré(e)

Gästebuch nt livre m d'or

gastfreundlich adj hospitalier(-ière)

Gastgeber(in) (-s, -) m(f) hôte (hôtesse)

Gasthaus nt, **Gasthof** m auberge f

gastieren vi donner une représentation od des représentations en vedette américaine

gastlich adj hospitalier(-ière)

Gastronomie f (Gaststättengewerbe) hôtellerie f

Gastspiel nt (Theat) représentation f (au cours d'une tournée) ; (Sport) match m à l'extérieur

Gaststätte f auberge f

Gastwirt m patron m

Gatte (-n, -n) m époux m

Gattin f épouse f

Gattung f (bei Tieren, Pflanzen) espèce f ; (Art, Literaturgattung) genre m

GAU abk (= größter anzunehmender Unfall) problème le plus grave par lequel des mesures de sécurité ont été prises (lors de la construction d'une centrale nucléaire)

Gaumen (-s, -) m palais m

Gauner (-s, -) m filou m

geb. abk = **geboren**

Gebäck (-(e)s, -e) nt pâtisserie f

gebacken pp von **backen**

gebar etc vb siehe **gebären**

gebären (irr) vt mettre au monde

Gebärmutter f utérus m

Gebäude (-s, -) nt bâtiment m

Gebell (-(e)s) nt aboiement m

geben (irr) vt donner ; (schicken) mettre ; (in Obhut, zur Aufbewahrung) confier ▶ vi unpers: **es gibt** il y a ▶ vr (sich verhalten) se conduire ; (aufhören) cesser ; **jdm etw ~** donner qch à qn ; **etw von sich ~** (Laute etc) émettre qch ; **~ Sie mir Herrn Braun** (Tél) passez-moi Monsieur Braun ; **was gibts?** qu'est-ce qu'il y a ? ; **es wird Frost ~** il va geler ; **das gibt es nicht!** c'est impossible ! ; **das gibts doch nicht!** c'est pas vrai ! ; **das wird sich ~** cela va s'arranger

Gebet (-(e)s, -e) nt prière f

gebeten pp von **bitten**

Gebiet (-(e)s, -e) nt région f; (Hoheitsgebiet) territoire m ; (Fachgebiet) domaine m

Gebilde (-s, -) nt structure f

gebildet adj cultivé(e)

Gebirge (-s, -) nt montagne f

gebirgig adj montagneux(-euse)

Gebiss (-es, -e) nt (von Mensch, Tier) denture f ; (künstlich) dentier m

gebissen pp von **beißen**

Gebläse (-s, -) nt (Aut) compresseur m

geblasen pp von **blasen**

geblieben pp von **bleiben**

geblümt adj fleuri(e)

gebogen pp von **biegen**

geboren pp von **gebären** ▶ adj né(e) ; **Anna Müller, ~e Schulz** Anna Müller, née Schulz

geborgen pp von **bergen** ▶ adj: **sich (bei jdm) ~ fühlen** se sentir en sécurité (auprès de qn)

Gebot (-(e)s, -e) nt (Rel) commandement m

geboten pp von **bieten**

gebracht pp von **bringen**

gebrannt pp von **brennen**

gebraten pp von **braten**

Gebrauch m (Benutzung) utilisation f, usage m ; (Sitte) coutume f

gebrauchen vt employer, utiliser ; **etw gut ~ können** avoir grand besoin de qch

gebräuchlich adj courant(e)

Gebrauchsanweisung f mode m d'emploi

gebraucht adj usagé(e)

• **Gebrauchtwagen** m voiture f d'occasion

gebrechlich adj infirme

gebrochen pp von **brechen**

Gebrüder pl frères mpl

Gebrüll (-(e)s) nt hurlements mpl ; (von Löwe) rugissement m

Gebühr (-, -en) f tarif m

gebührenfrei adj franco de port, en franchise

gebührenpflichtig adj
soumis(e) à la taxe, payant(e) ;
~e Verwarnung (Jur) amende f

gebunden pp von **binden**

Geburt (-, -en) f naissance f

gebürtig adj originaire ; **sie ist ~e
Schweizerin** elle est d'origine
suisse

Geburtsdatum nt date f de
naissance

Geburtsjahr nt année f de
naissance

Geburtsort m lieu m de
naissance

Geburtstag m anniversaire m ;
(auf Formularen) date f de
naissance

Geburtsurkunde f acte m de
naissance

Gebüsch (-(e)s, -e) nt buissons mpl

gedacht pp von **denken**

Gedächtnis nt mémoire f

Gedanke (-ns, -n) m idée f ;
(Denken) pensée f ; **sich über etw
Akk ~n machen** se faire du souci
pour qch

Gedankenaustausch m
échange m d'idées od de vues

Gedankenstrich m tiret m

Gedeck (-(e)s, -e) nt couvert m ;
(Menü) menu m (à prix fixe)

gedeihen (irr) vi (Pflanze) bien
pousser ; (Mensch, Tier) grandir ;
(Werk etc) (bien) avancer

gedenken (irr) vi +Gen (geh: denken
an) penser à ; **~, etw zu tun**
compter faire qch, avoir
l'intention de faire qch

Gedenkfeier f commémoration f

Gedenkminute f minute f
de silence

Gedenktag m anniversaire m

Gedicht (-(e)s, -e) nt poème m

Gedränge (-s) nt (das Drängeln)
bousculade f ; (Menschen, Menge)
foule f, cohue f

gedroschen pp von **dreschen**

gedrückt adj (Stimmung, Miene)
déprimé(e)

gedrungen pp von **dringen**

Geduld f patience f

gedulden vr patienter

geduldig adj patient(e)

gedurft pp von **dürfen**

geehrt adj: **Sehr ~e Damen und
Herren!** Mesdames et Messieurs

geeignet adj (Mittel, Methode)
approprié(e) ; **für etw/jdn ~ sein**
être bon (bonne) pour qch/qn

Gefahr (-, -en) f danger m

gefährden vt (Mensch) mettre en
danger ; (Plan, Fortschritt etc)
compromettre

gefahren pp von **fahren**

gefährlich adj dangereux(-euse) ;
(Krankheit) grave

Gefälle (-s, -) nt (Neigungsgrad)
inclinaison f, pente f ; (soziales
Gefälle) disparités fpl

gefallen (irr) pp von **gefallen;
fallen ▶** vi: **jdm ~** plaire à qn ; **er/
es gefällt mir** il/ça me plaît ; **sich**
Dat **etw ~ lassen** endurer qch

Gefallen[1] (-s, -) m (Gefälligkeit)
service m ; **jdm einen ~ tun**
rendre service à qn

Gefallen[2] (-s) nt: **an etw** Dat **~
finden** trouver od prendre plaisir
à qch

Gefälligkeit f (Hilfsbereitschaft)
obligeance f ; **etw aus ~ tun** faire
qch pour rendre service

gefälligst *adv*: **warten Sie ~, bis Sie an der Reihe sind** attendez votre tour, s'il vous plaît

gefangen *pp von* **fangen** ▶ *adj*: **~ nehmen** faire prisonnier(-ière)

Gefangene(r) *f(m) (Verbrecher)* détenu(e) *m/f* ; *(Kriegsgefangene)* prisonnier(-ière) *m/f* (de guerre)

Gefangenenlager *nt* camp *m* de prisonniers

Gefangenschaft *f (Haft)* détention *f* ; *(Kriegsgefangenschaft)* captivité *f*

Gefängnis *nt* prison *f*

Gefäß (*-es, -e*) *nt* récipient *m* ; *(Blutgefäß)* vaisseau *m* (sanguin)

gefasst *adj (beherrscht)* calme ; **auf etw** *Akk* **~ sein** s'attendre à qch

Gefecht (*-(e)s, -e*) *nt* combat *m*

gefiel *etc vb siehe* **gefallen**

geflochten *pp von* **flechten**

geflogen *pp von* **fliegen**

geflohen *pp von* **fliehen**

geflossen *pp von* **fließen**

Geflügel (*-s*) *nt* volaille *f*

gefochten *pp von* **fechten**

gefragt *adj* (très) demandé(e)

gefräßig *adj* vorace

gefressen *pp von* **fressen**

gefrieren *(irr) vi* geler

Gefrierfach *nt* freezer *m*

gefriergetrocknet *adj* lyophilisé(e)

Gefrierpunkt *m* point *m* de congélation

gefroren *pp von* **frieren; gefrieren**

Gefühl (*-(e)s, -e*) *nt (physisch)* sensation *f* ; *(seelisch)* sentiment *m*

gefühlsbetont *adj* émoti²(-ive)

Gefühlsduselei *(fam) f* sensiblerie *f*

gefühlsmäßig *adj* instinctif(-ive)

gefunden *pp von* **finden**

gegangen *pp von* **gehen**

gegeben *pp von* **geben**

gegebenenfalls *adv* le cas échéant

---

gegen

präp +*Akk* **1** contre ; **~ einen Baum fahren** rentrer *od* percuter un arbre ; **X ~ Y** *(Sport, Jur)* X contre Y ; **~ den Wind** contre le vent ; **nichts ~ jdn haben** n'avoir rien contre qn ; **ein Mittel ~ Schnupfen** un remède contre *od* pour le rhume **2** *(in Richtung auf)* vers **3** *(ungefähr)* vers ; **~ 3 Uhr** vers 3 heures ; **~ Abend** vers le soir **4** *(gegenüber)* envers ; **gerecht ~ alle** juste envers tous **5** *(im Austausch für)* contre, pour **6** *(verglichen mit)* par rapport à, à côté de

---

Gegenangriff *m* contre-attaque *f*

Gegend (*-, -en*) *f* région *f*

Gegendarstellung *f (Presse)* réponse *f*

gegeneinander *adv* l'un(e) contre l'autre

Gegenfahrbahn *f* voie *f* opposée

Gegenfrage *f* autre question *f*

Gegengift *nt* antidote *m*

Gegenleistung *f* contrepartie *f*, compensation *f*

Gegenmaßnahme f
contre-mesure f

Gegensatz m (bei Begriff, Wort)
contraire m ; (bei Meinung etc)
contradiction f

gegensätzlich adj opposé(e),
contraire

Gegenschlag m contre-attaque f

Gegenseite f (Gegenpartei) partie
f adverse

gegenseitig adj (Einverständnis,
Abmachung) commun(e)

Gegenseitigkeit f réciprocité f

Gegenspieler m adversaire m ;
(Sport) homologue m

Gegenstand m objet m ; (Thema)
sujet m

Gegenstimme f (bei Abstimmung)
non m

Gegenteil nt contraire m ; **im ~!**
au contraire !

gegenteilig adj contraire

gegenüber präp +Dat (räumlich)
en face de ; (angesichts) vis-à-vis
de ; (im Vergleich zu) par rapport à
▶ adv en face ; **jdm ~ freundlich
sein** être aimable envers od avec
qn • **Gegenüber** (-s, -) nt (Mensch,
der gegenüber sitzt) vis-à-vis m inv
• **gegenüber|stellen** vt
(Menschen) confronter ; (zum
Vergleich) comparer

Gegenvorschlag m
contre-proposition f

Gegenwart f (Ling) présent m ;
(Anwesenheit) présence f

gegenwärtig adj présent(e)
▶ adv actuellement

Gegenwind m vent m contraire

gegessen pp von **essen**

geglichen pp von **gleichen**

geglitten pp von **gleiten**

Gegner (-s, -) m adversaire m ;
(militärisch) ennemi m

gegolten pp von **gelten**

gegoren pp von **gären**

gegossen pp von **gießen**

gegraben pp von **graben**

gegriffen pp von **greifen**

Gehabe (-s) (fam) nt manières fpl

Gehackte(s) nt viande f hachée

Gehalt¹ (-(e)s, -e) m (Inhalt)
contenu m ; (Anteil) teneur f

Gehalt² (-(e)s, -ẹr) nt (Bezahlung)
salaire m, traitement m

gehalten pp von **halten**

gehangen pp von **hängen**

gehässig adj malveillant(e)
• **Gehässigkeit** f méchanceté f,
malveillance f

gehauen pp von **hauen**

Gehäuse (-s, -) nt (von Wecker,
Radio) boîtier m ; (von Apfel etc)
trognon m

Gehege (-s, -) nt (im Zoo) enclos m ;
(Jagd) réserve f ; **jdm ins ~
kommen** (fig) marcher sur les
plates-bandes de qn

geheim adj secret(-ète) ; **im G~en**
en secret • **Geheimdienst** m
services mpl secrets

Geheimnis nt secret m
• **geheimnisvoll** adj
mystérieux(-euse)

Geheimnummer f (Tél) numéro
m confidentiel od inscrit sur liste
rouge

Geheimpolizei f police f secrète

Geheimzahl f (für Geldautomat)
code m confidentiel

geheißen pp von **heißen**

gehemmt adj complexé(e)

gehen (*irr*) *vi* aller ; (*zu Fuß gehen*: *funktionieren*) marcher ; (*weggehen*) s'en aller ; (*abfahren*) partir ▶ *vt* parcourir ▶ *vi unpers*: **wie geht es Ihnen?** comment allez-vous ? ; **~ lassen** laisser partir ; **sich ~ lassen** se laisser aller ; **mir/ihm geht es gut** je vais/il va bien ; **geht das?** c'est possible ? ; **es geht um etw** il s'agit de qch

geheuer *adj*: **nicht ~** inquiétant(e)

Gehirn (-(*e*)*s*, -*e*) *nt* cerveau *m*
• **Gehirnerschütterung** *f* commotion *f* cérébrale

gehoben *pp von* **heben** ▶ *adj* (*Position*) supérieur(e)

geholfen *pp von* **helfen**

Gehör (-(*e*)*s*) *nt* (*Hörvermögen*) ouïe *f*

gehorchen *vi* +*Dat*: **jdm ~** obéir à qn

gehören *vi* (*als Eigentum*) appartenir ; **das gehört mir/ Gisela** c'est à moi/à Gisela ; **zu etw ~** faire partie de qch ; **dazu gehört Mut** cela demande du courage

gehorsam *adj* obéissant(e)
• **Gehorsam** (-*s*) *m* obéissance *f*

Gehsteig, Gehweg *m* trottoir *m*

Geier (-*s*, -) *m* vautour *m*

Geige *f* violon *m*

Geiger(in) (-*s*, -) *m(f)* violoniste *mf*

geil *adj* excité(e) ; (*fam*: *gut*) super

Geisel (-, -*n*) *f* otage *m*
• **Geiselnahme** *f* prise *f* d'otage(s)

Geiselnehmer(in) (-*s*, -) *m(f)* preneur(-euse) d'otage(s)

Geist (-(*e*)*s*, -*er*) *m* esprit *m*

Geisterfahrer (*fam*) *m* automobiliste qui a pris l'autoroute à contresens

Geistesblitz *m* idée *f* géniale

geistesgegenwärtig *adv* avec beaucoup de présence d'esprit

Geisteswissenschaften *pl* sciences *fpl* humaines

geistig *adj* (*intellektuell*) intellectuel(le) ; (*Psych*) mental(e)

geistlich *adj* spirituel(le) ; (*religiös*) religieux(-euse)
• **Geistliche(r)** *m* ecclésiastique *m*

geistlos *adj* stupide

geistreich *adj* spirituel(le)

geisttötend *adj* abrutissant(e)

Geiz (-*es*) *m* avarice *f*

geizen *vi*: **(mit etw) ~** être avare (de qch)

geizig *adj* avare

gekannt *pp von* **kennen**

geklungen *pp von* **klingen**

gekniffen *pp von* **kneifen**

gekommen *pp von* **kommen**

gekonnt *adj* habile, adroit(e)

gekrochen *pp von* **kriechen**

Gel (-*s*, -*e*) *nt* gel *m*

Gelächter (-*s*, -) *nt* rires *mpl*

geladen *pp von* **laden** ▶ *adj* chargé(e) ; (*fam*: *wütend*) furax

gelähmt *adj* paralysé(e)

Gelände (-*s*, -) *nt* terrain *m*

Geländer (-*s*, -) *nt* balustrade *f* ; (*Treppengeländer*) rampe *f*

gelang *etc vb siehe* **gelingen**

gelangen *vi*: **~ an** +*Akk od* **zu** arriver à, atteindre ; (*erwerben*) acquérir

gelangweilt *adj* qui s'ennuie

gelassen pp von **lassen** ▶ adj calme • **Gelassenheit** f calme m

gelaufen pp von **laufen**

geläufig adj courant(e)

gelaunt adj: **schlecht/gut ~** de mauvaise/bonne humeur

gelb adj jaune ; (Ampellicht) orange • **gelblich** adj jaunâtre

Gelbsucht f jaunisse f

Geld (-(e)s, -er) nt argent m • **Geldanlage** f placement m • **Geldautomat** m distributeur m automatique de billets • **Geldbeutel** m porte-monnaie m inv • **Geldbuße** f amende f • **Geldgeber** (-s, -) m bailleur m de fonds • **Geldschein** m billet m de banque • **Geldstrafe** f amende f • **Geldstück** nt pièce f de monnaie • **Geldwechsel** m change m

gelegen pp von **liegen** ▶ adj situé(e) ; (passend) opportun(e) ; **das kommt mir sehr ~** ça m'arrange

Gelegenheit f occasion f ; **bei jeder ~** à tout propos ; **bei ~** à l'occasion

gelegentlich adj qui a lieu de temps en temps ▶ adv (ab und zu) de temps en temps ; (bei Gelegenheit) à l'occasion

gelehrt adj savant(e), érudit(e) • **Gelehrte(r)** f(m) érudit(e) m/f

Geleit (-(e)s, -e) nt escorte f ; **freies** od **sicheres ~** sauf-conduit m

Gelenk (-(e)s, -e) nt (von Mensch) articulation f ; (von Maschine) joint m

gelenkig adj souple

gelernt adj qualifié(e)

gelesen pp von **lesen**

Geliebte(r) f(m) amant m, maîtresse f

geliehen pp von **leihen**

gelingen (irr) vi réussir ; **die Arbeit gelingt mir nicht** je n'arrive pas à faire ce travail

gelitten pp von **leiden**

gelogen pp von **lügen**

gelten (irr) vi être valable ▶ vi unpers: **es gilt, etw zu tun** il s'agit de faire qch ▶ vt (wert sein) valoir ; **als** od **für etw ~** (angesehen werden als) passer pour qch

geltend adj en vigueur ; (Meinung) répandu(e) ; **etw ~ machen** faire valoir qch ; **sich ~ machen** se manifester

Geltung f: **~ haben** être valable ; **etw Dat ~ verschaffen** imposer qch ; **sich Dat ~ verschaffen** s'imposer

gelungen pp von **gelingen** ▶ adj réussi(e) ; (witzig) drôle

gemächlich adj tranquille

gemahlen pp von **mahlen**

Gemälde (-s, -) nt tableau m

gemäß präp +Dat (zufolge) conformément à

gemäßigt adj modéré(e) ; (Klima) tempéré(e)

gemein adj (niederträchtig) ignoble ; (allgemein) commun(e)

Gemeinde f commune f ; (Pfarrgemeinde) paroisse f • **Gemeinderat** m conseil m municipal ; (Mitglied) conseiller m municipal

Gemeinheit f méchanceté f

gemeinsam adj commun(e) ; **etw ~ tun** faire qch ensemble

Gemeinschaft f communauté f ; **~ Unabhängiger Staaten** Communauté des États indépendants

gemeinschaftlich adj siehe **gemeinsam**

Gemeinwohl nt bien m public

gemessen pp von **messen**

Gemetzel (-s, -) nt carnage m

gemieden pp von **meiden**

Gemisch (-es, -e) nt mélange m

gemischt adj mélangé(e) ; (Gesellschaft, Gruppe) hétérogène ; (Gefühle) mitigé(e)

gemocht pp von **mögen**

gemolken pp von **melken**

Gemüse (-s, -) nt légumes mpl

gemusst pp von **müssen**

Gemüt (-(e)s, -er) nt (seelisch, Mensch) nature f ; **sich** Dat **etw zu ~ führen** (fam) se régaler de qch

gemütlich adj (Haus, Lokal) où on se sent bien, accueillant(e) ; (Abend) très agréable ; (Tempo, Spaziergang) tranquille ; (Mensch) sympathique • **Gemütlichkeit** f confort m ; (Behaglichkeit) tranquillité f

Gen (-s, -e) nt gène m

genannt pp von **nennen**

genau adj exact(e), précis(e) ▸ adv avec précision ; (sorgfältig) soigneusement ; **etw ~ nehmen** prendre qch au sérieux ; **~ genommen** à strictement parler

Genauigkeit f (Exaktheit) exactitude f ; (Sorgfältigkeit) soin m

genauso adv de la même manière od façon ; **~ gut** aussi bien

genehmigen vt autoriser ; **sich** Dat **etw ~** s'offrir qch

Genehmigung f autorisation f

General (-s, -e od ⸚e) m général m
• **Generaldirektor** m P.D.G. m

• **Generalkonsulat** nt consulat m général • **Generalprobe** f (répétition f) générale f

• **Generalstreik** m grève f générale

Generation f génération f

Generator m générateur m

generell adj général(e)

genesen (irr) vi se rétabl r

Genesung f guérison f

genetisch adj génétique

Genf nt Genève

genial adj génial(e), de génie

Genialität f génie m

Genick (-(e)s, -e) nt nuque f

Genie (-s, -e) nt génie m

genieren vr se gêner ; **~ Sie sich nicht!** ne vous gênez pas !

genießen (irr) vt aimer (beaucoup) ; (Essen, Trinken) savourer ; (erhalten: Erziehung, Bildung) jouir de, avoir

Genießer (-s, -) m bon vivant m

Genmanipulation f manipulation f génétique

genmanipuliert adj génétiquement modifié(e)

Genom (-s, -e) nt géno me m

genommen pp von **nehmen**

genoss etc vb siehe **genießen**

Genosse (-n, -n) m camarade m

genossen pp von **genießen**

Genossenschaft f coopérative f

Genossin f camarade f

Gentechnik f technique f génétique, génétique f

Gentechnologie f génie m génétique

Gentherapie f thérapie f génique

genug adv assez, suffisamment

Genüge f: **etw zur ~ kennen** (*abwertend*) connaître qch par cœur

genügen vi (*ausreichen*) suffire ; (*Anforderungen*) satisfaire ; **das genügt** ça suffit

Genugtuung f satisfaction f

Genuss (*-es*, *-̈e*) m (*kein pl*) consommation f ; (*Vergnügen*) plaisir m

genüsslich adv avec délectation

Geografie f géographie f

Geologie f géologie f

Geometrie f géométrie f

Georgien (*-s*) nt la Géorgie

Gepäck (*-(e)s*) nt bagages mpl
• **Gepäckabfertigung** f (*Aviat*) enregistrement m des bagages
• **Gepäckaufbewahrung** f consigne f • **Gepäckausgabe** f (*Aviat*) livraison f des bagages
• **Gepäcknetz** nt filet m
• **Gepäckschein** m bulletin m de consigne • **Gepäckträger** m porteur m ; (*beim Fahrrad*) porte-bagages m inv

gepfiffen pp von **pfeifen**

gepflegt adj soigné(e) ; (*Park*) bien entretenu(e)

Gepflogenheit f coutume f

gepriesen pp von **preisen**

---

gerade

▶ adj (*nicht krumm, aufrecht*) droit(e) ; **eine ~ Zahl** un chiffre pair
▶ adv **1** (*genau*) justement ; (*speziell*) ~ **deshalb** précisément pour cela ; **das ist es ja ~!** justement ! ; **warum ~ ich?** pourquoi moi ? ; **jetzt ~ nicht!** pas maintenant ! ; **nicht**

~ **schön** pas précisément beau(belle)
2 (*nicht krumm, aufrecht*) : ~ **stehen** se tenir droit(e)
3 (*eben, soeben*) : **er wollte ~ aufstehen** il allait justement se lever ; ~ **erst** tout juste ; ~ **noch** tout juste ; ~ **weil** justement od précisément parce que

---

Gerade f (*Math*) droite f

geradeaus adv tout droit

geradezu adv pour ainsi dire

gerann etc vb siehe **gerinnen**

gerannt pp von **rennen**

Gerät (*-(e)s*, *-e*) nt appareil m ; (*landwirtschaftliches Gerät*) machine f ; (*Werkzeug*) outil m

geraten pp von **raten**; **geraten**
▶ vi irr (*gelingen*) réussir ; (*mit präp: zufällig gelangen*) se retrouver ; **gut/schlecht ~** bien/ne pas réussir ; **an jdn ~** tomber sur qn ; **in etw** *Akk* ~ se retrouver dans qch ; **außer sich** *Dat* ~ être hors de soi

Geratewohl nt: **aufs ~** au hasard

geräumig adj spacieux(-euse)

Geräusch (*-(e)s*, *-e*) nt bruit m

gerecht adj juste, équitable ; **jdm/etw ~ werden** apprécier qn/ qch à sa juste valeur

Gerechtigkeit f justice f

Gerede (*-s*) nt bavardage m

geregelt adj régulier(-ière) ; (*Leben*) réglé(e)

gereizt adj irrité(e), énervé(e)
• **Gereiztheit** f irritation f

Gericht (*-(e)s*, *-e*) nt (*Jur*) tribunal m ; (*Essen*) plat m • **gerichtlich** adj judiciaire

Gerichtshof m cour f (de justice)

Gerichtssaal m salle f du od de tribunal

Gerichtsverfahren nt procédure f judiciaire

Gerichtsverhandlung f procès m

Gerichtsvollzieher m huissier m

gerieben pp von **reiben**

geriet etc vb siehe **geraten**

gering adj (Entfernung, Höhe) faible ; **~es Interesse** peu d'intérêt • **geringfügig** adj insignifiant(e) ; **~ Beschäftigte** ≈ travailleurs à temps partiel

geringste(r, s) adj moindre ; **nicht im G~n** pas le moins du monde

gerinnen (irr) vi (Milch) cailler ; (Blut) se coaguler

gerissen pp von **reißen** ▶ adj rusé(e)

geritten pp von **reiten**

Germanistik f : **~ studieren** faire des études d'allemand

gern(e) adv : **jdn/etw ~ haben** od **mögen** aimer bien qn/qch ; **etw ~ tun** (mögen) aimer faire qch ; **~!** volontiers !, avec plaisir ! ; **~ geschehen!** il n'y a pas de quoi !

gerochen pp von **riechen**

Geröll (-(e)s, -e) nt éboulis mpl

geronnen pp von **gerinnen; rinnen**

Gerste f orge f

Gerstenkorn nt (in Auge) orgelet m

Geruch (-(e)s, ⁼e) m odeur f

Gerücht (-(e)s, -e) nt rumeur f

gerufen pp von **rufen**

geruhsam adj tranquille

Gerümpel (-s) nt bric-à-brac m

gerungen pp von **ringen**

Gerüst (-(e)s, -e) nt échafaudage m ; (von Plan) grandes lignes fpl

gesalzen pp von **salzen**

gesamt adj : **der/die/das ~e ...** tout(e) le(la) ..., le(la) ... tout(e) entier(-ière) ; **die ~en Kosten** l'ensemble des frais
• **Gesamtheit** f ensemble m

gesandt pp von **senden**

Gesang (-(e)s, ⁼e) m chant m

Gesäß (-es, -e) nt postérieur m

gesch. abk (= geschieden) divorcé(e)

geschaffen pp von **schaffen**

Geschäft (-(e)s, -e) nt affaire f ; (Laden) magasin m

geschäftlich adj d'affaires, commercial(e)

Geschäftsführer m gérant m ; (von Klub) secrétaire m

Geschäftsleitung f direction f, gestion f

Geschäftsmann (-(e)s, -leute) m homme m d'affaires

Geschäftsreise f voyage m d'affaires

Geschäftsschluss m heure f de fermeture

Geschäftsstelle f bureau m, agence f

geschäftstüchtig adj habile en affaires

geschah etc vb siehe **geschehen**

geschehen (irr) vi arriver, se produire ; **etw geschieht jdm** qch arrive à qn ; **das geschieht ihm (ganz) recht** c'est bien fait pour lui

gescheit adj intelligent(e)

Geschenk (-(e)s, -e) nt cadeau m
• **Geschenkgutschein** m chèque-cadeau m
Geschichte f histoire f
geschichtlich adj historique
Geschick (-(e)s, -e) nt (Geschicklichkeit) adresse f; (geh: Schicksal) destin m, sort m
geschickt adj habile, adroit(e); (beweglich) agile
geschieden adj divorcé(e) ▶ pp von **scheiden**
geschienen pp von **scheinen**
Geschirr (-(e)s, -e) nt vaisselle f; (für Pferd) harnais m
• **Geschirrspülmaschine** f lave-vaisselle m inv
• **Geschirrtuch** nt torchon m
geschlafen pp von **schlafen**
geschlagen pp von **schlagen**
Geschlecht (-(e)s, -er) nt sexe m; (Ling) genre m
• **geschlechtlich** adj sexuel(le)
Geschlechtskrankheit f maladie f sexuellement transmissible
Geschlechtsorgan nt organe m sexuel
Geschlechtsverkehr m rapports mpl sexuels
geschlichen pp von **schleichen**
geschliffen pp von **schleifen**
geschlossen pp von **schließen**
Geschmack (-(e)s, ²e) m goût m
• **geschmacklos** adj (fig) de mauvais goût
geschmackvoll adj de bon goût ▶ adv avec goût
geschmeidig adj souple; (Haut) doux(douce)
geschmissen pp von **schmeißen**

geschmolzen pp von **schmelzen**
geschnitten pp von **schneiden**
geschoben pp von **schieben**
Geschoss (-es, -e) nt (Mil) projectile m; (Stockwerk) étage m
geschossen pp von **schießen**
Geschrei (-s) nt cri mpl; (Aufhebens) histoires fpl
geschrieben pp von **schreiben**
Geschütz (-es, -e) nt pièce f d'artillerie; **schwere ~e auffahren** employer les grands moyens
geschützt adj protégé(e)
Geschwätz (-es) nt bavardage m
geschwätzig adj bavard(e)
geschweige adv: **~ (denn)** et encore moins
geschwiegen pp von **schweigen**
Geschwindigkeit f vitesse f
Geschwindigkeitsbegrenzung f limitation f de vitesse
Geschwindig-keitsüberschreitung f excès m de vitesse
Geschwister pl frères mpl et sœurs fpl
geschwollen pp von **schwellen** ▶ adj enflé(e); (Redeweise etc) ampoulé(e)
geschwommen pp von **schwimmen**
geschworen pp von **schwören**
Geschworene(r) f(m) juré(e) m/f; **die ~n** les membres mpl du jury
Geschwulst (-, ²e) f tumeur f
Geschwür (-(e)s, -e) nt ulcère m
gesehen pp von **sehen**
gesellig adj (Mensch, Wesen) sociable; **~es Beisammensein**

rencontre *f* informelle

• **Gesellligkeit** *f* sociabilité *f*

Gesellschaft *f* société *f*; (*Begleitung*) compagnie *f*

Gesellschafter(-s, -) *m* associé *m*

gesellschaftlich *adj* social(e)

Gesellschaftsordnung *f* structures *fpl* sociales

gesessen *pp von* **sitzen**

Gesetz(-es, -e) *nt* loi *f*

• **Gesetzbuch** *nt* code *m*

• **Gesetzentwurf** *m* projet *m* de loi

Gesetzgeber *m* législateur *m*

Gesetzgebung *f* législation *f*

gesetzlich *adj* légal(e)

gesetzt *adj* posé(e)

Gesicht(-(e)s, -er) *nt* visage *m*; (*Miene*) mine *f*; **ein langes ~ machen** faire triste *od* grise mine

Gesichtsausdruck *m* expression *f*

Gesichtspunkt *m* point *m* de vue

Gesinnung *f* (*Ansichten*) opinions *fpl*

Gesinnungswandel *m* volte-face *f inv*

gesoffen *pp von* **saufen**

gespannt *adj* (*voll Erwartung*) impatient(e), curieux(-euse); (*einem Streit nahe*) tendu(e); **ich bin ~, ob …** j'aimerais bien savoir si …, je me demande si … ; **auf etw/jdn ~ sein** attendre qch/l'arrivée de qn avec impatience

Gespenst(-(e)s, -er) *nt* fantôme *m*

gespien *pp von* **speien**

gesponnen *pp von* **spinnen**

Gespräch(-(e)s, -e) *nt* (*Unterhaltung*) conversation *f*; (*Anruf*) appel *m*

gesprächig *adj* bavard(e), loquace

gesprochen *pp von* **sprechen**

gesprungen *pp von* **springen**

Gespür(-s) *nt* flair *m*

Gestalt(-, -en) *f* (*von Personen*) stature *f*, apparence *f*; (*Form*) forme *f*; **in ~ von** sous forme de

gestalten *vt* (*Kunstwerk*) créer; (*Einrichtung*) agencer; (*organisieren*) organiser ▶ *vr* se révéler

Gestaltung *f* organisation *f*

gestanden *pp von* **stehen**

Geständnis *nt* aveu *m*

Gestank(-(e)s) *m* puanteur *f*

gestatten *vt* permettre

Geste *f* geste *m*

gestehen (*irr*) *vt* avouer

Gestein(-(e)s, -e) *nt* roche *f*

Gestell(-(e)s, -e) *nt* support *m*; (*Fahrgestell*) châssis *m*

gestern *adv* hier; **~ Abend/ Morgen** hier soir/matin

gestiegen *pp von* **steigen**

gestochen *pp von* **stechen**

gestohlen *pp von* **stehlen**

gestorben *pp von* **sterben**

gestoßen *pp von* **stoßen**

gestreift *adj* rayé(e), à rayures

gestrichen *pp von* **streichen**

gestrig *adj* d'hier

gestritten *pp von* **streiten**

Gestrüpp(-(e)s, -e) *nt* broussailles *fpl*

gestunken *pp von* **stinken**

Gestüt(-(e)s, -e) *nt* haras *m*

gestylt *adj* chic *inv*

Gesuch(-(e)s, -e) *nt* (*Antrag*) demande *f*, requête *f*

g

gesucht adj demandé(e) ; (Verbrecher, Ausdrucksweise) recherché(e)

gesund adj (körperlich) en bonne santé

Gesundheit f santé f
• **gesundheitlich** adj de santé
▶ adv pour ce qui est de la santé ;
wie geht es Ihnen ~? comment va la santé ?

gesundheitsschädlich adj mauvais(e) pour la santé

Gesundheitswesen nt (services mpl de la) santé f publique

Gesundheitszustand m état m de santé

gesungen pp von **singen**

gesunken pp von **sinken**

getan pp von **tun**

getragen pp von **tragen**

Getränk (-(e)s, -e) nt boisson f

Getränkeautomat m distributeur m de boissons

Getreide (-s, -) nt céréales fpl

getrennt adj séparé(e) ; **~ leben** être séparés

getreten pp von **treten**

Getriebe (-s, -) nt (Aut) boîte f de vitesses

getrieben pp von **treiben**

getroffen pp von **treffen**

getrogen pp von **trügen**

getrost adv en toute tranquillité

getrunken pp von **trinken**

Getue (-s) (péj) nt chichis mpl

geübt adj expert(e)

Gewächs (-es, -e) nt (Méd) tumeur f ; (Pflanze) plante f

gewachsen pp von **wachsen**
▶ adj: **etw** Dat **~ sein** être à la hauteur de qch ; **jdm ~ sein** être capable de tenir tête à qn

gewagt adj osé(e) ; (Unternehmen) risqué(e)

Gewähr f garantie f

gewährleisten vt garantir

Gewahrsam (-s) m: **in ~ bringen** mettre en lieu sûr ;
(Polizeigewahrsam) placer en détention préventive ; **etw in ~ nehmen** se voir confier qch

Gewalt (-, -en) f (Macht) pouvoir m ; (Kontrolle) contrôle m ; (Gewalttaten) violence f
• **Gewaltanwendung** f recours m à la force

gewaltfrei adj non-violent(e)

Gewaltherrschaft f dictature f

gewaltig adj (groß) énorme ; (mächtig) puissant(e)

gewaltsam adj violent(e)

Gewaltverbrechen nt crime m violent

Gewaltverzicht m non-agression f

gewandt adj agile ; (Auftreten) sûr(e) de soi ▶ pp von **wenden**

gewann etc vb siehe **gewinnen**

gewaschen pp von **waschen**

Gewässer (-s, -) nt eau f

Gewebe (-s, -) nt tissu m

Gewehr (-(e)s, -e) nt fusil m

Geweih (-(e)s, -e) nt bois mpl

Gewerbe (-s, -) nt métier m
• **Gewerbegebiet** nt zone f industrielle • **Gewerbesteuer** f ≈ taxe f professionnelle

Gewerkschaft f syndicat m

Gewerkschaftsbund m confédération f syndicale

gewesen pp von **sein**

Gewicht (-(e)s, -e) nt poids m

gewiesen pp von **weisen**

gewillt adj: **~ sein, etw zu tun** être décidé(e) à faire qch

Gewinde (-s, -) nt pas m de vis

Gewinn (-(e)s, -e) m (Écon) bénéfice m ; (Preis) lot m ; (fig) gain m • **Gewinnbeteiligung** f participation f aux bénéfices • **gewinnbringend** adj lucratif(-ive)

gewinnen (irr) vt gagner ; (Kohle, Öl) extraire ▸ vi gagner

Gewinner(in) (-s, -) m(f) gagnant(e)

Gewinnung f (von Kohle etc) extraction f ; (von Energie, Zucker etc) production f

Gewirr (-(e)s, -) nt enchevêtrement m ; (von Straßen) dédale m

gewiss adj certain(e) ▸ adv (sicherlich) sûrement

Gewissen (-s, -) nt conscience f • **gewissenhaft** adj consciencieux(-euse)

Gewissensbisse pl remords mpl

Gewissenskonflikt m cas m de conscience

gewissermaßen adv en quelque sorte

Gewissheit f certitude f

Gewitter (-s, -) nt orage m

gewoben pp von **weben**

gewogen pp von **wiegen** ▸ adj: **jdm ~ sein** être bien disposé(e) envers qn ; **etw** Dat **~ sein** être favorable à qch

gewöhnen vt: **jdn an etw** Akk **~** habituer qn à qch ▸ vr: **sich an etw** Akk **~** s'habituer à qch

Gewohnheit f habitude f

gewöhnlich adj (durchschnittlich, normal) ordinaire, banal(e) ; (ordinär) vulgaire ▸ adv: **wie ~** comme d'habitude

gewohnt adj habituel(le) ; **etw ~ sein** avoir l'habitude de qch

Gewölbe (-s, -) nt voûte f

gewonnen pp von **gewinnen**

geworben pp von **werben**

geworden pp von **werden**

geworfen pp von **werfen**

Gewühl (-(e)s) nt (Gedränge) cohue f

Gewürz (-es, -e) nt épice f • **Gewürznelke** f clou m ce girofle

gewusst pp von **wissen**

Gezeiten pl marées fpl

gezielt adj ciblé(e)

geziert adj affecté(e)

gezogen pp von **ziehen**

gezwungen adj forcé(e) ▸ pp von **zwingen**

Gicht f goutte f

Giebel (-s, -) m pignon m

Gier f cupidité f

gierig adj avide

gießen (irr) vt verser ; (Elumen, Garten) arroser ▸ vi unpers: **es gießt (in Strömen)** (fam) il pleut à verse

Gießkanne f arrosoir m

Gift (-(e)s, e) nt poison m

giftig adj toxique ; (Pflanze, Pilz) vénéneux(-euse) ; (Sch ange, fig) venimeux(-euse)

Giftmüll m déchets mpl toxiques

Giftstoff m produit m toxique

Gigabyte nt giga-octet m

gigantisch adj gigantesque ; (Erfolg) immense

g

ging etc vb siehe **gehen**

Ginster (-s, -) m genêt m

Gipfel (-s, -) m sommet m ; **das ist der ~ der Unverschämtheit!** c'est un comble !
• **Gipfeltreffen** nt (conférence f au) sommet m

Gips (-es, -e) m plâtre m

Giro (-s, -s) nt virement m
• **Girokonto** nt compte m courant

Gitarre f guitare f

Gitter (-s, -) nt grille f

Glanz (-es) m éclat m ; (fig) splendeur f

glänzen vi briller

glänzend adj brillant(e)

Glas (-es, -er) nt verre m

gläsern adj de od en verre

Glasscheibe f vitre f

Glasur f vernis m ; (Culin) glaçage m

glatt adj lisse ; (rutschig) glissant(e) ; (Lüge) évident(e)

Glätte f (von Fläche) aspect m lisse ; (Schneeglätte, Eisglätte) état m glissant

Glatteis nt verglas m

Glätteisen nt lisseur m

Glatze f calvitie f

Glaube (-ns, -n) m (Rel) foi f ; (Überzeugung) croyance f

glauben vt, vi + Dat croire ; **an etw** Akk ~ croire à qch ; **an Gott ~** croire en Dieu

glaubhaft adj crédible

gläubig adj (Rel) croyant(e) ; (vertrauensvoll) confiant(e)
• **Gläubige(r)** f(m) (Rel) croyant(e) m/f ; **die ~n** les fidèles mpl

Gläubiger(in) (-s, -) m(f) créancier(-ière)

gleich adj : **der/die/das ~e ... (wie)** le(la) même ... (que) ▶ adv (ebenso) tout aussi ; (sofort, bald) tout de suite ; **~ gesinnt** qui a les mêmes idées ; **~ groß** de la même taille • **gleichbedeutend** adj synonyme • **gleichberechtigt** adj égal(e) • **Gleichberechtigung** f égalité f

gleichen (irr) vi : **jdm/etw ~** ressembler à qn/qch ▶ vr se ressembler

gleichfalls adv pareillement

gleichgeschlechtlich adj homoparental(e)

Gleichgewicht nt équilibre m

gleichgültig adj indifférent(e) ; (belanglos) sans intérêt

Gleichheit f égalité f

gleichmäßig adj régulier(-ière)

gleich|sehen (irr) vi + Dat ressembler à

Gleichstrom m courant m continu

Gleichung f équation f

gleichwertig adj équivalent(e)

gleichzeitig adj simultané(e)

Gleis (-es, -e) nt (Schiene) voie f (ferrée), rails mpl ; (Bahnsteig) quai m

gleiten (irr) vi glisser

Gleitzeit f horaire m flexible od à la carte

Gletscher (-s, -) m glacier m
• **Gletscherspalte** f crevasse f

glich etc vb siehe **gleichen**

Glied (-(e)s, -er) nt (Körperglied, Penis) membre m ; (einer Kette) maillon m

Gliederung f organisation f

Gliedmaßen pl membres mpl

glimpflich adj (nachsichtig) clément(e) ; **~ davonkommen** s'en tirer à bon compte

glitt etc vb siehe **gleiten**

glitzern vi scintiller

global adj (weltweit) mondial(e) ; (ungefähr, pauschal) général(e) ; **~e Erwärmung** réchauffement m de la planète

Globalisierung f globalisation f

Globalisierungsgegner(in) m(f) altermondialiste mf

Globus (- od -ses, Globen od -se) m mappemonde f

Glocke f cloche f ; **etw an die große ~ hängen** crier qch sur les toits

Glockenspiel nt carillon m

Glockenturm m clocher m

glotzen (fam) vi regarder bêtement

Glück (-(e)s) nt (guter Zufall) chance f ; (Freude, Zustand) bonheur m ; **zum ~!** heureusement !

gluckern vi (Bach, Wasser) clapoter

glücklich adj heureux(-euse) **• glücklicherweise** adv heureusement

Glücksbringer m porte-bonheur m inv

Glücksspiel nt jeu m de hasard

Glückwunsch m félicitations fpl

Glühbirne f ampoule f (électrique)

glühen vi rougeoyer

Glühwein m vin m chaud

Glühwürmchen nt ver m luisant

Glut (-, -en) f (Feuersglut) braise f ; (Hitze) chaleur f torride ; (von Leidenschaft, Liebe) ardeur f

GmbH (-, -s) f abk (= Gesellschaft mit beschränkter Haftung) SARL f

Gnade f (Gunst) faveur f ; (Erbarmen, Rel) grâce f

gnadenlos adj sans pitié

gnädig adj clément(e) ; **~e Frau** (Anrede) chère Madame

G9 (-) nt cursus scolaire d'une durée de 13 ans jusqu'au Abitur

Gold (-(e)s) nt or m **• golden** adj d'or **• Goldfisch** m poisson m rouge **• Goldgrube** f mine f d'or

goldig adj adorable

Goldmedaille f médaille f d'or

Goldschmied m orfèvre m

Golf¹ (-(e)s, -e) m (Géo) golfe m

Golf² (-s) nt (Sport) golf m **• Golfplatz** m terrain m de golf **• Golfschläger** m club m

Gondel (-, -n) f (Boot) gondole f ; (bei Seilbahn) cabine f

gönnen vt : **jdm etw ~** trouver que qn a mérité qch ; **sich Dat etw ~** s'accorder qch

googeln vt googler

gor etc vb siehe **gären**

goss etc vb siehe **gießen**

Gosse f caniveau m ; (fig) rue f

Gott (-es, ᵘer) m dieu m

Gottesdienst m (katholisch) messe f ; (evangelisch) culte m

Gotteshaus nt maison f de Dieu

Göttin f déesse f

göttlich adj divin(e)

GPS nt (abk) (= Global Positioning System) GPS m

Grab (-(e)s, ᵘer) nt tombe f

graben (irr) vt, vi creuser ; **nach etw ~** creuser pour trouver qch

Graben (-s, -) m fossé m

Grabstein m pierre f tombale

Grad (-(e)s, -e) m degré m ; (Rang) grade m

Graf (-en, -en) m comte m

Graffiti pl graffiti mpl

Grafik f (Art, Technik) arts mpl graphiques

Grafiker(in) (-s, -) m(f) graphiste mf

Grafikkarte f (Inform) carte f graphique

Gramm (-s, -) nt gramme m

Grammatik f grammaire f

Granate f (Mil) grenade f

Granit (-s, -e) m granit m ; **auf ~ beißen** se heurter à un mur

Graphik f = **Grafik**

Gras (-es, ²er) nt herbe f

grässlich adj terrible

Grat (-(e)s, -e) m arête f

Gräte f arête f

gratis adv gratuitement

gratulieren vi : **jdm (zu etw) ~** féliciter qn (de qch)

Gratwanderung f : **sich auf einer ~ befinden** (fig) être sur la corde raide

grau adj gris(e)

Gräuel (-s, -) m horreur f

grauen¹ vi (Tag) se lever

grauen² vi unpers : **es graut jdm vor etw** qn frémit à l'idée de qch

grauenhaft adj horrible

grausam adj (Mensch, Tat, Sitten) cruel(le) • **Grausamkeit** f cruauté f

gravierend adj déterminant(e)

Greencard (-, -s) f permis m de travail

greifbar adj tangible ; **in ~er Nähe** à portée de main

greifen (irr) vt saisir ▸ vi (mit der Hand) tendre la main

Greis (-es, -e) m vieillard m

grell adj (Licht) aveuglant(e) ; (Farbe) criard(e) ; (Stimme, Ton) strident(e)

Gremium nt commission f

Grenze f frontière f ; (fig) limite f

grenzen vi : **an etw** Akk **~** être voisin(e) de qch

grenzenlos adj infini(e) ; (Frechheit) qui dépasse les bornes

Grenzwert m valeur f limite

Grieche (-n, -n) m Grec m

Griechenland nt la Grèce

Griechin f Grecque f

griechisch adj grec(grecque)

griesgrämig adj grincheux(-euse)

Grieß (-es, -e) m semoule f

griff etc vb siehe **greifen**

Griff (-(e)s, -e) m (an Tür, Topf, Koffer) poignée f

griffbereit adj : **etw ~ haben** avoir qch à portée de main

Grill (-s, -s) m gril m

Grille f grillon m

grillen vt griller

Grimasse f grimace f

grimmig adj furieux(-euse)

grinsen vi sourire ; (höhnisch) ricaner

Grippe f grippe f

grob adj grossier(-ière) ; (nicht exakt) approximatif(-ive) • **Grobheit** f grossièreté f

Grog (-s, -s) m grog m

grölen vt brailler

Groll (-(e)s) m ressentiment m

groß adj grand(e) ; **im G~en und Ganzen** dans l'ensemble ; **er ist 1,80 m ~** il mesure 1,80 m ; **~er Lärm** beaucoup de bruit • **großartig** adj remarquable • **Großbritannien** nt la Grande-Bretagne

Größe f taille f ; (von Haus auch) dimensions fpl ; (Math) valeur f

Großeltern pl grands-parents mpl

Großformat nt grand format m

Großhandel m commerce m de gros

Großhändler m grossiste m

Großmutter f grand-mère f

Großraumwagen m voiture f à couloir central (sans compartiments)

großspurig adj (Mensch) qui se donne de grands airs

Großstadt f grande ville f

größte(r, s) adj siehe **groß**

größtenteils adv pour la plupart

Großvater m grand-père m

großzügig adj généreux(-euse)

grotesk adj grotesque

Grotte f grotte f (artificielle)

grub etc vb siehe **graben**

Grübchen nt fossette f

Grube f fosse f

grübeln vi ruminer

Gruft (-, -̈e) f tombe f

grün adj vert(e) ; **die G~en** (Pol) les verts mpl od écologistes mpl ; **G~er Punkt** voir cercle

Le **Grüner Punkt** est un symbole représentant un point vert. On le trouve sur certains emballages qui doivent être séparés des ordures ménagères pour être recyclés sur le système DSD (Duales System Deutschland). Les fabricants financent le recyclage des emballages en achetant des licences à la DSD et répercutent souvent le coût sur les consommateurs.

Grünanlage f espace m vert

Grund (-(e)s, -̈e) m (von Gewässer, Gefäß) fond m ; (Motiv, Ursache) raison f ; **im ~e (genommen)** au fond • **Grundausbildung** f formation f de base • **Grundbesitz** m propriété f foncière

gründen vt fonder

Gründer(in) (-s, -) m(f) fondateur(-trice)

Grundgebühr f taxe f de base

Grundgesetz nt (Verfassung) constitution f allemande

Grundlage f base f

grundlegend adj fondamental(e)

gründlich adj (Mensch, Arbeit) consciencieux(-euse) ; (Vorbereitung) minutieux(-euse) ; (Kenntnisse) approfondi(e) ▶ adv (fam) complètement

grundlos adj sans fondement

Grundriss m plan m ; (fig) aperçu m

Grundsatz m principe m

grundsätzlich adj fondamental(e) ▶ adv en principe

Grundschule f école f primaire

Grundstein m première pierre f

Grundstück nt terrain m

Gründung f fondation f

Grundwasser nt nappe f phréatique

g

Grünstreifen m terre-plein m central

grunzen vi grogner

Gruppe f groupe m

Gruppenarbeit f travail m d'équipe

gruppieren vt regrouper ▶ vr se regrouper

Gruselfilm m film m d'horreur

gruseln (unpers) vr avoir des frissons

Gruß (-es, ⸗e) m salutations fpl, salut m ; **viele** od **liebe Grüße** amitiés fpl ; **mit freundlichen Grüßen** veuillez agréer, Monsieur/Madame, l'expression de mes sentiments distingués

grüßen vt saluer

gucken vi regarder

Gulasch (-(e)s, -e) nt goulasch m

gültig adj valable, valide

Gummi (-s, -s) nt od m caoutchouc m • **Gummiband** nt élastique m

Gummiknüppel m matraque f

Gummistiefel m botte f en caoutchouc

Gunst f faveur f

günstig adj favorable ; (Angebot, Preis) avantageux(-euse)

Gurgel (-, -n) f gorge f

gurgeln vi (Mensch) se gargariser ; (Wasser) gargouiller

Gurke f concombre m ; **saure ~** cornichon m

Gurt (-(e)s, -e) m ceinture f

Gürtel (-s, -) m ceinture f • **Gürtelreifen** m pneu m à carcasse radiale

GUS f abk (= Gemeinschaft Unabhängiger Staaten) CEI f

Guss (-es, ⸗e) m fonte f ; (Regenguss) averse f ; (Culin) glaçage m

Gusseisen nt fonte f

---

gut

▶ adj bon(ne) ; **alles G~e** meilleurs vœux ; **das ist ~ gegen Husten** (fam) c'est bon contre od pour la toux ; **sei so ~ (und) gib mir das Buch** passe-moi le livre, s'il te plaît ; **das ist alles ~ und schön, aber …** c'est bien joli, mais … ; **du bist ~!** (fam) tu en as de bonnes ! ; **das ist so ~ wie fertig** c'est pratiquement terminé ▶ adv bien ; **es geht ihm/uns ~** il va/nous allons bien ; **das ist noch einmal ~ gegangen** on l'a échappé belle (une fois de plus) ; **es wird schon alles ~ gehen** ne vous faites pas de souci ; **~ gehend** qui marche bien, florissant(e) ; **~ gelaunt** de bonne humeur ; **~ gemeint** qui part d'une bonne intention ; **~ schmecken** être bon(ne) ; **also ~** bon, d'accord ; **~, aber …** d'accord, mais … ; **(na) ~, ich komme** bon, d'accord, je viens ; **du hast es ~!** tu as de la chance ! ; **~ und gern** en tout cas ; **~ drei Stunden** trois bonnes heures ; **das kann ~ sein** c'est bien possible ; **lass es ~ sein** ça ira comme ça ; **machs ~!** (fam) bonne chance ! ; **siehe auch guttun**

Gut (-(e)s, ⸗er) nt (Landgut) propriété f ; (Besitz) bien m ; (Ware) marchandise f

Gutachten (-s, -) nt expertise f

Gutachter (-s, -) m expert m

gutartig adj (Méd) bénin(bénigne)

gutbürgerlich adj bourgeois(e)

Güte f (charakterlich) bonté f ; (Qualität) qualité f

Güterzug m train m de marchandises

gutgläubig adj crédule

Guthaben (-s, -) nt avoir m

gutmütig adj facile à vivre

Gutschein m bon m

gut|schreiben (irr) vt créditer

Gutschrift f inscription f au crédit

gut|tun (irr) vi: **jdm ~** faire du bien à qn

GVO m abk (Agr) (= gentechnisch veränderter Organismus) OGM m

Gymnasium nt lycée m

Gymnastik f gymnastique f

G-20 f abk (Pol) G20 m

h

Haar (-(e)s, -e) nt (Kopfhaar) cheveu m ; (von Tier, Pflanze, Brusthaar, Schamhaar) poil m • **Haarbürste** f brosse f à cheveux

Haarglätter m lisseur m

haarig adj poilu(e) ; (fam) difficile

Haarnadelkurve f virage m en épingle à cheveux

haarscharf adj (Beobachtung) très attentif(-ive) ▶ adv: **~ danebengehen** (Schuss) passer de justesse à côté

Haarschnitt m coupe f de cheveux

Haarspray nt laque f

haarsträubend adj à faire dresser les cheveux sur la tête

Haarwaschmittel rt shampooing m

Habe (-) f biens mpl

haben (irr) Hilfsverb, vt avoir ; **zu ~ sein** (erhältlich) être disponible ; (Mädchen, Mann) être libre ; **für etw zu ~ sein** (begeistert sein) être amateur de qch

Habgier f cupidité f

Habicht (-(e)s, -e) m faucon m

Habseligkeiten pl affaires fpl
Hachse f (Culin) jarret m
Hacke f pioche f ; (Ferse, Absatz) talon m
hacken vt (Erde) piocher ; (Holz) couper (à la hache) ; (Fleisch) hacher ; **ein Loch ~ in** +Akk faire un trou dans
Hacker (-s, -) m (Inform) pirate m
Hackfleisch nt viande f hachée
Hafen (-s, ⁼) m port m
  • **Hafenstadt** f ville f portuaire
Hafer (-s, -) m avoine f
Haft (-) f détention f • **haftbar** adj : **für jdn/etw ~ sein** être responsable de qn/qch
  • **Haftbefehl** m mandat m d'arrêt
haften vi : **für jdn/etw ~** (Jur) se porter garant(e) de qn/qch ; (verantwortlich sein) être responsable de qn/qch ; ▶ vi (kleben) : **(an etw** Dat) **~** coller (à qch)
Haftpflichtversicherung f assurance f responsabilité civile
Haftung f responsabilité f
Hagebutte f cynorhodon m
Hagel (-s) m grêle f
hageln vi unpers grêler
Hahn (-(e)s, ⁼e) m coq m ; (Wasserhahn, Gashahn) robinet m
Hähnchen nt poulet m
Häkchen nt agrafe f
häkeln vt faire au crochet ▶ vi faire du crochet
Haken (-s, -) m crochet m ; (Angelhaken) hameçon m ; (Nachteil) hic m • **Hakenkreuz** nt croix f gammée
halb adj demi(e) ▶ adv (nur teilweise) à moitié, à demi ; **~ eins**

midi et demie ; **ein ~es Jahr** six mois ; **mit jdm ~e-~e machen** couper la poire en deux
halbieren vt partager en deux
Halbinsel f presqu'île f
Halbjahr nt semestre m
halbjährlich adv tous les six mois
Halbschuh m chaussure f basse
halbstündlich adj, adv toutes les demi-heures
halbtags adv : **~ arbeiten** travailler à mi-temps
Halbtagsarbeit f travail m à mi-temps
halbwegs (fam) adv (einigermaßen) plus ou moins
Halbwertzeit f demi-vie f
Halbzeit f mi-temps f
half etc vb siehe **helfen**
Hälfte f moitié f
Halle f hall m
hallen vi résonner
Hallenbad nt piscine f couverte
hallo interj (Ruf: überrascht) hé ; (am Telefon) allô
Halm (-(e)s, -e) m tige f, brin m
Hals (-es, ⁼e) m cou m ; (innen auch) gorge f ; (von Flasche) col m
  • **Halsband** nt collier m
  • **Halsentzündung** f angine f
  • **Hals-Nasen-Ohren-Arzt** m oto-rhino(-laryngologiste) m/f
  • **Halsschmerzen** pl mal msg à la gorge • **Halstuch** nt foulard m
halt interj stop • **Halt** (-(e)s, -e) m (kurzes Anhalten) arrêt m ; (für Füße, Hände) prise f ; (fig) appui m, soutien m • **haltbar** adj (Material) résistant(e) ; (Lebensmittel) longue conservation inv ; (fig) tenable • **Haltbarkeit** f (von

Lebensmitteln) conservation f

• **Haltbarkeitsdatum** nt date f limite de consommation

halten (*irr*) vt tenir ; (*Rede*) prononcer ; (*Takt: in bestimmten Zustand*) garder ; (*verteidigen*) défendre ; (*zurückhalten*) retenir ▶ vi tenir ; (*frisch bleiben*) se garder ; (*stoppen*) s'arrêter ▶ vr (*frisch bleiben*) se garder ; (*Wetter*) durer, tenir ; (*sich behaupten*) tenir bon ; **viel auf etw** Akk **~** attacher beaucoup d'importance à qch ; **viel auf jdn ~** avoir une haute opinion de qn ; **jdn/etw für jdn/etw ~** considérer qn/qch comme qn/qch ; **davon halt(e) ich nichts** ça n'est pas une bonne idée

Haltestelle f arrêt m

Halteverbot nt: **absolutes ~** stationnement m strictement interdit, arrêt m interdit

haltlos adj (*Mensch*) instable ; (*Weinen*) sans retenue

Haltung f (*Körperhaltung*) posture f ; (*Einstellung*) attitude f

Hamburg (-s) nt Hambourg

Hamburger (-s, -) m (*Culin*) hamburger m

hämisch adj méchant(e)

Hammel (-s, = od -) m mouton m

Hammer (-s, ²) m marteau m

hämmern vt (*Metall*) marteler ▶ vi (*Herz, Puls*) battre (fort)

Hamster (-s, -) m hamster m

hamstern vi faire des provisions ▶ vt faire des stocks de

Hand (-, ²e) f main f ; **zu Händen von** à l'attention de

• **Handarbeit** f travail m manuel ; (*Nadelarbeit*) travaux mpl d'aiguille

• **Handball** m handball m
• **Handbremse** f frein m à main
• **Handbuch** nt manuel m

Handel (-s) m commerce m ; **der Faire ~** le commerce équitable

handeln vi (*tätig werden*) agir ▶ vr unpers: **es handelt sich um jdn/ etw** il s'agit de qn/qch ; **mit etw ~** (*Handel treiben*) faire commerce de qch

Handelsbilanz f balance f commerciale

Handelskammer f chambre f de commerce

Handfeger (-s, -) m balayette f

Handgelenk nt poignet m

Handgemenge nt mêlée f

Handgepäck nt bagages mpl à main

handgeschrieben adj manuscrit(e)

handhaben vt (*Maschine*) manipuler, se servir de ; (*Gesetze, Regeln*) appliquer

Händler(in) (-s, -) m(f) commerçant(e)

handlich adj maniable

Handlung f action f ; (*Geschäft*) magasin m

Handschlag m: **per** oc **mit ~** par une poignée de main

Handschrift f écriture f ; (*Text*) manuscrit m

Handschuh m gant m

Handtasche f sac m à main

Handtuch nt serviette f de toilette

Handvoll f poignée f

Handwerk nt métier m

Handwerker (-s, -) m ouvrier m

Handwerkszeug nt outils mpl

h

Handy (-s, -s) nt portable m
• **handysüchtig** adj nomophobe
Hanf (-(e)s) m chanvre m
Hang (-(e)s, ⸚e) m (Berghang)
pente f
Hängebrücke f pont m suspendu
Hängematte f hamac m
hängen vi (irr: befestigt sein) être
accroché(e) ▶ vt (aufhängen)
accrocher ; **an etw** Dat ~ être
accroché à qch ; **an jdm/etw ~**
(abhängig sein von) dépendre de
qn/qch ; **~ bleiben (an** +Dat)
rester accroché(e) (à)
hänseln vt taquiner
Hansestadt f ville f hanséatique
Hantel (-, -n) f haltère m
hantieren vi s'affairer ; **mit etw ~**
manier qch
Happen (-s, -) m bouchée f
Hardware (-, -s) f matériel m
Harfe f harpe f
Harke f râteau m
harken vt, vi ratisser
harmlos adj inoffensif(-ive) ;
(Krankheit) bénin(bénigne) ;
(Vergnügen, Bemerkung)
innocent(e)
Harmonie f harmonie f
harmonieren vi (Farben, Töne)
s'harmoniser ; (Menschen) bien
s'entendre
harmonisch adj
harmonieux(-euse)
Harn (-(e)s, -e) m urine f
• **Harnblase** f vessie f
Harpune f harpon m
hart adj dur(e) ; (Währung) fort(e) ;
(Winter, Gesetze) rigoureux(-euse)
▶ adv : **~ gekocht** (Ei) dur(e) ;
das ist ~ an der Grenze (des

Erlaubten) c'est à la limite de ce
qui est permis
Härte f dureté f
hartnäckig adj (Mensch)
obstiné(e) ; (Husten) persistant(e)
Harz (-es, -e) nt résine f
Haschee (-s, -s) nt hachis m
Haschisch (-) nt od m haschisch m
Hase (-n, -n) m lièvre m
Haselnuss f noisette f
Hass (-es) m haine f
hassen vt haïr, détester ; **etw wie
die Pest ~** (fam) ne pas pouvoir
sentir qch
hässlich adj laid(e) ; (gemein)
méchant(e)
Hast (-) f hâte f
hastig adj (Schritte) pressé(e) ;
(Bewegung) nerveux(-euse)
hatte etc vb siehe **haben**
Haube f coiffe f, bonnet m ; (Aut)
capot m
Hauch (-(e)s, -e) m souffle m ;
(leichter Duft) vague odeur f ; (fig)
soupçon m • **hauchdünn** adj
(Scheiben) très mince od fin(e)
• **hauchen** vi souffler
hauen (irr) vt (fam: schlagen)
frapper ; (verprügeln) rosser ;
(Stein) tailler ▶ vi (fam: schlagen)
frapper ; **jdm auf die Schulter ~**
taper sur l'épaule de qn
Haufen (-s, -) m tas m ; (Leute)
foule f ; **ein ~ Leute/Bücher**
(fam) un tas de gens/bouquins
häufen vt accumuler ▶ vr
s'accumuler
haufenweise adv en masse
häufig adj fréquent(e) ▶ adv
fréquemment
Hauptbahnhof m gare f centrale

hauptberuflich adv à plein temps

Hauptdarsteller(in) m(f) acteur(-trice) principal(e)

Haupteingang m entrée f principale

Hauptgeschäftszeit f heures fpl d'affluence

Hauptgewinn m gros lot m

Hauptperson f personnage m principal

Hauptquartier nt quartier m général

Hauptrolle f rôle m principal

Hauptsache f essentiel m

hauptsächlich adv surtout

Hauptschule f premier cycle de l'enseignement secondaire (se à ge année)

Hauptspeicher m (Inform) mémoire f centrale

Hauptstadt f capitale f

Hauptstraße f grand-route f ; (in Stadt) rue f principale

Haus (-es, Häuser) nt maison f ; (von Schnecke) coquille f ; **nach ~e** à la maison ; **zu ~e** à la maison
- **Hausarbeit** f travaux mpl ménagers ; (Scol) devoirs mpl
- **Hausarzt** m, **Hausärztin** f médecin m de famille
- **Hausaufgabe** f (Scol) devoir m
- **Hausbesetzer(in)** (-s, -) m(f) squatter m • **Hausbesetzung** f squat m • **Hausbesitzer(in)** m(f) propriétaire mf

hausen vi (wohnen) nicher ; (fam: wüten) faire des dégâts

Hausfrau f ménagère f, femme f au foyer

Hausfriedensbruch m violation f de domicile

hausgemacht adj maison inv

Haushalt m ménage m ; (Pol, Écon) budget m

Haushaltsgerät nt appareil m ménager

Haushaltsplan m budget m

Hausherr(in) m(f) maître (maîtresse) de maison ; (Vermieter) propriétaire mf

haushoch adv: **~ verlieren** être battu(e) à plate couture

hausieren vi faire du porte à porte

häuslich adj (Pflichten) familial(e) ; (Mensch) casanier(-ière)

Hausmann (-(e)s, -männer) m homme m au foyer

Hausmeister(in) m(f) concierge mf

Hausnummer f numéro m (de la maison)

Hausordnung f règlement m intérieur

Hausschlüssel m clé f de la maison

Hausschuh m pantoufle f

Haustier nt animal m domestique

Haut (-, Häute) f peau f ; (von Zwiebel) pelure f • **Hautarzt** m, **Hautärztin** f dermatologue m

Hautfarbe f couleur f de (la) peau

Haxe f siehe **Hachse**

Hbf. abk = **Hauptbahnhof**

HDTV abk (= high-definition television) TVHD f

Hebamme f sage-femme f

Hebel (-s, -) m levier m

heben (irr) vt soulever ; (Arm, Hand, Augen) lever ; (Niveau, Stimmung) améliorer

h

Hecht (-(e)s, -e) m brochet m ;
(Schwimmen: Hechtsprung)
plongeon m droit

Heck (-(e)s, -e) nt arrière m

Hecke f haie f

Heckmotor m (Aut) moteur m à
l'arrière

Heer (-(e)s, -e) nt armée f ;
(Unmenge) foule f

Hefe f levure f

Heft[1] (-(e)s, -e) nt (Schreibheft)
cahier m ; (Zeitschrift) numéro m

Heft[2] (-(e)s, -e) nt (von Messer)
manche m

heften vt (befestigen) épingler ;
(nähen) bâtir ; **~ an** +Akk fixer à

heftig adj violent(e) ; (Worte)
dur(e)

Heftklammer f agrafe f

Heftpflaster nt sparadrap m

Heftzwecke f punaise f

hegen vt (Wild, Bäume) protéger ;
(Wunsch, Misstrauen) caresser

Hehl m od nt: **kein(en) ~ aus etw**
Dat **machen** ne pas faire mystère
de qch

Hehler (-s, -) m receleur(-euse) m/f

Heide[1] f (Gebiet) lande f ;
(Heidekraut) bruyère f
• **Heidekraut** nt bruyère f

Heidelbeere f myrtille f

heikel adj délicat(e) ; (wählerisch)
difficile

heil adj (nicht kaputt) intact(e) ;
(unverletzt) sain(e) et sauf(sauve)

Heil (-(e)s) nt (Glück) bonheur m ;
(Rel) salut m

heilen vt, vi guérir

heilig adj saint(e) • **Heiligabend**
m veille f od réveillon m de Noël

Heilige(r) f(m) saint(e) m/f

Heiligenschein m auréole f

Heiligkeit f sainteté f

Heiligtum nt (Ort) lieu m saint

heillos adj épouvantable

Heilmittel nt remède m

Heilpraktiker(in) m(f)
guérisseur(-euse)

Heilsarmee f armée f du Salut

Heilung f guérison f

heim adv à la maison, chez moi/
soi etc

Heim (-(e)s, -e) nt foyer m, chez soi
m ; (Altersheim) maison f (de
retraite) ; (Kinderheim) maison
pour enfants

Heimat (-, -en) f (von Mensch)
patrie f ; (von Tier, Pflanze) pays m
d'origine • **Heimatland** nt pays m
natal • **Heimatort** nt lieu m
d'origine

heim|begleiten vt
raccompagner

heimelig adj où l'on se sent chez soi

heim|fahren (irr) vi rentrer chez
soi

Heimfahrt f retour m

heim|gehen (irr) vi rentrer chez
soi

heimisch adj régional(e), local(e) ;
sich ~ fühlen se sentir chez soi

Heimkehr (-, -en) f retour m

heimlich adj secret(-ète)

Heimreise f (voyage m de)
retour m

Heimspiel nt match m à domicile

heimtückisch adj
insidieux(-euse) ; (Tat, Blick)
sournois(e)

Heimweg m (chemin m du)
retour m

Heimweh nt mal m du pays

Heirat (-, -en) f mariage m
• **heiraten** vi se marier ▶ vt épouser

heiser adj enroué(e)

heiß adj chaud(e) ; (Kampf, Diskussion) acharné(e) ; (leidenschaftlich) passionné(e) ; (aufreizend) excitant(e)

heißen (irr) vi (Namen haben) s'appeler ; (lauten) être ▶ vt (nennen) appeler ; (befehlen) dire à ▶ vi unpers: **es heißt, dass ...** on dit que... ; **das heißt** c'est-à-dire

heiter adj (Wetter) clair(e) ; (fröhlich) gai(e) • **Heiterkeit** f gaieté f

heizen vt, vi chauffer

Heizkörper m radiateur m

Heizöl nt mazout m

Heizpilz m parasol m chauffant

Heizung f chauffage m

hektisch adj fébrile

Held (-en, -en) m héros m

helfen (irr) vi +Dat aider ▶ vi unpers: **es hilft nichts, du musst ...** il n'y a rien à faire, il faut que tu ...

Helfer(in) (-s, -) m(f) aide mf ; (Mitarbeiter) assistant(e)

Helfershelfer m complice m

hell adj clair(e)

hellhörig adj (Wohnung) mal insonorisé(e) ; **~ werden** dresser l'oreille

Helligkeit f clarté f

Hellseher(in) m(f) voyant(e)

Helm (-(e)s, -e) m casque m

Hemd (-(e)s, -en) nt chemise f ; (Unterhemd) gilet m • **Hemdbluse** f chemisier m

hemmen vt entraver ; (Menschen) inhiber

Hemmung f (Psych) complexe m

hemmungslos adj (Mensch) sans aucune retenue ; (weinen) sans retenue

Hengst (-es, -e) m étalon m

Henkel (-s, -) m anse f

Henne f poule f

Hepatitis (-, Hepatitiden) f hépatite f

her

h

adv **1** (Richtung): **komm ~** viens ici ; **komm ~ zu mir** viens vers moi ; **von England ~** d'Angleterre ; **von weit ~** de loin ; **wo bist du ~?** d'où viens-tu od es-tu ? ; **~ damit!** donne ! ; **wo hat er das ~?** où a-t-il trouvé ça ? ; **wo ist das ~?** d'où est-ce que ça vient ? ; **hinter jdm ~ sein** (fam) courir après qn ; **hinter etw** Dat **~ sein** être à la recherche de qch **2** (zeitlich): **das ist 5 Jahre ~** ça s'est passé il y a cinq ans

herab adv: **er kam den Hügel/die Treppe ~** il descendait la colline/l'escalier • **herablassend** adj condescendant(e) • **herab|setzen** vt (Preise) baisser ; (Geschwindigkeit) réduire

heran adv: **näher ~!** approche-toi !, approchez-vous ! • **heran|kommen** (irr) vi: (an jdn/etw) **~** s'approcher (de qn/ qch) ; **alle Probleme an sich** Akk **~ lassen** avoir une attitude attentiste • **heran|ziehen** (irr) vt tirer à soi ; (Pflanzen) cultiver ; (Nachwuchs) former ; (Sachverständige) faire appel à ;

jdn zur Hilfe/Unterstützung ~
demander l'aide/le soutien de qn

herauf adv: **er kam die Treppe ~**
il a monté l'escalier

heraus adv: **~ sein** (aus Stadt, Land
etc: Buch, Briefmarke etc) être
sorti(e) ; **aus etw ~ sein**
(überstanden haben) avoir surmonté
qch ; **es ist noch nicht ~**
(entschieden) ce n'est pas encore
décidé • **heraus|bringen** (irr) vt
sortir ; (Geheimnis) découvrir ;
jdn/etw ganz groß ~ faire
beaucoup de battage autour de
qn/qch • **heraus|finden** (irr) vt
découvrir • **heraus|fordern** vt
provoquer • **Herausforderung** f
provocation f • **heraus|geben**
(irr) vt (zurückgeben) rendre ;
(veröffentlichen) publier
• **Herausgeber(in)** m(f)
éditeur(-trice) • **heraus|halten**
(irr) vr: **sich aus etw ~** ne pas se
mêler de qch • **heraus|holen** vt
sortir ; (Ergebnis) arriver à obtenir ;
(Sieg) remporter
• **heraus|kommen** (irr) vi sortir
• **heraus|nehmen** (irr) vt
(entfernen) sortir • **heraus|stellen**
vr (sich zeigen) s'avérer ; **sich als
etw ~** se révéler qch
• **heraus|ziehen** (irr) vt tirer ;
(Zahn) arracher ; (Splitter) enlever

herb adj (Geschmack, Duft) âcre ;
(Wein) sec(sèche) ; (Enttäuschung)
amer(-ère) ; (Worte, Kritik) acerbe ;
(Gesicht, Schönheit) austère

herbei adv ici

Herberge f auberge f

her|bringen (irr) vt apporter ;
(jdn) amener

Herbst (-(e)s, -e) m automne m

Herd (-(e)s, -e) m cuisinière f

Herde f troupeau m

herein adv: **er kam ins Zimmer ~**
il est entré dans la pièce ; **~!**
entrez ! • **herein|bitten** (irr) vt
prier d'entrer • **herein|kommen**
(irr) vi entrer • **herein|legen** vt
(fam: betrügen) rouler

her|fallen (irr) vi: **über etw** Akk **~**
se précipiter sur qch ; **über jdn ~**
se jeter sur qn

Hergang m déroulement m des
faits

her|geben (irr) vt (übergeben)
donner ; (zurückgeben) rendre

her|halten (irr) vt tendre,
rapprocher ▸ vi: **(für jdn/etw) ~
müssen** payer (pour qn/qch)

her|hören vi écouter

Hering (-s, -e) m hareng m

her|kommen (irr) vi (näher kommen)
s'approcher ; (herrühren) venir

herkömmlich adj
conventionnel(le)

Herkunft (-, -künfte) f origine f

hermetisch adj hermétique

Heroin (-s) nt héroïne f

Herr (-(e)n, -en) m (Herrscher)
seigneur m ; (Mann) monsieur m ;
(vor Namen) Monsieur m ; **meine
~en!** Messieurs !

her|richten vt (Essen, Kleid)
préparer ; (Bett) faire

Herrin f maîtresse f

herrlich adj merveilleux(-euse)

Herrlichkeit f splendeur f

Herrschaft f pouvoir m

herrschen vi régner

Herrscher(in) (-s, -) m(f)
souverain(e)

her|rühren vi: **von etw ~**
provenir de qch

her|stellen vt fabriquer

Hersteller (-s, -) m fabricant m, producteur m

Herstellung f fabrication f, production f

herüber adv: **hier ~, bitte!** par ici, je vous prie !

herum adv: **um etw ~** autour de qch • **herum|kommen** (irr) vi (vermeiden) arriver à éviter ; **viel/wenig ~** voir beaucoup/ peu de monde • **herum|kriegen** (fam) vt convaincre • **herum|lungern** vi traînasser • **herum|sprechen** (irr) vr s'ébruiter • **herum|treiben** (irr) vr se traîner

herunter adv: **vom Himmel ~** du (haut du) ciel • **herunter|fahren** (irr) vt (Inform) arrêter • **heruntergekommen** adj (Mensch) dans un triste état • **herunter|kommen** (irr) vi descendre ; (moralisch) se laisser aller • **herunterladbar** adj (Inform) téléchargeable • **herunter|laden** (irr) vt (Inform) télécharger

hervor|bringen (irr) vt produire

hervor|gehen (irr) vi (als Sieger) sortir ; (als Resultat) résulter ; **aus dem Brief/daraus geht hervor, dass …** il ressort de cette lettre/il en ressort que …

hervor|heben (irr) vt souligner

hervorragend adj (ausgezeichnet) excellent(e)

hervor|rufen (irr) vt (bewirken) provoquer

hervor|tun (irr) vr: **sich mit etw ~** se distinguer par qch

Herz (-ens, -en) nt cœur m

Herzinfarkt m infarctus m (du myocarde)

Herzklopfen nt palpitations fpl

herzlich adj chaleureux(-euse) ; **~e Grüße** amitiés

Herzlichkeit f gentillesse f

Herzschlag m battement m de cœur ; (Méd) rythme m cardiaque

Herzschrittmacher m stimulateur m cardiaque

Hessen (-s) nt (Géo) la Hesse

heterosexuell adj hétérosexuel(le)

Hetze f (Eile) hâte f

hetzen vt (jagen) traquer ▸ vr (sich eilen) se dépêcher

Heu (-(e)s) nt foin m

Heuchelei f hypocrisie f

heucheln vt simuler, feindre ▸ vi être hypocrite

Heuchler(in) (-s, -) m(f) hypocrite mf • **heuchlerisch** adj hypocrite

Heugabel f fourche f à foin

heulen vi hurler

heurig (Südd, Österr, Schweiz) adj de cette année

Heuschnupfen m rhume m des foins

Heuschrecke f sauterelle f

heute adv aujourd'hui ; **~ Abend** ce soir ; **~ früh** od **Morgen** ce matin

heutig adj d'aujourd'hui ; (Problem) actuel(le)

heutzutage adv de nos jours

Hexe f sorcière f

Hexenschuss m (Méd) lumbago m

h

hieb etc vb siehe **hauen**

Hieb (-(e)s, -e) m coup m

hielt etc vb siehe **halten**

hier adv ici

hierbei adv ce faisant ; **~ handelt es sich um …** il s'agit (ici) de …

hier|bleiben (irr) vi rester (ici)

hierdurch adv ainsi ; (örtlich) par ici

hierher adv ici

hier|lassen (irr) vt laisser ici

hiermit adv avec cela

hierzulande, hier zu Lande adv par ici

hiesig adj d'ici

hieß etc vb siehe **heißen**

Hi-Fi-Anlage f chaîne f hi-fi

Hilfe f aide f ; **Erste ~** premiers secours m pl od soins m pl ; **~!** à l'aide ! • **Hilfeleistung** f assistance f ; **unterlassene ~** (Jur) non-assistance f à personne en danger

hilflos adj perdu(e)

Hilflosigkeit f air m perdu

hilfreich adj serviable

Hilfsaktion f opération f de secours

Hilfsarbeiter m ouvrier m spécialisé

hilfsbereit adj serviable

Hilfsorganisation f organisation f humanitaire

Himbeere f framboise f

Himmel (-s, -) m ciel m

Himmelsrichtung f direction f ; **die vier ~en** les quatre points m pl cardinaux

himmlisch adj céleste, divin(e)

---

hin

adv **1** (räumlich) : **bis zur Mauer ~** jusqu'au mur ; **nach Westen ~** vers l'ouest ; **geh doch zu ihr ~** va vers elle ; **wo ist er ~?** (fam) où est-il passé ? ; **einmal Basel, ~ und zurück** Bâle, aller (et) retour ; **~ und her gehen** faire les cent pas ; **etw ~ und her überlegen** tourner et retourner qch dans son esprit ; **~ und wieder** de temps en temps ; **Regen ~, Regen her** qu'il pleuve ou non

2: **auf … ~** : **auf meine Bitte ~** à ma demande ; **auf seinen Rat ~** sur son conseil ; **auf meinen Brief ~** suite à ma lettre ; **nichts wie ~!** (fam) allons-y !

3: **~ sein** (fam: kaputt sein) être fichu(e) ; **mein Glück ist ~** c'en est fait de mon bonheur

---

hinab|gehen (irr) vi descendre

hinauf adv vers le haut

• **hinauf|steigen** (irr) vi monter

hinaus adv dehors ; **~ mit dir!** dehors ! • **hinaus|gehen** (irr) vi sortir ; **das geht über meine Kräfte hinaus** c'est au-delà de mes forces ; • **hinaus|laufen** (irr) vi sortir ; **~ auf** +Akk (fig) revenir à

Hinblick m : **in** od **im ~ auf** +Akk eu égard à

hinderlich adj : **einer Sache** Dat **~ sein** faire obstacle à qch

hindern vt gêner

Hindernis nt obstacle m

hin|deuten vi : **auf etw** Akk **~** (schließen lassen) indiquer

Hinduismus m hindouisme m

hindurch adv: **durch den Wald ~** à travers la forêt ; **die ganze Nacht ~** toute la nuit

hinein adv: **in etw** Akk **~** dans qch ; **bis in die Nacht ~** jusqu'à la tombée de la nuit • **hinein|gehen** (irr) vi: **~ in +** Akk entrer dans • **hinein|passen** vi entrer, aller • **hinein|stecken** vt (Schlüssel) mettre ; (investieren) consacrer

hin|fahren (irr) vi (mit Fahrzeug) se rendre ▸ vt conduire

Hinfahrt f aller m

hinfällig adj (Mensch) frêle, invalide ; (Argument) non valable ; (Pläne) tombé(e) à l'eau

hing etc vb siehe **hängen**

Hingabe f dévouement m

hin|gehen (irr) vi (Mensch) y aller

hin|halten (irr) vt (Gegenstand) tendre ; (vertrösten, warten lassen) faire attendre

hinken vi (Mensch) boiter

hinlänglich adv suffisamment

hin|legen vt (aus der Hand legen) poser ; (Person) coucher ; (bezahlen) sortir

hin|nehmen (irr) vt (fig) accepter

Hinreise f aller m

Hinrichtung f exécution f

hinsichtlich präp +Gen en ce qui concerne

Hinspiel nt match m aller

hin|stellen vt poser, mettre ▸ vr se mettre ; **jdn/etw als etw ~** présenter qn/qch comme qch

hinten adv derrière ; (am Ende) à la fin • **hintenherum** adv par derrière

hinter präp +Dat derrière ; (nach) après ▸ präp +Akk derrière ; **etw ~**

sich Dat **haben** avoir qch derrière soi ; **etw ~ sich** Akk **bringen** se débarrasser une bonne fois pour toutes de qch ; **~ die Wahrheit/ ein Geheimnis kommen** découvrir la vérité/un secret • **Hinterachse** f essieu m arrière • **Hinterbliebene(r)** f(m): **die ~n** la famille du défunt

hintere(r, s) adj (an der Rückseite) arrière inv ; (am Ende) dernier(-ière)

hintereinander adv (räumlich) l'un(e) derrière l'autre ; (zeitlich) l'un(e) après l'autre

Hintergedanke m arrière-pensée f

Hintergrund m fond m ; (Zusammenhang) antécédents mpl • **hintergrundbeleuchtet** adj rétroéclairé(e)

Hinterhalt m embuscade f

hinterhältig adj sournois(e)

hinterher adv (hinter jd'm) derrière ; (danach) ensuite

Hinterhof m arrière-cour f

Hinterkopf m occiput m

hinterlassen (irr) vt insép laisser ; (nach Tod) léguer

Hinterlassenschaft f héritage m

hinterlegen vt insép déposer

hinterlistig adj trompeur(-euse), sournois(e)

Hintern (-s, -) m postérieur m

Hinterrad nt roue f arrière

Hinterradantrieb m roues fpl arrière motrices

Hinterteil nt postérieur m

Hintertreffen nt: **ins ~ kommen** être en perte de vitesse

h ▸

hinterziehen (irr) vt insép:
Steuern ~ frauder le fisc

hinüber adv de l'autre côté
• **hinüber|gehen** (irr) vi: **~ über**
+Akk (Straße) traverser

hinunter adv: **jdn bis ~ begleiten**
accompagner qn jusqu'en bas
• **hinunter|schlucken** vt avaler

Hinweg m aller m

Hinweis (-es, -e) m indication f ;
(Anhaltspunkt) indice m

hin|weisen (irr) vi: **auf etw** Akk **~**
(zeigen) indiquer qch ▶ vt: indiquer
qch ▶ vt: **jdn auf
etw** Akk **~** (aufmerksam machen)
attirer l'attention de qn sur qch

hin|ziehen (irr) vr (lange dauern)
traîner en longueur ; (sich
erstrecken) s'étendre

hinzu adv en plus • **hinzu|fügen**
vt ajouter • **hinzu|kommen** (irr)
(Mensch) s'y joindre ; (Umstand) s'y
ajouter • **hinzu|ziehen** (irr) vt
faire appel à

Hirn (-(e)s, -e) nt cerveau m ; (Culin)
cervelle f • **Hirngespinst** nt
chimère f • **hirnverbrannt** adj
complètement fou(folle)

Hirsch (-(e)s, -e) nt cerf m

Hirse f millet m

Historiker(in) (-s, -) m(f)
historien(ne)

historisch adj historique

Hit (-s, -s) m (Mus) tube m ; (fig)
(gros) succès m • **Hitparade** f
hit-parade m

Hitze (-) f chaleur f
• **hitzebeständig** adj résistant(e)
à la chaleur • **Hitzewelle** f vague f
de chaleur

hitzig adj (Mensch, Temperament)
fougueux(-euse) ; (Debatte)
houleux(-euse)

Hitzschlag m coup m de chaleur

HIV (-(s), -(s)) nt (abk) (= Human
Immunodeficiency Virus) HIV m

HIV-positiv adj séropositif(-ive)

H-Milch f lait m longue
conservation od UHT

hob etc vb siehe **heben**

Hobby (-s, -s) nt hobby m

Hobel (-s, -) m rabot m

hoch (attrib **hohe(r, s)**) adj
haut(e) ; (Preis, Besucherzahl,
Gewicht) élevé(e) ; (Fieber) fort(e) ;
(Bildung) grand(e) ▶ adv haut ;
(sehr) très ; **~ dotiert** bien
rémunéré(e)

Hoch (-s, -s) nt (Ruf) vivat m ;
(Météo) anticyclone m

Hochachtung f considération f

hochachtungsvoll adv
(Briefschluss) veuillez agréer,
Monsieur/Madame, mes
salutations distinguées

hochbegabt adj extrêmement
doué(e)

Hochbetrieb m activité f intense

Hochburg f (fig) fief m

Hochdeutsch nt haut
allemand m

Hochdruck m (Météo) haute
pression f

Hochebene f haut plateau m

hoch|fahren (irr) vi (erschreckt)
sursauter ▶ vt (Inform) amorcer,
initialiser

Hochform f pleine forme f

hoch|halten (irr) vt tenir en l'air ;
(fig) tenir en haute estime

Hochhaus nt tour f
(d'habitation)

hoch|heben (irr) vt soulever

Hochkonjunktur f boom m

hoch|laden (irr) vt (Inform)
télécharger

Hochland nt régions fpl
montagneuses

hoch|leben vi: **jdn ~ lassen**
porter un toast à la santé de qn

Hochleistungssport m sport m
de haut niveau

Hochmut m arrogance f

hochmütig adj arrogant(e)

hochnäsig adj prétentieux(-euse)

Hochrechnung f extrapolation f

Hochsaison f haute saison f

Hochschule f établissement m
d'enseignement supérieur

Hochsommer m plein été m

Hochspannung f haute tension f

Hochsprung m saut m en
hauteur

höchst adv extrêmement

höchste(r, s) adj le(la) plus
haut(e)

höchstens adv (tout) au plus, au
maximum

Höchstform f: **in ~** au top de sa
etc forme

Höchstgeschwindigkeit f
vitesse f maximum od maximale

höchstwahrscheinlich adv
(très) vraisemblablement

Hochwasser nt (Flut) marée f
haute ; (Überschwemmung)
inondation f

Hochzahl f exposant m

Hochzeit (-, -m) f mariage m

Hocke f (Stellung) position f
accroupie ; (Sport) saut m fléchi

hocken vi être accroupi(e)

Hocker (-s, -) m tabouret m

Höcker (-s, -) m bosse f

Hockey (-s) nt hockey m

Hoden (-s, -) m testicule m

Hof (-(e)s, ⸚e) m cour f ; (von Mond)
halo m

hoffen vi, vt espérer

hoffentlich adv: **~ regnet es
morgen** j'espère qu'il pleuvra
demain

Hoffnung f espoir m

hoffnungslos adj désespéré(e)

Hoffnungslosigkeit f caractère
m désespéré

hoffnungsvoll adj plein(e)
d'espoir

höflich adj poli(e) • **Höflichkeit** f
politesse f

hohe(r, s) adj attrib siehe **hoch**

Höhe f hauteur f ; (von Mieten,
Gehalt, Preisen) montant m

Hoheit f (Pol) souveraineté f ;
(Titel) altesse f

Hoheitsgewässer pl eaux fpl
territoriales

Höhepunkt m apogée m

hohl adj creux(-euse)

Höhle f grotte f, caverne f ; (Zool,
fig) antre m, tanière f

Hohn (-(e)s) m dérision f

höhnisch adj méprisant(e)

holen vt aller chercher ; **Atem** od
Luft ~ reprendre son souffle ; **sich**
Dat **eine Lungenentzündung ~**
attraper une pneumonie ; **jdn/
etw ~ lassen** envoyer chercher
qn/qch

Holland nt la Hollande

holländisch adj hollandais(e)

Hölle f enfer m

höllisch adj infernal(e)

Holocaust (-(s), -s) m
holocauste m

h

holperig adj cahoteux(-euse) ;
(Vortrag) hésitant(e)

Holz (-es, ²er) nt bois m

hölzern adj en bois ; (fig) gauche

holzig adj (Spargel)
filandreux(-euse)

Holzkohle f charbon m de bois

Holzweg m: **auf dem ~ sein** se
tromper

Holzwolle f copeaux mpl de bois

Homepage f page f d'accueil

Homöopathie f homéopathie f

homosexuell adj homosexuel(le)

Homosexuelle(r) f(m)
homosexuel(le) m/f

Honig (-s, -e) m miel m
• **Honigmelone** f melon m d'hiver
od d'Antibes

Honorar (-s, -e) nt honoraires mpl

honorieren vt (bezahlen)
rétribuer ; (anerkennen) honorer

Hopfen (-s, -) m houblon m

Hörbuch nt livre m audio

horchen vi écouter

Horde f horde f

hören vt entendre ; (anhören, reden
lassen) écouter ; ▸ vi entendre ;
(erfahren) apprendre ; **von jdm ~**
avoir des nouvelles de qn

Hörer(in) (-s, -) m(f) (Zuhörer,
Radio) auditeur(-trice) ▸ **r** m
(Telefonhörer) écouteur m

Hörgerät nt, f appareil m
acoustique

Horizont (-(e)s, -e) m horizon m

horizontal adj horizontal(e)

Hormon (-s, -e) nt hormone f

Horn (-(e)s, ²er) nt corne f ; (Mus)
cor m

Hornhaut f callosité f

Hornisse f frelon m

Horoskop (-s, -e) nt horoscope m

Horror m: **einen ~ vor jdm/etw
haben** avoir horreur de qn/qch

Horrorfilm m film m d'horreur

Hörsaal m amphithéâtre m

Hort (-(e)s, -e) m (Scol) garderie f
• **horten** vt stocker, amasser

Hose f pantalon m ; (Unterhose)
slip m

Hosentasche f poche f de
pantalon

Hosenträger pl bretelles fpl

Hotel (-s, -s) nt hôtel m

Hotelier (-s, -s) m hôtelier m

Hotline (-, -s) f hotline f

Hotspot (-s, -s) m borne f wifi,
hotspot m

Hub (-(e)s, -e) m (Tech) course f

Hubraum m: **ein Auto mit
1600 cm³ ~** une voiture de
1600 cm³ de cylindrée

hübsch adj joli(e)

Hubschrauber (-s, -) m
hélicoptère m

Huf (-(e)s, -e) m sabot m
• **Hufeisen** nt fer m à cheval

Hüfte f hanche f

Hügel (-s, -) m colline f

hügelig adj vallonné(e)

Huhn (-(e)s, ²er) nt poule f

Hühnerauge nt cor m (au pied)

Hühnerbrühe f bouillon m de
poule

Hülle f enveloppe f; **in ~ und
Fülle** en abondance

Hülsenfrucht f légumineuse f

human adj humain(e)

Hummel (-, -n) f bourdon m

Hummer (-s, -) m homard m

Humor *(-s, -e)* *m* humour *m*
- **humorlos** *adj* sans humour
- **humorvoll** *adj* plein(e) d'humour

humpeln *vi* boiter

Hund *(-(e)s, -e)* *m* chien *m*

Hundehütte *f* niche *f*

hundert *num* cent

Hundertjahrfeier *f* centenaire *m*

hundertmal *adv* cent fois

hundertprozentig *adj* à cent pour cent

Hunger *(-s)* *m* faim *f*

hungern *vi* souffrir de la faim

Hungersnot *f* famine *f*

Hungerstreik *m* grève *f* de la faim

hungrig *adj* affamé(e)

Hupe *f* klaxon *m*

hupen *vi* klaxonner

hüpfen *vi* sautiller

Hürde *f* (*Sport*) haie *f*; (*fig*) obstacle *m*

Hure *f* putain *f*

husten *vi* tousser • **Husten** *(-s)* *m* toux *f* • **Hustenbonbon** *nt od m* pastille *f* contre la toux
- **Hustensaft** *m* sirop *m* contre la toux

Hut¹ *(-(e)s, ⸚e)* *m* chapeau *m*

Hut² *(-)* *f* garde *f*; **vor etw** *Dat* **auf der ~ sein** prendre garde à qch

hüten *vt* garder ▶ *vr*: **sich vor etw** *Dat* **~** prendre garde à qch

Hütte *f* cabane *f*; (*im Gebirge*) refuge *m*

Hyazinthe *f* jacinthe *f*

Hybridauto *nt* voiture *f* hybride

Hydrant *m* bouche *f* d'incendie

Hygiene *(-)* *f* hygiène *f*

hygienisch *adj* hygiénique

Hymne *f* hymne *m*

Hyperlink *m* hyperlien *m*, lien *m*

Hypertext *m* hypertexte *m*

Hypnose *f* hypnose *f*

hypnotisch *adj* hypnotique

hypnotisieren *vt* hypnotiser

Hypothek *(-, -en)* *f* hypothèque *f*

Hysterie *f* hystérie *f*

hysterisch *adj* hystérique

h

i

IC (-) *m abk* (= *Intercity-Zug*) rapide *m*

ICE (-) *m abk* (= *Intercityexpresszug*) ≈ TGV *m*

ich *pron* je ; (*vor Vokal od stummem h*) j' • **Ich** (*-(s), -(s)*) *nt* moi *m*

ideal *adj* idéal(e) • **Ideal** (*-s, -e*) *nt* idéal *m*

Idealismus *m* idéalisme *m*

Idee *f* idée *f*

identifizieren *vt* identifier

identisch *adj* : **mit jdm/etw ~ sein** être identique à qn/qch

Identität *f* identité *f* • **Identitätsdiebstahl** *m* usurpation *f* d'identité

Ideologie *f* idéologie *f*

ideologisch *adj* idéologique

Idiot(in) (*-en, -en*) *m(f)* idiot(e)

idiotisch *adj* idiot(e)

idyllisch *adj* idyllique

Igel (*-s, -*) *m* hérisson *m*

ignorieren *vt* (*jdn*) ignorer ; (*etwas*) ne pas tenir compte de

IHK *f abk* (= *Industrie- und Handelskammer*) ≈ CCI *f*

ihm (*Dat von er, es*) *pron* lui ; (*nach präp*) lui ; **ich habe es ~ gesagt** je le lui ai dit ; **mit ~** avec lui

ihn (*Akk von er*) *pron* le ; **ich schreibe an ~** je lui écris

ihnen (*Dat von sie pl*) *pron* leur ; (*nach präp*) eux(elles) • **Ihnen** (*Dat von Sie*) *pron* vous, à vous ; (*nach präp*) vous

ihr

pers pron **1** (*2. Person pl nom, Akk, Dat euch*) vous ; **~ schlaft** vous dormez

2 (*3. Person f sg Dat*) lui ; (*: nach präp*) lui (elle) ; **mit ~** avec elle

ihr(e)

poss pron **1** (*3. Person sg f*) son(sa) ; **~ Hund** son chien ; **~ Auto** sa voiture ; **~e Mutter** sa mère ; **~e Schuhe** ses chaussures

2 (*3. Person pl*) leur ; **~ Leben** leur vie ; **~e Schuhe** leurs chaussures

Ihr(e) *poss pron* votre

ihre(r, s) *pron* (*sg*) le(la) sien(ne) ; (*pl*) les siens(siennes) ; (*von mehreren*) le(la) leur ; (*: pl*) les leurs ; **der/die/das I~** le(la) sien(ne) • **Ihre(r, s)** *pron* le(la) vôtre ; (*pl*) les vôtres

ihrer *pron* : **wir gedenken ~** (*geh*) nous pensons à elle ; (*pl*) nous pensons à eux(elles)

ihrerseits *adv* (*sg*) de son côté ; (*pl*) de leur côté

Ihrerseits *adv* de votre côté

ihresgleichen *pron* des gens comme elle ; *(von mehreren)* des gens comme eux(elles)
ihretwegen *adv (für sie sg)* pour elle ; *(für sie pl)* pour eux(elles) ; *(wegen ihr)* à cause d'elle ; *(wegen ihnen)* à cause d'eux(elles)
Ikone f icône f
illegal *adj* illégal(e)
Illusion f illusion f
illusorisch *adj* illusoire
illustrieren *vt* illustrer
Illustrierte f illustré m
Iltis (-ses, -se) m putois m
im = **in dem**
IM (-s, no pl) nt abk (= instant messaging) MI f, messagerie f instantanée
Image (-(s), -s) nt image f de marque
Imam m imam m
Imbiss (-es, -e) m casse-croûte m inv
Imbisshalle, Imbissstube f snack(-bar) m
imitieren *vt* imiter
Imker (-s, -) m apiculteur m
immatrikulieren *vr* s'inscrire
immer *adv* toujours ; *(jeweils)* chaque fois ; **~ noch** toujours, encore ; **~ schöner/trauriger** de plus en plus beau(belle)/triste
• **immerhin** *adv* tout de même
• **immerzu** *adv* sans arrêt, continuellement
Immobilien *pl* biens *mpl* immobiliers
immun *adj* immunisé(e)
Immunität f immunité f
Immunschwäche f immunodéficience f
Immunsystem nt système m immunitaire

Imperativ m impératif m
Imperfekt nt imparfait m
impfen *vt* vacciner ; **jdn gegen etw ~** vacciner qn contre qch
Impfpass m carnet m de vaccination
Impfstoff m vaccin m
Impfung f vaccination f
imponieren vi: **jdm ~** impressionner qn
Import (-(e)s, -e) m importation f
importieren *vt* importer
impotent *adj* impuissant(e)
Impotenz f impuissance f
imprägnieren *vt (wasserdicht machen)* imperméabiliser
Improvisation f improvisation f
improvisieren *vt, vi* improviser
Impuls (-es, -e) m impulsion f
impulsiv *adj* impulsif(-ive)
imstande *adj*: **~ sein, etw zu tun** *(in der Lage)* être en mesure de faire qch ; *(fähig)* être capable de faire qch

---

in

▶ *präp +Akk* **1** *(räumlich: wohin?)* dans ; **etw in die Schublade legen** mettre qch dans un tiroir ; **in den Garten gehen** aller dans le jardin ; **in die Stadt** en ville ; **in die Schule gehen** aller à l'école
2 *(zeitlich)*: **bis ins 20. Jahrhundert** jusqu'au XXe siècle
▶ *präp +Dat* **1** *(räumlich: wo?)* dans ; **in einer Schublade liegen** être dans un tiroir ; **im Garten sitzen** être assis(e) dans le jardin ; **in der Stadt** en ville ; **in der Schule sein** être à l'école ;

es in sich haben (*fam*: *Text*) être coriace ; (: *Whisky*) être corsé(e) **2** (*zeitlich*: *wann?*): **in diesem Jahr** cette année ; **in jenem Jahr** cette année-là ; **heute in zwei Wochen** aujourd'hui en quinze, dans quinze jours **3** (*als Verlaufsform*): **etw im Liegen/Stehen tun** faire qch couché(e)/debout
▶ *adj*: **in sein** (*fam*) être in

Inbegriff *m* incarnation *f*
inbegriffen *adv* y compris
Inbetriebnahme *f* (*von Maschine*) mise *f* en service ; (*von Gebäude, U-Bahn etc*) inauguration *f*
indem *konj* (*dadurch, dass*) grâce au fait que ; (*während*) pendant que ; **~ man etw macht** en faisant qch
Inder(in) *m(f)* Indien(ne)
Indianer(in) (*-s, -*) *m(f)* Indien(ne) (d'Amérique)
Indien (*-s*) *nt* l'Inde *f*
indirekt *adj* indirect(e)
indisch *adj* indien/ne)
Indiskretion *f* indiscrétion *f*
individuell *adj* individuel(le)
Individuum (*-s, Individuen*) *nt* individu *m*
Indiz (*-es, -ien*) *nt* indice *m*
Indonesien (*-s*) *nt* l'Indonésie *f*
Industrie *f* industrie *f*
• **Industriegebiet** *nt* zone *f* industrielle
industriell *adj* industriel(le)
Industrie- und Handelskammer *f* Chambre *f* de commerce et d'industrie

ineinander *adj*: **~ verliebt sein** être amoureux (l'un de l'autre)
Infarkt (*-(e)s, -e*) *m* infarctus *m*
Infektion *f* infection *f*
Infinitiv *m* infinitif *m*
infizieren *vt* infecter ▶ *vr*: **sich ~ (bei)** être infecté(e) (par)
Inflation *f* inflation *f*
Inflationsrate *f* taux *m* d'inflation
Info (*-s, -s*) *nt* documentation *f*
infolge *präp* +Gen à la suite de
• **infolgedessen** *adv* par conséquent
Informatik *f* informatique *f*
• **Informatiker(in)** *m(f)* informaticien(ne)
Information *f* information *f*
Informationstechnik *f* technique *f* de l'information
Informationstechnologie *f* technologies *fpl* de l'information
informieren *vt* informer ▶ *vr*: **sich ~ über** +Akk s'informer de
infrage *adv*: **etw ~ stellen** remettre qch en question ; **~ kommend** possible ; **das kommt nicht ~!** il n'en est pas question !
Infrastruktur *f* infrastructure *f*
Infusion *f* perfusion *f*
Ingenieur(in) *m* ingénieur *m*
• **Ingenieurschule** *f* école *f* d'ingénieurs
Ingwer (*-s*) *m* gingembre *m*
Inhaber(in) (*-s, -*) *m(f)* (*von Rekord, Genehmigung, Konzession, Titel, Lizenz*) détenteur(-trice) ; (*von Pass, Führerschein*) titulaire *mf* ; (*von Restaurant, Hotel*) propriétaire *mf*

inhalieren vt (Méd) inhaler ; (beim Rauchen) avaler ▶ vi faire de l'inhalation

Inhalt (-(e)s, -e) m contenu m ; (Volumen) volume m • **inhaltlich** adv en ce qui concerne le contenu

Inhaltsangabe f résumé m

Inhaltsverzeichnis nt indication f du contenu ; (in Buch) table f des matières

Initiative f initiative f

Injektion f injection f

inklusive präp +Gen y compris

Inkrafttreten (-s) nt entrée f en vigueur

Inland nt intérieur m (des terres) ; (Pol) intérieur (du pays) ; **im ~ und Ausland** ici od dans le pays et à l'étranger

inmitten präp +Gen au milieu de ▶ adv: **~ von** au milieu de

innen adv à l'intérieur ; **nach ~** vers l'intérieur • **Innenminister** m ministre m de l'Intérieur • **Innenpolitik** f politique f intérieure • **innenpolitisch** adj de politique intérieure • **Innenstadt** f centre-ville m • **Innentasche** f poche f intérieure

innere(r, s) adj intérieur(e) ; (Méd) interne

Innere(s) nt intérieur m

Innereien pl abats mpl

innerhalb adv: **~ von** (räumlich) à l'intérieur de ; (zeitlich) en ▶ präp +Gen (räumlich) à l'intérieur de ; (zeitlich) en

innerlich adj intérieur(e), interne ; (geistig) profond(e)

innerste(r, s) adj central(e) ; (Gedanken, Gefühle) le(la) plus profond(e)

innig adj (Freundschaft) profond(e)

innovativ adj innovateur(-trice)

inoffiziell adj non officiel(le)

ins = **in das**

Insasse (-n, -n) m, **Insassin** f (von Anstalt) pensionnaire mf ; (von Auto) passager(-ère)

insbesondere adv en particulier

Inschrift f inscription f

Insekt (-(e)s, -en) nt insecte m

Insel f île f ; (Verkehrsinsel) refuge m (pour piétons)

Inserat (-(e)s, -e) nt (petite) annonce f

i

inserieren vi passer une annonce ▶ vt passer une annonce pour

insgeheim adv en secret

insgesamt adv en tout

insofern adv sur ce point ; (deshalb) dans cette mesure ▶ konj (wenn) dans la mesure où, si

insoweit adv = **insofern**

Installation f (Inform) installation f

installieren vt installer

Instandhaltung f entretien m

Instandsetzung f remise f en état ; (eines Gebäudes) restauration f

Instant Messaging (-, -) nt messagerie f instantanée

Instanz f instance f

Instinkt (-(e)s, -e) m instinct m

instinktiv adj instinctif(-ive)

Institut (-(e)s, -e) nt institut m

Institution f institution f

Instrument nt instrument m

Insulin (-s) nt insuline f

inszenieren vt mettre en scène ; (fig) orchestrer

Inszenierung f mise f en scène
integrieren vt intégrer ;
integrierte Gesamtschule établissement m secondaire polyvalent
intellektuell adj intellectuel(le)
intelligent adj intelligent(e)
Intelligenz f intelligence f ;
(Gruppe, Schicht) intelligentsia f
Intendant m directeur m
intensiv adj intense ; *(Gespräch)* approfondi(e) • **Intensivkurs** m cours m intensif • **Intensivstation** f service m de réanimation
interaktiv adj interactif(-ive)
Intercity (-s, -s) m Intercité m
interessant adj intéressant(e)
interessanterweise adv curieusement
Interesse (-s, -n) nt intérêt m ;
~ haben an +Dat être intéressé(e) par
Interessent(in) m(f) personne f intéressée
interessieren vt intéresser ▶ vr:
sich ~ (für) s'intéresser (à)
Internat nt internat m
international adj international(e)
Internet nt: **das ~** l'Internet m ;
ins ~ stellen mettre od poster sur Internet • **Internetadresse** f adresse f Internet • **Internetcafé** nt cybercafé m • **Internethandy** nt smartphone m
• **Internetzugang** m accès m à Internet
Internist(in) m(f) spécialiste mf en médecine interne
Interpretation f interprétation f
interpretieren vt interpréter
Interpunktion f ponctuation f

Interrailkarte f carte f Inter-Rail
intervenieren vi intervenir
Interview (-s, -s) nt interview f
interviewen vt interviewer
intim adj intime
Intimität f intimité f
intolerant adj intolérant(e)
Intranet nt intranet m
Intrige f intrigue f
introvertiert adj introverti(e)
Intuition f intuition f
Invasion f invasion f
Inventar (-s, -e) nt inventaire m
investieren vt investir
Investition f investissement m
Investmentfonds m fonds m d'investissement
inwiefern, inwieweit adv, konj dans quelle mesure
inzwischen adv entre-temps
iPod® m iPod® m
Irak (-s) m: **der ~** l'Irak m, l'Iraq m
Iran (-s) m: **der ~** l'Iran m
irdisch adj terrestre
Ire (-n, -n) m Irlandais m
irgend adv: **ich tue, was ich ~ kann** je vais faire tout mon possible
• **irgendein(e)** adj un(e) (quelconque) • **irgendeine(r, s)** pron quelqu'un ; *(ein Beliebiger)* n'importe qui • **irgendeinmal** adv *(fragend)* jamais • **irgendetwas** pron quelque chose
• **irgendjemand** pron quelqu'un
• **irgendwann** adv un jour
• **irgendwer** pron quelqu'un ; **er ist nicht ~, er ist der Bundeskanzler** ce n'est pas n'importe qui, c'est le premier ministre • **irgendwie** adv d'une façon ou d'une autre
• **irgendwo** adv quelque part ;

(verneinend) nulle part
- **irgendwohin** *adv* quelque part ;
(verneinend) n'importe où

Irin *f* Irlandaise *f*

irisch *adj* irlandais(e)

Irland *nt* l'Irlande *f*

Ironie *f* ironie *f*

ironisch *adj* ironique

irre *adj* fou(folle) ; **~ gut** (*fam*)
super

Irre(r) *f(m)* fou(folle) *m/f*

irre|führen *vt* induire en erreur

irren *vi* (umherirren) errer ▶ *vr* se
tromper

irrig *adj* erroné(e)

Irrsinn *m* folie *f*

irrsinnig *adj* fou(folle)

Irrtum *m* erreur *f*

irrtümlich *adj* erroné(e)

ISBN *f abk* (= international
Standardbuchnummer) ISBN *m*

Ischias (-) *f od nt* sciatique *f*

ISDN *nt abk* (= Integrated Services
Digital Network) RNIS *m*

Islam (-s) *m* islam *m*

islamisch *adj* islamique

Islamisierung *f* islamisation *f*

Island *nt* l'Islande *f*

isländisch *adj* islandais(e)

Isolierband *nt* ruban *m* isolant

isolieren *vt* isoler

Isolierstation *f* (*Méd*) salle *f* des
contagieux

Israel (-s) *nt* Israël *m*

Israeli (-(s), -s) *m* Israélien(ne) *m/f*

israelisch *adj* israélien(ne)

Italien (-s) *nt* l'Italie *f*

Italiener(in) (-s, -) *m(f)*
Italien(ne)

italienisch *adj* italien(ne)

j

ja

adv **1** oui ; **ich glaube ja** je crois
que oui ; **Ja und Amen zu allem
sagen** (*fam*) dire amen à tout,
tout accepter sans broncher
2 (*fragend*): **ich habe gekündigt
— ja?** j'ai donné ma démission
— c'est vrai ?
3 (*unbedingt*): **sei ja vorsichtig**
fais bien attention ; **tu das ja
nicht!** ne le fais surtout pas !
4 (*schließlich*): **Sie wissen ja,
dass ...** vous n'êtes pas sans
savoir que ... ; **sie ist ja erst
fünf** (n'oubliez pas qu')elle n'a
que cinq ans
5 (*feststellend*): **ich habe es ja
gewusst** j'en étais sûr(e) ; **das sag
ich ja!** c'est bien ce que je disais !
6 (*vergewissernd*): **du kommst
doch, ja?** tu ne viens pas ?
7 (*verstärkend*): **das ist ja
schlimm** c'est vraiment grave ;
ja, also ich gehe dann mal!
bon, eh bien je vais partir ; **ja,
also so geht das nicht** non,
non, ça ne va pas comme ça

Jacht (-, -*en*) f yacht m

Jacke f veste f

Jackett (-s, -s od -e) nt veston m

Jackpot (-s, -s) m jackpot m

Jagd (-, -*en*) f chasse f

jagen vi chasser ; (*rennen, schnell fahren*) aller à toute vitesse ▶ vt chasser ; (*verfolgen*) poursuivre

Jäger(in) (-s, -) m(f) chasseur(-euse)

Jahr (-(e)s, -e) nt année f, an m ; **mit den ~en** avec le temps

jahrelang adv pendant des années

Jahresbericht m rapport m annuel

Jahreswechsel m nouvel an m

Jahreszahl f date f

Jahreszeit f saison f

Jahrgang m année f

Jahrhundert nt siècle m

jährlich adj annuel(le) ▶ adv chaque année

Jahrmarkt m foire f

Jahrzehnt nt décennie f

jähzornig adj colérique

Jalousie f persiennes fpl

Jammer (-s) m (*Klagen*) lamentations fpl ; (*Elend*) misère f ; **es ist ein ~, dass ...** c'est vraiment dommage que ...

jämmerlich adj misérable ; (*Weinen, Geschrei*) de douleur

jammern vi se lamenter

Januar (-s, -e) m janvier m

Japan (-s) nt le Japon

Japaner(in) (-s, -) m(f) Japonais(e)

japanisch adj japonais(e)

Jargon (-s, -s) m jargon m

jauchzen vi pousser des cris de joie

jawohl adv oui

Jazz (-) m jazz m

je adv (*jemals*) jamais ▶ konj : **je nach ...** selon le(la) ... ; **sie zahlten je 5 Euro** ils ont payé chacun 5 euros ; **je nachdem** selon ; **je nachdem, ob ...** selon que ... ; **je eher, desto besser** le plus tôt possible

Jeans pl jean m

jede(r, s) pron chacun(e) ; **~s Mal** chaque fois

jedenfalls adv de toute manière

jedermann pron tout le monde

jederzeit adv à tout moment

jedoch adv, konj cependant, pourtant

jeher adv : **von** od **seit ~** depuis toujours

jemals adv jamais

jemand pron quelqu'un

jene(r, s) pron (*adjektivisch*) ce(cette) ; (*substantivisch*) celui-là (celle-là)

jenseits adv de l'autre côté ▶ präp +Gen de l'autre côté m, au-delà de

jetzig adj actuel(le)

jetzt adv maintenant

jeweilig adj respectif(-ive)

jeweils adv chaque fois

Job (-s, -s) m boulot m

jobben (fam) vi faire des petits boulots

Jod (-(e)s) nt iode m

joggen vi faire du jogging

Jogger(in) (-s, -) m(f) adepte mf du jogging

Jogging (-s) nt jogging m, footing m

Joghurt, Jogurt (-s, -s) m od nt
yaourt m

Johannisbeere f groseille f
(rouge) ; **Schwarze ~** cassis m

Joint (-s, -s) m joint m

jonglieren vi : **~ mit** jongler avec

Jordanien (-s) nt la Jordanie

Journalismus m journalisme m

Journalist(in) m(f) journaliste mf

journalistisch adj journalistique

Joystick (-s, -s) m (Inform) manche
m à balai

Jubel (-s) m cris mpl de joie

jubeln vi pousser des cris de joie

Jubiläum (-s, Jubiläen) nt
anniversaire m

jucken vi démanger ; **es juckt mich
am Arm** mon bras me démange

Juckreiz m démangeaisons fpl

Jude (-n, -n) m juif m

Judenverfolgung f persécution
f des juifs

Jüdin f juive f

jüdisch adj juif(juive)

Jugend (-) f jeunesse f
• **Jugendherberge** f auberge f de
jeunesse • **jugendlich** adj jeune
• **Jugendliche(r)** f(m)
adolescent(e) m/f, jeune mf

Jugoslawien (-s) nt la
Yougoslavie

jugoslawisch adj yougoslave

Juli (-(s), -s) m juillet m

jung adj jeune

Junge (-n, -n) m garçon m

Junge(s) nt petit m

jünger adj plus jeune

Jungfer (-, -n) f: **alte ~** vieille fille f

Jungfrau f vierge f ; (Astr) Vierge f ;
~ sein (sexuell) être vierge

Junggeselle m célibataire m

Juni (-(s), -s) m juin m

Junior (-s, -en) m (hum: K nd)
rejeton m ; (Sport) junior m

Junkfood (-s) nt bouffe f
industrielle

Junkie (-s, -s) m junkie mf

Jura; **~ studieren** faire cu droit

Jurist(in) m(f) juriste m f
• **juristisch** adj juridique

Jurte f yourte f

Justiz (-) f justice f

Juwel (-s, -en) nt od m bijou m,
joyau m

Juwelier (-s, -e) m joaillier m,
bijoutier m

Jux (-es, -e) m blague f ; **nur aus ~**
juste pour rigoler

k

Kabarett (-s, -e od -s) nt cabaret m

Kabel (-s, -) nt câble m
- **Kabelfernsehen** nt (télévision f par) câble m • **kabbellos** adj (Inform) sans fil, wifi, wi-fi adj inv

Kabeljau (-s, -e od -s) m morue f

Kabine f cabine f; (in Flugzeug) carlingue f

Kabinett (-s, -e) nt (Pol) cabinet m

Kachel (-, -n) f carreau m

Kachelofen m poêle m en faïence

Kadaver (-s, -) m charogne f

Käfer (-s, -) m coléoptère m

Kaff (-s, -s od -e) (péj) nt patelin m

Kaffee (-s, -s) m café m; (Nachmittagskaffee) ≈ goûter m
- **Kaffeehaus** nt café m
- **Kaffeekanne** f cafetière f
- **Kaffeekapsel** f capsule f de café
- **Kaffeelöffel** m cuiller f à café, petite cuiller • **Kaffeemaschine** f cafetière f électrique
- **Kaffeemühle** f moulin m à café

Käfig (-s, -e) m cage f

kahl adj chauve ; (Landschaft) désolé(e) ; (Raum) vide ;
~ geschoren tondu(e)

Kahn (-(e)s, ⸚e) m barque f ; (Lastkahn) péniche f, chaland m

Kai (-s, -s) m quai m

Kaiser (-s, -) m empereur m
- **Kaiserin** f impératrice f
- **Kaiserreich** nt empire m
- **Kaiserschnitt** m césarienne f

Kajüte f cabine f

Kakao (-s, -s) m cacao m

Kalb (-(e)s, ⸚er) nt veau m

Kalbfleisch nt veau m (viande)

Kalender (-s, -) m calendrier m ; (Taschenkalender) agenda m

Kalk (-(e)s, -e) m (zum Tünchen) chaux f ; (im Körper) calcium m

Kalkstein m calcaire m

Kalkulation f calcul m

kalkulieren vt calculer

Kalorie f calorie f

kalorienarm adj pauvre en calories, (à) basses calories

kalt adj froid(e) ; **mir ist (es)** ~ j'ai froid • **kaltblütig** adj (Mensch) sans pitié ; (Tat) commis(e) de sang-froid

Kälte (-) f froid m ; (fig) froideur f

Kalzium (-s) nt calcium m

kam etc vb siehe **kommen**

Kamel (-(e)s, -s) nt chameau m

Kamera (-, -s) f caméra f

Kamerad(in) (-en, -en) m(f) camarade mf • **Kameradschaft** f camaraderie f

Kamerahandy nt téléphone m avec appareil photo

Kameramann (-(e)s, -männer) m cameraman m

Kamille f camomille f

Kamillentee m (infusion f de) camomille f

Kamin (-s, -e) m cheminée f
  • **Kaminfeger** (-s, -) m,
  Kaminkehrer (-s, -) m ramoneur m
Kamm (-(e)s, ⁼e) m peigne m ;
  (Bergkamm, Hahnenkamm) crête f
kämmen vt peigner
Kammer (-, -n) f chambre f
Kampf (-(e)s, ⁼e) m combat m,
  lutte f
kämpfen vi se battre ; **mit dem
  Schlaf ~** lutter contre le sommeil ;
  um etw ~ se battre pour qch
kampflos adv sans combattre
kampieren vi camper
Kanada (-s) nt le Canada
Kanadier(in) (-s, -) m(f)
  Canadien(ne)
kanadisch adj canadien(ne)
Kanal (-s, Kanäle) m canal m ; (für
  Abwässer, zur Entwässerung) égout
  m ; **der ~** (Ärmelkanal) la Manche
  • **Kanalinseln** pl les îles fpl
  anglo-normandes
Kanalisation f égouts mpl
Kanarienvogel m canari m
Kandidat(in) (-en, -en) m(f)
  candidat(e)
Kandidatur f candidature f
kandidieren vi poser sa
  candidature
Känguru (-s, -s) nt kangourou m
Kaninchen nt lapin m
Kanister (-s, -) m bidon m
Kännchen nt (für Kaffee) petite
  cafetière f
Kanne f cruche f ; (Kaffeekanne)
  cafetière f
kannte etc vb siehe **kennen**
Kanone f (Waffe) canon m
Kante f bord m ; (Webkante) lisière
  f ; (Rand, Borte) bord

Kantine f cantine f
Kanton (-s, -e) m canton m
Kanu (-s, -s) nt canoë m
Kanzel (-, -n) f chaire f ; (Aviat)
  cockpit m
Kanzlei f chancellerie f ; (Büro
  eines Anwalts) étude f
Kanzler(in) m chancelier m
Kap (-s, -s) nt cap m ; **das ~ der
  Guten Hoffnung** le cap de Bonne
  Espérance
Kapazität f capacité f ;
  (Fachmann) sommité f
Kapelle f chapelle f ; (Mus) (petit)
  orchestre m
kapieren (fam) vt, vi piger
Kapital (-s, -e od -ien) nt capital m
Kapitalismus m capitalisme m
kapitalistisch adj capitaliste
Kapitalmarkt m marché m
  monétaire
Kapitän (-s, -e) m capita ne m ;
  (von Flugzeug) commandant m
Kapitel (-s, -) nt chapitre m
Kapitulation f capitulation f
kapitulieren vi capituler
Kappe f (Mütze) bonnet m ; (auf
  Füllfederhalter) capuchon m
Kapsel (-, -n) f capsule f
kaputt adj cassé(e) ; (erschöpft)
  crevé(e) ; **~ machen** (Gegenstand)
  casser ; siehe auch **kaputtmachen**
  • **kaputt gehen** (irr) vi (Auto,
  Gerät) se détraquer ; (Schuhe, Stoff)
  s'abîmer ; (Firma) faire faillite ;
  ~ an +Dat crever de
  • **kaputt machen** (fam) vt siehe
  kaputt ► vr se tuer (au travail)
Kapuze f capuchon m
Karamell (-s) m caramel m
Karaoke (-(s)) nt karaoké m

k

Kardinal (-s, Kardinäle) m
cardinal m

Karfreitag m vendredi m saint

karg adj (Landschaft, Boden)
ingrat(e) ; (Lohn, Vorräte) maigre ;
(Mahlzeit) frugal(e)

kärglich adj misérable

Karibik (-) f: **die ~** la mer des
Antilles

kariert adj à carreaux ; (Papier)
quadrillé(e)

Karies (-) f carie f

Karikatur f caricature f

Karneval (-s, -e od -s) m carnaval m

> Le **Karneval** est une tradition
> encore très vivante dans
> certaines régions de
> l'Allemagne. Les gens se
> retrouvent pour chanter, danser,
> manger, boire et s'amuser avant
> le début du carème. La veille de
> Mardi gras, *Rosenmontag*,
> marque l'apogée du *Karneval*
> dans la région rhénane. La
> plupart des entreprises
> chôment ce jour pour permettre
> à leurs employés d'admirer les
> défilés et de prendre part aux
> festivités. Dans le sud de
> l'Allemagne, cette période
> s'appelle *Fasching* ou *Fastnacht*.

Karo (-s, -s) nt carreau m

Karosserie f carosserie f

Karotte f carotte f

Karpfen (-s, -) m carpe f

Karren (-s, -) m charrette f

Karriere f carrière f
• **Karrieremacher(in)** (-s, -) (péj)
m(f) arriviste mf

Karte f carte f ; (Eintrittskarte,
Fahrkarte) billet m

Kartei f fichier m • **Karteikarte** f
fiche f

Kartell (-s, -e) nt cartel m

Kartenprüfnummer f
cryptogramme m

Kartenspiel nt jeu m de cartes

Kartentelefon nt téléphone m à
carte

Kartenvorverkauf m location f

Kartoffel (-, -n) f pomme f de terre
• **Kartoffelbrei** m purée f (de
pommes de terre)
• **Kartoffelchips** pl chips mpl
• **Kartoffelsalat** m salade f de
pommes de terre

Karton (-s, -s) m carton m

Karussell (-s, -s) nt manège m

Karwoche f semaine f sainte

kaschieren vt dissimuler

Käse (-s, -) m fromage m ; (fam:
Unsinn) bêtises fpl • **Käsekuchen**
m tourte au fromage blanc

Kaserne f caserne f

Kasino (-s, -s) nt (Spielkasino)
casino m

Kasper (-s, -) m guignol m

Kasse f caisse f ; (Krankenkasse)
caisse d'assurance-maladie ;
(Sparkasse) caisse d'épargne

Kassenzettel m ticket m de
caisse

Kassette f cassette f, chargeur m ;
(Bücherkassette) coffret m

Kassettenrekorder m
magnétophone m (à cassettes)

kassieren vt (Geld) encaisser ;
(wegnehmen) confisquer ▶ vi: **darf
ich ~?** puis-je encaisser ?

Kassierer(in) (-s, -) m(f)
caissier(-ière) ; (von Klub)
trésorier(-ière)

Kastanie f (Baum: Rosskastanie) marronnier m ; (: Edelkastanie) châtaignier m ; (Frucht) marron m ; (Edelkastanie, Esskastanie) châtaigne f

Kästchen nt coffret m

Kaste f caste f

Kasten (-s, ⸚) m caisse f ; (Briefkasten) boîte f (aux lettres)

Katalog (-(e)s, -e) m catalogue m

Katalysator m pot m catalytique

Katarrh, Katarr (-s, -e) m catarrhe m

katastrophal adj catastrophique

Katastrophe f catastrophe f

Katastrophenschutz m ≈ plan m ORSEC

Kategorie f catégorie f

kategorisch adj catégorique

Kater (-s, -) m matou m ; (fam) gueule f de bois

Kathedrale f cathédrale f

Katholik(in) (-en, -en) m(f) catholique mf

katholisch adj catholique

Katze f chat m

Kauderwelsch (-(s)) nt charabia m

kauen vt, vi mâcher

kauern vi être accroupi(e)

Kauf (-(e)s, Käufe) m achat m ; **etw in ~ nehmen** s'accommoder de qch

kaufen vt acheter ▸ vi faire des achats

Käufer(in) (-s, -) m(f) acheteur(-euse)

Kauffrau f commerçante f

Kaufhaus nt grand magasin m

Kaufkraft f pouvoir m d'achat

käuflich adj achetable, à acheter ; (bestechlich) vénal(e), corruptible

Kaufmann (-(e)s, -leute) m commerçant m

Kaufvertrag m contrat m de vente

Kaugummi m od nt chewing-gum m

Kaukasus m: **der ~** le Caucase

kaum adv à peine

Kaution f caution f

Kauz (-es, Käuze) m (Zool) chat-huant m ; (Mensch) excentrique m

Kavalier (-s, -e) m gentleman m

Kavaliersdelikt nt peccadille f

Kaviar m caviar m

keck adj (Antwort, Benehmen) effronté(e) ; (Hut) pimpant(e) ; (Frisur) coquet(te)

Kegel (-s, -) m cône m ; (Spielfigur) quille f • **Kegelbahn** f bowling m

kegeln vi jouer au quilles

Kehle f gorge f

Kehlkopf m larynx m

kehren vt (drehen) tourner ; (mit Besen) balayer

Kehrseite f (einer Münze) côté m pile ; (fig) désavantage m

kehrtmachen vi faire demi-tour

keifen vi criailler

Keil (-(e)s, -e) m coin m ; (Aut) cale f

Keilriemen m courroie f du ventilateur

Keim (-(e)s, -e) m germe m

Keimzelle f (fig) point m de départ

kein(e) pron pas de ; **ich habe ~e Kinder/~en Hund** je n'ai pas d'enfants/de chien

keine(r, s) pron aucun(e) ; (niemand) personne

keinerlei adj attrib (ne …) aucun(e)

k

keinesfalls *adv* (ne ...) en aucun cas

keineswegs *adv* (ne ...) pas du tout

keinmal *adv* (ne ...) pas une seule fois

Keks (-es, -e) *m od nt* biscuit *m*

Kelch (-(e)s, -e) *m* (Glas) coupe *f*; (Rel, Bot) calice *m*

Kelle *f* (Schöpfkelle) louche *f*

Keller (-s, -) *m* cave *f*

Kellner(in) (-s, -) *m(f)* serveur(-euse)

keltern *vt* presser

Kenia (-s) *nt* le Kenya

kennen (irr) *vt* connaître ; (Sprache, jds Alter) savoir

kennen|lernen *vt* (jdn) faire la connaissance de ▸ *vr* faire connaissance ; (zum ersten Mal treffen) être présentés(-ées)

Kenner(in) (-s, -) *m(f)* connaisseur(-euse)

kenntlich *adj*: **etw ~ machen** marquer qch

Kenntnis *f* connaissance *f*; **etw zur ~ nehmen** prendre note de qch

Kennwort *nt* (Chiffre) code *m*; (Losungswort) mot *m* de passe

Kennzeichen *nt* signe *m* distinctif ; (Markierung) marque *f*; **(amtliches** *od* **polizeiliches) ~** (Aut) numéro *m* d'immatriculation

kennzeichnen *vt* caractériser

Kennziffer *f* code *m*; (Écon) référence *f*

kentern *vi* chavirer

Keramik (-, -en) *f* céramique *f*

Kerbe *f* encoche *f*

Kerbel (-s, -) *m* cerfeuil *m*

Kerker (-s, -) *m* cachot *m*

Kerl (-s, -e) *m* type *m*

Kern (-(e)s, -e) *m* noyau *m*; (von Apfel, Orange, Zitrone) pépin *m*; (fig: von Problem) cœur *m*, fond *m*
• **Kernenergie** *f* énergie *f* nucléaire • **Kernforschung** *f* recherche *f* (en physique) nucléaire • **Kerngehäuse** *nt* trognon *m* • **kerngesund** *adj* en parfaite santé

Kernkraft *f* énergie *f* nucléaire *od* atomique

Kernkraftwerk *nt* centrale *f* nucléaire

Kernpunkt *m* point *m* essentiel

Kernspaltung *f* fission *f* de l'atome

Kerze *f* bougie *f*

kess *adj* (Mädchen) joli(e)

Kessel (-s, -) *m* (Wasserkessel) bouilloire *f*; (Mulde) cuvette *f*

Ketchup, Ketschup (-(s), -s) *m od nt* ketchup *m*

Kette *f* chaîne *f*

Kettenfahrzeug *nt* véhicule *m* à chenilles

Kettenreaktion *f* réaction *f* en chaîne

keuchen *vi* haleter

Keuchhusten *m* coqueluche *f*

Keule *f* massue *f*; (Culin) cuisse *f*; (: von Wild) cuissot *m*

Kfz (-(s), -(s)) *nt abk* = **Kraftfahrzeug**

Kfz-Steuer *f* taxe *f* sur les véhicules à moteur

kichern *vi* glousser ; (boshaft) ricaner

Kiefer¹ (-s, -) *m* (Anat) mâchoire *f*

Kiefer² (-, -n) *f* (Bot) pin *m*

Kieferorthopäde *m* orthodontiste *m*

Kiel (*-(e)s, -e*) *m* (*Naut*) quille *f*

Kies (*-es, -e*) *m* gravier *m*

Kiesel (*-s, -*) *m* caillou *m*
• **Kieselstein** *m* caillou *m*

kiffen (*fam*) *vt* fumer de l'herbe

Kilo (*-s, -(s)*) *nt* kilo *m* • **Kilobyte** *nt* kilo-octet *m* • **Kilogramm** *nt* kilogramme *m*

Kilometer *m* kilomètre *m*
• **Kilometerzähler** *m* compteur *m*

Kind (*-(e)s, -er*) *nt* enfant *mf*

Kinderarzt *m* pédiatre *m*

Kinderbuch *nt* livre *m* pour enfant

Kinderei *f* enfantillage *m*

Kindergarten *m* jardin *m* d'enfants, école *f* maternelle

Kindergeld *nt* allocations *fpl* familiales

Kinderkrippe *f* crèche *f*

Kinderlähmung *f* polio(myélite) *f*

kinderleicht *adj* enfantin(e)

kinderreich *adj* (*Familie*) nombreux(-euse)

Kinderspiel *nt*: **das ist ein ~** c'est un jeu d'enfant

Kinderwagen *m* landau *m*

Kinderzimmer *nt* chambre *f* d'enfants

Kindheit *f* enfance *f*

kindisch *adj* puéril(e)

kindlich *adj* d'enfant, enfantin(e)

Kinn (*-(e)s, -e*) *nt* menton *m*

Kino (*-s, -e*) *nt* cinéma *m*
• **Kinobesucher** *m* spectateur *m*

Kiosk (*-(e)s, -e*) *m* kiosque *m*

Kippe *f* (*fam: Zigarettenstummel*) mégot *m*; **auf der ~ stehen** être tangent(e)

kippen *vt* faire basculer; (*Fenster*) faire pivoter ▶ *vi* se renverser

Kirche *f* église *f*

Kirchensteuer *f* impôt *n* ecclésiastique

kirchlich *adj* (*Trauung, Beerdigung*) religieux(-euse); (*Amt*) ecclésiastique

Kirchturm *m* clocher *m*

Kirsche *f* cerise *f*

Kirschwasser *nt* kirsch *m*

Kissen (*-s, -*) *nt* coussin *m*; (*Kopfkissen*) oreiller *m*

Kiste *f* caisse *f*

Kitsch (*-(e)s*) *m* kitsch *m*

kitschig *adj* kitsch *inv*

Kitt (*-(e)s, -e*) *m* mastic *m*

Kittel (*-s, -*) *m* blouse *f*

kitten *vt* recoller; (*Ehe etc*) replâtrer

kitzelig *adj* chatouilleux(-euse); (*fig*) délicat(e)

kitzeln *vt* chatouiller

Kiwi (*-, -s*) *f* kiwi *m*

KKW (*-s, -s*) *nt abk* = **Kernkraftwerk**

klaffen *vi* bâiller

kläffen *vi* japper

Klage *f* plainte *f*

klagen *vi* (*jammern*) se lamenter; (*sich beschweren*) se plaindre; (*Jur*) porter plainte

kläglich *adj* (*Ton, Stimme*) plaintif(-ive); (*Gesichtsausdruck*) pitoyable

klamm *adj* (*Finger*) engourdi(e); (*Wäsche*) humide et froid(e)

Klamm (-, -en) *f* gorge *f*

Klammer (-, -n) *f* (*Wäscheklammer*) pince *f* (à linge) ; (*in Text, Math*) parenthèse *f* ; (*Büroklammer*) trombone *m* ; (*Heftklammer*) agrafe *f* • **Klammeraffe** *m* arobase *f*

klammern *vr*: **sich an etw** *Akk* ~ se cramponner à qch ; **sich an jdn** ~ se cramponner à qn

klang *etc vb siehe* **klingen**

Klang (-(e)s, ⸚e) *m* son *m*

Klappe *f* clapet *m* ; (*Herzklappe*) valve *f* ; **eine große** ~ **haben** (*fam*) être grande gueule

klappen *vt*: **nach oben/unten** ~ (*Sitz*) soulever/rabattre ▶ *vi* (*gelingen*) marcher

klappern *vi* claquer ; (*Schreibmaschine*) cliqueter

Klapperschlange *f* serpent *m* à sonnettes

Klaps (-es, -e) *m* tape *f*

klar *adj* clair(e) ; (*Naut, Mil*) prêt(e) ; **(na)** ~! bien sûr ! ; **sich** *Dat* **über etw** *Akk* **im K~en sein** être tout à fait conscient(e) de qch

Kläranlage *f* station *f* d'épuration

klären *vt* (*Problem*) résoudre ; (*Missverständnis*) dissiper

Klarheit *f* clarté *f*

Klarinette *f* clarinette *f*

klar|kommen (*irr*) *vi*: **mit jdm** ~ arriver à s'entendre avec qn ; **mit etw** ~ venir à bout de qch

klar|machen *vt*: **jdm etw** ~ faire comprendre qch à qn

Klarsichtfolie *f* cellophane® *f*

klar|stellen *vt* éclaircir

Klärung *f* (*von Abwässern*) épuration *f* ; (*von Frage, Problem*) éclaircissement *m*

klasse (*fam*) *adj* super

Klasse *f* classe *f* ; (*Warenklasse, Qualitätsklasse: Sport*) catégorie *f*

Klassenarbeit *f* interrogation *f* (écrite)

Klassenlehrer(in) *m(f)* professeur *m* principal

Klassenzimmer *nt* salle *f* de classe

Klassik (-) *f* (*Epoche*) époque *f* classique ; (*Antike*) Antiquité *f* classique • **Klassiker** (-s, -) *m* classique *m*

klassisch *adj* classique

Klatsch (-(e)s, -e) *m* (*Gerede*) potins *mpl*, ragots *mpl*

klatschen *vi* (*applaudieren*) applaudir ; (*péj: reden*) cancaner

Klatschmohn *m* coquelicot *m*

Klaue *f* (*von Raubvogel*) serre *f* ; (*fam: Schrift*) gribouillis *m*

klauen (*fam*) *vt* piquer, faucher

Klausel (-, -n) *f* clause *f*

Klausur (*Univ*) examen *m* écrit

Klavier (-s, -e) *nt* piano *m*

kleben *vt* coller ▶ *vi* coller ; **an etw** *Akk* ~ coller *od* adhérer à qch

klebrig *adj* collant(e)

Klebstoff *m* colle *f*

kleckern *vi* faire des taches

Klecks (-es, -e) *m* tache *f*

Klee (-s) *m* trèfle *m*

Kleid (-(e)s, -er) *nt* robe *f* ; **Kleider** *pl* (*Kleidung*) vêtements *mpl*

kleiden *vt* habiller ▶ *vr* s'habiller

Kleiderbügel *m* cintre *m*

Kleiderbürste *f* brosse *f* à habits

Kleiderschrank *m* armoire *f*

Kleidung *f* vêtements *mpl*

Kleidungsstück *nt* vêtement *m*

Kleie f son m

klein adj petit(e) ▶ adv: **ein ~ wenig** un petit peu ; **~ schneiden** couper en petits morceaux

Kleingedruckte(s) nt clauses fpl

Kleingeld nt monnaie f

Kleinigkeit f petite chose f ; (Einzelheit) détail m

Kleinkind nt petit enfant m

kleinlaut adj penaud(e)

kleinlich adj mesquin(e)

klein|schneiden vt siehe **klein**

Kleinstadt f petite ville f

Kleister (-s, -) m colle f

Klemme f pince f ; (Haarklemme) pince crocodile ; (schwierige Situation) pétrin m

klemmen vt (festhalten) coincer ; (quetschen) pincer ▶ vi (Tür, Schloss) être bloqué(e) od coincé(e)

Klempner (-s, -) m plombier m

Klette f bardane f ; (fam: Mensch) pot m de colle

klettern vi grimper

Klettverschluss m fermeture f velcro

Klick (-s, -s) m clic m

klicken vi (Inform) cliquer

Klima (-s, -s od -te) nt climat m
  • **Klimaanlage** f climatisation f
  • **Klimaschutz** m protection f de climat

Klimawandel m changement m climatique

Klimawechsel m changement m d'air

Klinge f flame f

Klingel (-, -n) f sonnette f
  • **Klingelton** m (Telefon, Handy) sonnerie f

klingeln vi sonner

klingen (irr) vi (Glocken) sonner ; **seine Stimme klingt ruhig** sa voix est calme

Klinik f clinique f

klinisch adj clinique

Klinke f poignée f

Klinker (-s, -) m brique f recuite

Klippe f (im Meer) écueil m, récif m ; (fig) écueil

Klischee (-s, -s) nt cliché m

Klo (-s, -s) (fam) nt toilettes fpl

klobig adj (Gegenstand) massif(-ive)

Klon (-s, -e) m clone m

klonen vt cloner

klopfen vi frapper ; (Herz) battre ; (Motor) cogner

Klopfer (-s, -) m (Teppichklopfer) tapette f ; (Türklopfer) heurtoir m

Klops (-es, -e) m boulette f de viande

Klosett (-s, -e od -s) nt W.-C. mpl

Kloß (-es, ⸚e) m (Culin) boulette f (de pâte) ; (im Hals) boule f

Kloster (-s, ⸚) nt couvent m

Klotz (-es, ⸚e) m (aus Holz) bloc m ; (Spielzeug) cube m

Klub (-s, -s) m club m

Kluft (-, -e) f (Spalt) fissure f ; (fig: Gegensatz) fossé m

klug adj (intelligent, schlau) intelligent(e) ; (weise) sage
  • **Klugheit** f intelligence f ; (von Entscheidung) sagesse f

Klumpen (-s, -) m (Erdklumpen) motte f ; (Blutklumpen) caillot m ; (Culin) grumeau m

knabbern vt grignoter

Knäckebrot nt galette f suédoise

knacken vt (Nüsse) casser ; (Tresor, Autos) cambrioler ▶ vi craquer ; (Radio) grésiller

Knacks (-es, -e) m (Laut) craquement m; (Sprung) fêlure f; **einen ~ weghaben** (fam) ne plus être le même

Knall (-(e)s, -e) m (von Explosion) détonation f; (von Aufprall) fracas m; (Peitschenknall) claquement m
• **knallen** vi (Schuss) partir; (von Tür, Peitsche) claquer; (Korken) sauter ▶ vt (werfen) flanquer; (schießen) tirer; **gegen etw ~** (Auto) percuter qch • **knallhart** adj (schonungslos) très dur(e)

knapp adj (Kleidungsstück) juste; (Portionen) maigre; (Sprache, Bericht) concis(e); (Sieg) remporté(e) de justesse; (Mehrheit) faible; **eine ~e Stunde** une petite heure; **~ neben/unter** juste à côté de/sous
• **knapp|halten** (irr) vt: **jdn ~** (mit Geld) donner peu d'argent à qn • **Knappheit** f (von Geld, Vorräten) pénurie f; (von Zeit) manque m; (von Kleidungsstück) étroitesse f

knarren vi craquer
knauserig adj radin(e)
knautschen vt froisser ▶ vi se froisser
knebeln vt bâillonner
kneifen (irr) vt pincer ▶ vi (Kleidung) serrer
Kneipe (fam) f bistro m
Knete (fam) f pognon m
kneten vt (Teig) pétrir
Knick (-(e)s, -e) m pli m; (Kurve, Biegung) coude m
knicken vt (brechen) casser; (falten) plier ▶ vi (se) casser
Knicks (-es, -e) m révérence f
Knie (-s, -) nt genou m; (in Rohr) coude m • **Kniegelenk** nt

articulation f du genou
• **Kniekehle** f jarret m
knien vi être à genoux
Kniescheibe f rotule f
Kniestrumpf m chaussette f (montante)
kniff etc vb siehe **kneifen**
Kniff (-(e)s, -e) m (Falte) pli m; (fig) truc m
knipsen vt (Fahrkarte) poinçonner; (fotografieren) prendre en photo
Knirps (-es, -e) m (kleiner Junge) petit bonhomme m; (kleiner Mensch) nabot m; **~®** (Schirm) parapluie m télescopique od pliant
knirschen vi crisser; **mit den Zähnen ~** grincer des dents
knittern vi se froisser
Knoblauch m ail m
Knöchel (-s, -) m (Fingerknöchel) jointure f (des doigts); (Fußknöchel) cheville f
Knochen (-s, -) m os m
• **Knochenbruch** m fracture f
knochig adj osseux(-euse)
Knödel (-s, -) m boulette de pâte cuite dans le potage
Knolle f bulbe m
Knopf (-(e)s, ⸚e) m bouton m
Knopfloch nt boutonnière f
Knorpel (-s, -) m cartilage m
Knospe f bourgeon m
knoten vt nouer
Knoten (-s, -) m nœud m; (Méd, Bot) nodosité f; (Haarknoten) chignon m • **Knotenpunkt** m (im Verkehr) carrefour m
Know-how (-(s)) nt savoir-faire m
Knüller (-s, -) (fam) m succès m fou

knüpfen vt nouer ; **Hoffnungen an etw** Akk **~** fonder des espoirs sur qch ; **Bedingungen an etw** Akk **~** faire qch à certaines conditions

Knüppel (-s, -) m bâton m ; (Polizeiknüppel) matraque f ; (Aviat) manche m à balai
• **Knüppelschaltung** f vitesses fpl au plancher

knurren vi (Hund) gronder ; (Mensch) grogner ; (Magen) gargouiller

knutschen (fam) vi, vr se peloter

k. o. adj (Boxe) K.-O. m ; **~ sein** être K.-O.

Koalition f coalition f

Koch (-(e)s, ⁼e) m cuisinier m
• **Kochbuch** nt livre m de cuisine

kochen vt (faire) cuire ; (Kaffee, Tee) faire ; (Wasser, Wäsche) faire bouillir ▶ vi (Essen bereiten) faire la cuisine ; (wütend sein) bouillir

Kocher (-s, -) m réchaud m

Kochgelegenheit f possibilité f de faire la cuisine

Köchin f cuisinière f

Kochlöffel m cuiller f de od en bois

Kochplatte f plaque f de cuisson

Kochtopf m casserole f

Köder (-s, -) m appât m

ködern vt appâter

Koffein (-s) nt caféine f
• **koffeinfrei** adj décaféiné(e)

Koffer (-s, -) m valise f
• **Kofferradio** nt transistor m
• **Kofferraum** m coffre m

Kohl (-(e)s, -e) m chou m

Kohle f charbon m • **Kohlehydrat** (-(e)s, -e) nt hydrate m de carbone

Kohlendioxid (-(e)s, -e) nt gaz m carbonique

Kohlenmonoxid nt oxyde m de carbone

Kohlensäure f acide m carbonique

Kohlenstoff m carbone m

Kohlrabi (-(s), -s) m chou m rave

Koje f (Nische) alcôve f ; (Bett) pieu m

Kokain (-s) nt cocaïne f

Kokosnuss f noix f de coco

Koks (-es, -e) m coke m

Kolben (-s, -) m (Gewehrkolben) crosse f ; (Tech) piston m ; (Maiskolben) épi m

Kollaps (-es, -e) m grave malaise m cardiovasculaire

Kollege (-n, -n) m, **Kollegin** f collègue mf

Kollegium nt (Lehrerkollegium) corps m enseignant

kollektiv adj collectif(-ive)

kollidieren vi entrer en collision ; (zeitlich) se chevaucher

Köln (-s) nt Cologne

Kölnischwasser nt eau f de Cologne

Kolonie f colonie f

Kolonne f colonne f ; (von Fahrzeugen) convoi m

kolossal adj (riesig) gigantesque ▶ adv: **~ reich** extrêmement riche

Kölsch (-(s)) nt (Culin) bière blonde et forte de Cologne

Kolumbien nt la Colombie

Koma (-s, -s od -ta) nt coma m

Kombi (-s, -s) m break m

Kombination f combinaison f ; (Vermutung) raisonnement m ; (Hose und Jackett, Kleid mit Jacke) ensemble m

kombinieren vt combiner ▶ vi (schlussfolgern, vermuten) réfléchir

k

Kombizange f pince f universelle

Komet (-en, -en) m comète f

Komfort (-s) m confort m

Komik (-) f comique m • **Komiker** (-s, -) m comique m

komisch adj (lustig) drôle ; (merkwürdig) bizarre

Komitee (-s, -s) nt comité m

Komma (-s, -s od -ta) nt virgule f

Kommandant, Kommandeur m commandant m

Kommando (-s, -s) nt commandement m ; (Truppeneinheit) commando m ; **auf ~** sur commande

kommen (irr) vi venir ; (ankommen, näher kommen, eintreffen, geschehen) arriver ; **jetzt kommt er an die Reihe** c'est (à) son tour ; **wie kommt es, dass du ...?** comment se fait-il que tu ...? ; **um etw ~** perdre qch ; **hinter etw** Akk **~** (entdecken) découvrir qch ; **(wieder) zu sich ~** (Bewusstsein wiedererlangen) reprendre connaissance

Kommen (-s) nt venue f

kommend adj prochain(e) ; (Generationen, Ereignisse) futur(e)

Kommentar m commentaire m ; **kein ~** je n'ai rien à dire

kommentieren vt commenter

kommerziell adj commercial(e)

Kommilitone (-n, -n) m, **Kommilitonin** f camarade mf d'université

Kommissar m (Polizeikommissar) commissaire m

Kommission f (Ausschuss) commission f ; **etw in ~ geben** confier qch à un commissionnaire

Kommode f commode f

Kommune f commune f

Kommunikation f communication f

Kommunion f communion f

Kommunismus m communisme m

Kommunist(in) m(f) communiste mf • **kommunistisch** adj communiste

kommunizieren vi (Rel) communier ; (geh) communiquer

Komödie f comédie f

Kompagnon (-s, -s) m associé m

kompakt adj compact(e)

Kompanie f compagnie f

Kompass (-es, -e) m boussole f

kompatibel adj compatible

kompetent adj compétent(e)

Kompetenz f compétence f

komplett adj complet(-ète)

komplex adj complexe • **Komplex** (-es, -e) m complexe m ; (Zusammengehöriges) ensemble m

Kompliment nt compliment m

Komplize (-n, -n) m, **Komplizin** f complice m

komplizieren vt compliquer

kompliziert adj compliqué(e)

Komplizin f siehe **Komplize**

Komplott (-(e)s, -e) m complot m

komponieren vt composer

Komponist(in) m(f) compositeur(-trice)

Komposition f composition f

Kompost (-(e)s, -e) m compost m • **Komposthaufen** m tas m de compost

Kompott (-(e)s, -e) nt compote f

komprimiert adj comprimé(e)

Kompromiss (-es, -e) m compromis
m • **kompromissbereit** adj
conciliant(e)
Kondensmilch flait m concentré
Kondenswasser nt
condensation f
Kondition f (Bedingung) condition
f ; (Sport) condition physique,
forme f
Konditor m pâtissier m
Konditorei f pâtisserie f
Kondom (-s, -e) nt préservatif m
Konferenz f conférence f
Konfession f confession f
Konfiguration f configuration f
Konfirmation f confirmation f
Konflikt (-(e)s, -e) m conflit m
konfrontieren vt confronter
Kongo (-s) m Congo m
Kongress (-es, -e) m congrès m
König (-es, -e) m roi m
Königin f reine f
königlich adj royal(e)
Königreich nt royaume m
konjugieren vt conjuguer
Konjunktion f conjonction f
Konjunktiv m subjonctif m
Konjunktur f conjoncture f
(économique)
konkret adj concret(-ète)
Konkurrent(in) m(f)
concurrent(e)
Konkurrenz f concurrence f
• **konkurrenzfähig** adj
compétitif(-ive)
• **Konkurrenzkampf** m
concurrence f
konkurrieren vi être en
concurrence
Konkurs (-es, -e) m faillite f

---

können

(pt **konnte**, pp **gekonnt** oc (als
Hilfsverb) **können**) vt, vi
1 (vermögen) pouvoir ; **ich kann
nichts dafür** je n'y peux rien
2 (wissen, beherrschen) savoir ;
was ~ Sie? que savez-vous
faire ? ; **~ Sie Deutsch?** vous
savez l'allemand ? ; **~ Sie Auto
fahren?** vous savez conduire ? ;
sie kann keine Mathematik
elle n'est pas douée en math
3 (dürfen) pouvoir ; **kann ich
gehen?** je peux partir ? ;
könnte ich …? (est-ce que) je
pourrais …? ; **kann ich mit?**
(fam) je peux venir ?
4 (möglich sein): **das kann sein**
c'est possible ; **kann sein** (fam)
c'est possible, peut-être

konsequent adj (logisch) logique ;
(unbeirrbar) résolu(e), inébranlable
Konsequenz f (Unbeirrbarkeit)
détermination f ; (Folge)
conséquence f
konservativ adj
conservateur(-trice)
Konserve f conserve f
Konservenbüchse f boîte f de
conserve
konservieren vt conserver
Konservierungsmittel nt
agent m conservateur
konstant adj constant(e),
obstiné(e)
konstruieren vt construire ; (fig)
imaginer
Konstruktion f construction f
konstruktiv adj constructif(-ive) ;
(Tech) de construction

Konsul (-s, -n) *m* consul *m*
Konsulat *nt* consulat *m*
Konsum (-s, -s) *m*
consommation *f*
Konsument *m* consommateur *m*
Konsumgesellschaft *f* société *f*
de consommation
konsumieren *vt* consommer
Kontakt (-(e)s, -e) *m* contact *m*
• **kontaktarm** *adj* qui a du mal à
se faire des amis
• **kontaktfreudig** *adj* sociable
kontern *vi* contre-attaquer
Kontinent (-(e)s, -e) *m*
continent *m*
Kontingent (-(e)s, -e) *nt* quota *m* ;
(*Mil*) contingent
kontinuierlich *adj* continu(e),
constant(e)
Konto (-s, Konten) *nt* compte *m*
• **Kontoauszug** *m* relevé *m* de
compte • **Kontoinhaber(in)** *m(f)*
titulaire *mf* d'un compte
Kontonummer *f* numéro *m* de
compte
Kontostand *m* position *f* od solde
m d'un compte
Kontra (-s, -s) *nt*: **jdm ~ geben**
(*fam*) contredire qn • **Kontrabass**
m contrebasse *f*
Kontrahent *m* adversaire *m*
kontraproduktiv *adj* nuisible,
néfaste
Kontrast (-(e)s, -e) *m* contraste *m*
Kontrolle *f* contrôle *m*
Kontrolleur *m*
(*Fahrkartenkontrolleur*)
contrôleur *m*
kontrollieren *vt* contrôler
Kontur *f* contour *m*
Konvention *f* convention *f*

konventionell *adj*
conventionnel(le)
Konversation *f* conversation *f*
konvertieren *vi* convertir
Konvoi (-s, -s) *m* convoi *m*
Konzentrat *nt* concentré *m*
Konzentration *f* concentration *f*
Konzentrationslager *nt* camp
m de concentration
konzentrieren *vr* se concentrer
konzentriert *adj* concentré(e)
▶ *adv* attentivement
Konzept (-(e)s, -e) *nt* plan *m*,
programme *m* ; (*Entwurf,
Rohfassung*) brouillon *m* ; **jdn aus
dem ~ bringen** faire perdre le fil à
qn
Konzern (-s, -e) *m* consortium *m*
Konzert (-(e)s, -e) *nt* concert *m*
Konzertsaal *m* salle *f* de concert
Konzession *f* concession *f*,
licence *f*
Kooperation *f* coopération *f*
koordinieren *vt* coordonner
Kopf (-(e)s, -e) *m* tête *f* ; **sich** *Dat*
(über etw *Akk***) den ~
zerbrechen** se creuser la tête (à
propos de qch) • **Kopfbedeckung**
f couvre-chef *m*
köpfen *vt* (*Person*) décapiter ; (*Ei*)
ouvrir ; (*Flasche*) déboucher ; **den
Ball ~** faire une tête
Kopfhörer *m* écouteurs *mpl*
Kopfkissen *nt* oreiller *m*
Kopfsalat *m* laitue *f*
Kopfschmerzen *pl* mal *m* à la
tête
Kopfsprung *m* plongeon *m*
Kopftuch *nt* foulard *m*
Kopfweh *nt* mal *m* de tête

Kopfzerbrechen nt: **jdm ~ machen** être un souci pour qn

Kopie f copie f

kopieren vt copier ; (Person) imiter

Kopierer (-s, -) m, **Kopiergerät** nt photocopieuse f

koppeln vt (Tech) coupler ; (Unternehmungen) combiner

Koralle f corail m

Koran (-s) m Coran m

Korb (-(e)s, ²e) m panier m ; **jdm einen ~ geben** (fig) rembarrer qn

Korbstuhl m chaise f de rotin

Kordsamt m siehe **Cordsamt**

Korea (-s) nt la Corée

Kork (-(e)s, -e) m liège m

Korken (-s, -) m bouchon m
• **Korkenzieher** (-s, -) m tire-bouchon m

Korn (-(e)s, ²er) nt grain m ; (Getreide) blé m

Kornblume f bleuet m

Körper (-s, -) m corps m
• **körperbehindert** adj handicapé(e) physique
• **körperlich** adj physique
• **Körperpflege** f hygiène f corporelle • **Körperteil** m partie f du corps

Korps (-, -) nt (Mil) corps m ; (Univ) corporation f d'étudiants

korrekt adj correct(e)

Korrektur f correction f

Korrespondent(in) m(f) (von Zeitung) correspondant(e)

Korrespondenz f correspondance f

Korridor (-s, -e) m corridor m

korrigieren vt corriger

Korruption f corruption f

Korsett (-(e)s, -e) nt corset m

Korsika (-s) nt la Corse

Kosmetik f soins mpl de beauté

kosmetisch adj cosmétique ; (Chirurgie) esthétique, plastique

Kosmonaut(in) (-en, -en) m(f) cosmonaute mf

Kosmos (-) m cosmos m

Kosovo (-s) nt le Kosovo

Kost (-) f (Nahrung) nourriture f ; (Verpflegung) pension f ; **er bekommt ~ und Logis frei** il est nourri et logé gratuitement

kostbar adj précieux(-euse)

Kostbarkeit f valeur f ; (Wertstück) objet m de valeur

kosten vt (Preis haben) coûter ▶ vi (versuchen) déguster

Kosten pl coût msg ; (Ausgaben) frais mpl ; **auf jds ~** (von jds Geld) aux frais de qn ; (zu jds Nachteil) au détriment de qn • **kostenlos** adj gratuit(e)

köstlich adj (Essen) délicieux(-euse) ; (Geschichte, Einfall) très amusant(e)

Kostprobe f échantillon m

kostspielig adj coûteux(-euse)

Kostüm (-s, -e) nt costume m ; (Damenkostüm auch) tailleur m

Kot (-(e)s) m excréments mpl

Kotelett (-s, -s) nt côtelette f

Koteletten pl (Bart) favoris mpl

Köter (-s, -) m clebs m

Kotflügel m aile f

kotzen (fam !) vi dégobiller (fam !)

Krabbe f crabe m

krabbeln vi ramper

Krach (-(e)s, ²e) m fracas m ; (andauernd) bruit m ; (fam: Streit) dispute f

krachen vi (brechen) craquer ;
gegen etw ~ se cogner contre qch

krächzen vi (Vogel) croasser ;
(Mensch) parler d'une voix rauque

kraft präp +Gen en vertu de

Kraft (-, ¨e) f force f ; (Arbeitskraft)
travailleur(-euse) m/f ; **in ~
treten/sein** entrer/être en
vigueur

Kraftfahrer(in) m(f)
automobiliste mf

Kraftfahrzeug nt voiture f
• **Kraftfahrzeugbrief**,
Kraftfahrzeugschein m ≈ carte f
grise • **Kraftfahrzeugsteuer** f
impôt sur les automobiles,
≈ vignette f
• **Kraftfahrzeugversicherung** f
assurance-auto(mobile) f

kräftig adj fort(e) ; (Suppe, Essen)
nourrissant(e) ▶ adv (gebaut)
solidement

kräftigen vt fortifier

Kraftprobe f épreuve f de force

kraftvoll adj vigoureux(-euse)

Kraftwerk nt centrale f
(électrique)

Kragen (-s, -) m col m

Krähe f corneille f

krähen vi (Hahn) chanter ;
(Säugling) gazouiller

Kralle f (von Tier) griffe f ;
(Vogelkralle) serre f

Kram (-(e)s) m (Plunder, Sachen)
fourbi m

kramen vi : **in etw** Dat **~** fouiller
dans qch

Krampf (-(e)s, ¨e) m crampe f
• **Krampfader** f varice f

krampfhaft adj convulsif(-ive) ;
(Versuche) désespéré(e)

Kran (-(e)s, ¨e) m grue f ;
(Wasserkran) robinet m

Kranich (-s, -e) m grue f

krank adj malade

Kranke(r) f(m) malade mf ;
(Patient) patient(e) m/f

kränkeln vi être
souffreteux(-euse)

kranken vi : **an etw** Dat **~** souffrir
de qch

kränken vt blesser

Krankengymnastik f
kinésithérapie f

Krankenhaus nt hôpital m

Krankenkasse f caisse f
(d'assurance-)maladie

Krankenpfleger m infirmier m

Krankenschein m ≈ feuille f de
maladie

Krankenschwester f
infirmière f

Krankenversicherung f
assurance-maladie f

Krankenwagen m ambulance f

krankhaft adj maladif(-ive)

Krankheit f maladie f

Krankheitserreger m agent m
pathogène

kränklich adj souffreteux(-euse)

Kränkung f offense f

Kranz (-es, ¨e) m couronne f

Krapfen (-s, -) m beignet m

krass adj grossier(-ière)

Krater (-s, -) m cratère m

kratzen vt (mit Nägeln, Krallen)
griffer ; (einritzen) graver

Kratzer (-s, -) m égratignure
f ; (Werkzeug) grattoir m

kraus adj (Haar) crépu(e) ; (Stirn)
plissé(e) ; (verworren) confus(e)

kräuseln vt (Haar) friser ; (Stoff) froncer ; (Stirn) plisser ; (Wasser) rider ▸ vr (Haar) friser ; (Stirn) se plisser ; (Wasser) se rider

Kraut (-(e)s, Kräuter) nt (Blätter) fane f ; **Kräuter** pl (Culin) fines herbes fpl

Krawall (-s, -e) m émeute f ; (Lärm) tapage m

Krawatte f cravate f

kreativ adj créatif(-ive)

Kreatur f créature f

Krebs (-es, -e) m (Zool) écrevisse f ; (Méd) cancer m ; (Astr) Cancer m ; **~ sein** (Astr) être (du) Cancer
• **Krebsvorsorge** f dépistage m du cancer

Kredit (-(e)s, -e) m crédit m
• **Kreditkarte** f carte f de crédit

Kreide f craie f

kreieren vt créer

Kreis (-es, -e) m cercle m ; (Verwaltungskreis) circonscription f, district m ; **im ~ gehen** tourner en rond

kreischen vi (Vogel) piailler ; (Mensch) pousser des cris perçants

Kreisel (-s, -) m toupie f ; (Verkehrskreisel) rond-point m

kreisen vi tourner ; (herumgereicht werden) passer de main en main ; **~ um** tourner autour de

Kreislauf m (Méd) circulation f ; (der Natur etc) cycle m

Kreislaufstörungen pl troubles mpl circulatoires

Kreisstadt f chef-lieu m de circonscription od de district

Kreisverkehr m sens m giratoire

Krematorium nt crématorium m

Krempe f bord m (d'un chapeau)

Krempel (-s) (fam: péj) m bazar m

Kren (-(e)s) (Österr) m raifort m

krepieren vi (fam) crever

Krepp (-s, -s od -e) m crêpe m
• **Krepppapier** nt papier m crêpé

Kresse f cresson m

Kreta (-s) nt la Crète

Kreuz (-es, -e) nt croix f ; (Anat) reins mpl ; (Cartes) trèfle m

kreuzen vt, vi croiser

Kreuzfahrt f croisière f

Kreuzfeuer nt: **ins ~ geraten/ im ~ stehen** être attaqué(e) de toutes parts

Kreuzgang m cloître m

Kreuzigung f crucifixion f

Kreuzotter f vipère f

Kreuzung f croisement m

Kreuzworträtsel nt mots mpl croisés

Kreuzzug m croisade f

kriechen (irr) vi ramper ; (Verkehr) rouler au pas

Kriechspur f (auf Autobahn) voie f pour véhicules lents

Krieg (-(e)s, -e) m guerre f

kriegen (fam) vt (Hunger, Angst etc) avoir (de plus en plus) ; (erwischen) attraper

Krieger (-s, -) m guerrier m

Kriegsdienstverweigerer m objecteur m de conscience

Kriegserklärung f déclaration f de guerre

Kriegsgefangene(r) f(m) prisonnier(-ière) m/f de guerre

Kriegsgericht nt cour f martiale

Kriegsschiff nt navire m de guerre

k

Kriegsverbrechen m crime m de guerre

Kriegsverbrecher m criminel m de guerre

Kriegszustand m état m de guerre

Krimi (-s, -s) (fam) m polar m

Kriminalbeamte(r) m inspecteur m de la police judiciaire

Kriminalität f criminalité f

Kriminalpolizei f police f judiciaire

Kriminalroman m roman m policier

kriminell adj criminel(le)

Kriminelle(r) f(m) criminel(le) m/f

Krimskrams (-es) (fam) m camelote f

Kripo (-) (fam) f abk = **Kriminalpolizei**

Krippe f (Futterkrippe) mangeoire f ; (Rel, Kinderkrippe) crèche f

Krise f crise f

kriseln vi unpers: **es kriselt** il y a de l'eau dans le gaz

Krisengebiet nt point m chaud

Krisenherd m foyer m de crise

Krisenstab m cellule f de crise

Kristall (-s, -e) m od nt cristal m

Kriterium nt critère m

Kritik f critique f

Kritiker(in) (-s, -) m(f) critique mf

kritisch adj critique

kritisieren vt critiquer

kritzeln vt, vi griffonner

Kroatien (-s) nt la Croatie

kroatisch adj croate

kroch etc vb siehe **kriechen**

Krokodil (-s, -e) nt crocodile m

Krokus (-, - od -se) m crocus m

Krone f couronne f

krönen vt couronner

Kronleuchter m lustre m

Kronprinz m prince m héritier

Kröte f crapaud m

Krücke f béquille f

Krug (-(e)s, ⁼e) m cruche f ; (Bierkrug) chope f

Krümel (-s, -) m miette f

krumm adj (gebogen) tordu(e) ; (kurvig) courbe, courbé(e) ; (zwielichtig) louche

krümmen vt (Finger, Rücken) plier ; (Draht) tordre ▶ vr (Straße) tourner ; (Rücken) se courber ; **sich vor Schmerzen/Lachen ~** se tordre de douleur/rire

Krüppel (-s, -) m infirme m

Kruste f croûte f

Kruzifix (-es, -e) nt crucifix m

Kuba (-s) nt Cuba f

Kübel (-s, -) m seau m

Kubikmeter m mètre m cube

Küche f cuisine f

Kuchen (-s, -) m gâteau m
• **Kuchenblech** nt plaque f à gâteaux • **Kuchenform** f moule m à pâtisserie • **Kuchengabel** f fourchette f à gâteaux od à dessert

Küchenschabe f cafard m, blatte f

Kuckuck (-s, -e) m coucou m

Kufe f patin m

Kugel (-, -n) f (Körper) boule f ; (Math) sphère f ; (Erdkugel) globe m ; (Gewehrkugel) balle f
• **Kugelkopfschreibmaschine** f machine f (à écrire) à boule
• **Kugellager** nt roulement m à billes

Kugelschreiber m stylo m à bille

kugelsicher adj pare-balles

Kugelstoßen (-s) nt lancement m du poids

Kuh (-, -e) f vache f ; (péj : Frau) chameau m

kühl adj frais(fraîche) ; (leicht abweisend, nüchtern) froid(e)

kühlen vt refroidir, rafraîchir

Kühler (-s, -) m (Aut) radiateur m • **Kühlerhaube** f capot m

Kühlschrank m réfrigérateur m

Kühltruhe f congélateur m

Kühlwasser nt (Aut) eau f de refroidissement

Küken (-s, -) nt poussin m

kulant adj arrangeant(e)

Kuli (-s, -s) m coolie m ; (fam : Kugelschreiber) bic® m

Kulisse f coulisse f

Kult (-(e)s, -e) m culte m ; **mit etw einen ~ treiben** avoir le culte de qch

kultivieren vt cultiver

kultiviert adj cultivé(e)

Kultur f culture f • **Kulturbeutel** m trousse f de toilette

kulturell adj culturel(le)

Kultusminister m ministre m de la Culture

Kultusministerium nt ministère m de la Culture

Kümmel (-s, -) m cumin m

Kummer (-s) m chagrin m

kümmerlich adj misérable ; (schwächlich) chétif(-ive)

kümmern vt regarder ▶ vr : **sich um jdn/etw ~** s'occuper de qn/qch

Kumpel (-s, -) m (fam : Freund) copain m ; (Bergmann) mineur m

Kunde (-n, -n) m client m

Kundendienst m service m après-vente

Kundenkarte f Carte f Bleue®

Kundgebung f manifestation f

kundig adj expérimenté(e) ; (Rat, Blick) d'expert ; **sich ~ machen** se mettre à jour

kündigen vi (Arbeitnehmer) démissionner ▶ vt (Mietvertrag, Sparvertrag) résilier

Kündigung f (durch Arbeitgeber) licenciement m ; (durch Arbeitnehmer, Vermieter) congé

Kündigungsfrist f préavis m (de congé)

Kundin f cliente f

Kundschaft f clientèle f

künftig adj futur(e) ▶ adv désormais, à l'avenir

Kunst (-, -e) f art m • **Kunstakademie** f (école f des) beaux-arts mpl • **Kunstdünger** m engrais m chimique • **Kunstfaser** f fibre f synthétique • **Kunstfehler** m faute f professionnelle (d'un médecin) • **Kunstgeschichte** f histoire f de l'art • **Kunstgewerbe** nt arts mpl décoratifs • **Kunstgriff** m truc m • **Kunsthandwerk** nt artisanat m

Künstler(in) (-s, -) m(f) artiste mf • **künstlerisch** adj artistique

künstlich adj artificiel(le) ; **~e Intelligenz/Befruchtung** intelligence f/insémination f artificielle

Kunststoff m plastique m

Kunststück nt (von Zauberer) tour m de magie ; **das ist kein ~** ce n'est vraiment pas difficile

kunstvoll adj réussi(e)

Kunstwerk nt œuvre f d'art

kunterbunt adj (farbig) bariolé(e); (durcheinander) pêle-mêle inv

Kupfer (-s, -) nt cuivre m

Kuppe f (Bergkuppe) sommet m; (Fingerkuppe) bout m

Kuppel (-, -n) f coupole f

kuppeln vi (Aut) embrayer

Kuppler(in) m(f) proxénète mf

Kupplung f (Aut) embrayage m

Kur (-, -en) f cure f

Kurbel (-, -) f manivelle f

Kurbelwelle f vilebrequin m

Kürbis (-ses, -se) m citrouille f, potiron m

Kurgast m curiste mf

Kurier (-s, -e) m messager m

Kurierdienst m service m de messageries

kurieren vt guérir

kurios adj curieux(-euse)

Kuriosität f curiosité f

Kurort m station f thermale

Kurpfuscher (péj) m charlatan m

Kurs (-es, -e) m (Richtung) route f; (Lehrgang, Finanz) cours m
 • **Kursbuch** nt indicateur m od horaire m (des chemins de fer)

kursieren vi (Banknoten) être en circulation; (Gerüchte) courir

kursiv adj (Schrift) italique

Kurswagen m voiture f directe

Kurve f (Math etc) courbe f; (Straßenkurve) virage m; (von Frau) rondeur f

kurvenreich adj: „**~e Strecke**" « attention, virages (dangereux) »

kurz adj court(e); (knapp) bref(brève); **zu ~ kommen** être défavorisé(e)

Kurzarbeit f chômage m partiel

Kürze f brièveté f

kürzen vt raccourcir; (Gehalt etc) diminuer, réduire

kurzerhand adv brusquement

kurzfristig adj (ohne Vorankündigung) brusque; (für kurze Zeit) à court terme

Kurzgeschichte f nouvelle f

kurz|halten (irr) vt tenir la bride haute à

kürzlich adv récemment

Kurzschluss m court-circuit m

kurzsichtig adj myope

Kurzwelle f ondes fpl courtes

kuscheln vr se blottir

Kusine f cousine f

Kuss (-es, ⁼e) m baiser m

küssen vt embrasser; **jdm die Hand ~** baiser la main de qn

Küste f côte f

Küster (-s, -) m sacristain m

Kutsche f diligence f

Kutscher (-s, -) m cocher m

Kuwait (-s) nt le Koweït

kyrillisch adj cyrillique

KZ (-s, -s) nt abk
 = **Konzentrationslager**

Labor (-s, -e od -s) nt laboratoire m

Laboratorium nt laboratoire m

Labyrinth (-s, -e) nt labyrinthe m

Lache¹ f (von Flüssigkeit) flaque f; (Blutlache) mare f

Lache² f (Gelächter) rire m

lächeln vi sourire • **Lächeln** (-s) nt sourire m

lachen vi rire ; **~ über** +Akk rire de

lächerlich adj ridicule ; **jdn ~ machen** ridiculiser qn

Lachs (-es, -e) m saumon m

Lack (-(e)s, -e) m laque f, vernis m ; (von Auto) peinture f

lackieren vt (Möbel) vernir ; (Auto) refaire la peinture de

laden (irr) vt charger

Laden (-s, ⸚) m (Geschäft) magasin m ; (Fensterladen) volet m
• **Ladenbesitzer** m propriétaire m (de magasin) • **Ladendiebstahl** m vol m à l'étalage • **Ladenpreis** m prix m de vente • **Ladenschluss** m heure f de fermeture
• **Ladentisch** m comptoir m

Ladung f charge f ; (Naut, Aviat) cargaison f ; (fam: große Menge) paquet m

lag etc vb siehe **liegen**

Lage f situation f ; (Position) position f ; (Schicht) couche f ; **in der ~ sein, etw zu tun** être en mesure de faire qch

Lager (-s, -) nt camp m ; (Écon) entrepôt m ; (Tech) palier m
• **Lagerhaus** nt entrepôt m

lagern vt stocker ; (betten) mettre ▶ vi (Vorräte) être entreposé(e) ; (Menschen) camper ▶ vr (rasten) faire une halte, s'arrêter ; **kühl ~** conserver au frais

Lagerung f (von Waren) entreposage m

lahm adj paralysé(e) ; (langsam, langweilig) mou(molle) ; (Ausrede) mauvais(e)

lähmen, lahmlegen vt paralyser

Lähmung f paralysie f

Laib (-s, -e) m: **ein ~ Brot** une miche de pain, un pain

Laich (-(e)s, -e) m frai m

Laie (-n, -n) m profane m ; (Rel) laïc m

Laken (-s, -) nt drap m

Lamm (-(e)s, ⸚er) nt agneau m

Lampe f lampe f

Lampenfieber nt trac m

Lampenschirm m abat-jour m inv

Land (-(e)s, ⸚er) nt (Festland) terre f ; (Gelände, Erdboden) terrain m ; (Staatsgebiet, Nation) pays m ; (Bundesland) land m ; **auf dem ~(e)** à la campagne

L'Allemagne est une république fédérale et est ainsi divisée en 16 **Länder**: Bade-Wurtemberg, Basse-Saxe, Bavière, Berlin, Brandebourg, Brême, Hambourg, Hesse, Mecklembourg-

Poméranie-Occidentale,
Rhénanie-du-Nord-Westphalie,
Rhénanie-Palatinat, Sarre, Saxe,
Saxe-Anhalt, Schleswig-Holstein,
Thuringe. Chaque *Land* a son
assemblée et sa constitution.

Landebahn f piste f
d'atterrissage

landen vi (*Flugzeug*) atterrir ;
(*Schiff*) accoster ; (*Passagier*)
débarquer ; (*fam : geraten*) atterrir

Landesregierung f
gouvernement de/du Land

Landessprache f langue f
nationale

Landhaus nt maison f de
campagne

Landkarte f carte f (géographique)

Landkreis m district m
(administratif)

ländlich adj rural(e)

Landschaft f paysage m

Landsmann (-(*e*)s, -*leute*) m,
Landsmännin f compatriote mf

Landstraße f route f
départementale

Landstrich m contrée f, région f

Landtag m parlement m (d'un
land)

Landung f (von Flugzeug)
atterrissage m ; (von Schiff)
accostage m

Landwirt m agriculteur m

Landwirtschaft f agriculture f

lang adj long(ue) ; (*fam : Mensch*)
grand(e) ; **sein Leben ~** toute
sa vie

lange adv longtemps

Länge f longueur f ; (*Géo*)
longitude f ; **sich in die ~ ziehen**
tirer en longueur

langen vi (*ausreichen*) suffire ; (*sich
erstrecken*) s'étendre, aller ; (*fassen*)
tendre la main ; **es langt mir!**
(*fam*) j'en ai assez !

Langeweile f ennui m

langfristig adj, adv à long terme

Langlauf m ski m de fond

länglich adj long(longue)

längs präp (+Gen od Dat) le long de
▶ adv dans le sens de la longueur

langsam adj lent(e) ▶ adv
(*allmählich*) peu à peu
• **Langsamkeit** f lenteur f

Langschläfer(in) m(f) lève-tard mf

Langspielplatte f 33-tours m

längst adv depuis longtemps

Languste f langouste f

langweilen vt ennuyer

langweilig adj ennuyeux(-euse)

Langwelle f grandes ondes fpl

langwierig adj prolongé(e)

Langzeitarbeitslose pl
chômeurs mpl de longue durée

Lanze f lance f

Lappalie f bagatelle f

Lappen (-s, -) m chiffon m

läppisch adj puéril(e)

Laptop (-, -) m (Inform) portable m

Lärche f mélèze m

Lärm (-(*e*)s) m bruit m

Lärmschutz m protection f
contre le bruit

las etc vb siehe **lesen**

lasch adj (schlaff) mou (molle) ;
(Behandlung, Einstellung) laxiste ;
(Geschmack) fade

Lasche f (Schuhlasche) languette f ;
(Tech) élément m de raccord

Laser (-s, -) m laser m • **Laserdrucker**
m imprimante f laser

lassen

(*pt* **ließ**, *pp* **gelassen** *od* (*als Hilfsverb*) **lassen**)

▶ *vt* **1** (*unterlassen*) arrêter ; **lass das (sein)!** arrête ! ; **~ wir das!** arrêtons !, ça suffit comme ça ! ; **tu, was du nicht ~ kannst!** fais-le, si tu ne peux pas t'en empêcher

2 (*zurücklassen*) laisser ; **etw zu Hause ~** laisser qch à la maison

3 (*überlassen*): **jdm etw ~** laisser qch à qn

4 (*zugestehen*): **das muss man ihr ~, sie ist eine tolle Hausfrau** il faut reconnaître qu'elle est une ménagère accomplie

▶ *vi*: **lass mal, ich mache das schon** laisse, je m'en occupe

▶ *Hilfsverb* **1** (*veranlassen*): **etw machen ~** faire faire qch ; **sich** *Dat* **etw schicken ~** se faire envoyer qch ; **jdn etw wissen ~** faire savoir qch à qn

2 (*zulassen*, *belassen*): **jdn gewinnen ~** laisser qn gagner ; **das Licht brennen ~** laisser la lumière allumée ; **jdn ins Haus ~** laisser entrer qn ; **jdn warten ~** faire attendre qn ; **lass es dir gut gehen!** bonne chance !

3: **lass uns gehen** partons !

4 (*möglich sein*): **die Tür lässt sich nicht schließen** la porte ne ferme pas

lässig *adj* décontracté(e)

Last (-, -en) *f* (*Gegenstand*) fardeau *m*, charge *f* ; (*Naut*, *Aviat*) cargaison *f* ; (*Gewicht*) poids *m* ; **jdm zur ~ fallen** importuner qn

lasten *vi*: **auf jdm/etw ~** peser sur qn/qch

Laster (-s, -) *nt* vice *m*

lasterhaft *adj* dépravé(e)

lästern *vi*: **über jdn/etw ~** médire de qn/qch ▶ *vt* (*Gott*) blasphémer

lästig *adj* importun(e) ; **jdm ~ werden** importuner qn

Lastkraftwagen *m* poids lourd *m*

Lastwagen *m* camion *m*

Latein (-s) *nt* latin *m*

latent *adj* latent(e)

Laterne *f* lanterne *f* ; (*Straßenlaterne*) réverbère *m*

Laternenpfahl *m* lampadaire *m*

Latte *f* latte *f*

Latz (-es, -e) *m* (*für Säuglinge*) bavette *f* ; (*an Kleidungsstück*, *Hosenlatz*) plastron *m*

Latzhose *f* salopette *f*

lau *adj* tiède ; (*Wetter*, *Wind*, *Nacht*) doux(douce)

Laub (-es) *nt* feuillage *m*, feuilles *fpl*

Laube *f* tonnelle *f*

Laubfrosch *m* rainette *f*

Laubsäge *f* scie f à chantourner

Lauch (-(e)s, -e) *m* poireau *m*

Lauer *f*: **auf der ~ sein** *od* **liegen** être aux aguets

lauern *vi*: **auf jdn/etw ~** épier qn/qch

Lauf (-(e)s, Läufe) *m* cours *m* ; (*das Laufen*, *Sport*) course *f* ; (*Gewehrlauf*) canon *m* • **Laufbahn** *f* carrière *f*

laufen (*irr*) *vi* marcher ; (*rennen*) courir ; (*fließen*) couler ; (*gültig sein*) être valide ; (*gezeigt werden*: *Film*) passer ; (*im Gang sein*) être en cours ; **sich** Dat **Blasen ~ attrapen** des ampoules en marchant

laufend adj (ständig) continuel(le) ; (gegenwärtig) courant(e), en cours ; **auf dem L~en sein/halten** être/tenir au courant (des derniers développements) ; **~e Nummer** dernier numéro m ; (von Konto) numéro d'ordre ; **~e Kosten** frais mpl d'exploitation

Läufer (-s, -) m (Sport) coureur m ; (Échecs) fou m ; (Teppich) chemin m

Läuferin f (Sport) coureuse f

Laufmasche f maille f filée

Laufstall m parc m (pour bébés)

Laufsteg m passerelle f

Laufwerk nt (Inform) lecteur m de disquette

Lauge f (Chem) solution f alcaline ; (Seifenlauge) eau f savonneuse

Laune f humeur f ; (Einfall) caprice m

launisch (péj) adj lunatique

Laus (-, **Läuse**) f pou m

lauschen vi écouter

lauschig adj tranquille

lausig (fam) adj minable

laut adj bruyant(e) ; (Stimme) fort(e) ▶ präp +Gen d'après

Laut (-(e)s, -e) m son m

lauten vi : **wie lautet das englische Original?** que dit l'original anglais ? ; **wie lautet das Urteil?** quel est le verdict ?

läuten vi, vt sonner

lauter adj pur(e) ▶ adv : **das sind ~ Lügen** c'est un tissu de mensonges

lauthals adv (lachen) à gorge déployée ; (schreien) à tue-tête

lautlos adj silencieux(-euse)

Lautsprecher m haut-parleur m

lautstark adj très fort(e)

Lautstärke f (Radio) volume m

lauwarm adj tiède

Lavendel (-s, -) m lavande f

Lawine f avalanche f

Lawinengefahr f danger m d'avalanches

Layout, Lay-out (-s, -s) nt mise f en page

leasen vt louer (à bail)

Leasing (-s, -s) nt leasing m

leben vi vivre

Leben (-s, -) nt vie f

lebend adj vivant(e)

lebendig adj vivant(e) ; (lebhaft auch) plein(e) de vie
  • **Lebendigkeit** f vivacité f

Lebensart f mode m de vie ; **seine ~ haben** manquer de savoir-vivre

Lebenserfahrung f expérience f de la vie

Lebenserwartung f espérance f de vie

Lebensgefahr f danger m de mort ; **in ~ schweben** od **sein** être entre la vie et la mort od dans un état critique

lebensgefährlich adj très dangereux(-euse) ; (Verletzung, Krankheit) grave

Lebenshaltungskosten pl coût msg de la vie

lebenslänglich adj à perpétuité

Lebenslauf m curriculum m vitae

lebenslustig adj heureux(-euse) de vivre

Lebensmittel pl aliments mpl

lebensmüde *adj* las(se) de vivre
Lebensretter *m* sauveteur *m*
Lebensstandard *m* niveau *m* de vie
Lebensunterhalt *m* subsistance *f*
Lebensversicherung *f* assurance-vie *f*
Lebenswandel *m* vie *f*
Lebensweise *f* mode *m* de vie
lebenswichtig *adj* vital(e)
Lebenszeichen *nt* signe *m* de vie
Lebenszeit *f*: **auf ~** à vie
Leber (-, -n) *f* foie *m* • **Leberfleck** *m* grain *m* de beauté • **Leberwurst** *f* saucisse *f* au pâté de foie
Lebewesen *nt* être *m* vivant
lebhaft *adj* vif(vive) ; (*Straße*) animé(e) ; (*Verkehr*) dense
Lebkuchen *m* pain *m* d'épice
leblos *adj* inanimé(e)
lechzen *vi*: **nach etw ~** être avide de qch
leck *adj* (*Boot*) qui prend l'eau ; (*Rohr*) qui fuit • **Leck** (-(*e*)*s*, -*s*) *nt* fuite *f*
lecken¹ *vi* (*Loch haben*) fuir
lecken² *vt* (*schlecken*) lécher
lecker *adj* délicieux(-euse) • **Leckerbissen** *m* délice *m*
led. *abk* = **ledig**
Leder (-*s*, -) *nt* cuir *m* • **Lederhose** *f* (*von Tracht*) culotte *f* de cuir
ledern *adj* en od de cuir
ledig *adj* célibataire • **lediglich** *adv* uniquement, ne ... que
leer *adj* vide
Leere (-) *f* vide *m*
leeren *vt* vider

Leergewicht *nt* poids *m* à vide
Leerlauf *m* point *m* mort
Leertaste *f* barre *f* d'espacement
Leerung *f* vidage *m* ; (*Poste*) levée *f*
legal *adj* légal(e) • **legalisieren** *vt* légaliser
Legasthenie *f* dyslexie *f*
Legebatterie *f* batterie *f* (*pour l'élevage de poules pondeuses*)
legen *vt* (*tun*) mettre, poser ; (*in flache Lage*) coucher ; (*Kabel, Schienen*) poser ; (*Ei*) pondre ; (*Haare*) mettre en pli ▶ *vr* (*Mensch*) s'allonger ; (*Betrieb, Interesse*) baisser ; (*Schmerzen, Sturm*) se calmer
Legende *f* légende *f*
leger *adj* décontracté(e)
Legierung *f* alliage *m*
Legislative *f* législatif *m*
Legislaturperiode *f* législature *f*, mandature *f*
legitim *adj* légitime • **Legitimation** *f* légitimation *f* • **legitimieren** *vt* légitimer ▶ *vr* prouver son identité
Lehm (-(*e*)*s*, -*e*) *m* terre *f* glaise • **lehmig** *adj* glaiseux(-euse)
Lehne *f* (*Rückenlehne*) dossier *m* ; (*Armlehne*) accoudoir *m*
lehnen *vt*: **etw an etw** *Akk* **~** appuyer qch contre qch ▶ *vr*: **sich an etw** *Akk*/**auf etw** *A* **~** s'appuyer contre/à qch
Lehrbuch *nt* manuel *m*
Lehre *f* (*Ausbildung*) apprentissage *m* ; (*Gedankenlehre, Glaubenssystem*) doctrine *f* ; (*Erfahrung*) leçon *f* ; (*Tech*) jauge *f*, calibre *m*
lehren *vt* (*unterrichten*) enseigner

l

Lehrer(in) (-s, -) m(f) professeur m ; (Grundschullehrer) instituteur(-trice)

Lehrgang m cours m

Lehrling m apprenti m

Lehrplan m programme m (scolaire)

lehrreich adj instructif(-ive)

Lehrstelle f place f d'apprentissage

Lehrstuhl m chaire f

Leib (-(e)s, -er) m corps m

leibhaftig adj en chair et en os ; (Teufel) incarné(e)

leiblich adj (Sohn) vrai(e)

Leiche f cadavre m

Leichenwagen m corbillard m

Leichnam (-(e)s, -e) m dépouille f

leicht adj léger(-ère) ; (nicht schwierig) facile ▶ adv (schnell) facilement ; **es jdm ~ machen** faciliter les choses à qn
  • **Leichtathletik** f athlétisme m
  • **leicht|fallen** (irr) vi : **jdm ~** être facile pour qn • **leichtfertig** adj irréfléchi(e) • **leichtgläubig** adj crédule • **leichthin** adv à la légère

Leichtigkeit f facilité f

leicht|nehmen (irr) vt prendre à la légère

Leichtsinn m légèreté f

leichtsinnig adj imprudent(e)

leid adj : **etw ~ haben** od **sein** en avoir assez de qch ; siehe auch **leidtun**

Leid (-(e)s) nt peine f

leiden (irr) vt souffrir de ▶ vi souffrir ; **jdn/etw nicht ~ können** ne pas pouvoir souffrir qn/qch ; **unter etw** Dat ~ souffrir de qch • **Leiden** (-s, -) nt (Krankheit) maladie f

Leidenschaft f passion f
  • **leidenschaftlich** adj passionné(e)

leider adv malheureusement

leidlich adj passable ▶ adv à peu près

leid|tun (irr) vi : **es tut mir leid** je suis désolé(e) ; **er tut mir leid** il me fait pitié

Leidwesen nt : **zu jds ~** au grand regret de qn

leihen (irr) vt prêter ; **sich** Dat **etw ~** emprunter qch

Leihgebühr f frais mpl de location

Leihmutterschaft f gestation f pour autrui, GPA f

Leihwagen m voiture f de location

Leim (-(e)s, -e) m colle f • **leimen** vt coller

Leine f corde f ; (Hundeleine) laisse f

Leinen (-s, -) nt toile f

Leintuch nt drap m

Leinwand f toile f ; (Ciné) écran m

leise adj (Stimme) bas(basse) ; (Geräusch, Wind, Regen, Zweifel) léger(-ère)

Leiste f bordure f ; (Zierleiste) garniture f ; (Anat) aine f

leisten vt faire ; (vollbringen) accomplir ; **sich** Dat **etw ~ können** pouvoir se permettre qch

Leistung f (Geleistetes) performance f ; (Kapazität) rendement m ; (von Motor, Maschine) puissance f ; (finanziell) prestations fpl

Leistungsdruck m obligation f de réussir

Leistungssport m sport m de compétition

Leitartikel m éditorial m

Leitbild nt modèle m

leiten vt être à la tête de ; (Firma, Orchester etc) diriger ; (Wärme, Strom) conduire • **leitend** adj (Stellung) de cadre, à responsabilité ; **~er Angestellter** cadre m supérieur

Leiter¹ (-s, -) m (Direktor) directeur m

Leiter² (-, -n) f échelle f

Leiterin f directrice f

Leitfaden m précis m

Leitmotiv nt leitmotiv m

Leitplanke f glissière f de sécurité

Leitung f (Führung, die Leitenden) direction f ; (für Wasser, Gas, Strom) conduite f ; (Kabel) câble m ; (Telefonleitung) ligne f ; **eine lange ~ haben** (fig) avoir la comprenthe un peu dure

Leitwerk nt empennage m

Lektion f leçon f

Lektüre f lecture f

Lende f lombes mpl, reins mpl ; (Culin) filet m

lenken vt (Fahrzeug) conduire ; (Blick, Aufmerksamkeit) tourner

Lenkrad nt volant m

Lenkstange f (Fahrradlenkstange) guidon m

Leopard (-en, -en) m léopard m

Lerche f alouette f

lernbehindert adj attardé(e)

lernen vt apprendre •

Lernplattform f ENT m (= espace numérique de travail)

lesbar adj lisible

Lesbe (-, -n) f (fam), **Lesbierin** f lesbienne f

lesbisch adj lesbien(ne)

Lese f (Weinlese) vendanges fpl

lesen (irr) vt (Text) lire ; (ernten) récolter ; (auslesen) trier

Leser(in) (-s, -) m(f) lecteur(-trice)

leserlich adj lisible

Leseraal m salle f de lecture

Leserbrief m lettre f de lecteur ; **„~e"** « courrier des lecteurs »

Lesezeichen nt signet m

Lettland nt la Lettonie

letzte(r, s) adj dernier(-ièe) ; **zum ~n Mal** pour la dernière fois

letztens adv récemment ; (zuletzt) finalement

letztere(r, s) adj ce(cette) dernier(-ière)

Leuchte f lampe f ; (kluger Kopf) lumière f

leuchten vi briller ; (mit Lampe) éclairer

Leuchter (-s, -) m chandelier m

Leuchtfarbe f couleur f fluorescente

Leuchtfeuer nt balise f

Leuchtkugel f balle f traçante

Leuchtreklame f enseigne f lumineuse

Leuchtturm m phare m

leugnen vt, vi nier

Leukämie f leucémie f

Leute pl gens mpl ; (Personal) subordonnés mpl

Leutnant (-s, -s od -e) m lieutenant m

leutselig adj bienveillant(e)

Lexikon (-s, Lexiken od Lexika) nt encyclopédie f ; (Wörterbuch) dictionnaire m

Libanon (-s) m: **der ~** le Liban

Libelle f libellule f

liberal adj libéral(e)

Libero (-s, -s) m arrière m volant

Libyen (-s) nt la Libye

Licht (-(e)s, -er) nt lumière f

Lichtbild nt (Passbild) photo f d'identité

Lichtblick m lueur f d'espoir

lichten vt (Wald) éclaircir ; (Anker) lever ▶ vr (Nebel) se lever ; (Reihen) s'éclaircir

Lichthupe f appel m de phares

Lichtjahr nt année-lumière f

Lichtmaschine f dynamo f

Lichtschalter nt interrupteur m

Lichtschutzfaktor m indice m de protection

Lichtverschmutzung f pollution f lumineuse

Lid (-(e)s, -er) nt paupière f
  • **Lidschatten** m fard m à paupières

lieb adj gentil(le) ; (artig) sage ; (willkommen) bienvenu(e) ; (geliebt) cher (chère) ; **L~e Anne, ~er Klaus! ...** Chère Anne, cher Klaus ... ; **würden Sie so ~ sein** auriez-vous l'amabilité ; **~ haben** aimer beaucoup

liebäugeln vi: **mit dem Gedanken ~, etw zu tun** caresser l'idée de faire qch

Liebe f amour m

lieben vt aimer

liebenswert adj très sympathique

liebenswürdig adj aimable

liebenswürdigerweise adv aimablement

Liebenswürdigkeit f amabilité f

lieber adv: **etw ~ tun** préférer faire qch ; **ich gehe ~ nicht** je préfère ne pas y aller

Liebesbrief m lettre f d'amour

Liebeskummer m: **~ haben** avoir un chagrin d'amour

Liebespaar nt amoureux mpl

liebevoll adj affectueux(-euse)

Liebhaber(in) (-s, -) m(f) amant m ; (Kenner) amateur(-trice)

Liebhaberei f violon m d'Ingres

lieblich adj (Landschaft) charmant(e) ; (Duft, Wein) doux (douce)

Liebling m (von Eltern, Publikum) préféré(e) m/f ; (Anrede) chéri(e) m/f

Lieblings- in zW préféré(e)

lieblos adj sans cœur

Liechtenstein (-s) nt le Liechtenstein

Lied (-(e)s, -er) nt chanson f

liederlich adj dissolu(e)

Liedermacher m auteur-compositeur m

lief etc vb siehe **laufen**

Lieferant m fournisseur m

liefern vt (Waren) livrer ; (Rohstoffe) produire ; (versorgen mit) fournir

Lieferschein m bon m de livraison

Lieferung f livraison f

Lieferwagen m voiture f de livraison

Liege f divan m

liegen (irr) vi (waagerecht sein) être couché(e) ; (sich befinden) se trouver ; **an etw** Dat **~** (Ursache) tenir à qch ; **mir liegt viel daran** j'y tiens beaucoup ; **~ bleiben** (nicht aufstehen) rester couché(e) ; (nicht ausgeführt werden) rester en plan ; **~ lassen** (vergessen) oublier

Liegesitz m siège m à dossier réglable

Liegestuhl m chaise f longue
Liegewagen m wagon-couchette m
lieh etc vb siehe **leihen**
ließ etc vb siehe **lassen**
Lift (-(e)s, -e od -s) m ascenseur m
Likör (-s, -e) m liqueur f
lila adj mauve
Lilie f lis m
Limo f = **Limonade**
Limonade f limonade f
Linde f tilleul m
lindern vt soulager
Linderung f soulagement m
Lineal (-s, -e) nt règle f
Linguistik f linguistique f
Linie f ligne f
Linienflug m vol m de ligne
Linienrichter m juge m de touche
linieren vt régler
Link m lien m
linke(r, s) adj gauche
Linke f (Hand) main f gauche ; (Pol) gauche f
linkisch adj gauche
links adv à gauche ; (verkehrt herum) à l'envers ; (mit der linken Hand) de la main gauche ; **~ von mir** à ma gauche • **Linkshänder(in)** (-s, -) m(f) gaucher(-ère) • **Linksverkehr** m circulation f à gauche
Linse f lentille f
Lippe f lèvre f
Lippenstift m rouge m à lèvres
lispeln vi zézayer
List (-, -en) f ruse f
Liste f liste f
listig adj rusé(e)
Litauen (-s) nt la Lituanie

Liter (-s, -) m od nt litre m
literarisch adj littéraire
Literatur f littérature f
Litfaßsäule f colonne f Morris
litt etc vb siehe **leiden**
live adj, adv (Radio, TV) en direct
Lizenz f licence f
Lkw, LKW (-(s), -(s)) m abk = **Lastkraftwagen**
Lob (-(e)s) nt éloge m
loben vt faire l'éloge de, louer
lobenswert adj louable
Loch (-(e)s, ⸚er) nt trou m ; (péj: Wohnung) taudis m
lochen vt (Papier) perforer ; (Fahrkarte) poinçonner
Locher (-s, -) m perforatrice f
löcherig adj troué(e)
Locke f boucle f
locken¹ vt (herbeilocken) attirer
locken² vt (Haare) boucler
Lockenwickler m bigoudi m
locker adj (Schraube) desserré(e) ; (Zahn) qui branle ; (nicht streng) relâché(e) ; (fam) cool inv
lockern vt desserrer ; (Vorschriften etc) assouplir
lockig adj bouclé(e)
Löffel (-s, -) m cuillère f
log etc vb siehe **lügen**
Loge f loge f
Logik f logique f
Log-in nt (-s, -s) (Inform) identifiant m
logisch adj logique
Logo (-s, -s) nt logo m
Lohn (-(e)s, ⸚e) m récompense f, salaire m • **Lohnausgleich** m compensation f de salaire
lohnen vr en valoir la peine

Lohnfortzahlung f droit au salaire en cas de maladie, accident etc

Lohnpolitik f politique f salariale

Lohnsteuerkarte f carte de contribuable

Loipe f piste f de ski de fond

lokal adj local(e)

Lokal (-(e)s, -e) nt café m ; (Restaurant) restaurant m

Lokalisierung f localisation f

Lokomotive f locomotive f

lol abk (Internet, Tél) LOL, MDR

London (-s) nt Londres

Lorbeer (-s, -en) m laurier m

los adj (nicht befestigt) détaché(e) ▶ adv : ~! (vorwärts) en avant ! ; (Beeilung) allons ! ; **was ist ~?** qu'est-ce qu'il y a ? ; **dort ist nichts ~** c'est un trou ! ; **jdn/etw ~ sein** être débarrassé(e) de qn/qch

Los (-es, -e) nt (Lotterielos) billet m de loterie

löschen vt (Feuer, Licht) éteindre ; (Durst) étancher ; (Datei, Tonband) effacer ; (Fracht) décharger ▶ vi (Feuerwehr) éteindre l'incendie

Löschtaste f touche f d'effacement

lose adj (Knopf) qui se découd ; (Schraube) desserré(e) ; (Blatt) volant(e) ; (nicht verpackt) en vrac ; (moralisch) dissolu(e)

Lösegeld nt rançon f

losen vi tirer au sort

lösen vt (abtrennen) détacher ; (Rätsel, Problem) résoudre ; (Fahrkarte) acheter ▶ vr (aufgehen) se défaire ; (Zucker etc) se dissoudre

los|fahren (irr) vi (Fahrzeug) démarrer, partir

los|gehen (irr) vi (beginnen) commencer ; (aufbrechen: Bombe, Gewehr) partir

los|kommen (irr) vi : **von jdm ~** arriver à se détacher de qn

los|lassen (irr) vt lâcher

los|legen (fam) vi : **nun leg mal los und erzähl(e) ...** vas-y, raconte ...

löslich adj soluble

los|machen vt détacher

Losung f slogan m ; (Kennwort) mot m de passe

Lösung f solution f

Lösungsmittel nt solvant m

los|werden (irr) vt se débarrasser de ; (verkaufen) écouler

Lot (-(e)s, -e) nt (Senkblei) fil m à plomb ; (Senkrechte) perpendiculaire f ; **(nicht) im ~ sein** (ne pas) être d'aplomb ; (Sachen) (ne pas) être en ordre

löten vt souder

Lothringen (-s) nt la Lorraine

Lötkolben m fer m à souder

Lotse (-n, -n) m pilote m ; (Aviat) aiguilleur m du ciel

lotsen vt piloter, diriger ; (fam) : **jdn ins Kino/in die Stadt ~** traîner qn au cinéma/en ville

Lotterie f loterie f

Lotto (-s, -s) nt loto m

Löwe (-n, -n) m lion m ; (Astr) Lion m ; **~ sein** être (du) Lion

Löwenzahn m pissenlit m

Löwin f lionne f

loyal adj loyal(e)

Luchs (-es, -e) m lynx m

Lücke f (in Zaun) brèche f ; (in Wissen, Gesetz) lacune f

Lückenbüßer (-s, -) m bouche-trou m

lud *etc vb siehe* **laden**

Luder (-s, -) *nt* (*péj*) garce *f*

Luft (-, ⁼e) *f* air *m* ; (*Atem*) souffle *m* ; **in die ~ fliegen** exploser ; **hier ist dicke ~** (*fam: fig*) il y a de l'orage dans l'air • **Luftangriff** *m* attaque *f* aérienne • **Luftballon** *m* ballon *m* • **luftdicht** *adj* hermétique • **Luftdruck** *m* pression *f* atmosphérique

lüften *vt* aérer

Luftfahrt *f* aviation *f*

luftig *adj* (*Zimmer*) (bien) aéré(e) ; (*Kleider*) léger(-ère)

Luftkissenfahrzeug *nt* aéroglisseur *m*

Luftkurort *m* station *f* climatique

luftleer *adj*: **~er Raum** vide *m*

Luftlinie *f*: **100 km** = 100 km à vol d'oiseau

Luftloch *nt* trou *m* d'air

Luftmatratze *f* matelas *m* pneumatique

Luftpost *f* poste *f* aérienne

Luftröhre *f* trachée *f*

Luftschutzkeller *m* abri *m* antiaérien

Lüftung *f* aération *f*

Luftverkehr *m* trafic *m* aérien

Luftverschmutzung *f* pollution *f* atmosphérique

Luftwaffe *f* armée *f* de l'air

Lüge *f* mensonge *m* ; **eine Behauptung ~n strafen** démentir une affirmation

lügen (*irr*) *vi* mentir

Lügner(in) (-s, -) *m(f)* menteur(-euse)

Luke *f* lucarne *f*

lukrativ *adj* lucratif(-ive)

Lümmel (-s, -) *m* vaurien *m*

lümmeln *vr* se vautrer

Lump (-en, -en) *m* gredin *m*

Lumpen (-s, -) *m* chiffon *m*

Lunge *f* poumon *m*

Lungenentzündung *f* pneumonie *f*

Lungenkrebs *m* cancer *m* du poumon

Lupe *f* loupe *f*

Lust (-, ⁼e) *f* (*Freude, auch sexuell*) plaisir *m* ; (*Begierde, auch sexuell*) désir *m* ; (*Neigung*) envie *f*; **~ haben zu** *od* **auf etw** A‹k›k/ **etw zu tun** avoir envie de qch/ de faire qch

lüstern *adj* lascif(-ive), lubrique

lustig *adj* (*komisch*) drôle ; (*fröhlich*) gai(e)

lustlos *adj* sans enthousiasme

lutschen *vt* sucer

Lutscher (-s, -) *m* sucette *f*

Luxemburg (-s) *nt* le Luxembourg

luxemburgisch *adj* luxembourgeois(e)

luxuriös *adj* luxueux(-euse)

Luxus (-) *m* luxe *m*

lynchen *vt* lyncher

Lyrik *f* poésie *f* lyrique

m

machbar *adj* faisable, réalisable

machen

▶ *vt* **1** (*tun*) faire ; **was ~ Sie (beruflich)?** qu'est-ce que vous faites dans la vie ? ; **was macht die Arbeit?** comment va le travail ? ; **Schluss ~** arrêter
2 (*herstellen, anfertigen, richten*) faire ; **Essen ~** faire *od* préparer à manger ; **sein Bett ~** faire son lit ; **ein Foto ~** faire *od* prendre une photo ; **aus Holz gemacht** en bois ; **etw ~ lassen** (*herstellen lassen*) faire faire qch ; (*reparieren lassen*) faire réparer qch
3 (*ablegen: Examen, Abitur*) passer
4 (*teilnehmen*): **einen Kurs ~** suivre un cours ; **eine Reise ~** faire un voyage
5 (*verursachen, bereiten*): **jdm Angst/Freude ~** faire peur/ plaisir à qn ; **das macht die Kälte** c'est dû au froid
6 (*ausmachen, schaden*) faire ; **macht nichts!** ça ne fait rien ! ; **die Kälte/der Rauch macht mir nichts** le froid/la fumée ne me dérange pas
7 (*mit Präpositionen*): **jdm zum Sklaven/zu seiner Frau ~** faire de qn un esclave/sa femme ; **aus jdm etw ~** faire qch de qn
8 (*Math*): **wie viel macht das?** ça fait combien ? ; **3 und 5 macht 8** 3 plus 5 égalent 8 ; **das macht 15 Euro** ça fait 15 euros
▶ *vi*: **mach schnell!** dépêche-toi ! ; **mach schon** *od* **schneller!** (*fam*) plus vite que ça ! ; **mach, dass du wegkommst!** ouste, va-t-en ! ; **machs gut!** bonne chance ! ; **das macht müde** ça fatigue ; **das macht hungrig/durstig** ça donne faim/soif ; **das macht dick** ça fait grossir ; **er macht in Politik** (*fam*) il fait de la politique ; **lass mich mal ~** (*fam*) laisse-moi faire
▶ *vr*: **sich an etw** Akk **~** (*beginnen*) se mettre à qch ; **sich** Dat **viel aus jdm/etw ~** tenir (beaucoup) à qn/qch ; **mach dir nichts daraus** ne t'en fais pas ; **sich auf den Weg ~** se mettre en route ; **das macht sich gut** c'est bien

Machenschaften *pl* intrigues *fpl*
Macher (*-s, -*) (*fam*) *m* battant *m*
Macht (*-, =e*) *f* pouvoir *m*
• **Machthaber** (*-s, -*) *m* dirigeant *m*
mächtig *adj* puissant(e) ; (*ungeheuer*) énorme
machtlos *adj* impuissant(e) ; (*hilflos*) désarmé(e)
Machtwort *nt*: **ein ~ sprechen** faire acte d'autorité
Machwerk *nt* travail *m* bâclé

Madagaskar (-s) nt Madagascar m od f

Mädchen nt jeune fille f ; (Kind) petite fille • **Mädchenname** m nom m de jeune fille

Made f asticot m

Magazin (-s, -e) nt magazine m

Magen (-s, - od ¨) m estomac m • **Magenschmerzen** pl maux mpl d'estomac

mager adj maigre • **Magerkeit** f maigreur f • **Magersucht** f anorexie f

Magie f magie f

Magier (-s, -) m magicien m

magisch adj magique

Magnet (-s od -e, -en) m aimant m • **Magnetband** nt bande f magnétique • **magnetisch** adj magnétique

Mahagoni (-s) nt acajou m

mähen vt (Rasen) tondre ; (Gras) faucher

Mahl (-(e)s, -e) nt repas m

mahlen vt moudre

Mahlzeit f repas m ▶ interj bon appétit

Mähne f crinière f

mahnen vt (warnend) avertir ; (wegen Schuld) mettre en demeure

Mahnung f avertissement m ; (mahnende Worte) exhortation f

Mai (-(e)s, -e) m mai m • **Maiglöckchen** nt muguet m • **Maikäfer** m hanneton m

Mail (-, -s) f courrier m électronique

mailen vi (Inform): **jdm etw ~** envoyer qch à qn par mail

Mailprogramm nt logiciel m de courrier électronique

Main (-(e)s) m Main m

Mainz nt Mayence

Mais (-es, -e) m maïs m • **Maiskolben** m épi m de maïs

Majonäse (-, -n) f mayonnaise f

Majoran (-s, -e) m marjolaine f

makaber adj macabre

Makel (-s, -) m défaut m ; (moralisch) tare f

makellos adj sans défaut ; (Sauberkeit) immaculé(e) ; (Vergangenheit) irréprochable

Make-up (-s, -s) nt maquillage m

Makkaroni pl macaronis mpl

Makler(in) (-s, -) m(f) (Fin) courtier(-ière) m

Makrele f maquereau m

mal adv (Math) fois ; (fam) siehe **einmal**

Mal (-(e)s, -e) nt (Zeitpunkt, Anlass) fois f ; (Zeichen) marque f

m

Malaria (-) f paludisme m

Malaysia (-s) nt la Malaysia

Malediven pl: **die ~** les Maldives fpl

malen vt, vi peindre

Maler(in) (-s, -) m(f) peintre m

Malerei f peinture f

malerisch adj pittoresque

Mallorca (-s) nt Majorque f

Malta (-s) nt Malte f

Malz (-es) nt malt m

Mama (-, -s) (fam) f maman f

man pron on

Management (-s, -s) nt management m ; (Führungskräfte) cadres mpl supérieurs

managen vt gérer ; (Sportler) être le manager de ; **das werden wir schon ~!** on se débrouillera !

Manager(in) m(f) chef m

manche(r, s) *pron* plus d'un(e) ; **~ (Leute)** certains

mancherlei *pron inv (adjektivisch)* toutes sortes de ; *(substantivisch)* toutes sortes de choses

manchmal *adv* parfois

Mandant(in) *m(f) (Jur)* mandant(e)

Mandarine *f* mandarine *f*

Mandat *nt* mandat *m*

Mandel *(-, -n) f* amande *f* ; *(Anat)* amygdale *f* • **Mandelentzündung** *f* amygdalite *f*

Manege *f (im Zirkus)* piste *f* ; *(in einer Reitschule)* manège *m*

Mangel¹ *(-, -n) f (für Wäsche)* calandre *f*

Mangel² *(-s, ⸚) m (Fehler)* défaut *m* ; **~ (an +Dat) (Knappheit)** manque *m* (de)

mangelhaft *adj (ungenügend)* insuffisant(e) ; *(Material)* défectueux(-euse)

mangeln *vi unpers*: **es mangelt jdm an etw** *Dat* qn manque de qch ▶ *vt (Wäsche)* calandrer

mangels *präp +Gen* à défaut de, faute de

Mango *(-, -s) f* mangue *f*

Manier *(-) f* manière *f* ; **Manieren** *pl* manières *fpl*

Manifest *(-es, -e) nt* manifeste *m*

manipulieren *vt* manipuler

Mann *(-(e)s, ⸚er) m* homme *m* ; *(Ehemann)* mari *m*

Männchen *nt* petit homme *m* ; *(Tier)* mâle *m*

männlich *adj* mâle ; *(Ling)* masculin(e)

Mannschaft *f (Sport)* équipe *f* ; *(Naut, Aviat)* équipage *m* ; *(Mil)* homme *m* (de troupe)

Manschette *f* manchette *f*

Mantel *(-s, ⸚) m* manteau *m* ; *(Tech)* gaine *f*

Manuskript *(-(e)s, -e) nt* manuscrit *m*

Mappe *f (Aktenordner)* classeur *m* ; *(Aktentasche)* serviette *f*

Maracuja *(-, -s) f* fruit *m* de la passion

Märchen *nt* conte *m* (de fées) ; *(Lüge)* histoire *f* • **märchenhaft** *adj* fabuleux(-euse) ; *(wunderschön)* merveilleux(-euse)

Marder *(-s, -) m* martre *f*

Margarine *f* margarine *f*

Marienkäfer *m* coccinelle *f*

Marihuana *(-s) nt* marijuana *f*

Marine *f* marine *f*

Marionette *f* marionnette *f*

Mark¹ *(-, -) f (Hist: Münze)* mark *m*

Mark² *(-(e)s) nt (Knochenmark)* moelle *f*

markant *adj (Gesicht, Erscheinung)* marquant(e) ; *(Stil)* caractéristique

Marke *f (Warensorte, Fabrikat)* marque *f* ; *(Rabattmarke, Briefmarke)* timbre *m* ; *(Essensmarke)* ticket *m* ; *(aus Metal etc)* jeton *m*

Marker *(-s, -) m* marqueur *m*

Marketing *(-s) nt* marketing *m*

markieren *vt (kennzeichnen)* marquer ; *(fam)* simuler

Markierung *f* marquage *f*

Markt *(-(e)s, ⸚e) m* marché *m* • **Marktanteil** *m* part *f* de marché • **Marktforschung** *f* étude *f* de marché • **Marktplatz** *m* place *f* du marché • **Marktwirtschaft** *f* économie *f* de marché

Marmelade f confiture f
Marmor (-s, -e) m marbre m
Marokko (-s) nt le Maroc
Marsch (-(e)s, -e) m marche f
marschieren vi marcher
Märtyrer(in) (-s, -) m(f)
martyr(e)
März (-(es), -e) m mars m
Marzipan (-s, -e) nt massepain m
Masche f maille f; **das ist die
neueste ~** (fam) c'est le dernier cri
Maschine f machine f;
~ schreiben taper à la machine
maschinell adj automatique
Maschinenbau m construction f
mécanique
Maschinenbauer m ingénieur m
mécanicien
Maschinengewehr nt
mitrailleuse f
maschinenlesbar adj (Inform)
exploitable par ordinateur
Maschinenpistole f
mitraillette f
Masern pl (Méd) rougeole f
Maserung f fibres f pl
Maske f masque m
maskieren vt (verkleiden) déguiser
Maskulinum (-s, Maskulina) nt
masculin m
maß vb siehe **messen**
Maß¹ (-es, -e) nt mesure f
Maß² (-, -(e)) f (Bier) ≈ litre m (de bière)
Massage f massage m
Masse f masse f
Massendaten pl (Inform)
mégadonnées f pl
massenhaft adj en masse
Massenmedien pl mass
media m pl

Massenvernichtungswaffen
pl armes f pl de destruction
massive
Masseur(in) m(f)
masseur(-euse)
massieren vt masser
massig adj massif(-ive) ▶ adv (fam:
massenhaft) en masse
mäßig adj (Preise) modéré(e);
(Qualität etc) moyen(ne) ▶ adv:
~ trinken/essen boire/manger
avec modération
massiv adj massif(-ive);
(Beleidigung) grossier(-ière)
• **Massiv** (-s, -e) nt massif m
Maßkrug m chope d'un litre
maßlos adj (unmäßig)
excessif(-ive); (äußerst) énorme
Maßnahme f mesure f
Maßstab m (Géo) échelle f;
(Richtlinie, Norm) norme f
maßvoll adj modéré(e)
Mast (-(e)s, -e(n)) m mât m; (Élec)
pylône m
mästen vt (Tier) engraisser
Material (-s, -ien) nt (Stoff,
Rohstoff) matière f; (Hilfsmittel,
Ausrüstung) matériel m
materialistisch adj matérialiste
Materie f matière f
materiell adj matériel(le);
~ eingestellt sein être
matérialiste
Mathematik f mathématiques f pl
Matratze f matelas m
Matrixdrucker m imprimante f
matricielle
Matrose (-n, -n) m marin m
Matsch (-(e)s) m boue f;
(Schneematsch) neige f fondante
od fondue

m

matt adj (Schimmer) faible ; (Phot) mat(e) ; (Lächeln) faible ; (Échecs) mat inv

Matte f (an der Tür) paillasson m

Mattscheibe f (TV) écran m ; **~ haben** (fam) être dans les vapes

Mauer (-, -n) f mur m

Maul (-(e)s, Mäuler) nt gueule f
• **Maulesel** m mulet m
• **Maulkorb** m muselière f
• **Maul- und Klauenseuche** f fièvre f aphteuse

Maulwurf m (Zool) taupe f

Maurer (-s, -) m maçon m

Mauritius nt l'île f Maurice

Maus (-, Mäuse) f (auch Inform) souris f

Mausefalle f souricière f

Mausklick m clic m sur la souris

Maustaste f bouton m de la souris

Maut f péage m

maximal adj maximum

maximieren vt maximiser

Mayonnaise (-, -n) f mayonnaise f

Mechanik f mécanique f

Mechaniker(in) (-s, -) m(f) mécanicien(ne)

mechanisch adj mécanique

Mechanismus m mécanisme m

meckern vi (Ziege) chevroter ; (fam) râler

Medaille f médaille f

Medien pl von **Medium**

Medikament nt médicament m

Meditation f méditation f

meditieren vi méditer

Medium nt (Phys) milieu m ; **die Medien** les média(s) fpl

Medizin (-, -en) f (Wissenschaft) médecine f

medizinisch adj médical(e)

Meer (-(e)s, -e) nt mer f

Meeresspiegel m niveau m de la mer

Meerrettich m raifort m

Meerschweinchen nt cobaye m

Megabyte nt mégaoctet m

Mehl (-(e)s, -e) nt farine f

Mehlspeise (Österr) f (Culin) entremets m

mehr pron plus de ▶ adv plus
• **mehrdeutig** adj (Wort) ambigu(ë)

mehrere pron plusieurs

mehreres pron plusieurs choses

mehrfach adj (Hinsicht) divers(e) ; (wiederholt) répété(e)

Mehrfamilienhaus nt petit immeuble m

Mehrgenerationenhaus nt maison f intergénérationnelle

Mehrheit f majorité f

mehrmalig adj répété(e)

mehrmals adv plusieurs fois

mehrstimmig adj, adv à plusieurs voix

Mehrwertsteuer f taxe f sur la valeur ajoutée, TVA f

Mehrzahl f: **die ~ (von)** la majorité (de)

meiden (irr) vt éviter

Meile f mille m

Meilenstein m borne f ; (fig) événement m marquant

meilenweit adv très loin

mein(e) poss pron mon(ma) ; (pl) mes

meine(r, s) *pron* le(la) mien(ne)

Meineid *m* parjure *m*

meinen *vt* (*der Ansicht sein*) penser ; (*sagen*) dire ; (*sagen wollen*) vouloir dire

meiner (*Gen von ich*) *pron* (*geh*): **erinnert ihr euch ~?** vous souvenez-vous de moi ?

meinerseits *adv* pour ma part

meinetwegen *adv* (*mir zuliebe*) pour moi ; (*wegen mir*) à cause de moi ; **~!** si tu veux !

Meinung *f* opinion *f*

Meinungsaustausch *m* échange *m* de vues

Meinungsfreiheit *f* liberté *f* d'opinion

Meinungsumfrage *f* sondage *m* d'opinion

Meinungsverschiedenheit *f* divergence *f* de vues

Meise *f* mésange *f*

Meißel (*-s, -*) *m* ciseau *m*

meist *adv* généralement

meiste(r, s) *adj*: **die ~n Leute** la plupart des gens

meistens *adv* la plupart du temps

Meister(in) (*-s, -*) *m(f)* maître *m* ; (*Sport*) champion(ne) • **meisterhaft** *adj* (*Arbeit*) parfait(e) ; (*Können*) magistral(e)

meistern *vt* maîtriser ; **sein Leben ~** bien se débrouiller dans la vie

Meisterschaft *f* maîtrise *f* ; (*Sport*) championnat *m*

Meisterstück, Meisterwerk *nt* chef-d'œuvre *m*

Melancholie *f* mélancolie *f*

melancholisch *adj* mélancolique

Meldefrist *f* délai *m*

melden *vt* annoncer, signaler ; (*registrieren*) déclarer ▶ *vr* s'annoncer ; (*freiwillig*) se porter volontaire ; (*auf etw, am Telefon*) répondre

Meldepflicht *f* déclaration *f* obligatoire

Meldung *f* avis *m* ; (*Bericht*) information *f*

melken (*irr*) *vt* traire

Melodie *f* mélodie *f*

Melone *f* melon *m* ; (*Hut*) (chapeau *m*) melon

Memoiren *pl* mémoires *mpl*

Menge *f* quantité *f* ; (*Menschenmenge*) foule *f* ; (*große Anzahl*) masse *f*, tas *m*

Mengenlehre *f* (*Math*) théorie *f* des ensembles

Mensa (*-, -s od Mensen*) *f* restaurant *m* universitaire

Mensch[1] (*-en, -en*) *m* homme *m*, être *m* humain ; **kein ~** personne

Mensch[2] (*-(e)s, -er*) (*fam*) *nt* salope *f*

menschenmöglich *adj* humainement possible

Menschenrechte *pl* droits *mpl* de l'homme

menschenunwürdig *adj* dégradant(e)

Menschenverstand *m*: **gesunder ~** bon sens *m*

Menschheit *f* humanité *f*

menschlich *adj* humain(e)

Menschlichkeit *f* humanité *f*

Menstruation *f* règles *fpl*

Mentalität *f* mentalité *f*

Menü (*-s, -s*) *nt* (*Culin, Inform*) menu *m* • **menügesteuert** *adj* (*Inform*) guidé(e) par le menu

merken vt remarquer ▶ vr: **sich**
Dat **jdn/etw ~** ne pas oublier
qn/qch

merklich adj visible

Merkmal nt caractéristique f

merkwürdig adj étrange

Messbecher m verre m gradué

Messe f (Ausstellung) foire f; (Rel)
messe f

messen (irr) vt mesurer

Messer (-s, -) nt couteau m

Messgerät nt appareil m de
mesure

Messing (-s) nt laiton m

Metall (-s, -e) nt métal m

Metastase f (Méd) métastase f

Meter (-s, -) m od nt mètre m
• **Metermaß** nt mètre m

Methode f méthode f

methodisch adj méthodique

Metropole f métropole f

Metzger (-s, -) m boucher m

Metzgerei f boucherie f

Meute f meute f

Meuterei f mutinerie f

meutern vi se mutiner

Mexiko (-s) nt le Mexique

MHz abk (= Megahertz) MHz

miauen vi miauler

mich (Akk von ich) pron me; (nach
präp) moi

mied etc vb siehe **meiden**

Miene f mine f

mies (fam) adj mauvais(e)

Miesmuschel f moule f

Mietauto nt voiture f de location

Miete f loyer m

mieten vt louer

Mieter(in) (-s, -) m(f) locataire mf

Mietshaus nt immeuble m de
rapport

Mietvertrag m contrat m de
location

Mietwagen m voiture f de
location

Mietwohnung f logement m en
location

Migräne f migraine f

Mikrochip m puce f

Mikrofon (-s, -e) nt microphone m

Mikroprozessor m
microprocesseur m

Mikroskop (-s, -e) nt
microscope m

Mikrowelle f micro-onde f

Mikrowellenherd m four m à
micro-ondes

Milch (-) f lait m

Milchkaffee m café m au lait

Milchstraße f voie f lactée

mild adj doux(douce)

Milde f douceur f; (Güte)
bienveillance f

mildern vt atténuer; **~de
Umstände** circonstances
fpl atténuantes

Milieu (-s, -s) nt milieu m

militant adj militant(e)

Militär (-s) nt armée f
• **militärisch** adj militaire

Militarismus m militarisme m

Milliarde f milliard m

Millimeter m od nt millimètre m

Million (-, -en) f million m

Millionär(in) m(f)
millionnaire mf

Milz (-, -en) f rate f

Mimose f mimosa m; (fig)
hypersensible mf

minder *adj* (Qualität, Ware) inférieur(e) ▶ *adv* moins

Minderheit *f* minorité *f*

minderjährig *adj* mineur(e)

mindern *vt*, *vr* diminuer

Minderung *f* (von Wert, Qualität) baisse *f*

minderwertig *adj* (Ware) de qualité inférieure

Minderwertigkeitskomplex *m* complexe *m* d'infériorité

mindeste(r, s) *adj* le(la) plus petit(e) possible ; (nach Verneinung) le(la) moindre

mindestens *adv* au moins

Mindestlohn *m* salaire *m* minimum

Mine *f* mine *f* ; (Kugelschreibermine) cartouche *f*

Mineral (-s, -e *od* -ien) *nt* minéral *m* • **Mineralwasser** *nt* eau *f* minérale

minimal *adj* minimal(e), minimum

Minimum (-s, -ma) *nt* minimum *m*

Minirock *m* mini-jupe *f*

Minister(in) (-s, -) *m(f)* ministre *mf*

Ministerium *nt* ministère *m*

Ministerpräsident(in) *m(f)* Premier ministre *mf*

minus *adv*, *präp* +Gen moins • **Minus** (-, -) *nt* déficit *m*

Minute *f* minute *f*

mir (Dat von ich) *pron* (à) moi ; (nach präp) moi ; (reflexiv) me

mischen *vt* mélanger ▶ *vr* (Menschen) se mêler

Mischling *m* métis *m*

Mischung *f* mélange *m*

miserabel *adj* (Essen, Film) minable ; (Gesundheit) pitoyable ; (Benehmen) lamentable

Missachtung *f* mépris *m*

Missbildung *f* malformation *f*

Missbrauch *m* (übermäßiger Gebrauch) abus *m* ; (falscher Gebrauch) mauvais usage *m*, usage abusif ; **sexueller ~** abus sexuels

missbrauchen *vt insép* abuser de

Misserfolg *m* échec *m*

Missfallen (-s) *nt* mécontentement *m*, déplaisir *m*

Missgunst *f* ressentiment *m*

missgünstig *adj* (Mensch, Blick, Worte) plein(e) de ressentiment

misshandeln *vt* maltraiter

Misshandlung *f* maltraitance *f*, mauvais traitements *mpl*

Mission *f* mission *f*

misslingen (irr) *vi* (Experiment etc) échouer

Missmanagement *nt* mauvaise gestion *f*

Missstand *m* anomalie *f*

Misstrauen (-s) *nt*: **~ gegenüber** méfiance *f* à l'égard de

Misstrauensvotum *nt* (Pol) adoption *f* d'une motion de censure

misstrauisch *adj* méfiant(e)

Missverständnis *nt* malentendu *m*

missverstehen (irr) *vt insép* mal comprendre

Mist (-(e)s) *m* fumier *m* ; (fam) bêtises *fpl* ; **~!** c'est de la foutaise !

Mistel (-, -n) *f* gui *m*

mit präp +Dat avec ▸ adv (außerdem, auch) aussi ; **~ der Bahn/dem Flugzeug** en train/avion ; **~ 10 Jahren sollte man das wissen** à 10 ans il devrait le savoir ; **willst du ~?** (fam) tu viens avec nous ?

Mitarbeit f collaboration f
• **mit|arbeiten** vi : **~ (an** Dat od **bei)** collaborer (à) ; **seine Frau arbeitet mit** sa femme travaille aussi

Mitarbeiter(in) m(f) collaborateur(-trice) ; **Mitarbeiter** pl (Personal) collaborateurs mpl ; **freier/ständiger ~** collaborateur indépendant/engagé à titre permanent

Mitbestimmung f participation f

Mitbewohner(in) m(f) colocataire mf, coloc mf (fam)

mit|bringen (irr) vt (Mensch) amener ; **(jdm) etw ~** apporter qch (à qn)

Mitbringsel (-s, -) nt petit cadeau m

miteinander adv ensemble

mit|erleben vt assister à ; (als Zeitgenosse) vivre

Mitesser (-s, -) m point m noir

mit|fahren (irr) vi venir od y aller aussi ; **er fährt nach Norwegen und ich fahre mit** il va en Norvège et je l'accompagne

mit|geben (irr) vt : **jdm etw ~** donner qch (à emporter) à qn

Mitgefühl nt compassion f

mit|gehen (irr) vi venir ; **überall wo ich hingehe, geht er mit** il m'accompagne od me suit partout où je vais

mitgenommen adj : **~ sein/aussehen** (Mensch) être/avoir l'air épuisé(e) ; (Möbel, Auto etc) endommagé(e)

Mitgift f dot f

Mitglied nt membre m

Mitgliedschaft f affiliation f

mit|halten (irr) vi suivre

mit|helfen (irr) vi aider, donner un coup de main

Mithilfe f concours m

mit|kommen (irr) vi venir ; (mithalten, verstehen) suivre

Mitläufer(in) m(f) (péj) suiveur(-euse) ; (Pol) sympathisant(e)

Mitleid nt pitié f

Mitleidenschaft f : **jdn/etw in ~ ziehen** toucher qn/qch

mitleidig adj compatissant(e)

mit|machen vt prendre part à ▸ vi participer

mit|nehmen (irr) vt (Person) emmener ; (Sache) emporter ; (anstrengen) épuiser

mitsamt präp +Dat avec

Mitschuld f complicité f

mitschuldig adj : **an etw** Dat **~ sein** être complice de qch ; (an Unfall) participer à la responsabilité de qch

Mitschüler(in) m(f) camarade mf d'école

mit|spielen vi prendre part au jeu ; (fig) être de la partie

Mitspieler(in) m(f) autre joueur(-euse)

Mitspracherecht nt droit m d'intervention

Mittag m midi m ; **(zu) ~ essen** déjeuner ; **gestern/heute/**

Sonntag ~ hier/aujourd'hui/dimanche à midi • **Mittagessen** nt déjeuner m

mittags adv à midi • **Mittagspause** f pause f de midi ; (in Geschäften) ≈ fermeture f entre midi et deux heures

Mitte f milieu m

mit|teilen vt : **jdm etw ~** annoncer qch à qn

Mitteilung f communication f ; (Nachricht) nouvelle f

Mittel (-s, -) nt moyen m ; (Méd) remède m • **Mittelalter** nt moyen âge m • **Mittelamerika** nt l'Amérique f centrale • **mittelbar** adj indirect(e) • **Mitteleuropa** nt l'Europe f centrale • **Mittelfinger** m majeur m • **mittelmäßig** adj moyen(ne) • **Mittelmeer** nt Méditerranée f • **Mittelpunkt** m centre m

mittels präp +Gen au moyen de

Mittelstand m classes f pl moyennes

Mittelstreifen m bande f médiane

Mittelstürmer m avant-centre m

Mittelweg m moyen terme m

Mittelwelle f (Radio) ondes f pl moyennes

Mittelwert m moyenne f

mitten adv au milieu ; **~ auf der Straße/in der Nacht** en pleine rue/nuit

Mitternacht f minuit m

mittlere(r, s) adj du milieu ; (durchschnittlich) moyen(ne)

mittlerweile adv entre-temps

Mittwoch (-(e)s, -e) m mercredi m

mittwochs adv le mercredi

mitunter adv de temps en temps

mitverantwortlich adj (Mensch) coresponsable

mit|wirken vi : **~ (bei** od **an** +Dat) collaborer (à) ; (Theat) participer

Mitwirkung f collaboration f ; **unter ~ von** avec le concours de

Mitwisser m complice m

Mixer (-s, -) m mixeur m

Mobbing (-s) nt harcèlement m moral

Möbel (-s, -) nt meuble m • **Möbelwagen** m camion m de déménagement

mobil adj mobile ; (fam: munter) alerte

Mobilfunk m téléphonie f mobile

Mobiliar (-s, -e) nt mobilier m

möblieren vt meubler ; **möbliert wohnen** habiter un appartement meublé

mochte etc vb siehe **mögen**

Mode f mode f

Model (-s, -s) nt (Mannequin) mannequin m

Modell (-s, -e) nt modèle m ; (Mannequin) mannequin m

Modem (-s, -s) nt modem m

Modenschau f défilé m de mode

modern adj moderne ; (Kleid, Frisur) à la mode

modernisieren vt moderniser

modisch adj à la mode

Modul (-s, -e) nt module m

Modus (-, Modi) m mode m

Mofa (-s, -s) nt mobylette f

mogeln (fam) vi tricher

m

mögen

(pt **mochte**, pp **gemocht** od (als Hilfsverb) **mögen**)

▶ vt, vi **1** (gernhaben): **ich mag ihn** je l'aime bien ; **ich mag Blumen/Schokolade** j'aime les fleurs/le chocolat ; **ich mag (es) nicht, wenn man mir immer widerspricht** je n'aime pas qu'on me contredise constamment ; **ich mag nicht mehr** (ich habe genug) j'en ai assez ; (ich kann nicht mehr) je n'en peux plus
2 (wollen) : **möchtest du einen Drink?** (aimerais-tu quelque chose à boire?
▶ Hilfsverb **1** (Wunsch: wollen): **möchtest du etwas essen?** aimerais-tu manger quelque chose? ; **ich möchte nach Rom reisen** j'aimerais aller à Rome ; **ich möchte das gern haben** j'aimerais od je voudrais bien l'avoir ; **man möchte meinen, dass ...** on dirait que ... ; **sie mag od möchte nicht bleiben** elle n'a pas envie de rester ; **das mag wohl sein** c'est bien possible ; **was mag das (wohl) heißen?** qu'est-ce que ça signifie?
2 (Aufforderung: sollen) : **sag ihr, sie möchte zu Hause anrufen** dis-lui de téléphoner à la maison

möglich adj possible
möglicherweise adv peut-être
Möglichkeit f possibilité f
möglichst adv dans la mesure du possible

Mohn (-(e)s, -e) m pavot m ; (Klatschmohn) coquelicot m
Möhre (-, -n) f carotte f
Mole f môle m
molk etc vb siehe **melken**
Molkerei f laiterie f
Moll (-, -) nt (Mus) mode m mineur
mollig adj douillet(te) ; (dicklich: Figur) potelé(e)
Moment[1] (-(e)s, -e) m moment m ; **im ~** en ce moment
Moment[2] (-(e)s, -e) nt (Umstand) facteur m
momentan adj (augenblicklich) actuel(le) ▶ adv actuellement
Monaco (-s) nt Monaco
Monarch(in) (-en, -en) m(f) monarque m
Monarchie f monarchie f
Monat (-(e)s, -e) m mois m
monatelang adv pendant des mois
monatlich adj mensuel(le)
Monatsgehalt nt: **das dreizehnte ~** le treizième mois
Monatskarte f (carte f d')abonnement m mensuel
Mönch (-(e)s, -e) m moine m
Mond (-(e)s, -e) m lune f
Mondfinsternis f éclipse f de lune
Mondlandung f alunissage m
Mondschein m clair m de lune
monegassisch adj monégasque
mongoloid adj mongolien(ne)
Monitor m moniteur m
Monolog (-s, -e) m monologue m
Monopol (-s, -e) nt monopole m
monoton adj monotone
Monotonie f monotonie f

Monsun (-s, -e) m mousson f

Montag m lundi m

Montage f montage m

montags adv le lundi

montieren vt monter

Monument nt monument m

Moor (-(e)s, -e) nt marécage m

Moos (-es, -e) nt mousse f

Moped (-s, -s) nt vélomoteur m, mobylette f

Moral (-, -en) f morale f
• **moralisch** adj moral(e)

Mord (-(e)s, -e) m meurtre m
• **Mordanschlag** m attentat m

Mörder(in) (-s, -) m(f) meurtrier(-ière)

Mordkommission f ≈ brigade f criminelle

morgen adv demain ; **~ früh** demain matin • **Morgen** (-s, -) m matin m

morgens adv le matin

morgig adj de demain ; **der ~e Tag** demain

Morphium nt morphine f

morsch adj (Holz) pourri(e) ; (Knochen) fragile

Mörtel (-s, -) m mortier m

Mosaik (-s, -en od -e) nt mosaïque f

Moschee f mosquée f

Mosel f Moselle f

Moskau (-s) nt Moscou

Moskito (-s, -s) m (Zool) moustique m (tropical)

Moslem (-s, -s) m musulman m

Most (-(e)s, -e) m moût m ; (Apfelwein) cidre m

Motel (-s, -s) nt motel m

Motiv nt motif m

Motivation f motivation f

motivieren vt motiver

Motor (-s, -en) m moteur m
• **Motorboot** nt canot m automobile

Motorrad nt moto f

Motorradfahrer(in) m(f) motocycliste mf

Motorroller m scooter m

Motorschaden m panne f de moteur

Motorsport m sport m automobile

Motte f mite f

Motto (-s, -s) nt devise f

Mountainbike (-s, -s) nt V.T.T. m, vélo tout-terrain m

Möwe f mouette f

MRT f abk (= Magnetresonanztomographie) IRM f

MS abk = **multiple Sklerose**

Mücke f moustique m

müde adj fatigué(e)

Müdigkeit f fatigue f

Muffel (-s, -) (fam) m grognon m

muffig adj qui sent le renfermé

Mühe f peine f ; **sich** Dat **~ geben** se donner de la peine • **mühelos** adv sans peine

muhen vi meugler

Mühle f moulin m

Mull (-(e)s, -e) m gaze f

Müll (-(e)s) m ordures fpl
• **Müllabfuhr** f ramassage m des ordures ; (Leute) voirie f
• **Müllabladeplatz** m décharge f publique

Mullbinde f bande f de gaze

Mülldeponie f décharge f publique

m

Mülleimer *m* poubelle *f*

Müller (-s, -) *m* meunier *m*

Müllschlucker (-s, -) *m* vide-ordures *m* inv

Mülltonne *f* poubelle *f*

Müllverbrennungsanlage *f* usine *f* d'incinération

Müllwagen *m* camion *m* de la voirie

mulmig *adj* (*Gefühl*) bizarre ; **ihm ist ~** (*leicht übel*) il se sent mal

Multi (-s, -s) *m* multinationale *f*

multikulturell *adj* multiculturel(le)

multiple Sklerose *f* sclérose *f* en plaques

multiplizieren *vt* multiplier

Mumie *f* momie *f*

Mumps (-) *m od* oreillons *mpl*

München (-s) *nt* Munich

Mund (-(e)s, =er) *m* bouche *f*
  • **Mundart** *f* dialecte *m*

münden *vi:* **~ in** +*Akk* se jeter dans

Mundgeruch *m* mauvaise haleine *f*

Mundharmonika *f* harmonica *m*

mündig *adj* majeur(e)

mündlich *adj* (*Absprache*) verbal(e) ; (*Prüfung*) oral(e)
  ▶ *adv:* **alles Weitere ~!** je t'expliquerai le reste de vive voix !

mundtot *adj:* **jdn ~ machen** réduire qn au silence

Mündung *f* embouchure *f* ; (*von Gewehr*) gueule *f*

Mundwinkel *m* coin *m* de la bouche

Munition *f* munitions *fpl*

munkeln *vt, vi* chuchoter

Münster (-s, -) *nt* cathédrale *f*

munter *adj* (*lebhaft, heiter*) gai(e) ; (*wach*) éveillé(e) • **Munterkeit** *f* gaîté *f*

Münze *f* pièce *f* de monnaie

münzen *vt* (*Metall*) monnayer ; (*Geldstück*) battre, frapper ; **auf jdn/etw gemünzt sein** viser qn/qch

Münzfernsprecher *m* téléphone *m* public

mürb, mürbe *adj* (*Holz*) pourri(e) ; (*Gebäck*) friable • **Mürbeteig** *m* pâte *f* brisée

murmeln *vt, vi* murmurer

Murmeltier *nt* marmotte *f*

murren *vi* grogner

mürrisch *adj* grincheux(-euse)

Mus (-es, -e) *nt* compote *f*

Muschel (-, -n) *f* coquillage *m* ; (*Telefonmuschel*) écouteur *m*

Museum (-s, Museen) *nt* musée *m*

Musik *f* musique *f*

musikalisch *adj* (*Mensch*) musicien(ne) ; (*Verständnis*) musical(e)

Musikbox *f* juke-box *m*

Musiker(in) (-s, -) *m(f)* musicien(ne)

musizieren *vi* jouer de la musique

Muskat *m* muscade *f*

Muskel (-s, -n) *m* muscle *m*
  • **Muskelkater** *m:* **einen ~ haben** être courbaturé(e)

Muskulatur *f* musculature *f*

Müsli (-s, -) *nt* muesli *m*

Muslim (-s, -s) *m* musulman *m*

Muslimin *f* musulmane *f*

Muss *nt* nécessité *f*

Muße (-) *f* loisir *m*

müssen (*pt* **musste**, *pp* **gemusst** *od* (*als Hilfsverb*) **müssen**) *vi* devoir ; **er hat gehen ~** il a dû partir

musste *etc vb siehe* **müssen**

Muster (*-s, -*) *nt* modèle *m* ; (*Dessin*) motif *m* ; (*Probe*) échantillon *m*

mustern *vt* (*betrachten*) dévisager

Mut *m* courage *m* ; **jdm ~ machen** encourager qn

mutig *adj* courageux(-euse)

Mutter (*-, ⸚*) *f* mère *f* ; (*Tech*) écrou *m*

mütterlich *adj* maternel(le)

mütterlicherseits *adv* du côté de ma *etc* mère

Mutterschaft *f* maternité *f*

Mutterschutz *m* dispositions légales visant à protéger les femmes enceintes et les enfants en bas âge

Muttersprache *f* langue *f* maternelle

Mutti (*-, -s*) (*fam*) *f* maman *f*

mutwillig *adj* intentionnel(le)

Mütze *f* (*Wollmütze*) bonnet *m* ; (*mit Schirm*) casquette *f*

MwSt *abk* (= *Mehrwertsteuer*) ≈ T.V.A. *f*

Mythos (*-, Mythen*) *m* mythe *m*

na *interj* eh bien

Nabel (*-s, -*) *m* nombril *m*

---

nach

▶ *präp* +*Dat* **1** (*örtlich*) à ; **~ Köln fahren/umziehen** aller/ déménager à Cologne ; **~ links/ rechts** à gauche/droite **von A ~ B** de A à B

2 (*zeitlich*) après ; **zehn (Minuten) ~ drei** trois heures dix ; **immer schön einer ~ dem anderen!** ne poussez pas ! ; **bitte ~ Ihnen!** après vous !

3 (*gemäß*) selon ; **~ dem Gesetz** selon la loi ; **die Uhr ~ dem Radio stellen** régler sa montre d'après la radio ; **ihrer Sprache ~ (zu urteilen)** d'après *od* à en juger de la manière dont elle s'exprime ; **~ allem, was ich weiß** d'après ce que je sais

▶ *adv* : **~ und ~** peu à peu, progressivement ; **~ wie vor** toujours

---

nach|ahmen *vt* imiter

Nachahmung f imitation f

Nachbar(in) (-s, -n) m(f) voisin(e)
• **Nachbarhaus** nt maison f
voisine • **Nachbarschaft** f
voisinage m

nachdem konj après que ; (weil)
puisque, comme

nach|denken (irr) vi: **~ über** +Akk
réfléchir à

nachdenklich adj pensif(-ive)

Nachdruck m insistance f ; (Typ)
réimpression f ; **etw mit ~ sagen**
insister sur qch

nacheinander adv l'un(e) après
l'autre

nach|empfinden (irr) vt ressentir

Nachfolge f succession f

nach|folgen vi: **jdm ~**
(hinterherkommen) suivre qn ; (in
Amt etc) succéder à qn ; **etw** Dat **~**
suivre qch

Nachfolger(in) (-s, -) m(f)
successeur m

Nachfrage f demande f

nach|fragen vi se renseigner

nach|geben (irr) vi céder

Nachgebühr f surtaxe f

nach|gehen (irr) vi (Uhr) retarder ;
jdm/etw ~ (folgen) suivre qn/
qch ; **einer Sache** Dat **~** se
renseigner sur qch

Nachgeschmack m
arrière-goût m

nachgiebig adj (Mensch, Haltung)
indulgent(e) ; (Boden, Material etc)
moux (molle)

nachhause adv à la maison

nachher adv (anschließend)
ensuite

Nachhilfeunterricht m cours
mpl particuliers

nach|holen vt (Versäumtes)
rattraper

nach|kommen (irr) vi (+Dat)
suivre ; (einer Verpflichtung) ne pas
manquer à

Nachlass (-es, -lässe) m (Écon)
remise f ; (Erbe) héritage m

nach|lassen (irr) vt (Summe)
rabattre ; (Preis) diminuer ▶ vi
(Sturm) se calmer ; (Gehör,
Gedächtnis, Augen) baisser ;
(Leistung) devenir moins bon
(bonne)

nachlässig adj (Arbeit) bâclé(e) ;
(Mensch) négligent(e)

nach|laufen (irr) vi +Dat courir
après

nach|machen vt (Person,
Gebärde) imiter ; (Geld)
contrefaire ; (Fotos) faire refaire ;
jdm alles ~ imiter tout ce que
fait qn

Nachmittag m après-midi m od f ;
am ~ l'après-midi

nachmittags adv l'après-midi

Nachnahme f: **per ~** contre
remboursement

Nachname m nom m de famille

Nachrede f: **üble ~** diffamation f

Nachricht (-, -en) f nouvelle f ;
Nachrichten fpl informations fpl

Nachrichtenagentur f agence
f de presse

Nachrichtendienst m
(Geheimdienst) service m secret od
de renseignements

Nachruf m nécrologie f

nach|rüsten vt moderniser

nach|sagen vt: **jdm etw ~**
(wiederholen) répéter qch après
qn ; (vorwerfen) reprocher qch à qn

nach|schicken vt siehe **nachsenden**

nach|schlagen (irr) vt (Wort, Sache) vérifier ; **in einem Wörterbuch ~** consulter un dictionnaire

Nachschlagewerk nt ouvrage m de référence

Nachschub m ravitaillement m

nach|sehen (irr) vt vérifier

nach|senden (irr) vt faire suivre

Nachsicht f indulgence f

Nachspeise f dessert m

Nachspiel nt suites fpl

nächstbeste(r, s) adj attrib premier(-ière) venu(e)

nächste(r, s) adj suivant(e) ; (Verwandte) proche

nächstmöglich adj: **zum ~en Termin** le plus tôt possible

Nacht (-, ⸚e) f nuit f

Nachteil m désavantage m

nachteilig adj défavorable

Nachthemd nt chemise f de nuit

Nachtigall (-, -en) f rossignol m

Nachtisch m (Culin) siehe **Nachspeise**

Nachtleben nt vie f nocturne

nächtlich adj nocturne

Nachtrag (-(e)s, -träge) m supplément m

Nachtruhe f: **angenehme ~!** bonne nuit !

nachts adv la nuit

Nachtschicht f poste m de nuit

Nachttisch m table f de chevet

Nachttopf m pot m de chambre

Nachweis (-es, -e) m preuve f

• **nachweisbar** adj (Schuld, Tat) qui peut être prouvé(e)

• **nach|weisen** (irr) vt prouver ; **jdm etw ~** (Zimmer) trouver qch pour qn ; (Straftat) prouver que qn a commis qch

Nachwirkung f séquelles fpl

Nachwuchs m (Kinder) progéniture f ; (beruflich etc) nouvelles recrues fpl

nach|zahlen vt, vi payer

nach|zählen vi recompter, vérifier

Nacken (-s, -) m nuque f

nackt adj nu(e) ; (Fels) vif (vive) ; (Tatsachen) cru(e) • **Nacktheit** f nudité f

Nadel (-, -n) f aiguille f ; (Stecknadel) épingle f

Nagel (-s, ⸚e) m clou m ; (Fingernagel) ongle m ; **Nägel mit Köpfen machen** (fam) ne pas faire les choses à moitié

• **Nagelfeile** f lime f à ongles

• **Nagellack** m vernis m à ongles

• **Nagellackentferner** (-s, -) m dissolvant m

nagelneu adj flambant neuf (neuve)

nagen vt ronger ▶ vi: **~ an** +Dat ronger

Nagetier nt rongeur m

nah adj, adv = **nahe**

Nahaufnahme f gros plan m

nahe adj proche ▶ präp –Dat près de

Nähe (-) f proximité f ; (Umgebung) environs mpl

nahe|gehen (irr) vi +Dat (fig) bouleverser

nahe|legen vt: **jdm etw ~** suggérer qch à qn

nahe|liegen (irr) vi (fig: Verdacht, Gedanke) s'imposer ; **~d** (Grund) évident(e)

nahen vi approcher

nähen vt coudre ; (Wunde) recoudre ▸ vi coudre

näher adj plus proche ; (Erklärung, Auskünfte) plus précis(e)

Nähere(s) nt détails mpl

Naherholungsgebiet nt région de villégiature à proximité d'une grande ville

nähern vr s'approcher

nahe|stehen (irr) vi (fig): **jdm ~** être proche de qn ; **~d** (Freund) intime

nahm etc vb siehe **nehmen**

Nähmaschine f machine f à coudre

nähren vt nourrir

nahrhaft adj nourrissant(e)

Nährstoffe pl substances fpl nutritives

Nahrung f nourriture f

Nahrungsmittel nt aliment m, denrée f alimentaire

Nährwert m valeur f nutritive

Naht (-, -e) f couture f ; (Méd) suture f • **nahtlos** adj sans couture ; (Tech) sans soudure

Nahverkehr m trafic m urbain

naiv adj naïf (naïve)

Name (-ns, -n) m nom m ; **im ~n von** au nom de

namens adv du nom de ▸ präp +Gen (förmlich) au nom de

Namenstag m fête f

namentlich adj (Abstimmung) nominal(e) ▸ adv (besonders) surtout

nämlich adv à savoir ; (denn) en effet

nannte etc vb siehe **nennen**

Narbe f cicatrice f

Narkose f anesthésie f

Narr (-en, -en) m fou m

naschen vt (Schokolade etc) grignoter

naschhaft adj gourmand(e)

Nase f nez m

Nasenbluten nt saignement m de nez

Nasentropfen pl gouttes fpl pour le nez

naseweis adj effronté(e), impertinent(e) ; (neugierig) curieux(-euse)

Nashorn nt rhinocéros m

nass adj mouillé(e)

Nässe (-) f humidité f

Nation f nation f

national adj national(e) • **Nationalfeiertag** m fête f nationale • **Nationalhymne** f hymne m national

Nationalismus m nationalisme m

nationalistisch adj nationaliste

Nationalität f nationalité f

Nationalmannschaft f équipe f nationale

Nationalpark m parc m national

Nationalsozialismus m national-socialisme m, nazisme m

NATO f abk OTAN f

Natron (-s) nt bicarbonate m de soude

Natur f nature f

Naturalien pl: **in ~ bezahlt werden** être payé(e) en nature

Naturgesetz nt loi f de la nature

Naturkatastrophe f catastrophe f naturelle

natürlich adj naturel(le) ▸ adv naturellement

Naturpark *m* parc *m* naturel
Naturprodukt *nt* (*Rohstoff*) matière *f* première ; (*landwirtschaftliches Erzeugnis*) produit *m* naturel
naturrein *adj* naturel(le)
Naturschutz *m*: **unter ~ stehen** être une espèce protégée
Naturschutzgebiet *nt* réserve *f* naturelle
Naturwissenschaftler(in) *m(f)* scientifique *mf*
Navelorange *f* orange *f* navel
Navi (*-s, -s*) *m* (= *Navigationsgerät, Navigationssystem*) GPS *m*
Navigation *f* navigation *f*
Navigationssystem *nt* système *m* de navigation
Nazi (*-s, -s*) *m* nazi *m*
n. Chr. *abk* (= *nach Christus*) apr. J.-C.
Nebel (*-s, -*) *m* brouillard *m*
nebelig *adj* de brouillard
Nebelleuchte, Nebelschlussleuchte *f* (*feu m*) antibrouillard *m* arrière
Nebelscheinwerfer *m* (*phare m*) antibrouillard *m*
Nebelschlussleuchte *f siehe* **Nebelleuchte**
neben *präp* +*Dat* (*räumlich*) à côté de ; (*außer*) à côté de • **nebenan** *adv* à côté • **nebenbei** *adv* en outre ; (*beiläufig*) en passant • **Nebenbeschäftigung** *f* activité *f* secondaire • **nebeneinander** *adv* l'un(e) à côté de l'autre • **Nebenerscheinung** *f* effet *m* secondaire • **Nebenfach** *nt* matière *f* secondaire • **Nebenfluss** *m* affluent *m* • **nebenher** *adv* (*zusätzlich*) en plus ; (*gleichzeitig*) en même

temps ; (*daneben*) à côté
• **Nebenkosten** *pl* charges *fpl*
• **Nebenrolle** *f* rôle *m* secondaire
• **Nebensache** *f* chose *f* secondaire • **nebensächlich** *adj* insignifiant(e) • **Nebensaison** *f* basse saison *f* • **Nebenstraße** *f* rue *f* latérale • **Nebenzimmer** *nt* pièce *f* voisine
neblig *adj* = **nebelig**
necken *vt* taquiner
neckisch *adj* (*Spielchen*) badin(e)
Neffe (*-n, -n*) *m* neveu *m*
negativ *adj* négatif(-ive)
• **Negativ** *nt* négatif *m*
Neger(in) (*-s, -*) (*péj*) *m(f)* noir(e)
nehmen (*irr*) *vt* prendre ; **~ Sie doch bitte** servez-vous je vous en prie
Neid (*-(e)s*) *m* jalousie *f*
neidisch *adj* envieux(-euse)
neigen *vi*: **zu etw ~** avoir tendance à qch
Neigung *f* (*des Geländes*) inclinaison *f* ; **~ zu** (*Tendenz*) tendance *f* à ; (*Vorliebe*) penchant *m* pour
nein *adv* non
Nektarine *f* nectarine *f*
Nelke *f* (*Bot*) œillet *m* ; (*Culin*) clou *m* de girofle
nennen (*irr*) *vt* (*Kind*) appeler ; (*angeben: Namen, Betrag, Sache*) indiquer
nennenswert *adj* digne d'être mentionné(e)
Nenner (*-s, -*) *m* (*Math*) dénominateur *m*
Nennwert *m* (*Fin*) valeur *f* nominale
Neon (*-s*) *nt* néon *m*
Neonazi *m* néonazi(e) *m/f*

Neonlicht nt éclairage m au néon
Neonröhre f tube m au néon od fluorescent
Nepal nt le Népal
Nerv (-s, -en) m nerf m ; **jdm auf die ~en gehen** od **fallen** énerver qn
nerven (fam) vt taper sur les nerfs de
Nervenbündel nt paquet m de nerfs
Nervensystem nt système m nerveux
Nervenzusammenbruch m dépression f (nerveuse)
nervig (fam) adj musclé(e)
nervös adj nerveux(-euse)
Nerz (-es, -e) m vison m
Nessel (-, -n) f ortie f
Nest (-(e)s, -er) nt nid m ; (fam: kleiner Ort) trou m
Netiquette (-, -) f nétiquette f
nett adj joli(e) ; (Abend) sympathique ; (freundlich) gentil(le)
netto adv net (nette)
Netz (-es, -e) nt filet m ; (System, Strom) réseau m • **Netzhaut** f rétine f
Netzwerk nt réseau m
Netzwerken nt réseaux mpl sociaux
Netzwerkkarte f adaptateur m de réseau
neu adj nouveau (nouvelle) ; (noch nicht gebraucht) neuf (neuve) ▸ adv: **~ schreiben** réécrire ; **~ machen** refaire • **Neubau** m maison f neuve
Neue(r) f(m) nouveau (nouvelle)
neuerdings adv (seit Kurzem) depuis peu ; (von Neuem) de nouveau
Neuerung f innovation f

Neugier f curiosité f
neugierig adj curieux(-euse)
Neuheit f nouveauté f
Neuigkeit f nouvelle f
Neujahr nt nouvel an m ; **er hat ~** c'est le nouvel an
neulich adv l'autre jour
Neuling m novice mf, débutant(e) m/f
neun num neuf • **neunte(r, s)** adj neuvième • **Neuntel** (-s, -) nt neuvième m • **neunzehn** num dix-neuf • **neunzig** num quatre-vingt-dix
neureich (péj) adj nouveau riche inv
Neurose f névrose f
neurotisch adj névrosé(e)
Neuseeland (-s) nt la Nouvelle-Zélande
neutral adj neutre
neutralisieren vt neutraliser
Neutralität f neutralité f
Neutron (-s, -en) nt neutron m
Neutrum (-s, -a od -en) nt neutre m
Neuzeit f temps mpl modernes

---

nicht

adv **1** (Verneinung) ne … pas ; **er raucht ~** il ne fume pas ; **er hat ~ geraucht** il n'a pas fumé ; **ich auch ~** moi non plus ; **noch ~** pas encore ; **~ mehr** plus ; **~ mehr als** pas plus de **2** (Bitte, Verbot): **~!** non ! ; **bitte ~ berühren!** (prière de) ne pas toucher ! ; **~ rauchen** défense de fumer ; **~ doch!** arrête(z) ! **3** (rhetorisch): **du bist müde/ das ist schön, ~ (wahr)?** tu es fatigué(e)/c'est beau, n'est-ce pas ? **4**: **was du ~ sagst!** ça alors !

Nichte f nièce f
nichtig adj (ungültig) nul(le) ; (wertlos) vain(e) ; (belanglos) futile
Nichtraucher(in) m(f) non-fumeur(-euse)
nichts pron rien ; **~ ahnend** qui ne se doute de rien • **Nichts** (-es) nt néant m ; (péj: Person) nullité f
Nichtschwimmer m: **er ist ~** il ne sait pas nager
nichtsdestoweniger adv néanmoins
nichtssagend adj (Gesicht) sans expression ; (Worte) creux (creuse)
Nick m pseudo m
nicken vi faire un signe de tête affirmatif
Nickerchen nt roupillon m
Nickname m pseudo m
nie adv jamais ; **~ wieder** od **mehr** jamais plus, plus jamais
nieder adj bas (basse)
• **Niedergang** m déclin m
• **niedergeschlagen** adj abattu(e), découragé(e)
• **Niederlage** f défaite f
Niederlande pl: **die ~** les Pays-Bas mpl
niederländisch adj néerlandais(e)
nieder|lassen (irr) vr s'établir
Niederlassung f (Écon) filiale f
nieder|legen vt poser ; (Arbeit) cesser ; (Amt) démissionner de
Niedersachsen nt la Basse-Saxe
Niederschlag m (Météo) précipitations fpl
nieder|schlagen (irr) vt (Gegner) terrasser ; (Aufstand) réprimer ; (Augen) baisser ▶ vr (Chem) former un précipité ; **das Verfahren**

wurde niedergeschlagen
l'affaire a été classée ; **sich in etw** Dat ~ s'exprimer dans qch
niederträchtig adj ignoble, vil(e)
niedlich adj mignon(ne), adorable
niedrig adj bas (basse) ; (Geschwindigkeit) faible
niemals adv jamais
niemand pron personne
Niere f rein m
Nierenentzündung f néphrite f
nieseln vi unpers: **es nieselt** il bruine
niesen vi éternuer
Niete f (Tech) rivet m ; (Los) numéro m perdant ; (fam: Mensch) raté(e) m/f
Nikotin (-s) nt nicotine f
• **nikotinarm** adj pauvre en nicotine
Nil (-s) m Nil m • **Nilpferd** nt hippopotame m
nippen vt, vi siroter
nirgends adv nulle part
nirgendwo adv nulle part
Nische f niche f
Niveau (-s, -s) nt niveau m
Nixe f sirène f
Nizza (-s) nt Nice

noch

▶ adv **1** (weiterhin, wie zuvor) encore, toujours ; **~ nicht** pas encore ; **~ nie** encore jamais ; **~ immer, immer ~** toujours ; **bleiben Sie doch ~** restez encore un peu ; **ich möchte gern(e) ~ bleiben** j'aimerais bien rester (encore un moment) **2** (irgendwann) encore ; **das kann ~ passieren** ça peut

encore arriver ; **er wird ~ kommen** il va venir
3 (nicht später als): **~ vor einer Woche** il y a seulement une semaine ; **~ am selben Tag** le jour-même ; **können Sie das heute ~ erledigen?** pouvez-vous le faire aujourd'hui ? ; **gerade ~** tout juste
4 (zusätzlich): **wer ~?** qui d'autre ; **was ~?** quoi encore ? ; **~ (ein)mal** encore une fois ; **~ dreimal** encore trois fois ; **~ einen Tee?** encore une tasse de thé ? ; **~ einer** encore un(e) ; **und es regnete auch ~** pour tout arranger, il a plu
5 (zuerst): **ich muss erst ~ (etwas) essen** il faut d'abord que je mange quelque chose
6 (bei Vergleichen): **~ größer** encore plus grand(e) ; **das ist ~ besser** c'est encore mieux
7: **Geld ~ und ~** (fam) un tas d'argent, de l'argent à la pelle ▶ konj: **weder A ~ B** ni A ni B

nochmalig adj nouveau (nouvelle)
nochmals adv encore une fois
nominell adj nominal(e)
Nonne f religieuse f
Nordamerika nt l'Amérique f du Nord
norddeutsch adj d'Allemagne du Nord
Norddeutschland nt l'Allemagne f du Nord
Norden (-s) m nord m
Nordirland nt l'Irlande f du Nord
nordisch adj nordique

Nordkorea nt la Corée du Nord
nördlich adj du nord, septentrional(e) ▶ präp +Gen au nord de ; **~ von** au nord de
Nordosten m nord-est m ; (Region) Nord-Est m
Nordpol m pôle m Nord
Nordrhein-Westfalen (-s) nt la Rhénanie-Westphalie
Nordsee f mer f du Nord
Nordwesten m nord-ouest m ; (Region) Nord-Ouest m
nörgeln vi maugréer
Norm (-, -en) f norme f
normal adj normal(e)
normalerweise adv normalement
Norwegen (-s) nt la Norvège
norwegisch adj norvégien(ne)
Not (-, ⁀e) f détresse f ; (Mangel) misère f, dénuement m ; **zur ~** à la rigueur
Notar(in) m(f) notaire m
Notarzt m médecin m d'urgence
Notausgang m sortie f de secours
Notbremse f signal m d'alarme
Notdienst m service m d'urgence
notdürftig adj (kaum ausreichend) piètre ; (behelfsmäßig) provisoire
Note f note f ; (Banknote) billet m (de banque) ; (Gepräge) touche f
Notebook (-(s), -s) nt (Inform) ordinateur m portable, portable m
Notfall m: **im ~** en cas d'urgence
notfalls adv au besoin, si besoin est
notgedrungen adv: **etw ~ machen** être contraint(e) de faire qch
notieren vt noter ; (Fin) coter

nötig *adj* nécessaire ; **etw ~ haben** avoir besoin de qch

Notiz (-, -en) *f* note *f* • **Notizbuch** *nt* calepin *m*, carnet *m*

Notlage *f* situation *f* critique, détresse *f*

notlanden *vi* faire un atterrissage forcé

Notlösung *f* solution *f* provisoire

Notlüge *f* pieux mensonge *m*

notorisch *adj* notoire

Notruf *m* appel *m* d'urgence

Notrufsäule *f* téléphone réservé aux appels d'urgence

Notstand *m* état *m* d'urgence

Notwehr (-) *f* légitime défense *f*

notwendig *adj* nécessaire ; (*zwangsläufig*) inéluctable

Notwendigkeit *f* nécessité *f*

Novelle *f* nouvelle *f* ; (*Jur, Pol*) amendement *m*

November (-(s), -) *m* novembre *m* ; *siehe auch* **September**

Nu *m* : **im Nu** en un clin d'œil

nüchtern *adj* (*nicht betrunken*) pas ivre ; (*ohne Essen*) à jeun

Nudeln *fpl* nouilles *fpl*

null *num* zéro • **Null** (-, -en) *f* zéro *m*

Nullerjahre *pl* les années *fpl* 2000

Nullpunkt *m* (point *m*) zéro *m*

Nulltarif *m* gratuité *f* (*des transports en commun*)

Nummer (-, -n) *f* numéro *m*

nummerieren *vt* numéroter

Nummernkonto *nt* compte *m* à numéros

Nummernschild *nt* (*Aut*) plaque *f* minéralogique

nun *adv* maintenant ▸ *interj* alors

nur *adv* seulement

Nuss (-, ‥e) *f* noix *f* ; (*Hasel‿nuss*) noisette *f*

Nussknacker (-s, -) *m* casse-noisettes *m*

Nutte *f* putain *f*

nutzbar *adj* (*Boden*) cultivable ; **etw ~ machen** exploiter qch

nütze *adj* : **zu nichts ~ sein** n'être bon (bonne) à rien

nutzen *vi* (*Maßnahme etc*) être utile, servir ▸ *vt* exploiter ; (*Gelegenheit*) profiter de ; **es nutzt nichts** ça ne sert à rien • **Nutzen** (-s) *m* utilité *f*

nützlich *adj* utile

nutzlos *adj* inutile

n

O

Oase f oasis f

ob konj si ; **und ob!** et comment !

Obacht f: **(auf jdn/etw) ~ geben** faire attention (à qn/qch)

ÖBB f abk (= Österreichische Bundesbahnen) chemins de fer autrichiens

obdachlos adj sans abri inv

Obdachlose(r) f(m) sans-abri m f inv

Obduktion f autopsie f

O-Beine pl jambes fpl arquées

oben adv en haut ; **~ erwähnt, ~ genannt** mentionné(e) ci-dessus • **obendrein** adv par-dessus le marché

Ober (-s, -) m serveur m

Oberarzt m chef m de clinique

Oberbefehlshaber m commandant m en chef

Oberbekleidung f vêtements mpl (de dessus)

Oberbürgermeister m maire m

obere(r, s) adj supérieur(e)

Oberfläche f surface f

oberflächlich adj superficiel(le)

oberhalb adv: **~ von Köln** au-dessus de Cologne ▶ präp +Gen au-dessus de

Oberhaupt nt chef m

Oberhaus nt Chambre f haute

Oberhemd nt chemise f

Oberkellner m maître m d'hôtel

Oberkommando nt haut commandement m

Oberkörper m haut m du corps

Oberschenkel m cuisse f

Oberschicht f couches fpl supérieures (de la société)

Oberschule f lycée m

Oberst (-en od -s, -en od -e) m colonel m

oberste(r, s) adj (Knopf, Regal) du haut ; (Stockwerk) dernier(-ière) ; (Befehlshaber, Gesetz, Prinzip) suprême ; (Klasse) supérieur(e)

Oberstufe f second cycle m

Oberteil nt partie f supérieure

Oberweite f tour m de poitrine

obgleich konj bien que +sub

Obhut (-) f garde f

obig adj ci-dessus

Objekt (-(e)s, -e) nt objet m

objektiv adj objectif(-ive)

Objektiv nt objectif m

obligatorisch adj obligatoire

Oboe f hautbois m

Obrigkeit f autorité f ; (Behörden, Rel) autorités fpl

obschon konj quoique +sub

Obst (-(e)s) nt fruits mpl • **Obstbaum** m arbre m fruitier • **Obstkuchen** m tarte f aux fruits

obszön adj obscène

obwohl konj bien que +sub

Ochse (-n, -n) m bœuf m

öd, öde *adj* (karg) inculte ;
(verlassen) désert(e) ; **öd und leer**
désolé(e)

Öde *f* solitude *f* ; (fig) ennui *m*

oder *konj* ou

Ofen (-s, -) *m* (Heizofen) poêle *m* ;
(Backofen) four *m*

offen *adj* ouvert(e) ; (Stelle)
vacant(e) ; (aufrichtig) franc
(franche) ▶ *adv*: **~ gesagt** à vrai
dire

offenbar *adj* manifeste,
évident(e) ▶ *adv* apparemment

offenbaren *vt* révéler

Offenbarung *f* révélation *f*

Offenheit *f* franchise *f*, sincérité *f*

offenkundig *adj* manifeste

offensichtlich *adj* manifeste

offensiv *adj* offensif(-ive)

Offensive *f* offensive *f*

offen|stehen (irr) *vi* (fig): **es
steht Ihnen offen, es zu tun**
vous êtes libre de le faire

öffentlich *adj* public(-ique)

Öffentlichkeit *f* public *m*

offiziell *adj* officiel(le)

Offizier (-s, -e) *m* officier *m*

offline *adj* (Inform) hors ligne

öffnen *vt, vi* ouvrir

Öffnung *f* ouverture *f*

Öffnungszeiten *pl* heures *fpl*
d'ouverture

oft *adv* souvent

öfter *adv*, **öfters** *adv* assez
souvent

ohne *präp* +Akk sans ▶ *konj*:
~ dass sans que • **ohnedies** *adv*
de toute façon • **ohnehin** *adv* de
toute façon

Ohnmacht *f* évanouissement *m*

ohnmächtig *adj* évanoui(e)

Ohr (-(e)s, -en) *nt* oreille *f*

Öhr (-(e)s, -e) *nt* chas *m*

Ohrenarzt *m*
oto-rhino(-laryngologiste) *m*

ohrenbetäubend *adj*
assourdissant(e)

Ohrenschützer *pl* serre-tête *m inv*

Ohrfeige *f* gifle *f*

Ökologie *f* écologie *f*

ökologisch *adj* écologique ; **~er
Fußabdruck** empreinte *f*
écologique

Ökosteuer *f* écotaxe *f*

Ökostrom *m* électricité *f* verte

Ökosystem *nt* écosystème *m*

Oktanzahl *f* indice *m* d'octane

Oktober (-(s), -) *m* octobre *m*

Oktoberfest *nt* voir article

La fête de la bière ou
Oktoberfest a lieu tous les ans
de fin septembre à début
octobre à Munich, dans un
grand champ où l'on installe
tentes à bière, montagnes
russes et autres attractions.
Les participants prennent place
le long de grandes tables de bois,
boivent de la bière dans
d'énormes chopes d'un litre et
savourent des bretzels tout en
écoutant des orchestres de
cuivre. Cette grande fête est
autant appréciée par les
touristes que par les Bavarois.

ökumenisch *adj* œcuménique

Öl (-(e)s, -e) *nt* huile *f* ; (Erdöl)
pétrole *m*

ölen *vt* (Tech) lubrifier

Ölfarbe *f* peinture *f* à l'huile

Ölheizung f chauffage m au mazout

Ölmessstab m jauge f (de niveau d'huile)

Ölpest f marée f noire

Ölsardine f sardine f à l'huile

Ölteppich m nappe f de pétrole

Ölwechsel m vidange f

Olympiade f olympiade f

Olympiasieger(in) m(f) champion(ne) olympique

olympisch adj olympique

Oma (-, -s) (fam) f mamie f

Omelett (-(e)s, -s) nt omelette f

Omnibus m (auto)bus m

Onkel (-s, -) m oncle m

online adj (Inform) en ligne

Onlinebanking nt système m de banque en ligne

Onlinedienst m service m en ligne

Opa (-s, -s) (fam) m papy m

Oper f opéra m

Operation f opération f

operieren vt, vi opérer

Opfer (-s, -) nt (Gabe) offrande f; (Verzicht) sacrifice m; (bei Unfall) victime f

opfern vt sacrifier

Opportunismus m opportunisme m

Opposition f opposition f

Optik f optique f

Optiker(in) (-s, -) m(f) opticien(ne)

optimal adj optimal(e)

optimieren vt optimaliser

Optimismus m optimisme m

Optimist(in) m(f) optimiste mf • **optimistisch** adj optimiste

Option f option f

optisch adj optique

orange adj orange inv • **Orange** f orange f

Orangensaft m jus m d'orange

Orchester (-s, -) nt orchestre m

Orchidee f orchidée f

Orden (-s, -) m (Rel) ordre m; (Mil etc) décoration f

ordentlich adj (ordnungsliebend) ordonné(e); (geordnet) (bien) rangé(e); (anständig) honnête; (fam: annehmbar) pas mal inv ▶ adv (fam: sehr) vraiment

ordinär adj (vulgär) vulgaire; (alltäglich, gewöhnlich) ordinaire

ordnen vt ranger; (Gedanken) mettre de l'ordre dans

Ordner (-s, -) m (Mensch) membre m du service d'ordre; (Aktenordner) classeur m

Ordnung f ordre m; (Ordnen) rangement m

ordnungsgemäß adj (Erledigung) réglementaire; (Verhalten) correct(e)

ordnungswidrig adj non réglementaire

Organ (-s, -e) nt organe m

Organisation f organisation f

Organisator m organisateur(-trice) m/f

organisatorisch adj (Talent) d'organisateur(-trice); (Aufgabe) d'organisation

organisch adj organique

organisieren vt organiser

Organismus m organisme m

Organspender m donneur m d'organe

Orgasmus m orgasme m

Orgel f orgue m

Orgie f orgie f

Orient (-s) m Orient m
orientieren vt (unterrichten) informer, mettre au courant ▶ vr: **sich über etw** Akk **~** (sich erkundigen) se mettre au courant de qch
Orientierung f orientation f
Orientierungssinn m sens m de l'orientation
Orientierungsstufe f cycle m d'orientation
original adj original(e) • **Original** (-s, -e) nt original m • **Originalfassung** f version f originale
originell adj original(e)
Orkan (-(e)s, -e) m ouragan m
Ort[1] (-(e)s, -e) m endroit m, lieu m ; (Ortschaft) endroit m
Ort[2] (-(e)s, -er) m: **vor ~** (Mines) au fond ; (fig) sur place
orten vt repérer
orthopädisch adj orthopédique
örtlich adj local(e)
Ortschaft f localité f
Ortsgespräch nt communication f locale
Ortsnetz nt réseau m local od urbain
Ortszeit f heure f locale
Öse f œillet m
Ossi m voir article

> **Ossi** est un terme familier et souvent irrespectueux désignant un Allemand de l'ancienne DDR.

Osten (-s) m est m ; **der Ferne ~** l'Extrême-Orient m ; **der Mittlere ~** le Moyen-Orient ; **der Nahe ~** le Proche-Orient
Osterei nt œuf m de Pâques

Osterglocke f jonquille f
Osterhase m lapin m de Pâques
Ostermontag m lundi m de Pâques
Ostern (-, -) nt Pâques fpl
Österreich (-s) nt l'Autriche f
Österreicher(in) (-s, -) m(f) Autrichien(ne)
österreichisch adj autrichien(ne)
Ostersonntag m dimanche m de Pâques
östlich adj de l'est ▶ adv: **~ von Hamburg/der Elbe** à l'est de Hambourg/l'Elbe
Ostsee f: **die ~** la Baltique
Otter[1] (-s, -) m (Marder) loutre f
Otter[2] (-, -n) f (Schlange) vipère f
oval adj oval(e)
Overall (-s, -s) m combinaison f (de travail)
Overheadprojektor m rétroprojecteur m
Oxid (-(e)s, -e) nt oxyde m
oxidieren vi s'oxyder
Ozean (-s, -e) m océan m
Ozon (-s) nt od m ozone m • **Ozonloch** nt trou m dans la couche d'ozone • **Ozonschicht** f couche f d'ozone

O

P

paar adj inv: **ein ~** quelques; **ein P~ mal** plusieurs fois • **Paar** (-(e)s, -e od ⁼e) m pile f; -e) nt paire f; (Ehepaar) couple m

Paarung f (von Tieren) accouplement m; (fig) combinaison f

Pacht (-, -en) f bail m

Pack¹ (-(e)s, -e od ⁼e) m pile f; (zusammengeschnürt) liasse f

Pack² (-(e)s) (péj) nt racaille f

Päckchen nt petit paquet m; (Zigaretten) paquet m

packen vt (Koffer, Paket) faire; (fassen) saisir

Packpapier nt papier m d'emballage

Packung f paquet m; (Méd) compresse f

Paddel (-s, -) nt pagaie f • **Paddelboot** nt canoë m

Page (-, -n) m (in Hotel) chasseur m

Paket (-(e)s, -e) nt paquet m; (Postpaket auch) colis m

Pakistan (-s) nt le Pakistan

Pakt (-(e)s, -e) m pacte m

Palast (-es, ⁼e) m palais m

Palästina (-s) nt la Palestine

palästinensisch adj palestinien(ne)

Palette f (zum Malen, Ladepalette) palette f; (fig) gamme f

Palme f palmier m

Palmsonntag m dimanche m des Rameaux

Pampelmuse f pamplemousse m

panieren vt paner

Paniermehl nt chapelure f

Panik f panique f

panisch adj (Angst) panique; **in ~er Eile** pris(e) de panique

Panne f (Aut) panne f; (Missgeschick) problème m

Pannendienst m, **Pannenhilfe** f service m de dépannage

Pantoffel (-s, -n) m pantoufle f

Pantomime f pantomime f

Panzer (-s, -) m (von Schildkröte etc) carapace f; (Fahrzeug) char m (d'assaut)

Papa (-s, -s) (fam) m papa m

Papagei (-s, -en) m perroquet m

Paparazzi pl paparazzi mpl

Papier (-s, -e) nt papier m

Papiergeld nt billets mpl de banque

Papierkorb m corbeille f à papier; (Inform) corbeille f

Pappdeckel m carton m

Pappel f peuplier m

Paprika (-s, -(s)) m (Gewürz) paprika m; (Paprikaschote) poivron m

Papst (-(e)s, ⁼e) m pape m

Parabel f parabole f

Parabolantenne f antenne f parabolique

Parade f (Mil) défilé m ; (Fechten) parade f

Paradies (-es, -e) nt paradis m

paradox adj paradoxal(e)

Paragraf (-en, -en) m paragraphe m ; (Jur) article m

parallel adj parallèle

Parallele f parallèle f

paralympisch adj paralympique

Parameter m paramètre m

Paranuss f noix f du Brésil

parat adj prêt(e)

Pärchen nt couple m (d'amoureux)

Parfüm (-s, -s od -e) nt parfum m

Parfümerie f parfumerie f

parfümieren vt parfumer

Paris nt Paris

Pariser (-s, -) m (fam: Kondom) capote f anglaise

Parität f (von Währung) parité f

Park (-s, -s) m parc m

Park-and-ride-System nt parkings situés à la périphérie des grandes villes, permettant aux banlieusards de se rendre au centre par les transports en commun

parken vt garer ▶ vi se garer

Parkett (-(e)s, -e) nt parquet m ; (Theat) orchestre m

Parkhaus nt parking m couvert

Parklücke f place f de stationnement

Parkplatz m parking m

Parkscheibe f disque m de stationnement

Parkuhr f parcomètre m

Parkverbot nt interdiction f de stationner

Parlament nt parlement m

Parlamentarier(in) (-s, -) m(f) parlementaire mf

parlamentarisch adj parlementaire

Parmesan (-(s)) m parmesan m

Parodie f: ~ (auf +Akk) parodie f (de)

Parodontose f déchaussement m des dents

Parole f mot m de passe ; (Wahlspruch) slogan m

Partei f parti m

parteiisch adj partial(e)

parteilos adj non inscrit(e)

Parteimitglied nt membre m du parti

Parteitag m congrès m du parti

Parteivorsitzende(r) f(m) dirigeant(e) du parti

Parterre (-s, -s) nt rez-de-chaussée m inv ; (Theat) orchestre m

Partie f partie f ; (Écon) lot m ; **mit von der ~ sein** en être ; **eine gute/schlechte ~ sein** être/ne pas être un beau parti

Partikel (-, -n) f particule f

Partner(in) (-s, -) m(f) associé(e) ; (Spielpartner) partenaire mf
 • **Partnerschaft** f association f ; **eingetragene ~** pacte m civil de solidarité, PACS m ; • **Partnerstadt** f ville f jumelée

Party (-, -s) f fête f

Pass (-es, ⸚e) m (Ausweis) passeport m ; (Bergpass) col m

Passage f passage m

Passagier (-s, -e) m passager(-gère)
• **Passagierdampfer** m paquebot m • **Passagierflugzeug** nt avion m (affecté au transport de passagers)

Passamt nt service m des passeports

Passant(in) m(f) passant(e)

Passbild nt photo f d'identité

passen vi aller (bien) ; (auf Frage, beim Kartenspiel) passer

passend adj (in Farbe, Stil) assorti(e) ; (genehm, angemessen) approprié(e)

passieren vi arriver

passiv adj passif(-ive)

Passkontrolle f contrôle m des passeports

Passwort nt (Inform) mot m de passe

Paste f pâte f

Pastete f (Leberpastete etc) pâté m ; (Pastetchen) vol-au-vent m inv

pasteurisieren vt pasteuriser

Pate (-n, -n) m parrain m

Patenkind nt filleul(e)

patent adj (Mensch) super inv

Patent (-(e)s, -e) nt brevet m

Patentschutz m droit m d'exploitation exclusif

Pathos (-) nt pathétique m

Patient(in) m(f) patient(e)

Patin f marraine f

Patina (-) f patine f

Patriarch (-en, -en) m patriarche m

Patriot(in) (-en, -en) m(f) patriote m

Patriotismus m patriotisme m

Patrone f cartouche f

Patrouille f patrouille f

patrouillieren vi patrouiller

patschnass (fam) adj trempé(e)

patzig (fam) adj insolent(e)

Pauke f timbale f

pauschal adj forfaitaire ; (fig: Urteil) hâtif(-ive)

Pauschale f (Einheitspreis) forfait m

Pauschalreise f voyage m organisé

Pause f pause f ; (Scol) récréation f

pausenlos adj ininterrompu(e)

Pavian (-s, -e) m babouin m

Pay-TV (-s, -s) nt télévision f payante

Pazifik (-s) m Pacifique m

Pazifist(in) m(f) pacifiste mf

PC abk = **Personal Computer**

PDA (-) f abk (Méd) (= Periduralanästhesie) (anesthésie f) péridurale f

Pech (-s, -e) nt poix f ; (fig) malchance f ; **~ haben** ne pas avoir de chance • **Pechsträhne** (fam) f série f noire

Pedal (-s, -e) nt pédale f

Pedant m personne f pointilleuse

Pegel (-s, -) m indicateur m de niveau • **Pegelstand** m niveau m de l'eau

peinlich adj (unangenehm) gênant(e) ▶ adv: **~ genau** avec une précision méticuleuse

Peitsche f fouet m

Pelle f (von Wurst, Kartoffel) peau f

Pellkartoffeln pl pommes f pl de terre en robe des champs

Pelz (-es, -e) m fourrure f

Pendel (-s, -) nt pendule m

pendeln vi faire la navette

Pendelverkehr *m (von Bus etc)* navette *f*

Pendler(in) *(-s, -) m(f)* banlieusard(e) *(qui se rend à son travail par les transports en commun)*

penetrant *adj (Geruch)* fort(e) ; *(péj: Person)* envahissant (e)

Penis *(-, -se od Penes) m* pénis *m*

Penner *(fam) m (Landstreicher)* clochard *m* ; *(verschlafener Mensch)* endormi *m*

Pension *f* pension *f* ; *(Ruhestand)* retraite *f*

pensionieren *vt* mettre à la retraite

pensioniert *adj* retraité(e)

Pensionierung *f* départ *m* à la retraite

Pensionsgast *m* pensionnaire *m*

Pensum *(-s, Pensen) nt* tâche *f* ; *(Scol)* programme *m*

per *präp +Akk* par ; *(bis)* d'ici à

perfekt *adj* parfait(e)

Perfekt *(-(e)s, -e) nt* parfait *m*

perforieren *vt* perforer

Pergament *nt* parchemin *m*
• **Pergamentpapier** *nt* papier *m* surfurisé

Periode *f* période *f* ; *(Méd)* règles *fpl*

periodisch *adj* périodique

Peripherie *f* périphérie *f*
• **Peripheriegerät** *nt (Inform)* périphérique *m*

Perle *f* perle *f*

Perlmutt *(-s) nt* nacre *f*

perplex *adj* perplexe

Persianer *(-s) m* astrakan *m*

Person *(-, -en) f* personne *f*

Personal *(-s) nt* personnel *m*
• **Personalausweis** *m* carte *f*

d'identité • **Personal Computer** *m* P.C. *m*

Personalien *pl:* **die ~ feststellen** faire un contrôle d'identité

Personenkraftwagen *m* voiture *f*

Personenkreis *m* groupe *m* de personnes

Personenschaden *m* victime(s) *f(pl)*

Personenzug *m* train *m* de voyageurs

personifizieren *vt* personnifier

persönlich *adj* personnel(le)
▶ *adv (erscheinen)* en personne
• **Persönlichkeit** *f* personnalité *f*

Perspektive *f* perspective *f*

Perücke *f* perruque *f*

pervers *adj* pervers(e)

Pessimismus *m* pessimisme *m*

pessimistisch *adj* pessimiste

Pest *(-) f* peste *f*

Petersilie *f* persil *m*

Petrodollar *m* pétrodollar *m*

Petroleum *(-s) nt* pétrole *m*

petzen *vi* rapporter

Pfad *(-(e)s, -e) m* sentier *m*, chemin *m* • **Pfadfinder(in)** *m(f)* scout *m*, guide *f*

Pfahl *(-(e)s, ⸚e) m* poteau *m*
• **Pfahlbau** *m* bâtiment *m* sur pilotis

Pfalz *(-) f* Palatinat *m*

Pfand *(-(e)s, ⸚er) nt* gage *m* ; *(Flaschenpfand)* consigne *f*

pfänden *vt* hypothéquer ; *(Mensch)* saisir les biens de

Pfanne *f* poêle *f*

Pfannkuchen *m* crêpe *f* ; *(Berliner)* beignet *m*

Pfarrei *f* paroisse *f*

P

Pfarrer (-s, -) m curé m ;
(evangelisch, von Freikirchen)
pasteur m

Pfau (-(e)s, -en) m paon m

Pfeffer (-s, -) m poivre m
• **Pfefferkuchen** m pain m d'épice
• **Pfefferminz** (-es, -e) nt bonbon
m à la menthe • **Pfefferminze** f
menthe f • **Pfeffermühle** f
moulin m à poivre

pfeifen vt, vi siffler

Pfeife f (Tabakpfeife) pipe f ; (von
Schiedsrichter etc) sifflet m ;
(Orgelpfeife) tuyau m

Pfeil (-(e)s, -e) m flèche f

Pfeiler (-s, -) m pilier m ;
(Brückenpfeiler) pile f

Pferd (-(e)s, -e) nt cheval m

Pferderennen nt courses fpl de
chevaux

Pferdeschwanz m queue f de
cheval

pfiff etc vb siehe **pfeifen**

Pfiff (-(e)s, -e) m coup m de sifflet ;
(besonderer Reiz) touche f
(originale)

Pfifferling m chanterelle f

pfiffig adj futé(e)

Pfingsten (-, -) nt Pentecôte f

Pfingstrose f pivoine f

Pfirsich (-s, -e) m pêche f

Pflanze f plante f

pflanzen vt planter

Pflanzenfett nt graisse f
végétale

pflanzlich adj végétal(e)

Pflaster (-s, -) nt pansement m ;
(von Straße) chaussée f

Pflaume f prune f

Pflege f (von Mensch, Tier) soins
mpl ; (von Maschine) entretien m

• **pflegebedürftig** adj qui a besoin
de soins • **Pflegeeltern** pl parents
mpl nourriciers • **Pflegekind** nt
enfant placé dans une famille
d'accueil ou chez des parents
nourriciers • **pflegeleicht** adj
d'entretien facile

pflegen vt soigner ; (Kleidung,
Auto, Beziehungen) entretenir ▶ vi
(gewöhnlich tun): **ich pflege
mittags ein Stündchen zu
schlafen** j'ai l'habitude de faire
une sieste d'une petite heure
l'après-midi

Pfleger (-s, -) m aide m infirmier

Pflegerin f aide f soignante

Pflegeversicherung f
assurance f dépendance

Pflicht (-, -en) f devoir m ; (Sport)
figures fpl imposées
• **pflichtbewusst** adj
consciencieux(-euse)
• **Pflichtfach** nt matière f
obligatoire
• **Pflichtversicherung** f
assurance f obligatoire

Pflock (-(e)s, ⸚e) m pieu m

pflücken vt cueillir

Pflug (-(e)s, ⸚e) m charrue f

pflügen vt (Feld) labourer

Pforte f porte f

Pförtner(in) (-s, -) m(f) concierge
mf, portier m

Pfosten (-s, -) m (senkrechter
Balken) montant m

Pfote f patte f

Pfropf (-(e)s, -e) m (in Rohr)
bouchon m (accidentel) ;
(Blutpfropf) caillot m (de sang)

Pfund (-(e)s, -e) nt livre f

pfuschen (fam) vi (liederlich
arbeiten) faire du travail bâclé

Pfütze f flaque f (d'eau)

Phantasie etc f siehe
  Fantasie etc

Phantombild nt portrait-
robot m

Pharmaindustrie f industrie f
pharmaceutique

Phase f phase f

Philippinen pl Philippines fpl

Philologie f philologie f

Philosoph(in) (-en, -en) m(f)
philosophe mf

Philosophie f philosophie f

philosophisch adj
philosophique ; (besinnlich)
contemplatif (-ive)

phlegmatisch adj apathique

Phonetik f phonétique f

Phosphat nt phosphate m

Photo nt siehe **Foto**

pH-Wert m pH m

Physik f physique f

Physiker(in) (-s, -) m(f)
physicien(ne)

physisch adj physique

Pianist(in) m(f) pianiste mf

Pickel (-s, -) m (auf der Haut)
bouton m ; (Werkzeug) pioche f ;
(Eispickel) piolet m

picken vt, vi picorer

Picknick (-s, -e od -s) nt
pique-nique m

piepen vi (Vogel) piailler

Pik (-s, -s) nt (Cartes) pique m

pikant adj (Speise) épicé(e) ;
(Geschichte) piquant(e)

pikiert adj froissé(e)

Pilger(in) (-s, -) m(f) pèlerin(e)

Pille f pilule f

Pilot(in) (-en, -en) m(f) pilote m

Pils (-, -) nt, nt bière blonde à fort goût
de houblon

Pilz (-es, -e) m champignon m
 • **Pilzkrankheit** f mycose f

PIN (-, -s) f abk (= personal
identification number) code m
confidentiel

pingelig (fam) adj tatillon(ne)

Pinguin (-s, -e) m pingouin m

Pinie f pin m

pinkeln (fam) vi pisser

Pinsel (-s, -) m pinceau m

Pinzette f pincettes fpl

Pionier (-s, -e) m pionnier m

Piste f piste f

Pistole f pistolet m

Pixel (-s, -s) nt (Inform) pixel m

Pizza (-, -s) f pizza f

Pkw (-(s), -(s)) m abk
(= Personenkraftwagen) voiture f

Plage f fléau m ; (Mühe) soucis mpl

plagen vt tourmenter ▶ vr peiner,
trimer

Plakat nt affiche f

Plan (-(e)s, ⁼e) m plan m

planen vt (Haus) concevoir ;
(Entwicklung) planifier ; (Mord etc)
préméditer

Planer(in) (-s, -) m(f) urbaniste mf

Planet (-en, -en) m planète f

Planke f poutre f

planmäßig adj, adv à l'heure

Planschbecken nt pataugeoire f

planschen vi barboter

Planung f planification f

Planwirtschaft f économie f
planifiée

plappern vi jacasser

Plasma (-s, Plasmen) nt (Méd)
plasma m (sanguin)

Plastik¹ f (Art) sculpture f

Plastik² (-s) nt (Kunststoff) plastique m • **Plastiktüte** f sac m en plastique

Plastilin (-s) nt pâte f à modeler

plastisch adj plastique, malléable ; **stell dir das ~ vor!** imagine la scène !

Platane f platane m

Platin (-s) nt platine m

plätschern vi (Wasser) clapoter

platt adj plat(e) ; (Reifen) à plat ; **~ sein** (fam: völlig überrascht) être ébahi(e)

Platte f plaque f ; (Schallplatte) disque m ; (Steinplatte) bloc m ; (Servierteller) plat m

Plattenspieler m tourne-disque m

Plattfuß m pied m plat ; (Reifenpanne) crevaison f

Platz (-es, -e) m place f ; (Sportplatz) terrain m ; **~ nehmen** prendre place

Plätzchen nt (Gebäck) biscuit m

platzen vi éclater ; (aufplatzen) craquer

platzieren vt placer ▶ vr (Sport) se placer ; (: Tennis) se placer en tête de série

Platzkarte f réservation f

plaudern vi bavarder

plausibel adj plausible

Playboy m play-boy m

plazieren vt, vr siehe **platzieren**

pleite adj : **~ sein** (Firma) avoir fait faillite ; (Person) être fauché(e) • **Pleite** f faillite f ; (Reinfall) bide m

Plenum (-s, Plenen) nt plenum m

Plombe f plomb m ; (Zahnplombe) plombage m (fam)

plombieren vt plomber

plötzlich adj soudain(e) ▶ adv soudain

plump adj (Mensch) lourdaud(e) ; (Hände, Körper) épais(se), lourd(e) ; (Bewegung) gauche

plumpsen (fam) vi tomber (comme une masse)

plündern vt, vi piller

plus konj, präp +Gen, adv plus • **Plus** (-, -) nt excédent m ; (Gewinn) bénéfice m ; (Vorteil) avantage m

Plüsch (-(e)s, -e) m peluche f

Pluspol m pôle m positif

Pluspunkt m (fig) avantage m

Plutonium nt plutonium m

PLZ f abk (= Postleitzahl) code m postal

Po (-s, -s) (fam) m postérieur m

pöbelhaft adj vulgaire

pochen vi frapper ; (Herz) battre ; **auf etw** Akk **~** (fig) insister sur qch

Pocken pl (Méd) variole f

Podcast (-s, -s) m podcast m

Podium nt estrade f

Podiumsdiskussion f débat m public

Poesie f poésie f

Poet (-en, -en) m poète m • **poetisch** adj poétique

Pointe f conclusion f

Pokal (-s, -e) m coupe f

Pol (-s, -e) m pôle m

Pole (-n, -n) m Polonais m

polemisch adj polémique

Polen (-s) nt la Pologne

Police f police f (d'assurance)

polieren vt (Boden, Möbel) cirer ; (Silber) nettoyer

Polin f Polonaise f

Politik f politique f

Politiker(in) (-s, -) m(f) homme/femme politique

politisch adj politique

Politur f (Mittel) encaustique f

Polizei f police f
• **Polizeibeamte(r)** m agent m de police • **polizeilich** adj policier(-ière) ; (Anordnung) de police ; **~es Kennzeichen** plaque f minéralogique • **Polizeirevier** nt secteur m ; (Polizeiwache) commissariat m • **Polizeistunde** f heure de fermeture légale des cafés etc • **polizeiwidrig** adj illégal(e)

Polizist(in) m(f) agent m de police

Pollen (-s, -) m pollen m

polnisch adj polonais(e)

Polohemd nt polo m

Polster (-s, -) nt (Polsterung) rembourrage m ; (in Kleidung) épaulette f ; (fig : Geld) réserves fpl • **Polstermöbel** pl meubles mpl rembourrés

polstern vt rembourrer

Polterabend m fête, la veille d'un mariage, où l'on casse de la vaisselle pour porter bonheur aux mariés

poltern vi (Krach machen) faire du vacarme

Pommes frites pl frites fpl

pompös adj somptueux(-euse)

Pony (-s, -s) nt (Zool) poney m ▸ m (Frisur) frange f

Popcorn (-s) nt pop-corn m inv

Popmusik f musique f pop

Popo (-s, -s) (fam) m postérieur m

poppig adj (Farbe) criard(e)

Pore f pore m

porös adj poreux(-euse)

Porree (-s, -s) m poireau m

Portal (-s, -e) nt portail m

Portemonnaie (-s, -s) nt porte-monnaie m inv

Portier (-s, -s) m portier m

Portion f portion f ; (fig : Menge) dose f

Porto (-s, -s od Porti) nt port m, affranchissement m • **portofrei** adj franco inv de port

Portugal (-s) nt le Portugal

portugiesisch adj portugais(e)

Porzellan (-s, -e) nt porcelaine f

Posaune f trombone m

posieren vi poser (pour la galerie)

Position f position f ; (beruflich) situation f ; (auf Liste) poste

positionieren vt (Inform) positionner

Positionierung f (Inform) positionnement m

positiv adj positif(-ive)

Post (-, -en) f poste f ; (Briefe) courrier m • **Postamt** nt bureau m de poste • **Postanweisung** f mandat m postal, mandat-poste m • **Postausgang** m (Inform) boîte f d'envoi • **Postbote** m facteur m • **Posteingang** m (Inform) boîte f de réception

posten vt poster (sur Internet)

Posten (-s, -) m poste m ; (Warenmenge) lot m ; (auf Liste) article m ; (Mil) sentinelle f

Poster (-s, -(s)) nt poster m

Postfach nt boîte f postale

Postkarte f carte f postale

postlagernd adj en poste restante

Postleitzahl f code m postal

postmodern adj postmoderne

Postsparkasse f Caisse f nationale d'épargne

Poststempel m cachet m de la poste

postwendend adv par retour de courrier

potent adj viril(e)

Potenz f (Math) puissance f ; (eines Mannes) virilité f

Potenzial (-s, -e) nt potentiel m

PR abk (= Public Relations) relations fpl publiques

Pracht (-) f splendeur f

prächtig adj magnifique, superbe

prahlen vi se vanter

praktikabel adj réaliste

Praktikant(in) m(f) stagiaire mf

Praktikum (-s, Praktika ou Praktiken) nt stage m

praktisch adj pratique ; **~er Arzt** généraliste mf

praktizieren vt (Methode, Idee) mettre en pratique ▶ vi exercer

Praline f (bonbon m au) chocolat m

prall adj (Sack) rebondi(e) ; (Ball) bien gonflé(e) ; (Segel) tendu(e) ; (Arme) dodu(e) ; **in der ~en Sonne** en plein soleil

prallen vi : **~ gegen** ou **auf** +Akk heurter

Prämie f prime f

Pranger (-s, -) m pilori m

Präposition f préposition f

Präsens (-) nt présent m

Präservativ nt préservatif m

Präsident(in) m(f) président(e)

prasseln vi (Feuer) crépiter ; (Regen, Hagel) tambouriner

Praxis (-, Praxen) f pratique f ; (von Arzt) cabinet m ; (von Anwalt) étude f

Präzedenzfall m précédent m

predigen vt, vi prêcher

Predigt (-, -en) f sermon m

Preis (-es, -e) m prix m
• **Preisausschreiben** nt concours m

Preiselbeere f airelle f

preisen (irr) vt louer

preis|geben (irr) vt (aufgeben) abandonner ; (ausliefern) livrer ; (verraten) révéler

preisgünstig adj avantageux(-euse)

Preislage f gamme f de prix

preislich adj (Lage) des prix ; (Unterschied) de prix

Preisrichter m membre m du jury

Preisträger(in) m(f) lauréat(e)

preiswert adj avantageux(-euse)

Prellung f contusion f

Premiere f première f

Premierminister(in) m(f) premier ministre m

Presse f (für Obst) presse-citron m inv • **Pressefreiheit** f liberté f de la presse • **Pressekonferenz** f conférence f de presse

pressen vt presser

Pressluft f air m comprimé
• **Pressluftbohrer** m marteau-piqueur m

Prestige (-s) nt prestige m

Preußen (-s) nt la Prusse

prickeln vi (Haut) démanger ; (Sekt) pétiller

pries etc vb siehe **preisen**

Priester(in) (-s, -) m(f) prêtre(-tresse)

prima *adj inv* de première qualité ; *(fam)* super

Primel (-, -n) *f* primevère *f*

primitiv *adj* primitif(-ive)

Prinz (-en, -en) *m* prince *m*

Prinzessin *f* princesse *f*

Prinzip (-s, -ien) *nt* principe *m*

prinzipiell *adj* de principe ▸ *adv* par principe

Prise *f* pincée *f*

privat *adj* privé(e)

Privatschule *f* école *f* privée *od* libre

Privatsender *m* chaîne *f* privée

Privileg (-(e)s, -ien) *nt* privilège *m*

pro *präp +Akk* par

Pro (-s) *nt* pour *m*

Probe *f* essai *m* ; *(Teststück)* échantillon *m* ; *(Theat)* répétition *f*

proben *vt* répéter

probeweise *adv* à l'essai

Probezeit *f* période *f* d'essai

probieren *vt, vi* essayer ; *(Wein, Speise)* goûter

Problem (-s, -e) *nt* problème *m*

Problematik *f* problématique *f*

problematisch *adj* problématique

problemlos *adj, adv* sans problèmes

Produkt (-(e)s, -e) *nt* produit *m*

Produktion *f* production *f*

produktiv *adj* productif(-ive)

Produzent(in) *m(f)* producteur(-trice)

produzieren *vt* produire

Professor(in) *m(f)* professeur *m*

Profi (-s, -s) *m* professionnel *m*

Profil (-s, -e) *nt* (*Seitenansicht*) profil *m* ; *(fig)* personnalité *f* ; *(von Reifen)*

(*dessin m de la*) bande *f* de roulement

profilieren *vr* se distinguer

Profit (-(e)s, -e) *m* profit *m*

profitieren *vi*: **von etw ~** profiter de qch

Prognose (-, -n) *f* pronostic *m*

Programm (-s, -e) *nt* programme *m* ; *(Sender)* chaîne *f*

programmieren *vt* (*Inform*) programmer

Programmierer(in) (-s, -) *m(f)* programmeur(-euse)

Programmiersprache *f* langage *m* de programmation

progressiv *adj* (*geh*) progressiste

Projekt (-(e)s, -e) *nt* projet *m*

Projektor *m* projecteur *m*

projizieren *vt* projeter

Prolog (-(e)s, -e) *nt* prologue *m*

Promenade *f* promenade *f*

Promille (-(s), -) *nt* alcoolémie *f*

prominent *adj* important(e)

Prominenz *f* personnalités *fpl*

Promotion *f* (obtention *f* du) doctorat *m*

promovieren *vi* obtenir son doctorat

prompt *adj* rapide ▸ *adv* (*wie erwartet*) évidemment

Pronomen (-s, -) *nt* pronom *m*

Propaganda (-) *f* propagande *f*

Propeller (-s, -) *m* hélice *f*

Prophet(in) (-en, -en) *m(f)* prophète (prophétesse)

prophezeien *vt* prédire

Prophezeiung *f* prophétie *f*

Proportion *f* proportion *f*

proportional *adj* proportionnel(le)

Prosa (-) f prose f

Prospekt (-(e)s, -e) m prospectus m

prost interj à la vôtre/tienne, santé

Prostituierte (-n, -n) f prostituée f

Prostitution f prostitution f

Protein (-s, -e) nt protéine f

Protest (-(e)s, -e) m protestation f

Protestant(in) m(f) protestant(e) • **protestantisch** adj protestant(e)

protestieren vi protester

Protestkundgebung f manifestation f

Prothese f prothèse f; (Zahnprothese) dentier m

Protokoll (-s, -e) nt procès-verbal m; **etw zu ~ geben** (bei Polizei) signaler qch

Prototyp m prototype m

protzen (fam) vi se vanter; **mit etw ~** étaler qch

protzig adj tape-à-l'œil inv; (neureich)

Proviant (-s, -e) m provisions fpl

Provider (-s, -) m (Inform) fournisseur m d'accès

Provinz (-, -en) f province f

provinziell adj provincial(e)

Provision f (Écon) commission f

provisorisch adj provisoire

Provokation f provocation f

provozieren vt provoquer

Prozedur f procédure f; (péj) histoires fpl

Prozent (-(e)s, -e) nt: **5 ~** 5 pour cent • **Prozentsatz** m pourcentage m • **prozentual** adj: **~e Beteiligung** pourcentage m

Prozess (-es, -e) m (Jur) procès m; (Vorgang) processus m

prozessieren vi: **~ (mit od gegen)** être en procès (avec)

Prozession f procession f

Prozessor (-s, -en) m (Inform) processeur m

prüfen vt (Kandidat) faire passer un examen à; (Gerät) tester; (nachprüfen) vérifier

Prüfling m candidat(e)

Prüfung f examen m

Prügel pl raclée f

Prügelei f bagarre f

prügeln vt battre ▶ vr se battre

prunkvoll adj fastueux(-euse)

PS abk (= Pferdestärke) CV; (= Postskript(um)) P-S

Psychiater (-s, -) m psychiatre m

psychisch adj psychologique, psychique

Psychoanalyse f psychanalyse f

Psychologe m psychologue m

Psychologie f psychologie f

Psychologin f psychologue f

psychologisch adj psychologique

Psychotherapeut(in) m(f) psychothérapeute mf

Psychotherapie f psychothérapie f

Pubertät f puberté f

Publikum (-s) nt public m

publizieren vt (Buch etc) publier

Pudding (-s, -e od -s) m ≈ flan m

Pudel (-s, -) m caniche m

Puder (-s, -) m poudre f

Puderzucker m sucre m glace

Puff¹ (-(e)s, ⸗e) (fam) m (Stoß) gnon m

Puff² (-(e)s, -e) *m* (*Wäschepuff*) panier *m* à linge (capitonné ; (*Sitzpuff*) pouf *m*

Puff³ (-s, -s) (*fam*) *nt* od *m* (*Bordell*) bordel *m*

Puffer (-s, -) *m* (*Rail, Inform*) tampon *m*

Pulli (-s, -s) *m* pull *m*

Puls (-es, -e) *m* pouls *m* • **Pulsader** *f* artère *f*

Pult (-(e)s, -e) *nt* pupitre *m* ; (*Schaltpult*) pupitre de commande

Pulver (-s, -) *nt* poudre *f*

pulverig *adj* poudreux(-euse)

Pulverschnee *m* poudreuse *f*

pummelig *adj* rondelet(te)

Pumpe *f* pompe *f*

pumpen *vt* pomper ; (*fam: leihen*) prêter ; (: *entleihen*) emprunter

Punkt (-(e)s, -e) *m* point *m*

pünktlich *adj* ponctuel(le) • **Pünktlichkeit** *f* ponctualité *f*

Pupille *f* pupille *f*

Puppe *f* poupée *f*

Puppenstube *f* maison *f* de poupée

pur *adj* pur(e)

Püree (-s, -s) *nt* purée *f*

Puste (-) (*fam*) *f* souffle *m*

Pustel (-, -n) *f* bouton *m* (*sur la peau*)

pusten *vi* souffler

Pute *f* dinde *f*

Puter (-s, -) *m* dindon *m*

Putsch (-(e)s, -e) *m* putsch *m*, coup *m* d'État

Putz (-es) *m* (*Mörtel*) crépi *m*

putzen *vt* nettoyer ; (*Schuhe*) cirer ▶ *vr* faire sa toilette

Putzfrau *f* femme *f* de ménage

Puzzle (-s, -s) *nt* puzzle *m*

Pyramide *f* pyramide *f*

Python (-s, -s) *m* python *m*

P

q

Quader (-s, -) m pierre f de taille
Quadrat nt carré m
- **quadratisch** adj carré(e)
- **Quadratmeter** m mètre m carré
quaken vi (Frosch) coasser ; (Ente) cancaner
quäken (fam) vi brailler
Qual f torture f ; (seelisch) tourment m
quälen vt torturer ; (mit Bitten) harceler ▶ vr (sich abmühen) peiner ; (geistig) se tourmenter
qualifizieren vt qualifier ▶ vr se qualifier
Qualität f qualité f
Qualle f méduse f
Qualm (-(e)s) m épaisse fumée f
qualmen vi fumer ; (fam: Mensch) fumer comme un sapeur
qualvoll adj atroce
Quantität f quantité f
quantitativ adj quantitatif(-ive)
Quark (-s) m (Culin) sorte de fromage blanc
Quartal (-s, -e) nt trimestre m
Quartier (-s, -e) nt logement m

quasi adv quasiment, quasi
quasseln (fam) vi jacasser
Quatsch (-es) m bêtises fpl
quatschen vi papoter
Quatschkopf (fam) m (Schwätzer) moulin m à paroles
Quecksilber nt mercure m
Quelle f source f
quellen (irr) vi (hervorquellen) jaillir ; (schwellen) gonfler
quengeln (fam) vi pleurnicher
quer adv (der Breite nach) en travers
querfeldein adv à travers champs
Querflöte f flûte f traversière
Querschnitt m coupe f ou section f transversale ; (repräsentative Auswahl) échantillon m
Querstraße f rue f transversale
Quertreiber (-s, -) m empêcheur m de tourner en rond
quetschen vt presser, écraser ; (Finger etc) écraser, meurtrir
Quetschung f contusion f
quietschen vi grincer ; (Mensch) pousser des cris
Quintett (-(e)s, -e) nt quintette m
Quirl (-(e)s, -e) m (Küchengerät) fouet m (électrique)
quitt adj: **(mit jdm) ~ sein** être quitte (envers qn)
Quitte f coing m
quittieren vt donner un reçu pour ; (Dienst) quitter
Quittung f quittance f, reçu m
Quiz (-, -) nt jeu-concours m (télévisé ou radiophonique)
Quote f proportion f, taux m

r

Rabatt (-(e)s, -e) m rabais m, remise f
Rabatte f plate-bande f
Rabe (-n, -n) m corbeau m
Rache f vengeance f
Rachen (-s, -) m gorge f
rächen vt venger ▶ vr se venger ;
(Leichtsinn, Faulheit) coûter cher
Rad (-(e)s, =er) nt roue f ; (Fahrrad)
vélo m ; **~ fahren** faire du vélo
Radar (-s) m od nt radar m
• **Radarfalle** f contrôle m radar
Radau (-s) m (fam) boucan m
radebrechen vt, vi baragouiner
radeln (fam) vi faire du vélo ; **zur
Post ~** aller à la poste od en vélo
Radfahrer(in) m(f) cycliste mf
Radfahrweg m piste f cyclable
Radiergummi m gomme f
Radieschen nt radis m
radikal adj (extrem) extrémiste ;
(Maßnahme) radical(e)
Radikale(r) f(m) extrémiste mf
Radio (-s, -s) nt radio f • **radioaktiv**
adj radioactif(-ive) • **Radiorekorder**
m radiocassette f
Radiowecker m radio-réveil m

Radius (-, Radien) m rayon m
Radkappe f enjoliveur m
Radler(in) m(f) cycliste mf
Radrennen nt course f cycliste
Radsport m cyclisme m
Radweg m piste f cyclable
RAF (-) f abk (= Rote-Armee-Faktion)
mouvement terroriste allemand
raffinieren vt raffiner
raffiniert adj (Mensch, Trick)
subtil(e), astucieux(-euse) ; (Kleid)
chic inv
Rahm (-s) m crème f
rahmen vt encadrer
Rahmen (-s, -) m cadre m
Rakete f fusée f
RAM (-(s), -(s)) nt (Inform) mémoire
f vive
Rampe f rampe f
Rampenlicht nt feux m pl de la
rampe
ramponieren (fam) vt esquinter
Ramsch (-(e)s, -e) m camelote f
Rand (-(e)s, =er) m bord m ; (von
Stadt) périphérie f ; (auf Papier)
marge f ; (unter Augen) cerne f
randalieren vi faire du tapage
rang etc vb siehe **ringen**
Rang (-(e)s, =e) m rang m ; (Wert)
calibre m ; (Theat) balcon m
rangieren vt (Rail) aiguiller ▶ vi
(fig) se classer
rann etc vb siehe **rinnen**
rannte etc vb siehe **rennen**
ranzig adj (Butter) rance
Rap (-s), -s) m (Mus) rap m
Rappen (-s, -) m (Schweiz) centime
m (suisse)
Rapper(in) (-s, -) m(f) (Mus)
rappeur(-euse)

r

Raps (-es, -e) m colza m

rar adj rare

rasant adj très rapide

rasch adj rapide

rasen vi (fam: schnell fahren) foncer

Rasen (-s, -) m gazon m

rasend adj (Eifersucht) fou(folle) ; (Entwicklung, Tempo) très rapide ; **~e Kopfschmerzen** de violents maux de tête

Rasenmäher (-s, -) m tondeuse f (à gazon)

Raserei f (Wut) fureur f ; (Schnelle) vitesse f folle

Rasierapparat m rasoir m

rasieren vt raser ▶ vr se raser

Rasierklinge f lame f de rasoir

Rasiermesser nt rasoir m

Rasierpinsel m blaireau m

Rasierseife f savon m à barbe

Rasierwasser nt after-shave m

Rasse f race f

Rassismus m racisme m

Rassist(in) m(f) raciste mf

rassistisch adj raciste

Rast (-, -en) f arrêt m • **rasten** vi s'arrêter

Rastplatz m (an Autobahn) aire f de repos

Rasur f rasage m

Rat (-(e)s, -schläge) m conseil m ; (pl Räte: Ratsversammlung) conseil ; (: Mitglied) conseiller m

Rate f acompte m ; **auf ~n kaufen** acheter à crédit

raten (irr) vt deviner ; **jdm ~** (empfehlen) conseiller qn

Ratgeber (-s, -) m conseiller m ; (Buch) manuel m

Rathaus nt mairie f

ratifizieren vt ratifier

Ration f ration f

rational adj rationnel(le)

rationalisieren vt rationaliser

ratlos adj perplexe

Ratlosigkeit f perplexité f

ratsam adj indiqué(e)

Ratschlag m conseil m

Rätsel (-s, -) nt devinette f ; (Geheimnis) énigme f • **rätselhaft** adj mystérieux(-euse)

Ratte f rat m

rau adj rêche, rugueux(-euse) ; (Stimme) rauque ; (Hals) enroué(e) ; (Klima) rude

Raub (-(e)s) m (von Gegenstand) vol m (à main armée) ; (von Mensch) enlèvement m ; (Beute) proie f • **Raubbau** m exploitation f abusive

rauben vt (wegnehmen) voler ; (entführen) enlever

Räuber (-s, -) m brigand m

Raubmord m vol m avec homicide

Raubtier nt prédateur m

Raubüberfall m attaque f à main armée

Raubvogel m rapace m

Rauch (-(e)s) m fumée f

rauchen vt, vi fumer

Raucher(in) (-s, -) m(f) fumeur(-euse)

räuchern vt (Fleisch) fumer

Rauchfleisch nt viande f fumée

Rauchverbot nt interdiction f de fumer

Raum (-(e)s, Räume) m (Zimmer) pièce f ; (Platz) place f ; (Gebiet) région f

räumen vt (Wohnung) quitter ;
(Platz, Stadt, Gebiet) évacuer ;
(Schnee, Schutt) enlever
Raumfähre f navette f spatiale
Raumfahrt f astronautique f
räumlich adj (Darstellung) en relief
• **Räumlichkeiten** pl locaux mpl
Raumschiff nt vaisseau m spatial
Raumstation f station f spatiale
Raupe f chenille f
Raureif m givre m
raus (fam) adv = **heraus, hinaus**
Rausch (-(e)s, Räusche) m ivresse f
rauschen vi (Wasser) murmurer ;
(Bäume) bruire
Rauschgift nt
• **Rauschgiftsüchtige(r)** m(f)
drogué(e)
räuspern vr se racler la gorge
Razzia (-, Razzien) f rafle f
Reagenzglas nt éprouvette f
reagieren vi réagir ; **~ auf** +Akk
réagir à
Reaktion f réaction f
Reaktor m réacteur m
real adj réel(le) ;
(wirklichkeitsbezogen) réaliste
realisieren vt réaliser
Realismus m réalisme m
Realist(in) m(f) réaliste mf
• **realistisch** adj réaliste
Realität f réalité f ; **erweiterte ~**
réalité augmentée
Realityshow f (TV) émission f de
téléréalité, reality show m
Realschule f école f secondaire,
collège m
Rebe f vigne f
Rebell(in) (-en, -en) m(f) rebelle mf
Rebellion f rébellion f

Rebhuhn nt perdrix f
Rebstock m vigne f
rechen vt, vi ratisser
Rechen (-s, -) m râteau m
Rechenschaft f comptes mpl ;
jdm über etw Akk **~ ablegen**
rendre compte de qch à qn ;
~ verlangen demander des
comptes
Rechenzentrum nt centre m
informatique
rechnen vt calculer ;
(einberechnen, veranschlagen)
compter ▶ vi calculer • **Rechnen**
nt calcul m
Rechner (-s, -) m calculatrice f ;
(Inform) ordinateur m
Rechnung f calcul m ; (von Waren)
facture f ; (in Restaurant etc)
addition f
recht adj juste ; (echt) vrai(e) ▶ adv
(vor adj) vraiment ; **das ist mir ~**
cela me convient ; **~ haben** avoir
raison
Recht (-(e)s, -e) nt droit m ; **~ auf**
+Akk droit à
rechte(r, s) adj droit(e)
Rechte (-n, -n) f (Pol) droite f
Rechteck (-s, -e) nt rectangle m
rechteckig adj rectangulaire
rechtfertigen vt justifier
Rechtfertigung f justification f
rechtlich adj (gesetzlich) légal(e)
rechts adv à droite ▶ prép +Gen:
~ der Straße sur le côte droit de la
rue • **Rechtsanwalt** m,
Rechtsanwältin f avocat m
Rechtschreibprüfung f (Inform)
vérification f d'orthographe
Rechtschreibung f
orthographe f

r

Rechtsextremist m extrémiste m de droite

Rechtshänder(in) (-s, -) m(f) droitier(-ière)

rechtsradikal adj d'extrême droite

Rechtsstreit m litige m

Rechtsweg m voie f judiciaire

rechtswidrig adj illégal(e)

rechtwinklig adj à angle droit ; (Dreieck) rectangle

rechtzeitig adv à temps

recken vt (Hals) tendre ▶ vr s'étirer

recyclebar adj recyclable

recyceln vt recycler

Recycling (-s) nt récupération f

Redakteur(in) m(f) rédacteur(-trice)

Redaktion f rédaction f

Rede f discours m • **Redefreiheit** f liberté f d'expression

reden vi parler ▶ vt dire

Redewendung f expression f

redlich adj honnête

Redner(in) m(f) orateur(-trice)

reduzieren vt réduire

Reede f mouillage m

Reeder (-s, -) m armateur m

Reederei f compagnie f de navigation

reell adj (ehrlich) honnête ; (tatsächlich) véritable

Referat nt (Vortrag) exposé m ; (Verwaltung) service m

Referent(in) m(f) (Vortragender) conférencier(-ière) ; (Sachbearbeiter) expert(e)

Referenz f référence f

referieren vi: ~ über +Akk faire un compte-rendu de

reflektieren vt réfléchir ▶ vi réfléchir la lumière ; ~ **auf** +Akk viser

Reflex (-es, -e) m réflexe m

reflexiv adj réfléchi(e)

Reform (-, -en) f réforme f

Reformhaus nt magasin m diététique

reformieren vt réformer

Refrain (-s, -s) m refrain m

Regal (-s, -e) nt étagère f

rege adj (lebhaft) animé(e) ; (wach, lebendig) vif (vive)

Regel (-, -n) f règle f ; (Méd) règles fpl • **regelmäßig** adj régulier(-ière) ▶ adv: **er kommt ~ zu spät** il arrive régulièrement en retard

regeln vt régler ▶ vr se régler

regelrecht adj (Verfahren) en règle ; (fam: Frechheit etc) sacré(e)

Regelung f (Vereinbarung) règlement m ; (das Regeln) régulation f

regen vr (bewegen) bouger ; (Widerspruch) se faire sentir

Regen (-s, -) m pluie f

Regenbogen m arc-en-ciel m • **Regenbogenfamilie** f famille f arc-en-ciel

Regenmantel m imperméable m

Regenschauer m averse f

Regenschirm m parapluie m

Regenwald m forêt f tropicale

Regenwurm m ver m de terre

Regenzeit f saison f des pluies

Regie f (Film etc) réalisation f ; (Theat) mise f en scène ; (fig) direction f

regieren vt gouverner ▶ vi régner

Regierung f gouvernement m

Regierungswechsel m changement m de gouvernement

Regierungszeit f: **während seiner ~** lorsqu'il était au pouvoir ; (von König) pendant son règne

Regime (-s, -) nt régime m

Regiment (-s, -er) nt (Mil) régiment m

Region f région f

regional adj régional(e)

Regisseur(in) m(f) (Ciné) réalisateur(-trice) ; (Theat) metteur m en scène

Register (-s, -) nt (Verzeichnis) répertoire m ; (Stichwortverzeichnis) index m

registrieren vt enregistrer

regnen vi unpers: **es regnet** il pleut

regnerisch adj pluvieux(-euse)

regulär adj (Arbeitszeit) normal(e) ; (Preis) courant(e)

regulieren vt régler ; (Fluss) régulariser

Regung f mouvement m ; (Gefühl auch) sentiment m

regungslos adj immobile

Reh (-(e)s, -e) nt chevreuil m

rehabilitieren vt (Kranken etc) rééduquer ; (Ruf, Ehre) réhabiliter

Reibe f, **Reibeisen** nt râpe f

reiben (irr) vt (scheuern) frotter ; (Culin) râper

Reibung f frottement m ; (fig) friction f

reibungslos adj (fig) sans heurts

reich adj riche

Reich (-(e)s, -e) nt empire m ; (fig) royaume m ; **das Dritte ~** le troisième Reich

reichen vi (sich erstrecken) s'étendre, aller ; (genügen) suffire ▶ vt (hinhalten) tendre ; (bei Tisch) passer ; (anbieten) offrir

reichhaltig adj (Auswahl) très grand(e) ; (Essen) riche

reichlich adj (Geschenke) à profusion ▶ adv largement ; **~ Zeit** largement assez de temps

Reichstag m (Gebäude, Regierungssitz) Reichstag m

Reichtum m richesse f

Reichweite f portée f

reif adj mûr(e)

Reif (-(e)s, -e) m givre m ; (Ringreif) anneau m

Reife (-) f: **mittlere ~** (Scol) ≈ BEPC m

reifen vi, vt mûrir

Reifen (-s, -) m (Fahrzeugreifen) pneu m ; (von Fass) cercle m • **Reifenpanne** f crevaison f

Reifeprüfung f baccalauréat m

Reihe f rangée f ; (von Menschen) rang m ; (von Beispielen etc: Serie) série f

reihen vt (Perlen) enfiler ; (beim Nähen) faufiler ▶ vr: **B reiht sich an A** B suit A

Reihenfolge f ordre m

Reihenhaus nt maison attenante aux maisons voisines

Reiher (-s, -) m héron m

Reim (-(e)s, -e) m rime f

reimen vr rimer

rein adj pur(e) ; (sauber) propre ; **~ gar nichts** vraiment rien du tout

Reinfall (fam) m échec m

Reingewinn m bénéfice m net

Reinheit f pureté f ; (von Wäsche) propreté f

r

reinigen vt nettoyer

Reinigung f (Geschäft) teinturerie f ; **chemische ~** nettoyage m à sec

Reis¹ (-es, -e) m (Culin) riz m

Reis² (-es, -er) nt (Zweig) brindille f

Reise f voyage m
• **Reiseandenken** nt souvenir m (de voyage) • **Reisebüro** nt agence f de voyages • **Reiseführer** m guide m • **Reisegesellschaft** f groupe m de touristes • **Reisekosten** pl frais mpl de déplacement • **Reiseleiter(in)** m(f) guide m

reisen vi voyager

Reisende(r) f(m) voyageur(-euse) m/f

Reisepass m passeport m

Reisepläne pl projets mpl de voyage

Reiseproviant m casse-croûte m inv

Reisescheck m chèque m de voyage

Reiseveranstalter m voyagiste m, tour-opérateur m

Reiseverkehr m circulation f (des départs en vacances od des rentrées de vacances)

Reisewetter nt temps m de vacances

Reiseziel nt destination f

reißen (irr) vi (Stoff) se déchirer ; (Seil) casser ; (zerren) tirer

Reißnagel m punaise f

Reißverschluss m fermeture f éclair

Reißwecke f = **Reißnagel**

reiten (irr) vt monter ▶ vi: **(auf einem Pferd) ~** monter (à cheval)

Reiter(in) (s, -) m(f) cavalier(-ière)

Reithose f culotte f de cheval

Reitpferd nt cheval m de selle

Reitstiefel m botte f d'équitation

Reiz (-es, -e) m stimulation f ; (Verlockung) charme m

reizen vt stimuler ; (verlocken) attirer ; (Aufgabe, Angebot) intéresser ; (irritieren, ärgern) irriter

reizend adj charmant(e)

reizvoll adj (Anblick) charmant(e) ; (Angebot) alléchant(e)

Reizwäsche f lingerie f sexy

Reklamation f réclamation f

Reklame f publicité f

reklamieren vi se plaindre

rekonstruieren vt (Gebäude) reconstruire ; (Vorfall) reconstituer

Rekord (-es, -e) m record m

rekrutieren vt recruter ▶ vr: **sich ~ aus** (Team) être recruté(e) parmi

Rektor(in) m(f) (Univ) recteur m ; (Scol) directeur(-trice)

relativ adj relatif(-ive)

relevant adj pertinent(e)

Religion f religion f

religiös adj religieux(-euse)

Reling (-, -s) f bastingage m

Ren (-s, -s od -e) nt renne m

Rendezvous (-, -) nt rendez-vous m inv

Rendite f rapport m

Rennbahn f (Pferderennbahn) champ m de courses ; (Radrennbahn) vélodrome m ; (Aut) circuit m automobile

rennen vi, vt courir • **Rennen** (-s, -) nt course f

Renner (-s, -) m (Verkaufsschlager) gros succès m

Rennfahrer *m* coureur *m*
Rennrad *nt* vélo *m* de course
Rennwagen *m* voiture *f* de course
renovieren *vt* rénover
Renovierung *f* rénovation *f*
rentabel *adj* rentable, lucratif(-ive)
Rente *f* retraite *f*, pension *f*
Rentenalter *nt* âge *m* de la retraite
Rentenversicherung *f* assurance *f* invalidité-vieillesse
Rentier *nt* renne *m*
rentieren *vr* être rentable
Rentner(in) (-s, -) *m(f)* retraité(e)
Reparatur *f* réparation *f*
reparieren *vt* réparer
Reportage *f* reportage *m*
Reporter(in) (-s, -) *m(f)* reporter *m*
reproduzieren *vt* reproduire
Reptil (-s, -ien) *nt* reptile *m*
Republik *f* république *f*
Reservat *nt* (Gebiet) réserve *f*
Reserve *f* réserve *f* • **Reserverad** *nt* roue *f* de secours • **Reservetank** *m* réservoir *m* de secours
reservieren *vt* réserver
Reservoir (-s, -e) *nt* réservoir *m*
Residenz *f* résidence *f*
Resignation *f* résignation *f*
resignieren *vi* se résigner
Resolution *f* résolution *f*
Resonanz *f* résonance *f*
Resozialisierung *f* réinsertion *f* sociale
Respekt (-(e)s) *m* respect *m*
respektieren *vt* respecter
respektlos *adj* irrespectueux(-euse)

respektvoll *adj* respectueux(-euse)
Ressort (-s, -s) *nt*: **in jds ~ fallen** être du ressort de qn
Rest (-(e)s, -e) *m* reste *m*
Restaurant (-s, -s) *nt* restaurant *m*
restaurieren *vt* restaurer
Restbetrag *m* solde *m*
restlich *adj* qui reste
restlos *adv* complètement
Restmüll *m* déchets *mpl* non recyclables
Resultat *nt* résultat *m*
Retorte *f* cornue *f*
Retortenbaby *nt* bébé-éprouvette *m*
retten *vt* sauver ▶ *vr* se sauver
Retter(in) *m(f)* sauveur *m*
Rettich (-s, -e) *m* radis *m*
Rettung (das Retten) sauvetage *m* ; (Hilfe) secours *m*
Rettungsboot *nt* canot *m* de sauvetage
Rettungsinsel *f* radeau *m* de sauvetage
Rettungsring *m* bouée *f* (de sauvetage)
Rettungswagen *m* ambulance *f*
Reue (-) *f* remords *mpl*
reuen *vt* (geh): **es reut ihn** il le regrette
Revanche *f* revanche *f*
revanchieren *vr*: **sich für etw ~** (sich rächen) se venger de qch ; (erwidern) revaloir qch
revidieren *vt* (abändern, korrigieren) réviser ; (überprüfen) vérifier
Revier (-s, -e) *nt* (Territorium) territoire *m* ; (Jagdrevier) (terrain *m*

de) chasse f; (Polizeidienststelle) commissariat m (de police)
Revision f (von Ansichten etc) révision f; (Écon) vérification f; (Jur) appel m
Revolte f révolte f
Revolution f révolution f
revolutionieren vt révolutionner
Revolver (-s, -) m révolver m
Rezensent m critique m
Rezension f critique f
Rezept (-(e)s, -e) nt recette f; (Méd) ordonnance f • **rezeptfrei** adj délivré(e) sans ordonnance
Rezeption f réception f
rezeptpflichtig adj délivré(e) uniquement sur ordonnance
Rezession f récession f
Rhabarber (-s) m rhubarbe f
Rhein (-(e)s) m Rhin m
Rheinland-Pfalz nt la Rhénanie-Palatinat
Rhesusfaktor m facteur m rhésus
Rhetorik f rhétorique f
rhetorisch adj rhétorique
Rheuma nt (-s) rhumatisme m
rhythmisch adj rythmique
Rhythmus (-) m rythme m
richten vt (lenken) diriger; (instand setzen) réparer; (zurechtmachen) préparer ▶ vr: **sich nach jdm ~** faire comme cela convient à qn
Richter(in) (-s, -) m(f) juge m
richtig adj bon (bonne); (echt, ordentlich) vrai(e) ▶ adv (korrekt) correctement, juste; **das R~e** ce qu'il faut • **Richtigkeit** f (von Antwort) exactitude f; (von Verhalten) justesse f

Richtlinie f directive f
Richtpreis m prix m indicatif
Richtung f direction f; (Tendenz) tendance f
Richtungstaste f touche f directionnelle
rieb etc vb siehe **reiben**
riechen (irr) vt, vi sentir
rief etc vb siehe **rufen**
Riegel (-s, -) m (Schieber) verrou m; (von Schokolade) barre f
Riemen (-s, -) m (Treibriemen) courroie f
Riese (-n, -n) m géant m
rieseln vi (Wasser) couler; (Schnee, Staub) tomber doucement
Riesenerfolg m succès m fou
riesig adj énorme
riet etc vb siehe **raten**
Riff (-(e)s, -e) nt récif m
Rille f rainure f
Rind (-(e)s, -er) nt bœuf m
Rinde f (Baumrinde) écorce f; (Brotrinde, Käserinde) croûte f
Rindfleisch nt viande f de bœuf
Ring (-(e)s, -e) m anneau m; (Schmuck) bague f; (Kreis, Vereinigung) cercle m; (Boxring) ring m • **Ringbuch** nt classeur m
ringen (irr) vi lutter; **~ um** lutter pour
Ringfinger m annulaire m
rings adv tout autour; **~ um das Haus standen Bäume** il y avait des arbres tout autour de la maison
ringsherum adv tout autour
Ringstraße f boulevard m périphérique
Rinne f rigole f

rinnen (irr) vi fuir

Rippchen nt côte f de porc

Rippe f côte f

Rippenfellentzündung f
pleurésie f

Risiko (-s, -s od Risiken) nt risque m

riskant adj risqué(e)

riskieren vt risquer

riss etc vb siehe **reißen**

Riss (-es, -e) m (in Mauer etc) fissure
f; (in Haut) gerçure f; (in Papier,
Stoff) déchirure f

rissig (Mauer) fissuré(e);
(Hände) gercé(e)

ritt etc vb siehe **reiten**

Ritt (-(e)s, -e) m chevauchée f

Ritter (-s, -) m chevalier m

  • **ritterlich** adj chevaleresque

Ritze f fissure f

ritzen vt graver

Rivale (-n, -n) m, **Rivalin** f rival(e)

Rivalität f rivalité f

Rizinusöl nt huile f de ricin

Robbe f phoque m

Roboter (-s, -) m robot m

roch etc vb siehe **riechen**

Rock (-(e)s, ⁼e) m jupe f

Rockmusik f rock m

Rodel (-s, -) m luge f

rodeln vi luger

Rogen (-s, -) m œufs mpl de
poisson

Roggen (-s, -) m seigle m

roh adj (ungekocht) cru(e);
(unbearbeitet) brut(e); (grob)
grossier(-ière)
  • **Rohbau** m gros
œuvre m • **Rohöl** nt pétrole m brut

Rohr (-(e)s, -e) nt tuyau m

Röhre f tube m; (für Wasser)
tuyau m

Rohrstuhl m chaise f en osier

Rohrzucker m sucre m de canne

Rohseide f soie f grège

Rohstoff m matière f première

Rollator m (Méd) déambulateur m

Rollbrett nt skate(board) m

Rolle f rouleau m; (Garnrolle etc)
bobine f; (unter Möbeln etc)
roulette f; (Theat) rôle m

rollen vt, vi rouler

Roller (-s, -) m (für Kinder)
trottinette f; (Motorroller)
scooter m

Rollladen m store m

Rollmops m rollmops m

Rollschuh m patin m à roulettes

Rollstuhl m fauteuil m roulant

rollstuhlgerecht adj accessible
aux fauteuils roulants

Rolltreppe f escalier m
mécanique

Rom (-s) nt Rome

Roman (-s, -e) m roman m

Romantik f romantisme m

Romantiker(in) (-s, -; m(f))
romantique mf

romantisch adj romantique

Romanze f romance f (Liebelei)
histoire f d'amour

Römer(in) (-s, -; m) Romain m

römisch adj romain(e)

röntgen vt radiographier
  • **Röntgenstrahlen** pl rayons mpl X

rosa adj inv rose

Rose f rose f

Rosé (-s, -s) m (Wein) rosé m

Rosenkohl m choux m pl de
Bruxelles

Rosenmontag m lundi m de
carnaval

Rosette f (*Fenster*) rosace f ; (*aus Papier*) rosette f

rosig adj rose

Rosine f raisin m sec

Rosmarin (-s) m romarin m

Ross (-es, -e) nt cheval m

Rosskastanie f marronnier m ; (*Frucht*) marron m

Rost (-(e)s, -e) m rouille f ; (*Gitter*) grille f • **Rostbraten** m rôti cuit sur le gril

rosten vi rouiller

rösten vt griller

rostfrei adj inoxydable

rostig adj rouillé(e)

Rostschutz m (*Mittel*) antirouille m

rot adj rouge

Rotation f rotation f

Röteln pl rubéole f

rothaarig adj roux (rousse)

rotieren vi tourner ; (*fam: sich aufregen*) paniquer

Rotkäppchen nt le petit chaperon rouge

Rotkehlchen nt rouge-gorge m

Rotstift m crayon m rouge

Rotwein m vin m rouge

Rotz (-es, -e) (*fam*) m morve f

Roulade f paupiette f

Route f itinéraire m

Router m routeur m

Routine f expérience f ; (*Gewohnheit*) routine f

Rowdy (-s, -s) m voyou m

RSI-Syndrom nt abk (= *Repetitive-Strain-Injury-Syndrom*) TMS mpl

Rübe f : **Gelbe ~** carotte f ; **Rote ~** betterave f (rouge)

Rubrik f (*Kategorie*) rubrique f ; (*Spalte*) colonne f

Ruck (-(e)s, -e) m secousse f ; **sich** Dat **einen ~ geben** se secouer

rückbezüglich adj réfléchi(e)

rücken vt (*Möbel*) déplacer ; (*Spielfiguren*) jouer ▸ vi bouger, se déplacer ; (*Platz machen*) se pousser ; **an jds Stelle ~** prendre la place de qn

Rücken (-s, -) m dos m

Rückenmark nt moelle f épinière

Rückenschwimmen nt nage f sur le dos

Rückenwind m vent m arrière

Rückerstattung f remboursement m

Rückfahrkarte f billet m aller-retour

Rückfahrt f retour m

Rückflug m (vol m de) retour m

Rückgabe f restitution f

rückgängig adj : **etw ~ machen** annuler qch

Rückgrat (-(e)s, -e) nt colonne f vertébrale

Rückhand f revers m

Rückkehr (-, -en) f retour m

Rücklicht nt feu m arrière

Rücknahme f reprise f

Rückreise f (voyage m de) retour m

Rückruf m rappel m

Rucksack m sac m à dos

Rücksicht f considération f ; **~ auf jdn/etw nehmen** tenir compte de qn/qch

rücksichtslos adj (*Mensch*) qui manque d'égards ; (*Fahren*) imprudent(e)

rücksichtsvoll adj prévenant(e)

Rücksitz m siège m arrière
Rückspiegel m rétroviseur m
Rückspiel nt match m retour
Rücktritt m démission f
Rücktrittbremse f frein m à rétropédalage
rückwärts adv en arrière
Rückwärtsgang m marche f arrière
Rückweg m retour m
rückwirkend adj rétroactif(-ive)
Rückzahlung f remboursement m
Rudel (-s, -) nt (von Wölfen) bande f ; (von Hirschen) troupeau m
Ruder (-s, -) nt rame f ; (Steuer) gouvernail m • **Ruderboot** nt bateau m à rames • **Ruderer** (-s, -) m rameur(-euse) m/f
rudern vt (Boot) faire avancer (en ramant) ▸ vi ramer
Ruf (-(e)s, -e) m cri m ; (Ansehen) réputation f
rufen (irr) vt appeler ▸ vi appeler, crier
Rufname m prénom m (usuel)
Rufnummer f numéro m de téléphone
Ruhe (-) f calme m ; (Schweigen) silence m ; (Ausruhen, Stillstand) repos m ; (Ungestörtheit) tranquillité f
ruhen vi (ausruhen) se reposer ; (begraben sein) reposer
Ruhestand m retraite f
Ruhetag m jour m de repos
ruhig adj calme ; (Wochenende, Leben) tranquille
Ruhm (-(e)s) m gloire f
Ruhr (-) f (Méd) dysenterie f
Rührei nt œufs mpl brouillés

rühren vt remuer ; (Gemüt bewegen) toucher ▸ vr bouger
rührend adj touchant(e)
Ruhrgebiet nt Ruhr f
rührselig adj sentimental(e)
Rührung f émotion f
Ruin (-s, -e) m ruine f
Ruine f ruine f
ruinieren vt (Person) ruiner
rülpsen (fam) vi roter
Rum (-s, -s) m rhum m
Rumänien (-s) nt la Roumanie
rumänisch adj roumain(e)
Rummel (-s) m (fam) tapage m ; (Jahrmarkt) foire f • **Rummelplatz** m champ m de foire
Rumpelkammer f débarras m
Rumpf (-(e)s, ⸚e) m tronc m ; (Aviat) fuselage m ; (Naut) coque f
rümpfen vt froncer
rund adj rond(e) ▸ adv (ungefähr) environ ; ~ **um die Welt reisen** faire le tour du monde • **Rundbogen** m arc m en plein cintre
Runde f (Rundgang) ronde f ; (in Rennen) tour m ; (Gesellschaft) cercle m ; (von Getränken) tournée f
runden vt arrondir ▸ vr (fig) se préciser
Rundfahrt f circuit m
Rundfunk m radio f
rundlich adj rondelet(te) ; (Gesicht) rond(e)
Rundmail f mail m groupé
Rundreise f circuit m
Rundschreiben nt circulaire f
runter (fam) adv = **herunter; hinunter**
Runzel (-, -n) f ride f

r

runzelig adj ridé(e)

runzeln vt plisser

Rüpel (-s, -) m mufle m
 • **rüpelhaft** adj grossier(-ière)

ruppig adj (unhöflich) brusque

Ruß (-es) m suie f

Russe (-n, -n) m Russe m

Rüssel (-s, -) m trompe f

rußig adj couvert(e) de suie

Russin f Russe f

russisch adj russe

Russland nt la Russie

rüstig adj alerte

Rüstung f armement m ;
 (Ritterrüstung) armure f

Rutsch (-(e)s, -e) m: **~ nach links/
rechts** (Pol) glissement m à
 gauche/droite • **Rutschbahn** f
 toboggan m

rutschen vi glisser ; (ausrutschen,
 Auto) déraper

rutschig adj glissant(e)

rütteln vt secouer

S

Saal (-(e)s, Säle) m salle f

Saarland nt: **das ~** la Sarre

Saat (-, -en) f (Pflanzen) semis mpl ;
 (Säen) semailles fpl

sabbern (fam) vi baver

Säbel (-s, -) m sabre m

Sabotage f sabotage m

sabotieren vt saboter

Sachbearbeiter(in) m(f)
 spécialiste mf ; (Beamter)
 responsable mf

Sache f affaire f ; (Ding) chose f ;
 (Thema) sujet m

Sachlage f circonstances fpl

sachlich adj objectif(-ive)

sächlich adj neutre

Sachschaden m dommage m
 matériel

Sachsen (-s) nt la Saxe

Sachsen-Anhalt nt la
 Saxe-Anhalt

sacht, sachte adv doucement ;
 (allmählich) peu à peu

Sachverständige(r) f(m)
 expert(e) m/f

Sack (-(e)s, ⸚e) m sac m

Sackgasse f cul-de-sac m
sadistisch adj sadique
säen vt, vi semer
Safe (-s, -s) m od nt coffre-fort m
Saft (-(e)s, ÷e) m jus m
saftig adj juteux(-euse) ;
(Rechnung) salé(e)
Sage f légende f
Säge f scie f • **Sägemehl** nt sciure f
sagen vt, vi dire
sägen vt scier
sagenhaft adj légendaire ; (fam:
Glück etc) incroyable
sah etc vb siehe **sehen**
Sahara f Sahara m
Sahne (-) f crème f
Saison (-, -s) f saison f
Saite f corde f
Sakko (-s, -s) m od nt veste f
Salat (-(e)s, -e) m salade f ;
(Kopfsalat auch) laitue f
• **Salatsoße** f vinaigrette f
Salbe f pommade f
Salbei (-s od -) m od f sauge f
Saldo (-s, Salden) m solde m
Salmiak (-s) m chlorure m
d'ammonium • **Salmiakgeist** m
ammoniaque f
Salmonellen pl salmonelles fpl
Salon (-s, -s) m salon m
salopp adj (Kleidung, Manieren)
décontracté(e) ; (Ausdrucksweise,
Sprache) familier(-ière)
Salpeter (-s) m salpêtre m
• **Salpetersäure** f acide m nitrique
Salz (-es, -e) nt sel m
salzen vt saler
salzig adj salé(e)
Salzkartoffeln pl pommes fpl de
terre bouillies

Salzsäure f acide m chlorhydrique
Samen (-s, -) m (Bot) graine f ;
(Sperma) sperme m
sammeln vt (Beeren) ramasser ;
(Geld) collecter ; (Unterschriften)
recueillir ; (als Hobby)
collectionner
Sammlung f (das Sammeln)
collecte f ; (das Gesammelte)
collection f ; (Konzentration)
concentration f
Samstag m samedi m
samstags adv le samedi
samt präp +Dat avec
Samt (-(e)s, -e) m velours m
Sand (-(e)s, -e) m sable m
Sandale f sandale f
sandig adj (Boden)
sablonneux(-euse)
Sandpapier nt papier m de verre
Sandstein m grès m
sandstrahlen vt décaper à la
sableuse
sandte etc vb siehe **senden**
Sanduhr f sablier m
sanft adj doux (douce)
sang etc vb siehe **singen**
Sänger(in) (-s, -) m(f)
chanteur(-euse)
sanieren vt (Stadt, Haus) rénover ;
(Betrieb) remettre à flot ▶ vr
(Unternehmen) se remettre à flot
Sanierung f (von Stadt)
rénovation f ; (von Betrieb)
renflouement m
sank etc vb siehe **sinken**
Sanktion f sanction f
Sardelle f anchois m
Sardine f sardine f
Sarg (-(e)s, ÷e) m cercueil m

S

Sarkasmus m sarcasme m
sarkastisch adj sarcastique
saß etc vb siehe **sitzen**
Satellit (-en, -en) m satellite m
Satellitenfoto nt photo f satellite
Satire f satire f
satirisch adj satirique
satt adj rassasié(e); **jdn/etw ~ sein** (fam) en avoir marre de qn/qch; **sich ~ essen** manger à sa faim
Sattel (-s, "-) m selle f
sättigen vt rassasier
Satz (-es, "-e) m phrase f; (der gesetzte Text) composition f; (Mus) mouvement m; (von Töpfen, Briefmarken etc) série f; (Sport) set m; (Kaffeesatz) marc m; (großer Sprung) bond m
Satzung f statuts mpl
Sau (-, Säue) f truie f; (fam!: schmutzig) cochon m (fam)
sauber adj propre; (ironisch) joli(e) • **Sauberkeit** f propreté f
säubern vt nettoyer; (Pol etc) purger
Sauce f = **Soße**
Saudi-Arabien (-s) nt l'Arabie f saoudite
sauer adj acide; (Wein) aigre; (Milch) caillé(e); (fam: verdrießlich) fâché(e); **saurer Regen** pluies fpl acides
Sauerei (fam) f cochonnerie f
Sauerkraut nt choucroute f
Sauermilch f lait m caillé
Sauerstoff m oxygène m
Sauerstoffgerät nt (im Flugzeug) masque m à oxygène
saufen (irr) vt boire ▸ vi s'abreuver; (fam: viel trinken) picoler

Säufer(in) (-s, -) (fam) m(f) ivrogne m/f
saugen (irr) vt (Flüssigkeit) sucer, aspirer ▸ vi: **~ an** +Dat (Pfeife) tirer sur
Sauger (-s, -) m (auf Flasche) tétine f
Säugetier nt mammifère m
Säugling m nourrisson m
Säule f colonne f, pilier m
Sauna (-, -s) f sauna m
Säure (-, -n) f (Chem) acide m; (Geschmack) acidité f
sausen vi mugir; (Ohren) bourdonner; (fam: eilen) foncer
S-Bahn f abk (= Schnellbahn, Stadtbahn) train m de banlieue
scannen vt (Inform) scanner
Scanner (-s, -) m (Inform) scanner m
Schabe f cafard m
schaben vt gratter; (reiben, scheuern) racler
schäbig adj miteux(-euse); (gemein) infect(e)
Schach (-s, -s) nt échecs mpl; (Stellung) échec m • **Schachbrett** nt échiquier m
Schachfigur f pièce f d'échecs
schachmatt adj échec et mat
Schacht (-(e)s, "-e) m puits m; (für Aufzug) cage f
Schachtel (-, -n) f boîte f
schade adj: **das ist ~** c'est dommage; **für etw zu ~ sein** être trop beau (belle) pour qch
Schädel (-s, -) m crâne m • **Schädelbruch** m fracture f du crâne
schaden vi nuire
Schaden (-s, "-) m dommages mpl, dégâts mpl; (Nachteil) perte f
Schadenersatz m dommages et intérêts mpl

Schadenfreude f joie f malveillante

schadenfroh adj qui se réjouit du malheur des autres

schadhaft adj endommagé(e)

schädigen vt nuire à

schädlich adj (Stoffe) dangereux(-euse), nocif(-ive); (Tier) nuisible

Schädling m animal m nuisible

schadlos adj: **sich ~ halten an** +Dat se venger sur

Schadstoff m substance f toxique
 • **schadstoffarm** adj qui contient peu de substances nocives

Schaf (-(e)s, -e) nt mouton m
 • **Schafbock** m bélier m

Schäfer(in) (-s, -) m(f) berger(-ère) • **Schäferhund** m (chien m de) berger m

schaffen¹ (irr) vt (Werk) créer; (Ordnung) rétablir; (Platz) faire

schaffen² vt (bewältigen) arriver à faire; (: Prüfung) réussir; (transportieren) transporter

Schaffner(in) (-s, -) m(f) contrôleur(-euse)

schäkern vi (fam: scherzen) blaguer

Schal (-s, -e od -s) m écharpe f

Schälchen nt coupelle f

Schale f (Kartoffelschale, Obstschale) peau f; (: abgeschält) pelure f; (Nussschale, Muschelschale, Eischale) coquille f; (Schüssel) coupe f

schälen vt (Kartoffeln, Obst) éplucher ▶ vr (Haut) peler

Schall (-(e)s, -e) m son m
 • **Schalldämpfer** m (Aut) pot m d'échappement; (an Gewehr) silencieux m

schallen vi résonner

Schallplatte f disque m

Schalotte f échalote f

schalten vt mettre ▶ vi (Aut) changer de vitesse; (fam: begreifen) piger

Schalter (-s, -) m (Élec) interrupteur m; (bei Post, Bank: Fahrkartenschalter) guichet m

Schaltjahr nt année f bissextile

Scham (-) f honte f

schämen vr avoir honte; **sich jds/einer Sache** od **für jdn/etw ~** avoir honte de qn/qch

schamlos adj éhonté(e)

Schande f honte f

schändlich adj honteux(-euse)

Schanze f (Sprungschanze) tremplin m

Schar (-, -en) f (von Personen) foule f; (von Vögeln) volée f; **in ~en** en grand nombre

scharen vr s'assembler, se rassembler

scharf adj (Klinge) tranchant(e); (Wind, Kälte) glacial(e); (Essen) épicé(e); (Worte) dur(e); (Kritik) acerbe; (Auge) perçant(e); (Ohr) fin(e); (Verstand) vif (vive); (Phot) net(te); **auf etw** Akk **~ sein** (fam) être fou (folle) de qch

Scharnier (-s, -e) nt charnière f

Schaschlik (-s, -s) m od nt brochette f

Schatten (-s, -) m ombre f

schattig adj ombragé(e)

Schatz (-es, ¨e) m trésor m

Schätzchen nt chéri(e) m/f

schätzen vt estimer; **~ lernen** apprécier de plus en plus

Schätzung f estimation f, évaluation f

schätzungsweise adv approximativement

Schau (-) f spectacle m ; (Ausstellung) exposition f
• **Schaubild** nt diagramme m

schauen vi regarder

Schauer (-s, -) m (Regenschauer) averse f ; (vor Schreck) frisson m
• **schauerlich** adj épouvantable

Schaufel (-, -n) f pelle f

Schaufenster nt vitrine f
• **Schaufensterbummel** m lèche-vitrines m inv

Schaukasten m vitrine f

Schaukel (-, -n) f balançoire f

schaukeln vi se balancer

Schaukelstuhl m fauteuil m à bascule

Schaulustige(r) f(m) badaud(e) m/f

Schaum (-(e)s, Schäume) m écume f ; (Seifenschaum: von Getränken) mousse f

schäumen vi mousser

Schaumgummi m caoutchouc m mousse®

Schauplatz m scène f

Schauspiel nt spectacle m ; (Theat) pièce f

Schauspieler(in) m(f) acteur(-trice)

Scheck (-s, -s) m chèque m
• **Scheckbuch** nt, **Scheckheft** nt carnet m de chèques, chéquier m

Scheckkarte f carte f d'identité bancaire

Scheibe f disque m ; (Brot, Wurst, Zitrone etc) tranche f ; (Glasscheibe) vitre f

Scheibenwaschanlage f lave-glace m

Scheibenwischer m essuie-glace m

Scheich (-s, -e od -s) m cheik m

Scheide f (Anat) vagin m

scheiden (irr) vt séparer ; (Ehe) dissoudre

Scheidung f divorce m

Schein (-(e)s, -e) m lumière f ; (Anschein) apparence f ; (Geldschein) billet m ; (Bescheinigung) attestation f ; **den ~ wahren** sauver les apparences
• **scheinbar** adv apparemment

scheinen (irr) vi briller ; **mir scheint ... il me semble ...**

scheinheilig adj hypocrite

Scheinwerfer (-s, -) m projecteur m ; (Aut) phare m

Scheiße (-) (fam !) f merde f (fam !)

Scheit (-(e)s, -e od -er) nt bûche f

Scheitel (-s, -) m sommet m ; (Haarscheitel) raie f

scheitern vi échouer

Schelte f réprimande f

Schema (-s, -s od -ta) nt plan m ; (Darstellung) schéma m

Schemel (-s, -) m tabouret m

Schenkel (-s, -) m cuisse f

schenken vt offrir

Schenkung f donation f

Scherbe f débris m

Schere f ciseaux mpl ; (groß) cisailles fpl ; (Zool) pince f

scheren¹ (irr) vt (Schaf etc) tondre

scheren² vr (sich kümmern) se préoccuper ; **sich nicht um jdn/ etw ~** ne pas se soucier de qn/qch

Schererei (fam) f tracasserie f

Scherz (-es, -e) m plaisanterie f
• **scherzhaft** adj (Antwort) drôle

scheu *adj* (*ängstlich*) craintif(-ive) ; (*schüchtern*) timide

Scheu f (*Angst*) crainte f ; **~ vor** +*Dat* (*Ehrfurcht*) respect m de

scheuen *vr* : **sich vor etw** *Dat* **~** craindre qch ▸ *vt* (*Gefahr*) reculer devant ; (*Anstrengung, Öffentlichkeit*) éviter ; (*Aufgabe*) se dérober à ▸ *vi* (*Pferd*) s'emballer

scheuern *vt* (*putzen*) récurer ; (*reiben*) frotter

Scheuklappe f œillère f

Scheune f grange f

scheußlich *adj* épouvantable

Schi *m siehe* **Ski**

Schicht (-, *-en*) f couche f ; (*in Fabrik etc*) poste m • **schichten** *vt* empiler

schick *adj* chic

schicken *vt* envoyer

Schicksal (-s, *-e*) *nt* destin m

Schicksalsschlag m coup m du destin

Schiebedach *nt* toit m ouvrant

schieben (*irr*) *vt* pousser ; **die Schuld auf jdn ~** rejeter la responsabilité sur qn

Schiebetür f porte f coulissante

Schiebung f (*Parteilichkeit*) favoritisme m

schied *etc vb siehe* **scheiden**

Schiedsgericht *nt* tribunal d'arbitrage ; (*bei Sport, Wettbewerb*) commission f d'arbitrage

Schiedsrichter m arbitre m

schief *adj* (*Ebene*) en pente, incliné(e) ; (*Turm*) penché(e) ▸ *adv* de travers ; **jdn ~ ansehen** regarder qn de travers ; **auf die ~e Bahn geraten** *od* **kommen** s'écarter du droit chemin ; **ein ~es**

Bild der Wirklichkeit zeichnen donner une image fausse de *od* déformer la réalité

Schiefer (-s, -) m ardoise f

Schiefergas *nt* gaz m de schiste

schief|gehen (*irr: fam*) *vi* mal tourner

schielen *vi* loucher

schien *etc vb siehe* **scheinen**

Schienbein *nt* tibia m

Schiene f rail m ; (*Méd*) attelle f

schienen *vt* éclisser

schier *adj* pur(e) ; (*Fleisch*) maigre ▸ *adv* presque

Schießbude f stand m de tir

schießen (*irr*) *vt, vi* tirer

Schiff (-(e)s, -e) *nt* bateau m ; (*Kirchenschiff*) nef f • **Schiffbau** m construction f navale • **Schiffbruch** m naufrage m

Schiffer (-s, -) m batelier m

Schifffahrt f navigation f

Schifffahrtslinie f ligne f maritime

Schikane f tracasserie f

schikanieren *vt* brimer

Schild[1] (-(e)s, -e) m (*Schutz*) bouclier m ; (*von Tier*) carapace f ; (*Mützenschild*) visière f

Schild[2] (-(e)s, -er) *nt* écriteau m ; (*Verkehrsschild*) panneau m ; (*Etikett*) étiquette f

Schilddrüse f thyroïde f

schildern *vt* décrire

Schilderung f description f

Schildkröte f tortue f

Schilf (-(e)s, -e) *nt*, **Schilfrohr** *nt* roseau m

schillern *vi* chatoyer, miroiter

Schilling m schilling m

S

Schimmel (-s, -) *m* moisissure *f*;
(*Pferd*) cheval *m* blanc
schimmelig *adj* moisi(e)
schimmeln *vi* moisir
Schimmer (-s) *m* lueur *f*
schimmern *vi* (*Kerze*) jeter une
faible lueur
Schimpanse (-n, -n) *m*
chimpanzé *m*
schimpfen *vi* pester
Schimpfwort *nt* gros mot *m*
Schinken (-s, -) *m* jambon *m*
Schirm (-(e)s, -e) *m* (*Regenschirm*)
parapluie *m*; (*Sonnenschirm*)
parasol *m*; (*Lampenschirm*)
abat-jour *m inv*; (*Mützenschirm*)
visière *f* • **Schirmherrschaft** *f*
patronage *m*
Schlacht (-, -en) *f* bataille *f*
schlachten *vt* (*Tier*) tuer
Schlachtenbummler *m*
supporter d'une équipe jouant à
l'extérieur
Schlachter (-s, -) *m* boucher *m*
Schlachtfeld *nt* champ *m* de
bataille
Schlachtruf *m* cri *m* de guerre
Schlaf (-(e)s) *m* sommeil *m*
• **Schlafanzug** *m* pyjama *m*
Schläfchen *nt* (petite) sieste *f*
Schläfe *f* tempe *f*
schlafen (*irr*) *vi* dormir; **~ gehen**
aller se coucher
schlaff *adj* (*Haut*) flasque;
(*erschöpft*) épuisé(e); (*péj:*
energielos) mou (molle)
Schlafgelegenheit *f* endroit *m*
où dormir
Schlaflosigkeit *f* insomnie *f*
Schlafmittel *nt* somnifère *m*
Schlafsaal *m* dortoir *m*

Schlafsack *m* sac *m* de
couchage
Schlaftablette *f* somnifère *m*
Schlafwagen *m* wagon-lit *m*
Schlafzimmer *nt* chambre *f* à
coucher
Schlag (-(e)s, ⸚e) *m* (*Hieb*) coup *m*;
(*Méd: Hirnschlag*) attaque *f*
(d'apoplexie) *f*; (*Stromschlag*)
secousse *f*; (*Blitzschlag*) foudre *f*;
(*Schicksalsschlag*) coup du destin;
Schläge *pl* (*Tracht Prügel*) raclée *f*
• **Schlagader** *f* artère *f*
• **Schlaganfall** *m* attaque *f*
(d'apoplexie) • **schlagartig** *adj*
brusque
Schlägel (-s, -) *m* (*Trommelschlägel*)
baguette *f*
schlagen (*irr*) *vt* battre
Schlager (-s, -) *m* (*Mus*) tube *m*;
(*Erfolg*) succès *m*
Schläger (-s, -) *m* (*Tennisschläger*)
raquette *f*; (*Hockeyschläger*)
crosse *f*; (*Golfschläger*) club *m*
Schlägerei *f* bagarre *f*
Schlagersänger(in) *m(f)*
chanteur(-euse) pop
schlagfertig *adj* qui a de la
repartie
Schlagloch *nt* nid *m* de poules
Schlagwort *nt* slogan *m*
Schlagzeile *f* manchette *f*
Schlagzeug *nt* batterie *f*
Schlagzeuger(in) (-s, -) *m(f)*
batteur *m*
Schlamassel (-s, -) (*fam*) *m* od *nt*
pagaille *f*
Schlamm (-(e)s, -e) *m* boue *f*
schlammig *adj* boueux(-euse)
Schlampe(r) (*péj: fam*) *f(m)*
souillon *f*

Schlamperei (fam) f(Unordnung)
pagaille f; (schlechte Arbeit) travail
m bâclé

schlampig (fam) adj (Mensch)
débraillé(e) ; (Arbeit) bâclé(e)

Schlange f serpent m ;
(Menschenschlange) queue f; (von
Autos) file f; **~ stehen** faire la
queue

schlank adj mince • **Schlankheit**
f minceur f • **Schlankheitskur** f
cure f d'amaigrissement

schlapp adj (erschöpft) épuisé(e) ;
(fam: energielos) mou (molle)

Schlappe (fam) f veste f

schlau adj (Mensch) malin(-igne) ;
(Plan) astucieux(-euse)

Schlauch (-(e)s, Schläuche) m
tuyau m ; (in Reifen) chambre f à air
• **Schlauchboot** nt canot m
pneumatique

schlauchen (fam) vt pomper

schlecht adj mauvais(e) ;
(verdorben) avarié(e) ▶ adv mal ;
(kaum) difficilement ; **jdm geht es
~** (gesundheitlich) qn va mal ;
(wirtschaftlich) qn est dans la gêne

schlechthin adv tout
simplement ; **der Dramatiker ~**
le type même du dramaturge

Schlechtigkeit f méchanceté f

schlecht|machen vt calomnier

schlecken vt lécher ▶ vi manger
des sucreries

Schlegel (-s, -) m (Culin) cuisse f

schleichen (irr) vi se glisser ;
(heimlich) marcher à pas de loup

schleichend adj (Krankheit, Gift)
insidieux(-euse)

Schleier (-s, -) m voile m
• **schleierhaft** adj: **jdm ~ sein**
échapper à qn

Schleife f boucle f; (auf Schuh
auch, im Haar) nœud m

schleifen¹ vi traîner ▶ vt (ziehen)
traîner

schleifen² vt irr (Messer) aiguiser ;
(Edelstein) tailler

Schleim (-(e)s, -e) m (Méd)
mucosité f; (Culin) gruau m

schleimig adj visqueux(-euse)

schlemmen vi festoyer

schlendern vi flâner

schlenkern vt balancer

schleppen vt traîner ; (Auto,
Schiff) remorquer ▶ vr se traîner

schleppend adj (Gang)
traînant(e) ; (Bedienung,
Abfertigung) très lent(e)

Schlepper (-s, -) m (Schiff)
remorqueur m

Schlepplift m remonte-pente m

Schleswig-Holstein nt le
Schleswig-Holstein

Schleuder (-, -n) f (Steinschleuder)
fronde f; (Wäscheschleuder)
essoreuse f; (Zentrifuge)
centrifugeuse f • **schleudern** vt
lancer ; (Wäsche) essorer ▶ vi (Aut)
déraper

Schleuderpreis m prix m sacrifié

Schleudersitz m siège m
éjectable

schleunigst adv au plus vite

Schleuse f écluse f

schlich vb siehe **schleichen**

schlicht adj simple

schlichten vt (Streit) régler

Schlichter(in) (-s, -) m(f)
médiateur(-trice)

Schlichtung f conciliation f

Schlick (-(e)s, -e) m vase f

schlief etc vb siehe **schlafen**

Schließe f fermeture f

schließen (irr) vt fermer ; (Lücke) boucher ; (Frieden, Ehe) conclure ; (Vertrag) passer ▶ vi (folgern) conclure

Schließfach nt consigne f automatique

schließlich adv finalement ; (immerhin) après tout

schliff etc vb siehe **schleifen**

schlimm adj mauvais(e) ; (Zeiten) difficile • **schlimmer** adj pire • **schlimmste(r, s)** adj pire

schlimmstenfalls adv au pire (des cas)

Schlinge f boucle f ; (als Verband) écharpe f

schlingern vi tanguer

Schlips (-es, -e) m cravate f

Schlitten (-s, -) m luge f ; (Pferdeschlitten) traîneau m

schlittern vi patiner

Schlittschuh m patin m à glace

Schlitz (-es, -e) m fente f ; (Hosenschlitz) braguette f

schloss etc vb siehe **schließen**

Schloss (-es, -̈er) nt (Bau) château m ; (Vorrichtung) serrure f

Schlosser (-s, -) m (für Schlüssel) serrurier m

Schlucht (-, -en) f gorge f

schluchzen vi sangloter

Schluck (-(e)s, -e) m gorgée f

Schluckauf (-s) m hoquet m

schlucken vt, vi avaler

schlug etc vb siehe **schlagen**

schlummern vi faire un petit somme ; (fig) être caché(e)

schlüpfen vi se glisser ; (Küken, Vogel etc) éclore

Schlüpfer (-s, -) m slip m

schlüpfrig adj glissant(e) ; (péj) obscène

Schluss (-es, -̈e) m fin f ; (Schlussfolgerung) conclusion f

Schlüssel (-s, -) m clé f, clef f ; (Lösungsheft) corrigé m • **Schlüsselbein** nt clavicule f • **Schlüsselblume** f primevère f • **Schlüsselbund** m trousseau m de clés • **Schlüsseldienst** m serrurerie f express • **Schlüsselloch** nt trou m de la serrure

Schlussfolgerung f conclusion f

Schlusslicht nt feu m arrière

Schlussstrich m: **einen ~ unter etw** Akk **ziehen** tirer un trait sur qch

Schlussverkauf m soldes mpl

schmächtig adj frêle

schmackhaft adj (Essen) délicieux(-euse) ; **jdm etw ~ machen** faire un tableau flatteur de qch à qn

schmählich adj honteux(-euse)

schmal adj étroit(e) ; (Person, Buch etc) mince ; (karg) maigre

schmälern vt (Ertrag, Lohn) diminuer ; (Ruf, Verdienst) rabaisser

Schmalz (-es, -e) nt graisse f (fondue) ; (Schweineschmalz) saindoux m

schmalzig adj (Lied etc) à l'eau de rose

Schmarotzer (-s, -) m parasite m

schmatzen vi manger bruyamment

schmecken vt goûter ▶ vi (Essen) être bon(ne) ; **schmeckt es (Ihnen)?** vous aimez ?

Schmeichelei f mot m flatteur
schmeichelhaft adj flatteur(-euse)
schmeicheln vi +Dat flatter
schmeißen (irr) (fam) vt jeter, balancer
Schmeißfliege f mouche f bleue
schmelzen (irr) vt faire fondre ▸ vi fondre
Schmerz (-es, -en) m douleur f; (Trauer) chagrin m
schmerzen vt faire mal à; (fig) blesser
Schmerzensgeld nt dommages mpl et intérêts mpl
schmerzhaft adj douloureux(-euse)
schmerzlich adj douloureux(-euse)
Schmerzmittel nt analgésique m
schmerzstillend adj analgésique
Schmetterling m papillon m
Schmied (-(e)s, -e) m forgeron m
Schmiedeeisen nt fer m forgé
schmieden vt forger
schmiegsam adj flexible, souple
Schmiere f graisse f
schmieren vt étaler; (Aufstrich, Butter) tartiner; (ölen, fetten) graisser; (fam: bestechen) graisser la patte à; (schreiben) griffonner ▸ vi (schreiben) griffonner
Schmiergeld nt pot-de-vin m
Schmiermittel nt lubrifiant m
Schmierseife f savon m noir
Schminke f maquillage m
schminken vt maquiller ▸ vr se maquiller

schmirgeln vt poncer
schmiss etc vb siehe **schmeißen**
schmollen vi bouder
schmolz etc vb siehe **schmelzen**
Schmorbraten m rôti m braisé
schmoren vt braiser ▸ vi cuire à feu doux
Schmuck (-(e)s, -e) m (Ringe etc) bijoux mpl; (Verzierung) décoration f
schmücken vt décorer
Schmuggel (-s) m contrebande f
schmuggeln vt passer en contrebande ▸ vi faire de la contrebande
Schmuggler(in) (-s, -) m(f) contrebandier(-ière)
schmunzeln vi sourire
schmusen vi se faire des câlins
Schmutz (-es) m saleté f
schmutzig adj sale; (Witz) cochon(ne); (Geschäfte) louche
Schnabel (-s, ⁻) m bec m
Schnake f moustique m
Schnalle f boucle f
schnallen vt attacher; **den Gürtel enger ~** se serrer la ceinture
Schnäppchen (fam) nt bonne affaire f
schnappen vt saisir
Schnappschuss m instantané m
Schnaps (-es, ⁻e) m eau-de-vie f
schnarchen vi ronfler
schnaufen vi haleter
Schnauzbart m moustache f
Schnauze f museau m; (Ausguss) bec m; (fam) gueule f
Schnecke f escargot m; (Nacktschnecke) limace f

s

Schneckenhaus nt coquille f

Schnee (-s) m neige f
- **Schneeball** m boule f de neige
- **Schneegestöber** nt tempête f de neige • **Schneeglöckchen** nt perce-neige m od f inv
- **Schneekette** f chaîne f
- **Schneepflug** m chasse-neige m inv • **Schneeschmelze** f fonte f des neiges

Schneide f tranchant m

schneiden (irr) vt couper ▶ vr se couper

Schneider(in) (-s, -) m(f) tailleur m, couturière f

Schneidezahn m incisive f

schneien vi unpers: **es schneit** il neige

schnell adj rapide ; **machen Sie ~!** faites vite !

schnellen vi bondir ; (Preise) faire un bond

Schnelligkeit f rapidité f

Schnellimbiss m snack(-bar) m

schnellstens adv au plus vite

Schnellstraße f voie f rapide

Schnickschnack (-(e)s) m (fam : péj : Überflüssiges) camelote f

schnippisch adj insolent(e)

schnitt etc vb siehe **schneiden**

Schnitt (-(e)s, -e) m coupure f ; (Schnittpunkt) intersection f ; (Durchschnitt) moyenne f

Schnitte f tranche f

Schnittlauch m ciboulette f

Schnittmuster nt patron m

Schnittpunkt m intersection f

Schnittstelle f interface f

Schnitzel (-s, -) nt (Culin) escalope f

schnitzen vt sculpter

schnoddrig (fam) adj sans-gêne inv

Schnorchel (-s, -) m tuba m

schnorcheln vi faire de la plongée (avec un tuba)

Schnörkel (-s, -) m fioriture f

schnorren vt taper

schnüffeln vi flairer, renifler ; (fam: spionieren) fouiner ; **an etw** Dat **~** renifler qch

Schnuller (-s, -) m tétine f

Schnupfen (-s, -) m rhume m

schnuppern vi: **an etw** Dat **~** renifler qch

Schnur (-, ⸚e) f ficelle f ; (Élec) fil m

Schnurrbart m moustache f

schnurren vi ronronner

Schnürsenkel m lacet m

schob etc vb siehe **schieben**

Schock (-(e)s, -s) m choc m

Schöffengericht nt tribunal avec un jury

Schokolade f chocolat m

Schokoriegel m barre f chocolatée

Scholle f (Fisch) plie f

---

schon

adv **1** (bereits) déjà ; **~ vor 100 Jahren** il y a cent ans ; **ich war ~ einmal da** (früher) j'y suis déjà allé(e) ; **das war ~ immer so** ça a toujours été comme ça ; **wartest du ~ lange?** il y a longtemps que tu attends ? ; **~ oft** (déjà) souvent ; **wie ~ so oft** comme déjà souvent ; **~ immer** toujours ; **was, ~ wieder?** quoi, encore ? ; **ich habe das ~ mal gehört** j'ai déjà entendu ça quelque part ; **hast**

du ~ gehört? tu as entendu la nouvelle ?
2 (bestimmt): **du wirst ~ sehen** tu verras bien ; **das wird ~ noch gut** ça va (sûrement) s'arranger
3 (bloß): **wenn ich das ~ höre** rien que d'entendre des choses pareilles ; **hör ~ auf damit!** arrête ! ; **was macht der ~, wenn ...?** qu'est-ce que ça peut bien faire que ... ?
4 (einschränkend): **ja ~, aber ...** d'accord, mais ...
5: (**das ist) ~ möglich** c'est bien possible ; **~ gut!** bon(, d'accord) ! ; **du weißt ~** tu sais bien ; **komm ~!** allez, viens ! ; **und wenn ~!** et alors ?

schön adj beau (belle) ; **~e Grüße** bien le bonjour ; **~e Ferien!** bonnes vacances !
schonen vt ménager ▶ vr se ménager
Schönheit f beauté f
Schonung f (Nachsicht) égards mpl ; (von Gegenstand) ménagement m ; (Forst) pépinière f
schonungslos adj impitoyable
Schonzeit f période f de fermeture de la chasse
schöpfen vt (Flüssigkeit) puiser ; (Mut, Luft) prendre
Schöpfkelle f, **Schöpflöffel** m louche f
Schöpfung f création f
Schorf (-(e)s, -e) m croûte f
Schornstein m cheminée f
  • **Schornsteinfeger** (-s, -) m ramoneur m
Schoß (-es, ⸚e) m (von Rock) basque f ; **auf jds ~** sur les genoux de qn

schoss etc vb siehe **schießen**
Schote f (Bot) cosse f
schottisch adj écossais(e)
Schottland nt l'Écosse f
schraffieren vt hachurer
schräg adj (Wand: schief geneigt) penché(e) ; (Linie) oblique
Schramme f éraflure f
schrammen vt érafler
Schrank (-(e)s, ⸚e) m placard m ; (Kleiderschrank) armoire f
Schranke f barrière f
Schraube f vis f ; (Schiffsschraube) hélice f
schrauben vt visser
Schraubenschlüssel (-s, -) m clé f à molette
Schraubenzieher (-s, -) m tournevis m
Schreck (-(e)s, -e) m frayeur f
Schreckgespenst nt spectre m
schreckhaft adj craintif(-ive)
schrecklich adj épouvantable
Schrei (-(e)s, -e) m cri m
Schreibblock m bloc-notes m
schreiben (irr) vt, vi écrire
  • **Schreiben** (-s, -) nt lettre f
Schreiber(in) (-s, -) m(f) auteur m
schreibfaul adj trop paresseux(-euse) pour écrire
Schreibfehler m faute f d'orthographe
Schreibmaschine f machine f à écrire
Schreibschutz m (Inform) protection f d'écriture
Schreibtisch m bureau m
Schreibwaren pl fournitures fpl de bureau

S

Schreibweise f orthographe f ; (Stil) style m

schreien (irr) vi, vt crier

schreiend adj (Ungerechtigkeit) criant(e) ; (Farbe) criard(e)

Schreiner(-s, -) m (von Möbeln) menuisier m ; (Zimmermann) charpentier m

Schreinerei f menuiserie f

schreiten (irr) vi marcher ; **zum Angriff/zur Tat ~** passer à l'attaque/l'acte

schrie etc vb siehe **schreien**

schrieb etc vb siehe **schreiben**

Schrift (-, -en) f écriture f ; (Buch, Gedrucktes) écrit m • **Schriftart** f (Handschrift) écriture ; (Typ) caractères mpl • **Schriftdeutsch** nt bon allemand m • **schriftlich** adj écrit(e) ▸ adv par écrit

Schriftsteller(in) (-s, -) m(f) écrivain m

schrill adj (Stimme) perçant(e) ; (Ton) aigu(ë)

Schritt (-(e)s, -e) m pas m • **Schrittmacher** m stimulateur m cardiaque

schroff adj brusque

schröpfen vt (fig) plumer

Schrot (-(e)s, -e) m od nt (Blei) plomb m ; (Getreide) farine f brute • **Schrotflinte** f fusil m (de chasse)

Schrott (-(e)s, -e) m ferraille f • **schrottreif** adj bon(ne) pour la casse

schrumpfen vi (Apfel, Mensch) se ratatiner

Schubkarren m brouette f

Schublade f tiroir m

schüchtern adj timide

schuf etc vb siehe **schaffen**[1]

Schuft (-(e)s, -e) m canaille f

schuften (fam) vi bosser

Schuh (-(e)s, -e) m chaussure f • **Schuhband** nt lacet m • **Schuhcreme** f cirage m • **Schuhgeschäft** nt magasin m de chaussures • **Schuhmacher** m cordonnier m • **Schuhwerk** nt chaussures fpl

schuld adj : **(an etw** Dat) **~ sein** être responsable (de qch) • **Schuld** (-, -en) f responsabilité f ; (Verschulden) faute f

schulden vt devoir

schuldig adj coupable ; **jdm etw ~ sein** od **bleiben** devoir qch à qn

Schuldner(in) (-s, -) m(f) débiteur/-trice f

Schuldspruch m verdict m de culpabilité

Schule f école f

schulen vt former ; (Geist, Ohr) exercer

Schüler(in) (-s, -) m(f) élève mf

Schulferien pl vacances fpl scolaires

schulfrei adj : **~er Tag** jour m où il n'y a pas classe

Schulhof m préau m, cour f de l'école

Schuljahr nt année f scolaire

Schulmedizin f médecine f conventionnelle

schulpflichtig adj (Alter) scolaire ; (Kind) d'âge scolaire

Schulstunde f heure f de classe

Schulter (-, -n) f épaule f • **Schulterblatt** nt omoplate f

Schulung f formation f

Schuppe f (von Fisch, Schlange) écaille f ; **Schuppen** pl (Haarschuppen) pellicules fpl

schuppen vt (Fisch) enlever les écailles de

Schuppen (-s, -) m remise f

schürfen vt (Haut, Knie) égratigner

Schürze f tablier m

Schuss (-es, ±e) m (Gewehrschuss) coup m de feu ; (Foot etc) tir m

Schüssel (-, -n) f saladier m

Schuster (-s, -) m cordonnier m

Schutt (-(e)s) m (Trümmer, Bauschutt) décombres mpl
• **Schuttabladeplatz** m décharge f (publique)

Schüttelfrost m frissons mpl

schütteln vt secouer ▶ vr (vor Kälte) frissonner

schütten vt verser ▶ vi unpers pleuvoir à verse

Schutz (-es) m protection f ; (Zuflucht) abri m ; **jdn in ~ nehmen** prendre la défense de qn
• **Schutzblech** nt garde-boue m inv

Schütze (-n, -n) m tireur m ; (Schießsportler) marqueur m ; (Astr) Sagittaire m

schützen vt protéger ; **~ vor** +Dat od **gegen** protéger de od contre

Schutzengel m ange m gardien

Schutzgebiet nt (Pol) protectorat m ; (Naturschutzgebiet) parc m naturel

Schutzhelm m casque m

schutzlos adj sans défense

schwach adj faible ; (Tee, Gift) léger(-ère) ; (Gedächtnis) mauvais(e)

Schwäche f faiblesse f ; **~ für** +Akk faible m pour

schwächen vt affaiblir

Schwachkopf (fam) m imbécile m

Schwachsinn m (Méd) débilité f mentale

Schwachstelle f point m faible

schwafeln (fam) vi radoter

Schwager (-s, ±) m beau-frère m

Schwägerin f belle-sœur f

Schwalbe f hirondelle f

Schwall (-(e)s, -e) m flot m

schwamm etc vb siehe **schwimmen**

Schwamm (-(e)s, ±e) m éponge f

schwammig adj spongieux(-euse) ; (Gesicht) bouffi(e)

Schwan (-(e)s, ±e) m cygne m

schwanger adj enceinte

Schwangerschaft f grossesse f

Schwangerschaftsabbruch m interruption f de grossesse

schwanken vi se balancer ; (Preise, Zahlen, Temperatur) fluctuer ; (taumeln) chanceler ; (zögern) hésiter

Schwanz (-es, ±e) m queue f

schwänzen (fam) vt sécher

Schwarm (-(e)s, ±e) m essaim m ; (fam) idole f

schwärmen vi : **für jdn/etw ~** adorer qn/qch

schwarz adj noir(e)
• **Schwarzarbeit** f travail m au noir • **Schwarzbrot** nt pain de seigle très noir • **Schwarze(r)** f(m) Noir(e) m/f

schwarz|fahren (irr) vi resquiller

Schwarzfahrer(in) m(f) resquilleur(-euse)

Schwarzmarkt m marché m noir

schwarz|sehen vi (TV) regarder la télé sans avoir payé sa redevance ; (fam: Pessimist) tout voir en noir

s

Schwarzwald m Forêt-Noire f

schwatzen vi, **schwätzen** vi bavarder

Schwätzer(in) (-s, -) (péj) m(f) bavard(e)

Schwebebahn f téléphérique m

schweben vi planer ; (aufgehängt sein) être suspendu(e)

Schweden (-s) nt la Suède

schwedisch adj suédois(e)

Schwefel m soufre m

schweigen (irr) vi se taire
• **Schweigen** (-s) nt silence m

schweigsam adj silencieux(-euse)

Schwein (-(e)s, -e) nt cochon m ; (Culin) porc m ; (fam : Glück) bol m

Schweinefleisch nt viande f de porc

Schweinegrippe f grippe f porcine od A

Schweinerei f (fam : Gemeinheit) vacherie f

Schweiß (-es) m sueur f

schweißen vt souder

Schweißfüße pl : ~ haben transpirer des pieds

Schweiz f : die ~ la Suisse

Schweizer (-s, -) m Suisse m
• **Schweizerdeutsch** nt suisse m alémanique od allemand
• **schweizerisch** adj suisse

Schwelle f seuil m

schwellen (irr) vi (Méd) enfler ; (Fluss) grossir

Schwellung f (Méd) enflure f

schwenken vt agiter ▶ vi (Mil) effectuer une conversion

schwer adj lourd(e) ; (schwierig, hart) difficile ; (Wein) capiteux(-euse) ; (Schmerzen)

fort(e) ; (Gewitter) violent(e) ▶ adv (sehr) vraiment

Schwere (-) f gravité f ; (Gewicht) poids m • **Schwerelosigkeit** f apesanteur f

schwer|fallen (irr) vi : **jdm ~** être difficile pour qn

schwerfällig adj lourd(e) ; (Mensch) lourdaud(e)

Schwergewicht nt (fig) accent m

schwerhörig adj dur(e) d'oreille

Schwerkraft f pesanteur f

schwerlich adv difficilement

schwer|nehmen (irr) vt mal supporter

Schwerpunkt m centre m de gravité ; (fig) essentiel m

Schwert (-(e)s, -er) nt épée f

Schwerverbrecher(in) m(f) criminel(le)

schwerwiegend adj (Grund) important(e) ; (Fehler) grave

Schwester (-, -n) f sœur f ; (Krankenschwester) infirmière f

schwieg etc vb siehe **schweigen**

Schwiegereltern pl beaux-parents mpl

Schwiegermutter f belle-mère f

Schwiegersohn m gendre m

Schwiegertochter f belle-fille f

Schwiegervater m beau-père m

schwierig adj difficile
• **Schwierigkeit** f difficulté f

Schwimmbad nt piscine f

Schwimmbecken nt piscine f

schwimmen (irr) vi nager ; (treiben, nicht sinken) flotter

Schwimmer(in) (-s, -) m nageur m ; (Angeln) flotteur m

Schwimmflosse f palme f

Schwimmweste f gilet m de sauvetage

Schwindel (-s) m vertige m ; (Betrug) escroquerie f
• **schwindelfrei** adj : **~ sein** ne pas avoir le vertige

schwindeln vi (fam : lügen) mentir ; **jdm schwindelt es** qn a le vertige

schwinden (irr) vi (Hoffnung) s'évanouir ; (Kräfte) décliner

schwindlig adj : **mir ist ~** j'ai le vertige

schwingen (irr) vt balancer ; (Waffe etc) brandir ▶ vi (Pendel) osciller ; (klingen) résonner ; (vibrieren) vibrer

Schwips (-es, -e) m : **einen ~ haben** être éméché(e)

schwirren vi (Fliegen) bourdonner

schwitzen vi transpirer

schwoll etc vb siehe **schwellen**

schwor etc vb siehe **schwören**

schwören (irr) vi jurer ▶ vt : **einen Eid ~** prêter serment

schwul (fam) adj homo

schwül adj lourd(e)

Schwule(r) (fam) m homo m

Schwund (-(e)s) m (Abnahme) diminution f

Schwung (-(e)s, ̈ e) m élan m ; (Energie) énergie f ; (fam : Menge) tapée f • **schwungvoll** adj (mitreißend) entraînant(e)

Schwur (-(e)s, ̈ e) m serment m
• **Schwurgericht** nt ≈ cour f d'assises (avec des jurés)

sechs num six • **sechshundert** num six cents

sechste(r, s) adj sixième

Sechstel (-s, -) nt sixième m

sechzehn num seize

sechzig num soixante

Secondhandladen m magasin m de vêtements d'occasion

See¹ (-s, -n) m lac m

See² f mer f • **Seefahrt** f navigation f maritime • **Seehund** m phoque m, veau m marin
• **Seeigel** m oursin m • **seekrank** adj : **~ sein** avoir le mal de mer

Seele f âme f

Seeleute pl von **Seemann**

seelisch adj psychique, psychologique

Seelsorge f soutien m moral

Seelsorger (-s, -) m directeur m de conscience

Seemann (-(e)s, -leute) m marin m

Seeräuber m pirate m

Seerose f nénuphar m

Seestern m étoile f de mer

Seezunge f sole f

Segel (-s, -) nt voile f • **Segelboot** nt voilier m • **Segelfliegen** (-s) nt vol m à voile • **Segelflugzeug** nt planeur m

segeln vi naviguer ; (Segler) faire de la voile

Segelschiff nt voilier m

Segen (-s, -) m bénédiction f

Segler (-s, -) m (Person) plaisancier m

sehen (irr) vt, vi voir ; (ir bestimmte Richtung) regarder

sehenswert adj à voir

Sehenswürdigkeiten pl attractions fpl touristiques, choses fpl à voir

Sehne f tendon m ; (an Bogen, Math) corde f

s

sehnen vr: **sich ~ nach** (jdm, Heimat) s'ennuyer de ; (etw) avoir très envie de

Sehnsucht f désir m ardent ; (nach Vergangenem) nostalgie f

sehnsüchtig adj (Blick, Augen etc) ardent(e) ; (Wunsch) ardent(e) ▶ adv (erwarten) avec impatience

sehr adv très ; (mit Verben) beaucoup ; **zu ~** trop

seicht adj (Wasser) peu profond(e) ; (fig) superficiel(le)

Seide f soie f

Seife f savon m

Seil nt (-(e)s, -e) nt corde f, câble m
  • **Seilbahn** f téléphérique m
  • **Seilhüpfen** (-s), **Seilspringen** (-s) nt saut m à la corde
  • **Seiltänzer(in)** m(f) funambule mf

---

sein

(pt **war**, pp **gewesen**)
▶ vi **1** être ; **sie ist 20 (Jahre)** elle a 20 ans ; **es ist Mitternacht/16.15 Uhr** il est minuit/16h15
2: seien Sie mir bitte nicht böse il ne faut pas m'en vouloir ; **was sind Sie (beruflich)?** que faites-vous dans la vie ? ; **wenn ich Sie/du wäre** à votre/ta place ; **was wäre** voilà ; (in Geschäft) ce sera tout
3 (Resultat): **3 und 5 plus 5** égalent 8 ; **es sei denn, dass …** à moins que … ; **wie dem auch sei** quoi qu'il en soit ; **wie wäre es mit einem Kaffee?** que diriez-vous d'un café ? ; **damit ist nichts** (fam: es klappt nicht) ça ne marche pas ; **ist was?**

---

qu'est-ce qu'il y a ? ; **mir ist kalt** j'ai froid ; **mir ist nicht gut** je ne me sens pas (très) bien ; **mir ist, als hätte ich geträumt** j'ai l'impression d'avoir rêvé ; **mir ist heute nicht nach Alkohol** (fam) je n'ai pas envie d'alcool aujourd'hui ; **etw ~ lassen** (fam: aufhören) arrêter qch ; (nicht tun) ne pas faire qch ; **lass das ~!** arrête !
4 (Hilfsverb) être ; **er ist angekommen** il est arrivé ; **sie ist angekommen** elle est arrivée

---

sein(e) poss pron son, sa, son ; (mit Plural) ses ; **er ist gut ~e zwei Meter** (fam) il fait bien deux mètres

seine(r, s) pron le (la) sien(ne) ; **die S~n** les siens

seiner pron Gen von **er, es**

seinerseits adv de son côté

seinerzeit adv à cette époque

seinesgleichen pron (Leute) les gens comme lui

seinetwegen adv (für ihn) pour lui

seit konj depuis que ▶ präp +Dat depuis • **seitdem** adv depuis
  ▶ konj depuis que

Seite f côté m ; (von Angelegenheit) aspect m ; (Buchseite) page f

Seitenhieb m (fig) coup m de bec

seitens präp +Gen du côté de

Seitensprung m aventure f

Seitenstechen nt point m de côté

Seitenstreifen m bande f latérale

seither adv depuis

seitlich *adj* latéral(e)

Sekretär *m* secrétaire *m*

Sekretariat *nt* secrétariat *m*

Sekretärin *f* secrétaire *f*

Sekt (-(e)s, -e) *m* ≈ champagne *m*

Sekte *f* secte *f*

Sektor *m* secteur *m* ; (*Sachgebiet*) domaine *m*

Sekundarstufe *f* (*Scol*) niveau *m* secondaire

Sekunde *f* seconde *f*

selber *pron* = **selbst**

---

selbst

▶ *pron* **1**: **ich/er ~** moi/lui-même ; **wir ~** nous-mêmes ; **sie ist die Tugend ~** c'est la vertu même *od* personnifiée ; **wie gehts? — gut, und ~?** comment ça va ? — bien, et toi/vous ? **2** (*ohne Hilfe*) tout(e) seul(e) ; **von ~** de lui-même (d'elle-même) ; (*ich*) de moi-même ; **sie näht ihre Kleider ~** elle fait ses robes elle-même ; **~ gebacken** maison *inv* ; **~ gemacht** (*Kleidung*) qu'on a fait soi-même ; (*Marmelade etc*) maison *inv* ; (*fam*: *Methode etc*) artisanal(e) ; **~ verdientes Geld** de l'argent qu'on a gagné soi-même ; **~ ist der Mann/die Frau!** on n'est jamais mieux servi que par soi-même ! ; **das muss er ~ wissen** c'est à lui de décider ▶ *adv* même ; **~ wenn** même si ; **~ Gott** même Dieu

---

Selbst (-) *nt* moi *m*

selbständig *etc adj siehe* **selbstständig** *etc*

Selbstbedienung *f* self-service *m*

Selbstbefriedigung *f* masturbation *f*

Selbstbeherrschung *f* maîtrise *f* de soi

selbstbewusst *adj* sûr(e) de soi

Selbstbewusstsein *nt* confiance *f* en soi

selbstklebend *adj* autocollant(e)

Selbstkostenpreis *m* prix *m* coûtant *od* de revient

Selbstmord *m* suicide *m*

Selbstmörder(in) *m(f)* suicidé(e)

selbstsicher *adj* sûr(e) de soi

selbstständig *adj* indépendant(e) ; **~er Einzelunternehmer** autoentrepreneur *mf*

• **Selbstständigkeit** *f* indépendance *f*

Selbstversorger *m*: **~ sein** subvenir à ses propres besoins ; **Urlaub für ~** vacances *fpl* en appartement *etc*

selbstverständlich *adj* évident(e) ▶ *adv* bien sûr

Selbstverteidigung *f* autodéfense *f*

Selbstvertrauen *nt* confiance *f* en soi

Selbstverwaltung *f* autogestion *f*

Selbstzweck *m* fin *f* en soi

selig *adj* (*glücklich*) aux anges

Sellerie (-s, -(s)) *m* céleri(-rave) *m*

selten *adj* rare ▶ *adv* rarement

Seltenheit *f* rareté *f*

seltsam *adj* étrange

seltsamerweise adv
étrangement

Semester (-s, -) nt semestre m

Semikolon (-s, -s) nt
point-virgule m

Seminar (-s, -e) nt (Institut)
département m ; (Kurs)
séminaire m

Semmel (-, -n) f petit pain m

Senat (-(e)s, -e) m sénat m

senden (irr) vt (Brief etc) envoyer ;
(ausstrahlen) émettre ▶ vi
(ausstrahlen) émettre

Sender (-s, -) m émetteur m

Sendereihe f série f d'émissions

Sendung f (Brief, Paket) envoi m ;
(Radio, TV) émission f

Senegal m le Sénégal

Senf (-(e)s, -e) m moutarde f

Senior (-s, -en) m (Mensch im
Rentenalter) personne f du
troisième âge

Seniorenpass m ≈ carte f
Vermeil

senken vt baisser ; (Steuern)
diminuer ▶ vr s'affaisser

Senkfuß m pied m plat

senkrecht adj vertical(e)

Sensation f sensation f

sensationell adj
sensationnel(le)

Sense f faux f

sensibel adj sensible

sensibilisieren vt sensibiliser

Sensor m détecteur m

sentimental adj sentimental(e)

separat adj indépendant(e) ;
(Eingang) particulier(-ière)

September (-(s), -) m
septembre m

Sequenz f série f ; (Ciné, Inform)
séquence f

sequenziell adj: ~e Datei fichier
m séquentiel

Serbien (-s) nt la Serbie

serbisch adj serbe

Serie f série f

seriell adj (Inform) série inv

Serpentine f (Straße) route f en
lacet

Serum (-s, Seren) nt sérum m

Server (-s, -) m (Inform) serveur m

Service (-(s), - od -, -s) nt od m
service m

servieren vt, vi servir

Sessel (-s, -) m fauteuil m
• **Sessellift** m télésiège m

Set (-s, -s) nt od m série f ;
(Deckchen) set m (de table)

setzen vt poser ; (Gast) asseoir,
placer ; (Hoffnung, Segel, Komma)
mettre ; (Termin, Frist, Ziel) fixer ;
(Geld) miser ▶ vr s'asseoir ; **auf ein
Pferd** ~ miser sur un cheval

Seuche f épidémie f

seufzen vi soupirer

Sex (-(es)) m sexe m

Sexualität f sexualité f

sexuell adj sexuel(le)

sexy adj sexy inv

shoppen vi faire du shopping

Shorts pl short m

sich pron se

Sichel (-, -n) f faucille f ;
(Mondsichel) croissant m

sicher adj sûr(e) ; (geschützt,
ungefährdet) en sécurité ;
(zuverlässig) sûr(e) ▶ adv
certainement ; ~ **vor** +Dat à l'abri
de ; **sich** Dat **einer Sache/jds ~
sein** être sûr(e) de qch/qn

sichergehen (*irr*) *vi* assurer ses arrières

Sicherheit *f* sécurité *f*; (*Gewissheit*) certitude *f*; (*Zuverlässigkeit*) sûreté *f*; (*Selbstsicherheit*) assurance *f*

Sicherheitsgurt *m* ceinture *f* de sécurité

sicherheitshalber *adv* par mesure de sécurité

Sicherheitsnadel *f* épingle *f* de sûreté *od* de nourrice

Sicherheitsschloss *nt* serrure *f* de sécurité

Sicherheitsvorkehrung *f* mesure *f* de sécurité

sicherlich *adv* certainement

sichern *vt* (*Tür, Fenster*) bien fermer; (*Inform*) sauvegarder; (*Bergsteiger: garantieren*) assurer; **~ gegen** *od* **vor** +*Dat* protéger contre *od* de

sicher|stellen *vt* (*Beute*) mettre en sécurité

Sicherung *f* protection *f*; (*an Waffen*) cran *m* de sécurité; (*Élec*) plombs *mpl*

Sicht *f* vue *f* • **sichtbar** *adj* visible

sichten *vt* apercevoir; (*durchsehen*) examiner

sichtlich *adj* évident(e)

Sichtverhältnisse *pl* visibilité *f*

Sichtvermerk *m* visa *m*

Sichtweite *f* visibilité *f*

sickern *vi* (*Flüssigkeit*) suinter; (*Nachricht*) transpirer

sie *pron* (*weiblich: sg: Nom*) elle; (*: Akk*) la; (*pl: Nom*) elles; (*: Akk*) les; (*männlich: Nom*) il; (*: Akk*) le; (*: Dat*) lui; (*: pl: Nom*) ils; (*: pl: Akk*) les

Sie (*Akk* **Sie**, *Dat* **Ihnen**) *pron* vous

Sieb (*-(e)s, -e*) *nt* tamis *m*; (*Gemüsesieb*) passoire *f*; (*Teesieb*) passoire

sieben[1] *vt* tamiser; (*fig*) trier

sieben[2] *num* sept
• **siebenhundert** *num* sept cent

siebte(r, s) *adj* septième

Siebtel (*-s, -*) *nt* septième *m*

siebzehn *num* dix-sept

siebzig *num* soixante-dix

Siedewasserreaktor *m* réacteur *m* à eau bouillante

Siedlung *f* établissement *m*, agglomération *f*; (*Neubausiedlung etc*) cité *f*

Sieg (*-(e)s, -e*) *m* victoire *f*

Siegel (*-s, -*) *nt* sceau *m*

siegen *vi* remporter la *od* une victoire, vaincre; **über jdn/etw ~** battre qn/qch

Sieger(in) (*-s, -*) *m(f)* vainqueur *m*

Siegeszug *m* marche *f* victorieuse

siegreich *adj* victorieux(-euse)

siehe *etc vb siehe* **sehen**

siezen *vt* vouvoyer

Signal (*-s, -e*) *nt* signal *m*

signalisieren *vt* signaler

Signatur *f* (*Unterschrift*) signature *f*; (*Bibliothekssignatur*) cote *f*

Silbe *f* syllabe *f*

Silber (*-s*) *nt* argent *m*
• **Silberblick** *m*: **einen ~ haben** avoir un léger strabisme

Silbermedaille *f* médaille *f* d'argent

silbern *adj* d'argent; (*Klang*) argentin(e)

Silhouette *f* silhouette *f*

s

Silvester (-s, -) nt le Saint-Sylvestre f

> **Silvester** désigne le réveillon du nouvel an en allemand. Bien que ce ne soit pas un jour férié officiel, dans la plupart des entreprises on termine le travail plus tôt et les magasins ferment à midi. La majorité des Allemands allument feux d'artifices et fusées à minuit et font la fête jusqu'au petit matin.

Simbabwe (-s) nt le Zimbabwe

SIM-Karte f carte f SIM

simpel adj très simple

Sims (-es, -e) m od nt (Fenstersims) rebord m (de fenêtre)

simulieren vt simuler ▸ vi faire semblant

simultan adj simultané(e)

Sinfonie f symphonie f

singen (irr) vi, vt chanter

Single[1] (-s, -s) m (Alleinlebender) célibataire mf

Single[2] (-, -(s)) f (Schallplatte) 45 tours msg

Singvogel m oiseau m chanteur

sinken (irr) vi (Schiff) couler ; (Sonne) se coucher ; (niedriger werden, abnehmen) baisser

Sinn (-(e)s, -e) m sens m ; (Bewusstsein) conscience f ; **~ für etw haben** avoir le sens de qch ; **es hat keinen/wenig ~** ça ne sert à rien/pas à grand-chose ; **das war nicht der ~ der ~ der Sache** ce n'est pas qui était prévu • **Sinnbild** nt symbole m

sinnlich adj sensuel(le)

sinnlos adj (unsinnig) insensé(e)

Sinnlosigkeit f inutilité f

sinnvoll adj (Leben, Arbeit) qui a un sens

Sintflut f déluge m

Sippe f tribu f

Sirene f sirène f

Sirup (-s, -e) m sirop m

Sitte f (Gewohnheit) coutume f ; (Sittlichkeit) mœurs fpl

Sittlichkeitsverbrechen nt crime m d'ordre sexuel

Situation f situation f

Sitz (-es, -e) m siège m

sitzen (irr) vi être assis(e) ; **~ bleiben** rester assis(e) ; (Scol) redoubler ; **auf etw Dat ~ bleiben** ne pas arriver à vendre qch ; **~ lassen** laisser tomber

sitzend adj (Tätigkeit) sédentaire

Sitzgelegenheit f siège m

Sitzplatz m siège m

Sitzung f séance f

Sizilien (-s) nt la Sicile

Skala (-, Skalen) f échelle f

Skandal (-s, -e) m scandale m

Skandinavien (-s) nt la Scandinavie

Skateboard (-s, -s) nt planche f à roulettes

skateboarden vi faire du skate(board)

Skelett (-(e)s, -e) nt squelette m

Skepsis (-) f scepticisme m

skeptisch adj sceptique

Ski (-s, -er) m ski m ; **~ laufen** od **fahren** faire du ski • **Skifahrer(in)** m(f) skieur(-euse) • **Skilehrer(in)** m(f) moniteur(-trice) de ski • **Skilift** m téléski m

Skin(head) (-s, -s) m skin(head) m

Skipiste f piste f de ski

Skistock m bâton m de ski

Skizze f esquisse f

skizzieren vt esquisser ; (*Bericht*) rédiger le brouillon de

Sklave (-n, -n) m esclave m

Sklaverei f esclavage m

Skonto (-s, -s) m od nt escompte m

Skorpion (-s, -e) m scorpion m ; (*Astr*) Scorpion

Skrupel (-s, -) m scrupule m
• **skrupellos** adj sans scrupules

Skulptur f sculpture f

Skype® nt Skype® m

Slalom (-s, -s) m slalom m

Slip (-s, -s) m slip m

Slowakei f Slovaquie f

slowakisch adj slovaque

Slowenien nt la Slovénie

Smartphone nt smartphone m

Smog (-(s), -s) m smog m

SMS (-, -) f abk (= *Short Message Service*) SMS m

Snowboard (-s, -s) nt snowboard m, surf m des neiges

snowboarden vi faire du snowboard, faire du surf (des neiges)

---

so

▶ adv 1 (*so sehr*) tellement ; **das hat ihn so geärgert, dass …** ça l'a tellement irrité que … ; **ein so altes Haus** une maison tellement vieille ; **so groß/ schön wie …** (*im Vergleich*) aussi grand(e)/beau (belle) que … ; **so viel** (*ebenso viel*) autant ; **so viel für heute!** ça suffit pour aujourd'hui ! ; **halb/doppelt so viel** deux fois moins/plus ; **rede nicht so viel** tu parles trop ; **so weit sein** (*fam: fertig*) être prêt(e) ; **so weit wie** od **als möglich** autant que possible, dans la mesure du possible ; **ich bin so weit zufrieden** en gros, je suis satisfait ; **es ist bald so weit** ça y est presque ; **so weit wie möglich** le moins possible 2 (*auf diese Weise*) ainsi, comme ça ; **mach es nicht so wie ich** ne suis pas mon exemple ; **so oder so** de toute façon ; **und so weiter** etc. ; **oder so was** ou quelque chose du même genre ; **das ist gut so** ça va bien comme ça ; **das habe ich nur so gesagt** je plaisantais ; **so gut es geht** de mon/ton etc mieux 3 (*solch*) **so etwas ist noch nie passiert!** ça n'est encore jamais arrivé ! ; **so ein Gauner/eine Unverschämtheit!** quel escroc/culot ! ; **so jemand wie ich** les gens comme moi ; **so etwas Schönes!** que c'est beau ! ; **na so was!** ça alors ! 4 (*fam: umsonst*) : **ich habe es so bekommen** je l'ai eu pour rien ▶ konj : **so wie es jetzt ist** dans les circonstances actuelles ; *siehe auch* **sodass** ▶ interj : **so?** ah oui ? ; **so, das wärs** bon, voilà

Socke f chaussette f

Sockel (-s, -) m socle m

sodass konj si bien que

Sodbrennen nt brûlures fpl d'estomac

soeben adv (*vor sehr kurzer Zeit*) justement

Sofa (-s, -s) nt canapé m

sofern *konj* à condition que

soff *etc vb siehe* **saufen**

sofort *adv* immédiatement, tout de suite

Softeis *nt* crème f glacée

Softie *m* homme *m* tendre

Software *f* logiciel *m*

Sog (-(e)s, -e) *m* aspiration f

sogar *adv* même

sogleich *adv* immédiatement

Sohle *f* (Fußsohle) plante f (du pied) ; (Schuhsohle) semelle f

Sohn (-(e)s, ⸚e) *m* fils *m*

Sojasoße *f* sauce f au soja

Solarium *nt* solarium *m*

solch *adj inv* tel(le)

solche(r, s) *adj* tel(le) ; **ein ~r Mensch** une telle personne

Sold (-(e)s, -e) *m* solde f

Soldat (-en, -en) *m* soldat *m*

solidarisch *adj* solidaire

solidarisieren *vr*: **sich ~ mit** se solidariser avec

Solidarität *f* solidarité f

solide *adj* (Material) solide ; (Leben, Person) respectable ; (Arbeit, Wissen) approfondi(e)

Solist(in) *m(f)* soliste *mf*

Soll (-(s), -(s)) *nt* (Fin) débit *m* ; (Arbeitsmenge) objectif *m* (de production)

---

sollen

(pt **sollte**, pp **gesollt** od (als Hilfsverb) **sollen**)

▶ vi **1** (Pflicht, Befehl) devoir ; **was soll ich tun?** que (dois-je) faire ? ; **du hättest nicht gehen ~** tu n'aurais pas dû y aller ; **soll ich dir helfen?** je

---

peux t'aider ? ; **ich soll dich von ihm grüßen** il m'a demandé de bien te saluer ; **du sollst nicht töten** (Bibel) tu ne tueras pas ; **sag ihm, er soll warten** dis-lui d'attendre ; **das sollst du nicht (machen od tun)** c'est défendu **2** (Vermutung): **sie soll verheiratet sein** elle serait mariée ; **was soll das (heißen)?** qu'est-ce que ça signifie? ; **was soll das sein?** qu'est-ce que c'est que ça ? ; **was solls?** et puis zut ! ; **man sollte glauben, dass ...** on dirait presque que ... ; **sollte das passieren, ...** si cela devait se produire od le cas échéant, ... ; **mir soll es gleich sein** pour moi, c'est du pareil au même

---

Solo (-s, -s od Soli) *nt* solo *m*

somit *konj* donc

Sommer (-s, -) *m* été *m*
- **sommerlich** *adj* (Wetter) estival(e) ; (Kleidung) d'été
- **Sommerschlussverkauf** *m* soldes *mpl* d'automne
- **Sommersprossen** *pl* taches *fpl* de rousseur • **Sommerzeit** *f* été *m*

Sonate *f* sonate f

Sonde *f* sonde f

Sonderangebot *nt* offre f spéciale

sonderbar *adj* étrange

Sonderfall *m* exception f

sonderlich *adj* (sonderbar) étrange ▶ *adv* (besonders) particulièrement

Sondermüll *m* déchets *mpl* spéciaux

sondern *konj* mais

Sonnabend *m* samedi *m*
Sonne *f* soleil *m*
sonnen *vr* se bronzer
Sonnenaufgang *m* lever *m* du *od* de soleil
Sonnenblume *f* tournesol *m*
Sonnenbrand *m* coup *m* de soleil
Sonnenbrille *f* lunettes *fpl* de soleil
Sonnenenergie *f* énergie *f* solaire
Sonnenfinsternis *f* éclipse *f* (de soleil)
Sonnenschein *m* soleil *m*
Sonnenschirm *m* parasol *m*
Sonnenstich *m* insolation *f*
Sonnenuhr *f* cadran *m* solaire
Sonnenuntergang *m* coucher *m* de *od* du soleil
Sonnenwende *f* solstice *m*
sonnig *adj* ensoleillé(e)
Sonntag *m* dimanche *m*
sonntags *adv* le dimanche
sonst *adv* (außerdem) sinon ; (zu anderer Zeit) une autre fois ; (gewöhnlich) d'habitude ▶ *konj* sinon ; **wer/was ~?** qui/quoi d'autre ?
Sopran (-s, -e) *m* (voix *f* de) soprano *m* ; (Mensch) soprano *mf*
Sorge *f* souci *m* ; (Fürsorge) soin *m*
sorgen *vi* : **für jdn ~** s'occuper de qn ▶ *vr* se faire du souci ; **dafür ~, dass ...** veiller à ce que ... ; **für Ruhe ~** rétablir le calme
• **Sorgenkind** *nt* enfant *m* handicapé
Sorgerecht *nt* droit *m* de garde
Sorgfalt (-) *f* soin *m*
sorgfältig *adj* (Arbeit) soigné(e)

sorglos *adj* sans souci ; (Mensch) insouciant(e)
sorgsam *adj* attentif(-ive)
Sorte *f* sorte *f* ; (Warensorte) variété *f* ; **Sorten** *pl* (Fin) devises *fpl*
sortieren *vt* trier
Sortiment *nt* assortiment *m*
Soße *f* sauce *f*
soviel *konj* autant que ; **~ ich weiß, ...** autant que je sache, ...
soweit *konj* (pour) autant que
sowie *konj* (sobald) dès que ; (ebenso, und) ainsi que
sowieso *adv* de toute façon
Sowjetunion *f* Union *f* soviétique
sowohl *konj* : **~ ... als** *od* **wie auch ...** aussi bien ... que ...
sozial *adj* social(e) ; **~e Medien** médias *mpl* sociaux ; **~es Netzwerk** réseau *m* social
• **Sozialabgaben** *pl* contributions *fpl* à la Sécurité sociale
• **Sozialarbeiter(in)** *m(f)* travailleur(-euse) social(e)
• **Sozialdemokrat** *m* social-démocrate *m*
• **sozialdemokratisch** *adj* social(e)-démocrate • **Sozialhilfe** *f* aide *f* sociale, prestations *fpl* sociales
Sozialismus *m* socialisme *m*
Sozialist(in) *m(f)* social ste *mf*
• **sozialistisch** *adj* social ste
Sozialpartner *m* partenaire *m* social
Sozialpolitik *f* politique *f* sociale
Sozialstaat *m* État-providence *m*
Sozialversicherung *f* ≈ Sécurité *f* sociale
Sozialwohnung *f* ≈ HLM *f*

S

Soziologe (-n, -n) m sociologue m

Soziologie f sociologie f

sozusagen adv pour ainsi dire

Spachtel (-s, -) m spatule f

Spalt (-(e)s, -e) m ouverture f; (fig: Kluft) fossé m

Spalte f fissure f; (Gletscherspalte) crevasse f; (in Text) colonne f

spalten vt fendre; (fig) diviser

Spaltung f division f; (Phys) fission f

Spam (-s, -s) nt (Inform) spam m

spammen vt, vi (Inform) spammer

Span ((e)s, ÷e) m copeau m

Spanferkel nt cochon m de lait

Spange f (Haarspange) barrette f; (Schnalle) boucle f; (Armreif) bracelet m

Spanien (-s) nt l'Espagne f

Spanier(in) (-s, -) m(f) Espagnol(e)

spanisch adj espagnol(e)

spann etc vb siehe **spinnen**

Spannbetttuch nt drap-housse m

spannen vt (straffen) tendre; (Bogen) bander ▶ vi (Kleidung) être trop serré(e)

spannend adj passionnant(e)

Spannung f tension f; (Neugier) suspense m

Sparbuch nt carnet m d'épargne

sparen vt, vi économiser

Sparer (-s, -) m épargnant m

Spargel (-s, -) m asperge f

Sparkasse f caisse f d'épargne

spärlich adj maigre

Sparmaßnahme f mesure f d'économie

sparsam adj (Mensch) économe; (Gerät, Auto) économique

Sparsamkeit f sens m de l'économie

Sparte f secteur m; (Presse) rubrique f

Spaß (-es, ÷e) m plaisanterie f; (Freude) plaisir m

Spaßverderber (-s, -) m rabat-joie m inv

spät adj tardif(-ive) ▶ adv tard

Spaten (-s, -) m bêche f

später adj ultérieur(e) ▶ adv plus tard

spätestens adv au plus tard

Spätlese f vin vendangé tardivement

Spatz (-en, -en) m moineau m

spazieren vi se promener; **~ gehen** aller se promener

Spaziergang m promenade f

Spazierweg m sentier m

Specht (-(e)s, -e) m pic m

Speck (-(e)s, -e) m lard m

Spedition f (Speditionsfirma) entreprise f de transports

Speer (-(e)s, -e) m lance f; (Sport) javelot m

Speiche f rayon m

Speichel (-s) m salive f

Speicher (-s, -) m grenier m; (Wasserspeicher) réservoir m; (Inform) mémoire f

Speicherkarte f (Inform, Foto) carte f de mémoire

speichern vt mettre en réserve, entreposer; (Wasser) accumuler; (Inform) enregistrer

Speicherplatz m (Inform) mémoire f disponible; (auf Diskette/Festplatte) espace-disque m

speien (irr) vt, vi cracher ; (sich übergeben) vomir

Speise f mets m, plat m
• **Speisekarte** f menu m

speisen vi manger ▶ vt (versorgen) : ~ **mit** alimenter en

Speiseröhre fœsophage m

Speisesaal m salle f à manger

Speisewagen m wagon-restaurant m

Spektakel (-s, -) nt (Veranstaltung) spectacle m ▶ m (fam: Lärm) tohu-bohu m, boucan m

Spekulation f spéculation f

spekulieren vi (Fin) faire de la spéculation

Spende f don m

spenden vt donner ; (Schatten) faire ; (Seife) distribuer

Spender(in) (-s, -) m(f) donateur(-trice) ; (Méd) donneur(-euse) ▶ m (Gerät) distributeur m

spendieren vt offrir

Spengler (-s, -) m plombier m

Sperma (-s, Spermen) nt sperme m

Sperre f barrière f ; (Verbot) interdiction f ; (Polizeisperre) barrage m

sperren vt fermer ; (Konto) bloquer ; (Sport) suspendre ▶ vr : **sich ~ gegen** s'opposer à

Sperrgebiet nt zone f interdite

Sperrmüll m déchets mpl encombrants

Spesen pl frais mpl

Spezialisierung f spécialisation f

Spezialist(in) m(f) : **ein ~ für etw** un spécialiste de qch

Spezialität f spécialité f

speziell adj spécial(e)

spezifisch adj spécifique

spicken vt entrelarder

spie etc vb siehe **speien**

Spiegel (-s, -) m miroir m
• **Spiegelbild** nt reflet m

Spiegelei nt œuf m au plat

spiegeln vr se refléter ▶ vi briller ; (blenden) éblouir ; (reflektieren) réfléchir la lumière

Spiegelreflexkamera f appareil m reflex

Spiegelung f reflet m

Spiel (-(e)s, -e) nt jeu m ; (Sport) match m

spielen vt, vi jouer

spielend adv avec une grande facilité

Spieler(in) (-s, -) m(f) joueur(-euse)

Spielerei f (nichts Anstrengendes) jeu m d'enfant ; (unwichtiges Extra) gadget m

spielerisch adj enjoué(e) ~es **Können** (Sport) aisance f, excellent jeu m

Spielfeld nt terrain m

Spielfilm m film m (long métrage)

Spielplan m (Theat) programme m

Spielplatz m aire f de jeu

Spielraum m jeu m, liberté f

Spielsachen pl jouets mpl

Spielverderber (-s, -) m trouble-fête m inv

Spielzeug nt jouets mpl

Spieß (-es, -e) m lance f ; (Eratspieß) broche f

Spießer (-s, -) m (petit) bourgeois m

spießig (péj) adj (petit(e)-)bourgeois(e)

S

Spinat (-(e)s, -e) m épinards mpl

Spinne f araignée f

spinnen (irr) vt filer ; (Netz) tisser
▶ vi (fam: verrückt sein) dérailler

Spinner(in) (-s, -) (fam) m(f)
cinglé(e)

Spinnwebe f toile f d'araignée

Spion (-s, -e) m espion m ;
(Guckloch) judas m

Spionage f espionnage m

spionieren vi faire de
l'espionnage

Spirale f spirale f ; (Méd)
stérilet m

Spirituosen pl spiritueux mpl

Spiritus (-, -se) m alcool m

Spital (-s, ⁼er) nt hôpital m

spitz adj pointu(e) ; (Bemerkung)
acerbe

Spitzbogen m arc m en ogive

Spitze f pointe f ; (gew pl: Gewebe)
dentelle f

Spitzel (-s, -) m indicateur m (de
police)

spitzen vt (Bleistift) tailler ;
(Ohren) dresser

Spitzen- in zW (erstklassig, höchste)
excellent(e) ; (aus Spitze) en
dentelle

spitzfindig adj subtil(e)

Spitzname m surnom m

Splitter (-s, -) m éclat m

sponsern vt sponsoriser

Sponsor (-s, -en) m sponsor m

spontan adj spontané(e)

Sport (-(e)s, -e) m sport m
• **Sportlehrer(in)** m(f) professeur
m d'éducation physique

Sportler(in) (-s, -) m(f)
sportif(-ive)

sportlich adj sportif(-ive) ;
(Kleidung, Auto) de sport

Sportplatz m terrain m de sport

Sportverein m club m sportif

Sportwagen m voiture f de sport

Spott (-(e)s) m railleries fpl

spöttisch adj moqueur(-euse)

sprach etc vb siehe **sprechen**

Sprache f langue f ;
(Sprechfähigkeit) parole f

Sprachführer m manuel m de
conversation

Sprachgebrauch m usage m

Sprachkenntnisse pl
connaissances fpl linguistiques ;
mit guten englischen ~n avec de
bonnes connaissances d'anglais

Sprachkurs m cours m de langue

sprachlich adj linguistique

sprachlos adj muet(te) ;
(erschrocken) héberlué(e)

Sprachrohr nt (fig) voix f

Sprachsteuerung f commande
f vocale

sprang etc vb siehe **springen**

Spray (-s, -s) m od nt spray m

sprechen (irr) vi, vt parler ; (jdn)
parler à

Sprecher(in) (-s, -) m(f)
locuteur(-trice) ; (für Gruppe)
porte-parole m inv ; (Radio, TV)
speaker(ine)

Sprechstunde f consultation f

Sprechstundenhilfe f
secrétaire f médicale

Sprechzimmer nt cabinet m (de
consultation)

sprengen vt (mit Sprengstoff:
Spielbank) faire sauter ;
(Versammlung) faire se dissoudre ;
(Rasen) arroser

Sprengstoff m explosif m
Sprichwort nt proverbe m
Springbrunnen m jet m d'eau
springen (irr) vi sauter ;
(zerspringen) se casser, se fêler
Springer (-s, -) m (Sport) sauteur
m ; (Scolach) cavalier m
Sprit (-(e)s, -e) (fam) m essence f
Spritze f piqûre f
spritzen vt (anspritzen) arroser ;
(Méd) faire une piqûre de, injecter
▶ vi (Wasser, heißes Fett) gicler
spröde adj (Material) cassant(e) ;
(Haut) sec(sèche) ; (Person)
austère
Spruch (-(e)s, ꞊e) m dicton m
Sprudel (-s, -) m eau f minérale
gazeuse
sprudeln vi jaillir
Sprühdose f spray m, aérosol m
sprühen vt vaporiser ▶ vi jaillir ;
~ **vor** pétiller de
Sprung (-(e)s, ꞊e) m saut m
• **Sprungbrett** nt tremplin m
• **sprunghaft** adj (Mensch) qui ne
tient pas en place ; (Aufstieg)
fulgurant(e)
Spucke (-) f salive f
spucken vt, vi cracher
Spuk (-(e)s, -e) m esprit m ; (fig)
horreur f
spuken vi (Geist) hanter les lieux
Spule f bobine f
Spüle f évier m
spülen vt (Geschirr) laver, faire
Spülmaschine f lave-vaisselle
m inv
Spülmittel nt produit m pour la
vaisselle
Spülung f rinçage m

Spur (-, -en) f trace f ; (Fußspuren,
Radspur, Tonbandspur) piste f ;
(Fahrspur) file f
spüren vt sentir
spurlos adv sans laisser de traces
Spurt (-(e)s, -s od -e) m sprint m
Squash (-) nt squash m
Sri Lanka nt le Sri Lanka
Staat (-(e)s, -en) m État m
staatlich adj attrib de l'État
Staatsangehörigkeit f
nationalité f
Staatsanwalt m ≈ procureur m
de la République
Staatsdienst m fonction f
publique
Staatsexamen nt (Univ) examen
dont l'obtention donne accès aux
carrières de l'enseignement
Staatsmann (-(e)s, -männer) m
homme m d'État
Staatsoberhaupt nt chef m de
l'État od d'État
Staatsstreich m ccup m d'État
Stab (-(e)s, ꞊e) m bâton m ;
(Gitterstab) barreau m ; (von
Menschen) équipe f
Stäbchen nt (Essstäbchen)
baguette f
stabil adj stable ; (Möbel) solide ;
(Gesundheit) robuste
stabilisieren vt stabiliser
stach etc vb siehe **stechen**
Stachel (-s, -n) m épine f ; (von
Biene etc) dard m • **Stachelbeere** f
groseille f à macuereau
• **Stacheldraht** m fil m de fer
barbelé
stachelig adj (Tier) à piquants ;
(Pflanze) épineux(-euse)
Stadion (-s, Stadien) nt stade m

S

Stadium nt stade m

Stadt (-, ⸚e) f ville f

städtisch adj (Leben) en ville ; (Anlagen) municipal(e)

Stadtmauer f remparts mpl

Stadtmitte f centre-ville m

Stadtplan m plan m (de ville)

Stadtrand m périphérie f

Stadtrundfahrt f tour m de ville

Stadtteil , -n m quartier m

Staffel (-, -n) f (Sport) équipe f (de course de relais)

stahl etc vb siehe **stehlen**

Stahl (-(e)s, ⸚e) m acier m

Stall (-(e)s, ⸚e) m étable f ; (Pferdestall) écurie f ; (Kaninchenstall) clapier m ; (Schweinestall) porcherie f ; (Hühnerstall) poulailler m

Stamm (-(e)s, ⸚e) m (Baumstamm) tronc m ; (Volksstamm) tribu f
• **Stammbaum** m arbre m généalogique

stammen vi : ~ von od aus venir de

Stammgast m habitué m

Stammtisch m (Tisch in Gasthaus) table réservée aux habitués d'un café

Stammzelle f cellule f souche

stampfen vi taper du pied ; (gehen) marcher d'un pas lourd ▸ vt (zerkleinern) réduire en purée

stand etc vb siehe **stehen**

Stand (-(e)s, ⸚e) m (Stehen) position f debout ; (Zustand, Stufe, Pol: Klasse) état m ; (Spielstand) score m ; (Messestand etc) stand m

Standard (-s, -s) m norme f

Ständchen nt sérénade f

Ständer (-s, -) m (Kleiderständer) portemanteau m ; (Notenständer) pupitre m

Standesamt nt bureau m de l'état civil (à la mairie)

standhaft adj imperturbable

stand|halten (irr) vi +Dat tenir tête à

ständig adj permanent(e) ▸ adv constamment

Standlicht nt feu m de position

Standort m emplacement m ; (Mil) garnison f

Standpunkt m point m de vue

Standspur f (Aut) bande f d'arrêt d'urgence

Stange f barre f ; (Zigaretten) cartouche f

Stängel (-s, -) m tige f

Stangenbrot nt baguette f

stank etc vb siehe **stinken**

Stapel (-s, -) m pile f ; (Naut) cale f sèche

stapeln vt empiler

Star[1] (-(e)s, -e) m (Zool) étourneau m ; (Méd) cataracte f

Star[2] (-s, -s) m star f, vedette f

starb etc vb siehe **sterben**

stark adj fort(e) ; (mächtig) puissant(e)

Stärke f force f ; (von Brille) puissance f ; (Culin) amidon m

stärken vt (Mensch) fortifier ; (Selbstbewusstsein) renforcer ; (Wäsche) amidonner

starr adj rigide ; (Haltung) inflexible ; (Blick) fixe

starren vi regarder fixement

Start (-(e)s, -e) m départ m ; (Aviat) décollage m • **Startbahn** f piste f d'envol • **starten** vt (Aut) mettre en marche ; (Aviat) lancer ▸ vi (Aviat) décoller ; (Sport) prendre le départ • **Starthilfekabel** nt câble *m* démarrage • **Startseite** *f* (*im Internet*) page *f* de démarrage

Station *f* (*Haltestelle*) arrêt *m* ; (*Krankenstation*) service *m* ; **~ machen** faire halte

stationieren *vt* (*Truppen*) cantonner ; (*Atomwaffen etc*) entreposer

Statistik *f* statistique *f* • **Statistiker(in)** *m(f)* statisticien(ne)

statistisch *adj* statistique

Stativ *nt* trépied *m*

statt *konj* au lieu de ▶ *präp +Gen od Dat* à la place de

Stätte *f* endroit *m*

statt|finden (*irr*) *vi* avoir lieu

Statue *f* statue *f*

Statur *f* stature *f*

Status (-, -) *m* statut *m* • **Statussymbol** *nt* signe *m* extérieur de richesse

Stau (-(e)s, -e) *m* blocage *m* ; (*Verkehrsstau*) embouteillage *m*

Staub (-(e)s) *m* poussière *f*

staubig *adj* (*Straße*) poussiéreux(-euse) ; (*Kleidung*) couvert(e) de poussière

Staubsauger *m* aspirateur *m*

Staudamm *m* barrage *m*

stauen *vr* (*Wasser*) s'accumuler ; (*Verkehr*) être bloqué(e)

staunen *vi* s'étonner, être étonné(e) • **Staunen** (-s) *nt* étonnement *m*

Stausee *m* lac *m* artificiel (*d'un barrage*)

stechen (*irr*) *vt* piquer ; (*mit Messer*) donner un coup de couteau à *od* dans ▶ *vi* piquer ; (*Sonne*) taper dur

Stechen (-s, -) *nt* (*Sport*) belle *f* ; (*Schmerz*) douleur *f* lancinante

Steckbrief *m* signalement *m*

Steckdose *f* prise *f*

stecken *vt* mettre ; (*Nadel*) enfoncer ; (*beim Nähen*) épingler ▶ *vi irr* être bloqué(e) ; (*Nadel*n) être enfoncé(e) ; (*fam: sein*) être

Stecker (-s, -) *m* (*Élec*) prise *f*

Stecknadel *f* épingle *f*

Steg (-(e)s, -e) *m* passerelle *f* ; (*Bootssteg*) débarcadère *m*

stehen (*irr*) *vi* (*sich befinden*) être, se trouver ; (*stillstehen, angehalten haben*) être arrêté(e) ; **es steht schlecht um ihn/seine Karriere** ça s'annonce mal pour lui/ses perspectives d'avancement ; **wie stehts?** comment ça va ? ; **~ bleiben** s'arrêter

stehlen (*irr*) *vt* voler

steif *adj* raide ; (*Stoff*) rigide ; (*Gesellschaft*) guindé(e)

Steigbügel *m* étrier *m*

steigen (*irr*) *vi* (*klettern*) grimper ; (*Flugzeug, Ballon*) monter, prendre de l'altitude

steigern *vt* améliorer ▶ *vr* (*Spannung*) augmenter ; (*Leistung*) s'améliorer

Steigerung *f* augmentation *f*

Steigung *f* montée *f* ; (*Hang*) pente *f*

steil *adj* (*Abhang*) raide ; (*Fels*) escarpé(e)

Stein (-(e)s, -e) *m* pierre *f* • **Steinbock** *m* (*Zool*) bouquetin *m* ; (*Astr*) Capricorne *m* • **Steinbruch** *m* carrière *f*

Steingut *nt* grès *m*

steinig adj rocailleux(-euse)

Steinkohle f anthracite m

Steinmetz (-es, -e) m tailleur m de pierre

Steiß (-es, -e) m bas m du dos

Stelle f endroit m ; (Position) place f ; (Abschnitt) passage m ; (Arbeit) emploi m ; (Amt) poste

stellen vt mettre ; (Bedingungen, Falle) poser ▶ vr se mettre ; (bei Polizei) se livrer

Stellenangebot nt offre f d'emploi

Stellengesuch nt demande f d'emploi

Stellenwert m (fig): **einen hohen ~ haben** être très en vue

Stellung f position f ; (Posten) poste m ; **~ nehmen zu** prendre position à propos de
• **Stellungnahme** f prise f de position

stellvertretend adj attrib remplaçant(e)

Stellvertreter(in) m(f) remplaçant(e)

Stelze f échasse f

stemmen vt (Gewicht) soulever ▶ vr: **sich ~ gegen** (fig) être violemment opposé(e) à

Stempel (-s, -) m tampon m

stempeln vt tamponner ; (Briefmarke) oblitérer

Stengel m siehe **Stängel**

Steppdecke f couette f

Steppe f steppe f

Sterbehilfe f euthanasie f

sterben (irr) vi mourir

Sterblichkeit f condition f de mortel

Stereoanlage f chaîne f stéréo

steril adj stérile

sterilisieren vt stériliser

Stern (-(e)s, -e) m étoile f
• **Sternbild** nt constellation f
• **Sternchen** nt astérisque m
• **Sternschnuppe** f étoile f filante

stetig adj continu(e)

stets adv toujours

Steuer¹ (-s, -) nt (Naut) barre f ; (Aut) volant m

Steuer² (-, -n) f impôt m

Steuerberater(in) m(f) conseiller(-ère) fiscal(e)

Steuererklärung f déclaration f d'impôts

Steuerflucht f exil m fiscal

Steuerflüchtling m exilé(e) m/f fiscal(e)

Steuerhinterziehung f fraude f fiscale

Steuerknüppel m (Flug) manche m à balai

Steuermann (-(e)s, -männer od -leute) m timonier m

steuern vt (Auto) conduire ; (Flugzeug) piloter ; (Entwicklung) contrôler ▶ vi se diriger

Steuerrad nt volant m

Steuerung f (Vorrichtung) direction f ; (Steuervorgang) conduite f ; (Tech, Inform) commande f

Steuerzahler m contribuable m

Steward (-s, -s) m steward m

Stewardess (-, -en) f hôtesse f de l'air

Stich (-e) m (Insektenstich) piqûre f ; (Messerstich) coup m de couteau ; (beim Nähen) point m ; (Art) gravure f

stichhaltig adj concluant(e)

Stichprobe f échantillonnage m

Stichwahl f second tour m

Stichwort nt mot-clé m

Sticker (-s, -) m autocollant m

Stickerei f broderie f

stickig adj: **hier ist aber ~e Luft** ça sent vraiment le renfermé ici

Stickstoff m azote m

Stiefel (-s, -) m botte f

Stiefkind nt beau-fils(belle-fille); (fig) enfant m mal aimé

Stiefmutter f belle-mère f

Stiefmütterchen nt pensée f

Stiefvater m beau-père m

stieg etc vb siehe **steigen**

Stiel (-(e)s, -e) m (von Gerät) manche m; (von Glas) pied m; (Bot) tige f

Stier (-(e)s, -e) m taureau m; (Astr) Taureau

stieß etc vb siehe **stoßen**

Stift (-(e)s, -e) m (Farbstift, Bleistift) crayon m; (Metallstift) cheville f; (Nagel) petit clou m

stiften vt (Orden) fonder; (Preis) créer; (Unruhe etc) provoquer; (Geld) donner

Stifter(in) (-s, -) m(f) donateur(-trice)

Stiftung f (Schenkung) donation f; (Organisation) fondation f

Stil (-(e)s, -e) m style m

still adj calme

Stille f calme m

stillen vt (Blut) arrêter; (Schmerzen) calmer; (Säugling) allaiter

still||legen vt (Betrieb) fermer

Stilllegung f fermeture f

Stillschweigen nt silence m absolu

stillschweigend adj tacite

Stillstand m: **zum ~ bringen** arrêter

still||stehen (irr) vi être arrêté(e); (Verkehr) être bloqué(e)

Stimmabgabe f vote m

Stimmbänder pl cordes fpl vocales

stimmberechtigt adj qui a le droit de vote

Stimme f voix f

stimmen vi (richtig sein) être juste od vrai(e)

Stimmrecht nt droit m de vote

Stimmung f (Gemütsstimmung) humeur f; (Atmosphäre) atmosphère f; (vorherrschende Meinung) opinion f publique

Stimmzettel m bulletin m de vote

stinken (irr) vi puer

Stipendium nt bourse f (d'études)

Stirn (-, -en) f front m

Stock (-(e)s, -e) m bâton m; (Etage: pl -od-werke) étage m

stocken vi s'arrêter; (beim Sprechen) hésiter

Stockung f interruption f; (von Verkehr) embouteillage m

Stockwerk nt étage m

Stoff (-(e)s, -e) m étoffe f; (Substanz, Materie) matière f; (von Buch etc) sujet m; (fam: Rauschgift) came f

Stoffwechsel m métabolisme m

stöhnen vi soupirer

Stollen (-s, -) m (Mines) galerie f; (Culin) sorte de cake de Noël

stolpern vi trébucher

s

stolz adj fier(fière) • **Stolz** (-es) m
(Hochmut) orgueil m ; (große
Befriedigung) fierté f

stopfen vt (hineinstopfen)
enfoncer ; (nähen) raccommoder
▶ vi (Méd) constiper

Stoppel (-, -n) f chaume m ;
(Bartstoppel) barbe f de plusieurs
jours

stoppen vt arrêter ; (mit Stoppuhr)
chronométrer ▶ vi s'arrêter

Stoppschild nt stop m

Stoppuhr f chronomètre m

Stöpsel (-s, -) m (von Waschbecken)
bonde f ; (für Flasche) bouchon m

Storch (-(e)s, =e) m cigogne f

stören vt déranger ; (behindern)
entraver ; (Radio) perturber

Störfall m accident m (dans une
centrale nucléaire)

stornieren vt annuler

Störung f dérangement m ;
(Radio) perturbation f

Stoß (-es, =e) m coup m ; (Haufen)
pile f • **Stoßdämpfer** (-s, -) m
amortisseur m

stoßen (irr) vt (mit Druck) pousser ;
(mit Schlag) donner un coup à ;
(mit Fuß) donner un coup de pied
à ; (zerkleinern) piler ; (anstoßen):
sich Dat **(an etw** Dat**) den Kopf ~**
se cogner la tête (contre qch) ▶ vr
(fig) se heurter à (sich verletzen): **er
hat sich** Dat **am Regal ge~** il s'est
cogné à l'étagère

Stoßstange f pare-chocs m inv

stottern vt, vi bégayer

Stövchen nt chauffe-plats m inv

Strafanstalt f établissement m
pénitentiaire

strafbar adj punissable

Strafbarkeit f caractère m
punissable

Strafe f punition f ; (Jur) peine f ;
(Geldstrafe) amende f

strafen vt punir

straff adj tendu(e) ; (Stil) concis(e)

straffen vt tendre ; (Rede) rendre
plus concis(e)

Strafgefangene(r) f(m)
détenu(e) f

Strafgesetzbuch nt Code m
pénal

sträflich adj impardonnable

Sträfling m bagnard m

Strafporto nt supplément m
d'affranchissement

Strafraum m (Sport) surface f de
réparation

Strafrecht nt droit m pénal

Straftat f délit m

Strafzettel m P.-V. m

Strahl (-(e)s, -en) m rayon m ;
(Wasserstrahl) jet m

strahlen vi briller ; (Mensch) avoir
le visage rayonnant

Strahlenbehandlung f
radiothérapie f

Strahlenbelastung f
irradiation f

Strahlung f (Phys) radiation f

Strähne f mèche f

stramm adj (Haltung) (bien)
droit(e)

Strand (-(e)s, =e) m plage f
• **Strandbad** nt plage f aménagée

Strandgut nt épaves fpl

Strandkorb m grand fauteuil de
plage en osier

Strang (-(e)s, =e) m (Strick, Seil)
corde f ; (Nervenstrang) cordon m ;
(Schienenstrang) ligne f ; **über die**

Stränge schlagen dépasser les bornes

Strapaze f effort m énorme

strapazieren vt user; (Mensch, Kräfte) épuiser

strapaziös adj épuisant(e)

Straßburg (-s) nt Strasbourg

Straße f (über Land) route f; (in Ortschaft, Stadt) rue f

Straßenbahn f tramway m

Straßensperre f barrage m

Straßenverkehr m circulation f

Straßenverkehrsordnung f code m de la route

Strategie f stratégie f

strategisch adj stratégique

Strauch (-(e)s, Sträucher) m buisson m

Strauß¹ (-es, Sträuße) m (Blumenstrauß) bouquet m

Strauß² (-es, -e) m (Zool) autruche f

streben vi: ~ **nach** aspirer à; ~ **zu** od **nach** (sich bewegen) se diriger vers

Streber (-s, -) (péj) m (Scol) bûcheur m

Strecke f trajet m; (Entfernung) distance f; (Rail, Math) ligne f

strecken vt (Glieder) étendre; (Culin) allonger ▶ vr s'étirer

Streich (-(e)s, -e) m (Scherz) farce f; (Schlag) coup m

streicheln vt caresser

streichen (irr) vt (berühren, auftragen) étaler; (anmalen) peindre; (durchstreichen) barrer ▶ vi (berühren): **jdm über die Haare** ~ passer la main dans les cheveux de qn

Streichholz nt allumette f

Streichinstrument nt instrument m à cordes

Streife f patrouille f

streifen vt effleurer; (abstreifen) enlever ▶ vi (gehen) errer

Streifen (-s, -) m (Linie) rayure f; (Stück, auf Fahrbahn) bande f
• **Streifenwagen** m voiture f de police

Streifzug m expédition f; (Bummel) tour m; (kurzer Überblick) tour d'horizon, aperçu m

Streik (-(e)s, -s) m grève f
• **streiken** vi faire la grève

Streit (-(e)s, -e) m dispute f

streiten (irr) vi, vr se disputer

streitig adj: **jdm etw ~ machen** contester qch à qn

Streitigkeiten pl conflit msg

Streitkräfte pl belligérants mpl

streng adj sévère; (Vorschrift, Anweisungen) strict(e)

Strenge f sévérité f

strenggläubig adj strict(e)

Stress (-es, -e) m stress m

stressen vt stresser

stressfrei adj sans stress

stressig adj stressant(e)

streuen vt répandre

strich etc vb siehe **streichen**

Strich (-(e)s, -e) m trait m
• **Strichcode** m code m barres

Strichmädchen (fam) nt jeune prostituée f

Strichpunkt m point-virgule m

Strick (-(e)s, -e) m corde f

stricken vi, vt tricoter

Stricknadel f aiguille f à tricoter

strikt adj (Befehl) formel(le); (Ordnung) méticuleux(-euse)

stritt etc vb siehe **streiten**

strittig adj (Punkt, Frage) litigieux(-euse)

S

Stroh (-(e)s) nt paille f • **Strohhalm** m fétu m de paille ; (Trinkhalm) paille f

Strom (-(e)s, ⸚e) m fleuve m ; (Strömung, Élec) courant m

strömen vi (Wasser) couler (à flots) ; (Menschen) se précipiter (en masse)

Stromkreis m circuit m (électrique)

stromlinienförmig adj aérodynamique

Strömung f courant m

Strophe f strophe f

strotzen vi : ~ **vor** +Dat od **von** déborder de

Strudel (-s, -) m tourbillon m ; (Culin) pâtisserie autrichienne aux pommes

Struktur f structure f ; (von Gewebe) contexture f

strukturell adj de structure

Strumpf (-(e)s, ⸚e) m bas m • **Strumpfhose** f collant m

struppig adj hirsute

Stube f chambre f

Stuck (-(e)s) m stuc m

Stück (-(e)s, -e) nt morceau m ; (Einzelteil, Theat) pièce f

Student(in) m(f) étudiant(e)

Studentenwohnheim nt résidence f universitaire

Studie f étude f

Studienplatz m place f à l'université

studieren vt étudier ▶ vi faire des études

Studio (-s, -s) nt atelier m ; (TV etc) studio m

Studium nt études fpl

Stufe f marche f ; (Entwicklungsstufe) stade m

stufenweise adv par étapes

Stuhl (-(e)s, ⸚e) m chaise f

Stuhlgang m selles fpl

stumm adj muet(te)

Stummel (-s, -) m bout m ; (Zigarettenstummel) mégot m (fam)

Stummfilm m film m muet

stumpf adj (Messer etc) émoussé(e) ; (Metall, Blick) terne ; (Mensch) amorphe

Stumpf (-(e)s, ⸚e) m (Baumstumpf) souche f

Stumpfsinn (-(e)s) m abrutissement m

Stunde f heure f

Stundengeschwindigkeit f vitesse f horaire od à l'heure

Stundenkilometer pl kilomètres mpl à l'heure, kilomètres/heure mpl

stundenlang adv pendant des heures

Stundenlohn m salaire m horaire

Stundenplan m horaire m des cours

stundenweise adv à l'heure

stündlich adv toutes les heures

Stupsnase f nez m retroussé

stur adj borné(e)

Sturm (-(e)s, ⸚e) m tempête f

Stürmer (-s, -) m (Sport) avant m

Sturmflut f marée f de tempête ; (Flutwelle) raz m de marée

stürmisch adj (Meer) houleux(-euse) ; (Empfang) enthousiaste ; **~es Wetter** (temps m de) tempête f, gros temps m ; **nicht so ~!** du calme !

Sturmwarnung f avis m de coup de vent

Sturz (-es, ⸚e) m chute f

stürzen *vt* (*werfen, absetzen*) faire tomber ▸ *vi* (*fallen*) tomber ; (*rennen*) se précipiter ▸ *vr* se précipiter

Sturzhelm *m* casque *m* de protection

Stute *f* jument *f*

Stütze *f* support *m*

stützen *vt* soutenir ; (*Ellbogen, Kinn etc*) mettre

stutzig *adj* : **~ werden** devenir méfiant(e)

Subjekt (*-(e)s, -e*) *nt* sujet *m* ; (*Mensch*) personnage *m*

subjektiv *adj* subjectif(-ive)

Substanz *f* substance *f* ; (*Kapital*) capital *m*

subtil *adj* subtile

Subvention *f* subvention *f*

subventionieren *vt* subventionner

subversiv *adj* subversif(-ive)

Suche *f* recherche *f*

suchen *vt, vi* chercher ; **~ und ersetzen** (*Inform*) rechercher et remplacer

Sucher (*-s, -*) *m* (*Phot*) viseur *m*

Suchmaschine *f* moteur *m* de recherche

Sucht (*-, ̈e*) *f* besoin *m* irrésistible ; (*Méd*) dépendance *f*

süchtig *adj* intoxiqué(e)
• **Süchtige(r)** *f(m)* drogué(e)

Suchtkranke(r) *f(m)* intoxiqué(e) ; (*rauschgiftsüchtig*) toxicomane *mf* ; (*drogensüchtig*) drogué(e)

Südafrika *nt* l'Afrique *f* du Sud

Südamerika *nt* l'Amérique *f* du Sud

süddeutsch *adj* d'Allemagne du Sud

Süddeutschland *nt* l'Allemagne *f* du Sud

Süden (*-s*) *m* sud *m*

südlich *adj* du sud, méridional(e) ▸ *präp* +*Gen* : **~ von** au sud de

Südpol *m* pôle *m* Sud

Südsee *f* Pacifique *m* (sud)

süffig *adj* (*Wein*) qui se laisse boire

suggerieren *vt* : **jdm etw ~** créer qch chez qn

Sulfonamid (*-(e)s, -e*) *nt* sulfamide *m*

Sultanine *f* (gros) raisin *m* sec

Sülze *f* aspic *m*

Summe *f* somme *f*

summieren *vt* additionner ▸ *vr* s'accumuler

Sumpf (*-(e)s, ̈e*) *m* marais *m*

sumpfig *adj* marécageux(-euse)

Sünde *f* péché *m*

super (*fam*) *adj* super *inv* ▸ *adv* super bien

Super (*-s*) *nt* (*Benzin*) super *m*

Supermarkt *m* supermarché *m*

Suppe *f* soupe *f*

Surfbrett *nt* planche *f* de surf

surfen *vi* faire du surf

Surfer *m* surfeur *m*

suspekt *adj* suspect(e)

süß *adj* sucré(e) ; (*lieblich*) mignon(ne)

Süßigkeit *f* (*Bonbon etc*) sucrerie *f*

Süßspeise *f* dessert *m*

Süßstoff *m* édulcorant *m*

Süßwasser *nt* eau *f* douce

Sweatshirt (*-s, -s*) *nt* sweat-shirt *m*

Symbol (*-s, -e*) *nt* symbole *m*

symbolisch *adj* symbolique

symmetrisch *adj* symétrique

s

Sympathie f sympathie f
Sympathisant(in) m(f) sympathisant(e)
sympathisch adj sympathique
Symptom (-s, -e) nt symptôme m
symptomatisch adj symptomatique
Synagoge f synagogue f
synchron adj synchrone
• **Synchrongetriebe** nt vitesses fpl synchronisées
synchronisieren vt synchroniser
Syndrom (-s, -e) nt syndrome m
Synonym (-s, -e) nt synonyme m
Syntax (-, -en) f syntaxe f
Synthese f synthèse f
synthetisch adj synthétique
Syphilis (-) f syphilis f
Syrien (-s) nt la Syrie
System (-s, -e) nt système m
• **Systemanalyse** f analyse f fonctionnelle
systematisch adj systématique
Systemkritiker m personne qui critique le système
Szenario nt scénario m
Szene f scène f ; (Drogenszene etc) milieu m

t

Tabak (-s, -e) m tabac m
Tabelle f tableau m
Tablet nt, **Tablet-PC** m (Inform) tablette f
Tablette f comprimé m
Tabu (-s, -s) nt tabou m
Tachometer m od nt compteur m (de vitesse)
Tadel (-s, -) m (Rüge) réprimande f, blâme m ; (Makel) faute f
• **tadellos** adj irréprochable
Tadschikistan nt le Tadjikistan
Tafel (-, -n) f tableau m ; (Anschlagtafel) panneau m d'affichage ; (Schiefertafel) ardoise f ; (Gedenktafel) plaque f ; (Schokolade etc) tablette f
Tag (-(e)s, -e) m jour m ; **am ~** pendant la journée ; **guten ~!** bonjour !
Tagebau m exploitation f à ciel ouvert
Tagebuch nt journal m (intime)
tagelang adv des journées entières
tagen vi siéger ▶ vb unpers: **es tagt** le jour se lève

Täter

Tagesablauf *m* journée *f*

Tageskarte *f* carte *f* journalière ; (*Speisekarte*) menu *m* du jour

Tageslicht *nt* lumière *f* du jour

Tageslichtprojektor *m* rétroprojecteur *m*

Tagesordnung *f* ordre *m* du jour

Tagesschau *f* journal *m* télévisé

Tageszeit *f* heure *f* (du jour)

Tageszeitung *f* quotidien *m*

täglich *adj* quotidien(ne) ▶ *adv* tous les jours

tagsüber *adv* pendant la journée

Tagung *f* congrès *m*

Tai-Chi (-) *nt* taï chi *m*

Taille *f* taille *f*

tailliert *adj* cintré(e)

Takt (-(*e*)*s*, -*e*) *m* tact *m* ; (*Mus*) mesure *f* • **Taktfrequenz** *f* (*Inform*) fréquence *f* d'horloge

Taktik (-, -*en*) *f* tactique *f*

taktisch *adj* tactique

taktlos *adj* qui manque de tact

taktvoll *adj* plein(e) de tact

Tal (-(*e*)*s*, ⁼*er*) *nt* vallée *f*

Talent (-(*e*)*s*, -*e*) *nt* talent *m*

Talkshow (-, -*s*) *f* causerie *f* télévisée

Talsohle *f* fond *m* de (la) vallée

Tampon (-*s*, -*s*) *m* tampon *m*

Tang (-(*e*)*s*, -*e*) *m* algues *fpl*

Tank (-*s*, -*s*) *m* réservoir *m*

tanken *vi* prendre de l'essence ▶ *vt* prendre

Tanker (-*s*, -) *m* pétrolier *m*

Tankstelle *f* station-service *f*

Tankwart *m* pompiste *m*

Tanne *f* sapin *m*

Tannenzapfen *m* pomme *f* de pin

Tante *f* tante *f*

Tanz (-*es*, -*e*) *m* danse *f*

tanzen *vi*, *vt* danser

Tapete *f* papier *m* peint

tapfer *adj* courageux(-euse) • **Tapferkeit** *f* courage *m*

Tarif (-*s*, -*e*) *m* tarif *m* • **Tarifpartner** *m*: **die** ~ les partenaires *mpl* sociaux • **Tarifverhandlungen** *pl* négociations *fpl* salariales • **Tarifvertrag** *m* convention *f* collective

Tarnung *f* camouflage *m*

Tasche *f* (*an Kleidung*) poche *f* ; (*Handtasche, Einkaufstasche*) sac *m*

Taschen- *in zW* de poche

Taschenbuch *nt* livre *m* de poche

Taschendieb *m* pickpocket *m*

Taschengeld *nt* argent *m* de poche

Taschenlampe *f* lampe *f* de poche

Taschenmesser *nt* canif *m*

Taschenrechner *m* calculatrice *f* de poche, calculette *f*

Taschentuch *nt* mouchoir *m*

Tasse *f* tasse *f*

Tastatur *f* clavier *m*

Taste *f* touche *f*

tasten *vi* tâtonner ▶ *vt* (*Méd*) palper ; **nach etw** ~ chercher qch à tâtons • **Tastentelefon** *nt* téléphone *m* à touches

tat *etc vb siehe* **tun**

Tat (-, -*en*) *f* acte *m*, action *f* ; (*Verbrechen*) méfait *m*

Tatbestand *m* faits *mpl*

tatenlos *adv*: ~ **zusehen** regarder sans rien faire

Täter(in) (-*s*, -) *m(f)* coupable *mf*

t

tätig *adj* actif(-ive) ; **~ sein** (*beruflich*) travailler

Tätigkeit *f* activité *f* ; **in ~** (*Maschine*) en marche

tätowieren *vt* tatouer

Tatsache *f* fait *m*

tatsächlich *adj* vrai(e) ▶ *adv* vraiment

Tau¹ (-(e)s, -e) *nt* cordage *m*

Tau² (-(e)s) *m* rosée *f*

taub *adj* sourd(e) ; (*Körperglied*) engourdi(e)

Taube *f* pigeon *m*

taubstumm *adj* sourd(e)-muet(te)

tauchen *vi* plonger ▶ *vt* (*kurz eintauchen*) tremper

Taucher(in) (-s, -) *m(f)* plongeur(-euse) • **Taucheranzug** *m* scaphandre *m* • **Taucherbrille** *f* lunettes *fpl* de plongée

Tauchsieder (-s, -) *m* thermoplongeur *m*

tauen *vi unpers* fondre ; **es taut** il dégèle

Taufe *f* baptême *m*

taufen *vt* baptiser

taugen *vi* convenir ; **~ für** être fait(e) pour

tauglich *adj* (*Mil*) apte au service ; **~ für etw sein** convenir pour qch

Tausch (-(e)s, -e) *m* échange *m*

tauschen *vt* échanger ▶ *vi* faire un échange

täuschen *vt, vi* tromper ▶ *vr* se tromper

Täuschung *f* tromperie *f* ; (*Irrtum*) illusion *f*

tausend *num* mille

Tauziehen *nt* lutte *f* à la corde ; (*fig*) lutte acharnée

Taxi (-(s), -(s)) *nt* taxi *m*

Taxifahrer(in) *m(f)* chauffeur *m* de taxi

Teakholz *nt* teck *m*

Team (-s, -s) *nt* équipe *f* • **Teamarbeit** *f*, **Teamwork** (-s) *nt* travail *m* en équipe

Technik *f* technique *f*

Techniker(in) (-s, -) *m(f)* technicien(ne)

technisch *adj* technique

Technologie *f* technologie *f* ; **neue Informations- und Kommunikationstechnologien (NIKT)** NTIC *fpl* (= *nouvelles technologies de l'information et de la communication*)

technologisch *adj* technologique

Teddybär *m* ours *m* en peluche

Tee (-s, -s) *m* thé *m* ; (*aus anderen Pflanzen*) tisane *f*, infusion *f* • **Teekanne** *f* théière *f* • **Teelöffel** *m* = cuillère *f* à café

Teer (-(e)s, -e) *m* goudron *m*

Teesieb *nt* passe-thé *m*

Teich (-(e)s, -e) *m* mare *f*

Teig (-(e)s, -e) *m* pâte *f*

Teigwaren *pl* pâtes *fpl*

Teil (-(e)s, -e) *m* partie *f* ▶ *m od nt* (*Anteil*) part *f* ▶ *nt* (*Ersatzteil*) pièce *f* ; **zum ~** en partie • **Teilchen** *nt* particule *f* ; (*Gebäckstück*) (petit) gâteau *m*

teilen *vt* (*in zwei oder mehrere Teile*: *Math*) diviser ; (*aufteilen, gemeinsam haben*) partager

teil|haben (*irr*) *vi* : **~ an** +*Dat* participer à

Teilhaber(in) (-s, -) *m(f)* associé(e)

Teilkaskoversicherung f
assurance responsabilité civile, vol et incendie

Teilnahme (-) f participation f ; (*Interesse*) intérêt m ; (*Mitleid*) sympathie f ; **jdm seine herzliche ~ aussprechen** présenter ses sincères condoléances à qn

teil|nehmen (*irr*) vi: **~ an** +*Dat* participer à

Teilnehmer(in) (-s, -) m(f) participant(e)

teils *adv* en partie

Teilung f partage m

teilweise *adv* en partie

Teilzeitarbeit f travail m à temps partiel

Telearbeit m télétravail m

Telefon (-s, -e) nt téléphone m
• **Telefonanruf** m, **Telefonat** nt coup m de fil

Telefonbuch nt annuaire m (du téléphone)

telefonieren vi téléphoner ; **mit jdm ~** téléphoner à qn

telefonisch adj téléphonique ; (*Benachrichtigung*) par téléphone ▶ *adv*: **ich bin ~ zu erreichen** on peut me joindre par téléphone

Telefonnummer f numéro m de téléphone

Telefonzelle f cabine f téléphonique

Telefonzentrale f standard m

telegrafieren vt, vi télégraphier

Telegramm nt télégramme m

Telekolleg nt ≈ télé-enseignement m universitaire

Teleobjektiv nt téléobjectif m

Teleskop (-s, -e) nt télescope m

Telex (-es, -e) nt télex m

Teller (-s, -) m assiette f

Tempel (-s, -) m temple m

Temperament nt tempérament m • **temperamentvoll** adj plein(e) d'entrain

Temperatur f température f

Tempo (-s, -s) nt vitesse f

Tempolimit (-s, -s) nt limitation f de vitesse

Tendenz f tendance f

tendieren vi: **zu etw ~** avoir tendance à qch

Tennis (-) nt tennis m
• **Tennisplatz** m court m (de tennis) • **Tennisschläger** m raquette f de tennis
• **Tennisspieler(in)** m(f) joueur(-euse) de tennis

Tenor (-s, *⁼e) m ténor m

Teppich (-s, -e) m tapis m
• **Teppichboden** m moquette f

Termin (-s, -e) m (*Zeitpunkt*) date f ; (*Arzttermin etc*) rendez-vous m inv ; **den ~ einhalten** être dans les délais

Terminal (-s, -s) nt (*Aviat, Inform*) terminal m

Terminkalender m agenda m

Terminologie f terminologie f

Terpentin (-s, -e) nt térébenthine f

Terrasse f terrasse f

Terrier (-s, -) m terrier m (*chien*)

Territorium nt territoire m

Terror (-s) m terreur f
• **Terroranschlag** m attentat m terroriste

terrorisieren vt terroriser

Terrorismus m terrorisme m

Terrorist(in) m(f) terroriste mf

Test (-s, -s) m test m

Testament nt testament m

testen vt tester

Tetanus (-) m tétanos m
• **Tetanusimpfung** f vaccination f antitétanique

teuer adj cher (chère)

Teuerung f hausse f des prix

Teufel (-s, -) m diable m

Teufelskreis m cercle m vicieux

Text (-(e)s, -e) m texte m ; (zu Bildern) légende f ; (Liedertext) paroles fpl

Textilien pl textiles mpl

Textverarbeitung f traitement m de texte

Thailand nt la Thaïlande

Theater (-s, -) nt théâtre m
• **Theaterstück** nt pièce f de théâtre

theatralisch adj théâtral(e)

Theke f comptoir m

Thema (-s, Themen od -ta) nt sujet m

thematisch adj thématique

Themse f: **die ~** la Tamise

Theologe (-n, -n) m, **Theologin** f théologien(ne)

Theologie f théologie f

Theoretiker(in) (-s, -) m(f) théoricien(ne)

theoretisch adj théorique

Theorie f théorie f

Therapeut(in) (-en, -en) m(f) thérapeute mf

therapeutisch adj thérapeutique

Therapie f thérapie f

Thermalbad nt station f thermale

Thermodrucker m imprimante f thermique

Thermometer nt thermomètre m

These f thèse f

Thron (-(e)s, -e) m trône m

Thunfisch m thon m

Thüringen (-s) nt la Thuringe

Thymian (-s, -e) m thym m

Tick (-(e)s, -s) m (nervöser) tic m ; (Eigenart, Fimmel) manie f

ticken vi (Uhr) faire tic tac

Ticket (-s, -s) nt billet m

tief adj profond(e) ; (Stimme) grave
▶ adv profondément ; **~ greifend** profond(e) • **Tief** (-s, -e) nt (von Wetter, Stimmung) dépression f
• **Tiefdruck** m (Météo) basses pressions fpl

Tiefe f profondeur f

Tiefenschärfe f profondeur f de champ

Tiefgarage f garage m souterrain

tiefgekühlt adj surgelé(e)

Tiefkühlfach nt freezer m

Tiefkühlkost f surgelés mpl

Tiefkühltruhe f congélateur m

Tiefpunkt m (fig) creux m de la vague

Tiefstand m niveau m le plus bas

Tiefstwert m valeur f la plus basse

Tier (-(e)s, -e) nt animal m
• **Tierarzt** m, **Tierärztin** f vétérinaire mf • **Tiergarten** m jardin m zoologique • **tierisch** adj animal(e) ; (péj) bestial(e) ; **mit ~em Ernst** avec le plus grand sérieux • **Tierquälerei** f cruauté f envers les animaux

Tierschutz m protection f des animaux • **Tierschutzverein** m Société f protectrice des animaux

Tierversuch m expérimentation f sur des animaux

Tiger(in) (-s, -) m(f) tigre (tigresse)
tilgen vt effacer ; (Schulden) rembourser
Tilgung f suppression f ; (von Schulden) remboursement m
timen vt choisir le moment de
Tinnitus m (Méd) acouphène m ; **an ~ leiden** souffrir d'acouphènes
Tinte f encre f
Tintenfisch m seiche f
Tipp (-s, -s) m tuyau m
tippen vt (auf Schreibmaschine) taper ▸ vi (raten): **~ auf** +Akk parier sur
Tippfehler m faute f de frappe
tipptopp (fam) adj impeccable
Tisch (-(e)s, -e) m table f
• **Tischdecke** f nappe f
Tischler (-s, -) m menuisier m
Tischlerei f menuiserie f
Tischrechner m calculatrice f
Tischtennis nt ping-pong m
Tischtuch nt nappe f
Titel (-s, -) m titre m • **Titelbild** nt (auf Zeitschriften) photo f de couverture ; (von Buch) frontispice m • **Titelrolle** f rôle m principal • **Titelseite** f (von Zeitung) couverture f ; (Buchtitel) page f de titre • **Titelverteidiger** m détenteur(-trice) m/f du titre
Toast (-(e)s, -s od -e) m (Brot) toast m, pain m grillé ; (Trinkspruch) toast
Toaster (-s, -) m grille-pain m inv
toben vi (Meer) être très agité(e) ; (Wind) souffler en tempête ; (Kampf) faire rage ; (Kinder, Publikum) être déchaîné(e)
Tochter (-, ⸚) f fille f
• **Tochtergesellschaft** f filiale f

Tod (-(e)s, -e) m mort f • **todernst** (fam) adj sérieux(-euse) comme un pape ▸ adv très sérieusement
Todesangst f peur f par ique
Todesfall m décès m
Todesopfer nt victime f (qui trouve la mort dans un accident)
Todesstrafe f peine f de mort
Todestag m anniversaire m de la mort
Todesursache f cause f de la mort
Todesurteil nt condamnation f à mort
tödlich adj mortel(le)
todmüde adj mort(e) de fatigue
todschick (fam) adj très chic inv
todsicher (fam) adj abso ument sûr(e) ▸ adv sûrement
Tofu (-(s)) m tofu m
Toilette f (WC) toilettes fpl, W.C. mpl ; (Körperpflege, Kleidung) toilette
Toilettenpapier nt papier m hygiénique
tolerant adj tolérant(e)
Toleranz f tolérance f
tolerieren vt tolérer
toll (fam) adj (verrückt) fou (folle) ; (ausgezeichnet) super inv, formidable
Tollkirsche f belladone f
tollkühn adj téméraire
Tollwut f rage f
Tomate f tomate f
Tomatenmark nt concentré m de tomate
Ton¹ (-(e)s, -e) m (Erde) argile f
Ton² (-(e)s, ⸚e) m ton m ; (Laut) son m
• **Tonband** nt bande f magnétique

t

• Tonbandgerät nt magnétophone m

tönen vt (Haare) teindre

Tonfall m intonations fpl

Tonfilm m film m parlant

Tonleiter f gamme f

Tonne (-, -n) f (Fass) tonneau m ; (Maß) tonne f

Top (-s, -s) nt (Kleidungsstück) haut m

Topf (-(e)s, ⁼e) m pot m ; (Kochtopf) casserole f

Topfen (-s, -) (Austriche) m sorte de fromage blanc

Töpfer(in) (-s, -) m(f) potier(-ière)

Töpferei f poterie f

töpfern vi faire de la poterie

Töpferscheibe f tour m (de potier)

Topflappen m gant m isolant

Tor (-(e)s, -e) nt (Tür) portail m ; (Stadttor, Skitor) porte f ; (Sport) but m

Torf (-(e)s) m tourbe f

torkeln vi tituber

torpedieren vt (fig) torpiller

Torpedo (-s, -s) m torpille f

Torte f gâteau m

Tortur f (fig) torture f

Torwart (-(e)s, -e) m gardien m de but

tot adj mort(e) ; (erschöpft) mort(e) de fatigue ; **~ geboren** mort-né(e) ; **sich ~ stellen** faire le (la) mort(e)

total adj total(e) ▶ adv complètement

Totalschaden m dommages mpl irréparables

Tote(r) f(m) mort(e) m/f

töten vt, vi tuer

Totenkopf m tête f de mort

tot|lachen (fam) vr se bidonner

Toto (-s, -s) m od nt loto m sportif

Totschlag m homicide m volontaire

Touchscreen (-, -s) m écran m tactile

Touchscreen-Handy nt (Tech) portable m à écran tactile

Toupet (-s, -s) nt postiche m

toupieren vt crêper

Tour (-, -en) f (Ausflug, Reise) tour m, voyage m ; (Bergtour) excursion f

Tourenzähler m compte-tours m inv

Tourismus m tourisme m

Tourist(in) m(f) touriste mf

• Touristenklasse f classe f touriste

Tournee (-, -s od -n) f tournée f ; **auf ~ gehen** partir en tournée

Trab (-(e)s) m (Gangart) trot m ; **auf ~ sein** (Mensch) être très occupé(e)

Tracht (-, -en) f (Kleidung) costume m ; **eine ~ Prügel** une volée de coups

trächtig adj (Tier) plein(e)

Tradition f tradition f

traditionell adj traditionnel(le)

traf etc vb siehe **treffen**

tragbar adj (Gerät) portatif(-ive), portable ; (Kleidung) mettable ; (erträglich) supportable

träge adj (Mensch) moux (molle), léthargique ; (Bewegung) indolent(e) ; (Masse) inerte

tragen (irr) vt porter

Träger (-s, -) m porteur m ; (an Kleidung) bretelle f ; (Stahlträger, Holzträger, Betonträger) poutre f

Tragflügelboot *nt* hydrofoil *m*

Trägheit *f* (*von Mensch*) indolence *f*; (*von Bewegung*) lenteur *f*; (*geistig*) paresse *f*; (*Phys*) inertie *f*

Tragik *f* tragique *m*

tragisch *adj* tragique

Tragödie *f* tragédie *f*

Tragweite *f* portée *f*

Trainer(in) (-s, -) *m(f)* entraîneur *m*

trainieren *vt* entraîner ▸ *vi* s'entraîner

Training (-s, -s) *nt* entraînement *m*

Trainingsanzug *m* survêtement *m*

Traktor *m* tracteur *m*

trampen *vi* faire du stop

Tramper(in) (-s, -) *m(f)* auto-stoppeur(-euse)

Trampolin (-s, -e) *nt* trampoline *m*

Trance *f* transe *f*

Träne *f* larme *f*

tränen *vi* larmoyer

Tränengas *nt* gaz *m* lacrymogène

trank *etc* *vb* siehe **trinken**

Transformator *m* transformateur *m*

Transfusion *f* transfusion *f* (sanguine)

Transistor *m* transistor *m*

Transit *m* transit *m*

transparent *adj* transparent(e)

Transplantation *f* greffe *f*

Transport (-(e)s, -e) *m* transport *m*

transportieren *vt* transporter

Transportkosten *pl* frais *mpl* de transport

Transportmittel *nt* moyen *m* de transport

Transportunternehmen *nt* entreprise *f* de transports

Transvestit (-en, -en) *m* travesti *m*

trat *etc* *vb* siehe **treten**

Traube *f* raisin *m*

Traubenzucker *m* sucre *m* de raisin

trauen *vi* +*Dat*: **jdm ~** faire confiance à qn ▸ *vr* oser ▸ *vt* marier

Trauer (-) *f* chagrin *m*; (*für Verstorbenen*) deuil *m*

trauern *vi*: **~ um** pleurer (la mort de)

Trauerspiel *nt* tragédie *f*

träufeln *vt* verser goutte à goutte

Traum (-(e)s, *Träume*) *m* rêve *m*

Trauma (-s, -men od -ta) *nt* traumatisme *m*

träumen *vi*, *vt* rêver

traumhaft *adj* fantastique

traurig *adj* triste • **Traurigkeit** *f* tristesse *f*

Trauschein *m* extrait *m* d'acte de mariage

Trauung *f* mariage *m*

Trauzeuge *m*, **Trauzeugin** *f* témoin *m* (de mariage)

treffen (*irr*) *vi* (*Geschoss, Hieb*) atteindre son but ▸ *vt* toucher; (*begegnen*) rencontrer; (*Entscheidung, Maßnahmen*) prendre; (*Vorbereitungen, Auswahl*) faire ▸ *vr* se rencontrer

Treffen (-s, -) *nt* rencontre *f* • **treffend** *adj* pertinent(e); (*Beschreibung*) excellent(e)

Treffer (-s, -) *m* (*Schuss etc*) tir *m* réussi *od* dans le mille; (*Foot, Hockey etc*) but *m*; (*Los*) billet *m* gagnant

Treffpunkt m lieu m de rendez-vous

treiben (irr) vt (Tiere, Menschen) mener ; (Rad) actionner ; (Maschine) faire marcher ; (drängen, anspornen) pousser ; (Studien, Sport) faire ▶ vi (Pflanzen) pousser ; (Culin: aufgehen) lever • **Treiben** (-s) nt (Tätigkeit) activité f ; (lebhafter Verkehr etc) animation f

Treiber (-s, -) m (Inform) driver m

Treibgas nt gaz m propulseur

Treibhaus nt serre f

Treibhauseffekt m effet m de serre

Treibhausgas nt gaz mpl à effet de serre, GES mpl

Treibstoff m carburant m

trendig, trendy (fam) adj tendance (inv)

trennen vt séparer ; (zerteilen) diviser ; (abtrennen, lösen) détacher ; (Begriffe) distinguer ▶ vr se séparer

Trennung f séparation f ; (von Begriffen) distinction f

Treppe f escalier m

Treppenhaus nt cage f d'escalier

Tresor (-s, -e) m coffre-fort m ; (Raum) salle f des coffres

Tretboot nt pédalo m

treten (irr) vi (gehen) marcher ▶ vt (mit Fußtritt) donner un coup de pied à ; (niedertreten) piétiner ; **nach jdm/etw ~** donner un coup de pied à qn/dans qch ; **in Verbindung ~** entrer en contact

treu adj (Diener, Hund, Ehemann, Dienste) fidèle

Treue (-) f fidélité f

treulos adj déloyal(e)

Trichter (-s, -) m entonnoir m

Trick (-s, -e od -s) m truc m
• **Trickfilm** m dessin m animé

trieb etc vb siehe **treiben**

Trieb (-(e)s, -e) m (instinkthaft) instinct m ; (geschlechtlich) pulsion f ; (Neigung) tendance f ; (an Baum etc) pousse f • **Triebtäter** m auteur m d'un crime sexuel
• **Triebwagen** m autorail m
• **Triebwerk** nt groupe m moteur

triefen vi ruisseler

triftig adj convaincant(e)

Trikot¹ (-s, -s) nt maillot m

Trikot² (-s) m (Gewebe) jersey m

Trillerpfeife f sifflet m

trinkbar adj potable

trinken (irr) vt, vi boire

Trinker(in) (-s, -) m(f) alcoolique m

Trinkgeld nt pourboire m

Trinkhalm m paille f

Trinkspruch m toast m

Trinkwasser nt eau f potable

Tripper (-s, -) m blennorragie f

Tritt (-(e)s, -e) m pas m ; (Fußtritt) coup m de pied • **Trittbrett** nt marchepied m

Triumph (-(e)s, -e) m triomphe m
• **Triumphbogen** m arc m de triomphe

triumphieren vi triompher ; **~ über** +Akk triompher de

trivial adj banal(e)

trocken adj sec (sèche) ; (nüchtern) sobre ; (Humor) pince-sans-rire inv
• **Trockenhaube** f casque m (séchoir) • **Trockenheit** f sécheresse f

trocknen vt, vi sécher

Trockner (-s, -) *m* sèche-linge *m inv*

Trödel (-s) *m* bric-à-brac *m inv*

trödeln (*fam*) *vi* traîner

Trödler (-s, -) *m* (*Händler*) brocanteur *m*

trog *etc vb siehe* **trügen**

Trommel (-, -n) *f* tambour *m*
  • **Trommelfell** *nt* tympan *m*

trommeln *vi* jouer du tambour

Trompete *f* trompette *f*

Trompeter (-s, -) *m* trompettiste *m*

Tropen *pl* tropiques *mpl*

Tropf (-(e)s, ⁼e) *m* (*Kerl*) type *m* ; (*Méd : Infusion*) goutte-à-goutte *m inv* ; **armer ~** pauvre diable *m*

tropfen *vi* (*Regen, Schweiß etc*) tomber goutte à goutte ; (*Wasserhahn*) goutter ▶ *vt* verser goutte à goutte

Tropfen (-s, -) *m* goutte *f*

tropfenweise *adv* goutte à goutte

Tropfsteinhöhle *f* grotte *f* avec des stalactites

tropisch *adj* tropical(e)

Trost (-es) *m* consolation *f*

trösten *vt* consoler

tröstlich *adj* (*Worte, Brief*) de consolation

trostlos *adj* (*Verhältnisse*) affligeant(e) ; (*Landschaft*) désolé(e)

Trott (-(e)s, -e) *m* trot *m* ; (*Routine*) train-train *m inv*

Trottel (-s, -) (*fam*) *m* crétin *m*

trotz *präp* +Gen od Dat malgré

Trotz (-es) *m* : **etw aus ~ tun** faire qch par défi ; **jdm zum ~** pour braver qn

trotzdem *adv* quand même

trotzig *adj* (*Antwort*) provocant(e) ; (*Benehmen*) de défi

trüb *adj* (*Augen, Metall*) terne ; (*Aussichten*) sombre ; (*Flüssigkeit*) trouble ; (*Glas*) opaque ; (*Mensch, Gedanke, Stimmung, Zeiten*) triste ; (*Tag, Wetter*) gris(e)

Trubel (-s) *m* tumulte *m*

trübselig *adj* triste

Trübsinn *m* humeur *f* chagrine

Trüffel (-, -n) *f* truffe *f*

trug *etc vb siehe* **tragen**

trügen (*irr*) *vt, vi* tromper

trügerisch *adj* trompeur(-euse)

Truhe *f* bahut *m*

Trümmer *pl* débris *mpl* ; (*Bautrümmer*) ruines *fpl*

Trumpf (-(e)s, ⁼e) *m* atout *m*

Trunkenheit *f* ivresse *f*

Trupp (-s, -s) *m* groupe *m*

Truppe *f* troupe *f*

Truthahn *m* dindon *m*

Tscheche (-n, -n) *m*, **Tschechin** *f* Tchèque *m/f*

tschechisch *adj* tchèque

Tschechische Republik *f* République *f* tchèque

tschüss (*fam*) *interj* salut, tchao

T-Shirt (-s, -s) *nt* T-shirt *m*

Tube *f* tube *m*

Tuberkulose *f* tuberculose *f*

Tuch (-(e)s, ⁼er) *nt* (*Stoff*) étoffe *f* ; (*Stück Stoff*) pièce *f* de tissu ; (*Tischtuch*) nappe *f* ; (*Halstuch*) foulard *m* ; (*Kopftuch*) fichu *m*

tüchtig *adj* (*fleißig*) travailleur(-euse) ; (*fähig, brauchbar*) bon (bonne) ; (*fam: kräftig*) sacré(e)

Tugend (-, -en) *f* vertu *f*

Tulpe f tulipe f
tummeln vr s'ébattre
Tumor (-s, -e) m tumeur f
Tümpel (-s, -) m mare f
Tumult (-(e)s, -e) m tumulte m
tun (irr) vt (machen) faire; (legen etc) mettre ▸ vi: **freundlich ~** prendre un air aimable; **jdm etw ~** (antun) faire qch à qn; **so ~, als ob ...** faire comme si ...
Tunesien (-s) nt la Tunisie
Tunfisch m siehe **Thunfisch**
Tunke f sauce f
tunken vt tremper
tunlichst adv si possible
Tunnel (-s, - od -s) m tunnel m
tupfen vt tamponner; (mit Farbe) moucheter • **Tupfen** (-s, -) m point m; (größer) pois m
Tür (-, -en) f porte f
Turbine f turbine f
turbulent adj turbulent(e)
Türkei f: **die ~** la Turquie
Türkis (-es, -e) m turquoise f
türkisch adj turc (turque)
Turkmenistan nt le Turkménistan
Turm (-(e)s, ⸚e) m tour f; (Kirchturm) clocher m; (Sprungturm) plongeoir m
turnen vi faire de la gymnastique • **Turnen** (-s) nt gymnastique f
Turnhalle f salle f de gymnastique
Turnhose f short m
Turnier (-s, -e) m tournoi m
Turnschuh m basket f
Türöffner m portier m automatique
Tusche f encre f de Chine; (Wimperntusche) mascara m

tuscheln vi chuchoter
Tüte f cornet m; (Tragtüte) sac m
Tutorial nt tutoriel m
TÜV (-) m abk (= Technischer Überwachungsverein) office chargé du contrôle périodique obligatoire des véhicules

Le **TÜV** est l'un des organismes chargés de la vérification du bon fonctionnement des machines et en particulier des véhicules. Les voitures de plus de trois ans doivent passer un contrôle technique (sécurité et pollution) tous les deux ans.

Tweet m tweet m
Twen (-(s), -s) m jeune d'une vingtaine d'années
Twitter® nt Twitter® m
twittern vi tweeter
Typ (-s, -en) m type m
Typhus (-) m typhus m
typisch adj typique
Tyrann (-en, -en) m tyran m
Tyrannei f tyrannie f

u

u. A. w. g. *abk* (= um Antwort wird gebeten) RSVP

U-Bahn *f* métro *m*

übel *adj* mauvais(e) ; **mir ist ~** je me sens mal ; **jdm etw ~ nehmen** en vouloir à qn de qch • **Übel** (-s, -) *nt* mal *m* • **Übelkeit** *f* nausée *f*

üben *vt* (Instrument) s'exercer à, étudier ; (Geduld, Gerechtigkeit) faire preuve de ; **Kritik an etw ~** Dat ~ critiquer qch

---

über

▸ *präp +Dat* **1** (räumlich) en dessus de, au-dessus de, sur ; **das Bild hängt ~ dem Klavier an der Wand** le tableau est suspendu au mur au-dessus du piano ; **wir wohnen ~ ihnen** nous sommes à l'étage du dessus ; **zwei Grad ~ null** deux degrés au-dessus de zéro, plus deux

2 (zeitlich: während) pendant ; **~ einem Glas Wein alles besprechen** discuter des détails autour d'un verre de vin ▸ *präp +Akk* **1** (räumlich) au-dessus de, par dessus, sur ; **hänge das Bild ~s Klavier** mets le tableau au-dessus du piano ; **Fehler ~ Fehler** faute sur faute **2** (zeitlich) pour ; **~ Weihnachten/die Feiertage wegfahren** partir pour Noël/les fêtes ; **die ganze Zeit ~** tout le temps ; **den (ganzen) Sommer ~** (pendant) tout l'été ; **~ kurz oder lang** tôt ou tard **3** (mit Zahlen): **Kinder ~ 12 Jahren** les enfants de plus de douze ans ; **ein Scheck ~ 200 Euro** un chèque de 200 euros **4** (auf dem Wege) via, par ; **nach Köln ~ Aachen fahren** aller à Cologne via Aix-la-Chapelle **5** (betreffend) sur ; **ein Buch ~ Bananen** un livre sur les bananes ; **~ jdn/etw lachen** rire de qn/qch **6**: **sie liebt ihn ~ alles** el e l'aime plus que tout ▸ *adv:* **~ und ~** complètement

überanstrengen *vt insép* surmener ▸ *vr insép* se surmener

überarbeiten *vt insép* (Text) remanier ▸ *vr insép* se surmener

überbelichten *vt insép* surexposer

überbieten (irr) *vt insép* (Angebot) enchérir sur ; (Leistung) dépasser ; (Rekord) battre

Überbleibsel (-s, -) *nt* reste *m*

Überblick *m* vue d'ensemble ; (Abriss) aperçu *m* ; **den ~ verlieren** ne plus être au courant

überblicken *vt insép* (Platz, Landschaft) avoir vue sur ; (fig)

voir ; (*Sachverhalt, Lage*)
comprendre

überbringen(*irr*) *vt insép*
remettre

überbrücken *vt insép* (*Fluss*)
construire un pont sur ;
(*Gegensatz*) concilier ; (*Zeit*) passer

überdenken(*irr*) *vt insép*
réfléchir à

Überdosis *f* surdose *f*, overdose *f*

Überdruss (*-es*) *m* dégoût *m* ;
bis zum ~ à satiété

überdrüssig *adj +Gen* las(se) de

übereifrig *adj* trop empressé(e)

übereilt *adj* précipité(e)

übereinander *adv* l'un(e) sur
l'autre ; (*sprechen*) l'un(e) de l'autre

Übereinkunft (*-, -künfte*) *f*
accord *m*

überein|stimmen *vi* être
d'accord ; (*Angaben, Messwerte,
Zahlen etc*) correspondre

Übereinstimmung *f* accord *m*

überempfindlich *adj*
hypersensible

über|fahren (*irr*) *vt insép* (*Person,
Tier*) écraser ; (*fig*) prendre de
vitesse

Überfahrt *f* traversée *f*

Überfall *m* (*auf Bank etc*) attaque *f*
à main armée, hold-up *m inv* ;
(*auf Land*) attaque

überfallen (*irr*) *vt insép* attaquer ;
(*besuchen*) rendre visite à
l'improviste

überfällig *adj* en retard

überfliegen (*irr*) *vt insép* survoler

Überfluss *m* excédent *m*

überflüssig *adj* superflu(e)

überfordern *vt insép* (*Menschen*)
trop en demander à

über|führen *vt* (*Leiche etc*)
transférer

Überführung *f* (*von Leiche*)
transfert *m* ; (*von Täter*) conviction
f ; (*Brücke*) viaduc *m* ; (*: für
Fußgänger*) passerelle *f*

Übergabe *f* remise *f*

Übergang *m* passage *m*,
transition *f*

Übergangslösung *f* solution *f*
provisoire

übergeben (*irr*) *vt insép* remettre
▶ *vr insép* vomir

über|gehen (*irr*) *vi* (*Besitz, zum
Feind etc*) passer

Übergewicht *nt* (*von Gepäck*)
excédent *m* ; (*größere Bedeutung*)
prépondérance *f*

überglücklich *adj* ravi(e)

überhand|nehmen (*irr*) *vi*
s'accroître outre mesure ;
(*Unkraut*) se propager outre
mesure

überhaupt *adv* (*im Allgemeinen*)
somme toute ; **~ nicht** pas du
tout

überheblich *adj*
présomptueux(-euse)

überholen *vt insép* (*Aut*) dépasser,
doubler ; (*Gerät, Maschine*) réviser

Überholspur *f* voie *f* rapide

überholt *adj* dépassé(e)

Überholverbot *nt* interdiction *f*
de dépasser

überhören *vt insép* ne pas
entendre ; (*absichtlich*) ne pas
tenir compte de

überladen (*irr*) *vt insép* surcharger

überlassen (*irr*) *vt insép* laisser ;
es jdm ~, etw zu tun laisser qn
faire qch

überlasten *vt insép* surcharger

überleben *vt insép* survivre à
• **Überlebende(r)** *f(m)*
survivant(e) *m/f*

überlegen *vt insép* réfléchir à
▶ *adj*: **jdm ~ sein** être supérieur(e)
à qn • **Überlegenheit** *f*
supériorité *f*

Überlegung *f* réflexion *f*

Überlieferung *f* tradition *f*

überm = **über dem**

Übermacht *f* supériorité *f*

übermäßig *adj* excessif(-ive)

übermitteln *vt insép*
transmettre

übermorgen *adv* après-demain

Übermüdung *f* épuisement *m*

Übermut *m* exubérance *f*

übernachten *vi insép* passer la
nuit

Übernachtung *f* nuit *f*

Übernahme *f* réception *f*; (*von
Verantwortung, Kosten*) prise *f* en
charge

übernehmen *(irr) vt insép*
(*Sendung*) recevoir ; (*als Nachfolger*)
reprendre ; (*Verantwortung, Amt,
Kosten, Haftung*) assumer ▶ *vr
insép* se surmener

überprüfen *vt insép* vérifier

Überprüfung *f* contrôle *m*

überqueren *vt insép* traverser

überraschen *vt insép* surprendre

Überraschung *f* surprise *f*

überreden *vt insép* persuader

überreichen *vt insép* remettre

überreizt *adj*: **nervlich ~** à bout
de nerfs

überrumpeln *vt insép* prendre
par surprise

übers = **über das**

übersättigen *vt insép* saturer

Überschallgeschwindigkeit *f*
vitesse *f* supersonique

überschätzen *vt insép*
surestimer ▶ *vr insép* se
surestimer

überschlagen *(irr) vt insép*
(*berechnen*) estimer ; (*Seite*) sauter
▶ *vr insép* (*Auto, Flugzeug*) faire un
tonneau ; (*Stimme*) se casser ;
sich vor Eifer ~ (*fam*) se mettre
en quatre

über|schnappen *vi* (*Stimme*) se
casser ; (*fam: Mensch*) devenir
cinglé(e)

überschneiden *(irr) vr insép*
(*Linien*) se recouper ; (*Pläne,
Themen*) coïncider

überschreiben *(irr) vt insép*
(*Inform*) écraser ; **jdm etw ~**
céder qch à qn

überschreiten *(irr) vt insép*
franchir ; (*Gleise*) traverser ; (*Alter,
Höhepunkt, Kraft, Geschwindigkeit*)
dépasser ; (*Gesetz*) transgresser ;
(*Vollmacht*) outrepasser

Überschrift *f* titre *m*

Überschuss *m* (*Écon*) bénéfice *m*
net

überschüssig *adj* (*Ware*)
excédentaire ; **~e Energie** un
trop-plein d'énergie

überschütten *vt insép*: **jdn mit
Vorwürfen ~** accabler qn de
reproches

überschwänglich *adj* (*Lob,
Begeisterung*) excessif(-ive)

überschwemmen *vt insép*
inonder

Überschwemmung *f*
inondation *f*

Übersee f: in od nach ~ outre-mer ; **aus** od **von ~** d'outre-mer

übersehen (irr) vt insép (Folgen) se rendre compte de ; (nicht beachten) ne pas faire attention à

übersetzen vt insép traduire

Übersetzer(in) (-s, -) m(f) traducteur(-trice)

Übersetzung f traduction f ; (Tech) transmission f

Übersicht f (Fähigkeit) vue f d'ensemble ; (kurze Darstellung) résumé m • **übersichtlich** adj (Gelände) dégagé(e) ; (Darstellung) clair(e)

überspitzt adj exagéré(e)

überspringen (irr) vt insép sauter

über|stehen (irr) vt insép surmonter

übersteigen (irr) vt insép (Zaun) escalader ; (fig) dépasser

überstimmen vt insép mettre en minorité

überstürzen vt insép précipiter ▶ vr insép (Ereignisse) se précipiter

überstürzt adj précipité(e) ; (Entschluss) hâtif(-ive)

Übertrag (-(e)s, -träge) m report m • **übertragbar** adj transmissible

übertragen (irr) vt insép (Radio, TV) diffuser ; (übersetzen) traduire ; (Aufgabe, Verantwortung) confier ; (Krankheit, Tech) transmettre

Übertragung f transmission f

übertreffen (irr) vt insép dépasser

übertreiben (irr) vt, vi insép exagérer

Übertreibung f exagération f

über|treten (irr) vt insép (Gebot, Gesetz etc) transgresser

Übertretung f (von Gebot, Gesetz etc) transgression f

übertrieben adj exagéré(e)

überwachen vt insép surveiller

überwältigen vt insép (Dieb etc) maîtriser ; (subj: Schlaf) envahir

überweisen (irr) vt insép (Geld) virer ; (Patient) adresser

Überweisung f (Fin) virement m

überwiegen (irr) vi insép prédominer

überwiegend adv principalement

überwinden (irr) vt insép surmonter

Überwindung f effort m (sur soi-même)

überzählig adj excédentaire

überzeugen vt insép convaincre, persuader

Überzeugung f conviction f

überziehen (irr) vt insép (Kissen, Schachtel) recouvrir ; (Konto) mettre à découvert

Überzug m (Hülle, Bezug) housse f

üblich adj habituel(le)

U-Boot nt sous-marin m

übrig adj restant(e) ; **das Übrige** le reste ; **im Übrigen** sinon ; **~ bleiben** rester ; **~ lassen** laisser

übrigens adv du reste ; (nebenbei bemerkt) d'ailleurs

übrig|haben (irr) (fam) vi: **für jdn viel/etwas ~** beaucoup/bien aimer qn

Übung f exercice m

UdSSR f abk (Géo: = Union der Sozialistischen Sowjetrepubliken) URSS f

Ufer (-s, -) nt rive f ; (Meeresufer) rivage m

UFO, Ufo (-(s), -s) nt abk
(= unbekanntes Flugobjekt) OVNI m

Uhr (-, -en) f horloge f;
(Armbanduhr) montre f; **wie viel ~
ist es?** quelle heure est-il?; **1 ~**
une heure • **Uhrzeiger** m
aiguille f (d'une montre)
• **Uhrzeigersinn** m: **im ~** dans le
sens des aiguilles d'une montre;
entgegen dem ~ dans le sens
inverse des aiguilles d'une montre
• **Uhrzeit** f heure f

Uhu (-s, -s) m grand duc m

Ukraine f: **die ~** l'Ukraine f

ulkig adj drôle

Ulme f orme m

Ultimatum (-s, Ultimaten) nt
ultimatum m

---

um

▶ **präp +Akk 1** (um … herum)
autour de
2 (mit Zeitangabe: ungefähr): **um
Weihnachten** autour de Noël;
um 8 Uhr herum autour des
8 heures; (: genau): **um 8 (Uhr)** à
8 heures
3 (mit Größenangabe): **etw um
4 cm kürzen** raccourcir qch de
4 cm; **sie ist um zwei Jahre
älter (als ich)** elle a deux ans
de plus (que moi); **um 10%
teurer** plus cher (chère) de 10%;
um vieles besser nettement
mieux; **um nichts besser** pas
mieux
4 (wegen): **Sorgen um seine
Zukunft** des soucis pour son
avenir
5 (nach): **Stunde um Stunde**
heure après heure
6 (über): **es geht um das**

Prinzip c'est une question de
principe
7: **der Kampf um den Titel** la
lutte pour le titre; **um Geld
spielen** jouer pour de l'argent
▶ präp +Gen: **um Gottes willen**
pour l'amour du ciel
▶ konj: **um … zu** pour …; **zu
klug, um zu …** trop
intelligent(e) pour …; siehe auch
umso
▶ adv **1** (ungefähr) environ; **um
(die) 30 Leute** environ trente
personnes
2 (vorbei): **um sein** (fam) être
fini(e); **die zwei Stunden sind
um** les deux heures sont passées
od écoulées

---

umarmen vt insép étreindre

Umbau m transformation f

um|bauen vt transformer

um|bilden vt réorganiser; (Pol)
remanier

um|bringen (irr) vt tuer

Umbruch m bouleversement m;
(Typ) mise f en pages

um|buchen vt (Flug) changer;
(Reise) changer sa réservation
pour

um|denken (irr) vi changer sa
façon de penser

um|drehen vt retourner ▶ vr se
retourner

Umdrehung f rotation f, tour m

umeinander adv l'un(e) autour
de l'autre; **sich ~ kümmern**
s'occuper l'un(e) de l'autre

um|fallen (irr) vi tomber; (fam:
nachgeben) tourner casaque

Umfang m étendue f; (von Buch)
longueur f; (von Kreis)

u

circonférence f • **umfangreich** adj (Buch etc) volumineux(-euse) ; (Wissen) vaste

umfassend adj complet(-ète) ; (Wissen) vaste

Umfeld nt environnement m

Umfrage f sondage m

um|funktionieren vt transformer

Umgang m relations fpl

umgänglich adj facile à vivre

Umgangsformen pl (bonnes) manières fpl

umgeben (irr) vt insép entourer

Umgebung f (Landschaft) environs mpl ; (Milieu) environnement m ; (Personen) entourage m

um|gehen (irr) vi: **mit jdm grob ~** traiter qn avec rudesse ; **mit Geld sparsam ~** être économe

umgehend adj rapide ▶ adv immédiatement

Umgehungsstraße f route f de contournement

umgekehrt adj inverse ▶ adv inversement ; **und ~** et vice versa

Umhang m cape f

um|hängen vt (Bild) déplacer ; **jdm etw ~** mettre qch sur les épaules de qn

umher adv autour, alentours • **umher|ziehen** (irr) vi rouler sa bosse

um|hören vt s'informer

Umkehr (-) f demi-tour m

um|kehren vi faire demi-tour ▶ vt retourner ; (Reihenfolge) intervertir

um|kippen vt renverser ▶ vi se renverser ; (Meinung ändern)

retourner sa veste ; (fam: ohnmächtig werden) tomber dans les pommes

Umkleidekabine f cabine f

Umkleideraum m vestiaire m

um|kommen (irr) vi mourir, périr

Umkreis m environs mpl ; **im ~ von 50 km** dans un rayon de 50 km

umkreisen vt insép tourner autour de

um|krempeln vt (mehrmals) retrousser ; (von innen nach außen) retourner ; (Betrieb) réorganiser

Umlage f participation f

Umlauf m (von Geld, Gerüchten, Schreiben) circulation f ; (von Planet etc) révolution f

Umlaufbahn f orbite f

um|legen vt (Kosten) ventiler

um|leiten vt (Verkehr) dévier ; (Fluss) détourner

Umleitung f déviation f

umliegend adj environnant(e)

Umrechnung f conversion f

Umrechnungskurs m cours m du change

Umriss m contour m

um|rühren vt remuer

ums = um das

Umsatz m chiffre m d'affaires

Umschlag m (Briefumschlag) enveloppe f ; (Buchumschlag) couverture f ; (Méd) compresse f

um|schlagen (irr) vi changer brusquement ▶ vt (Ärmel) retrousser ; (Seite) tourner ; (Waren) transborder

Umschlagplatz m lieu m de transbordement

um|schreiben (irr) vt (neu schreiben) récrire ; **~ auf** +Akk (Haus) céder à

um|schulen vt recycler

Umschulung f reconversion f

umschwärmen vt insép: **von Verehrern umschwärmt werden** avoir une nuée d'admirateurs

Umschweife pl: **ohne ~** sans détours od ambages

Umschwung m (fig) revirement m

um|sehen (irr) vr regarder autour de soi ; **sich nach einer Stelle/Wohnung ~** chercher un emploi/appartement

umseitig adj au verso

umso konj (desto): **~ besser/schlimmer** d'autant mieux/plus grave ; **~ mehr, als …** d'autant plus que …

umsonst adv en vain ; (gratis) gratuitement

Umstand m circonstance f ; **Umstände** pl (Förmlichkeiten) manières fpl ; **unter Umständen** peut-être ; **das macht wirklich keine Umstände** cela ne me dérange pas du tout

umständlich adj (Mensch) qui complique des choses ; (Methode) (trop) compliqué(e)

um|steigen (irr) vi changer (de train)

um|stellen vt changer de place ; (Hebel, Weichen) actionner ▸ vr: **sich ~ auf** +Akk s'adapter à

Umstellung f changement m ; (Umgewöhnung) adaptation f

um|stimmen vt (jdn) faire changer d'avis

umstritten adj controversé(e)

Umsturz m renversement m

um|stürzen vt renverser ▸ vi (Stuhl etc) se renverser

Umtausch m échange m ; (von Geld) change m

um|tauschen vt échanger ; (Geld) changer

Umtriebe pl manigances fpl

um|wandeln vt transformer

Umweg m détour m

Umwelt f environnement m
 • **Umweltbelastung** f pollution f
 • **umweltbewusst** adj conscient(e) des problèmes d'environnement
 • **umweltfeindlich** adj polluant(e) • **umweltfreundlich** adj non polluant(e), qui respecte l'environnement
 • **Umweltkatastrophe** f catastrophe f écologique
 • **Umweltkriminalität** f crimes mpl contre l'environnement
 • **umweltschädlich** adj polluant(e) • **Umweltschutz** m défense f de l'environnement
 • **Umweltschützer** m écologiste m • **Umweltsteuer** f écotaxe f
 • **Umweltsünder(in)** m(f) pollueur(-euse)
 • **Umweltverschmutzung** f pollution f

umwerben (irr) vt insép courtiser

um|werfen (irr) vt renverser ; (Plan) bouleverser

um|ziehen (irr) vi déménager ▸ vr se changer

Umzug m (Festumzug) procession f ; (Wohnungsumzug) déménagement m

unabhängig adj indépendant(e)

u

unangebracht adj déplacé(e)
unangemessen adj
  inadéquat(e)
unangenehm adj désagréable
Unannehmlichkeit f
  désagrément m
unanständig adj grossier(-ière)
unauffällig adj discret(-ète)
unaufhaltsam adj inexorable
unaufhörlich adj incessant(e)
unaufmerksam adj
  inattentif(-ive)
unaussprechlich adj
  imprononçable ; (Elend) indicible
unausweichlich adj inévitable
unbändig adj (Kind) turbulent(e) ;
  (Gefühl) irrépressible
unbarmherzig adj impitoyable
unbeabsichtigt adj involontaire
unbeachtet adj inaperçu(e)
unbedenklich adj (Plan) qui ne
  présente aucune difficulté ▶ adv
  sans hésiter
unbedeutend adj (Summe)
  insignifiant(e) ; (Fehler) futile
unbedingt adj absolu(e) ▶ adv
  absolument
unbefangen adj spontané(e) ;
  (unvoreingenommen) impartial(e)
unbefriedigend adj
  insuffisant(e)
unbefugt adj non autorisé(e)
unbegreiflich adj
  incompréhensible
unbegrenzt adj illimité(e)
unbegründet adj injustifié(e)
Unbehagen nt malaise m, gêne f
unbehaglich adj (Wohnung)
  inconfortable ; (Gefühl)
  désagréable

unbeholfen adj maladroit(e)
unbekannt adj inconnu(e)
unbekümmert adj insouciant(e)
unbeliebt adj impopulaire
unbequem adj (Stuhl)
  inconfortable ; (Mensch)
  importun(e)
unberechenbar adj (Mensch,
  Verhalten) imprévisible
unberechtigt adj injustifié(e) ;
  (nicht erlaubt) non autorisé(e)
unbeschreiblich adj
  indescriptible
unbestimmt adj indéfini(e) ;
  (Zukunft) incertain(e)
unbeteiligt adj (desinteressiert)
  distant(e) ; **an etw** Dat **~ sein**
  n'avoir rien à voir dans qch
unbewacht adj non gardé(e) ;
  (Parkplatz) sans surveillance
unbeweglich adj (Gelenk, Gerät)
  fixe, immobile
unbewusst adj inconscient(e)
unbrauchbar adj inutilisable
und konj et ; **~ so weiter** et cetera
undenkbar adj inconcevable
undeutlich adj (Schrift) illisible ;
  (Erinnerung) vague ; (Aussprache)
  peu clair(e)
undicht adj qui fuit ; (Dach) qui a
  des fuites
Unding nt: **das ist ein ~** c'est
  insensé
undurchsichtig adj (Glas)
  opaque ; (fig) louche
uneben adj accidenté(e)
unehelich adj (Kind) illégitime
uneigennützig adj
  désintéressé(e)
uneinig adj désuni(e), en
  désaccord

unempfindlich adj insensible ; (Stoff) pratique

unendlich adj infini(e)

unentbehrlich adj indispensable

unentgeltlich adj gratuit(e)

unentschieden adj indécis(e) ; **~ enden** (Sport) se terminer sur un match nul

unentschlossen adj indécis(e)

unentwegt adj constant(e)

unerbittlich adj inflexible

unerfreulich adj désagréable

unerheblich adj insignifiant(e)

unerhört adj (unverschämt) inouï(e) ; (Bitte) sans réponse

unerlässlich adj sine qua non

unerlaubt adj illicite

unermesslich adj immense

unermüdlich adj infatigable

unersättlich adj insatiable

unerschöpflich adj (Vorräte) inépuisable ; (Geduld) sans limites

unerschwinglich adj inabordable

unerträglich adj insupportable

unerwartet adj inattendu(e)

unerwünscht adj (Besuch) importun(e)

unfähig adj : **~ sein, etw zu tun** être incapable de faire qch

unfair adj injuste ; (Sport) pas correct(e)

Unfall m accident m • **Unfallflucht** f délit m de fuite • **Unfallgefahr** f danger m d'accident • **Unfallstelle** f lieu m de l'accident • **Unfallversicherung** f assurance f (contre les) accidents

unfreiwillig adj involontaire

unfreundlich adj (Mensch) peu aimable ; (Wetter) maussade

• **Unfreundlichke** [...] d'amabilité

Unfug m (Benehmen [...] (Unsinn) sottises fpl

ungarisch adj hong [...]

Ungarn (-s) nt la Hongrie

ungeachtet präp +Gen malgré

ungebeten adj (Gast) importun(e)

ungebildet adj inculte

ungebräuchlich adj inusité(e)

ungedeckt adj (Scheck) sans provision

Ungeduld f impatience f

ungeduldig adj impatient(e)

ungeeignet adj (Sache, Mensch) qui ne convient pas ; (Maßnahmen) peu approprié(e)

ungefähr adv environ, à peu près ▸ adj approximatif(-ive)

ungehalten adj irrité(e), mécontent(e)

ungeheuer adj énorme ▸ adv (fam) énormément • **Ungeheuer** (-s, -) nt monstre m • **ungeheuerlich** adj monstrueux(-euse)

ungehobelt adj (unhöflich) grossier(-ière)

ungehörig adj inconvenant(e)

Ungehorsam m désobéissance f

ungeklärt adj (Frage, Rätsel) non résolu(e)

ungelegen adj (Besuch, Vorschlag) inopportun(e) ; **jdm ~ kommen** déranger qn

ungelogen adv honnêtement

ungemein adv extrêmement

ungemütlich adj (Wohnung) peu confortable ; (Person) désagréable

ungenau adj imprécis(e)

ungeniert adj sans gêne ▶ adv sans se gêner

ungenießbar adj (Essen) immangeable ; (fam) insupportable

ungenügend adj insuffisant(e)

ungepflegt adj négligé(e)

ungerade adj impair(e)

ungerecht adj injuste

ungerechtfertigt adj injustifié(e)

Ungerechtigkeit f injustice f

ungern adv de mauvaise grâce

ungeschehen adj : **etw ~ machen** réparer qch

ungeschickt adj maladroit(e)

ungestört adj : **~ arbeiten** travailler en paix

ungestraft adv impuni(e)

ungesund adj malsain(e) ; (Aussehen) maladif(-ive)

ungetrübt adj sans nuage

ungewiss adj incertain(e)

Ungewissheit f incertitude f

ungewöhnlich adj inhabituel(le)

ungewohnt adj inhabituel(le)

Ungeziefer (-s) nt vermine f

ungezogen adj désobéissant(e)

ungezwungen adj détendu(e)

ungläubig adj (Gesicht) incrédule

unglaublich adj incroyable

ungleich adj inégal(e) ▶ adv infiniment • **Ungleichheit** f inégalité f

Unglück nt malheur m ; (Pech) malchance f ; (Verkehrsunglück) accident m • **unglücklich** adj malheureux(-euse) ; (Zeitpunkt) mauvais(e)

• **unglücklicherweise** adv malheureusement

ungültig adj (Pass) périmé(e)

ungünstig adj défavorable

unhaltbar adj (Zustände) insupportable ; (Behauptung) insoutenable

Unheil nt malheur m

unheimlich adj (Geschichte, Gestalt) sinistre ▶ adv (fam) vachement

unhöflich adj impoli(e)

Uni (-, -s) f fac f

Uniform f uniforme m

uninteressant adj inintéressant(e)

Universität f université f

Universum (-s) nt univers m

unkenntlich adj méconnaissable

Unkenntnis f ignorance f

unklar adj (Bild) flou(e) ; (Text, Rede) peu clair(e) ; **(sich Dat) im U~en sein über** +Akk ne pas être au clair sur • **Unklarheit** f manque m de clarté ; (Unentschiedenheit) incertitude f

unklug adj imprudent(e)

Unkosten pl frais mpl

Unkraut nt mauvaises herbes fpl

unleserlich adj illisible

unmäßig adj démesuré(e), excessif(-ive)

Unmenge f quantité f énorme

Unmensch m monstre m • **unmenschlich** adj inhumain(e)

unmerklich adj imperceptible

unmissverständlich adj (Antwort) catégorique ; (Verhalten) sans équivoque

unmittelbar adj (Nähe, Folge) immédiat(e) ; (Kontakt) direct(e)

unmöbliert *adj* non meublé(e)

unmöglich *adj* impossible

unmoralisch *adj* immoral(e)

Unmut *m* mauvaise humeur *f*

unnachgiebig *adj* (*Material*) rigide ; (*fig*) intransigeant(e)

unnötig *adj* inutile

unnütz *adj* inutile

UNO *f abk* (= *United Nations Organisation*): **die** ~ l'ONU *f*

unordentlich *adj* (*Mensch*) désordonné(e) ; (*Arbeit*) bâclé(e) ; (*Zimmer*) en désordre

Unordnung *f* désordre *m*

unpassend *adj* (*Äußerung*) déplacé(e) ; (*Zeit*) mal choisi(e)

unpersönlich *adj* impersonnel(le)

unpolitisch *adj* apolitique

unpraktisch *adj* peu pratique ; (*Mensch*) qui manque de sens pratique

unpünktlich *adj* qui n'est pas ponctuel(le)

unrecht *adj* (*Weg*) mauvais(e) • **Unrecht** *nt* injustice *f* ; **zu** ~ à tort ; **im** ~ **sein** avoir tort • **unrechtmäßig** *adj* (*Besitz*) illégitime

unregelmäßig *adj* irrégulier(-ière) ; (*Leben*) peu réglé(e)

unreif *adj* pas mûr(e)

Unruhe *f* agitation *f* • **Unruhestifter(in)** (*-s, -*) *m(f)* agitateur(-trice)

unruhig *adj* agité(e) ; (*Gegend*) bruyant(e)

uns *pron* (*Akk, Dat von wir*) nous

unsagbar *adj* indicible

unschädlich *adj* inoffensif(-ive) ; **jdn/etw ~ machen** mettre qn/ qch hors d'état de nuire

unscharf *adj* (*Konturen*) peu net(te) ; (*Bild etc*) flou(e)

unscheinbar *adj* modeste

unschlagbar *adj* imbattable

unschlüssig *adj* indécis(e)

Unschuld *f* innocence *f* ; (*Jungfräulichkeit*) virginité *f*

unschuldig *adj* innocent(e)

unser *poss pron* (*adjektivisch*) notre ; **~e Bücher/Häuser** nos livres/maisons

unsere(r, s), unsre (r, s) *pron* le (la) nôtre ; **~ sind rot** les nôtres sont rouges

unsererseits *adv* de notre côté

unsicher *adj* (*nicht selbstsicher*) qui manque d'assurance ; (*ungewiss*) incertain(e) • **Unsicherheit** *f* (*von Verhalten*) manque *m* d'assurance

unsichtbar *adj* invisible

Unsinn *m* bêtises *fpl*

unsinnig *adj* (*Gerede*) absurde ; (*Preise*) exorbitant(e) ; ▶ *adv* (*fam: sehr*) terriblement

Unsitte *f* mauvaise habitude *f*

unsittlich *adj* indécent(e)

unsportlich *adj* (*Mensch*) qui n'aime pas le sport

unsre(r, s) *pron siehe* **unsere**

unsterblich *adj* immortel(le) • **Unsterblichkeit** *f* immortalité *f*

Unstimmigkeit *f* discordance *f* ; (*Streit*) désaccord *m*

unsympathisch *adj* antipathique

untätig *adj* inactif(-ive)

untauglich *adj* (*Mil*) inapte ; **er ist für den Posten ~** il n'est pas fait pour ce poste

u

unten *adv* en bas

---

unter

▶ *präp +Dat* 1 *(räumlich, zeitlich)*
en-dessous de, sous ; **~ dem
Tisch sitzen** être assis(e) sous la
table ; **das Bild hängt ~ dem
Kalender** le tableau est
en-dessous du calendrier ;
Jugendliche ~ 18 Jahren les
jeunes de moins de dix-huit ans
2 *(zwischen)* entre ; **sie waren ~
sich** ils (elles) étaient entre eux
(elles) ; **einer ~ ihnen** l'un
d'entre eux ; **~ anderem** entre
autres, notamment
3 : **~ etw leiden** souffrir de qch
▶ *präp +Akk* 1 *(räumlich)*
en-dessous de, sous
2 *(zwischen)* : **ich rechne ihn ~
meine besten Freunde** je le
compte parmi mes meilleurs
amis ; **~ der Hand** par la bande ;
(verkaufen) sous le manteau

Unterarm *m* avant-bras *m inv*
unterbelichten *vt insép*
sous-exposer
Unterbesetzung *f*
sous-effectif *m*
Unterbewusstsein *nt*
subconscient *m*
unterbieten *(irr) vt insép (Écon)*
vendre moins cher que
unterbinden *(irr) vt insép*
empêcher
unterbrechen *(irr) vt insép*
interrompre ; *(Kontakt)* couper
Unterbrechung *f* interruption *f*
unter|bringen *(irr) vt (verstauen)*
arriver à mettre, caser ; *(in Hotel,
Heim, bei jdm)* loger

unterdessen *adv* entre-temps
unterdrücken *vt insép (Gefühle)*
réprimer ; *(Leute)* opprimer
untere(r, s) *adj* inférieur(e)
untereinander *adv (unter uns/
euch/sich)* entre nous/vous/eux
od elles
unterentwickelt *adj*
sous-développé(e)
Unterernährung *f*
sous-alimentation *f*
Unterführung *f* passage *m*
souterrain
Untergang *m (von Staat, Kultur)*
déclin *m* ; *(von Schiff)* naufrage *m* ;
(von Gestirn) coucher *m*
unter|gehen *(irr) vi (Schiff)*
couler ; *(Sonne)* se coucher ; *(Volk)*
périr ; *(im Lärm)* se perdre
Untergeschoss *nt* sous-sol *m*
Untergrund *m* sous-sol *m* ;
(Pol) clandestinité *f*
• **Untergrundbahn** *f* métro *m*
• **Untergrundbewegung** *f*
mouvement *m* clandestin
unterhalb *präp +Gen* au dessous
de ▶ *adv*: **~ von** au-dessous de
Unterhalt *m* entretien *m*
unterhalten *(irr) vt insép*
entretenir ; *(belustigen)* divertir
▶ *vr insép (sprechen)* s'entretenir ;
sich gut ~ se divertir
unterhaltsam *adj*
divertissant(e)
Unterhaltung *f* entretien *m* ;
(Vergnügen) distraction *f*
Unterhemd *nt* tricot *m* de corps
Unterhose *f* slip *m*
unterirdisch *adj* souterrain(e)
unter|kommen *(irr) vi* trouver à
se loger ; *(Arbeit finden)* trouver du

travail ; **das ist mir noch nie untergekommen** je n'ai encore jamais vu ça

Unterkunft (-, -künfte) *f* logement *m*

Unterlage *f* (*Schreibunterlage*) sous-main *m inv* ; (*Beleg*) document *m*

unterlassen (*irr*) *vt insép* (*versäumen*) omettre (de faire) ; (*sich enthalten*) renoncer à

unterlegen *adj* inférieur(e) ; (*besiegt*) vaincu(e)

Unterleib *m* bas-ventre *m*

unterliegen (*irr*) *vi insép* (*besiegt werden*) être vaincu(e) ; (*unterworfen sein*) être soumis(e)

Untermenü *nt* (*Inform*) sous-menu *m*

Untermiete *f*: **(bei jdm) zur ~ wohnen** être sous-locataire (de qn)

Untermieter(in) *m(f)* sous-locataire *mf*

unternehmen (*irr*) *vt insép* entreprendre • **Unternehmen** (-s, -) *nt* entreprise *f*

Unternehmensberater *m* conseiller *m* en gestion d'entreprise

Unternehmer(in) (-s, -) *m(f)* chef *m* d'entreprise

unternehmungslustig *adj* entreprenant(e)

Unterredung *f* entretien *m*, entrevue *f*

Unterricht (-(*e*)*s*, -*e*) *m* cours *m* • **unterrichten** *vt insép* (*Unterricht geben*) enseigner ▶ *vi insép* enseigner

Unterrock *m* jupon *m*

untersagen *vt insép* interdire

Untersatz *m* (*für Gläser*) dessous *m* de verre ; (*für Flaschen*) dessous de bouteille

unterschätzen *vt insép* sous-estimer

unterscheiden (*irr*) *vt insép* distinguer ▶ *vr insép*: **sich von jdm/etw ~** différer *od* être différent(e) de qn/qch

Unterscheidung *f* distinction *f*

Unterschied (-(*e*)*s*, -*e*) *m* différence *f* • **unterschiedlich** *adj* différent(e)

unterschlagen (*irr*) *vt insép* (*Geld*) détourner ; (*verheimlichen*) taire

Unterschlagung *f* détournement *m* de fonds

Unterschlupf (-(*e*)*s*, -schlüpfe) *m* refuge *m*

unterschreiben (*irr*) *vt*, *vi insép* signer

Unterschrift *f* signature *f*

Unterseeboot *nt* sous-marin *m*

Untersetzer *m* = **Untersatz**

untersetzt *adj* (*Gestalt*) trapu(e)

unterste(r, s) *adj*: **die ~ Schublade** le tiroir du bas

unterstehen (*irr*) *vi insép* (+*Dat*) être subordonné(e) (à) ▶ *vr insép* oser

unterstellen¹ *vt insép*: **jdm etw ~** (*unterschieben*) accuser qn de qch à tort

unter|stellen² *vt* (*Auto*) mettre à l'abri ▶ *vr* se mettre à l'abri

unterstreichen (*irr*) *vt insép* souligner

Unterstufe *f* degré *m* inférieur

unterstützen *vt insép* soutenir ; (*aus öffentlichen Mitteln*) subventionner

Unterstützung f soutien m ; (Zuschuss) subvention f

untersuchen vt insép examiner

Untersuchung f examen m

Untersuchungsausschuss m commission f d'enquête

Untersuchungshaft f détention f préventive

Untertasse f soucoupe f ; **fliegende ~** soucoupe volante

Unterteil nt od m partie f inférieure, bas m

Untertitel m sous-titre m

untertreiben (irr) vt insép minimiser

Unterwäsche f sous-vêtements mpl

unterwegs adv en route od chemin

Unterwelt f enfers mpl ; (fig) milieu m

unterwerfen (irr) vt insép (Volk, Gebiet) soumettre ▶ vr insép se soumettre

unterzeichnen vt insép signer

unter|ziehen (irr) vr insép: **sich etw** Dat **~ se** soumettre à qch ; (einer Prüfung) passer qch

untreu adj infidèle

Untreue f infidélité f

untröstlich adj inconsolable

unüberlegt adj irréfléchi(e)

unumgänglich adj inévitable

unumwunden adv sans détour

ununterbrochen adj ininterrompu(e) ▶ adv sans arrêt

unveränderlich adj immuable

unverantwortlich adj irresponsable

unverbesserlich adj incorrigible

unverbindlich adv (Écon) sans engagement de votre part, sans obligation d'achat

unverblümt adj (Wahrheit) tout(e) nu(e) ▶ adv sans détour

unvereinbar adj incompatible

unverfänglich adj anodin(e)

unverfroren adj effronté(e)

unverkennbar adj indubitable, évident(e)

unvermeidlich adj inévitable

unverschämt adj (Kerl) effronté(e) ; (Preise) exorbitant(e)

Unverschämtheit f culot m

unversehrt adj intact(e)

unversöhnlich adj irréconciliable

unverständlich adj incompréhensible

unverträglich adj (Essen) indigeste ; (Gegensätze) incompatible, inconciliable

unverwüstlich adj (Material) inusable ; (Humor) imperturbable

unverzeihlich adj impardonnable

unverzüglich adj immédiat(e)

unvorbereitet adj non préparé(e)

unvorhergesehen adj imprévu(e)

unvorstellbar adj inimaginable

unwahr adj faux (fausse) • **unwahrscheinlich** adj invraisemblable ▶ adv: **~ viel Geld** énormément d'argent

unweigerlich adj inéluctable ▶ adv immanquablement

Unwesen nt (Unfug) méfaits mpl ; **sein ~ treiben** faire des siennes

unwesentlich *adj* peu important(e)

Unwetter *nt* tempête *f*

unwichtig *adj* sans importance

unwiderruflich *adj* irrévocable

unwiderstehlich *adj* irrésistible

unwillig *adj* mécontent(e) ; (*widerwillig*) récalcitrant(e)

unwillkürlich *adj* involontaire

unwirklich *adj* irréel(le)

unwirksam *adj* inefficace

unwirsch *adj* bourru(e)

unwirtlich *adj* (*Land*) inhospitalier(-ière), peu accueillant(e)

unwirtschaftlich *adj* (*Verfahren*) peu rentable *od* économique

Unwissenheit *f* ignorance *f*

unwohl *adj* : **mir ist ~, ich fühle mich ~** je ne me sens pas (très) bien • **Unwohlsein** (*-s*) *nt* malaise *m*

unwürdig *adj* +*Gen* indigne (de)

unzählig *adj* innombrable

unzertrennlich *adj* inséparable

Unzucht *f* attentat *m* aux mœurs *od* à la pudeur

unzüchtig *adj* indécent(e)

unzufrieden *adj* mécontent(e)

Unzufriedenheit *f* mécontentement *m*

unzulänglich *adj* insuffisant(e)

unzulässig *adj* inadmissible

unzurechnungsfähig *adj* irresponsable

unzusammenhängend *adj* incohérent(e)

unzutreffend *adj* inexact(e)

unzuverlässig *adj* peu sûr(e) *od* fiable

unzweideutig *adj* sans équivoque

Update *nt* (*Inform*) mise *f* à jour

uploaden *vt* téléverser, télécharger

üppig *adj* (*Frau, Busen*) plantureux(-euse) ; (*Essen*) copieux(-euse) ; (*Vegetation*) luxuriant(e)

uralt *adj* très vieux (vieille)

Uran (*-s*) *nt* uranium *m*

Ureinwohner *mpl* premiers habitants *mpl*

Urenkel(in) *m(f)* arrière-petit-fils (arrière-petite-fille)

Urheber(in) (*-s, -*) *m(f)* instigateur(-trice) ; (*Autor*) auteur *m*

urig *adj* (*Mensch*) truculent(e)

Urin (*-s, -e*) *m* urine *f*

Urkunde *f* document *m*

URL *f* abk URL *f*, adresse *f* web

Urlaub (*-(e)s, -e*) *m* congé *m*, vacances *fpl* ; (*Mil etc*) permission *f* • **Urlauber(in)** (*-s, -*) *m(f)* vacancier(-ière)

Urmensch *m* homme *m* préhistorique

Urne *f* urne *f*

Ursache *f* cause *f*

Ursprung *m* origine *f* ; (*von Fluss*) source *f*

ursprünglich *adj* (*anfänglich*) initial(e)

Urteil (*-s, -e*) *nt* jugement *m* ; (*Jur*) sentence *f*, verdict *m* • **urteilen** *vi* juger

Urteilsspruch *m* sentence *f*

Urwald *m* forêt *f* vierge

Urzeit *f* préhistoire *f*

USA *pl abk* (= *Vereinigte Staaten von Amerika*) ; **die ~** les USA *mpl*

u

USB-Anschluss *m* (*Inform*) port
m USB
Usbekistan *nt* l'Ouzbékistan *m*
USB-Stick *m* (*Inform*) clé *f* USB
User(in) (*-s, -*) *m(f)* (*Inform*)
utilisateur(-trice)
usw. *abk* (= *und so weiter*) etc.
Utensilien *pl* ustensiles *mpl*
Utopie *f* utopie *f*
utopisch *adj* utopique

Vagina (*-, Vaginen*) *f* vagin *m*
Vakuum (*-s, Vakua* od *Vakuen*) *nt*
vide *m* • **vakuumverpackt** *adj*
emballé(e) sous vide
Vampir (*-s, -e*) *m* vampire *m*
Vandalismus *m* vandalisme *m*
Vanille *f* vanille *f* • **Vanillestange**
f gousse *f* de vanille
Variation *f* variation *f*
variieren *vt, vi* varier
Vase *f* vase *m*
Vater (*-s, ⁻*) *m* père *m* • **Vaterland**
nt patrie *f*
väterlich *adj* paternel(le)
väterlicherseits *adv* du côté
paternel
Vaterschaft *f* paternité *f*
Vatikan (*-s*) *m* Vatican *m*
v. Chr. *abk* (= *vor Christus*) av. J.-C.
vegan *adj* végétalien(ne),
végane
Veganer(in) (*-s, -*) *m(f)*
végane *mf*
Vegetarier(in) (*-s, -*) *m(f)*
végétarien(ne)
vegetarisch *adj* végétarien(ne)

vegetieren vi végéter

Veilchen nt violette f

Vene f veine f

Ventil (-s, -e) nt soupape f

Ventilator m ventilateur m

verabreden vt convenir de, fixer ▶ vr: **sich mit jdm ~** prendre rendez-vous avec qn

Verabredung f accord m ; (*Treffen*) rendez-vous m inv

verabschieden vt prendre congé de ; (*Gesetz*) adopter ▶ vr: **sich (von jdm) ~** prendre congé (de qn)

Verabschiedung f (*von Menschen*) adieux mpl ; (*Feier*) réception f d'adieu ; (*von Gesetz*) adoption f

verachten vt mépriser

verächtlich adj méprisant(e) ; (*verachtenswert*) méprisable

Verachtung f mépris m

verallgemeinern vt généraliser

veraltet adj vieilli(e), démodé(e)

Veranda (-, *Veranden*) f véranda f

veränderlich adj variable ; (*Mensch, Wesen*) changeant(e)

verändern vt transformer ▶ vr changer

Veränderung f changement m

verankern vt (*Schiff: fig*) ancrer

veranlagt adj: **künstlerisch ~ sein** avoir des talents artistiques

Veranlagung f (*körperlich*) prédisposition f ; (*angeborene Fähigkeit*) don m

veranlassen vt: **Maßnahmen ~** faire en sorte que des mesures soient prises ; **sich veranlasst sehen, etw zu tun** se voir dans l'obligation de faire qch

Veranlassung f (*Anlass*) raison f ; **auf jds ~ (hin)** à l'instigation de qn

veranschaulichen vt illustrer

veranstalten vt organiser

Veranstalter(in) (-s, -) m(f) organisateur(-trice)

Veranstaltung f (*Ereignis*) manifestation f

verantworten vt assumer la responsabilité de

verantwortlich adj responsable

Verantwortung f responsabilité f

verantwortungslos adj irresponsable

verarbeiten vt travail er ; (*bewältigen*) assimiler ; **Holz zu Papier ~** transformer du bois en papier

Verarbeitung f (*Art und Weise*) finition f ; (*Bewältigung*) assimilation f

verärgern vt irriter

verarzten vt soigner

Verb (-s, -en) nt verbe m

Verband m (*Méd*) bandage m ; (*Bund*) association f

verbannen vt bannir

verbergen (irr) vt cacher ▶ vr se cacher

verbessern vt (*besser machen*) améliorer ; (*berichtigen*) corriger ▶ vr s'améliorer

Verbesserung f amél oration f, correction f

verbeugen vr: **sich ~ vor** +Dat s'incliner devant

Verbeugung f révérer ce f

verbiegen (irr) vt tordre

verbieten (irr) vt interdire

v

verbinden (irr) vt relier ; (Menschen) lier ; (kombinieren) combiner ; (Méd) panser ; (Tél) mettre en communication ▶ vr s'unir

verbindlich adj (bindend) obligatoire ; (freundlich) aimable

Verbindlichkeit f (bindender Charakter) caractère m obligatoire ; (Höflichkeit) obligeance f ; **Verbindlichkeiten** pl obligations fpl

Verbindung f (von Orten) liaison f ; (Beziehung) contact m ; (Zugverbindung, Verkehrsverbindung) liaison ; (Tél : Anschluss) communication f

verbissen adj (Kampf, Gegner) acharné(e) ; (Gesichtsausdruck) tendu(e)

verblassen vi s'estomper

Verbleib (-(e)s) m : **sein ~** l'endroit m où il se trouve

verbleiben (irr) vi rester ; **wir sind so verblieben, dass wir ...** nous sommes convenu(e)s que nous ...

verbleit adj au plomb

verblöden vi s'abrutir

verblüffen vt épater

Verblüffung f : **zu meiner ~** à ma (grande) stupéfaction

verblühen vi se faner

verbluten vi mourir d'hémorragie

verbohrt adj obstiné(e)

verborgen adj caché(e)

Verbot (-(e)s, -e) nt interdiction f

verboten adj interdit(e), défendu(e) ; **Rauchen ~!** défense de fumer !

Verbrauch (-(e)s) m consommation f

verbrauchen vt consommer ; (Geld) dépenser ; (Kraft) épuiser

Verbraucher(in) (-s, -) m(f) consommateur(-trice)

verbraucht adj usé(e) ; (Luft) vicié(e)

Verbrechen (-s, -) nt crime m

Verbrecher(in) (-s, -) m(f) criminel(le) • **verbrecherisch** adj criminel(le)

verbreiten vt répandre ▶ vr se propager

verbreitern vt élargir

Verbreitung f propagation f

verbrennen (irr) vt brûler ; (Leiche) incinérer ▶ vi brûler

Verbrennung f (Méd) brûlure f ; (von Leiche, Abfällen) incinération f ; (in Motor, von Papier) combustion f

Verbrennungsmotor m moteur m à explosion

verbringen (irr) vt passer

verbrüdern vr : **sich mit jdm ~** fraterniser avec qn

verbrühen vr s'ébouillanter

verbuchen vt enregistrer ; (Erfolg) mettre à son actif

Verbund m (Écon) trust m

verbunden adj : **jdm ~ sein** être l'obligé(e) de qn

verbünden vr s'allier

Verbundenheit f attachement m

Verbündete(r) f(m) allié(e) m/f

verbürgen vr : **sich für jdn/etw ~** répondre de qn/qch

verbüßen vt (Strafe) purger

Verdacht (-(e)s) m soupçon m

verdächtig adj suspect(e) • **verdächtigen** vt +Gen soupçonner (de)

verdammen vt condamner

verdammt (fam !) adj sacré(e) (fam) ▶ adv sacrément (fam) ; **~ noch mal!** nom de Dieu ! (fam !)

verdampfen vi s'évaporer

verdanken vt : **jdm etw ~** devoir qch à qn

verdarb etc vb siehe **verderben**

verdauen vt digérer

verdaulich adj : **schwer ~** indigeste ; **leicht ~** très digeste

Verdauung f digestion f

Verdeck (-(e)s, -e) nt (Aut) capote f ; (Naut) pont m supérieur

verdecken vt cacher

verderben (irr) vt gâcher ; (moralisch) corrompre, pervertir ▶ vi (Essen) s'avarier ; **sich den Magen ~** se rendre malade ; **sich die Augen ~** s'abîmer les yeux ou la vue

Verderben (-s) nt perte f

verderblich adj (Einfluss) nocif(-ive), mauvais(e) ; (Lebensmittel) périssable

verdeutlichen vt expliquer

verdichten vt (Phys, Tech) comprimer ▶ vr (Nebel) s'épaissir

verdienen vt (Geld) gagner ; (moralisch) mériter

Verdienst (-(e)s, -e) m (Einkommen) revenu m ▶ nt mérite m

verdient adj mérité(e) ; (Person) émérite ; **sich um etw ~ machen** bien mériter de qch

verdoppeln vt doubler

verdorben pp von **verderben** ▶ adj (Essen) avarié(e) ; (moralisch) dépravé(e)

verdorren vi se dessécher

verdrängen vt refouler

verdrehen vt (Augen) rouler ; (Sinn, Wahrheit) fausser ; **jdm den Kopf ~** tourner la tête à qn

Verdruss (-es, -e) m contrariété f

verduften vi s'évaporer ; (fam) se volatiliser

verdünnen vt diluer

verdunsten vi s'évaporer

verdursten vi mourir de soif

verdutzt adj déconcerté(e)

verehren vt vénérer ; **jdm etw ~** (fam) faire cadeau de qch à qn

Verehrer(in) (-s, -) m(f) admirateur(-trice) ; (Liebhaber auch) soupirant m

verehrt adj honoré(e), vénéré(e) ; **sehr ~es Publikum!** Mesdames et Messieurs !

Verehrung f admiration f ; (Rel) vénération f

vereidigen vt assermenter ; **jdn auf etw** Akk **~** faire prêter serment à qn sur qch

Vereidigung f prestation f de serment

Verein (-(e)s, -e) m association f, société f • **vereinbar** adj compatible

vereinbaren vt convenir de

Vereinbarung f accord m

vereinen vt unir ; (Prinzipien) concilier ; **die Vereinten Nationen** les Nations fpl unies

vereinfachen vt simplifier

vereinigen vt réunir ▶ vr se réunir ; **sich ~ mit** s'unir à ; **die Vereinigten Staaten** les États-Unis mpl

Vereinigung f union f ; (Verein) association f

v

vereinzelt *adj* isolé(e)

vereisen *vi* geler ▸ *vt (Méd)* insensibiliser

vereiteln *vt (Plan)* déjouer

vereitert *adj* infecté(e)

vererben *vt* léguer ; *(Bio)* transmettre

vererblich *adj* héréditaire

Vererbung *f* hérédité *f*, transmission *f* (héréditaire)

verewigen *vt* immortaliser

verfahren *(irr) vi (handeln)* procéder ▸ *vt (Geld)* dépenser (en transports) ; *(Benzin)* consommer ; *(Fahrkarte)* utiliser ▸ *vr* se tromper de route

Verfahren *(-s, -) nt* procédé *m* ; *(Jur)* procédure *f*

Verfall *(-(e)s) m* déclin *m* ; *(von Gebäude)* délabrement *m* ; *(von Gutschein, Garantie, Wechsel)* échéance *f*

verfallen *(irr) vi (Gebäude)* tomber en ruine ; *(ungültig werden)* expirer ▸ *adj (Gebäude)* délabré(e) ; **~ in** +*Akk (Schweigen)* tomber dans ; **~ auf** +*Akk (Gedanken)* avoir ; *(neues Projekt)* avoir l'idée de ; **jdm völlig ~ sein** être l'esclave de qn

Verfallsdatum *nt* date *f* d'expiration

verfänglich *adj (Frage, Situation)* délicat(e)

verfassen *vt* rédiger

Verfasser(in) *(-s, -) m(f)* auteur *m*

Verfassung *f (auch Pol)* constitution *f* ; *(Zustand)* état *m*

Verfassungsgericht *nt* cour *f* constitutionnelle

verfassungswidrig *adj* anticonstitutionnel(le)

verfaulen *vi* pourrir

Verfechter *(-s, -) m* défenseur *m*

verfehlen *vt* manquer, rater

verfeinern *vt* améliorer

verfilmen *vt* filmer

verfliegen *(irr) vi (Duft, Ärger)* se dissiper ; *(Zeit)* passer très vite

verflossen *adj (Zeiten, Monat)* passé(e) ; *(fam: Liebhaber)* ancien(ne)

verfluchen *vt* maudire

verflüchtigen *vr* se volatiliser

verfolgen *vt* poursuivre ; *(Pol)* persécuter ; *(Spur, Plan, Entwicklung)* suivre

Verfolger(in) *(-s, -) m(f)* poursuivant(e)

Verfolgung *f* poursuite *f* ; *(Pol)* persécution *f*

verfremden *vt* appliquer l'effet de distanciation à

verfrüht *adj* prématuré(e)

verfügbar *adj* disponible

verfügen *vi* : **~ über** +*Akk* disposer de

Verfügung *f (Anordnung)* décret *m* ; **jdm zur ~ stehen** être à la disposition de qn

verführen *vt (sexuell)* séduire

verführerisch *adj (Angebot, Duft, Anblick)* tentant(e) ; *(Aussehen)* séduisant(e)

vergammeln *(fam) vi* se laisser aller ; *(Nahrung)* devenir immangeable

vergangen *adj* dernier(-ière), passé(e) • **Vergangenheit** *f* passé *m*

Vergaser *(-s, -) m* carburateur *m*

vergaß *etc vb siehe* **vergessen**

vergeben (irr) vt (verzeihen) pardonner ; **~ an** +Akk attribuer à

vergebens adv en vain

vergeblich adj vain(e), inutile

Vergebung f (Verzeihen) pardon m ; **um ~ bitten** demander pardon

vergehen (irr) vi (Zeit) passer ; (Schmerzen) disparaître • **Vergehen** (-s, -) nt délit m

Vergeltung f vengeance f

vergessen (irr) vt verser • **Vergessenheit** f: **in ~ geraten** tomber dans l'oubli

vergesslich adj: **~ werden** perdre la mémoire

vergeuden vt gaspiller

vergewaltigen vt violer ; (Sprache) faire violence à

Vergewaltigung f viol m ; (fig) violation f

vergewissern vr s'assurer

vergießen (irr) vt verser

vergiften vt empoisonner

Vergiftung f empoisonnement m

Vergissmeinnicht (-(e)s, -e) nt myosotis m

Vergleich (-(e)s, -e) m comparaison f ; (Jur) compromis m • **vergleichbar** adj comparable

vergleichen (irr) vt comparer ▸ vr se comparer

vergnügen vr s'amuser • **Vergnügen** (-s, -) nt plaisir m ; **viel ~!** amusez-vous od amuse-toi bien ! ; **nur zum ~** uniquement pour son etc plaisir

vergnügt adj joyeux(-euse), gai(e)

Vergnügung f divertissement m, amusement m

Vergnügungspark m parc m d'attractions

vergolden vt dorer

vergöttern vt adorer

vergraben (irr) vt (in der Erde) enterrer ; (verbergen) enfouir ▸ vr (in Arbeit etc) se plonger

vergreifen (irr) vr: **sich an jdm ~** se livrer à des voies de fait sur qn ; **sich an etw Dat ~** s'approprier qch

vergriffen adj (Buch) épuisé(e)

vergrößern vt agrandir ; (mengenmäßig) augmenter ; (mit Lupe) grossir ▸ vr s'agrandir, augmenter

Vergrößerung f agrandissement m ; (mit Lupe) grossissement m

Vergrößerungsglas nt loupe f

Vergünstigung f (Preisermäßigung) rabais m ; (Vorteil) privilège m

vergüten vt (Arbeit, Leistung) payer ; **jdm etw ~** rembourser qch à qn

verhaften vt arrêter

Verhaftung f arrestation f

verhalten (irr) vr se comporter • **Verhalten** (-s) nt comportement m

Verhältnis nt rapport m ; **Verhältnisse** pl (Umstände) conditions fpl ; (Lage) situation f • **verhältnismäßig** adv relativement

verhandeln vi négocier ▸ vt (Jur) juger ; **(mit jdm) über etw** Akk **~** négocier qch (avec qn)

Verhandlung f négociation f ; (Jur) procès m

Verhängnis nt fatalité f ; **jdm zum ~ werden, jds ~ sein** être fatal(e) à qn • **verhängnisvoll** adj fatal(e)

V

verharmlosen vt minimiser
verheerend adj catastrophique
verheilen vi guérir
verheimlichen vt cacher
verheiratet adj marié(e)
verhelfen (irr) vi: **jdm zu etw ~**
aider qn à obtenir qch ; **jdm zur**
Flucht ~ aider qn à s'enfuir
verherrlichen vt glorifier
verhexen vt ensorceler
verhindern vt empêcher
Verhör (-(e)s, -e) nt
interrogatoire m
verhören vt interroger ▸ vr
entendre de travers
verhungern vi mourir de faim
verhüten vt empêcher, prévenir
Verhütung f prévention f
Verhütungsmittel nt
contraceptif m
verirren vr se perdre
verkabeln vt câbler
Verkabelung f câblage m
verkalken vi (Méd) se scléroser ;
(fam: senil werden) être sclérosé(e) ;
(Wasserkessel) être entartré(e)
verkannt adj méconnu(e)
Verkauf m vente f
verkaufen vt vendre
Verkäufer(in) (-s, -) m(f)
vendeur (-euse)
verkäuflich adj (zu verkaufen) à
vendre ; (absetzbar) vendable
Verkehr (-s, -e) m (Straßenverkehr,
Umlauf) circulation f ;
(Geschlechtsverkehr) rapports mpl
(sexuels)
verkehren vi circuler ▸ vr
fausser ; **in einem Café ~**
fréquenter un café

Verkehrsampel f feux mpl (de
circulation)
Verkehrsamt nt office m du
tourisme
verkehrsberuhigt adj (Zone) à
circulation réduite
Verkehrsberuhigung f
réduction f de la circulation
Verkehrsdelikt nt infraction f
au code de la route
Verkehrsinsel f refuge m
Verkehrsmittel nt moyen m de
transport ; **öffentliche ~**
transports mpl publics od en
commun
Verkehrsstau m bouchon m
Verkehrsstockung f gros
bouchon m
Verkehrssünder m
contrevenant m au code de la
route
Verkehrsteilnehmer m usager
m de la route
Verkehrsunfall m accident m de
la circulation
Verkehrsverbund m transports
mpl publics
verkehrswidrig adj (Verhalten)
contrevenant au code de la
route
Verkehrszeichen nt panneau m
de signalisation
verkehrt adj (falsch) faux
(fausse) ; (umgekehrt) à l'envers
verkennen (irr) vt méconnaître
verklagen vt porter plainte
contre
verklappen vt déverser en mer
verkleiden vr se déguiser ▸ vt
(Wand) revêtir
Verkleidung f déguisement m

verkleinern vt réduire

verklemmt adj complexé(e)

verkneifen (irr) vr (sich versagen) : se priver de qch

verkniffen adj tendu(e)

verknüpfen vt (Faden) attacher ; (Gedanken etc) associer

Verknüpfung f (fig) association f

verkommen (irr) vi (Garten, Haus etc) être à l'abandon ; (Mensch) se laisser aller ▶ adj (Haus) délabré(e) ; (Mensch) dévoyé(e)

verkraften vt supporter

verkühlen vr prendre froid

verkümmern vi (Pflanze) s'étioler ; (Mensch, Tier) dépérir ; (Gliedmaßen) s'atrophier ; (Talent) se perdre

verkünden vt annoncer ; (Urteil) prononcer

verkürzen vt raccourcir ; **verkürzte Arbeitszeit** journée f de travail réduite

verladen (irr) vt embarquer

Verlag (-(e)s, -e) m maison f d'édition

verlangen vt exiger, demander • **Verlangen** (-s, -) nt: ~ **nach** désir m de ; **auf jds ~ (hin)** à la demande de qn

verlängern vt (länger machen) rallonger ; (zeitlich) prolonger

Verlängerung f prolongation f

Verlängerungsschnur f rallonge f

verlangsamen vt ralentir

Verlass m: **auf jdn/etw ist kein ~** on ne peut pas se fier à qn/qch

verlassen (irr) vt abandonner ▶ vr: **sich ~ auf** +Akk compter sur

verlässlich adj sûr(e)

Verlauf m (Ablauf) déroulement m ; (von Kurve) tracé m ; **im ~ von** au cours de

verlaufen (irr) vi (Feier, Abend, Urlaub) se dérouler ▶ vr (sich verirren) s'égarer ; (sich auflösen) se disperser ; **die Grenze verläuft entlang des Flusses** la frontière longe la rivière

verlauten vi: **etw ~ lassen** révéler qch

verleben vt passer

verlebt adj (Gesicht) de fêtard

verlegen vt déplacer ; (Termin) remettre ; (Leitungen, Kabel, Fliesen etc) poser ▶ adj embarrassé(e), gêné(e) ; **nicht ~ sein um** ne pas être à court de • **Verlegenheit** f embarras m

Verleger (-s, -) m éditeur m

Verleih (-(e)s, -e) m location f

verleihen (irr) vt: **an jdn ~** (leihweise, Geld) prêter à qn ; (Medaille, Preis) décerner à qn

Verleihung f (von Dingen) prêt m ; (gegen Gebühr) location f ; (von Medaille, Preis) remise f

verleiten vt: ~ **zu** entraîner à

verlernen vt oublier

verlesen (irr) vt lire à haute voix ; (Beeren, Obst etc) trier ▶ vr mal lire

verletzen vt blesser ; (Gesetz etc) violer ▶ vr se blesser

verletzend adj blessant(e)

verletzlich adj vulnérable

Verletzte(r) f(m) blessé(e) m/f

Verletzung f blessure f ; (Verstoß) violation f

verleugnen vt renier

verleumden vt calomnier

Verleumdung f calomnie f, diffamation f

verlieben vr: **sich in jdn/etw ~** tomber amoureux(-euse) de qn/qch

verliebt adj amoureux(-euse)

verlieren (irr) vt, vi perdre; **an Wert/an Höhe ~** perdre de sa valeur/de l'altitude

Verlierer m perdant m

verloben vr: **sich ~ mit** se fiancer à qd avec

Verlobte(r) f(m) fiancé(e) m/f

Verlobung f fiançailles fpl

Verlockung f tentation f

verlogen adj menteur(-euse); (Kompliment, Versprechungen) mensonger(-ère) • **Verlogenheit** f hypocrisie f

verlor etc vb siehe **verlieren**

verloren pp von **verlieren** ▶ adj perdu(e); **jdn/etw ~ geben** considérer qn/qch comme perdu(e); **~ gehen** se perdre

verlosen vt tirer au sort

Verlosung f tirage m au sort

Verlust (-(e)s, -e) m perte f; (finanziell auch) déficit m

vermehren vt augmenter, faire fructifier ▶ vr augmenter; (sich fortpflanzen) se reproduire

Vermehrung f augmentation f; (Fortpflanzung) reproduction f

vermeiden (irr) vt éviter

vermeintlich adj présumé(e)

Vermerk (-(e)s, -e) m remarque f; (in Ausweis) mention f

vermerken vt noter

vermessen (irr) vt (Land) mesurer, arpenter ▶ adj présomptueux(-euse)

vermieten vt louer

Vermieter(in) m(f) propriétaire mf

Vermietung f location f

vermindern vt réduire ▶ vr diminuer

Verminderung f réduction f

vermischen vt mélanger ▶ vr se mélanger

vermissen vt (Mensch) s'ennuyer de; (Gegenstand) avoir perdu

vermitteln vi (in Streit) servir de médiateur ▶ vt (Arbeitskräfte) procurer; (Wissen) transmettre

Vermittler(in) (-s, -) m(f) intermédiaire m; (Schlichter) médiateur(-trice)

Vermittlung f (Stellenvermittlung) bureau m de placement; (Tél) central m téléphonique; (Schlichtung) médiation f

vermodern vi pourrir, se décomposer

Vermögen (-s, -) nt fortune f

vermummen vr s'envelopper

vermuten vt supposer, présumer

vermutlich adj probable ▶ adv probablement

Vermutung f supposition f

vernachlässigen vt négliger

vernehmen (irr) vt (polizeilich) interroger

Vernehmung f (richterlich) audition f; (polizeilich) interrogatoire m

vernehmungsfähig adj en état de témoigner

verneigen vr: **sich vor jdm/etw ~** s'incliner devant qn/qch

vernetzt adj connecté(e)

Vernetzung f connexion f

vernichten vt (Akten, Ernte) détruire ; (Feind) anéantir

vernichtend adj écrasant(e) ; (Kritik) cinglant(e)

Vernichtung f destruction f

verniedlichen vt minimiser

Vernunft (-) f raison f

vernünftig adj raisonnable ; (fam: Essen, Arbeit etc) convenable

veröden vi se dépeupler ▶ vt (Krampfadern) procéder à l'ablation de

veröffentlichen vt publier

Veröffentlichung f publication f

verordnen vt (Medikament) prescrire

Verordnung f décret m ; (Méd) ordonnance f

verpachten vt donner à bail

verpacken vt emballer

Verpackung f emballage m

verpassen vt manquer, rater

verpesten vt empester

verpflegen vt nourrir

Verpflegung f nourriture f ; (im Hotel) pension f

verpflichten vt obliger ; (anstellen, vertraglich binden) engager ▶ vr s'engager

Verpflichtung f (sozial, finanziell etc) obligation f ; (Engagieren) engagement m

verpfuschen vt bâcler

verplempern (fam) vt gaspiller

verpönt adj mal vu(e)

verprügeln vt rosser, battre

Verputz m crépi m

verputzen vt (Haus) crépir ; (fam: Essen) engloutir

verquollen adj gonflé(e), bouffi(e)

Verrat (-(e)s) m trahison f

verraten (irr) vt trahir

Verräter(in) (-s, -) m(f) traître(-esse) • **verräterisch** adj traître

verrechnen vt (Scheck) porter en compte ▶ vr se tromper dans ses calculs ; (fig) se tromper ; **etw mit etw ~** compenser qch avec qch

Verrechnungsscheck m chèque m barré

verregnet adj pluvieux(-euse)

verreisen vi partir en voyage

verrenken vt démettre ; (Méd) luxer

Verrenkung f (Bewegung) contorsion f ; (Méd) luxation f

verrichten vt accomplir

verriegeln vt verrouiller

verringern vt diminuer, réduire ▶ vr diminuer

Verringerung f diminution f, réduction f

verrosten vi rouiller

verrotten vi pourrir, se décomposer

verrücken vt déplacer

verrückt adj fou (folle) • **Verrückte(r)** f(m) fou (folle) m/f

Verruf m: **jdn in ~ bringen** discréditer qn ; **in ~ geraten** tomber en discrédit

verrufen adj mal famé(e)

Vers (-es, -e) m vers m

versagen vi (Mensch, Stimme) défaillir ; (Regierung) échouer ; (Maschine, Motor) tomber en panne • **Versagen** (-s) nt défaillance f

Versager (-s, -) m raté m

versalzen vt trop saler

v

versammeln vt réunir, rassembler ▶ vr se réunir

Versammlung f assemblée f

Versand (-(e)s) m expédition f ; (Abteilung) service m expédition

Versandhaus nt maison f de vente par correspondance

versäumen vt (verpassen) manquer, rater ; (unterlassen) négliger

verschaffen vt : **jdm etw ~** procurer qch à qn

verschämt adj gêné(e)

verschärfen vt (Strafe, Gesetze) rendre plus sévère ; (Zensur, Kontrollen) intensifier ▶ vr s'aggraver

verschätzen vr se tromper

verschenken vt (Gegenstand) offrir

verscherzen vr : **sich** Dat **etw ~** perdre qch

verscheuchen vt chasser

verschicken vt envoyer

verschieben (irr) vt (Möbel etc) déplacer ; (zeitlich) remettre ; (Waren, Devisen) faire le trafic de ▶ vr (verrutschen) glisser

verschieden adj différent(e) ; **V~es** plusieurs choses

verschiedentlich adv à plusieurs reprises

verschimmeln vi moisir

verschlafen (irr) vi, vr se réveiller trop tard ▶ vt (Tag) passer à dormir ; (versäumen) oublier

verschlechtern vr empirer

Verschlechterung f aggravation f, dégradation f

verschleißen (irr) vt user ▶ vi s'user

verschleppen vt (Menschen) déporter ; (hinauszögern) faire traîner en longueur

verschlimmern vt aggraver ▶ vr s'aggraver, empirer

verschlingen (irr) vt engloutir ; (Fäden) nouer

Verschliss etc vb siehe **verschleißen**

verschlissen pp von **verschleißen**

verschlossen adj fermé(e) à clé ; (fig) renfermé(e)

verschlucken vt avaler ▶ vr avaler de travers

Verschluss m fermeture f ; (Stöpsel) bouchon m

verschlüsseln vt (Nachricht) coder

verschmähen vt dédaigner

verschmelzen (irr) vt fondre ▶ vi se mêler

verschmerzen vt se consoler de

verschmitzt adj malicieux(-euse)

verschmutzen vt salir ; (Umwelt) polluer

verschneit adj enneigé(e)

verschnupft adj : **~ sein** être enrhumé(e) ; (fam : beleidigt) être vexé(e)

verschollen adj disparu(e)

verschonen vt épargner ; **jdn mit etw ~** épargner qch à qn

verschreiben (irr) vt (Méd) prescrire ▶ vr faire une faute ; **sich einer Sache ~** se consacrer à qch

verschreibungspflichtig adj délivré(e) uniquement sur ordonnance

verschroben adj bizarre

verschrotten vt mettre à la ferraille

verschüchtert *adj* intimidé(e)

verschulden *vt* causer

verschuldet *adj* endetté(e)

Verschuldung *f* endettement *m*

verschütten *vt* (*versehentlich*) renverser ; (*zuschütten*) combler ; (*unter Trümmern*) ensevelir

verschwand *etc vb siehe* **verschwinden**

verschweigen (*irr*) *vt* : **jdm etw ~** cacher qch à qn

verschwenden *vt* gaspiller

verschwenderisch *adj* (*Mensch*) dépensier(-ière) ; (*Aufwand*) excessif(-ive)

Verschwendung *f* gaspillage *m*

verschwiegen *adj* (*Mensch*) discret(-ète) ; (*Ort*) retiré(e) • **Verschwiegenheit** *f* discrétion *f*

verschwimmen (*irr*) *vi* se brouiller

verschwinden (*irr*) *vi* disparaître • **Verschwinden** (-s) *nt* disparition *f*

verschwitzen *vt* (*Kleidung*) tremper de sueur ; (*fam: vergessen*) oublier

verschwommen *vt adj* (*Farbe*) fondu(e) ; (*Bild*) flou(e)

verschwören (*irr*) *vr* conspirer

verschwunden *pp von* **verschwinden**

versehen (*irr*) *vt* (*Dienst, Pflicht*) accomplir ; (*Haushalt*) tenir ; **jdn/ etw mit etw ~** (*ausstatten*) munir qn/qch de qch ; **ehe er (es) sich ~ hatte ...** il n'a pas eu le temps de dire ouf que ... • **Versehen** (-s, -) *nt* méprise *f* ; **aus ~** par mégarde

versehentlich *adv* par mégarde

versenden (*irr*) *vt* expédier

versenken *vt* (*Schiff*) couler ▶ *vr*: **sich ~ in** +*Akk* se plonger dans

versessen *adj* : **auf jdn/etw ~** fou(folle) de qn/qch

versetzen *vt* (*an andere Stelle*) déplacer ; (*dienstlich*) muter ; (*verpfänden*) mettre en gage ; (*in Schule*) faire passer dans la classe supérieure ; (*fam: vergeblich warten lassen*) poser un lapin à ▶ *vr*: **sich in jdn** *od* **in jds Lage ~** se mettre à la place de qn

Versetzung *f* (*dienstlich*) mutation *f* ; (*in Schule*) passage *m* dans la classe supérieure

verseuchen *vt* polluer ; (*durch radioaktive Stoffe*) contaminer

versichern *vt* assurer ▶ *vr* +*Gen* s'assurer de

Versicherung *f* assurance *f*

Versicherungsnehmer (-s, -) *m* (*förmlich*) assuré(e) *m/f*

Versicherungspolice *f* police *f* d'assurance

Versicherungsprämie *f* prime *f* d'assurance

versinken (*irr*) *vi* s'enfoncer

Version *f* version *f*

versöhnen *vt* réconcilier ▶ *vr*: **sich mit jdm ~** se réconcilier avec qn

versorgen *vt* fournir ; (*unterhalten*) entretenir ; (*sich kümmern um*) s'occuper de ▶ *vr*: **sich ~ mit** se pourvoir de, s'approvisionner en

Versorgung *f* approvisionnement *m* ; (*Unterhalt*) entretien *m*

verspäten *vr* être en retard

Verspätung *f* retard *m*

versperren *vt* (*Weg*) barrer ; (*Sicht*) boucher ; (*Tür*) barricader

verspielen vt (Geld) perdre au jeu ; **bei jdm verspielt haben** ne plus être bien vu de qn

verspielt adj joueur(-euse)

versprechen (irr) vt promettre • **Versprechen** (-s, -) nt promesse f

Verstand m raison f

verständig adj raisonnable

verständigen vt avertir, prévenir ▶ vr communiquer ; (sich einigen) se mettre d'accord, s'entendre

Verständigung f (Kommunikation) communication f ; (Benachrichtigung) notification f

verständlich adj compréhensible ; **sich ~ machen** se faire comprendre

Verständnis nt compréhension f • **verständnisvoll** adj compréhensif(-ive)

verstärken vt renforcer ; (Strom, Spannung, Ton) amplifier ; (erhöhen) augmenter ▶ vr augmenter

Verstärker (-s, -) m (Tech) amplificateur m

Verstärkung f (Hilfe) renforts mpl

verstauchen vt: **sich** Dat **etw ~** se fouler od se tordre qch

Versteck (-(e)s, -e) nt cachette f ; **~ spielen** jouer à cache-cache

verstecken vt cacher ▶ vr se cacher

versteckt adj caché(e) ; (Lächeln, Blick) furtif(-ive) ; (Vorwürfe, Andeutung) voilé(e)

verstehen (irr) vt comprendre ▶ vr se comprendre ; (gut auskommen) bien s'entendre

versteigern vt vendre aux enchères

Versteigerung f vente f aux enchères

verstellen vt (verändern) ajuster ; (falsch einstellen) dérégler ; (richtig einstellen) régler ; (versperren) bloquer ; (Stimme) déguiser ▶ vr (heucheln) jouer la comédie

verstimmen vt (Instrument) désaccorder ; (Mensch) mettre de mauvaise humeur

verstohlen adj furtif(-ive)

verstopfen vt boucher ; (Innenstadt) embouteiller

Verstopfung f (von Rohr) engorgement m ; (von Straße) embouteillage m ; (Méd) constipation f

verstorben adj décédé(e)

verstört adj (Mensch) troublé(e), perturbé(e)

Verstoß (-es, ⁼e) m: **~ gegen** infraction f à

verstoßen (irr) vi: **~ gegen** contrevenir à

verstreichen (irr) vt (Butter, Salbe) étendre ▶ vi (Zeit) s'écouler

verstümmeln vt mutiler, estropier ; (fig) estropier

verstummen vi se taire ; (Lärm) cesser

Versuch (-(e)s, -e) m tentative f, essai m ; (wissenschaftlich) expérience f

versuchen vt (Essen) goûter ; (ausprobieren) essayer

versuchsweise adv à titre expérimental

Versuchung f tentation f

vertagen vt ajourner

vertauschen vt échanger

verteidigen vt défendre

Verteidiger(in) (-s, -) m(f) défenseur m ; (*Anwalt*) avocat(e) ; (*Foot*, *Rugby*) arrière m

Verteidigung f défense f

verteilen vt distribuer ; (*Salbe etc*) étaler ▶ vr se disperser

Verteilung f distribution f

vertiefen vt approfondir ▶ vr: **sich in etw** Akk ~ se plonger dans qch

Vertiefung f creux m

vertilgen vt (*Unkraut, Ungeziefer*) détruire ; (*fam: essen*) engloutir

vertonen vt (*Text*) mettre en musique

Vertrag (-(e)s, ⁼e) m contrat m ; (*Pol*) traité m

vertragen (*irr*) vt supporter ▶ vr: **sich mit jdm ~** (bien) s'entendre avec qn

vertraglich adj contractuel(le)

verträglich adj conciliant(e) ; (*Speisen*) digeste ; (*Medikament*) bien toléré(e) (par l'organisme)

Vertragspartner (-s, -) m contractant(e) m/f

vertrauen vi (+Dat) avoir confiance en • **Vertrauen** (-s) nt confiance f ; **~ zu jdm fassen** avoir de plus en plus confiance en qn ; **im ~ (gesagt)** soit dit entre nous

vertrauensvoll adj confiant(e)

vertraulich adj confidentiel(le) • **Vertraulichkeit** f caractère m confidentiel ; (*Aufdringlichkeit*) familiarité f excessive

verträumt adj rêveur(-euse) ; (*Ort, Städtchen*) paisible

vertraut adj familier(-ière) • **Vertraute(r)** f(m) confident(e) m/f

vertreiben (*irr*) vt chasser ; (*aus Land*) expulser ; (*Écon*) vendre ; (*Zeit*) passer

Vertreibung f expulsion f

vertretbar adj justifiable, défendable

vertreten (*irr*) vt (*Kollegen*) remplacer ; (*Interessen*) défendre ; (*Ansicht*) soutenir ; (*Staat, Firma, Wahlkreis*) représenter

Vertreter(in) m(f) remplaçant(e), suppléant(e) ; (*Verfechter*) défenseur m

Vertretung f représentation f ; (*von Arzt*) remplaçant(e) m/f ; (*von Firma*) agence f

Vertrieb (-(e)s, -e) m vente f

Vertriebene(r) f(m) expulsé(e) m/f, exilé(e) m/f

vertrösten vt faire attendre

vertun (*irr*) vt gaspiller ▶ vr se tromper

vertuschen vt étouffer

verübeln vt: **jdm etw ~** en vouloir à qn de qch

verüben vt commettre

verunglücken vi avoir un accident ; **tödlich ~** se tuer dans un accident

verunsichern vt semer le doute dans l'esprit de

veruntreuen vt détourner

verursachen vt causer

Verursacher(in) (-s, -) m(f) responsable m/f ; (*von Umweltverschmutzung*) pollueur(-euse)

verurteilen vt condamner

Verurteilung f condamnation f

vervielfältigen vt (*Text*) polycopier

V

vervollkommnen vt
perfectioner ▸ vr: **sich in etw**
Dat ~ se perfectionner en qch

vervollständigen vt compléter

verwackeln vt (Phot) rendre
flou(e)

verwählen vr se tromper de
numéro

verwahren vt (aufbewahren)
conserver ▸ vr: **sich ~ (gegen)** se
défendre (de)

verwaist adj (Kind) orphelin(e)

verwalten vt gérer, administrer

Verwalter(in) m(f)
administrateur(-trice) ;
(Hausverwalter) gérant(e)

Verwaltung f administration f

verwandeln vt transformer ▸ vr
se transformer ; **jdn/etw in etw**
Akk ~ transformer qn/qch en qch

Verwandlung f transformation f

verwandt adj: **mit jdm ~ sein**
être apparenté(e) à od parent(e)
de qn

Verwandte(r) f(m) parent(e) m/f

Verwandtschaft f parenté f

Verwarnung f avertissement m ;
gebührenpflichtige ~
contravention f

verwechseln vt confondre

Verwechslung f confusion f

verwegen adj téméraire

verweichlicht adj affaibli(e)

verweigern vt refuser

Verweigerung f refus m

Verweis (-es, -e) m (Tadel)
réprimande f ; (Hinweis)
renvoi m

verweisen (irr) vt renvoyer ▸ vi:
~ **auf etw** Akk renvoyer à qch ;
Marie an Paul ~ envoyer Marie

chez Paul ; **jdn des Landes ~**
expulser qn

verwelken vi se faner

verwenden (irr) vt utiliser ;
(Mühe, Zeit) consacrer

Verwendung f emploi m,
utilisation f

verwerfen (irr) vt (Plan, Klage,
Antrag) rejeter

verwerflich adj répréhensible

verwerten vt utiliser

Verwertung f utilisation f

verwesen vi se décomposer

verwickeln vt: **jdn in etw** Akk ~
impliquer qn dans qch ▸ vr (Fäden
etc) s'emmêler ; (fig) être mêlé(e) ;
sich in Widersprüche ~ se perdre
dans des contradictions

verwickelt adj compliqué(e)

verwildern vi (Garten) être à
l'abandon ; (Tier) retourner à l'état
sauvage

verwirklichen vt réaliser

Verwirklichung f réalisation f

verwirren vt emmêler ; (jdn)
déconcerter

Verwirrung f confusion f

verwittern vi être érodé(e)

verwitwet adj veuf (veuve)

verwöhnen vt gâter

verworren adj confus(e)

verwunden vt blesser

verwunderlich adj
surprenant(e)

Verwunderung f étonnement m

Verwundete(r) f(m) blessé(e)
m/f

Verwundung f blessure f

verwünschen vt maudire

verwüsten vt ravager, dévaster

violett

verzählen vr faire une erreur de calcul, se tromper

verzehren vt (essen) manger ; (aufbrauchen) dilapider

verzeichnen vt inscrire ; (Erfolg) mettre à son actif ; (Verlust, Niederlage) essuyer

Verzeichnis nt liste f ; (in Buch) index m ; (Inform) répertoire m

verzeihen (irr) vt, vi pardonner

Verzeihung f pardon m ; **~!** pardon ! ; **jdn um ~ bitten** demander pardon à qn

verzerren vt déformer

Verzicht (-(e)s, -e) m: **~ leisten auf** +Akk renoncer à • **verzichten** vi: **~ auf** +Akk renoncer à

verziehen (irr) vt (Kind) mal élever ▶ vr, vi: **„verzogen"** « n'habite plus à l'adresse indiquée » ; **das Gesicht ~** faire une grimace

verzieren vt décorer

verzögern vt différer ; (verlangsamen) ralentir ▶ vr (Abreise) être remis(e)

Verzögerung f retard m

verzollen vt dédouaner ; **haben Sie etwas zu ~?** avez-vous quelque chose à déclarer ?

verzweifeln vi: **an etw** Dat **~** désespérer de qch

verzweifelt adj désespéré(e)

Verzweiflung f désespoir m

verzwickt (fam) adj embrouillé(e)

Veto (-s, -s) nt veto m

Vetter (-s, -) m cousin m

VHS (-) f abk = **Volkshochschule**

Video (-s, -s) nt vidéo f
• **Videogerät** nt magnétoscope m
• **Videokamera** f caméra f vidéo
• **Videokonferenz** f

vidéoconférence f • **Videorekorder** m magnétoscope m
• **Videoüberwachung** f vidéosurveillance f

Vieh (-(e)s) nt bétail m

viel adj beaucoup de ▶ adv beaucoup ; **~e** (pl: Menschen) beaucoup de gens

vielerlei adj inv divers(es)

vielfach adj: **auf ~en Wunsch** à la demande générale

Vielfalt (-) f variété f

vielfältig adj varié(e)

vielleicht adv peut-être

vielmehr adv plutôt ▶ konj au contraire

vielsagend adj éloquent(e)

vielseitig adj (Mensch) polyvalent(e) ; (Interessen) multiple

vielversprechend adj prometteur(-euse)

vier num quatre • **Viereck** (-(e)s, -e) nt quadrilatère m • **viereckig** adj quadrilatéral(e) ; (quadratisch) carré(e) • **vierhundert** num quatre cent(s)

viert adj: **wir gingen zu ~** nous étions quatre

vierte(r, s) adj quatrième

Viertel (-s, -) nt quart m
• **Vierteljahr** nt trimestre m
• **Viertelstunde** f quart m d'heure

vierzehn num quatorze

vierzehntägig adj de quinze jours

vierzig num quarante

Vietnam (-s) nt le Vietnam, le Viêt-nam

Villa (-, Villen) f villa f

violett adj violet(te)

V

Violine f violon m

virtuell adj virtuel(le)

Virus (-, Viren) m od nt virus m

Visier (-s, -e) nt (an Helm) visière f; (an Waffe) mire f

Visite f (Méd) visite f

Visitenkarte f carte f de visite

visuell adj visuel(le)

Visum (-s, Visa od Visen) nt visa m

Vitamin (-s, -e) nt vitamine f

Vogel (-s, -) m oiseau m
• **Vogelgrippe** f grippe f aviaire
• **Vogelscheuche** f épouvantail m

Vogesen pl les Vosges fpl

Voicemail f messagerie f vocale

Vokabel (-, -n) f mot m (de vocabulaire)

Vokabular (-s, -e) nt vocabulaire m

Volk (-(e)s, -er) nt peuple m; (viele Menschen) foule f

Völkerrecht nt droit m international (public)

Völkerverständigung f entente f entre les peuples

Volksbegehren nt initiative f populaire

Volksfest nt fête f populaire

Volkshochschule f université f populaire

Volksmund m langage m populaire

Volksrepublik f république f populaire

volkstümlich adj populaire

Volkswirtschaft f économie f nationale

Volkszählung f recensement m

voll adj plein(e); (ganz) entier(-ière); ~ **sein** (fam: betrunken) être bourré(e)

vollauf adv amplement

Vollbart m barbe f

Vollbeschäftigung f plein emploi m

Vollbremsung f: **eine ~ machen** freiner à fond

vollbringen (irr) vt insép accomplir

vollenden vt insép achever

vollendet adj (vollkommen) accompli(e)

vollends adv entièrement

Vollendung f achèvement m

voller adj +Gen plein(e) de

Volleyball m volley(-ball) m

Vollgas nt: ~ **geben** mettre les gaz; **mit** ~ (à) pleins gaz

völlig adj complet(-ète) ▶ adv complètement

volljährig adj majeur(e)

Vollkaskoversicherung f assurance f tous risques

vollkommen adj (fehlerlos) parfait(e) ▶ adv complètement

Vollkornbrot nt pain m complet

voll|machen vt remplir

Vollmacht (-, -en) f procuration f

Vollmilch f lait m entier

Vollmond m pleine lune f

Vollpension f pension f complète

vollständig adj complet(-ète) ▶ adv complètement

voll|tanken vt, vi faire le plein

Volltextsuche f recherche f de texte complet

Volltreffer m coup m dans le mille; (fig) gros succès m

Vollversammlung f assemblée f plénière

Vollwertkost f aliments mpl complets

vollzählig *adj* complet(-ète)
vollziehen (*irr*) *vt insép* (*ausführen*)
exécuter, accomplir ; (*Befehl*,
Urteil) exécuter ▶ *vr insép*
s'accomplir
Vollzug *m* (*von Urteil*) exécution *f*
Volt (- *od* -(*e*)*s*, -) *nt* volt *m*
Volumen (-*s*, - *od Volumina*) *nt*
volume *m*
vom = **von dem**

---
von
---

präp +Dat **1** (*Ausgangspunkt*) de ;
westlich ~ Freiburg à l'ouest de
Fribourg ; **~ A bis Z** de A à Z ;
~ morgens bis abends du
matin au soir ; **~ Paris nach
Bonn** de Paris à Bonn ; **~ wo
kommt der Zug?** d'où vient le
train ? ; **~ wo sind Sie jetzt
gekommen?** d'où arrivez-vous ? ;
~ wann ist dieser Brief? de
quand date cette lettre ? ;
~ morgen an dès demain ; **Ihr
Schreiben ~ vor zwei Wochen**
votre lettre d'il y a quinze jours ;
**~ dort aus kann man die Alpen
sehen** de là, on voit les Alpes ;
etw ~ sich aus tun faire qch
spontanément *od* de soi-même ;
~ mir aus (*fam*) si ça vous
chante, moi, ça m'est égal
2 (*Eigenschaft*): **eine Sache ~
Wichtigkeit** une affaire
d'importance
3 (*im Passiv, Ursache*): **ein
Gedicht ~ Schiller** un poème de
Schiller ; **ich bin müde vom
Wandern** je suis fatigué(e)
après cette randonnée ; **das
kommt vom Rauchen!** c'est
parce que tu fumes (trop) ! ;
er kauft das ~ seinem

Taschengeld il l'achète avec son
argent de poche ; **das ist nett ~
dir** c'est gentil à toi
4 (*als Genitiv*): **die Königin ~
Holland** la reine de Hollande ;
ein Freund ~ mir un ami à moi
5 (*Maße, Größe etc*): **zwei Söhne
~ drei und fünf Jahren** deux fils,
un de trois ans et un de cinq ans ;
im Alter ~ 12 Jahren à l'âge de
douze ans
6 (*bei Adelstitel*): **die Prinzessin
~ Wales** la princesse de Galles
7 (*über*): **er erzählte vom
Urlaub** il a parlé de ses vacances
8 : **~ wegen!** (*fam*) pas d∪ tout !

voneinander *adv* l'un(∈) de l'autre

---
vor

▶ *präp +Dat* **1** (*räumlich, in
Gegenwart von*) devant ; **~ der
Kirche links abbiegen** tourner
à gauche devant l'église
2 (*zeitlich*): **~ 2 Tagen/einer
Woche** il y a deux jours/une
semaine ; **5 (Minuten) ~ 4**
4 heures moins cinq ; **~ Kurzem**
il y a peu
3 (*Ursache*): **~ Wut** de colère ;
~ Hunger sterben mourir de faim
4 : **~ allem, ~ allen Dingen**
avant tout
▶ *präp +Akk* (*räumlich*) devant ;
stell dich ~ das Fenster
mets-toi devant la fenêtre
▶ *adv* : **~ und zurück schaukeln**
se balancer en avant et en arrière

Vorabend *m* veille *f*
voran *adv en avant* ▶ **voran|gehen**
(*irr*) *vi* (*vorn gehen*) marcher en
tête ; (*Fortschritte machen*)

progresser • **voran|kommen** (irr) vi avancer

Voranschlag m devis m

voraus adv devant ; (zeitlich: im Voraus) en avance
- **voraus|sagen** vt prédire
- **voraus|setzen** vt supposer ; **vorausgesetzt dass** ... à condition que ...
- **Voraussetzung** f (Bedingung) condition f ; (Annahme) supposition f ; **unter der ~, dass** ... à condition que ...
- **Voraussicht** f prévoyance f ; **aller ~ nach** selon toute vraisemblance • **voraussichtlich** adv probablement, vraisemblablement

Vorbehalt (-(e)s, -e) m réserve f
- **vor|behalten** (irr) vt: **sich etw ~** se réserver qch ; **Änderungen ~** sous réserve od réservées de modifications

vorbehaltlos adj, adv sans réserve od restriction

vorbei adv (zeitlich) passé(e) ; (zu Ende) fini(e), terminé(e)
- **vorbei|gehen** (irr) vi passer ; **bei jdm ~** (fam) passer voir qn
- **vorbei|kommen** (irr) vi: **bei jdm ~** passer chez qn

vor|bereiten vt préparer

Vorbereitung f préparation f

vorbestraft adj qui a un casier judiciaire

vor|beugen vr se pencher (en avant) ▶ vi: **einer Sache** Dat **~** prévenir qch

vorbeugend adj (Maßnahme) préventif(-ive)

Vorbeugung f prévention f

Vorbild nt modèle m ; **sich** Dat **jdn zum ~ nehmen** prendre

exemple sur qn • **vorbildlich** adj exemplaire

vor|bringen (irr) vt (Wunsch) exprimer ; (Vorschlag) faire ; (fam: nach vorne) apporter

Vorderachse f essieu m avant

vordere(r, s) adj de devant, antérieur(e)

Vordergrund m premier plan m ; **im ~ stehen** être au premier plan

Vordermann (-(e)s, -männer) m: **mein/sein ~** la personne devant moi/lui od qui me/le précède ; **jdn auf ~ bringen** (fam) mettre qn au pas

Vorderseite f devant m

vorderste(r, s) adj premier(-ière)

voreilig adj (Bemerkung) irréfléchi(e)

voreingenommen adj prévenu(e)
- **Voreingenommenheit** f préjugés mpl, parti m pris

vor|enthalten (irr) vt: **jdm etw ~** priver qn de qch ; (Nachricht, Brief etc) cacher qch à qn

vorerst adv pour le moment

Vorfahrt f priorité f ;
~ (be)achten! respectez la priorité !

Vorfahrtsschild nt panneau m de priorité

Vorfall m incident m

Vorfeld nt (fig) marge f

vor|finden (irr) vt trouver

Vorfreude f joie f anticipée

vor|führen vt présenter

Vorgabe f (Sport) avantage m ; (an Maßen, Bestimmungen etc) référence f

Vorgang m processus m ; (Akten) dossier m

Vorgänger(in) (-s, -) m(f) prédécesseur m

vor|geben (irr) vt prétendre

vorgefertigt adj préfabriqué(e)

vor|gehen (irr) vi (voraus) aller à l'avance ; (nach vorn) avancer ; (handeln) procéder

Vorgehen (-s) nt manière f d'agir

Vorgeschmack m avant-goût m

Vorgesetzte(r) f(m) supérieur(e) m/f

vorgestern adv avant-hier

vor|haben (irr) vt (vorwerfen) : **hast du schon etwas vor?** as-tu déjà prévu quelque chose ?

Vorhaben (-s, -) nt intention f, projet m

vor|halten (irr) vt (vorwerfen) reprocher ▶ vi (Vorräte etc) suffire

Vorhand f coup m droit

vorhanden adj (verfügbar) disponible ; (existierend) présent(e)

Vorhang m rideau m

Vorhängeschloss nt cadenas m

vorher adv auparavant

Vorherrschaft f prédominance f

vor|herrschen vi prédominer

Vorhersage f prédiction f ; (Wetter) prévisions fpl

vorher|sagen vt prévoir, prédire

vorhersehbar adj prévisible

vorher|sehen (irr) vt prévoir

vorhin adv tout à l'heure, à l'instant

vorig adj (Woche, Jahr) dernier(-ière) ; (Besitzer) précédent(e)

vorinstalliert adj préinstallé(e)

Vorkehrung f précaution f

vor|kommen (irr) vi (nach vorn) avancer ; (geschehen, sich ereignen)

arriver ; (vorhanden sein, auftreten) se trouver ; (erscheinen) paraître

Vorkommen (-s, -) nt (von Erdöl etc) gisement m

Vorkommnis nt incident m

Vorkriegs- in ZW d'avant-guerre

Vorladung f citation f

Vorlage f modèle m

vorläufig adj provisoire

vor|legen vt soumettre

Vorleger (-s, -) m (Bettvorleger) descente f de lit

vor|lesen (irr) vt lire à haute voix, donner lecture de

Vorlesung f cours m (magistral)

vorletzte(r, s) adj avant-dernier(-ière)

Vorliebe f préférence f

vorlieb|nehmen (irr) vi ~ **mit** se contenter de

vor|liegen (irr) vi (Bericht, Ergebnis) être disponible ; **etw liegt gegen jdn vor** on a qch à reprocher à qn

vor|machen vt : **jdm etw ~** (zeigen) montrer à qn comment faire qch ; (fig) en faire accroire à qn

Vormachtstellung f suprématie f

Vormarsch m (Mil) progression f

vor|merken vt prendre note de, noter

Vormittag m matinée f ; **heute/ Freitag ~** ce/vendredi matin

vormittags adv le matin

Vormund m tuteur m

vorn adv siehe **vorne**

Vorname m prénom m

vorne, vorn adv devant : **nach ~** en avant ; **von ~** de nouveau ;

v

von ~ anfangen recommencer à zéro

vornehm adj distingué(e)

vor|nehmen (irr) vt: **sich** Dat **etw ~** projeter qch ; **sich** Dat **jdn ~** dire ses quatre vérités à qn

vornehmlich adv avant tout

vornherein adv: **von ~** de prime abord, tout de suite

Vorort m faubourg m

Vorrang m priorité f, préséance f

vorrangig adj prioritaire

Vorrat m provisions fpl, réserves fpl

vorrätig adj en magasin od stock

Vorrecht nt privilège m

Vorrichtung f dispositif m

Vorruhestand m préretraite f

Vorsaison f avant-saison f

Vorsatz m résolution f

vorsätzlich adj (Jur) prémédité(e) ▶ adv (Jur) avec préméditation

Vorschau f aperçu m des programmes ; (Ciné) bande-annonces fpl

Vorschlag m proposition f

vor|schlagen (irr) vt proposer

vorschnell adj (Bemerkung) irréfléchi(e)

vor|schreiben (irr) vt prescrire

Vorschrift f prescription f ; (Anweisungen) instruction f

vorschriftsmäßig adj réglementaire

Vorschuss m avance f

vor|sehen (irr) vt (planen) prévoir ▶ vr: **sich ~ vor** +Dat prendre garde à ; **das ist dafür nicht vorgesehen** ça n'est pas fait pour cela

Vorsehung f Providence f

vor|setzen vt (anbieten) offrir

Vorsicht f prudence f ; **~!** attention ! ; **~, Stufe!** attention à la marche !

vorsichtig adj prudent(e)

vorsichtshalber adv par précaution

Vorsichtsmaßnahme f mesure f de précaution

Vorsilbe f préfixe m

Vorsitz m présidence f

Vorsitzende(r) f(m) président(e) m/f

Vorsorge f précaution f

vor|sorgen vi: **~ für** prévoir

Vorsorgeprinzip nt principe m de précaution

Vorsorgeuntersuchung f (Méd) bilan m de santé

vorsorglich adv par précaution

Vorspeise f entrée f

Vorspiel nt (Mus) prélude m

Vorsprung m saillie f ; (Abstand) avance f

Vorstadt f faubourg m

Vorstand m conseil m d'administration ; (Mensch) directeur(-trice) m/f

vor|stehen (irr) vi être proéminent(e) ; (als Vorstand): **einer Sache** Dat **~** (fig) diriger qch

vorstellbar adj imaginable

vor|stellen vt (nach vorne) avancer ; (vor etwas) mettre od placer devant ; (bekannt machen, vorführen) présenter ; (darstellen) représenter ; (bedeuten) signifier ▶ vr se présenter ; **sich** Dat **etw ~** se représenter od s'imaginer qch

Vorstellung f(*Bekanntmachen*) présentation f; (*Theat etc*) représentation f; (*Gedanke*) idée f
Vorstellungsgespräch nt entretien m
vor|strecken vt avancer
Vorstufe f premier stade m
Vortag m veille f
vor|täuschen vt simuler, feindre
Vorteil (-s, -e) m avantage m; **im ~ sein (gegenüber)** avoir un avantage (sur) • **vorteilhaft** adj avantageux(-euse)
Vortrag (-(e)s, *Vorträge*) m conférence f
vor|tragen (irr) vt (*Gedicht*) réciter; (*Lied*) chanter; (*Rede*) tenir; (*Plan*) présenter
vorüber adv (*räumlich, zeitlich*) passé(e) • **vorübergehend** adj temporaire, momentané(e)
Vorurteil nt préjugé m
Vorverkauf m location f
Vorwahl f(*Tél*) indicatif m
Vorwand (-(e)s, *Vorwände*) m prétexte m
vorwärts adv en avant • **Vorwärtsgang** m marche f avant • **vorwärts|gehen** (irr) vi progresser, avancer
vorweg adv d'avance, à l'avance • **vorweg|nehmen** (irr) vt anticiper sur
vor|weisen (irr) vt présenter
vor|werfen (irr) vt (*beschuldigen*) reprocher; **sich** Dat **nichts vorzuwerfen haben** n'avoir rien à se reprocher
vorwiegend adj prédominant(e) ▶ adv en grande partie
Vorwort (-(e)s, -e) nt préface f

Vorwurf m reproche m
Vorzeichen nt (*Omen*) présage m
vorzeitig adj prématuré(e)
vor|zeigen vt montrer
vor|ziehen (irr) vt (*lieber haben*) préférer
Vorzimmer nt (*Büro*) réception f
Vorzug m préférence f; (*gute Eigenschaft*) mérite m; (*Vorteil*) avantage m
vorzüglich adj excellent(e)
vulgär adj vulgaire
Vulkan (-s, -e) m volcan m • **Vulkanausbruch** m éruption f volcanique

W

Waage f balance f ; (Astr) Balance f

waagerecht adj horizontal(e)

wach adj (r)éveillé(e) ; (fig) éveillé(e)

Wache f garde f

wachen vi veiller

Wacholder (-s, -) m genièvre m

Wachs (-es, -e) nt cire f ; (Skiwachs) fart m

wachsam adj vigilant(e) • **Wachsamkeit** f vigilance f

wachsen vi irr pousser ; (Mensch) grandir ; (Kraft, Wut, Mut) augmenter ▸ vt (Skier) farter

Wachstum nt croissance f

Wächter (-s, -) m gardien m

wackelig adj (Stuhl) bancal(e)

Wackelkontakt m faux contact m

wackeln vi (Stuhl) être bancal(e)

Wade f mollet m

Waffe f arme f

Waffel f gaufre f

Waffenstillstand m armistice m

wagen vt oser ; (Widerspruch, Behauptung) oser émettre ; (riskieren) risquer

Wagen (-s, -) m voiture f ; (Rail) wagon m • **Wagenheber** (-s, -) m cric m

Waggon (-s, -s) m wagon m

waghalsig adj téméraire

Wagnis nt entreprise f hasardeuse ; (Risiko) risque m

Wahl f choix m ; (Pol) élection f

wahlberechtigt adj qui a le droit de vote

Wahlbeteiligung f participation f au vote

wählen vt choisir ; (Pol) élire ; (Tél) composer

Wähler(in) (-s, -) m(f) électeur(-trice) • **wählerisch** adj exigeant(e), difficile

Wahlgang m tour m de scrutin

Wahlkampf m campagne f électorale

Wahlkreis m circonscription f électorale

Wahllokal nt bureau m de vote

wahllos adv au hasard

Wahlrecht nt droit m de vote

Wahlurne f urne f

wahlweise adv au choix

Wahn (-(e)s) m (Einbildung) illusion f

Wahnsinn m folie f

wahnsinnig adj fou (folle) ▸ adv (fam: sehr) vachement

wahr adj vrai(e) ; **nicht ~?** n'est-ce pas ?

wahren vt (Rechte) défendre

während präp +Gen pendant ▸ konj pendant que ; (wohingegen) alors que

wahr|haben vt: **etw nicht ~ wollen** ne pas vouloir admettre qch

wahrhaft adv vraiment

wahrhaftig adj sincère ▶ adv vraiment

Wahrheit f vérité f

wahr|nehmen vt irr remarquer ; (Gelegenheit) profiter de

Wahrnehmung f (Sinneswahrnehmung) perception f

Wahrsager(in) (-s, -) m(f) voyant(e) (extralucide)

wahrscheinlich adj probable ; (Täter) présumé(e) ▶ adv probablement

Wahrscheinlichkeit f vraisemblance f

Währung f monnaie f

Währungsraum m zone f monétaire

Wahrzeichen nt emblème m

Waise f orphelin(e) m/f

Waisenhaus nt orphelinat m

Waisenkind nt orphelin(e)

Wal (-(e)s, -e) m baleine f

Wald (-(e)s, =er) m forêt f

waldig adj boisé(e)

Waldsterben nt dépérissement m des forêts

Wales (-) nt le pays de Galles

Walkie-Talkie (-(s), -s) nt talkie-walkie m

Wall (-(e)s, =e) m rempart m

Wallfahrt f pèlerinage m

Walnuss f noix f

Walross nt morse m

Walze f cylindre m ; (Gerät) rouleau m ; (Fahrzeug) rouleau compresseur

wälzen vt rouler ; (Bücher) compulser ; (Probleme) ruminer ▶ vr (sich vorwärtsschieben) avancer ; (vor Schmerzen) se tordre ; (im Bett) se tourner et se retourner

Walzer (-s, -) m valse f

Wand (-, =e) f paroi f ; (von Haus, außen) mur m

Wandel (-s) m changement m

wandeln vt changer ▶ vr changer

Wanderausstellung f exposition f itinérante

Wanderer (-s, -) m, **Wanderin** f randonneur(-euse)

wandern vi faire une randonnée ; (Blick, Gedanken) errer

Wanderung f randonnée f

Wandlung f transformation f

wandte etc vb siehe **wenden**

Wange f joue f

wann adv quand

Wanne f (Badewanne) baignoire f ; (Ölwanne) cuve f ; (Trog) auge f

Wanze f (Zool) punaise f ; (Abhörgerät) micro m caché

Wappen (-s, -) nt blason m

war etc vb siehe **sein**

warb etc vb siehe **werben**

Ware f marchandise f

Warenhaus nt grand magasin m

warf etc vb siehe **werfen**

warm adj chaud(e) ; **mir ist ~** j'ai chaud

Wärme f chaleur f

wärmen vt chauffer, réchauffer ▶ vr se réchauffer

Wärmflasche f bouillotte f

Warmwasserbereiter m chauffe-eau m inv

w

Warndreieck nt (Aut) triangle m de présignalisation od de détresse

warnen vt: ~ **(vor)** mettre en garde (contre)

Warnstreik m grève f d'avertissement

Warnung f avertissement m, mise f en garde

Warnweste f gilet m de sécurité

Wartehäuschen nt abribus m

Warteliste f liste f d'attente

warten vi: ~ **(auf** +Akk) attendre ▶ vt (Auto, Maschine) entretenir

Wärter(in) (-s, -) m(f) gardien(ne)

Warteraum m, **Wartesaal** m, **Wartezimmer** nt salle f d'attente

Warteschlange f file f d'attente

Wartezimmer nt salle f d'attente

Wartung f entretien m

warum adv pourquoi

Warze f verrue f

was pron (interrogativ) (qu'est-ce que ; (: indirekt) ce que ; (: nach präp) quoi ; (relativ) que ; (fam: etwas) quelque chose

Waschbecken nt lavabo m

Wäsche f linge m ; (Bettwäsche) draps mpl

waschecht adj (fam) pur sang inv

Wäscheklammer f pince f à linge

waschen (irr) vt laver ▶ vi faire la lessive ▶ vr se laver

Wäscherei f blanchisserie f

Wäscheschleuder f essoreuse f

Waschlappen m gant m de toilette ; (fam) lavette f

Waschmaschine f machine f à laver

Waschmittel nt lessive f

Waschsalon m laverie f automatique

Wasser (-s, - od ‒) nt eau f

wasserdicht adj étanche, imperméable

Wasserfall m chute f d'eau

Wasserhahn m robinet m

Wasserleitung f conduite f d'eau

Wassermann m (Astr) Verseau m

Wassermelone f pastèque f

wässern vt (Culin) faire tremper

Wasserski nt ski m nautique

Wasserstand m niveau m d'eau

Wasserstoff m hydrogène m

Wasserwerfer m canon m à eau

waten vi patauger

watscheln vi se dandiner

Watt¹ (-(e)s, -en) nt (Géo) laisse f

Watt² (-s, -) nt (Élec) watt m

Watte f ouate f

Wattestäbchen nt coton-tige® m

WC nt abk (= Wasserklosett) W.-C. mpl

Web nt: **das (WorldWide) ~** le Web

Webadresse f adresse f Web od Internet

Webcam f webcam f

weben vt tisser

Weblog m blog m

Webseite f, Website (-, -s) ▶ f (Inform) page f Web, site m Internet

Webserver m serveur m Internet

Wechsel (-s, -) m changement m ; (Geldwechsel) change m

• **Wechselgeld** nt monnaie f

- • **wechselhaft** *adj* variable
- • **Wechselkurs** *m* taux *m* de change

wechseln *vt* changer de ; *(austauschen)* échanger ; *(Geld)* changer

Wechselstrom *m* courant *m* alternatif

Wechselwirkung *f* interaction *f*

Weckdienst *m* service *m* du réveil (téléphonique)

wecken *vt* réveiller

Wecker *(-s, -)* *m* réveil *m*, réveille-matin *m inv*

Weckruf *m* réveil *m* téléphonique

wedeln *vi* (Ski) godiller ; **(mit dem Schwanz) ~** remuer la queue ; **mit einem Fächer ~** agiter un éventail

weder *konj* : **~ ... noch ...** ni ... ni ...

weg *adv* : **~ sein** être parti(e), ne plus être là

Weg *(-(e)s, -e)* *m* chemin *m* ; *(Mittel)* moyen *m*

wegen *präp +Gen (fam)* à cause de

weg|fahren *(irr)* *vi* partir

Wegfahrsperre *f* (Aut) : **(elektronische) ~** antidémarrage *m* (électronique)

weg|fallen *(irr)* *vi* être supprimé(e) *od* annulé(e) ; **etw ~ lassen** supprimer *od* annuler qch

weg|gehen *(irr)* *vi* partir

weg|lassen *(irr)* *vt* laisser partir ; *(streichen)* supprimer

weg|laufen *(irr)* *vi* se sauver

weg|legen *vt* poser

weg|machen *vt (fam: Flecken)* enlever

weg|müssen *(irr: fam)* *vi* devoir partir

weg|nehmen *(irr)* *vt* en ever ; *(Eigentum, Zeit, Platz)* prendre

weg|räumen *vt* ranger

weg|tun *(irr)* *vt (aufräumen)* ranger ; *(wegwerfen)* jeter

Wegweiser *(-s, -)* *m* pot eau *m* indicateur

weg|werfen *(irr)* *vt* jete

wegwerfend *adv* dédaigneux(-euse), mép risant(e)

Wegwerfgesellschaft *f* société *f* de consommation *(où l'on jette au lieu de réparer)*

weg|ziehen *(irr)* *vi (umziehen)* partir

weh *adj (Finger)* qui fait mal, douloureux(-euse) ; *siehe auch* **wehtun**

wehe *interj* : **~, wenn du ...** gare à toi si tu ...

Wehe *f (Geburtswehe)* co traction *f* ; *(Schneewehe)* congère *f*

wehen *vt, vi (Wind)* souffler ; *(Fahne)* flotter

wehleidig *(péj)* *adj* doui let(te)

Wehmut *f* mélancolie *f*

wehmütig *adj* mélanc clique

Wehr¹ *(-(e)s, -e)* *nt* digue *f*

Wehr² *(-, -en)* *f* : **sich zur ~ setzen** se défendre

Wehrdienst *m* service *m* militaire

Wehrdienstverweigerer *m* objecteur *m* de conscier ce

wehren *vr* se défendre

wehrlos *adj* sans défense

Wehrpflicht *f* service *m* militaire obligatoire

weh|tun *(irr)* *vt* faire mal ; **sich** *Dat* **~** se faire mal

Weib *(-(e)s, -er)* *nt* femme *f*

Weibchen *nt* femelle *f*

weibisch adj efféminé(e)

weiblich adj féminin(e)

weich adj mou(molle), souple ;
(Sessel, Bett etc) moelleux(-euse) ;
(Haut, Pelz, Stoff) doux (douce) ;
(Kern, Herz, Gemüse etc) tendre

Weiche f aiguillage m

weichen (irr) vi +Dat (Platz
machen) céder la place (à)

weichlich adj mou (molle)

Weichspüler m adoucissant m
(textile)

Weide f (Baum) saule m ; (Wiese)
pâturage m

weiden vi paître ▶vr: **sich an etw**
Dat ~ se repaître de qch

weigern vr refuser

Weigerung f refus m

Weihe f consécration f ;
(Priesterweihe) ordination f

weihen vt (Priester) ordonner ;
(Gebäude) consacrer ; (Kerze)
bénir ; (widmen) vouer

Weiher (-s, -) m étang m

Weihnachten (-) nt Noël m

Weihnachtsbaum m arbre m de
Noël

Weihnachtsmann m père m
Noël

Weihnachtsmarkt m marché m
de Noël

Le marché de Noël,
Weihnachtsmarkt, fait partie
du paysage germanophone
traditionnel de la période de
l'Avent. On peut y déguster
différentes spécialités, comme
du vin chaud et du pain d'épices,
et y acheter des cadeaux, des
jouets et des décorations de
Noël dans une ambiance de fête.

Weihnachtstag m jour m de Noël ;
der zweite ~ le 26 décembre

weil konj parce que

Weile (-) f moment m

Wein (-(e)s, -e) m vin m ; (Pflanze)
vigne f • **Weinbau** m viticulture f
• **Weinbeere** f (grain m de) raisin
m • **Weinberg** m vignoble m
• **Weinbergschnecke** f escargot
m de Bourgogne • **Weinbrand** m
eau-de-vie f

weinen vi pleurer

Weinlese f vendanges fpl

Weinprobe f dégustation f de vins

Weinrebe f vigne f

Weinstock m pied m de vigne

Weintraube f (grain m de) raisin m

weise adj sage

Weise f (Art) façon f, manière f

Weise(r) f(m) sage m

weisen (irr) vt (Weg) indiquer

Weisheit f sagesse f

Weisheitszahn m dent f de
sagesse

weiß adj blanc (blanche)

Weißbier nt bière blonde de froment

Weißblech nt fer-blanc m

Weißbrot nt pain m blanc

Weißglut f incandescence f ; **jdn
bis zur ~ bringen** (fam) faire voir
rouge à qn

Weißwandtafel f tableau m
blanc ; **interaktive ~** tableau
blanc interactif

Weißwein m vin m blanc

Weisung f directives fpl

weit adj large ; (Entfernung, Reise)
long (longue) ; **das geht zu ~** c'en
est trop • **weitaus** adv de loin
• **Weitblick** m flair m
• **weitblickend** adj qui voit loin

Weite f largeur f ; (*Raum*) étendue f

weiten vt élargir ▶ vr se dilater ;
(*Horizont*) s'élargir

weiter adj plus large ; (*Entfernung,
Reise*) plus long(longue), plus
grand(e) ; (*zusätzlich*)
supplémentaire, complémentaire
▶ adv plus loin ; (*außerdem*)
autrement • **weiter|arbeiten** vi
continuer de travailler
• **weiter|bilden** vr se recycler
• **Weiterbildung** f formation f
(professionnelle) complémentaire

Weitere(s) nt: **alles ~** tout le
reste ; **ohne ~s** sans problème

weiter|empfehlen (*irr*) vt
recommander (à d'autres)

Weiterfahrt f suite f du voyage

Weiterflug m suite f du vol

weiter|gehen (*irr*) vi (*Leben*)
continuer

weiterhin adv (*immer noch*)
toujours ; (*außerdem*) en outre

weiter|leiten vt (*Poste*) faire
suivre ; (*Anfrage*) transmettre

weiter|machen vt, vi continuer

weiter|reisen vi poursuivre son
voyage

weitgehend adj large ▶ adv
largement

weitläufig adj (*Gebäude*) vaste ;
(*Erklärung*) détaillé(e) ;
(*Verwandter*) éloigné(e)

weitsichtig adj (*Méd*) presbyte

Weitsprung m saut m en
longueur

weitverbreitet adj très
répandu(e)

Weizen (-s, -) m blé m
• **Weizenbier** nt bière f à base de
froment

---

pron **1** (*interrogativ*) lequel
(laquelle) ; (*: pl*) lesquels
(lesquelles) ; **~r/~ von beiden?**
lequel (laquelle) des deux ? ;
~n/~ hast du genommen?
lequel (laquelle) as-tu pris ? ;
welch eine schöne Kirche!
quelle belle église ! ; **~ Freude!**
quel plaisir !
2 (*unbestimmt*): **es soll ja ~
geben die ...** il paraît qu'il y a
des gens qui ... ; **ich habe ~** j'en
ai ; **haben Sie noch ~?** vous en
avez ?
3 (*relativ: Subjekt*) qui ;
(*: Akkusativ*) que ; (*: Dativ*) à qui ;
(*: bei Sachen*) auquel (à laquelle)

---

welk adj flétri(e)

welken vi se faner

Wellblech nt tôle f ondulée

Welle f vague f ; (*Tech*) onde f

Wellenlänge f longueur f
d'onde

Wellenlinie f ligne f ondulée

Wellensittich m perruche f

Wellness (-) f bien-être m

Wellpappe f carton m ondulé

Welt f monde m • **Weltall** nt
univers m • **Weltanschauung** f
vision f du monde, philosophie f
• **weltberühmt** adj de renommée
internationale

weltfremd adj sauvage

Weltkrieg m guerre f mondiale

Weltmacht f grande puissance f

Weltmeister(in) m(f)
champion(ne) du monde

Weltmeisterschaft f
championnat m du monde

w

Weltraum m espace m
Weltraumstation f station f spatiale
Weltreise f tour m du monde
Weltrekord m record m du monde
Weltstadt f métropole f
weltweit adj international(e)
Weltwunder nt: **die sieben ~** les sept merveilles fpl du monde
wem pron (Dat) à qui
wen pron (Akk) qui
Wende f tournant m
Wendeltreppe f escalier m en colimaçon
wenden (irr) vt tourner, retourner ; (Boot) faire virer de bord ▶ vr (Glück) tourner ▶ vi faire demi-tour ; **bitte ~!** tournez, s'il vous plaît, T.S.V.P. ; **sich an jdn ~** s'adresser à qn
Wendepunkt m tournant m
Wendung f tournure f
wenig adj peu de ▶ adv peu ; **er hat zu ~ Geld** il n'a pas assez d'argent ; **~e** pl peu de gens
wenigste(r, s) adj moindre
wenigstens adv au moins

---

wenn

konj (falls, bei Wünschen) si ; (zeitlich) quand ; **~ auch ...** même si ... ; **selbst ~ ...** même si ... ; **es ist, als ~ ...** c'est comme si ... ; **~ ich doch ...** si seulement ... ; **immer ~ ...** chaque fois que ... ; **außer ~ ...** sauf quand ... ; **~ wir erst die neue Wohnung haben** quand nous aurons notre nouvel appartement

---

wer pron qui
Werbebanner nt message m publicitaire
Werbefernsehen nt publicité f à la télévision
Werbekampagne f campagne f publicitaire
werben (irr) vi faire de la publicité ; **für eine Firma/ein Produkt ~** faire de la publicité pour une entreprise/un produit
Werbespot m spot m publicitaire
Werbung f publicité f ; (von Mitgliedern) recrutement m ; (um Frau) cour f

---

werden

(pt **wurde**, pp **geworden** od (bei Passiv) **worden**)
▶ vi devenir ; **rot ~** rougir ; **zu Eis ~** geler ; **die Fotos sind gut geworden** les photos sont réussies ; **was willst du (mal) ~?** qu'est-ce que tu veux faire quand tu seras grand(e)? ; **was ist aus ihm geworden?** qu'est-il devenu? ; **aus ihr wird nie etwas** elle n'arrivera jamais à rien ; **es wird Nacht** la nuit tombe ; **es wird Tag** le jour se lève ; **mir wird kalt** je commence à avoir froid ; **mir wird schlecht** je me sens mal ; **Erster ~** être (classé) premier ; **das muss anders ~** il faut que ça change ; **er wird bald 40** il va bientôt avoir 40 ans
▶ Hilfsverb 1 (Futur): **er wird es tun** il va le faire ; **es wird gleich regnen** il va bientôt pleuvoir
2 (Konjunktiv): **ich würde**

weniger essen je mangerais moins ; **ich würde das nicht so machen** je ne le ferais pas comme ça ; **er würde gern …** il aimerait bien … ; **ich würde lieber …** je préférerais …
3 (*Vermutung*): **sie wird (wohl) in der Küche sein** elle est sans doute à la cuisine
4 (*Passiv*): **gebraucht ~** être utilisé(e), servir ; **es wurde viel gelacht** on a beaucoup ri

werfen (*irr*) *vt* lancer
Werft (-, -en) *f* chantier *m* naval
Werk (-(e)s, -e) *nt* (*Buch, Tätigkeit etc*) œuvre *f* ; (*Fabrik*) usine *f*
Werkstatt (-, -stätten) *f* atelier *m* ; (*Aut*) garage *m*
Werktag *m* jour *m* ouvrable
werktags *adv* les jours ouvrables
werktätig *adj* (*Bevölkerung*) actif(-ive)
Werkzeug *nt* outils *mpl*
Werkzeugkasten *m* boîte *f* à outils
Wermut (-(e)s) *m* (*Wein*) vermouth *m*
wert *adj* (*geschätzt*) cher (chère) ; **~e Anwesende** Mesdames et Messieurs ; **das ist es/er mir ~** je trouve que ça/qu'il en vaut la peine • **Wert** (-(e)s, -e) *m* valeur *f* ; **~ legen auf** +*Akk* tenir à ; **es hat doch keinen ~** ça ne sert à rien
werten *vt* (*beurteilen*) juger
Wertgegenstand *m* objet *m* de valeur
wertlos *adj* sans valeur ; (*Information*) inutile
wertvoll *adj* précieux(-euse)

Wesen (-s, -) *nt* (*Geschöpf*) être *m* ; (*Natur, Charakter*) nature *f*
wesentlich *adj* (*ausschlaggebend*) essentiel(le) ; (*beträchtlich*) considérable
weshalb *adv* pourquoi
Wespe *f* guêpe *f*
wessen *pron* (*Gen*) de qu , dont
Wessi *m abk voir article*

Wessi est un terme fam lier et souvent irrespectueux désignant un Allemand de l'ancienne BRD.

Weste *f* gilet *m*
Westen (-s) *m* ouest *m*
westlich *adj* occidental(e) ▸ *präp* +*Gen* à l'ouest de
weswegen *adv* pourquoi
wett *adj* : **mit jdm ~ sein** être quitte envers qn • **Wettbewerb** *m* concours *m*
Wette *f* pari *m*
wetten *vt, vi* parier
Wetter (-s, -) *nt* temps *m* (qu'il fait) • **Wetterbericht** *m* bulletin *m* de la météo • **Wetterdienst** *m* service *m* météorologique • **wetterfühlig** *adj* sensible aux changements de temps • **Wetterlage** *f* situation *f* météorologique
Wettervorhersage *f* prévisions *fpl* météorologiques
Wettkampf *m* compétition *f*
Wettlauf *m* course *f*
wett|machen *vt* réparer, compenser
Wettstreit *m* compétition *f*
wetzen *vt* (*Messer*) aiguiser
WG *abk* = **Wohngemeinschaft**

W

Whisky (-s, -s) m whisky m
wichtig adj important(e)
• **Wichtigkeit** f importance f
wickeln vt enrouler ; (Baby) langer
Widder (-s, -) m bélier m ; (Astr)
Bélier m
wider präp +Akk contre
widerfahren (irr) vi insép : jdm ~
advenir à qn
widerlegen vt insép réfuter
widerlich adj repoussant(e)
widerrechtlich adj illégal(e)
Widerrede f contradiction f
Widerruf m: **bis auf ~** jusqu'à
nouvel ordre
widerrufen (irr) vt insép (Aussage,
Geständnis) retirer ; (Befehl,
Anordnung) annuler
widersetzen vr insép : **sich einem
Befehl ~** s'opposer à un ordre
widerspenstig adj
récalcitrant(e), rebelle
• **Widerspenstigkeit** f caractère
m rebelle od récalcitrant
wider|spiegeln vt refléter
widersprechen (irr) vi insép :
jdm/einer Sache ~ contredire
qn/qch
Widerspruch m contradiction f
Widerstand m résistance f
Widerstandsbewegung f
mouvement m de résistance
widerstandslos adj sans
résistance
widerstehen (irr) vi insép : jdm/
einer Versuchung ~ résister à
qn/une tentation
widerwärtig adj épouvantable
Widerwille m dégoût m
widerwillig adj, adv à
contrecœur

Widget nt (Inform) widget m
widmen vt (Buch) dédier ; (Zeit)
consacrer ▶ vr se consacrer
Widmung f dédicace f
widrig adj (Umstände) adverse

---

wie

▶ adv **1** (in Fragen) comment ;
~ schreibt man das? comment
ça s'écrit ? ; **~ groß?** de quelle
grandeur od taille ? ; **~ groß ist
er?** combien mesure-t-il ? ;
~ schnell? à quelle vitesse ? ;
~ heißt du? comment
t'appelles-tu ? ; **~ nennt man
das?** comment ça s'appelle ? ;
~ ist er? comment est-il ? ;
~ spät ist es? quelle heure
est-il ? ; **~ viel** combien de ;
~ viel Personen? combien de
personnes ? ; **~ viel kostet das?**
combien ça coute ? ; **~ viel Uhr
ist es?** quelle heure est-il ? ;
~ bitte? comment ?
2 (in Ausrufen) : **~ gut du das
kannst!** tu le fais vraiment
bien ! ; **~ schrecklich!** c'est
affreux ! ; **~ schön das ist!**
comme od que c'est beau ! ;
~ schön sie ist! comme elle od
qu'elle est belle ! ; **und ~!** et
comment !
3 (relativ) : **die Art, ~ sie das
macht** la manière dont elle s'y
prend
▶ konj **1** (bei Vergleichen) : **so
schön ~ …** aussi beau (belle)
que … ; **~ du** comme toi ; **~ ich
schon sagte** comme je l'ai dit, je
disais donc ; **ganz ~ Sie
wünschen, mein Herr!** comme
vous voudrez, Monsieur ! ;
~ (zum Beispiel) comme

(par exemple) ; **~ immer** comme toujours
2 (zeitlich) : **~ er das hörte, ging er** en entendant cela, il est parti
3 (Art und Weise) : **sie sagte mir, ~ man das macht** elle m'a dit comment le faire

wieder adv de od à nouveau ;
  ~ ein(e) encore un(e)
  • **Wiederaufbau** m reconstruction f
  • **Wiederaufbereitungsanlage** f usine f de retraitement
  • **wiederbeschreibbar** adj (CD, DVD) réinscriptible
  • **wieder|erkennen** (irr) vt reconnaître
Wiedergabe f (Bericht) compte rendu m ; (Reproduktion) reproduction f
wieder|geben (irr) vt rendre ; (Gefühle) exprimer
Wiedergutmachung f (Geldbetrag) indemnité f
wiederher|stellen vt (Mensch) guérir ; (Ordnung) rétablir ; (Frieden, Ruhe) ramener ; (Inform) restaurer ; **sobald er** od **seine Gesundheit wiederhergestellt ist** dès qu'il sera rétabli
Wiederherstellung f restauration f ; (von Frieden, Beziehung) rétablissement m
wiederholen vt insép répéter
wiederholt adj répété(e)
Wiederholung f répétition f
Wiederhören nt: **auf ~** au revoir
Wiederkehr f retour m
wieder|sehen (irr) vt revoir
Wiedersehen nt retrouvailles fpl ; **auf ~!** au revoir !

wiederum adv de od à nouveau ; (andererseits) par contre
Wiedervereinigung f (Pol) réunification f
Wiederwahl f réélection f
Wiege f berceau m
wiegen (irr) vt, vi peser
wiehern vi (Pferd) hennir
Wien (-s) nt Vienne
wies etc vb siehe **weisen**
Wiese f pré m
Wiesel (-s, -) nt belette f
wieso adv pourquoi
wievielte(r, s) adj: **zum ~n Mal?** pour la combientième fois ? ; **den W~n haben wir heute?** le combien sommes-nous ? ; **an ~r Stelle?** combientième ?
wieweit adv jusqu'où
Wi-Fi nt wifi m, wi-fi m
wild adj sauvage ; (Volk) primitif(-ive) ; (wütend) furieux(-euse)
Wild (-(e)s) nt gibier m
wildern vi braconner
wildfremd adj complètement inconnu(e)
Wildleder nt daim m
Wildnis f région f sauvage
Wildschwein nt sanglier m
Wille (-ns, -n) m volonté f
willen präp +Gen: **um ... ~** pour l'amour de ...
willenlos adj sans volonté
willig adj de bonne volonté
willkommen adj bienvenu(e) ; (herzlich) **~!** bienvenue !
  • **Willkommen** (-s, -) nt bienvenue f
willkürlich adj arbitraire

w

wimmeln vi: ~ **von** fourmiller de

wimmern vi geindre

Wimper (-, -n) f cil m

Wimperntusche f mascara m

Wind (-(e)s, -e) m vent m
• **Windbeutel** m ≈ chou m à la crème

Winde f (Tech) treuil m ; (Bot) volubilis m, liseron m

Windel f couche f (de bébé)

winden¹ vi unpers: **es windet** il vente

winden² (irr) vt (Kranz) tresser ▶ vr (Weg) serpenter ; (Pflanze) s'enrouler ; (Person) se tordre

Windenergie f énergie f éolienne

Windfarm (-, -en) f parc m éolien

Windhund m lévrier m ; (Mensch) écervelé m

windig adj de vent ; (fam: Bursche) louche

Windkraftanlage f centrale f éolienne

Windmühle f moulin m à vent

Windpark m parc m d'aérogénérateurs

Windpocken pl varicelle f sg

Windschutzscheibe f pare-brise m inv

Windstille f calme m plat

Windstoß m coup m de vent

Wink (-(e)s, -e) m (mit Kopf) signe m (de la tête) ; (mit Hand) signe m (de la main) ; (fig) conseil m

Winkel (-s, -) m (Ecke) coin m ; (Math) angle m ; (Gerät) équerre f

winken vi faire signe (de la main) ; (fig: Gelegenheit) être en vue

winseln vi geindre

Winter (-s, -) m hiver m
• **winterlich** adj hivernal(e)

• **Winterschlaf** m hibernation f

• **Winterschlussverkauf** m soldes mpl de printemps

• **Wintersport** m sport m d'hiver

Winzer (-s, -) m vigneron m

winzig adj minuscule

wir pron nous ; ~ **alle** nous tous

Wirbel (-s, -) m (Anat) vertèbre f ; (in Wasser, Trubel) tourbillon m ; (Aufsehen) remous mpl

wirbeln vi tourbillonner

Wirbelsäule f colonne f vertébrale

wirken vi (tätig sein) agir ; (erfolgreich sein, Wirkung haben) être efficace, agir ; (erscheinen) avoir l'air

wirklich adj vrai(e)
• **Wirklichkeit** f réalité f

wirksam adj efficace ; ~ **werden** (gelten) entrer en vigueur
• **Wirksamkeit** f efficacité f

Wirkung f effet m

wirkungslos adj inefficace

wirkungsvoll adj efficace

wirr adj (Haar) emmêlé(e) ; (unklar) confus(e)

Wirren pl troubles mpl

Wirrwarr (-s) m confusion f

Wirsing (-s), **Wirsingkohl** m chou m frisé

Wirt(in) (-(e)s, -e) m(f) (von Gaststätte) patron(ne)

Wirtschaft f (Gaststätte) café m ; (Écon) économie f
• **wirtschaftlich** adj économique
• **Wirtschaftlichkeit** f rentabilité f

Wirtschaftskrise f crise f économique

Wirtschaftspolitik f politique f économique

Wirtshaus nt auberge f

wischen vt (Boden) laver ; (Staub) essuyer ; (Augen) s'essuyer

Wischer (-s, -) m (Aut) essuie-glace m inv

wissbegierig adj curieux(-euse)

wissen (irr) vt savoir ; **man kann nie ~** on ne sait jamais • **Wissen** (-s) nt savoir m

Wissenschaft f science f

Wissenschaftler(in) (-s, -) m(f) scientifique mf

wissenschaftlich adj scientifique

wissenswert adj digne d'intérêt

wissentlich adj voulu(e) ▶ adv en toute connaissance de cause

wittern vt (Spur, Gefahr) flairer

Witterung f (Wetterlage) temps m

Witwe f veuve f

Witz (-es, -e) m histoire f (drôle) • **Witzbold** (-(e)s, -e) m plaisantin m

witzeln vi plaisanter

witzig adj drôle

W-LAN m abk (Inform) (= Wireless Local Area Network) wifi m

wo adv où ; (fam: irgendwo) quelque part

woanders adv ailleurs

wob etc vb siehe **weben**

wobei adv (relativ) à l'occasion de quoi

Woche f semaine f

Wochenende nt week-end m

wochenlang adj qui dure des semaines ▶ adv pendant plusieurs semaines

Wochentag m jour m de la semaine

wöchentlich adj hebdomadaire

Wodka (-s, -s) m vodka f

wodurch adv (relativ) grâce à od à cause de quoi ; (interrogativ) comment

wofür adv (relativ) pour lequel(laquelle) ; (interrogativ) pour quoi

wog etc vb siehe **wiegen**

woher adv d'où

wohin adv où

wohl

adv 1 : **bei dem Gedanken ist mir nicht ~** rien que d'y penser, ça me rend malade ; **~ oder übel** bon gré mal gré ; **~ gemeint = wohlgemeint**; **sich ~ fühlen** siehe **wohlfühlen** 2 (gründlich): **etw ~ überlegen** bien réfléchir à qch ; **ich habe es mir ~ überlegt** c'est tout réfléchi 3 (wahrscheinlich) probablement ; (gewiss) sûrement ; (vielleicht) sans doute ; (etwa) à peu près ; (durchaus) bien, tout à fait ; **sie ist ~ zu Hause** elle est sans doute chez elle ; **das ist doch ~ ein Witz** od **nicht dein Ernst!** tu plaisantes ! ; **das mag ~ sein** c'est possible ; **ob das ~ stimmt?** je me demande si c'est vrai ; **er weiß das ~** il le sait sans doute

Wohl (-(e)s) nt: **das ~ seiner Kinder** le bien-être de ses enfants ; **zum ~!** à la tienne od vôtre !

wohlbehalten adj sain(e) et sauf (sauve) ; (Gegenstand) intact(e)

Wohlfahrt f (Fürsorge) aide f sociale

Wohlfahrtsstaat m État-providence m

wohlfühlen vr se sentir bien

wohlgemeint adj bien intentionné(e)

wohlig adj agréable

Wohlstand m aisance f

Wohltat f bienfait m

Wohltäter(in) m(f) bienfaiteur(-trice)

wohlweislich adv sciemment

Wohlwollen nt bienveillance f

wohlwollend adj bienveillant(e)

wohnen vi habiter

Wohngebiet nt zone f d'habitation

Wohngemeinschaft f communauté f ; colocation f

wohnhaft adj domicilié(e)

Wohnheim nt foyer m

wohnlich adj confortable

Wohnmobil nt camping-car m

Wohnort m domicile m

Wohnsitz m domicile m

Wohnung f appartement m ; (Unterkunft) logis m

Wohnungsnot f crise f du logement

Wohnwagen m caravane f

Wohnzimmer nt (salle f de) séjour m, living m

Wok (-, -s) m wok m

wölben vr (Brücke) être voûté(e)

Wölbung f voûte f

Wolf (-(e)s, ⁼e) m loup m

Wölfin f louve f

Wolke f nuage m

Wolkenkratzer m gratte-ciel m inv

wolkig adj nuageux(-euse)

Wolle f laine f

---

wollen¹

(pt **wollte**, pp **gewollt** od (als Hilfsverb) **wollen**)
▶ vt, vi vouloir ; **ich will nach Hause** je veux rentrer à la maison ; **er will nicht** il ne veut pas ; **etw lieber ~** préférer qch ; **wenn du willst** si tu veux ; **ganz wie du willst!** comme tu voudras! ; **das hab ich nicht gewollt** ce n'était pas mon intention ; **ich weiß nicht, was er will** je ne sais od comprends pas ce qu'il veut
▶ Hilfsverb 1 (Absicht haben): **wolltest du gehen/etw sagen?** tu voulais partir/dire qch? ; **ich wollte gerade bei dir anrufen** j'allais justement te téléphoner
2 (müssen): **so ein Schritt will gut überlegt sein** il faut réfléchir soigneusement avant de prendre une décision pareille
3 (sollen): **das will nichts heißen** ça ne veut rien dire
4 (in Wunsch): **ich wollte, ich wäre ...** j'aimerais être ...

---

wollen² adj en laine

wollüstig adj (sinnlich) voluptueux(-euse)

womit adv (relativ) avec quoi, avec lequel (laquelle) ; (interrogativ) avec quoi

womöglich adv peut-être

wonach *adv* (*relativ: demzufolge*) selon lequel(laquelle)

Wonne *f* délice *m*

woran *adv* (*relativ*) auquel(à laquelle) ; (*interrogativ*) à quoi

worauf *adv* (*relativ*) sur lequel(laquelle) ; (*interrogativ*) sur quoi

woraus *adv* (*relativ*) duquel(de laquelle) ; (*interrogativ*) de quoi

worin *adv* en quoi

Workshop (*-s, -s*) *m* atelier *m*, workshop *m*

Wort (*-(e)s, -er od -e*) *nt* mot *m* ; **~ halten** tenir parole ; **mit anderen ~en** autrement dit

Wörterbuch *nt* dictionnaire *m*

Wortlaut *m* teneur *f* ; **im ~** textuellement

wörtlich *adj* (*Übersetzung*) mot à mot, littéral(e)

wortlos *adj* muet(te)

wortreich *adj* verbeux(-euse)

Wortschatz *m* vocabulaire *m*

Wortspiel *nt* jeu *m* de mots

worüber *adv* (*relativ*) sur lequel(laquelle) ; (*interrogativ*) sur quoi

worum *adv* (*relativ*) autour duquel(de laquelle) ; (*interrogativ*) autour de quoi

wovon *adv* (*relativ*) dont ; (*interrogativ*) de quoi

wovor *adv* (*relativ*) devant lequel(laquelle) ; (*interrogativ*) devant quoi

wozu *adv* (*relativ*) pour lequel(laquelle) ; (*interrogativ*) pourquoi

Wrack (*-(e)s, -s*) *nt* épave *f*

Wucher (*-s*) *m* usure *f*

wuchern *vi* (*Pflanzen*) proliférer

wuchs *etc vb siehe* **wachsen**

Wucht (*-*) *f* force *f*

wühlen *vi* (*Tier*) fouir ; **in etw ~** fouiller dans qch

wund *adj* (*Haut*) écorché(e)

Wunde *f* blessure *f*

Wunder (*-s, -*) *nt* miracle *m*
• **wunderbar** *adj* miraculeux(-euse) ; (*herrlich*) merveilleux(-euse)
• **Wunderkind** *nt* enfant *m* prodige • **wunderlich** *adj* bizarre

wundern *vr*: **sich ~ über** +Akk s'étonner de ▸ *vt* étonner

wunderschön *adj* merveilleux(-euse)

wundervoll *adj* merveilleux(-euse)

Wundstarrkrampf *m* tétanos *m*

Wunsch (*-(e)s, -e*) *m* souhait *m* ; **herzliche** *od* **alle guten Wünsche zum Geburtstag!** meilleurs vœux pour ton anniversaire !

wünschen *vt* souhaiter ; **sich** *Dat* **etw ~** désirer (avoir) qch

wünschenswert *adj* souhaitable

wurde *etc vb siehe* **werden**

Würde *f* dignité *f*

würdig *adj* digne ; **jds/einer Sache ~ sein** être digne de qn/qch

würdigen *vt* reconnaître ; **jdn keines Blickes ~** ne pas daigner regarder qn

Wurf (*-s, -e*) *m* lancement *m*, jet *m*

Würfel (*-s, -*) *m* dé *m* ; (*Math*) cube *m*

würfeln *vi* jeter les dés

W

Würfelspiel nt jeu m de dés

Würfelzucker m sucre m en morceaux

würgen vt étrangler ▶ vi: **~ an** +Dat avoir du mal à avaler

Wurm (-(e)s, ⸚er) m ver m

wurmig adj véreux(-euse)

wurmstichig adj vermoulu(e)

Wurst (-, ⸚e) f saucisse f

Würstchen nt saucisse f

Würze f épice f

Wurzel (-, -n) f racine f

würzen vt épicer ; (fig) donner du piquant à

würzig adj épicé(e)

wusch etc vb siehe **waschen**

wusste etc vb siehe **wissen**

wüst adj (roh: Kerl) rustre ; (ausschweifend) déchaîné(e) ; (öde) désert(e) ; (fam: heftig) terrible

Wüste f désert m

Wut (-) f colère f, fureur f ; **eine ~ auf jdn/etw haben** être en colère contre qn/qch ; **seine ~ an jdn/ etw auslassen** passer sa colère sur qn/qch • **Wutanfall** m accès m de colère

wüten vi (Wind) souffler en tempête

wütend adj furieux(-euse)

WWW nt abk (= World Wide Web): **das ~** le Web

X-Beine pl jambes fpl cagneuses

x-beliebig adj n'importe quel(le)

x-mal adv n fois

Xylofon, Xylophon (-s, -e) nt xylophone m

y z

Yoga (-(s)) *m od nt* yoga *m*
Ypsilon (-(s), -s) *nt* i *m* grec

Zacke *f* pointe *f*; (*Bergzacke*: von Gabel, Kamm) dent *f*
zaghaft *adj* hésitant(e)
zäh *adj* (*Fleisch*) coriace; (*Flüssigkeit*) visqueux(-euse); (*Mensch*) résistant(e); (*schleppend*) pénible
Zahl (-, *-en*) *f* nombre *m*
zahlbar *adj* payable
zahlen *vt, vi* payer; **~ bitte!** l'addition, s'il vous plaît!
zählen *vi, vt* compter; **~ zu** compter parmi; **auf jdn/etw ~** compter sur qn/qch
Zähler (-s, -) *m* (*Tech*) compteur *m*
zahlreich *adj* nombreux(-euse)
Zahlung *f* paiement *m*
zahm *adj* (*Tier*) apprivoisé(e); (*brav*) sage
zähmen *vt* apprivoiser, dompter
Zahn (-(e)s, ⸚e) *m* dent *f*
• **Zahnarzt** *m*, **Zahnärztin** *f* dentiste • **Zahnbürste** *f* brosse *f* à dents
Zahnersatz *m* prothèse *f* dentaire

z

Zahnfleisch nt gencive(s) f(pl)

Zahnpasta f dentifrice m

Zahnrad nt roue f dentée

Zahnradbahn f chemin m de fer à crémaillère

Zahnschmerzen pl maux mpl de dents

Zahnseide f fil m dentaire

Zahnspange f appareil m (pour redresser les dents)

Zahnstocher (-s, -) m cure-dents m

Zange f pince f; (Beißzange) tenailles fpl; (Geburtszange) forceps m

zanken vi se disputer ▸ vr: **sich mit jdm ~** se disputer avec qn

Zäpfchen nt (Anat) luette f; (Méd) suppositoire m

zapfen vt tirer

Zapfen (-s, -) m (Tannenzapfen) pomme f de pin; (Eiszapfen) glaçon m

Zapfenstreich m (Mil) retraite f

zappeln vi frétiller

zappen vi (TV) zapper

Zar(in) (-s, -en) m(f) tsar(ine)

zart adj (Haut, Töne) doux(douce); (Farben) délicat(e); (Berührung) léger(-ère); (Braten) tendre

zärtlich adj tendre • **Zärtlichkeit** f tendresse f; **Zärtlichkeiten** pl (Worte) mots mpl tendres

Zauber (-s, -) m (Magie) magie f; (fig) charme m; **fauler ~** (fam) attrape-nigaud m

Zauberer (-s, -) m, **Zauberin** f magicien(ne)

zauberhaft adj merveilleux(-euse)

Zauberkünstler m prestidigitateur m

zaubern vi faire des tours de passe-passe

zaudern vi hésiter

Zaum (-(e)s, Zäume) m bride f; **etw im ~ halten** maîtriser qch

Zaun (-(e)s, Zäune) m clôture f • **Zaunkönig** m roitelet m

z. B. abk (= zum Beispiel) par ex.

Zebra (-s, -s) nt zèbre m • **Zebrastreifen** m passage m pour piétons

Zeche f addition f; (Bergbau) mine f

Zecke f tique f

Zeh (-s, -en) m, **Zehe** f orteil m, doigt m de pied; (Knoblauchzehe) gousse f

zehn num dix

Zehnerkarte f ≈ carnet m de dix tickets

Zehnkampf m décathlon m

zehnte(r, s) adj dixième

Zehntel (-s, -) nt dixième m

Zeichen (-s, -) nt signe m; (Schild) écriteau m • **Zeichensatz** m (Inform) jeu m de caractères • **Zeichentrickfilm** m dessin m animé

zeichnen vi dessiner ▸ vt dessiner; (kennzeichnen) marquer; (unterzeichnen) signer

Zeichner(in) (-s, -) m(f) dessinateur(-trice); **technische(r) ~(in)** dessinateur(-trice) industriel(le)

Zeichnung f dessin m

Zeigefinger m index m

zeigen vt montrer ▸ vi: **~ auf** +Akk indiquer ▸ vr se montrer; **das wird sich ~** on verra

Zeiger (-s, -) m aiguille f

Zeile f ligne f

Zeit (-, -en) f temps m ; (Uhrzeit) heure f ; (Augenblick) moment m ; **sich** Dat ~ **lassen** prendre son temps ; siehe auch **zurzeit**
• **Zeitalter** nt ère f • **Zeitarbeit** f travail m temporaire • **Zeitgeist** m esprit m (d'une od de l'époque)
• **zeitgemäß** adj moderne
• **Zeitgenosse** m contemporain(e) m/f

zeitig adv tôt

zeitlebens adv toute ma/sa etc vie

zeitlich adj (Reihenfolge) chronologique

Zeitlupe f ralenti m

zeitnah adj rapide ▸ adv rapidement

Zeitpunkt m moment m

Zeitraffer (-s) m accéléré m

Zeitraum m période f

Zeitrechnung f : **vor/nach unserer** ~ avant/après J.-C

Zeitschrift f revue f

Zeitung f journal m

Zeitverschwendung f perte f de temps

Zeitvertreib m passe-temps m inv

zeitweilig adj temporaire

zeitweise adv de temps en temps

Zeitwort nt verbe m

Zeitzone f fuseau m horaire

Zeitzünder m détonateur m à retardement

Zelle f cellule f ; (Telefonzelle) cabine f

Zellstoff m cellulose f

Zelt (-(e)s, -e) nt tente f • **zelten** vi camper

Zement m ciment m

zensieren vt censurer ; (Scol) marquer

Zensur f censure f ; (Scol) note f

Zentimeter m od nt centimètre m

Zentner (-s, -) m 50 kilos

zentral adj central(e)

Zentrale f (von Bank, Partei, Konzern) siège m ; (Tél) central m

Zentraleinheit f unité f centrale

Zentralheizung f chauffage m central

Zentralverriegelung f (Aut) verrouillage m central (des portières)

Zentrifuge f essoreuse f

Zentrum (-s, Zentren) nt centre m

zerbrechen (irr) vt casser ▸ vi se casser

zerbrechlich adj fragile

zerdrücken vt écraser

Zeremonie f cérémonie f

Zerfall m (von Kultur) déclin m ; (von Gesundheit) détérioration f
• **zerfallen** (irr) vi (Gebäude etc) tomber en ruine

zerkleinern vt réduire en morceaux

zerlegen vt démonter ; (Fleisch, Geflügel etc) découper ; (Satz) analyser

zermürben vt (Mensch) anéantir

zerquetschen vt écraser

zerreißen (irr) vt déchirer ▸ vi (Seil) casser

zerren vt traîner ▸ vi : ~ **an** +Dat tirer sur

zerrissen adj déchiré(e)

Zerrung f claquage m

zerrüttet adj (Ehe) brisé(e) ; (Gesundheit) miné(e)

z

zerschlagen (irr) vt casser ; (mit Gewalt) fracasser ▶ vr (Pläne etc) échouer ▶ adj : **sich ~ fühlen** être épuisé(e)

zersetzen vt (Metall etc) attaquer ▶ vr se décomposer

zerstören vt détruire

Zerstörung f destruction f

zerstreuen vt disperser ▶ vr se disperser ; (sich unterhalten) se distraire

zerstreut adj (Mensch) distrait(e)

zertreten (irr) vt écraser

zertrümmern vt fracasser

Zerwürfnis nt brouille f

Zettel (-s, -) m billet m

Zeug (-(e)s, -e) (fam) nt affaires fpl ; **dummes ~** bêtises fpl

Zeuge (-n, -n) m, **Zeugin** f témoin m

zeugen vt (Kind) procréer ▶ vi témoigner

Zeugenaussage f témoignage n

Zeugenstand m barre f (des témoins)

Zeugin f siehe **Zeuge**

Zeugnis nt certificat m ; (Scol) bulletin m (scolaire) ; (Referenz, Arbeitszeugnis) références fpl

z. H., z. Hd. abk (= zu Händen) à l'attention de

Ziege f chèvre f

Ziegel (-s, -) m brique f ; (Dachziegel) tuile f

ziehen (irr) vt tirer ▶ vi tirer ; (umziehen) déménager ; (wandern) aller ; (Wolke) passer ▶ vi unpers : **es zieht** il y a un courant d'air ; **Gesichter ~** faire des grimaces ; **zu jdm ~** aller habiter avec qn

Ziehharmonika f accordéon m

Ziehung f (Losziehung) tirage m (au sort)

Ziel (-(e)s, -e) nt but m

zielen vi : **~ auf** +Akk viser

Zielgruppe f groupe m cible

ziellos adj sans but

Zielscheibe f cible f

zielstrebig adj qui a de la suite dans les idées

ziemlich adj considérable ▶ adv plutôt ; **~ lange** assez longtemps

zieren vr faire des façons

zierlich adj gracile • **Zierlichkeit** f gracilité f

Ziffer (-, -n) f chiffre m • **Zifferblatt** nt cadran m

zig (fam) adj je ne sais combien de

Zigarette f cigarette f

Zigarettenautomat m distributeur m de cigarettes

Zigarettenschachtel f paquet m de cigarettes

Zigarillo (-s, -s) nt od m cigarillo m

Zigarre f cigare m

Zigeuner(in) (-s, -) m(f) gitan(e)

Zimbabwe (-s) nt le Zimbabwe

Zimmer (-s, -) nt chambre f ; **„~ frei"** « chambres à louer » • **Zimmermädchen** nt femme f de chambre • **Zimmermann** (pl -leute) m charpentier m

Zimmervermittlung f service m du logement

zimperlich adj douillet(te)

Zimt (-(e)s, -e) m cannelle f • **Zimtstange** f bâton m de cannelle

Zink (-(e)s) nt zinc m

Zinke f dent f

Zinn (-(e)s) nt étain m

Zins *(-es, -en)* m intérêt m

Zinsfuß m taux m d'intérêt

zinslos *adj* sans intérêts

Zinssatz m taux m d'intérêt

Zionismus m sionisme m

Zipfel *(-s, -)* m bout m
  • **Zipfelmütze** f bonnet m

zirka *adv* environ

Zirkel *(-s, -)* m *(von Personen)* cercle m ; *(Gerät)* compas m

Zirkus *(-, -se)* m cirque m

zischen *vi* siffler

Zitat nt citation f

zitieren *vt* citer ; *(vorladen, rufen)*: **~ vor** +Akk convoquer devant

Zitronat nt écorce f de citron confite

Zitrone f citron m

Zitronenlimonade f limonade f

Zitronensaft m jus m de citron

zittern *vi* trembler

zivil *adj* civil(e) ; *(gemäßigt)* honnête • **Zivil** *(-s)* nt: **~ tragen** s'habiller od se mettre en civil
  • **Zivilbevölkerung** f population f civile • **Zivilcourage** f : **~ haben** avoir le courage de ses opinions

Zivildienst m service m civil

Zivilisation f civilisation f

Zivilist m civil m

Zocker(in) *(-s, -)* m(f) *(fam)* grand(e) joueur(-euse)

Zoff *(-s)* m *(fam)* pétard m ; **dann gibt's ~** ça va chauffer

zog *etc vb siehe* **ziehen**

zögern *vi* hésiter

Zoll¹ *(-(e)s, ²e)* m *(Behörde)* douane f ; *(Abgabe)* (droit m de) douane

Zoll² *(-(e)s, -)* m *(Maß)* pouce m *(mesure)*

Zollabfertigung f formalités fpl de douane

Zollbeamte(r) m douanier m

Zollerklärung f déclaration f en douane

zollfrei *adj* exempté(e) od franc(franche) de douane

zollpflichtig *adj* soum s(e) à des droits de douane

Zone f zone f

Zoo *(-s, -s)* m zoo m

Zoologie f zoologie f

Zoom *(-s, -s)* nt zoom m

Zopf *(-(e)s, ²e)* m *(Haarzopf)* tresse f, natte f ; **ein alter ~** *(péj)* une coutume dépassée

Zorn *(-(e)s)* m colère f

zornig *adj* en colère

Zote f plaisanterie f grossière

---

zu

▶ *präp* +Dat **1** *(örtlich)*: **zum Bahnhof/Arzt gehen** aller à la gare/chez le médecin ; **zur Schule/Kirche gehen** aller à l'école/l'église ; **sollen wir zu euch gehen?** on va chez vous ? ; **zum Gebirge hin** vers la montagne ; **zu meiner Linken** à ma gauche ; **bis zu** jusqu'à ; **darf ich mich zu Ihnen setzen?** je peux m'asseoir à côté de od avec vous ?

2 *(zeitlich)*: **zu Ostern** à Pâques ; **bis zum 1. Mai** jusqu'au 1er mai ; *(nicht später als)* d'ici au 1er mai ; **zu meiner Zeit** de mon temps

3 *(Zusatz)*: **zu Fisch trinkt man Weißwein** avec le poisson, on boit du vin blanc ; **zu dem kommt noch, dass ...** à cela s'ajoute que ...

z

4 (*Zweck*) pour ; **Wasser zum Waschen** de l'eau pour se laver ; **das ist doch nur zu seinem Besten** c'est pour son bien
5 (*als*) ; **jdn zum Vorbild haben** prendre qn pour modèle, prendre exemple sur qn ; **jdn zum Vorsitzenden wählen** élire qn président
6 (*Anlass*) **ein Geschenk zum Geburtstag** un cadeau d'anniversaire ; **herzlichen Glückwunsch zum Geburtstag!** bon anniversaire ! ; **jdm zu etw gratulieren** présenter ses meilleurs vœux à qn à l'occasion de qch
7 (*Veränderung*) : **zu etw werden** devenir qch ; **jdn zu etw machen** faire qch de qn
8 (*mit Zahlen*) : **3 zu 2** (*Sport*) 3 à 2 ; **das Stück zu 2 Euro** 2 euros pièce ; **zum ersten/dritten Mal** pour la première/troisième fois
9 : **zu meiner Freude** à ma grande joie ; **zum Glück** heureusement ; **zu Fuß** à pied ; **es ist zum Weinen** c'est triste à pleurer ; **zum Scherz** pour rire ; **zum Beispiel** par exemple
▶ *konj* pour ; **ohne es zu wissen** sans le savoir
▶ *adv* **1** (*allzu*) trop ; **zu klein/dick** trop petit(e)/gros(se) ; **zu sehr** trop ; **zu viel** trop (de) ; **viel zu viel** beaucoup trop ; **zu wenig** trop peu (de)
2 (*örtlich*) vers ; **er kam auf mich zu** il est venu vers moi
3 (*geschlossen*) : **zu sein** être fermé(e) ; **„auf/zu"** (*Wasserhahn*) « ouvert/fermé » ; **(mach die) Tür zu!** ferme la porte !

zuallererst *adv* avant tout
zuallerletzt *adv* en tout dernier
Zubehör (-(*e*)*s*, -*e*) *nt* équipement *m*
zu|bekommen (*irr*) (*fam*) *vt* arriver à fermer
zu|bereiten *vt* préparer
zu|binden (*irr*) *vt* (*Schuh*) lacer ; (*Sack*) fermer
zu|bleiben (*irr*) (*fam*) *vi* rester fermé(e)
Zubringer (-*s*, -) *m* (*Straße*) (route *f* d')accès *m*
Zucchini *pl* courgettes *fpl*
Zucht (-, -*en*) *f* (*von Tieren*) élevage *m* ; (*von Pflanzen*) culture *f* ; (*Disziplin*) discipline *f*
züchten *vt* (*Tiere*) élever ; (*Pflanzen*) cultiver
Zuchthaus *nt* pénitencier *m*
züchtig *adj* (*Mensch, Benehmen*) bien élevé(e)
zucken *vi* (*Körperteil*) tressaillir
▶ *vt* : **die Achseln** *od* **Schultern ~** hausser les épaules
zücken *vt* (*Schwert*) brandir ; (*Geldbeutel, Kamera*) sortir
Zucker (-*s*, -) *m* sucre *m* ; (*Zuckerkrankheit*) diabète *m*
- **Zuckerdose** *f* sucrier *m*
- **Zuckerguss** *m* glaçage *m*
- **zuckerkrank** *adj* diabétique
zuckern *vt* sucrer
Zuckerrohr *nt* canne *f* à sucre
Zuckerrübe *f* betterave *f* sucrière
Zuckerwatte *f* barbe *f* à papa
Zuckung *f* contraction *f*
zu|decken *vt* couvrir
zudem *adv* de plus
zu|drehen *vt* fermer
zudringlich *adj* pressant(e)

zu|drücken vt fermer (en poussant); **ein Auge ~** fermer les yeux

zueinander adv l'un(e) avec l'autre

zueinander|passen vi: **sie passen zueinander** ils vont bien ensemble

zuerst adv d'abord; (als Erste(r)) le(la) premier(-ère)

Zufahrt f accès m

Zufahrtsstraße f (route f d')accès m; (von Autobahn etc) bretelle f

Zufall m hasard m

zufällig adj fortuit(e) ▶ adv par hasard

Zuflucht f refuge m

zufolge präp +Dat selon

zufrieden adj satisfait(e); (Mensch auch) content(e)

zufrieden|geben (irr) vr se déclarer od être satisfait(e)

Zufriedenheit f satisfaction f

zu|fügen vt (dazutun) ajouter

Zug (-(e)s, ²e) m train m; (Luftzug) courant m d'air; (Gesichtszug, Schriftzug, Charakterzug) trait m; (Échecs etc) coup m; **einen ~ an einer Zigarette machen** tirer sur une cigarette

Zugabe f (Vorgang) ajout m; (in Konzert etc) bis m

Zugang m accès m

zugänglich adj accessible

Zugbrücke f pont m ferroviaire

zu|geben (irr) vt admettre

zu|gehen (irr) vi (fam: schließen) fermer ▶ vi impers: **es geht dort seltsam zu** il s'y passe des choses étranges; **auf jdn/etw ~** se diriger vers qn/qch

Zugehörigkeit f: **~ zu** appartenance f à

zugeknöpft (fam) adj ²ermé(e)

Zügel (-s, -) m rêne f

zügellos adj débridé(e); (sexuell) débauché(e)

zügeln vt maîtriser

Zugeständnis nt concession f

zu|gestehen (irr) vt accorder

Zugführer m (Rail) chef m de train

zugig adj (Raum) plein(e) de courants d'air

zügig adj rapide

zugleich adv en même temps

Zugluft f courant m d'a r

zu|greifen (irr) vi (schnell nehmen) le(la) saisir; (Angebot, Gelegenheit) sauter dessus; (beim Essen) se servir

Zugriff m (Inform) accès m

Zugriffszeit f (Inform) temps m d'accès

zugrunde, zu Grunde adv: **~ gehen** disparaître; (sterben) périr; **etw einer Sache** Dat **~ legen** fonder qch sur qch; **einer Sache** Dat **~ liegen** être à la base de qch; **~ richten** perdre

zugunsten, zu Gunsten präp +Gen od Dat en faveur de

zugute|halten (irr) vt: **jdm etw ~** retenir qch en faveur de qn

zugute|kommen (irr) vi: **jdm ~** être utile à qn

Zugverbindung f correspondance f

Zugvogel m oiseau m migrateur

Zuhälter (-s, -) m souteneur m

zuhause adv à la maison

Zuhause (-) nt chez-soi m inv

zu|hören vi (+Dat) écouter

Zuhörer(in) m(f) auditeur(-trice)

z

zu|jubeln vi: jdm ~ acclamer qn

zu|kommen (irr) vi: **auf jdn ~** se diriger vers qn ; (Aufgabe, Verantwortung) incomber à qn

Zukunft (-, Zükünfte) f avenir m ; (Ling) futur m

zukünftig adj futur(e)

Zukunftsaussichten pl perspectives fpl d'avenir

Zukunftsmusik (fam) f paroles fpl en l'air

Zulage f (Gehaltszulage) augmentation f

zu|lassen (irr) vt (tolerieren, erlauben) permettre ; (Fahrzeug) délivrer la vignette pour ; (fam: nicht öffnen) laisser fermé(e) ; **jdn zu etw ~** admettre qn à qch

zulässig adj autorisé(e)

zu|legen vt (dazugeben) ajouter ; **sich** Dat **etw ~** acquérir qch ; **Tempo ~** accélérer

zuletzt adv (an letzter Stelle) en dernier ; (zum letzten Mal) la dernière fois ; (schließlich) finalement

zuliebe adv: **jdm ~** pour faire plaisir à qn

zum = **zu dem**

zu|machen vt, vi fermer

zumal konj d'autant plus que

zumindest adv du moins

zumutbar adj acceptable

zumute, zu Mute adv: **mir ist wohl ~** je me sens bien

zu|muten vt: **jdm etw ~** demander qch à qn

Zumutung f demande f exagérée ; **so eine ~!** quel culot !

zunächst adv (am Anfang, zuerst) tout d'abord ; (vorerst) pour l'instant

Zunahme f augmentation f

Zuname m nom m de famille

zünden vi prendre

Zündkerze f (Aut) bougie f

Zündschlüssel m clé f de contact

Zündung f (Aut) allumage m

zu|nehmen (irr) vi augmenter ; (dicker werden) prendre du poids

Zuneigung f affection f

Zunft (-, -̈e) f corporation f

zünftig adj (ordentlich, gehörig) bon (bonne)

Zunge f langue f

Zungenbrecher m phrase très difficile à prononcer

zunichte|machen vt anéantir

zunichte|werden (irr) vi être réduit(e) à néant

zunutze, zu Nutze adv: **sich** Dat **etw ~ machen** tirer profit de qch, se servir de qch

zupfen vt (Fäden) tirer ; (Augenbrauen) s'épiler ; (Gitarre) jouer de

zur = **zu der**

zurechnungsfähig adj sain(e) d'esprit

zurecht|finden (irr) vr s'y retrouver ; (im Leben) se débrouiller

zurecht|kommen (irr) vi (finanziell) arriver à joindre les deux bouts

zurecht|machen vt préparer ▶ vr se préparer

zurecht|weisen (irr) vt remettre à sa place

zu|reden vi +Dat (ermutigen) encourager

zurück adv (nach rückwärts) en arrière ; (im Rückstand) en retard

• **zurück|bekommen** (irr) vt obtenir en retour ; **Sie bekommen noch 50 Cents zurück** je vous dois encore 50 cents • **zurück|bleiben** (irr) vi rester ; (in Entwicklung) avoir du retard • **zurück|bringen** (irr) vt rapporter • **zurück|führen** vt ramener ; **etw auf etw** Akk **~** mettre qch sur le compte de qch • **zurück|geben** (irr) vt rendre ▸ vi (antworten) répliquer • **zurückgeblieben** adj (geistig) arriéré(e) • **zurück|gehen** (irr) vi (an Ort) retourner ; (nachlassen) baisser • **zurückgezogen** adj retiré(e) • **zurück|halten** (irr) vt retenir ▸ vr se retenir ; (im Hintergrund bleiben) se tenir sur la réserve • **zurückhaltend** adj réservé(e) • **zurück|kommen** (irr) vi revenir • **zurück|legen** vt (an Platz) remettre ; (Geld) mettre de côté ; (Karten) réserver ; (Strecke) parcourir • **zurück|nehmen** (irr) vt reprendre ; (Bemerkung) retirer • **zurück|schrecken** vi : **vor nichts ~** n'avoir peur de rien • **zurück|treten** (irr) vi (nach hinten) reculer ; (von Amt) démissionner • **zurück|weisen** (irr) vt (Bewerber) refuser ; (Vorwurf, Behauptung) rejeter • **zurück|zahlen** vt rembourser • **zurück|ziehen** (irr) vt retirer ▸ vr se retirer

zurzeit adv en ce moment

Zusage f accord m ; (von Einladung etc) acceptation f

zu|sagen vt (Hilfe, Job) accorder ▸ vi (bei Einladung, Stelle) accepter ; **jdm ~** (gefallen) plaire à qn

zusammen adv ensemble ; (insgesamt) en tout

• **Zusammenarbeit** f collaboration f • **zusammen|arbeiten** vi collaborer • **zusammen|brechen** (irr) vi s'écrouler ; (Mensch) s'effondrer ; (Verkehr) être immobilisé(e) • **zusammen|bringen** (irr) vt rassembler ; (fam : Gedicht) arriver à sortir ; (: Sätze) arrive à aligner • **Zusammenbruch** m (Nervenzusammenbruch) dépression f (nerveuse) ; (von Firma : Écon, Pol) effondrement m • **zusammen|fahren** (irr) vi (Fahrzeug) entrer en collision ; (zusammenzucken, erschrecken) tressaillir • **zusammen|fassen** vt (vereinigen) réunir • **Zusammenfassung** f résumé m • **zusammengesetzt** adj composé(e) • **zusammen|halten** (irr) vi (Teile) tenir ensemble ; (Menschen) se serrer les coudes • **Zusammenhang** m rapport m • **zusammen|hängen** (irr) vi (Ursachen) être lié(e) • **zusammen|kommen** (irr) vi se réunir ; (Geld) être réuni(e) • **Zusammenkunft** (-, -künfte) f réunion f • **zusammen|leben** vi vivre ensemble • **zusammen|nehmen** (irr) vt rassembler ▸ vr se ressaisir • **zusammen|passen** vi aller (bien) ensemble • **Zusammenschluss** m fusion f • **Zusammensein** (-s) nt réunion f de gens • **zusammen|setzen** vt (Puzzle, Teile) assembler ▸ vr : **sich aus etw ~** être composé(e) de qch • **Zusammensetzung** f composition f • **zusammen|stellen** vt (Rede, Menü) composer ; (Ausstellung)

z

monter • **Zusammenstellung** f (Übersicht) résumé m ; (Vorgang) sélection f • **Zusammenstoß** m collision f • **zusammen|treffen** (irr) vi coïncider ; **mit jdm ~** rencontrer qn • **zusammen|wachsen** (irr) vi se joindre • **zusammen|zählen** vt additionner • **zusammen|zucken** vi tressaillir

Zusatz m appendice m • **Zusatzgerät** m accessoire m

zusätzlich adj supplémentaire

zu|schauen vi regarder

Zuschauer(in) (-s, -) m(f) spectateur(-trice)

Zuschlag m supplément m

zu|schlagen (irr) vt (Tür) claquer ; (Buch) fermer d'un coup sec ► vi (Mensch) frapper

zu|schließen (irr) vt fermer à clé

zu|schneiden (irr) vt couper

zu|schreiben (irr) vt : **jdm etw ~** attribuer qch à qn

Zuschrift f lettre f (de lecteur ou d'auditeur)

zuschulden, zu Schulden adv: **sich Dat etwas ~ kommen lassen** se rendre coupable d'une faute

Zuschuss m subvention f

zu|sehen (irr) vi (+Dat) (zuschauen) regarder ; **~, dass** (dafür sorgen) veiller à ce que

zusehends adv à vue d'œil

zu|senden (irr) vt : **jdm etw ~** envoyer qch à qn

zu|sichern vt : **jdm etw ~** assurer qn de qch

zu|spitzen vr (Lage) s'aggraver

Zustand m état m ; **Zustände** pl (Verhältnisse) conditions fpl

zustande, zu Stande adv: **etw ~ bringen** réussir à obtenir qch ; **~ kommen** (Geschäft, Vertrag) être conclu(e)

zuständig adj responsable, compétent(e)

zu|stehen (irr) vi: **etw steht jdm zu** qn a droit à qch

zu|stellen vt distribuer

zu|stimmen vi +Dat être d'accord (avec)

Zustimmung f accord m ; **allgemeine ~ finden** être bien reçu(e) partout

zu|stoßen (irr) vi: **jdm ~** arriver à qn

Zustrom m (Menschenmenge, Météo) afflux m

zutage, zu Tage adv: **~ bringen** exposer

Zutaten pl ingrédients mpl

zu|teilen vt attribuer

zutiefst adv profondément

zu|trauen vt: **jdm etw ~** (Aufgabe, Tat) confier qch à qn ; **sich Dat etw ~** se sentir capable de (faire) qch

zutraulich adj confiant(e)

zu|treffen (irr) vi être exact(e), être juste ; **~ auf +Akk** ou **für** s'appliquer à

zutreffend adj judicieux(-euse)

Zutritt m accès m, entrée f

Zutun (-s) nt: **ohne mein/sein ~** sans que j'y sois/qu'il y soit pour rien

zuverlässig adj (Mensch) digne de confiance ; (Nachrichtenquelle) sûr(e) ; (Auto) fiable • **Zuverlässigkeit** f fiabilité f

Zuversicht f confiance f • **zuversichtlich** adj confiant(e)

zuvor *adv* auparavant

zuvor|kommen *(irr) vi +Dat* devancer

zuvorkommend *adj* prévenant(e)

Zuwachs *(-es) m* accroissement *m* ; **sie haben ~ bekommen** *(fam)* la famille s'est agrandie

Zuwachsrate *f* taux *m* de croissance

zuwege, zu Wege *adv* : **etw ~ bringen** obtenir qch

zuweilen *adv* de temps en temps, parfois

zu|wenden *(irr) vt (Gesicht, Rücken)* tourner ▸ *vr* : **sich jdm ~** se tourner vers qn ; *(widmen)* s'occuper de qn ; **sich etw Dat ~** se tourner vers qch ; *(sich widmen)* se consacrer à qch

Zuwendung *f (finanziell)* don *m*

zuwider *adv* : **jdm ~ sein** dégoûter qn

zuwinken *vi* : **jdm ~** saluer qn d'un signe de la main

zu|ziehen *(irr) vt (Vorhang)* tirer ; *(Knoten etc)* serrer ; *(Arzt, Experten)* consulter ; **sich Dat etw ~** *(Krankheit)* contracter qch ; *(Zorn)* s'attirer qch

zuzüglich *präp +Gen* plus

zwang *etc vb siehe* **zwingen**

Zwang *(-(e)s, ⸗e) m* force *f* ; **tu dir keinen ~ an** *(fam)* ne te force pas

zwängen *vt* forcer

zwanghaft *adj* compulsif(-ive)

zwanglos *adj* informel(le) ; *(Kleidung, Arbeitsweise)* décontracté(e)

Zwangsarbeit *f* travaux *mpl* forcés

Zwangsarbeiter(in) *m(f)* travailleur(-euse) forcé(e)

zwangsweise *adv* d'office

zwanzig *num* vingt

zwar *adv* : **das ist ~ traurig, aber …** c'est (vraiment) triste, mais …

Zweck *(-(e)s, -e) m* but *m* ; *(Sinn)* sens *m*

Zwecke *f (Reißzwecke, Heftzwecke)* punaise *f*

Zweckentfremdung *f* détournement *m*

zwecklos *adj* inutile

zweckmäßig *adj* pratique

zwecks *präp +Gen* en vue de

zwei *num* deux
  • **Zweibettzimmer** *nt* chambre *f* à deux lits • **zweideutig** *adj* ambigu(ë) ; *(unanständig)* à double sens, osé(e)

zweierlei *adj* : **~ Brot/Stoff** deux sortes de pain/tissu

zweifach *adj* double

Zweifel *(-s, -) m* doute *m*
  • **zweifelhaft** *adj* douteux(-euse)
  • **zweifellos** *adv* indubitablement

zweifeln *vi* : **an jdm/etw ~** douter de qn/qch

Zweifelsfall *m* : **im ~** en cas de doute

Zweig *(-(e)s, -e) m* branche *f*

Zweigstelle *f* succursale *f*

zweihundert *num* deux cents

Zweikampf *m* duel *m*

zweimal *adv* deux fois

Zweisitzer *m* voiture *f* à deux places

zweisprachig *adj* bilingue

zweispurig *adj* à deux voies

zweit *adv* : **zu ~** à deux

z

zweitbeste(r, s) *adj* second(e)
zweite(r, s) *adj* deuxième, second(e)
zweiteilig *adj* en deux parties ; (*Kleidung*) deux-pièces
zweitens *adv* deuxièmement
zweitgrößte(r, s) *adj* deuxième *od* second(e) (par ordre de grandeur)
zweitletzte(r, s) *adj* avant-dernier(-ère)
zweitrangig *adj* (*Qualität*) de second choix
Zwerchfell *nt* diaphragme *m*
Zwerg(in) (*-(e)s, -e*) *m(f)* nain(e)
zwicken *vt, vi* pincer
Zwieback (*-(e)s, -e od -bäcke*) *m* ≈ biscotte *f*
Zwiebel f oignon *m*
Zwielicht *nt* pénombre *f* ; **ins ~ geraten sein** s'être discrédité(e)
zwielichtig *adj* louche
Zwiespalt *m* conflit
zwiespältig *adj* contradictoire
Zwilling (*-s, -e*) *m* jumeau(-elle) *m/f* ; **Zwillinge** *pl* (*Astr*) Gémeaux *mpl*
zwingen (*irr*) *vt* forcer
zwingend *adj* (*Grund etc*) contraignant(e) ; (*Schluss*) inévitable ; (*Beweis*) concluant(e)
zwinkern *vi* cligner des yeux ; (*absichtlich*) faire un clin *od* des clins d'œil
Zwirn (*-(e)s, -e*) *m* fil *m*
zwischen *präp* (*+Akk, +Dat*) entre • **Zwischenbilanz** f bilan *m* intermédiaire • **zwischendurch** *adv* (*zeitlich*) entre-temps • **Zwischenfall** *m* incident *m* • **Zwischenlager** *nt* stockage *m*

provisoire • **Zwischenlagerung** f entreposage *m* • **zwischen|landen** *vi* faire escale • **Zwischenlandung** f escale *f* • **Zwischenraum** *m* espace *m* • **Zwischenruf** *m* interruption *f* • **Zwischenstation** f: **~ machen** faire halte • **Zwischenzeit** f: **in der ~** entre-temps
Zwist (*-es, -e*) *m* conflit *m*
zwitschern *vi* gazouiller
Zwitter (*-s, -*) *m* hermaphrodite *m*
zwölf *num* douze
Zyklus (*-, Zyklen*) *m* cycle *m*
Zylinder (*-s, -*) *m* cylindre *m* ; (*Hut*) haut-de-forme *m*
Zyniker(in) (*-s, -*) *m(f)* cynique *mf*
zynisch *adj* cynique
Zynismus *m* cynisme *m*
Zypern (*-s*) *nt* Chypre *f*
Zypresse f cyprès *m*
zz., z. Zt. *abk* = **zurzeit**

LE ROBERT & Collins

LES EXPERTS **DE LA LANGUE VIVANTE**

POUR L'APPRENTISSAGE DES LANGUES

dictionnaires
———
grammaire
———
vocabulaire
———
guides de conversation

LE ROBERT, L'EXPERT DE LA LANGUE FRANÇAISE
& COLLINS, L'EXPERT DES LANGUES ÉTRANGÈRES.